Florian Borchmeyer
Die Ordnung des Unbekannten
Von der Erfindung der neuen Welt

Traversen

Florian Borchmeyer

Die Ordnung des Unbekannten
Von der Erfindung der neuen Welt

Matthes & Seitz Berlin

Mo e' ven e dè che da la pórta de' zil
e casca zò una vòusa dróinta la pòrbia.
La cmanda che vénga fura l'òm
che l'à inventè la ròba d'ógni sorta:
la róda, i arlózz, i nómar
e al bandíri par la strèda.
Alòura u s'èlza Admao e a tèsta èlta
e va sòta ch'la Luce Granda
par dói che e' mèl ch'u s'éva dè
l'era in zóima a una speda.

Tonino Guerra, *Il Miele*

Dieses Buch wurde gefördert durch ein Promotionsstipendium der Friedrich-Naumann-Stiftung aus Mitteln des Bundesministeriums für Bildung und Forschung und gedruckt mit Zuschüssen der VG Wort sowie der Johanna und Fritz Buch Gedächtnisstiftung. Es basiert auf der Dissertation Florian Borchmeyers zur Erlangung des Doktorgrades der Philosophie an der Freien Universität Berlin

Matthes & Seitz Berlin
Blaue Reihe Wissenschaft, 10

Erste Auflage Berlin 2009

Copyright © 2009 MSB Matthes & Seitz Berlin Verlagsgesellschaft mbH
Göhrener Str. 7, 10437 Berlin, info@matthes-seitz-berlin.de
Alle Rechte vorbehalten.

Umschlaggestaltung: Falk Nordmann, Berlin
Druck und Bindung: Elbe Druckerei, Wittenberg

www.matthes-seitz-berlin.de

ISBN 978-3-88221-666-0

Inhalt

I. VON DER HEREINKUNFT EINES UNERWARTETEN KREISES
Erfundene Entdeckungen.. 13
Inventio und *copia*: Textfülle, Textauswahl, Textgattungen......... 29
A-Topien, U-Topien: Die Magnetisierung des Unbekannten.... 37

II. VON DER ERFINDUNG DER NEUEN WELT
Jahrestage.. 41
Die *invención de América*:
Entdeckung, Konzeption, Fiktion, Lüge?............................. 55
Diskurs-Inventionen.. 70

III. DE INVENTIONE UND DER ORBIS NOVUS
Der inventive Januskopf: Erfindung und Entdeckung............ 77
   Die Erfindung im Zeitalter ihrer technischen Reproduzierbarkeit...... 77
   Göttlichkeit und Geniegedanke... 84
   Finder, Schinder, Erfinder: Geschichte einer Komödie der Irrungen.... 90
Aufstieg und Fall der *ars inveniendi*....................................100
   Entdeckendes Finden: Die antike Tradition der inventio...............100
   Der Druck im ›Wachs des Herzens‹:
   inventio, memoria *und die antike Seelenlehre*..........................107
   Augustinus und der Fund im Gedächtnis-Palast........................112
   Die Usurpation des Bildes..116
   Triumph der Invention:
   Die Methode der loci *als Ordnung des Wissens*..........................125
   Trügende Bilder, erblindende Spiegel:
   Fehler im System der Wissens-Invention................................136
   Austreibung des Bildes:
   Die Kritik der Invention durch Descartes und Port-Royal.............142
Francis Bacon: Invention der Neuen Welt,
Invention der Neuen Wissenschaft.....................................145
   Erfindung des Neuen, Neuerfindung der Erfindung....................145
   Die Verbannung des Bildes aus der Erfindung: Bacons Idola-Lehre....152
   Die Analogie von globus materialis *und* globus intellectualis.........157
Die inventio Amerikas und das Ende der Topik.....................165

IV. VON DER ENTDECKUNG DER WELT DES NEUEN

Der erfundene Stammbaum: *invenire* und *detegere* 171
   Die Hülle des Vergessens. 171
   Die Erfindung der ›Detektion‹ und die Demarkation der Welt. 174
   Medea oder die erfundene Prophezeiung. 186
Christoph Kolumbus: Entdeckung als Exegese der Schrift 200
   Kolumbus, der verdeckte Entdecker? 200
   Die Lettern avant la lettre: Prophezeiung und Primat der Schrift. 205
   Das wiedergefundene Paradies. 211
Amerigo Vespucci: Entdeckung als Ausbruch aus der Schrift 217
   Die Neuerfindung der Entdeckung. 217
   »Andavamo a vedere il mondo«: Primat der Welt vor dem Text. 222
Ursprungsmythen: Bilder im Nebel, geschenkte Schriften 229
   Hernán Perez de Oliva und die Erfindung des Neuen aus dem Bild. ... 229
   López de Gómara und die ›Legende vom Namenlosen Steuermann‹. ... 234
Der vergessliche Gott: Fernández de Oviedo
und die Entdeckung als Anamnese 244
   Die Austreibung der Fiktion. 244
   Entdeckung und Mnemonik. 248
   Die wiedergefundenen Hesperiden. 252
   Das Gelesene und das Gesehene: Autorität und Empirie
   vor dem Problem des Neuen. 255
   Die Rache des Enterbten: Fernando Colóns Polemik gegen Oviedo. ... 264
Bartolomé de las Casas: Gottes Entdeckung,
Teufels Erfindung 268
   »Sólo yo«: Die Widerlegung der Vorgänger. 268
   Autoritäten ohne Autorität:
   Kolumbus und die Entdeckung wider Willen. 274
   Die ›Ent-Deckung‹ der Wahrheit. 281
   Die Erfindung der Lüge durch das Bild. 286
   Der Weg ist das Ziel: Methode und Menschenrechte. 293
José de Acosta: Invention als Substitution 298
   Die göttlichen Bergwerke:
   Amerika und die contemplatio ad amorem. 298
   Jesuitische Idola-Theorie: Substitution des Dings durch das Bild. 309
   Die paradigmatische Erfindung:
   Substitution des Worts durch die Schrift. 315
Die andere Erfindung: Ercilla, Garcilaso, Guaman Poma 320
   Spanische Waffen, araukanische Spiele: Ercilla, der ›Erfinder Chiles‹. ... 321
   Europäische Invention, indianische Imitation:
   Inca Garcilaso, Klassiker Amerikas. 325

Der Neid der Erfinder: Guaman Poma,
Vater des ›Dissidenten-Diskurses‹..................................337
Die Spur des Namenlosen Steuermanns..............................347

V. VOM ERWERB EINER UNBEKANNTEN WELT

Amère Amérique: Die bittere Welt der Wunder......................355
Wunderbare Besitztümer...355
Von der Täuschung zur Enttäuschung...............................361
Vom Wunder zum Text..366
Sprachmoderne:
Der Schiffbruch des tradierten Zeichenmodells.....................371
Der Schmerz des Kolumbus...371
Aristoteles und das Nashorn......................................381
Saussure und die Zigarre...387
Humboldt, der Blitz und das Lama.................................400
Sprachmystik: Auf der Suche nach der Sprache des Paradieses...415
Der Neue Adam und seine zweite Vertreibung.......................415
Die Gemüse-Conquista
und die Sehnsucht nach dem wahren Namen..........................419
La invención del libro:
Ursprünge einer amerikanischen Poetik.............................425
Tropische Tropen: Hühnerfische, Pferdeseide
und die Vermittlung der Metapher.................................425
»Unordnung ist Ordnung«:
Fernández de Oviedos Poetik der Deponie..........................434
»Dieses große Labyrinth«: Inca Garcilasos Poetik der Ruine.......444
Schifffahrt und Schiffbruch des Textes...........................456

VI. VON DER FINDUNG EINER ANDEREN ERFINDUNG......467

Anmerkungen...495

Editorische Notiz...601

Literaturverzeichnis..603

> Wie wundervoll sind diese Wesen,
> Die, was nicht deutbar, dennoch deuten,
> Was nie geschrieben wurde, lesen,
> Verworrenes beherrschend binden
> Und Wege noch im Ewig-Dunkeln finden.
> *Hugo von Hofmannsthal*, Der Tor und der Tod

I. Von der Hereinkunft eines unerwarteten Kreises

I.1. Erfundene Entdeckungen

Simonides von Keos, Verfasser des berühmten Grabepigramms auf die in der Schlacht von Thermopylai gefallenen Spartaner, war im thessalischen Krannon zu einem Gelage bei dem reichen Faustkämpfer Skopas geladen. Nachdem man ihm alle Festgäste vorgestellt hatte, trug der Sänger ein Preislied auf den Gastgeber vor, in dem er auch Kastor und Polydeukes Lob zuteil werden ließ. Nach der Darbietung erklärte der Hausherr in vulgären Worten, er werde dem Dichter nur die Hälfte des abgemachten Honorars zahlen. Die andere solle er sich gefälligst bei seinen Tyndariden abholen, denn die hätten in seinem Werk um einiges besser abgeschnitten als er, der Auftraggeber.

Wenig später bestellte man Simonides, zwei junge Männer wünschten ihn vor dem Hauseingang zu sprechen. Als der Dichter aus der Villa trat, konnte er niemanden finden. In diesem Augenblick, so heißt es, stürzte das Haus des Skopas zusammen und begrub die Festgesellschaft unter sich. Die hinzugeeilten Verwandten wollten ihre Toten bergen, doch wussten sie nicht, wo in den Trümmern sie suchen sollten. Beim Fund der ersten Leichen mussten sie entdecken, dass diese durch die Heftigkeit des Einsturzes bis zur Unkenntlichkeit entstellt waren. Da ließ Simonides, der einzige Überlebende, die räumliche Anordnung der Gäste an der Tafel vor seinem geistigen Auge wiedererstehen; er rekonstruierte den Speisesaal, so wie er ihn vor dem Einsturz verlassen hatte. Um die Toten zu finden und zu benennen, so meinte er, müsste er nur die Ruinen des Festsaals abschreiten, um an den bildlich vorgestellten Orten des Gedächtnisses die verschütteten Körper wiederzufinden; um jedem Ort und jedem Körper das Erinnerungsbild des lebenden Gastes zuzuordnen – und auf diese Weise auch den Namen jedes anonymen Toten zu ermitteln.

Zu einer Bergung der Verschütteten sollte es nicht mehr kommen. Ein Erdbeben, dessen Vorbote das Unglück nur gewesen war, legte tags darauf das Städtchen Krannon in Schutt und Asche. Erst der deutsche Archäologe Heinrich Schliemann griff bei einer Forschungsreise durch Griechenland die antiken Quellen wieder auf, in denen die Geschichte von Simonides und seinem Erinnerungsbild aufgezeichnet waren. Ähnlich wie der große Entdecker mit Hilfe der homerischen Verse in Hissarlik die Burg des Priamos und in Mykene das Grab des Agamemnon wiederfand, so auch mittels der antiken Chroniken das Städtchen Krannon und das Haus jenes Festmahls. Schliemanns Expedition verdankte die zeitgenössische Forschung nicht nur die um fast zweieinhalb Jahrtausende verzögerte Identifizierung der Toten aus der Villa des Skopas, sondern auch mehrere unvergleichliche Beschreibungen der Baukunst und Plastik des frühen vorchristlichen fünften Jahrhunderts: Texte, die das Bild dieser Epoche in der späteren Wissenschaftsprosa nachhaltig prägten.

Nach seinem Tod konnten weniger wagemutige, aber präziser arbeitende Altertumsgelehrte nachweisen, dass Schliemann seinem Fund einen gravierenden Irrtum zu Grunde gelegt hatte. Bei der ausgegrabenen Stadt und ihren Bauten handelt es sich nicht um das frühgriechische Krannon, sondern um eine erst in späthellenistischer Zeit auf seinen Ruinen erbaute Siedlung, deren Namen aus den Fundstücken nicht einmal eindeutig hervorgeht. Nicht nur die Identifizierung der Toten aus dem Hause des Skopas erwies sich als reine Einbildung, auch die berühmten Beschreibungen seines Inventars entpuppten sich als wissenschaftlicher Irrtum. Fast ein halbes Jahrtausend trennte die vermeintlich klassischen Stücke von ihrer Wirklichkeit. Eines aber konnten die Forscher nicht mehr revidieren: die Spur von Schliemanns gleichermaßen emphatischer wie irreführender Wortgewalt in den künftigen Beschreibungen von Fundstücken aus dem griechischen fünften Jahrhundert.

Beide Geschichten sind erfunden. Cicero, oder ein von Cicero zitierter apokrypher Autor, hat sich den ersten Teil, die Erzählung von Simonides einfallen lassen. Sie findet sich in ähnlicher Form in Ciceros *De oratore*[1], mit dem wenig vertrauenswürdigen Vermerk »man erzählt« (»dicunt enim«) und dem Eingeständnis, die Geschichte könne auch genausogut von einem andern ›Finder‹ handeln (»sive Simonides sive alius quis invenit«). Der zweite Teil, die Geschichte von Heinrich Schliemann, ist eine Fabulation des Autors der vorliegenden Untersuchung.

In ihrer Legitimität weisen die beiden Erfindungen jedoch einen bedeutsamen Unterschied auf. Für Cicero ist die Einfügung von historisch unverbürgten Geschichten, Fabeln oder Legenden ein statthaftes Argumentationsmittel. Für den heutigen Autor von Sachtexten sind dergleichen Episoden inakzeptabel, denn es handelt sich um Erfindungen, und damit, je nach Intention und Form der Darstellung, um Lügen oder Fiktionen; in jedem Falle aber sind es Unwahrheiten. Cicero kann sich in seinem Verfahren auf seinerzeit verbindliche Autoritäten berufen: Sokrates etwa stellte es seinen Schülern vor dem Dialog frei, zwischen dem Mythos und dem Logos als Argumentationsform zu wählen. Für Aristoteles ist die Dichtung der Geschichtsschreibung überlegen, denn sie umschließt neben dem *wirklich* Vorgefallenen auch das *Mögliche* (ἀλλά τοῦτο διαφέρει, τὸ τὸν μὲν τὰ γενόμενα λέγειν τὸν δὲ οἷα ἂν γένοιτο[2]): nicht als Fiktion, sondern als potenzielle Wirklichkeit, deren Darstellung die Dichtung zu einer philosophischeren und bedeutenderen Form des Schreibens macht (διὸ καὶ φιλοσοφώτερον καὶ σπουδαιότερον ποίησις ἱστορίας ἐστίν[3]). Gemäß Ciceros Lehre schließlich ist der Gegenstand der dialektischen Argumentation nicht das *Wahre* (»verum«) – denn dies erklärt sich aus sich selbst und muss nicht dialektisch begründet werden –, sondern das dem *Wahren Ähnliche* (»veri simile«). Sowohl das wirklich Vorgefallene (»rerum gestarum expositio«) als auch das, was nur so erscheint (»aut ut gestarum«), können als Basis der argumentativen Darstellung dienen[4]. Da nicht allein die restlose Übereinstimmung des Berichts mit den *rebus gestis* als Beweismittel verpflichtend ist, kann das der Wahrheit Ähnliche und dennoch Erfundene wiederum zur Lösung eines logischen oder insbesondere juristischen Problems beitragen, wenn dieses dem wahrscheinlichen *exemplum* ähnlich ist (»propter similitudinem earum rerum«[5]). Durch einen Syllogismus wird vom Beispiel auf die zur Diskussion stehende Frage geschlossen. Im auf Aristoteles aufbauenden System der ›Dialektik‹ versteht man darunter die induktive Methode (*inductio*).

In genanntem Beispiel aus *De oratore* etwa erweist sich die für wahrscheinlich erklärte Geschichte von Simonides via Induktion als *exemplum* und Gründungsmythos der *memoria*, des vierten von fünf Teilen der antiken Rhetoriklehre. Nachdem der Redner in der *inventio,* der ›Erfindung‹ im Sinne von ›Auffindung‹, dem »ersten und wichtigsten Teil der Rhetorik« (»de inventione, prima ac maxima parte rhetoricae«[6]) an den durchaus räumlich begriffenen ›Örtern‹ (lat. *loci,* griech. τόποι) die verborgenen Argumente gefunden hat, welche mit dem zur Diskussion stehenden Gegenstand verbunden sind, ordnet er diese in einer stringenten Reihenfolge an (*dispositio*) und kleidet sie in eine überzeugende sprachliche Form (*elocutio*). Im rhetorischen Schritt der *memoria* stellt nun der Redner, um sich seinen Vortrag einzuprägen, die Argumente bzw. ›Gegenstände‹ (*res*) der Rede in seiner inneren Vorstellung an sichtbaren Orten (*loci*) in der disponierten Ordnung und Reihenfolge auf, wobei er sich von der gesamten Anordnung und jedem einzelnen Gegenstand ein Gedächtnisbild (*imago*) macht – durchaus nicht zu verwechseln mit dem *conceptus,* dem ›in der Seele Erlittenen‹ (τῶν ἐν τῇ ψυχῇ παθημάτων[7]), das in der aristotelischen, oder dem ›Bezeichneten‹ (σημαινόμενον), das in der stoischen Sprachtheorie das seelische Gegenstück zum äußeren Gegenstand bildet: die Geschichte von Simonides ist eine Gedächtnis-, nicht aber eine Zeichentheorie (und, wie Jan Assmann zurecht vermerkt hat, ebensowenig eine Erinnerungstheorie[8]). Im letzten Schritt, dem Vortrag (*pronuntiatio* bzw. *actio*), muss der Redner lediglich im Geiste den eingeprägten Raum abschreiten, um die in ihm angeordneten inneren Bilder und damit auch die Gegenstände der Rede wiederzufinden. Laut Cicero soll als erster Simonides dies System der *memoria* in den Ruinen von Skopas' Haus erfunden haben. Aus dem bildlich-mythischen Beispiel wird ein Modell des Gedächtnisses und der Erinnerung hergeleitet, das die Grundlage der *ars memoriae* in der europäischen Tradition ist.[9]

Bleibt die eigenartige Tatsache, dass der Ursprung der rhetorischen *memoria* in Verbindung mit dem Göttlichen steht. Denn wer sollen, gemäß der Logik der Simonides-Geschichte, die beiden unauffindbaren jungen Männer sein, die durch ihr Erscheinen dem Dichter das Leben retteten; die dem Lästerer seine Strafe und dem Frommen den verweigerten Lohn zukommen ließen, wenn nicht die Tyndariden selbst? Angesichts solch göttlicher Stiftung der *memoria* und der durch sie gewährleisteten Wieder-Erinnerung, *reminiscentia,* liegt es nahe, die rhetorische Erinnerung mit ihrem transzendenten griechischen Gegenstück, der platonischen Anamnese (ἀνάμνησις) verbunden zu sehen, die ebenfalls ein Wieder-Erinnern an das durch die Verbannung der Seele in die Welt der Phänomene Verschüttete und Vergessene darstellt. Gemäß den Gesetzen der Ähnlichkeit ließe sich die Bergung der toten Körper durch das lebende Erinnerungsbild analogisch übertragen auf das Wiederfinden der verschütteten Urbilder in den irdischen Erscheinungen. Die Mnemotechnik wäre aus dieser Sicht auch eine Anamnesetechnik und der Gang durch die Ruinen eine erkenntnistheoretische Metapher.[10]

Dem Wahren – den *rebus gestis* – ähnlich ist auch die Geschichte von Heinrich Schliemann. Weder die historische Existenz des 1822 geborenen Forschers lässt sich in Frage stellen, noch seine zahlreichen Ausgrabungsreisen im östlichen Mittelmeerraum seit den Sechziger Jahren. Auch an Schliemanns ungewöhnlicher Methode, als wahrhaftige Quellen und Wegweiser der Expedition antike Texte heranzuziehen, die gemeinhin dem Reich der Legende zugewiesen werden, besteht kaum ein Zweifel[11]. Ebenso sind seine Irrtümer historisch belegt. Bereits Zeitgenossen wie Ernst Curtius[12] mutmaßten, das Mittelalter habe wohl das meiste zu dem in Hissarlik-Troja Entdeckten beigetragen. Spätere Wissenschaftler konnten zeigen, dass die von Schliemann ausgegrabene Burg des Priamos nicht das von Homer besungene Ilion war, sondern eine weitaus ältere Siedlung der Bronzezeit. Der sagenumwobene Schatz des Priamos, die kostbaren Juwelen und Diademe und die Begeisterung des Entdeckers, Agamemnon in Mykene ins Antlitz geblickt zu haben, erwiesen sich als Phantasmata. Trotz allem wird die ein menschliches Gesicht darstellende Grabbeigabe eines namenlosen Adligen der mykenischen Kultur bis heute in Reiseführern, Geschichts- und Griechischlehrbüchern als ›Totenmaske des Agamemnon‹ erwähnt; ist der in Troja gefundene Schmuck als ›Diadem der Helena‹ im British Museum zu bestaunen; die Fundstücke aus Hissarlik bis heute als ›Schatz des Priamos‹ Zankapfel der Nationen. Die Spur Schliemanns ist aus der Geschichte seiner Fundstücke nicht mehr zu löschen.

So ähnlich diese Tatsachen mit der zuvor berichteten Geschichte auch sind: Heinrich Schliemann hat nie das Städtchen Krannon in Thessalien betreten. Die dem ›Wahren ähnliche‹ Geschichte hat sich ›in Wahrheit‹ nie ereignet. Im Gegensatz zur Zeit Ciceros wird die berichtete Episode für heutige Begriffe dadurch aber nicht zu einer Möglichkeit und noch viel weniger zu einer höheren Form der Wahrheit, sondern vielmehr zu einer ›Erfindung‹: einer Un-Wahrheit oder einer Fiktion. Verbreitet ein Historiker oder Wissenschaftler Unwahrheiten, dann sabotiert er die Grundlage seiner Disziplin; verbreitet er aber Fiktionen, so hat er sein Gebiet verlassen. Aufgabe eines Forschers ist es nicht, Geschichten zu erfinden, sondern belegbare Fakten zu entdecken. Ersteres sollte er dem literarischen Schriftsteller überlassen, der allein durch die Designation ›Roman‹ oder ›Erzählung‹ in schweigender Übereinkunft das Berichtete als frei erfunden deklariert und somit als Beleg für eine wissenschaftliche Argumentation ungültig macht.

Vor dem Hintergrund dieses Anspruchs ist die wissenschaftliche Methode Heinrich Schliemanns – des historischen, der darin mit dem erfundenen übereinstimmt – als skandalös zu bezeichnen. Erscheint allein schon das Verfahren irrwitzig, als mittelloser mecklenburgischer Krämersohn ein seit Kindertagen erträumtes und horrend teures Großunternehmen im östlichen Mittelmeer durch eine Reise in den Westen zu finanzieren – indem er in Amerika ein sagenhaftes Vermögen anhäufte – so ist sein Verhältnis gegenüber dem überlieferten homerischen Text erst recht des herkömmlichen Realitätssinns entbunden. Nicht nur, dass Schliemann es unterlässt, die Unterscheidung zwischen dokumentarisch-wissenschaftlichem und fiktionalem Text zu treffen, noch dazu im Umgang mit einem nach dem modernen Wirklichkeitsverständnis absolut unrealistischen, nämlich dem Mythos entsprungenen Epos, in dem die olympischen Götter in die Handlung eingreifen und die Morgenröte als die frühgeborene Eos mit Rosenfingern erscheint. Schliemann erachtet den epischen Text sogar für mehr als nur ›dem Wahren ähnlich‹: er glaubt die Wirklichkeit substanziell im Text enthalten zu wissen, und zwar noch über drei Jahrtausende nach dem Fall Trojas. »Mit außergewöhnlicher Freude melde ich Eurer Majestät, daß ich die Gräber entdeckt habe, welche die Tradition als die Agamemnons, der Kassandra, Eurymedons und ihrer Kameraden bezeichnet, getötet während der Mahlzeit durch Klytämnestra und ihren Liebhaber Ägisthos«[13], telegraphierte er aus Mykene an den König von Griechenland. Für »Schliemann, der seinen Homer wörtlich nahm wie die frühen Theologen die Bibel«[14], reichte es aus, den antiken Überlieferungstext aufmerksam genug zu lesen, um in der Wirklichkeit den Schatz des Priamos, den Schmuck der Helena, das Grab des Agamemnon (und sicherlich auch die Festgesellschaft des Skopas) zu finden. »Schliemann bemühte seine Autoritäten, die alten Schriftsteller. Er zitierte aus dem ›Agamemnon‹ des Aischylos, aus des Sophokles ›Elektra‹ und des Euripides ›Orestes‹. Kein Zweifel überkam ihn, und doch war, wie wir heute wissen, seine Theorie falsch. Ja, Königsgräber hatte er unter der Agora gefunden, aber nicht die Agamemnons und seiner Gefährten, sondern Gräber, die höchstwahrscheinlich vierhundert Jahre älter waren«[15].

Mehr als die klassische Antike – und erst recht als die Neuzeit – charakterisiert eine solche Auffassung von Textüberlieferung und Welt als undurchbrochenem Kontinuum eigentlich das Mittelalter, also das Weltverständnis jener »frühen Theologen«, welches vom Vertrauen in die Heilige Schrift und die antiken *auctoritates* geprägt ist. Was *poeta* (Vergil), *philosophus* (Aristoteles) oder, in Gestalt der Heiligen Schrift, Gott selbst niedergelegt haben, ist unumstößliche Wahrheit, trägt das in der Wirklichkeit Findbare oder Entdeckbare in sich und entbindet von einer ›empirischen‹ Nachprüfung im modernen Sinne. Daher lautet auch der Vorwurf der zeitgenössischen Philosophen gegenüber Kepler und Galilei, ihre Suche der Wahrheit in der Welt sei sinnlos, da die Philosophie ein Buch sei wie die Aeneis oder die Odyssee und sich Wahrheit nicht in der experimentell erfahrbaren Natur, sondern allein in der vergleichenden Lektüre dieser Texte finden lasse, wie Galileo in einem Brief an Kepler aus dem August 1610 vermerkt (»philosophiam esse librum quendam velut Eneida et Odissea; vera tum non in mundo aut in natura, sed in confrontatione textuum (utor illorum verbis), esse quaerenda«[16]). Michel Foucault hat diese Wirklichkeitsauffassung einmal »die Prosa der Welt« (»la prose du monde«) genannt: die Vorstellung eines ununterbrochenen Text-Raums, wo sich die Welt im Text und der Text in der Welt wiederfinden lassen.

Es gibt keinen Unterschied zwischen jenen sichtbaren Zeichen, die Gott auf der Oberfläche der Erde gesetzt hat, um uns deren innere Geheimnisse erkennen zu lassen, und den lesbaren Wörtern, die die Bibel oder die Weisen der Antike, die durch ein göttliches Licht erleuchtet worden sind, in ihren Büchern, die die Überlieferung gerettet hat, niedergelegt haben. Die Beziehung zu den Texten ist von gleicher Natur wie die Beziehung zu den Dingen <...> Zunächst handelt es sich um die Nichtunterscheidung zwischen dem Gesehenen und dem Gelesenen <entre ce qu'on voit et ce qu'on lit>, zwischen dem Beobachteten und dem Berichteten, also um die Konstitution einer einzigen und glatten Schicht <d'une nappe unique et lisse>, auf der der Blick und die Sprache sich unendlich oft kreuzen.[17]

Im Grunde leitet sich die von Schliemann vorgeführte Gläubigkeit an die überlieferte *auctoritas* des Textes aus der Technik her, mit der das katholische Christentum Heiligenreliquien aufzufinden pflegt. Ähnlich dürfte die bis heute in der katholischen Kirche am 6. Mai zelebrierte *Inventio Sanctae Crucis* – die ›Erfindung des Heiligen Kreuzes‹, wie es in alten deutschen Texten heißt, oder ›l'Invention de la Sainte-Croix‹, wie noch im modernen Französisch – durch Helena (die christliche Heilige, nicht die homerische Schöne) vonstatten gegangen sein. Selbst noch lange nach Schliemann, im Jahre 1891, ›fanden‹ Jesuitenfratres das Wohn- und Sterbehaus Mariä in Ephesus auf der Basis jener Aufzeichnungen Clemens Brentanos, in denen er die »Bilder« (Visionen) der stigmatisierten Mystikerin Anna Katharina Emmerich festhielt[18]. Der Versuch, auf biochemischem, radiologischem oder historisch-kritischem Wege die Authentizität des wiedergefundenen Gegenstandes in Frage zu stellen, wenn doch eine glaubwürdige Textautorität, etwa eine kanonisierte Heiligenlegende, diese stützt, ist in der Logik des beschriebenen Text- und Weltverständnisses völlig widersinnig.

Das Versagen Heinrich Schliemanns als moderner Wissenschaftler liegt insofern darin begründet, dass er im blinden Vertrauen auf die Autorität Vorstellungen in die empirische Wirklichkeit projizierte, die dem heutigen Anspruch zufolge allein dem Reich der Fiktion angehören. Oder, um es mit den Termini der ciceronianischen Simonides-Legende zu beschreiben: dass die durch den Text über die Jahrtausende transportierte *imago* sich nicht mit der in der empirischen Wirklichkeit gefundenen *res* deckt, wodurch das ihr zugeteilte *verbum* unmöglich zutreffend sein kann. Statt den Schatz des Priamos oder die Festgesellschaft des Skopas zu entdecken oder wiederzufinden, hat der Archäologe eine in den Texten gefundene Phantasievorstellung *er*-funden, die mit der historischen Wirklichkeit aus der Sicht des heutigen Geschichtsverständnisses nicht viel gemein hat. In der Tat bezeichnen neueste Untersuchungen Heinrich Schliemann als den ›Erfinder Trojas‹, nicht aber als seinen Entdecker; als einen Hochstapler, der, wie mehrere seiner eigenen Fotografien unzweifelhaft nachweisen, die Legende vom Schatz des Priamos vorsätzlich auf Basis zahlreicher von ihm selbst zusammengewürfelter Fundstücke aus mehreren Jahrhunderten erschmiedet hat[19].

Das eigentliche Skandalon von Schliemanns Methode aus der Sicht der modernen Wissenschaft ist jedoch ein ganz anderes: ihr *Erfolg*. Obgleich es sich verbietet, die Wirklichkeit mit Hilfe von Texten zu rekonstruieren, die zweifellos auf der Seite der fiktionalen Literatur anzusiedeln sind, konnten auch erbittertste Gegner kaum abstreiten, dass Schliemanns Lektüren tatsächlich zur Entdeckung einer bedeutenden antiken Siedlung in Kleinasien geführt hat, die aller Wahrscheinlichkeit nach dem antiken Mythos von Troja ihren Ursprung gab. »Es war der Triumph Heinrich Schliemanns, aber auch der Triumph Homers. Was als Sage und Mythos gegolten hatte, zugeschrieben der Phantasie des Dichters, war bewiesen worden in seiner Existenz.«[20]

Trotz aller Impräzisionen und Fehlzuweisungen ist Schliemanns Expedition als das letzte geglückte Großunternehmen des Mittelalters anzusehen. Dass der archäologische Abenteurer durch seine die Wirklichkeit hermeneutisch wie einen Text ausdeutende Methode sich zahlreicher unverzeihlicher Fehlinterpretationen schuldig machte, ja, durch seine buchstäbliche Textgläubigkeit vom archäologischen Gesichtspunkt aus diverse irreparable Schäden beim Eindringen in die Ausgrabungsstätten verursachte, muss für viele Zeitgenossen eine wahrhafte Beruhigung dargestellt haben: zumindest war damit eine Bestätigung des vorherrschenden Text- und Wissenschaftsverständnisses gewährleistet.

Ganz anders verhielte es sich jedoch in einem Zeitalter, das den Glauben an die Einheit von Text und Welt, von Lektüre und empirischer Erfahrung noch nicht verloren hat. Die Bestürzung, etwas ganz anderes zu finden als das vom schriftlich fixierten Gedächtnis des Textes Ausgewiesene, gliche in diesem Falle dem Schrecken eines Simonides, der, seinem Erinnerungsbild folgend, in den Trümmern nach dem Leichnam des Skopas grübe und an seiner statt die Fangzähne eines Dinosauriers fände.

Dieser Fall eines nicht mehr überbrückbaren Hiats von Text und empirischer Erfahrung ergibt sich, mehrere Jahrhunderte vor Schliemann, beim ersten erfolg*losen* Großunternehmen der mittelalterlichen Weltdeutung, das sich mittels dieses Scheiterns nolens volens in den ersten erfolg*reichen* Akt, ja, gemäß der traditionellen Historio- oder Hagiographie, in das triumphale Gründungsereignis der Neuzeit verwandelte: die Entdeckung Amerikas durch Christoph Kolumbus – obgleich dessen mittelalterlich geprägte Absicht weder eine Entdeckung noch Amerika im Sinne hatte. Nicht allein, dass er, gemäß heute allseits bekannter Überlieferung, eigentlich das Auffinden des Seewegs nach Asien beabsichtigte. Wie man aus dem Eintrag ins Bordbuch der Ersten Reise vom 26. Dezember 1492 entnehmen kann, ist das Grundvorhaben der Expedition mit der Schliemanns eng verwandt: in Amerika und seinen vorgelagerten Inseln (für Kolumbus freilich das Cathay und das güldene Cipango aus Marco Polos Reisebericht[21]) ein sagenhaftes Vermögen anzuhäufen, um damit ein Großunternehmen im östlichen Mittelmeer zu finanzieren, nämlich die Befreiung des Heiligen Grabes.

Y dice qu'espera en Dios que, a la buelta que él entendía hazer de Castilla, avía de hallar un tonel de oro, que avrían resgatado los que havía de dexar, y que avrían hallado la mina del oro y la espeçería, y aquello en tanta cantidad que los Reyes antes de tres años emprendiesen y adereçasen para ir a conquistar la Casa Sancta,»que así«, dize el,»protesté a Vuestras Altezas que toda la ganançia d'esta mi empresa se gastase en la conquista de Hierusalem, y Vuestras Altezas se rieron y dixeron que les plazía, y que sin esto tenía aquella gana«. Estas son palabras del Almirante[22].
<Und er> fügte weiter hinzu, daß er bei seiner Rückkehr aus Kastilien hier mit Gottes Hilfe ein ganzes Faß voll Gold vorzufinden hoffe, das seine Leute inzwischen im Tauschwege sich gut verschafft haben könnten. Denn bis dahin werden sie wohl jene Goldmine und den Ort, wo die Gewürze wachsen, ausfindig gemacht haben, von denen er hoffe, daß sie in so großen Mengen vorhanden seien, daß der König und die Königin noch vor Ablauf von drei Jahren imstande sein würden, zur Eroberung des Heiligen Grabes schreiten zu können. <»>Aus diesem Grunde habe ich Euren Hoheiten gegenüber erklärt, daß der ganze sich aus meinen Unternehmungen ergebende Gewinn zur Wiedereroberung Jerusalems verwendet werden müsse. Eure Hoheiten <lachten> und sagten, daß diese Plan Ihnen höchst willkommen <...> sei, auch ohne den Gewinn, von dem ich sprach<«. Dies sind Worte des Admirals>.[23]

Vergleicht man die Schicksale der beiden Persönlichkeiten, die um einiges enger miteinander verbunden sind als durch die bloße Tatsache, heute landläufig als große Entdecker klassifiziert zu sein, so sticht ins Auge, dass ihre Entdeckungen einen gravierenden Unterschied aufweisen. Das Scheitern des eigentlich verfolgten Vorhabens und die gleichzeitige Weigerung, den bei der Verfolgung des Ziels eingetretenen Unfall einer den Weg nach Asien behindernde Landmasse einzugestehen, geschweige denn als ›Neuentdeckung‹ anzuerkennen, machen die Landung des Kolumbus zu einem Akt sui generis. Während, gemessen am eigenen Anspruch, das Scheitern Schliemanns bei einem gleichzeitig spektakulären Gesamterfolg des beabsichtigten Entdeckungsunternehmens nur im verhinderten Tête-à-tête mit dem ›echten‹, nämlich dem homerischen Epos entsprungenen Agamemnon zu suchen ist, der missglückten Ausgrabung des ›echten‹, nämlich von Priamos regierten Ilion inmitten einer verschiedene Bauschichten umfassenden Pluralität von archäologischen Trojas, ist im Falle des Kolumbus die von ihm beanspruchte Entdeckung – die Auffindung des Seewegs nach Asien auf Basis verschiedener Textautoritäten von Aristoteles über Dante bis Pierre d'Ailly – bis in ihre fundamentalste Basis fehlgeschlagen. Die ›Entdeckung‹ Amerikas hat mit der Fahrt des Kolumbus strenggenommen noch nicht einmal ihren Anfang genommen: denn noch gibt es hier gar kein Bewusstsein, dass jenseits der in den schriftlichen Zeugnissen gesuchten Seerouten und Regionen etwas Unvorhergesehenes ›entdeckt‹ worden wäre. Die eigentliche ›Entdeckung‹ Amerikas, die Anerkennung einer eigenständigen Landmasse und damit auch das Eingeständnis des Misserfolgs dessen, was der große mexikanische Denker Edmundo O'Gorman »das asiatische Ziel der Reise« (»el objetivo asiático del viaje«[24]) genannt hat, setzt zunächst einmal das Zerbrechen eines Weltverständnisses voraus, das die empirische Wirklichkeit auf der Basis von schriftlichen Autoritäten zu beweisen vermag.

Wer diesen Bruch nicht zu vollziehen gewillt ist, wird in dieser Zeit des Umbruchs zu einem jener Ritter von der traurigen Gestalt, die, zwischen Text und Empirie oszillierend, eine feste Grundlage der Erkenntnis verloren haben. Im Gegensatz zu Schliemann, der zu einem Zeitpunkt, da dies Verständnis bereits für tot gelten musste, mittels seiner Homerlektüre die Einheit von Text und Welt wiederherstellt und im Arme der rosenfingrigen Eos, unter dem Blick der eulenäugigen Athene für einen kurzen Augenblick des Glücks über die Moderne triumphiert, sucht Kolumbus den für ihn sich vollziehenden Bruch zu ignorieren oder gar zu verschweigen, indem er standhaft leugnet, das in der Welt Gefundene sei nicht mehr imstande, sich mit dem in den Büchern Gelesenen zu decken. Durch diesen Widerstand gegen die Übermacht der Tatsachen erscheint er seinen Interpreten nachfolgender Jahrhunderte als *Der Don Quichote des Ozeans*, Titel der seinerzeit ungeheuer erfolgreichen Kolumbus-Biographie Jakob Wassermanns, der gar behauptet, Cervantes sei bei der Schaffung der Quijote-Figur von Kolumbus inspiriert worden[25]. »Den vorgebildeten Quichote in Kolumbus sehen, das hieß: ihn sehen«[26] – diese vom hispanoamerikanischen Modernismo[27] bis hin zu Tzvetan Todorovs Studie über die Entdeckung Amerikas[28] zu einem Topos avancierte Parallele illustriert eindrucksvoll die der unfreiwilligen Komik nicht entbehrende Tragödie des zwischen Text und Welt verlorenen Individuums der Zeitenwende. In diesem Punkte gleicht Kolumbus auch dem Quijote, wie ihn Michel Foucault vor dem Hintergrund der zerbrechenden Weltenprosa sieht:

> Die Schrift hat aufgehört, die Prosa der Welt zu sein. Die Ähnlichkeiten und die Zeichen haben ihre alte Eintracht aufgelöst. Die Ähnlichkeiten täuschen, kehren sich zur Vision und zum Delirium um. Die Dinge bleiben hartnäckig in ihrer ironischen Identität: sie sind nicht mehr <als bloß> das, was sie sind <*elles ne sont plus que ce qu'elles sont*>[29]; die Wörter irren im Abenteuer umher, inhaltslos, ohne Ähnlichkeit, die sie füllen könnten. <…> Die Schrift und die Dinge ähneln sich nicht mehr. Zwischen ihnen irrt Don Quichote in seinem Abenteuer.[30]

So wie Don Quijote die Welt als Ritterroman liest, obwohl die Wirklichkeit in allen Erscheinungen dem widerspricht; wie er heldenhaft gegen ein Heer von Windmühlen anprescht, wie er in seinen klapprigen Gaul Rosinante und seine hässliche Dulcinea ein obsoletes literarisches und höfisches Ideal zu projizieren strebt, so sucht Kolumbus das von ihm vorgefundene Land ohne Unterschied hinsichtlich Wahrheit oder Fiktionalität den Berichten des Marco Polo, des fiktiven mittelalterlichen Weltreisenden John de Mandeville oder den Prophezeiungen der *Medea*-Tragödie des Seneca und der Bibel kommensurabel zu machen. So liest er die Kariben als verballhornte ›Kannibalen‹ bzw. Khan-nibalen, als Untertanen des ›Großkhans‹ von China; liest die Manatí-Seekühe als Seejungfrauen; liest den Orinoco als den Strom, der von Eden her fließt; findet mittels der Überlieferung den Ursprung der Menschheit wieder: das irdische Paradies. Seine Tragödie, die ihn schließlich in Einsamkeit und Verbitterung sterben lässt, besteht darin, nicht eingestehen zu wollen, dass die *auctoritates* keine Autorität mehr über die Wirklichkeit besitzen. Angesichts dieses Bruchs liest Foucault Cervantes' *Quijote* als »das erste der modernen Werke«, denn die »Sprache zerbricht darin ihre alte Verwandtschaft mit den Dingen«[31]. Schließt man sich dieser Lesart an, so findet sich in Kolumbus (welcher als *Figur* natürlich nur dem Quijote gleichen kann, indem er als *Autor* seines Bordbuchs dieses Bewusstseins ermangelt) dieser Bruch mit dem tradierten und bis in die Renaissance hineinreichenden Weltverständnisses bereits, mit den Worten Wassermanns, »vorgebildet« und begründet.

Einen zentralen Punkt freilich weiß Foucault angesichts seiner ausschließlich auf den innereuropäischen Raum ausgedehnten und zudem weniger historischen denn modellhaft-sprachphilosophischen »Theorie der Neuzeit«[32] nicht in restlos befriedigender Weise zu erhellen: aus welchem Grund die Dinge den Texten plötzlich ihre angestammte Verwandtschaft aufzukündigen beginnen? Einleuchtend wird das, wenn man, im metaphorischen freilich und nicht im historischen Sinn, Kolumbus durch die Ruinen des Hauses von Skopas wandeln lässt. Wie Heinrich Schliemann oder wie viele Reliquiensucher des Mittelalters nähert er sich den Dingen (*res*) auf der Basis einer inneren Vorstellung (*imago* oder *species*), die er bei den Autoritäten gefunden hat und ordnet ihnen die ebenfalls im Text selbst aufgefundenen Worte (*verba*) bzw. Namen (*nomina*) zu; und wie diese anderen ›Finder‹ unterliegt er dabei aus der Sicht der Nachwelt einer Fehlzuordnung. Allerdings beschränkt sich der Irrtum bei diesen anderen Findern auf den Umstand, dass es sich bei der Maske des Agamemnon durchaus um eine Maske handelt, wenngleich nicht um die des Agamemnon; beim Heiligen Kreuz zwar um ein Kreuz, aber nicht um das, an dem der Heiland starb; beim Zahn der Heiligen Cäcilie zwar um einen Zahn und dennoch nicht um den der Heiligen Cäcilie. Nach einer berichtigten Neuzuordnung können jedoch Worte, Dinge und Vorstellungen wieder ineinanderfinden.

Vor einem viel einschneidenderen Problem stehen Kolumbus und seine Nachfolger in Amerika. Nicht nur, dass die vom Genueser auf Basis der Schriften gefundenen Teile ›Indiens‹ oder Asiens, Cipango, Cathay oder das *Chersonesum Aureum*, sich, je weiter die Erforschung fortschreitet, mit der von diesen Gebieten überlieferten Vorstellung so grobe Differenzen liefern, dass eine Identität selbst bei größter Schriftgläubigkeit nicht mehr aufrechtzuerhalten ist. Diese Gebiete stellen vielmehr auch etwas dar, das auf der Basis des Bekannten, auf der Basis der schriftlichen Überlieferung und der anerkannten Kosmographie von Aristoteles und Ptolemäus bis zur *Ymago mundi* des Pierre d'Ailly, nicht lesbar, weil schlicht und einfach als *nicht existent* angesehen ist. Die Welt hört auf, Text zu sein, da mit einem Male die in keiner Schrift erwähnten Dinge jegliche Ähnlichkeit (*similitudo*) mit dem bislang Geschriebenen, für wahr oder wahrscheinlich Gehaltenen zurückweisen. Durch das Nicht-Auftauchen Asiens an beschriebener Stelle wird ernstlich in Frage gestellt, ob nicht nur die Schriften, sondern sogar die Heilige Schrift verlässlich genug sind, um Wirkliches darin wiederfinden zu können.

Noch folgenreicher ist jedoch ein anderer Faktor. Mit einem Male tut sich durch den Einbruch Amerikas in das europäische Bild von der Welt ein der Schrift vollständig fremdes Land, das nicht sein darf, vor den Augen des Seefahrers auf, angefüllt mit Dingen, Tieren, Pflanzen, für die es bislang überhaupt keine bildliche Vorstellung (*imago*) und auch keine adäquaten

Worte (*verba*) gibt, und, was noch erschreckender scheint, eine Menschheit, die in der Heilsgeschichte möglicherweise keinen Platz findet, die von der Existenz des Erlösers noch nicht einmal gehört hat, deren Abstammung vom Urvater Adam überaus fraglich ist. Es ist vielleicht kein Zufall, dass zeitgleich zur Erschließung Amerikas ein Gespenst durch Europa geht, das Gespenst des ›Neuen‹; das Gespenst eines bislang verpönten, da die schriftliche Überlieferung durchbrechenden Phänomens, dessen suggestive Gewalt so groß ist, dass es zum Schlüsselbegriff und Ideal der das Mittelalter ablösenden Epoche avanciert und sogar für deren Namen Pate steht: Neuzeit.

Was nun geschieht, wenn Dinge auftauchen, denen keine Vorstellungen, keine Wörter entsprechen, die eine Textautorität in irgendeiner Form herleiten könnte? In seiner Neuheit und ›Unbelegbarkeit‹ ist das Ding, wie Foucault es ja ausdrückte, bloß noch es selbst und muss in seiner individuellen Isoliertheit aus sich selbst heraus erklärt werden. Dabei wird der Text, der nun aufhört, Wahrheits- oder Wirklichkeitsträger zu sein, zu einem unabhängigen Universum, frei von notwendiger Interaktion mit der Welt.

> Das heißt, dass die lesbaren Zeichen bereits nicht mehr zur Ähnlichkeit der sichtbaren Wesen gehören <*c'est que déjà les signes (lisibles) ne sont plus à la ressemblance des êtres (visibles)*>. All diese geschriebenen Texte, all diese närrischen Romane sind gerade ohnesgleichen: keiner in der Welt hat ihnen je geähnelt, ihre unendliche Sprache bleibt in der Schwebe, ohne dass eine Ähnlichkeit sie jemals erfüllen wird. Sie können völlig verbrennen, die Gestalt der Welt wird dadurch nicht verändert.[33]

Das quasi automatische In-Einander-Kommen – *in-venire* in seiner ursprünglichsten Bewegungsrichtung – von Worten, Bildern und Dingen, das auch in der Findungslehre des Simonides vorausgesetzt ist, welche stets die *memoria* von etwas Bekanntem voraussetzt, gleichgültig ob man sie nun als Mnemotechnik, als individuelles oder als transzendentes Gedächtnis interpretiert, ist in dem Moment aufgehoben, da Worte, Bilder und Dinge nicht mehr zueinander passen wollen. In letzter Konsequenz dieser Inkompatibilität wird das Zu-Einander-Kommen an einem gemeinsamen Ort (*locus communis*), wie es das Haus des Skopas darstellt, ersetzt durch jenes zufällige Treffen eines Regenschirms und einer Nähmaschine auf einem Operationstisch, das einem falschen französischen Grafen aus Montevideo zu enormer Berühmtheit gereichte. Vom noch klar räumlich gedachten Finden der Dinge an ihrem Ort (τόπος) entsprechend der antiken Rhetoriklehre verlieren sich die Worte und Bilder in einer Raum- und Gegenstandslosigkeit, deren gemeinsamer Ort nur noch in der räumlichen Ausdehnung des Buches oder des Operationstisches einer Sprache gewährleistet ist, die fortan in ihrer A-Topie – griechisch: »Sonderbarkeit, Verkehrtheit, Widerspruch«[34] – jegliche Art von ort- und gestaltlosen Zwitterwesen zusammenzunähen imstande ist. Normalerweise könnten sie sich nie treffen – »außer in der immateriellen Stimme, die ihre Aufzählung vollzieht, auf der Buchseite, die sie wiedergibt. Wo könnten sie nebeneinander treten, außer in der Ortlosigkeit der Sprache? Diese aber öffnet stets nur einen unwägbaren Raum <*un espace impensable*>, wenn sie sich entfaltet«[35]

Die »Haltung des Menschen vor dem Unbekannten« (»Actitud del hombre ante lo desconocido«[36]), die gemäß einem der Begründer der neueren Kolumbusforschung durch das Auftauchen Amerikas zutage tritt, ist in den ersten Jahren dieser Begegnung natürlich fern von so radikaler Konsequenz. Die ›Entdeckung‹ der Grenzen des Textes ist ebenso wie die Entdeckung Amerikas ein langwieriger Prozess, der in den Augen vieler vielleicht bis heute noch nicht abgeschlossen ist[37]. Ganz zu Beginn dieses Prozesses werden der »vorgebildete Quichote« und selbst viele seiner – von der Welt des Neuen behexten – Nachfolger in einem prophetischen Enthusiasmus versuchen, das in der Welt Gefundene in eine Tradition einzuordnen, selbst wenn sie entlegen, wenig zuverlässig oder phantastisch anmutend ist, um den Glauben an die Richtigkeit der Autoritäten nicht gänzlich aufgeben zu müssen. Auch darin gleichen sie Foucaults fahrendem Ritter. Denn der muss ja ebenfalls Zeichen mit Realität füllen, ohne über die nötigen Inhalte zu verfügen (»Don Quichotte, lui, doit combler de réalité les signes sans contenu du récit«). Und genau daraus ergibt sich auch die skurrile Wirklichkeitsferne seiner Taten: »Sein Abenteuer wird eine Entzifferung der Welt sein, ein minutiöser Weg, um an der ganzen Oberfläche der Erde Gestalten aufzulesen, die zeigen, daß die Bücher die Wahrheit sagen. Don Quichotte liest die Welt, um die Bücher zu beweisen«[38].

Nicht grundlegend anders wird es den unfreiwillig zu solchen getauften ›Indianern‹ ergehen, die – unabhängig davon, ob es sich um die grundverschiedenen Kulturen der Maya, der México oder der Bewohner des andinen *Tahuantinsuyu* handelt – in ihrer Mythologie nach Prophezeiungen für das Eindringen fremder Götter suchen, um den Hereinbruch des Unbekannten, der für sie zugleich das Ende ihrer Zivilisation bedeutet, in ihre Überlieferungen einordnen zu können[39]. Indem der mit dem Unbekannten konfrontierte Mensch die neu zu *entdeckende* Welt in Texten der Überlieferung wieder*zufinden* sucht, die nun keine Gewalt mehr über die Dinge besitzen, begibt auch er selbst, wie die neuere Forschung darzulegen nicht müde wird, sich auf das Gebiet der Fiktion. Durch das scheinbare *Finden* des Bekannten in der von der Wirklichkeit divergierenden Textüberlieferung *erfindet* er eine Welt, die es außerhalb seiner eigenen Phantasie gar nicht gibt, statt sie zu *entdecken*. Da aber das Unbekannte in seiner Fülle schon für Kolumbus, und noch viel mehr für die uns überlieferten Autoren in seiner Nachfolge, die das Neue der sogenannten ›Neuen Welt‹ anerkennen, mit Hilfe des tradierten Vorstellungs- und Wortvorrats nicht mehr zu bändigen ist, müssen neue Vorstellungen (*imagines*) ebenso wie neue Bezeichnungen (*verba*) *erfunden* werden, um der unbekannten Realität (den *res*) gerecht zu werden.

Entdecken ist *Finden* ist *Erfinden* – doch ist damit jeder *Entdecker* ein *Erfinder*? Oder jeder *Erfinder* ein *Entdecker*? In mehrfacher Hinsicht ist dies Aufeinanderstoßen und Sich-Ineinander-Verstricken von gewöhnlich klar abgegrenzten oder sogar einander ausschließend gegenüberstehenden Begriffen höchst frappierend und beunruhigend. Der alte, alle drei Bedeutungen umschließende Begriff, das lateinische *invenire*, erlaubte noch das etymologisch bereits in ihm enthaltene ›Ineinanderkommen‹ von Wort, Bild und Ding, weil sowohl das Entdecken als auch das Erfinden stets als Fund von etwas bereits Vorhandenem oder zumindest als möglich Erachtetem darstellte und somit die Autorität des Textes stützte: nicht zufälligerweise besitzt *invenire* auch die Bedeutung »an einer Textstelle finden«[40]. Wie jedoch verhält es sich, wenn der Finder auf etwas stößt, das er an keiner Textstelle der Schrift mehr finden kann? Das alte Kontinuum des *invenire*, das zwischen Autorität und Wirklichkeit noch nicht unterscheidet, muss am Einbruch dieses Unbekannten zugrunde gehen – des ›Neuen‹ oder des ›Anderen‹, um einen spätestens seit Tzvetan Todorovs Buch hinsichtlich des ersten Kontakts zwischen der ›Alten‹ und der (schwerlich weniger alten) ›Neuen Welt‹ nicht mehr zu umgehenden Begriff zu verwenden. Ohne in einen Monokausalismus verfallen zu wollen, lässt sich am untrennbar mit der ›Entdeckung‹ Amerikas in Verbindung stehenden Begriff des *invenire* bzw. der *inventio* und seinem zu dem der Welt-Prosa parallelen Zerbrechen anschaulich herleiten, wie sehr im Anschluss an die Überfahrt des Kolumbus die Menschen beiderseits des Atlantiks mit einer Fülle von ihnen nicht Überliefertem und daher auf nicht in selbstverständlicher Weise zu Benennendem und Beschreibendem konfrontiert wurden und dies einschneidende Folgen für das Welt-, Wissens-, Sprach- und Textverständnis hatte.

Um die hier in stets neuem Gewande immer wieder auftauchende, zentrale Fragestellung noch einmal zu formulieren: was geschieht, wenn das Vorgefundene bislang weder als Idee noch als Begriff existierte und somit als etwas ›Neues‹ in den vorgeschriebenen Welttext eindringt? Je nachdem, ob das Gefundene unabhängig vom Finder bereits existent war oder von diesem selbst neu in die Welt gebracht wurde, spricht man von ›Entdecken‹ oder

›Erfinden‹; eine Dichotomie, die sich im Verlaufe des auf die ›Entdeckung‹ Amerikas folgenden Jahrhunderts erstmals herausbildet, aber erst im Zeitalter des Geniegedankens zusehends mit dem Kriterium der Originalität in Verbindung gebracht und vom (unoriginellen und geniefreien) ›Finden‹ abgespalten sowie straff systematisiert wird; am deutlichsten wohl von Immanuel Kant, dessen Definition seit 1798 den dominierenden Erfindungs- und Entdeckungsbegriff bis heute prägt.

VON DER ORIGINALITÄT DES ERKENNTNISVERMÖGENS ODER DEM GENIE

Etwas e r f i n d e n ist ganz was anderes als etwas e n t d e c k e n. Denn die Sache, welche man e n t d e c k t, wird als vorher schon existierend angenommen, nur daß sie noch nicht bekannt war, z. b. Amerika vor dem Kolumbus; was man aber e r f i n d e t, z. b. das S c h i e ß p u l v e r, war vor dem Künstler, der es machte, noch gar nicht bekannt. Beides kann Verdienst sein. Man kann aber etwas f i n d e n, was man gar nicht sucht (wie der Goldkoch den Phosphor), und da ist es auch gar kein Verdienst.

– Nun heißt das Talent zum Erfinden das G e n i e.[41]

Nicht nur die merkwürdig widersinnige Logik, das Entdeckte sei »existierend«, aber »noch nicht bekannt« gewesen; das Erfundene hingegen »noch gar nicht bekannt« (müsste es konsequenterweise, um den Gegensatz aufrechtzuerhalten, nicht heißen: noch gar nicht existierend?), wirft in dieser Definition noch genauer zu präzisierende Zweifel auf. Ein Problem ergibt sich insbesondere aus der Frage, ob Amerika so selbstverständlich »als vorher schon existierend angenommen« werden kann, wie hier proklamiert wird. Denn obwohl die Gebiete, die wir heute als amerikanischen Kontinent bezeichnen, bereits seit mehreren Jahrtausenden besiedelt waren, existiert selbst auf indigener Seite keine Weltkonzeption, die das Land als eigenständigen Erdteil (*pars mundi*) oder sonstwie fassbare Einheit ausgäbe, als ›Die Idee Amerikas‹, wie es später heißen wird – in vergleichbarer Form etwa wie Europa für seine Bewohner seit der griechischen Geschichte von einem liebestollen weißen Stier und einem geraubten Mädchen. Müsste Amerika insofern nicht erst einmal als Idee, als identifizierbare Einheit *erfunden* werden, bevor es möglich wäre, es zu entdecken? Ist schließlich das »Entdecken« von etwas, das »bislang noch nicht bekannt« ist, nicht ein rein subjektiver, rein auf die Perspektive eines Individuums oder einer Gruppe von Individuen beschränkter Akt, der über diese hinaus dem Anspruch einer die gesamte Menschheit einschließenden Universalität, wie ihn der Ausdruck »*Die* Entdeckung Amerikas« beansprucht, keineswegs gerecht werden kann? Welche Notwendigkeit besaß etwa der plötzlich zu ›Indianern‹ erklärte Teil der Menschheit, ein von ihm selbst seit zahllosen Generationen bewohntes Land, das heute Amerika heißt, als etwas noch nicht Bekanntes zu ›entdecken‹? Wäre das für diese Menschen ›Neue‹, zu ›Entdeckende‹ nicht viel eher die Welt des vermeintlichen ›Entdeckers‹? Wie bereits Lichtenberg in einem seiner Aphorismen bemerkte: »Der Indianer, der den Kolumbus zuerst entdeckte, machte eine böse Entdeckung«[42].

I.2. *Inventio* und *copia*: Textfülle, Textauswahl, Textgattungen

Im Lichte der vorausgegangenen Reflexionen wird begreiflich, dass jenseits der vieldiskutierten Fragen nach dem Umgang des Europäers mit der Welt des Anderen; nach den Wurzeln des neuzeitlichen Kolonialismus und ›Eurozentrismus‹; nach den Ursprüngen einer ihre Grenzen überschreitenden, globalisierten Gesellschaft, die mit der Kolonisierung Amerikas und dem habsburgischen Reich, in dem die Sonne nicht untergeht, ihren Anfang nimmt, der Prozess der *inventio* Amerikas für das europäische Bewusstsein einschneidender ist als häufig angenommen. Wenn, wie hier skizziert, im Verlaufe des 16. Jahrhunderts im Angesicht des Neuen und Nicht-Mehr-Lesbaren Amerikas eine Weltkonzeption zerbricht, die sich gleichermaßen in der Auflösung der Einheit von Schrift und Wirklichkeit und dem mit ihr (als Im-Text-Finden) verbundenen Begriff des *invenire* manifestiert und dabei die für das Selbstverständnis der Neuzeit zentralen Termini des Entdeckens und Erfindens ihre Geburt erfahren, dann müsste diese ›Hereinkunft‹ (*in-ventio*) Amerikas sowohl innerhalb der Reflexionen der Zeitgenossen als auch der folgenden Jahrhunderte die zentrale Position einnehmen, welche die allgemeine Kanonisierung des 12. Oktober 1492 als Tag der Hereinkunft der Neuzeit in Schulbüchern und Geschichtsatlanten erwarten lässt.

Erstaunlicherweise ist jedoch das Gegenteil der Fall. Insbesondere in den Diskussionen der Denker des 16. Jahrhunderts stößt die Neue Welt auf ein eigenartig geringes Interesse.[43] Noch Jahrzehnte nach Kolumbus finden sich Weltkarten, in denen die Neue Welt nicht verzeichnet ist. In den Schriften des Erasmus von Rotterdam sticht die Neue Welt in erster Linie durch ihre Abwesenheit hervor. »Weder Erasmus noch die überwältigende Mehrheit seiner Zeitgenossen beschäftigte der Orbis Novus besonders«[44], bemerkt etwa der Erasmus- und Las-Casas-Forscher Marcel Bataillon. Trotz der Verweise auf Schriften wie Montaignes Essais *Des cannibales* und *Des coches*, auf Shakespeares zyklonisches Karibikszenario mit seinem Ureinwohner Caliban – Anagramm von ›caníbal‹ –, trotz der bedeutenden Rolle Amerikas in den Werken Francis Bacons lässt sich die literarische und philosophische Geschichte des 16. und frühen 17. Jahrhunderts oft lesen, als sei die Neue Welt nicht existent. Höchst selten sind die zeitgenössischen Denker, die, wie Giordano Bruno, den von ihm beschworenen Bruch mit der finsteren Epoche des Aristotelismus und des Christentums und die Hereinkunft eines Neuen Zeitalters auch mit der einer Neuen Welt in Verbindung bringen. Dies ist zumindest zutreffend für die Schriften der Autoren, die im Kanon des Wissens traditionell das größte Gewicht besitzen. Dennoch finden sich im Herrschaftsgebiet des auf Amerika ausgedehnten spanischen Königreichs überaus zahlreiche Reisende und Gelehrte, die sich mit den Gebieten ›West-Indiens‹ in den verschiedenen Disziplinen des Wissens, der Philosophie, Theologie, Kosmographie, Naturgeschichte, Sprach- und Zeichentheorie auseinandersetzen. Vom 16. Jahrhundert zunächst teils emphatisch rezipiert, dann als periphere Autoren übergangen – als Abenteurer, erbauliche Missionare und Hofgeschichtsschreiber, zudem meist nur in spanischer Sprache lesbar und in wenigen Fällen in andere übersetzt – wurden die *Cronistas de Indias* schließlich, wie Alexander von Humboldt in seinen *Kritischen Untersuchungen* einmal anmerkte, zu einem »gänzlich vernachlässigten Teil der spanischen Literatur«[45]. Eine Beobachtung, die nichts an Gültigkeit verloren hat – und zwar in dem Maße, dass Humboldts eigenes, diesen Texten gewidmete Werk ebenfalls so vernachlässigt wurde, dass es erst 2009, also 150 Jahre nach dem Tod überhaupt wieder eine Auflage in deutscher Sprache erfuhr[46]. Und doch sind diese Chronisten von einer zum Teil frappierenden Aktualität und zum Teil den Forschungen europäischer Denker um Jahrhunderte voraus. Wenn man, um mit den Worten Humboldts zu sprechen, »ihre Werke – besonders die von *Acosta, Oviedo* und *Garcia* – mit den Untersuchungen neuerer Reisenden vergleicht, so erstaunt man, häufig den Keim der wichtigsten physischen Wahrheiten in den spanischen Schriftstellern des sechzehnten Jahrhunderts schon vorzufinden«[47]. Ja, Humboldt wirft sogar eine noch weitergehende These auf:

> Niemals hat eine rein die Körperwelt betreffende Entdeckung, durch Erweiterung des Gesichtskreises, eine außerordentlichere und dauerhafte Veränderung in geistiger Beziehung hervorzurufen vermocht: damals endlich wurde der Schleier gehoben, hinter welchem Jahrtausende hindurch die andere Hälfte der Erdkugel verborgen gelegen hatte, ähnlich jener Hälfte des Mondkörpers, die, trotz der unbedeutenden, durch die Oscillationen der *Schwankung* hervorgerufenen Bewegungen, so lange den Bewohnern unserer Erde unbekannt bleiben wird, als der gegenwärtige Zustand unseres Planetensystems nicht wesentlichen Veränderungen unterworfen sein dürfte[48].

Ist für Humboldt, wie er in seinem *Kosmos*[49] festzustellen wusste, die Begegnung mit der Neuen Welt Grundlagen dessen, was man gewöhnlich das ›neuzeitliche Weltbild‹ nennt, so bezieht er sich, wie diese Zeilen und ihre wissenschaftsgläubigen Enthüllungsmystik wohl recht offenkundig zeigen, vor allem auf die naturwissenschaftlichen, geographischen und kosmologischen Entwicklungen. Was für Leser des 21. Jahrhunderts dagegen den »eigenthümlichen Reiz«[50] dieser Texte ausmacht, ist nicht nur der Umstand, dass sich in ihnen die Grundlage des ›neuzeitlichen Weltbilds‹ manifestiert – im geographischen und kosmologischen aber auch in dem metaphorisch-tautologischen Sinne, den Heidegger in seinem Aufsatz »Die Zeit des Weltbilds«[51] als die eigentliche Essenz der Neuzeit angegeben hat. Sondern vor allem auch, dass die sich durch sie auftuenden Brüche mehr als nur auf die »physischen Wahrheiten« erstrecken, nämlich eine Wende im Selbstverständnis der bisher rein auf Europa ausgerichteten westlichen Welt mit sich bringen.

Denn die Werke der ersten Chronisten sind selbst die lebendigste Widerlegung der humboldtschen These, die neue Welt sei »ähnlich jener Seite des Mondkörpers«, die dem Blick des europäischen Astronomen verborgen bleibt, eine bloße geographische Einheit, die von einem europäischen Entdecker ihres Schleiers beraubt werden musste; eine zu »enthüllende« Einheit, bei der die Tatsache völlig nebensächlich zu sein scheint, dass sie von Menschen bewohnt ist, die von ihrer eigenen Existenz und der ihres Lebensraum bereits ohne jegliche »Enthüllung« durch Europa hinreichende Kenntnis besaßen. Obwohl vor dem Hintergrund des spanischen Imperialanspruchs vorgebracht, gehen die *Crónicas de Indias* auch über Humboldts eigene, in dieser Hinsicht doch recht weitgehend auf die europäische Sichtweise festgelegten Erkenntnisse[52] hinaus. In vielerlei Hinsicht erkennen diese Schriften erstmalig die Bedeutung und Größe einer Neuen Welt, die sich nicht allein auf das europäische Vorbild reduzieren lässt. Ihr Zusammenstoß mit der sogenannten Alten bedeutete für die Bewohner dieser Welt einen Zusammenbruch des gesamten Bildes vom Kosmos. In der Geschichte eines ›Abendlandes‹, das sich als solches noch nicht einmal zu begreifen begonnen hat (zumindest nicht in jener ›christlich-abendländischen‹ Verklärung, in der Konservative den Begriff seit zweihundert Jahren im Angesicht des Fremden verwenden[53]) und sich nun von andern ›Kulturkreisen‹ abzugrenzen versucht, verursacht die Hereinkunft jenes unerwarteten ›neuen Kreises‹ (*orbis novus*), ganz im Gegensatz zur vorherrschenden Gleichgültigkeit vieler europäischer Denker, für diese seine ersten Beobachter einen der größten Einschnitte in der Geschichte des Universums – eine Art zweiten Schöpfungsakt. So etwa im berühmten Anfangssatz der Chronik von Francisco López de Gómara – in Vorwegnahme des humboldtschen Diktums, aber eben ohne dessen Beschränkung auf die Naturwissenschaft: »Das größte Ereignis nach der Erschaffung der Welt, mit Ausnahme der Fleischwerdung und des Todes ihres Schöpfers, ist die Entdeckung von Las Indias; und so nennt man diese die Neue Welt« (»la mayor cosa despues de la creacion del mundo, sacando la encarnacion, y muerte del que lo crio, es el descubrimiento de Indias; y assi las llaman Mundo nuevo«).[54]

Den Anfang macht in dieser Reihe ein italienischer Humanist in spanischen Diensten, Pietro Martire d'Anghiera. Sein Werk verfasste er in lateinischer Sprache unter dem Titel *De orbe novo decades octo*, zuweilen auch gedruckt als *De insulis nuper inventis*. Ähnlich den von der spanischen Krone beauftragten offiziellen Chronisten wie Antonio de Herrera y Tordesilla oder Juan López de Velazco und dem im Geiste der italienischen Renaissance gebildeten Gómara hat er selbst die von ihm beschriebenen Gebiete mit eigenen Augen nie gesehen. Diese Chroniken und Berichte fußen jedoch nicht allein auf Hörensagen oder dem Seemannsgarn, sondern entstehen in unmittelbarer Rezeption der ersten Textzeugnisse, die von Augenzeugen während oder nach längeren Aufenthalten in der Neuen Welt verfasst wurden: beginnend mit den eigenen Aufzeichnungen und Briefen des Christoph Kolumbus. Diese Werke bilden notwendigerweise die unmittelbarste Auseinandersetzung mit dem Phänomen der Neuen Welt und den sich aus ihr ergebenden philosophischen, theologischen und kosmologischen Problemen. Probleme, die der in vorsichtiger Diplomatie agierende Peter Martyr zum Teil durch die lateinische Fassung seiner Chronik zu umgehen in der Lage ist. Denn ob die Inseln des Titels nun ›neulich‹ im Sinne von etwas kürzlich Geschehenem oder von etwas grundsätzlich ›Neuem‹ auftauchten, ob sie ›gefunden‹, ›entdeckt‹, ›erfunden‹, ›erworben‹ oder gar vorher von Kolumbus ›im Text gefunden‹ wurden, geht aus dem Titel *De insulis nuper inventis* aufgrund der Polysemie des lateinischen *invenire*[55], das offensichtlich in der lateinischen Welt solche Interpretations- und Differenzierungsschwierigkeiten noch nicht bereitete, nicht eindeutig hervor. Ebensowenig ist die Identität des ›Kreises‹ im Titel *De orbe novo* genauer definierbar – ob es sich also um eine gegenüberliegende Hemisphäre, einen ›neuen *orbis terrarum*‹ im geographischen Sinne einer weiteren Landinsel handelt, um eine ›Welt‹ im ökumenischen Sinne des Wohnraums eines ›neuen Menschengeschlechts‹, um eine metaphorische ›Neue Welt‹ im Sinne eines unbekannten Erfahrungsraums oder aber um eine all diese Punkte pars pro toto einschließende Neufassung des Weltbildes, um eine erneuerte Kosmoskonzeption. Fragen, welche die nachfolgenden Chronisten im Verlaufe des 16. Jahrhunderts immer weniger in der von Peter Martyr so ingeniös bewahrten Schwebe halten können – nicht zuletzt auch angesichts ihres zusehends volkssprachlichen Begriffsapparats.

Zählt man zu den Werken des ersten amerikanischen Jahrhunderts sämtliche Texte aus *Las Indias*, die nach der Fahrt des Kolumbus entstanden, ergibt sich eine äußerst voluminöse und in ihren vollen Ausmaßen nicht restlos zu überschauende Ansammlung von Texten verschiedenster Gattungen, Verwendungszwecke und Adressaten: vom Bordbuch (Kolumbus) und den spanischen (Cortés, Nuñez Cabeza de Vaca), italienischen (Vespucci, Verazzano), portugiesischen (Vaz de Caminha), französischen (Théodore de Bry, André Thevet), englischen (Sir Walter Raleigh) oder deutschen (Hans Staden, Ullrich Schmidl) eigenhändigen Reisebeschreibungen und von Rechenschaftsberichten an den Herrscher (die Briefe von Kolumbus und Cortés) bis zur offiziell vom Herrscher in Auftrag gegebenen Geschichtsschreibung (Oviedo, Herrera, López de Velazco, Tribaldo de Toledo). Von nach Augenzeugenberichten und anderen Chroniktexten kompilierten Gesamtbeschreibungen in lateinischer (Peter Martyr, Blas Valera) oder spanischer (López de Gómara) Sprache über in Opposition zu den offiziellen Chroniken auf die eigenen Zeugenschaft pochenden Erfahrungsberichte (Díaz del Castillo) bis hin zu den das Wissen ordnenden, philosophisch-theologisch (Acosta, Las Casas) oder naturgeschichtlich (Fernández de Oviedo) orientierten Enzyklopädien; bis hin zudem zu den ersten Werken, die das verschwindende indigene Erbe, teils bis hinein in die Originalsprache, enzyklopädisch festzuhalten (Sahagún, Motolinía) oder aber zum Zwecke der Ausrottung zu porträtieren suchten (Durán). Schließlich von Inventarlisten, Gerichtsprotokollen, Testamenten, Stadtratssitzungen (den *Actas de cabildo* der Kolonialstädte seit dem Tag ihrer Gründung) über Versepen (Ercilla y Zúñiga, Juan de Castellanos) und Geschichtsschreibung mit fiktionaler Erzählung vermischenden Berichten (Inca Garcilaso de la Vega). Diesen Texten gegenüber stehen die wenigen überlieferten indigenen Berichten über das Eindringen der Spanier, die ihr eindrucksvollstes Zeugnis in der gewaltigen Chronik von Guaman Poma de Ayala erfahren: zum Teil in einer Art ›Pidgin-Spanisch‹ geschriebenem Text, zum Teil eine Sammlung ganzseitiger Bilder. Eine sehr vollständige, fast enzyklopädische Charakterisierung der Texte dieser »Historiographie von Las Indias« hat der spanische Crónicas-Forscher Francisco Esteve Barba geliefert[56].

Anhand einer Auswahl aus den für die zuvor skizzierten Kernprobleme zentralen *Crónicas de Indias* soll *De inventione orbis novi* – immer ausgehend von dem zugrundeliegenden Begriff der ›Invention‹, die hier zunächst noch nicht ihre Aufspaltung erfahren hat – herleiten, welche Auswirkungen, welche Widerspiegelungen das Unbekannte, das Hereinbrechen einer aus der Sicht des Betrachters ›neuen‹ Wirklichkeit sich in diesen Zeugnissen findet; wie die von der ersten Reise des Kolumbus an entstandenen Texte aus der

›Neuen Welt‹ zum ersten Male die Wirklichkeit Amerikas schriftlich verarbeiten. Diese Auswahl, die versuchen wird, einen Zugang zu jener schwer zu bändigenden Vielfalt von Zeugnissen aus und über Amerika zu schaffen, bietet zugleich einen selektiven Überblick ebenso über verschiedene geographische Zonen wie über die zeitliche Entwicklung des Schreibens in der Neuen Welt, wobei ein Schwerpunkt auf dem Karibikraum und Peru liegt. Das zeitliche Gravitationszentrum ist das auf die Fahrt des Kolumbus folgende Jahrhundert bis ca. 1620, also bis zu einem Moment, an dem sowohl die erste autochthone ›indianische Chronik‹ in spanischer Sprache von Guaman Poma in Amerika (ca. 1615) entstanden ist als auch in Europa eine der kanonisierten Gründungsschriften der Neuzeit, das *Novum Organum* Francis Bacons (1620).

Die unmittelbaren Schwerpunkte der folgenden Untersuchung sind:
1. Die ersten Zeugnisse von den Seefahrern, die den Prozess der ›Entdeckung‹ bzw. ›Erfindung‹ Amerikas umreißen, insbesondere die Schriften von Kolumbus und Vespucci sowie die ersten Reaktionen in Europa, unter ihnen die päpstliche Bulle *Inter Caetera*, die *Cosmographiae introductio* des Martin Waldseemüller und die über mehrere Jahrzehnte verfassten *De orbe novo decades* des Peter Martyr.
2. Die ersten großangelegten Versuche, das gewonnene Wissen über die Neue Welt systematisch und enzyklopädisch zu ordnen: die erste spanischsprachige Chronik, Hernán Pérez de Olivas *Historia de la Inuención de las Yndias, y de la conquista de la nueva España* von 1525; das Werk von López de Gómara (1552), Gonzalo Férnandez de Oviedo (entstanden zwischen 1534 und 1556), Bartolomé de las Casas (um 1552) und Joseph de Acosta (1590).
3. Die rückblickende »Sicht der Besiegten«: die ersten indigenen oder mestizischen Chronisten aus Peru, die den andinen und europäischen Kosmos zu einer eigenen Weltsicht verbinden: das Werk von Inca Garcilaso de la Vega – *La Florida* (1605) und *Comentarios Reales de los Incas* (1609); von Guaman Poma de Ayala – *Nueva Corónica y buen gobierno* (ca. 1615).

Welche Gestalt haben diese ersten Texte Amerikas und welcher Textgattung, welchem Genre, ja, welcher Wissensdisziplin sind sie zuzuordnen? Um diese Texte in ihrer ungeordneten Fülle – der *cornucopia*, dem Füllhorn, das für die Autoren des 16. Jahrhunderts noch keine lästige Überfrachtung, sondern ein Ideal darstellt – sortierbarer und für die Untersuchung disponierbar zu machen, wurden von der Forschung einige grundlegende, aus den zeitgenössischen Textgattungen hervorgehende und zum Teil bereits im Werktitel angelegte Kategorien wie *carta-relación, relación, historia* oder (im 16. Jahrhundert weitgehend synonym mit letzterer) *crónica* erstellt[57]. Auch wurden verschiedene Versuche der Klassifizierung nach ›Diskurstraditionen‹, ›Gattungen‹ und ›Texttypen‹ unternommen[58]. Als sinnvoll hat es sich auch erwiesen, die Texte angesichts ihrer in vorausgehenden Jahrhunderten noch kaum denkbaren Vielfalt an Autoren aller sozialen und Bildungsschichten nach der Bestimmung der Schriftzeugnisse einzuteilen: etwa nach schreibenden Conquistadoren und Gelehrten, nach privaten und offiziell beauftragten, nach geistlichen und weltlichen Chronisten. Wie etwa der mexikanische Forscher José Rabasa dargelegt hat, sind die zeitgenössischen Textgattungen zudem von der politischen, religiösen und gesellschaftlichen Legitimierung und Positionierung der Chronisten abhängig und bilden insofern nicht nur von textuellen (formalen oder inhaltlichen, ästhetischen oder rhetorischen) Faktoren, sondern auch vom sozialen Status des Autors determinierte Klassifizierungen.[59]

Da die folgende Untersuchung Texte aus verschiedenen der angesprochenen Gattungen versammelt, vom Brief an den König bis zur epischen Dichtung, soll hier die summarische und undifferenzierte, aber zumindest auf eine gewisse Tradition zurückblickende Bezeichnung *Crónicas de Indias* als Überbegriff für all diese Texte verwendet werden – und zwar selbst wenn, gemäß den von Mignolo unternommenen historischen Unterteilungen, die Briefe des Kolumbus oder Hernán Cortés zu keinem historischen Zeitpunkt als »Chronik« im engeren Sinne galten. Zum einen transportiert der im Wort enthaltene Ursprung der Zeitlichkeit, des χρόνος, die am ehesten neutrale Konnotation des ›Zeitzeugnisses‹ außerhalb von Gattungskategorien wie Geschichtsschreibung und Literatur, wie Sachtext oder Fiktion; zum anderen scheint mir ein all diese Texte über ihre Gattungs-, Typus- und Diskursunterschiede vereinender Zusammenhang zu existieren, der sie zugleich auch von den übrigen zeitgenössischen Quellen sowohl philosophischer als auch literarischer und sogar juristisch-administrativer Art absetzt: die Konfrontation mit einer bislang noch nicht beschriebenen und daher nicht selbstverständlich beschreibbaren Realität; die Interpretation und Reinterpretation des Kosmos angesichts der in ihn einbrechenden Andersheit und die dazu verwendeten sprachlichen und textlichen Verfahren. Kurz: Die »Haltung des Menschen vor dem Unbekannten«.

In dieser Funktion haben die Texte, die in Europa traditionell als historiographische und damit Datenquellen für das Jahrhundert der Conquista dienten, in heutigen Tagen ihre Funktion als Werke der Geschichtsschreibung, als die sie ursprünglich oft konzipiert waren, bis zu einem gewissen Grade eingebüßt und sind selbst dem Gebiet der Literatur zugeschlagen worden. Gerade die gravierenden Unterschiede, welche ein halbes Jahrtausend zurückliegende Schriften bezüglich des Verständnisses von Wirklichkeit, Wahrheit und Wahrscheinlichkeit aufweisen, lassen es als müßig erscheinen, die Chroniken distanzlos als Faktenquellen im Sinne der positivistischen Geschichtsschreibung zu betrachten und sie nach dem Kriterium einer historischen Wahrheit zu beurteilen. Eine der scharfsinnigsten Beobachtungen zu diesem Punkt hat bereits 1940 Edmundo O'Gorman getroffen:

> Generell gesprochen, lässt sich behaupten, dass die Texte, die man historische Quellen nennen kann, von seiten unserer Geschichtsschreiber zwar gewiss einer seriösen und intensiven Kritik unterzogen wurden, diese jedoch unzureichend ausgerichtet war. Es findet sich grundsätzlich eine Tendenz, sie – um eine ausdruckstarke Metapher heranzuziehen – als Minen zu betrachten, aus denen gewisse Daten und Nachrichten an den Tag befördert werden können. Das Mindeste, das man heute diesbezüglich sagen kann, ist, dass dies eine völlig uneffiziente Position ist, und sei es allein, weil diese Texte auch als eigenständige Gesamtwerke zu deuten sind. Man kann nicht mehr darüber hinwegsehen, dass ein Buch, ein Text, eine Quelle, ebenso die Antwort auf einen Willen sind, der seinerseits auf einer unbestimmten Serie von Voraussetzungen ruht. Aus diesem Grund besagt ein Buch viel mehr als das, was sich aus einer fragmentarischen Analyse ableiten lässt. Diese Voraussetzungen formen einen unerschöpflichen historischen Komplex, so unerschöpflich wie die Wirklichkeit selbst, und in diesem Komplex können wir dank der Behandlung von Texten als Gesamtwerken diejenigen von ihnen ausfindig machen, die für uns fundamental sind, und auf diese Weise das Geheimnis und den Schlüssel dessen besitzen, was dieser Text für uns an Fundamentalem enthält[60].

Mehr als eine Analyse von geschichtlichen Fakten im Sinne einer unmittelbaren Realität sollte die heutige Arbeit mit diesen Texten daher eher den Versuch zum Inhalt haben, die aus ihnen sprechende Interpretation der Wirklichkeit und die zu diesem Zwecke verwendete sprachliche Form der Darstellung zu betrachten. Aus dieser Blickrichtung ergibt sich eine grundsätzlich andere Lesart der Chroniken als die, welche für einen Historiker oder Anthropologen verbindlich wäre. Es geht nicht darum, aus den Texten die historische Wahrheit abzuleiten, sondern vielmehr darum, zu untersuchen, wie sich die Chronisten den Dingen der Neuen Welt in ihrer Fremdheit nähern. Der heute vielfach formulierte Vorwurf an Kolumbus und die ersten *Cronistas de Indias*, nicht die Neue Welt *entdeckt*, sondern eine der Alten ähnliche auf der Basis ihrer eigenen Vorstellungswelt *erfunden* zu haben, verliert in diesem Lichte seinen Sinn. Grundsätzlich stellt sich in diesem Rahmen die Frage, bis zu welchem Punkt die ›Entdeckung‹ von Wahrheit, die Darstellung von Wirklichkeit und ihre wissenschaftliche oder philosophische Deutung nicht grundsätzlich von einer Form der

›Erfindung‹ abhängt, die das Imaginarium erzeugt, auf Basis dessen die Erschließung von Wirklichkeit überhaupt erst möglich wird, oder, wie Lezama Lima bezüglich seiner Konzeption der »imaginären Weltalter« unterstreicht: »Eine Technik der Fiktion wird unumgänglich sein, wenn die historiographische Technik die Herrschaft ihrer Genauigkeit nicht errichten kann. Eine Verpflichtung fast, das noch einmal zu erleben, was man nicht mehr genau angeben kann.«[61]

I.3. A-Topien, U-Topien: Die Magnetisierung des Unbekannten

Als das für die genannten Autoren anfangs schwer eingrenzbare Zentrum all dieser Texte ergibt sich das Phänomen des Unbekannten, seine Unfassbarkeit ebenso wie die Notwendigkeit, es zu deuten und zu ordnen. Die Einzigartigkeit dieses Vorhabens in der bisherigen europäischen Geistesgeschichte – zumindest in dieser massiven Form, die vereinzelte Reiseberichte aus einer Welt des Wunderbaren weitaus übersteigt – grenzt die ersten Schriftzeugnisse aus Amerika in überraschend deutlicher Weise von der bisherigen Überlieferungstradition ab, und nicht weniger auch von den zeitgleich in Europa entstandenen Texten. Für viele lateinamerikanische Denker wie Pedro Henríquez Ureña[62] und José Lezama Lima wird vor diesem Hintergrund das Bordbuch des Kolumbus zum ersten nicht mehr auf ein europäisches Modell reduzierbaren Zeugnis lateinamerikanischer Literatur werden. Auf der Suche nach dem Urgrund einer lateinamerikanischen Identität stoßen sie immer wieder auf die Hauptobsession der Chroniken, ihre Haltung gegenüber dem Unbekannten, das so zum ›magnetisierenden‹ Urstimulus der lateinamerikanischen Literaturgeschichte schlechthin gerät: »Die Magnetkraft des Unbekannten ist auf der amerikanischen Seite unmittelbarer und begieriger. Das Unbekannte ist beinahe unsere einzige Tradition. Kaum erweisen sich eine Situation oder Worte für uns als unbekannt, sticht sie uns, packt sie uns«[63], so Lezama.

Die Zeugnisse der Findung Amerikas erweisen sich vor dem Hintergrund des *desconocido* und der sich aus der Konfrontation mit ihm ergebenden Reflexionen gleichzeitig aber als Marksteine einer Zivilisation, die man vielleicht hier zum ersten Male als ›die westliche‹ bezeichnen kann. So wie die homerischen Epitheta, wie das goldene Mykene, die rosenfingrige Eos, das weinfarbene Meer für Jahrtausende als poetische Fiktionen galten und mit Schliemann plötzlich wieder einen ungeahnten Wirklichkeitsstatus erhalten, gewinnt durch die Fahrt des Kolumbus eine Welt Gestalt, die bislang nur, sei es im Atlantis-Mythos oder der Fahrt des Odysseus zu den Antipoden bei Dante, eine imaginäre Möglichkeit, eine Spekulation darstellte. Auf diese Weise macht das Lauern auf das im geschriebenen Text Verheißene Kolumbus auch zu einem vorgebildeten Schliemann, der mittels eines kühnen Gebrauchs von Tropen (im rhetorischen Sinne) die Bewohnerinnen der karibischen Tropen (im ptolemäisch-kosmographischen Sinne) mit dem eines amerikanischen Homer würdigen Epitheton ausstattet: ›mit Haaren wie Pferdeseide‹.

Vom circa zwölften Jahrhunderten vor Christus bis ins vergangene Jahrhundert hinein lagen in der zum Wahnsinn reizenden Präzision der Archäologen die homerischen Epiteta, das wohlbefestigte Tiryns oder das goldene Mykene, auf einer Art schwimmenden Lauer, ähnlich der vom Morgengrauen durchspülten Seegurke. Bis schließlich Schliemanns Halluzination, ausgehend von der Betrachtung eines rechteckigen Grabes in Mykene mit den sterblichen Resten von neunzehn Personen, darunter zwei kleinen Kinder, plötzlich ihre Wurzeln im homerischen Epitheton fand:»Die Gesichter der Männer waren bedeckt mit Masken aus Gold, und auf der Brust trugen sie goldene Panzer. Zwei der Frauen trugen Bänder aus Gold auf der Stirn und eine ein prächtiges Diadem. Die zwei Kinder waren eingehüllt in Folien aus Gold«. <…> Vierunddreißig Jahrhunderte, um die Wahrhaftigkeit eines Epitethons zu beweisen. Und so begannen für uns Amerikaner die Wunder überzukochen, vom Schicksal des geheimnisvollen Admirals an, der in der Haarpracht der Indiofrauen so etwas wie Pferdeseiden erhascht.[64]

Der Einbruch der Realität in einen bislang der Imagination übereigneten Raum kann, wie im Falle des Kolumbus, zur rauschhaften Erfahrung des Wahrwerdens phantastischer Glücksversprechen werden. Das Unbekannte inkarniert sich als ein irdisches Paradies, als eine, wie es der paraguayische Romancier Augusto Roa Bastos nennt,»konkrete«, nicht bloß phantastische Utopie, die für ihn zugleich zum Ideal der lateinamerikanischen Literatur wird.

> Ich möchte mich <…> auf eine andere Art von Utopien beziehen. Nicht die, welche sich als etwas Fabelhaftes oder Phantastisches ausweisen, sondern die, welche als keimende Energie im Herzen des Wirklichen existieren, in der Natur der Dinge selbst. Diese Utopien existieren seit immer im feinen Lauf der Geschichte, auch wenn alles sie zu negieren scheint; sie bringen mit sich ihr Versprechen und ihre Wirklichkeit; sie generieren ihren eigenen Raum der Reife und Fülle. Solche Utopien sind

die *konkreten Utopien*, die sich in der komplexen Dialektik der Geschichte ereignen. Zu dieser Art von Utopien gehört die Entdeckung Amerikas: ein Ereignis ohne Vergleich in den Annalen dieses Jahrtausends, das radikal, auf Ebene des gesamten Planeten, die bislang vorherrschende Kosmovision veränderte und die Wahrheit der konkreten kopernikanischen ›Utopie‹ bewies, die – Zeitgenossin der Entdeckung – die alten Kosmovisionen zu Boden stürzte.[65]

»Der Funke des Traums war auf das Pulverkorn der Wirklichkeit gefallen« – »La chispa del sueño había caído sobre el grano de pólvora de la realidad«[66]: diese bemerkenswerte Umschreibung der Ankunft des Kolumbus, nach den Worten des mexikanischen Denkers Alfonso Reyes, verdichtet wohl am prägnantesten die »konkrete Utopie«, wie man sie in den ersten Chroniken findet. In mindestens vergleichbarer Intensität sind diese Texte aber auch das Zeugnis der Enttäuschung, welche das Unbekannte auslöst, wenn es sich nicht der ersehnten Utopie anzugleichen geruht. Der Einbruch der Realität wird dann zum bösen Erwachen, die Exaltation des Neuen weicht der Erkenntnis, dass ein Kosmos zerbrochen ist, den zu kitten alleine Gott noch imstande wäre. Zwischen diesen beiden Polen, zwischen Wunder und Wirklichkeit, Illusion und Desillusion versuchen die Chronisten ihre Texte als Mittlerinstanz zu setzen.

Immer wieder durch den Einbruch der Realität überrascht und zu Neuinterpretationen gezwungen, suchen die Chronisten etwas zu interpretieren, was sich auf Basis des Bekannten nicht mehr interpretieren lässt; etwas in den Autoritätstexten zu finden, was nie beschrieben wurde. In diesem Verfahren ähneln die Chronisten den »Wesen« der eingangs zitierten Verse Hugo von Hofmannsthals. »Was nie geschrieben wurde, lesen«[67] – dies paradoxe Verfahren, von Walter Benjamin zum Lemma seiner Theorie des Ähnlichen erkoren, könnte auch die Technik des Kolumbus und seiner Nachfolger beschreiben, die vorgefundene Wirklichkeit in eine schriftliche Tradition einzureihen, in der diese eigentlich erklärtermaßen nicht auftauchen dürfte. Indem die ersten Chronisten Amerikas für ihr europäisches Publikum die unlesbare Welt, die sich vor ihren Augen auftut, in Worte und Buchstaben zu fassen suchen, entwickelt sich in den Texten der *Crónicas de Indias* aber zugleich auch der genau umgekehrte Vorgang: ›Was nie gelesen wurde, schreiben‹. Das Auffinden der Andersheit einer ›neuen‹ Wirklichkeit bringt einen Prozess in Bewegung, der zwar einerseits mit dem Wiederfinden des Bekannten, das Finden des Arguments im Topos im Sinne der antiken Rhetorik zu operieren sucht. Doch präsentieren sich bereits die ersten schriftlichen Zeugnisse aus Amerika durch ihre Begegnung mit der Andersheit des Gesehenen, das sich auch in seiner sprachlichen Darstellung

39

niederschlägt, als eine eigenständige und bereits voll entwickelte Ausdrucksform – *expresión americana*, um es mit dem Titel von Lezama Limas epochaler Schrift auszudrücken –, die einen eigenartigen Schwellenplatz zwischen Geschichtsschreibung, Philosophie, Theologie und nicht zuletzt fiktionaler Erzählung einnimmt und so eine Gattung literarischer Zwitterwesen konstituiert. Oder, wie Mario Vargas Llosa die *Crónicas de Indias* einmal treffend benannte: eine »Hermaphroditen-Gattung«[68].

Al occidente van encaminadas
Las naves inventoras de regiones
Juan de Castellanos, Elegías de varones ilustres

II. Von der Erfindung der Neuen Welt

II.1. Jahrestage

Eines Tages in einem Taxi in Barcelona, als ich den reinsten aller spanischen Akzente zu imitieren glaubte, sagte mir der Fahrer: »Sie sind nicht von hier«. »Nein«, antwortete ich, wieder in meine ursprüngliche Aussprache verfallend, »ich bin aus Amerika«. »Ah!« rief er aus, »aus dem da, was Kolumbus entdeckt hat...«[1]

Ob in amüsanten Anekdoten wie der vorangestellten des chilenischen Schriftstellers Miguel Rojas Mix, ob in gelehrten Hypothesen oder in verbissen geführten Diskussionen des Grolls und der nie verheilten Wunden: Die Frage nach »dem da, was Kolumbus entdeckt hat« und die mit ihr verbundenen Aspekte – ob er Indien oder einen neuen Kontinent entdeckte, ob Kolumbus oder ein anderer ihn entdeckte, ob Kolumbus ihn entdeckte oder erfand, um die drei wichtigsten zu nennen –, scheint ein unerschöpfliches Interpretationspotenzial mit sich zu führen, das sich nach dem Gesetz der ewigen Wiederkehr des Gleichen im Jahrhundertzyklus unter variablen Vorzeichen in einer neuen Polemik entlädt.

Im Anschluss an die Reise des Kolumbus von 1492 dominiert der erste der drei genannten Aspekte, also gewissermaßen das Problem, das die Identität der *res*, der Sache an sich in sich birgt; die Diskussion, worum es sich bei »eso que descubrió Colón« überhaupt handelt: einen Teil Asiens? Einen neuen Kontinent (Südamerika)? Teil einer bislang unbekannten Halbinsel Asiens (Nordamerika)? In jenem Augenblick koexistieren vielfache Bezeichnungen für die *insulae nuper inventae*. Obwohl nationale, theologische und ideologische Interessen die Wahl der Namensgebung bestimmen, stellt eine Diskussion um den ›wahren‹ Namen in diesem Moment offenbar noch kein entscheidendes Problem dar. *Las Indias, Indias Occidentales, Indias del Mar Océano, América, Orbis* bzw. *Mundus Novus*, ja sogar *Colonia* (Fernández de Oviedo), *Columba* (Las Casas) und *Antillana* (Acosta), um nur einige von ihnen zu nennen, wechseln sich in den zeitgenössischen Texten ab und sind sogar in Kombination miteinander verwendbar: »die Entdeckung von *Las Indias*; und so nennt man diese *die Neue Welt*.«[2]

Zum ›Cuarto Centenario‹ von »eso que descubrió Colón« im Jahre 1892 ist die Frage nach dem Gegenstand der Gebiete inzwischen geklärt: Es handelt sich um eine vom Rest der zuvor bekannten Welt getrennte und unabhängige kontinentale Landmasse, die von Christoph Kolumbus ›entdeckt‹, also der bislang unwissenden Menschheit enthüllt und damit aus der Verborgenheit gerissen wurde. Das Problem zu Ende des 19. Jahrhunderts ist nun die Frage nach dem wahrhaftigen und legitimen Wort, das den neuen Kontinent bezeichnen soll. In diesem Kontext ereignet sich unter anderem eine Diffamationskampagne gegen Amerigo Vespucci – der Mythos vom Raub des rechtmäßig dem ›Entdecker‹ zustehenden Erbes der überseeischen Gebiete durch einen opportunistischen Usurpator. Castelar etwa betont. »Ein Abenteurer – Amerigo Vespucci – gab seinen obskuren Freibeuternahmen einem Kontinent, der unserer Kultur und unseren Streben enthüllt wurde durch den Einsatz dieses unsterblichen Mannes: Kolumbus.«[3] Bei der Suche nach dem rechten Wort stehen als Alternativen alle in den *Crónicas de Indias* gefundenen Namen zur Diskussion, selbst wenn sie historisch nie zuvor zum Tragen gekommen waren. Insbesondere in Spanien enthält die Ablehnung des Namens *América* aber auch eine Reverenz vor dem ›wahren‹ Entdecker und der von ihm gewählten ›wahren‹ Bezeichnung *Las Indias* – unabhängig davon, dass ihr ein geographischer Irrtum zugrunde liegt, der sie in ihrer Legitimität angreifbar macht.

> Diese Usurpation, denn so muss man es nennen, stammt weder aus Spanien noch fand sie jemals dort ernstliche Zustimmung, wo der Person und den Verdiensten des Admirals ihr Recht getan wird und jene weiten Länder mit den Namen Las Indias bezeichnet werden, die er ihnen in seinen ersten Berichten gab.[4]

Hinter diesem Respekt vor dem Admiral verbirgt sich auch eine nationalistische Absicht: der selbst nach dem Verlust der Kolonien aufrechterhaltene spanische Herrschaftsanspruch. Die Tatsache, dass durch den unter portugiesischer Flagge segelnden und in toskanischer Sprache schreibenden Florentiner Vespucci der spanische Anteil der Entdeckung in Verborgenheit gerät, zumal ein Deutscher – Waldseemüller – den Namen Amerika prägte und eine englischsprachige Nation sich unter diesem Namen als pars pro toto des ganzen Kontinents zu sehen begann, fordert eine Gegenreaktion. Kurz, im Namen Amerika »nimmt grundlegend die Verleugnung des Anteils Spaniens an seinem großen indianischen Werk ihren Anfang. Aus diesem Grunde ist für uns die Bezeichnung ›Indias‹ und ›indianisch‹ für den juristischen, philosophischen etc. Gebrauch, um mit Giménez Fernández zu sprechen, die angemessenste.«[5]

Nach Ablauf eines weiteren Jahrhunderts ist die Frage nach dem adäquaten *verbum* weitgehend übereinstimmend geklärt[6], und zwar unabhängig von der Legitimität Vespuccis. Auch wenn der Kontinent vielfach als ›missgenannt‹ (»mal-llamado«[7]) geschmäht wird, ist in Spanien und Lateinamerika anlässlich des »Quinto Centenario« im Jahre 1992 die Frage nach dem ›wahren‹ Namen nicht mehr ausschlaggebend und der ›falsche‹ als eine etablierte und nicht mehr revidierbare Tatsache akzeptiert. Irrig wäre hingegen die Annahme, durch die Klärung der Frage nach der Sache und ihrem zugehörigen Wort sei das Streitpotenzial um den Begriff der ›Entdeckung Amerikas‹ nun erschöpft. Vielmehr entbrennt in den Jahren vor dem Jubiläum eine Polemik bislang ungeahnten Ausmaßes, die erstmals als eine ›globalisierte‹ zu betrachten ist und über die Länder spanischer Sprache und auch die des amerikanischen Kontinents hinausgeht. In ihrem Verlauf führt die Unklarheit der Begrifflichkeit zu einer erstaunlichen Inflation von neuen Bezeichnungen für das, was 1492 geschah. Diese Tatsache weist weniger darauf hin, dass im Zentrum der Debatte, wie im Jahrhundert zuvor, die Worte oder Bezeichnungen stünden – der Kern ist vielmehr deren *Versagen*, oder, wie Miguel Rojas Mix in Bezug auf den *Quinto Centenario* bemerkt: »Selbst die Worten scheinen zu rebellieren, wenn wir von ihm zu sprechen beginnen«[8]. Mehr als um die Dinge und zugehörigen Worte dreht sich der Streit also um das, was jene nicht mehr einzufangen imstande sind: das Bild; die Vorstellung von ›dem da‹, was während und nach der ersten kolumbinischen Überfahrt geschieht. Über eine nominalistische Querele um den ›wahren‹ Namen und den ›wahren‹ Entdecker hinaus zielt die Polemik auf die Identität und das Selbstverständnis Amerikas und einer Welt, die nach dessen Auftauchen nicht mehr dieselbe ist. Es ist die Polemik, die man mangels eines besseren Begriffs als den Streit um die ›Erfindung Amerikas‹ nennen könnte.

Ihren Ursprung nimmt die sich über weit mehr als ein Jahrzehnt hinziehende Diskussion gewissermaßen in der Erfindung eines Jubiläums mit Namen *Quinto Centenario* – in den ersten von Spanien ausgehenden Initiativen, den 500. Jahrestag der kolumbinischen Überfahrt gebührend zu zelebrieren und in der Schaffung von in diesem Auftrag agierenden, staatlichen Institutionen. Nach ersten Vorbereitungen Ende der Siebziger Jahre wurde 1984 in Madrid unter der Schutzherrschaft König Juan Carlos I. die »Nationalkommission für die Fünfhundertjahrfeier der Entdeckung Amerikas« ins Leben gerufen, die im selben Jahr auf internationalem Niveau zur Schaffung einer »Iberoamerikanischen Konferenz« und 1986 eines »Ständigen Sekretariats« führte[9]. Aus spanischer Perspektive sollten, um mit den Worten des verantwortlichen Staatssekretärs Luis Yáñez zu sprechen, das Jubiläum und die Festkommission zu keinerlei Glorifizierung des Genozids an den Indianern beitragen (»la celebración del genocidio de los indios por parte de los conquistadores españoles«), sondern eine historische Chance bieten (»la oportunidad para recordar un acontecimiento que cambió la percepción del mundo«[10]). Freilich konnte auch dadurch der Verdacht einer Glorifizierung der spanischen Nation als Initiator dieses großen Weltereignisses nicht ausgeräumt werden – wenngleich diese nun einen verlagerten Schwerpunkt besitzt, dem weder die militärische Leistung der Eroberung noch der religiöse Fanatismus einer katholischen Missionierung als Basis dienen soll: »Ohne jeglichen Zweifel müssen wir uns stolz fühlen, daß unsere Vorfahren die Protagonisten dieses für die Geschichte der Menschheit so entscheidenden Ereignisses waren.«[11]

Dergleichen im Rückblick geradezu naive Konzeptionen trugen den Keim der Zwietracht bereits in sich. Den Auslöser zu einer sich weltweit ausdehnenden Debatte erfuhr das Jubiläum in Mexiko. Dort wurde ein Wettbewerb zum Thema »Fünfhundertjahrestag der Entdeckung und Eroberung Amerikas« ausgeschrieben. Nach Einspruch mehrerer Mitglieder der aus den Ländern Lateinamerikas rekrutierten Kommission gegen den Begriff der ›Entdeckung‹ wurde »Descubrimiento« schließlich aus dem Titel gestrichen, um der »Conquista« das alleinige Recht zu lassen[12]. Verstärkt wurde die Reaktion gegen die traditionelle Bezeichnung durch zahlreiche Stimmen in Lateinamerika, insbesondere aus den Reihen antiimperialistischer Intellektueller. Zu Ehre kam dabei ein überraschendes Vorbild: Jorge Luis Borges. Schon zu Beginn der Vierziger Jahre hatte dieser in ikonoklastischem Spott gewettert gegen den Etikettenschwindel des märchen- und mythensüchtigen »genuesischen Idealisten, wenn er nicht gar ein Jude aus Mallorca war, der sich, um der durch Fernando und seine Gattin Isabel verordneten Vertreibung zu entgehen, als Seemann aus Andalusien verkleidete«[13]. Statt Cathay und Cipango zu *finden*, sei Kolumbus über einen Kontinent *gestolpert*, den er nie finden wollte: »ihm unterlief das größte Stolpern seines Lebens <*incurrió en el tropezón mayor de su vida*> und, was der Gipfel ist: man überschüttete ihn für seinen Unfall auch noch mit Ruhm.« Als einzig wahrer Entdecker (»verdadero descubridor«) habe daher der Wikinger Leif Erikson zu gelten, der sich im 11. Jahrhundert in ein Gebiet aufmachte, das für ihn den Namen *Helluland* trug.

Keine *Entdeckung* durch Kolumbus, sondern eine *Erstolperung*?

Bereits Alexander von Humboldt hatte ja in seinem ersten Teil des *Kosmos* von 1845 das »Wiederauffinden desselben Continents durch Columbus« und Eriksons »erste Entdeckung in oder vor dem 11. Jahrhundert« einander gegenübergestellt und den fehlenden Nachruhm Leifs des Entdeckers »dem Zustand der Uncultur des Volksstammes, welcher die erste Entdeckung machte«[14], zugeschrieben. Der Terminus des »tropezón« wurde jedenfalls in der Folge vom Kreis um den mexikanischen Philosophen Leopoldo Zea übernommen[15], und die Frage nach den Implikationen des Begriffs der ›Entdeckung‹ bereits 1984 in Mexiko in einem Seminar mit dem Titel »La idea del descubrimiento« zur Diskussion gestellt.[16] In der sich daran anknüpfenden Debatte unterstreicht etwa Roberto Fernández Retamar, Leiter der einflussreichen kubanischen Zeitschrift *Casa de las Américas,* dass angesichts des fehlenden Bewusstseins auf Seiten Kolumbus' ebenso wie seiner nordischen Vorgänger, eine Neue Welt entdeckt zu haben, auch der Begriff der Entdeckung widersinnig sei. Die wahre Entdeckung komme einem ganz anderen Urheber zugute.

> Die einzige wahre Entdeckung dieses Kontinents wurde durch die Menschen getätigt, die ihn vor Zehntausenden von Jahren von Asien aus betraten. Ebensowenig ist es akzeptabel, es habe zwei Entdeckungen gegeben: eine durch sie und eine andere durch die Wikinger, oder, was man noch häufiger hört, durch Kolumbus und die seinen. Weder die Wikinger noch Kolumbus besaßen im übrigen das Bewußtsein, an einen Kontinent gelangt zu sein, der einmal Amerika genannt werden sollte.[17]

Keine Entdeckung ohne das Bewusstsein, entdeckt zu haben; ohne die *Idee* der Entdeckung. Auf dieser Basis nimmt Retamar Anstoß am einseitigen Perspektivismus einer Vorstellung des »descubrimiento«. Konditioniert allein das Bewusstsein der Entdeckung die Tatsache der Entdeckung, wird der Begriff zu einem rein subjektiven und dadurch inflationären Terminus, wie der kubanische Intellektuelle ironisch überspitzt zu verstehen gibt:

> Madrid, Paris, Venedig, Florenz, Rom, Neapel und Athen wurden 1955 von mir entdeckt (nachdem ich 1947 bereits New York entdeckt hatte), und 1956 entdeckte ich auch London, Antwerpen und Brüssel. Allerdings habe ich, außerhalb einiger meiner Gedichte und Briefe, keinen anderen Text gefunden, in dem von diesen so interessanten Entdeckungen die Rede ist. Ich nehme an, zu diesem Schweigen trug die jämmerliche Tatsache bei, dass sich, als ich zum ersten Mal in diese illustren Städte kam, bereits beträchtlich viele Leute in ihnen befanden. Eine ähnliche Überlegung hat mich immer davon abgehalten zu akzeptieren, dass die Ankunft einiger Europäer vor bald fünfhundert Jahren auf dem Kontinent, auf dem ich geboren wurde und lebe, so pompös »Entdeckung Amerikas« genannt werden soll.

In Anlehnung an Lichtenberg äußert in diesem Zusammenhang der uruguayische Dichter Mario Benedetti einige sehr verwandte Beobachtungen.

> Ich bin mit dem Wort *Entdeckung* nicht einverstanden, denn in Wirklichkeit wurde Amerika (lange bevor es so genannt wurde) von seinen ursprünglichen Bewohnern entdeckt, und in jedem Falle waren es die Ureinwohner, die die Eroberer entdeckten, was übrigens keine besonders angenehme Entdeckung gewesen sein muss. <...> Ich habe den Eindruck, dass diejenigen, die heute den großen Pomp von 1992 leiten und organisieren, sich viele Gedanken über das Amerika machen, dessen Entdeckung sie für sich beanspruchen, und noch sehr wenige über das Amerika, das noch zu entdecken bleibt.[18]

Der Unzulänglichkeit einer bloßen Verschiebung der Entdeckungsleistung zollt Benedetti in gewisser Weise Rechnung durch die in Klammern gesetzte Anspielung auf den Zeitpunkt der Namensgebung. Was der Autor als Formalität abtut – die einleuchtende Tatsache, dass asiatische Stämme der letzten Eiszeit bei ihrer Völkerwanderung für Namen und Person Amerigo Vespucci nur ein vermindertes Interesse aufbringen konnten – wird zum ernsten Problem für die Vorstellung eines ›indianischen Entdeckers‹, wenn man die Frage stellt, *wie* der neue Kontinent von diesem selbst denn nun genannt wurde. Schließlich findet sich in den altamerikanischen Sprachen kein Begriff, der als authentisches Gegenstück zur Namensgebung des Kolonisators dienen könnte. Selbst das andine Wort *Tahuantinsuyu* – »die vier Teile der Welt« (»las quatro <sic> partes del mundo«[19], wie der Chronist Garcilaso de la Vega übersetzte – umschließt nicht mehr als das Inkareich und seine vier Provinzen. Fehlt es aber an einer Bezeichnung, liegt der Verdacht nahe, dass die ›indianischen Entdecker‹ keine zugehörige Vorstellung von einer neu entdeckten Landmasse, einem eigenständigen Weltteil besaßen; dass unter sämtlichen indigenen Völkern vor dem Eindringen der Europäer ein kontinentales Bewusstsein fehlte – und damit auch das Selbstverständnis, beim Überqueren der zugefrorenen Beringstraße eine Neue Welt in Abgrenzung zur Alten ›entdeckt‹ zu haben. Wenn aber, wie Retamar ja betont, die Entdeckung nicht ohne Entdeckungsbewusstsein vonstatten gehen kann, bleibt die Klassifizierung der indigenen Völker als Entdecker eine reine Projektion a posteriori.

Offensichtlich geht es Retamar ebenso wie Benedetti aber auch darum, auf die Zweifelhaftigkeit einer kolumbinischen ›Entdeckung‹ auch aus juristischer Sicht zu verweisen; ein Problem, vor das sich Rechtsgelehrte seit dem Augenblick der Inbesitznahme gestellt sehen: gemäß einem bereits auf dem Römischen Recht und der mittelalterlichen Naturrechtslehre[20] fußenden Grundsatz des Völkerrechts sind nur bislang unbewohnte Gebiete überhaupt ›entdeckbar‹ und damit zur Inbesitznahme freigegeben. Sind sie bereits bewohnt, hat schon ein anderer sie entdeckt und erworben. Eine erneute Inbesitznahme muss dann nicht die Bezeichnung ›Entdeckung‹ sondern ›Invasion‹ tragen. Ein Argument, dessen sich vor allem indigene Wortführer bedienten, um die Kampagne der ›Selbstentdeckung Amerikas‹ (»Autodescubrimiento de Nuestra América«[21]) ins Leben zu rufen. Zurückzuführen ist diese Kritik zum Teil bis hin zu Fray Bartolomé de las Casas, der insbesondere in seiner *Brevísima relación de la destruyción de las Indias* – als eine der ganz wenigen Chroniken bereits von einem zeitgenössischen »Liebhaber des Vaterlands« aus offenkundig politischen Motivationen ins Deutsche übersetzt unter dem Titel *Wahrhafftige Anzeigung der Hispanier grewlichen / abschewlichen und unmenschlichen Tyranneien* – die Entdeckung als Synonym für Mord und Vernichtung verwendet: »descubrir, y destroçar, y perder gentes« – oder wie es auf deutsch zu einer Zeit hieß, als die ›Entdeckung‹ noch nicht erfunden war: »Länder zu suchen / solche zu verderben / und die Leut zu erwürgen«[22]. Las Casas weist mehrfach darauf hin, dass die Termini des Conquistadorenjargons eigentlich nur dazu dienten, unter dem Schein der Legitimität und der »Eroberung« eine gewaltsame und rechtswidrige Invasion zu verdecken[23]:

> Mas han muerto los españoles dentro de los doze años dichos en la dichas quatro cientas y cincuenta leguas a cuchillo, y a lançadas, y quemandolos vivos, mugeres, é niños, y moços, y viejos: de quatro cuentos de animas, mientras que duraron (como dicho es) lo que ellos llaman conquistas, siendo inuasiones violentas de crueles tiranos: condenadas no solo por la ley de Dios, pero por todas las leyes humanas como lo son, è muy peores que las que haze el Turco para destruyr la Iglesia cristiana.

> *Diese zwölff Jahr über / haben die Hispanier in obgemelten 450 meiln Landes / Mann und Weib / Jung und alt / mehr als vier Million Seelen / durch Schwerth und Fewer hingericht / und solches weil ihr einnemen <= »conquista« / »Eroberung«> / wie sie es nennen / oder viel rechter zu heissen / weil ihr Tyrannische grawsambkeit und überfallen / welche nicht allein durch die Gebot Gottes verflucht und verdampt seyn / sondern auch durch alle weltliche Recht verbotten werden / ja welche ärger sein als deß Türcken wüten / dadurch er die Christliche Kirche gern wolt unterdrucken / gewehret und raum gehabt.*[24]

Auf indigener Seite gelangt man schließlich zu dem Entschluss, das Jubiläum unter Besinnung auf die eigenen Traditionen schlicht zu ignorieren und durch eine autochthone Feierlichkeit zu ersetzen: also weder Invasion noch Entdeckung – noch viel weniger Quinto Centenario. »1992 wird die indigene Welt nicht die spanische Invasion feiern, sondern die Hereinkunft Pachacutis, einen Wandel hin zur Rückgewinnung unserer kollektiven und Gemeinschaftsformen«[25]

Da unter den meisten Politikern und Intellektuellen Lateinamerikas jedoch die Meinung dominiert, einen solch für Europa ebenso wie Amerika einschneidenden Gedenktag nicht in Isolation voneinander begehen zu können, ist ein Begriff zu finden, der für beide Seiten akzeptabel erscheint. Eine elegante Lösung, den traditionellen Begriff der ›Entdeckung‹ zu bewahren, findet der kubanische Kulturminister Armando Hart, indem er darlegt, durch die Veränderung des Weltbilds auf beiden Seiten des Atlantiks habe in der Tat eine Entdeckung stattgefunden, wenngleich nicht die Amerikas durch Kolumbus, sondern die Enthüllung der Welt durch die Menschheit; oder, »um es mit dem klassischen griechischen Begriff der Tragödien auszudrücken, es handelte sich um eine Anagnorisis: der Mensch enthüllte sich selbst«[26]. Weniger auf eine Welteinheit als auf einen Dualismus abzielend, argumentiert der Erzähler und Essayist Rafael Sánchez Ferlosio. Er ruft dazu auf, den Begriff ›descubrimiento‹ in seiner ganzen historischen Vorbelastung, die den Europäer stets zum Agenten und den Indianer stets zum Patienten gemacht habe und immer noch mache, als Mahnmal einer geschichtlichen Wirklichkeit auch heute zu übernehmen.

> Es gab einen Entdecker und einen Entdeckten, es gab einen Eroberer und einen Eroberten, einen Angreifer und Angegriffenen, einen Mörder und einen Gemordeten, einen Verächter und einen Verachteten, einen Hundetreiber und einen von Hunden Getriebenen, einen Bezwinger und einen Bezwungenen, einen Unterdrücker und einen Unterdrückten, einen Vergewaltiger und einen Vergewaltigten, einen Ausbeuter und einen Ausgebeuteten, einen Gesetzgeber und einen Gesetzgegebe-

nen, einen Zerstörer und einen Zerstörten, einen Beschützer und einen Beschützen, einen Bemitleidenden und einen Bemitleideten und, noch heute, einen Indigenisten und einen Indigenen. <...> Somit müßt ihr, wenn ihr so angestrengt einfordert, daß das Wort ›Entdeckung‹ eurozentrisch ist, es mit noch mehr Grund bewahren, denn dann habt ihr nichts weiter getan, als es mit einer Wahrhaftigkeit zu beladen, die sich auf den gesamten darauf folgenden Zusammenhang ausweitet.[27]

Eine eigenwillige Auslegung des Entdeckungsbegriffs und seiner Beibehaltung unternahm schließlich Fidel Castro. Als ein in Fragen der Kriegsführung mit einer zahlenmäßig unterlegenen Truppe ja durchaus nicht auf rein theoretische Erfahrungen zurückblickender Guerillero legte er in einem Interview dar, Amerika habe aus rein praktischen Gründen nur entdeckt werden können, da Kolumbus nicht an dem Ort angekommen sei, den er im Auge hatte. Wäre er im wirklichen Cathay, dem militärisch hochorganisierten China angekommen, hätte er jedes weitere Entdeckungsprojekt von vorneherein dem Untergang geweiht.

> Was war das Glück des Kolumbus? Daß noch ein Kontinent dazwischen lag. <...> Ich hab mir die Bücher des Marco Polo von vorn bis hinten durchgelesen. <...> Und habe mir immer die folgende Frage gestellt: wenn es nie einen Kontinent dazwischen gegeben hätte und Kolumbus tatsächlich nach China gelangt und dort an Land gegangen wäre, hätte er auch nicht dies Gebiets im Namen des König von Spanien in Besitz nehmen können. Denn es wären ihm Tausende und Hunderttausende von Reiterheeren entgegengepreschst (und man sagt, daß das ganz fabelhafte Reiter waren).[28]

Die Erstolperung als *conditio sine qua non* der Entdeckung? Bemerkenswert ist, dass Castro seinen Entdeckungsbegriff auf das Gebiet der Metaphysik ausweitet: als Überführung einer verborgenen Wahrheit in die Sichtbarkeit. Unter Verweis auf Kolumbus transferiert er diese Auffassung selbst auf eine hermeneutische Erschließung der ›Sagkraft‹ von Kunstwerken, etwa am Beispiel des kubanischen Malers Wifredo Lam:

> Er ist jemand, den wir noch entdecken. Ein Unendlicher, den wir erst entdecken. Wir stehen vor ihm wie Kolumbus, als er in Indien angekommen zu sein glaubte. Und doch lag noch ein ganzer Kontinent dazwischen.[29]

In Synthese beider Aussagen wäre das Entdecken ein Aufdecken einer Wahrheit, die nur sichtbar wird, indem man sie verfehlt. Das Paradox einer Entdeckung wider Willen wird in der Folge von verschiedenen Seiten und von Autoren verschiedenster Provenienz beleuchtet. »Es ist also paradoxerweise ein Zug der mittelalterlichen Mentalität des Kolumbus, die ihn Amerika entdecken und die Neuzeit einleiten lässt« (»C'est donc, paradoxalement, un trait de la mentalité médiévale de Colon qui lui fait découvrir l'Amérique et inaugurer l'ère moderne«), schreibt etwa Todorov.[30]

Als vielleicht einziger humorvoller Beitrag in der teils verbissenen Debatte um die Ungültigkeit des Entdeckungsbegriffs meldet sich einer von Castros erbittertsten Gegner zu Wort, der Schriftsteller Guillermo Cabrera Infante, indem er die Frage stellte, was passiert wäre, wenn Kolumbus Amerika nicht entdeckt hätte? Dabei kommt er zu erstaunlichen Ergebnissen.

> Da Kolumbus Amerika nicht entdeckt hat, gäbe es Amerika nicht. <...> Die Mayas, bereits in ihrer seltsamen Dekadenzphase, hätten (völlig umsonst) ihre großartigen Pyramiden verlassen, die japanische Touristen nun niemals fotografieren können würden. Doch das Äquivalent der griechischen Siegesgöttin Nike hieße Nikon. Obwohl die Erfindung der Kamera noch viele Jahre auf sich warten ließe, da es niemals einen Erfinder namens Edison gäbe, der den Film erfände, und auch keinen weiteren namens Eastman, der die Kodak-Kamera erschüfe. Wenn Kolumbus Amerika nicht entdeckt hätte, hätte ich niemals diese schwindelerregenden Aufzählungen verfaßt, die Sie möglicherweise mit gleichem Schwindel lesen werden. Doch hätte auch niemals Castro existiert, und ebensowenig der totalitären Horror, den er auf der Insel implementierte, von welcher der Entdecker Kolumbus sagte, sie sei »das schönste Land, das menschliches Augen je sahen«. Es gäbe keinen Castro Ruz, weil sein galicischer Vater und seine libanesische Mutter niemals auf eine Insel ausgewandert wären, die schon immer Cuba hieß.[31]

Wie aus diesen Zeilen hervorgeht, ist auch hier das Problem der Entdeckung Amerikas eng an das der Erfindung angelehnt: hätte Kolumbus Amerika nicht entdeckt, wäre weder der Film noch die Kamera erfunden worden. Doch, um diese Fragestellung weiterzuspinnen: Was hätte Kolumbus tatsächlich getan, wenn er Amerika nicht entdeckt hätte? Hätte er es etwa bloß *erfunden*? Eine derartig kühne These hatte Jahre zuvor der Schweizer Peter Bichsel in seiner Kindergeschichte »Amerika gibt es nicht« geprägt: Kolumbus war in Wirklichkeit ein ängstlicher kleiner Junge namens Colombin, der sich nie getraut hätte, den Atlantik zu überqueren. Um das zu verheimlichen, erfand er die Geschichte von einem neuen Kontinent, der als Mythos bis heute aufrechterhalten wird, da ein Seefahrer namens Vespucci nach einer Reise in Richtung Westen den Bericht des Kolumbus bestätigte.

Dass beide gelogen haben, es diesen Kontinent außerhalb dieser Geschichte nie gab, sehe man insbesondere an der stereotypen Art und Weise, wie die angeblichen Reisenden bei der Rückkehr von ihm redeten.

> Und Kolumbus wurde berühmt, und alle bestaunten ihn und flüsterten sich zu: »Der hat Amerika entdeckt«.
> Und alle glaubten, daß es Amerika gibt, nur Kolumbus war nicht sicher, sein ganzes Leben zweifelte er daran, und er wagte den Seefahrer nie nach der Wahrheit zu fragen.
> Bald aber fuhren andere Leute nach Amerika, und bald sehr viele; und die, die zurückkamen, behaupteten: »Amerika gibt es!«. <...> Vielleicht erzählt man den Leuten, die nach Amerika wollen, im Flugzeug oder im Schiff die Geschichte von Colombin, und dann verstecken sie sich irgendwo und kommen später zurück und erzählen von Cowboys und von Wolkenkratzern, von den Niagarafällen und vom Mississippi, von New York und von San Francisco. Auf jeden Fall erzählen sie alle dasselbe, und alle erzählen Dinge, die sie schon vor der Reise wußten. Und das ist doch sehr verdächtig.[32]

In durchaus vergleichbarer Weise zu dergleichen fiktiven Spekulationen, die gerade dank ihrer Liebe zum Paradox tiefer in die Struktur der Frage einzudringen in der Lage sind als die vermeintlich ernsten Diskussionsbeiträge, stellte sich die Frage nach der Entdeckung auch in der Jahrestags-Polemik – denn auch dort führte sie letztendlich zu dem Ergebnis, Kolumbus habe Amerika erfunden. Einen zunächst erfolgreichen Vorstoß, die strittige Frage nach der Vorstellung dessen zu lösen, ›was 1492 geschah‹ (»lo que ocurrió el 12 de octubre 1492«[33]), unternahm der Mexikaner Miguel León-Portilla mit der Formel »Encuentro de dos Mundos«. Als bedeutender Nahuatl-Forscher und Autor eines fundamentalen Buches über die Chroniken, die von den Eroberten verfasst wurden, *Visión de los vencidos,* verstand er den Begriff des *encuentro* (also ›Zusammentreffen‹ oder ›-finden‹) als Ausweg aus einem einseitigen Entdeckermythos und Offensive gegen die indianische Unterlegenheit, die aus der Bezeichnung *conquista* spricht. Im *encuentro* dagegen kommen die Völker beider Seiten des Atlantiks in gleichberechtigter Weise zur Erwähnung. Die Frage, wer der ›auctor rei‹, der Erstentdecker Amerikas sei, wird durch die Vorstellung des ›Treffens‹ gar nicht erst berührt. León-Portilla selbst beantwortet sie aber zugunsten der ›indigenen Entdecker‹.

> Seit dem ersten Treffen, in dem das Thema analysiert wurde, schlugen wir Mexikaner vor, es solle nicht aus einem rein eurozentrischen Blickwinkel von der Entdeckung gesprochen werden, sondern berücksichtigt werden,

dass es indigene Kulturen in der Neuen Welt gab – und diese noch immer gibt. Daher schlugen wir die Idee der Begegnung zweier Welten vor, der neuen und der alten, was in Spanien gewisse Widerstände hervorrief. Ein Eurozentrismus ist nicht mehr möglich, wir müssen den *anderen* berücksichtigen, aus einer Perspektive der Gleichheit. <...> Die indigenen Bewohner werden niemals eine Feier zum Gedenken daran akzeptieren, dass sie *entdeckt*, unterjocht oder erobert wurden.[34]

Über die Kolonialkriege hinaus betrifft das ›Treffen‹ die zwei Welten in gleichem Maße, da es beide Teile in ein einziges, zusammenhängendes Weltbild zusammenfügt. Für León-Portilla beginnt mit dem 12. Oktober 1492 das Zeitalter der Globalisierung (»Vor 500 Jahren begann die Menschheit einen Prozeß einer Globalisierungs-Begegnung, einer Inbesitznahme der Welt, in der wir leben«[35]). Über die geographischen Aspekte hinaus gewinnt die Neuerung des Weltbilds, der *imago mundi* mittelalterlicher Kosmographieschriften, eine weitere, humanistische Dimension: als Beweis einer unteilbaren Ökumene, der Einheit des Menschengeschlechts.

Darüber hinaus begann von diesem Augenblick an ein komplexer historischer Prozeß, der sich bis in die Gegenwart erstreckt und der trotz einer ursprünglichen Verwirrung letzen Endes eine neue *imago mundi* zur Entstehung brachte, das ganzheitliche, ökumenische Bild von der Welt. <...> In der Dialektik des Universums der Ideen erkennen wir heute, dass sich mittels der Begegnung von Alter und Neuer Welt der Weg öffnete, ein vollständiges Bewußtsein dafür zu erlangen, was eine in ihrer Gesamtheit von Menschen bewohnte Welt ist.[36]

Als Teil dieses Treffens auf gleicher Augenhöhe sieht León-Portilla die von beiden Seiten gleichermaßen geprägte Völkerverschmelzung, »die nicht nur biologische, sondern auch kulturelle Mestizisierung, wie sie das Wesen Mexikos und großer Teile Amerikas beweist«[37]. Durch sie entstand trotz der »anfänglichen Gewalt« (»violencia inicial«) ein Erdteil mit einer eigenen Identität.

In Spanien, gerade von seinem Monarchen, wird die Kompromisslösung *encuentro* dankbar empfangen. Freilich unterzieht man sie im Königshaus einer abweichenden Lesart: Spanien habe als »Brücke« das Treffen beider Welten ermöglicht und sehe darin weiterhin seine Rolle. »Spanien, als Mitglied der Europäischen Gemeinschaft, bietet weiterhin seine Sprache und brüderlichen Bande mit den hispanoamerikanischen Ländern dar, um seine historische Aufgabe zu vollenden, Brücke zwischen Europa und der Neuen Welt zu sein«[38]. Das aus dieser Interpretation sprechende Beschönigungspotenzial – das *encuentro* als friedliches Ineinanderfinden – stößt in Lateinamerika auf heftige Gegenreaktionen. In vorderster Linie polemisiert der berühmteste lebende Philosoph Mexikos, der damals bereits weit über achtzigjährige Edmundo O'Gorman, gegen León-Portilla, dessen Artikel er als »Meisterwerk der Zweideutigkeit« (»obra maestra de anfibología«[39]) verspottet. »Weder Entdeckung noch Begegnung« (»Ni descubrimiento ni encuentro«) lautet der Titel seiner etwa einen Monat später in *La Jornada* veröffentlichten »Polémica con Miguel León Portilla«. O'Gorman wirft dem Autor vor, mit seiner Wortprägung des *encuentro* nichts als eine heuchlerische Augenwischerei zu produzieren, indem er das Jubiläum heute in einem anderen Lichte umzudeuten suche (»conmemorarla con ›otra fama‹, es decir, un sentido distinto«[40]), ja er wirft sogar den Vergleich auf, der Vorschlag einer Feier des Genozids an den Amerikanern als Beginn einer neuen Kultur und Rasse sei ebenso sinnvoll wie Israel nahezulegen, den Holocaust als Ursprung seiner Staatsgründung zu zelebrieren – »porque consecuencia de alcance universal de ese horror, fue el surgimiento del estado de Israel«[41]. Die Geburt einer mestizischen Kultur könne nicht das Unrecht und den Völkermord wettmachen, die durch die Kolonialkriege verursacht worden seien. Vor allem aber sei es auch völlig sinnlos, den 12. Oktober 1492 als einen panamerikanischen Feiertag zu begehen, da diese Vorstellung in keiner Weise auf das 15. Jahrhundert zurückgehe, sondern auf den *Cuarto Centenario* von 1892.

> Mit anderen Worten: man schiebe auch die Wirklichkeit der Eroberungskriege beiseite, der Unterwerfung, Ausbeutung der autochthonen Völker, der Zerstörung ihrer Kulturen, und feiere – mit aufgesetzten Scheuklappen, wie ich meine – die Entstehung der iberoamerikanischen Nationen, ein Ereignis, das es sicher wert zu feiern ist. Doch dabei wird immer die unbequeme Frage lauern: warum etwas feiern, das sich im 19. Jahrhundert ereignete, und zwar genau an den Jahrestagen jenes 12. Oktobers – eines Datums, an dem andererseits die Neue Welt noch gar nicht als solch neue Welt existierte?[42]

Worauf O'Gorman mit der ein wenig enigmatischen Bemerkung abzielt, die Neue Welt sei als neue Welt noch gar nicht existent gewesen, ist der von León-Portilla begangene Anachronismus, das Ereignis aus der rückwirkenden Projektion heutiger Tage (»el intento de atribuirle a un suceso el sentido de un suceso posterior«) und nicht aus der zeitgenössischen Weltsicht zu interpretieren (»por el significado que le corresponde en el marco de la entonces vigente visión del mundo«[43]), denn schon die Vorstellung einer Neuen Welt als einer von der des sogenannten ›Kontinents‹ (Europa, Asien, Afrika) unabhängigen Landmasse sei im Jahre 1492 aus theologischen Gründen nur als Heterodoxie denkbar gewesen.

Das Schlimme ist der Anachronismus, in den er verfällt, denn zu diesem Datum hatte niemand und konnte auch niemand die Vorstellung haben, diese kleine Insel, an die Kolumbus gelangte, sei eine »neue Welt«; man glaubte im Gegenteil, es sei eine weitere Region jener einzigen Welt, die aus wissenschaftlichen und religiösen Gründen überhaupt existieren konnte. Die Vielzahl der Welten war wohlgemerkt eine häretische Vorstellung und verletzte das Prinzip der Einzigartigkeit einer nicht von den Wassern des Ozeans bedeckten Landmasse.[44]

Wenn ein Denker wie Edmundo O'Gorman mit solcher Entschiedenheit Protest anmeldet, unterscheidet ihn vom internationalen Chor der medienaktiven Intellektuellen, bei denen Einwände gegen die Feier des Jahrestags der Entdeckung vorübergehend in Mode gekommen waren, ein entscheidender Faktor: nahezu vier Jahrzehnte der Reflexion über das Problem der ›Entdeckung‹ Amerikas; zwei in ihrem Verlauf entstandene und mehrfach von ihm in seinem Artikel zitierte Bücher – Klassiker des lateinamerikanischen Denkens, die gegen alle Schmähungen bis heute wenig an Aktualität eingebüßt haben; und darüber hinaus ein profundes Gesamtwerk über die schriftlichen Zeugnisse der ›Entdeckung‹, die *Crónicas de Indias*. Ein entschiedenes »Weder Entdeckung noch Begegnung!« aus der Feder O'Gormans verweist vielmehr auf das Grundproblem der Idee der ›Entdeckung‹, das auch den Kern seines Werks *La invención de América* ausmacht, nämlich auf den bereits in sich selbst angelegten Widerspruch, der in der Vorstellung einer Entdeckung Amerikas durch Kolumbus am 12. Oktober 1492 begründet liegt. Denn erst aus der Sicht von heute bringt »das von 1492« eine neue Weltsicht der ›Ökumene‹, eine neue *imago mundi* hervor – ein Gedankengang, den, wie O'Gorman unterstellt, León-Portilla bis in die Terminologie hinein aus seinem Buch abgeschrieben habe, ohne seine Implikationen in irgendeiner Weise zu begreifen[45]. Auf León-Portillas Schweigen hin sticht O'Gorman mit einem zweiten Artikel, in dem er seinem Gegner ›Überflüssigkeit‹ vorwirft (Titel »Begegnung zweier Welten – ein überflüssiger Vorschlag«[46]) noch einmal in dieselbe Wunde. Dem schließt sich ein Chor von Kritikern an, die unter Verschmähung von León-Portillas Schlichtungsvorschlag der »Begegnung« (»encuentro«) die dabei geschehene gewalttätige Auseinandersetzung (»encontronazos«[47]) herausstreichen. Spätestens hier beginnt die Polemik um den *Quinto Centenario* in eine globalisierte Intellektuellenschlammschlacht auszuarten, in der fundierte Äußerungen wie Sánchez Ferlosios Essay gegen die Feierlichkeiten des Quinto Centenario, *Estas Yndias malditas y equivocadas*[48], zusehends rar werden.

II.2. Die *invención de América*: Entdeckung, Konzeption, Fiktion, Lüge?

Lässt man den Zank jüngerer Tage hinter sich und wendet sich O'Gormans Schriften aus den fünfziger Jahren zu, *La invención de América* und *La idea del descubrimiento de América*, aber auch den Jahrhunderte zurückliegenden Ausgangspunkten der Jahrestags-Polemik, erscheint die Frage nach Entdeckung oder Erfindung Amerikas in einem anderen Licht. Nimmt man nämlich, wie es heute die überwiegende Meinung ist, an, Kolumbus habe den Seeweg nach Indien gesucht und sei über den neuen Kontinent nur ›gestolpert‹, habe also Amerika gegen eigenes Wissen entdeckt, so lässt sich berechtigterweise die – im früheren Sprachgebrauch durchaus übliche – Frage stellen, *wem* er Amerika entdeckt habe, wem er etwas Verborgenes enthüllt habe.

Wie schon durch Retamar angemerkt, kann es keine Entdeckung geben ohne die Intention, etwas zu entdecken, bzw. ohne das Bewusstsein, auf etwas Unerwartetes gestoßen zu sein, das man gar nicht gesucht hat. Das aber steht der heute weithin als verbindlich und quasi naturgegeben betrachteten These entgegen, dass Amerika durch Kolumbus zufällig und unabsichtlich entdeckt worden ist. In Wirklichkeit wurde diese aber erst vor kaum mehr als 60 Jahren durch den amerikanischen Kolumbus-Biographen Samuel Eliot Morison durch die Beschäftigung mit einer, wie es in der deutschen Übersetzung heißt, »schwierigen Frage« (»crucial question«) formuliert: »was Columbus zu tun gedachte, woher ihm die Idee gekommen war und wie er sie verwirklichen wollte«[49]. Laut Morison wurde sie von keinem vorausgehenden Autor beantwortet, und der Grund für das Verfassen des fast neunhundertseitigen Opus ist:

> Die *Empresa de Indias* oder das Unternehmen der Fahrt nach Indien, wie Kolumbus selbst sein Wagnis nach Jahren nannte, bestand einfach darin, »das Land Indien« <»*The Indies*«>, das heißt »Asien«, dadurch zu erreichen, daß er westwärts segelte. <...> Er rechnete damit, eine oder mehrere Inseln auf dem Weg dorthin anzutreffen, die sich zu Anlaufhäfen eignen oder gar für sich selbst nützlich sein würden. Aber nie kam ihm der Gedanke oder hatte er die Absicht, einen Kontinent vom Umfange Amerikas aufzufinden, dessen Vorhandensein er nicht einmal vermutete. Amerika wurde ganz zufällig <*wholly by accident*> entdeckt, und erst auf seiner Dritten Reise reifte in Columbus die Erkenntnis, daß er einen neuen Erdteil aufgefunden hatte.[50]

Im Augenblick der Publikation seines Buches ist diese These alles andere als die vorherrschende Meinung; wenn auch, wie Morison in einer Traditionslinie, die von Las Casas über Alexander von Humboldt bis zu den Forschern des späten 19. Jahrhunderts führt, nachzuweisen sucht, dass über Jahrhunderte die Absicht des Admirals, den Seeweg nach Indien zu finden, unangegriffen war: »Bis zur Vierhundertjahrfeier der Entdeckung Amerikas wurde ihre Stichhaltigkeit von niemandem in Zweifel gezogen«[51]. Mit dem Vierten Jahrhunderttag jedoch taucht mit einem Male eine Figur aus dem Nebel der Zeiten auf, die rasch in der Meinung der Forscher einen Siegeszug davonträgt: die des Anonymen Piloten, des Namenlosen Steuermanns, der schon vor Kolumbus nach Amerika gekommen sei und diesen in sein Geheimnis eingeweiht habe. Bekanntester Hauptvertreter dieser These ist der Franzose Henri Vignaud und sein Buch *Histoire critique de la Grande Entreprise de Christophe Colomb*[52]. Eine absurde Legende, wie Morison betont, deren Kern die Verschwörungstheorie bildet, Kolumbus habe mit Hilfe seines Sohnes und des Paters Bartolomé de Las Casas seine Bordbücher gefälscht, um zur Sicherung seines Status als Erster Finder und zur Verwischung der Spur des Namenlosen Steuermanns den Eindruck zu erzwingen, er habe eigentlich nach Asien reisen wollen. Für Morison hilflose Versuche, der Wahrheit einer ›zufälligen Entdeckung‹ nicht ins Auge sehen zu müssen.

Das Dilemma, in dem Morisons eigene Argumentation sich dabei bewegt, wird aber schon durch ihre oszillierende Begrifflichkeit deutlich: hat Kolumbus nun Inseln *gefunden* (»find one ore more Islands«)? Amerika *entdeckt* (»America was discovered«)? Oder aber einen neuen Kontinent *gefunden* (»found a new continent«)? Wo ist, Anonymer Pilot hin oder her, das Unterscheidungsmerkmal einer Entdeckung von einer ›bloßen‹ Findung festzusetzen, wenn sowohl das Erwartete als auch das Unerwartete gefunden werden kann, letzteres aber zugleich entdeckt? Bereits wenige Jahre nach ihrem Auftauchen beweist diese Entdeckungstheorie ihre eminenten logischen Schwachpunkte, und zwar im Zuge der Intervention O'Gormans. Denn wenn, wie es als Voraussetzung für eine Entdeckung verbindlich ist, ein Bewusstsein dafür existiert, dass etwas Neues entdeckt wurde, kann dies Bewusstsein in diesem Falle nicht auf Seiten des Admirals gesucht werden; muss diese Enthüllung in einer dem Individuum »verborgenen Absicht« (»oculta intención«[53]) zu finden sein, welche, wie O'Gorman brillant nachweist, je nach historischer Epoche angesiedelt wurde in der göttlichen Vorsehung, die sich Kolumbus als unwissenden Heilsbringer erkoren hat (so die These von Bartolomé de las Casas) oder aber in ihrem säkularisierten Gegenstück, einem Weltgeist oder Telos, als dessen Werkzeug Kolumbus fungiert. Bei dieser dem deutschen Idealismus des neunzehnten Jahrhunderts entsprungenen Weltauffassung handele es sich um eine Interpretation, deren »grundlegende

Prämisse wohlgemerkt in dem Glauben besteht, dass die Geschichte in ihrer Essenz eine fortschreitende und unerbittliche Entwicklung des menschlichen Geistes ist, der sich auf dem Marsch zum Ziel seiner Freiheit gemäß der Vernunft befindet«[54]. Diese Interpretation lässt sich laut dem mexikanischen Gelehrten besonders im Werk Alexander von Humboldts nachweisen – was in dessen zuvor angeführten Beobachtung vom Heben des Schleiers und der Herausführung Amerikas aus seiner Verborgenheit[55] eine beredeten Beleg erfährt. Wo aber, im Sinne eines vollständig säkularisierten Welt- und Geschichtsbilds, die Vorsehung und jegliche andere Finalität durch das Kausalprinzip verdrängt sind, muss die »verborgene Absicht« sich innerhalb der empirischen Wirklichkeit befinden, zugleich aber nach wie vor außerhalb der Person des Kolumbus (es sei denn freilich, man nähme an, der Admiral habe Amerika durch die Kraft des Unbewussten entdeckt, eine These, die selbst die Psychoanalyse uns bis heute erspart hat). Wo aber, so fragt der mexikanische Philosoph, sollen wir in einer entgötterten Welt dies verborgene Bewusstsein finden? Etwa in der Landmasse selbst? O'Gormans Antwort: »Doch wenn dies so ist, verfällt die These ins Absurde, da sie die für jegliche Interpretation zulässige Grenze überschritten hat, weil der amerikanische Kontinent offenkundig keine eigenen Absichten zu hegen in der Lage ist«[56]. Als Motto seines Buches zitiert O'Gorman im provokativen Jux ein apokryphes *journal intime* Amerikas – Eintrag vom 12. Oktober 1492: »Endlich kam jemand, um mich zu entdecken« (»Hasta que, por fin, vino alguien a descubrirme«[57]). Durch dies Paradox einer Enthüllung, die bis auf eine tagebuchschreibende Landmasse keine Zuschauer besitzt, erweist sich die Idee einer ›zufälligen Entdeckung‹ als ahistorische Projektion. In dem Augenblick, da Kolumbus auf Amerika stößt, ohne dass bereits die *Idee* von etwas Entdecktem aufgekommen wäre, kann daher von Entdeckung noch gar keine Rede sein: »Warum? Schlicht und einfach weil Amerika noch nicht existiert«.

Wenn Amerika also noch nicht existiert, so die durch ihre Einfachheit verblüffende Kernthese O'Gorman, muss es erst einmal *erfunden* werden, bevor es *entdeckt* werden kann; und diese Erfindung kann schwerlich an einem vereinzelten Ereignis wie dem 12. Oktober 1492 festgehalten werden. Wie jede Erfindung ist sie das Produkt eines langwierigen Prozesses, den der Autor bereits an anderer Stelle die »philosophische Eroberung Amerikas«[58] genannt hatte. Hinfällig wird angesichts dessen nicht nur der punktuelle Festtag eines Quinto Centenario, sondern auch die Idee einer Entdeckung Amerikas an sich. O'Gormans Reflexion bildet daher als Grundlage eines neuen Konzepts (»concepto«) oder Bilds von der Wirklichkeit (»imagen de la realidad«[59]) dessen, was traditionell als Prozess der Entdeckung gilt: »Und dies Konzept <…> ist das eines erfundenen Amerika und nicht mehr die alte Vorstellung eines entdeckten Amerika.«[60]

O'Gorman versteht den Terminus dieser *Erfindung Amerikas* als Synonym von Konzeption. So wird von ihm das lateinische Verb *invenire* mit der Zusatzbedeutung des ›Konzipierens‹ (»concebir«[61]) versehen. Die Reflexion zielt darauf ab, dass ein vom bisher bekannten Land unabhängiger Kontinent und ebenso das ›Sein Amerikas‹ (»el *ser* de América«) im europäischen Bewusstsein erst einmal als Vorstellung, als »imagen« eingeführt werden muss. Das »ser de América« löst sich in einem ersten Schritt aus dem asiatischen Reiseziel (»objetivo asiático del viaje«) des Kolumbus heraus und wird als unabhängige Einheit etabliert – mit all den gravierenden Konsequenzen für die Vorstellung von der Welt, der *imago mundi* – bevor es entdeckt, seiner Hülle beraubt werden kann. Wie O'Gorman in einem 1976 nachgefügten Vorwort klar zu verstehen gibt, ist sein Begriff der »invención« ein über Amerika weit hinausgehender Schlüsselbegriff eines Geschichtsmodells, das sich von der vorherrschenden Sicht des 19. Jahrhunderts und seiner strikten Trennung zwischen Spekulation und historischem Faktum im Sinne des Rankeschen Objektivismus und seines »wie es eigentlich gewesen« (bzw. »lo que en realidad aconteció«[62]) ablöst, um der *imago* bzw. *imagen* den gebührenden Platz als Teil des historischen Prozesses zuzuordnen. Die Spekulation (oder Erfindung) wird selbst zum untrennbaren Bestandteil dessen »wie es eigentlich gewesen«, indem sie als die vom Menschen projizierte »imagen de la realidad« die historischen Fakten konditioniert. In dieser Definition sei »invención« allerdings nicht mit »creación« zu verwechseln, einem Begriff der – in seiner notwendigen Eigenschaft als Schöpfung der gegenständlichen Welt –, einem geschichtlichen Erklärungsmodell unangemessen ist. Vielmehr sei »invención« ein Prozess der Hervorbringung von Vorstellungen und ›historischen Einheiten‹ (»entidades históricas«), die nicht apriorisch als eigentliches historisches Faktum existieren, sondern erst konstruiert werden müssen.

Die *invención* wird so, im Unterschied zur dingerschaffenden Schöpfung, zu einem bilderzeugenden Vorgang: in ihrem Zentrum steht ein von der jeweiligen historischen Epoche abhängiges Imaginarium – nicht eine Realität, sondern ein *Bild* (»imagen«) von der Realität: »das an einem bestimmten Moment bestehende Bild von der Wirklichkeit. Mit anderen Worten ist das Sein der Dinge nichts, was sie von sich aus besäßen, sondern etwas, was man ihnen zuspricht oder verleiht.«[63]

In scharfer Abgrenzung von der positivistischen Auffassung, ein historisches Faktum könne sich in Unabhängigkeit des sie konditionierenden Bilds von der Wirklichkeit ereignen, lehnt O'Gorman auch ab, Amerika selbst als apriorisch vorgegebene Einheit zu betrachten.

> Das Übel, das sich an der Wurzel des gesamten Prozesses der Idee einer Entdeckung Amerikas befindet, liegt in der stetigen Annahme, dass je-

nes Stück kosmischer Materie, welches wir heute als den amerikanischen Kontinent kennen, dies schon seit jeher gewesen sei, während es doch in Wirklichkeit erst von dem Moment an so war, da man ihm diese Bedeutung zusprach, und auch an dem Tag nicht mehr so sein wird, da man ihm ebendiese aufgrund irgendeines Wechsels in der gegenwärtigen Weltkonzeption nicht mehr zuspricht.[64]

Die Idee eines Auftauchens Amerikas als eines unabhängigen Kontinents besitzt durch die Tatsache ihrer Relativität und Abhängigkeit vom jeweiligen Weltbild des Beobachters im Denken O'Gormans jedoch eine einschneidende Bedeutung. Durch das Eindringen eines ›Landes, das nicht sein darf‹, verliert der europäische Kontinent laut O'Gorman seinen zentralen Platz im Weltbild des Mittelalters, in dem es, in Analogie zur Heiligen Trinität, den Platz des Vaters in einem dreiteiligen Schema (Europa-Asien-Afrika) einnimmt, wobei die Stadt Jerusalem zugleich das Zentrum der Welt und Kontaktpunkt der drei Erdteile ist[65]. Infolge des Auftauchens eines vierten Kontinents ist die bisherige Selbstpositionierung Europas erschüttert, seine Vormachtstellung kosmographisch und philosophisch in Frage gestellt, selbst wenn es machtpolitisch zunächst alles tut, um die Hegemonie weiter auszubauen: denn mit der ›Erfindung Amerikas‹, so O'Gorman, nimmt die Epoche eines religiös legitimierten »Europeozentrismus der dreiteiligen Hierarchie« (»europeocentrismo de la vieja jerarquía tripartita«[66]) ein Ende – ein Argument, das nicht zuletzt durch die eher betrübliche Tatsache besticht, dass O'Gorman als offensichtlich einziger Teilnehmer der Diskussion dem sprachlichen Monstrum des ›Eurozentrismus‹ eine sprachgeschichtlich und -ästhetisch vertretbare Wortbildung entgegenzusetzen imstande ist. Auf Basis dieses Bilds von der Geschichte leitet O'Gorman den »mesianismo universal« einer nicht genau begrifflich eingegrenzten, aber dafür mit doppelter Majuskel geradezu allegorische Ausmaße annehmenden »Westlichen Kultur« (»Cultura de Occidente«) und ihres »ökumenischen Programms« (»programa ecuménico«[67]) her, das die Fähigkeit besitzt, auf dem Weg der ›Erfindung‹ geschichtliche Einheiten und damit die eigene Lebenswelt neu zu schaffen. Was an dieser spekulativen Fähigkeit des Menschen und ihrem Einfluss auf die Geschichtliche Wirklichkeit das spezifisch ›westliche‹, den anderen Weltkulturen vorenthaltene Element ist (zu denen trotz ihrer geographischen Lage im Westen offensichtlich auch die indigen amerikanischen zu gehören scheinen), wird von O'Gorman nicht weiter ausgeführt und macht diesen Teil seiner Argumentation für seine Kritiker leicht angreifbar.

Obwohl diese Thesen zu diesem Zeitpunkt der Polemik um den Quinto Centenario bereits fast dreißig Jahre zurückliegen, liefern sie, von ihrem

Autor im Rahmen des Meinungsaustauschs mit León-Portilla erneut in Erinnerung gebracht, in den späten Achtziger und frühen Neunziger Jahren den entscheidenden Zündstoff für eine Diskussion der Entdeckungsproblematik, die sich über die Frage des Jubiläums hinaus zu einer grundsätzlichen Reflexion über Bild und Identität Amerikas ausweitet. Vor allem die eindrucksvolle Begriffsfindung der *invención de América* verleiht den Polemiken um den *Quinto Centenario* eine ganz neue Dimension, wobei viele der Diskussionsteilnehmer angesichts einer nur ungenügenden oder den Gedankengängen des Autors entgegenlaufenden Rezeption O'Gormans die Idee einer *Erfindung Amerikas* mit verschiedenen gelagerten Bedeutungen belegten. In der vordersten Reihe dieser Tendenz ist der argentinische Befreiungstheologe und Philosoph Enrique Dussel anzusiedeln, nach eigenen Angaben Schüler von Emmanuel Levinas und Anhänger von dessen Konzeption des Anderen als Basis jeder Ethik. Im Umfeld des *Quinto Centenario* unterzieht Dussel O'Gormans These der *invención* einer kritischen Neulektüre[68]. Obgleich er das Buch O'Gormans als »eine der schönsten Seiten des lateinamerikanischen Denkens«[69] würdigt, wirft er ihm, mit Blick auf seine ›ontologische‹ Interpretation der Geschichte und auf Termini wie ›das Sein Amerikas‹, ein übermäßiges Heideggerisieren (»inspiración heideggeriana«) und, unter Heranziehung von O'Gormans Zitaten zur Rechtfertigung der ›Westlichen Kultur‹, eine »von der europäischen Subjektivität ausgehende Phänomenologie«[70] vor. Doch nicht nur das. Wie der Deutschargentinier zu beweisen sucht, fällt O'Gorman mit seiner zu einem modernen Kreationsmythos gesteigerten Konzeption der *invención* seinem Meister selbst in den Rücken. »Diese Sichtweise, die in gewisser Weise das Sein oder den Sinn des Seienden *ex nihilo* erschafft, nähme dann eine Extremposition ein, die nicht einmal Heidegger selbst vertreten hätte«[71]. Unter Anführung einiger Zitate aus *Sein und Zeit* argumentiert Dussel, dass für Heidegger der von O'Gorman abgelehnte Begriff des Entdeckens eine zentrale Wertigkeit besitzt und sehr wohl das Enthüllen von etwas Präexistierendem bezeichnet, das durch den Vorgang des Entdeckens in die »Unverborgenheit« überführt werde:

> Wahrsein (Wahrheit) besagt entdeckend-sein. <…> Mit der Entdecktheit des Seienden zeigt sich dieses gerade als das Seiende, das es vorher schon war. <…> Dergleichen Verstehen von Seiendem in seinen Seinszusammenhängen ist nur möglich auf dem Grunde der Erschlossenheit, das heißt des Entdeckendseins des Daseins.[72]

Für Heidegger sei daher die Vorstellung einer Entdeckung Amerikas durchaus sinnvoll; und der von O'Gorman verwendete Begriff der ›invención‹ bezeichne im Grunde nichts anderes als die Entsprechung des Heideggerschen Entdeckens als Überführen in die Unverborgenheit: nämlich die Überführung aus dem fälschlich von Kolumbus angenommenen »asiatischen Sein« in die Wahrheit des »amerikanischen Seins«. Mit den Worten Dussels: »Es wurde nicht erfunden, sondern ent-(der Akt der Sinngebung)-verborgen (das wirklich Gefundene)« (»No fue inventado sino des-(el acto de dar sentido)-ocultado (lo real encontrado)«.[73]

Mit solch einer ontologischen Theorie der Enthüllung Amerikas sei Heidegger – und mit ihm sein Schüler O'Gorman – ein Vertreter der ›eurozentrischen‹ Weltsicht: er konzipiere Amerika als Gegenstand, der, da von Europa ›entdeckbar‹, so in seiner Andersheit nicht mehr wahrnehmbar ist – und folge damit genau der Sichtweise des Eroberers.[74] Diese Idee einer ›Entdeckbarkeit‹ Amerikas konstituiert für Dussel die eigentliche ›Erfindung‹ Amerikas. Ihr hängen sowohl Heidegger als auch sein transatlantischer Schüler an.

> Für O'Gorman ist auf seiner ontologischen Grundlage solche Erfahrung nicht »Entdeckung« des Neuen, sondern einfach die Anerkenntnis der Materie oder Möglichkeit, da der Europäer beginnt, sein eigenes »Ebenbild und Gleichnis« zu »erfinden«. Amerika wird nicht als etwas widerständig Unterschiedenes, als das Andere entdeckt, sondern als die Materie, auf die man »Dasselbe« projiziert. Es ist also nicht die »Entdeckung« oder »Offenbarung des Anderen«, sondern die »Projektion Desselben«, »Verdeckung«.[75]

›Erfindung‹ stellt für Dussel das Verfahren der europäischen Subjektivität dar, die Andersheit des Neuen Kontinents »mit einer vollkommen eurozentristischen These«[76] dergestalt auf das bereits Bekannte zu reduzieren, dass dabei eine Einheit entsteht, die es in Wirklichkeit überhaupt nicht gibt: allen voran das von Kolumbus konstruierte »asiatische Sein« Amerikas, Inbegriff der kolonialen Fehlinterpretation oder gar einer Ideologie, die Amerika zu unterwerfen und auszubeuten sucht, ohne es als eigenständigen, das europäische Weltbild infragestellenden Kontinent überhaupt anzuerkennen.

> Dies nennen wir die »Erfindung« des »asiatischen Wesens« Amerikas. Denn das »asiatische Sein« dieses Kontinents existierte lediglich in der Einbildung jener Europäer der Renaissance. Kolumbus eröffnete politisch und offiziell den Weg nach Asien über den Westen. Mit seiner »Erfindung« aber konnten in der Art der Heiligen Dreifaltigkeit die »Drei Teile« der Erde weiterbestehen, Europa, Afrika und Asien.[77]

Die Erfindung Amerikas stellt also besonders in diesem Punkte bei Dussel das präzise Gegenteil der O'Gorman'schen Argumentation dar: während die *invención* im Sinne von Konzeption eines unbekannten Kontinents für den einen das Ende des sogenannten ›abendländischen‹ Weltbilds bedeutet, enthält sie für den anderen, im Sinne von Fiktion, dessen künstliche Bestätigung und Verlängerung.

Um in dieser über die Jahrzehnte verschobenen Debatte Dussel-O'Gorman (zu welcher der mexikanische Philosoph selbst ausdrucksvoll schwieg) ein Zwischenresümee zu ziehen, wäre anzumerken, wie sehr Dussels Argumentation an verschiedener Stelle aufgrund unzureichender Grundlagen ins Wanken gerät. Zunächst ist sein Vorwurf, O'Gorman verwende sein Konzept der »invención« im Sinne einer *creatio ex nihilo* insofern nicht haltbar, als dieser selbst ja in der zuvor zitierten Passage »invención« klar von »creación« abgrenzt. Zudem krankt, selbst wenn eine Inspiration durch den deutschen Philosophen durchaus nicht auszuschließen ist, eine Kritik an O'Gormans ›Heideggerisieren‹ schlicht an der Tatsache, dass der Name Heideggers weder in *La invención de América* noch in seinen anderen zitierten Texten an irgendeiner Stelle erwähnt ist. Ja, selbst wenn ein so klar konnotierter Begriff wie der des »Seins« zu einer solchen Verbindung verführt, ist sein Gebrauch bei O'Gorman von dem bei Heidegger verschieden. Denn Heideggers »Sein« ist alles andere als ein ›Bild der Wirklichkeit‹ (»imagen de la realidad«), eine von der Sinn- und Bildgebung des Menschen abhängige Schaffung von »historischen Gebilden« (»entes históricos«). Suchte man im Denken Heideggers einen Berührungspunkt zur »Erfindung des Seins Amerikas«, müsste man wohl eher auf die Begriffe des »Entwurfs« und der »Auslegung« zurückgreifen[78]. Vor allem aber erscheint es mehr als zweifelhaft, auf der Basis von völlig wahllos aus dem Kontext des Werkes gerissenen und miteinander verhackstückten Belegstellen Heidegger unterstellen zu wollen, er vertrete eine Konzeption Amerikas als einer apriorischen und von Europa nur zu enthüllenden Einheit. Immerhin beziehen sich die zitierten Passagen aus *Sein und Zeit* auf die Abkömmlichkeit des traditionellen Wahrheitsbegriffs und den ursprünglichen griechischen Begriff der ἀλήθεια als Unverborgenheit des Seins, nicht aber auf eine Einheit des »Seienden«, wie Amerika sie verkörpert. Im Gegenteil ist die metaphysische Verabsolutierung eines Weltentwurfs gerade Manifestation eines Denkens, das Heidegger zu durchbrechen sucht[79].

Entscheidend für die gesamte Debatte um den *Quinto Centenario* ist aber besonders die von Dussel eingebrachte Neubewertung einer Erfindung Amerikas. O'Gormans These von der Erfindung als einem Prozess der Schaffung geschichtlicher Einheiten auf den Kopf stellend, definiert Dussel das Erfinden als Sich-Ausdenken von etwas Nichtexistentem, als Synonym von Fiktion bzw. im schlimmsten Falle als instrumentalisierte Lüge, institutionalisierte Legende vom »asiatischen Sein« des Vorgefundenen, die eine Kolonisierung legitimiert. Als »Bild von der Wirklichkeit« wird die Erfindung in dieser Interpretation zu einer von der Wirklichkeit abgespaltenen Unwirklichkeit, ja, zu deren Negation schlechthin. Um von der Unwahrheit der (›eurozentrischen‹) Erfindung Amerikas zur historischen Wahrheit zu gelangen, sei es nicht genügend, in die (ebenfalls ›eurozentrische‹) Vision einer Entdeckung zurückzuverfallen. Als eine »kopernikanische Wende« (»vuelco copernicano a la subjetividad nuestra«) von der europäischen zur amerikanischen Perspektive betrachtet Dussel insofern die Etablierung des Begriffs »fremdes Eindringen« (»intrusión extraña«[80]): »Von Europa aus ergibt sich in einer Extremposition die Erschaffung Amerikas (Erfindung); von unserem Kontinent aus ergibt sich das ›Eindringen‹ in unsere Welt, die *bereits da war*, mit ihrem eigenen Sinn, ihren Rechten, ihrer Würde ... des anderen.«[81]

Fragwürdig erscheint nicht allein die Legitimation des in einer europäischen Sprache schreibenden und, wie er selbst zuweilen betont, direkten Nachfahren des europäischen Eindringlings Kaspar Dussel aus Nürnberg, Amerika als »unseren« Kontinent in radikaler Andersheit Europa gegenüberzustellen. Von unmittelbarer Bedeutung für die hier verfolgte Debatte sind vielmehr die Konsequenzen, die sich aus dem von Dussel etablierten Begriffspaar *invención – intrusión* ergeben. Dies Eindringen, im Grunde wohl nichts weiter als ein Synonym zur vorher bereits angeführten Invasion, stellt in ihrem Charakter als Offenbarung der historischen Wahrheit das reale Gegenstück zum fiktiven Prozess der Erfindung dar. Im Gegensatz zur »invención«, die nicht eine »Entdeckung« (»descubrimiento«), sondern vielmehr eine »Verdeckung« (»encubrimiento«) der Wahrheit bezeichnet, kommt die Aufdeckung der tatsächlichen »invasión« einem »des-en-cubrimiento« gleich, d.h. einer »Ent-ver-deckung«, Enthüllung[82]. Diese Freilegung der historischen Wahrheit nennt Dussel auch die ›Sicht der Besiegten‹ (»la visión de los vencidos«[83]), um sie von einem ein Gegenüberstehen auf gleicher Augenhöhe (»cara a cara«) voraussetzenden »Treffens« (»encuentro«) abzusetzen, den er, in Hinsicht auf die tatsächlichen hierarchischen Herrschafts- und Unterdrückungsstrukturen beim Zusammentreffen zwischen Eroberern und Eroberten, als beschönigende Wunschprojektion ablehnt[84]. In dem sich daraus ergebenden dichotomischen System (wahr / falsch – real / fiktiv – *desencubrimiento / invención*) nimmt die Opposition europäisch / amerikanisch (bzw. »de nuestro continente«) einen Sonderplatz ein: sie wird durch den Prozess der »kopernikanischen Wende« ins genaue Gegenteil umgekehrt. Wie derjenige vom Geo- zum Heliozentrismus stellt somit der Wechsel vom ›Eurozentrismus‹ zum ›Amerozentrismus‹

(um einmal ein ähnliches Wortungetüm analogisch herzuleiten) die bloße Negation der bisherigen Wahrheits- / Falschheitsverhältnisse dar. Von einer der indigenen Bevölkerung zugefügten »Schändung« (»agravio«, ein Begriff, den Dussel Bartolomé de las Casas entlehnt hat) gelange man durch diese Umkehrung zu einem »desagravio histórico«. In dieser Wende und der mit ihr verbundenen Emanzipation und Befreiung der Überlebenden des Genozids könnte auch der einzige Sinn von Feierlichkeiten für ein trauriges Datum der Geschichte liegen.

Mit dieser Sicht auf ›das von 1492‹ ist Enrique Dussel eine Art Vorreiter für eine große Zahl von kritischen Intellektuellen – nicht nur aus Lateinamerika – die im Umfeld des Quinto Centenario durch ihre Stimme in bester Tradition ›eurozentrischer‹ Metaphysik die Wahrheit der Fakten aus den Verstrickungen der Fiktion und Spekulation herausleuchten lassen wollten:

> Das Anliegen der Autoren ist nicht abstrakt: ihr Engagement ist real. Es geht nicht darum, die historische Wahrheit durch die Spekulation zu entdecken, sondern in der Welt der Tatsachen: ebenso der historischen wie der gegenwärtigen. Denn die Aufgabe der amerikanischen Emanzipation ist noch nicht ans Ende gelangt. Wofür eine Kette von Persönlichkeiten und Völkern ein halbes Jahrhundert lang gekämpft hat, der Bau einer brüderliche Gesellschaft der Menschen, bleibt ein unvollendetes Projekt.[85]

Aus dieser Perspektive entspricht der Kampf gegen die ›Erfindung Amerikas‹ dem für die historische Wahrheit und gegen die koloniale Ideologie Europas, die Amerika seiner Eigenständigkeit zu berauben sucht. Bemerkenswert ist, dass die Dichotomie Wahrheit / Erfindung gerade dort, wo sie am radikalsten vorgeführt wird wie bei Dussel, und zwar auch unter den umgewerteten Vorzeichen einer ›amerozentrischen‹ Sicht, in die binären Strukturen des »wie es eigentlich gewesen« verfällt, das O'Gorman mit seiner Konzeption der Erfindung als der am Geschichtsprozess teilhabenden *imagen* zu überwinden suchte – und damit in die Logik einer strikt ›eurozentrischen‹ Denkströmung, die nicht zuletzt als philosophische Basis für den europäischen Imperialismus des 19. Jahrhunderts diente.

Innerhalb dieser häufig durch doktrinäres Schwarzweißdenken geprägten Strömung finden sich aber auch einige Denker, die noch nach dem Abebben der ursprünglichen Diskussion um die Begrifflichkeit des Quinto Centenario über die Vorstellung einer inzwischen als gewissermaßen politisch korrekten Bezeichnung für das koloniale Missverständnis etablierten ›Erfindung‹ Amerikas und ihrer aus einem dualen Schema ausbrechenden Implikationen reflektieren und zu höchst interessanten Ergebnissen gelangen. In diesem Zusammenhang ist besonders Iris M. Zavala zu nennen. In einem von ihr zusammengestellten Band zum Thema der *invención de América* gibt sie verschiedenen Aspekten das Wort und erstreckt die Problematik der Erfindung über die ›invención del ser asiático‹ durch Kolumbus hinaus auch auf die Texte der Crónicas de Indias. Unter Berufung auf Dussel denunziert sie nicht nur den »Ethnozentrismus« der Kolonisatoren, sondern weitet angesichts der Pluralität der europäischen Fiktionen, durch welche Europa seine Machtansprüche auf Amerika projizierte, den Begriff der »invención« Amerikas zu dem der »invenciones« aus. Objekt des Anstoßes ist bei Zavala ebenso wie bei allen anderen Teilnehmern der Diskussion[86] das Denken Edmundo O'Gormans, seine vermeintliche Vorstellung der Erfindung als *creatio ex nihilo* und seine zweifelhafte Apotheose der ›Westlichen Kultur‹. »Niemand kann heute, auf der Schwelle zum 21. Jahrhunderte, solche ›Fiktionen‹ noch vertreten, ebensowenig wie den ontologischen Idealismus, der voraussetzt, dass das Benennen die Einheiten hervorbringt.«[87]

In diesem »Benennen« (»nombrar«) findet die Kritik Zavalas ihren Kulminationspunkt: im Unterschied zu O'Gorman, der die Erfindung als »Bild von der Wirklichkeit« klar auf der Seite der *imago / imagen* ansiedelt, wird für sie die »invención« zu einer in erster Linie sprachlichen Kategorie, bewegt sich also auf die Seite des *verbum*. So wie die ›Erfindung‹ Amerikas durch die Oktroyierung des *Namens* Amerika sichtbar werde (und in einer Art adamitischer Arroganz zugleich auch die Aneignung), so hätten auch Kolumbus und die nach ihm folgenden Kolonisatoren die Unterwerfung der neuen Welt durch die ›Erfindung‹, d.h. Einzwängung in die sprachlichen und diskursiven Modelle Europas vollzogen.

> Und hierin liegt für mich die Bedeutung des Terminus ›Erfindung‹: die europäischen Fiktionen als Zweckdiskurse. Man ›erfindet‹ eine Benennung der ›anderen‹, die gültig und verpflichtet für alle ist, und diese Gesetzgebung durch die Sprache diktiert auch die ersten Gesetze in Sachen Wahrheit. Es eröffnet sich uns dabei etwas, das man, da nicht bekannt, schnell vergisst: dass die Sprache nicht nur ein System grammatikalischer Regeln ist, sondern eine hierarchische Organisation, die sich an Herrschaftsbeziehungen orientiert.[88]

Auf der Basis dieser Eroberung durch die Erfindung neuer Bezeichnungen und Namen beginnt nun der koloniale »Nominalismus« zu wüten und seine »Monster in der neuen Welt« zu entfalten.[89] Mittels eines Verfahrens, das offensichtlich dem von Roland Barthes so bezeichneten »effet de réel« entspricht – der Ausschaltung des sprachlichen Zeichens durch den Eigennamen und der unmittelbaren Verknüpfung von Namen und außersprachlichem Referenten zum Zwecke einer scheinbar unmittelbaren Wiedergabe der Wirklichkeit[90] – besteht die Erfindung, Synonym von Fiktion, des Kolumbus darin, durch eine neue Namenszuordnung die Neue Welt in ihrer Gegenständlichkeit unmittelbar dem europäischen Wortfundus zu unterwerfen. In seinem namensgeberischen und -erfinderischen Furor – entsprechend der »Namensgebungs-Raserei«, der »rage nominatce«[91], die Todorov Kolumbus attestiert, und lange vor ihm Alexander von Humboldt, wenn er auf »die fast ins Kleinliche getriebene Sorgfalt, Benennungen zu sammeln«[92] der Conquistadores hinweist – suche der Eroberer auf der Basis eines ihm vorgegebenen Zeichenarsenals gleich dem platonischen Namensdemiurgen die *res* und *verba* in neue Verbindungen durch neue Bezeichnungen zu zwingen. »Wie der Gesetzgeber der *Kratylos*, Begründer der Namen (demiourgos onomatôn), erfindet Kolumbus diese gemäß der Namen und Essenzen.«[93]

Zweck der Erfindung ist es, die amerikanische Welt ihrer Eigenheit und Unabhängigkeit, ja, ihrer gesamten Identität zu berauben, um sie dem Eroberer untertan zu machen. Innerhalb dieser Definition von Erfindung als zugleich rein fiktionalem und rein sprachlichem Mittel der Machtausübung hat die *imago / imagen,* in O'Gormans Sinne von Vorstellung und Bild der Wirklichkeit, keinen Platz mehr. Wenn sie in Erscheinung tritt, dann (erneut der Logik einer platonischen Konzeption vom Abbild als Schein und auch der parmenidischen Dichotomie ὄν – δόξα folgend) allein als ideologisch-kulturelles Vorurteil, als Irrtum und Karikatur (»equívocos y caricaturas«[94], als »dogmatisches« oder »moralisches Bild« (»imagen dogmática« / »imagen moral«), kurz: als »Gefangene der Doxa« (»prisioneros de la forma de la doxa«), die in einem ideologischen »Netz aus Bildern« (»red de imágenes«) zum »Simulacrum« (»simulacro«) mutiert und dabei mittels Verzerrung der Wirklichkeit dazu dient, die Fiktion zu stützen und die Auslöschung der Identität voranzutreiben.[95]

Vom Bild der Wirklichkeit verwandelt sich die Erfindung in ein Zerrbild der Wirklichkeit, verliert aber paradoxerweise zugleich ihren Charakter als Bild, um zum Wort bzw. zum Eigennamen zu werden. Als Durchführungsmittel und Erfüllungsgehilfin der Usurpation durch die der »invenciones« Amerikas dient die Rhetorik. »Rhetorik, Tropen und Hermeneutik dienten als Instrument bei diesem Geschehen, und die (rhetorische) Literatur war Ursprung und Objekt gelehrter Polemiken und biblischer Exegesen zu dem Zweck, die Behandlung der Barbaren der Neuen Welt zu rechtfertigen oder zu sensieren <»*sensurar*«*, sic*>«[96] Aufgabe der Rhetorik und ihrer Fiktionstechniken (»la retórica y todas sus técnicas para crear ficciones«[97]) ist es, die symbolische und ›tropische‹[98] Fähigkeit der Sprache dazu abzurichten, die Inbesitznahme der Wirklichkeit und die damit verbundene Unterjochung unter die Optik des ›Eigenen‹ sowie die Leugnung des ›Anderen‹ zu ermöglichen. »Die ›Erfindungen‹ und ›Fiktionen‹ sind daher Teil des Arsenals einer symbolischen Aktivität, die dazu verwendet wurde, sich der Welt zu bemächtigen«[99].

Gewissermaßen als Zeughäuser dieses symbolischen Arsenals dienen im 16. Jahrhundert die vom Eroberer gelesenen oder mitgeführten Bücher, die »libros del conquistador«[100]. Die *Erfindung* Amerikas stellt sich also auch als eine *Findung* dar, und zwar innerhalb der Texte, auf welche die vorgefundene Wirklichkeit gewaltsam reduziert wird, um sie dem Herrschaftsanspruch Europas kompatibel zu machen. Gleichzeitig bewahrt die »invención« auch als nun rein sprachlich-rhetorisches Phänomen ihre Funktion einer »ficción« und so ihren von Dussel dargelegten Charakter der Wahrheitsnegierung. Damit ordnet sie sich klar ein in das dichotomische Schema von Realität und Fiktion, Schein und Sein, ὄν und δόξα und macht, als *encubrimiento* der Wahrheit, ebenso ein *desencubrimiento* im Sinne eines Ausbruchs aus dem ›Gefängnis der Doxa‹ notwendig. »Invención« stellt in der Definition Iris Zavalas als *Leugnung* von Realität also das präzise Gegenteil von O'Gormans Sichtweise einer *Konstruktion* von Realität dar.

Durch die stringente Argumentationsführung der Autorin erweckt der Begriff der Erfindung den Anschein, klar festgelegt – und festlegbar zu sein. Beunruhigend ist in diesem Kontext allerdings ein wenig, dass die Forscherin darauf hinweist, in welchem Maße der Begriff der »invención« historisch gesehen schon andere Verwendungen erfahren hat, sogar begrifflich durchaus gravierenden Schwankungen (»oposiciones y diferencias de sus significados«) unterliegt[101].

> Ihr Sinn erschöpft sich nicht, seit Hernán Pérez de Oliva 1528 zum ersten Male den figürlichen Raum <*espacio figural*> der »Erfindung von Las Indias« verwendete. ›Erfinden‹ bedeutete für den Humanisten ›sich vorstellen‹ <*imaginar*>. Das Vorstellen verknüpft sich so mit dem Entwerfen <*proyectar*>: aber auch mit dem Finden, Antreffen <*hallar, encontrar*>. Es ist daher ein ebenso polysemischer wie polemischer Terminus.[102]

Nach allem zuvor Dargelegten ist dieser Verweis auf den Sprachgebrauch des 16. Jahrhunderts höchst überraschend: denn koinzidiert der Begriff in der hier vorgelegten Eingrenzung nicht fast vollständig mit dem »konzipieren« (»concebir«) des Edmundo O'Gorman, in dem die *imagen* (wörtlich enthalten im »imaginar«) sich zugleich als Entwurf (»proyectar«) einer neuen Wirklichkeit UND als ihr Auffinden in der Wirklichkeit manifestiert? Und umschlösse dieses Finden von etwas zur gleichen Zeit Entworfenem in seiner Anerkennung des Neuen nicht genau das, was man landläufig als die *Entdeckung* bezeichnet – also den Schritt, den Kolumbus selbst nie unternommen hat?

Auf das Problem der »Erfindung von Las Indias« (»Invención de Yndias«) durch Pérez Oliva, einen der ersten Chronisten Amerikas und engen Bekannten des Kolumbus-Sohns Fernando, versuchen auch andere Gelehrte eine schlüssige Antwort zu finden. José Rabasa etwa äußert in einem Buch, welches das Thema der Erfindung zum Zentrum hat (*Inventing America*), in der Tat bezüglich Pérez de Oliva die Vermutung: »der Terminus *invención* reflektiert das lateinische *invenire*, ›entdecken‹«. »Invención« bezeichnete in gleichem Maße das Erfinden von etwas Nichtexistentem, das Finden von etwas Präexistentem, Entwerfen von etwas Möglichem und zudem die Entdeckung des Entworfenen? Wie soll eine solche Vielfalt von einander widersprechenden Bedeutungen unter dem Dach eines Wortes Platz finden? Rabasas Konsequenz daraus ist nicht mehr als die vage Forderung: »Der Titel von Pérez' Buch ließ des Weiteren den Ruf nach einer Geschichte der semantischen Differenzierung der beiden Termini <i.e. Entdeckung / Erfindung> laut werden« – ein Ruf, dem er selbst nur ansatzweise Folge leistet und der aufs Ganze gesehen recht ungehört verhallt. Für die Relativität des Inventionsbegriffs sensibilisiert, weist Rabasa zugleich auf den Boom hin, den der Begriff *invención* (bzw. *invention*) in jüngster Zeit im Kontext einer diskursiven Etablierung von menschlichen Lebensräumen und Welterklärungsmodellen angenommen hat. Wiederum in scharfer Abgrenzung von O'Gorman, dem er eine einseitige und unhaltbare dichotomische Gegenüberstellung der Begriffe von Erfinden und Entdecken vorwirft, möchte er auf diese Weise einen ›foucaultschen‹ oder ›dekonstruktiven‹ Inventionsbegriff etablieren.

> Außerdem liefert eine Zahl jüngerer Verwendungen von *Erfindung* als einem Paradigma, um das Emergieren von Mythologie, kulturellen Prozessen, täglichem Leben und auch Rassismus zu begreifen, alternative Perspektiven zu O'Gormans enger Definition von *Erfindung* in Opposition zu Entdeckung – so etwa Marcielle Detienne, *L'invention de la mythologie* (1981); Roy Wagner, *The invention of Culture* (1981); Michel de Certeau, *L'invention du quotidien* (1980); und Christian Delacampagne, *L'invention du racisme* (1983). <…> Mein Gebrauch von Erfindung sucht diese Art von semiotischen und dekonstruktiven Gebiete der Untersuchung weiter zu erforschen, mehr als die epistemologische Unterscheidung, die O'Gorman vis-à-vis der Entdeckung aufbaut.[103]

Einen bislang kaum behandelten Aspekt trägt Rabasa jedoch durch die Ausweitung der Erfindungsproblematik auf die indigene Bevölkerung Amerikas bei; ein Blickwinkel, den O'Gorman nur peripher behandelte. Im Gegensatz zur Linie Dussels und Zavalas, wo ›invención‹ immer nur unter dem Aspekt der Unterwerfung Amerikas und seiner Bewohner unter den europäischen Diskurs betrachtet wird, hebt Rabasa hervor, dass die Erfindung Amerikas als Kontinent mit einer Erfindung Europas durch die Indios einhergehen musste und so »den Weg zu einem vereinigtem, einheitlichen Weltbild« (»the way to a unified, univocal world picture«) ebnete.[104]

Indem Rabasa der ›Erfindung‹ Amerikas durch die europäischen Kolonisatoren eine ›Erfindung‹ Europas durch die indianischen Kolonisierten gegenüberstellt und so zum gemeinsamen Merkmal der Sicht von Siegern wie Besiegten, Invasoren wie Opfern der Invasion macht, bricht er mit einem Schema, das den Prozess der Erfindung zum Akt der symbolischen Gewalt, zur Unterwerfung der amerikanischen Welt unter die Interpretationsmechanismen Europas macht. Vielmehr wird, wie Rabasa unterstreicht und bereits O'Gorman vor ihm formulierte, durch die Erfindung Amerikas die bislang selbstverständlich vorherrschende Mittelpunktsposition Europas – der Europeozentrismus – in Frage gestellt. Die Erfindung Amerikas und die Erfindung Europas werden zu zwei Seiten derselben Medaille: die Notwendigkeit der ›Erfindung‹ oder Konzeption einer neuen Welt als eines universellen neuen Weltbilds angesichts einer neuen Realität, die auf beiden Seiten mit dem bislang zur Verfügung stehenden Imaginarium nicht oder nicht hinreichend begriffen werden kann. Diese Realität umschließt vor allem das Auftauchen des Unbekannten, des jeweils Anderen. Eine solche ›Erfindung des Anderen‹ müsste in letzter Konsequenz angesichts des Verlusts der eigenen Zentralität im Kosmos immer auch eine Neu-Erfindung des Eigenen darstellen. Somit ergibt sich nicht nur die Frage »wie die indianische Erfindung der europäischen Kultur Formen der Wieder-Erfindung ihrer eigenen und der Artikulation eines Kontradiskurses konstituiert«[105], sondern auch, in welcher Form die europäische Selbstdefinition durch das Auftauchen einer anderen Welt und ihrer Bewohner im Anschluss an die Entdeckung oder Erfindung Amerikas einer Revision oder Reinvention unterzogen werden muss. Deshalb lässt sich die Frage nach der »Erfindung Amerikas« weniger durch eine Polemik um »das von Amerikas« oder »das, was Kolumbus entdeckte« denn durch eine dezidierte Analyse beantworten, *wie* eine neue Welt und die Neue Welt im Anschluss an die Reise des Kolumbus erfunden wurden: kurz, durch eine eingehende Lektüre der zeitgenössischen Texte, denen Rabasa seine Studie gewidmet hat.

II.3. Diskurs-Inventionen

Betrachtet man den Prozess der Erfindung aus dieser Perspektive, wird auch die in der Debatte um den Quinto Centenario so rigide etablierte Grenze zwischen Realität und Fiktion / Invention hinfällig, denn es geht nicht in erster Linie darum aufzudecken, mittels welcher Fiktionalisierungen Europa die Wirklichkeit Amerikas verzerrte, sondern festzustellen, mittels welcher Repräsentationstechniken auf beiden Seiten das Andere – Neue oder Unbekannte – in den Horizont des Bekannten eingeschlossen werden kann. Die Invention müsste also die Schaffung eines *Inventars* von Darstellungsmitteln bieten, welche das Begreifen des bislang nicht Greifbaren möglich machen. Nach einer auf die rein verbale Ebene fixierten Position wie der Zavalas, wo Invention ja nahezu synonym für Lüge oder Manipulation steht, tritt der Aspekt des Bildlichen und der Vorstellung wieder in die Diskussion ein. Auf der Seite des Bildes zielt die Invention, wie Rabasa selbst in seiner Studie darlegt, auf eine Konvention der gemalten oder gezeichneten Darstellung Amerikas ab, sei es als Allegorie in der bildenden Kunst, sei es als neues Kartographieren, das die Grenzen der mittelalterlichen Kosmographie sprengt. Auf der Seite des Wortes hingegen muss die Rolle der Rhetorik beim Prozess der Erfindung einer neuen Bewertung unterzogen werden. Bei einem sprachlichen Prozess, der die »Produktion von Amerika als etwas Neuem« zum Gegenstand hat, steht zwar sicherlich auch das Problem zur Diskussion, mit welchen Mitteln die Rhetorik zur Besitznahme und Machtlegitimierung instrumentalisiert wird. Von einem literaturwissenschaftlichen Gesichtspunkt aus betrachtet stellt sich aber auch die ganz grundlegende Frage, auf welche bekannten sprachlichen Mittel und Versatzstücke man rekurrierte, um das Neue in das Bekannte zu integrieren, kurz: wie das zunächst nicht Greifbare sich zu einer diskursiven Größe entwickelt.

Diese Sichtweise auf die Invention führte auch der mexikanisch-kanadische Philologe Antonio Gómez-Moriana weiter. Wie er bereits im Titel eines Aufsatzes klarmacht, ist »invención« bei ihm geprägt durch den Aspekt: »Wie entsteht eine diskursive Instanz« (»cómo surge una instancia discursiva«[106]). Zentral ist für den Forscher die Erkenntnis, dass die sprachliche Konzeption von etwas Neuem nur auf begrenzt ›neue‹ sprachliche Möglichkeiten zurückgreifen kann. Auf dem Gebiet der Sprache kann man Amerika nicht erfinden wie in der Gegenstandswelt die Glühbirne oder die Atombombe. »Mehr als auf die Idee von Originalität und Innovation weist dies auf die Bedeutung der Sprache in der sozialen Konstruktion von Realität hin«[107], so Gómez-Moriana. Unter Verweis auf Bachtin betont Gómez-Moriana, dass jedes Wort ja »bereits bewohnt« (»habitada ya«) sei, wenn wir es zur Verwendung bringen. Allein Adam habe sich in der Position befunden, tatsächlich eine eigene Sprache zu erschaffen, die ganz seine »eigene Kreation« (»propia creación«) war. Jede danach erfolgende sprachliche Erfindung des Neuen muss daher auf Versatzstücke oder *topoi* zurückgreifen, wie Gómez-Moriana am Beispiel des Worts »indio« als neuem Begriff für alle »aboriginen Völker Amerikas« aufzeigt[108]. Durch seinen imaginären Anteil ist dieser Prozess nicht rein verbaler Natur, denn er bezeichnet einen Imaginationsprozess – »Kolumbus (re)konstruiert ein *Bild* des Indio«, das sich wiederum in »eine diskursive Instanz, einen Topos verwandelt«[109]. Doch wie auch das Wort immer schon ›bewohnt‹ ist, so ist es auch das Bild, und mit ihm der Topos. Zur Erfindung werden die Gemeinörter herangezogen, die sich in den Texten der überlieferten schriftlichen Autoritäten wiederfinden. Dies macht ein ständiges Hin- und Herspringen zwischen Textautorität und empirischer Realität vonnöten – und führt zu einem typischen Quijote-Ergebnis:

> Auf der einen Seite die Notwendigkeit, einen geschriebenen Text als noch in Kraft befindliche Autorität heraufzubeschwören; auf der anderen die immer vordringlicher werdende Notwendigkeit, sich auf die experimentelle Erkenntnis als notwendige Bedingung eines *wahren* Wissens zu stützen. Gleich Don Quijote im Imaginarium des Cervantes handelt und schreibt Kolumbus wie ein »Mann des Buches«, treu dem »geschriebenen Wort«, das seine »Mission« garantiert.«[110]

Eine Erfindung des Neuen muss sich immer auch auf das Wiederfinden von Bekanntem stützen – auf den Topos. In diesem Sinne nähere sich die »invención« der lateinischen Verwendung des Wortes an, die über Jahrhunderte die dominierende gewesen war: die *inventio* als rhetorische Disziplin, deren Gegenstand unter Zuhilfenahme der *topoi* das Auffinden der Argumente war, die einen Sachverhalt glaubwürdig machen. Unter Anführung eines Zitats seiner Kollegin Jacinthe Martel zeigt Gómez-Moriana: »Wenn, etymologisch betrachtet, der Terminus der Erfindung ›Akt des Findens, des Entdeckens‹ bedeutet, so verweist er weniger auf eine Erfindung im eigentlichen Sinne als auf eine Entdeckung.«[111] Der *inventio* im ursprünglichen Sinne wäre die Vorstellung des Neuen fremd. ›Erfinden‹ bedeutete nichts weiter als das Auffinden von etwas bereits Vorhandenem aus einem vorgegebenen Reservoir sprachlicher und argumentativer Mittel, das Auffinden des Arguments im Topos.

Ganz diesem Sinne argumentiert Giorgio Antei. Wie im Zusammenhang von Rabasas Studie bereits aufgezeigt, weist er auf die Tatsache hin, dass die Cronistas de Indias in ihren Texten »eine *mögliche Welt* erfanden«[112], die gleichzeitig die bisher bekannte Welt durch »eine tiefgreifende Störung der Kriterien und Codes, anders gesagt: die Angemessenheit ihrer Interpretationsmodelle« in Frage stellt und doch auf das »sprachlich und auch rhetorisch und bildlich Vorhersehbare« zurückgreift. Anstelle einer Kreation von Neuem zeigt die Erfindung sich als der Prozess, das Neue dem bereits Existierenden kommensurabel – und damit sowohl als Wort als auch als Bild zu etwas dem Wahren Ähnlichen zu machen.

> Die Erfindung wurde <…> in Form einer sprachlichen Vorrichtung *<dispositivo lingüístico>* übernommen – oder, wenn man so will, einer rhetorischen, durch die das Entdeckte, bzw. besser gesagt das Neue, seine Wahrscheinlichkeit und so seinen Ort im Feld der vorher bestehenden Bilder und Bedeutungen erlangt.[113]

Gegen die von O'Gorman verfolgte Linie, die *invención* mit der *imago* in Verbindung zu bringen[114], betrachtet Antei den Begriff als rein sprachliches Phänomen, das zwar den Schein der Wahrheit bzw. Wirklichkeit erwecken möchte, zugleich aber auch ihr inkommensurables Gegenstück darstellt. In gewissem Maße kommt diese Position also der von Dussel und Zavala vorgebrachten Konzeption der Invention als Negierung der Wirklichkeit nahe, wird aber im selben Augenblick zu einem Prozess quasi-göttlicher Schöpfung.

> Der Gebrauch von Sprache prädisponiert zur Lüge. Da die Erfindung ein sprachlicher Kunstgriff *<un artificio lingüístico>* ist, der *von vornherein* dem Gebiet der Fiktion angehört, bedeuten Erfinden und Lügen wesentlich ein und dasselbe <…>. Die Sprache ist der Verwahrungsort der Überzeugungen, ihr Schmied und Testamentsvollstrecker. In dem Augenblick, da die Realität in ihrem ständigen Wandlungsprozess eine festgefügte Meinung zu widerlegen vermag, wird diese, statt sich zu verflüchtigen, oft tyrannisch, gleich als ob die Sprache sich sträubte, sich dem Wirklichen unterzuordnen und statt dessen ihre demiurgische Fähigkeit, Welten zu schaffen, wieder unter Beweis stellen möchte. In der Tat können Worte, so wie sie die *Möglichkeit,* die *Wahrscheinlichkeit* und das *Wunderbare* hervorbringen, auch die *Andersheit,* die *Neuigkeit* oder somit die *Realität* selbst negieren.
> Die Erfindung ist aus dieser Perspektive die Frucht des Kampfs der Sprache gegen die Realität *<el fruto de la lucha del lenguaje en contra de la realidad>*.[115]

Indem sich in dieser Definition als Kampf der Sprache gegen die Wirklichkeit die Dichotomie Realität / Fiktion erneuert und bejaht, begibt sich die

Erfindung erneut auf das Gebiet der Sprache, besonders der Rhetorik, die, um den militärischen Sprachgebrauch fortzuführen, das Waffenarsenal für den Kampf gegen die Wirklichkeit bietet. Von diesem Standpunkt aus muss die Invention immer auch auf ihre lateinische Grundbedeutung zurückgeführt werden, die einen zentralen Platz in der klassischen Rhetoriklehre einnimmt.

> Zu den üblichen Verwendungen des Begriffs Erfindung gehörten im 16. Jahrhundert oft die von »Entdeckung« oder »Fund«, abgeleitet aus dem Lateinischen (wo *inventio* unter anderem das Gebiet der Rhetorik bezeichnete, das die Auffindung der Argumente einer Rede zum Gegenstand hat).

Die Erfindung Amerikas ist also zugleich Entdeckung und Findung, und zudem sprachliche Findung einer gar nicht findbaren, da neuen Wirklichkeit im Arsenal des Vorhandenen, wobei, um die Konfusion noch zu vergrößern, das Zwillingspaar *inventio / invención* sich dahingehend überschneidet, dass die *inventio* Amerikas – des Neuen oder des Anderen – wiederum neue *invenciones* vonnöten macht, die das Neue in seiner Neuheit leugnen, um es für die zeitgenössischen Beobachter überhaupt fassbar zu machen.

> Paradoxerweise musste im 16. Jahrhundert die Fremdheit der Funde, der physischen Entdeckungen, abgemildert werden durch Erfindungen, die ihre *reductio ad unum* gestatteten, d.h. ihre Einordnung in das Ideen- und Korrespondenzensystem der Alten Welt. *Inventio* und *Erfindung* ‹Inventio e invención› bilden letztendlich zwei Seiten einer Medaille, zwei Aspekte desselben Standpunktes: der Haltung des *Cinquecento*-Menschen vor dem Unbekannten.

Sind wir somit wiederum am Punkt der Frage nach dem Wahren und dem Wahrscheinlichen und der Haltung des Menschen vor dem Unbekannten angelangt, der den Ausgangspunkt lieferte, haben wir uns mit Blick auf den Ursprung der Frage nach der ›Erfindung‹ Amerikas, nämlich die Polemik um den Quinto Centenario, in einem langen Bogen einmal im Kreis gedreht. War das auslösende Moment der Diskussion das Unbehagen, das mit dem Begriff der Entdeckung Amerikas einhergeht, wurde als Alternative das ›Treffen‹ oder ›Sich-Finden‹ zweier Kulturen (*encuentro*) vorgeschlagen, um dann zur ›Erfindung Amerikas‹ zu gelangen, stoßen wir schließlich immer wieder darauf, dass Erfinden eigentlich, wie etwa das Zitat Martels belegt, ein Synonym für das Entdecken und zugleich des Findens ist, ja, dass alle drei Begriffe sich in der *inventio* einander die Hand reichen. Im Lichte dieser Folgerung ist die gesamte Debatte um Erfinden und Entdecken der Neuen Welt ein Wettlauf ins Leere, in den Nebel einer begrifflichen Undefiniertheit.

Viel Lärm um nichts? Oder vielmehr ein Hinweis darauf, dass hinter der leichtfertigen Verwendung des Begriffs und der Begriffe ein grundlegendes Problem verborgen bleibt, das keine der Polemiken um den *Quinto Centenario* zu lösen wusste? Eine historisch verwurzelte Brechung oder Unstimmigkeit, die zu einer unkontrollierbaren Unschärfe führt und aus einem scheinbar präzisen Terminus ein sich nahezu jeder Definition anschmiegendes Allerweltswort macht? Suchen wir die Verwendung des Begriffs der ›Erfindung‹ allein in der kurzen Zeitspanne der hier vorgestellten Debatte, deren wichtigste Beiträge, mit Ausnahme des Buches von O'Gorman, in den Jahren zwischen 1985 und 1993 geliefert wurden, noch einmal nachzuvollziehen, stoßen wir auf eine Koexistenz von Bedeutungen, für die der rekurrente Verweis auf die Polysemie des Wortes nicht Erklärung genug ist:

(1) In seiner Grundbedeutung scheint *invención* das Schaffen eines neuen Gegenstandes zu bezeichnen, den es vorher nicht gegeben hat: eine Innovation, etwa im Sinne der Erfindung der Glühbirne oder der Atombombe. Die *invención* ist in diesem Falle klar auf dem Gebiet der Dinge (*res*, in ontologischer Bedeutung) anzusiedeln und nähert sich der Vorstellung einer *creatio ex nihilo* an.

(2) Da in der Diskussion um die *invención de América* die Vorstellung einer *creatio ex nihilo* auf einen radikalen Subjektivismus hinweist, der ins Groteske abzugleiten droht – also etwa die Deutung vorangestellten Zitats von Juan de Castellanos, Amerika sei von den westwärts strebenden Schiffen, den »naves inventoras de regiones« der Europäer in seiner Existenz erst geschaffen worden –, wird die *invención* in einer weiteren Verwendung auf das Gebiet des Imaginariums, der Idee übertragen: die Erfindung als Schaffung eines Weltbilds; die Erfindung Amerikas als Auftauchen der Vorstellung eines vierten Kontinents. In dieser Bedeutung befindet *invención* sich klar auf dem Gebiet des Bildes (*imago*).

(3) Anti- oder postkoloniale Kritiker der ›Erfindung Amerikas‹ wie Dussel oder Zavala, aber auch von ontologischem Standpunkt aus argumentierende Denker wie Antei stellen fest, dass eine solche bildliche Vorstellung immer ein Zerrbild des Wirklichen bildet: die Erfindung als Fiktion, Irrealität. *Invención* bezeichnet in diesem Sinne zum einen das Verfahren, in adamitischer Arroganz Namen für das Andere und Unbekannte zu ›erfinden‹ und mit der Absicht der Machtausübung zu oktroyieren. Zum anderen schafft die Erfindung auf diesem Wege ein der Wirklichkeit entgegengesetztes Universum, eine sprachliche Fiktion, die über den Weg der Wahr-

scheinlichkeit das Wahre zu manipulieren sucht – und als Produktion von Irrealität das genaue Gegenteil der Bedeutung (1). Ihr Zentrum findet die ›invención‹ in der Rhetorik und ist wie diese auf dem Gebiet des Wortes (*verbum*) zu orten.

(4) In letzterer Verwendung ist die *invención*, insbesondere im historischen Kontext, nicht mehr zu trennen vom rhetorischen Terminus der *inventio*, die ein sprachliches Suchverfahren nach Argumenten (*res,* in rhetorischer Bedeutung) darstellt. Als das ciceronianische ›Auffinden des Arguments aus dem Topos‹ ist sie aber weder in irgendeiner Form mit der Idee des Neuen oder Anderen in Verbindung zu bringen, noch hat sie als rein argumentative Suche nach den Mitteln, die ›die Sache (*causa*) wahrscheinlich machen‹, wie es bei Cicero heißt, irgendeine Verbindung mit den Kategorien von Vorstellung, Wahrheit, Lüge oder Fiktion.

(5) Schließlich bedeutet ›invención‹ in der lateinischen Ableitung des Wortes nichts weiter als ›Finden‹ und ›Entdecken‹. Damit kehrt der Begriff aber nicht zuletzt wieder auch auf das Gebiet der *res* – im ontologischen Sinne – zurück: *invención de América* ist nicht nur als sprachliches Artefakt, sondern als der konkrete seefahrerische Akt zu begreifen, den man traditionell als die Entdeckung Amerikas bezeichnet. Entgegen der Dichotomie Erfinden / Entdecken, die den Ausgangspunkt der Diskussion um den Quinto Centenario bildete, werden diese Termini nun zu Synonymen. Die gesamte hier dargestellte Debatte um die Kritik am traditionellen Entdeckungsbegriff führte sich vor diesem Horizont selbst ad absurdum.

(6) Eine vage und noch nicht genau eingegrenzte Verwendung der ›Erfindung‹ lässt sich zudem bei José Rabasa ausmachen, der einen in den letzten Jahrzehnten aufgekommenen ›dekonstruktiven‹ Inventionsbegriff beobachtet, der an anderer Stelle[116] unter neuen Bedingungen noch zu beobachten ist.

Was der ›Invention‹ (*Erfindung, invention, invención, inventio*) in beunruhigender Weise ihre Unschärfe gibt, ist vor allem der Umstand, dass, wie diese Zusammenfassung zeigen sollte, nicht geklärt ist, auf welchem Gebiet ›Erfindung‹ überhaupt anzusiedeln ist: auf dem Bereich der Fiktion oder der Wirklichkeit, der Sprache, der bildlichen oder ideellen Vorstellungen oder der Dinge? Aussagen wie ›Edison hat die Glühlampe erfunden‹, ›Baron Münchhausen hat seine Abenteuer erfunden‹ und schließlich ›Kolumbus hat Amerika erfunden‹ stehen in einem unerträglichen Hiat nebeneinander. Denn es ist die *conditio sine qua non* für die Erfindung der Glühbirne, dass Edison tatsächlich einen realen Gegenstand geschaffen hat. Hätte er nur die utopische, unrealisierbare Idee von einem glühenden Körper entworfen, der – gemäß dem Werbeslogan seines bekanntesten, gänzlich unutopische und realen Herstellers – die Nacht »Hell wie der lichte Tag« zum Leuchten brächte, hätte er sie ja gar nicht wirklich *erfunden* (in der Bedeutung 1). Vielmehr wäre er eine Art Jules Verne oder Münchhausen gewesen und hätte er sie nur – *erfunden* (Bedeutung 3). Die *conditio sine qua non* für die Münchhausensche oder Vernesche Erfindung ist wiederum, dass sie *keine* realen Gegenstände hervorbringt. Denn hätte es die Reise auf der Kanonenkugel wirklich gegeben, hätte Münchhausen sie ja nicht erfunden, sondern wirklich erlebt. Hätte es die Nautilus wirklich gegeben, hätte Verne sie ja nicht *erfunden* (Bed. 3), sondern *entdeckt*. Oder sogar selbst *erfunden* (Bed. 1). Oder aber *erfunden* bzw. als Idee *konzipiert* (Bed. 2), die aber erst Jahrzehnte später von U-Boot-Technikern in die Wirklichkeit umgesetzt wurde.

Vor dem Hintergrund einer begrifflichen Unklarheit, die den aristotelischen Satz von der Unmöglichkeit des Widerspruchs eines Begriffes mit sich selbst[117] in Zweifel zu stellen droht, verliert sich die zeitgenössische Diskussion um die ›Erfindung der Neuen Welt‹ unweigerlich in einer Aporie. Daher muss, bevor es möglich ist, zur eigentlichen Analyse dieser ›Erfindung‹ und ihrer Strategien in den zeitgenössischen Texten der ›Entdeckung‹ (›Findung‹? ›Erfindung‹?) Amerikas fortzuschreiten, eruiert werden, woran sich diese Unstimmigkeit festmachen lässt und in welchem Maße sie mit der hier zur Diskussion stehenden Fragestellung der *inventio orbis novi* ursächlich verbunden ist. Als Weg dahin führt nichts um eine historische und begriffsgeschichtliche Untersuchung herum, wie José Rabasa sie ausdrücklich forderte, aber im Umkreis der Frage nach der Erfindung Amerikas offensichtlich niemand durchzuführen gewillt ist.

> Non ha l'ottimo artista alcun concetto
> Ch'un marmo solo in se non circonscriva
> Col suo soverchio; e solo a quello arriva
> La man che ubbidisce all'intelletto.
> **Michelangelo Buonarotti**

III. *De inventione* und der *orbis novus*

III.1. Der inventive Januskopf: Erfindung und Entdeckung

III.1.1. Die Erfindung im Zeitalter ihrer technischen Reproduzierbarkeit

Das herausstechende Merkmal einer *Erfindung* im heutigen Sprachgebrauch ist es, keine *Entdeckung* zu sein. Seit über zweihundert Jahren trennt beide Begriffe länder- und sprachenübergreifend ein unüberwindbar scheinender Abgrund. Den Ausgangspunkt zu diesem Phänomen liefert wohl die zuvor angeführte Definition Kants, die gerade in deutschen Wörterbüchern nach 1800 in fast identischer Weise wiederholt wird, so etwa bei Heinsius und Adelung, sich aber in einer bis heute fast ungebrochenen Tradition ebenso auch in anderen Sprachräumen wie dem französischen oder spanischen findet, um nur ein paar exemplarische Fälle aus einem breiten zeitlichen wie räumlichen und kulturellen Spektrum zu wählen:

> Entdecken setzt alle Mahl Dinge voraus, die schon da sind, aber noch nicht bemerkt waren; erfinden aber Dinge, die noch nicht da sind.[1]

Erfinden wird oft mit *entdecken* verwechselt. Letzteres kann nur gebraucht werden von Dingen, die schon da, aber nicht bekannt waren, daher besonders von Ländern: *Amerika ist von Kolumbus entdeckt*, aber *das Pulver ist erfunden worden*.²

Erfinden. <...I>m Hochdeutschen <ist> das Wort <...> nur in engerer Bedeutung üblich <...>, neue Sachen oder Vorstellungen hervor bringen, Dinge hervor bringen, welche bisher noch nicht, oder wenigstens auf diese Art nicht, da waren. Schwarz erfand das Schießpulver, Faust die Buchdruckerey, Gericke die Luftpumpe, Dippel das Berliner Blau.³
Découverte, invention. La *découverte* tient plus de la science, et l'*invention* de l'art: on découvre une vérité qui existait, mais qui était inconnue ; on invente un instrument qui n'existait pas, un procédé qui n'a jamais été mis en pratique. Christophe Colomb a découvert l'Amérique, il ne l'a pas inventée ; Gutenberg a inventé l'imprimerie, il ne l'a pas découverte.⁴

Invención. Se contrapone á veces á descubrimiento, considerándose éste como hallazgo de cosas o ideas preexistentes, y la invención como la producción nueva, efecto del poder creado del entendimiento y de la imaginación.⁵

In den großen Enzyklopädien des 19. Jahrhunderts werden unter den Lemmata ›Entdeckung‹ und ›Erfindung‹ ausführliche Kataloge aufgeführt, die im ersteren Fall geographische und astronomische Neuerkenntnisse von der Frühzeit bis heute (neue Länder, Kontinente oder Sterne), im letzteren eine Geschichte der technischen Innovationen seit der Erfindung des Feuers und des Rads auflisten – besonders etwa bei Larousse, wo »les inventions et les découvertes« Bestandteil des ehrfurchteinflößenden Buchtitels sind.⁶ Später wird der Gegensatz zwischen dem rein beobachtenden, forschendem Entdecken und dem das Neue schaffenden, also ›kreativen‹ Erfinden zudem in die Dichotomie von *homo faber* und *homo contemplativus* und damit zuweilen gar zu einer Gegenübersetzung von modernem und mittelalterlichem Menschenbild ausgeweitet. Ernst Bloch führt dazu aus:

Erfindung ist der Akt, wodurch etwas Neues gemacht wird (Glas, Porzellan, Schießpulver); Entdeckung ist der Akt, wodurch ein Neues aufgefunden wird (Amerika, der Uranus), das nur für das dazukommende Subjekt neu ist. Der Erfinder setzt zwar meistens den Entdecker voraus, aber er bleibt nicht wie dieser, den man auch Forscher nennt, kontemplativ. Daher denn auch das Wort Forscher ebenso auf Afrikadurchquerer oder Nordpolfahrer angewandt worden ist wie auf Theoretiker (Naturforscher, selbst Goetheforscher), denen es obliegt oder zu obliegen scheint, die Dinge zu nehmen, wie sie sind. Das Entdecken scheint also auch methodisch synonym zu sein mit Aufdecken, mit Entfernen der Decke, und unter dieser Decke liegt dann der Befund für die Kartenaufnahme eines angeblich fix Seienden. Ein bemühendes Gegenbeispiel zu dem Erfinder oder homo faber hat zuletzt noch die Phänomenologie à la Scheler geliefert und eben – wegen des rein Hinnehmenden in dieser Phänomenologie – zugunsten des Forschers oder Entdeckers, als des homo contemplativus schlechthin. Hier wird der Unterschied zwischen Erfinder und Entdecker geradezu als einer zwischen modernem und mittelalterlichem »Habitus« angegeben, mehr noch: er wird zu erläutern versucht an einem dem Erfinden oder Entdecken so fernen Vorgang wie dem der Wahl. Wählt der neuzeitliche homo faber einen Abgeordneten oder Präsidenten, so wird er mit den Stimmen der Mehrheit erst dazu gemacht; er wird kreiert, Wählen ist hier ein Erzeugen. Wurde dagegen der deutsche König von einer Mehrheit der Freien, dann der Kurfürsten gewählt, so wurde er – wenigstens der Fiktion, auch der Ideologie nach – nicht kreiert, sondern er wird nur, als ohnehin vorhandener, als »heimlicher König«, herausgefunden, offenbar gemacht; Wählen ist hier Entdecken.[7]

In der neueren Linguistik werden die Verben ›erfinden‹ und ›entdecken‹ auch nach den Kriterien »affizierter« (d.h. bereits vorhandener und durch den vom Verb bezeichneten Vorgang modifizierter) und »effizierter« (d.h. durch den vom Verb bezeichneten Vorgang generierter oder in ihrer Existenz betroffener) Objekte einander gegenübergestellt.[8]

Der Erfinder als Kreator von »neue<n> Sachen und Vorstellungen«, »cosas o ideas«, *res* und *imagines*, wird in der Figur des *homo faber*, des technischen Erfinders, die exemplarische Figur der Neuzeit. Unternimmt man einen Streifzug durch Enzyklopädien neueren Datums, insbesondere aus dem deutschen Sprachraum, so sticht diese Dominanz des Technischen ins Auge. Erfinden heißt »ersinnend schaffen, noch nicht Vorhandenes, etwas ganz Neues (bes. in der Technik)«.[9] Eine Erfindung ist ein »Einfall der schöpfer. Fantasie, der nach den Naturgesetzen oder den Formgesetzen einer geistigen Wirklichkeit zu einem Ding oder Werk gestaltet wird (Werkzeuge, Maschine; dichter. Gestalten, künstler. Motive); i.e.S. versteht man darunter nur technische E.«[10]; oder sie ist sogar ausschließlich »im Sinne des Patent- oder Gebrauchsmusterrechts die Ausnutzung naturgesetzl. Kräfte oder Vorgänge zur bewußten Herbeiführung eines techn. Erfolges (Definition umstritten).«[11]

Von dem, was sie in vergangenen Epochen ausmachte, ist der Erfindung im Zeitalter ihrer technischen Reproduzierbarkeit nur wenig geblieben.

Heute sehen sich die Schiffe des Kolumbus, einst im Epos als »Erfinderinnen von Regionen« (»las naves inventoras de regiones«) gepriesen, ihres Erfinderstatus beraubt. Wie Ernst Bloch es lakonisch formulierte: »Das Schiff, das am völlig fremden Strand ankommt, hat diesen durchaus nicht gebildet.«[12] Das eigentliche Gebiet moderner Erfindung ist die Rechtssprechung, ist eine juristische Tradition, die, ausgehend vom Oberitalien des ausgehenden 15. Jahrhunderts, zeitlich und geographisch auf dieselben Ursprünge zurückweist wie die Person des Kolumbus. Dazu gehören das Erfindungspatent und die Patentgesetzgebung[13], die seit dem ersten uns überlieferten Gesetzestext von 1474, der die Hervorbringung von bislang nicht Bekannten oder Existentem – eine »unveröffentlichte Schöpfung« (»la creazione inedita«[14]), wie es damals auf italienisch, oder »Dinge, die es noch nicht gibt« (»des choses qui n'existent point encore«[15]), wie es einige Zeit später in der französischen Tradition heißt – unter Schutz stellt, inzwischen in der juristischen Praxis nahezu aller Länder der Erde beträchtlich normiert ist[16].

Seit den Anfängen der Patentgesetzgebung haben sich eine Reihe von Merkmalen herausgebildet, die für den heutigen Erfindungsbegriff über das rein juristische Gebiet hinaus maßgeblich sind und die hier ansatzweise zusammengetragen werden sollen: 1. die *Innovation* oder *Neuheit* des erfundenen Gegenstandes. Ein Erfindungspatent setzt immer voraus, dass das ›Inventat‹ vor der Erfindung als Produkt, Verfahren, d.h. Idee oder ›inventives Konzept‹ noch nicht bekannt waren. Ist das Gegenteil der Fall, kann der Erfinder keine ›Erfindung‹, sondern allenfalls ein ›Gebrauchsmuster‹ (engl. *utility model,* frz. *modèle d'utilité,* span. *modelo de utilidad)* patentieren[17]. 2. folgt daraus, dass der Erfinder auch zugleich als *erster* diese Erfindung getätigt hat, er als deren originaler *Autor* zu sehen ist, als »the first and true inventor«, wie es im ersten englischen Gesetz heißt, dem *Statue of monopolies*[18] von 1624. Basis der Erfindung ist 3. das Eingreifen einer »schöpferischen Fantasie« oder auch das Genie, wie es noch unverhüllter im ersten Patentgesetz der Vereinigten Staaten (1836) heißt: ein »Blitz von inventivem Genius« (»flash of inventive genius«[19]) und 4. dass dieser Autor seine Erfindung nicht einfach nur ge- oder vorgefunden hat, sondern eben er-funden: neu erschaffen, kreiert im Sinne einer säkularisierten Schöpfung. Selbst jüngste Patentrechte betonen den kreationistischen Aspekt[20]. Unterstrichen wird die Abgrenzung zwischen Erfindung und Entdeckung in juristischer Hinsicht zudem durch einen objektiv festlegbaren 5. *Fortschritt* für die Menschheit:

> Da andererseits der Begriff *Entdeckung* im Unterschied zur E. als reine Erkenntnis definiert ist, die als solche noch keine Naturbeherrschung ermöglicht, muß die E. eine ausführbare Regel für ein techn. Handeln, für die Lösung eines techn. Problems geben. Sie muß einen techn. Fort-

schritt bringen, d.h. eine Vermehrung der techn. Mittel, mit der eine Verbesserung der menschl. Bedürfnisbefriedigung verbunden ist.[21]

Zurückgehend auf das preußische Patentrecht ist dieser Punkt in der deutschen Gesetzgebung seit dem Kaiserreich (Gesetz vom 1. Juli 1877) im Begriff der »Erfindungshöhe« festgehalten. Wird durch die Erfindung eine hinreichende »Höhe« nicht erreicht, sinkt sie in den Bereich des bloßen »Gebrauchsmusters« herab. Wie man bereits der Bibel des Fortschrittsdenkens im 19. Jahrhundert, dem *Larousse*, entnehmen kann, ist der Begriff der Erfindung synonym zu denen von Fortschritt und Zivilisation. Denn die Fähigkeit zu erfinden ist »einer der Züge, die den Menschen vom Tier unterscheiden, und dank ihrer konnte das Menschengeschlecht aus dem Zustand der Minderwertigkeit entfliehen, in dem es sich anfangs befand«[22].

Ihren Sinn erhält diese Verbindung mit dem zivilisatorischen und wissenschaftlichen Fortschritt jedoch immer nur, wenn, 6., es sich um eine *technische Erfindung* handelt. Dies unterstreicht einerseits die Opposition Erfinden-Entdecken: Eine Entdeckung verleiht im Gegensatz zur Erfindung keinerlei geistigen oder Eigentumsanspruch. Doch auch andere ›Kreationen‹, die sich auf ein Autorenrecht berufen können, aber nicht technischer Natur sind, bleiben vom Status als Erfindung ausgeschlossen:

> Die E. muß auf dem Gebiete der Technik, also der Naturbeherrschung liegen. E.en auf dem Gebiete des Geistes (Wissenschaft, Literatur, Kunst) sind nicht schutzfähig. Sog. *Anweisungen an den menschlichen Geist* (z.B. Unterrichtsmethoden, Spielregeln) sind keine E.en.[23]

Einer der Gründe für diese gravierende Einschränkung ist darin zu finden, dass patentrechtlich nicht das Endprodukt einer Erfindung und auch nicht eine Idee an sich schützbar ist, sondern nur der *Weg* (ὁδός, μέθ-οδος wie es bei Aristoteles heißt) – die *Methode*, wie man zu diesem gelangt. Der Erfinder eines Medikaments ist nicht geschützt gegen eine weitere Erfindung, die dasselbe Leiden mit anderen Substanzen heilt. Der Erfinder der Glühbirne ist nicht geschützt gegen das Patent der Leuchtstoffbirne, die ein ähnliches Resultat mit einem unterschiedlichen Verfahren erreicht. Geschützt ist nur die Form, nicht der Inhalt. In seinem fundamentalen Text zur Theorie der Erfindung hat Jacques Derrida dieses Phänomen thematisiert:

> Hätten wir hier die Zeit, hätten wir uns gefragt, warum und wie im positiven Recht, das sich zwischen dem 17. und dem 19. Jahrhundert durchsetzt, das Urheberrecht oder das eines Erfinders auf dem Gebiet von Literatur und Künsten nur die Form und die Komposition berücksichtigt.

Dies Recht schließt jegliche Rücksicht auf die »Dinge«, den Inhalt, die Themen oder den Sinn aus. Alle juristischen Texte unterstreichen es, oft zum Preis von Schwierigkeiten und Konfusionen: Die Erfindung kann ihre Originalität allein durch die Werte von Form und Komposition kennzeichnen. Die »Ideen« dagegen gehören allen.[24]

Auf diese mit Sicherheit von verschiedenen Seiten zu erörternde Frage gibt es jedoch in pragmatischer Hinsicht eine höchst einfache Antwort: 7. das für jede zu patentierende Erfindung unabdingbare Kriterium der technischen Reproduzierbarkeit. Das Herzstück der modernen Erfindung ist die Frage, inwieweit sie industriell verwertbar ist.[25] In aller Schärfe ist das etwa dem Kommentar des französischen Patentgesetzes von 1844 zu entnehmen: »Das Gesetz verlangt von einem Erfinder allein ein der Industrie nützliches Objekt, wie gering auch immer des weiteren seine Nützlichkeit sei« (»la loi ne demande à un inventeur qu'un objet utile à l'industrie, quelque faible que soit d'ailleurs son utilité«[26]). Angesichts einer solch rein utilitaristischen Rechtsprechung kann sich auch im Falle des Kunstwerks ein »Schutz gegen unbefugte Nachahmung« nur auf den Teil erstrecken, der technisch reproduzierbar ist: seine Form und Zusammensetzung (der Bildaufbau, die Tonfolge, der wortwörtliche Text etc.), nicht aber sein Stoff oder Inhalt und, wie wir spätestens seit Walter Benjamin wissen, schon gar nicht seine »Echtheit« und »Aura«[27]. Zur »Nachahmung« von Stoffen, Inhalten, Ideen oder Kompositionsprinzipien eines Werkes wäre eine nicht industrialisierbare Methode vonnöten – die *imitatio* oder μίμησις, die eine inhaltliche wie formale Ähnlichkeit (*similitudo*) voraussetzt, nicht aber eine mechanisch wiederholbare, strukturelle Identität und genau aus diesem Grunde aus dem Bereich der Erfindung ausgeschlossen ist. Die einstmals so florierenden ›Patentrezepte‹ zum Verfassen eines Kunstwerks, etwa Regelpoetiken und *artes inveniendi*, fallen unter die Kategorie »Anweisungen an den menschlichen Geist« und sind im Gegensatz zu ihren technisch-industrialisierbaren Gegenstücken (s.o.) per definitionem »keine E.en«.

Die industrielle Komponente schließlich weist auch darauf hin, welchem Aspekt der gesetzliche Schutz der Erfindung dient: weniger der geistigen Autorschaft denn dem wirtschaftlichen Eigentum. Die Anerkennung einer Erfindung dient im juristischen Sinne immer, wie der britische Gesetzestext der *Statue of monopolies* schon in seinem Titel klar ausdrückt, 8. ihrer ökonomischen Ausbeutung in Form eines zeitlich begrenzten Herstellungsmonopols. Schon im ersten Patentgesetz der Französischen Revolution von 1791 heißt es: »Es wäre ein Angriff auf die Menschenrechte in ihrer Essenz, wenn man eine industrielle Entdeckung <sic!> nicht als Eigentum ihres Autors betrachtete«[28]

Voraussetzung für die Anerkennung einer Erfindung ist zudem, insbesondere was die Formalitäten eines Patentantrags betrifft[29], 9. der Nachweis der bereits erfolgreich vollzogenen technischen Umsetzung der zu patentierenden Methode und damit die tatsächliche Materialisierbarkeit der Erfindung, ihre Existenz in der Realität – *res*. Eine rein hypothetische Konstruktion oder nur potentiell umsetzbare Idee ist keine Erfindung. Dazu kommt 10. die Wahl (bzw. Erfindung) eines als Marke oder Warenzeichen schützbaren Namens (»title of the invention«[30]) und deren genaue Beschreibung und Funktionsweise mit Worten[31] – *verba*; und wenn möglich und notwendig, 11. eine technische Zeichnung oder Illustration, die eine bildliche Vorstellung von der Erfindung ermöglicht[32] – *imago*. Für die Patentanmeldung wichtig ist zudem 12. der Grundsatz der »Erfindungseinheit«. Eine Erfindung muss ein einzelnes »inventives Konzept« widerspiegeln: eine neugeschaffene Idee. Wenn es sich um eine Gruppe von Produkten handelt, auf die der Anspruch einer Erfindung gestellt wird, muss zur Patentierbarkeit diese Gruppe in ihrer Gesamtheit ein »inventives Konzept« darstellen, sich einer einzelnen Idee unterordnen lassen.[33] Zum Schutz dieses Konzepts ist zudem 13. die namentliche *Angabe des Erfinders* vonnöten, der das Recht besitzt, im Patent genannt zu werden. Als Erfindung anerkannt ist das »Inventat« aber erst im Moment der Ausstellung des Patents (engl. *patent*, frz. *brevet d'invention*). Der in der lateinischen Herkunft als »offenstehende Briefe« (*litterae patentes* im Gegensatz zu den unter Verschluss stehenden Dokumenten, frz. *lettres de cachet*) bereits angelegte Charakter der 14. *öffentlichen Sichtbarkeit* der Patente, die durch die Patentschrift aus der Verborgenheit in die Un-Verborgenheit der öffentlichen Publikation überführt werden. Zuständig für den Schutz der Erfindungen sowie die Recherche und Abwägung der Legitimität eines »ersten und wahren Erfinders« sind die Patentämter.

Auch wenn all diese Faktoren zutreffen, kann einem »Inventat« der Charakter der Erfindung abgesprochen werden, wenn nachzuweisen ist, dass das Produkt gegen »öffentliche Ordnung und gute Sitten« verstößt: die Erfindung ist moralisch. ›Böse‹ Erfindungen sind *per definitionem* keine Erfindungen – ein Grundsatz, der besonders in jüngster Zeit brisant geworden ist[34]. Durch ihre amtliche Verwaltung und ihre Kontrollierbarkeit nach moralischen Gesichtspunkten ist jede Invention also auch, wie nicht zuletzt auch Derrida unterstrichen hat[35], 16. eine *Institution*, deren Existenzgrund in der programmierbaren Iteration liegt, der Wiederholbarkeit der patentierten Methode in Form ihrer industriellen Vervielfältigung.

Nach dem weitgehenden Verschwinden von nichtkapitalistischen Systemen können diese Kriterien eine Art weltweiten Universalitätsanspruch einfordern: Gesetzgebungen wie die *Shinkihatto*-Verordnung von 1721, die noch über weite Strecken des 19. Jahrhunderts, nämlich bis zum Ende des

Tokugawa-Militärregimes (1868) in Japan eine moderne Patentgesetzgebung unterband, da sie die Kreation von Neuem als gesellschaftsgefährdend unter Strafe stellte[36]; oder die sowjetische Praxis, eine Erfindung (изобретение) nicht durch ein Patent, also Industriemonopol zu schützen, sondern durch einen sogenannten »Erfinderschein«, der dem Autor statt wirtschaftlichem Nutzen gesellschaftliche Privilegien einräumte, gehören längst der Vergangenheit an.[37]

Neben seiner Universalität beeindruckt am heutigen Erfindungsbegriff und der ihm zugrundeliegenden Rechtspraxis besonders die Immobilität. So ist etwa die Pariser Konvention von 1883 in nur geringfügiger Änderung (1967) bis heute gültig. Wie wenige andere Bereiche der Rechtsprechung hat das internationale Patentrecht sämtliche wirtschaftlichen, politischen und philosophisch-ideologischen Peripetien des 20. Jahrhunderts nahezu unbeschadet überstanden und ist eines der wenigen noch heute gänzlich intakten Monumente positivistischer Metaphysik des 19. Jahrhunderts.

III.1.2. Göttlichkeit und Geniegedanke

Trotz der strikten Eingrenzung des modernen Erfindungsbegriffs »im engeren Sinne« kaschiert diese Strenge eine heimliche Unschärfe. Noch in der früheren Phase der modernen Erfindung, im 18. und frühen 19. Jahrhundert, werden begrifflichen Grenzen immer wieder durchbrochen. Zum Erfinderpatent führt eine »industrielle Entdeckung« (»découverte industrielle«) im französischen Gesetzestext von 1791; und Larousse zitiert, kurz nachdem er betont, der Buchdruck sei von Guttenberg nicht entdeckt, sondern erfunden worden, den Autor Redernais: »Die Entdeckung des Buchdrucks war das große Zeitalter in der Geschichte Menschengeschlechts und wird dies immer bleiben«[38]. Auch in den Prototypen der modernen alphabetischen Enzyklopädien, dem *Universallexicon* von Zedler (1734), und der *Encyclopédie* (1751-65) von Diderot und D'Alembert werden die Lemmata »Erfindung« und »Entdeckung« (»invention« / »découverte«) keineswegs als Gegensätze gekennzeichnet. Zedlers Werk präsentiert sich bereits zu Beginn seines (noch weitaus mehr als Larousse) ehrfurchtgebietenden Titels als ein Erfindungs-Lexikon, das alles umschließt, was »bishero durch menschlichen Verstand und Witz erfunden« worden ist. Darin enthalten ist aber durchaus auch die »Geographisch=Politische Beschreibung des Erd=Kreyses«, ebenso wie die »Universitaeten Academien, Societaeten und der von ihnen gemachten Entdeckungen«[39]: also alles, was sich im großen *Theatrum rerum*, in der Gesamtheit des natürlichen und menschlichen Kosmos *finden* lässt. Im Zentrum der Erfindung steht allerdings der Gedanke des Neuen und wird rückwirkend auch für Zeiten eingefordert, in denen offenbar der Erfinder nicht als *novator* betrachtet wurde, ja, eine Neuerung gar als verdammenswert galt:

> Es ist unbesonnen, daß man eine Lehre deswegen vor <sic> falsch ausgeben will, weil sie neu ist, gleich als wenn das Alter der Wichtigkeit einer Sache etwas zusetzen könnte. Sie moegten nur ueberlegen, daß die alten Meinungen zu den Zeiten, da sie erfunden worden, auch neu gewesen seyn, und daß ihre Erfinder nichts anderes als Nouatores gewesen, und sie also Vertheidiger derer Nouatorum seyn, in dem sie die Nouatores bestreiten wollen. Weil es also gefaehrlich ist, neue Wahrheiten hervorzubringen, so hat man hierbey einer besonderen Klugheit von Noethen.[40]

Da die Erfindung anders als in der Definition durch das moderne Patentrecht keine bislang inexistenten ›inventiven Konzepte‹, Ideen oder Vorstellungen hervorbringt, sondern eben »neue Wahrheiten« und damit (gemäß etwa der griechischen Definition der Wahrheit als Nicht-Verborgenheit, ἀλήθεια[41]) etwas, was durchaus vorher schon existent, aber nur nicht bekannt gewesen ist, ist kein Widerspruch zur Entdeckung gegeben. So etwa taucht ein illustrer (und im Rahmen dieser Untersuchung recht relevanter) Angeber als Beispiel dafür auf, warum bei einer Erfindung so viel »Klugheit von Noethen« ist.

> Mit denen <sic> neuen Wahrheiten viel zu prahlen und grossen Wind zu machen, ist nur eine Verhinderung, indem hierdurch nur das Aufsehen vergroessert, und der Neid desto mehr erregt wird. Columbus waere vielleicht mit seinem neuen Angeben nicht sosehr verlacht worden, wenn er nicht seine neue Entdeckungen auf eine prahlerische Weise vorgetragen haette[42].

Von der Erfindung bleibt nur ein einziger ausgeschlossen: Gott. Denn die Wahrheiten der Religion sind immerwährend und können daher nicht neu sein. »In Glaubens=Sachen lasse man das Erfinden neuer Dinge bleiben«[43].

In recht vergleichbarer Weise werden in Diderot und D'Alemberts *Encyclopédie* »INVENTION« und »DÉCOUVERTE« als »ziemlich synonym« (»assez synonymes«) ausgegeben. Beide sind zugleich Synonym des Findens[44]. Sie bezeichnen »alles was man findet, was man erfindet, was man an Nützlichem oder Bemerkenswertem <*curieux*> in den Künsten, Wissenschaft und im Handwerk finden kann«, und zwar in so ähnlicher Weise, dass man, wie es im Eintrag zur »ERFINDUNG« heißt, »erlaubt, sie hier miteinander zu vertauschen, ohne die bemerkenswerten Dinge <*les choses curieuses*> zu wiederholen, die der Leser vorab unter dem Wort ENTDECKUNG lesen muss«. Ihr einziger Unterschied ist weniger ihrer Essenz als ihrer geistigen Relevanz geschuldet: Erfindungen sind Entdeckungen, »wenngleich weniger brillant«[45] als diese. »Wenig erhebliche Entdeckungen nennt man Erfindungen« (»les découvertes peu considérables s'appellent inventions«[46]). Unterschieden wird eine Entdeckung dabei von der Findung durch ihren Charakter als Einzel- im Gegensatz zu einer Kollektivleistung (»Finden sagt man auch von Dingen, die mehrere Personen suchen, & entdecken nur von denen, die von einem Einzigen gesucht werden«[47]) und von der zweitrangigen Erfindung, die als Produkt des »mechanischen Instinkts«, des Zufalls und der »glücklichen & unvorhergesehenen Konjunkturen« (»conjonctures heureuses & imprévues«) oder der »Geduld der Arbeit« (»patience du travail«[48]) agiert, durch ein Element, das auch im Herzen von Kants Definition steht: als »Frucht des Genies«, das »absolut neue Ideen« hervorbringt – wobei, was diese Unterscheidung auch gleich wieder hinfällig macht, die Entdeckung ebenfalls wiederum »Frucht des Zufalls«[49] sein kann und auch die Erfindung eine neue Idee in ihrer ganzen ›Erfindungseinheit‹ und nicht nur in ihren Einzelteilen erschaffen muss: »Es bedeutet nicht, einen Gegenstand <*sujet*> erfunden zu haben, wenn man nur einige Teile der Maschine gefunden hat, die man zusammensetzen <*composer*> möchte«[50]. Entscheidenden Anteil daran besitzt die Einbildungskraft, die »zur Erfindung beiträgt«[51]. Während die Entdeckung in erster Linie in der Wissenschaft und Philosophie auftaucht – und darüber hinaus in Nebenbedeutungen des Haus-Abdeckens und des Auffindens neuer bewohnter Länder –, findet sich die Erfindung auch als Phänomen der Dichtung: als die Fähigkeit, durch die Kraft der Einbildung etwas Neues zu konzipieren.

> ERFINDUNG, Subst, fem. (*Literatur, Dichtung*) Um das Objekt der Dichtung in seinem ganzen Ausmaß zu begreifen, muss man die Natur als etwas dem höchsten Wesen Gegenwärtiges betrachten. In selber Weise wie Gott die Natur sieht, muss, aus seiner schwächeren Position, der Dichter sie betrachten <…> [Eine sichtbare und fühlbare Existenz dem verschaffen, was noch nicht ist & vielleicht nie sein wird außer in der idealen Essenz der Dinge: das nennt man *erfinden*. Man muss daher nicht überrascht sein, wenn man das dichterische Genie als eine Emanation der Göttlichkeit selbst betrachtet hat, *ingenium cui sit, cui mens divinor* <*wem Ingenium innewohnt, wem ein göttlicher Geist* – Horaz, *Sat I.*4.43>; & wenn man von der Dichtkunst gesagt hat, sie scheine die Dinge mit der vollen Macht Gottes anzuordnen: *videtur sane res ipsas velut alter Deus condere* <*er scheint die Dinge selbst wie ein zweiter Gott zu schaffen* Scaliger, *Poet.* I,i>. Man sieht daran, wie weit das Feld der Fiktion sein muss, und wieviel der Erfinder, der sich zum Rennen in die

Laufbahn des Möglichen stürzt, den treuen & schüchternen Imitator weit hinter sich lässt, der malt, was er vor Augen hat][52] <...> Nicht alles, was möglich ist, ist wahrscheinlich. <...> Nicht alles, was wahrscheinlich ist, ist interessant.[53]

Dieser Status als gottgleicher Kreator von Neuem ist es, der zum einen den zeitgenössischen Dichter über den der ›Renaissance‹ und der *doctrine classique*, gegen die Ästhetik der *imitatio* und das Boileausche Gebot der *vraisemblance* heraushebt und selbst Autoren wie Torquato Tasso, »der sich von dem Vorurteil hinreißen ließ, das ich hier gerade bekämpfte, und die Dichtung definierte als *Imitation der menschlichen Dinge*«[54], zu bloßen Abschreibern degradiert. Und »der kalte Kopist, ich gestehe es, verdient nicht den Namen des *Erfinders*«. Vor diesem Hintergrund wird die Erfindung zum Triumph der Dichtung (»l'invention, le triomphe de la poësie«). Die Widersprüche stechen bereits hier ins Auge, da im Artikel der »Table Panckoucke« hinsichtlich der philosophischen Entdeckung erwähnt wird, auf dem Bereich der Künste gebe es gar keine Erfindungen (»Warum die Erfinder in den Künsten gewöhnlich unbekannt sind«[55]).

Vor allem aber ist es die Gottähnlichkeit im genialischen Akt der Schöpfung von Neuem, die Entdecker und Erfinder aller Gebiete verbindet, des technischen wie philosophischen wie fiktionalen – denn was für den Erfinder einer dichterischen Fiktion gilt, gilt auch für den technischen Entdecker-Erfinder der Druckerpresse und des Kompasses: »Durch die Erfindung des Kompasses & des Buchdrucks hat sich die Welt erweitert, verschönert und aufgeklärt. Man gehe den Lauf der Geschichte durch: die ersten Apotheosen wurden für die *Erfinder* geschaffen: die Erde betet sie an wie ihre sichtbaren Götter«[56]. In der genannten Verbindung von künstlerischer Kreation, Originalgenie und Ablehnung der Imitation scheint sich die Begriffsbestimmung der Erfindung der *Encyclopédie* fast wörtlich mit der Kants zu decken:

> Nun heißt das Talent zum Erfinden das G e n i e. Man legt aber diesen Namen immer nur einem K ü n s t l e r bei, also dem, der etwas zu m a c h e n versteht, nicht dem, der bloß vieles kennt und w e i ß; aber auch nicht einem bloß nachahmenden, sondern einem *seine* Werke u r s p r ü n g l i c h hervorzubringen aufgelegtem Künstler; endlich auch diesem nur, wenn sein Produkt m u s t e r h a f t ist, d.i., wenn es verdient, als Beispiel (exemplar) nachgeahmt zu werden.[57]

Gleichzeitig stellt Kant hinsichtlich des Status der Entdeckung und Erfindung auf dem Gebiet der »Künste und Wissenschaften« das enzyklopädische Modell geradezu auf den Kopf, da er das, was dort als Entdeckung charakterisiert ist – geniale Kreation von Neuem, synonym zur Erfindung, wenngleich ihr übergeordnet – in Opposition zur Entdeckung anzeigt und darüber hinaus, da bloße Aufdeckung von Existentem ohne Schöpfungsakt, der Erfindung als dem eigentlichen Genie-Akt der Schöpfung nicht über-, sondern unterordnet. Oder, um die bereits zitierte Passage noch einmal in Erinnerung zu rufen:

> Etwas e r f i n d e n ist ganz was anderes als etwas e n t d e c k e n. Denn die Sache, welche man e n t d e c k t, wird als vorher schon existierend angenommen, nur dass sie noch nicht bekannt war, z.B. Amerika vor dem Kolumbus; was man aber e r f i n d e t, z.B. das S c h i e ß p u l v e r, war vor dem Künstler, der es machte, noch gar nicht bekannt.[58]

Offensichtlich trägt das Zusammenspiel von erstmaliger, genialischer Kreation und technisch-programmierbarer Repetition bzw. Reproduktion zur Unterscheidung bei: denn wie sollte man eine Entdeckung, so z.B. Amerika, nachdem man es einmal entdeckt hat, im Anschluss technisch reproduzieren? Dennoch ist der Absolutheitsanspruch einer solchen Grenzziehung gerade im historischen Kontext fragwürdig. Zeitgleich zum Mythos des Erfinders etabliert sich auch der des Entdeckers als eines Lichtbringers ins Dunkel der Unwissenheit und wird in ganz analoger Weise nach diesen Kriterien von Genie und Fortschritt bemessen[59]. In einem Maße, das uns in einem Zeitalter, da die geographischen Entdeckungen längst abgeschlossen sind, kaum mehr bewusst wird, ist zudem die Bedingung für die Anerkennung einer Entdeckung von Neuland im heute so genannten ›Zeitalter der Entdeckungen‹ ihre technische Reproduzierbarkeit: wenngleich auch nicht die des entdeckten Landes, so doch die der Reise zu ihm und der dazu benötigten Reisemittel (also wiederum die *Methode* der Entdeckung). Selbst das Kriterium eines ›Patents‹ im Sinne einer dauerhaften Öffentlichmachung ist unabdingbar, findet im Falle der geographischen Entdeckung durch die Aufnahme in die Kartographie und das amtlich protokollierte Wissen statt – und verleiht dem Entdecker einen Eigentumsanspruch. »Der technische Zug im Modus früher Entdeckerfahrten« ist zuletzt vor allem von Sloterdijk wieder ins Gedächtnis gerufen worden.[60] In welchem Maße das Kriterium der Entdeckung als Legitimierung eines rechtmäßigen Eigentumsanspruches diente, wurde ja schon im Umfeld der Debatte um die »Erfindung der Neuen Welt« erwähnt. Gerade im historischen Kontext nimmt die von Kant beschworene Opposition verdächtig die Gestalt einer ›erfundenen‹ Chimäre an.

Eigenartig ist, dass als Scheidungskriterium zwischen Erfindung und Entdeckung stets Amerika angegeben wird: eine vom 18. Jahrhundert an fortlaufende Tradition. Noch Jacques Derrida schreibt:

Man wird nicht mehr sagen, dass Gott die Welt erschaffen hat, also die Gesamtheit der Existenzen. Man kann sagen, dass Gott die Gesetze erfunden hat, die Verfahrens- und Berechnungsweisen (»*dum calculat fit mundus*«), aber nicht, dass er die Welt erfunden hat. Ebenso wie man heute nicht mehr sagen würde, dass Christoph Kolumbus Amerika erfunden hat, es sei denn in jenem archaisch gewordenen Sinne, in dem, wie bei der ›Erfindung des Kreuzes‹ <*Invention de la Croix*[61]>, letztere sich darauf beschränkt, eine Existenz zu entdecken, die bereits da war. Aber der Sprachgebrauch oder das System gewisser moderner – relativ moderner – Konventionen würden uns verbieten, von einer Erfindung zu sprechen, deren Gegenstand eine Existenz an sich wäre. Wenn man heute von einer Erfindung Amerikas oder der Neuen Welt spräche, bezeichnete dies eher die Entdeckung oder Hervorbringung neuer Existenz*weisen*, neuer Arten, die Welt zu begreifen, zu planen oder zu bewohnen, nicht aber die Schöpfung oder Entdeckung der Existenz eines Gebiets namens Amerika selbst.[62]

Faszinierend an dieser – im Original von einer ausführlichen Fußnote zum auch hier angeführten Text Kants begleiteten – Passage ist nicht nur, dass sie ahnen lässt, wie skandalös die Vorstellung einer ›Erfindung Amerikas‹ angesichts der im 18. Jahrhundert fest etablierten Opposition erscheinen muss. Auffällig ist auch, dass das Kriterium der erfinderischen Kreation, das ja, wie Kant es formuliert, den *homo faber* über den Entdecker hinaushebt, »der nur vieles kennt und weiß«, vor dem Angesicht Gottes zurückschreckt. Die Beobachtung: »Die Schöpfung ist Gottes, die Erfindung des Menschen Sache« (»la création à Dieu et l'invention à l'homme«[63]) scheint sich trotz eines Kreationsmythos des Erfinders als Konstante in der Diskussion um den Erfindungsbegriffs erhalten zu haben. Eine von Gott erfundene Welt klingt in der eingeengten Definition moderner Erfindung nach Blasphemie: denn man stelle sich Gottvater vor, wie er beim Patentamt das Monopol auf industrielle Massenfabrikation von Himmeln und Erden beantragt! Angesichts seiner Einmaligkeit und Unwiederholbarkeit ist, jenseits jeglicher Diskussion über Echtheits- oder Auraverlust, die Vorstellung vom göttlichen Schöpfungsakt im Zeitalter seiner technischen Reproduzierbarkeit per se eine Unmöglichkeit. Sekundiert wird eine daraus ableitbare Forderung nach der Rückkehr der Schöpfung aus dem Gebiet der menschlichen Erfindung in die Allmacht Gottes durch den Verweis auf eine alte Bedeutung der Erfindung, die im Französischen bis heute in der von Derrida angesprochenen Form der »Invention de la Croix« präsent ist, im Deutschen hingegen einzig und allein in der abgeleiteten Vokabel »unerfindlich«[64] (»aus unentdecklichen Gründen« müsste es dem modernen Wortsinne zufolge ja eher heißen). Dieser Bedeutung zufolge bestünde das Erfinden im Entdecken von bereits Existentem, in keiner Weise aber einer Schaffung von Neuem.

III.1.3. Finder, Schinder, Erfinder: Geschichte einer Komödie der Irrungen

Wer nun angesichts solcher Ambiguitäten die soeben aufgeführten Kriterien zur Abgrenzung auf ihre historischen Ursprünge zu überprüfen, also festzustellen sucht, wann der *homo faber* als – ja eigentlich bereits in der Antike (z.B. Daedalus, Marsyas) mit dem Begriff *inventor* bezeichneter – ›Erfinder‹ sich vom ›Entdecker‹ abzuheben beginnt, stößt auf eine weitere Überraschung. In den modernen Sprachen ist das Wort ›Erfinder‹ nämlich vor dem Herannahen der Neuzeit überhaupt nicht existent. Im Französischen, um an diesem Beispiel einen Prozess aufzuzeigen, der in vergleichbarer Weise auch in den übrigen westeuropäischen Sprachen zu beobachten ist, gibt es im mittelalterlichen Sprachgebrauch zwar die Vokabeln ›invencïon‹ und ›inventaire‹ bzw. ›inventoire‹, aber weder einen ›inventeur‹, noch das Verb ›inventer‹.[65] Der Erfinder taucht, im Französischen ähnlich wie im Deutschen[66], erst im 15. Jahrhundert auf, wenige Jahre nur vor der Geburt des Kolumbus, und ist schriftlich erstmalig im Jahr 1431 belegt. Dort tritt er uns in einer weiblichen Form entgegen: ›inventeresse‹. Die Entwicklung dieser Proto-Erfinderin hin zum modernen Erfinder gleicht dabei einer burlesken Tragikomödie auf dem Gebiet der Sprachgeschichte. Denn bezeichnet wird durch besagte »inventeresse« bei ihrem ersten Auftritt im 15. Jahrhundert niemand anders als die Jungfrau von Orléans. Solch überraschender Feminismus wird jedoch sogleich zunichte gemacht, betrachtet man den Kontext, in dem das Wort dort verwendet ist: die Klassifizierung Johannas als Erfinderin stammt von ihren Richtern in Rouen, die ihr mit diesem Vorwurf einen Hexenprozess machten. *Jeanne-la-pucelle* erfindet keine technischen Errungenschaften, sondern Lügen. »Erfinderin« ist ein Schmähwort. Es bezeichnet zu dieser Zeit »diejenige, die etwas Erlogenes ersinnt« bzw. »imaginiert«, also, so der Urteilstext im Prozess von Rouen, eine »verlogene und schädliche Erfinderin von Offenbarungen und Erscheinungen«[67]. Noch in der zweiten Hälfte des 15. Jahrhunderts bezeichnet es, nun in der Form ›inventeure‹, die sich bis zum 16. Jahrhundert hin zu ›inventeuse‹, schließlich ›inventrice‹ wandelt, »diejenige, die etwas ersinnt«[68]. Später wird der Akt weiblichen Frevels auch auf Männerrollen übertragen. Der ›inventeur‹ als Synonym von ›menteur, calomniateur‹[69] stirbt bis heute nicht aus. So etwa definiert der Eintrag zu ›inventer, -trice‹ im *Trésor de la langue française:* »Bes. Person die etwas (Erlogenes) ersinnt <*imagine*> und für wahr ausgibt. *Ein Erfinder falscher Neuigkeiten*«[70].

Ab 1454 ist ›inventeur‹ zudem in der Bedeutung ›Entdecker‹ (»celui qui découvre un objet caché«[71]), aber erst ab 1461, nun in der Form ›enventadour‹, in der technisch-kreationistischen Bedeutung nachgewiesen, als »celui qui crée qch (machine, art, science)«[72]. Offensichtlich musste der Erfinder im 15. Jahrhundert erst erfunden bzw. als späte Ableitung aus lateinisch *inventor* wiedergefunden werden. Dieser Erfinder als janusgesichtiges Doppelwesen trägt einmal die Züge Gottes in seiner Funktion als Schöpfer von Neuem, einmal die des Teufels in seiner Funktion als Autor von Einblasungen, Trugvisionen, Lügen und Verleumdungen. Dem männlichen ›inventeur‹ als Träger einer erfinderischen *ratio* scheint eine weibliche gegenüberzustehen, die ›inventeresse‹ (»-teure«, »-teuse«, »-trice«) als Trägerin einer fantastischen *imaginatio* (»celle qui imagine«), deren Handeln unter ein und demselben Verb Platz findet: beide ›erfinden‹.

Bemerkenswert ist vor allem, dass die Elemente des Unwirklichen und Unwahren, von »Lüge« (»mensonge«), »Erscheinung« (»apparition«), »Einbildung« (»imagination«), dass der fantastisch-fiktive, von der *imago / imaginatio* diktierte Bestandteil, in der lateinischen Ursprungsvokabel, *inventor*[73], die wiederum von *invenire* abgeleitet wurde, nicht einmal ansatzweise angelegt ist. In sämtlichen in der Folge zu betrachtenden lateinischen Texten zum Thema der *inventio* von Cicero (1. Jh. v. Chr.) bis Francis Bacon (17. Jh. n. Chr.) ist der Begriff *invenire* ohne sichtliche Berührungspunkte von *fingere*, dem ›Fingieren‹ oder Hervorbringen von Fiktion getrennt, dessen Urbedeutung im Schaffen und Formen von Bildern besteht (urspr. »aus Lehm bilden«, später »formen, gestalten, bilden«[74]). Jacques Derrida hat hinsichtlich dieses eigenartigen Janusgesichts moderner Erfindung einen Anhaltspunkt gegeben, der die einander bekriegenden Weisen des Erfindens vereint: die *Produktion*; oder mit anderen Worten, die Hervorbringung von Neuem.

> Es gibt nur zwei große Typen autorisierter Beispiele für die Erfindung. Man erfinden auf der einen Seite *Geschichten* (fiktive oder fabelhafte Berichte) und auf der anderen Seite *Maschinen*, technische Vorrichtungen im weitesten Sinnes des Wortes. Man erfindet, indem man fabuliert, durch die Produktion von Berichten, denen keine »Realität« außerhalb des Berichts entspricht (ein *Alibi* zum Beispiel), oder aber man erfindet, indem man eine neue operative Möglichkeit produziert (den Buchdruck oder eine Atomwaffe, und ich assoziiere bewußt diese beiden Beispiele, da die Erfindungspolitik – die mein Thema sein wird – immer zugleich auch Kultur- und Kriegspolitik ist). Erfindung als *Produktion* in beiden Fällen – und ich belasse letzterem Worte für den Augenblick eine gewisse Unbestimmtheit. *Fabula* und *fictio* auf der einen Seite, *techné, epistemé,*

istoria, methodos auf der anderen Seite, das heißt Kunst oder Know-How, Wissen und Forschung, Information und Prozedur etc. Dies sind, so würde ich fürs erste in ein wenig dogmatischer oder elliptischer Weise sagen, heute die beiden einzigen möglichen und strikt spezifizierten Register für jegliche Erfindung. Ich sage klar »heute«, denn diese semantische Festlegung erscheint relativ modern. Der Rest kann einer Erfindung ähnlich sein, ist aber nicht als solche anerkannt.[75]

»Relativ modern« fürwahr, denn immerhin ist diese Trennung so alt wie die französische Vokabel ›inventer‹ selbst. Weder im Altfranzösischen noch im Lateinischen besitzt sie einen direkten Vorläufer, ja, wird erst nach dem Auftauchen des ersten *inventeur* abgeleitet – nicht etwa umgekehrt, wie man denken könnte. Doch um die binäre Strenge von Derridas Konzeption aufzuweichen – und die Konfusion nur noch mehr zu vergrößern –, bleibt hinzuzufügen, dass ›inventeur‹ im 15. Jahrhundert in einer dritten Bedeutung aus dem Lateinischen entlehnt wurde: in der des ›Finders‹ eines herrenlosen Gegenstandes, eines verborgenen Schatzes – ein Wortgebrauch, der sich bis in die heutige französische Rechtsprechung erhalten hat[76]. Eigenartig ist an dieser Entlehnung, dass diese Dimension im lateinischen Ursprungswort *inventor* in keiner Weise enthalten ist.

> im lt. wurde die person, die etwas fand, durch eine umschreibung bezeichnet. Das nomen agentis zu *invenire* »finden; erfinden«, *inventor*, bedeutete nur »erfinder«. Dieses ist im 15. jh. vom fr. entlehnt worden, doch merkwürdigerweise nicht nur in der lt. bedeutung, sondern zugleich (sogar noch etwas früher belegt) in der bed. »finder«, die in der rechtssprache entstanden zu sein scheint. <...> Zu *inventeur* schuf das fr. bald das verbum *inventer*, als dessen ablt. nun *inventeur* empfunden wird[77]

Seinen Ursprung scheint der *inventeur* als Finder gar nicht aus dem *inventor* herzuleiten, sondern aus dem vorwiegenden Gebrauch der altfranzösischen *invencïon* über weite Teile des Mittelalters besitzt: als Auffindung einer Reliquie oder des Resultats eines göttlichen Wunders.[78] Gott wirkt das Wunder, verbirgt die Reliquie; die Aufgabe des Menschen liegt darin, das von Gott Gewirkte aufzufinden und aus der Verborgenheit in die Sichtbarkeit für alle Gläubigen zu überführen, es seiner Hülle zu berauben: zu ent-decken. Wieder beweist die Faustregel ihre Gültigkeit: »Die Schöpfung ist Gottes, die Erfindung des Menschen Sache«. Vom religiös orientierten Auffinden und Entdecken der verborgenen Reliquie zum säkularen des vergrabenen Schatzes ist es dann nicht mehr weit. Darüber hinaus hilft die altfranzösische *invencïon*, das Mysterium der Entstehung einer fiktiven Erfindung im Gegensatz zur technischen zu erhellen. Mit der aus lat. *inventio* herstammenden *invención* koexistiert nämlich die aus christlichen mittellateinischen Texten stammende *adinventio / adinvención*. Diese ›Hinzu-Erfindung‹ (Hinzufügung von etwas nicht Existentem), nicht zu verwechseln mit *adventus / advent* (die Ankunft Jesu), wird im Sinne von »erfindung im üblen sinn, ausflucht, list« verwendet; und der daraus abgeleitete »ind'vicioneû« als »menteur, colporteur de fausses nouvelles«: ganz im Sinne der ›Erfinderin‹ Jeanne d'Arc. Die Zusammenführung von ›inventio‹ und ›adinventio‹ entsteht erstmals durch den Irrtum eines mittelalterlichen Schreibers und Übersetzers[79]. Ein halbes Jahrtausend Begriffsverwirrung und -verwechslung durch einen editorischen Flüchtigkeitsfehler? Oder eine bewusste Finte, ein Maskenwechsel?

Mit einem ähnlichen Makel wie der Erfinder ist eine Figur behaftet, gemäß den Definitionen der Erfindung in jüngerer Zeit eng begriffsverwandt, ja, synonym ist: der Neuerer oder Innovator. Aus religiöser Sicht muss, wie ja auch noch Zedler anmerkt, ein Mensch, der das unveränderlich gültige Wort der Schrift durch Neuerungen zu modifizieren sich anmaßt, als Häretiker gelten:

> ›Innovation‹, von lateinisch ›innovare‹ bedeutet eigentlich Erneuerung, Wiederbelebung, gründliche Verjüngung, nicht so sehr ›Neuheit‹, wie man den Ausdruck heute auffaßt. Nach den Beispielen des Oxford English Dictionary und des Littré zu urteilen, ist das Wort erst im siebzehnten Jahrhundert gebräuchlich geworden, und zwar immer mit abfälligen Konnotationen, die es erst im achtzehnten Jahrhundert verlor. In den Volkssprachen wie im mittelalterlichen Latein wird der Ausdruck ›Innovation‹ vor allem in der Theologie verwendet und bedeutet dort Abweichung von dem, was sich, per definitionem, niemals ändern dürfte: nämlich das religiöse Dogma. Nicht selten wird der Begriff praktisch gleichbedeutend mit Ketzerei gebraucht. <…> Das Gute ist per definitionem stabil und demnach unzugänglich für Neuerungen, die stets als gefährlich oder verdächtig dargestellt werden. Auf politischem Gebiet bedeutet Innovation fast dasselbe wie Aufruhr und Revolution. <…> Außer Theologie und Politik scheinen sich auch Sprache und Literatur von dem unerwünschten Dämon der Literatur bedroht gefühlt zu haben, insbesondere in der Epoche der französischen ›Klassik‹ <…> Zwei eher dürftige Verse von Ménage lauten: ›N'innovez ni faites rien / En la langue et vous ferez bien.‹[80]

Für Dante ist die *Vita nova* kein anderes Leben, das mit dem bisherigen radikal bräche, sondern eine Erneuerung des bisherigen, ein ›Frühling der Seele‹ nach winterlicher Erstarrung, wie wir ihn in der provenzalischen Troubadourlyrik finden.[81] Statt das Alte zu verjüngen, bringt die moderne *in-novatio* hingegen bislang Nichtexistentes hervor – und bricht mit der Tradition. Ähnlich entfernt von der Kategorie des bislang nicht Vorhandenen ist bis dahin auch die Invention. Neben dem Auf- oder Vorfinden in der gegenständlichen Wirklichkeit (z.B. »Scipio Africanus mortuus in cubiculo inventus est«) findet das ›Invenieren‹ eines Gegenstandes in geschriebenen Texten statt (»nulla littera in veteribus libris invenitur«; »apud plerosque <...> autores invenio«), im Erwerb von Eigentum (»ex quo illi gloria opesque inventae«), aber auch in der Erschließung von Verborgenem, insbesondere von Bodenschätzen und Silberminen (»locum, ubi esset«, »argenti venas penitus abditas«[82]).

Angesichts des bereits im lateinischen Grundwort angelegten, ›enthüllenden‹ Erfindungs-Bestandteils, der im Kontext der Reliquien und des Heiligen Kreuzes eine religiöse Dimension erhält und ihren Ursprung oft in einem inneren Bild besitzt – zur Auffindung von Reliquien bedient man sich mystischer Visionen: Helena, die Finderin des Heiligen Kreuzes, war die Gattin Kaiser Konstantins, des Visionärs des *in hoc signo vinces* – drängt sich daher die Frage auf, welche Tätigkeit in dem hier skizzierten Stück dem Entdecker zukommen soll. Eine dahingehende Vokabel findet sich im Mittelhochdeutschen nicht. Dort taucht allein das Verb ›entdecken‹ als Antonym von ›zudecken‹ auf, als ›den Deckel abnehmen‹ (»einen Topf, ein Glas entdecken«), ›entblößen‹ (»entdecke den Schenkel«) und als ›Abdecken eines Hauses‹ auf[83], das es mit dem altfranzösische *descouvrir* teilt (»Vous ne fetes mie reson Qui me descouvrez ma meson«[84]). Seinen Eintritt in die deutsche Sprache nimmt der Entdecker als Rüpelfigur – nämlich laut Grimm als Fachterminus der Schlachtersprache:

> ENTDECKER *m. inventor, detector. es kommt aber auch vor für* abdecker, schinder: es soll keiner des handwerks mit einem nachrichter, streifer, entdecker und allen andern dergleichen leuten kein gemeinschaft halten. *jenaische fleischerinnung von 1603*, art. 34.[85]

Warum die Figur des Entdeckers mit einem so schlimmen Makel behaftet ist, dass er zum Paria des Fleischhauerwesens wird, erhellt Adelung:

> Entdêcken <...> In Obersachsen gebraucht man es an einigen Orten von dem Abdecken des umgefallenen Viehes, so fern es unbefugter Weise von Personen geschiehet, die von der Polizey nicht dazu berechtiget sind, z.B. von Hirten. In diesem Verstande wird es dem abdecken, welches die dazu berechtigten Personen sich allein anmaßen, entgegen gesetzet. Solche unbefugten Abdecker selbst heißen daher auch Entdecker.[86]

Diese makabre Materialität nähert sich dem modernen Entdeckungsvorgang allein durch sein metaphorisches Potenzial, das ›Offenlegen‹, ›Zeigen‹, ›Beweisen‹, ja auch ›Verraten‹ einer Person (»merci li crïent Que par li descovert ne soient«[87]) oder eines Geheimnisses (»Ja nel descovera de son consoil Ne ne dira parole, dont pis lis soit«) und das ›Sich-zu Erkennen-Geben‹, ›Sich Offenbaren‹ (»Or mais comence a descovrir De saint Frachois la renommee«; »Et les mervoilles se desceuvrent«). In den Ableitungen ›descovrement‹ oder ›descovrance‹ wird es im Altfranzösischen synonym zu ›Enthüllung‹ (»Lumiere e le descovrement des genz« / »Par descovrance vient granz mals«). Gewöhnlich handelt es sich nicht um ein absolutes, sondern relativ-subjektives Enthüllen und zieht ein indirektes Objekt bzw. einen Dativ nach sich (in der heute ungebräuchlichen Form ›jemandem etwas entdecken‹), wobei erst später das ›zu Entdeckende‹ die Dimension einer verborgenen Wahrheit oder Erkenntnis annimmt (»für uns hat die natur oft eine Kunst versteckt / und schlechten thieren nur entdecket«[88]).

Ein wenig anders gelagert ist im Italienischen der Sachverhalt, wo spätestens seit Dante das Wort *scoprire* (bzw. *iscoprire* oder *scovrire*) in der metaphorischen Bedeutung auftaucht, als »per extens. Sichtbar machen, was dem Sehsinn durch die Dunkelheit, durch den Nebel oder weil es sich außerhalb des Sichtfeldes befand, verborgen war, entfernt, verdeckt durch einen Vorhang; der Sicht enthüllen (auch der intellektuellen)«[89]. Das Entdecken von Gebieten der Erde, »einen unbekannten Ort erreichen und ihn zum Zweck des Wissens, der Eroberung, der Erforschung zu erwerben« tritt erst im 16. Jahrhundert hinzu, in Verbindung mit den neuen ›indischen‹ Gebieten der spanischen Krone.

> Die Indien des Königs von Spanien... sind zwei riesige Provinzen auf dem Festland mit vielen vorgelagerten Inseln: die eine heißt Neuspanien und wurde entdeckt <*scoperta*> unter der Herrschaft des Königs Fernando, und die Regierungsstadt ist Mexiko oder Themistitan; die andere Peru, entdeckt in unseren Zeiten, und die wichtigste Stadt ist Cuzco.[90]

Erst etwas später wird das Wort im Sinne von »Land oder Gebiet entdecken« (»scoprire paese o terra«) auch allgemein in der heutigen Bedeutung verwendet[91]. Dennoch ist in italienischer Sprache das gesamte 16. Jahrhundert über *trovare* bzw. *ritrovare* bzw. als Substantiv *invenzione* für die Länder der Neuen Welt weitaus gebräuchlicher, wie etwa in der Weltdarstellung des bedeutendsten italienischen Kartographen der Zeit, Jacobo Gastaldi *Universale della parte del mondo nuovamente ritrovata* (1559)[92]. Lautet der erste lateinische Bericht über die zweite kolumbinische Reise von Nicolò Scillacio *De insulis meridiani atque indici maris nuper inventis* (Pavia 1493) bzw.

De insulis inventis. Epistola Cristoferi Colombi, cui etas nostra multa debet: de Insulis in mari Indico nuper inventis, so ist die erste italienische Übersetzung von Kolumbus' Brief an Santangel mit »Dies die Geschichte von der Erfindung der Kanarischen Inseln« (»Questa e la hystoria della inuentione delle diese Isole de Cannaria«[93]) betitelt. Nicht anders verhält es sich mit dem vielleicht ersten poetischen Dokument über die Neue Welt überhaupt, der Versadaption von *De insulis inventis* durch Giuliano Dati. Der Text trägt den Titel *Die Geschichte von der Erfindung der neuen indianischen Kanaren-Inseln* (*La storia della inventione delle nuove insule di Channarie indiane*[94]), und auch im Verstext ist niemals von *scoprire* oder *scoprimento* die Rede, sondern von »gefundenen Inseln« (»de l'isole trovate cosa magnia«[95]). Ganz in Abweichung von der Enthüllungsmystik seiner eigenen Texte[96] spricht Kolumbus in dieser Versfassung vom Finden: »viele Inseln und große Völkerschaften hab' ich gefunden«, »die Insel, die ich zuerst fand« (»molt'isole e gran gentie i'ò trovate«; »l'isola prima ch'io trovai«[97]). Ebenso wie Gebiete kann man in ihnen Gegenstände und Materialen auffinden, nämlich »alles bis auf Stahl und Eisen« (»di tutte cose c'è, se io non erro, / salvo che non si truova acciaro o ferro«[98]), oder aber diese Gebiete und ihre »hohen, würdigen, großen« Dinge selbst in den Texten geschrieben finden, ohne dass hinsichtlich des gemeinsamen Verbs trovare / truovare ein Unterschied zwischen den drei Vorgängen auszumachen wäre: »wenn du liest, wirst du sie finden«[99].

Zu den indirekten, nämlich durch eine Rückdatierung der Handlung in die mittelalterliche Zeit des Rolandslieds agierenden, frühen Rezeptionen der Kolumbus-Reise gehört die Zukunftsvision der Andronica aus dem Fünfzehnten Gesang von Ariosts *Orlando furioso*: in Form einer Technik der ›falschen Prophezeiung‹[100] wird die Entdeckungsfahrt eines ›neuen Tiphys‹ aus dem 16. in Aussagen des 9. Jahrhunderts zurückprojiziert. Nicht vorweggenommen ist meistenteils allerdings das *detegere / descubrir*: »das Ende der langen Strecke auffinden« (»ritrovar del lungo tratto il fine«), »neue Länder und neue Welt auffinden« (»ritrovar nuove terre e nuovo mondo«[101]) ist die Leistung des Finders, der zu Ariosts Zeiten noch nicht Entdecker heißt – ein Name, den er bei seinem deutscher Übersetzer Johannes Diederich Gries im frühen 19. Jahrhundert bereits trägt. »Und neues Land und neue Welt entdecken«[102], lautet dort besagter Vers. Erst auf die metaphorische Ebene übertragen kommt bei Ariost das Ent-Decken ins Spiel, wenn die Fahrt des Kolumbus, das Hinausziehen des Schiffes in ein Meer ohne Grenzen als Metapher für das poetische Abenteuer des Dichters verwendet wird[103]. Der Dichter-Schiffer begibt sich auf die Suche nach der Wahrheit (das *verum*: »il vero«), in deren Nähe er den sicheren Hafen zu ›entdecken‹ weiß:

> Or, se mi mostra la mia carta il vero,
> Non è lontano a discoprirsi il porto;
> Sì che nel lito i voti scioglier spero
> A chi nel mar per tanta via m'ha scorto;
> *Nun endlich wird der Haven sich entdecken,*
> *Zeigt meine Charte mir die Wahrheit an*
> *Und mein Gelübde hoff ich zu vollstrecken*
> *Dem, der mich führt' auf weiter Meeresbahn.*[104]

Das ›Entdecken‹ erscheint hier als Enthüllung von nicht Sichtbarem, das jedoch nicht den Charakter der Neuheit oder geographischen Unbekanntheit aufweist – ein Hafen muss von anderen Menschen erbaut worden sein, und in der Tat handelt es sich hier ja sogar um den heimatlichen Hafen, in den das Schiff des Dichters nach langer Fahrt wohlbehalten zurückkehrt[105]. Höchst auffällig ist jedoch die Form des Verbs: »discoprirsi«. Diese jeglichem Gesetz italienischer Wortbildung widersprechende Beibehaltung des vulgärlateinischen Präfixes (»dis-«) ist an anderer Stelle noch näher zu beleuchten[106].

Nicht grundlegend anders verhält es sich mit der spanischen Vokabel *descubrir* vor den Fahrten des Kolumbus. In Antonio de Nebrijas spanischlateinischem Wörterbuch, das etwa zeitgleich zu den Reisen des Kolumbus entstand, ist unter den Lemmata »descubrir« bzw. »descobrir« und »descubrimiento« keinerlei Verweis auf das Auffinden unbekannter Länder oder geographischer Einheiten auszumachen (im Stil etwa von: ›invenire terras ignotas'). Die dort angegebenen lateinischen Entsprechungen »revelo -as. Retego -is« bzw. »revelatio -onis. Retectatio -onis.«[107] beziehen sich noch in der vom Autor durchgesehenen Zweitauflage von 1516 wie in den anderen europäischen Sprachen einzig und allein auf den konkreten oder metaphorischen Vorgang der Freilegung, auf den Topfinhalt oder das Geheimnis. Erst im Jahre 1611 findet sich in Covarrubias' Lexikon neben dieser und der militärischen Nebenbedeutung (»Späher, Vorposten«) im Falle des Substantivs »descubrimiento« (noch nicht aber des Verbs »descubrir«) auch ein unmittelbarer Verweis auf das Auffinden neuer Länder in Amerika – zugleich aber auf das Enthüllen »neuer Dinge«:

> Entdecken, <…> sichtbar machen <*manifestar*>, was bedeckt war. Entdeckung, der Akt des Entdeckens, bedeutet neue Dinge oder neue Länder oder vorher nicht bekannte Länder finden, wie die Entdeckung von Las Indias. Land entdecken heißt erforschen, was es in einer Angelegenheit gibt <*inquirir lo que hay en un negocio*>, wie es im Krieg die Heerführer machen, die vorangehen um herauszufinden, was es gibt: in der Heiligen

Schrift Erforscher <*exploradores*> genannt, die vor dem Volk Gottes gingen, um das Land zu entdecken[108].

Als eine Besonderheit der spanischen Sprache jedoch ist das *descubrir* in seiner metaphorischen Bedeutung des ›Aus-der-Verborgenheit-Überführens‹ bereits seit dem Mittelalter mit einem Antonym vom selben Wortstamm versehen, *encubrir*, (»Descubren las enfermedades encubiertas que la gente han e las muestran«, J. Manuel 1327). Zudem ist bereits im mittelalterlichen Spanisch eine Verwendung der Vokabel *descubrir* nachzuweisen, die auf die spätere Anwendung auf Länder und Kontinente zumindest hinführt: »Dieser Bach wurde erst vor kurzer Zeit entdeckt, den es gab gewöhnlich in diesem ganzen Land kein Wasser«[109]. Wenngleich es sich bei diesem Bächlein, im Gegensatz zur Definition im *Diccionario* der Real Academia, auch noch nicht um neue, »unbekannte Länder und Meere«[110] handelt, sondern lediglich um etwas Unerforschtes *innerhalb* eines bekannten Gebietes, bezeichnet die Vokabel *descubrir* hier doch einen Akt, der im Gegensatz zu den anderen europäischen Sprachen explizit auf eine Gebietserschließung bezogen ist. Der dabei nicht unauffällige Umstand, dass die ersten ›Entdecker‹ der geographischen Einheit Amerika in der Tat in spanischen Diensten stehen, wird an späterer Stelle noch zu betrachten sein.

Bis zum 16. Jahrhundert scheinen die Derivate des mittellateinischen *discooperire* fast durchgehend gedeckt zu sein durch die Grundbedeutung »abdecken, aufdecken, enthüllen, entblößen, bloßlegen, sichtbar machen« und ihre metaphorische Erweiterung »aufdecken, enthüllen, offenbaren, ans Licht bringen, verraten«[111]. In deutscher Sprache bleibt das Auffinden neuer Dinge noch lange vollständig im Begriff des Erfindens eingeschlossen, wobei dieser wiederum nicht klar vom Finden abgegrenzt ist. Im ›Erfinden‹ fließen alle drei Vorgänge zusammen. Somit ist stets auch die Rede von der *Erfindung* Amerikas[112] – von Inseln, die nicht zur Welt gehören (»auszer der welt«) und somit als neu (»neüw« / »neulich«) zu betrachten sind. »Von den neüwen inseln / wann un von wem sie erfunden, wie sie heissen und was für leüt darin seind«[113], leitet Sebastian Münster den schmalen Teil über den »Orbem Nouum« seiner *Comsographei* (1550) ein. Auch diverse neuere Wörterbücher, so das der Brüder Grimm, decken diese Verwendung noch ab.

> erfinden <...> unterschied sich einst nicht sehr von dem einfachen f i n d e n: »Das ist der Ana, der in der Wüsten Maulpferde erfand, da er seines Vaters Zibeon Esel hütet« <Fußn.: »Luther, 1. Mose 36,24«>.
> »Von den nuwen Insuln und landen so yetz kurtzlichen erfunden synt durch den König von Portugall« <Fußn.: »Titel einer Schrift von 1506«

– nämlich Vespuccis Reisebericht>; vgl. Newfoundland, Neufundland. So war e r f i n d e n auch im 18. Jh. von geographischen Entdeckungen noch durchaus üblich: »Nachher haben wir ... das Mittägliche Meer erfunden«. Der jetzige Unterschied zwischen e n t d e c k e n (s.d.) und e r f i n d e n galt also in älterer Sprache nicht.[114]
die frühere sprache aber hat beide wörter noch nicht so unterschieden, sondern erfinden *auch für* entdecken *gesetzt:* es seind auch andere inseln auszer der welt neulich erfunden von dem künig von Portugal. FRANK *weltb.* 21a. als wir zů erfinden neuwe inseln ausfůren. 217a; nachdem sein vater selbige insel ... erfunden. *pers. reisebschr.*, 2,3; Columbus hat America erfunden. Grünland ist im j. Chr. 982 erfunden. 3,4; wie nicht minder die neu erfundene indianische lande. HOFMANNSWALDAU *vorr.;* wann jemand ein neu erfundenes bergwerk verkauft. ABELE 3, 223. Newfoundland *bezeichnet vollkommen richtig das neu entdeckte land, Terreneuve.*[115]

Betrachtet man diese zeitgenössischen Verwendungen, wird deutlich, dass die Idee einer »Entdeckung der Neuen Welt« in weiten Teilen des Europas des 16. Jahrhunderts nicht existent bzw. allenfalls denkbar ist in der Bedeutung, die ›außerweltlichen‹ Gebiete zu ›schinden‹, ihnen in unautorisierter Form das Fell über die Ohren zu ziehen. Um den Gedankengang Ferlosisos weiterzuführen: Hinter dem Mythos von einem Eroberer und einem Eroberten, einem Entdecker und einem Entdeckten, verbirgt sich immer auch ein sich unlegitimiertes Recht anmaßender *Schinder* und ein *Geschundener*. Diese Sichtweise, die als Metapher sicherlich den Kern der Conquista treffen könnte, löst das Problem zwar nur auf dem Weg einer überspitzten Projektion der Nachwelt, führt jedoch den so erbitterten Streit um den legitimen Namen von »1o de 1492« noch mehr in die Aporie. Denn wirkt die Debatte um Erfindung und Entdeckung nicht ein wenig skurril, wenn sich doch belegen lässt, dass zu dem zur Diskussion stehenden Zeitpunkt eine solche Begriffstrennung gar nicht existierte? Ja, bis auf den heutigen Tag ein Phänomen allein der westeuropäischen Sprachen ist, da etwa im Neugriechischen die Aufblähung der Erfindung zu einem technisch-fiktiven Doppelakt nie vollzogen wurde und die klassische Unterscheidung des Findungs- und des Erdichtungsaktes (ευρίσκω und πλάσσω) bis heute gewährleistet ist? Dass die Begriffe, wie sie heute verwendet werden, Ergebnis einer turbulenten Komödie der Irrungen sind?

Liefert der hier vorgeführte Ausflug in die Wörterbücher verschiedener Jahrhunderte und Länder auch eine Reihe von Indizien für das grundlegende Problem einer ›Entdeckung der Neuen Welt‹ ebenso wie das in jüngerer Zeit neuerfundene Ei des Kolumbus, den Vorgang als ›Erfindung‹ zu bezeichnen, so bleiben auf der Basis einer solchen Bestandsaufnahme doch die Ursachen im Dunkeln. Wie ist es möglich, dass eine über Jahrhunderte stabile semantische Ordnung, die das Auffinden von technischen Möglichkeiten ebenso wie von Inseln und Ländern in das Finden integrierte, das Finden klar vom Fingieren, dem Erdichten von Unwahrem auf der einen Seite, dem Aufdecken von Geheimnissen auf der anderen abgrenzte, nun plötzlich so gänzlich aus dem Lot in eine wirre Unordnung gerät: so dass Innovator und Phantast, Techniker und Lügner, Gutenberg und Jeanne d'Arc, Edison und Münchhausen gleichermaßen als ›Erfinder‹ gelten, während Kolumbus und Vespucci mit einem Mal ›was ganz anderes‹ sind und in die Domäne der Schinder und Mystiker – die Entdeckung – überwechseln? Aufschluss darüber kann alleine eine Untersuchung bieten, die über den reinen Nachweis der Vokabeln in den jeweiligen Wortverbindungen den Stellenwert nachweist, den der ursprünglich einheitliche Begriff der ›Invention‹ vor seiner Aufspaltung in Erfindungen und Entdeckungen einnahm, um daraus zu entwickeln, wie sich diese Opposition bereits im Inneren des Inventionsbegriffs andeutet, bevor sie, beginnend mit dem 16. Jahrhundert, nach und nach manifest wird.

III. 2. Aufstieg und Fall der *ars inveniendi*

III.2.1. Entdeckendes Finden:
die antike Tradition der inventio

»La création à Dieu, l'invention à l'homme«: Seit den Anfängen des europäischen Denkens scheint dieser Grundsatz in ungebrochener Form gültig zu sein. Zurückverfolgen lässt er etwa in der griechischen Tradition sich bis ins 6. vorchristliche Jahrhundert zu Xenophanes, der das Erfinden (ἐφευρίσκειν) als einen Akt der Emanzipation des Menschen gegenüber Gott begreift. Die Götter haben den Sterblichen das von ihnen Geschaffene verborgen gehalten, so dass der Mensch es eigenständig auffinden muss, um zum Besseren zu gelangen.[116] Selbst wenn der Mensch die Erfindungen eigenständig ausfindig machen muss und dazu einer erfinderischen Fähigkeit bedarf, bedeutet es noch nicht, dass er das Erfundene selbst geschaffen hätte – er hat das Präexistente, das von der Gottheit Geschaffene und Versteckte, nur gefunden. Diese Konzeption des Erfindens als »Auf-Etwas-Kommen«, als Ermittlung und Sichtbarmachung von etwas bereits Vorhandenem dominiert die gesamte griechisch-römische Antike und trägt sich unter ihrem Einfluss im Mittelalter fort. Insbesondere im Lichte der platonischen Ideenlehre ist eine Konzeption der Erfindung als Neukreation von vornherein ausgeschlossen: denn gemäß einem Denken, das die Erscheinungswelt als bloßes Abbild ewiger Ideen betrachtet, wäre die Vorstellung widersinnig, dass der Mensch aus der Welt der Phänomene eine neue Idee erzeugte, aus der Kopie also ein neues Original erstellte.

Wie sehr in der antiken Tradition die Vorstellung des Erfindens von der des Schaffens getrennt ist, lässt sich bereits an Xenophanes' berühmter Kritik am Anthropomorphismus der menschlichen Gottesvorstellungen ablesen: der Mensch habe seine Götter nach seinem eigenen Abbild selbst geschaffen, mit all seinen eigenen Lastern. Hätten Pferde und Kühe Hände zum Malen, so malten die Pferde ihre Götter in die Gestalt (bzw. ›Idee‹) von Pferden, die Rinder in die von Rindern und bildeten ihre Körper[117]. Gewöhnlich wird diese Kritik auf die Formel gebracht, gemäß Xenophanes habe der Mensch die Götter ›erfunden‹. Doch ist die Terminologie, das trügerische »nach ihrem Abbild schreiben / malen« (ἰδέας ἔγραφον) bzw. »Körper machen« (σώματ᾽ ἐποίουν) klar vom ἐφευρίσκειν getrennt, dem Auffinden des real Präexistierenden, wenngleich Verborgenen. Der Voltairesche Grundsatz »wenn es Gott nicht gäbe, man müsste ihn erfinden«[118], die Furcht vor Gott als gesellschaftsfördernder »nützlicher Glauben« (»une utile croyance«) trotz seiner möglichen Abwesenheit ist in einem Denken widersinnig, das Erfinden als Finden versteht. Wenn es Gott nicht gibt, kann man ihn auch nicht ›erfinden‹ (εὑρίσκειν / invenire) – allenfalls ›erfinden‹ (ἐπινοεῖν bzw. πλάσσειν / effingere). Selbst wenn die radikalsten Sophisten die Frage der Erfindung in den Dualismus von φύσις und νόμος einordnen und die Religion als reine soziale Konvention νόμῳ, also als ›Erfindung‹ betrachten, um den Atheismus zu propagieren, gehen sie nicht so weit, Gott selbst als eine solche zu klassifizieren: was erfunden wird, ist, etwa laut Kritias von Athen, eine »schlaue und gedankenkluge« *Methode*, den Menschen zu Rechtschaffenheit und Gesetzestreue zu bringen, indem man ihm Furcht vor einem göttlichen Strafgericht einredet; nicht ›Götter fiktiv erschaffen‹ (θεοὺς πλάσσειν), sondern ›die Furcht vor den Göttern erfinden‹ (θεῶν δέος ἐξευρίσκειν) und erst recht nicht ›die Götter erfinden‹ (θεοὺς εὑρίσκειν)[119]. Platon reagiert in seinen *Gesetzen* auf die Frage nach dem menschlichen oder göttlichen Ursprung der εὑρήματα mit der eigenartigen Kompromisslösung, alle Erfindungen seien in Frühzeiten bereits von mythischen Erfindern wie Daidalos, Orpheus oder Marsyas den Menschen sichtbar gemacht worden, dann aber durch die Sintflut wieder verschüttet worden und müssten nun von den Sterblichen kraft der Erinnerung wiedergefunden werden[120].

Dass die Antike mit der Erfindung bereits eine Vorstellung des Fortschritts verbindet, ist im Finden des »Besseren« (ἄμεινον) bei Xenophanes und der späteren Ablösung der hesiodischen Vorstellung der Degradation nach dem Goldenen Zeitalter durch die atomistische Theorie des Aufstiegs des Menschen aus dem wilden Urzustand angelegt und wird von Aristoteles in seiner Konzeption des Erfinders als ›befördernden Gehilfen‹ (εύρετής ή συνεργός)[121] entwickelt. Bereits bei Hekataios und Herodot stößt man auf Vorgänger der Erfinderkataloge[122]. Höchst fraglich ist jedoch, bis zu welchem Punkt diese Konzeptionen auf einen sich im Begriff der »Erfindungshöhe« kristallisierenden, linearen Anstieg der Zivilisationsleistung im modernen Sinne hinauslaufen: denn die Grundfigur des antiken Geschichtsverständnisses ist der Kreis, nicht die ansteigende Linie.[123]

Welchen vom modernen Erfindungsbegriff grundlegend unterschiedlichen Stellenwert der Begriff der εὕρεσις oder *inventio* vom gesamten antiken Denken bis hinein ins ausgehende Mittelalter besitzt, wird durch den eher peripheren Rang begreiflich, den die Frage nach dem ontologischen Stellenwert der technischen Erfindung einnimmt. Ihren Fokus richtet die Theorie der *inventio* (mehr denn auf die Gebiete von Kunst, Technik und Philosophie, denen sie etwa die *Encyclopédie* explizit zuordnet) auf das der Rhetorik – und ist dadurch gerade in der lateinischen Tradition eine praktisch orientierte politische und juristische Fertigkeit. Erfindung erhält die Bedeutung von ›Findung der Argumente für die Beweisführung‹, oder wie es in der berühmtesten und über eineinhalb Jahrtausende paradigmatisch gewordenen Definition in Ciceros *De inventione* heißt: »inventio est excogitatio rerum verarum aut veri similium, quae causam probabilem reddant«[124] (»Die Auffindung des Stoffes ist das Ersinnen wahrer oder wahrscheinlicher Tatsachen, die den Fall glaubwürdig machen sollten«[125]). Daher ist ihr Ziel, wie Lausberg beobachtet, »das ›Finden‹ der Gedanken. <…> Die *inventio* ist ein produktivausschöpfender Vorgang: das, was die *res* an mehr oder minder verborgenen Gedankenentwicklungsmöglichkeiten enthält, wird herausgeholt (*excogitatio*)«[126]. Ganz offensichtlich hat ein solches ›Herausholen‹ mit der die Kreation von Neuem implizierenden modernen Erfindung recht wenig zu tun. Vor dem Hintergrund der soeben dargestellten Verwendung des technisch-kulturgeschichtlichen Erfindungsbegriffs in der antiken Philosophie ergibt sich hier jedoch zweifellos eine Kohärenz. So wie die noch verborgene technische Erfindung heraus-gefunden (ἐξ-ευρίσκειν) werden muss, so muss die rhetorische Erfindung heraus-gedacht (*ex-cogitare*), ›extrahiert‹ werden, wie etwa Roland Barthes in seinem Werk über die antike Rhetorik unterstreicht. »Die *inventio* verweist weniger auf eine Erfindung (der Argumente) als auf eine Entdeckung: Alles existiert bereits, man muss es nur auffinden: Es ist ein eher ›extraktiver‹ als ›kreativer‹ Begriff«. »*L'inventio* renvoie moins à une invention (des arguments) qu'à une découverte: tout existe déjà, il faut seulement le retrouver: c'est une notion plus ›extractive ‹ que › créative««.[127]

Soll das ›Erfundene‹ nun ›herausgedacht‹ oder -holt werden, stellt sich notwendigerweise die Frage nach dem ›wo‹ bzw. ›woher‹, kurz: nach dem *Ort*, aus dem das Argument zu extrahieren ist. Dieser Ort, lateinisch *locus*, griechisch τόπος, bildet das Herzstück der antiken Inventionslehre und liefert den Gegenstand einer eigenen philosophischen Disziplin, der Topik, definiert als das »Vorratsmagazin« für »Gedanken allgemeinster Art: solche, die bei allen Reden und Schriften überhaupt verwendet werden konnten«[128]. Anders als der auf Curtius zurückgehende Topos-Begriff ist der antike *locus* jedoch nicht auf ein vorgefertigt-wiederverwertbares literarisches Motiv zu reduzieren. Eher geht es darum, den Gedankengang als solchen überhaupt zu entwickeln, oder, wie es bei Aristoteles heißt, eine *Methode* zu finden, durch die wir auf der Basis allgemein anerkannter Meinungen syllogistische Schlüsse über alle vor uns liegenden Probleme ziehen können, ohne uns selbst zu widersprechen[129]. Laut Cicero enthält die Topik dementsprechend eine »von Aristoteles gefundene <*inventam*> strenge Methode, wie man Argumentationsgesichtspunkte findet <*disciplinam inveniendorum argumentorum*>, sodaß man ohne jeden Irrtum auf dem Weg der Vernunft zu ihnen gelange«.[130]

Anders als heuristische Verfahren oder ein ungeordnetes Zusammenkommen assoziativer Ideen (›Brainstorming‹) impliziert die *inventio* die stete Sichtbarmachung von Verborgenem. *Invenire* ist ein enthüllendes »Auffinden von Dingen, die versteckt sind« (»earum rerum, quae absconditae sunt, <…> inventio«) – und daher muss man ihre *loci*, die »*Stellen* kennen« (»locos nosse debemus«), an denen man sie finden kann: den »Sitz der Argumente« (»sedes argumentorum«), wo sie vergraben oder eingeschlossen sind (»ex his locis, in quibus argumenta inclusa sint«), wie Ciceros *Topica* zeigt.[131] Fern liegt der *inventio* der Griff in die Regale eines Lagerhauses vorgefertigter und bereits als Eigentum erworbener Argumente: ihre Tätigkeit ist es, nach dem zu Erwerbenden zu forschen (»pervestigare«)[132]. Innerhalb der räumlichen Metaphorik dieses Prozesses umschreibt die Topik eine Art geographisches Verfahren, das dabei hilft, die unbekannten Orte zu bezeichnen und aufzuzeichnen (»demonstrato et notato loco«) und dadurch einfach auf- und wiederzufinden (»facilis inventio«). Die Topik liefert eine Orts-Kunde, ein Wegsystem, ein Kartographieren des unbekannten argumentativen Raums.

Weder die rationale Kritik noch die sprachliche Umsetzung berühren den Vorgang des Findens. Laut Cicero geht die inventio und ihre Methode, die Topik als Findungskunst (*ars inveniendi*), dem kritischen Urteil (*iudicium*), das er als Aufgabe der Dialektik zuordnet, zeitlich wie logisch voraus, so dass ihr gegenüber dem Urteil der Vorrang zukommt[133]. »De inventione, prima ac maxima parte rhetoricae« (»über die Auffindung des Stoffes, den ersten und bedeutsamsten Teil der Redelehre«[134]) heißt es ja auch der Schlusssatz über den Gegenstand der gleichnamigen Schrift. Zugleich findet die *inventio* rein auf dem Gebiet der »Dinge« (*res*) statt, ist sowohl von der sprachlichen Darstellung der *res* (den *verba*) als auch von einer den Dingen oder Wortenden entsprechenden inneren Vorstellung (*imago* oder *species*) noch gänzlich unabhängig. In gleichem Maße gilt dies für den folgenden Schritt der *dispositio*, in der zugleich das *iudicium* hinzutritt, durch das die invenierten *res* in eine logische Folge gebracht werden. Erst in der *elocutio* kommen zum ersten Male die *verba* ins Spiel. Hier werden die invenierten Inhalte in die passenden Worte gekleidet. In *memoria* und *actio* finden *verba* und *res* schließlich zueinander:

> Die Auffindung des Stoffes ist das Ersinnen wahrer oder wahrscheinlicher Tatsachen, die den Fall glaubwürdig machen sollten; die Anordnung des Stoffes ist die geordnete Einteilung der aufgefundenen Punkte; die stilistische Gestaltung ist die zur Auffindung des Stoffes passende Anwendung geeigneter Wörter und Sätze; das Sicheinprägen ist das feste geistige Erfassen der Gegenstände und Wörter sowie der Gliederung; der Vortrag ist die der Würde der Dinge und Wörter entsprechende Beschaffenheit der Stimme und des Körpers«.[135]

Wie aus dieser Aufteilung von *res* und *verba* auf die verschiedenen Teile der Rhetorik hervorgeht, findet sich in der antiken Redekunst ein Dualismus von ›Dingen‹ und ›Worten‹ angelegt, der dem von Signifikant und Signifikat (wenngleich auch noch nicht im späteren Sinne Saussures) entspricht, wie es Quintilian zum Ausdruck bringt, wenn er feststellt, jede Rede bestehe aus dem, was bezeichnet werde, und dem, das bezeichne, das heißt den Worten und Dingen (»Omis autem oratio constat aut ex iis, quae significantur aut ex iis, quae significant, id est rebus et verbis«[136]). Dennoch ist diese Opposition nur eine scheinbare: denn in der gesamten antiken Rhetoriklehre herrscht die »These der grundsätzlichen Einheit von ›*res*‹ und ›*verba*‹«[137], die Horaz in seiner Poetik auf die Formel komprimiert, die später wiederum von Quintilian zitiert wird: »Hast du den Stoff dir beschafft, folgen die Worte von selbst« (»Verbaque provisam rem non invita sequuntur«[138]). Laut Cicero führt ein Fülle von »Dingen« notwendigerweise auch zu einer Fülle von »Worten« (»rerum enim copia verborum copiam gignit«[139]), und auf dasselbe zielt auch der Auftrag Catos des Älteren ab, man solle nur das ›Dinge‹ besorgen – die Worte folgten dann von selbst (»Rem tene, verba sequuntur«[140]). Die Trennung zwischen *res* und *verba* ist eine rein vorläufige, da im Schritt der *memoria* beide Teile wieder zueinander gefunden haben.

Diese aus moderner Sicht alles andere als selbstverständliche Koinzidenz von Worten und Dingen rückt in ein anderes Licht, wenn man den ontologischen Status der *res* in der antiken Rhetoriklehre betrachtet – und damit generell den des ›Erfundenen‹, der *inventa*. Innerhalb eines rhetorisch-topische Gebiet erweist sich ein εὕρημα / *inventum* nicht im modernen Sinne (etwa des Patentrechts) als ein ›Inventat‹ oder ›inventives Konzept‹. Eine *res* ist keine kognitiv erfahrbare Einheit – weder ein gegenständliches ›Ding‹ noch eine ›Idee‹ oder inneres Bild, noch ein sprachlich darstellbarer Begriff (*conceptus*), sondern ein *Argument*, das in der dialektischen oder juristischen Diskussion der eigenen Position die Stichhaltigkeit verleihen soll[141]. Ziel der *inventio* und der durch sie aufgefundenen *res* kann es überhaupt nicht sein, eine Einheit der außersprachlichen Wirklichkeit zu benennen, da das Wirkliche grundsätzlich nicht auf ihr Gebiet gehört: Aufgabe der *res* oder Argumente ist es, eine »zweifelhafte Angelegenheit glaubwürdig zu machen«, nicht aber, eine wirkliche ›Sache‹ zu repräsentieren. Das Territorium der *inventio* hingegen ist das Glauben, nicht das Wissen; nicht so sehr das Wahre, sondern das »dem Wahren Ähnliche«: nämlich die »Heraus-Denkung« der wahren oder wahrscheinlichen Dinge, die den ›Sachverhalt‹ glaubwürdigen machen (»excogitatio rerum verarum aut veri similium, quae causam probabilem reddant«) – eine Konstante, die sich bis in die Philosophie der Renaissance hineinzieht, wenn auch in anderer Nuancierung[142].

Wie fremdartig dies Denken dagegen aus heutiger Perspektive ist, erschließt sich, wenn man das konkrete Anwendungsgebiet betrachtet, für das Cicero seine Abhandlung *De inventione* letztendlich bestimmt hat: den Rechtsstreit. In der Tat zählt in der römischen Rechtsprechung, so widersinnig uns das heute erscheinen mag, nicht der tatsächliche Sachverhalt, um ›empirische‹ Fakten im modernen Sinne, d.h. die Belegbarkeit auf der Basis von Spuren, Beweismitteln, Alibis etc., sondern die Stichhaltigkeit der Argumente, mit der er vorgebracht wird: nicht die Wahrheit, sondern die Wahrscheinlichkeit der Argumente, die Plausibilität der Rede des Anwalts. Dies erklärt auch den privilegierten Stellenwert der rhetorischen Invention in der antiken Tradition[143]. Ähnliches lässt sich auch auf philosophischem Gebiet beobachten. In ihrer ursprünglichen, noch nicht vom Idealismus des 19. Jahrhundert umgestülpten Definition hat die gesamte Disziplin der ›Dialektik‹ nicht den Beweis des Wahren zum Gegenstand, sondern die Herleitung des Wahrscheinlichen; basiert nicht auf unverbrüchlichen Wahrheiten, sondern auf ›allgemein anerkannten Meinungen‹ (ὁ ἐξ ἐνδόξων). Dies bedeutet nicht, dass die aristotelische Philosophie am Begriff der Wahrheit, dem »Schluss aus dem Wahren und Ersten« (ἐξ ἀληθῶν καὶ πρώτων ὁ συλλογισμὸς) nicht interessiert wäre: diese fällt lediglich in einen anderen Zuständigkeitsbereich, den der ἀπόδειξις, der analytischen Demonstration. Den fundamentalen Unterschied zwischen Apodiktik und Dialektik, zwischen dem »Ersten und Wahren« und dem »allgemein Akzeptierten« klärt Aristoteles gleich zu Beginn seiner Topik[144].

Kurz: auf dem Gebiet des Wahren haben Topik und Invention wenig zu suchen bzw. besser zu finden, denn Wahrheiten müssen nicht ›inveniert‹ werden. »Ihre Evidenz drängt sich auf, sie bedürfen keiner Invention«[145]. Zugleich erklärt der Charakter der invenierten *res* als rein argumentative Belege, warum die *verba* ihnen so automatisch folgen können, denn das Verhältnis beider ist das zwischen den Argumenten und ihrer sprachlichen Ausgestaltung, nicht aber das der Repräsentation oder gar Reproduktion der außersprachlichen Wirklichkeit durch die Sprache – einschließlich all der Schwierigkeiten, die dieser Prozess und die Unmöglichkeit der vollständigen Deckungsgleichheit mit sich führt. Somit wird zum einen verständlich, warum im binären Schema *res-verba* das ebenso in der aristotelischen wie platonischen wie stoischen Sprach- und Zeichentheorie[146] unabdingbare dritte Element der δύναμις[147] des σημαινόμενον bzw. λεκτόν[148] oder *significatum* fehlt, die in die Stimme befindlichen ›Symbole des Erlittenen der Seele‹ (τῶν ἐν τῇ ψυχῇ παθημάτων σύμβολα[149]) der aristotelischen Tradition, das *conceptus* der lateinischen oder die *intentio* der scholastischen Tradition und das mit ihnen verbundene ›linguistische Dreieck‹ aus Bezeichnendem, Bezeichnetem und außersprachlichem Referenten. Da die Argumente keine kognitiven Einheiten darstellen, können sie auch keinen ›Bedeutungen‹ entsprechen; sie sind Mittel der Rede und nicht eigenständige Gegenstände. Dabei setzt die Funktionsfähigkeit der *loci* immer das Vertrauen in die Sprache voraus, eine ›Kommunion‹ der Seelen auf der Basis ›gemeinsamer Orte‹ herzustellen und so auf dem Weg der Worte, die allen Menschen gemeinsam sind, Gerechtigkeit zu schaffen.[150] In der räumlichen Metaphorik der *inventio* ist das Finden der Argumente zugleich als Gang durch den ›Wald der gemeinsamen Orte‹ zu betrachten (*sylva locorum communium*[151]), wo die Argumente sich im vom Redner noch nicht geordneten Ur- und Naturzustand befinden[152]. Innerhalb dieses Waldes bildet die Topik die Wegweiser. Die *ars inveniendi* liefert eine Orientierungsmethode zum Finden der *res*, damit der Redner sich nicht im Wald der Einzeldinge verirrt, sondern an jedem Ort für jeden Sachverhalt rasch ein verborgenes Argument hervorzuholen weiß.

Wie die abweichende Bestimmung der rhetorischen Invention von den modernen Begriffen der Erfindung und Entdeckung deutlich macht, hat auf der Basis dieser Tradition die Frage nach einer *inventio orbis novi* wenig Sinn. Zum einen lässt sich eine ›Welt‹ oder ein ›Kontinent‹, das heißt: ein Gegenstand der äußeren Wahrnehmungswelt oder eine Vorstellung überhaupt nicht ›invenieren‹, da ein derartiger Prozess eine vollständig andere ontologische Voraussetzung besitzt. ›Finden‹ im rhetorischen Sinne ließen sich allenfalls Argumente, welche die Thesen »Amerika gibt es« oder »Amerika gibt es nicht« glaubwürdig machten – beides wird etwa in der Erzählung von Peter Bichsel vorgeführt. Ein ›Entdecken‹ als kognitiver Akt der Enthüllung von Unbekanntem aber fällt nicht in den Bereich des Glaubwürdigen oder Unglaubwürdigen. Noch weniger Sinn hat die Vorstellung einer ›Erfindung‹ der Neuen Welt im Sinne eines fiktiven Einfalls, einer poetischen Kreation: denn *fingere* und *invenire* haben in der lateinischen Tradition so gut wie keine Berührungspunkte; und ebensowenig haben es daher die poetische ›Erfindung‹ und die rhetorische Invention. Auch das O'Gormansche Konzept einer *Invención de América* als Konstitution einer konzeptuellen Einheit ist mit der antiken (Er)findungskunst unvereinbar. Gegenstand der *inventio* sind die *res*, die in den folgenden Teilen der Redekunst in Worte gekleidet werden. Eine »imagen«, wie O'Gorman es fordert oder ihr lateinisches Gegenstück, *imago*, ist in der *prima ac maxima pars* nicht enthalten. Das Hauptproblem einer *inventio orbis novi* liegt jedoch bereits in dieser Wendung selbst: denn vor dem Hintergrund antiker Findungslehre sind die Instanzen der Invention und des Neuen von vornherein inkompatibel. Wenngleich das Finden bei Cicero zwar ein Vorgang des Forschens und Entdeckens ist, der Verborgenes zutage führt, setzt er doch, wie Cicero klar zu verstehen gibt, voraus, dass man »die Orte kennen muss« (»locos nosse debemus«). Wie soll man etwas invenieren, dessen Topographie im Verborgenen liegt? Es wäre vielmehr erst nötig, das Neue in den Raum der bekannten Orte und Argumente einzugliedern, bevor man es ›erfinden‹, zum Gegenstand der Argumentfindung oder eines dialektischen Syllogismus machen kann.

III.2.2. Der Druck im ›Wachs des Herzens‹: inventio, memoria *und die antike Seelenlehre*

Dennoch wäre es vorschnell, für die antike Rhetoriklehre ein grundsätzliches Fehlen eines dritten Elements oder einer bildlichen Instanz im Verhältnis von Worten und Dingen zu attestieren. Es taucht lediglich noch nicht auf dem Gebiet der *inventio* auf. Während die beiden ersten Teile der Redekunst, *inventio* und *dispositio,* dem Finden und Ordnen der *res* vorbehalten sind und die *elocutio* dem Reich der *verba*, tritt das innerlich vorgestellte ›Bild‹ erst in Funktion, wenn Worte und Dinge zueinanderfinden: im Schritt der *memoria*[153]. Unter erneuter Heranziehung der Methode der ›Orte‹ werden die ›Dinge‹ nun in einem imaginären Raum, der *dispositio* entsprechend, an verschiedenen *loci* verteilt, und zwar in Form von *imagines* (genannt auch *simulacra, species* oder *signa*), welche die *res* repräsentieren. So etwa behält man im Prozess die Klagerede im Gedächtnis: »Ebenso werden wir anschließend die übrigen Anschuldigungen der Reihe nach an Plätzen lokalisieren; und sooft wir uns etwas in Erinnerung rufen wollen, werden wir, sofern wir eine gute Anordnung der Formen und eine sorgfältige Kennzeichnung der Vorstellungen und Begriffe einhalten, leicht das jeweils Gewünschte in der Erinnerung wiederfinden«[154]. Da, wie Horaz schreibt, den Dingen ›die Worte gerne folgen‹, kommen in der *memoria* somit *res, verbum* und *imago* zueinander.

In Ciceros *De inventione* ausgespart, ist die Lehre vom inneren Bild zum Zwecke der Erinnerung in zahlreichen anderen Zentraltexten der lateinischen Rhetorik niedergelegt, vor allem in der lange Zeit Cicero zugeschriebenen *Rhetorica ad C. Herennium* und in Quintilians *Institutio oratoria* – und in der anfangs paraphrasierten Geschichte von der Erfindung der *memoria* in Ciceros *De oratore,* die auch Quintilian in nahezu identischer Form wiedergibt[155]. Wie Simonides sich im eingestürzten Haus des Skopas zurechtfindet, wie er die toten Körper und ihre Namen auf der Basis seines Erinnerungsbilds zueinanderfinden lässt, so muss auch der Redner ein imaginäres Haus abschreiten, in dem er an exponierten *loci* die *res* bzw. *verba* in Form von *imagines* aufstellt, die beim »Durchschreiten« (»recensere«) des Raums wiedergefunden und eingesammelt werden, wobei Worte und Dinge den Bildern folgen werden, da sie miteinander verbunden sind »wie ein Theaterchor« (»conexa quodam choro«). Durch dies angeordnete Wiederfinden der *imagines* als bildliche Äquivalente der Rede ist es dem Redner möglich, sowohl Gegenstände als auch Worte repetierbar und reproduzierbar zu machen.[156]

Indem man den *loci* die *imagines* »in Kredit gibt« (»quod cuique crediderunt«), wird die *memoria* zu einer Bank: zum »Schatzhaus« und »Schatzhüter« der *inventio* und der invenierten *res,* von wo man das Geliehene jederzeit wieder hervorholen kann (»reposcunt«). Eine »Schatzkammer der gefundenen Dinge und Wächter aller Teile der Rhetorik« (»thesaurum inventorum atque ad omnium partium rhetoricae custodem«[157]) nennt daher der Autor von *Ad Herennium* die *memoria,* und Quintilian vergleicht nennt sie ein Depot, in dem das von den Händen der *inventio* Empfangene niedergelegt wird.[158] Um die Verbindung zwischen den *imagines* und der zu memorierenden Rede zu gewährleisten, muss freilich ein unabdingbares Kriterium erfüllt werden: die Ähnlichkeit bzw. *doppelten Ähnlichkeiten* (»duplices similitudines«) zwischen Bilder und Dingen, Bildern und Worten[159]. Handelt die Rede also von der Seefahrt oder vom Krieg, wird als Bild an den *locus* zum Beispiel ein Anker bzw. eine Waffe gesetzt. Wort- und Dingerinnerung unterstützen sich, denn geht eine *res* verloren, wird sie durch das *verbum* wieder an ihren Platz gerückt[160] Aus der von Quintilian ebenso wie Cicero oder Horaz geforderten Einheit von *res* und *verba* müsste nun hervorgehen, dass

Wort- und Dinggedächtnis miteinander zusammenfielen. Indes gestaltet sich das Vorhaben schwieriger, denn ein einfaches Bild ist nur ausreichend, wenn es sich auch nur um einen einfachen, isolierten Gegenstand handelt.

Höchst komplex ist dies doppelte Verfahren bei der Umsetzung in einen konkreten Sachzusammenhang. Möchte man nämlich, laut dem Autor des *Ad Herennium*, als Ankläger den Sachverhalt vortragen, der Angeklagte habe einen Menschen mit Gift umgebracht, um sich seiner Erbschaft zu bemächtigen, und dafür gebe es zahllose Zeugen, so hat das dazugehörige »Bild des ganzen Dinges« (»rei totius imago«), durch welches der Vorgang memoriert werden soll, folgendermaßen auszusehen. Ein Kranker liegt im Bett. An seiner Seite steht der Angeklagte. In der rechten Hand hält er einen Giftbecher. In der Linken das Testament und am Ringfinger die Hoden eines Widders[161]. So ist jeder Teil der *res* in einem Teil der *imago* enthalten: der Vergiftete, der Vergifter, das Gift, die Erbschaft und schließlich auch die Zeugen. Denn »testicula« (»Hoden«) und »testes« (»Zeugen«) besitzen denselben Wortstamm. Aber wozu der Widder? Das hier dargestellte Verfahren hat das ganze Mittelalter über den Interpreten der klassischen Rhetoriklehren Kopfzerbrechen bereitet. Albertus Magnus etwa hat durch die Polysemie des Wortes ›medicus‹ (hier: ›Ringfinger‹) noch eine rätselhafte Figur in die Szenerie eingebaut: einen Arzt, der die Hoden eines Widders trägt[162].

Wie Frances Yates in ihrem Buch *The Art of Memory* dargestellt hat[163], ist diese Konzeption der *imago* weit über die Antike und weit über die Rhetorik hinaus von zentraler Bedeutung für die Erinnerungs- und Gedächtniskonzeptionen bis hinein in die Frühe Neuzeit. In recht eindrucksvoller Weise macht das vielzitierte Beispiel aus *Ad Herennium* uns klar, was die *imago* in keiner Weise bieten kann: das fehlende dritte Element in einem Modell des sprachlichen Zeichens; das psychische Äquivalent eines außersprachlichen Objekts, und ebensowenig ein »inneres Bild«[164], wie wir sie aus den Schriften Saussures kennen: als ein untrennbar an das Wort / die Lautkette gebundenes »concept«. Wie schon für die *res* und *verba* beobachtet, stellt auch die *imago* in der antiken Theorie der Rhetorik keine kognitive Instanz dar, keinen Inhalt, sondern ein Mittel: um sich die Worte und Gegenstände der Rede in Form von visuellen Eindrücken einzuprägen. Insofern ist das Kriterium der Bildwahl die Auffälligkeit. Mit »wirkenden Bildern« – »imaginibus agentibus«[165] hat die Mnemotechnik zu arbeiten. Ziel der *imago* ist nicht die Repräsentation des Wirklichen; nicht die Identität, sondern die Ähnlichkeit (»rerum similes imagines esse oportet[166]«), der bildliche ›Transfer‹ (»qui memoriam ab aliquo simile transferunt«[167]) der einzuprägenden ›Worte‹ und ›Gegenstände‹, die ihrerseits keine wahrnehmbaren Objekte darstellen. Daher können die *imagines* keine Abbilder des Wirklichen oder der Ideen im Sinne etwa der platonischen εἴδωλα bilden. Wie die antiken

Rhetoriklehrer zu unterstreichen nicht müde werden, unterscheidet sich das »natürliche Gedächtnis« von Gegenständen und Vorgängen der Dingwelt (*memoria naturalis*) vom rhetorischen als einem »künstlichen Gedächtnis« (*artificiosa memoria*[168]). So wie das Finden der Argumente eine Technik darstellt, *ars inveniendi*, so auch ihr gedankliches Einprägen: *ars memorandi* oder *ars memoriae*. Als ihr Erfinder (εὑρετής) gilt, so bezeugt z.B. die Chronik von Paros[169], die ganze Antike über Simonides von Keos[170].

In ihrer Funktion als vom Menschen ermittelte Technik, als *artificium*, ist also auch die *memoria* eine *inventio*: eine Erfindung im technischen Sinne, ja, wie das vorsokratische ΔΙΣΣΟΙ ΛΟΓΟΙ- oder Dialexis-Fragment[171] in der noch gewährleisteten Einheit von Erfindung und Befund betont, als die ›größte und schönste Findung findet man das Gedächtnis und für alles nützlich, für die Weisheit ebenso wie für das Leben‹ (μέγιστον καὶ κάλλιστον ἐξύρημα εὕρηται μνάμα καὶ ἐς πάντα χρήσιμον, ἐς τὰν σοφίαν καὶ τὸν βίον[172]). Verbunden sind *ars inveniendi* und *ars memoriae* durch das räumliche Feld, in dem sie agieren: die τόποι oder loci. Doch ein signifikanter Unterschied trennt beide Typen von Topoi[173]. Inventionstopoi sind, der antiken Metaphorik folgend, Goldminen; Gedächtnistopoi dagegen Schatzhäuser. Während an den *loci* der *inventio* die *res* verborgen sind und durch das Invenieren erst erscheinen, werden die *imagines* an den Gedächtnisorten sichtbar aufgestellt, um dort wiedergefunden zu werden. Da die *imagines* zunächst keinen kognitiven Einheiten entsprechen, können sie für jeden Sachverhalt, eigens ›konstituiert‹ (»Imagines igitur nos in eo genere *constituere* oportebit, quod genus in memoria diutissime potest haberi«[174]) oder, im modernen Wortsinne, ›erfunden‹ werden, wie Quintilian schreibt: »auch sich diese Bilder zu erfinden ist gestattet« (»etiam fingere sibi has imagines licet«[175]). In ihren systematisierten Formen erinnern diese Bilder, wie das Beispiel aus *Ad Herennium* illustriert, oft weniger an bildliche Konzepte denn an Allegorien. Ist die *inventio* ein dingentdeckender, so ist die *memoria* ein bilderzeugender Prozess.

Mit einem weiteren *artificium* steht die Gedächtniskunst als menschliche Erfindung in enger Verbindung: der Schrift. Wie im *Phaidros* berichtet wird, wurde diese ja von dem griechischen Gott Theut in der laut Plato vollständig irrigen Absicht erfunden, als »Pharmakon« des Gedächtnisses und der Weisheit zu dienen (μνήμης τε γὰρ καὶ σοφίας φάρμακον[176]); und in diesem Sinne konstituieren die Schriftzeichen die Bilder (εἴδωλα) der in der Seele geschriebenen Rede[177], um das ›Gedächtnis derer zu erfrischen, die bereits wissen‹[178]. Diese innere Schrift wiederum besteht, wie wir dem *Theaitetos*[179] entnehmen, aus Eingravierungen (ἀποτυπώματα), welche die Wahrnehmungen gleich dem Abdruck eines Siegelrings (ὥσπερ δακτυλίων σημεῖα[180]) in der ›Wachstafel‹ der Seele (ἐν ταῖς ψυχαῖς ἡμῶν κήρινον ἐκμαγεῖον[181]) in Form eines Abbilds (εἴδωλον) hinterlassen haben. Eine wahre Wahrnehmung findet statt, wenn die ›Abdrücke‹ mit ihren ›Eindrücken‹ bzw. ›Typen‹ *ἀποτυπώματα καὶ τύπουσ*[182] übereinstimmen. Eine falsche Vorstellung (*ψευδὴς δόξα*[183]) hingegen entsteht, wenn aufgrund der Ähnlichkeit des Wahrgenommenen mit etwas anderem die ›Typen‹ und ›Abdrücke‹ falsch zugeordnet werden, etwa so, wie wenn man versehentlich den linken und den rechten Schuh miteinander verwechselt oder im Spiegelbild durch die Seitenverkehrtheit ›Rechts und Links ineinander überfließen‹ (*δεξιὰ εἰς ἀριστερὰ μεταρρεούσης*[184]). Wenn die Abdrücke ›verlöschen‹, (*ἐξαλειφθῇ*), so vergisst man (*ἐπιλελῆσθαι*[185]). ›Wachs‹ (*κηρός*) und ›Herz‹ (*κέαρ*), Ort und Metapher der Seele seien, wie bereits Homer bemerkt habe[186], nicht zufälligerweise fast gleichlautend. Dies ›Wachs der Seele‹ nun ist das Geschenk Mnemosynes, der Göttin der Erinnerung, zugleich auch Mutter der Musen (*Δῶρον <...> τῆς τῶν Μουσῶν μητρὸς Μνημοσύνης*)[187], und das aus ihr gebildete Wachstäfelchen der Seele wird in Form der *tabula memoriae* zur ersten der beiden zentralen Erinnerungs- und Wissensmetapher in der europäischen Überlieferung[188].

In Analogie zu Platon ist in der lateinischen Rhetoriklehre die *memoria* eine bildliche Entsprechung der Schrift im Inneren der Seele. Die mnemotechnischen *imagines* entsprechen Buchstaben (*litterae*), die auf die Wachstafeln (*cera*) oder das Papier (*carta*) der *loci* in der inneren Vorstellung niedergelegt werden. Die Anordnung der Bilder auf den Orten ergibt eine Schrift (*scriptura*), und ihr Abschreiten und Vortragen entspricht einem Vorlesen (*lectio*).[189] Um zu verhindern, dass diese Buchstaben ausgelöscht werden, indem sie der Erosion des Vergessens anheimgegeben werden oder die Wachstafeln verfallen und mit ihnen auch die Schrift vergeht, müssen sowohl die Orte als auch die Buchstaben auf ewig in uns befestigt werden[190]. Diese mit Sicherheit nicht zufällige Parallelität von platonischer Erkenntnistheorie und rhetorischer Mnemotechnik machen einen entscheidenden Sachverhalt deutlich. Auch wenn Rhetorik und Mnemonik an sich keinerlei kognitive Einheiten behandeln und keine philosophische Inhalte übermitteln, da ihre Funktion die eines reines Mittels zum Zweck ist, gehen sie als *artes* oder *artificia* doch ursprünglich auf den ›natürlichen‹ Vorgang der Erkenntnis zurück. Wie ja in *Ad Herennium* ausdrücklich eingeräumt wird, schließen ›künstliches‹ und ›natürliches‹ Gedächtnis einander nicht aus[191]. Auch die Legende von der Erfindung der *memoria* im Haus des Skopas weist auf einen Anfang der Mnemonik als natürliche Erinnerung, ein Wiedererkennen von realen Objekten bzw. Personen. In unmissverständlicher Weise formuliert dies z.B. Cicero in Schriften, die nicht der Rhetorik vorbehalten sind. *Inventio* und *memoria* (und zwar sowohl die der ›Dinge‹ als auch der ›Worte‹) sind gar die Beweise für die Gottähnlichkeit der Seele, da Kraft, Wissen, Finden und Erinnern die Kennzeichen des Göttlichen sind.

Mit einem Wort: göttlich erscheint mir die Kraft, die so vieles und so
Gewaltiges schafft. Denn was ist Erinnerung an Sachen und Wörter, was
ferner Erfindung <*Quid est enim memoria rerum et verborum? quid por-
ro inventio?*> Sicherlich etwas, mit dem verglichen auch an Gott nichts
Größeres entdeckt werden kann. <...> Was aber ist göttlich? Lebenskraft,
Weisheit, Erfindung, Erinnerung <*Vigere, sapere, invenire, meminisse*>.
Also ist die Seele, die <dies> besitzt, göttlich, wie ich sage, wie Euripides
zu sagen wagt, ein Gott.[192]

Angesichts dessen weitet sich die Rhetorik sich damit in Richtung auf philosophische und religiöse Fragestellungen hin aus. Ein Texte wie Ciceros *De
inventione* galt nachfolgenden Generationen nicht allein als Regelhandbuch
der Rhetorik, sondern etwa, dank dem darin als analogisch beschriebenen
Verfahren des Malers Zeuxis, zur Ausmalung des Hera-Tempels in Kroton
das Abbild der Göttin durch das Auffinden der vollkommensten einzelnen
Körperteilen bei den weiblichen Bewohnerinnen der Stadt mosaikartig
zusammenzusetzen, als prägende Findungslehre der Kunsttheorie in der
Renaissance[193]. Dies weist darauf hin, dass sich bereits in klassischer Zeit,
wie etwa Erwin Panofsky in seinem *Idea*-Buch mutmaßt, sich »sowohl der
Begriff vom Wesen der Kunst, als auch der Begriff vom Wesen der Idee in einem unplatonischen, ja antiplatonischen Sinne verschoben«[194] haben muss,
der auf die spätantike neoplatonische Tradition vorausdeutet. Dennoch ist
für Cicero selbst das Anwendungsgebiet seiner Schrift klar eingegrenzt: es
geht um das Plädoyer vor Gericht. *De inventione* ist und bleibt eine juristische, keine philosophische oder kunsttheoretische Schrift.

III.2.3. Augustinus und der Fund im Gedächtnis-Palast

Dergleichen klare Trennungen beginnen jedoch bereits in der späten Antike
zu verschwimmen. In an literarischer Schönheit unübertroffener Weise hat
das Aufgehen der rhetorischen *memoria* in eine philosophisch-theologische
Seelenlehre und Erkenntnistheorie bereits im 5. Jahrhundert der vormalige
Rhetoriklehrer Augustinus im Buch X seiner *Bekenntnisse* entwickelt[195] und
damit eine Grundlage für die spätere Überschneidung von *inventio* und *memoria* gelegt. Basierend auf *Ad Herennium* ist bei Augustinus das Gedächtnis
der *thesaurus* der *res*. Allerdings bilden letztere keine rhetorischen Argumente mehr. Die »Dinge aller Arten, die von den Sinnen hineingeschwemmt
werden« und sich in den »Feldern und weiten Palästen des Gedächtnisses«[196]
als »zahllose Bilder« finden (»venio in campos et lata praetoria memoriae,
ubi sunt thesauri innumerabilium imaginum de cuiuscemodi rebus sensis

invectarum«[197]), sind gleich in einem »Schatzhaus« (»thesaurus«) oder »Depot« (»receptaculum« / »quibusdam receptaculis«) vertrauensvoll niedergelegt und aufbewahrt (»commendatum et repositum«), um jederzeit wieder zurückgefordert (»poscuntur«) werden zu können.

Dennoch ist bereits in der Organisation dieses Schatz- oder Lagerhauses – *thesaurus sapientiae*, neben der *tabula memoriae* zweite zentrale Erkenntnis- und Gedächtnismetapher der antiken Tradition[198] – ein signifikanter Unterschied zu beobachten: in seinen unendlichen Weiten gehen Bilder verloren. Sei es, dass sie vom Vergessen verschüttet (»sepelevit«), sei es, dass sie in den Weiten der Gedächtnisgefilde verlorengegangen oder verborgen (»reconditum«) sind.[199] Anders als in der strikten Ordnung des rhetorischen Memorierens, das auf eine Art mechanisches Abschreiten der sichtbar aufgestellten Bilder abzielt, ist im unordentlichen Lagerhaus des heiligen Augustin erst einmal ein Wiederfinden, ein »Eruieren« (»eruuntur«) vonnöten. Mit der »Hand des Herzens« (»manu cordis«) muss das Gesuchte zuerst aus dem »Verborgenen ins Blickfeld« (»in conspectum prodeat ex abditis«), aus dem »Wolkenschleier gelöst« (»enubiletur«)[200] werden. So verbinden sich in diesem Gedächtnispalast, dessen Ähnlichkeit mit dem verschütteten Palast des Skopas kaum zu leugnen ist, Erinnern und enthüllendes Finden, *memoria* und *inventio* und führt zugleich eine für die gesamte nachfolgende Erinnerungs- und Erkenntnislehre zentrale Metapher weiter: die des Gedächtnisses als eines architektonischen Bauwerks[201].

Da die Bilder des Gedächtnisses durch die Sinne in die Seele ›eingeschleust‹ (»imaginum <...> invectarum«) werden und damit Abbilder des Wahrnehmbaren darstellen, vereint Augustinus gewissermaßen die *imago* der rhetorischen *memoria artificialis* mit dem φαντάσμα und dem εἶδος der aristotelischen bzw. platonischen Theorie, dem Abdruck der Sinne in der Wachstafel der Seele. Wie bereits bei Aristoteles, bei dem das φαντάσμα auch eine auf das abstrakte Denken gemünzte Einheit darstellt, sind die *imagines* des Augustinus nicht auf rein visuelle »Eindrücke« (ἀποτυπώματα) oder ›Impressionen‹ – denn noch im heutigen Sprachgebrauch funktioniert die Wachstafelmetapher – beschränkt. Als *rerum sensarum imagines* manifestieren sich in der Seele jegliche Art von sinnlicher Wahrnehmung, seien es nun Licht, Farbe, Ton, Geruch, Geschmack, ja selbst Tast-, Hitze- und Kältegefühl, die im Gedächtnis einzeln und nach Gattung angeordnet sind (»distincte generatimque«[202]). Als *imagines* sind sie, wie bei Aristoteles, nur die immateriellen Repräsentationen oder Vorstellungen der Dinge (»nec ipsa tamen intrant, sed rerum sensarum imagines«), nicht die Dinge selbst.

Der »Hof des ungeheuren Gedächtnisses« (»aula ingenti memoriae meae«[203]) wird bei Augustinus zur immateriellen inneren Repräsentation des Universums – unter Ausnahme all derjenigen Dinge der Welt, die das

Vergessen ausgelöscht hat. Neben dem individuell Erfahrenen findet sich dort auch die gesamte »Fülle« (»copia«) dessen wieder, was durch die Überlieferung als Bilder ›anvertraut‹ bzw. »in Kredit gegeben« wurde (»credita«) und aus dem »Schatzhaus des Gedächtnisses« (»ex eodem thesauro memoriae«) wieder herausgeholt werden kann; dank der seelischen Fähigkeit der Analogiebildung neben den gegenwärtigen auch die vergangenen und zukünftigen Handlungen, und zwar, erneute Überschneidung von *memoria* und *inventio*, geordnet nach den inventiven *loci communes* bzw. den aristotelischen Kategorien (»quid, quando et ubi egerim quoque modo«). Eineinhalb Jahrtausende vor Fernando Pessoa denunziert Augustinus dadurch die Überflüssigkeit des Reisens in die äußere Welt, da in Form der *memoria* im Inneren der Seele die Welt als Bild-›Impression‹ (»impressum mihi sit«) bereits vorhanden ist.

> Und die Menschen gehen hin und bewundern die Bergesgipfel, die gewaltigen Meeresfluten, die breit dahinbrausenden Ströme, des Ozeans Umlauf und das Kreisen der Gestirne und vergessen darüber sich selbst <*se ipsos nec mirantur*>. Sie wundern sich nicht darüber, daß ich all dies, als ich's nannte, nicht vor Augen sah und es doch nicht hätte nennen können, wenn ich nicht Berge, Fluten, Flüsse und Sterne, die ich einst sah <*quae vidi*>, und den Ozean, von dem ich sagen hörte <*quem credidi*>, drinnen in meinem Gedächtnis sähe, so ungeheuer groß, wie ich sie draußen je erblickt. Und doch hab' ich sie, als ich sie vor Augen sah, nicht mit Blicken in mich eingesogen <*videndo absorbui*>. Sie sind ja selbst nicht bei mir, sondern nur ihre Bilder, und ich weiß genau, welcher körperliche Sinn mir ein jedes einprägt.[204]

Erhalten diese *imagines* ihre zugehörigen sprachlichen Bezeichnungen, hat der ›Thesaurus‹ sich zu dem entwickelt, was dieser Terminus heute benennt: Begriffssammlung, Wort-Schatz. Mit der ›Ontologisierung‹ der *res* und *imagines* taucht notwendigerweise auch die Frage nach dem zugehörigen *verbum* auf. Mit einem Male aber wird das Zusammenkommen von *res* und *verba* zu einem Prozess des Benennens. Während es in der klassischen *memoria artificialis* sowohl eine *memoria rerum* als auch eine *memoria verborum* gab, die sich unabhängig voneinander und nach unterschiedlichen Gesetzmäßigkeiten entwickelten, müssen durch die Fassung der *res* als dingliche Gegenstände und der *imago* als deren innerseelisches Äquivalent auch die *verba* symmetrisch mit ihnen zusammenfallen: alle Instanzen sind aneinander gekoppelt, bilden die dingliche, bildliche und sprachliche Ausgestaltung eines und desselben Inhalts. Was im Bereich einer materiellen *res* noch relativ unproblematisch ist, wird auf dem Gebiet des Abstrakten zum ernsten Problem²⁰⁵. Tatsächlich entwerfen die Abstrakta und Zahlen bei Augustinus im Unterschied zu Aristoteles kein Bild in der Seele: sie sind dort selbst präsent (»non imagines earum, sed ipsas«²⁰⁶). Ihre *imago* ist lediglich in Form der Töne, des Laut-Bilds vorhanden, durch das sie benannt und die durch die Luft übertragen werden. In einem wie im anderen Falle besitzt die Suche im Gedächtnis den Sinn, *res, verba* und *imagines* zueinander zu führen. Diesen Prozess des Suchens und Findens, Invenierens und Memorierens beschreibt Augustinus durch ein biblisches Exemplum: dem Gleichnis von der verlorenen Drachme aus dem Lukas-Evangelium.²⁰⁷ Wie die Frau des Gleichnisses, die ihr Geldstück mit einer Lampe sucht, es nicht fände (»inveniret«) wenn sie sich nicht seiner erinnerte (»memor esset«), also seines Bildes im Inneren bedarf (»intus imago«²⁰⁸), so sind in der Seele Erkenntnis und Gedächtnis durch die *imago* verknüpft. Durch die Wahrnehmungs- und Gedächtnis-*imago* verbinden sich auch *res* und *verba*. So etwa erkennen wir einen Mann erst dann wieder, wenn wir ihn mit seinem Erinnerungsbild in unserer Seele und mit seinem Namen richtig verknüpfen²⁰⁹. Wenn wir uns nicht an den Namen erinnern, der mit ihm verbunden ist (»conectitur«²¹⁰), müssen wir in unserem Gedächtnis danach suchen, und erst die wiedergefundene Verbindung verschafft uns Ruhe (»aquiescat«). Im Moment des Wiedererkennens und Benennens hört der Mann insofern auf, für uns ein »Neuer« zu sein (»non enim quasi novum credimus«).

Wie insbesondere die letzte Passage beweist, höbe in der Seelen- und Gedächtnislehre Augustini das Auftauchen von etwas ›Neuem‹, das wir nie gesucht haben und das als Erinnerungs-Bild nie in unsere Seele geschleust wurde, also dort weder eine *imago* noch ein *verbum* besitzt, die Lehre von der Präsenz der Welt als Bild in der Seele aus den Fugen. Denn in diesem als räumliche Landschaft vorgestellten Gedächtnis, durch die das Ich »läuft und fliegt und dringt« und dabei »nirgends an ein Ende stößt« (»per haec omnia discurro et volito hac illac, penetro etiam, quantum possum, et finis nusquam«²¹¹), besitzt jedes Ding und Bild seinen *locus*, an dem es, selbst wenn zunächst verborgen, geortet und wiedergefunden werden kann. Mit einer einzigen Ausnahme: Gott allein durchbricht den Topos, muss jede Topik der Seele transzendieren. Der Schöpfer aller Dinge ist nicht als *res* invenierbar. Denn Gott ist überall und nirgends. Er ist zwar ebenfalls im Gedächtnis zu finden – doch nicht an einem *locus*: »Aber was frag' ich, an welchem Platze du dort wohnst, als ob es dort Plätze gäbe« (»et quid quaero, qui locus eius habites, quais vero loca ibi sint?«). Denn »nirgends ist da ein Ort, dass wir uns entfernen oder hinzutreten könnten, nirgends ein Ort« (»et nusquam locus, et recedimus et accedimus, et nusquam locus«²¹²). Wenn in dieser Seelen-Landschaft ein Ding nicht ortbar ist, so nur, weil wir es vergessen haben: weil es verlorenging, nicht aber, weil es nie erworben wurde. Die Kategorie des Neuen ist hier nicht in einem ›innovativen‹ Sinne vorgesehen, welcher, im Unterschied auch noch zu mittelalterlichen Konzeptionen des Neuen wie bei Dante[213] besagt, das Neue könne noch nirgends geschrieben und erinnert worden sein – eine Position, wie sie später besonders Vespucci vor dem Hintergrund seiner Begegnung mit der von ihm so benannten Neuen Welt formulieren wird[214].

In dieser gekoppelten Seelen- und Gedächtnislehre Augustini und den in der Seele niedergelegten *imagines*, die modellbildend für die nachfolgenden Konstruktionen von Gedächtnisräumen ist, von den Scholastikern bis zu den Apologeten des Cyberspace[215], geht es, wie schon in Aristoteles' *De anima*, erklärtermaßen nicht um eine Zeichentheorie. Eine solche hat Augustinus in seinen Schriften *De dialectica, De magistro* und *De doctrina christiana* niedergelegt und damit ein für das gesamte Mittelalter bestimmendes Fundament gelegt, das »bis ins 13. Jahrhundert die einzige ausgearbeitete Lehre vom Zeichen und darüber hinaus bis in die Neuzeit eine zentrale Größe der Zeichentheorie«[216] bleiben wird. Anders als die Gedächtnistheorie ist die des sprachlichen *signum* bekanntlich viel stärker auf das gesprochene und hörbare Wort bezogen – auf das keiner Sprache (»nullius linguae«[217]) angehörige, alle Einzelsprachen transzendierende *verbum mentis*, »das wir im Herzen sagen; das weder griechisch noch lateinisch noch aus irgendeiner anderen Sprache ist«[218], bzw. die »Empfängnis des Wortes im Geist« (»verbi in mente conceptio«[219]), die einen augustinischen ›Logozentrismus‹ zu insinuieren scheint[220]. Im Gegensatz dazu operiert die hier dargelegte Gedächtnislehre über das in der Seele niedergelegte (eingemalte, -gravierte) und sichtbare Bild. Dennoch ist die Lehre vom sprachlichen *signum* bei Augustinus wie schon bei Platon und Aristoteles von der Seelenlehre nicht gänzlich trennbar. Beide nämlich greifen auf rhetorische Vorbilder zurück, so dass auch die augustinische Zeichentheorie noch »an der Grenze von Logik und Rhetorik steht«[221]. Im Gegensatz zu den stoischen und aristotelischen Vorgängermodellen avanciert die Konstitution des *signum* zum »Akt der Erkenntnis, zu einer grundlegenden Kategorie der Beschreibung kognitiver Repräsentation« und beginnt, »gleichsam ins Innere des Geistes einzudringen«[222]. Wie die *imagines*, die »eingeschleust« werden (»ingesta sunt«), definiert sich auch das *signum* in der Zeichentheorie der *De doctrina christiana* als etwas, das über die ›ingerierten‹ *res* und *species* kognitiv erfassbar wird.[223]

III.2.4. Die Usurpation des Bildes

Augustinus hat in seiner Theorie des Gedächtnispalastes in der Seele eine bemerkenswerte Vermischung von Disziplinen und Begrifflichkeiten vorgeführt. Nicht nur, dass er auf dem Wege der *loci*, an denen er die Gedächtnisbilder wiederfindet, *inventio* und *memoria* zur Überschneidung gebracht hat: Indem er die *res* von sprachlichen Argumenten zu Objekten der außersprachlichen Wirklichkeit umdeutet, werden die *imagines* von ihrer ursprünglichen Funktion als *imagines agentes* mit einem Male zu den Phantasmata in der Seele, den kognitiven Entsprechungen der äußeren Dinge, und dringen auf dem Weg der Suche nach den Bildern der Erinnerung gleichzeitig in den Prozess der *inventio* ein, der bei Cicero noch alleine den *res* vorbehalten war. Von einer *imago agens* ist allerdings, selbst wenn sie zum bloß abbildenden Erkenntnisbild umgedeutet wird, kaum Passivität zu erwarten. In der Tat beginnt sich die *imago* im Mittelalter von ihrem angestammten Gebiet der *memoria* heraus auf diverse andere Gebiete auszubreiten. So, in Anknüpfung auch an Platons Beispiel der Weberlade aus dem *Kratylos*, auf das Gebiet der Kunst. In den mittelalterlichen Kunsttheorien nämlich findet die Malerei nicht auf dem Weg eines Abbilds des wirklichen Gegenstandes statt, sondern durch die Vermittlung eines inneren Bildes. Panofsky führt dazu in seinem Buch *Idea* aus:

> Nach mittelalterlicher Anschauung <...> entsteht das Kunstwerk nicht, wie das 19. Jahrhundert es ausgedrückt hat, durch eine Auseinandersetzung des Menschen mit der Natur, sondern durch die Projizierung eines inneren Bildes in die Materie – eines inneren Bildes, das zwar nicht geradezu mit dem zum theologischen Terminus gewordenen Begriff »Idee« bezeichnet, wohl aber mit dem Inhalt dieses Begriffs verglichen werden kann: Dante, auch er an dieser Stelle das Wort »Idee« geflissentlich vermeidend, hat diese mittelalterliche Kunstanschauung in einem einzigen lapidaren Satz zusammengefaßt: »Die Kunst wird in drei Stufen angetroffen: im Geiste des Künstlers, im Werkzeug und in der Materie, die durch die Kunst ihre Form erhält.«[224]

Von Relevanz ist dabei die Formulierung, die Panofskys Übersetzung »wird in drei Stufen angetroffen« in Dantes lateinischer *De monarchia* zugrunde liegt: »quemadmodum ars in triplici gradu **invenitur**«[225]. Wiederum also findet die *inventio* auf der Basis eines Seelen-Bilds statt. Nun ist aber dies Bild, gemäß einer thomistisch-scholastischen Tradition, die ihrerseits wiederum auf Augustinus zurückverweist, nicht wie in der klassischen Theorie der *memoria* durch das Eingravieren der äußeren Wahrnehmung in die Wachstafeln der Seele motiviert: es hat umgekehrt ihren Ursprung in den Ideen und projiziert sich in einer Weise, die Platon kaum behagt hätte, als Kunstwerk in die Welt der Phänomene. »Quasi-Idee« nennt Thomas von Aquin die bildliche Vorstellung vom zu schaffenden künstlerischen oder architektonischen Werk – die bevorzugte Metapher in diesem Zusammenhang ist der Hausbau[226]. Ihren Ursprung wiederum hat diese künstlerische Idee in Gott, der die Welt nach einer bildlichen Form geschaffen hat. Das Schöne (*pulchra*) des vom Menschen geschaffenen Kunstwerks (*pictura*) beruht seit Augustinus allein auf der ewigen Schönheit (*pulchritudo*) Gottes, die ›über den Seelen steht‹[227]. Analogisch begreifbar gemacht in der Konzeption Gottes als eines »deus pictor« oder »deus artifex«[228], wird durch die vermenschlichende Metapher des künstlerischen Schaffens der göttliche Schöpfungsakt dargestellt. Gewährleistet wird der Zusammenhang zwischen Gott, Werk und innerem Bild durch die doppelte *similitudo*: das Werk ist dem Bild im Geiste dem Menschen ähnlich, und dies wiederum der Form im göttlichen Geiste[229].

Dies Modell behält in Form der *concetto*-Lehre seine Gültigkeit bis weit in die Kunsttheorie der Renaissance hinein, also noch zu einer Zeit, da das Malen nach dem inneren Bild eigentlich durch das nach dem äußeren Modell abgelöst wird. Den Gegenstand einer Skulptur zu invenieren, bedeutet etwa für Michelangelo, wie seine eingangs zitierten Sonettverse beweisen, das innere Bild (*concetto*) in sich zu finden. Angesichts der Präexistenz der (neo-)platonischen Ideen ist das innere Bild aber bereits in dem zu bearbeitenden Marmorblock enthalten, aus dem die zugleich strengen anatomischen Studien entspringende Form der Skulptur lediglich mit dem Meißel befreit werden muss. In der künstlerischen Invention kommen in dieser Weise sowohl inneres Bild als auch äußerer Gegenstand und Idee zusammen und bündeln sich in dem vom menschlichen Intellekt zu erschaffenden – oder besser: entdeckend zu findenden – Kunstwerk. Wie nahe die »Idee« oder »Quasi-Idee« als inneres Bild des Künstlers bereits im Mittelalter zugleich der bildlichen Vorstellung des kognitiven Vorgangs, des Wiedererkennens kommt, bringt beispielsweise eine die thomistische Metaphorik des Hausbau aufgreifende Passage aus den Predigten Meister Eckharts zum Ausdruck. In Umkehrung einer Projektion des inneren Bildes in ein äußeres lässt sich vom äußeren Gegenstand auch ein inneres Bild entwerfen, welches dazu dient, seine Vorlage in der Wirklichkeit zu »bekennen«. Das innere Bild dient so einerseits einem künstlerischen, andererseits einem kognitiven Zwecke.

> diu drei Worte: bilde, forme, gestalt, sint ein dinc. Daz nu eines dinges forme, bilde oder gestalt in einer sêle si, als einer rosen bilde, das enist niht mê danne ein durch zweier sachen willen. Diu eine sache ist, daz ich nach der gestalt der sêle bilde eine rôsen an eine lîpliche materie, von der sache ist der rôsen forme ein bilde in der sêle. Diu ander sache ist, daz ich in dem innern bilde der rôsen die ûzern rosen einvalteclîche bekenne, ob

ich sî joch niemer entwerfen will, als ich die gestalt des hûses in mir trage, das ich doch niht würken will.²³⁰

In ähnlicher Weise erklärt etwa Bonaventura, die Welt sei im Inneren der Seele als »Bild und Abkömmling« (»imago et proles«) gleich in einem Spiegel niedergelegt. Die Erkenntnis der Welt muss als Introspektion erfolgen: als Reise das Innere des Geistes, wo die göttliche *imago* leuchtet, die wir im Spiegel zu sehen versuchen müssen²³¹. Neben dem kognitiven (»cognoscibilis«) Vorgang dient das innere Bild aber weiterhin zugleich dem künstlerischen Schaffen, das gemäß den Termini der antiken Rhetorik abläuft: *inventio* bzw. *excogitatio rerum* und *dispositio*²³².

Doch das Bild, das ja bei Aristoteles und auch noch bei Augustinus nur auf die Seelenlehre bezogen war und nicht eine Instanz der Lehre vom sprachlichen Zeichen bildete, greift nun auch auf die Sprachtheorie über. Als »Grund der Idee« (»ratio ideae«) nähert sich das Bild unter dem Terminus *imago* oder *species* derjenigen innerseelischen Instanz an, die in der scholastischen Theorie als »Konzept« oder die »Intention« des Wortes bezeichnet ist, in Nachfolge des augustinischen *verbum mentis*.²³³ Insbesondere im 13. und 14. Jahrhundert werden »die geistigen Begriff ‹sic› als natürliche Ähnlichkeiten, Repräsentationen oder *imagines* der Dinge beschrieben.«²³⁴ Bei Thomas von Aquin ist die Erkenntnis eng an die Hervorbringung von ›phantastischen‹ Bildern geknüpft. Ohne Seelenbild keine Erkenntnis (»Nihil potest homo intelligere sine phantasmate«²³⁵).

Im Denken nach Augustinus stellt diese Tendenz sicher nur eine Strömung dar. Stefan Meier-Oeser hat in seinem Grundlagenbuch zur mittelalterlichen Zeichentheorie dargelegt, dass die schon bei Augustinus auf dem Gebiet der Zahlen und des abstrakten Wissens angelegte Erkenntnis der *res* ohne eine hinzutretende dritte Instanz der *species*, *imago* oder *similitudo*, innerhalb des ausgehenden Mittelalters zahlreiche Verfechter findet. Von einer Konzeption des Erkenntnisvorgangs auf der Basis von ›Erkenntnisbildern‹, den *species sensibiles* und *species intellegibiles*, wie sie im 13. Jahrhundert bei Albertus Magnus, Thomas von Aquin oder Roger Bacon zu finden sind²³⁶, distanzieren sich diese Lehren aufs Schärfste.²³⁷ Pierre Abaelard hat diese Kritik an der Speciestheorie einmal auf die Formel gebracht: »wenn das Ding anwesend ist, bedarf es keines Bildes vom Ding« (»quando res praesens est, non est opus imagine rei«²³⁸): das Ding ist mit der Präsenz, das Bild mit der Absenz in Verbindung gebracht²³⁹, weshalb, wie Ockham lehrt, letzteres nie zur Erkenntnis der Sache führt. Das Wiedererkennen des Bildes setzt stets die Kenntnis der Sache selbst voraus. »Zum Beispiel: Die Statue des Herkules brächte mich nie zum Wiedererkennen des Herkules, wenn ich Herkules vorher nie gesehen hätte«²⁴⁰.

Dennoch ist die Macht des Bildes nicht so einfach zu brechen, und zwar auch in Anbetracht des Faktums, dass Ockham sich die Frage gefallen lassen muss, wie wir überhaupt die Statue des Herkules wiedererkennen sollen, da doch nach seinem Tode in mythischer Zeit den Heros niemand in Person je gesehen haben kann. Gesehen haben wir nicht Herkules, sondern nur Bilder des Herkules – ein jahrtausendelang in Bild und Schrift überliefertes Imaginarium. Selbst die mittelalterlichen Gegner einer Theorie der *species* oder *imago* müssen daher einräumen, dass »ohne Repräsentation Erkenntnis nicht denkbar«[241] ist. Dementsprechend umstritten sind die ›bildfeindlichen‹ Thesen bereits kurz nach ihrem Aufkommen.[242]

Da das Bild, das gerade in seiner Gestalt als Metapher nach wie vor auf die rhetorische Tradition zurückverweist, nicht nur ein repräsentierendes, sondern ein ›agierendes‹ ist, ist es in der Lage, den Erkenntnis- und Sprachvorgang zu stören, ja, in Gestalt der *imaginatio* als der bilderzeugenden Kraft der Seele verwirrend zwischen die Worte und Dinge einzudringen. In einzigartiger Weise hat dies usurpatorische Potential Gianfrancesco Pico della Mirandola in seiner Schrift *De imaginatione* vorgeführt. Während die von den Sinnen wahrgenommenen Gegenstände und ihre psychischen Entsprechungen – die *species* – stets eine tatsächlich vorhandene Wirklichkeit repräsentieren, also ›wahr‹ sind (»verus est«), funktioniert die Imagination auch ohne eine zugehörige *res* und ist damit in der Lage, sowohl das Mögliche, Abwesende, Zukünftige, aber einfach auch das Nichtvorhandene – das ›Imaginäre‹ eben – zum Bild werden zu lassen wie im Traum, der fern von den Dingen der Wirklichkeit seine Bilder entwirft, diese dem Träumenden aber als Wahrheit ausgibt. Die von der *imaginatio* erzeugten *species* oder *imagines* besitzen dem Wahren und den Dingen gegenüber daher nur Ähnlichkeiten (»rerum similitudines«), sind nicht mit ihnen identisch.[243]

Da auch Nichtvorhandenes bildlich vorgestellt werden kann, ist das Imaginieren des Möglichen zwar das Gegenteil des Wissens vom Wahren: »Vorstellen können wir uns nach Belieben Dinge, die nicht existieren und auch nicht existieren können, zu meinen aber oder zu wissen, was faktisch unmöglich ist, steht nicht in unserer Macht«[244]. Angesichts ihres unsinnlichen, da innerseelischen Ursprungs und ihrer gleichzeitigen Ähnlichkeit mit der sinnlichen Wahrnehmung stellt die Imagination das Grenzgebiet zwischen Sinn und Intellekt dar (»in confinio namque intellectus et sensus posita«)[245], ein »Zwischenreich der körperlichen und unkörperlichen Natur« (»ipsa imaginatio intervallum sit incorporeae corporeaeque naturae«[246]). Daher ist die Phantasie diejenige Instanz, welche die beiden anderen zum Kontakt führt. Angesichts dieser Vermittlerfunktion zwischen körperlicher und geistiger Welt wird die *imaginatio* zum Urgrund jeglicher Erkenntnis, zur Basis des Wissens über das Wahre. »Denn die an den Körper gebundene Seele wäre unfähig, irgend etwas zu meinen, zu wissen oder zu erkennen, wenn ihr nicht die Phantasie die dazu notwendigen Abbilder vermitteln würde« (»nisi ei phantasia species ipsas identidem ministraret«[247]).

Auf diesem Wege verbinden sich die *imaginatio* wie in der antiken Rhetoriktradition eng mit den Erinnerungsbildern der *memoria*[248]. Dadurch, »daß sie das Vermögen der Seele ist, das Formen aus sich selbst hervorbringt, daß sie eine Fähigkeit ist, die mit allen Vermögen in Beziehung steht, daß sie alle Ähnlichkeiten der Dinge gestaltet«[249] ist sie zugleich auch diejenige Instanz, die in der Lage ist, Ähnlichkeiten zu erkennen, den Transfer (griech.: μεταφορά) zu gewährleisten und Beziehungen zwischen Disparatem herzustellen; das Andere auf dem Weg der Ähnlichkeit dem Selbst zu »assimilieren« (»sit potentia assimiliandi cetera ad se ipsum«[250]).

Die Imagination verleiht dem Menschen die Fähigkeit, auch das Unterschiedliche und Unbekannte über den Weg der *similitudo* dem Bekannten vergleichbar zu machen. Entgleitet die Phantasie jedoch der Steuerung durch den rationalen Intellekt und die Tugend, führt sie zum Gegenteil der Erkenntnis: durch die Macht ihrer Trugbilder infiziert sie den Körper wie eine Krankheit, vernebelt den Geist und reduziert den Menschen auf den Stand der Bestialität (»efficiatque demum ut homo hominem exuat, et brutum induat«[251]). So wie die *imaginatio* durch ihr spekulatives Vermögen jegliche Form von Wissen überhaupt erst möglich macht, so zugleich »hat alles, was es in der Philosophie noch an monströsen Behauptungen gibt, hierin seinen Ursprung und Nährboden.«[252] Selbst das Vermögen, die Sinne zu trüben und durch die Kraft ihrer Bilder die Wahrnehmung wie durch Zerrlinsen und -spiegel der Wirklichkeit zu entfremden, liegt in der Macht der Phantasie, die sich hier, auf der Basis der Vier-Säfte-Lehre, nicht nur als psychologisches, sondern auch als medizinisches Phänomen präsentiert:

> Wie Philosophen und Ärzte bezeugen, richtet sich das Wesen der Phantasie nach der im Körper vorhandenen Menge an Blut, Schleim, roter oder schwarzer Galle. Je nach deren Zusammensetzung kommt es zur Entstehung unterschiedlicher, nämlich heiterer, lähmender, grausamer, trauriger Bilder, durch die auch der Intellekt, das geistige Auge der Seele, bei seiner Erkenntnis beeinflußt und – ähnlich wie das körperliche Auge durch bemalte und verzerrende Linsen – getäuscht wird. Denn wie ein kurzsichtiges Auge zum Erfassen optischer Eindrücke sich gläserner Linsen bedient, so benutzt der dem Körper verbundene Intellekt zur Erkenntnis der Wahrheit die genannten Bilder, und der kann daher ebenso wie das Auge getäuscht werden. <...> So kommt es auch, daß dem Intellekt die Wahrheit, die doch ihrem Wesen nach einheitlich, rein und

unvermischt ist, auf Grund verschiedener und gegensätzlicher Phantasiebilder als vielfältig, unvollkommen und vermischt vermittelt wird[253].

Pico gerät allerdings in keinem Moment in die Versuchung, angesichts ihres Gefahrenpotenzials die *imaginatio* und ihre fiktiven Produkte in ihrer Gesamtheit wie ketzerisches Idole austreiben zu wollen, wie Francis Bacon dies ein Jahrhundert später unternehmen soll, der Picos Bild des ›kurzsichtigen‹ und durch eine ›Brille‹ zu korrigierenden Intellekts des Menschen aufgreifen und ausbauen wird. Vielmehr kommt er zu dem Schluss, dass der Mensch dank einem »uns eingeborenen Lichte« (»lumine nobis congenito«[254]) – der *lumbre interior,* wie es die spanischen jesuitischen Theoretiker des 16. Jahrhunderts nennen – zwischen wahren und trügerischen *imagines* durchaus unterscheiden kann, wenn er sich durch dieses führen lässt und dadurch die Phantasie zu kontrollieren weiß.

Was Pico della Mirandolas Reflexion im Kontext der hier behandelten Fragestellung ihre Bedeutung verleiht, hat Ernesto Grassi, der Wiederentdecker dieses Textes, anschaulich auf den Punkt gebracht. Die Imagination als »Zwischenreich« zwischen Gegenstandswelt und Intellekt ist zugleich die Instanz, die das Zusammenspiel von *res* und *verba* (und damit auch die Grundvoraussetzung jeder Invention) gewährleistet.[255] Der anscheinende Dualismus der *res* und *verba* gestaltet sich insofern als eine höchst komplexe Dreiecksbeziehung der aufeinander abzustimmenden Einheiten der *res, verba* und der *imago*. Dass eine derartige, dreiseitige Symmetrie sich nicht ohne zahlreiche Schwierigkeiten einstellt, zumal wenn die vermittelnde Instanz des Bildes ständig vom getreuen Abbild zur Halluzination zu verwandeln droht, liegt auf der Hand. Dies wird letzten Endes dazu führen, dass diejenigen, die der Macht der *ratio* die alleinige Überhand lassen wollen, auch die Macht des schwer zu kontrollierenden Bildes nicht auf sich nehmen wollen.

Ihren entscheidendsten Siegeszug aber erfährt die *imago* auf dem Gebiet der *inventio* selbst, die unter dem Einfluss des ›inneren Bilds‹ der mittelalterlichen Kunsttheorie das Gebiet der Rhetorik erstmals sichtbar verlässt. Ciceros »Prima Rhetorica« *De inventione* ist zwar, mehr noch vielleicht als die ihm bis ins 15. Jahrhundert hinein fälschlich zugesprochene »Secunda Rhetorica« (*Ad Herennium*), zum einen die dominierende Autorität der gesamten mittelalterlichen Rhetorikschule[256], dient zum anderen aber vor allem als Basis der mittelalterlichen Dichtungstheorie.[257] Gerade in der Renaissance kommt eine solche Umsiedelung der Rhetorik und mit ihr der rhetorischen *inventio* auf das Gebiet der Dichtung zum Tragen. Wie die Literaturgeschichtsschreibung ausführlich und vielfältig erforscht hat, beeinflussten in »der Renaissance ‹...› sich Rhetorik und Poetik gegenseitig so intensiv und verbanden sich so eng miteinander, daß die beiden Disziplinen, die sich schon in der Antike einander stark angenähert hatten, vielfach kaum noch unterscheidbar waren.«[258]

In der Tat erfährt die Invention durch ihren Wechsel in das Reich der Dichtung eine Gewichtsverlagerung. Denn während Gegenstand der antiken *inventio* ausnahmslos die *res* in ihrer Definition als *argumentum* gewesen ist, nimmt der ›Gegenstand‹ der Invention von nun an die Funktion eines zu *repräsentierenden* Objekts künstlerischer Darstellung ein, wechselt somit – entsprechend dem aristotelischen Dualismus von Materie und Form, ὑποκείμενον und μορφή, aber auch der Gleichsetzung von *species* und *forma* an der soeben angeführten Stelle aus dem *Orator* – die Seiten auf das Gebiet der Form und der Imagination. Bei Scaliger wird die Erfindung zu einem bildlichen »Repräsentationsmodus« (»Inventio dico rei: formam, modum repraesentandi«[259]), und bei William Caxton ist die Aufgabe der Erfindung das Imaginieren des Stoffs (»The first is inuencio / as to ymagyn the matter which thou intendest to shew«[260]). Bei Ronsard wird die »invention« im *Abrégé de la poétique françoise* gleichgesetzt mit der Einbildungskraft und daher mit einem Vorgang der Repräsentation.

> Erfindung ist nichts anderes als die natürliche Gabe einer Vorstellungskraft, welche die Ideen und Formen jeden Dings entwirft <*concevant les Idées et formes de toute chose*>, das sich vorstellen lässt, sowohl himmlische als auch irdische, belebte oder unbelebte, um sie nachher wiederzugeben <*representer (sic)*>, zu beschreiben und nachzuahmen[261].

In Anlehnung an die französischen Vorbilder ist in der Barockpoetik von Opitz die »invention oder erfindung« definiert als »eine sinnreiche faßung aller sachen die wir uns einbilden können«[262]. Zur Goethezeit schließlich besagt die ›Erfindung‹, etwa bei Mengs, »die dichterische Behandlung und Klarlegung des Erzählenden im Bilde«, ist aus dem Gebiet der Dichtung herausgetreten, um »hauptsächlich in bezug auf Malerei und Bildhauerkunst«[263] verwendet zu werden, wie dies besonders bei Goethe selbst der Fall ist, wo die Aufgabe der Invention ist, dass im gemalten Bilde »die Auflösung der Aufgabe schön gedacht und innig empfunden ist«[264]. Wie diese mit Sicherheit mehr exemplarischen als systematischen Beispiele zeigen, hat sich also in der frühneuzeitlichen Theorie in der rhetorischen Invention das ereignet, was zuvor bereits in der Begriffsgeschichte des Wortes Erfindung und dem Zusammenfließen der mittellateinischen Begriffe *inventio* und *adinventio* beobachtet wurde: das Eindringen des Bildes, des aristotelischen φαντάσμα oder der ciceronianischen *imago*, der ronsardschen *imagination*, kurz, des lateinischen *fingere* in seiner bildschaffenden Grundbedeutung, in die bislang den *res* reservierte *inventio*. Indem sich die Erfindung vom Gebiet der Rhetorik auf das der Poetik bewegt, bewegt sich auch ihr ›Gegenstand‹ vom Gebiet des rein Persusasiv-Argumentativen auf das der Repräsentation von Wirklichkeit. Zwar ist ihr Objekt damit immer noch das »Ding« (die »chose«, wie es bei Ronsard heißt): doch nicht, um sie (als Argument oder wirklichen Gegenstand) zu *finden*, sondern um sie als einen fiktiven Gegenstand *hervorzubringen*. Durch die Erfindungskraft der Dichtung wird die *res* in der *inventio* unter der Herrschaft der *imago* damit selbst zu einer imaginären Instanz.

Entscheidend ist dabei, dass die *inventio* in den lateinischen Poetiken des Mittelalters und ihre Entsprechungen »erfindung« oder »invention« in den volkssprachlichen der Renaissance und des Barock ganz analog zu *Ad Herennium* oder *De inventione* noch immer streng nach den fünf Bereichen der Redekunst aufgeteilt sind: *inventio, dispositio, elocutio, memoria* und *actio* bzw. *pronuntiatio*. Ronsard geht sogar so weit, die *inventio* in ihrer Funktion der *repraesentatio* aus dem Gebiet der Rhetorik komplett auszulagern, und auch die übrigen Teile der Rhetorik ebenso wie die zugehörigen Kategorien des *veri simile*, um sie vollständig der Dichtkunst zu überschreiben:

> denn so wie es das Ziel des Redners ist zu überzeugen, so ist es das des Dichters, Dinge, die wahrscheinlich sind oder die sein können, nachzuahmen, zu erfinden und wiederzugeben: und es soll kein Zweifel daran bestehen, dass, nachdem man gut und hoch erfunden hat, die schöne Anordnung <*disposition*> der Verse sich anschließt. So sehr nämlich folgt die Anordnung der Erfindung <*invention*>, Mutter aller Dinge, wie der Schatten dem Körper.[265]

›Erfinden‹ ist hier bereits synonym zu ›imitieren‹ und ›repräsentieren‹ im Sinne von ›abbilden‹, und die an die Theorie des »verba sequuntur« gemahnende, untrennbare Zusammengehörigkeit von *inventio* und *dispositio* nimmt ebenfalls die Gestalt eines abbildenden und letzten Endes auf die platonische Höhle und ihr Schattentheater verweisenden Vorgangs an: das Original des Körpers und die Kopie des Schattens, den er wirft. Als Findung der »Ideen und Formen jeden Dings« lässt die ästhetisierte *inventio* zugleich das platonische Urbild (ἰδέα) bis zu einem gewissen Maße rein zur bildlichen Vorstellung werden (also einem εἴδωλον, wenngleich das ›ideale‹ Element im Sinne der perfekten Vollendung, wie Panofsky in seinem *Idea*-Buch gezeigt hat, immer noch mitschwingt). Als plötzlich in den Geist kommende Bildvorstellung gewinnt die Idee zugleich eine neue Bedeutung: Einfall. Dies wiederum bleibt nicht ohne Konsequenz für die Erfindung.[266] Einmal vom Gebiet der Rhetorik verdrängt, beginnt die *inventio* in der Folge ihren Siegeszug durch alle Kunstformen. »Invenzione« ist in der Renaissance das Ideal der Dichtungslehren, aber auch der Malerei; und wie nicht zuletzt Johann Sebastian Bachs berühmte Klavierstücke mit dem Titel *Inventionen* belegen, erfährt auch die Musik eine Rhetorisierung[267].

Gleichzeitig dringt die *inventio* unter dem Einfluss der *imago* in der Sprachtheorie der Renaissance in ein Reich ein, in dem sie gemäß der antiken Rhetorik gar nichts verloren hat, nämlich das der Worte, die doch eigentlich der *elocutio* unterstehen. Der Sprachphilosoph Lorenzo Valla legt als erster unter Umdeutung des aristotelischen Prinzips des κατὰ συνθήκην – ›nach Vereinbarung‹, bei Valla: »ab institutione« – dar, dass die Worte der Sprache selbst nichts anderes als eine *Erfindung* bilden. Als *primus inventor* tut sich dabei Adam hervor, der von Gott den Auftrag erhielt, für die Dinge der Welt Namen zu erfinden. Das ›imaginäre‹ Element besteht darin, dass auf diese Weise die vom Menschen, dem artistischen ›Künstler‹ (»artifex«) erfundenen Worte Bilder der Konzepte bzw. ›Bedeutungen‹ darstellen, die der Mensch – in Analogie zu Simonides und seiner ›schweigenden Dichtung‹ – durch eine weitere Erfindung in Form von ›schweigenden Worten‹ (hier »voces«, gemäß der üblichen lateinischen Übersetzung des ἐν τῇ φωνῇ) abbildet: die Buchstaben[268]. Nach Trabant und Waswo ist dies eine Konzeption mit sprachtheoretisch weitreichenden Folgen. Denn so wie Adam der erste Erfinder der Worte ist, ist Valla

> der erste, der der dominanten abendländischen Auffassung von der Sprache als kommunikativer, instrumenteller, die Sachen repräsentierenden Nomenklatur widerspricht. Bedeutung wird nicht mehr mit der bedeuteten Sache gleichgesetzt, Sprache *repräsentiert* damit nicht mehr die Realität, sonder sie *konstituiert* eine vom Menschen gemachte Realität. Sprache ist damit gleichsam die zweite Erschaffung der Welt, das ingeniös Erfundene (ingeniosum inventum)[269].

Der Mensch als Erfinder auf dem Gebiet der Bilder und Worte tritt damit selbst an die Stelle des Schöpfers.

III.2.5. Triumph der Invention: Die Methode der loci als Ordnung des Wissens

Von der Erfindung der ›Idee‹ als innerem Bild über die ›scharfsinnige Idee‹ als neuartigem Einfall bis hin zur Erfindung als neuartigem Musikstück und zu den von Menschen erfundenen Wort-Welten: der Inventionsbegriff beginnt spätestens ab der Renaissance, ihm ursprünglich fremde Gebiete zu usurpieren bzw. von ihnen usurpiert zu werden. Die eigentlich folgenreiche, auf den ersten Blick aber weitaus weniger evidente Usurpation ereignet sich jedoch innerhalb der rhetorischen Kategorien selbst: die schon bei Augustinus angelegte Überlagerung der *inventio* durch die *memoria*, des dingentdeckenden durch den bilderzeugenden Vorgang; das Eindringen der *imago* ins Hoheitsgebiet der *res*. In dem visuell orientierten Sinne, den ihm die Poetiken der Renaissance zuschreiben, hat die *inventio* das Element der *imaginatio* (bzw. ihrer griechischen Entsprechung, der φαντασία, dem φάντασμα der aristotelischen, dem εἶδος der platonischen Erkenntnistheorie) übernommen. Das Finden der *res* findet nun auch auf den mit Bildern und Schriften bedruckbaren Wachstafeln statt, die Mnemosyne als Geschenk den Menschen in der Seele hinterlassen hat.

Durch die Verlagerung der rhetorischen Kategorien auf das Gebiet der Poetik und Künste und die daraus resultierende Umwandlung der argumentativen Einheiten von *res*, *verbum* und *imago* in ontologische bzw. kognitive auf der einen Seite, andererseits die Verquickung der mnemonischen Technik der *imagines agentes* mit einer mehr und mehr dominierenden Theorie der *imago* als eines inneren Bildes der äußeren Gegenstandswelt ist eine Verlagerung des Systems der klassischen Rhetorik angelegt, die als eine Art methodisches Raster auf diverse Gebiete der Dichtung ebenso wie der Erkenntnistheorie und Theologie übergreift und in zahlreichen Zusammenhängen ihre ursprüngliche Funktion einbüßt. Indem durch diese Hybridisierung die Grenzziehungen zwischen den einzelnen Disziplinen fließend werden, sind auch die Zuordnungen innerhalb des rhetorischen Systems verschiedenen Variationen unterworfen. Das ursprüngliche Schema, das gemäß Cicero der *inventio* und *dispositio* die *res*, der *elocutio* die *verba* und der *memoria* die Verbindung von *res* und *verba* und ihre Aufstellung als *imagines* an den *loci* zuordnet, wird einer Neuorganisation unterworfen. Am sichtbarsten sticht dabei das Zusammenlaufen der Gebiete von *inventio* und *memoria* hervor. Innerhalb dieser mit dem Gedächtnis verknüpften Inventionstechniken des Mittelalters nimmt das System des Mallorquiners Ramón Llull (Raimundus Lullus) eine herausragende Stelle ein. Obwohl Llull ein imposanter Autodidakt ist, gelingt ihm die Herausbildung einer Schule, die der ›Lullisten‹, welche durch ein hochkomplexes, mit Tafeln und Figuren operierendes Verfahren den Schluss auf dem Wege der *loci* herbeiführen, zusammengefasst unter den Namen der *Ars magna* und der *Ars brevis*[270].

Grundsätzlich aber sind über die Rezeption der antiken rhetorischen Traktate hinaus Theorien der Invention im Mittelalter schwer zu finden. Mehr als die Kunst des Auffindens von *res* gilt die Aufmerksamkeit dieser Zeit deren Speicherung: kurz, dem Gedächtnis und der *ars memoriae*, die erst im ›inventiven Zeitalter‹ der Neuzeit wieder durch eine neue Wertschätzung der *artes inveniendi* und der schöpferischen Imagination abgelöst wird[271]. Wenn Rudolf Agricola im Jahre 1480 sein für das folgende Jahrhundert bestimmendes System der ›dialektischen Invention‹ (*De inventione dialectica*) entwirft, kann er behaupten, dass seit der Spätantike (Boëthius) – mit Ausnahme der *loci* von Llull, dem Agricola mangels gelehrter Bildung (»non litteras sciebat«) aber den Rang abspricht – der Invention keinerlei systematische Schrift gewidmet wurde, weshalb er selbst auf Vorgaben von Cicero, Quintilian und Aristoteles zurückgreift[272]. Von vielen Gelehrten des 16. Jahrhunderts dagegen wird die lullistische ›Erfindung‹ dennoch als direkter Vorläufer der sich nun herausbildenden dialektischen Invention betrachtet, etwa Agrippa von Nettesheim (»ABer es hat Raymundus Lullius noch bey jüngern Zeiten / eine Wunder-Kunst / die der Dialectica nicht ungleich scheinet / erfunden«) – wenngleich auch er geneigt ist, sie »für ein grob ungeschicktes Wesen / und fast für ein barbarisch Werck zu halten«[273].

Grundsätzlich ist für das späte 15. und das 16. Jahrhundert ein explosionsartiges Wiederaufleben der rhetorischen Tradition zu beobachten, das zuweilen auf Formeln wie »Die Renaissance – eine rhetorische Kulturepoche«[274] gebracht wird. Eine kaum überschaubare Fülle von Abhandlungen argumentiert auf der Basis rhetorischer Terminologien der aristotelischen und lateinischen Tradition. Doch wenn auch in ihrem Zentrum der Begriff der *inventio*, die dialektische Topik steht, und sie explizit als Kunst des guten Disputierens operiert – »Dialectique est art de bien disputer«[275] lautet der erste Satz des epochalen Werks von Petrus Ramus – findet in ihrer Grundanlage eine signifikante Verschiebung statt: von der Kunst, durch Wahrscheinlichkeit zu überzeugen, kommt der Dialektik mehr und mehr die von Aristoteles ausgeschlossene Aufgabe zu, zur Erkenntnis des Wahren zu führen, wodurch sich die *loci* von reinen Argument-Lagerstätten zu metaphysischen Kategorien wanden, welche die Dingwelt und die sie erschließenden Wissenschaften zu erschließen und ordnen helfen. Der erste Teil der Rhetorik wird zu einem Feld, in dem *res* und *imagines* ineinanderfallen und damit, wie schon im augustinischen Gedächtnis-Palast angelegt, das Problem der *verba* aufkommt, die nun wie der Gegenstand und sein Schatten untrennbar zusammengehörige Instanzen bilden.

Zur Seite stehen der Topik und ihrer Methode, der *ars inveniendi*, dabei die Schatzkammern des Gedächtnisses in Form der Mnemonik oder *ars memoriae*, die sich wie die *inventio* nun auf die Gesamtheit des Wissens überträgt: »Denn die Erinnerung ist nicht allein Wächter des rhetorischen Handwerks <*artificii*>, sondern auch Schatzhaus <*thesaurus*> aller Fähigkeiten«, schreibt noch Alsted in seiner topischen *Encylopaedia* von 1630[276]. Die ›enzyklopädische Methode‹ (»Enclopaediae Methodum«) basiert auf dem Erlernen der Fähigkeit, auf der Basis der *memoria* die Gesamtheit der

Einzeldisziplinen zu sortieren: so dass »im Raume weniger Zeit und vielleicht gar mit größter Leichtigkeit der Lauf der Philosophie, Medizin, Juristerei, Theologie, durch ein System des GEDÄCHTNISSES, eines beinahe KÜNSTLICHEN, umfasst wird«[277].

Für die Herausbildung einer solch inventiv-memorativen Wissensordnung sind Rudolf Agricolas *De inventione dialectica* (1480) und Pierre de la Ramées *Dialectique*, erschienen als eine der ersten philosophischen Schriften in französischer Sprache[278] in verschiedenen Fassungen zwischen 1543 und der Ermordung des Hugenottendenkers in der Bartholomäusnacht 1572, die bis ins 17. Jahrhundert hinein einflussreichsten Schriften und führen zu einer Flut von Nachfolgern und Nachahmern. Wie der Titel des Werks von Agricola deutlich macht, ist die Grenzziehung von Topik, Rhetorik, Invention und Dialektik im Zeitalter des Humanismus schwer bestimmbar geworden[279]. Topische Invention und Dialektik, Rhetorik und Logik gehen im Terminus der ›dialektischen Invention‹ ineinander über – eine »Zusammenpressung«[280] mit weitreichenden Folgen. Was ihr im Laufe des 16. Jahrhunderts für die Ordnung des Wissens die Nachhaltigkeit verleiht, ist der tiefgreifende Wechsel im Status der Topoi oder *loci communes* und die veränderte Funktion der *inventio*. Während die *res* als Argumente in der klassischen Rhetorik der Erzeugung von Wahrscheinlichkeit dienen, können sie nun die Dinge des Wissens selbst bezeichnen, wobei die *loci* die Rolle ihrer Eigenschaften übernehmen, anhand derer sie begrifflich bestimmbar, konzeptualisierbar werden. Die *ars inveniendi* wird zur Technik, die Welt und ihre Dinge in ihren Prädikaten greifbar oder ›findbar‹ zu machen[281], wobei für Agricola die *loci communes* dann als diejenigen allen ›Dingen‹ trotz ihrer unermesslichen Zahl (»res autem numero sunt immensae«) durch eine universelle *similitudo* gemeinsamen Konstituenten wie Substanz, Ursache und Wirkung zu begreifen sind, welche die Einzeldinge miteinander verbinden. Das System der *loci* erweist sich so als ein von ›höchst ingeniösen Männern‹ erdachtes System der Ordnung der Dinge.[282]

Zwar unterscheidet Agricola zwischen der Redeform der Exposition, in der durch Worte das in der Seele des Sprechenden Liegende vorgebracht wird, ohne dass dadurch Wahrscheinlichkeit erzeugt werden[283], und der Argumentation, durch die das zur Diskussion stehende glaubwürdig gemacht werden soll[284] und stellt sich damit in die Tradition der antiken Rhetorik. Die *res* und ihre *loci* sind nach wie vor als rhetorisch-argumentative Einheiten begriffen, nicht als kognitive, und die dialektische Invention als Kunst der Auffindung von Argumenten eigentlich nicht eine Theorie des Ausdrucks, des Zeichens oder der sprachlichen Darstellung des kognitiv Wahrgenommenen. Doch betrachten wir, wie im selben Absatz die *loci*, *res* und *argumenta* charakterisiert werden, scheint sich die *inventio* trotz ihres rhetorischen Charakters in das Feld der *expositio* zu verlagern; denn Aufgabe der Örter in ihrer explizit noch ciceronianischen Funktion als »Sitze der Argumente« ist es in recht unciceronianischer Weise als »Zeichen« (»velut signis«) über die »Dinge selbst« zu schweifen und dadurch »erkennen« (»perspiceremus«) zu lassen, welches Argument das glaubwürdigste ist.[285]

Verborgen durch den »Etikettenschwindel«[286] mit der rhetorischen Terminologie, die dennoch in der Antike nie den Sinn der Wissensspeicherung und -strukturierung besitzt, sondern im Gegenteil die »Zügelung« auferlegt, »daß sie *loci* und *imagines* restringiert einzusetzen empfiehlt, das Reservoir des persönlichen Speichers beschneidend«[287] setzt eine weit über ihr eigentliches Gebiet hinaus auf die Wissenschaft und Künste übergreifende Umstrukturierung der alten Disziplinen von Topik und Dialektik ein. In ihrer Fähigkeit, das Wissen begrifflich einzugrenzen, wird die Topik zu einem Ordnungsprinzip, das Wissen auf dem Gebiet aller Disziplinen zu strukturieren. Dabei greift die Kontamination auch auf die übrigen Teile der Rhetorik über, vor allem auf die *dispositio,* die zur Anordnung des Wissens avanciert; darüber findet die inventive Methode mit ihren ›Gemeinörtern‹ auf sämtliche Bereiche der Wissenschaften und Künste Anwendung. Von der rhetorischen wandelt sich die Topik zu einer universalen Argumentations- und Erkenntnislehre, zur *Topica universalis,* so auch der Titel von Wilhelm Schmidt-Biggemanns »Modellgeschichte humanistischer und barocker Wissenschaft«.

Auf diese Weise entwickelt sich die dialektische Invention zur Methode einer ›Viel-Geschichte‹ in Nachfolge des antiken Vorbilds *Polyhistor* von C. I. Solinus. Durch das Verfahren der *loci* werden die *res* des menschlichen Erfahrungsbereichs zunächst ›aufgefunden‹ und dann geordnet. Das Idealziel der Topik vom 15. Jahrhundert an ist die Universalgeschichte, die umfassende Ordnung des Wissens über die Dinge: der »circulus disciplinarum« – eine Enzyklopädie, die, gleich dem ganzen Weltkreis (dem *totus orbis*), die Dinge in Zyklen- und Kugelform anordnet, wie man bei Alsted liest[288]. Die erste reine Ausformung dieses Universalitätsideals ist im Werk des Schweizers Christoph Milaeus zu finden: *Vom Schreiben der Gesamtgeschichte aller Dinge* (*De scribendo universitatis rerum historia*). Dieser Prototyp der nicht selten mehrere tausend Seiten umfassenden Enzyklopädien des 16. und 17. Jahrhunderts, die ihren Gipfelpunkt in Alsteds *Encyclopaedia,* im *Theater der Gesamtheit der Dinge* (*Theatrum universitatis rerum*) seines Schülers Comenius und im *Theater des menschlichen Lebens* (*Theatrum humanae vitae*) des Schweizers Theodor Zwinger finden[289], ist jedoch nicht, wie etwa der Prototyp der modernen Enzyklopädien von Diderot und d'Alembert, nach dem Prinzip der alphabetischen Ordnung strukturiert. Gemäß dem Zusammenfluss von rhetorischer *dispositio* und Naturordnung bei Agricola ist diese Gesamtheit des Wissens vielmehr topisch, gemäß den *loci* angeordnet.

Ziel dieser Großunternehmen besteht erklärtermaßen im Wieder-Finden. Aus der Gesamtheit der universaltopischen Enzyklopädie kann Wissen inveniert werden. Doch um das Finden in der *Historia* nach dem System der Gemeinörter zu ermöglichen, müssen das Wissen und die es beanspruchende Probleme und Fragen zuallererst konserviert werden, dann aber auch an einen *locus* zusammengezogen werden, damit es wiederfindbar wird[290], und dann in das Schatzhaus der Erinnerung deponiert werden. Seit *Ad Herennium* ist dies jedoch die Metapher schlechthin für die *memoria*, nicht die *inventio*. Das Invenieren wird auf diesem Wege auch zu einem memorierenden Prozess. Mehr noch als in Agricolas Theorie zeigt sich dies in den topischen Enzyklopädien, die ihm folgen. Wie im Gedächtnispalast des Augustinus steht die *res* mit einem Bild, einer »pictura« in der Seele in Verbindung, der *imago* als klassisches Requisit der *memoria*. Die *Historia* selbst nämlich ist eine *imago* der Welt, die auf dem Wege des Seelenspiegels des Menschen entworfen wird. Laut Milaeus etwa sind einerseits sämtliche Dinge der Natur, und darunter auch der Mensch und seine Seele, von Gott als Spuren in das Theater der Welt zum Anblick des Menschen eingedrückt, da durch sie seine Güte enthüllt wird[291].

Da innerhalb dieses Theaters der Mensch einerseits als »kleinere Welt« dem Makrokosmos (»nominem Minoris mundi convenienter homini dedere«[292]) und andererseits wiederum Gott dem Herrn selbst ähnlich ist, finden sich die Ähnlichkeiten der Dinge und der Göttlichkeit auch in des Menschen Seele. Auf diesem Wege ist die *Historia* in der Lage – und dies erklärt die Doppelung der gleichermaßen auf Welt und Welt-Geschichte zutreffenden Metapher des *Theatrum mundi* –, den Menschen als gemaltes Bild in der *tabula memoriae* oder als Spiegel des Welttheaters vor Augen zu treten.[293]

Nach dem Wunsch Gottes soll nun dieses Bild in der *memoria* des Menschen fortdauern (»Voluit enim Deus harum maximarum rerum memoriam«[294]), damit es von folgenden Generationen weitergetragen wird und das Andenken seines Wirkens erhalten bleibt. Hier verbindet sich das Bild mit der Schrift: denn die erste *Historia* hat Gott selbst durch Moses zum Zwecke der Erinnerung und der Bekämpfung des Vergessens verfasst[295]. Wort und Bild, das lehrreiche (verbale) und das gemütsbewegende (imaginäre) Prinzip sind bei alledem hinsichtlich ihrer *inventio* identisch, und deshalb operieren der Maler und der Redner im Grunde durch ein Prinzip – nicht etwa, wie in der mittelalterlichen Kunsttheorie, durch die Nachahmung des inneren Bildes, sondern durch die des äußeren Gegenstands, der glaubwürdiger als

Bild und Wort ist. Dadurch treten erneut, durch den Mund des Plutarch über Agricola tradiert, die Figur des Simonides und seine Lehre von der Dichtung als sprechendes Gemälde in Erscheinung.[296]

Neben den klassischen Disziplinen werden, wiederum unter Berufung auf antike Vorbilder, auch *inventio* und *memoria* zusammengepresst. Bis in die Genese dieser ersten Enzyklopädie der Neuzeit hinein erfasst das Invenierte in bester augustinischer Tradition die Gesamtheit dessen, was in der Welt findbar und zugleich im Schatzhaus eines menschlichen Gedächtnisses aufbewahrt ist. Da aber zur Anordnung der *universitas rerum* die topische *inventio-memoria* auch auf die *dispositio* übergreift, ist bereits bei Agricola eine Lehre von der Ordnung der Dinge angelegt. Neben der natürlichen, dem *ordo naturalis*, seien je nach Anwendungsgebiet der Invention auch zwei andere Prinzipien möglich: die willkürliche (*ordo arbitrarius*) und die künstliche Ordnung (*ordo artificialis*)[297]. Selbst ein *ordo naturalis* ist dabei abhängig vom jeweiligen Ausgangspunkt. Völlig gegensätzliche Anordnungen der Dinge ergeben sich etwa, wenn man einen menschlichen Körper von Kopf bis Fuß abwandert, man vom östlichen Mittelmeer zur Straße von Gibraltar segelt (»ut per fretum Gaditanum in orientem naviganti prior est Hispania quàm Gallia«) und wenn man dieselbe Reise in umgekehrter Richtung einschlägt. Der Fall einer Herausfahrt aus der Straße von Gibraltar ins offene Meer, wo man keinem der bekannten Länder und Dinge begegnet, die sich anordnen ließen, ist dabei in dieser Konzeption der *dispositio* ebensowenig vorgesehen wie bei ihrem Vorbild Plinius. Wie die von Agricola evozierte Analogie des Mittelmeerraums mit dem menschlichen Körper ahnen lässt, wird durch den Ausbruch aus dem gegebenen Welt-Körper die Konzeption einer natürlichen Ordnung der Dinge durcheinandergeworfen – ein Problem, mit dem sich bereits wenige Jahrzehnte später die ersten auf das Modell des Plinius berufenden *Cronistas de Indias* wie Fernández de Oviedo bei ihrem Versuch auseinandersetzen müssen, einen *thesaurus* der *rerum naturae* in der Neuen Welt topisch zu invenieren.[298]

Die sich schließlich auch auf den Bereich der *dispositio* übertragende Verschränkung von *inventio* und *memoria* wird nach Agricola einer grundlegenden Weiterentwicklung unterworfen in der *Dialectique* des Petrus Ramus und ihrer »Psychologie des Judiciums, das aus dem Schatz der Memoria heraus disponierte«[299]. Abweichend von seinem antiken Vorbild Cicero, aber auch von der dialektischen Invention Agricolas führt Ramus erstmalig eine bislang beispiellose Ausklammerung der *inventio,* und mit ihr auch der *dispositio,* aus dem Gebiet der Rhetorik durch. Aufgabe letzterer sind jetzt nicht mehr die *res*, sondern allein die *verba* und ihr angestammtes Gebiet, die *elocutio*. Eine solche Trennung gibt wiederum die Domäne der rhetorischen *res* für die Logik und zugleich sämtliche Wissenschaften und Künste frei, jenseits der Regeln der Rhetorik und ihres Anspruches des rednerischen Überzeugens; und zwar in Form der beiden Buchteile der *Dialectique*, der *inventio* und dem *iudicium* (frz. *jugement*) als Synonym für *dispositio*: »Die Teile der Dialektik sind zwei, Erfindung und Urteil« – »Das Urteil wird auch Disposition genannt«[300]. In scharfer Kritik des Aristotelismus macht Ramée die von ihm neu definierte Dialektik jenseits des Glaubwürdigmachens durch Argumente, das bei Agricola zumindest explizit noch gewährleistet ist, zu einer »Kunst der Erkenntnis« (»art de cognoistre«), in der das Wissen der Wahrheit (»la science certaine / De vérité facile a suader«) mit dem Glauben (»la foy«) zusammenfällt und die daher mit der Logik völlig synonym ist[301].

Auf diese Weise wird die *inventio* erstmals in offener Weise mit der Wahrheit in Verbindung gebracht. »Jede Doktrin ist Erfindung von Wahrheit« – »toute doctrine est invention de verité«[302]: eine Tatsache, die auch beweist, wie sehr ein moderner, fiktionaler Inventionsbegriff der ramistischen Lehre noch fremd ist, ja, ihr genaues Gegenteil besagte, denn die Erfindung der Wahrheit bezeichnet hier ja die Sichtbarmachung des Wahren durch die *inventio* und gerade nicht die Vorspiegelung einer Wahrheit, die in Wirklichkeit Schein oder Lüge ist. Doch anders als später der cartesische Wahrheitsbegriff ist diese »verité«, neben der »Form«, durch die das »Ding ist, was es ist und unterschiedlich von allen anderen Dingen« (»Forme est cause par laquelle la chose est ce qu'elle est, & est différente de toutes autres choses«)[303], zugleich eng mit dem Gesichtssinn (»veüe«), den Bildern (»images«) und den Ähnlichkeiten (»ressemblances«) verbunden. Durch den Prozess der Invention als Entwicklung von »Kenntnissen der Formen in jedem Ding« (»cognoissances des formes en chaque chose«) müssen die vom Menschen gesehenen und hinsichtlich ihrer »Formen« unterschiedenen Gegenstände zum Einen in Verbindung mit einem Namen (»nom«) gebracht werden, zum Anderen mit einem eng an die ›Form‹ geknüpften Bild, das je nach philosophischer Schule als platonische Idee oder als pythagoreische Zahl erscheinen kann. Dieser Prozess der Zuordnung ist, ganz entgegen der aristotelischen Lehre, kein automatischer, sondern im Gegenteil ein höchst schwieriger (»fort difficile«), ja gar dem Menschen verborgener (»cachée à l'homme«), denn viele vom Menschen gesehene Gegenstände besitzen noch gar keinen zugehörigen Namen: dieser muss erst ausgedrückt (»exprimer«) werden. Ist dem Ding im Wachstäfelchen der Seele kein ›Eindruck‹ zuzuordnen, wird der ›Ausdruck‹ zum Problem.[304]

Auf einer Vielzahl von Ebenen hat sich in diesen wenigen Sätzen die Konzeption des Inventionsprozesses in dem halben Jahrhundert seit Rudolf Agricola tiefgreifend umgeformt. Erstmals offen auf das Gebiet der Kognition gebracht, gerät die *inventio* trotz der Ausklammerung der *memoria* aus der Dialektik auch in Verbindung mit der Instanz des Bildes; zugleich aber wird sie durch die Zusammenführung von Dingen (»choses«), Bildern (»images«) und Worten (»motz«) auch Teil eines Prozesses einer sprachlichen Semiosis, die zudem mit allen scholastischen Überlieferungen bricht, da die unwillkürliche und notwendige Verbindung zwischen dem Gesehenen und seiner sprachlichen Benennung nicht mehr gewährleistet ist. In diese Richtung scheint die auf Beanstandungen im Sinne der aristotelischen Lehre gemünzte Berufung auf die vorsokratische Philosophen zu zielen, die im Laufe des 16. Jahrhunderts zu einer Art Topos avanciert.

Um aber das einmal Wahrgenommene in angemessener Form disponieren zu können, gewährt Ramée, gewissermaßen durch die Hintertür, der ausgeschlossenen *memoria* erneuten Einlass auf das Gebiet der Dialektik, wenngleich auf dem Weg einer unrhetorisch konzipierten »mémoire« auf dem Gebiet des Geistes (»esprit«). Alle ›Formen‹ der Dinge, ob körperlich oder nicht (»toutes choses corporelles et incorporelles«), darüber hinaus aber auch alle anderen Teile der Dialektik (»toutes les parties de la Dialectique«) werden nach ihrer Erkenntnis im Gedächtnis niedergelegt, wo fortan ihre Materie (»matière«) liegt (»gist«), wenngleich in im-materieller, nicht-körperlicher Form – ganz entsprechend den Erinnerungspalästen und -feldern des Augustinus[305]. Im wahrsten Sinne des Wortes werden in der ramistischen Lehre im Prozess der Invention alle Gegenstände des Wissens zusammen mit allen bislang bekannten Disziplinen, Inventions-, Erkenntnis-, Seelen- und Zeichentheorien in einen Topf geworfen und kräftig durchgerührt. Nun bedarf es einer »Méthode«, das Durcheinandergeworfene wieder in eine Ordnung zu bringen – ein aristotelischer Begriff, der bei Ramus in gewandelter Definition wieder in Erscheinung tritt.

Allerdings gestaltet sich das Verhältnis von *inventio* und *dispositio* grundlegend anders als bei den klassischen Vorbildern. Durch die Invention sind die *res,* das durch die Wahrnehmung Erkannte und in der Erinnerung Niedergelegte, bereits an einem gemeinsamen Ort versammelt. Dieser gemeinsame Ort ist nichts anderes als besagter Topf, aus dem die nach den Gesetzen der Grammatik schriftlich niedergelegten Dinge in Gestalt von beschriebenen Täfelchen (ob aus Wachs oder nicht) wie in einem Lotteriespiel (dem damals populären »jeu de la blanque«[306]) herausgefischt werden. Zur Ordnungs-Unterwerfung (»reduire en ordre«) der gezogenen Lostäfelchen könne man nun ohne das Finden an Inventions-*loci* vorgehen (die allerdings in der ciceronianischen Lehre auf dem Gebiet der *dispositio* ohnehin nichts zu schaffen hätten) und zudem ohne Syllogismus: denn es ist ja »alles bereits gefunden« (»car tout est ia trouué«). Als Leitfaden dient dem Dialektiker die »natürliche Methode« eines »inneren Lichts« (»par la lumière de la méthode naturelle«) das den Weg leuchtet.[307]

Das Licht der Methode ist ein universelles und kann sämtliche Disziplinen erhellen, die Philosophie ebenso wie die Rede und die Dichtung (»Et partant, elle est commune aux orateurs, poëtes et tous ecrivantz«[308]). Wirksam wird sie, indem die Abbilder der Dinge in der Seele durch die Kraft der Invention wie die Reflexionen eines »hellen Spiegels« wiedergegeben werden (»le cler mirouër de l'Invention nous représentent les especes de toutes choses«[309]) und schließlich durch die »Sonne des Urteils« (»le soleil du jugement cognoissant la conjonction de toutes choses«[310]) in ihre Ordnung gebracht werden. Wie im Gedächtnispalast des Augustinus ist infolge der nach wie vor ungebrochenen Verknüpfung der *memoria* mit den *imagines* das geordnete Wissen eine Sammlung von Abbildern der Dinge. Die wahre »doctrine« in ihrer Gesamtheit stellt ein Abbild der Natur (*imago naturae*) dar. Ist die Wahrheit selbst eine Spiegelprojektion, so hat die Instanz des Bildes an diesem Punkt ihre bislang wohl größte Legitimität und Bedeutung innerhalb eines Systems der philosophischen Erkenntnis erreicht. Eben das macht für Ramus die Philosophie des Aristoteles hinfällig, macht sie zur bloßen »Überlegung« oder »Vorübung« (»commentatio«): »eine, wie ich sagte, wahre und rechtmäßige Theorie des Erörtern <*legitima disserendi doctrina*> ist Bild und Gemälde der Natur <*imago & pictura naturae*>. Das Werk der aristotelischen Vorübung ist kein Bild der Natur: daher ist sie auch keine wahre und rechtmäßige Theorie des Erörterns«[311]. Auch die Kunst der Dialektik ist eine *imago*: »Abbild der Natur-Dialektik«, die Gott in die menschliche Seele eingraviert bzw. -gedruckt (»impressa«) hat und die durch die ›Zwillingswurzeln‹ von *inventio* und *iudicium* erahnt werden kann. Bei Aristoteles dagegen finde sich, so Ramus, rein gar nichts, was in irgendeiner Weise an die Natur gemahne.[312] Unter dem Einfluss von Ramus etabliert sich die Gesamtheit des Wissens als *imago* der Natur, umgekehrt aber hat die Natur, wie etwa Erasmus unter Rückgriff auf die *imago*-Theorie des Mittelalters schreibt, das menschliche Sprechen als *imago* im Spiegel der Seele (»speculum animae«) konzipiert. Um nicht zum Trugspiegel (»medax speculum«) zu werden, muss die Rede ein authentisches Bild des Geistes (»nativam mentis imaginem«) entwerfen, ohne zum bloßen Schmeichelbild (»assentatrix imago«) zu entarten[313].

Bild, Spiegel, Museum: die Gesamtheit des Wissens wird im Zeitalter des Humanismus greifbar gemacht durch eine anschwellende Flut von Metaphern. Wie aus den Titeln der Enzyklopädien des 16. und 17. Jahrhunderts, darunter die des Comenius und das über 6000 Folioseiten umfassende ramistische Universallexikon Zwingers, hervorgehen mag, ist die bevorzugte Metapher für das geordnete Wissen nun das Theater, das vom bereits in Antike und Mittelalter herausgebildeten Topos des Welttheaters, des *Theatrum mundi*, sich nun zum Wissenschaftsmodell des *Theatrum re-*

rum wandelt und seinen Prototypen wohl im sagenumwobenen Erinnerungstheater Giulio Camillos findet[314]. In eine wissenschaftstheoretische Schrift umgesetzt findet sich dieses Erinnerungs-Theater wohl erstmals durch Jean Bodin[315]. Sein *Universae naturae theatrum* bietet eine Anleitung zur Ordnung der Dinge und ist ebenso eine philosophische Wissensordnung wie auch ein ästhetisches Ideal: denn eine naturgegebene Ordnung ist voll Schönheit, während Schriften, in denen die Wissensgebiete – im wahrsten Gemüsesinne des Wortes – wie Kraut und Rüben durcheinandergeworfen sind, hässlich anzublicken sind (»nihil aspectu foedius«). Solche Autoren verhalten sich wie »diejenigen, die Gerste, Senfkorn, Hirse, Reis und Gemüse auf einen einzigen Getreidehaufen werfen und dadurch sowohl die Verwendung der einzelnen Körner als auch des ganzen Haufens einbüßen«[316]. Jedes Ding, jede Frucht, jede Pflanze nämlich braucht einen separierten Ort im Beet und im Lagerhaus des Wissenschafts-Kleingärtners. Ziel des geordneten Welt-Theaters sowie seiner Umsetzung ins geschriebene Wort durch die *Historia* ist es, aus der ungeordneten *sylva* der Einzeldinge zu entkommen oder, um eine Metapher einzuführen, die besonders im 17. Jahrhundert großen Aufschwung erhalten wird[317]: aus dem verworrenen »Labyrinth« der Natur mit seinen Irrwegen und Fallstricken, durch das der Mensch »ohne Vernunft« irren würde, einen »Führer« oder »Ariadnefaden« zu finden, der den Weg ins Freie finden lässt.[318] Wie Umberto Eco dargelegt hat, korrespondiert hierbei das »Labyrinth« eng mit dem »Wald« durch das gemeinsame Fehlen einer systematischen Ordnung und klarer binärer Verzweigungen, wie sie etwa ein »Baum der Wissenschaften« (*arbor scientiarum*) bietet[319], und kann aufgrund der Überfülle seiner Wissensdingen bei dem in seiner Ordnungs- und Erinnerungsfähigkeit überforderten Enzyklopädisten zu einem beängstigenden Syndrom führen: dem ›Schwindel des Labyrinths‹[320].

Dieser vertiginösen Erkrankung kann nur die Utopie einer vollendeten Ordnung entgegentreten. Aufgebaut ist etwa Bodins Theatrum, ebenso wie seine Methode der Historie, dabei nach dem System der *loci*[321]. Im Idealfall stellt sich, ausgehend von der ebenso beliebten Metapher des inventiv geordneten Wissens als Bienenstock mit in strenger Ordnung angelegten Waben voller Honig, die *copia rerum* in der Gesamtheit des Wissens als eine wohlgeordnete Apotheke dar, wo jede Arznei ihren Ort (*locus*) im Regal und ihr Behältnis oder Flakon mit einer Aufschrift besitzt, die ihr einen Namen zuordnet – eine vermutlich auf Erasmus zurückgehende Metapher[322]. Das Abbild der Welt ist ein Lagerhaus von Pharmaka, die der Apotheker durch die Kraft seiner *memoria*, durch die Zusammenführung seiner erinnernden Vorstellung vom Ort, vom Behältnis und schließlich ihres Namens identifizieren kann: Wie man trotz der weitaus systematisierteren und entmenschlichten Metaphorik an der Zusammenkunft von Ding, Bild und Namen bzw. Etikett unschwer erkennt, ist die Apotheke des Wissens im Grunde eine Art Neubau der Villa des Skopas in Krannon.

Einen ihrer konsequentesten und komplexesten Höhepunkte erfahren die Vereinigung von *ars memoriae* und wissenschaftstheoretischem Ordnungsmodell auf dem Wege einer architektonischen Metapher sowie die Zusammenführung der rhetorischen Instanzen von *inventio, dispositio* und *memoria* durch die Seelenbilder in Giordano Brunos Spätwerk *Von der Zusammensetzung der Bilder, Töne und Ideen* (*De Imaginum, Sonum, & Idearum compositione: Ad omnia Inuentionum, Dispositionum, & Memoriae genera Libri Tres*). Gemäß der radikalisierten Einsicht des Aristoteles, dass »Denken bedeutet, mit Bildern zu spekulieren«, schafft Bruno einen gewaltigen Erinnerungs-Bau, in dessen memorativen Hallen und Zimmern neben den Erinnerungsbildern der Dinge auf dem Weg der Magie auch die Statthalter der Planeten und kosmischen Kräfte niedergelegt sind – Abbilder der Ideen und, angesichts der Analogie von Schöpfer und Schöpfung, zugleich ein Abbild und Spur Gottes[323]. Angeordnet wird dies gesamte Inventions- und Erinnerungssystem nach dem System der *loci,* wobei durch die Ähnlichkeit von Architektur und Wissen die einzelnen Räume als *loci communes* und wissenschaftliche Disziplinen, die Orte innerhalb der Räume hingegen als *loci proprii* und einzelne Forschungsgebiete fungieren, die sich in der Architektur der menschlichen Seele als Bildern niederlegen[324]. Durch die komplexe Verbindung des rhetorischen Grundgerüsts mit dem System des Lullismus und magischen Lehren esoterischen Ursprungs aber wird dieser labyrinthische Bau letztendlich so komplex, dass er nur noch von seinem eigenen Baumeister beschritten werden kann. Gerade für heutige Leser ist dieser Gedächtnispalast nur noch schwer zugänglich[325].

III.2.6. Trügende Bilder, erblindende Spiegel: Fehler im System der Wissens-Invention

Trotz der großen Faszination eines solchen enzyklopädischen Mystizismus[326] und der sich daraus entwickelnden Verbindung von Enzyklopädie und Wissens-Utopie[327] sind die Schwachpunkte einer topischen Sammlung des Wissens durch die inventive Anordnung der *memoria* rasch ersichtlich. Denn es handelt sich um ein Hybridsystem, dessen »Etikettenschwindel« nicht über die grundlegenden strukturellen Unterschiede hinwegtäuschen kann, die der problemlosen Übertragung eines rhetorischen Systems zur Erzeugung von Wahrscheinlichkeit auf ein wissenschaftliches zur Naturerforschung und Wahrheitsfindung im Wege stehen.

1. Ein bedeutendes Problem ergibt sich bereits aus der Übertragung der zu invenierenden *res* aus ihrem rhetorisch-funktionalen Status als Argument in den kognitiven und metaphysischen der ›Dinge des Wissens‹. Aus der überschaubaren Zahl von *loci communes* und *proprii*, an denen die *res* zu finden sind, ufert das Aufgabengebiet der *inventio* durch seine Übertragung auf die *universitas rerum* zusehends aus – nicht zuletzt durch die rege Erfindertätigkeit der anbrechenden Neuzeit und die Erforschung von unbekannten Ländern im sogenannten ›Zeitalter der Entdeckungen‹. Die Ränge des Theaters der Dinge beginnen sich ins Unfassbare auszuweiten, die *inventio* sich in eine mühsame Akkumulation einer Wissensmenge zu verwandeln, die im Ideal der Fülle (*copia*) der Topoi und in der Metapher des Füllhorns und der *cornucopia* ihre Glorifizierung erfährt. In Zwingers Enzyklopädie etwa erweitert sich in nur zwanzig Jahren das Gesamtinventar der *inventa* – und damit auch das Volumen des Buches – um das Vierfache. Bei einem Umfang von nahezu 6000 Seiten zusehends unmöglich wird dabei die Niederlegung des Invenierten und topisch Disponierten in der menschlichen *memoria*. Jedes Gedächtnis wird durch die Überfülle des Wissens überfordert. Innerhalb eines ursprünglich für die unmittelbare Redepraxis geschaffenen Systems, das sich notwendigerweise innerhalb der Grenzen des Memorierbaren bewegen muss, macht es die Orientierung immer schwieriger. Vom wohlgeordneten Haushalt in der Erinnerungs-Villa des römischen Redners, vom wohlvermessenen Feld des Wissens in der dialektischen Ordnung verirrt sich die *inventio* in einen dunklen und undurchsichtigen Wald. »Sylva locorum communium«, lautet eine ursprünglich antike Metapher, die im ungeordneten Urwald des frühneuzeitlichen Wissens einen neuen Aufschwung erhält. Von den ersten amerikanischen Enzyklopädisten dieser Zeit, die, wie Gonzalo Fernández de Oviedo, mit einer dem europäischen Betrachter in seiner Vielfalt unerschließbar und grenzenlos erscheinenden »sylva de varia lección« aus bislang unbekannten *species* konfrontiert sind, bricht unter der Last des Neuen die topische Ordnung des Wissens zusammen und macht im Falle Oviedos einem fast anarchischen Ordnungsmodell Platz, das dieser auf die Formel »Unordnung ist Ordnung« (»el desconcierto es concierto y buena orden«) bringt[328].

2. Wozu aber dient ein Schatzhaus, das nicht mehr in der Lage ist, die Gesamtheit der Schätze aufzubewahren? Eine Apotheke, die nicht mehr in der Lage ist, ihre Heilmittel und Gifte zu sortieren und zu etikettieren? Ein Theater, das an der Überzahl von Requisiten und Nebenfiguren erstickt? Ein Spiegel, der das Wirkliche nur fragmentarisch reflektiert? Sichtbar wird diese Schwierigkeit in der bis in die Metaphern hinein nachvollziehbaren Überflutung durch den Universalitätsanspruch der topischen Wissensordnung. Denn wie bereits Cicero formulierte, ist Sinn und Anlass jeder Topik

ja das »locos nosse debemus«. Das topische Invenieren setzt immer die Vermessung eines bereits bekannten Raumes voraus. Doch der Raum des göttlichen Welttheaters überschreitet die Orientierungsfähigkeiten des Menschen. Im Kontrast zum stolzen Anspruch, den gesamten κύκλος der göttlichen und menschlichen Dinge zu erforschen, klassifizierbar und wissenschaftlich aufnehmbar zu machen, steht die Melancholie des topischen Enzyklopäden, wie sie sich etwa bei Alsted zeigt. Das erste Kapitel seines nachgefügten »Encylopaediae Methodum« ist deren eigener Unzulänglichkeit gewidmet: »De Imperfectione scientiarum«. Die Fülle und Unendlichkeit des göttlichen Stoffes ist nicht fassbar durch die Endlichkeit und Sterblichkeit des Enzyklopäden. Die Suche nach dem Wahren endet stets nur in der *inventio* des dem Wahren Ähnlichen: »Weder ist der vollkommen, der lernt, noch der Sterbliche, der unterrichtet. Wir wissen kaum etwas: das meiste vermuten wir. <...> Wir suchen das Wahre: und finden das Wahrscheinliche«[329].

Überhaupt nicht vorgesehen ist in diesem abgeschlossenen Wissensraum die Möglichkeit des Neulands[330]. Anders als in einer Ordnung nach rein arbiträr-positiven Kriterien, die dank ihrer inhaltlichen Willkürlichkeit jedes neu hinzugekommene Element einfach mit einem neuen Eintrag ihrem zugehörigen Buchstaben unterordnen, droht in einem topisch disponierten System die aus dem zugrundeliegenden Prinzip der Ähnlichkeit ausbrechende *res* das gesamte System zum Einsturz zu bringen. Ein Grund vielleicht unter mehreren, warum sich jenseits kosmographischer Fachschriften viele europäische Denker des 16. Jahrhunderts konsequent weigern, die Existenz einer ›Neuen Welt‹ zur Kenntnis zu nehmen. Unter der Fülle der disparaten Wissensdinge tritt daher in den Wissenschaften und Poetiken des 17. Jahrhunderts ein neues System mit dem topischen in scharfe und polemische Konkurrenz, das bereits auf vereinzelte Vorläufer im 16. Jahrhundert wie Conrad Gesners *Biblioteca universalis*[331] zurückblickt, die auf diesem Wege den Studierenden aller Künste und Wissenschaft von höchstem Nutzen zu sein beabsichtigten: die alphabetische Ordnung[332], mit allen ihren Vorzügen, aber auch Einbußen. Die Krise der topischen Ordnung führt eine Krise der *similitudo* mit sich. In dieser arbiträren Ordnung erhält sich die Methode der *loci communes* alleine als ein funktionsloser Gemeinplatz, im modernen Sinne, denn von nun an »finden andere Beziehungen – wie die (Un)Ähnlichkeit keinen Raum. Der Locus der *(dis)similitudo* ist durch die Mechanik des Alphabets erkauft«[333].

Auch wenn die mnemonischen Metaphern, allen voran der des Schatzhauses und des Theaters, sich halten, entsteht dabei ein weiterer »Etikettenschwindel«: der einer alphabetischen Ordnung unter topischen Anschein wie in Laurens Beyerlincks *Theatrum vitae humanae*[334]. Wenngleich der Autor durch die Metapher des Theaters als ›Zusammenstellung der göttlichen und menschlichen Dinge‹ in seinem »Proscenium« in die Nachfolge von Zwingers fast titelgleichem *Theatrum humanae vitae* tritt (»secundo loco succesit Thedorus Zvvingerus, Basileensis Medicus«[335]) wählt er als Ordnungsprinzip des Wissens die ›alphabetische Reihe‹, oder besser gesagt: überlagert die topische Ordnung der *loci* mit der arbiträren der alphabetischen (»Per Locos communes juxta Alphabeti serie«[336]) und schafft so eine der ersten alphabetischen Universal-Enzyklopädien. Nach den *loci communes* (»Qui? quales?«, »cur?« »quibus?« »quomodo?« »quoad locum?« »quoad materiam?« »quoad ordinem?« etc.) geordnet sind nun vielmehr der Inhalt der einzelnen alphabetischen Lemmata[337], wenngleich sie auch keinerlei inneren Zusammenhalt in der Reihung etwa von »Abstinentia«, »Abusus« und »Academia«, von »Elephas, Elephanti«, »Eloquentia« und »Emblema« herzustellen in der Lage sind.

3. Erklärte Feinde findet eine zugleich rhetorisierte und in Richtung der Künste nicht mehr klar abgegrenzte Wissenschaft jedoch auch schon früh in einem ganz anderen Lager: bei den Theologen. Trägt doch schließlich eine Wissenschaft, die auf der *ars inveniendi* aufbaut, auch immer die Züge einer *ars* im ursprünglichen Wortsinne der τέχνη: einer *Technik* des Verfertigens von Reden und der dazu nötigen Auffindung von Argumenten. Jede *ars* bearbeitet und verändert ihren Gegenstand, so auch die *inventio*: sie legt Verborgenes frei, um es weiterzuverarbeiten. Dieser ›artistische‹ Zug läuft einer Konzeption von Wissenschaft vollständig entgegen, deren Selbstverständnis sich in der bloß beobachtenden Gewinnung von Wissen ohne Beeinflussung des zu erforschenden Gegenstands ausdrückt. *Ars* und *scientia*, artistische und kontemplative Methode stehen sich unvereinbar gegenüber, und insofern trägt eine kontemplative Wissenschaft, die auf einer artistischen Technik aufbaut, die Saat der Zwietracht schon in sich. Besonders eklatant ist die Opposition auf dem Gebiet der Theologie, da die Erforschung des Wesens Gottes *per definitionem* kontemplativ sein muss und eine artistische Beeinflussung des Gegenstands der Erkenntnis ausschließt. Bereits Augustinus betonte ja emphatisch »et nusquam locus‹…›, et nusquam locus«: Gott ist nicht invenierbar, durch ein topisches Modell nicht zu ergründen. In der Diskussion um die Invention als Grundlage der Wissenschaften erhält die Spaltung von *homo faber* und *homo contemplativus* eine polemische Brisanz.[338]

4. Zugleich aber rüttelt die Konzeption des Wissens als bereits sichtbar geordnetes, inventiv disponiertes Welt-Gedächtnis auch an einer grundsätzlichen Voraussetzung der ciceronianischen *inventio*: das enthüllende Auffinden der verborgenen Dinge, »earum rerum quae absconditae sunt«. Da die *memoria* des Augustinus eine *imago* der Natur liefert, ist sie noch nicht disponiert, noch nicht durch das *iudicium* erschlossen. In ihr liegen die *ima-*

gines der Dinge verborgen, drohen sogar durch die *oblivio* verloren zu gehen, wodurch sie ja auch als ›Schatzhaus‹, als ungeordneter Hort charakterisiert ist, der wohl mehr dem Topf des ramistischen Lottospiels gleicht als dem wohlgeordneten Theater eines Comenius oder Jean Bodin. Wenn Augustinus in seiner *memoria* etwas an einem Ort der Seele ›findet‹, wo es sich von alleine nach der Einschleusung durch die Sinne niedergelegt hat, kommt dies einem enthüllenden Auffinden im Sinne Ciceros gleich. Wer dagegen in einer topischen Enzyklopädie, einer disponierten Aufstellung des Wissens sucht, findet in seiner *memoria* nur die Dinge *wieder*, die er selbst zuvor sichtbar aufgestellt hat. Wie in der disponierten Ordnung der *memoria* in der antiken Rhetorik lässt sich im *Theatrum rerum*, in den Regalen der Apotheke gleich einem Konto oder Bankdepot das abheben (*poscere*), was zuvor der Bank als Kredit gegeben (*credere*) wurde. Diese Spannung zwischen diesen beiden grundunterschiedlichen Formen des Invenieren führt also, gerade vor dem Hintergrund einer sich verschärfenden Opposition zwischen *ars* und *scientia*, an die Grenzen eines einheitlichen und verbindlichen Inventionsbegriffs.

5. Vor bislang ungekannte Schwierigkeiten setzt aber ganz besonders die in der Nachfolge Agricolas vorgenommene Kontaminierung der verschiedenen Disziplinen in Verbindung mit der ramistischen Ausweisung von *inventio* und *dispositio* aus der Rhetorik und der Überlagerung von *inventio* und *memoria*. Das Eindringen der *imago* in das System der Invention und die daraus entstehende Gleichsetzung von *inventio* und *imaginatio* stellen das im System der antiken Rhetorik noch ganz selbstverständliche Zusammenfinden von *res* und *verba* zusehends in Frage, zumal die Eingrenzung der *res* auf das Gebiet der Logik und Dialektik und der *verba* auf das der Rhetorik ja eine systematische Aufteilung der beiden Begriffe auf verschiedene Disziplinen diese Einheit ganz explizit beendet. In der Findungslehre von Erasmus' *De duplici rerum ac verborum copia*[339] etwa wird das sich aus der gewandelten Funktion der *inventio* resultierende Ideal der ›Fülle‹ (*copia*) in voneinander völlig unabhängiger Weise auf den Gebieten der Argumente und des Ausdrucks durchexerziert. Buch I enthält eine Anleitung zum inhaltlichen Argumentieren, Buch II hingegen eine Art Versatzstückkatalog – also etwa mehrere hundert Formeln, einen Brief zu beginnen. Diese Weise, Form und Inhalt in zwei unabhängige Gebiete zu spalten, führt auf ein »Mißverhältnis von *res* und *verba*«[340] hinaus, das als Problem von den humanistischen Denkern zusehends thematisiert wird.[341]

Entscheidend für diesen Dualismus ist aber auch die Tatsache, dass er ein solcher eigentlich gar nicht mehr ist. Durch die ›Ontologisierung‹ der *res* und die ramistische Übertragung der Invention auf sämtliche Gebiete des Wissens und Kunstschaffens besteht die erschwerte Anforderung an die *verba* fortan darin, die Gegenstände als Wahrnehmungseinheiten zu *benennen*. Notwendigerweise setzt dies eine Symmetrie oder gegenseitige Entsprechung beider Seiten voraus und macht aus dem argumentativen Modell auch ein sprach- und zeichentheoretisches, da die *verba* nun auf der einen Seite in angestammter Weise mit den *res* zusammenfinden müssen, auf der anderen Seite aber, in Fortführung der mittelalterlichen Theorie des Bildes, zugleich als *speculum animi* die inneren ›Bilder der Gegenstände‹ bezeichnen. Durch die Umbewertung der Invention vom dingfindenden zum bilderzeugenden Prozess erhält dies Problem eine umso größere Schärfe. Denn die *imago* bzw. der innerseelische Vorgang ihrer Erzeugung, die Phantasie oder *imaginatio,* stört das bislang binäre Verhältnis von *res* und *verba* in empfindlicher Weise. Auf der einen Seite sind die *imagines* oder *species* der mittelalterlichen Erkenntnislehre, anders als die rhetorischen *imagines agentes,* keine auf dem Weg der Ähnlichkeit mit den Dingen und Worten operierende, vom Menschen bewusst erdachte Gedächtnisstützen, sondern Abbilder des Wahrgenommen in der Seele und bedürfen der Identität mit den äußeren Gegenständen. Angesichts der Fähigkeit der Seele, Bilder durch die *imaginatio* selbst zu erzeugen, drohen diese *imagines* andererseits stets sich zu verselbständigen, zu in Wirklichkeit nicht existierenden Trugvisionen, ›Phantasmata‹ im modernen Wortsinne, zu Gespenstern, *phantasmes, fantasmas* zu mutieren, und dadurch das Verhältnis von Dingen und Worten zu subvertieren. Pedro Mexía lässt in seiner Abhandlung zur *imaginación* in seiner *Silva de varia lecíon* die Bilderzeugung sogar so weit gehen, dass der Biss eines imaginationswütigen Hundes zur Übertragung der Wahngebilde auf den Gebissenen und letztendlich zur Reproduktion von Bildern des Hundes in seinem Urin führt (»Y el mordido de perro rabioso, con la imaginación del perro imprime en la orina algunas veces imágines de perros«[342]). Vor ähnlichen Auswüchsen der *imaginatio* / φαντασία für die nun auch auf die Dichtung übertragene Invention warnt etwa Ronsard in seiner Kurzpoetik.

> Wenn ich dir sage, daß du schöne und große Dinge erfinden sollst, verstehe ich allerdings darunter nicht jene phantastischen und melancholischen Erfindungen, die weniger Zusammenhang miteinander besitzen als die abgehackten Träume eines Geisteskranken oder eines von hohem Fieber gequälten Patienten, in dessen Einbildung sich aufgrund dieser Verletzung tausend monströse Formen ohne Ordnung und Verbindung einstellen: die Erfindungen aber, für die ich dir die Regeln geben kann, sind wohlgeordnet und wohldisponiert.[343]

Mit ganz ähnlichen Worten schildert auch Gianfranceso Pico della Mirandola in seiner Schrift *De imaginatione* das stets vorhandene unheilvolle Potential der *imago*. Die sie hervorbringende φαντασία oder *imaginatio*, die »bilderschaffende Kraft der Seele«[344], trägt immer das Potenzial des Trugs und der Illusion in sich. Eine Gegenreaktion gegen die usurpatorische Macht der *imago*, des störenden Dritten, ist vorprogrammiert.

III.2.7. Austreibung des Bildes:
Die Kritik der Invention durch Descartes und Port-Royal

Diese hier aufgeführten Indizien sollen einige Anhaltspunkte liefern, um einen Sturz begreiflich zu machen, der wohl wenige ähnlich weitreichende Parallelen in der Frühen Neuzeit besitzt: die vollständige Eliminierung der topischen *inventio* und mit ihr auch ihres Ursprungs, der Rhetorik, aus dem, was man von da an die *Methode* nennt – ein von Ramus neu etablierter aristotelischer Begriff[345], der nun durch Descartes' *Discours de la méthode* völlig umfunktioniert wird. Beginnend mit dem 17. Jahrhundert hat diese Verdrängung in den folgenden Jahrhunderten einen solch eminenten Erfolg, dass die bloße Existenz einer vormals inventiven Ordnung des Wissens und des aus ihr sprechenden Inventionsbegriffs mehr und mehr in Vergessenheit gerät, wie Diskussionen gleich der um die ›Erfindung Amerikas‹ beweisen. In vorderster Front der Attacken stehen zum Unglück der topischen Invention genau die Schulen, die gemeinhin als die Vorreiter der modernen philosophischen Methode gelten: der Rationalismus Descartes, der Empirismus Francis Bacons und die Logik von Port-Royal.

Letztere erteilt in dem der »invention« oder den »loci argumentorum« gewidmeten 15. Kapitel des III. Teils ihrer Logik, das den bezeichnenden Titel »Von den Loci argumentorum oder über die Methode, Argumente zu finden; von welch geringem Nutzen diese Methode ist« (»Des Lieux ou de la Methode de trouver des argumens. Combien cette methode est de peu usage«[346]) trägt, der Topik von Rhetorikern und Logikern eine schneidende Absage. Basiert ist das Urteil besonders auf den methodischen Schwächen, die zuvor im Punkt 1 angesprochen wurden. Das Ideal der *copia* wird von Arnauld und Nicole zum Hindernis für das *iudicium* disqualifiziert. Kurz: Der *locus communis*, vormals der Ort, an dem die Argumente versteckt waren, nimmt hier die Gestalt an, die das heutige Wort ›Gemeinplatz‹ umschreibt: abgedroschen-phrasenhafte Gedanken, »diverses pensées generales, ordinaires«. Zugleich aber taucht dadurch in indirekter Form eine Kritik von Punkt 4 auf. Die Invention der ramistischen Logiker und Rhetoriker und die mechanistische Methode der Lullisten haben den entdeckenden Charakter (»qui ne se découvrent«) verloren, bieten nicht mehr als ein stupides und ›steriles‹ Wiederfinden einer wuchernden Menge von Vorgeformtem. Ja, die »Methode der Örter« bildet eine geistes- und konzentrationsschwächende Verdummungsmaschinerie, die ein strenger Denker der damaligen Zeit ebenso verabscheuen muss wie ein heutiger das Fernsehen – und zwar mit ganz ähnlichen Worten.

Der geringe Gebrauch, den die Welt von dieser Methode der Loci gemacht hat, seit der Zeit ihrer Erfindung und Aufnahme in den Lehrstoff der Schulen, ist ein evidenter Beweis für ihren geringen Nutzen. Selbst dann aber, wenn man darauf aus wäre, aus ihr den ganzen Saft zu pressen, den sie hergeben kann <*quand on se seroit appliqué à en tirer tout le fruit qu'on en peut tirer*>, ist nicht einzusehen, daß man dadurch zu etwas gelangen könnte, was wirklich nützlich und achtenswert wäre. Denn alles, wozu man durch diese Methode behaupten kann befähigt worden zu sein, ist die Auffindung verschiedener allgemeiner, alltäglicher, abgelegener Gedanken zu jedem Gegenstand, wie sie die Lullisten mittels ihrer Tafeln finden. Nun ist die Beschaffung eines derartigen Überflusses nicht nur unnütz, sondern es gibt nicht, was das Urteilsvermögen mehr verdirbt als dieses Verfahren. <…E>s ist aber noch viel wichtiger, ganz davon überzeugt zu sein, daß es nichts Lächerlicheres gibt, als sie zu verwenden, um über alles unverbindlich zu reden, wie es die Lullisten es mittels ihrer allgemeinen Attribute tun, die eine Art von Loci sind – und daß diese schlechte Leichtigkeit, über alles zu reden und überall Vernünftiges zu finden <*mauvaise facilité de parler de tout, & de trouver raison par tout*>, ein so negativer Geisteszug ist, daß er weit unter der Dummheit steht.[347]

Grundsätzlich stellt die Logik von Port-Royal die Fähigkeit der Invention in Frage, überhaupt die Argumente des Diskurses liefern zu können. Wenn die *loci* auch als logische Ordnungspunkte ein gewisses Recht besitzen, so helfen sie doch nicht bei der Stoff- und Wahrheitsfindung weiter. Viel ausschlaggebender als die *inventio* ist die *dispositio*, die Methode und die Begriffsdefinition, nach der Erkenntnisse gewonnen und vorgebracht werden.[348] Diese Flucht aus dem verworrenen ›Wald‹ (*sylva*) der *lieux communs* geht zurück auf Descartes' Kritik der Topik, wie sie unter anderem in den *Regulae* formuliert ist. Nicht die Abundanz, sondern die Einfachheit und Reinheit dienen der Erkenntnis. Die Technik der Syllogismen wird überflüssig. Nur durch das kontemplative Betrachten des ›Lichts der Natur‹, nicht durch ein artistisches Verfahren, wird die Erkenntnis der Wahrheit gewonnen.

> Aber weil – wir haben schon oft darauf hingewiesen – die Formen der Syllogismen zur Erfassung der Wahrheit nichts helfen, wird der Leser gut tun, wenn er sie ganz verwirft und sich vorstellt, daß überhaupt jede Erkenntnis, die man nicht durch eine einfache und reine Intuition eines

vereinzelten Sachverhaltes <*per simplicem & purum vnius rei solitariae intuitum*> gewinnt, durch den Vergleich zweier oder mehrer miteinander gewonnen wird. Und zwar besteht fast alles, was die menschliche Vernunft durch eigene Tätigkeit dabei leisten kann, darin, diese Handlung vorzubereiten. Wenn sie nämlich auf der Hand liegt und einfach ist, bedarf es keiner Kunsthilfe <*nullo artis adjumento*>, sondern allein des Lichtes der Natur, um die Wahrheit, die man dadurch gewinnt, in der Intuition zu erfassen.[349]

Descartes' kategorisches Aufforderung, »alle Vorschriften der Dialektiker <zu> übergehen« (»omittamus omnia Dialectorum praecepta«[350]) fußt vor allem auf der Unfähigkeit der topischen Argumentation, seit Aristoteles' Gebiet des *veri simile* und nicht des *verum*, die Wahrheit mit den Banden der loci einzufangen (»advertimus elabi saepe veritatem ex istis vinculis«[351]). Der Grund dafür aber findet sich vor allem in einem Argument, das in jeglicher Hinsicht Neuwert besitzt, dem nämlich, das zuvor als Punkt 2 angeführt wurde: die dialektische Methode sei nur in der Lage, das wiederzukäuen, was vorher bekannt war, könne aber »nichts Neues wahrnehmen« (»nihil novi percipere«) und damit auch keine Erkenntnis erzeugen, welche die Wahrheit in sich einschließe (»qui verum concludat«). Wahrheit und Neuheit treten in Korrespondenz, und daher belegt Descartes durch die Konfrontation der syllogistischen und topischen Argumentation mit dem Phänomen des Neuen die ramistische Dialektik mit einem scharfen Verdikt: Ausweisung aus der Philosophie zurück in die Rhetorik aufgrund ihrer Nutzlosigkeit bei Wahrheitsfindung.

Wie das Neue ist auch die Instanz des Bildes innerhalb des Erkenntnisprozesses, abweichend von der Gleichsetzung von *inventio* und *imaginatio* in der zeitgenössischen Poetik und Kunsttheorie, von der Methode der Dialektiker strikt getrennt. Direkt im Anschluss an die Kritik der dialektischen Syllogismen geht Descartes zur Untersuchung des Beitrags der *imaginatio* oder *phantasia* bei der Suche nach dem *primum verum* vor. Ganz abweichend von Ronsard oder Pico besitzt die Macht der Phantasie, Fieberträume und illusionäre Trugbilder zu erschaffen, hier keinerlei Relevanz. Eine wahrheitstrübende Macht besitzt die *species* bei Descartes nicht. Vielmehr argumentiert dieser ganz aristotelisch: Die *species* in der Phantasie sind die identischen (»nihil aliud«, also eben nicht nur ähnlich – *simile*) immateriellen Entsprechungen des Materiellen, so »daß die Phantasie selbst mitsamt den in ihr hervortretenden Ideen nichts anderes sei als ein wahrer und realer, ausgedehnter und gestalteter Körper«[352]. In Form abstrahierender Spekulation dienen die Bilder der Einbildungskraft somit ganz der Wahrheitsfindung, sind Komplement des Intellekts. Man soll »den Verstand nicht rein gebrauchen, sondern unterstützt von den in der Phantasie gemalten Bildern« (»speciebus in phantasia depictis«). Eine Mittlerinstanz wie etwa in der Imaginationstheorie Picos, wo das Bild aber über die komplementäre Funktion ein eigenes, unabhängiges Aktionspotential besitzt, läuft Descartes Verständnis völlig entgegen.[353]

Indem Descartes die *species* aber auf die ancillare Position verweist, die Dingwelt als ›wahren Körper‹ in ›unsere Imagination einzumalen‹, spricht er der Phantasie genau die Fähigkeit ab, die für Pico und Ronsard ihre Gefährlichkeit ausmachen: eine *imago* zu produzieren, die auch trotz des Fehlens jeder ›wahren Körper‹ als Trugbild ihre Macht auf die Seele ausübt. Dadurch, dass er die *species* wieder in ihrer aristotelischen Funktion in eine passive Rolle drängt, bricht Descartes zugleich die aktive Macht des Bildes, der *imago agens*, die sich seit Augustinus aus der Rhetorik in die Erkenntnistheorie bewegt hatte. Die *imago* als eigenständige und sinntragende Instanz und mit ihr die in den humanistischen Theorien dominierende Rolle der Metapher hat in der cartesischen Philosophie ihr Recht verloren[354]. Das dem Wahren Ähnliche wird durch den Primat des Wahren verdrängt.

III.3. Francis Bacon: Invention der Neuen Welt, Invention der Neuen Wissenschaft

III.3.1. Erfindung des Neuen, Neuerfindung der Erfindung

Um einiges deutlicher noch als bei Descartes fällt einige Jahre früher die Kritik Francis Bacons an den Syllogismen und der Technik der Invention aus, wie sie von den Dialektikern betrieben wird. Denn statt wie seine rationalistischen Zeitgenossen der *inventio* jegliche Nützlichkeit abzusprechen, entwickelt er eine bereits in ihren Grundlagen völlig umgestaltete Theorie der *inventio*, die eine Erneuerung des gesamten Wissens, eine *Instauratio magna* der Philosophie mit sich führt, zugleich aber den Begriff der Invention in so radikaler Weise einer in jeglicher Hinsicht ›neuen‹ Definition unterwirft, die sich auf allen Ebenen von den Schwachpunkten der dialektischen Invention abzugrenzen sucht. Der daraus erwachsende Inventionsbegriff ist in dem seit der Antike verwendeten kaum mehr wiederzuerkennen. Diese Umorientierung der *inventio* betrachtet Bacon voll Selbstbewusstsein als »immerwährende Umwälzung« (»vertigo quaedam et agitatio perpetua«[355]), als »neuen, unfehlbaren Weg« (»novam autem et certam viam«[356]), ja als Bruch mit der gesamten Tradition (»omnisque traditio et successio disciplinarum«[357]). Zum Einen richtet er sich vehement gegen Aristoteles, der sowohl die gesamte Metaphysik als auch »seine Naturphilosophie völlig seiner Logik auslieferte <*mancipavit*> und sie so fast unbrauchbar und streitsüchtig machte«[358], sie »durch seine Dialektik verdarb, da er die Welt aus den Kategorien herleitete. Die menschliche Seele, die edelste Substanz, unterstellte er ihrer Gattung nach den Worten zweiter Ordnung« (»ex vocibus secundae intentionis tribuerit«[359]).

Diese »secunda intentio« wiederum ist ein Terminus der scholastischen Philosophie, durch welchen der *locus* als *intentio intentionis*, als Konzept des begrifflichen Konzepts definiert wurde. Mehr als gegen Aristoteles selbst richtet sich der Angriff zum Anderen gegen seine mittelalterlichen Schüler; ihre sklavische Methode des Findens der vermeintlichen Wahrheit in den Texten der Autoritäten ist in Wirklichkeit nichts als ein stupides »Nachtrotten« ist, und die Aristoteles-Anhänger »ergaben <*mancipavit*> sich ihr aus Vorurteil und auf das Ansehen anderer hin«[360]. Gegen das »mancipare« setzt Bacon daher die E-manzipation. Seine *inventa* entstehen nicht mehr durch den Autoritätsbeleg, sondern im Gegenteil durch Abkehr von der Antike und ihren Autoren: »weder durch triumphierende Widerlegungen noch durch Berufung auf das Altertum, noch durch irgendwelche Benutzung einer Autorität«[361] entsteht die neue *inventio*. An die Stelle des überlieferten Kanons setzt er die ›Große Erneuerung‹, Titel seines nie fertiggestellten Gesamtwerks; an die des vormals unangefochten gültigen *Organon* des Aristoteles sein *Novum organum*, Titel des fertiggestellten Hauptteils. Hierbei betont der Lordkanzler von Verulam bereits zu Beginn seiner »Praefatio« zur *Instauratio Magna*, die Essenz der Erneuerung müsse darin bestehen, durch ein »besseres Erfinden« (»postquam nil melius inveniri potuerit«[362]) von dem scholastischen Verfahren abzurücken, sich auf das bisher Erfundene, die *inventa* zu beschränken und die (terminologisch aus der Rhetorik Ciceros übernommenen) ›Sitze‹ (*sedes*) des Wissens allein in den Schriften weniger Autoritäten zu orten (»in operibus paucorum sedes fixas posuisse«).

Ziel der *Instauratio* sei es, durch die neu vollzogene »Ehe« von Geist und Natur die *inventa* der Autoritätstexte hinter sich zu lassen, so »daß aus dieser Hochzeit Hilfe für den Menschen und ein Stamm von Erfindern <*stirps inventorum*> hervorgehen mögen, welche die Not und das Elend des Menschen zumindest teilweise mildern und besiegen.«[363] Was das Erfundene und die Erfindung, die bislang im Prozess des Invenierens an den bekannten *loci* zusammenliefen, hier erstmals einer Trennung unterzieht, ist das Auftauchen des *Neuen*. Ist bislang »*inventio*« nicht Erfinden von Neuem, sondern Auffinden von Vorfindlichem«[364], ereignet sich durch Bacon eine für die gesamte Neuzeit grundlegende Wandlung des Begriffs. Während im Werk Descartes' und in der Logik von Port-Royal die Antwort auf die Unfähigkeit der *Dialectici,* dem Neuen zu begegnen, sich in der grundsätzlichen Ablehnung des obsoleten inventiven Verfahrens äußert, unternimmt Bacon einen subversiven Schritt: er integriert das Neue in die Invention selbst, indem er konstatiert, das bisher Invenierte (*inventa*) und Bekannte sei zur *inventio* überhaupt nicht in der Lage gewesen. Die einzig wahre *inventio* ist die der ›neuen Werke‹ (*novorum operum*). So ergibt sich eine Spaltung innerhalb des Verbs *invenire,* da in ihm nun erstmals die Bedeutungen von *finden* und *entdecken / erfinden* miteinander in Konflikt geraten[365]. Den *inventa,* dem Bekannten, bereits Gefundenen und Vorhandenen, das dem Verfahren der dialektischen Syllogismen entspricht, steht die *inventio* als Hervorbringung (Entdeckung und / oder Erfindung) des Neuen bzw. noch nicht Bekannten gegenüber. Der Wissenschaft (*scientia*) als *modus inveniendi*, als gezielte Suche nach Neuem stehen die nur dem Zufall entsprungenen Werke der *inventa* gegenüber. »Auch die Werke, welche bereits erfunden sind <*jam inventa sunt*>, verdanken wir mehr dem Zufall und der Erfahrung als den Wissenschaften; denn die gegenwärtigen Wissenschaften sind nichts anderes als eine gewissen Zusammenfassung früher entdeckter Dinge <*rerum antea inventarum*>: sie sind nicht Grundlagen zur Forschung <*modi inveniendi*>, noch Wegweiser zu neuen Werken«[366]. Die dialektische Invention bleibt für Bacon wie für Descartes nicht mehr als ein rhetorisches Überzeugen, das nur den Konsens erzwingt, sich aber nicht auf das eigentliche Stammgebiet der Invention erstreckt: die *res.* (»Assensum itaque constrinigit, non res«[367]).

Wie sich hieraus ergibt, ist Bacons Verfahren im Grunde eine konsequente Weiterführung des »Etikettenschwindels« der dialektischen Invention. Es operiert mit der Begrifflichkeit der ciceronianischen Rhetorik und ordnet in scheinbar klassischer Weise der *inventio* die Herrschaft über die *res* zu. Doch bei diesen handelt es sich erklärtermaßen nicht mehr um Argumente wie für Cicero. Da die Feinheit der Natur die jedes Arguments übertrifft, ja, das Neue nie auf dem Weg der Argumente konstituiert werden kann[368], ist für die neuen Wissenschaften die topische Argumentation und mit ihr die gesamte bisherige Logik und Wissenschaft »nutzlos« (»inutiles sunt ad inventionem operum«). In seiner zehn Jahre älteren Schrift *The advancement of learning* macht Bacon ebenso auf der einen Seite klar, dass die *inventio* durchaus auch in seiner Definition, auch als Technik der wissenschaftlichen und intellektuellen Neuerung, nach wie vor ihren angestammten Platz innerhalb der von Cicero aufgezeigten Teilen der Rhetorik einnimmt: als *prima et maxima pars* – wenngleich die *actio* hier eliminiert ist sowie elocutio und *memoria* ihre Plätze getauscht haben.

Die intellektuellen Künste <*arts intellectual*> sind vier an der Zahl, unterteilt entsprechend den Zielen, auf die sie bezogen sind: denn die Arbeit

<*labour*> des Menschen ist es, zu erfinden <*invent*>, was gesucht oder vorgebracht wird; oder zu beurteilen <*judge*>, was erfunden wurde; oder zu behalten <*retain*>, was beurteilt wurde; oder zu übermitteln <*deliver over*>, was behalten wurde. Deshalb müssen die Künste vier sein: Kunst der Erforschung <*inquiry*> oder Erfindung <*invention*>, Kunst der Untersuchung oder des Urteils <*examination or judgment*>, Kunst des Aufbewahrens oder Gedächtnisses <*custody or memory*>; und Kunst von Vortrag oder Überlieferung <*elocution or tradition*>.[369]

Innerhalb dieses klassischen Schemas jedoch bricht die »invention« auseinander: »Erfindung von zweierlei sehr unterschiedlichen Arten: die eine von Kunst und Wissenschaft, die andere von Rede und Argumenten«. Dies setzt im Grunde keine grundlegend andere Spaltung voraus als die bereits von Erasmus in der ›doppelten Fülle‹ vorgenommenen, nämlich die der *res* von den *verba*, als welche die Argumente nun fungieren. Doch für Bacon ergibt sich daraus die Unterscheidung von wahrer und falscher, eigentlicher und uneigentlicher Invention: ein Gegensatz, der offenbar der Opposition von *inventio* und *inventa* im *Novum organum* gleichkommt. Und gewissermaßen um seinen Nachgeborenen Kant und alle auf ihm basierenden Oppositionen von Erfindung und Entdeckung bereits prophylaktisch zu dementieren, verleiht Bacon im englischen Text nun der ›eigentlichen‹ Invention eine neue wörtliche Entsprechung: das *Entdecken* (»to discover«) in Abgrenzung von der ›uneigentlichen‹: dem *Wiedergewinnen* (»to recover«)[370]. Unter letzterem ist das zu verstehen, was spätestens seit Cicero den Namen *inventio* trägt, nämlich das topische Heraus-Denken von Argumenten. Da dies jedoch ›keine richtige Erfindung‹ darstellt, bleibt es aus dem Begriff der *inventio* im engeren Sinne fürderhin ausgeschlossen und wird in das Gebiet der *memoria* hinter das *iudicium* geschoben.

> Die Erfindung von Rede und Argument ist gar keine richtige Erfindung: denn Erfinden ist Entdecken <*to invent is to discover*>, was wir nicht wissen und nicht, wiederzugewinnen oder wieder herbeizurufen <*to recover or resummon*>, was wir bereits wissen: und der Gebrauch dieser Erfindung bedeutet nichts weiter, als aus dem Wissen heraus, das unser Geist bereits besitzt, hervorzuziehen oder vor uns zu rufen, was dem Zweck, den wir in unsere Betrachtung nehmen, angemessen <*pertinent*> ist. So daß es, um die Wahrheit zu sagen, gar keine Erfindung, sondern eine Erinnerung oder Anregung <*remembrance or suggestion*> ist, mit einer Anwendung <*application*>; was der Grund ist, warum die Gelehrten sie nach das Urteil setzen, als nachfolgend und nicht als vorausgehend.[371]

Ähnlich ablehnend gegenüber der dialektischen Invention argumentiert das *Novum Organum*. Diese sei eigentlich nur ›dem Namen nach‹ eine *inventio*, obwohl sie dieser völlig wesensfremd sei. Denn sie führt »neugierige und unbequeme« Geister (»curiosos et importunos«[372]) – zwei traditionelle Negativkategorien, die bei Bacon nun zu positiven Wesenszügen des ›neuen‹ Erfinders werden – zur keiner kritischen Untersuchung, sondern verweist sie nur auf Glaubenstreue (»ad fidem«). Das Tradierte bleibt unangreifbar wie ein Sakrament (»veluti sacramentum«). Dagegen lässt die ›wahre‹ Invention, so lehrt das *Novum Organum*, das Gebiet der *verba* und *notiones* hinter sich, um sich ganz auf das Gebiet der *res* zu verlagern, die zugleich das angestammte Gebiet der *inventio* und, auf dem Wege der ›Erfahrung‹, der *mera experientia*, den einzig wahren Erkenntnisgrund darstellen.

Trotz dieser Rückführung der *inventio* zu den *res* und der formalen Einordnung in das fünf- bzw. vierteilige Schema der Rhetorik und Dialektik lässt sich schwerlich verbergen, dass mit der ›wahren‹ Invention im Sinne Bacons überhaupt kein Schlussverfahren, weder ein logisches noch ein topisches noch ein ›kritisches‹, gemeint ist. Denn die von ihm intendierte *res* grenzen sich ebenso wie von den ciceronianischen Argumenten auch von den durch die Ordnung der *loci* klassifizierbaren ›Dingen des Wissens‹ im System der dialektischen Invention ab. Bei den *res* geht es Bacon allein um die stofflichen Objekte der Gegenstandswelt. Ist die *inventio* eine Hervorbringung von Neuem, muss es sich um ›neue‹ Gegenstände handeln, die vorher nicht bekannt waren, etwa, um Francis Bacons Lieblingsbeispiele von *inventiones* zu liefern, die »im Altertum unbekannt« waren: die Buchdruckerei, das Schießpulver und der Kompass – für die dementsprechend neue *verba* geschaffen werde müssen, und seien es auch bloße Ableitungen aus bekannten Wörtern: »Artis nimirum Imprimendi, Pulveris Tormentarii, et Acus Nauticae«[373].

Mehr noch als in der Trennung von *res* und *verba* liegt der Unterschied zwischen ›eigentlicher‹ und ›uneigentlicher‹ in der Gegenübersetzung von topischer und technischer Invention, wobei *inventio* im Falle letzterer hier vielleicht zum ersten Mal legitimerweise mit ›Erfindung‹ im modernen Sinne zu übersetzen ist. Entgegen dem Finden der verborgenen Argumente im Sinne Ciceros zielt Bacons *inventio* auf ein Finden der bislang im Schoße der Natur verborgenen ›Erfindungen‹ ab, die vom ›Erfinder‹ enthüllt werden, wodurch das in der enzyklopädischen Ordnung ramistischer Prägung verlorengegangene, enthüllende Element der klassischen Findungslehre wieder in den Vordergrund rückt. Zudem kehrt Bacon damit von der Tradition der Invention als rhetorischer Technik wieder zu der lange vergessenen antiken Tradition der Erfindungs- und Erfinderkataloge zurück, dem das Auffinden neuer, bislang nicht bekannter Dinge zugrunde liegt. Das führt den Menschen zugleich in eine paradiesische Situation, nämlich in die Rolle Adams zurück: zur Aufgabe, der noch nicht bekannten *res* einen Namen zu geben wie im Augenblick nach dem göttlichen Schöpfungsakt. Der Vergleich mit Adam nimmt dem Phänomen des Neuen zugleich den Ruch der Verbotenheit: auch der Urvater war zu Beginn der Schöpfung mit einer Unzahl von Dingen konfrontiert, die ihm neu waren und für die es keinen Namen gab. Dieser Akt ist, da er ja noch vor dem der Erkenntnis (dem *iudicium*, das der *inventio* nachfolgt) stattfand, völlig unschuldig an der Vertreibung aus dem Garten Eden:

> Denn jene reine und unbefleckte Naturerkenntnis, kraft welcher Adam den Dingen, ihren Eigentümlichkeiten entsprechend, die Namen gab, war keineswegs Grund oder Anlaß des Sündenfalls. Vielmehr war der Grund und die Art der Versuchung gerade jene ehrgeizige und herrschsüchtige Begierde nach moralischem Wissen <*scientiae moralis*>, das über Gutes und Böses entschiedet. Dies führte dazu, daß er von Gott abfiel <*ut Homo a Deo deficeret*>, um sich selbst Gesetze zu geben.[374]

Das Erfinden als Auffinden verborgener Wahrheiten dagegen erweist sich als Grundlage jeder Wissenschaft; als das εὑρίσκειν des Xenophanes, auf den Bacon implizit auf biblischem Umweg Bezug nimmt in Form der These, das neu zu Erfindende sei von den Göttern (bzw. hier vom christlichen Schöpfergott) verborgen worden, damit der Mensch es nach und nach suchend auffinde. So bestehe, wie Bacon unter Heranziehung der Sprüche Salomons (25,2) darlegt, »die Ehre Gottes sei es, das Werk zu verhüllen <bzw. das ›Ding zu verstecken‹ – *celare rem*>: aber die Ehre des Königs, das Werk zu entdecken <*rem invenire*>«[375]. Das Erfinden gleicht insofern einem unschuldigen Kinderspiel (»puerorum ludum«): diesmal nicht dem ramistischen Lotto-, sondern eben, wie Blumenberg es nennt, dem »großen Weltversteckspiel«[376], an dem Gott eine kindliche Freude zeigt:

> Es ist, als wenn die göttliche Natur sich an dem unschuldigen und harmlosen Spiel der Knaben ergötzte, die sich verstecken, um gefunden zu werden <*se abscondunt ut inveniantur*>, und als ob sie in ihrer Nachsicht und Güte gegenüber den Menschen den menschlichen Geist zu ihrem Mitspieler in diesem Spiel auserwählt hätte.[377]

Im Lichte des *Novum Organum* liest sich der Salomon-Vers, ähnlich wie das zuvor zitierte Xenophanes-Verspaar, als eine Antizipation der derridianischen Inventionsformel: »La création à Dieu, l'invention à l'homme«. Unterschiedlich ist indes seine Bedeutung angesichts der Differenz von ›alter‹ und ›neuer‹ Invention: Gott kreiert und verbirgt, der Mensch findet – er *er*findet nicht. Urgrund der ›wahren‹ Invention ist ein mystischer, eine Revelation der göttlichen Geheimnisse. Wie schon zu Beginn der europäischen Philosophie bleibt das ›Neue‹ in seiner Neuheit relativ: es war bereits zuvor vorhanden und musste erst enthüllt, oder besser: entdeckt werden. Folglich wird der Unterschied von Entdecken und Erfinden von Bacon noch nivelliert: wie der vorher angefügte Textbeleg beweist, sind zwar beide Begriffe in ihrer ›inventiven‹ Konnotation bereits existent, jedoch synonym gesetzt: »Denn Erfinden ist Entdecken« (»for to invent is to discover«). Ist das Handeln nach autonomem Gesetz (»sibi ipsis leges dare«) Ursache eines Sündenfalls, so ist die nun kontemplative *inventio*, die Bacon mit der Aufdeckung des von Gott verborgenen anspricht (»quae naturam contemplantur«) durchaus gottgefällig.

Wenngleich Bacon seine Erfindungskonzeption auf diesem Wege theologisch absichert, ist die Umdeutung der ›artistischen‹ Invention zu einem Akt der Kontemplation auffällig – wird in Bacons eigenem Werk aber dennoch stellenweise unterlaufen. So lesen wir beim zweiten Auftauchen des Salomon-Zitats im *Novum Organum* einen Satz, der geradezu als sein Dementi betrachtet werden könnte: »Die Erfindungen sind gleichsam neue Schöpfungen und sind Nachahmungen der göttlichen Werke« (»Etiam inventa quasi novae creationes sunt, et divinorum operum imitamenta«[378]). Mit der christlichen Tradition brechend, findet die Nachahmung Gottes nicht mehr in der *imitatio Christi* statt. Der Mensch nutzt seine Gottähnlichkeit, sich selbst zur Kontrafaktur des göttlichen Schöpfers zu machen – seine Werke sind Nachahmungen der göttlichen Kreaturen, seine Erfindung Nachahmung des souveränen Akts der *creatio ex nihilo*. Daher legt der Erfinder nicht Vorhandenes, von Gott Verstecktes frei, sondern kreiert es selbst als etwas Neues. Mit dieser Analogisierung von Gott und Erfinder einher geht der Geniegedanke. Das Neue in Künsten und Wissenschaften kann nur durch ein großes Ingenium kreiert werden (»Scientiarum enim augmenta a magnis utique ingeniis proveniunt«[379]). Selbst der Grundsatz, der im Patentrecht in Form des ›inventiven Konzepts‹ die Grenzlinie zwischen Erfindungen und Nichterfindungen (oder als Mittlerinstanz: den Gebrauchsmustern) zieht, ist bei Bacon schon angelegt. Zur Erfindung wird ein Produkt nur durch die Innovation, nicht aber die einfache Fortentwicklung oder ›Aufpolierung‹ einer bereits existierenden Erfindung (»in operibus mechanicis habentur pro novis inventis, si quis jampridem inventa subtilius poliat«[380]).

III.3.2. Die Verbannung des Bildes aus der Erfindung: Bacons Idola-Lehre

Mit diesem kreationistischen Element stößt der Erfindungsbegriff an einen Grenzpunkt. Durch die Erneuerung der *inventio* im Rahmen der *Instauratio magna* soll ein einziger Begriff, der ursprünglich eine rhetorische Technik des enthüllenden Findens bezeichnete, nun sowohl seine ›uneigentliche‹, dialektische Ausformung als Wiederfinden von Bekanntem im Kanon der Autoritätsschriften umschließen als auch seine die ›eigentliche‹, nämlich das mystische Enthüllen des Neuen als etwas von Gott im Schoß der Natur Verborgenen, aber auch die *nova creatio* dieses Neuen durch den Menschen selbst – eines Neuen, das es insofern vorher noch gar nicht gegeben hat. Die Schwierigkeit, die Enthüllung von Präexistentem und die Schaffung von Inexistentem in einer gemeinsamen Begrifflichkeit zusammenzuführen, wird schließlich für Kant die Ursache sein, die klare Grenzlinie des »was ganz anderes« zwischen Entdeckung und Erfindung zu ziehen. Das Eindringen der *nova creatio* treibt den klassischen Erfindungsbegriff ans Ende seiner Tragfähigkeit.

Dass Bacon die völlig disparaten Konzeptionen nach wie vor durch das lateinische Verb *invenire* rettet und den Gedanken der Neuschöpfung nicht in aller Konsequenz an sein Ende führt, mag zum einen in dessen häretischem Potenzial liegen, das gerade spanische geistliche Denker der Zeit die Schaffung von neuen Vorstellungen als Einblasungen des Teufels deuten lässt, des großen Kontrafaktors und Bilderzeugers[381]. Ein einheitlicher und reformierter Inventionsbegriff, der die Enthüllung von Unbekanntem bezeichnet, ist aber auch unmittelbar mit den Fundamenten von Bacons Denken verbunden: der wissenschaftlichen Utopie einer allumfassenden ›Hochzeit‹ und Synthese von Geist und Natur sowie der konkurrierenden philosophischen Systeme durch die *Instauratio magna*. So erklärt sich auch Bacons Bemühen, die sich auftuende »mürrische und unglückliche« Ehescheidung (»morosa et inauspicata divortia«[382]) zwischen rationalistischer und empiristischer Fähigkeit bzw. Schule (»inter empiricam et rationalem facultatem«) zu überbrücken – und die Spaltung von *ars* und *scientia*, dem ›artistischen‹ und dem ›kontemplativen‹ Erkenntnismodell in Form einer kontemplativen Invention aufzuheben, die sich im biblischen »gloria regis rem invenire« kristallisiert. Infolge der Verlagerung der ja bereits in ihrer topischen Variante ›artistischen‹ Invention auf das Gebiet der technischen Innovationen wird der Anteil der *ars* beträchtlich gesteigert. Die Natur der Dinge muss durch die *ars* geradezu »gefoltert«[383] werden, um sich zu offenbaren, während die Freiheit ihr eher abträglich ist (»natura rerum magis se prodit per vexationes artis quam in libertate propria«[384]), das philosophische

Werk gleich einer »Maschine« vorangetrieben werden (»ac res veluti per machinas conficiatur«[385]). Ohne technische Instrumente ist es hilflos. Die naive Kontemplation der Natur betäubt gar den Verstand (»Contemplationes naturae et corporum in simplicitate sua, intellectum frangunt et comminuunt«[386]). Dennoch ist es Bacons Anspruch, durch die neuartige *excogitatio* einer induktiven Methode (»forma Inductionis alia quam adhuc in usu fuit excogitanda«[387]) auch zu einer neuen Form der kontemplativen Naturbetrachtung zu gelangen, die sich mit der artistischen verbindet, indem sie auf die veraltete Methoden verzichtet, Wissen in den Texten zu finden, und sich auf die Betrachtung der Natur und ihrer Dinge selbst verlegt.

Prämisse dieser neuen »Wissenschaften, die die Natur betrachten« (»scientiis quae naturam contemplantur«[388]), durch die der Mensch zum wahren »Diener und Dolmetscher der Natur« (»naturae minister et interpres«[389]) wird, bildet die Beseitigung des Missverhältnisses von Geist und Natur. Dieses Missverhältnis hat seinen Urgrund in der bereits im vorausgehenden Jahrhundert wiederholt thematisierten Inkompatibilität von *res* und *verba*. Schuld an ihr trägt laut Bacon in erster Linie das Verfahren der topischen Invention, ihre *notiones* und *verba*, die sie von den Autoritäten übernahm, nicht mit der Realität zu konfrontieren; und dazu der allgemeine Sprachgebrauch, da diejenigen, die ihre Begriffe blind vom Pöbel übernehmen, sich wenig darum sorgen, ob die *verba* den *res* auch in Wahrheit entsprechen. So trüben die Worte den Verstand.

> Die Menschen gesellen sich nämlich mittels der Sprache zueinander <*per sermonem sociantur*>; aber die Worte werden den Dingen nach der Auffassung der Menge <*vulgi*> beigeordnet. Daher knebelt die schlechte und törichte Zuordnung der Worte den Geist auf merkwürdige Art und Weise. Auch die Definitionen und Bezeichnungen, mit denen sich die Gelehrten in einigen Punkten zu schützen und zu verteidigen pflegen, bessern die Sachlage keineswegs. Sondern die Worte tun dem Verstand offensichtlich Gewalt and und verwirren alles.[390]

Die wahre Schuld liegt jedoch in einer anderen Distanz, die sich mit der Zeit immer enger mit der *inventio* verbunden hat: bei der *imago*, die bei Bacon ihren pejorativen Namen wiedererhalten hat, der ihr schon von Platon zugewiesen worden war: εἴδωλον, *idolum*, Idol. Wie Pico della Mirandola bereits darlegte, kann eine *imaginatio / phantasia*, die mehr einem Fiebertraum als den Dingen selbst entspringt, die Wahrnehmung der Dinge und die Zuordnung von *res* und *verba* trüben. Bacon baut diesen Gedanken zu einer Abwertung des Bilds als Ursache aller Täuschung aus und entwickelt eine genaue Klassifikation der verschiedenen ›Idole‹, fälschlicher Vorstellungen, welche die Symmetrie von *res* und *verba*, von Natur und Geist behindern: seine berühmte Idola-Lehre[391]. Auf dem Weg der wiedererlangten Identität von *res* und *verbum* und damit von Inhalt und Aussage besteht das Ziel der Idolaustreibung in der Etablierung der Wahrheit, des *verum* – und eben nicht nur der Ähnlichkeit mit der Wahrheit, das *veri simile*, wie es die ciceronianische *ars inveniendi* verfolgte. Als die »lästigsten« (»omnium molestissima«) müssen zuallererst die ›Idole des Marktes‹, die *Idola fori* beseitigt werden, die durch die unpräzisen Worte des Pöbels in den Intellekt eindringen (»quae ex foedere verborum et nominum se insinuarunt in intellectum«) und selbst die Wissenschaft in die perverse Situation führen, dass die Worte über die Dinge und die menschliche Ratio herrschen statt umgekehrt[392].

Auch die Idole des Theaters, die durch Fiktion (»narrationes fictae«[393]) gleich in einem ›erfundenen‹ Theaterstück den Verstand der Menschen benebeln, widerlegen jegliche positive Konnotation eines *Theatrum rerum*. Hier zeigt sich auch, in welchem Maße sich die topische *inventio* und die theatralische *fictio* über den Weg des Trugbilds einander annähern. Die *inventa* der Philosophen gleichen den fiktiven Welten und Fabeln der Theatermacher: »diese nenne ich die Idole des Theaters; denn so viele Philosophien angenommen oder erfunden <receptae aut inventae> worden sind, so viele Fabeln sind nach meiner Auffassung damit geschaffen und für wahr unterstellt worden, welche die Welt als unwirklich und erdichtet haben erscheinen lassen <quae mundos effecerunt ficticios et scenicos>«[394]. Im Gegensatz zur Poetik des Aristoteles stellen die Werke der Dichtung keine höhere Form der Wahrheit dar, sondern sind reine Erfindungen im modernen Wortsinn. Wie sehr diese Kunst- und (Ab-)Bildfeindlichkeit an Platon angelehnt ist, zeigt sich auch im Begriff der *Idola Specus,* der ›Idole der Höhle‹, die durch die falsch uns vorgeführten Abbilder der Dinge, durch die Vorurteile in unserer Erziehung entstehen.

Einen folgenreichen Bruch mit der gesamten (nicht nur der platonischen) Tradition stellt aber die Theorie der ›Idole des Stamms‹, der *Idola tribus* dar, die dem gesamten Menschengeschlecht an sich angeboren sind (»Idola Tribus sunt fundata in ipsa natura humana, atque in ipsa tribu seu gente hominum«[395]). Mit ihr rekurriert Bacon auf die *imago*- oder *concetto*-Lehre in der mittelalterlichen und humanistischen Erkenntnis- und Kunsttheorie, welche die menschliche Seele und ihr inneres Bild als Wachstäfelchen oder als Spiegel der Dinge betrachtet: um sie grundlegend zu entkräften. Zwar bleibt die menschliche Seele für Bacon ein Spiegel: aber ein trügerischer, ein Zerr-Spiegel, der die Wahrheit im wahrsten Sinne des Wortes verbiegt, indem er nämlich die Dingwelt in verbogener Weise spiegelt[396]. Nur durch das Einwirken von Instrumenten, gewissermaßen also der Linsen, von denen Pico spricht, kann diese Fehlsicht geheilt werden: doch besteht der fundamentale Unterschied darin, dass der Mensch für den Humanisten Pico durch seine sinnliche Wahrnehmung die Wahrheit erkennt und diese nur durch die Zerr-Linsen und Trugbilder verbogen wurde, wenn die Kontrolle der *ratio* aufgegeben wird, während für Bacon die Seele des Menschen wie ein Zerrspiegel gekrümmt ist und von Natur aus Trugbilder entwirft; die Wahrheit nur dann erkennen kann, wenn die Seele durch eine Zerr-Linse wieder begradigt wird. Daher ist der Mensch nicht mehr, so die platonisch-humanistische Doktrin, das Maß der Dinge[397] (»Falso enim asseritur, sensum humanum esse mensuram rerum«[398]), sondern von Natur aus quasi als Behinderter geboren; die Instanz des Bildes in der Seele kein durch die *ratio* gesteuertes Mittel zur Erkenntnis, sondern stets ein eigenmächtiges Trugbild, das die Wahrheit verzerrt.

Einzige Heilung dieser angeborenen Bild-Behinderung ist in der Empirie zu finden, der *experientia*. Der Mensch muss unter die Dinge selbst zurückkehren, um durch ihre Strahlen den Zerrspiegel der Seele zu glätten, die Idole auszutreiben und die innere *imago* des Spiegels, vom Zerrbild zum Abbild, zum wahrhaftigen ἀποτυπώματον der *res* umzuformen. Wie im Falle der cartesischen *species* als innerseelische Entsprechung der ›wahren Körper‹ werden die *imagines* zur Reproduktion der Dinge ›wie sie sind‹, jenseits der Phantasie: »Und darin liegt alles begründet, daß man das geistige Auge niemals von den Dingen selbst wegwende und deren Bilder so aufnehme, wie sie sind <*siquis oculos mentis a rebus ipsis numquam dejiciens, earum imagines plane ut sunt excipiat*>. Denn Gott verbietet, daß ich einen Traum meiner Einbildung <*phantasiae nostrae somnium*> als Modell der Welt anbiete.«[399] Jegliche eigene Macht des Bildes ist gebrochen, da diese für Bacon in seiner Apologie der *res* stets einer Täuschung gleichkäme. Das Aufhalten der Sinne unter den Dingen ist das kontemplative Korrelat zum artistisch-technischen Aspekt der *inventio*. Anders als die topische Invention, die nur auf Vorurteile, Idole und tradierte *verba* baut, korrigiert die wahre Erfindung durch die neue Kontemplation der Dinge die verzerrten Instanzen von Bild und Wort und lässt *res* und *imagines* (und später auch *verba*) wieder zusammenkommen (»ut rerum imagines et radii (ut in senus fit) coire possint«). Auch die Korrektur des Wortes hängt mit der Abkehr von der dialektischen Invention und den Syllogismen zusammen. Da die *verba* ›Zeichen‹ (»signa«) und ›Tauschmarken‹ (»tesserae«) der Begriffe (»notionum«[400]) sind, lässt die syllogistische Technik wahre *verba* nicht zu, denn ebenso wie die inneren *imagines* sind auch die *notiones* von den Dingen selbst zu abstrahieren[401]. Das Zurückkehren zu den *res* darf nicht dem Studium der Bücher, es muss der ›experimentellen‹ Durchwanderung und Erforschung der Welt und ihrer Dinge (»huic labori et inquisitionie ac mundanae perambulationi«[402]) entspringen. Denn nur auf diesem Wege der unmittelbaren Welt-Sicht werden die Bilder im Zerrspiegel der Seele von den trügerischen Idola zu wahren *imagines* geglättet; was durch die Idole beschmutzt wurde, muss gereinigt werden. So gestaltet sich, um Jürgen Trabants geistreicher Formulierung zu folgen, das *Novum Organum* als »der philosophische Waschsalon, my wonderful launderette«[403].

Gibt es aber keine Kontemplation der *res*, keine *materia*, so kann der Seelenspiegel auch keine *imagines* bilden. Es hilft nichts, die rechte Methode zu entwickeln, den blinden Spiegel zu polieren, den Zerrspiegel zu begradigen, wenn es nichts gibt, was er reflektieren könnte[404]. Besonders aber kann der Mensch durch seine reisende Betrachtung erst nach und nach begreifen, denn seinem Geist erscheint – entsprechend der bereits bei Bodin vorgeführten Metapher[405] – das ›Gebäude des Universums‹ als ein riesiges Labyrinth (»Aedificum autem hujus universi structura sua, intellectui humano contemplanti, instar labyrinthi est«[406]), wo durch die Macht der *similitudo* und der trügerischen Sinne (»sub incerto sensus lumine«) zahlreiche trügerische Wege und Zeichen (»ubi tot ambigua viarum, tam fallaces rerum et signorum similitudines«) zum Verirren, um eine alte Metapher wiederzubeleben, im ›Wald der Einzeldinge‹ (»rerum particularum sylvas«) führt. Im Welt-Labyrinth bedarf der Mensch jenseits der sinnlichen Wahrnehmung seiner *ratio* als eines Ariadnefadens (»Vestigia filo regenda sunt <...> certa ratione munienda«[407]). Somit greift die vermeintlich ›radikale‹ Erneuerung auf dieselben topischen Grundmetaphern zurück wie die dialektischen Inventionen des vorausgehenden Jahrhunderts. Ist der Seelenspiegel durch die ›Waschmaschine‹ der Vernunft von den Idolen gereinigt, kann in der Seele des Menschen (wiederum in Analogie zum Gedächtnispalast Augustini) ein Tempel des Wissens nach dem Abbild der Welt gebaut werden (»templum sanctum ad exemplar mundi in intellectu humano fundamus«[408]). Die *scientia* ist dann die *imago* des Seins (»id etiam scientia dignum, quae est essentiae imago«).

In idealer Weise hat diesen Vorgang der von den Idolen noch weitgehend unberührte Stammvater Adam vorgeführt. Solches zumindest proklamiert die zuvor angeführte Paradies-Passage. Denn der erste Mensch, der durch diese Ahnenschaft zugleich zum ›ersten Finder‹ der Dinge der Welt wird, ist mit einer Unzahl von neuen Dingen konfrontiert und kann ihnen dank einer noch ›unbefleckten‹, d.h. von der Macht der meisten Idole noch unbeeinflussten *scientia naturalis,* ihre wahren Namen aus ›ihrer Eigenschaft heraus‹ zuordnen (»immacualta scientia naturalis, per quam Adam nomina ex proprietate rebus imposuit«, s.o.). In jeder *res* ist die Essenz ihres Namens bereits angelegt. In diesem Sinne ist der Wahre *inventor* Baconscher Prägung – der Erfinder ebenso wie der Entdecker – eine Art Neuer Adam, der den neuen Dingen die bereits inhärenten Namen zuordnet, sie aus ihnen gewissermaßen nur herauslöst[409]. Trotz aller Betonung des Empirismus ist das Projekt der Großen Erneuerung als ein mystisches zu betrachten – und mit ihr auch, entgegen der oft anderslautenden modernen Definition von Wissenschaft, auch das Projekt der *scientia*.

III.3.3. Die Analogie von globus materialis *und* globus intellectualis

Als wohl entscheidendster Grund, zum Zwecke der ›Hochzeit‹ von Geist und Natur, von *ratio* und *empirica*, von *contemplatio* und *artificium* die Einheit des Inventionsbegriffs aufrechtzuerhalten und eine von der Erfindung abgespaltene Entdeckung zu meiden, ist die sich aus der Hochzeit ergebende Symmetrie anzusehen, die Bacon zwischen »geistiger« und »natürlicher« Welt und somit auch den Inventionen auf beiderlei Gebieten einfordert. Zurückgehend nicht zuletzt auf das humanistisch-neoplatonische Ideal der Einheit von Mikro- und Makrokosmos und die topische Analogie von Kosmographie und Enzyklopädie macht Bacon zur Grundthese, dass sämtliche Bewegungen und ›inventiones‹ auf der inzwischen endgültig vom *orbis* zum *globus* geblähten Weltkugel (dem »globus materialis«), einer analogen Bewegung oder *inventio* auf der »Geisteskugel« (dem »globus intellectualis«) entsprächen. Die Landschaften der Erde in ihrer Varietät von wohlbestellten Feldern und Wüstenlandschaften korrespondieren mit den Landschaften des Geistes (»Etenim invenitur in globo intellectuali, quemadmodum in terrestri, et culta pariter et deserta«). Basis dieser simultanen Geistes- und Erdglobalisierung ist zuallererst die Verteidigung der Kugelgestalt der Erde, welche zugleich die Existenz der zur Neuerung beider Globen notwendigen Neuen Menschen notwendig macht, die Antipoden – und damit eine offene Opposition gegen die Lehre der Kirchenväter nötig macht, welche die Kugelgestalt der Erde leugnen[410].

Diese der kontemplativen Fähigkeit entspringende Erweiterung des Geistesglobus, der europäischen *imago mundi*, auf das Gebiet der Antipoden, ist wiederum nicht möglich ohne die ›Inventions‹-Fahrten, welche die intellektuellen Thesen empirisch beweisen. Das Heraustreten aus der ›Enge‹ der alten Philosophie auf der Geisteskugel ist insofern nur möglich dank der Erweiterung der Grenzen des *globus materialis*; dank der Durchstreifung der Welt durch die zeitgenössischen Seefahrer und der Widerlegung der alten Grenzen der *inventa* durch die *inventio* von Neuland.

Auch ist es nicht gering einzuschätzen, daß durch die weltweiten Fahrten zu Wasser und zu Lande, die in unserer Zeit so zugenommen haben, sehr vieles in der Natur entdeckt und aufgefunden worden ist <*patuerint et reperta sint*>, was über die Philosophie ein neues Licht ausbreiten kann. Es wäre ja auch eine Schande, wenn die Verhältnisse der materiellen Welt <*globi materialis*>, nämlich die der Länder, Meere, Gestirne zu unserer Zeit bis ins Äußerste eröffnet und beschrieben worden sind, die Grenze der geistigen Welt <*globi autem intellectualis*> indes auf die Enge der alten Entdeckungen <*fines inter veterum inventa*> beschränkt blieben sollten.[411]

Die Symmetrie des geistigen und materiellen Globus macht eine unmittelbare Zusammengehörigkeit von Philosophie und Geographie, von intellektuell-technischer und geographischer Invention unausweichlich. Dank dieser Verbindung erhält, mit über einem Jahrhundert Verspätung, eine Einheit der Gegenstandswelt Einzug in die europäische Philosophie, die im 16. Jahrhundert von den wichtigsten Denkern schmählich vernachlässigt, ja ignoriert wurde und nun mit einem Male einen Ehrenplatz erhält: die Neue Welt. Durch die Korrespondenz der beiden Globen stehen auch die Invention der Neuen Welt und die Invention der Neuen Philosophie in einer gegenseitigen Abhängigkeit. Nur durch die Entdeckung der Neuen Dinge in der Welt mittels deren Reflexion im Spiegel der Seele können geistige Neuerungen entstehen. Eine geographische Invention aber ist umgekehrt nicht möglich ohne die innovative geistig-technische. Erst durch die – artistische – *inventio* des Kompasses in jüngster Zeit wurde die – kontemplative – *inventio* der Neuen Welt möglich, da die Weiten des Ozeans allein durch die – ausschließlich kontemplative – Beobachtung der Sterne für einen Seefahrer nicht schiffbar sind. Kontemplative und artistische, empirische und rationale Fähigkeiten, Geist und Natur bedingen sich gegenseitig.

> <I>n früheren Jahrhunderten, als man sich zu Wasser bloß nach der Beobachtung der Sterne richtete, konnte man zwar die Küsten der Alten Welt entlangsegeln und auch wohl einige kleinere und binnenländische Meere durchqueren. Indes zur Fahrt über das Weltmeer und zur Entdeckung der Länder der Neuen Welt <*priusquam (…) novi orbis regiones detegerentur*> musste zuvor der Gebrauch der Magnetnadel <*acus nauticae*> als eines sicheren und zuverlässigen Führers bekannt sein.[412]

Bemerkenswert ist an dieser Passage für die in dieser Untersuchung verfolgte Problemstellung zum einen, dass Bacon trotz des Bestehens auf der Parallelität beider Inventionen – des Kompasses und der Neuen Welt – in seiner Begrifflichkeit sehr wohl einen Unterschied unternimmt. Während der Kompass und andere Gegenstände aus den Künsten und Wissenschaften »erfunden« worden sind, (»inventa sunt«), werden die Gebiete der neuen Welt in wortwörtlicher Übersetzung »ent-deckt« (»detegerentur«)[413]. Im

Augenblick des Auftauchens der Neuen Welt in der Philosophie scheint die *inventio* durch Überstrapazierung auseinanderzubrechen. Deutlich sichtbar wird das Hinzutreten des *de-tegere* oder *dis-cover* und die zunehmende Begriffsverwirrung und -doppelung in einer englischen Parallelstelle aus dem *Advancement of learning*.

> Und wie West-Indien nie entdeckt <*discovered*> worden wäre, wenn der Gebrauch der Kompassnadel <*mariner's needle*> nicht zuerst entdeckt worden wäre, obwohl eins eine weite Region, das andere nur eine kleine Bewegung ist; so kann es nicht seltsam gefunden werden, wenn die Wissenschaften nicht weiter entdeckt werden, weil die Kunst der Erfindung und Entdeckung selbst <*the art of invention and discovery itself*> übergangen wurde.[414]

Über eine solche begriffliche »Scheidung« (anstelle der von Bacon angestrebten »Hochzeit«) hinaus aber ist vor allem die bahnbrechende Bedeutung herauszustreichen, welche für Bacon die *detectio* Amerikas einnimmt: als historische Scharnierstelle von altem und neuem Inventionsbegriff, aber auch von alter und neuer Philosophie insgesamt. Erstmals nämlich wird durch das Auftauchen von neuen, bislang unbekannten Gebieten, deren Existenz und Bewohnbarkeit den alten Philosophen nicht nur entgangen war, sondern von ihnen ausdrücklich geleugnet wurde, deren Autorität grundlegend disqualifiziert. Da man in der Gegenwart mehr über die *res* der Welt weiß als die *auctoritates*, können deren Schriften bei der Ergründung des Neuen nicht im Geringsten weiterhelfen. Durch die Reisen der Entdecker in die Neuen Welt werden sämtliche Forschungsreisen antiker Philosophen zu reinen »Vorstadtwanderungen« (»peregrinationes <...> suburbanae«) degradiert, und damit, wie man angesichts der Parallelität beider Globen annehmen muss, auch ihr Denken zu einer Art Vorstadtphilosophie. Mit dem Auftauchen der Neuen Welt verliert eine Tradition ihre Glaubwürdigkeit, die mangels empirischer Kenntnis der Welt nur auf Spekulationen, Mythen und Fabeln aufbaut. Zudem wird angesichts der Fülle der neuen Dinge, welche die Neue Welt mit sich führt, auch eine völlig anders geartete Neue Philosophie vonnöten: eine eben, die *ad res ipsas* zurückkehrt. Wiederum wird geographisches Wissen zum Korrelat philosophischer Erkenntnis – und macht zudem eine Revidierung der Historio- und Ethnographie nötig:

> In jener Epoche waren nämlich die Kenntnisse der Zeit und des Erdkreises eng begrenzt und dürftig; dies ist der größte Übelstand, namentlich für die, welche alles auf Erfahrung aufbauen. Man besaß nämlich keine Geschichte, die diesen Namen verdient hätte und sich über tausend Jahre

erstreckte <*mille annorum historiam*>; man hatte nur Fabeln und Sagen der alten Zeit. Von den Gebieten und Landstrichen der Welt kannte man nur einen kleinen Teil; alle nördlichen Völker nannte man unterschiedslos Skythen und alle westlichen Kelten; von Afrika war nichts jenseits von Äthiopien, von Asien nichts jenseits de Ganges bekannt; um wieviel weniger kannte man die Länder der Neuen Welt <*Novi Orbis provincias*>, von welcher man nicht einmal vom Hörensagen oder aus irgendwelchen sicheren und zuverlässigen Berichten etwas wusste; ja, viele Striche und Zonen, in welchen zahllose Völker leben und wohnen, sind von ihnen für unbewohnbar erklärt worden. Auch rühmte man die Wanderungen von Demokrit, Platon und Pythagoras als etwas Großes. Das waren doch wahrhaftig keine sich weit erstreckenden, sondern eher Vorstadtwanderungen. In unserer Zeit sind indes die meisten Teile des neuen Kontinents und die Grenzen der alten Welt allseitig bekannt; der Schatz der Erfahrung ist ins Unermessliche <*in infinitum experimentorum cumulus*> gewachsen.[415]

In ganz konkreter Weise geht Amerika in Bacons neue Praxis der empirischen Wissenschaften ein: indem er im II. Teil des *Novum Organum* im 12. Aphorismus seine Theorie über die »Natur der Hitze« (»natura Calidi«) anhand der Sonneneinstrahlungen in den peruanischen Anden vorführt[416]. Dieser Bruch mit der Tradition, an den in der Folge die englischen Empiristen wie Locke ebenso anknüpfen wie Naturwissenschaftler und die Philosophen der Aufklärung wie Diderot und Voltaire, wird von Philosophiehistorikern gerne auf die These gebracht: »Mit Francis Bacons *Novum Organum* beginnt die philosophische Literatur der Neuzeit«[417]. Aus der Enge der Alten Philosophie, deren Korrelat auf dem *globus materialis* das von allen Seiten durch Ufer eingezäunte Mittelmeer bildet, wo das europäische Denken in der Tat seinen Ursprung nahm, bietet die Neue – das *Novum Organum* – einen Ausweg ins offene Meer. Den entscheidenden Schritt stellte die bald zum rhetorischen Topos avancierende[418] Überfahrt des Kolumbus nach Amerika dar, der den Weg aus der Begrenztheit, dem *finitum*, in die Unbegrenztheit, die schon kurz vor Bacon in der Philosophie Giordano Brunos so zentrale Idee des *infinitum* führt – und zwar nicht zuletzt in Form der zahllosen Neuen Menschen, der »populi infiniti«. Auf diesem Wege wurden nicht nur die Säulen des Herkules durchbrochen, um dem *plus ultra* – jenem Lemma, das bis heute im spanischen Königswappen über den Säulen des Herkules steht, obwohl Karl V., der es als die burgundische Devise *Plus oultre* dort anbrachte, dabei niemals an Amerika gedacht hat[419] – freien Weg zu gewähren, sondern auch die Säulen der alten Philosophie. Denn es haben »auch die Wissenschaften gleichsam ihre Schicksalssäulen, über die sie hinauskommen werden«, wie es bereits auf der ersten Seite der *praefatio* heißt (»Quare sunt et suae scientiis columnae tamquam fatales«[420]). Laut Blumenberg ist dies ›Schicksal‹ jedoch nicht mehr das tödliche, die Strafe der Hybris wie im Falle von Dantes Odysseus, sondern im Gegenteil eine Apotheose der »theoretischen Neugierde«[421]. So erklärt sich das berühmte Emblem, welches das Frontispiz des Werkes bildet und die für die zeitgenössische Philosophie typische[422] Verschränkung sinnlicher Natur und philosophischer Weisheit sinnfällig macht. Das Motto: »Des Lordkanzler Franz von Verulams Große Erneuerung der Wissenschaften« (»Francisci de Verulamio Summi Angliae Cancellarii Instauratio Magna«). Den emblematischen Bildteil, Abbild hier des *globus materialis*, bilden die beiden zu dorischen Tempelsäulen stilisierten *columnae Herculis*, die vom Schiff des Kolumbus durchdrungen werden[423]. Die *subscriptio* hingegen verweist auf den philosophischen Sinn, den *globus intellectualis*: »Viele werden hindurchfahren & die Wissenschaft wird wachsen« (»Multi pertransibunt & augebitur scientia«). Die Neue Welt ist die sinnliche Entsprechung der Neuen Philosophie; die in ihr enthaltenen Neuen Dinge die der Neuen Erfahrungen und Neuen Erkenntnisse; und angesichts der unendlichen Zahl dieser Neuen Dinge auch die der philosophischen Vorstellung der Unendlichkeit, also jenes zuvor zitierten »infinitum«, in das laut Bacon der »Haufen« (»cumulus«) des neuen Wissens von der neuen Welt wächst.

Doch kein Emblem ohne heilsgeschichtlichen Sinn[424]. So auch bei Bacon, entgegen seiner häufigen Stilisierung zum Säulenheiligen moderner ›Empirie‹. In der *subscriptio* des Frontispizes findet sich ein Zitat des Propheten Daniel über die Endzeit[425] wieder. Sowohl die Hereinkunft einer Neuen Welt als auch die einer Neuen Wissenschaft haben ihre Entsprechung auf theologischer Ebene: der des Neuen Reiches im Sinne der Apokalypse des Johannes. Die Entdeckung der Neuen Welt ist die Ankündigung des Reichs Gottes, und allein diese Tatsache erklärt auf theologischer Ebene, warum die Explosionen geographischer und wissenschaftlicher ›Inventionen‹ in ein und dasselbe Zeitalter fallen.[426] Insofern ist die Hereinkunft der Neuen Welt, das *inventum*, das zum heilsgeschichtlichen *adventus* wird, kein Produkt des Zufalls. Das ›Prinzip Hoffnung‹, das Aufzeigen der Kardinaltugend der *spes* (»ista ostensio spei«), hat es nicht allein Francis Bacon ermöglicht, seine *Instauratio Magna* zu ›invenieren‹:

> So machte es Kolumbus, bevor er seine berühmte Seereise durch den Atlantischen Ozean antrat. Er legte, die Gründe dar, warum er überzeug war, neue Länder und Erdteile <*novas terras et continentes*> außer den schon bekannten aufzufinden. Wenn diese Gründe zunächst auch verworfen wurden, so sind sie später doch durch die Erfahrung bestätigt worden. Sie wurden die Ursache und Anfänge der größten Ergebnisse.[427]

Wie zuvor in der Inkohärenz des Inventionsbegriffs als zugleich mystische Enthüllung und eigene Kreation des Menschen, stößt diese heilsgeschichtliche Interpretation der Neuen Welt – und damit ihre Reduzierung auf die Prophezeiung der Heiligen Schrift – auf ein bereits in der Vorstellung des Neuen an sich angelegtes Problem: dass das Neue ja nur dadurch neu ist, da es eben nirgends geschrieben steht. Daher widersetzt sich Bacon der Gleichsetzung Amerikas mit irgendeinem irdischen Land aus der schriftlichen Überlieferung der *auctoritates* der Alten Welt, etwa Atlantis. Denn die Invention des Neuen muss direkt aus dem Licht der Natur geholt, nicht aus der Finsternis des Altertums wieder-holt werden (»Rerum enim inventio a naturae luce petenda, non ab antiquitatis tenebris repetenda est«[428]). Aus diesem Zwiespalt zu befreien scheint allein der Wind der Hoffnung, der in einer neuen Amerika-Metaphorik als Komplement zum Wind des Fortschritts konzipiert ist. In Gegenrichtung zu den Winden, die die Karavelle des Kolumbus in die Neue Welt tragen, weht aus der Neuen Welt die *aura spei* und treibt die Menschen der Alten Welt zur Erfahrung des Neuen, vereint das Gesagte mit dem bislang Ungesagten, das Experiment mit dem Glauben, und daher »müsste man, auch wenn der Wind der Hoffnung von jenem neuen Erdteil <*ab ista Nova Continente*> weitaus schwächer und weniger spürbar herüberwehte, sich dennoch zum Versuch entschließen, wenn wir nicht ganz verzagten Sinnes dastehen wollen«.[429]

Für den, der die Hoffnung auf die erlösende Macht des Neuen verloren hat; dem die *aura spei* im Zeitalter des Auraverlusts nicht mehr weht; den der Wind des Fortschritts gar, gleich Paul Klees und Walter Benjamins *Angelus Novus*, vom Paradiese her rückwärts in die Zukunft treibt, mag die Ahnung aufkommen, dass die von Bacon proklamierte ›Ehe‹ bereits die ›Scheidung‹ in sich angelegt trägt: eine Scheidung, die sich erstmals bereits bald im Auseinanderbrechen des im *Novum Organum* proklamierten Inventionsbegriffs in die Opposition von Erfindung und Entdeckung manifestieren wird; dass Bacons Werk nicht nur die Naht-, sondern auch die Bruchstelle zwischen traditionellem und ›neuem‹ Inventionsbegriff darstellt. Darin liegt mit Sicherheit ein Defekt einer Argumentation, welche die gesamte vor ihm liegende Erfindungstradition als »unzulänglich« oder aber als »uneigentlich« erklärt (»The former of these I do report deficient <...> The invention of speech is not properly an invention«[430]).

Zugleich jedoch besitzt Bacon als Grenzwanderer zwischen dem topischen und dem technisch-fiktiven Inventionsbegriff der Neuzeit[431] eine besondere Bedeutung und Faszination, und das nicht nur im Kontext der hier zu beleuchtenden Fragestellungen. In seiner Zweiteilung einer Konzeption, die dennoch den einheitlichen Begriff der *inventio* noch nicht zu sprengen gewillt ist, führt Bacon nämlich vor, in welch bedeutendem Maße der eingangs betrachtete, technische Erfindungsbegriff, der mit ihm selbst seinen Ausgang nimmt, bis hinein ins moderne Patentrecht seine Herkunft aus der topischen Invention nicht verleugnen kann. Selbst wenn Bacon *inventio* zusehends mit der Kreation ›neuer Werke‹ im Sinne von technischen Innovationen gleichsetzt, ist seine Findungslehre klar in die alte rhetorische Ordnung von *inventio, dispositio, elocutio* und *memoria* eingereiht und besitzt deren Funktion, als die dem *iudicium* oder »Art of Judging«[432] vorausgehende Instanz die *res* aus der Verborgenheit zu überführen, obgleich diese *res* nun keine Argumente, sondern innovative Gegenstände bezeichnen, die durch das inventive Ingenium enthüllt werden. Zur Spaltung beider Verfahren kommt es, wie Bacon darlegt, unter dem Einfluss des Neuen, das ›eigentliche‹ und ›uneigentliche‹ Inventionen trennt. In der Tat sind nahezu sämtliche am Beginn dieses Kapitels aufgeführten Kriterien für den Sachbestand einer Erfindung im heutigen, technischen Sinne an die Bedingung dieses ›Neuen‹ geknüpft, das den alten, topischen Erfindungsbegriff zum Bersten bringt und schließlich in die Bedeutungslosigkeit führt: sowohl der Primat des »first and true inventor« und der aus ihm abgeleitete kreationistische Anspruch als auch der Fortschrittsgedanke im Sinne einer Überlegenheit gegenüber den Alten und ihren Autoritäten – nicht zufälligerweise heißt eines von Bacons Hauptwerken *The advancement of learning* – und ebenso auch der erfinderische Geniegedanke in der Fortführung der antiken Lehre vom *ingenium*[433] sind in klaren Zügen von Bacon aus dem traditionellen Inventionsbegriff herausgeführt worden und in unmittelbarer Weise mit dem Begriff des ›Neuen‹ in Verbindung gebracht, welches wiederum, im konkreten ebenso wie im metaphorischen Sinne, für Bacon mit der Tatsache der Entdeckung Amerikas und der mit ihr einherschreitenden Kumulation neuer Erfahrungen und Gegenstände verknüpft ist. Lediglich der vom Faktor des Neuen vollständig unabhängige Aspekt der industriellen Verwertbarkeit und damit industriellen Reproduzierbarkeit einer Invention ist bei Bacon, im Zeitalter vor der industriellen Revolution, noch vollständig abwesend.

Als wichtige Konsequenz dieses Wandels in der Konzeption des Inventionsbegriffs, der sich, wie das *Novum Organum* zeigt, in beträchtlichem Maße unter dem Einfluss der neuen Welt als einer Welt des Neuen vollzieht, ergibt sich die Präsenz der in die *inventio* aus dem Gebiet der *memoria* überführten *imago*, und zwar, wie Bacons *idolum* und Descartes' *species* zeigen, trotz des Versuchs, ihre Macht über die Worte und Dinge zu brechen und sie diesen zu unterwerfen. Auch wenn sie ihrer Macht beraubt ist, lässt sich die *imago* aus der Erfindung nicht mehr vertreiben und nimmt einen Platz als Mittlerinstanz zwischen *res* und *verba* ein – bis hinein in das heutige Patentrecht, wo zur Anmeldung einer Erfindung beim Patentamt immer noch die Einheit eines ›inventiven Konzepts‹ (also einer Idee) und einer sie bzw. die herzustellende *res* abbildenden Zeichnung vonnöten ist. Durch das Auftauchen neuer *res* ist der Mensch, wie die Parallele zum Paradiesgarten zeigt, aber gleich seinem Urvater Adam auch vor die Aufgabe der Namensgebung, der Schaffung neuer *verba* gestellt. Damit das Verhältnis zwischen beiden Instanzen – und dadurch die Möglichkeit einer sprachlichen Darstellung von Wahrheit – gewährleistet ist, müssen beide sich in Symmetrie zueinander befinden, die Wörter und die geistige Begriffe aus den Dingen in korrekter Form »herausgezogen« (also ›abstrahiert‹, »a rebus abstractae«[434]) worden sein. Auf diese Weise schreibt der Mensch die *imago* zugleich nieder als die ›wahre Vision der Spuren und Zeichen Gottes‹, die als Schriftzug begriffen werden, als die *signatura rerum*, die »auswendlich sichtlichen Zeichen«[435] des Paracelsus und ihre Weiterentwicklung durch Bacons Zeitgenossen Jakob Böhme[436] in dessen Suche nach der »Natur-Sprache, wie Adam hat allen Dingen Namen gegeben, und woraus Gott zu Adam hat geredet«[437].

> Und darin liegt alles begründet, dass man das geistige Auge niemals von den Dingen selbst <*a rebus ipsis*> wegwende und deren Bilder <*imagines plane ut sunt*> so aufnehme wie sie sind. Denn Gott verbietet, dass ich einen Traum meiner Einbildung <*phantasiae nostrae somnium*> als Modell der Welt anbiete. Aber er wird mir gnädig helfen, dass ich eine Offenbarung und ein wahres Gesicht von den Spuren und Zeichen <*veram visionem vestigiorum et sigillorum*> des Schöpfers in den Geschöpfen niederschreibe.[438]

Aufs Ganze gesehen stellt die *inventio* in der Nachfolge Bacons daher nicht nur eine neue Hervorbringung von Dingen *oder* Wörtern *oder* Bildern dar, sondern zugleich auch das In-Einander-Kommen dieser drei Instanzen im Akt einer geglückten Neuerschaffung.

Die Ambivalenz des Bildes als eines wahren Abbilds und fiktiven Trugbilds, *imago* und *idolum*, die schon in Gianfrancesco Picos Konzeption der *imaginatio* angelegt ist, führt aber insbesondere unter den religiösen Denkern zu einer zunehmenden Abwertung der Invention als eines ›erfundenen‹ Scheins, Domäne des Teufels im Gegensatz zur Entdeckung der Werke Gottes – ein Zwiespalt, der insbesondere die *Cronistas de Indias* wie Las Casas und Acosta als die mit dem Phänomen des Neuen und Unbekannten wohl am meisten konfrontierten Denkern ihrer Zeit beschäftigt.

III.4. Die *inventio* Amerikas und das Ende der Topik

Dass mit der Hereinkunft der Neuen Welt über den Einsturz einer jahrtausendealten Findungslehre hinaus eine profunde Erschütterung einhergeht oder sogar »die größte Bedrohung, die jemals den Horizont des europäischen Geistes verdunkelt hat«[439], wie O'Gorman sich nicht zu formulieren scheut, ist eine These, die angesichts der weitgehenden Aussparung des Amerika-Themas im Denken des 16. Jahrhunderts immer in einem gewissen Maße Produkt von Spekulationen heutiger Denker bleibt – deren Imaginationen dennoch nicht der Berechtigung entbehren müssen. Auf den ersten Blick bleibt indes in den nahezu 130 Jahren, die zwischen der ersten Reise des Kolumbus und der Erscheinung des *Novum Organum* liegen, die Neue Welt im wissenschaftlichen Diskurs Europas eher peripher. Noch in die topischen Universalwerke des 17. Jahrhunderts nimmt Amerika, seine Zivilisation, Flora und Fauna, vorrangig Einzug in Form der Erwähnung der Entdeckung durch Kolumbus und Vespucci sowie eines summarischen Abrisses seiner Geographie und Geschichte. Trotz des enzyklopädischen Universalitätsanspruchs bleiben die einzelnen *res* Amerikas weitgehend ausgeschlossen. In Beyerlincks alphabetischem *Theatrum* umfasst das Lemma »AMERICA« nicht einmal eine halbe Seite, und der Autor vermerkt, dort seien ursprünglich keine Tiere zu finden gewesen (»nulla animalia reperiantur«), weshalb die Einfuhr von europäischen Nutztieren nötig wurde (»boues, oues, & equos invexerunt«[440]). Alsted äußert sich diesbezüglich ausführlicher, doch in die Ordnung des Wissens, ihrer einzelnen Disziplinen und Gemeinörter, nimmt der Neue Kontinent lediglich Einzug in Form einer abgelegenen *scientia composita*: der »Tabacologia«, der »Lehre von Natur, Gebrauch und Missbrauch des Tabaks« (»doctrina de natura, usu, & abusu tabaci«), wo die einzelnen Tabaksorten, ihre Herkunft in Amerikas, einige indigene Namen der Tabakpflanze sowie ihr ungezügelter, schädlicher Einsatz durch die »indianischen Priester und Ärzte« (»Maximus tabaci abusu est apud Indorum sacerdotes & medicos«[441]) dargelegt werden. Aufzufinden ist sie an viertletzter Stelle sämtlicher topisch geordneter Wissensfelder, zwischen den beiden Disziplinen der Gymnastik und der Zoopädie. Selbst die im Verlaufe des 16. Jahrhunderts immer populärer werdende kosmographische Reiseliteratur nimmt sich mit Vorliebe den Orient zum Gegenstand[442].

Doch auch die im Laufe des 16. Jahrhunderts hinzutretende Aufgabe an die topischen Enzyklopädisten, auch Amerika in die Ordnung des Wissens einzuordnen – und damit in die *memoria* Europas – schlägt sich durchaus bereits einige Jahrzehnte nach der Entdeckung in Traktaten über den Sinn der *historia* nieder. Von seiner Universalgeschichte fordert Mylaeus etwa die

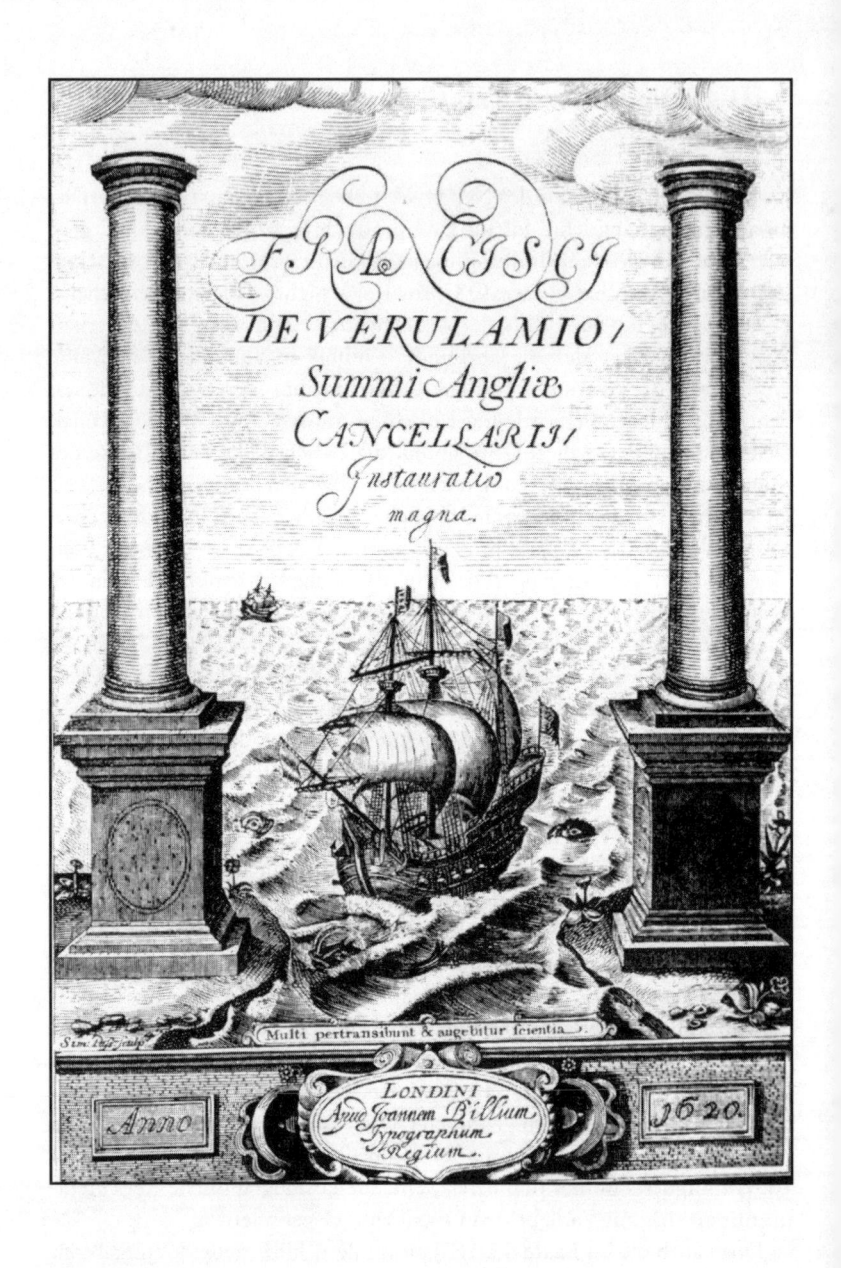

Frontispiz Francis Bacon: *Novum Organum* (1620)
Erster Teil der geplanten *Instauratio magna*

Ausweitung auf Amerika, so wie durch Vespucci den drei Teilen der Erde ein vierter seines Namens hinzugefügt wurde[443], da sich diese Welt vom Bild der bislang bekannten Landmasse (»Terrae cognitae ex aquis emergentis facies, imago«) hinsichtlich seiner Bewohner, ihrer Körper, Sitten und Sprache ebenso anders (»distincta«) wie auch untereinander unähnlich (»inter se dissimiles«) erweist. Durch diesen ›anderen‹ und dadurch ›neuen‹ Erdkreis (»orbis terrarum alter, & is novus«[444]) erweist sich auch die Historia mit der Instanz des Neuen verbunden: sie wird erneuert (»renovata Historiae memoria«).

Allerdings rebelliert eine solche Neue Geschichte eines Neuen Erdkreises in seiner unüberschaubar-anarchischen Fülle gegen die Kontrolle der topischen Ordnung. Dies manifestiert sich in den Schriften seiner ersten enzyklopädischen Geschichtsschreiber, die in Europa über bloße Gelehrtenkreise hinaus wahrgenommen zu werden beginnen. In seiner kurzen Schrift *De historia* führt Theodor Zwinger im Rahmen seines Generalkatalogs der *historici* von den ›Erfindern der Geschichte‹ (»inventores historiae«[445]) bis zur Gegenwart auch eine Reihe der Geschichtsschreiber »Novi Orbis« von Kolumbus bis Fernández de Oviedo auf, wobei letzterer eine besonders lobende Erwähnung erhält: »Gonzalus Fernandus Oviedus, Schriftsteller von den indischen Dinge des neuen Weltkreises und so gelehrt, dass Cardanus in seinem Werk *De Subtilitate* im Buch über die Metalle meint, er als einziger könne unter den Geschichtsschreiber unserer Zeit denen der alten hinzuzufügen sein«[446]. Aber noch ein weiteres Detail in Zwingers Unterteilung der *historia*, der er eine gewaltige und vielfach verästelte Tafel widmet, weist gegenüber Agricola auf eine Veränderung in den Gesetzen der Ordnung der Dinge. Neben einer notwendigen und einer zufälligen Ordnung (»Tertia virtus Historiae est, Ordo. Historia alia / Ordnem habet / *Essentialem* / vel / *Accidentalem*«[447]) gibt es auch noch eine dritte Form: nämlich dass es überhaupt keine Ordnung gibt (»Ordine caret«). Dieses Prinzip, dass die frühneuzeitlichen Ordnungsprinzipien durch ihre gänzliche Ausschaltung in bemerkenswerter Weise unterläuft, findet laut Zwinger in einer Neuen Abteilung statt, die gewissermaßen das Etikett ›Vermischtes‹ tragen könnte – nämlich in den Gattungen, die verschiedene Geschichten und Lektüren oder gar einen »Wald verschiedener Lektüren« (»Varia historia, variae lectiones, Sylva variarum lectionum«) zum Gegenstand haben.

Besonders solch ein Wald von ungeordneten Einzeldingen gibt implizit zugleich einen weiteren Hinweis auf die neue Gattung der *Historia orbis novi*: denn der von Zwinger zitierte, von der Fülle der Dinge in der Neuen Welt überwältigte Fernández de Oviedo findet schließlich das Prinzip ›Unordnung ist Ordnung‹ als Lösung des Problems und nimmt sich dabei das Werk des spanischen Zeitgenossen Pedro de Mexía zum Vorbild, das angesichts seines ungeheuren publizistischen Erfolgs in ganz Europa wohl der Prototyp jener »Wälder verschiedener Lektüren« ist. Titel seines Buches ist das wortwörtliche spanische Äquivalent des von Zwinger angesprochenen »Sylva variarum lectionum«, die dieser freilich nicht als Buchtitel, sondern als eigenen Genre ausgibt: *Sylva de varia lección*[448]. In seinem Werk bringt Mexía das Strukturprinzip des »Waldes« (*silva*) in klare Verbindung mit der natürlichen Unordnung, wie sie in den (rhetorischen wie empirischen) Urwäldern anzutreffen ist. Diese wiederum steht in Korrespondenz mit der ungeordneten Vielfalt der Menschen und ihrer Lebenswege, die jeden einzelnen zu einem anderen Ziel führt – den Autor etwa zum Schreiben des Buches:

> Und da in alledem die Geister <*ingenios*> der Menschen so verschieden sind und jeder einen anderen Weg beschreitet, folgte ich dem meinen; und daher erwählte ich es und schien es mir gut, dieses Buch zu schreiben – genau so, mit Berichten und Kapiteln verschiedener Belange, ohne bei einem zu verweilen oder bei ihnen eine Ordnung zu wahren, und darum gab ich dem Buch den Namen *Silva*: denn in den Wäldern <*Selvas*> stehen die Pflanzen und Bäume ohne Ordnung und Regel. Und obwohl diese Art zu schreiben neu ist in unserer kastilischen Sprache, und ich glaube, der erste zu sein, der diese Erfindung getätigt hat <*que aya tomado esta invención*>, weiß ich nicht, warum wir nicht wagen sollten, in ihr Erfindungen zu tätigen so wie in den anderen und große Themen zu behandeln <*tratar materias grandes*>, denn es fehlt in Spanien nicht an scharfsinnigen und hohen Geistern <*agudos, y altos ingenios*>.[449]

Hier bereits kündigen sich die Grenzen der Möglichkeit eines topischen Ordnungsprinzips an. Durch die große Varietät (»varia lección«) der Dinge wird eine Anordnung nach notwendigen Topoi sinnlos – denn zu wenig verbindet die Dinge untereinander. Mexías *Sylva*, erklärtes Vorbild des amerikanischen Chronisten Oviedo, ist somit die Umkehrung der ursprünglichen *Syvla locorum communium*: nicht etwa eine Ausgangsbasis, um durch das Prinzip der Topik Ordnung in die ungeordnete Finsternis des Waldes zu bringen, sondern Abbild des ungeordneten Waldes in Buchform. Nicht mehr unfertiger, durch den Autor zu ordnender Urzustand, sondern bereit Endprodukt mit einer inhärenten, nicht-geordneten Ordnung.

Welchen Einbruch die Neue Welt darstellt, wird offenkundig, wenn man die ersten, meist von europäischen Autoren verfassten Texte betrachtet, die, beginnend mit den Schriften der ersten ›Entdecker‹ Kolumbus und Vespucci, sich unmittelbar mit der Realität der (sogenannten) Neuen Welt auseinandersetzen. In ihnen erhält nicht nur das Problem des Neuen, d.h. nicht mehr auf die Überlieferung der Autoritäten Reduzierbare, durch die individuelle Konfrontation der Chronisten mit dem Phänomen des Unbekannten eine unausweichliche Relevanz, sondern auch die Frage, wie dies Neue in einer topischen Ordnung des Wissens verortet werden soll. Der Weg vom wörtlichen Vertrauen in die schriftliche Überlieferung der Autoritäten über den Versuch der topischen Einordnung des Unbekannten bis hin zum endgültigen Bruch durch das empirische Verfahren des »Aufhaltens unter den Dingen«, findet in den von der Forschung unter diesem Aspekt bislang eher vernachlässigten Texten in überraschender Geschwindigkeit innerhalb von nicht viel mehr als hundert Jahren statt: Jahrzehnte vor Francis Bacon und lange bevor ein Großteil der europäischen Denker die Existenz Amerikas in der Gesamtheit ihrer Implikationen zur Kenntnis genommen hätten. Eine Schlüsselfunktion erhält dabei die Instanz des Bildes: einerseits in Form der Imaginariums, das der Eroberer aus seiner bisherigen Erfahrungswelt mitbringt und dem Neuen nun »überzustülpen« sucht; andererseits in Form eines zu erstellenden Bildes von der neuen Welt, das sich immer zugleich als neues Bild von der Welt, als *nova imago mundi* manifestiert.

So ist die heimliche Eroberin, die zuallererst den Eroberer selbst erobert, »der Kontrapunkt oder das Gewebe, das die *imago* liefert, das Bild, das teilhat an der Geschichte« – »la imagen participando en la historia«[450], um mit den Worten eines der großen Figuren des amerikanischen Denkens im 20. Jahrhundert zu sprechen, José Lezama Lima; ist die Eroberung Amerikas somit ein in beide Richtungen agierenden Prozess der Bilderzeugung. Aber auch – nicht zuletzt vor dem Hintergrund des von Las Casas so eindringlich beschriebenen größten Genozids der bisherigen Menschheitsgeschichte – eine zuweilen durch und durch bittere Wirklichkeit, die ihr Recht jenseits jeglicher Bilder einfordert, die ihr Betrachter als *intus imago* in sie projiziert.

Outros haverão de ter
O que houvermos de perder.
Outros poderão achar
O que, no nosso encontrar,
foi achado, ou não achado
Segundo o destino dado.

Mas o que a eles não toca
É a Magia que evoca
O Longe e faz dele história
E por isso a sua glória
É justa auréola dada
Por uma luz emprestada.
    Fernando Pessoa, *Os Colombos*

IV. Von der Entdeckung der Welt des Neuen

IV.1. Der erfundene Stammbaum: *invenire* und *detegere*

IV.1.1. Die Hülle des Vergessens

Bevor Christoph Kolumbus sich auf seinen Karavellen nach Asien aufmachte, um auf Amerika zu stoßen, war die Entdeckung an sich noch gar nicht entdeckt – oder besser vielleicht: erfunden worden. Wie der Titel der ersten Chronik über die Findung Amerikas in spanischer Sprache eindrucksvoll vorführt, Hernán Pérez de Olivas *Geschichte der Erfindung von las Yndias und der Eroberung Neuspaniens (Historia de la Inuención de las Yndias, y de la conquista de la nueva España)* von 1525, ist bis dahin der Fund von neuen Gebieten durch den aus dem Lateinischen stammenden Begriff *invenire* vollständig gedeckt, ohne dass die Ent-Deckung eines bislang unbekannten Konzepts vonnöten wäre. Neben der gelehrten Ableitung *invención* ist auf spanisch ebenso die korrespondierende Vokabel *hallazgo* zur Beschreibung des Vorgangs verwendbar.

In pragmatischer Hinsicht gibt es keinen Grund, der die Formulierung ›Fund‹ oder ›Findung Amerikas‹ disqualifizierte. Gleichermaßen in den alten wie in den modernen Sprachen enthält das Finden sowohl das Auffinden von etwas Gesuchtem (also etwa Asien) als auch das zufällige Stoßen eines glücklichen Finders auf etwas Unerwartetes (im Falle des Kolumbus auf eine Neue Welt). Doch nicht nur dies: wie im Märchen Aladin seine Wunderlampe oder die Königstochter den Froschkönig kann man auch etwas finden, dessen wahre Identität völlig im Unbekannten liegt. So wie die Prinzessin besagtes Amphibium finden kann, ohne dabei zu ahnen, dass es sich in Wirklichkeit um einen verzauberten Prinzen, so konnte Kolumbus auch Ländereien am äußersten Westrand des atlantischen Ozeans finden, ohne auf die Idee zu kommen, dass es sich dabei um eine ›Neue Welt‹ handeln könne. Sämtliche in der Diskussion um den *Quinto Centenario* ausgebreiteten Konflikte kommen auf diesem Wege gar nicht erst zum Tragen. Mit einer gewissen Verwunderung muss zur Kenntnis genommen werden, dass angesichts der Fülle in der Polemik vorgeschlagener Etiketten ein einziges durchgehend durch seine Abwesenheit brilliert, nämlich ›Quinto Centenario del hallazgo de América‹; und das, obwohl dieser Begriff die revelatorische Metaphysik einer ›Entdeckung‹ ebenso wie die begriffliche Polyvalenz einer ›Erfindung‹ Amerikas vermeidet.

Zudem entbehrt das Verhältnis von Finder und Gefundenem eines zwangsläufig vorgegebenen Herrschaftsanspruchs und somit einer impliziten Kolonialideologie. Seit dem römischen Recht wird ein Finder nur dann auch zum rechtmäßigen Eigentümer, wenn es sich bei dem Gefundenen nachweislich um eine *res nullius* handelt[1]. Der Entdecker hingegen gewinnt durch seine Enthüllung von etwas bislang in der Verborgenheit Liegendem, durch den Akt seiner Offenbarung, die zugleich ein neues Weltbild schafft, einen Anspruch auf das von ihm der Hülle Beraubte; und zwar selbst wenn das entdeckte Gebiet bereits bewohnt ist. Es liegt nahe zu vermuten, dass die systematische Verdrängung des Findens durch das Entdecken im Laufe der Jahrzehnte nach der Überfahrt des Kolumbus die politisch-religiöse Absicht impliziert, eine Herrschaftshierarchie zwischen dem Entdecker und dem Entdeckten zu etablieren. Damit soll das unliebsame Faktum ausgeblendet werden, dass das vorgefundene Land alles andere als eine *res nullius* ist.

Als ›Der-Decke-Berauben‹ besteht die Besonderheit des Entdeckens darin, der ganzen ›Welt‹ (der bis dahin bekannten Menschheit, vorrangig aber der Christenheit) die Existenz einer bislang nicht vorhandenen ›Neuen Welt‹ vor Augen zu führen; oder im zugespitzten Fall ein Land wieder in Erinnerung zu rufen, das Gott selbst über Jahrtausende vergessen hatte und das dem Menschen daher bislang als nicht vorhanden gelten musste. Durch eine solche Umdeutung des Unbekannten zu etwas bislang Inexistentem (›Neuem‹) wird das unerforschte Gebiet dank seines Charakters als ›Neuland‹ in eine *res nullius* umgewandelt, die durch den Akt ihrer Überführung aus der Verborgenheit der politischen, philosophischen und besonders religiösen Besitznahme anheimgegeben werden kann. Anders als es in bereits ›entdeckten‹ asiatischen Reichen wie China oder Japan möglich wäre, die zwar von Heiden bewohnt sind, denen die Kunde von der Existenz des Christentums jedoch bereits zugetragen wurde, liefert die angebliche Neuheit des Entdeckten die Rechtfertigung, der ›Neuen Welt‹ den wahren Glauben zu entdecken, in der früher gebräuchlichen Konstruktion dieses Verbs mit doppeltem Objekt; aber auch den Auftrag, dem christlichen Glauben den Weg in die Neuheit einer Welt zu weisen, deren Dasein Gott der Menschheit erst jetzt enthüllt hat. Die Hülle zu entfernen bedeutet im geographischen Sinne immer auch, einer Einheit, die dort bislang nicht vorgesehen war, einen *Ort* (τόπος, *locus*) im gültigen Weltbild zu schaffen; in die bisher angenommene *imago mundi* ein Land einzumalen, dessen Gebiet bislang vom Ozeanspiegel oder vom imaginären Schrecken des *Hic sunt leones* eingenommen wurde.

Dadurch entsteht ein Problem, das eng mit dem Phänomen des Neuen verbunden ist. Die Neue Welt ist neu, da sie zuvor vom Schleier des Vergessens oder Unwissens verdeckt war. Sie musste erst aus ihrer Verborgenheit erscheinen, existierte aber bereits vor ihrer Offenbarung. Wie nun steht es um die Instrumente, durch welche diese von Gott befehligte Entdeckung überhaupt erst möglich wurde und deren Auftauchen somit unmittelbar mit der Entdeckung des Neuen einhergeht – Kompass, Quadrant, Behaims vertikales Astrolabium? Auch sie sind ja etwas ›Neues‹ – und doch in materieller Weise eben nicht präexistent wie das Entdeckte. Weniger als entdeckt wurden sie ›inveniert‹, ge- oder erfunden. Wie erst verhält es sich mit denjenigen Phänomenen der Neuen Welt, die in der Alten gänzlich unbekannt waren; besonders denjenigen, die von den Ureinwohnern der Neuen selbst erschaffen wurden? Den Europäern sticht die ›Neuheit‹ der indigenen Religionen, ihrer Sakralbauten und Götterbilder ins Auge. Obwohl den Bewohnern der Neuen Welt schon vor der Entdeckung bekannt, sind die neuen Götter aus der Sicht eines Christen keinesfalls prä-, sondern eher nicht existierend: sie wurden von den Ureinwohnern in teuflischer Verblendung ›erfunden‹.

Um dergleichen Fragestellungen kreisen, modellhaft auf einige zentrale Probleme verkürzt, die ersten Texte, die sich vom ausgehenden 15. bis hin zum beginnenden 17. Jahrhundert das Phänomen und die Phänomene der Neuen Welt zum Gegenstand gemacht haben. Wie hier nun im Einzelnen näher zu beleuchten ist, trägt die Verdrängung des Begriffs des *hallazgo* oder seiner latinisierenden Entsprechung *invención* bei der Auffindung der Neuen Welt und die Etablierung des *descubrimiento* zur Spaltung der Begriffe von Erfindung und Entdeckung bei. Im Umfeld der *Crónicas de Indias* bildet sich im Verlauf des 16. Jahrhunderts eine Dichotomie aus, die später im gesamten westeuropäischen Denken bedeutsam wird. Besonders aber etabliert sich ein Entdeckungsbegriff, der sich nicht mehr allein auf die traditionelle Form der Erfindung reduzieren lässt: eine »der Renaissance eigene Vorstellung von Entdeckung <...>, die als Mischung aus neugierigem Wissensdrang und glühender Sehnsucht nach anderen Zeiten und Orten erscheint. Das Wort ›Entdeckung‹ übersetzt dabei zum Teil den lateinischen Terminus *inventio*«[2], löst sich aber, getrieben durch die »starke Faszination, die das Unbekannte auf die Renaissance <...> ausgeübt hat«[3], durch die Reise zu den neuen Ufern der *terra incognita* grundlegend aus dem inventiven Verfahren, »schon vorhandene Kenntnisse zu sammeln«; aus dem rhetorischen, dialektischen und logischen Erfindungsbegriff des Mittelalters und der Frührenaissance. In diesem Kontext ließe sich sogar die Frage formulieren, ob sich, ausgehend vom Spanischen, der metaphorisch-geographisch-revelatorische Charakter des Entdeckens (*discover, découvrir, scoprire* etc.) in einem Zeitraum von weit über hundert Jahren auf sämtliche westeuropäischen Sprachen ausgedehnt hat.

IV.1.2. Die Erfindung der ›Detektion‹ und die Demarkation der Welt

Ein aufschlussreiches Indiz ist das Phänomen, dass in den ersten Schriften über die Neue Welt die lateinische Sprache mit der im Sinne des modernen Entdeckens umgedeuteten Vokabel *detegere* versehen wird, im Lateinischen ursprünglich sowohl im konkreten (›abdecken‹) als auch im metaphorischen Sinne (›aufdecken‹, z.B. eine Schuld oder einen Hinterhalt), jedoch nicht im Sinne eines geographischen Funds[4] verwendet. Noch wenig zu sehen ist von einem dem klassischen Sprachstand widersprechenden Gebrauch des Wortes in der ersten ausführlichen *Crónica de Indias*, dem zwischen 1504 und 1525 auf lateinisch entstandenen *De orbe novo decades octo* von Pietro Martire d'Anghiera. In völlig klassischer Weise setzt Petrus Martyr für alles, was mit dem Stoß auf den *orbis novus* verbunden ist, die Vokabel *invenire* bzw. das quasi synonym *reperire*. *De insulis nuper inventis* lautet bereits der Titel einer im 16. Jahrhundert gedruckte Kurzvariante des Werks, und den gesamten Chroniktext der »einfachen Erzählung über so viel Gefundenes«, (»hac simplici mea de tantis inuentis narratione«[5]) hinweg ist bezüglich der Neuen Welt nie von einer ›Entdeckung‹, einer *detectio* die Rede.

Dennoch macht der italienische Humanist in spanischen Diensten aus dem Eigentumsrecht der ›Finder‹ keinen Hehl. Unmissverständlich gibt er zu verstehen, dass das Gefundene trotz seiner Bewohner als *res nullius* zu betrachten sei, da ein Anspruch nur christlichen Inhabern zukomme, was zur Basis der spanischen Kolonialdoktrin gegen den Vormachtsanspruch der Portugiesen wird: »Die Spanier dagegen erklärten, alles, was Gott mit Hilfe der Natur auf der Welt geschaffen habe, sei von Anfang an gemeinsamer Besitz aller Menschen; deshalb dürfe jeder das Land beanspruchen, das er entdecke, sofern es von Christen unbewohnt sei« (»Propterea licere cuique illa occupare, quae Christianis habitatoribus vacua reperrerit«)[6]. Die Bewohner dieser Gebiete erscheinen als Neue Menschen, körperlich nackt wie die ersten Geschöpfe Gottes im Paradiesgarten, aber auch seelisch. Die Wachstäfelchen ihrer Erinnerung sind (im Gegensatz etwa zu den »tablettes« Pierre de la Ramées, die zum Zwecke der Disposition die Bilder und Namen der invenierten Dinge tragen müssen[7]), noch nicht bedruckt worden, weshalb man mit ihnen, im wahrsten Sinne des Wortes, *tabula* bzw. *tabella rasa* machen kann, um sie mit dem christlichen Glauben zu beschreiben: »Denn jene Naturvölker nehmen wie unbeschriebene Tafeln leicht die Glaubensformen unserer Religion an« (»Gentes nanque ille nudae veluti rasae tabellae religionis nostrae ritu facile induunt«[8]). Als erster Finder hat Kolumbus ein Urheberrecht auf das von ihm gefundene Land erworben – er wird von Martyr zum »auctor rei« gekürt. Bestärkt wird dieser Anspruch durch die systematische Verwendung des Terminus »repertor« (»Colonus eius tam vastae terrae primus repertor«[9]), denn in lateinischer Sprache wird ein Finder mit Umschreibungen wie »quis invenit« oder »reperit« o.ä. bezeichnet. »Repertor« bezeichnet lediglich den technischen Erfinder[10]. Einen derartigen Kult des Erfinder-Autors, der im lateinischen *invenire* oder *reperire* noch nicht von dem des Entdeckers trennbar ist, finden wir bei Peter Martyr allenthalben. Den ›Autoren‹ (des Funds in der Wirklichkeit) ist das Werk *De orbe novo* gewidmet, wie der Autor (des Buches) gleich im ersten Absatz der ersten Dekade klar zu verstehen gibt (»Quare de insulis maris occidui nuper repertis, & rei autoribus quid referatur habeto«[11]). Dennoch vermeidet Petrus Martyr eine Terminologie, welche die Offenlegung einer neuen Einheit nahelegen könnte, besonders in dieser ersten Phase der Expeditionen. Selbst wenn er die ›Autoren‹ als »Aufspürer neuer Länder« (»nouarum terrarum vestigatores«[12]) und das erforschte Gebiet als ein bislang in Verborgenheit liegendes bezeichnet (»PRIMVM Oceanum latitantem a Christophoro Colono praefecto marino nostrorum regum auspiciis repertum«[13]), geht er dem revelatorischen Anspruch eines für geo- oder kosmographische Offenbarung zweckentfremdeten *detegere* aus dem Weg.

Aus diesem Verfahren spricht ein ingeniöses diplomatisches Kalkül. Auf Basis der Mehrdeutigkeit des Wortes *novus* schwankt Petrus Martyrs Position zwischen der Annahme eines neu entdeckten Kontinents und einer »vor kurzem gefundenen« Inselgruppe, den »nuper repertis« oder »inventis«. Als Meister der Assimilation und Kompilation erhält Petrus Martyr die Möglichkeit, das alte Konzept der *inventio* zu retten, ohne es dem sich ankündigenden Einbruch des Neuen gänzlich zu verschließen. Sein *orbis novus* bringt Tag für Tag selbst neue Dinge hervor, ohne dass ihr Fund eine Aufspaltung in einen Entdeckungs-, Findungs-, und Erfindungsprozess nötig machte. Je mehr die *vestigatores* von der Neuen Welt zu sehen bekommen, desto mehr Neuigkeiten werden von ihr in einem biologisch-prokreativen Vorgang »geboren«, als hätten sie vorher nicht existiert – ohne diese Vermehrung des Neuen mit einem Schöpfungsprozess in Verbindung bringen zu müssen. Die Neue Welt ist eine in geradezu unnatürlicher Weise fruchtbare, ruhelose und zeugungswütige Gebärmaschine, wobei Sinn und Zweck einer solch matriarchalisch anmutenden Über-Mutter Natur einem christlichen Europäer beängstigend und rätselhaft erscheinen muss. So schreibt der Autor an den Papst im Proömion des V. Kapitels der Dritten Dekade:

SVB ORBE Lunae Pater Beatissime quaecunque parturiunt aliquid, vbi primum aediderint, aut claudunt vterum, vel saltem aliqua temporis intercapedine quiescunt. Noster autem nouus orbis recentes quotidie sine intermissione foetus procreat & emittit, quibus continuo tractu queant homines ingenio pollentes & magnarum rerum nouarum praecipue studiosi prae manibus habere vnde pascere animum queant, quorsum haec? dicet beatitudo tua.

Schöpferische Kräfte, die in unserer Welt etwas Neues gebären, Heiliger Vater, verlieren ihre Zeugungskraft <claudunt vterum – »verschließen den Uterus«>, sobald sie das Neue geschaffen haben, oder ruhen wenigsten eine gewisse Zeit danach aus. Unser Neuer Kontinent aber liefert und bringt ununterbrochen täglich neue Schöpfungen hervor <foetus procreat – »pflanzt Föten fort«>. Dadurch wird den Gelehrten und Männern, welche die jüngsten Entdeckungen studieren, in einem fort Material geboten, an dem sie ihren Geist betätigen können. »Wozu das«, wird Deine Heiligkeit sagen.[14]

Das Neue ist Produkt der Geburt, nicht der Entdeckung. Dennoch taucht in der unmittelbar diesem Absatz vorausgehenden Passage im Zusammenhang mit dem unzähmbar wuchernden Neuen ausgerechnet das Wort auf, das in wohl wörtlicher Weise dem Spanischen *descubrir* abgeleitet worden ist: *de-tegere*, also ein Wort, das – wie das deutsche ›entdecken‹ jener Tage – die konkrete Bedeutung ›abdecken‹ trägt, hier aber explizit den metaphorischen Wert des ›offen sichtbar machen‹, des ›*patefacere*‹ gewinnt. Das von den Spaniern durch unermüdlichen Eifer in der Neuen Welt ›Entdeckte‹ (»si quid indefessus labor Hispanorum detegat«) triumphiert über die Antike der Alten Welt:

> Pullulant, germinant, coalescunt, maturescunt, legunturque cotidide opimiora, praeteritis. Vilescit quicquid manu Saturni Herculis & aliorum huiuscemodi heroum patefacit antiquitas si quid indefessus labor Hispanorum detegat animaduertemus.
>
> *Die Erträge dieser Länder entwickeln sich dauernd, sie verdoppeln sich, sie wachsen weiter an, nehmen zu und werden jeden Tag größer als vorher. Was das Altertum durch die Taten eines Saturn, eines Herkules und anderer Helden an Entdeckungen geleistet hat, wird hierdurch an Bedeutung entwertet.*[15]

Dergleichen Usurpation des Göttlichen durch die Menschen und zugleich des Konkreten durch das Bild, sowohl in der Metaphorisierung des *detegere* als auch im Begriff des Neuen, ist bei Peter Martyr ein Ausnahmefall. Wie später die Apologeten des *descubrimiento* verkünden, das Neue sei aus dem Verborgenen in die Sichtbarkeit gebracht worden, liegt den *Dekaden* fern, da das Neue aufgrund der Geburtsmetaphorik ja in leiblicher Form noch gar nicht vorhanden war, als Leibesfrucht (»foetus«) der Gebärmutter (»vterum«) der Natur erst entspringen muss. Eine Vorstellung der Entdeckung als Entwurf eines neuen Weltbilds, die Enthüllung der *res* als Eröffnung einer neuen *imago,* ist Martyr fremd, ja, eine solche Vertauschung von Ding und Bild erscheint ihm als reines Kuriosum. Mit ebenso liebevoller wie verständnisloser Verwunderung (»O harmlose, reine Güte der Seelen, o goldige, heilige Einfalt!«[16]) berichtet er von kubanischen Ureinwohnern, die das Bild (»simulachrum«) der Jungfrau für die Jungfrau selbst nehmen und den Unterschied nicht zu etablieren wissen – eine christliche Fortführung des heidnischen Kults um den Götzen »Zemes«, eine latinisierte Form des autochthonen *cemí,* von dem später auch noch die spanischsprachigen Chronisten des öfteren berichten werden, wenngleich als von einem weitaus weniger goldigen Abbild des Teufels[17]:

> Simulachrum digito monstrauerunt monilibus & fictilibus vasis eduliis & aqua plenis per podia circumspectum. Haec namque simulachro sacrificii loco donânt ex auita religione erga Zemes. Inquiunt ea se simulachro

praebere, ni si fame vrgeatur, desint cibaria fame vrgeri posse simulachrum integro sensu putant. Sed quia auxiliia simulachri numine hoc est a Beata Virgine se fateantur habuisse auditu pulcherrimum est, & medius fidius Beatissime Pater pro cero habendum.
Mit den Fingern wiesen sie dann auf das Bild, das auf dem Altar stand, umgeben von Schmuckstücken und Tongefäßen, die mit Speisen und Wasser gefüllt waren. Solche Gaben brachten sie nämlich dem Bild nach der alten Sitte als Opfer dar, so wie sei einst die Zemen verehrt hatten. Sie erklärten, diese Geschenke gäben sie der Gottesmutter, damit es ihr nicht an Speisen fehle. In ihrem einfältigen Denken meinen sie, das Bild könne Hunger haben. Aber wieviel Hilfe sie von der göttlichen Kraft des Bildnisses, d.h. von der Heiligen Jungfrau, erhalten zu haben glauben, das hört sich wie eine wunderschöne Mär an.[18]

Angesichts dieser klaren Trennung ist das Finden bei Peter Martyr noch frei vom Eindringen der *imago* in die Domäne der *res,* ebenso wie von der Aufspaltung in Entdecken und Erfinden. Mittels der Beibehaltung der klassischen Vokabel *invenire* in ihrer Doppeldeutigkeit des Funds von Gesuchtem und des Stoßens auf Unerwartetes bewegt sich Peter Martyrs ›Neufundland‹ – ein Name, der später in der Topographie des Kontinents seinen zuweisbaren Ort erhält – in der Unschärfe zwischen altem und neuem Weltbild, zwischen in ihrer Existenz bekannten und noch nicht einmal als Idee vorhandenen Gebieten, kurz, zwischen Asien und Amerika.

Dieses geschickte Lavieren hat auch einen politischen Hintergrund. Martyr, der seine Dekaden an den Papst in Person adressiert, weiß sehr wohl von der explosiven These einer zu enthüllenden Welt, die in die geographischen oder metaphorischen Landkarten (zur Erschließung des *globus materialis* und des *globus intellectualis,* wie Bacon schreiben würde) neu einzuzeichnen wäre und die Tradition in ihrer Glaubwürdigkeit beschränkte. Überraschend ist allerdings, dass der Heilige Stuhl selbst von der ersten Reise des Kolumbus an dieser Unschärfe gewahr zu sein und unter Papst Alexander VI. ein Interesse an den Tag zu legen scheint, sich gegen ein unkontrolliertes ›Invenieren‹ eines ›Neufundlandes‹ abzusichern. Sichtbar wird das bereits im ersten offiziellen Dokument zum Gegenstand der Neuen Welt: der päpstlichen Bulle *Inter Caetera* vom 3. Mai 1493 (revidiert durch die Fassung vom 4. Mai), welche die folgenreiche Demarkationslinie[19] zur Aufteilung der Welt zwischen Spanien und Portugal und die Legitimität des spanischen Besitzanspruchs auf die Gebiete festlegt, die jüngst im Ozean – und nun stellt sich eine entscheidende Frage: gefunden wurden? oder aber entdeckt? Die Antwort des Heiligen Stuhles lautet: sowohl als auch. An die Seite des Wortes *invenire* setzt er in seiner Bulle als Komplement *detegere* (wobei die Vokabel *invenire* auch durch das offensichtlich synonyme *reperire* ersetzt werden kann), und in dieser neuen Zwillingsform teilt der Papst die neuen Gebiete.

> Damit Ihr ein so großes Unternehmen mit größerer Bereitschaft und Kühnheit, ausgestattet mit der Wohltat Unseres apostolischen Segens, anzugreifen vermögt, schenken, gewähren und übertragen Wir hiermit <…> an Euch und Eure Erben und Nachfolger, die Könige von Kastilien und Leon, für alle Zeiten <…> alle <gefundenen und zu findenden,> entdeckten oder zu entdeckenden Inseln und Festländer <*omnes insulas & terras firmas inuentas & inueniendas, detectas & detegendas versus occidententem et meridiem*> <…>, soweit diese Inseln und Festländer westlich oder südlich einer vom arktischen bis zum antarktischen Pol in einer Entfernung von 100 Meilen westlich und südlich von einer der gemeinhin unter dem Namen Azores und Cap Verden bekannten Inseln zu ziehenden Linie gelegen sind – ohne Rücksicht darauf, ob die besagten Festländer oder Inseln in Richtung gen Indien oder in Richtung auf andere Weltgegenden gefunden worden sind oder noch gefunden werden <*terrae firmae & insulae inuentae et inueniendae sint versus Indiam aut versus aliam quancunqne partem*>; mit der Maßgabe jedoch, dass keine der westlich oder südlich der besagten Linie gefundenen oder zu findenden, entdeckten oder zu entdeckenden Inseln und Festländer <*omnes insulae & terrae firmae repertae & reperiendae, detectae & detegendae*> sich im tatsächlichen Besitze eines christlichen Königs oder Fürsten befindet, und zwar gerechnet bis zum letztvergangenen Geburtstage unseres Herrn Jesu Christi, an dem das Jahr 1493 begann[20].

Eine solche sperrige, systematische Verbindung zweier Termini legt nahe, dass sie in sinntragender Weise unterschieden sein müssen, wobei das differenzierende Merkmal zu sein scheint, ob es sich bei den Gebieten um unbekannte Gebiete Asiens oder aber einen bislang unbekannten Teil der Welt handelt. Es ließe sich insofern die These aufstellen, dass in dieser Bulle Papst Alexander VI. das erste schriftliche Zeugnis liefert, in dem Erfinden und Entdecken sowohl in einem gemeinsamen ›inventiven‹ Zusammenhang – also jenseits des Abdeckens von Häusern und Tieren – nebeneinander aufgeführt und zugleich semantisch voneinander abgegrenzt werden. Denn im Falle einer Eigentumszuerkennung ist dieser Unterschied essenziell. Erklärt der Papst seine Zustimmung zur Inbesitznahme von auf dem Seeweg aufgefundenen asiatischen Gebieten, erweisen diese sich aber als ein bislang von Asien unabhängiger Erdteil, wird seine Zueignung diskutabel. Dasselbe gilt für den umgekehrten Fall eines hypothetischen, neu ›entdeckten‹ Erdteils, der sich letztendlich als Teil Asiens herausstellt. Offensichtlich um sich vor der ambivalenten Formulierung des bloßen Findens und des daraus resultierenden Konfliktpotenzials zu schützen, der sich in der Tat im Verlaufe des 16. Jahrhunderts in der Diskussion um eine Landbrücke zwischen Amerika und Asien entladen wird, sichert sich Papst Alexander VI. ab. Nicht allein »De insulis nuper inventis« wie in der lateinischen Fassung des kolumbinischen Briefs, ausdrücklich auch vom kontinentalen Festland (»terrae firmae«) ist die Rede, obgleich der Text unmittelbar nach der Rückkehr des Kolumbus entstand, der das amerikanische Festland noch nicht einmal berührt hatte. Als geographischer Ort der Gebiete ist ja nur die Himmelsrichtung angegeben, also der »Westen und Süden«, und dabei die Möglichkeit, dass dort nichtasiatisches bzw. ›nichtindisches‹ Gebiet liegt, explizit vermerkt.

Was dieser »sonstige Teil« genau darstellen soll, ist zwar nicht definiert, doch in der Doppelung von »zu Findendem und zu Entdeckendem« hat der Heilige Stuhl die Möglichkeit einer »Neuen Welt« potenziell eingeschlossen. Dahinter steckt die Absicht der Krone, bislang von noch niemandem anderen gefundene (»per alios hactenus non repertas«) Gebiete zu »suchen und finden« (»quaerere et invenire«), um ihre Bewohner zum wahren Glauben zu konvertieren, so wie sie es schon durch die Reconquista Granadas vorgeführt haben (»in expugnatione et recuperatione ipsius regni Granatae«). Daraus erwächst das Auftauchen von Neuland, Inseln wie Kontinenten. »Mit göttlicher Hilfe und großer seemännischer Umsicht die Meere befahrend, entdeckten <*invenerunt*> sie endlich einige sehr weit entfernte Inseln und sogar Festländer«[21] – und zwar solche, die bisher noch niemand sonst aufgefunden <*repertae non fuerant*> hatte. Dem *reperire* als ›Suchen und Finden‹ von Bekanntem oder Erwartetem stellt sich aber in diesem Falle das *invenire* eines ›andern wie auch immer gearteten Teils‹ (»aliam quancunque partem«) als getrennte Sinneinheit gegenüber, nimmt also an dieser Stelle die Funktion ein, die an der anderen Stellen das *detegere* besitzt. Mit anderen Worten: die Opposition zwischen Entdecken von Unbekannten und Finden von Bekanntem ist klar skizziert. Lediglich die Terminologie unterliegt noch sichtbaren Schwankungen.

Sichtbar wird die sich herausbildende Aufspaltung der klassischen lateinischen Vokabel *invenire* bzw. *inventio* auch an dem, was man als das Gründungsdokument der »Neuen Welt« im Sinne der Vorstellung von einer getrennten Erdmasse bezeichnen kann. Im Jahre 1503 wird Europa durch ein Schriftstück in lateinischer Sprache bewegt, das sich in kürzester Zeit über den gesamten Kontinent ausbreitet und insbesondere in den Schreibstuben der humanistischen Gelehrten begeisterte Aufnahme findet. Sein Titel: *Mundus novus*. Verfasst ist das an den florentinischen Herrscher Lorenzo di Pierfrancesco de' Medici adressierte Traktat in Briefform von einem »Albericus Vesputius«, dessen italienischer Name Amerigo Vespucci später dieser seiner ›Neuen Welt‹ ihre endgültige Bezeichnung verleihen soll. Bei diesem ebenso berühmten wie sprachlich holperigen lateinischen Text handelt es sich allerdings nicht um die Urfassung. Das italienische Original des Briefs ist verschollen, und der uns vorliegende Wortlaut von *Mundus novus* ist Werk eines nicht identifizierbaren »iocundus interpres« (ein »gutgelaunter« oder »huebsch Tolmetsch«[22], wie es in der ersten deutschen Fassung heißt? Ein Übersetzer mit Namen Giocondo[23]?), dessen Ziel es ist »ut Latini omnes intellegant quam multa miranda Indies reperiantur«[24].

Die komplexe Problematik des Findens, Erfindens und Entdeckens beginnt bereits hier. Übersetzt man die Passage mit: »damit alle des Lateins Mächtigen begreifen, wieviel Wundersames in Las Indias zu finden ist« (auch andere Deutungen kommen ebenso bei Zeitgenossen wie in der heutigen Forschung in Frage[25]), so wird klar, dass *reperire*, ursprünglich nahezu Synonym von *invenire*, hier keineswegs den Sinn des ersten, enthüllenden Findens trägt. Es bezeichnet vielmehr das Aufsuchen eines von anderen *auctores* bereits angelegten ›Repertoires‹ von Dingen und geographischen Phänomenen, das der gebildete Leser im bereits Geschriebenen wiederfinden und innerhalb der Ordnung des Wissens orten kann. Anders als der Heilige Stuhl in seiner Opposition *reperire / detegere* scheint der »iocundus interpres« diesen Unterschied durch die Gegenüberstellung von *reperire* und *invenire* erreichen zu wollen: die Seefahrer »entdecken« (»invenimus«) Dinge, die sie noch nie gesehen haben, aber auch andere, wie man sie ebenso in Europa »findet« (»reperiuntur«): »Denn wir entdeckten dort unzählige Stämme und Völker und alle Arten wilder Tiere, die auch in unseren Regionen zu finden sind, aber auch viele andere, wir noch nie gesehen hatten«[26].

Allerdings scheint die Vokabel ›invenire‹ nicht genügend zu sein, um das Phänomen des Neuen und Unbekannten hinreichend zu beschreiben. Ähnlich wie in der Bulle die Entdeckung durch die Doppelung des ›invenire et detegere‹ wiedergegeben wird, stellt der »huebsch tolmetsch« dem ›invenire‹ ergänzende Begriffe zur Seite:

> ab novis illis regionibus, quas et classe et impensis et mandato istius Serenissimi Portugalie Regis perquesivimus et invenimus, quasque novum mundum apellare licet.
> *aus jenen neuen Regionen <...>, die wir mit der Flotte, auf Kosten und im Auftrag des durchlauchtigsten Königs von Portugal (woher ich Euch nun schreibe) erkundeten und entdeckten, und die man eine neue Welt bezeichnen könnte.*[27]

Dem ›reperire‹ als Wiederfinden des Alten steht mit ›perquirere et invenire‹ ein Komplex gegenüber, der in notwendiger Verbindung mit dem Neuen steht. Um der »new gefundenê Region di wol ein welt genennt mag werden« zu ihrer Neuheit zu verhelfen, bedarf es nämlich ihres Nichtvorhandenseins in der bisherigen Schriftüberlieferung. Mit dem *Mundus novus* wird etwas ›inveniert‹, was die ›Meinung der Alten überschreitet‹, ja sogar widerlegt – eine »novissima res«, die alle kosmographischen und philosophischen Theorien zu unterlaufen droht:

> quando apud maiores nostros nulla de ipsis fuerit habita cognitio et audientibus omnibus sit novissima res. Etenim hec opinionem nostrorum antiquorum excedit, cum illorum maior pars dicat ultra lineam equinoctialem et versus meridiem non esse continentem sed mare tantum quod *atlanticum* vocare; et si qui eorum continentem ibi esse affirmaverunt, eam esse terram habitabilem multis rationibus negaverunt. Sed hanc eorum opinionem esse falsam et veritati omnino contrariam hec mea ultima navegatio declaravit, **cum in partibus illis meridianis continentem invenerim frequentioribus populis et animalibus habitatam quam nostram europam seu asiam vel africam**, et insuper aerem magis temperatum et amenum, quam in quavis alia regione a nobis cognita.
> *wo doch die Alten von diesen Gebieten keine Kenntnis besaßen und deren Existenz allen, die davon hören völlig neu ist. Denn in der Tat übersteigt dies die Vorstellungen der Menschen unserer Antike bei weitem, insofern der Großteil von ihnen meinte, es gäbe überhaupt kein Festland südlich des Äquators sondern nur noch das Meer, welches sie Atlantik nannten; und selbst wenn einige wenige behaupten, daß dort Festland läge, so erklärten sie doch mit vielen Argumenten, daß dieses Land nicht bewohnbar wäre. Daß aber diese ihre Vorstellung falsch ist und der Wahrheit in keiner Weise entspricht, hat diese meine letzte Seefahrt bewiesen,* **da ich in jenen südlichen Breiten einen Kontinent fand, der mit Völkern und Tieren dichter besiedelt ist als unser Europa oder Asien oder Afrika**, *und darüberhinaus <sic> ein Klima, das gemäßigter und angenehmer ist als in irgendeiner anderen uns bekannten Weltgegend.*[28]

Dass diese ›Neue Welt‹ über eine Gruppe ›neugefundener Inseln‹ hinaus einen ungeahnten ›Kontinent‹ im Sinne einer weiteren zusammenhängenden Landmasse konstituiert (»Ibi eam terram cognovimus non insulam, sed continentem esse« / »Dort erkannten wir, daß dies Land keine Insel, sondern ein Kontinent ist«[29]), ja gar eine ›Welt‹ im Sinne einer weiteren Ökumene, Sitz eines weiteren Menschengeschlechts, die Gott nun aus der Verborgenheit gehoben hat (»placuit Altissimo nobis coram monstrare continentem et novas regiones ignotumque mundum« / »gefiel es dem Herrn, uns recht voraus Festland zu zeigen, neue Regionen und eine unbekannte Welt«[30]) wird an mehrfacher Stelle ausdrücklich zur Sprache gebracht. Wenn es einen Text geben soll, in dem dies Neue noch ›inveniert‹ werden kann, so sind dies die biblischen Prophetenschriften, welche laut der Kolumbus teuren Weissagung Jesajas die Hereinkunft eines neuen Himmels und einer neuen Erde versprechen, deren Attribute der Unendlichkeit Vespucci seinerseits durch die Offenbarung des Johannes zu legitimieren sucht – etwa angesichts der Entdeckung einer unzählbaren Menge an Menschen: »Wir fanden in jenen Regionen eine so große Menge Menschen, die niemand zählen konnte (wie es in der Apokalypse heißt)« (»Tantam in illis regionibus gentis multitudinem invenimus, quantam nemo dinumerare poterat (ut legitur in *Apocalipsi*)«[31]).

Eine überraschende Nuance erhält der Wandel des lateinischen *inventio*-Begriffs wenig später durch einen Wissenschaftstext, der erstmalig der ›Neuen Welt‹ den Namen ihres Paten und *auctores* verleiht, der *Cosmographiae Introductio* von Martin Waldseemüller aus dem Jahre 1507, deren Schlussteil Vespuccis Beschreibungen seiner vier Reisen ausmacht. Das ›Invenieren‹ der Neuen Welt ist für den deutschen Humanist in lothringischen Diensten die Legitimierung der Namenszuweisung ›America‹ zu Ehren Vespuccis: »alia quarta pars per Americum Vesputium <…> **inuenta est**, quam non video cur iure vetet **ab Americi inuentore**, sagacis ingenij viro, Amerigen quasi Americi terram, siue Americam dicendam«[32]. »Ein weiterer, vierter Erdteil wurde von Vespucci entdeckt«, der »nach dem Entdecker Amerigo« seinen Namen erhalten und daher (griechisch) »Ameri-Gé« bzw. (lateinisch) »Land des Americus« oder »America« heißen soll, so lautet die landläufige Deutung dieser Passage. Grund genug, den Text Waldseemüllers jahrhundertelang zu bezichtigen, an der Usurpation der kolumbinischen Entdeckung durch den zweitklassigen florentinischen Piloten, an der Entthronung des Genies durch den Imitator schuld zu sein, so man nicht gar Vespucci selbst Intrigen unterstellt. Bei genauerer Betrachtung zeigt sich, dass ausgerechnet in derjenigen Passage, in der Vespucci angeblich zum Entdecker Amerikas gekürt wird, vom Entdecken überhaupt nicht die Rede ist. Denn anders als das polysemische »inventa est« trägt der lateinische »inventor« (»ab Americi inuentore«) nur eine einzige, klar definierte Bedeutung: »Erfinder«. Ein »Finder« oder »Entdecker Americus« wäre, im klassischen Latein ebenso wie in den vulgärsprachlichen Entlehnungen, eine schlichte Fehlübersetzung: »Im lt. wurde die person, die etwas fand, durch eine umschreibung bezeichnet. Das nomen agentis zu *invenire* »finden; erfinden«, *inventor*, bedeutet nur »erfinder«[33].

Wären demnach die Vorwürfe gegen Vespucci und Waldseemüller Produkt eines Übersetzungsfehlers? Wäre Vespucci weniger der Entdecker als der Erfinder Amerikas? Schwerlich lässt sich annehmen, der hochgebildete Humanist mit dem latinisierten Namen Martinus Hylacomilus hätte hier ›Entdecker‹ schreiben wollen, sei aber des Lateinischen nicht in korrekter

Weise mächtig gewesen. Sichtbar wird vielmehr, dass angesichts des erstmaligen Auftauchens einer unbekannten zweiten Erde der Vorgang des *invenire* und das Werk des *inventor* an seine Grenzen gelangt sind, da sie einen doppelten Vorgang beschreiben müssen: das materielle Stoßen auf einen neuen Kontinent und die Konzeption der Vorstellung von einer neuen Landmasse, der »imagen« Amerikas, um es mit den Worten Edmundo O'Gormans zu bezeichnen. Betrachtet man die Vokabel *inventor* unter dem imaginären Gesichtspunkt, der im 15. Jahrhundert in der Semantik dieses Wortes immer dominierender wird, bezeichnet ein *inventor orbis novi* den Entwickler der Vorstellung eines bislang unbekannten Kontinents. So argumentiert Edmundo O'Gorman, der bezüglich dieser Passage daher eine abweichende Übersetzung des lateinischen ›invenire‹ vorschlägt.

> Uns kommt es vor, als ob es sich hierbei um ein bloßes Scheinproblem handelt, das dem fehlenden Verständnis des wahren Sinns dieses Satzes geschuldet ist. In der Tat kann besagter Satz in zwei Weisen verstanden werden, je nachdem, wie man seinerseits das Verb »*invenio*« begreift, das in ihm verwendet wird. Wenn es durch das Verb »entdecken« <*descubrir*> übersetzt wird, wie es üblich ist, entsteht das Problem; wenn es man dagegen, was auch möglich ist, durch das Verb »konzipieren« <*concebir*> übersetzt, im Sinne von aussinnen <*discurrir*> oder begreifen <*comprender*>, verschwinden nicht nur die Schwierigkeiten, sondern es klärt sich auch das Motiv, das die Autoren der Cosmographiae Introductio vorschwebte, als sie es für angemessen hielten, dass der »vierte Teil« der Welt den Namen Americos trägt: so nämlich wird anerkannt, dass er es war, der dessen Existenz *konzipierte,* wie es ja auch tatsächlich der Fall war. Diese Interpretation scheint indirekt dadurch bestätigt zu werden, dass auf der Waldseemüller-Weltkarte von 1507 in einer Reihe von Inschriften zugegeben wird, dass die gesamte Nordküste dessen, was wir heute Südamerika nennen, im Auftrage des Königs von Kastilien aufgefunden wurde.[34]

Diese Unschärfe innerhalb der *inventio* des Neuen Kontinents löst sich allerdings mit der Zeit von alleine auf: da sich im Laufe des 16. Jahrhunderts zusehends die Vokabel *detegere* im Zusammenhang Amerikas etabliert. In den großen Enzyklopädien des 17. Jahrhunderts gehört sie hinsichtlich der Neuen Welt zum festen Vokabular. Unter Beyerlincks alphabetisch eingeordneten Lemma »AMERICA« findet sich: »wurde zuerst von dem Genueser Christoph Kolumbus entdeckt« (»primum à Christophoro Columbo Genuensi fuit detectum«). Im topisch angeordneten Werk von Alsted ist Bestandteil der »loci communes Chronologiae«: »Christoph Kolumbus entdeckte die Neue Welt« (»Christophorus Columbus detexit novum or-

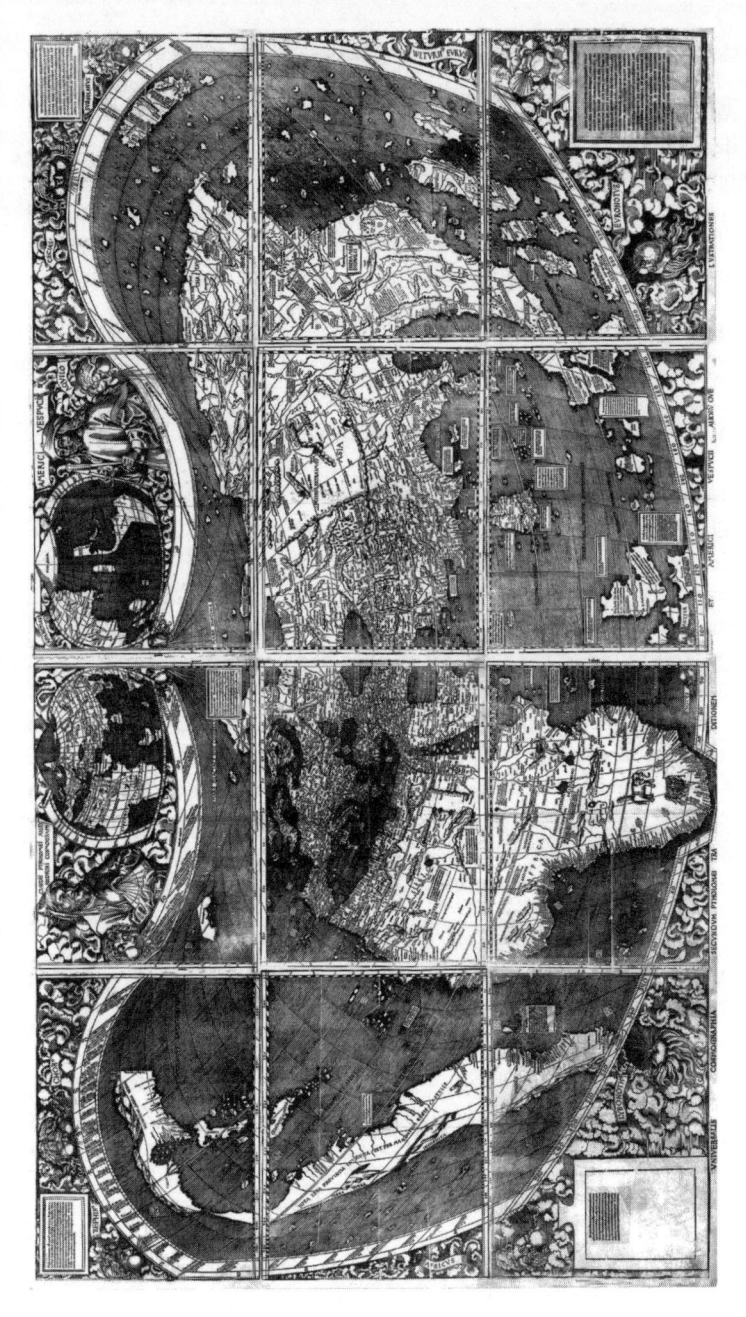

Martin Waldseemüller: Weltkarte (1507)

bem«[35]). Ein wenig anders gestaltet sich der Fall allerdings im Rahmen der »loci communes Geographiae«. Auf die topische Frage »Wonach wurde America benannt?« (»America unde dicta?«) ergibt sich eine Antwort, als deren später Erbe sich Edmundo O'Gorman erweisen wird: Americus Vesputius habe einen Teil Amerikas »entdeckt« (»detexit«) und so seinen Namen gegeben, Christophorus Columbus alias »Columnus« (der Bezwinger der Säulen des Herkules?) habe jedoch als erster das ›Eis gebrochen‹ (»glaciem fregit«) und so einen anderen Teil des *Novus orbis* ›gefunden‹ (»invenit«[36]). Die Aporie der Erfindung resp. Entdeckung Amerikas scheint hier bereits ihren Anfang zu nehmen.

IV.1.3. Medea oder die erfundene Prophezeiung

Bereits aus den ersten lateinischen Texten, die sich mit dem Phänomen der Neuen Welt beschäftigen, geht hervor, dass der Prozess der ›Entdeckung‹ in seiner Doppeltheit, dem materiellen Stoßen auf einen unbekannten Erdteil und der Entwicklung einer ihm zugehörigen Vorstellung, die bislang gebräuchliche Konzeption der *inventio* in Frage stellt und das Auftauchen neuer Bezeichnungen wie *inquirere* und vor allem *detegere* auf den Plan ruft. In ingeniöser, wenn auch nicht sonderlich redlicher Weise gelingt es bereits Kolumbus, dem seiner ursprünglichen Bedeutung entfremdeten lateinischen Wort *detegere* und seiner neuen Bestimmung als Verb der ›Entdeckung‹ die klassischen Weihen zu verleihen: die ›Entdeckung‹ von *Las Indias* sei bereits von Seneca im Chorgesang »audax nimium« (»audaz en demasía«) seiner Tragödie *Medea* prophezeit worden. Kolumbus zitiert diesen Text in seinem *Libro de las profecías* – wiedergegeben ist hier die exakte Orthographie seines eigenhändigen Manuskripts:

> Venient annis
> secula seris, quibus Oceanus
> vincula Rerum laxet et ingens
> pateat telus tiphis que nobos
> detegat orbes nec sit terris
> ultima tille.[37]

Kolumbus' interpretierende Übersetzung der Passage lautet:

> Vernán los tardos años del mundo ciertos tiempos en los quales el mar Occéano afloxerá los atamentos de las cosas, y se abrirá una grande tierra, y um nuebo marinero, como aquel que fue guya de Jasón, que obe nom-

bre Tiphi, descobrirá nuebo mundo, y entonçes non será la ysla de Tille la postrera de las tierras.³⁸
Kommen werden in den späten Jahren der Welt gewisse Zeiten, in denen das Ozeanmeer die Bande der Dinge lockern wird, und es wir sich eine große Erde auftun, und ein neuer Seemann, wie jener, der Führer des Jason war und den Namen Tiphi trug, wird eine neue Welt entdecken, und dann wird die Insel Tille nicht mehr das letzte der Länder sein.

Der erste Kolumbus-Herausgeber Bartolomé de las Casas greift diesen Textfund auf, ohne ihn indes auf die Schriften des Kolumbus zurückzuführen, und weitet ihn als Schriftkundiger aus, indem er genauere Angaben zu Autor und Situation der zitierten Passage gibt, die ihm offenbar auch in korrekter Fassung vorliegt, was man daran erkennt, dass er Textkorruptionen richtigstellt – so Kolumbus' falsche Untertrennung der Anapäste Senecas³⁹ und sein »nec sit terris« statt »nec sit terrarum«. Er verweist darauf, dass die Entdeckung dieser »neuen indianischen Welt« (»deste nuevo mundo indiano«) eines der großen und barmherzigen Werke Gottes gewesen sei. Dieser habe durch Seneca – für dessen Bekehrung zum Christentum es klare Indizien gebe, ja sich sogar zwischen ihm und dem Apostel Paulus »geschriebene Briefe finden« (»hallarse cartas escriptas«) lassen – die folgende Prophezeiung aussprechen lassen:

> Venient annis saecula seris,
> quibus Oceanus vincula rerum
> laxet, et ingens pateat tellus,
> Tiphisque novos detegat orbes
> nec sit terrarum ultima Thile.⁴⁰
> *Kommen werden in späteren Zeiten Jahrhunderte*
> *in welchen der Ozean die Fesseln der Dinge*
> *lockert und ein ungeheures Land sich auftun*
> *und Tiphis neue Erdkreise entdecken und unter*
> *den Ländern nicht mehr Thile das äußerste sein wird.*

In dreifacher Weise kommen Kolumbus und seinem ersten Hagiographen diese Verse höchst gelegen. Zum einen gewinnt der von beiden Autoren systematisch verwendete Begriff des Entdeckens im »Tiphisque novos detegat orbes« einen antiken Stammbaum, der die Vokabel *detegere* im modernen Sinne eines geographischen *descubrimiento* bereits im ersten nachchristlichen Jahrhundert nachweist und das Neue als Teil des antiken Denkens etabliert. Das »novos detegat orbes« wird zu »descobrirá nuebo mundo«, »neue Erdkreise entdecken«. Dadurch aber steht zum zweiten der Entdeckungsbegriff bereits in der Antike mit der Prophezeiung eines neuen Kontinents in Verbindung, mit einem *Presagio de América,* um einmal den Titel von Alfonso Reyes' berühmter Schrift zu zitieren, wo die *Medea* als eines der prominenten Beispiele zitiert wird[41]. Denn um was könnte es sich bei der »riesigen Erde« und den »neuen Kreisen« handeln, die in »späteren Jahren« einmal ›detektiert‹ werden sollen, wenn nicht um Amerika?

Gleichzeitig aber nimmt ein auf Senecas Autorität wurzelnder Stammbaum dem Neuen den Schrecken der Neuheit. Dank der Absicherung durch die Textüberlieferung wird es im Geschriebenen findbar – durch eben jenes »geschrieben Finden« (»hallarse <…> escriptas«), das Las Casas bezüglich der Briefe des Paulus als Beglaubigungsstrategie vermerkt. Trotz der Etablierung eines Entdeckungsbegriffs lässt sich auf diesem Wege im Auftauchen des bislang nicht Vorgesehenen ein göttlicher Heilsplan verfolgen. Gottes Absicht war es, dem Menschen die Neue Welt durch Visionen von Propheten anzukündigen und sie erst zu einem heilsgeschichtlich bedeutsamen Zeitpunkt ihrer Decke zu berauben. Die Entdeckung ist eine Apo-Kalypsis, ein Aus-der-Verborgenheit-Holen. Drittens aber ist die Prophezeiung untrennbar mit einer menschlichen Seefahrerfigur verbunden, mit der jenes antiken »Tiphis«, als dessen Renaissance Kolumbus sich begreifen kann. Denn wer sonst soll »ein neuer Seemann« sein, der einen »neue Welt« zum Vorschein bringt und die »riesige Erde« überhaupt erst ›patent‹ (»ingens pateat tellus«) und so ›patentierbar‹ macht[42]?

Seit Pherecydes und Aischylos ist Tiphys oder Iphys als der erste Steuermann der Menschheit überliefert, der unter Jason die Argo ans Ostufer des Schwarzen Meeres leitet, um das Goldene Vlies zurückzuerobern. Vor dem Hintergrund der römischen Imperialgeschichte des ersten nachchristlichen Jahrhunderts ist Tiphys derjenige, der diese Eroberung des Jason überhaupt erst möglich macht (»jener, der Führer des Jason war«, wie Kolumbus schreibt), der erste Kolonisator, der im asiatischen Kolchis den europäischen Einflussbereich ausdehnt. Kolumbus selbst führt den Mythos als feudalhierarchisch geprägte Selbstprojektion fort – als neuer Tiphys führt er den neuen Jason, König Fernando, in sein neues Herrschaftsgebiet. Darüber geht die Interpretation des Pater las Casas noch um einiges hinaus. »Tiphis« oder »Tiphi« erscheint nicht allein als der Pilot und Steuermann der Argo, sondern als ihr Erbauer, ja als *Erfinder* des Reisegeräts Schiff (»aparejos para navegar«) sowie der gesamten Seefahrts- und Steuermannskunst. Von einem ›geführten‹ Jason ist hier allerdings nicht mehr die Rede. Der Mensch, verkörpert durch Tiphys, führt sich vielmehr selbst, so wie die Milanvögel, »die sich selbst führen« (»que a sí mismos guían«), indem sie die Natur zu ihrem Zwecke zu nutzen wissen.

Tiphis fué el primero que hizo navío o nao para navegar, o el primero que inventó sus aparejos para navegar, mayormente el gobernario o el arte de gobernar, tomando diz que ejemplo de las colas de los milanos, por las cuales parece que a sí mismos guían o gobiernan, como podrá ver quien quisiese mirar en ello; enseñando la naturaleza, por las aves en el aire <lo> que los hombres por el agua debían hacer para se guiar. Así lo dice Plinio, lib. X, cap. x, hablando dello: *Videntur artem gubernandi <docuisse caudae*[43]*> flexibus in caelo monstrante natura, quod opus esset in profundum.* De Tiphi, dice Séneca en la misma tragedia:
   Quaeque domitorem freti Tiphin,
   novam formare docuisti navem.
Enseñaste (dice la naturaleza) a hacer las naos a Tiphi, domador del agua. <...> Esto así supuesto, dicen los versos de Séneca: »En los años futuros y tardíos vernán siglos o tiempos en los cuales el mar Océano aflojará sus ataduras de tal manera, que parecerá gran tierra; y el marinero inventor de novedad, mundos tan nuevos descubrirá, que desde adelante no será tenida por la última de todas las tierras la isla de Thile«[44]

Tiphis war der erste, der ein Schiff für die Seefahrt baute, oder der erste, der seine Takel zum Seefahrern erfand, und zu großem Teil die Steuerung oder Steuermannskunst, wobei er sich, wie er sagt, als Beispiel die Schwanzfedern der Milane nahm, durch die sich diese selbst zu lenken oder steuern scheinen, wie jeder, der möchte, es selbst sehen kann; wobei die Natur also durch die Vögel in der Luft zeigt, was die Menschen im Wasser machen müssen, um sich zu steuern. So sagt Plinius, im Buch X, Kap. X diesbezüglich: Es scheinen die Schwänze durch ihre Biegungen die Steuermannskunst zu lehren, und so zeigt die Natur am Himmel, was in der Tiefe vonnöten ist. *Von Tiphis sagt Seneca in derselben Tragödie:*
   Quaeque domitorem freti Tiphin,
   novam formare docuisti navem.
   <Die du den Meerbezwinger Tiphis
   ein neues Schiff zu formen lehrtest.>
Du lehrtest (sagt die Natur) den Tiphis, Bezwinger des Wassers, Schiffe zu machen. <...> Dies vorausgesetzt, besagen die Verse des Seneca: »In den künftigen und späten Jahren werden Jahrhunderte oder Zeiten kommen, in denen das Ozeanmeer seine Fesseln dergestalt lockern wird, dass eine große Erde erscheinen wird; und der Seemann, Erfinder von Neuem, wird derart neue Welten entdecken, dass von da an die Insel Thile nicht mehr für das letzte aller Länder gehalten werden wird«.

Auf wenige Zeilen komprimiert gelingt Bartolomé de las Casas eine umwälzende Analyse: Die Verse Senecas enthalten nicht nur eine präzise Voraussage der Neuen Welt. In ihnen ist auch das gesamte komplexe, durch gleichzeitige Differenz und Ergänzung gekennzeichnete Verhältnis von technischer Erfindung und geographischer Entdeckung angelegt, das Francis Bacon erst mehr als ein halbes Jahrhundert später anhand der Entdeckung Amerikas theoretisch beleuchten wird[45]. Der Erfinder, das durch ihn hervorgebrachte Neue, die Entdeckung und ihre Gestaltwerdung in Neuen Welten stehen in einem unmittelbaren Abhängigkeitsverhältnis. Als Erfinder und Hervorbringer von Neuem in Form eines bislang nicht existenten Gegenstandes (»novam formare docuisti navem« / »hacer las naos«) gewinnt Tiphis zugleich die Möglichkeit, mit Hilfe dieses Gegenstandes neue, bislang weder bekannte noch in der Konzeption des Kosmos vorgesehene Welten zu bereisen und ihrer Hülle zu berauben: *de-tegere*. Die Entdeckung setzt die Erfindung voraus. Obwohl beide Prozesse miteinander verbunden sind, macht der ontologische Unterschied, den das Neue in ihnen aufweist – einmal als ein zu Schaffendes (»hacer«), einmal als ein zu enthüllendes Präexistentes – die Trennung zwischen Erfinden und Entdecken und damit die Durchbrechung des alten Inventionsbegriffs notwendig, wie die Verwendung des *detegere* bei Seneca ja eindeutig zu beweisen scheint.

Die gemeinsame Basis beider Prozesse, und dies ist entscheidend, liegt nicht etwa in einer gegen die Fesseln der naturgegebenen Weltordnung aufbegehrenden Hybris des Menschen, sondern vielmehr im Willen der Natur selbst. Laut Las Casas ist es die Natur, welche Tiphis das Erbauen des Schiffes beibringt – »Enseñaste (dice a la naturaleza) a hacer las naos a Tiphi« – und ihm die Seevögel als lebende Vorbilder zur Verfügung stellt. Die Natur selbst, in Gestalt des Ozeanmeers (»mar Océano« / »mar Ocçeano«, wie Kolumbus und Las Casas übereinstimmend übersetzen), gibt freiwillig die Fesseln der Dinge auf, um die Entdeckung der Neuen Welt zu ermöglichen. Da die Natur den Willen ihres Schöpfers widerspiegelt, ist der eigentliche Inspirator Gott der Herr selbst, der durch den Mund des heidnischen – oder sogar heimlich christianisierten – Propheten seinen Heilsplan bereits eineinhalb Jahrtausende zuvor der Menschheit ankündigte. Der Tiphys aus dem Chorgesang der *Medea* ist nichts anderes als die visionäre Präfiguration von Christoph Kolumbus, der als Werkzeug des Herrn die Aufdeckung des Verborgenen vollziehen und sich zugleich zum Erfinder ›neuer und großer Dinge‹ (»nuevas y grandes cosas«) und zum Entdecker ›neuer Welten‹ (»nuevos mundos«) aufschwingen wird.[46] In beeindruckender Weise scheint also in der Tragödie des Seneca bereits jene geschichtliche Zäsur angelegt zu sein, die das Auftauchen der Neuen Welt verursacht; ein Verhältnis, das durch das komplementäre Verhältnis von ›Invention‹ und ›Detektion‹ skizziert ist. Senecas *Medea* als »Presagio« Amerikas wie auch der Neuzeit?

Ein vollständig anderes Bild erhalten wir, wenn wir den von Las Casas zitierten Text selbst betrachten – und zwar die Originalvorlage, nicht das *Libro de las profecías*, denn die von Las Casas angeführten *Medea*-Passagen gehen über das Kolumbus-Zitat weit hinaus. Der Chronist zitiert in einer Weise, die angesichts der recht homogenen Tradierung der Tragödie Senecas auf der Basis von zwei nur geringfügig abweichenden Urmanuskripten[47] kaum allein auf Überlieferungsfehler zurückzuführen ist. So lauten etwa die Eingangsverse der Tragödie aus dem Munde der Medea:

> Di coniugales tuque genialis tori
> Lucina, custos quaeque domituram freta
> Tiphyn nouam frenare docuisti ratem[48]
> *Ihr Götter des Ehebundes und du, des hochzeitlichen Lagers*
> *Hüterin und du, Göttin, die Tiphys du lehrtest,*
> *das neue, Meer bezwingende Schiff zu zügeln*[49]

Zunächst ist die Angesprochene nicht eine erfindungsstimulierende »Natur«, wie Las Casas vorgibt, sondern die von der betrogenen Ehefrau angerufene ›Schützerin des Ehebetts‹ Lucina, in der lateinischen Lyrik häufig ein Alias der Ehegöttin Juno, die Tiphys anleitete, um die Ehe zwischen Iason und Medea in Kolchis zustande kommen zu lassen. Doch wozu anleitete? Nicht etwa das »Schiff zu bauen« (»hacer la nao« / »novam *formare* docuisti navem«), eine Version, die in keiner der beiden Manuskripttraditionen zu finden ist[50], sondern »das Schiff zu zügeln« (»nouam *frenare* docuisti ratem«). Weder in der Tradition des Argonauten-Mythos[51], der meist Iason selbst zum Erbauer der Argo macht, noch in der *Medea* gibt es einen Hinweis darauf, dass Tiphys die Argo ›geformt‹ hätte. Im Gegenteil ist bei Seneca das Schiff nicht einmal Menschenwerk, sondern »von Pallas' Hand gefügt« (»Palladia compacta manu«[52]). Somit lässt sich Tiphys zwar durchaus als ›Erfinder‹ der *ars gubernandi* deuten (einer Methode), nicht aber des Schiffs (einer dinggewordenen neuen technischen Errungenschaft). Vor Las Casas ist Tiphys an keiner Stelle als *inventor* vermerkt.

Ebensowenig als *detector*. Entscheidender noch – und vom Standpunkt der Texttreue aus beurteilt skandalöser – ist nämlich, dass das ›Entdecken‹ neuer Erdkreise durch Tiphys eine Projektion des Kolumbus ist. Offensichtlich kam sie durch einen ihm vorliegenden fehlerhaften Tragödientext zustande, wie das *Medea*-Exemplar aus der *Biblioteca Colombina*[53] zeigt. Die Fehlinterpretation wurde durch Pater Las Casas bestärkt, obwohl diesem offensichtlich, wie seine Korrektur von Textkorruptionen beweist, ein vollständiges und weniger fehlerhaftes Exemplar der Tragödie vorlag. Tatsächlich lauten die Verse der ›Prophezeiung‹ bei Seneca, und zwar identisch in beiden Manuskripttraditionen:

uenient annis saecula seris
quibus Oceanus uincula rerum
laxet et ingens pateat tellus
Tethysque nouos detegat orbes
nec sit terris ultima Thule.
*kommen werden in späteren Zeiten Jahrhunderte
in welchen* **Oceanus** *die Fesseln der Elemente
lockert und ein ungeheures Land sich ausbreiten
und* **Thetys** *neue Erdkreise* **bloßlegen** *und unter
den Ländern nicht mehr Thule das äußerste sein wird*[54].

Nicht Tiphys, sondern Tethys ›entdeckt‹ die neuen Kreise! Als Schwester und Gemahlin des Gottes Okeanos ist sie, im Gegensatz zu Tiphys, selbst eine Unsterbliche, wodurch der Akt des *detegere* von Ländern, entgegen der lascasistischen These, den Menschen entzogen ist: nur ein Gott ist dazu in der Lage. Diese ursprüngliche Fassung, zu deren Manipulation das subtile Austauschen von nur zwei Buchstaben (ip / et) genügte, bringt jedoch in viel weitgehender Weise den Sinn dieser Passage ins Wanken. Aus einer Naturszene – das Meer als »mar Océano« gibt seine Bande frei und macht dadurch die Entdeckungsfahrt des Menschen Tiphys möglich – wird eine durch und durch mythische, nämlich die Geschichte des göttlichen Ehepaares Okeanos und Tethys[55]. Okeanos in seiner Gestalt als Urflut wird seine Herrschaft über die ›Dinge‹, d.h. das Land und die auf ihm befindlichen Gegenstände, lockern und damit seiner Gemahlin, zugleich Mutter der Binnengewässer, der Seen und Flüsse und damit verbindendes Element zwischen Meer und Land, die Möglichkeit geben, eine neues, riesiges Land frei- oder bloßzulegen, das bislang unter dem Meeresspiegel lag. In englischen Übersetzungen der Tragödie wird *detegere* an dieser Stelle daher korrekt mit ›to uncover‹ – und eben nicht ›to discover‹ – wiedergegeben: »›Tethys will uncover new worlds«[56]. Die Aufdeckung ist gewissermaßen die Umkehrung des Versinkens von Atlantis, das im Atlantik neu ersteht, so dass »Thule« nicht mehr das äußerste der Erdgebiete ist. Während Senecas *detegere* einen Wandel der Gestalt der Erde bezeichnet, so seine Auslegung durch Kolumbus einen Wandel allein auf dem Gebiet des ›Bilds von der Welt‹, der *Ymago mundi*, Titel der für Kolumbus wegweisenden und eingehend von ihm kommentierten Schrift des Kardinals Pierre d'Ailly[57].

Potenziert wird der Wandel im Inventionsbegriff aber noch, wenn man die Bewertung des *detegere* bei Seneca und Las Casas anhand der Figur des vermeintlichen *inventor* und *detector* Tiphys betrachtet. Was die folgenreiche Selbstprojektion des Kolumbus in die Figur des antiken Steuermanns[58] so subtil macht – und Las Casas zum subtilen Komplizen –, ist die Tatsache, dass

Tiphys über weite Strecken des Chorgesangs tatsächlich die zentrale Figur ist und erst am Schluss der Tethys weichen muss. Während der neue Tiphys bei Las Casas aber als heroische Figur und Bringer des Neuen erscheint, als »hervorragender Seemann, neuer Erfinder von neuen und großen Dingen« (»excelente marinero, inventor nuevo de nuevas y grandes cosas«), und unmittelbar im Auftrage Gottes handelt (»a él solo eligió Dios«), ja, die Gegenwart zu einem privilegierten, da von Gott für seine Revelation erwählten Zeit macht (»pues fué solo cuanto a esto en nuestros tiempos«), bietet sich bei Seneca von Tiphys ein ganz anderes Bild. »Allzu kühn« (»Audax nimium«), lauten die Anfangsworte des Chorgesangs; und bezeichnet ist damit niemand als Tiphys selbst, der »die heimtückischen Meere mit so zerbrechlichem Schiff durchschnitt« (»qui freta primus / rate tam fragili perfida rupit«[59]), zu einer Zeit, da die Menschen weder den Lauf der Sterne, noch den Namen der Winde kannten (»nondum quisquam sidera norat« / »nondum Boreas, nondum Zephyrus / nomen habebant«[60]), und ihnen jegliches ›Entdecken‹ und Fortbewegen vom heimatlichen Gefilde fernlag (»sua quisque piger litora tangens«[61]).

Vor dem Hintergrund der Schiffahrt als Urmetapher des menschlichen Grenzübertritts, die das Eiserne Zeitalter gemäß den hier offensichtlich anklingenden ovidischen Metamorphosen bringt[62], ist der erste Seemann alles andere als eine positiv konnotierte Figur und seine Epoche alles andere als eine privilegierte. Der Grenzübertritt der Argonauten setzt den »lichten Jahrhunderten« ein Ende, die zu Zeiten der Vorväter herrschte (»Candida nostri saecula patres / uidere procul fraude remota«[63]). Aus den Versen Senecas spricht das antike Verständnis, »daß möglicherweise das Meer eine dem Menschen prinzipiell gesetzte und daher unüberwindbar definierte ›Grenze‹ sei, die zu überspringen ›Hybris‹ und eine Verletzung und Besudelung der heiligen Reinheit des Meeres bedeutet.«[64] Durch die Transgression jenes thessalischen Pinienbaums, aus welchem die Argo gefertigt ist, werden die Gesetze der Natur durchbrochen durch eine nun gewissermaßen ›globalisierte‹ Weltordnung:

> bene dissaepti foedera mundi
> traxit in unum Thessala pinus
> iussitque pati uerbera pontum
> partemque metus fieri nostri
> mare sepositum.[65]
> *Die Satzungen einer zu ihrem Heil getrennten Welt*
> *zog in eine einzige zusammen die thessalische Fichte*
> *und befahl, dass die See Ruderschläge ertrage*
> *und auch ein fernes Meer uns*
> *fürchten mache.*

Das fortdauernde Ergebnis ist allerdings, dass das Meer und die zur Einheit verdammte Welt sich nun nicht mehr dem Tun des Menschen widersetzen können: ihr Widerstand ist gebrochen. Nicht nur eine gottgeschaffene Argo, jedes beliebige Bötchen kann inzwischen die Meere befahren (»quaelibet altum cumba perreat«). Die Ordnung ist in Unordnung gewandelt. Man findet gar Asiaten, die deutsche Ströme zur Trinkwasserversorgung heranziehen:

> muros terra posuere noua:
> terminus omnis motus et urbes;
> nil qua fuerat sede reliquit
> peruius orbis:
> Indus gelidum potat Araxen,
> Albin Persae Rhenumque bibunt.
> *alle Grenzsteine sind entfernt, und Städte*
> *haben ihre Mauern in einem neuen Land errichtet;*
> *nichts ließ am Ort, wo es gewesen, der den Schiffen*
> *nun überall zugängliche Erdkreis:*
> *der Inder trinkt den eisigen Araxes,*
> *die Elbe trinken die Perser und den Rhein*[66].

Wirkt letztere Vorstellung im heutigen Zeitalter der Völkerwanderungen auf uns beunruhigend, so allenfalls hinsichtlich der leiblichen Gesundheit dieser iranischen Einwanderer. Im Kontext der antiken Literatur hingegen, in der seit Homer[67] das Trinken aus dem lokalen Fluss ein Topos (nicht im topischen, sondern im von Curtius verwendeten Sinne eines wiederkehrenden literarischen Motivs) der autochthonen Heimatzugehörigkeit ist[68], stellen Völker, die aus Strömen trinken, an die sie gar nicht gehören, eine ›Unmöglichkeit‹ (ἀδύνατα) und damit die Konstituente eines ganz anderen Topos da. Curtius nennt ihn den der »Verkehrten Welt«[69], die aus einer Reihung von Adynata entsteht, wie sie auch hier vorzufinden ist[70].

Ihren Höhepunkt erreicht die Reihung der *impossibilia* in den Versen, in welchen Las Casas die Prophezeiung der Entdeckung Amerikas liest: das Aufdecken von riesigen Erdmassen im Ozean, wo sie nichts zu suchen haben, ist ebenso ein Adynaton wie das Verrücken der Grenzsteine und die Verirrung der Perser an die Ufer des Rheins. Allesamt sind sie Produkt der Grenzüberschreitung des Tiphys. Da er die Macht des Meeres gebrochen, die ›wohlgeteilte‹ Welt zur Einheit gezwungen hat, kann auch Okeanos bzw. der Ozean die Dinge nicht mehr in seinen Fesseln halten. Die Gestalt der Erde verändert sich. Das vom Menschen verschuldete Absinken des Meeresspiegels und die dadurch ›entdeckten‹ neuen Welten formieren ein Weltuntergangsszenario. Die Schreckvision Senecas und ihre vollständige

Umkehrung durch Kolumbus und Las Casas bieten anhand der Figur des Tiphys ein besonders eindrucksvolles Beispiel der bis auf die griechische Frühzeit zurückzuführenden »religiösen Ambivalenz«[71] von »Kratophanie« und »Hierophanie«, von »Tadel und Lob der Seefahrt«, die im 16. Jahrhundert durch die Apotheose des Entdeckers einen Ausschlag hin zum Lob der forschenden Neugier des Seemanns erfährt[72].

Dieser von Kolumbus und Las Casas willentlich oder unwillentlich initiierte Tradierungsfehler führt sich über die nächsten Jahrhunderte in den Zitaten der Passage aus der *Medea* fort – von den barocken Enzyklopädien des siebzehnten[73] bis hinein ins zwanzigste Jahrhundert, ohne eigentümlicherweise bei diesen meist hochgebildeten Lesern auf Verdacht zu stoßen. Lediglich Alexander von Humboldt hat eine seiner *Kritischen Untersuchungen* dem *Medea*-Text Senecas vor dem Hintergrund einer vermeintlichen Amerika-Prophezeiung gewidmet und die Passage in bester philologischer Methode dazu in ihren Kontext innerhalb der Tragödie gesetzt[74]. Dabei erweist sich die Göttin Tethys für ihn als einfache Metonymie des Wassers – »dann wird in künftigen Jahrhunderten das Meer (*Tethys*) neue Länder enthüllen (*novos deteget <sic> orbes*)«. Und Humboldt vermerkt: »Der Schwung des Ausdrucks und der pathetische Ton der Begeisterung haben den letzten Worten eine Bedeutsamkeit gegeben, welche, bei dem gänzlichen Mangel einer näheren Ortsbestimmung, eine so unbestimmte Prophezeiung nicht erlang haben würde, wenn sie unter der einfachen Gewalt einer geographischen Vermutung aufgestellt worden wäre«. Dass Kolumbus selbst keineswegs allein vom »Meer«, sondern von einer Präfiguration seiner eigenen Figur in der des Steuermanns Tiphys spricht, scheint Humboldt keiner Erwähnung würdig zu sein, ebensowenig wie diese seine Ausführungen den Lesern nachfolgender Zeiten. So findet nicht nur Alfonso Reyes' in Lateinamerika so ungeheuer wirkungsmächtiges Buch *Última Tule* (1942) in ungebrochener Weise das Vorzeichen Amerikas in Senecas Tragödie angelegt, sondern zum Beispiel auch Morison in seinem im selben Jahr erschienenen *Admiral of the Ocean Sea*. Morison deutet die Passage in identischer Weise wie Kolumbus und Las Casas:

> Auf einen Mann wie Kolumbus, der viel auf Prophezeiungen gab und schon über Thule (Island) hinausgefahren war, machte die eingangs dieses Kapitels zitierte Stelle aus Senecas Medea tiefen Eindruck. Eine Zeit wird kommen, da die Ketten des Ozeans abfallen werden <*the Ocean will break his chains*> und ein riesiges Land auftauchen wird <*will lie revealed*>, da Tiphys (Jasons Schiffsführer) neue Welten entdecken wird, und Thule wird nicht mehr das Ende der Welt <*the ultimate*> sein.[75]

Gerade für Gelehrte und Dichter des 16. Jahrhunderts[76] werden auf der Basis der vermeintlichen Autorität Senecas die Entdecker zu Neuen Argonauten und Kolumbus zum Neuen Tiphys stilisiert[77] und damit zu den Galionsfiguren der europäischen Expansion. So etwa in Ariosts *Orlando furioso*:

> Ma, volgendosi gli anni, io veggio uscire
> Dall'estreme contrade di Ponente
> Nuovi Argonauti e Nuovi Tifi e aprire
> la strada ignota infin al dì presente.
> *Allein ich seh' im Lauf von vielen Jahren*
> *Ausgehn vom letzten, fernsten Abendland*
> *Der neuen Argonauten kühne Scharen*[78]
> *Den Pfad eröffnend, jetzt noch unbekannt*[79]

Dass die Verse des Seneca aber jenseits jeglicher kolonialer Entdeckerideologie im sechzehnten und siebzehnten Jahrhundert durchaus noch im ursprünglichen Sinne eines »Oceanus dissociabilis« gelesen wurden; dass die Transgression des Tiphys und die Umdeutung in der Tradition von Kolumbus und Las Casas den Zeitgenossen durchaus noch bewusst war, beweisen gerade antispanische Werke aus Frankreich, wie Titus Heydenreich gezeigt hat, aber in Spanien selbst auch Góngoras *Soledades*[80]. Besonders eindrucksvoll ist allerdings der Einwand von Giordano Brunos *Aschermittwochsmahl*, das explizit auf die Tiphys-Episode und seine moderne Inkarnation Kolumbus eingeht[81]. Indem Bruno – ebenfalls auf Basis der korrupten Textfassung des *Libro de las profecías*, die ihm, wie die Bruno-Forschung vermutet, nicht durch die im 16. Jahrhundert unveröffentlichte *Historia* des Pater Las Casas, sondern durch die in ganz Europa verbreitete Chronik seines Zeitgenossen López de Gómara überliefert wurde[82], der daher wahrscheinlich an der Wurzel der korrupten *Medea*-Rezeption der nächsten vier Jahrhunderte steht – hinsichtlich der Kolonisierung der Neuen Welt auf den *Medea*-Chorgesang näher eingeht, bringt er nicht allein, seinem eigenen Anspruch nach, die »Sonne der alten Philosophie« (»questo sole de l'antiqua vera filosofia«[83]) wieder zum Leuchten, sondern auch die ursprüngliche Bedeutung der alten Dichtung. Beide »Finder« – derjenige des ersten Schiffs und derjenige des Wegs, mit einem solchen in die Neue Welt zu fahren (»per avere ritrovata la prima nave«[84] / »ritrovato il modo«[85]: dem italienischen Kontext seiner Zeit entsprechend taucht das Wort *scoprimento* oder *scoprire* nicht auf) – präsentieren sich als Prototypen des brutalen Kolonialisten und bringen die wohlgetrennte Ordnung der Natur, Senecas »bene dissaepti foedera mundi«, durcheinander. Als ›Erfinder‹ im durchweg pejorativen Sinne des Autors von »perniciose invenzioni« führen sie ein neues eisernes Zeitalter herbei, indem sie die Völker zur Vermischung treiben und auf diesem Wege ihre Laster und Krankheiten verdoppeln. In klarer Anspielung an die Erfindung des Flugapparats durch Daidalos (»questo que ha ritrovato il modo di montare al cielo«[86]) weist Bruno auf die Hybris der menschlichen Transgression der Natur hin. In der Tradition der Kratophanie, die in der Renaissance nach dem Motto »Eyn narr ist wer fil land durchfert / Und wenig kunst noch tugend lehrt«[87] im Motiv des *Narrenschiffs* kulminiert, ist die Überfahrt nach Amerika ein »törichter Flug«, en »folle volo«[88] wie der des dantesken Odysseus, und die Galeere der Konquistadoren eine *stultifera navis*[89].

In den Brennpunkt der Kritik gerät dabei auch die *invenzione*. Das »venient annis« Senecas wird zur modifizierten Schreckvision des »tempo verrà«: es werden Tage kommen, in denen die Menschheit genügend Erfindungen besitzt, um sich selbst zu zerstören, in denen die Bewohner der kolonisierten Gebiete sich an Europa für das erfahrene Leid mit dessen eigenen Mitteln, den Erfindungen (»invenzioni«) rächen werden. Brunos auf Seneca basierende Kritik der Invention liest sich angesichts dessen recht eindeutig als frühe Kritik eines technischen Fortschrittsgedankens und eines an ihn gekoppelten Rechts des Stärkeren (»conchiudendosi al fin più saggio quel che e più forte«)[90]. Die Kunst des Erfindens entpuppt sich bei Bruno als Kunst des Tyrannisierens und Mordens (»arte di tiranizzar e sassinar l'un l'altro«) und Kolumbus als finsterer Erbe einer mehrtausendjährigen Kolonisationsgeschichte.

> se vien lodato lo antico Tifi per avere ritrovato la prima nave o co gli Argonauti trapassato il mare: *Audax nimium* <...>, se a' nostri tempi vien magnificato il Colombo, per esser colui, de chi tanto tempo prima fu pronosticato: *Venient annis* <...>; che de farsi di questo che ha ritrovato il modo di montare al cielo, discorrere la circonferenza de le stelle, lasciarsi a le spalli la convessa superficie del firmamento? Gli Tifi han ritrovato il modo di perturbar la pace altrui, violar i patrii genii de le reggioni, di confondere quel che la provida natura distinse, per il commerzio radoppiar i difetti e gionger vizii a vizii de l'una e l'altra generazione, con violenza propagar nove follie e piantar l'inaudite pazzie ove non sono, conchiudendosi al fin più saggio quel che e più forte; mostrar novi studi, instrumenti, et arte de tiranizzar e sassinar l'un l'altro: per mercé de quei gesti, tempo verrà ch'avendono quelli a sue male spese imparato, per forza de la vicissitudine de le cose, sapranno e potranno renderci simili e peggior frutti de sì perniciose invenzioni: *Candida nostri secula patres* <...>[91].
> *Wenn der alte Tiphys gepriesen wird, das erste Schiff <entdeckt[92]> zu haben und mit den Argonauten übers Meer gefahren zu sein*: Audax nimium <... hier folgt ausführliche Zitat die bereits zitierte Seneca-Passage>, *wenn in*

unseren Tagen Columbus verherrlicht werd als der, von dem so lange Zeit geweissagt wurde: Venient annis <... es folgt das Zitat der von Kolumbus und Las Casas etablierten ›Tiphys-Fassung‹> *was soll man dann von dem sagen, der entdeckt hat, wie man zum Himmel steigt, den äußersten Sternenkreis durchschreitet und die oberste Wölbung des Firmaments hinter sich läßt? Jene Tiphys haben den Weg gefunden, den Frieden anderer zu stören, die heidnischen Gottheiten der Länder zu entweihen, zu vermischen, was eine umsichtige Natur getrennt hat, durch Handel die Mängel der Menschen zu verdoppeln und die Laster des einen Volkes um die des anderen zu vermehren, mit Gewalt neue Torheiten zu verbreiten und die unerhörten Narrheiten dorthin zu verpflanzen, wo es sie noch nicht gab, und am Ende den Stärkeren als den Klügeren auszugeben. Sie haben den Menschen neue Wege, Werkzeuge und Künste gewiesen, sich gegenseitig zu unterdrücken und umzubringen. Dank solcher Taten wird einst die Zeit kommen, wo die anderen Völker, aus eigenem Schaden klug, durch den Wechsel im Lauf der Dinge in die Lage versetzt werden, uns die Folgen dieser verderbenbringenden Erfindungen in gleicher oder schlimmerer Form heimzuzahlen:* Candida nostri secula patres <... hier folgt die Passage des »bene dissaepti foedera mundi«>[93].

Hans Blumenberg hat in seiner Einführung zur hier zitierten Übersetzung von Brunos *Aschermittwochsmahl* darauf hingewiesen, dass Bruno in dieser »prophetischen Kritik am Zeitalter der Entdeckungen und der begonnenen Ausbeutung neuer Weltteile das geöffnete Weltall als die Alternative einer nun grenzenlosen Freiheit« entgegensetzt – und damit einer neuen Apotheose »der Entdeckungen und Erfindungen als Zugang zu neuen Verfügbarkeiten« seine eigene, in der »Anschauung des Himmels« durch und durch kontemplative »Unendlichkeitsmystik von erotischer Prägung«[94]. Damit richtet sich Bruno gegen alle zeitgenössischen kolonialistischen Thesen, die Erschließung der neuen Gegenden der Erde und die Verbreitung der europäischen Gedanken (insbesondere der christlichen Religion) seien zum Wohle aller. Entgegen Jean Bodins Meinung, der gemeinsame Welt-Handel (»ayans tousiour affaire les uns les autres«[95]) könne sämtliche Menschen dieser Erde in einer friedfertigen Welt-Republik verbinden und durch die gegenseitige Wirtschaftsbeziehung Kriege vermeiden (ein Argument, das auch von späteren Theoretikern des Kolonialismus freudig rezipiert wurde), begründet der Nolaner seine Forderung durch die Verschiedenheit und Unvereinbarkeit der Völker. Denn die Tugenden der ›Einen Welt‹ sind nicht gemäß der bodinschen Doktrin vom gemeinsamen Handel auf die andere übertragbar – so wie auch »mein eigenes Sein nicht auf das von diesem oder jenem übertragbar ist« (»la bontà di questo mondo non è comunicabile ad altro mondo che esser possa, come il mio essere non è comunicabile al di questo e quello«[96]). Handel vermehre vielmehr nur die Laster der Menschen untereinander (»atteso che per la communicazione più tosto si radoppiano gli vizii, che per prender possano aumentare le virtudi«[97]). Eben angesichts dessen sei die Aufteilung der Welt in Kontinente, in die »bene dissaepta foedera mundi«, von der Natur in dieser Form wohl bedacht worden; sei die Trennung ihrer verschiedenen lebenden Bewohner durch Meere und Berge nur zu deren Besten (»essere per il meglio de gli animanti di questo mondo, che la natura per mari e monti abbia distinte le generazioni«). Daher sei diese vom Menschen auch nicht zu durchbrechen und sei die diesbezügliche Klage Senecas wohlberechtigt (»Però ben si lamenta il Tragico«[98]).

Mittels eines wortwörtlichen *Medea*-Zitats – »Dum bene dissepti turbavit foedera mundi« – unterstreicht Bruno noch in seinem lateinischen Spätwerk *De immenso* die Naturgewolltheit einer Trennung der »Glieder der Erde« und schlägt die Brücke zur Gestalt des Kolumbus. Für seine Durchbrechung der Naturordnung sind der »habgierige Ligurer« (»Ligur <...> avarus«) Kolumbus und die von ihm etablierte Herrschaft des »gewalttätigen Spaniers« (»violentus Iberus«) über Amerika zu verdammen[99]. Gegen eine unglückliche Manipulation der Natur durch den »Neuen Tiphys« Kolumbus, den »genuesischen Spitzkopf« (»il capo aguzzo Genovese«[100]), wie Bruno ihn in seinem *Spaccio della bestia trionfante* schmäht, stellt der Nolaner seine eigene Philosophie des rein spirituellen Ausbrechens aus dem kosmischen Gefängnis der Welt und ihrer bisherigen Grenzen. Statt die Kontemplation in ›erfinderische‹ Zerstörungshandlung umzusetzen, nutzt er sie zum Schreiben von Texten – und damit zu einer Form, Welt und Text wieder zu vereinen, ohne erstere im Geschriebenen finden zu müssen.[101] Diese Richtigstellung der vermeintlichen Amerika-Prophezeiung trifft zugleich ins Herz einer Erfindungs- und Entdeckungskonzeption, wie wir sie bei Las Casas antreffen[102]: aber auch bei Montaigne, der in seinen *Essais* eindringlich davor warnt, die Völker Amerikas in ihrer »so reinen und einfachen Naivität« (»nayfveté si pure et simple«[103]), in »der vollendeten Religion, dem vollendetem Staatswesen, der vollendeten und erfüllten Gewandtheit in allen Dingen« (»la parfaicte religion, la parfaicte police, perfect et accomply usage de toute chose«[104]) durch die zerstörerische Kraft der nun jeglicher triumphaler Forschrittshoffnung entkleideten »falschen Erfindungen« Europas – »inventions fauces«[105], Korrelat von Brunos »perniziose invenzioni – ihres natürlichen Reichtums, ja, ihres Atems zu berauben, sie zu ersticken (»Nous avons tant rechargé la beauté et richesses de ses ouvrages par nos inventions, que nous l'avons du tout estouffée«[106]).

IV.2. Christoph Kolumbus: Entdeckung als Exegese der Schrift

IV.2.1. Kolumbus, der verdeckte Entdecker?

Dass die Geschichte der ›Entdeckung‹ Amerikas mit Christoph Kolumbus ihren Anfang nimmt, ist, wie zuletzt die Polemiken um den Quinto Centenario zeigten, stets zugleich eine Selbstverständlichkeit und eine heftig bestrittene Tatsache. Nicht nur die vielzitierte zeitlich frühere Kolonisierung ›Hellulands‹ durch Leif Erikson spielt eine Rolle. Eine besonders komplexe und imposante Position nimmt etwa Edmundo O'Gorman mit seinen beiden Büchern *La idea del descubrimiento de América* und *La invención de América* ein. Laut dem mexikanischen Gelehrten ist Kolumbus nie zu dem Bewusstsein gelangt, einen neuen Kontinent zu befahren: ihm anstelle des »Bildes, das man vorher vom *orbis terrarum* hatte«[107] das »Bild« (»imagen«) eines »Seins von Amerika« (»ser de América«) zuzuordnen. Grundvoraussetzung einer Entdeckung sei aber genau dies: die Verbindung des Gefundenen mit einer neuen Vorstellung, in diesem Fall einer neuen Einheit im Weltbild. Erst von diesem Moment an könne man von ›Entdeckung‹, also einem Begriff sprechen, der einen bloßen ›Fund‹ auf immer ablöste:

> Für uns ist der Ausgangspunkt in dem Augenblick anzusetzen, in dem offenkundig ist, dass die von Kolumbus besuchten Regionen Teil einer von Asien unabhängigen geographischen Einheit sind, das heißt, eines anderen und bis dahin unbekannten Kontinents. Für die Zeit vor diesem Augenblick ist es widersinnig, von Amerika und seiner Entdeckung zu sprechen <...>. Es wurde in der Tat nicht beachtet, dass sich von da an der Begriff der »Entdeckung« selbst auf eine andere Problematik bezieht als diejenige, um die es ging, als man ihn bezüglich der asiatisch geglaubten Regionen verwendete. In diesem Fall bezog sich die Entdeckung zwar auf Länder, die sicher unerkundet <*ignotas*> im Sinne von »vorher nicht gesehen« waren, aber nicht unerkundet im Sinne von »unbekannt« <*desconocidas*>, denn man wusste ja definitiv bereits vorab, was sie waren: Regionen am äußersten Rande Asiens. Es handelt hier sich eigentlich eher um einen Fund <*hallazgo*>. Im anderen Falle hatte die Entdeckung <*descubrimiento*> etwas wirklich »Unbekanntes« zum Gegenstand; unbekannt tatsächlich in dem radikalen Sinne, das es sich um ein Ding handelte, das keinen vorgesehen Platz innerhalb der kosmischen Realität besaß, wie man sie gemäß dem traditionellen System des Aufbaus der Erde kannte.[108]

Gegen die landläufige Meinung spricht O'Gorman Kolumbus den Titel des Entdeckers Amerikas ab, und zwar auf der Basis von Kolumbus' eigenem Selbstverständnis. Da der Admiral nicht Amerika, sondern den Seeweg nach Asien zu finden beabsichtigte, habe er sich selbst nie als Entdecker betrachtet.[109] Bevor O'Gorman in seinem gleichnamigen Buch den Terminus der *Invención de América* (1958) vorschlägt, sucht er 1951 als eigentlichen ›Entdecker‹ Vespucci zu etablieren, seine Entdeckung als eine »Enthüllung« (»revelación vespuciana«[110]) und der nach ihm benannte Kontinent daher als ein »wohlbenannter« – *América la bien llamada*, Titel des umfangreichen Werks von Roberto Levillier über die Entdeckungsgeschichte[111]. Der eigentliche Prozess der Entdeckung beginne erst, als Vespucci durch den Brief *Mundus novus* das Bewusstsein verbreitet habe, auf eine neue geographische Einheit gestoßen zu sein, und so das Vorgefundene einer neuen »imagen« der Wirklichkeit zugeordnet und eine neue *imago mundi* konzipiert habe.

Betrachten wir allerdings etwas eingehender die Texte von Kolumbus und Vespucci, und damit die ersten Zeugnisse aus der Neuen Welt überhaupt, lässt sich eine solche These von Kolumbus als dem ›Finder‹ des schon Bekannten und Vespucci als dem ›Entdecker‹ des Unbekannten nicht so schematisch aufrechterhalten. Erklärtermaßen ist zwar Kolumbus' eigenem Reisebericht, dem *Diario de a bordo*, klar zu entnehmen, dass das Ziel des Unternehmens in der Tat ein Prozess des *invenire* im ursprünglichen Sinne, oder, mit den Worten O'Gormans, ein ›hallazgo‹ ist, das Auffinden Asiens. Zwei Tage vor dem seither als Tag der Entdeckung Amerikas zelebrierten Datum lesen wir:

> Aquí la gente ya no lo podía çufrir quexávase del largo viaje, pero el Almirante los esforçó lo mejor que pudo, dándoles buena esperança de los provechos que podrían aver, y añadía que por demás era quexarse, pues que él avía venido a las Indias, y que así lo avía de proseguir hasta **hallarlas** por la ayuda de Nuestro Señor.[112]
>
> *Zu diesem Zeitpunkt beklagten sich meine Leute über die lange Reisedauer, die ihnen unerträglich zu sein schien. Ich wußte sie jedoch aufzumuntern, so gut ich eben konnte, und stellte ihnen den Verdienst, den sie sich auf diese Weise verschaffen konnten, in nahe Aussicht. Dem fügte ich hinzu, daß es zwecklos wäre, darüber in Streit zu geraten, da ich nun einmal entschlossen sei, nach Indien zu gelangen und die Reise solange fortzusetzen, bis ich mit Gottes Hilfe <**sie gefunden habe**>.*[113]

Doch bereits neun Tage später macht der Admiral entgegen der These O'Gormans deutlich, dass sein Vorhaben nicht nur im Finden von Gold, sondern im Entdecken von Neuem Land bestehe, wodurch die Begriffe

›hallar‹ und ›descubrir‹ innerhalb eines Absatzes klar einander gegenübergestellt werden.

> Yo no curo así de ver tanto por menudo, porque no podría fazer en çincuenta años, porque quiero **ver y descubrir** lo más que yo pudiere para bolver a Vuestras Altezas, a Nuestro Señor aplaziendo, en Abril. Verdad es que **fallando** adónde aya oro o espeçería en cantidad, me determé fasta que yo aya d'ello cuanto pudiere, y por esto no fago sino andar para ver de topar en ello.[114]
>
> *Allein es war nicht meine Absicht, alles genau zu erforschen, denn dazu würden nicht einmal fünfzig Jahre ausreichen, sondern so viel als möglich neue Länder <zu sehen und> zu entdecken, um, wenn es Gott gefiel, im kommenden Monat April wieder vor das Angesicht Eurer Hoheiten treten zu können. Dem muß ich aber hinzufügen, daß ich, falls wir <Gegenden* ***finden sollten***[115]*>, wo Gold und Gewürze reichlich vorhanden sind, mich dort so lange aufhalten werde, als bis ich so viel als nur irgend möglich verladen habe. Zu diesem Zwecke setze ich meine Fahrt fort, um <auf jene Gegend zu stoßen>*.[116]

Die Vokabel ›descubrir‹ wird auch in der Folge systematisch verwendet. Am 27. November heißt es:

> <...> aquí debe haver *infra* la tierra grandes poblaciones y gente innumerable y cosas de gran provecho, porque aquí y en todo lo otro, descubierto y tengo esperança de descubrir antes que yo vaya a Castilla, digo que terná toda la cristianidad negociación en ella <.>
>
> <...> *da im Innern des Landes zahlreiche dicht bevölkerte Siedlungen und wertvolle Naturschätze vorhanden sein müssen, so daß hier an allen von mir entdeckten Orten und in jenen, die ich vor Rückkehr nach Kastilien noch zu entdecken hoffe, die ganze Christenheit einen einträglichen Handelsverkehr wird treiben können* <...>[117]

Das ›Entdecken‹ wird schließlich zur grundlegenden und jeder weiteren näheren Erforschung übergeordneten Intention der Reise erklärt.

> <...> iva siempre con intención de descubrir y no parar en parte más de un día, si no era por falta de los vientos.
>
> *Der Admiral verfolgte während seiner ganzen Fahr unausgesetzt die Absicht, neue Länder zu entdecken und nirgends länger als einen Tag zu verweilen, es sei denn, daß widrige Winde oder anhaltende Windstille ihn zu einem längeren Aufenthalt zwingen sollten.*[118]

Hat Kolumbus wirklich (im Sinne der zuweilen bis heute geäußerten These seines ›Geheimnisses‹, das in der Folge noch genauer zu betrachten ist[119]) eine Entdeckung von Neuem vor, unternimmt er sie in höchst verdeckter Weise. Zu lesen ist bei ihm davon nichts. Denn ›Entdecken‹ setzt im Sprachgebrauch des Kolumbus nicht etwas in der Weltkonzeption Unvorhergesehenes voraus. Auf seiner dritten Reise etwa schreibt er:

> descubrí por virtud divinal trezientas y treinta y tres leguas de la tierra firme, fin de Oriente, y se<te>cientas islas denombré, allende de lo descubierto en el primero viaje.[120]
> *ich entdeckte durch die Kraft Gottes dreihundertdreißig Meilen Festland am Ende des Orients, und siebenhundert Inseln benannte ich, über das bei der ersten Reise Entdeckte hinaus.*

Was soll man sich unter der Tätigkeit des ›Entdeckens‹ von 300 Meilen Festlandes vorstellen? Eher müsste man ›descubrir‹ in diesem Kontext eher mit ›erforschen‹ oder ›erschließen‹ übersetzen. Gut lässt sich dies auch von der von Kolumbus wiederholt verwendeten Formel »mandar a descubrir« zeigen:

> <...> y agora que Vuestras Altezas lo an mandado navegar y buscar y descobrir <...>[121]
> *<...> und jetzt, da Eure Hoheiten ihn segeln und suchen und entdecken sandten <...>*
> <...> agora que Vuestras Altezas le mandaron explorar e descubrir la mar y la tierra <...>[122]
> *<...> jetzt, da Eure Hoheiten ihn Meer und Erde erforschen und entdecken sandten <...>*
> Y creo qu'esta tierra que agora mandaron descubrir Vuestras Altezas sea grandíssima y aya otras muchas en el Austro, de que jamás se ovo notiçia.[123]
> *Und ich glaube, daß dies Land, das nun Eure Hoheiten zu entdecken sandten, groß ist und es noch viele weitere im Süden gibt, von denen es noch nie Kunde gab.*

Schwerlich können die Herrscher den Auftrag geben, etwas zu entdecken, von dessen Existenz sie doch gar nicht wussten. Die Verbindung von »explorar« und »descubrir« bzw. »buscar« und »descubrir« weist eher darauf hin, dass Nichtexistenz des Gesuchten nie zur Diskussion stand. In diesem Sinne spricht Kolumbus beispielsweise auch von den Portugiesen, die Land in Afrika ›entdeckten‹, obwohl Afrika im Sinne O'Gormans ja einen seit der Antike bereits ›entdeckten‹ Kontinent darstellt (»los Reyes de Portugal, que tovieron coraçón para sostener a Guinea y del descubrir d'ella«[124]). Daneben taucht ›descubrir‹ bei Kolumbus auch häufig noch in der später ungebräuchlich gewordenen Bedeutung des materiellen Abdeckens, des Antonyms von Zudecken auf, zuweilen exakt im selben Kontext wie der Mythos von Okeanos und Thetys bei Seneca: dem vom Wasser be- und ›entdeckten‹ Land gemäß Esra (»esto trae una auctoridad de Esdrás, del 3.° libro suyo, adonde dize que de siete partes del mundo las seis son descubiertas e la una es cubierta de agua.«)[125]

Dem Gegensatzpaar *cubrir – descubrir* im materiellen steht auch ein im metaphorischen Sinne verwendetes zur Seite: *encubrir – descubrir*. Ersteres ist bei Kolumbus immer im Sinne von ›verbergen‹ oder ›verheimlichen‹ zu verstehen. So heißt es etwa bezüglich Martin Alonso Pinzón: »era cosa tan pública su maldad, que no podía encobrir.«[126] – »seine Bosheit war so offenkundig, daß er sie nicht verhüllen konnte«. Das Entdecken enthält bei Kolumbus immer zugleich das Enthüllen der verborgenen Wahrheit. Zudem aber scheint Kolumbus im Laufe seiner Reisen mehr und mehr dem Bewusstsein Ausdruck zu geben, bei dem von ihm Entdeckten handele es sich, je nach Interpretation des polysemischen spanischen Wortes ›otro‹, um ›eine andere‹ oder gar ›noch eine Welt‹.

> Ni valía dezir que yo nunca avía leído que Prínçipes de Castilla jamás oviesen ganado tierra fuera d'ella, y que esta de acá es otro mundo en que se trabajaron Romanos y Alexandre y Griegos, para la aver, con grandes exerciçios.[127]
> *Und es ist nicht einmal nötig zu erwähnen, daß ich niemals gelesen habe, Fürsten aus Kastilien hätten Land außerhalb des ihren gewonnen, und daß dies hier eine andere Welt ist, welche die Römer und Alexander und die Griechen mit vielerlei Mühen zu erringen suchten.*
> <…> ansí mesmo sin considerar que ningunos Prínçipes de España jamás ganaron tierra alguna fuera d'ella salvo agora que Vuestras Altezas tienen acá otro mundo, de adonde puede ser tan acreçentada nuestra santa fe, y de adonde se podrán sacar tantos provechos;[128]
> *<….> ebenso ohne zu betrachten, daß Fürsten aus Spanien niemals Land außerhalb des ihren gewonnen haben; bis auf jetzt, da Eure Hoheiten hier eine andere Welt haben, von wo sich unser heiliger Glaube so vermehren läßt und von wo so viel Nutzen gezogen können wird;*
> <…> ningún prínçipe de Castilla se halla, o yo no he hallado por escripto ni por palabra, que aya jamás ganado tierra alguna fuera de España; y Vuestras Altezas ganaron estas tierras, tantas, que son otro mundo, y adonde avrá la christiandad tanto plazer, y nuestra fe, por tiempo, tanto acreçentamiento.[129]

> <...> *kein Fürst aus Kastilien findet sich, oder zumindest habe ich keinen in Wort oder Schrift gefunden, der jemals Land außerhalb von Spanien gewonnen hat; und Eure Hoheiten gewannen diese Länder, so viele sind, daß sie eine andere Welt sind, und wo die Christenheit so viel Freude haben wird, und unser Glaube daher so viel Zuwachs.*

Nahe läge es, diese Belege als Beweis für die Existenz einer ›anderen‹ im Sinne der ›Neuen Welt‹ in der kolumbinischen Entdeckungskonzeption zu betrachten. Dennoch sind Andersheit und Neuheit hier noch getrennt, denn diese Textstellen indizieren mehr eine ›Welt‹ im übertragenen Sinne eines unbekannten Lebensumfelds[130]. Denn wenn es sich tatsächlich um einen bislang völlig unerwarteten Erdteil handelte, wie sollten dann Alexander, die Griechen und Römer sich darum bemüht haben, sie für sich zu gewinnen?

IV.2.2. Die Lettern avant la lettre: Prophezeiung und Primat der Schrift

Um etwas zu entdecken, scheint es in den Augen des Kolumbus nicht nötig zu sein, auf etwas bislang der schriftlichen Überlieferung Entzogenes zu stoßen. Im Gegenteil versichert der Admiral wiederholt, alles von ihm Entdeckte bereits in den Schriften der Autoritäten vorgefunden zu haben. Seine Angaben über die Neue Welt basieren weniger auf empirischer Beobachtung als auf der Autorität der Schriften[131]: »Auch das, was ich durch das Wort erfuhr, hatte ich schon lange durch die Schrift gewußt« (»También esto que yo supe por palabra avíalo yo sabido largo por escrito«[132]); »ich ruhe auf den oben angeführten Argumenten und Autoritäten« (»descanso sobre las razones y auctoridades sobre escriptas«[133]). Diese legitimieren, teils durch interne Verweise untereinander, die Herrschaft über die außertextliche Welt – wobei umgekehrt die Herrschaft über die irdischen Dinge auch die Herrschaft über die Schriften legitimiert, hier etwa im Falle der Weltherrscher Alexander oder Nero.

> El Aristotel[134] dize que este mundo es pequeño y es el agua muy poca y que fácilmente se puede passar de España a las Indias. Y esto confirma Avenruyz, y le alega el cardenal Pedro de Aliaco, autorizando este dezir y aquel de Séneca el cual conforma con estos, diziendo qu'el Aristóteles pudo saber muchos secretos del mundo a causa de Alexandre Magno, y Séneca a causa de César Nero, y Plinio por respecto de los romanos, los cuales todos gastaron dineros e gente y pusieron mucha diligençia en saber los secretos del mundo y darlos a entender a los pueblos.[135]

> *Aristoteles sagt, dass die Welt klein und dass das Wasser sehr wenig sei, und dass man leicht von Spanien nach Las Indias übersetzen könne. Und das bestätigt auch Averroes, und ihn führt Kardinal Pierre d'Ailly an, autorisiert diesen Satz und den Senecas, der mit diesen übereinstimmt, wobei er sagt, dass Aristoteles viele Geheimnisse der Welt durch Alexander den Großen kannte und Seneca durch Kaiser Nero, und Plinius über die Römer, die alle viel Geld und Menschen und vielen Eifer darauf verwandten, die Geheimnisse der Welt zu erkunden und sie den Völkern mitzuteilen.*

Der Schlüssel zu Kolumbus' Entdeckungsbegriff scheint in seinem Verständnis des Findens zu liegen, wie er auch in seinen zuvor zitierten Reiseberichten zum Tragen kommt: »kein Fürst aus Kastilien findet sich, oder zumindest habe ich keinen in Wort oder Schrift gefunden«. Getreu der traditionellen Konzeption von *invenire* geht es hier nur um zwei Aggregatszustände ein und desselben Suchprozesses. Ob man diese Fürsten nun in der Realität oder in einem Autoritätstext findet, verleiht dem Gefundenen keinen grundsätzlich anderen Wirklichkeitsstatus, ja: das im Text Gefundene erscheint wirklicher als das empirisch Erfahrene. Dass etwas in der Wirklichkeit Gefundenes keinerlei Entsprechung im Überlieferungstext findet, selbst wenn es vielen Philosophen bislang verborgen geblieben sein sollte, ist geradezu ein Frevel, da in den Worten der Heiligen Schrift die Wahrheit in ihrer Ganzheit vorgegeben ist. »Sonderbares Zeitalter, in welchem ein Gemisch von Zeugnissen des Aristoteles und Averroes (Avenruyz), des Esra und Seneca über die geringe Ausdehnung der Meere in Vergleich mit der der Continental-Massen den Monarchen die Ueberzeugung von der Sicherheit eines« kostspieligen Unternehmens geben konnte«[136], kann Alexander von Humboldt nur kopfschüttelnd bemerken.

Vor diesem Hintergrund erhält der Terminus der Neuentdeckung (*nuper invenire*, wie es in der lateinischen Fassung des Kolumbus-Briefs von der ersten Reise heißt) eine ganz andere Funktion. In der Tat geht es zwar um das Werk eines *primus inventor*, jedoch nicht desjenigen, der ein bislang Nichtbekanntes oder -existierendes zum Vorschein bringt, sondern desjenigen, der als erster in der Welt offenlegt, was im Text bereits angelegt war und zuvor noch von niemandem gefunden worden war: das In-Übereinstimmung-Bringen von Text und Welt durch den Wahrheitsbeweis einer Prophezeiung[137]. Auch das Erreichen des Reiseziels, des Reichs des ›Großkhans‹, wird nicht trotz, sondern gerade aufgrund des Auftauchens in den Texten der Überlieferung als eine Entdeckung ausgegeben: »die großen Städte des Großen Khan, die ohne Zweifel künftig entdeckt werden« (»Las grandes ciudades del Gran Can que se descubrirán sin duda«[138] – 12. November 1492). Durch das Herleiten der Erfüllung des in der Schrift Prophezeiten – ein

Verfahren, in dem sich Kolumbus gerade hinsichtlich seiner alttestamentarischen Quellen an den Evangelisten Matthäus anlehnt – ist das Entdecken weniger ein kosmographischer als ein heilsgeschichtlicher Prozess, der sich mit den Erkenntnissen des »weisen Altertums« überlagert[139].

> se les amostró el escrivir de tantos sabios dignos de fe los cuales escrivieron historias, los cuales contavan que en estas partes avía muchas riquezas. Y asimismo fue necesario traer a esto el dezir e opinión de aquellos qu'escrivieron e situaron el mundo. <...> porqu'es verdad que todo pasará y no la palabra de Dios, y se complirá todo lo que dixo, El cual tan claro habló distas tierras por la boca de Isaías en tantos lugares de su escriptura, afirmando que de España les sería divulgado su sancto nombre.[140]
> *Bewiesen wurde die Schrift so vieler glaubwürdiger Weisen, die als Geschichtsschreiber berichteten, in diesen Gegenden gäbe es viele Reichtümer. Und so war es nötig, hier den Ausspruch und die Meinung jener anzufügen, die die Welt beschrieben und einordneten. <...> denn wahr ist, daß alles vorübergeht, nur nicht das Wort Gottes, und es wird alles erfüllt, was Er sagte, der doch so klar von diesen Ländern durch den Mund des Jesaja an so vielen Stellen seiner Schrift spricht und verkündet, von Spanien aus würde sein heiliger Name verbreitet.*

Gott selbst habe, wie der Admiral auf seiner letzten Reise gegenüber seinen Herrschern anführt, in höchster Not im Traum zu ihm gesprochen, um ihn des himmlischen Auftrags seiner Reise zu versichern – und das mit Worten, die an die Ankündigung der Geburt Christi durch den Engel des Herrn erinnern – »Fürchte dich nicht!« (»No temas, confía: todas estas tribulaciones están escritas en piedra mármol y no sin causa«[141]). Wenn selbst Gottes eigenes Sprechen wiederum auf einen geschriebenen Text verweist und den (nur durch das vergänglichere Schriftmedium unterschiedenen) papierenen bzw. pergamentenen Texten der Menschen Gottes Text, gleich den Tafeln der Zehn Gebote, als in Stein gehauenes Schriftzeugnis gegenübersteht, dessen Schriftzeichen mit den menschlichen übereinstimmen und die daher auch vom Menschen gelesen werden können, verweist dies auf ein Verhältnis von Welt und Schrift das durch und durch vom geschriebenen Buchstaben dominiert wird. Das Verfahren des Kolumbus bei der Erschließung der Welt basiert auf einem obsessiven ›Grammatozentrismus‹, dessen Radikalität, wie viele Interpreten des Bordbuchs immer wieder betonen[142], so weit geht, dass der Admiral jegliche Form von Naturbeobachtungen, jedes Wetterphänomen und jeden Vogelflug als Symbole und »Zeichen« (»señales«) für das Geschriebene der Autoritäten verwendet. Aus dieser Schriftgläubigkeit heraus meint Kolumbus – besonders Lezama hat darauf hingewiesen – sogar in der schriftlosen Welt Amerikas in einem Stück Holz im Maul eines stummen Hundes eine Inschrift, eine *signatura rerum* wiederzufinden[143].

Im *Libro de las profecías* begründet der Admiral das Recht dieser Vorgehensweise theoretisch: »Und ich sage, dass der Heilige Geist nicht nur den vernunftbegabten Wesen die Dinge der Zukunft enthüllt, sondern er zeigt sie uns durch Zeichen des Himmels, der Luft und der Tiere, wenn es ihm gefällt« (»Y digo que no solamente el Espíritu Santo rebela las cosas de porvenir a las criaturas racionales, mas nos las amuestra por señales del çielo, del aire y de las bestias cuando le aplaz«[144]). Durch die Gewalt des Geschriebenen verbiegt der Admiral, sehr zum Erstaunen seiner nautischen Nachfolger, die sich fragen, wie dergleichen eklatante Messfehler zustande kommen konnten, astronomische und Naturbeobachtungen, um sie mit den Texten in Einklang zu bringen: von den Psalmen und Propheten des Alten Testaments, der Apokalypse des Johannes, der antiken Schriften von Aristoteles und Plinius, über die Kirchenväter Isidor und Augustinus bis hin zu ›modernen Autoritäten‹ wie den Zisterzienser Joachim de Fiore (1135-1202), Nicolas de Lyre (1270-1340) und Pierre d'Ailly (1350-1420) – eine regelrechte Kette von Autoritätsverweisen, die Kolumbus in über 300 Textzitaten im zu Lebzeiten nie veröffentlichten *Libro de las profecías* zusammengestellt hat[145]. Dabei bedient Kolumbus sich nicht nur anerkannter Autoritäten wie Aristoteles oder des schriftgewordenen göttlichen Logos, der sich in der Heiligen Schrift manifestiert. In Anbetracht von Kolumbus' obsessiver Schriftbezogenheit, die über die menschlichen Texte hinaus in die »señales« und Signaturen der Dinge selbst hineinreicht, erscheint daher die von Derrida in seiner *Grammatologie* getroffene Beobachtung zweifelhaft, in der mittelalterlichen Autoritätsgläubigkeit sei das Buch nur als Abbild des göttlichen Logos konzipiert und als bloße Metapher verwendet: eine »göttliche« Schrift, die der »abgefallenen« Schrift des Menschen entgegengesetzt ist und damit im Grunde eine Leugnung der Schrift impliziert, also die »fundamentale Kontinuität« des Logozentrismus nur verbirgt[146]. Was für Konzeptionen wie das ›Buch der Natur‹, das mit der bildlichen (und eben nicht schriftlichen) Metapher des Spiegels der Natur eng verknüpft ist[147], voll zutrifft – ein Phänomen, das in der Frühen Neuzeit erst voll zum Tragen kommt, und zwar gerade als Reaktion gegen die Scholastik[148] –, ist hinsichtlich des noch mittelalterlich geprägten Verständnisses des Kolumbus ganz unzutreffend. Im Gegenteil nämlich zitiert Kolumbus nicht *das* Buch der Offenbarung oder der Natur, und vor allem zitiert er nicht in metaphorischer Weise wie etwa später Rousseau, dessen Buch ja, wie Derrida belegt, »mit unauslöschlichen Lettern in das Herz des Menschen eingraviert« (»gravée dans le cœur de l'homme en caractères ineffaçables«)[149] ist. Vielmehr kommt in allen kolumbinischen Schriften eine heterogene Anzahl von verschiedenen konkreten Schriftquellen menschlichen Ursprungs aus allen Epochen zur Sprache.

In ihrer Gesamtheit bilden diese Schriften ein immenses intertextuelles Geflecht, deren Sinn darin liegt, die Neue Welt einerseits in das Gewebe des *textus* einzuarbeiten; andererseits aber, deren Hereinkunft nur als Durchgangsereignis zu interpretieren: denn durch ihr *descubrimiento* bricht die Endzeit an, die laut Autoritätsargument von Alfonso X. und Pierre d'Ailly im Jahre 1656 zum Ende der Welt 7000 Jahre nach ihrer Schöpfung führen muss (»Segund esta cuenta, no falta salvo çiento e çincuenta y cinço años para conplimiento de siete mill, en los cuales dise ariba por las abtoridades dichas que avrá de feneçer el mundo«[150]) – und mit ihr rückt die Wiedereroberung Jerusalems nahe. Diese stellt für Kolumbus das eigentliche Ziel seiner Reise dar, um die Prophezeiungs-Maschinerie weiter im Gange zu halten: ohne Las Indias keine Eroberung der *Casa santa*, wie aus dem Incipit des *Libro de las profecías* hervorgeht:

> COMIENZA EL LIBRO O GAVILLA DE AUTORIDADES, DICHOS, SENTENCIAS Y PROFECIAS ACERCA DEL ASUNTO DE LA RECUPERACION DE LA CIUDAD SANTA Y DEL MONTE DE DIOS DE SION, Y EL DESCUBRIMIENTO Y LA CONVERSION DE LAS ISLAS DE LA INDIA Y DE TODAS LAS GENTES Y NACIONES, A NUESTROS REYES HISPANOS FERNANDO E ISABEL.[151]
> *HIER BEGINNT DAS BUCH ODER HANDBÜCHLEIN DER AUTORITÄTEN, AUSSPRÜCHE, LEHRSÄTZE UND PROPHEZEIUNGEN ZUM THEMA DER WIEDERERLANGUNG DER HEILIGEN STADT UND VON GOTTES BERG ZION, UND DER ENTDECKUNG UND BEKEHRUNG DER INSELN INDIENS UND ALLER VÖLKER UND NATIONEN ZU UNSEREN HISPANISCHEN HERRSCHERN FERNANDO UND ISABEL.*

In seiner Sammlung erklärt Kolumbus anhand der Heiligen Schrift, wie die Einheit von Geschriebenem und in der Welt Vorgefundenem zustande kommt. Aufgrund des vierfachen Schriftsinns[152] (»El cuádruplo sentido de la Sagrada Escritura«), mit dessen Erläuterung das Buch beginnt[153], weist das Geschriebene, auch wenn es auf eine spezifische Zeit und einen spezifischen Ort bezogen ist, immer auch noch auf weitere Zeiten und Orte hin (»Es preciso señalar que en la Sagrada Escritura se escribe en ocasiones un tiempo en lugar de otro, como el pasado en vez de futuro, etc.«[154]). So erhalten die Bibelworte immer einen doppelten Sinn (»doble sentido literal«) – die Worte des Alten Testaments werden zur Prophezeiung des

Neuen (»que las cosas que ocurrieron en el Antiguo Testamento son símbolos de lo que ocurre en el Nuevo«[155]), aber auch des Kolumbus-Projekts (»Así también sucede con nuestro propósito«[156]). Die alttestamentarischen Inseln Tarsis, Ophir und Quetim, denen der ganze letzte Teil des *Buchs der Prophezeiungen* gewidmet ist, finden ihre Entsprechung in den neugefundenen Inseln von Las Indias. Dass eine dieser Deutungsebenen sich auf einen Text (das Neue Testament), der andere aber auf eine raumzeitliche Wirklichkeit (Las Indias) bezieht, scheint Kolumbus als Unterschied keiner Erwähnung wert. Für Kolumbus fallen die Tätigkeit des Seemanns und des Schrift-Erforschers zusammen.

> La rasón que tengo de la restituçión de la Casa Santa a la Santa Iglesia militante es la siguiente: Muy altos reyes: De muy pequeña hedad entré en la mar navegando, e lo he continuado fasta oy. La mesma arte inclina a quien le prosigue a desear de saber los secretos d'este mundo.[157]
>
> *Der Grund, den ich ich für die Rückführung des Heilige Hauses an die wehrhafte Heilige Kirche besitze, ist der folgende: Hohe Herrscher: Schon seit zartestem Alter fahre ich zur See und tue dies bis heute. Diese Kunst treibt den, der sie ausübt, zu dem Wunsch, die Geheimnisse der Welt zu erkunden.*

Diese auf den ersten Blick eher überraschende Logik erschließt sich nur vor dem Hintergrund des von Kolumbus angenommenen Welt-Text-Kontinuums. Parallel zur Seefahrt (»navegar«) steht die Lektüre. Grund der Überfahrt nach Las Indias ist die Erforschung »aller Arten von Schriften« (»estudio en ver de todas escrituras: cosmografía, istorias, corónicas y filosofía y de otras artes a que me abrió Nuestro Señor el entendimiento con mano palpable a que era hasedero navegar de aquí a las Indias«[158]). Daher ist das Entdeckungsunternehmen, wie Kolumbus unterstreicht, weder durch die eigene *ratio* (»razón«), noch durch Berechnungen (»matemática«) noch auf der Basis von Karten (»mapamundos«) zustande gekommen. Die Neue Welt ist das unmittelbare Produkt des Geschriebenen (der »mesmas autoridades«) – wobei die aristotelische und die biblische Autorität dasselbe prophetische Potenzial zu entfalten scheinen – und zu dadurch gesicherter Vorbote der Eroberung Jerusalems werden.

> Ya dise que para la hesecuçión de la inpresa de las Indias no me aprovechó rasón ni matemática ni mapamundos: llenamente se cunplió lo que diso Isaías, y esto es lo que deseo escrevir aquí por le redusir a Vuestras Altezas a la memoria y porque se alegren del otro que yo le diré de Jherualen por las mesmas autoridades, de la cual inpresa – si fee ay – tengan por muy cierta la victoria.[159]

Ich habe schon gesagt, dass ich zur Ausführung des Indien-Unternehmens weder Vernunft noch Mathematik nutzte: es erfüllte sich nur gänzlich das, was Jesaja sagte, und dies ist es, was ich hier niederzuschreiben wünsche, um es Euren Hoheiten ins Gedächtnis zu bringen, und damit sie sich freuen über das andere, das ich Ihnen kraft derselben Autoritäten über Jerusalem sagen werde: dass sie in diesem Unternehmen – wenn der Glaube da ist – den Sieg als sicher betrachten können.

Nur zuweilen durchbricht Kolumbus in seinem *Libro de las profecías* die Logik der Welt als Textfund und bewegt sich in Richtung zweier abweichender Welterklärungsmodelle: der empirischen Beobachtung und ›mathematischen‹ Durchdringung der Welt auf der einen Seite – etwa wenn er auf der Basis zweier von ihm beobachteten Mondfinsternisse im Jahre 1504 die Zeitverschiebung von der Isla Española nach Portugal und von »Janahica« (Jamaika) nach Cádiz berechnet[160]; der imaginären auf der anderen – wenn er auf der Basis des heiligen Isidor die drei verschiedenen Wege des Sehens aufzeigt, das körperliche Erblicken (»con el que imaginamos lo que sentimos con el cuerpo«), das innerseelische Imaginieren von »Bildern der körperlichen Dinge« (»imágenes de las cosas corporales«) und die Intuition (»la intuición de la mente con la que se aprecia la verdad comprendida«[161]).

IV.2.3. Das wiedergefundene Paradies

In seinen Berichten von den vier Reisen geht der Admiral noch einen Schritt weiter und wagt eine These, die für sein Verständnis des ›Entdeckten‹ zentral ist: die Gleichsetzung der in Welt und Text gefundenen Gebiete mit dem irdischen Paradies, das gemäß der Heiligen Schrift am ›Ende des Ostens‹ angesiedelt ist[162]. Ausgerechnet die älteste aller Welten lässt sich als etwas Neues entdecken[163]. Dies erklärt auch Kolumbus' Selbstverständnis als Heilsbringer bis in den Namen hinein – in Form der doppelten Herleitung von Christoforo aus *Christum ferens* (»der Christustragende«) und von Colombo aus einer im wahrsten Sinne ›kolonialen‹ Etymologie: »Colonus« bzw. span »Colón«. Als Träger des Heilands in ein gelobtes Land ist er zugleich der Besiedler des Paradieses[164]. So erklärt sich auch die aus heutiger Sicht recht wundersame Logik, mit der Kolumbus seine Argumentationen begründet, etwa als er aus dem Paradies in das ›schlechte Wetter‹ Europas zurückkehrt.

> Dize que estava maravillado de tan mal tiempo como avía en aquellas islas y partes, porque en las Indias navegó todo aquel invierno sin surgir,

e avía siempre buenos tiempos, y <...>siempre halló los aires y la mar con gran templança. Concluyendo, dize el Almirante que bien dixeron los sacros theólogos y los sabios philósophos que el Paraíso Terrenal está en el fin de Oriente, porque es un lugar temperadíssimo. Así que aquellas tierras que agora él avía descubierto, es – dize el – el fin del Oriente.[165]
Er sagt, dass er sich über solch schlechtes Wetter wundert, wie es auf diesen Inseln und in diesen Gegenden herrschte, weil er in Las Indias den ganzen Winter über segelte, ohne dass ein solches aufkam, und es war immer gutes Wetter, und <...> Luft und Meer fand er dort stets sehr mild. Daraus folgt, sagt der Admiral, dass die heiligen Theologen und die weisen Philosophen recht sprachen, wenn sie sagten, dass das Irdische Paradies am Ende des Ostens liege, weil dies ein überaus mildes Klima besitzt. Daher seien jene Länder, die er jetzt entdeckt habe – so sagt er – das Ende des Ostens[166].

Was haben der Osten und gutes Wetter miteinander gemein? Und warum ist Amerika im Osten, *weil* im Paradies gutes Wetter herrscht? Was uns zusammenhanglos scheint, folgt in der Logik der Einheit von Text und Welt einem einfachen dialektischen Syllogismus. Erste (von den Schriften gelieferte) Prämisse: Das irdische Paradies liegt am Ostende der Welt, weil dies ein Ort mit dem mildem Klima ist. Zweite (von Kolumbus beobachtete) Prämisse: Die entdeckten Gebiete haben ein stets frühlingshaftes Klima. Schlussfolgerung (»concluyendo«): Die entdeckten Gebiete sind das Ostende der Welt. Implizite Grundvoraussetzung dafür, dass dieser für einen modernen Betrachter überaus kontingenten Schluss die von Kolumbus eingeforderte Notwendigkeit erhält, ist freilich, dass das irdische Paradies ein stets frühlingshaftes Klima besitzen muss; und dass umgekehrt kein weiterer Ort dieselben Eigenschaften wie das irdische Paradies aufweisen kann. Dann nämlich muss ein Land im Osten mit stets frühlingshaftem Klima notwendigerweise das irdische Paradies sein.

In der Leistung, diese Einheit von Text und Welt durch das wiedergefundene Paradies in der Wirklichkeit bewiesen zu haben, besteht für Kolumbus der Vorgang des Entdeckens. Selbst die Städte des Großkhans sind, obwohl sie von Marco Polo vorher bereist wurden, noch ›entdeckbar‹, da sie über einen Weg angesteuert werden, der zwar von den Texten der antiken »philósophos y theólogos« verheißen wurde, aber im außertextlichen Universum nie befahren wurde. Entdecken besagt, die kurze Distanz zwischen Spanien und Indien, die Aristoteles vor Jahrtausenden bereits hypothetisch formulierte, nun in der Wirklichkeit ihrer Hülle beraubt zu haben; aber auch umgekehrt, durch eine Bewegung in der Welt zwei Autoritätstexte zu einer neuen Übereinstimmung gebracht zu haben: die aristotelische Tradition des Seewegs in den Osten über den Westen und die biblische des Paradieses im Osten. Insofern enthält das Entdecken für Kolumbus immer auch die Konzeption einer neuen *imago mundi*; nicht im Sinne eines Bruchs mit der autoritätsgestützten Geo- und Kosmographie (denn selbst Aristoteles scheint die Existenz von Las Indias zu belegen), sondern im Sinne der Festsetzung eines geographischen Ortes in den Weltkarten, der bislang nur durch das Wort der Schrift bekannt und für den Menschen nicht erreichbar war. So erklärt sich eines der Hauptansinnen der Reise, neue Seekarten zu zeichnen (»hacer cartas nuevas de marear«), um die Wiederfindbarkeit des ›Entdeckten‹ über das Finden im Geschriebenen (»hallado escriptura«) hinaus in der *imago* der Weltkarte zu gewährleisten. Etwa im Falle des irdischen Paradieses:

> La Sacra escritura testifica que Nuestro Señor hizo al Paraíso Terrenal y en él puso el árbol de la vida, y d'él sale una fuente de donde resultan en este mundo cuatro ríos principales <...>. Yo no hallo ni jamás e hallado escriptura de latinos ni de griegos que certificadamente diga al, sino en este mundo, del Paraíso Terrenal, ni e visto en ningún mapamundo, salvo situado con autoridad de argumento.[167]
> *Die Heilige Schrift bezeugt, dass Unser Herr das Irdische Paradies schuf und dorthin den Baum des Lebens setzte, und aus ihm entspringt eine Quelle, aus der sich in dieser Welt vier Hauptflüsse speisen. <...> Ich finde keine Schrift, weder von Römern noch Griechen, und habe auch noch nie eine solche gefunden, die, wenn nicht in dieser Welt, in beglaubigter Weise vom Irdischen Paradies spricht, und ich habe es auch noch auf keiner Landkarte gesehen, es sei denn durch ein Autoritätsargument dort angebracht.*

Der Entdeckungsprozess ist eine Gebietserschließung, durch die das Gesuchte seinen festen Ort erhält, an dem es gefunden werden kann. Ort: *locus*, τόποσ – bereits in der Metaphorik der antiken Rhetorik ist dieser Prozess des enthüllenden Findens durch die Kenntnis des Ortes (»locos nosse debemus«) der *inventio* zugeordnet, und das Verfahren der materiellen Gebietserschließung durch den Seefahrer ist der metaphorischen durch den Redner nicht unähnlich. Wenn Kolumbus sich als Entdecker eines *otro mundo* betrachtet, so hat dieses *descubrimiento* mit einem modernen Forschungsergebnis noch recht wenig gemeinsam: es handelt sich um das inventive Wiederfinden der Welt im Geschriebenen; damit aber zugleich auch um eine Exegese der Wahrheit, eine Enthüllung des Schleiers, des *encubrimiento*. Genau in dieser – von Kolumbus zu Alexander von Humboldt kontinuierlich sich durchziehenden – Enthüllungsmystik scheint das Element zu liegen, welches das Wiederfinden der ältesten aller Welten zu etwas Neuem macht, ohne dass dadurch bereits die Konzeption einer Neuen Welt entstünde. Von ihrer Methode her ist die Tat des Kolumbus nicht anders strukturiert als die *inventio Sanctae Crucis*: ein bislang verborgener Heilsgegenstand wird auf der Basis der schriftlichen Überlieferung aufgefunden und sichtbar gemacht. Indem das Entdeckte schriftlich verbürgt ist, wird ihm der Schrecken der Neuheit genommen. Um es in die Schrifttradition einordnen zu können, ist es allerdings nötig, ihm einen grundsätzlich anderen Status einzuräumen: einen eschatologischen, der im Grunde nicht mehr ›von dieser Welt‹ ist.

Eine solche mit dem Leben nach dem Tod verbundene »nuova terra«, wie sie Kolumbus auch im Werke Dantes wiederzufinden in der Lage ist[168], rückt den Akt der Entdeckung in den verbotenen Grenzbereich von Irdischem und Überirdischem. Wenn Kolumbus in wiederholter Weise bei der Beschreibung des Neuen auf das Wunder verweist – »que es maravilla« –, so ist dies nicht allein auf seine Unfähigkeit zurückzuführen, das Unbekannte mit adäquaten Worten zu beschreiben[169]. Denn das Neue gehört nicht einfach einer unbereisten Dingwelt an – es ist die vom Cherub verwehrte Dingwelt Edens. In Anbetracht des durch eine ebenso europäische wie phönizische und arabische Tradition[170] verbürgten NON PLUS ULTRA sind die Mythen des irdischen Paradieses und der Inseln der Glückseligen, des Reichs der Toten und des »Atlantikgrauens« aneinander gekoppelt. Im Durchbrechen dieser Verbote durch den westlichen Seeweg ist das eigentliche Wagnis, die eigentliche Neuheit des kolumbinischen Unternehmens zu sehen, wie etwa Ernst Bloch herausstreicht:

> Im Westen, wo die Sonne untergeht, wohnt der Tod. Dort ist die Unterwelt, ist das heidnische Golgatha, endet der Sonnengott; der babylonische Mythos spricht vom Westen als vom »Nachtmeergefängnis der Sonne«. Noch nach einer syrischen Version der Heraklessage starb Herakles an eben der Stelle, wo er seine zwei Säulen errichtet hatte. <...> Tatsächlich lagen westlich der Azoren Tangwiesen, Kolumbus hat sie bemerkt, für Platon, Aristoteles und Theophrast aber wurde der ganze Atlantik ein Schlamm-Meer, darüber die ewige Nacht.[171]

Gilt zuvor die Devise »Eden liegt hinter einem Gürtel von Schreck, der Gürtel voll Schreck liegt um Eden«[172], so wagt Kolumbus es als erster, diesen Gürtel zu durchbrechen, die »Geographie der Hölle, dicht neben den Inseln der Seligen« in Gleichmut vor dem Schauer des Jenseitigen zu katalogisieren, in Form von Briefen, Tagebüchern und neuen »cartas de marear« in Text und Bild zu erschließen. Kolumbus' Wesen als neuer Tiphys ist in seiner Grundstruktur durchaus noch nicht frei vom Odium des Zerstörers der naturgegebenen Grenzsteine, des Rebellen gegen die göttliche Ordnung.

Die Neue Welt ist der Wohnort des Teufels[173], Kolumbus' Reise ein Eindringen in den Ort höllischer Schrecken. Erst rückblickend wird der Usurpator zum erfindenden Entdecker, zum Meister der *ars inveniendi* stilisiert. Um noch einmal ausführlich Bloch zu zitieren:

> Kolumbus jedenfalls glaubte fest, die von ihm entdeckten Inseln seien die der Hesperiden und hinter dem Land an der Orinokomündung sei Eden versteckt. Und dies überbietende Grundziel gab, wenn man es erreicht glaubte, der Welt so andere Valeurs, daß sie aus ihrem Status fundamental herausgerissen wurde. Kolumbus spricht sogar vom Neuen Himmel und der Neuen Erde, die durch ihn erreicht seien; Expedition war Sezession, Auszug aus dem Alten ins Neue, nicht nur Erweiterung des Mutterlandes oder stationärer Zuschlag eines Unbekannten zum Bekannten. Außer den ökonomischen Beweggründen <…> stand hier ein phantastischer Überbau vom Paradies auf Erden, der seinerseits aktivierte und alles andere als kontemplativ war. Sonst wäre es unmöglich gewesen, daß der Endecker, besonders Kolumbus, geradezu als Zeuge und Emblem für ars inveniendi eingesetzt werden konnte. Kolumbus ist in alchymistischen Schriften des siebzehnten Jahrhunderts der Meister, der über die Säulen des Herkules hinausfuhr, zu den goldenen Gärten der Hesperiden. Er steht für alchymistische Fahrt, für den Magus, der das Paradies im Fluch der Erden sucht. Noch im achtzehnten Jahrhundert erscheint, mit diesem Aspekt, »das güldene Amerika« auf alchymistischen Titeln, so erfunden wie entdeckt. Und auch ganz außerhalb dieser Phantastereien oder Phantasien gaben die Säulen des Herkules, mit dem Plus ultra, Bacons Gleichnis ab, sie bildeten gerade für sein Buch »Novum Organon« <sic> als die, über welche hinausgefahren wurde, das Frontispiz.[174]

»So erfunden wie entdeckt« – im Gegensatz zum Entdeckungsbegriff des Vespucci, der fast zeitgleich allein das Sehen der Wirklichkeit zur Tätigkeit des Entdeckers machen und das kontemplative Entdeckungsverständnis der Neuzeit antizipieren wird, stellt Kolumbus das ›descubrir‹ noch mit einer *ars inveniendi* in Verbindung, die von der ›artistischen‹ Erfindung nicht deutlich trennbar ist.

> Item, Entdecken ist selber aktiv-utopisch, es hebt sein Objekt nicht nur aus unserer Unwissenheit heraus, sondern gegebenenfalls auch aus dem Dämmer seiner eigenen Unvermitteltheit und Unbelichtetheit. Kontemplativ ist der spezifisch geographische Entdecker nur insofern, als er am Endzustand, sobald er ihn gefunden zu haben glaubt, die Aktion aufgibt.[175]

Nach Bloch »steht Entdeckung, auch als geographische, der Erfindung nirgends konträr gegenüber, vertraute utopische Struktur zieht durch beide hindurch«[176]. Eine Trennung, die offensichtlich in der Konzeption Kolumbus als eines Meisters *artis inveniendi* noch nicht vollzogen ist. Dennoch ist dieser Bruch bereits bei Kolumbus klar angelegt. Sichtbar wird dies nicht zuletzt an der Weise, wie dem Admiral an seinem Lebensende das Entdeckte aus den Händen rinnt. Da sein Amt noch nicht das kontemplative ist; da für ihn, gleich Tiphys, das *invenire* bzw. *descubrir* im Akt des »zu tollkühn« (»audax nimium«) besteht, im erstmaligen Zerbrechen des Schreckensgürtels, um den Weg ins Neue zu weisen, ist er vor Plagiatoren nicht geschützt. So wie im Chorgesang der *Medea* kann nach der Transgression der Argo jedes beliebige Schiffchen die geborstenen Bande des Ozeans überwinden. Dass dies zu einer inflationären Explosion von Entdeckern führt, die einander zu übertrumpfen und die Leistungen ihrer Vorgänger entwerten suchen, ja, dem Erstfinder den legitimen Besitz streitig machen, muss der seines Besitzes und Ruhmes beraubte Kolumbus selbst schmerzlich erfahren. Am Ende seines Lebens klagt er resigniert, selbst die Schneider fühlten sich inzwischen als Entdecker: »Agora fasta los sastres suplican por descubrir«[177].

Nicht nur angesichts einer solchen hybriden Entdecker-Flut lässt sich O'Gormans (später durch den Terminus der *invención de América* relativierte) These, Kolumbus sei kein Entdecker und habe sich auch nie für einen solchen gehalten, schwerlich aufrechterhalten. Vielmehr tritt der von Kolumbus verwendete, noch inventiv-artistisch geprägte Entdeckungsbegriff in eine sichtliche Spannung zu dem von O'Gorman vertretenen kontemplativen. Setzt der Mexikaner als notwendiges Kriterium einer Entdeckung das Bewusstsein einer neuen geographischen Einheit, eines »continente distinto y hasta entonces desconocido« voraus, damit das Ereignis nicht einfach in die Kategorie des Fundes fällt, so setzt Kolumbus das Entdecken bei einer geographischen Einheit an, deren Imaginarium selbst durch die Schriften der Textautoritäten minutiös festgelegt ist und nur aufgedeckt werden muss. Doch selbst wenn Kolumbus sich, angesichts des Zuvorkommens Leif Eriksons, weder als erster Entdecker im materiellen Sinne der ersten Atlantiküberkreuzung noch, angesichts des Zuvorkommens Vespuccis, als Entdecker im ideellen Sinne der ersten Konzeption des neuen Kontinents betrachten kann, ist er schwerlich als Nicht-Entdecker oder bloßer ›Stolperer‹ zu klassifizieren. Unbestritten bleibt ihm die reale Enthüllung seiner imaginären Wunschbilder jenseits eines Ozeans, der bislang den Bewohnern der Alten Welt über Jahrtausende nur sein NON PLUS ULTRA entgegengeworfen hatte: dass es PLUS ULTRA noch eine ›andere Welt‹ gibt – selbst wenn andere letztendlich ihren Namen und Besitz erwerben.

IV.3. Amerigo Vespucci:
Entdeckung als Ausbruch aus der Schrift

IV.3.1. Die Neuerfindung der Entdeckung

Was also ist das ›Neue‹ am *Mundus novus*? Worin wird Kolumbus' Leistung so sehr durch die Vespuccis übertrumpft, dass die von ihm erstmals als solche bezeichnete Neue Welt seinen Namen zu erhalten verdient und er als ihr ›Entdecker‹ gelten soll? Diese Bezeichnung muss insofern besonders verwundern, da Vespucci bei der von ihm begleiteten portugiesischen Expedition weder Admiral noch Kapitän noch selbst Steuermann oder im eigentlichen Sinne ein Seemann war, sondern lediglich eine Art wissenschaftlicher Begleiter mit kaum einer Entscheidungs- und Befehlsgewalt, der bei der Navigation in unbekanntes Gebiet lediglich durch seine kosmographischen Kenntnisse Rat und Unterstützung geben konnte. Wie soll jemand ›entdecken‹, der noch nicht einmal bestimmen darf, wohin ein Schiff zu fahren hat?[178]

Bis zu einem gewissen Grade ist die Besonderheit der vespuccianischen Sichtweise bereits durch die Verwendung des Wortes *invenire* im Brief *Mundus novus* deutlich geworden. Wenn die Übertragung des italienischen Urtextes ins Lateinische dem »iocondus interpres« offensichtlich diverse Schwierigkeiten bereiten muss, so enthält der Satz »invenimus <…> novum mundum«[179] für uns heutige Rückübersetzer einen gleich dreifachen Aspekt: Vespucci hat durch seinen Brief an den Medici-Fürsten eine Neue Welt ›entdeckt‹, nämlich auf seinen Reisen in materieller Weise erstmals bedeutende Strecken der Küsten des südamerikanischen Festlands bereist (Entdeckung auf dem Gebiet der *res*). Zudem erfand Vespucci den Begriff der ›Neuen Welt‹ (*nuovo mondo, mundus novus*), der zwar ebenfalls bereits von Bartolomé Kolumbus in seinen ersten, unveröffentlichten Seekarten einer hypothetische Landmasse im Süden präfiguriert, aber erst durch den Florentiner publiziert und damit, noch vor Martyrs Dekaden *De orbe novo*, ›patent‹ und ›patentierbar‹ gemacht wird[180] und in kürzester Zeit eine atemberaubende Karriere gemacht hat (Erfindung auf dem Gebiet des *verbum*). Drittens aber hat er diesen von den Brüdern Kolumbus nur zeitweise vermuteten Kontinent[181] auf der Basis seiner empirischen Reisebeobachtungen zum ersten Male als eigenständige Einheit in die herrschende *imago mundi* eingefügt (Konzeption auf dem Gebiet der *imago*). Was für Vespucci bei der Entdeckung allerdings weniger zu zählen scheint, ist das von Kolumbus erstmals unternommene und von der Nachwelt als epochal gewürdigte Wagnis, in eigener Initiative die Säulen des Herkules zu durchbrechen – denn dabei ging es ja zunächst einmal um das Finden bereits bekannter Länder, nicht das Entdecken von neuen.

Betrachtet man den lateinischen Brief jedoch vor dem Hintergrund jenes Begriffs, der wie ein roter Faden Vespuccis italienische Texte durchzieht, nämlich der eigentümlichen Bastard-Vokabel »discobrir« oder »discoprir«, so wird rasch verständlich, dass eine lateinische Fassung in nur ungenügender Weise die Zusammenhänge zum Ausdruck bringen kann, welche die Konzeption einer ›Neuen Welt‹ mit der eines in dieser Form noch nicht verwendeten Terminus verbindet. Im Sinne der heute vigenten Terminologie könnte man Vespucci auch als Erfinder der Entdeckung (und eben nicht mehr als *inventor inventionis*) bezeichnen, zumindest eines Begriffs von Entdeckung, der heute so durchgängig verwendet wird, dass Edmundo O'Gorman ihn in seinem Buch *La idea del descubrimiento de América* als selbstverständlich zu Grunde legt. Mit Vespucci beginnt eine Phase des Inventionsbegriffs, der sich mit der Terminologie des Findens nicht mehr hinreichend beschreiben lässt.

Auffällig ist an Vespuccis Verwendung des Entdeckungsbegriffs zunächst, dass er mit seinem »discobrir« ein im Italienischen in doppelter Hinsicht nicht gebräuchliches Wort verwendet. Wie zuvor erläutert[182], besitzt die Vokabel »scoprire« oder auch, etwa im Sprachgebrauch von Vespuccis florentinischem Landsmann Dante, »scovrire« (»cio ch'io attendo e chi il tuo pensier sogna / tosto convien ch'al tuo viso si scovra«[183]) eine Funktion, die dem heutigen ›aufdecken‹ oder ›enthüllen‹ im konkreten (einer Statue) wie im metaphorischen Sinne (eines Geheimnisses) nahekommt. Die Form »discoprire« ist in den Texten der Zeit nicht nachzuweisen. In der Tat hat die Vespucci-Forschung dargelegt, dass der Entdecker seinen Entdeckungsbegriff dem Spanischen entlehnt, die italienische Form »discobrir« in Angleichung an die iberische Wortform ›descubrir‹ gebildet hat[184] – an die Sprache, in welcher Kolumbus seinen von der bisherigen Definition differierenden Entdeckungsbegriff herausgebildet hat: eine Wortbildung, die über Ariosts *Orlando furioso* bis hin zu Vicos *Scienza nuova* in italienischer Sprache von nun an immer wieder auftauchen wird.[185]

Doch so morphologisch ähnlich auch die Wortgestalt, so naheliegend der Wandel von kolumbinischen ›descubrir‹ zum vespuccianischen ›discoprir‹ auch ist, so abweichend, ja gegensätzlich ist das von ihnen Bezeichnete. Bedeutet Entdecken für Kolumbus ein als geographische Einheit bereits bekanntes Gebiets, das noch nicht hinreichend auf den Karten verortet und erschlossen ist, neu zu erforschen – also etwa die ›Entdeckung‹ Afrikas durch die Portugiesen (»los Reyes de Portugal, que tovieron coraçon para sostener a Guinea y del descubrir d'ella«[186]) –, so grenzt Vespucci seinen Entdeckungsbegriff scharf von dieser Definition ab: die Portugiesen hätten in Afrika überhaupt nichts entdeckt, da Afrika doch schon lange entdeckt sei:

Credo Vostra Magnificenza arà inteso delle nuove che hanno tratto l'armata che dua anni fa mandò il Re di Portogallo a discoprir per la parte di Ghinea: tal viaggio come quello, non lo chiamo io discoprir, ma andar per el discoperto, perché, come vedrete per la figura, la lor navigazione è di continuo a vista di terra, e volgono tutta la terra d'Africa per la parte d'austro, che è provinzia della qual parlono tutti gli autori della cosmografia.[187]

Ich glaube, dass Eure Erhabenheit Nachrichten betreffs der Kriegsflotte gehört hat, die der König von Portugal vor zwei Jahren zum Entdecken in die Gegend von Guinea geschickt hat: solch eine Reise wie diese nenne ich nicht Entdecken, sondern Fahrt durch das Entdeckte, weil, wie ihr auf der Karte sehen werdet, ihre Seefahrt stets in Sichtweite des Landes war und sich ganz auf das südliche Festland Afrikas erstreckte, eine Gegend also, von der alle Autoren der Kosmographie sprechen.

»Discoprir« und »andar per el discoperto« werden zu einer Opposition, die recht treffend das Entdeckungsverständnis des Vespucci von dem Kolumbus absetzt. Bereits über ein Jahrhundert vor Francis Bacon scheint Vespucci den Konflikt zwischen der innovativen »inventio« und den bereits bekannten »inventa« aufzuwerfen.[188] Was für den Florentiner das ›discoprir‹ ausmacht, ist das Neue, Unbekannte (›novus‹ und ›ignotus‹ im *Mundus novus*-Brief) im Gegensatz zum Alten, Bekannten. In Vespuccis italienischen Schriften wird dieser Zwiespalt, den der »iocundus interpres« durch die Differenzierung von *invenire* und *reperire* wiederzugeben scheint, auch durch das Gegensatzpaar Finden (»trovare«) und Entdecken (»discoprire«) ausgedrückt.

Komplexer wird der Fall, wenn wir dazu die eigenartige Begründung betrachten, die Vespucci gibt, um den Portugiesen den Rang als Entdecker abzusprechen: weil sie bei ihrer Fahrt das Land immer im Auge gehabt (»la lor navigazione è di continuo a vista di terra«) und weil die antiken Autoren schon über Afrika geschrieben hätten (»provinzia della qual parlono tutti gli auttori della cosmografia«). Da den einen Grund mit dem anderen logisch wenig verbindet, scheint die Begründung zunächst paradox. Gewährleistet ist ein Zusammenhang erst, setzt man als Grundlage die Einheit von Gesehenem und Geschriebenem an. »Andar per il discoperto« bedeutet, etwas wiederzufinden, sei es, weil es vorher schon geschrieben und gelesen wurde, sei es, weil es die ganze Zeit über schon in Sichtweite (»a vista«) war. ›Entdeckbar‹ ist demnach etwas, was vorher weder sichtbar noch lesbar war. Im Gegensatz zu Kolumbus, der seine Entdeckung als Beleg des Geschriebenen in der materiellen Welt betreibt, ist für Vespucci das Entdecken der Ausbruch aus der Schrift. Entdecken besagt, in der Welt zu finden, was noch nie geschrieben wurde. Die Entdeckung bringt Neues ans Licht – und ohne Neuheit keine Entdeckung. Daher ist Guinea nicht mehr entdeckbar.

Dennoch wirft die neuaufgetauchte Einheit des Neuen durchaus definitorische Probleme auf: denn was ist ›neu‹ – etwas noch nie Gesehenes und Betretenes? Oder etwas noch nie Vorgestelltes? Eine materielle oder eine seelische Einheit? Offensichtlich sind beide Bestandteile für Vespucci von Wichtigkeit. Etwas Neues entdeckt derjenige (Christ, versteht sich), der zum ersten Male Fuß auf ein Gebiet setzt. Entdeckt hat in den Augen des Vespucci – und allein das widerlegt die Verschwörungstheorie der Usurpation – die Inseln vor der Küste als erster Kolumbus, obwohl er ihre Zugehörigkeit zur Neuen Welt nicht in Betracht zog. Von Vespucci und den seinen selbst können sie insofern nur ›gefunden‹ (›ci trovammo‹) werden.

> come ci trovammo, secondo il punto de‹ piloti, apresso d'una isola che si dice la Spagnuola – che è quella che discoperse l'amirante Colombo 6 anni fa –, a 120 leghe, ci acordammo d'andare a essa e quivi, perché è abitata di Cristiani[189].
>
> *Da wir uns, gemäß der Lokalisierung durch die Steuerleute, 120 Leugen nahe einer Insel befanden, die »Die Spanische« <Hispaniola> genannt wird – jene also, die Admiral Kolumbus vor sechs Jahren entdeckte – entschieden wir, zu ihr zu fahren, da sie von Christen bewohnt wird.*

Auf der anderen Seite aber beweist Vespuccis Ausschluss des schriftlich Belegten aus der Kategorie des Entdeckens, dass die Kreation einer neuen kosmographischen Vorstellungseinheit, von der bislang niemand wusste, über den materiellen Entdeckungsvorgang hinaus unabdingbar ist. Das Entdecken ist der Einbruch der Atopie in die bislang gültige Topographie des Kosmos – und damit zugleich immer auch deren Untergang. Zwischen *inventio* und Entdeckung, zwischen geschriebener und Erfahrungswelt tritt mit einem Male die bislang eher ancillare Wissenschaft der Kosmographie. Daher interessiert die ›Neue Welt‹ Vespucci mehr noch als Kolumbus in ihrer Konsequenz auf das Weltbild: der *mundus novus* als *nova imago mundi*. Als ein Ziel seiner Reisen gibt Vespucci an, seine Erfahrungen auf See der Wissenschaft vom Weltbild zukommen zu lassen: »Und so habe ich ein Journal über alles Außergewöhnliche angelegt, um, wenn ich einmal Muße finde, all diese einzigartigen und wunderbaren Dinge zusammenzufassen um ein geographisches oder kosmographisches Werk schreiben zu können« (»rerum notabilium diarium feci, ut, si quando mihi ocium dabitur, possim omnia hec singularia atque mirabila colligere et vel geographie vel cosmographie librum conscribere«[190]). Die damit verbundene ›kosmographische Revolution‹ (in der modernen, nicht der noch von Kopernikus verwendeten

Bedeutung der Kreisbewegung) lässt sich freilich nicht alleine Vespucci zu- und Kolumbus abschreiben, sondern stellt einen sich über das gesamte 16. Jahrhundert hinziehenden Prozess dar.

Wie anhand dessen klar wird, ist der Entdeckungsbegriff bei Vespucci aus höchst heterogenen Elementen zusammengesetzt. Vespucci selbst hat über die Negativdefinition der portugiesischen Nicht-Entdeckungen in Afrika die Elemente des *discobrir* im *Mundus novus* in einen Satz zusammengefasst. Voraussetzung einer Entdeckung ist, dass es sich bei dem Entdeckten 1. um etwas bislang Verborgenes, 2. um einen ›Kontinent‹ handelt, 3. um eine ›neue Region‹ und 4. um eine ›unbekannte Welt‹, die 5. durch göttlichen Willen enthüllt wird.»Doch inmitten all dieser gewaltigen Stürme des Meeres und des Himmels gefiel es dem Herrn, uns recht voraus Festland zu zeigen, neue Regionen und eine unbekannte Welt« (»In hiis autem tot tantisque procellis maris et celi placuit Altissimo nobis coram monstrare continentem et novas regiones ignotumque mundum.«)[191] Auch hier ist der Unterschied zwischen *res* und *imago* durchaus schon angelegt: nicht jede erstmals betretene ›unbekannte Gegend‹ muss notwendigerweise die kosmographische Einheit einer ›neuen zusammenhängenden Landmasse‹ bezeichnen, und weniger noch eine ›Neue Welt‹ in ihren weitgehenden, nun nicht mehr auf die *imago mundi*, sondern auf die menschliche Ökumene bezogenen Konsequenzen.

Obwohl Vespucci selbst das Problem des *verbum*, und damit kurioserweise auch die Benennung eines Kontinents, der wenig später immerhin seinen Namen tragen soll, kaum interessiert, führt über die materiellen und weltbildlichen Aspekte des *mundus novus* hinaus auch bei ihm das *discobrir* von Unbekannten zu einem sprachlichen Problem, und zwar gerade dadurch, dass er es als ›neu‹ deklariert: hinsichtlich der ›neuen‹ Gegenstände, die in der ›Neuen Welt‹ zu finden sind. Ihre Neuheit beruht auf den von ihnen hervorgerufenen sinnlichen Eindrücken, die sich keiner bekannten Vorstellung zuordnen lassen: »Vedemmo cristallo e infiniti sapori e odori di spezerie e drogherie, ma non sono conosciute«[192]. Doch auch hier scheint das Problem des Benennens, ganz anders als den in einer »Namensgebungs-Wut« (»rage nominatrice«[193], wie Todorov es nennt) verfallenden Kolumbus, den in erster Linie kontemplativen und visuell orientierten Vespucci wenig zu berühren. Ihn fasziniert das Gesehene und sein Abbild. Die sprachliche Conquista des Gesehenen überlässt er der Nachwelt. Lakonisch bemerkt der Florentiner: »Die Menschen des Landes sagen über das Gold und andere Metalle und Drogen viele Wunder, doch ich halte es mit dem heiligen Thomas: die Zeit wird alles erledigen« (»Li uomini del paese dicono sopra a l'oro e altri metalli e drogherie molti miracoli, ma io sono di que' di san Tomaso; el tempo farà tutto«[194]).

IV.3.2. »Andavamo a vedere il mondo«:
Primat der Welt vor dem Text

Solche Skepsis gegenüber den Worten, mehr aber noch der Leistungsfähigkeit der Schrift erklärt sich jedoch auch aus einer viel weiterreichenden Problematik. Unbeschreibbar mit den Mitteln des Vorhandenen ist die Neue Welt nicht nur, weil sie noch nie beschrieben wurde. Indem sie aus der Findbarkeit in den Schriften ausbricht, überschreitet sie ein Phänomen, das man, wie Kolumbus auf dem Weg des vierfachen Schriftsinns, in das Geschriebene *ein-* oder, wie später Fernández de Oviedo dies versuchen wird, ihm als Erweiterung und Appendix *an*fügen könnte. Vielmehr setzt die Ungeschriebenheit der Neuen Welt das gesamte System der antiken Autoritäten außer Kraft: denn die Schriften lassen die Neue Welt nicht nur unerwähnt – sie leugnen sie ganz explizit. So kommt Vespucci zu dem für Kolumbus völlig undenkbaren Schluss, dass die Autoritäten keine Autorität mehr besitzen, dass das, was Aristoteles und seine Verfechter schreiben, schlichtweg falsch und der Wahrheit entgegengesetzt sei. Der empirische Beweis – eine Kategorie, die sich nun dem Autoritätsargument gegenübersetzt – ist seine eigene Seefahrt in die Neue Welt. Über die Kosmographie hinaus bezieht sich die Unkenntnis auch auf die Dinge, die in der Neuen Welt zu finden bzw. zu entdecken sind: weder in Malerei noch in Schrift kann die Antike der »res prolixa« des Entdeckten beikommen. Ihre *verba* und *picturae* reichen nicht aus.

> Si singula que ibi sunt commemorarer et de numerosi animalium generibus eorumque multitudine scribere vellem, res esset omnino prolixa et immensa. Et certe credo quod Plinius noster millesimam partem non attigerit generis. Psitacorum reliquarum avium necnon et animalium, que in hiisdem regionibus sunt, cum tanta facierum atque colorum diversitate, quod consumate picture artifex Policletus in pingendis illis deficeret. *Wenn ich im einzelnen alles, was es hier gibt, berichten und über die Tierarten und ihre unzählbaren Mengen schreiben sollte, wäre dies ein weitschweifiges Unterfangen. Und ich glaube, daß unser Plinius sicher nicht einmal den tausendsten Teil von der Familie der Papageien sowie der übrigen Tiere und Vögle erfaßt hat, die alle in diesen Regionen in so großer Vielfalt an Formen und Farben vorkommen, so daß selbst ein vollendeter Meister der Malerei wie Polyklet bei dem Versuch, diese zu malen, scheitern müßte.*[195]

Die *res* scheinen der Schrift der alten Autoren nicht mehr zu genügen: »Auf der südlichen Halbkugel habe ich Dinge gesehen, die mit den Theorien der Philosophen nicht in Einklang stehen« (»In illo emisperio vidi res philosophorum rationibus non consentientes«[196]), wie Vespucci klar formuliert. Doch bereits auf seiner ersten Reise im Jahre 1500 bemerkt er, dass vieles in der von ihm bereisten Gegend den Gesetzen der antiken Philosophen widerspricht. Seine Konklusion besteht in der These, dass die Wirklichkeit nicht mehr in den Text hineinpasst. Das Gesehene und das Gelesene haben ihre Scheidung eingereicht, die Praxis ihren Siegeszug über das Buchwissen begonnen.

> Parmi, Magnifico Lorenzo, <...> o che la maggior parte de' filosofi in questo mio viaggio sia reprobata, che dicono che drento della torrida zona non si può abitare a causa del gran calor; e io ho trovato in questo mio viaggio essere il contrario: che l'aria più fresca e temperata in quella region che fuora di essa, e che è tanta la gente che dentro essa abita che di numero sono molti più che quelli che di fuora d'essa abitano, per la ragion che dibasso si dirà, **ché è certo che più vale la pratica che la teorica**[197]
> *Es scheint mir, erhabener Lorenzo, dass ein Großteil der Philosophen auf dieser meiner Reise widerlegt wurde, denn sie sagen, dass man innerhalb der Torrida Zona nicht wohnen kann aufgrund der großen Hitze; und ich habe auf dieser meiner Reise herausgefunden, dass das Gegenteil der Fall ist: dass die Luft in dieser Region frischer und gemäßigter ist als außerhalb von ihr und in ihr so viele Menschen leben, dass sie an Zahl viel mehr sind als die außerhalb von ihr lebenden, aus unten zu nennendem Grund, **so dass gewiss ist, dass die Praxis mehr wert ist als die Theorie.***

Für entscheidende Konsequenzen sorgt dies auch in der Begrifflichkeit. Das lateinische *invenire* als Fund *sowohl* in der Schrift *als auch* in der Wirklichkeit hat zu existieren aufgehört. »Ich habe gefunden« (»Io ho trovato«) bezeichnet nicht mehr einen Beleg durch den Text, sondern »das Gegenteil« (»il contrario«): das Widerlegen des Textes durch die Empirie. Die *res* sind nicht mehr invenierbar: es sind »Dinge, die sich weder durch die antiken noch durch die modernen Schriftsteller geschrieben finden« (»son cose non si truovano scripte né per li antichi né per moderni scriptori«[198]), wie es zu Beginn der »Vier Reisen« heißt. Dies ist die Ursache für die auffällige Visualisierung von Vespuccis Diskurs. An Stelle des Lesens des Texts tritt das Sehen der Welt (»cose per me viste in diverse plaghe del mondo per virtù di quattro viaggi che ho facti in discoprire nuove terre«[199]). »Vedere«, das Erblicken mit eigenem Auge, ist das Schlagwort der Vespucci-Texte und usurpiert sämtliche andere Sinneswahrnehmungen in synästhetischer Weise: die Seeleute »sehen« sogar unzählige Geschmäcker und Gerüche (»vedemmo cristallo e infiniti sapori e odori«). Vespucci geht so weit, den durch das Eindringen der Europäer verstörten Bewohnern, die noch nicht Amerikaner heißen, das Sehen der Welt als Motivation seiner Fahrt anzugeben: »Sie begannen mit uns zu sprechen, um zu wissen, wer wir sind und woher wir kommen; und wir <...> gaben ihnen durch Zeichen zu verstehen daß wir Menschen des Friedens sind und dass wir ausfahren, um die Welt zu sehen« (»cominciorno a parlar con noi per saper chi èramo e di che parte venavamo; e noi <...> gli respondavamo per segnali che èramo gente di pace e che andavamo a vedere il mondo.«[200]) Im Gegensatz zu Kolumbus, dem es zur Selbstlegitimation gegenüber den Herrschern immerfort auch um die wirtschaftliche Ausbeutbarkeit der von ihm bereisten Gegenden gehen muss (daher auch seine Obsession des Goldes), nutzt der Florentiner seine Tätigkeit als Bordkosmograph, um dem Zwang des Handels und der weltlichen Güter zu entkommen, dem er als früherer Kaufmann unterlag, und stilisiert sich zu einer Art idealem Prototyp des Entdeckers als eines rein auf den Erwerb von Wissen gerichteten *homo contemplativus:*

> deliberai lasciarmi della mercantia e porre el mio fine in cosa più laudabile e ferma: che fu che mi disposi d'andare a vedere parte del mondo e le sue maraviglie. E a questo mi si offerse tempo e luogo molto oportuno, che fu che'l Re don Ferrando di Castiglia, avendo a mandare quattro navi a discoprire nuove terre verso l'occidente, fui electo per Sua Alteza che io fussi in essa flocta per adiutare a discoprire.[201]
>
> *ich faßte den Entschluß, den Handel fahren zu lassen und mir etwas Lobenswerteres und Beständigeres zum Ziel zu setzten: und so schickte ich mich an, einen Teil der Welt und deren Wunder zu sehen. Und dazu boten sich mir Zeit und Ort in höchst günstiger Weise, und zwar durch König Fernando von Kastilien, der vier Schiffe ausschickte, um neue Länder gegen Westen zu entdecken, und ich wurde von Seiner Hoheit dazu ausgewählt, in dieser Flotte zu sein, um beim Entdecken zu helfen.*

Vor dem Hintergrund eines Primats des Sehens verändert sich Vespuccis Verhältnis zum Geschriebenen in ganz grundlegender Weise. Ablesen lässt sich das daran, wie er Autoritätsverweise vornimmt, wenn er sie dazu verwenden möchte, seine Beobachtungen zu stützen. Anders als Kolumbus, der reale und fiktive Autoren, wissenschaftliche, spekulative und poetische Schriften und erlebte Reiseberichte in undifferenzierter Weise als ein wirklichkeitsverbürgendes Textkontinuum von Autoritäten liest, unterscheidet Vespucci erkenntlich zwischen wirklichkeitsgetreuen und fiktionalen Texten. So etwa klassifiziert er Dantes Epos als Fiktion. Dem empirischen »discoprimo molta terra ferma e infinite isole e gran parte di esse abitate« steht im selben Satz die *erfundene* Überfahrt der Odysseus bei Dante auf dem

»unbewohnten Meer« der aristotelischen Kosmographie gegenüber. Dante »hielt dies Ozeanmeer für ein Meer ohne Menschen im XXVI Kapitel seiner *Hölle*, wo er sich den Tod des Odysseus ausdenkt« (»teneva che questo Mare Oceano era mare senza gente <...> nel XXVI capitolo dello *Inferno*, dove finge la morte di Ulyxe«[202]) Selbst als Vespucci das Auftauchen von vier unbekannten Sternen am Horizont mit der berühmten Stern-Vision aus dem *Purgatorium* in Verbindung bringt, unterstreicht er den fiktionalen Charakter des Textes. Dante habe lediglich »vorgegeben seine Hemisphäre zu verlassen und sich in der anderen zu befinden« (»finge di salir di questo emisperio e trovarsi nello altro«[203]) – so lautet Vespuccis Deutung des »Ausspruch unseres Dichters Dante« (»detto del nostro poeta Dante«)

> Io mi volsi a man destra, e posi mente
> a l'altro polo, e vidi quattro stelle
> non viste mai fuor ch'alla prima gente.
> Goder pareva il ciel di lor fiamelle:
> oh settentrïonal vedovo sito
> poi che privato se' di mirar quelle![204]
> *Ich wandte mich zur Rechten aufmerksam*
> *dem Pol des Südens zu und sah vier Sterne,*
> *die niemand seit dem Sündenfall gesehen.*
> *Der Himmel, schien es, freut sich ihres Glanzes.*
> *Bedauernswertes Menschenland im Norden,*
> *daß es dir nicht vergönnt ist, sie zu schauen.*[205]

Vespucci selbst dagegen entdeckt das von Dante bloß erfundene Viergestirn in der Wirklichkeit der Neuen Welt: das Kreuz des Südens. Auf dem Wege der kosmographischen Erneuerung bestätigt er das Auseinanderbrechen von Finden, Entdecken und Erfinden. Zum emblematischen Sinnbild eines kontemplativen Entdeckens, das sich jeden Eingriffs in das Entdeckte enthält, wird dadurch die Pose, in der Vespucci in den Kupferstichen der kommenden Jahrhunderte in systematischer Weise abgebildet werden wird und das zugleich zum literarischen Topos der Entdeckung par excellence von Camoens bis Heredia avanciert[206]: das Betrachten der neuen Sterne. Mit Quadrant und Astrolabium in der Hand blickt er in den Himmel, wo die Gestirne, ganz entgegen dem aktiven Anspruch des heutigen Entdeckens, reflexiv ›sich ihm entdecken‹. Sie sind die Agenten, er der reine Betrachter: »es entdeckten sich mir auf der Seite des Mittags unendliche Sternenkörper, sehr hell und schön, die den Menschen im Norden immer verborgen bleiben« (»mi si discopersono dalla parte del meridiano infiniti corpi di stelle molto chiare e belle, le quali sempre stanno nascoste a questi del settantrione«[207]). Über ihre Schönheit hinaus erhalten sie eine Zentralposition in der Entdeckung und der Erkenntnis der Wirklichkeit. Da Vespucci in den Texten nicht mehr lesen kann, sucht er nach Orientierung in den Sternen, die er nun nicht mehr als Astrologe liest, sondern als Astronom (zwei Begriffe, die in diesem Moment allerdings noch nicht getrennt sind) zur empirischen Beobachtung nutzt. Das »contemplare il movimento delle stelle« ermöglicht dem *homo contemplativus* auf dem Weg der Neuen Sterne das Entdecken der Neuen Welt – indem er sich der vom *homo faber* neuerfundenen technischen Instrumente bedient, nämlich Quadrant und Astrolabium (»che fu il quadrante e l'astrolabio«[208]).

Im scharfen Kontrast zu Kolumbus, dessen erklärtes Ziel es ist, die bestehenden Seekarten zu überarbeiten und zu ergänzen, um so die *loci* wieder in eine topographisch erschlossenes Bezugssystem zu setzen, schlägt Vespucci für eine Entdeckung, die aus der Sicht eines minutiös kartographierten Raums sich als eine Reise von vom Kurs abgekommen Irrfahrern, referenzlosen »vagi et errantes«[209] in die Flut des Unbekanntes erweisen muss, jegliche Hilfe durch Texte und Seekarten ab, ja, behauptet gar deren Untauglichkeit, die *loci* der Wirklichkeit durch ihr System zu erschließen. Den ohne Karten völlig hilflosen Piloten – die als Angehörige eines jahrhundertealten Handwerks über dergleichen Usurpation durch einen Zunftfernen nicht unbedingt gejubelt haben dürften[210] – habe er auf der Basis der eigenen Erfahrung das Navigieren um einiges besser beigebracht. Auch nachdem das Schiff vom Kurs abgekommen war, war er allein durch Quadrant und Astrolabium in der Lage, die Position zu bestimmen:

> Ostendi enim eis quod sine cognitione marine carte navegandi disciplinam magis calebam quam omnes naucleri totius orbis. Nam hii nullam habent notitionem nisi eorum locorum que sepe navigaverunt.
> *denn ich führte ihnen vor, daß ich auch ohne die Kenntnis einer Seekarte mehr von Navigation verstand als alle Navigatoren der Welt. Denn diese können ihre Position nur bestimmen, wo sie schon oft gesegelt sind.*[211]

Das ciceronianische »locos nosse debemus« kann nur mit Hilfe der eigenen Erfahrung und Berechnung, nicht durch das Vertrauen auf die Autoritäten erreicht werden. Allerdings ist die Situation der spirituellen Obdachlosigkeit, in welche die bislang in einem festen und durch geschriebene Autoritäten verbürgten Bezugssystem beheimateten Menschen nunmehr als heimatlos herumirrende Vagabunden, als »vagi et errantes« gestoßen sind, nicht ohne gravierende Konsequenzen, wie am konkreten Fall des vielbeschworenen »Bankrotts der aristotelischen Kosmographie« (»bancarotta della cosmografia aristotelica«[212]) noch zu zeigen ist.

Mit dem vespuccianischen Entdeckungsbegriff zerbricht das fein geknüpfte Gefüge des Welt-Textes, das für Kolumbus der Welt ihren Zusammenhang gewährte. An seiner statt tritt das Neue sowie eine Kategorie, die in der Folge eine beeindruckende Karriere verbucht: das Unendliche. Formulierungen wie »wir entdeckten viel Festland und unendliche Inseln«; »es ist voll von unendlich vielen Bewohnern«; »sie entdeckten Richtung Süden unendlich viele Sternenkörper« (»discoprimmo molta terra ferma e infinite isole«; »infinitis habitatoris repleta est«; »discopersono dalla parte del meridiano infiniti corpi di stelle«) sind bei Vespucci häufig. Deutlich wird die Verbindung von Entdecken, Sehen und Unendlichkeit bereits im Bericht von der ersten Reise im Jahre 1500: »Wir entdeckten unendlich viel Festland und sahen unendlich viele Bewohner« (»Discoprimmo infinita terra, vedemmo infinitissima gente«[213]). Durch die Eröffnung eines neuen visuellen Erfahrungsfeldes wird die Endlichkeit des durch die Schrifttradition begrenzten Raumes gesprengt. Vom Gewebe des *textus* befreit, gelingt es Vespucci also auf der einen Seite, in die Weiten des *infinitum* vorzudringen. Vor der Gefahr des referenzlosen Irrens als »vagi et errantes« wird er dabei immer geschützt durch einen Heilsplan, der die Entdeckung als Enthüllung durch göttlichen Willen begreifbar macht.

Diese göttliche Ordnung des Kosmos manifestiert sich in den Gestirnen, die auch für Schriftunkundige durch genaue Beobachtung interpretierbar sind. An die Stelle des *invenire* treten auf der einen Seite eine die ganze Neuzeit über ungeheuer erfolgreiche Metaphysik des *discoprir* als gleichzeitiges Aufdecken der Neuheit und der »Erschlossenheit und Wahrheit«[214], auf der anderen das der Neuheit entbehrende ›trovare‹; schließlich das der Wirklichkeit entbehrende ›fingere‹. Wenn Vespucci im Kontext des sogenannten ›Zeitalters der Entdeckungen‹ eine Schlüsselstellung zukommt, so geht diese weit über die ›Erfindung Amerikas‹ im Sinne der erstmaligen Konzeption eines eigenständigen Kontinents hinaus. Kraft seines »Fahrens, um die Welt zu sehen« wird er aus der Sicht folgender, insbesondere des 17. Jahrhunderts, zum Prototyp des empirischen Forschers: Vespucci und nicht Kolumbus hat, in Waldseemüllers Tradition, Amerika entdeckt, da er unabhängig von den Schriften der antiken und biblischen Überlieferung die nach ihm benannte Neue Welt auf der Basis seiner eigenen Forschungsberechnungen herleitete und auch tatsächlich auffand. Darstellungen wie die beiden berühmten Kupferstiche aus Jan van der Straets *Nova reperta* (1638) streichen dies sichtbar heraus. Neben berühmten ›Erfindungen‹ der Neu-Zeit in zwanzig Tafeln, darunter ebenso die Druckerpresse, das Schießpulver, der Quadrant und das Astrolabium wie Amerika, das Kreuz des Südens und das Zuckerrohr, ist Vespucci abgebildet. Einen Quadranten in der Hand, erweckt er die Allegorie Amerikas – eine nackte indigene Bewohnerin des

Kupferstich aus Theodor Galles Stichserie *Nova Reperta* (ca. 1600) nach Vorlage von Jan van der Straets Gemälde *America* (ca. 1575-1580).

Neuen Kreises, die in einer Hängematte schlummerte (Titel: »America«. Subscriptio: »Iacopus Stradanus invenit«); er entdeckt mit einem Astrolabium in der Hand, umringt von einem Kruzifix und astronomischen Geräten und am Himmel das bereits von Dante schriftlich prophezeite Kreuz des Südens (Titel: »Astrolabium«. Subscriptio: »Americus Vespuccius, cum quattuor Stellis crucem silente nocte repperit«)[215].

Bemerkenswert an dieser rückwirkenden Projektion: in den »nova reperta« vereint finden sich Gegenstände, die nach dem endgültigen Zerbrechen eines einheitlichen Inventionsbegriff entweder klar dem Bereich der Erfindung (das Pulver, die Druckerpresse, der Quadrant) ODER dem der Entdeckung (das Zuckerrohr, das Kreuz des Südens, Amerika)[216] zugeordnet sind. Die von Vespucci selbst etablierte Instanz des reinen Sehens wird durch die Liste der undifferenzierten *nova reperta* zunichte gemacht – ein überzeugender Hinweis darauf, wie lange die von dem Florentiner angesetzte Trennung von Finden und Entdecken bis zu ihrer endgültigen Durchsetzung benötigt.

IV.4. Ursprungsmythen: Bilder im Nebel, geschenkte Schriften

IV.4.1. Hernán Perez de Oliva und die Erfindung des Neuen aus dem Bild

Dass Welt, Bild und beides umschließende Schrift aber anfangs noch ebenso friedlich koexistieren können wie die beiden erst durch die Nachwelt zu Kontrahenten stilisierten Seefahrer, beweisen zeitgenössische Schriften wie Sebastian Francks *Weltbuch: spiegel und bildnisz des gantzen erdtbodens*[217]. Ähnlich verhält es sich mit der vorübergehenden Integrierung der neu herausgebildeten Entdeckung in die traditionelle Vorstellung der Erfindung. Die erste zusammenfassende Darstellung der Eroberung des neuen Kontinents in spanischer Sprache, die *Historia de la Ynuención de las Indias* von Hernán Pérez de Oliva (ca. 1527), trägt im Titel noch den alten Inventionsbegriff, spricht im Text aber fast systematisch von »descubrir«, wobei sowohl das Entdecken als auch das Bevölkern hier nicht allein den europäischen Neusiedlern zukommt sondern auch – den Bäumen. Bemerkenswerterweise nämlich taucht das Entdecken teils im alten Sinne des Nicht-Bedeckt-Seins auf: »Sie sahen eine von Bäumen bevölkerte und von Menschen verlassene Insel – so bevölkert von Bäumen, dass wenig Boden entdeckt war« (»vieron vna ysla poblada de árboles y desierta de gente, y tan poblada estaua de árboles q*ue* muy poco suelo era descubierto«[218]), und teils im kolumbinischen Sinne der Auffindung von etwas bereits kosmographisch Bekanntem – etwa »Guinea, das kurz davor durch seinen <i.e. des Königs von Portugal> Auftrag entdeckt worden war« (»la navegación de Guinea, que poco antes por su <i.e. »del Rey de Portugal«> mandato se auía descubierto«). Erst ansatzweise steht es in Verbindung mit dem Neuen, von dem es bislang keine Kunde gab, so wie die »Insel der Kariben«, die Kolumbus »als erster entdeckte« (»prim*er*o por descubrir las yslas del los caribes«[219]). Untrennbar ist das Entdecken in seiner Materialität des Bereisens unbekannter Inseln aber auch hier von der Vorstellung einer göttlichen Enthüllung und der Zuordnung eines Bilds, einer *imago mundi*. Das Incipit von Pérez de Olivas *Historia* lautet:

> Cristóual Colón, genoués, natural de Saona, fue ombre de alto ánimo escogido de Dios para que diesse passada a su santa ley, por el mar Océano, a otras gentes que nunca la conocieron o la tenían oluidada. Éste, con espíritu de Dios, que ya lo regía, poco exercitado en letras y mucho en el arte de nauegar, vino a Portugal, do vn hermano pintaua las ymágines del mundo que los marineros vsan, y aprendió dél lo que por la pintura se puede enseñar.[220]
> *Christoph Kolumbus, gebürtig aus Savona, war ein Mann von hoher Gesinnung und von Gott erwählt, sein heiliges Gesetz weiterzutragen, über den Ozean hinweg, zu anderen Völkern, die es nie kennengelernt oder wieder vergessen hatten. Er kam, bereits geleitet vom göttlichen Geist, wenig vertraut mit den Schriften und sehr mit der Kunst der Seefahrt, nach Portugal, wo ein Bruder die Bilder der Welt malte, wie sie die Seefahrer verwenden, und lernte von ihm, was man durch ein Gemälde lehren kann.*

Bemerkenswert an der vorliegenden *Inuención de las Yndias* ist dabei der in die Figur des Kolumbus projizierte Bruch mit dem Finden im Text. Ganz entgegen dem Eindruck, der sich aus der Lektüre der eigenhändigen Aufzeichnungen der beiden Seefahrer ergibt, wird Kolumbus als Verächter des Geschriebenen und der gelehrten Bildung (»poco exercitado en las letras«) dargestellt, der die Praxis (»mucho en el arte de navegar«) über die Theorie stellt, was ja eigentlich eher Vespuccis Erkenntnis ist (»più vale la pratica che la teorica«). Zugleich aber beschränkt Pérez de Oliva den aus der Nicht-Geschriebenheit des Neuen resultierenden Absolutheitsanspruch der Entdeckung zu einem rein perspektivischen, indem er ihre Wirkung in beide Richtungen – Europa und Las Indias – ansetzt. Unbekannt ist nicht nur die Neue Welt für die Bewohner der Alten, sondern auch das »heilige

Gesetz« des christlichen Glaubens für die der Neuen. Darüber hinaus aber wird die Neuheit der Neuen Welt grundsätzlich in Frage gestellt, denn der Autor hält die Möglichkeit offen, dass das Wissen um die jeweils andere Welt nur in Vergessenheit geraten ist: »que nunca la conocieron o la tenían oluidada«.

Indem sie sich damit zur Anamnese des durch die *oblivio* Verschütteten wandelt, verlagert sich die »Inuención« auf ein Feld, dem sich zur gleichen Zeit auch die dialektische *inventio* nähert: dem der *memoria*. Wie bereits die antiken Konzeptionen der Mnemonik lehren, ist der Kampf gegen das Vergessen, ist die Erinnerung stets weniger an die Worte und die Schrift gebunden – von denen sich der laut Pérez de Oliva schriftunkundige Seefahrer Kolumbus abgewandt hat – als an die *imagines*; und in der Tat stellt sich die Anamnese der Neuen Welt bei Kolumbus in dem Moment ein, als er durch seinen Bruder von der reinen Seefahrerpraxis auf »Bilder der Welt« stößt, »wie sie die Seefahrer verwenden« und durch das Bild (»por la pintura«) auf die Existenz weiterer Ländereien am westlichen Horizont schließt. Wie die sich daran nahtlos anschließende Passage zu verstehen gibt, ist die unmittelbare Folge des Sehens der Bilder das Streben nach dem Sehen der ihnen entsprechenden Dinge (»por ver otras«) und der Festsetzung ihres Ortes (»sitio«) in der außerbildlichen Wirklichkeit. Daraus wiederum folgt das Anzielen dieses Ortes durch die räumliche Bewegung (»si fuesse allá«) und damit das Entdecken des Neuen (»descubrir cosas nuevas«) im materiellen Sinne:

> Fue después de allí a las yslas de las Açores, por ver otras, que en tiempos claros cercanas parecen y desparecen acometidas, con esperança de poder nauegar a ellas, si primero de lexos les considerasse el sitio. Esto probó muchas vezes en vano, como otros antes y después han hecho. Porque, según bien después se ha congeturado, es algún vapor que en forma de ysla se ayunta, cual es otro que cerca de Ossuna, en vn valle, muchas vezes se muestra a manera de ciudad. Pero en esta consideración, puesto en el fin del mundo que entonces era, cobró desseo de ver qué auía en el Ocidente y esperança de descubrir cosas nueuas, si fues- / se allá.[221]
>
> *Daraufhin fuhr er zu den Azoren, um weitere Inseln zu anzusehen, die bei klarem Wetter in der Nähe zu liegen scheinen und verschwinden, wenn man auf sie zufährt, in der Hoffnung, zu ihnen segeln zu können, wenn er zunächst ihren Ort aus der Ferne bestimmte. Das versuchter er mehrfach vergeblich, so wie es andere vor und nach ihm getan haben. Denn es ist, wie man erst recht viel später vermutete, eine Art Dunst, der sich in Form einer Insel zusammenballt, so wie es auch nahe Osuna in einem Tal einen*

solchen gibt, der sich manchmal in Form einer Stadt zeigt. Doch durch diese Betrachtung, an das Ende der Welt gelangt, das dies damals war, ergriff ihn die Sehnsucht zu sehen, was es im Ozean gab, und die Hoffnung, neue Dinge zu entdecken, wenn er dorthin führe.

Kolumbus wird hier zu einer Art spiegelverkehrtem Odysseus, der, anstatt von den Gestaden des Unbekannten nach einer wirklichen Rauchfahne an den Ufern der Heimat zu spähen, nun am Rand der bekannten *finis terrae* (dem »fin de mundo« der Azoren) nach dem unwirklichen »Dunst« der Ufer des Unbekannten sucht: den »Inseln« und »Städten« des »Westens«. ›Visionär‹ ist er hier schon allein dadurch, dass er den Impuls zu seiner Entdeckung aus dem Betrachten der »Bilder« (»ymágines«) erhält – eine Theorie, die Mitte des 20. Jahrhunderts eine Renaissance durch José Lezama Lima erfährt, der proklamiert, Kolumbus sei durch das Betrachten der Wandteppiche in der Kathedrale von Zamora zu seiner Fahrt angeregt worden und die Entdeckung Amerikas sei somit die erste große *transposition d'art* der Moderne[222]. Doch über die Abbildung der Wirklichkeit hinaus erreichen die »ymágines« rasch den Bereich des ihnen verwandten Imaginären. Die Inseln und Städte am westlichen Horizont erweisen sich als Trugbilder, als Nebelgestalten (»vapor«), die nur den Schein des Wirklichen vorgaukeln. Die *Inuención de las Yndias* ist insofern zugleich eine Entdeckung des Wirklichen wie eine Erfindung des Unwirklichen. Beide Teile finden in der imaginierten Wirklichkeit Amerikas zusammen.

Zu einem frühen Zeitpunkt bereits legt das explizite Auftauchen der *imago* im Prozess der Findung, Erfindung und Entdeckung Amerikas die Wurzeln eines heute nicht restlich geklärten Problems frei, das sich von der Namensgebung ›America‹ durch die Kosmographie des Martin Waldseemüller (1507 bzw. 1516) bis hin zur Polemik um den Quinto Centenario in immer neuen Diskussionen entlädt: wer als der Entdecker der Neuen Welt zu betrachten ist. Denn wären es nicht im selben Maße wie Kolumbus diejenigen Seefahrer, die Las Indias bereits auf den Weltkarten verzeichneten, die Kolumbus den Ausgangspunkt zu seinen Fahrten gaben? Oder umgekehrt diejenigen Matrosen, die vor dem Admiral als erste das neue Land betraten? Eine Frage, die von juristischer Relevanz erstmals im Rahmen der »Probanzas« der spanischen Krone wird, in denen man Kolumbus die Entdeckung von Las Indias und den Erbbesitz an diesen Gebieten abspricht, mit dem Argument, die Entdeckung sei »verschiedenen Piloten und nicht D. Cristóbal Colón« zuzuschreiben (1512-1515)[223]. Die Argumentation beruht auf der Anhörung von Zeugen, die zu Protokoll geben, dass im Rahmen der zweiten und dritten Reise des Kolumbus mehrere der entdeckten Gebiete von anderen Personen als dem Admiral erstmals betreten und befahren worden waren, weshalb Kolumbus sie in eigener Person gar nicht entdeckt habe, etwa nach folgendem Modell:

> A la sétima pregunta dijo, que Diego de Lepe descubrió aquella costa al sudueste, que después fué otro que se decía Alonso Vélez e descubrió desde el cabo de Cruz a la parte del mediodía todo lo que está descubierto, e quel Almirante no fué allí, segund es público y notorio«[224]
>
> *Auf die siebte Frage hin sagte er, dass Diego de Lepe jene Küste im Südosten entdeckte, und danach war es ein anderer, der sich Alonso Vélez nannte, und er entdeckte vom Cabo de la Cruz auf der Südseite alles, was entdeckt ist, und dass der Admiral nie dort war, wie es öffentlich und bekannt ist.*

Eine solche Inflation von Entdeckern wie Diego de Lepe oder Alonso Vélez – von ebenjenen subalternen »Schneidern«, über die der Admiral sich so bitterlich beklagt – ist in der bisherigen Konzeption des *invenire*, des Fundes als Besitzlegitimierung, nicht unbedingt abwegig. Da Kolumbus nicht alle Gegenden der überseeischen Gebiete betreten hat, kann er auch nicht als ihr alleiniger ›Entdecker‹ im Sinne von Finder gelten – eine materielle Definition der Entdeckung, die alleine vom Gegenstand des Gefundenen her argumentiert. Die Verbindung von Entdeckung und *imago mundi*, wie sie Kolumbus und Vespucci für sich einfordern, ist nicht unbestritten.

Diesem Oszillieren zwischen *res* und *imago* trägt Pérez de Oliva Rechnung, indem er, als persönlicher Freund des Kolumbus-Sohnes Fernando, eine Konstellation der Entdeckung entwirft, die beide Teile in Kolumbus verbindet. Diese Vorstellung von überseeischen Gebieten im Westen hat dieser den »ymágines« der Seefahrer entnommen und sie auf den Azoren in den Dunst (»vapor«) der überseeischen Inseln (»yslas«) und Städte (»ciudades«) als »Sehnsucht zu sehen« (»desseo de ver«), als »Hoffnung, neue Dinge zu entdecken« (»esperança de descubrir cosas nuevas«) hineinprojiziert. Selbst wenn es sich dabei nur um Trugbilder handelte, hat die durch sie erzeugte Vorstellung zum Auffinden eines wirklichen Gebietes geführt. Kolumbus hat Las Indias sowohl als Bild oder Vorstellung konzipiert als auch als Gegenstand in der Wirklichkeit aufgefunden. Daher ist Kolumbus ohne Zweifel der Entdecker von Las Indias.

Lesen wir die Schriften der beiden Seefahrer, auf die wir im Unterschied zu den Zeitgenossen ungehindert zugreifen können, ergibt sich ein anderes Bild: Kolumbus hat die Gebiete der Neuen Welt zwar vor Vespucci bereist, doch Vespucci hat sie als Vorstellung erstmals in die *imago mundi* eingefügt. Eine Entdeckung der Neuen Welt in der Doppeltheit eines physischen Betretens und Konzeption einer Vorstellungseinheit (»idea de América«) ist kein punktuell an einem 12. Oktober 1492 festzumachendes Ereignis, sondern ein langwieriger Prozess, der mit dem *Mundus-novus*-Brief Vespuccis keineswegs seinen Abschluss gefunden hat. Dass das Problem der notwendigen Koinzidenz des ›realen‹ und des ›imaginären‹ Bestandteils der Entdeckung und die mit ihm verbundene Frage nach dem ›wahren‹ Entdecker das gesamte 16. Jahrhundert über eines der zentralen Diskussionspunkte der »conquista filosófica de América« darstellt, beweisen nicht allein das Werk Waldseemüllers oder die königlichen *Probanzas*. Bereits die von Pérez de Oliva konstruierte Theorie zur Legitimation des Kolumbus aufgrund einer vorherigen ›Erfindung‹ Amerikas aus den »ymágines« lässt auf die Bedeutung beider Elemente für die Autoren des 16. Jahrhunderts schließen.

IV.4.2. López de Gómara und die ›Legende vom Namenlosen Steuermann‹

Von den früheren *Crónicas de Indias* an taucht zudem eine in späteren Jahrhunderten (zumindest bis zum Buch Vignauds[225]) in Vergessenheit geratene Konkurrenzfigur zu den beiden Seefahrern auf, die noch vor beiden die Neue Welt bereist, ihren *locus* auf den Landkarten verzeichnet und sogar eine schriftliche Reiseroute hinterlassen hat und der so, mit den Worten Gómaras, »die erste Entdeckung von Las Indias« (»el descvbrimiento primero delas Indias«[226]) zuzuschreiben ist. Dieser vergessene erste Entdecker trägt nicht etwa den Namen Leif Erikson, sondern – überhaupt keinen Namen. Von mehreren der bedeutendsten Chronisten des gesamten ›Jahrhunderts der Entdeckungen‹ verbürgt, unter ihnen Joseph de Acosta, Francisco López de Gómara und Inca Garcilaso de la de Vega, ist der erste europäische Reisende in die Neue Welt ein nebulöser Unbekannter, der selbst nie in den Ruhm seiner großen Entdeckung gelangte: eine Theorie der Entdeckung, die unter der Bezeichnung »Legende vom Namenlosen Steuermann« (»Leyenda del Piloto Anónimo«) bekannt ist, laut Las Casas bis auf die Gefährten der ersten Reise des Kolumbus und die ersten Siedler der Insel Hispaniola zurückgeht[227] und in Konkurrenz zur *ymágines*-Legende von Pérez de Oliva tritt[228]. Ihre Wichtigkeit im Kontext der Vorstellung einer ›Entdeckung‹ Amerikas hat bereits Edmundo O'Gorman eingehend analysiert[229], weshalb sie nur in den für die behandelte Problematik relevanten Punkten angesprochen werden soll. Die Quintessenz ihrer zahlreichen Variationen ist am knappsten in der Chronik López de Gómaras (1552) zusammengefasst, der, obgleich nicht der erste Verfechter dieser These, durch die bislang einzigartige Glaubwürdigkeit, die er ihr zuspricht[230], aber auch seine große Leserschaft in ganz Europa zum Ruhm des Namenlosen Steuermanns entscheidend beigetragen hat.

EL DESCVBRIMIENTO PRIMERO DELAS INDIAS. NAuegando vna carauela por nuestro mar Oceano, tuuo tan fueçoso viento de leuante y tan continuo, que fue a parar en tierra no sabida ni puesta enel mapa o carta de marear. Boluio de alla en muchos mas dias, que fue. Y quando aca llego no traia mas que al piloto y a otros tres o cuatro marineros, que, como venian enfermos de hambre y de trabajo, se murieron dentro de poco tiempo en el puerto. He aqui como se descubrieron les <sic> Indias por desdicha de quien primero las vio, pues acabo la vida sin gozar dellas. Y sin dexar, alo menos sin auer, memoria de como se llamaua, ni de donde era, ni que año las hallo. Bien que no fue culpa su ya <sic>, sino malicia de otros, o invidia de la que llaman fortuna. Y no me marauillo delas hystorias antiguas, que cuenten hechos grandisimos por chicos o escuros principios, pues no sabe mos <sic> quien de poco aca hallo las Indias, que tan señalada, y nueua cosa es. Quedaranos, siquiera, el nombre de aquel Piloto, pues todo lo al <sic> conla muerte fenece. <…> Solamente concuerdan todos en que fallecio aquel Piloto en la casa de Christoual Colon. En cuyo poder quedaron las escrituras de la carauela y la relacion de todo aquel luengo viaje conla marca, y altura delas tierras nueuamente vistas y halladas.[231]

DIE ERSTE ENTDECKUNG VON LAS INDIAS. Bei seiner Fahrt auf unserem Ozeanmeer erfuhr eine Karavelle so unausweichlichen und anhaltenden Ostwind, dass sie in einem Land zu halten kam, das niemand kannte und das in keiner Land- oder Seekarte verzeichnet war. Für die Rückkehr brauchte sie weitaus mehr Tagen zurück als für den Hinweg; und als sie hier ankam, hatte sie nur noch den Steuermann und drei oder vier Matrosen an Bord, die, da vor Hunger und Mühen krank, innerhalb kurzer Zeit im Hafen starben. So also wurden Las Indias entdeckt, zum Unglück dessen, der sie zuerst sah, da er sein Leben verlor, ohne sich je an ihnen zu erfreuen und ohne jegliche Erinnerung daran zu hinterlassen (oder zumindest gibt es keine solche mehr), wie er hieß, woher er kam und in welchem Jahr er sie fand. Auch wenn das nicht seine Schuld war, sondern Böswilligkeit anderer oder Neid derer, die man Fortuna nennt. Und ich wundere mich nicht über die alten Geschichten, welche die größten Ereignisse aus kleinen oder unbekannten Anfängen heraus erzählen: denn wir wissen nicht, wer vor nur kurzer Zeit Las Indias fand, die doch etwas so Bedeutsames und Neues sind. Wenn uns doch wenigstens der Name jenes Steuermanns geblieben wäre, da doch alles mit dem Tod sein Ende nimmt. <…> Es sind sich bloß alle darüber einig, dass jener Steuermann im Haus von Christoph Kolumbus starb, in dessen Besitz die Aufzeichnungen der Karavelle und der Bericht dieser ganzen langen Reise blieben, mit Kennzeichnung und Lage der neu gesehenen und gefundenen Länder.

Auf den ersten Blick müssen diese Version der Entdeckungsgeschichte und ihr ungeheurer Erfolg (ebenso als Volkslegende wie unter den Gelehrten) einigermaßen verwundern. Denn wenn es Absicht der Verfechter dieser Legende sein sollte, Kolumbus der Entdeckerleistung zu berauben, warum dann nicht, wie dies etwa im Falle der in den königlichen *Probanzas* erwähnten ›verschiedenen Entdecker‹ geschah, Ruhm und Eigentumsanspruch einem identifizierbaren Kontrahenten zusprechen statt einer Schattenfigur, die als ein Niemand – im umfassenden Sinne einer fehlenden namentlichen, zeitlichen und nationalen Identifizierbarkeit – auch in niemandes Interesse handeln kann? Immerhin ist für Gómara die Tatsache der Entdeckung Amerikas, mehr als vielleicht für jeden anderen Chronisten seiner Zeit[232], von einer solch ungeheuren Wichtigkeit, dass kein Ereignis seit der Geburt Christi ihm gleichkommt, ja, dass sie im Grunde einer Art zweitem Schöpfungsakt entspricht und genau aus diesem Grund den Titel ›Neue Welt‹ rechtfertigt: »Das größte Ereignis nach der Erschaffung der Welt, mit Ausnahme nur von Fleischwerdung und Tod dessen, der sie schuf, ist die Entdeckung von Las Indias; und so nennt man sie Neue Welt« (»la mayor cosa despues de la creacion del mundo, sacando la encarnacion, y muerte del que lo crio, es el descubrimiento de Indias; y assi las llaman Mundo nuevo«[233]). Durch die Entdeckung wird für Gómara der Atlantik, bislang das Ende der Welt, zum neuen *mare nostrum*, zu »unserem Ozeanmeer« (»nuestro mar Océano«). Wenn er ein so wichtiges Ereignis einem anonymen Urheber zuschreibt, kann dies schwerlich aus Gleichgültigkeit gegenüber der Person des verantwortlichen Seefahrers geschehen. Als einziger Vorzug dieser These ergäbe sich zunächst, dass einen Niemand, wie schon Odysseus bewies, auch niemand verfolgen und widerlegen kann – weshalb, trotz vehementer Kritik an dieser Usurpation von Seiten etwa des Kolumbus-Sohnes Fernando Colón, des Padre las Casas und Fernández de Oviedos, das Geistern des Namenlosen Steuermanns in der Tat über Jahrzehnte, ja, Jahrhunderte niemand endgültig zu unterbinden in der Lage ist.

Das Verlockende der Pilotenlegende wird jedoch beim genaueren Betrachten der Version López de Gómaras recht gut verständlich, weshalb das XIII. Kapitel der *Historia* Gómaras (1552) hier auch in voller Länge wiedergegeben ist. Von Bedeutung sind besonders zwei Faktoren. Zum einen liefert die Negierung des »asiatischen Ziels der Reise« (»objetivo asiático del viaje«[234]) die einzige Möglichkeit, die Einheit des neuerfundenen Entdeckungsbegriffs zu retten. Da Kolumbus zeitlebens die Identität der von ihm bereisten Gebiete verkannte, liefert die Konstruktion einer Figur, welche die Neue Welt erstmals mit eigenen Augen erblickte UND sich gleichzeitig ihrer Identität bewusst wurde, einen einheitlichen, personell wie zeitlich ungeteilten Moment der Entdeckung. Zur Bewahrung deren revelatorischen

Charakters ist dies, gemäß der von O'Gorman aufgegriffenen Definition, ganz unabdinglich. Die Entdeckung ist der Augenblick der Illumination, in dem der Schleier gelüftet wird. Entdecken und erstmaliges Sehen sind untrennbar: »So also wurden Las Indias entdeckt, zum Unglück dessen, der sie zuerst sah«. Indem dieser Akt nicht mehr Kolumbus zugeschrieben wird, verliert sich die Enthüllung des Verborgenen jedoch in einer eigenartigen Atopie: der Entdecker ist ein Orts-, Zeit- und Namenloser, der sich weder einen *locus* noch eine *imago* geben kann, da er sich jeglicher *memoria* entzieht (»ohne jegliche Erinnerung daran zu hinterlassen, wie er hieß, woher er kam und in welchem Jahr er sie fand«). Gerade das jedoch verleiht dem atopischen Anonymus ungeheure Macht: neben der Einheit der Entdeckung rettet er zugleich die Konzeption des Autoritätsbelegs. Der Unbekannte hat, wie Gómara betont, sowohl geschriebene Worte hinterlassen, durch die das Entdeckte im Text findbar wird (»die Aufzeichnungen der Karavelle und der Bericht dieser ganzen langen Reise«), als auch ihren präzisen *locus* innerhalb der *imago mundi*, welche das Entdeckte zugleich als etwas Neues sichtbar und etwas in ihrer Existenz Bekanntes auffindbar machen: (»mit Kennzeichnung und Lage der neu gesehenen und gefundenen Länder«). Da es keine namentlich verbürgte Textautorität gibt, in der die Neue Welt wiedergefunden werden kann, wird durch die Legende eine Textautorität erfunden. Der Akt des Admirals bleibt so ein gleichzeitiger Fund in der Wirklichkeit wie in den Texten. Indem derjenige Autor, der die Bekanntheit des Neuen verbürgt, in die Unbekanntheit entrückt wird, ist er zudem als historische Figur nicht definierbar, und mit ihm ebensowenig der von ihm verursachte Bruch mit dem Wissen der antiken Autoritäten: »wir wissen nicht, wer vor nur kurzer Zeit Las Indias fand, die doch etwas so Bedeutsames und Neues sind«. Die Lesbarkeit der Welt ist gerettet, wenngleich in höchst paradoxer Weise: das Unbekannte verliert allein durch einen Unbekannten seine Unbekanntheit. Es wird zum Bekannten und Auffindbaren, indem es der Überlieferung eines unbekannten und unauffindbaren Textes zugeschrieben wird. Das Unverortbare erhält seinen invenierbaren Topos in der Atopie. In der von Carlos Sanz formulierten These von der *Actitud del hombre ante lo desconocido* findet die Legende vom Namenlosen Steuermann ihren letztendlichen Daseinsgrund. Sie bietet ein Erklärungsmodell, das den Zeitgenossen durch eine doppelte Entdeckung des Unbekannten (als genitivus subjectivus und objectivus) die Neue Welt und das durch die Figur *des* Unbekannten *das* Unbekannte greifbar macht und es in das tradierte Weltverständnis einordnet.

Aus dieser Perspektive erschiene die Fahrt des Kolumbus nicht mehr als Entdecken, sondern als Finden (»hallar«) bzw. suchen (»buscar«), denn der erste Entdecker ist der Namenlose Steuermann – oder nicht einmal er selbst, sondern sein Schiff: »Nachdem der Steuermann und die Matrosen der spanischen Karavelle, die Las Indias entdeckt hatten, tot waren, schlug Christoph Columbus vor, dieses Land suchen zu gehen« (»Mvertos que fueron el Piloto y marineros, de la carauela Española que descubrio las Indias, propuso Christoual Colon de las yr a buscar«[235]). Überraschenderweise heißt es jedoch bereits im nächsten Satz, Kolumbus habe sich daraufhin aufgemacht, um auf der Basis des von ihm und seinem Bruder gehüteten Geheimnisses verschiedenen Monarchen die *Entdeckung* von Las Indias vorzuschlagen:

> embio su hermano Bartolome Colon, que tambien sabia el secreto, a negociar conel Rey de Inglaterra: Enrique septimo, que muy rico y sin guerras estaua, le diesse nauios y fauor, para descobrir las Indias, prometiendo traerle dellas muy gran tesoro en poco tiempo.[236]
> *Er sandte seinen Bruder Bartolomé Colón aus, der ebenfalls das Geheimnis kannte, mit Heinrich VI., dem König von England zu verhandeln, der sehr reich und ohne Kriege war, dass er ihm Schiffe und den Auftrag gebe, Las Indias zu entdecken, und zu versprechen, ihm von dort große Schätze in wenig Zeit zu bringen.*

Augenscheinlich wäre dieser Anspruch Produkt eines Plagiats – nicht Vespucci, sondern Kolumbus wäre der Usurpator. Doch bereits auf der nächsten Seite wird Kolumbus als rechtmäßiger Entdecker proklamiert. Nach der ersten Entdeckung (»descvbrimiento primero de las Indias«, Titel Kap. XIII) durch den Namenlosen Steuermann erfolgt nun eine zweite Entdeckung, die zudem einen Besitzanspruch legitimiert – »die Entdeckung von Las Indias, die Christoph Kolumbus tätigte« (»El descvbrimiento de las Indias, que hizo Christoual Colon«[237], »la possesion delas Indias y nueuo mundo, que Christoual Colon descubria por los reyes de Castilla«[238]). Die Notwendigkeit einer Einheit des Entdeckungsakts scheint hier völlig unterlaufen zu sein.

Wer aber ist nun der ›wahre‹ Entdecker – der erste oder der zweite, der legendäre oder der historische, der Namenlose oder der namentlich genannte, oder beide, oder aber das Schiff (»la carauela Española que descubrio las Indias«)? Wie bereits O'Gorman bemerkte: Gómara »sieht keine Schwierigkeit darin, den Titel des Entdeckers der Neuen Welt im selben Atemzug dem Namenlosen Steuermann und Christoph Kolumbus zu verleihen«[239]. Gleichzeitig findet der Mexikaner auch eine simple und dabei höchst einleuchtende Erklärung für dieses Dilemma, das für Gómara offensichtlich gar nicht existiert: es ist schlichtweg gleichgültig, *wer* die Entdeckung getätigt hat. Entscheidend ist, *dass* das Verborgene aus der Verborgenheit geholt wurde, ist der Zustand des Ohne-Hülle-Seins, das O'Gorman als ›Ent-Hüllung‹, als das »des-encubrimiento« bezeichnet.[240]

Wie in den Texten von Kolumbus und Vespuccis steht dieser Akt für Gómara mit einer göttlichen Fügung in Verbindung. Wenn es dem Chronisten so gleichgültig ist, wer der legitime menschliche Entdecker ist, so in erster Linie, weil Gott allein als der eigentliche Entdecker zu betrachten ist. In seiner Widmung an Kaiser Karl V. gibt Gómara dies deutlich zu verstehen. Das wahre Entdecken besteht nicht darin, dass der Mensch entdeckt, sondern dass, gemäß der ungebräuchlich gewordenen Konstruktion mit doppeltem Objekt, *ihm* durch Gott *etwas* entdeckt wird – Gottes Heilsplan der Glaubensverbreitung jenseits der Grenzen des Bekannten.

> Quiso Dios descubrir las Indias en vuestro tiempo, y a vuestros vassallos, para que conviertiessedes a su santa ley, como dizen muchos hombres sabios, y Christianos. Començaron las conquistas de Indios, acabada la de Moros, por que siempre guerreassen Españoles contra infieles. Otorgo la conquista y conuersion el papa. Tomastes por letra PLVS VLTRA, dando a entender el señorio del nueuo mundo.[241]
>
> *Gott wollte Las Indias in Eurer Zeit und durch Eure Vasallen entdecken, damit ihr sie zu seinem heiligen Gesetz bekehrt, wie viele weise und christliche Männer sagen. Es begannen die Eroberungen der Indios gleich nach denen der Mauren, damit Spanier immer gegen Ungläubige Krieg führen; der Papst gab für Entdeckung und Bekehrung seinen Auftrag; und Ihr gabt Euch als Wahlspruch PLVS VLTRA, um die Herrschaft über die Neue Welt kundzutun.*

An der Wurzel des sich hier entwickelnden Entdeckungsbegriffs steht die Notwendigkeit, Gott in die veränderte Weltkonzeption zu integrieren. Wichtig ist es aber zugleich, in der Legende vom Namenlosen Steuermann in der durch Gómara überlieferten Fassung einen durchaus komplexen Umstand festzuhalten. Im Unterschied zur Entdeckungslegende Pérez de Olivas ist der Akt des Namenlosen Steuermanns nicht an ein gezieltes, intendiertes Aufdecken gebunden. Er entsteht allein durch Zufall, durch ein unbeabsichtigtes Finden (»hallar«) – ein Umstand, der eine tiefe Sinnkrise in dem Augenblick hervorrufen muss, da man die Entdeckung zu säkularisieren beginnt und den Menschen als ihren Urheber annimmt, wie dies in folgenden Jahrhunderten geschieht, besonders z.B. durch Morison. Ausdrücklich verdeutlicht Gómara zugleich, dass weder der Namenlose Steuermann noch Kolumbus selbst als Gelehrte und Schriftkundige gelten konnten. Wenn Kolumbus die Neue Welt in den Texten des Namenlosen Steuermanns fand und dadurch angespornt wurde, sie auch in der Kosmographie der Alten zu suchen, ist der Auslöser dazu ebenso ein ›Stolpern‹: so wie der Pilot auf die Neuen Welt, so stieß (»topo«) Kolumbus zufällig auf den Piloten:

No era docto Christóual Colon, mas era bien entendido. Y como tuuo noticia de aquellas nueuas tierras por relación del Piloto muerto, informose de hombres leydos sobre lo que dezian los antiguos acerca de otras tierras y mundos. <...> Pareceme que si Colon alcanzara por sciencia dónde las Indias estauan: que mucho antes, y sin venir a España, tratara con Genoveses, que corren todo el mundo por ganar algo de ir a descubrillas. Empero nunca penso tal cosa, hasta que topo con aquel Piloto Español, que por fortuna dela mar las hallo.[242]

Nicht gelehrt war Christoph Kolumbus, doch er war verständig. Und da er Nachricht von diesen neuen Ländern durch den Bericht des verstorbenen Steuermanns erhielt, informierte er sich bei belesenen Männern über das, was die Alten über Länder und Welten sagten. <...> Es scheint mir, dass Kolumbus, wenn er wirklich durch die Wissenschaft ermittelt hätte, wo Las Indias liegen, bereits viel früher und ohne nach Spanien zu kommen mit Genuesern, die ja die ganze Welt durchstreifen, um etwas zu gewinnen, ausgezogen wäre, um sie zu entdecken. Doch er dachte nie dergleichen, bis er auf jenen spanischen Steuermann stieß, der sie durch eine Laune des Meeres fand.

Wird die Entdeckung durch den Piloten dann sowohl in Texten als auch bildlichen Skizzen festgehalten und überliefert (»dexole relacion, traça, y altura de las nueuas tierras«[243]), so bewahren die Schriften des Piloten zwar als apokryphe Autoritäten die Lesbarkeit der Welt und schützen vor dem Sturz in ebenjenen Abgrund des Unbekannten, der in späteren zum Schlachtruf der Moderne umgedeutet werden soll – »Plonger au fond du gouffre, Enfer ou Ciel, qu'importe? / Au fond de l'Inconnu pour trouver du *nouveau!*«, gemäß der berühmten Devise Baudelaires[244]. Gleichzeitig jedoch setzt Gómara in subtiler Weise die Autorität der Autoritäten außer Kraft: Kolumbus handelt nicht als Gelehrter, sondern als Seemann – durch seinen eigenen, gesunden Menschenverstand. Erst auf Basis des Gesehenen und Erlebten macht sich der zweite Entdecker auf, für das Entdeckte auch in die Schriften der Textüberlieferung einen Ort zu suchen.

Mit dieser Konstruktion gelingt dem an Denken und Rhetorik der italienischen Renaissance geschulten Gómara ein Meisterwerk des Weder-Noch bzw. des Sowohl-als-auch. Nach Peter Martyr vielleicht der am deutlichsten humanistisch gebildete Autor unter den *Cronistas de Indias* schlechthin[245], verfügt er über eine ausgedehnte Kenntnis der Texte sowohl klassischer als auch moderner Zeit[246] und oszilliert so in seinem Urteil zwischen den Instanzen der geschriebenen Autorität und der empirischen Erfahrung[247]. Obwohl er begreift, dass Kolumbus nicht die Entdeckung in ihrem Doppelaspekt von *res* und *imago* zukommen kann, bewahrt er ihm die Bezeichnung Entdecker; obwohl er erkennt, dass die Neue Welt nicht absichtlich, nicht auf der Basis eines in die Wirklichkeit übertragenen Textfundes entdeckt wurde, bewahrt er durch die Schriften des Namenlosen Steuermanns die Lesbarkeit der Welt. Dennoch hält er sich zugleich die Möglichkeit offen, die Autoritäten der Antike für untauglich zu erklären, ja als ignorant zu bezichtigen und den bereits von Vespucci geforderten Primat der Praxis vor der Theorie zu fordern, etwa am Beispiel des Schiffes des Magellan:

> la Victoria, que dio buelta redonda a toda la redondez de la tierra, y tocando en tierras de vnos y otros antipodes, declaro la ignorancia de la sabia antigüedad y se torno a España dentro de tres años que partio.[248]
> *die Victoria, die das ganze Erdrund umrundete und dabei in Länder von verschiedenen Antipoden anlief, bewies die Unwissenheit des weisen Altertums und kehrte innerhalb von drei Jahren nach seiner Abfahrt wieder nach Spanien zurück.*

Trotz der scheinbaren Aufrechterhaltung der Einheit von Text und Welt wird Gómaras Chronik so zu einer Apotheose der Empirie und der siebzig Jahre später von Bacon zum Alleingrund des Wissens erhobenen *experientia* gegen das Wissen der Antike.

> La esperiencia, que nos certifica por entero de quanto ay, es tanta, y tan contina en nauegar la mar, y andar la tierra, que sabemos como es habitable toda la tierra: y como esta habitada, y llena de gente. Gloria sea de Dios, y honra de Españoles, que han descubierto las Indias, tierra de los Antipodes. Los quales descubriendo y conquistándo las, corren el gran mar Oceano, atrauiessan la torrida, y passan del circulo Arctico espantajos de los antiguos.[249]
> *Die Erfahrung, die uns gänzlich beglaubigt, was es gibt, ist so groß und dauerhaft in der Seefahrt und Durchwanderung der Länder, daß wir wissen, wie sehr die gesamte Erde bewohnbar ist und wie bewohnt und voll von Menschen. Ehre sei Gott und Ruhm den Spaniern, die Las Indias entdeckt haben, das Land der Antipoden; ihnen, die zu deren Entdeckung und Eroberung das große Ozeanmeer durchfahren, die Heiße Zone durchqueren und den Polarkreis überschreiten, Schreckgespenster noch in der Antike.*

Doch noch in einem viel konkreteren Punkt nimmt Gómara die Lehren von Francis Bacon vorweg, nämlich in der auch von Las Casas beobachteten wechselseitigen Abhängigkeit von geographischer Entdeckung und technischer Erfindung, die sich, wie auch im *Novum organum*, am deutlichsten in der für die Entdeckung der Neuen Welt unabdingbaren Erfindung der Kompassnadel, deren Geheimnis der Antike unbekannt war (»cuyo secreto no alcançaron los antiguos, aunque tenian hierro y piedrayman, que son sus materiales«[250]) manifestiert. Ohne die Entdeckung, Produkt wiederum der Erfindungen des Menschen, nämlich der Seefahrt und ihrer Instrumente, wäre kein kosmographisches Wissen möglich. Die Vermehrung des Wissens ist an die Erfahrung der Wirklichkeit gebunden, so dass Praxis und Theorie, Seefahrt und Wissenschaft untrennbar sind: »ohne Schiffe hätte man Las Indias nie gefunden, und die Schiffer verirrten sich im Ozean, wenn sie keinen Kompass dabeihätten; so dass der Kompass der wichtigste Teil des Schiffes ist« (»sin naos nunca las Indias se hallaran. Y las naos se perderian enel Oceano si aguja <de marear> no lleuassen: de suerte que la aguja es principalisima parte del nauio«[251]).

Wie Bacon, der die Einheit des alten lateinischen Inventionsbegriffs und die Verbindung zwischen dialektischer Invention, technischer Erfindung und geographischer Entdeckung trotz der Abwertung ersterer zumindest noch zu erhalten sucht, sind bei Gómara Entdecken und Erfinden noch nicht strikt getrennt: denn das Finden verbindet geographisches Entdecken (»las Indias se hallaran«) und den technischen Erfinder (»que hallo la aguja de marear«). Während allerdings die Entdeckung als Werk Gottes eines personifizierbaren Entdeckers nicht bedarf, verleiht im Falle der Erfindung die Identifizierung dem Urheber einen verdienten Ruhm: denn in diesem Falle ist er selbst und nicht Gott der Hervorbringer des Erfundenen (»inuento cosa de tanto prouecho y primor, cuyo secreto no alcançaron los antiguos«[252]). Ansporn für die entdeckerische ebenso wie die erfinderische Tätigkeit ist bereits bei Gómara die Gier nach dem Neuen, in Form der *curiositas* (»la curiosidad humana«[253]). Denn dieser genügt es, so Gómara, nicht, bloß zu wissen, dass die Welt rund ist – der Mensch möchte auch mit eigenen Augen sehen, ob dort andere Menschen leben, obwohl er doch eigentlich ruhig zu Hause bleiben könnte. Bereits hier hat sich, gemäß Hans Blumenbergs fundamentalen Betrachtungen zum »Prozeß der theoretischen Neugierde«, die »curiosidad« von einer im Mittelalter durchweg negativ konnotierten und sogar in den Lasterkatalog aufgenommenen Eigenschaft zu einem der Zentralbegriffe der Neuzeit gewandelt.[254] Für Gómara wird die *curiositas* sogar zum Anlass seiner *Historia General de las Indias*. Als Vorbemerkung ist der Chronik eine Reflexion zum Wert der Wissbegierde (»desseo de saber«) vorangefügt. Das Ideal des Autors ist der die Welt gedanklich durchdringende, kontemplative Entdecker, der aber seine Gaben durch »Fleiß und Kunst« (»industria y arte«) zu ergänzen weiß, die Charakteristika des Erfinders[255]. Finden (»hallar«) und Sehen (»ver«), Entdecken (»descubrir«) und Erfinden (»inuentar«), Betrachten (»contemplar«) und Wirken (»obrar«) bilden komplementäre Verbindungen.

ES el mundo tan grande y hermoso, y tiene tanta diuersidad de cosas, tan diferentes vnas de otras, que pone admiracion a quien bien los piensa y contempla. Pocos hombres ay, si ya no biuen como brutos animales, que no se pongan alguna vez a considerar sus marauillas, porque natural es a cada vno el desseo de saber: empero vnos tienen ese desseo mayor que otros, a causa de auer juntado industria y arte, ala inclinacion natural. Y estos tales alcançan muy mejor los secretos y causas de las cosas que naturaleza obra.[256]

Es ist die Welt so groß und schön und besitzt eine solche Vielfalt an voneinander unterschiedlichen Dingen, dass in Bewunderung verfällt, wer sie recht bedenkt und betrachtet. Es gibt wenige Menschen, es sei denn, sie leben noch wie wilde Tiere, die nicht zuweilen ihre Wunder betrachteten, denn es ist jedem von uns der natürliche Wunsch nach Wissen eingeboren. Allerdings fühlen einige diesen Wunsch stärker als andere, weil sie der natürlichen Anlage Fleiß und Kunst hinzugefügt haben; und diese erreichen viel besser die Geheimnisse und Ursachen der Dinge, welche die Natur wirkt.

Aufgrund der vermittelnden Fähigkeit, die über den Weg der Tradition das Neue und Unbekannte als Instanzen einzuführen und dennoch ihren für das herkömmliche Weltbild zerstörerischen Impakt abzufangen weiß, gehört die elegant geschriebene *Historial general de las Indias* zu den populären Werken der Zeit, bis hin zu Lesern wie Bruno und Montaigne. Aber auch zu den meistangefeindeten. Sowohl von Seiten der Conquistadoren wie Bernal Díaz del Castillo, der unter Berufung auf seine Autorität als Augenzeuge Gómara in zuweilen fast justiziabler Weise als opportunistischen Lügner beschimpft und gar das Auslöschen seiner Schriften fordert[257] wie auch von seiten der *indigenistas*, die Gómara als Privatsekretär von Hernán Cortés zum Erfüllungsgehilfen der Kolonialverbrechen erklären; aber auch durch die Zensur der Krone, welche das Werk Gómaras als zu »freie Geschichte« einstuft und 1553 vom Königlichen Rat einziehen lässt (»La obra de Gómara es historia libre, y está mandada recoger por cédula antigua del Consejo Real«[258]), ja, schließlich für mehrere Jahrhunderte auf den Index der verbotenen Bücher setzt. Welche der Gómara feindlichen Strömungen letztendlich das Verbot durchzusetzen in der Lage waren, ist heute ein vieldiskutiertes Thema unter den Forschern[259]. Obwohl einer der interessantesten Texte der Zeit und außerhalb Spaniens hochberühmt, bleibt Gómaras Chronik in seinem auf Knappheit und Ordnung (»la orden concertada, y ygual. Los capítulos cortos, por ahorrar palabras«[260]) abzielenden Stil gegenüber den kompendiösen Werken eines Oviedo oder Las Casas in Spanien auf einem Außenseiterplatz[261].

IV.5. Der vergessliche Gott: Fernández de Oviedo und die Entdeckung als Anamnese

IV.5.1. Die Austreibung der Fiktion.

Wie elegant und ungewöhnlich Gómara die sich durch das Eindringen der Neuen Welt in das Gedankengebäude des Mittelalters entstandene Bruchstelle zu kaschieren weiß, wird nachvollziehbar, wenn man die Lösungsansätze zur Einordnung der Ideen der Entdeckung und des Neuen betrachtet, welche die beiden anderen großen Autoren derjenigen Phase der textlichen Erschließung Amerikas entwickeln, die man als die »mittlere Periode«[262] bezeichnen könnte: sowohl im chronologischen Sinne der Entstehung dieser Texte um die Mitte des 16. Jahrhunderts als auch in Hinsicht auf die Aufspaltung des Inventionsbegriffs. Die Unterschiede zwischen den drei großen Chronisten und »ersten General-Historiker von las Indias« (»primeros historiadores generales de las Indias«) hinsichtlich ihres Bildes von der Neuen Welt lassen sich dabei recht anschaulich anhand der Rezeption der Legende vom Namenlosen Steuermann aufzeigen. Selbst wenn Gómaras Zeitgenossen Fernández de Oviedo und Las Casas, die beiden »Kolosse«[263] der frühen Geschichtsschreibung aus Las Indias, diese Legende vehement ablehnen oder gar als Märchen abtun, ist es offensichtlich Mitte des 16. Jahrhunderts noch nicht möglich, diesen legendären Rettungsversuch einer Lesbarkeit der Welt schweigend zu übergehen.

Darüber hinaus aber muss das übereinstimmende Ergebnis beider ›Kolosse‹ bezüglich der Pilotenlegende überraschen, da beide sich eigentlich in offener Feindschaft bekämpfen, aus Gründen, die durch tiefgreifende inhaltliche Differenzen wie durch persönlichen Ehrgeiz begründet ist. Oviedo, den einst selbst der fabulöse Reiz des Goldes nach Las Indias gezogen hatte, wird von Las Casas, dem ›Apostel der Indios‹ und Kritiker der Conquista und ihrer Methode, scharf angegriffen werden – mit Ausfällen wie »Räuber, Indiomörder« (»robador, matador de indios«), »Autor ungeheurer Lügen, Verleumder« (»autor de inmensas mentiras, infamador«[264]); darüber hinaus aber haben beide von der spanischen Krone eine nahezu gleichlautende Mission als offizielle Geschichtsschreiber von Las Indias erhalten, was die beiden ebenso in ihrem mehrbändigen Umfang ›kolossalen‹ Hauptwerke, Oviedos *Historia general y natural de las Indias* (verfasst zwischen 1532 und 1556) und Las Casas' unvollendete *Historia de Indias* (entstanden zwischen 1527 und dem Tod des Autors 1566) zu zwei über mehrere Jahrzehnte parallel entwickelte Konkurrenzunternehmen macht[265]. Die Nachwelt hat insofern trotz der zeitlichen Parallelität zuweilen eine Opposition zwischen Las

Casas, dem »Mensch des Mittelalters« und Oviedo, dem »modernen Menschen«[266] aufgestellt, vor allem aber zwischen dem christlichen Indiofreund und dem rassistischen Indiohasser, dem vielgeschmähten »Verleumder der Indios, Verteidiger der Conquista«[267], wie es, den Vorwürfen von Las Casas fast wörtlich folgend, bis heute oft heißt; ein Schematismus, der ebensowenig tragfähig ist wie die von den Interpreten rückblickend konstruierte Konkurrenz zwischen Kolumbus und Vespucci.

Gonzalo Fernández de Oviedos gewaltiges Werk ist ein Prototyp. Als erster Berichterstatter aus Las Indias fordert er für sein Buch die Bezeichnung *Historia* und damit einer umfassenden Beschreibung sowohl der Humanals auch der Naturgeschichte[268]. Sein Bericht vom Namenlosen Steuermann ist die erste schriftlich nachweisbare Fassung der Legende, was vielfach zu der Mutmaßung geführt hat, Oviedo selbst sei als ihr ›Erfinder‹ zu betrachten; eine These, die durch das völlige Fehlen jeglicher der *Historia* Oviedos vorausgehenden Spur gestützt würde. In den *Probanzas* gegen Kolumbus etwa hätte der Anwalt der Krone auf einen solchen Usurpator aus dem Volkslegendenschatz sicher gerne zurückgegriffen, und dennoch fehlt das Argument eines mysteriösen ›predescubridor‹ hier vollständig[269]. Trotz allem aber muss der Umstand, dass Oviedo den hartnäckigsten und in einem peripheren Strang bis in die Gegenwart reichenden Entdeckermythos nur dazu kreiert, um ihn zu widerlegen, einigermaßen erstaunlich erscheinen, denn er selbst weist die Legende dezidiert von sich und gibt sogar zwei scharfsinnige Gründe an, welche ihr Entstehen begründen: entweder sei sie erfunden worden, um Kolumbus' Ruhm zu sabotieren, oder aber, um auf die (den Chronisten selbst bewegende) Frage eine simple Antwort zu finden, woher Kolumbus von den überseeischen Gebieten gewusst haben könne, da doch die biblisch-griechisch-römische Tradition sie verleugnet.

Im Vergleich zu Gómara fügt Oviedo hier eine wichtige Komponente zur Charakterisierung der Legende hinzu: ihre Zuordnung zu einer ›vulgären‹ Tradition (»lo que el vulgo o algunos quisieron afirmar«[270]). Sie ist der Kategorie des Mythos angehörig, ihr Merkmal ist die orale Überlieferung einer unalphabetisierten Bevölkerung (»anda por el mundo entre la vulgar gente«[271]) und ist weder dem *veri simile* noch dem *verum* zugeordnet: solche Geschichten »dürfen nicht geglaubt werden« (»no deben ser creídos«). So dringt die Unwahrheit in Form von Fabeln (»fábulas«) oder ›Romanen‹ (»novela«) in den Wissensschatz. Ihre Fiktion (die bei Oviedo erklärtermaßen noch nicht den Namen ›Erfindung‹ trägt) stellt sich offen der Wahrheit (»verdad«) entgegen – eine Opposition, die noch in Kolumbus' Rezeption der überlieferten Geschichten und Berichte keinerlei Bedeutung besaß.

Ursache dieser für einen Gelehrten unvertretbaren Fabel ist das Bild. Der offensichtlich der gelehrten Schriften unkundige Namenlose Steuermann hinterlässt Kolumbus nicht etwa eine textliche Beschreibung des Weges, sondern malt, gleich den Seefahrern und ihren »ymágines« bei Oliva, auf einer Karte das von ihm ›gesehene‹ und ›gefundene‹ Land in das Bild von der Welt ein:

> Dícese, junto con esto, que este piloto era muy íntimo amigo de Cristóbal Colóm, y que entendía alguna cosa de las alturas; y marcó aquella tierra que halló de la forma que es dicho, y en mucho secreto dió parte dello a Colom, e le rogó que le hiciese una carta y asentase en ella aquella tierra que havía visto.[272]
>
> *Man sagt darüber hinaus, dass der Steuermann ein enger Freund von Christoph Kolumbus war, und dass er etwas von der Lageberechung verstand; und er zeigte dieses Land, das er fand, in der besagten Form an, und unter strenger Geheimhaltung gab er einen Teil davon Kolumbus weiter und bat ihm darum, dass er ihm eine Karte anfertige und in ihr das Land einzeichne, das er gesehen hatte.*

Fernández de Oviedos Absage an diese Pilotenlegende stellt zugleich eine scharfe Abgrenzung von der ›Pintura‹-Legende bei Pérez de Oliva dar, in der Kolumbus die Entdeckung als eine Findung aus dem Bild heraus betreibt. Eine Entdeckung kann unmöglich Produkt eines Bildes sein, da das Bild der Domäne des Teufels zugehört, dessen Kult besonders bei den schriftlosen *Indios* anzutreffen ist. Mehr als bei all seinen Vorgängern manifestiert sich bei Oviedo ein religiös motivierter Bildersturm: Bild und Wahrheit stehen als Opposition einander gegenüber[273] – ein Schema, das von den Nachfolgern Las Casas und Acosta noch in eingehenderer Weise systematisiert werden wird. Ihren deutlichsten Niederschlag findet diese Verbindung von Bild und Teufel in der Verehrung des karibischen *cemí*[274], der *imago* des Teufels (»las imágenes del diablo que tenían los indios«). In dieser Figur erhält das Böse über den Weg seiner hässlichen Verbildlichung Eingang in die Welt.

> Y no he hallado en esta generación cosa entre ellos más antiguamente pintada ni esculpida o de relieve entallada ni tan principalmente acatada e reverenciada, como la figura abominable e descomulgada del demonio, en muchas e diversas maneras pintado o esculpido <…> Al cual ellos llaman cemí, y a este tienen por su dios.<…> E aquestos les daban a entender que el cemí es señor del mundo e del cielo y de la tierra, y de todos los demás, y que su figura e imagen era aquella.[275]
>
> *Und ich habe in diesem Menschenalter bei ihnen kein Zeugnis aus älterer Zeit gefunden, sei es Malerei, Skulptur oder geschnitztes Relief, das so vor-*

rangig gehuldigt und geehrt würde wie das gräßliche und verfluchte Antlitz des Teufels, in vielerlei Form gemalt oder in Stein gehauen. Diesen nennen sie Cemí, und ihn halten sie für ihren Gott. <...> Und sie gaben zu verstehen, daß der Cemí der Herr der Welt, des Himmels und der Erde ist und aller anderer Wesen ist, und daß dies sein Gesicht und Abbild ist.

Gegen das Idol des Bildlichen, das zugleich Un-Bildung verrät, steht Oviedos eigene Version, deren Herkunft ›weise und gelehrt‹ ist und sich nicht aus der *imago*, sondern aus dem geschriebenen Text herleitet:

Cristóbal Colom se movió, como sabio e docto e osado varón, a emprender una cosa como ésta, de que tanta memoria dejó al los presentes e venideros; porque conoció, y es verdad, que estas tierras estaban olvidadas. Pero hallólas escriptas[276].
Christoph Kolumbus macht sich als weiser und gelehrter Mann zu einer Tat wie dieser auf, von der er so viele Erinnerungen den jetzigen und nachfolgenden Menschen hinterließ, weil er wusste, und das stimmt auch, dass diese Länder vergessen worden waren. Doch er fand sie geschrieben.

Weist Oviedo die Vorstellung eines Zufallsfundes und ebenso die Existenz des fabulösen Seekartenmalers zurück, so muss Kolumbus auf eine nachweisbar überlieferte antike, also ›gelehrte‹ Tradition verweisen können, durch die er Wissen von den neuen Ländern erhalten hat. Im Gegensatz zum ungebildeten Seefahrer Gómaras entsteht hier das Bild eines sowohl dem höfischen als auch dem humanistischen Ideal entsprechenden Kolumbus: »redegewandt, umsichtig und von großem Einfallsreichtum; ein anmutiger Lateiner und hochgelehrter Kosmograph« (»bien hablado, cauto e de gran ingenio, e gentil latino, e doctísimo cosmógrafo«[277]).

Oviedo will mit dieser Stilisierung des Admirals zum wissenschaftlichen Gelehrten gegen die ›Dichter‹ polemisieren. Im Unterschied zur aristotelischen Auffassung der Dichtung als höherer Form des Wahren, die noch Kolumbus zu teilen schien, findet hier die Scheidung zwischen der poetischen, unwahren und der ›gelehrten‹, wahrhaftigen (»verdadero«) Argumentation statt. »Ohne Fabel und Fiktion, allein mit viel Wahrheit« (»Sin fábula ni ficción, sino con mucha verdad«[278]), »eine wahrhafte Geschichte fern aller Fabeln« (»historia verdadera e desviada de todas las fábulas«[279]) lautet das insistent wiederholte Credo Oviedos. Bewusst hebt es sich vom Verfahren der Dichter ab: »Und wenn die Dichter das meinen, täuschen sie sich, wie in so vielen anderen Dingen« (»E si los poetas tal tienen, ellos se engañan como en otras cosas muchas«[280]). Seine Tätigkeit als Chronist ist durchgehend als Distanzierung von seiner fiktionalem Jugendsünde konzipiert, einem Ritterroman, dem *Libro del muy esforzado e invencible caballero de fortuna propiamente llamado Don Claribalte*, publiziert im Jahre 1519 in Valencia[281]. Gegen sein Fiktionswerk wird Oviedo als Chronist zum inbrünstigen »Priester des Wahren«[282]. Und als ein solcher betreibt er mit seiner *Historia* einen wahren Fiktions-Exorzimsus. »Gott befreie mich von derartigen Verbrechen und beschwinge meine Feder, dass sie voll Wahrheit schreibe, was dieser entspricht, zum Dienst und Lob jener Wahrheit selbst, die Gott ist« (»Líbreme Dios de tamaño delicto y encamine mi pluma a que con verdad escriba lo que sea conforme a ella y al servicio y alabanza de la misma verdad que es Dios«[283]). Der Wahrheit, die Gott ist, steht die Fiktion (im Sinne von: Lüge) gegenüber, die dem Teufel entspringt, wie Oviedo biblisch beweist: »Schlecht erinnert sich, wer solches schreibt und solche Fiktionen liest, der Worte des Evangeliums, die uns lehren, dass der Teufel der Vater der Lüge ist« (»Mal se acuerda quien tal escribe y el que tales ficciones lee, de las palabras evangélicas que nos enseñan que el diablo es padre del la mentira«[284]). Bild und Fiktion bilden Front gegen die Schrift der Wahrheit und ihre Manifestation in der Entdeckung.

Auf einen Satz gebracht: Oviedo benutzt die Legende des Namenlosen Steuermanns im genau entgegengesetzten Sinne Gómaras. Während dieser durch die Legende eine apokryphe Rettung der Schriftlichkeit unter gleichzeitiger Einbeziehung des Neuen und Ungeschriebenen erreicht, präsentiert sich die Legende bei Oviedo als Medium der zerstörerischen Macht des Bildes, aus dem sie entsteht.

IV.5.2. Entdeckung und Mnemonik

Doch noch ein weiteres bedeutsames Detail zeichnet Oviedos Version der Legende. Zu den drei Oppositionen Bildung-Unbildung, Wort-Bild, Wahrheit-Fiktion tritt noch eine vierte, die mit der antiken und mittelalterlichen rhetorischen Findekunst in Gestalt der Gedächtniskunst verbunden ist: die von Erinnerung und Vergessen. Gegen die *oblivio* von Las Indias setzt Kolumbus die *memoria*. Um noch einmal die eben zitierte Passage anzuführen:

> Cristóbal Colom se movió, como sabio e docto e osado varón, a emprender una cosa como ésta, **de que tanta memoria dejó** a los presentes e venideros; porque conoció, y es verdad, que **estas tierras estaban olvidadas**. Pero hallólas escriptas.[285]
>
> *Christoph Kolumbus machte sich als weiser und gelehrter Mann zu einem Unternehmen wie diesem auf, wovon er jetzigen und künftigen Generatio-*

nen so viel Erinnerung hinterließ; weil er wusste, und das ist wahr, dass diese Länder vergessen war. Er aber fand sie geschrieben.

Zwar wurde die mögliche *oblivio* von Las Indias schon in Pérez de Olivas Geschichte der *Inuención* als Möglichkeit thematisiert. In konsequenterer Weise proklamiert Oviedo hier die Wieder-Erinnerung aber als einzige glaubwürdige Ursache des Entdeckens. Quelle des Gedächtnisses ist die Schrift. Unter ähnlicher Gleichsetzung von Seefahrt und Forschung wie bei Kolumbus selbst setzt das Memorieren von Las Indias ein konvergierendes Finden im Text und im Meer voraus (»aquello de haber hallado Colón escritas las Indias antes de hallarlas en el océano«[286]), und damit eine nachweisbare Schriftüberlieferung der Neuen Welt: ein Wissen, das für die Zeitgenossen des Kolumbus verloren war und erst wiedergefunden werden musste. Die neue Welt war einst vor langer Zeit den Menschen bekannt, es war sogar ihr Ort und Breitengrad aufgezeichnet (»estaba escrito e notado dónde es, y en qué paralelos«) – es habe sich lediglich die Seefahrt und Kosmographie dieser Gegenden »aus dem Gedächtnis der Menschen verloren« (»se había **perdido de la memoria** de los hombres la navegación y cosmografía destas partes«). Und erst Kolumbus als kundiger Kosmograph habe das verlorene Land dann wiedergefunden – und somit »entdeckt« (»y que Cristóbal Colom, como hombre leído e docto en esta sciencia, se aventuró a descobrir estas islas«)[287].

Wenn Las Indias in früherer Zeit ebenso als durch Text beschriebener Gegenstand (»estaba escrito«) wie auch als kartographisch erschlossenes Bild und kosmographisch an einem *locus* geortete und berechenbare Einheit (»notado dónde es, y en que paralelos«) existiert haben, so müssen sie, beginnend bereits mit der Antike, auf dem Weg in die Gegenwart sukzessive in Vergessenheit geraten sein, bis außerhalb einiger Texte der Überlieferung nichts mehr davon übrig blieb; eine Sicht, die Oviedo als wissenschaftliche Hypothese, als Produkt der »sciencia« zu etablieren sucht. Die meisten der bekannten Quellen, vor allem die kosmographischen Schriften von Aristoteles und Ptolemaios sprechen nicht von Las Indias. Daher besteht der Textfund des Kolumbus eher in einer Textentdeckung: der Aufdeckung einer verdeckten Schrifttradition.

> ningund escriptor de los antiguos hace **memoria** dellos, como quier que están en provincias que ignoraban, e que la cosmografía del Tolomeo ni de otros auctores **no se lo acordaba** ni lo dijo, hasta que el Almirante don Cristóbal Colom nos la enseñó.[288]
> *Kein Schriftsteller von den Alten hat sie im Gedächtnis, da sie sich in Provinzen befinden, die sie nicht kannte, und an die sich weder die Kosmographie*

des Ptolemaios noch anderer Autoren sich erinnerte und sie nicht erwähnte, bis der Admiral Don Christoph Kolumbus sie uns zeigte.

Entdecken ist in diesem Sinne ein Wiederfinden von Vergessenem, eine *Anamnese*, und zwar durchaus im Sinne Platons, der ja jede Erfindung als Wieder-Findung eines bereits gefundenen und dann wieder vergessenen Phänomens (Abbild der Idee) betrachtet[289]. Wie bei Platon scheint das anamnetische Modell der Entdeckung bzw. Findung bei Oviedo auf eine Erklärung für das Phänomen des Neuen abzuzielen; eine Einheit, die bislang nicht vorhanden war, als vormals existierende in den Kanon des Wissens einzuordnen und damit auf die grundsätzliche Präexistenz des Phänomenalen als Idee hinzuweisen. Vor seiner Kür zum Meister der Alchimie und *artis inveniendi* entwickelt sich Kolumbus hier zum Meister *artis memoriae* durch das Wiederfinden aus Trümmern der *oblivio*, indem er die Decke des Vergessens einer Neuen Welt lüftet, die in Wirklichkeit eine alte ist, und sie für immer in den Schatz der Erinnerung überführt: »wovon er so viel Gedächtnis jetzigen und künftigen Generationen hinterließ«.

Auf Basis der in den Texten konservierten Vorstellungen findet er Las Indias und rettet sie vor dem Verfall ins ewige Vergessen. Ein doppeltes Vergessen: denn nicht nur Europa hatte Las Indias vergessen, sondern auch umgekehrt die Indios den wahren Glauben, denn sie können sich an ihre ursprüngliche und von der Bibel klar verbürgte Evangelisierung nicht mehr erinnern. Gemäß der Heiligen Schrift war der wahre Glaube ja bereits in der gesamten Welt verkündet worden: »*In omnem terram exivit sonus eorum, et in fines orbis terrae verba eorum*«. Insofern sei klar anzunehmen, »dass die jetzigen Generationen von Indios ihn vergessen hatten« (»antes es de creer que ya estas generaciones e indios destas partes lo tenían olvidado«). Wie Oliva erkennt Fernández de Oviedo, dass das ›Entdecken‹ nicht nur in eine Richtung zielen kann. Mit den Schiffen, die Kolumbus nach Las Indias tragen, kommt umgekehrt ein neues Geschlecht von Gläubigen ins das Gebiet der Christenheit. Indes ist dieser Richtungswechsel ein höchst ambivalenter und besitzt kaum den Sinn, die Perspektive der Indios aufzuwerten. Diese können sich nicht auf Unwissenheit berufen, und ihr Vergessen Gottes ist eine Sünde. Diese kann nur dadurch gebüßt werden, dass Kolumbus und die spanischen Herrscher als Meister der Erinnerung sie diesem wieder entheben. Insofern müssten die Entdeckten ihren Unterwerfern eigentlich auch noch dankbar sein für den Dienst, den sie ihnen leisteten (»y así fué grandísimo servicio el que a Dios hicieron los Reyes Católicos en el descubrimiento destas Indias«[290]). Durch sein Wachrufen der vergessenen Tradition bringt Kolumbus der Alten Welt die Neue wieder in Erinnerung nachdem sie so lange »vergessen im Universum« lag (»descubrió el almirante don

Cristóbal Colom, este Nuevo Mundo o parte tan grandísima dél, olvidada en el Universo«[291]). Zugleich bringt er, ganz entsprechend seiner Selbstprojektion als *Christum ferens*, auch Gott selbst wieder nach Las Indias (»volvió Dios este señorío a España a cabo de tantos siglos«).

Um diese beiden Prozesse miteinander zu verknüpfen und die notwendige Einheit der Entdeckung zu gewährleisten, verlagert Oviedo wie Gómara die eigentliche Entdeckungsinstanz zu Gott. Dem Menschen aber kommt dabei eine ganz außergewöhnliche Teilhabe zu. Entdecken ist die Fähigkeit des Menschen, Gott das in Erinnerung zu rufen, was dieser bereits selbst vergessen hat. Die erschreckende Kehrseite der *memoria*: sie bietet die Legitimation des Genozids an den Indianern. Denn der vergessliche Gott scheint nicht bereit, diese Gedächtnisschwäche, die doch auch seine eigene ist, den Menschen zu verzeihen.

> De que infiero que, no sin grande misterio, tuvo Dios olvidados tantos tiempos esos indios, e después, cuando se acordó dellos, conforme a la auctoridad de suso, viendo cuánta malicia estaba sobre la tierra toda, e que todas las cogitaciones de los corazones déstos, en todos tiempos, eran atentas a mal obrar, consintió que se les acabasen las vidas.[292]
>
> *Daraus folgere ich, dass Gott, nicht ohne großes Geheimnis, so lange Zeit diese Indios vergessen hatte, und danach, als er sich wieder, gemäß der oben genannten Autorität, an sie erinnerte und sah, wie viel Bosheit auf der ganzen Erde war und dass alle Denkregungen in ihren Herzen zu allen Zeiten nur darauf warteten, Böses zu tun, gestattete, man solle ihrem Leben ein Ende setzen.*

Nicht nur Kolumbus aber fungiert als Finder des verschütteten Vergessenen. Dem Autor Oviedo selbst kommt in seiner Funktion als Chronist die Aufgabe zu, das in Vergessenheit Geratene der Neuen Welt durch seine Schriften erneut in das Gedächtnis der Alten einzufügen und systematisch wiederfindbar zu machen. Im komplementären Gegenzug zum *invenire*, welches das Auffinden des Verborgenen zum Inhalt hat, ist seine Chronik ein Werk der *memoria*, deren Aufgabe darin besteht, die gefundenen *res* in sichtbarer Weise aufzustellen (*deponere*), damit sie nicht in Vergessenheit geraten. Die enzyklopädische *Historia general y natural de las Indias* ist, ähnlich wie die etwa zeitgleich entstandenen großen Werke der topischen Enzyklopädisten im Europa des 16. Jahrhunderts[293], ein Thesaurus oder ›Archiv‹ der ›deponierten‹ *res* (»archivo de depósitos«[294]) zum Zwecke der Erinnerung; ein Werk, in dem *memoria* und *inventio* zusammenfließen. Durch die Findbarkeit im Text beweist jedes noch so kleine Ding auch seine Erinnerungswürdigkeit gegen den Schutt des Vergessens (»será cada cual dellas más digna de ser sabida y no puesta en el olvido«[295]). Als Grund für das Schreiben der *Historia general y natural de las Indias* gibt Oviedo gegenüber seinem Kaiser die ungenügende *memoria* seines ersten Werkes an, des *Sumario de Historia natural*. Die Menge des von ihm inzwischen Gesehenen (»otras cosas grandes e muy nuevas, de que allí no podía yo hacer memoria, por no haberlas visto ni sabido«[296]) macht ein neues Inventar nötig. Wie zentral die *memoria*-Konzeption für Oviedos Werk ist, ja, dass sie gar das strukturierende Prinzip des ganzen Buches bildet, soll bezüglich der Poetik der *Historia* noch ausführlich zur Sprache kommen.[297]

IV.5.3. Die wiedergefundenen Hesperiden

Auf das Bild, das Oviedo vom Entdecken entwirft, hat diese Verwebung von *inventio, memoria* und geographischem *descubrimiento* entscheidende und höchst komplexe Konsequenzen. Im Gegensatz zu Platons anamnetischer Konzeption des εὑρίσκειν und der Tradition der *inventio* wird bei Oviedo eine Differenzierung zwischen dem erinnernden Finden im Text, dem *invenire* oder »hallar escriptas«, und dem Auffinden in der Wirklichkeit etabliert, dem »descubrir« bzw. »-cobrir«, die wir bereits bei den beiden ersten Findern der Neuen Welt beobachtet haben. Allerdings konzipiert Oviedo den *inventor* und den *descubridor* nicht als sich ausschließende Figuren. Vielmehr fügen sie sich in eine logisch-hierarchische Ordnung und formieren das Trikolon Finden-Entdecken-Erwerben. Selten etwa spricht Oviedo allein vom ›descubridor‹ Kolumbus. Vorherrschend ist die Formel »erster Erfinder und Entdecker und Admiral von Las Indias« (»primer inventor e descubridor e almirante destas Indias«[298]). Zuerst kommt das Finden im Text, dann das Entdecken und schließlich die Unterstellung des Entdeckten unter das Kommando des Admirals des Ozeanmeers. In der Beschreibung der Geschichte des Entdeckungsvorgangs zeichnet sich diese Ordnung klar ab. Am Anfang steht das *invenire*, das Finden im Text der antiken Autoritäten:

> el almirante primero, don Cristóbal Colom, no comenzó este descubrimiento a lumbre de pajas, sino con muy encendidas y claras autoridades e verdadera noticia destas Indias[299].
> *der erste Admiral, Don Christoph Kolumbus, begann diese Entdeckung nicht beim Licht eines Strohfeuers, sondern mit erleuchteten und hellen Autoritäten und wahrhafter Kunde von Las Indias.*

Der Textfund macht Kolumbus zum »inventor«; zum »descubridor« jedoch wird er erst durch die Fortbewegung in der Wirklichkeit jenseits des Textes:

durch die Reise (»viaje«). Diese wiederum verleiht ihm den würdigen (»dignamente«) Besitz und seine dauerhafte (»perpetuo«) militärische Befehlsbefugnis (»don Cristóbal Colom, primero descubridor dellas, por lo cual, dignamente fué hecho almirante perpetuo destas mares e imperio de las Indias destas partes«). In dieser Definition des Entdeckens, die in frappierender Weise zwischen den einander eigentlich ausschließenden Positionen des Kolumbus und des Vespucci osziliert, ergibt sich für Oviedo jedoch ein schwer zu übersehendes Problem. Entsprechend der Schriftgebundenheit des Admirals lässt er ihn Las Indias in den Texten der Überlieferung suchen. Dort aber findet der Kolumbus Oviedos ganz andere Gebiete als der Kolumbus des Bordbuchs. Auf der einen Seite erkennt Oviedo die ›Neuheit‹ der Neuen Welt im Sinne eines eigenen Kontinents an[300]. Für eine Neue Welt jedoch ergibt sich das Problem der fehlenden Tradierung, die ja gerade die Basis einer Vergessens- / Erinnerungskonzeption ausmacht: »in keinen dieser drei Teile, in welche die antiken Kosmographen die Welt teilen, setzten sie dies Land und die großen Provinzen und Reichen unserer Indias« (»en ninguna destas tres partes, en que los antiguos cosmógrafos dividen el mundo, no pusieron esta tierra e grandes provincias e reinos de nuestras Indias.«[301])

Auf der einen Seite muss eine »Neue Kosmographie« (»nueva cosmografía«[302]) entwickelt werden, die von den antiken Autoren abweicht. Auf der anderen aber soll Kolumbus Las Indias auf Basis von »sehr erleuchteten und hellen Autoritäten« gefunden haben, die bislang nur verdeckt waren. Um den Widerspruch zu lösen, rekurriert Oviedo auf einen ebenso einfachen wie ingeniösen Kunstgriff: die Antike habe bereits Kunde von Las Indias besessen, sie habe ihnen lediglich einen anderen Namen gegeben.

> E asimismo diré la opinión que tengo cerca de haberse sabido estas islas por los antiguos, e ser las Hespérides: e probarélo con historiales e auctoridades de mucho crédito[303].
>
> *Und so werde ich meine Meinung bezüglich meiner Überzeugung sagen, dass diese Inseln bereits den Alten bekannt waren, und dass es die Hesperiden sind: und ich werde dies mit Geschichtswerken und Autoritäten von großer Glaubwürdigkeit beweisen.*

Die Liste der Garanten[304] reicht von Aristoteles über die Kirchenväter und das Hochmittelalter bis hin zu den Zeitgenossen. Der Idealfall ist eine Kombination von allem, nämlich ein Autor jüngerer Tage, der sich sowohl auf antike Quellen als auch die Kirchenväter beruft[305]. Auf diesem Weg wird das Neue im jahrhundertealten Geflecht der Überlieferung findbar – und, aufgrund der bisherigen Verborgenheit dieser Tradition, zugleich entdeckbar[306].

Von großer Wichtigkeit für die hier verfolgte Fragestellung ist aber auch, dass dieses Wiederfinden des Wirklichen im Text mit dem Wieder-Zueinanderfinden von *res* und *verba*, von Dingen und Bezeichnungen einhergeht. Die Länder waren den Alten bereits bekannt, doch aufgrund einer abweichenden, fehlerhaften Bezeichnung können wir sie nicht wiedererkennen, konnte dies bereits Ptolemäus nicht tun. Ordnen wir die Bezeichnungen den Ländern wieder wie in antiker Vorzeit zu, so wird die Neue Welt plötzlich im Alten wieder findbar. Diese interpretierende Zuordnung wird notwendig, weil Worte und Dinge in keinem naturgegebenen Verhältnis zusammenhängen. Selbst die antiken Gebietsbezeichnungen nämlich sind ein Produkt eines biblischen Aktes der Verwirrung der Bezeichnungen:

> Pero, en la verdad, segund las historias nos amonestan e dan lugar que sospechemos otro mayor origen de aquestas <…> famosas islas Hespérides, así llamadas del duodécimo rey de España, dicho Hespero. Y para que aquesto se entienda e pruebe con bastantes auctoridades, es de saber que la costumbre de los títulos o nombre que los antiguos daban a los reinos e provincias procedieron después de la división de las lenguas e la fundación de la torre de Babilonia.[307]
>
> *Aber in Wahrheit weisen die Geschichtswerke darauf hin und geben Anlass zu dem Verdacht, dass es einen anderen, bedeutenderen Ursprung jener berühmten Hesperiden-Inseln gibt, so genannt nach dem zwölften König von Spanien namens Hesperus. Und um dies zu verstehen und mit hinreichenden Autoritäten zu beweisen, muss man wissen, dass die Festlegung der Titel und Namen, welche die Alten den Reichen und Provinzen gaben, nach der Trennung der Sprachen und der Gründung des Turms von Babel stattfand.*

Nach der sprachlichen *tabula rasa* des Turmbaus durch das Vergessen der Paradiesessprache seien die Menschen, die bislang alle an einem Ort gewohnt hätten, in alle Himmelsrichtungen verstreut worden. Dabei seien die Gebiete der Erde von denjenigen gefunden worden, die damit zu ihren rechtmäßigen Herrschern wurden. Das Finden führt zur Namensgebung nach dem Finder, und beides wiederum zum Erwerb als Eigentum: die Lyder / Lydien nach Lydus, die Perser und Persien nach Perseus, die Assyrer und Assyrien nach Assur, und schließlich die Spanier und Spanien nach Hispan. So auch im Falle der Hesperiden, die nach Hesper, dem zwölften König von Spanien benannt sind. Auch durch Vererbung kann ein Gebiet seinen Namen erhalten – Spanien wird nach dem Namen des Königs zu Hesperia.[308] Als (nicht nur von Oviedo zitierter) Autoritätsbeleg kommt darüber hinaus eine vermeintlich aristotelische Schrift hinzu, die eine Besiedelung überseeischer Inseln durch Menschen aus dem Mittelmeer belegt.[309]

Was Oviedo hier findet, ist vom imperialen Standpunkt Karls V. aus sozusagen das Ei des Kolumbus: Er ordnet Las Indias in die antike Tradition ein und macht sie bereits durch ihren ersten postdiluvialen Finder Hesperus zum Erbbesitz der spanischen Krone seit dem Jahre 1658 vor Christi Geburt, wie bereits die heidnischen und christlichen Autoritäten verbürgen[310]. Aus heutiger Sicht erscheint die Hesperiden-These hinreichend abstrus, und dadurch als ein recht überzeugungskräftiger Beleg für Oviedos von Joachim Küpper beobachteten »wunden Punkt: zu versagen angesichts des rein materiell Neuen, dessen Deutung unter einer in jener Zeit noch unvorgängigen Prämisse steht«[311]. Bereits für seine Zeitgenossen aber ist offensichtlich, in welchem Maße Oviedo sich hier einer haarsträubenden Hilfskonstruktion bedient, um die Neuheit der Neuen Welt, die eine Alte sein soll, zu leugnen, und zwar nicht nur für seinen Erzfeind Las Casas, dessen gnadenlose Widerlegung noch zu untersuchen sein wird. Oviedos These einer kollektiven europäischen Amnesie, die durch den Anamneseakt der Erfindung beseitigt wird, stößt auch auf den Widerspruch europäischer Philosophen, darunter eines der großen Meister der *ars memoriae* in der Renaissance[312], der für imperiale Argumentationen wie die Oviedos nur Hohn und, wie Fulvio Papi es ausdrückt, ironische Pfeilschüsse (»ironiche frecciate«[313]) übrig hat: Giordano Bruno. Denn Bruno ist die politisch-philosophische Absicht solcher Thesen nur zu bewusst:

> Und sicherlich war es sowohl Katholiken als auch Protestanten lieber, eine Gedächtnislücke in der europäischen Kultur anzunehmen, als die absolute Neuheit der amerikanischen Erfahrung einzugestehen. Die pseudoaristotelische Quelle <*i.e. De mirabilibus*> besaß in ihrer Substanz einen weitaus relevanteren Wert als wir heute glauben können: sie gestattete es, Amerika in die europäische Dimension einzureihen, die Andersheit nicht anzuerkennen, ein bereits in der Entwicklung der europäischen Zivilisation enthaltenes Kapitel daraus zu machen und so den neuen Kontinent auf eine Dimension zurückzuführen die, da sie ihm die Neuheit nahm, auch die Probleme rückgängig machte, welche die Neuheit an sich mit sich brachte <…>, nämlich die Infragestellung eines Profils der Weltgeschichte, wie es das christlichen Europas gewöhnlich entwarf[314].

IV.5.4. Das Gelesene und das Gesehene: Autorität und Empirie vor dem Problem des Neuen

Auch wenn das in der Neuen Welt Vorgefundene einstmals bekannt gewesen ist, wenn das Entdecken von Neuem nichts weiter als die Anamnese des

Vergessenen darstellt, so bleibt doch die Tatsache der Existenz von Dingen aus Las Indias, die von keiner der nachsintflutlichen Autoritäten je beschrieben wurden[315]. Daher sucht Oviedo die Neuheit von Las Indias auch nicht gänzlich zu leugnen – sie ist allerdings, begründet durch die Kollektivamnesie Europas, nur eine relative Neuheit. Das Autoritätswissen, um genau sie zu erweitern und so dem Vergessen der Alten Abhilfe zu leisten, betrachtet Oviedo daher als seine Aufgabe als Chronist: der Plinius des Neuen zu werden und angesichts der Menge unbekannter *mirabilia* seine Chronik als eine Art »Buch der Rekorde«[316] zu konzipieren. Dabei entwickelt er eine subtile »Rhetorik des Neuen«[317]. Erprobt wird sein Verfahren am Beispiel des Plinius. In Grunde sei dessen *Historia naturalis* das Vorbild der *Historia general y natural de las Indias*: »ich will Plinius imitieren« (»en alguna manera yo entiendo seguir o imitar al mismo Plinio«[318], »quiero o deseo imitar al Plino«[319]), betont Oviedo des öfteren. Doch trotz seiner enzyklopädischen Genauigkeit hat der antike Naturhistoriker kein Wort über Las Indias verloren. Sein moderner Nachfolger muss ihm ›nachhelfen‹, das zu entdecken, was er nirgends geschrieben fand. So erhebt er gewissermaßen den Anspruch darauf, in einer Neuen Welt auch zum Neuen Plinius zu werden:

> mucho dejó Plinio por decir; y razón es que le ayudemos a escrebir lo que él no supo ni halló escripto en las partes australes e occidentales de estas nuestras Indias ni en las otras regiones de ellas.[320]
>
> *Vieles ließ Plinius ungesagt. Grund genug ist das, ihm dabei zu helfen, das zu schreiben, was er nicht wusste und auch nicht geschrieben fand über die südlichen oder westlichen Teile dieser unserer Indias, und auch nicht über ihre anderen Gegenden.*

Ungeachtet der Anlehnung an Plinius verändert sich dadurch aber auch dessen Methodik ebenso wie das Verhältnis zum Gegenstand der Beschreibung. Von nun an ist die Historia naturalis keine Autorität im eigentlichen Sinn des Wortes – also ein Text, der Wahrheit gebietet. In erster Linie ist sie ein literarisches Vorbild, und ihre Aufgabe nicht mehr das Wiederfinden des Wahren, sondern die Nachformung nach dem Prinzip der Ähnlichkeit: »imitar al mismo Plinio«, nicht ›hallar escripto en Plinio‹[321]. Diese Imitation bezieht sich nicht auf den Inhalt der Naturgeschichte, sondern ihre Komposition; nicht die Gegenstände, sondern ihre Ordnung und Gestaltung im Text. Kurz, Oviedo imitiert Plinius in dem, was gemäß dem nunmehr gewandelten Text- und Weltverständnis im 16. / 17. Jahrhundert als »invención« bezeichnet wird, und vermeidet so den Verdacht des Plagiators: »denn um nicht in dies Vergehen zu verfallen, und um Plinius auch nicht abzuerkennen was sein ist (hinsichtlich Erfindung und Titel des Buches), folge ich ihm in diesem Fall« (»pues por no incurrir en tal crimen, ni en desconocer al Plinio lo que es suyo (cuanto a la invención y título del libro), yo le sigo en este caso.«[322]).

Mit ›Komposition‹ oder ›Aufbau und Titel des Buches‹ und sicherlich nicht als ›Erfindung‹ im modernen Sinne hat man diese »invención« heute wohl zu verstehen: nicht der *Stoff,* sondern die *Methode* hat als Erfindung Bestand. Entscheidend für die Abgrenzung zu Plinius ist indes der Gegenstand der Darstellung. Nachdem Oviedo es in ingeniöser Form erreicht hat, die Brücke vom Alten ins Neue zu schlagen, ohne einen Bruch eingestehen zu müssen, ist innerhalb der vergessenen Welt der Hesperiden nun ein ungeahntes Reich des Neuen offengelegt, zu dessen Erschließung sich der Chronist auch neuer Methoden bedienen muss. Wenn das Neue nicht mehr im Text findbar ist, kann zu seiner Beschreibung auch kein Text als Beleg und Beglaubigung herangezogen werden.

> Todos estos libros están divididos según el género e calidad de las materias por donde discurren; las cuales no he sacado de dos mil millares de volúmines que haya leído, como en el lugar suso alegado Plinio escribe, en lo cual paresce que él dijo lo que leyó <…>; pero yo acumulé todo lo que aquí escribo, de dos mil millones de trabajos y nescesidades e peligros en veinte e dos e más que ha que veo y experimento por mi persona estas cosas, sirviendo a Dios e a mi rey en estas Indias, y habiendo ocho veces pasado el grande mar Océano.[323]
>
> *All diese Bücher sind entsprechend der Gattung und der Eigenschaft der Inhalte klassifiziert, mit denen sie sich auseinandersetzen; und diese habe ich nicht aus zwei Millionen Bänden entnommen, die ich gelesen habe, wie an oben angegeben Ort Plinius schreibt, wodurch es scheint, dass er lediglich das wiedergibt, was er gelesen hat <…>; sondern ich habe all das, was ich hier schreibe, durch zwei Milliarden Mühsale und Entbehrungen und Gefahren in zweiundzwanzig und mehr Jahren angehäuft, seitdem ich in eigener Person diese Dinge sehe und erfahre und dabei Gott und meinem König in diesen Indias diene, und nachdem ich achtmal das große Ozeanmeer überquert habe.*

Die Botschaft ist mehr als deutlich: anstelle des Gelesenen (»que haya leído« – »ce qu'on lit«, wie Foucault schreibt[324]) das Gesehene (»que veo« – »ce qu'on voit«[325]), anstelle der Autoritäten die Empirie und Autopsie[326]. »Ich brauche all das nicht, denn ich schreibe nicht beglaubigt durch die Autorität eines Geschichtsschreibers oder Dichters, sondern als Augenzeuge« (»Yo no tengo necesidad deso, pues no escribo de auctoridad de algún historiador o poeta, sino como testigo de vista«[327]): so grenzt sich der Neue Plinius selbstbewusst von seinem Vorbild ab. Obwohl er bezüglich der Alten Welt die Autorität der Autoritäten nicht einschränken möchte, ist er hinsichtlich der Neuen in deren Ablehnung um einiges radikaler als alle seine Vorgänger, selbst Vespucci. Auf den provokanten Satz gebracht: »Wozu brauche ich Autoritäten für Dinge, die ich selbst gesehen habe – fragt lieber die Fuhrleute«[328], zeichnet sich hier deutlich ein aufkommendes Selbst- und Weltverständnis ab, in dem sich, gemäß Hans Blumenberg, der »illiterate Laie als Leser des Weltbuchs«[329] (das nun nicht mehr Schrift, sondern Abbild der Dinge ist) von dem Gelehrten der Autoritätsschriften, vom »Personal jener Bücherwelt« absetzt – genau diese polemische Abwertung als illiterat und des Lateinischen unkundig erfährt ja auch Oviedo selbst durch Las Casas[330].

»Mein Buch ist die Welt« – »Mon livre, c'est le monde«, scheint Oviedo, in Antizipation des Satzes von Guillaume du Vair (1585) hier mitzuteilen[331]. Seine besondere Verachtung gilt, ähnlich wie dies Bernal Díaz del Castillo in seiner *Historia verdadera de la conquista de la Nueva España* vorbringt, denjenigen unter seinen Zunftgenossen, die er spöttisch »Ferngeschichtsschreiber« (»historiadores a distancia«) nennt: Chronisten wie Peter Martyr, der nach dem System der antiken Geschichtsschreiber seine Berichte aus gelesenen Texten und Augenzeugenberichten kompiliert und sich so ständig bezüglich der Naturphänomene von Las Indias irrt: denn »da er von Dingen sprach, die er nicht sah, wundere ich mich nicht, dass seine *Dekaden* viele Defekte aufweisen« (»mas como habló en lo que no vido, no me maravillo que sus *Décadas* padezcan muchos defectos«[332]).

Gegen das »Ohne sie zu sehen« (»sin las ver«) dient das immer wieder aufgegriffene »Ich schreibe als Augenzeuge« (»yo escribo de testigo de vista«) als Oviedos Hauptargument. Aus ihm spricht der Wechsel zur Empirie als einzig gültigem Beglaubigungsmittel, gegen das der nicht auf unmittelbarer Wirklichkeitserfahrung basierende Text keinerlei Rechte einfordern kann.[333] Es ist nicht zuletzt dieser Kontrast von Gegensätzen, die Konstruktion eines pittoresken Autoritätengeflechts und die gleichzeitige Ablehnung jeglicher Autorität, woraus die verwirrende Faszination von Oviedos Chronik entspringt. Derselbe Autor, der die Entdeckung des Kolumbus als Leistung eines Schriftgelehrten verehrt, erklärt das Entdecken in fast wörtlichem Einklang mit Vespucci zum Produkt der praktischen Intelligenz und der Beobachtung jenseits aller universitärer Bildungsüberfrachtung. Zur Erkenntnis ist mehr als Worte, ist »etwas anderes als Worte« (»otra cosa <...> que palabras«) vonnöten: nämlich die Dinge selbst. Gleich Vespucci in Jan van der Straets Kupferstichen agiert Oviedos Entdecker mit dem Astrolabium und ›mit dem Quadranten in der Hand‹ und tauscht das akademische Wissen gegen den »Lehrstuhl des Achterdecks«[334]. Die Insignien des Entdeckers sind die Erfindungen, sind die *nova reperta*.

Esto que he dicho no se puede aprender en Salamanca, ni en Boloña, ni en París, sino en la cátedra de la gisola (que es aquel lugar donde va puesta el aguja de navegar), e con el cuadrante en la mano, tomando en la mar ordinariamente, las noches el <sic> estrella, e los días el sol con el astrolabio. Porque, como dice el italiano: *altro vole la tabla que tovalla bianca;* digo yo que otra cosa quiere también la navegación que palabras; porque, aunque los manteles estén blancos, no comerán los convidados con sólo eso, ni porque uno estudie la Cosmografía e la sepa muy mejor que el Tholomeo, no sabrá, con cuantas palabras están escriptas, navegar hasta que lo use[335].

All das, was ich hier gesagt habe, kann man nicht in Salamanca lernen, auch nicht Bologna oder Paris, sondern nur am Lehrstuhl des Achterdecks (jenem Ort also, wo der Kompass steht), und mit dem Quadranten in der Hand, mit dem man auf dem Meer gewöhnlich in der Nacht die Sterne ausmisst, und am Tag mit dem Astrolabium die Sonne. Denn, wie der Italiener sagt: altro vole la tabla que tovalla bianca *<der Tisch will anderes als eine weiße Decke>; so sagte ich, die Seefahrt will auch anderes als Worte; denn selbst wenn die Tischdecken weiß sind, werden die Gäste davon alleine nichts zu Essen bekommen, und auch wenn einer die Kosmographie studiert und sie besser kennt als Ptolemaios, wird er doch, egal mit wie vielen Worten sie geschrieben ist, nicht zu segeln wissen, bis er dies auch praktisch tut.*

Erfinden und Entdecken stehen innerhalb des Erkenntnisprozesses in einem Spannungsverhältnis der gegenseitigen Abhängigkeit und Ergänzung, das in besonders vorbildhafter Weise in der Figur des Kolumbus sichtbar wird, des »primero descubridor e inventor destas Indias«[336]. Denn all sein Finden in den Texten führte zu keiner Entdeckung ohne seine Verbindung mit der experimentellen (»experimentar«) Anwendung der neuen Erfindungen jenseits der bekannten Schranken auf den Weiten des offenen Meers, das hier, lange vor Bacons »multi pertransibunt & augebitur scientia«[337], zur Metapher der empirischen Wissensgewinnung wird. Dies ist auch der Grund dafür, warum die Entdeckungsleistung des Kolumbus dem »Plus ultra« Karls V. als Ausgangspunkt dienen kann und alle Leistungen des Herkules in den Schatten stellen. Denn ins Reich der »fábula« gehört jene seine vorgebliche Errichtung der Säulen an der Straße von Gibraltar, »die der Kaiser so verdientermaßen in seinem Wappen trägt, zusammen mit dem Schriftzug *Plus ultra*« (»las cuales César méritamente trae por devisa con aquella su letra de *Plus Ultra*«).

Y pues Hércoles tan poco navegó como de Grecia hasta Cádiz hay, y por eso los poetas o historiadores dicen que dió la puerta al Océano, sin dubda la memoria de Colom de más alto premio es, y muy sin comparación el mérito y ventaja que a Hércoles tiene[338].

Und schließlich kam Herkules zur See nicht einmal weiter als von Griechenland nach Cádiz, und dafür sagen die Dichter oder Geschichtsschreiber schon von ihm, er habe die Tore des Ozeans geöffnet. Insofern ist ohne jeden Zweifel das Gedenken an Kolumbus von weitaus höherem Preis, und ohne Vergleich größer der Verdienst und Vorteil, den er gegenüber Herkules besitzt.

Durch die Kraft der »razón« und ihrer Produkte, der Erfindungen, wird die ›Erfindung‹ von Las Indias erst möglich. Ansporn und Quelle dieses »rationalen Verstehens« (»entendimiento racional«) ist dabei nichts als eine nun als Tugend begriffene »hübsche Sehnsucht« (»lindo deseo«) oder gar »schöne Gier« (»hermosa cobdicia«), das Neue kennenzulernen; eine *Neugier*, die, ähnlich wie bei Gómara, von ihrer antiken und mittelalterlichen Verurteilung als Urgrund des Eisernen Zeitalters bzw. Element des Sündenkatalogs zum Ausdruck der Ähnlichkeit (»semejanza«) des Menschen zu Gott als dessen Bild (»imagen«) umgewertet wird. Das Neue und die Gier des Menschen nach ihm verwandelt sich zum Ausdruck der wundersamen (»maravillosas«) und unzähligen (»innumerables«) Werke und Geheimnisse Gottes, die Entdeckungsreise zu »unserer Pilgerfahrt« (»nuestra peregrinación«) durch die Welt, in Rahmen derer Gott uns all diese Geheimnisse nach und nach enthüllt[339].

Gestalt wird diese »hermosa cobdicia« und ihr Produkt, die *inventio*, in Kolumbus. Selbst seine Feinde müssen ihm diesen Rang im Katalog der großen Erfinder der Menschheit zugestehen, wie Oviedo in einer durchaus der Komik nicht entbehrenden Episode aus dem Munde eines in Las Indias gescheiterten Glücksritters vorbringt. In einer als Satire auf die antiken Erfinderkataloge angelegten Hasstirade spuckt der Pechvogel Galle auf alle Erfinder, die an seinem Unglück schuld sind: von dem des urzeitlichen Floßes und den des Schiffs über Danaos, Jason, Amokles, den Erfinder der Galeere, bis hin zum Erfinder des Wegs (»camino«), nach Las Indias zu gelangen, also Kolumbus – und stößt damit eine Litanei der Kratophanie aus, die bereits auf Oviedos 50. und letztes Buch der *Historia*, das *Libro de los naufragios*[340] mitsamt seiner geballten Bitternis vorausdeutet[341].

An die Seite des Katalogs der Negativierung europäischer Erfindungen tritt zudem in einem zweiten Katalog auch ein Aufbegehren gegen den europäischen Kanon der Erfindungen an sich. Fragwürdig wird durch die *invenciones* der indigenen Bewohner von Las Indias in den Augen des vermeintlichen ›Indio-Mörders‹ und -Hassers, zu dem die Polemik Oviedo erklärt, nämlich der europäische Alleinanspruch an den berühmtesten Erfindungen.

Was laut Kanon angeblich von Daidalos und seinen Berufsgenossen der Alten Welt erstmals zum Vorschein gebracht wurde, haben die *Indios* ebenso und in ganz eigenständiger Weise erfunden, allerdings nicht in derselben Form, sondern in einer *ähnlichen* (»semejante«), die zugleich die Nicht-Identität, die Andersheit (»otra manera«) der Bewohner der Neuen Welt thematisiert: die »question de l'autre«, welche laut vielen heutigen Interpreten von den ersten europäischen Beschreibern angeblich so schmählich verleugnet wird. So stößt Oviedo die europäische ›Patentordnung‹ um – und lässt nicht zuletzt auch Plinius seine bisherige Einzigartigkeit einbüßen.

Pero, a lo que yo pienso, los indios, para invención de su <sic> vinos, ni oyeron a Plinio ni a Columela, ni a Crescentino ni otros auctores, ni han visto la auctoridad que de suso toqué del Génesis. Ni tampoco estas gentes hacen vino de uvas, aunque las tienen salvajes y muchas; pero hácenlo del maíz y de la yuca (que es el pan que comen en algunas provincias), y en otras, de miel e agua, y en partes algunas, de ciertas ciruelas e piñas. <…> Atribuyen la invención de los espejos a Esculapio, hijo de Apoline. Tampoco hobieron menester los indios esta invención, ni aprender de otras gentes a hacer espejos; porque de margarita los hacen muy excelentes <…> De la invención del sacar la piedra e hacer muros, hace Plinio inventor a Trason; pero la manera de los muros, así de tierra como de piedra e de ladrillo, muy común y usada e antigua es en el mundo <…> Dice Plinio que la fábrica de la madera la inventó Dédalo, e asimismo la sierra para la aserrar. Mas, otra manera de aserrar un hierro se ha hallado en estas partes (y aunque sea una gruesa áncora) cosa maravillosa, diré; pues que el indio, con un hilo de algodón o de henequén o de cabuya, corta cualquiera <sic> hierro. Y esto les ha enseñado la necesidad, para cortar los grillos o cadenas en que algunos cristianos los han arrojado e puesto en prisiones.<…>[342]

Denn, wie ich denke, haben die Indios weder auf Plinius noch von Columela gehört, um ihren Wein zu erfinden, noch auf Crescentinus oder andere Autoren, noch haben sie den Autoritätsverweis gesehen, die ich oben aus der Genesis anführe. Auch machen diese Menschen ihren Wein nicht aus Trauben, obwohl sie bei ihnen wild wachsen und in großer Menge; sondern sie machen ihn aus Mais und Yuca (das ist das Brot, das sie in einigen Gegenden essen), und andere aus Honig und Wasser, und in anderen Gegenden aus Pflaumen und Ananas. <…> Man spricht die Erfindung der Spiegel Äskulap zu, dem Sohn des Apoll. Ebensowenig hatten die Indios diese Erfindung nötig, noch mussten sie von anderen Menschen lernen, Spiegel zu machen, denn aus Perlen fertigen sie ganz hervorragende. <…> Zum Erfinder des Steinbruchs und Mauerbaus macht Plinius Trason; doch das Verfahren, Mauern zu bauen, sei

> es aus Erde, aus Stein oder Ziegeln, ist höchst gewöhnlich und verbreitet und alt auf der Welt. <...> Plinius sagt, dass die Verarbeitung von Holz Daidalos erfunden hat, und ebenso die Säge, um es zurechtzusägen. Doch eine andere Weise, ein Eisen zurechtzusägen, wurde in diesen Gegenden gefunden (und selbst wenn es dick wie ein Anker ist), und ich würde dies als ein Wunderwerk bezeichnen: denn der Indio schneidet mit einem Baumwoll- oder Agaven- oder Pflanzenfaserfaden jede Art von Eisen. Und dies hat die Not sie gelehrt, um die Gitter oder Ketten zu zerschneiden, in die einige Christen sie geworfen und in den Kerker gesteckt haben.

Die Tatsache, dass die Indios all dies ohne jegliche europäische Autoritäten erfinden und entdecken konnten, bestätigt Oviedos These: nicht die Schrift, sondern die natürliche Anlage ist die Lehrmeisterin des Menschen. Ja, wie das Beispiel der von den Indios zersägten Ketten beweist, die ihnen niemand anderes als die Europäer anlegten, finden Erfindungen nicht dank des Wissens Europas und des Christentums statt, sondern im Gegenteil aus der Notwendigkeit heraus, sich gegen eben dieses zu verteidigen. In seiner unverwechselbaren und gerade angesichts der hier vorliegenden Passage nicht anders als systematisch zu bezeichnenden Widersprüchlichkeit proklamiert Oviedo die simultane Gleichheit und Differenz Amerikas: »Die ganze Welt ist wie bei uns zu Hause« – aber eben »auf andere Weise« – »otra manera«.

> Pero a estos indios, acá tan desviados de todo lo escripto, ¿quién diremos que les mostró todas esas diferencias en sus repúblicas, guardadas <...> con tan perseverante costumbre? Yo sospecho que la natura es la guía de las artes, e no sin causa suelen decir los florentines, en un su vulgar proverbio: »*Tuto il mondo e como a casa nostra.*« <sic> Y así me paresce, en la verdad, que, de muchas cosas que nos admiramos en verlas usadas entre estas gentes e indios salvajes, miran nuestros ojos en ellas lo mismo, o cuasi, que habemos visto o leído de otras nasciones de nuestra Europa e de otras partes del mundo bien enseñadas[343].
>
> Denn diesen Indios, so weit entfernt hier von allen Schriften, wer soll ihnen all diese Unterschiede in ihren Staatswesen gezeigt haben, die sie mit so beharrlichem Brauch wahren? Ich mutmaße, dass die Natur die Führerin der Künste ist, und nicht ohne Grund sagen die Florentiner in einem Volkssprichwort: »Tuto il mondo è come a casa nostra« <die ganze Welt ist wie bei uns zu Hause>. Denn so erscheint es mir fürwahr, dass im Falle vieler Dinge, die bei diesen Völkern und wilden Indios vorzufinden wir uns überraschen, unsere Augen dasselbe sehen, oder zumindest fast, was wir schon bei anderen Nationen unseres Europas oder anderer zivilisierter Teile der Welt gesehen oder gelesen haben.

Auffällig ist, dass das Verfahren der *Indios*, auf der Basis ihrer eigenen Anlage ihre ›Inventionen‹ ohne jegliche Autoritäten zu erreichen, einen weitgehenden Parallelismus zu Oviedos eigenem Verfahren aufweist, die »invención« seines Buches auf der Basis seiner eigenen Beobachtung als »testigo de vista« zu betreiben. Aus der ungewöhnlichen Analogie zwischen den autochthonen Erfindern der Neuen Welt und dem Autor der Chronik, die sich beide als ›auf andere Weise Gleiche‹ vom Vorbild Europas in ihrer Ähnlichkeit und dennoch Eigenheit abkapseln, findet sich in einem gewissen Maße die Wurzel eines rassenübergreifenden amerikanischen Selbstbewusstseins, das sich nicht mehr auf die sogenannte Alte Welt reduzieren lassen will: der Ursprung einer *Expresión americana* im Sinne José Lezama Limas.

Nicht zuletzt infolge von Las Casas' erbitterter Feindschaft erfuhr Oviedos Chronik in der Nachwelt eine weitverbreitete Minderschätzung als haltlos fabulierende Apologie einer Unterdrückung der Indios, ja, ihrer Ausrottung; eine Einschätzung, die sich zuweilen bis in neuere Zeit gehalten hat[344]. Wie weitreichend der Einfluss der Chronik Fernández de Oviedos hingegen bei seinen Zeitgenossen gewesen sein muss, beweist allein die Tatsache, dass keiner der nachfolgenden Autoren umhinkommt, die von Oviedo in die Diskussion gebrachten Legenden vom Namenlosen Steuermann und vom spanischen Besitz der Hesperiden zu kommentieren. Insbesondere letztere These bietet bedeutenden machtpolitischen Zündstoff, da sie Kolumbus zwar als weisen Schriftgelehrten heroisiert und dennoch zugunsten der spanischen Krone enteignet – und zugleich die portugiesischen Herrschaftsansprüche der Legitimität beraubt. Dementsprechend begeistert zeigt sich Karl V. in einem persönlichen Brief an Oviedo.

> También vi lo que dezis que teneis escrito y entendeis embiar probado con cinco Autores, que esas Islas fueron de Rey de España Duodézimo <...> de manera que este presente año se cumplen 3091 años que estas tierras eran del Cetro Real de España; y que no sin gran misterio, a cabo de tantos años, las bolvió Dios a cuyas eran[345].
>
> *Auch sah ich, was Ihr, wie Ihr sagt, schriftlich vorliegen habt und durch fünf Autoren bewiesen seht, dass diese Insel dem Zwölften König von Spanien gehörte, so dass in diesem Jahre nun 3091 Jahre vergangen sind, seit diese Länder dem Königlichen Zepter Spaniens unterstehen; und dass Gott nicht ohne großes Geheimnis sie nach so vielen Jahren wieder demjenigen zurückgab, dessen Eigentum sie waren.*

IV.5.5. Die Rache des Enterbten:
Fernando Colóns Polemik gegen Oviedo

Jenseits des politischen Interesses, das Kaiser Karl mit der Hesperiden-These verfolgt, beweist dessen Reaktion von höchster Stelle, dass der Beweis durch die Schrift »mit fünf Autoren« zu diesem Zeitpunkt noch nicht als das Hirngespinst eines Phantasten oder verwirrten Gelehrten gelten muss, als welche bereits die Zeitgenossen Fernando Colón und Las Casas, und mehr noch spätere Generationen, Oviedos Ausführungen betrachten. Im Gegenteil ist es eine Hypothese, deren Verisimilität offensichtlich ausreichte, um sie unmittelbar in den offiziellen politischen Diskurs des Habsburgerreichs zu integrieren. Welches politische Geschick hinter Oviedos Abwägung der Piloten- und der Hesperiden-These steht, wird begreiflich, wenn man sie aus der Perspektive der Familie Kolumbus liest. Laut der ersten Kolumbus-Biographie aus der Feder seines Sohns Fernando hegen beide bei Oviedo zu findende Legenden eine diffamierende Grundabsicht: »Ehre und Ruhm des Admirals zu schmälern« (»per scemar l'onore, & la gloria dell'Ammiraglio«[346]). Schon die Piloten-These degradiert Kolumbus zum ›zweiten Finder‹ anstelle des ersten, der er zur Aufrechterhaltung des Entdeckeranspruchs sein muss. Noch gefährlicher ist für Fernando Colón aber die Hesperiden-These, denn sie macht Las Indias nicht nur zum bereits entdeckten, sondern schon legitim durch andere erworbenen Land – und damit jeglichen Anspruch der Familie Kolumbus zunichte. Im neunten Kapitel seiner Biographie sucht Colón die Piloten-Legende zu entkräften, indem er sie aus ihrer gefährlichen Atopie in das zeitlich und geographisch Lokalisierbare zurückführt, dem Anonymus einen Namen (»Vincenzo Dias«), eine Nationalität (»Portoghese«) sowie einen Ort (»cittadino di Tauira«[347]) zuordnet und seine Ankunft in Las Indias bestreitet.

Einer ausführlichen Widerlegung der Hesperiden-Legende widmet er das umfangreiche Kapitel X seines Textes. Ein wenig hilflos machen sich die Erwiderungen des »Admiralssöhnchens« (»figliuolo dell'Ammiraglio«[348]), wie Fernando Colón sich selbst meist nennt, allerdings aus, da er der Argumentationsführung Oviedos nichts Grundsätzliches entgegenzusetzen weiß, ja, einen Teil seiner eigenen Fundamente der *Historia general y natural* entnimmt. Wie sein Gegner argumentiert F. Colombo in vorrangiger Weise auf der Basis von Autoritäten (»le molte auttorità di persone dotte, che dissero, che dal fine occidentale dell'Africa, & della Spagna potrebbe nauigarsi per l'Occidente al fine orientale dell'India«[349]). Auch seine Widerlegung fußt auf Texten von Autoren wie Thukydides, Platon, Aristoteles, Ptolemaios und Strabon. Zudem setzt er selbst voraus, entgegen dem, was sein Vater in seinen eigenen Schriften proklamiert, dass der Entdecker auf der Basis von Texten von einer der asiatischen Küste vorgelagerten Region erfahren habe. Grundlage der Entdeckung sei daher die Zuversicht, eine Neue Welt zu finden,

> la speranza, che egli haueua di poter trouar, prima che arriuasse a quelle <i.e. le Indie>, alcuna isola, ò terra di grande vtilità <...>. Confermaua cotal sua speranza l'auttorità di molti huomini sauij, & filosofi³⁵⁰.
> *die Hoffnung, die er besaß, vor der Ankunft dort <in Indien> eine Insel oder ein Land von großem Nutzen zu finden <...>. Er bekräftigte die seine Hoffnung mit der Autorität vieler weiser Männer und Philosophen.*

Selbst seine Textbelege entstammen dem Chroniktext seines Gegners[351], denn wie bei Oviedo sind auch laut Fernando Colón sind jene Inseln nichts anderes als die Hesperiden. Seine Argumentation setzt sich lediglich dadurch ab, dass sie einen spanischen Herrschaftsanspruch zu widerlegen versucht.

Dennoch entwickelt der Autor eine methodisch bedeutsame Veränderung. Um den Thesen Oviedos etwas entgegenzusetzen, bestreitet er, der Textfund in den Autoritäten sei die einzige Entdeckungsursache gewesen. Dadurch verabschiedet er sich als erster Interpret des Prozesses der Findung Amerikas von einem Monokausalismus, wie er aus sämtlichen vorherigen Hypothesen spricht. Die Basis dazu bieten nun drei miteinander koagierende Beweggründe der Entdeckung statt eines einzigen: »natürliche Grundlagen, Autoritäten von Schriftsteller und Hinweise von Seeleuten« (»VEnendo adunque a dire le cagioni, che mossero l'Ammiraglio allo scoprimento dell'Indie, dico, che furono tre: cioè fondamenti naturali, auttorità di scrittori, & indicij di nauiganti«[352]). Um diese drei Ursachen zusammenzuführen, verlagert Colón die eigentliche Entdeckung in den Kopf seines Vaters: ein »scoprimento« zeichnet sich weder allein dadurch aus, etwas im Text Gefundenes auch in der Wirklichkeit findbar zu machen; noch dadurch, etwas im Text nicht Findbares in der Wirklichkeit zu finden: jegliche Entdeckung entspringt vielmehr einer intellektuellen Leistung. Diese besteht im Falle seines Vaters darin, auf der Basis sowohl von mündlichen (den »Hinweisen von Seeleute«) und schriftlichen Überlieferungen, wie den antiken Autoritäten und dem »Paulo Físico« (i.e. der Brief von Paolo dal Pozzo Toscanelli, in dem der Seeweg nach Indien proklamiert wird[353]), als auch von eigenen Berechnungen der Naturphänomene (die »natürlichen Grundlagen«) eine eigene Hypothese erstellt zu haben, die in dieser Form vor ihm noch niemand ›gefunden‹ hatte, und sie durch seine Reise in der Wirklichkeit zu belegen: »Nun erwog der Admiral, nachdem er seine Überlegungen für höchst fundiert hielt, sie auch in die Tat umzusetzen und durch den Westlichen Ozean zu fahren, um besagte Länder zu suchen« (»Ora lo Ammiraglio, hauendo per fondatissimo il suo discorso, deliberò di dargli essecuzione, & di andar per L'Oceano Occidentale dette terre cercando«³⁵⁴). Angesichts der Ähnlichkeit dieses Verfahrens mit den Methoden moderner Wissenschaft ist es berechtigt, mit den Worten von Edmundo O'Gorman, in Bezug auf Fernando Colón von einer ›wissenschaftlichen Lösung‹ (»solución científica«³⁵⁵) zu sprechen.

Mit dieser Zusammenführung mehrerer Ursachen zu einer einheitlichen Forschungshypothese gelingt es Fernando Colón, den von Oviedo schon vor ihm formulierten wissenschaftlichen Wahrheitsanspruch ins Gegenteil umzukehren. Der Exorzist von Bild und Fiktion wird, entgegen dem Wahrheitsbeleg des Vaters Kolumbus (»dimostrare con ogni verità«), selbst zum Opfer der *imago*. Alles, was Oviedo schreibt, ist Imagination (»tante isole, & terre, imaginate«; »quello, che Consaluo Fernandez di Ouiedo <...> s'imagina«) und dadurch »Fabel und Eitelkeit«, »Traum«, »Fantasie« (»fauola, & vanità«, »insogno«, »fantasie«) oder aber Lüge: (»bugia«)³⁵⁶. Ihre perverse Verbindung finden Lüge und Fiktion in der Vorspiegelung eines falschen Wahrheitsanspruchs, im Fingieren von neuen Autoritäten (»fingere nuoue autorità«³⁵⁷). Fiktion und Invention sind hier noch klar getrennt. Als ›Erfinder‹ manifestiert sich Vater Kolumbus aus der Sicht seines Sohnes sehr wohl, aber nicht als einer von Lügen, sondern von Wahrheit. Was durch die Charakterisierung von Christoph Kolumbus' Entdeckungsleistung als in erster Linie intellektuellem Akt in den Inventionsbegriff Einzug erhält, ist vielmehr der Gedanke des *flash of inventive genius*, die Gottinspiriertheit und somit Gottähnlichkeit des Erfinders. Dies streicht in scharfsichtiger Weise Alfonso de Ulloa, der Herausgeber der venezianischen *editio princeps* von 1571, der das (Jahrzehnte zuvor geschriebene, erst später ins Spanische zurückübersetzte und heute verschollene) Urmanuskript in italienische Sprache brachte, in seinem Vorwort heraus. Schon in der Antike seien die Erfinder (»ritrouatori«) zu den Göttern gezählt worden. In selbem Maße gelte das auch für den Kolumbus, den »primo inuentore« der Neuen Welt der durch die Erfindung zum ›wahrhaft göttlichen Mann‹ (»uomo veramente diuino«) wurde; die Wahrheit der Neuen Welt jenseits des Fabelhaften (»fauoloso«) zum Vorschein brachte (»maniferstarlo«). Mehr denn je sind Erfinden und Entdecken durch ihre gemeinsame göttliche Basis zu Synonymen geworden.

> FVRON sempre, Mag. S. mio, in grandisssima stima tenuti tutti coloro, che d'alcuna cosa profitteuole sono stati ritrouatori; & in tal pregio appresso a gli antichi ascesero, che non contentandosi dar loro lode umana lo connumerauano tra gli Iddei. <...> E qual maggior segno può dar l'uomo della diuinità sua, che col ritrovar cose di profitto all'altro huo-

mo? Et certa cosa è, che chiunque è primo inuentore di cosa vtile sia sommamente amato da Dio, essendo egli solo, & vero dator di tutti i beni: & il quale, spesse volte col mezo d'vn solo huomo, si degna manifestar cose rarissime, & per molti secoli ascose: si come a‹ nostri tempi è auuenuto del Mondo nuovo, da gli altri o non conosciuto mai, o se pure conosciuto, la cognitione sua, s'era smarrita in modo, che tutto quello che se ne diceua, s'haueua per fauoloso; & ora col solo mezo dell'Illustr. D. Cristoforo Colombo, huomo veramente diuino, l'è piaciuto manifestarlo[358].

Es wurden immer, mein Erhabener Herr, all diejenigen in höchster Wertschätzung gehalten, die Erfinder von etwas Nützlichem gewesen sind, und zu so hohem Rang stiegen sie bei den Alten auf, dass diese sich nicht damit begnügten, ihnen menschliches Lob zuzurechen, sondern sie sogar zu den Göttern zählten. ‹...› Und welch größeres Zeichen seiner Göttlichkeit kann der Mensch geben, als indem er nützliche Dinge für den anderen Menschen erfindet? Und sicher ist, dass der, welcher der erste Erfinder einer nützlichen Sache ist, von Gott zuhöchst geliebt wird, denn der ist der einzige und wahre Geber aller Güter; und er geruht auch zuweilen, auf dem Weg eines einzelnen Menschen einzigartigste und viele Jahrhunderte lang verborgene Dinge an den Tag zu legen, so wie es zu unseren Zeiten mit der Neue Welt geschehen ist, die den anderen niemals bekannt war, oder wenn sie bekannt war, so war das Wissen von ihr doch verlorengegangen, so dass alles, was man von ihr sagte, für ein Märchen gehalten wurde; und erst jetzt hat es ihm gefallen, sie durch den Hochberühmten Don Christoph Kolumbus, einem wahrhaft göttlichen Mann, offenkundig zu machen.

Trotz einer solchen Reinterpretation der Erfindung / Entdeckung des Kolumbus zur wissenschaftlichen Hypothese und der Fortentwicklung des Inventionsbegriffs in Richtung des Geniekults ist der Kolumbus-Sohn nicht in überzeugender Weise in der Lage, bei der Verteidigung der Leistung seines Vaters aus dem Schatten des Chronisten Oviedo zu treten. Zu deutlich ist in seiner Methode die seines Gegners wiederzuerkennen, und das lässt sich in ganz pragmatischer Hinsicht aus dem beträchtlichen Raum schließen, den er der Diskussion von dessen Thesen einräumt. Zu einem methodisch wirklich eigenständigen (›neuen‹) Weg, z.B. die fiktiven oder echten Autoritäten Oviedos empirisch zu entkräften, gelangt er nicht. Dies wäre etwa durch eine grundsätzliche Kritik an der Ausgangsbasis von Oviedos Argumentation möglich oder auch durch die Gegenüberstellung von Oviedos Schriften mit denen seines Vaters möglich gewesen. Durch letzteres aber würde angesichts des aus Kolumbus' Schriften klar sprechenden »asiatischen Ziels der Reise« die Untauglichkeit der »These von der entdeckerischen Finalität« (»tesis de la finalidad descubridora«) aufgedeckt – und damit eine vollständige Neufassung des Entdeckungsbegriffs notwendig. Zu dieser Leistung wird erst der andere illustre Oviedo-Gegner der Zeit in der Lage, der zweite der beiden ›Kolosse‹. Seinem Schritt *ad fontes* ist es nicht zuletzt zu verdanken, dass uns die im Original verlorenen Schriften des Christoph Kolumbus in weitgehendem Umfang überliefert sind[359].

IV.6. Bartolomé de las Casas: Gottes Entdeckung, Teufels Erfindung

IV.6.1. »Sólo yo«: Die Widerlegung der Vorgänger

Fray Bartolomé de las Casas, Bischof von Chiapas, ist von allen Chronisten des amerikanischen 16. Jahrhunderts mit Sicherheit derjenige, dessen Bewertung durch seine Leser über die Jahrhunderte den größten Schwankungen unterlegen ist[360]. Lange Zeit wurde er, wie Lewis Hankes noch 1935 beobachtet, als böswilliger Vater der sogenannten ›schwarzen Legende‹ (*leyenda negra*) geschmäht, »como un fanático cuyas exageraciones acerca de la crueldad de los españoles en el Nuevo Mundo, debe manejar con cuidado el historiador«[361], während die heutige Tendenz, die sich etwa bei Todorov niederschlägt, zuweilen eher dazu tendiert, Las Casas' Beschreibung der Greuel und der zahllosen Opfer der Conquista seien adäquat, ja sogar eher noch eine Untertreibung gewesen. Der früheren Negativierung steht heute oftmals eine Monolithisierung als »Apostel der Indios«[362] gegenüber, die leider in vergleichbarem Maße ebenso wie das gegenteilige Extrem den Blick auf die Aspekte seines Werks verstellt oder zumindest in den Hintergrund gedrängt hat, die nicht in erster Linie auf sein indigenistisches Engagement abzielen. Diese Aspekte erweisen sich jedoch, wie Hankes ebenfalls bereits 1935 anmerkte[363], bei einer Lektüre des Werks, die sich nicht alleine auf den ›Mann der Tat‹[364] beschränkt und Las Casas' Rang eines brillanten Intellektuellen und profunden Gelehrten zu würdigen sucht, im Rahmen der Frage nach der Konzeption von Erfindung und Entdeckung als alles andere denn verborgen oder zweitrangig.

Las Casas verfasste sein Hauptwerk, die *Historia de Indias,* zwischen 1527 und 1566, dem Jahr seines Todes, der möglicherweise die Arbeit an einer geplanten Fortsetzung der Chronik unterbrach. Im uns überlieferten Text der *Historia de Indias* gibt der Autor allerdings als Zeitpunkt der Abfassung bzw. Fertigstellung seines immensen Werks an das Jahr 1552 an[365]. Damit verfügt Las Casas in seiner *Historia* bereits über langjährige Kenntnis der in Teilen schon 1535 veröffentlichten *Historia general y natural* sowie des bereits 1526 erschienenen *Sumario de historia natural* von Gonzalo Fernández de Oviedo. Es wird sogar gemutmaßt, dass Oviedos Werk für Las Casas einen der Gründe zur Verfassung seiner *Historia* lieferte, denn immerhin hatte der Dominikanerpater bereits zwischen 1527-1531 eine erste, der Oviedos vorausgehende Chronik verfasst, die *Apologética historia sumaria*[366]. Als vielleicht erster Chronikautor des 16. Jahrhunderts besitzt Bruder Las Casas in seinem Spätwerk einen Überblick der gesamten indianischen Geschichtsschreibung bis zur Jahrhundertmitte. Dank seiner umfassenden Lektüren und seines Zugriffs auf die Bibliothek des 1539 verstorbenen Fernando Colón mit ihrem legendären Schatz von 15 370 Büchern besitzt Las Casas als einer der bedeutenden Intellektuellen seiner Zeit einen enzyklopädischen Blick auf den Prozess der Findung Amerikas, und zwar auch in ihren den anderen Chronisten unzugänglichen Teilen wie dem Bordbuch des Kolumbus und dessen eigenhändig mit Randbemerkungen versehenen Reise- und Kosmographieliteratur, welche die Ausgangsbasis der Entdeckungsfahrt lieferte.

Die Fülle des Materials, dessen Anordnung im Text sich sämtlichen topischen Ordnungsprinzipien seiner Zeit zu widersetzen scheint, ohne, wie das Werk des Gegners Oviedo, sich bewusst das Prinzip der Unordnung zur Leitfigur zu machen[367], verleiht der *Historia de las Indias* eine komplexe Struktur, die selbst von den bedeutendsten Lascasisten des 20. Jahrhunderts wie Lewis Hanke der fehlenden Organisation und Proportion (»falta de organización y de sentido de la proporción«[368]) bezichtigt wird. Ja, Hanke nimmt als zeitgenössische Vergleichsreferenz für das Las-Casas-Chaos den vermeintlich ›konfusen‹[369] *Methodus ad facilem historiarum cognitionem* des doch so auf Ordnung versessenen Jean Bodin; ein Werk, das sich in seiner topischen Ordnung für ein an die moderne Ordnung des Wissens gewöhnte Auge ebensowenig strukturell erschließt wie das Werk des indianischen Chronisten. In noch offensiver Weise wird er von Marcelino Menéndez Pelayo in dessen berühmter *Historia de los heterodoxos españoles,* gar als pedantischer Imitator schlechter Prosaautoren des 15. Jahrhunderts abgestempelt[370].

Bereits im Prolog der *Historia* ist die enzyklopädische Herangehensweise des Dominikaners ersichtlich. Das Incipit bietet eine grundsätzliche Reflexion über die Aufgabe des Geschichtsschreibers und eine kritische Bestandsaufnahme der bisherigen Geschichtsschreibung über Las Indias. Angesichts vorliegenden der Informationsfülle zu Mitte des Jahrhunderts, die kaum ein anderer in ihrer Gesamtheit zu überblicken in der Lage ist, ist sich Las Casas in geradezu offensiver Weise seiner Kompetenz bewusst. Denn er verfasst sein Werk, wie er selbst vermeldet,

> por dar claridad y certidumbre a los leyentes de muchas cosas antiguas de los principios que esta máchina mundial fué descubierta, cuya noticia dará gusto sabroso a los que la leyeren; y con certificación esto afirmo: que no hay hoy vivo hombre, sino sólo yo, que pueda como ellas pasaron y tan por menudo referirlas[371].
>
> *um den Lesern Klarheit und Sicherheit über viele alte Dinge aus der Anfangszeit geben zu können, da diese Weltmaschine entdeckt wurde, und deren neue Kenntnis für die, welche sie lesen, von köstlichem Geschmack sein wird; und mit beglaubigtem Wissen behaupte ich dies: dass kein lebender Mensch außer ich allein so minutiös berichten könnte, wie sie vonstatten gingen.*

Im weitergehenden Sinne liefert ihm dies die Basis, seine eigene Version zu Geschichte und Idee des *descubrimiento* zu entwickeln, die von allen vorausgehenden Zeugnissen abweicht. Dazu dient ihm die ausführliche Widerlegung Fernández de Oviedos und, ausgehend von der Diskussion der beiden zuvor dargelegten Legenden vom Namenlosen Steuermann und von den Hesperiden, ebenso der gesamten bisherigen Tradition der *Historiografía Indiana*, unter ausdrücklicher Ausnahme der Schriften von Ch. Kolumbus und Peter Martyr. Betrachtet man Las Casas' Antwort auf die Frage nach der ›Entdeckung‹ von Las Indias durch Kolumbus, so fallen allerdings zunächst eher die Konvergenzen mit F. Colón und Oviedo auf. Alle drei Autoren lehnen in recht einheilliger Weise die Piloten-Legende ab und sprechen sich für den Fund von Las Indias in einer Tradition von Autoritäten aus. Teil dieser Strategie ist es, die Hesperiden als ein bewohntes Gebietes jenseits der Säulen des Herkules mit den karibischen Inseln gleichzusetzen. In identischer Weise preisen sie Christoph Kolumbus als ›Autor‹ der Entdeckung auf der Basis eines gelehrten Fundes in den Autoritätsschriften und verteidigen ihn gegen seine realen oder legendären Usurpatoren wie den Namenlosen Steuermann. Einziger fundamentaler Zankapfel scheint Oviedos Behauptung zu sein, die Hesperiden hätten seit Jahrtausenden zum Herrschaftsgebiet Spaniens gehört.

Wie häufig, wenn komplexe Gedankengänge auf isolierte Thesen reduziert werden, verbirgt dieses anscheinende Fehlen von Divergenzen aber die grundlegenden Wandlungen, die sowohl das Begriffspaar Erfinden / Entdecken als auch die Methodik der Argumentation durch die Intervention von Bartolomé de Las Casas erfahren. Liegt die Schwäche der Darlegung Fernando Colóns darin, die von Oviedo vorgebrachten Autoritätsbelege innerhalb ein und desselben Denk- und Argumentationsmusters durch wiederum andere Autoritätsargumente widerlegen zu wollen, bricht Las Casas grundlegend mit dieser Strategie, indem er Oviedos Argumentation, die er als eitel, oberflächlich und opportunistisch (»vana y frívola y lisonjera«[372])

bezichtigt, nicht auch noch durch eine Imitation ihrer Technik in Wert setzt. Über ihre Ergebnisse hinaus stellt er vielmehr bereits die methodischen Grundlagen (»sin algún cierto fundamento«[373]) in Frage. In ähnlicher Weise wie F. Colón beschuldigt er Oviedos Gedankengang der Verleugnung der Wahrheit zugunsten der Fiktion (»más es poético y fabuloso que histórico y verdadero«[374]) und stellt besonders die anamnetische Komponente der Entdeckung eines vergessenen Landes in Abrede (»afirmar questas Indias fueron en algunos de los siglos ya olvidados«[375]).

Darüber hinaus spricht Las Casas dieser These jede Wahrscheinlichkeit und Ähnlichkeit mit der Wahrheit ab (»ni probable, ni verisimile«). Durch Verlagerung der Diskussion auf das Gebiet des *veri simile* verfolgt er im Grunde eine Schlussfindung in der antiken Rhetoriktradition, die, getreu dem *De inventione* Ciceros (einem Werk, das Las Casas ausführlich auf lateinisch und spanisch zitiert), darauf abzielt, durch die Wahrscheinlichkeit der eigenen Argumente die des Gegners als »unwahrscheinlich, fiktiv und oberflächlich« (»improbable, ficticia y frívola«[376]) abzustempeln. Abweichend vom antiken Vorbild aber ist die Vorgehensweise, Wahrscheinlichkeit zu erzeugen. Anstelle des Auffindens von Argumenten an den *loci* entwickelt Las Casas eine Technik, die Argumente der geschriebenen Autoritäten mit den empirischen Beobachtungen der Wirklichkeit in Relation zu setzen und aus der Abwägung beider durch die eigene *ratio* einen glaubwürdigen Schluss zu finden. Die rationale Durchleuchtung der Autoritäten vor dem Hintergrund der Empirie führt etwa in der Diskussion von Oviedos Hesperiden-Anamnese zu vier Gründen (»cuatro razones«), die Las Casas gegen ihre Glaubwürdigkeit und damit einen möglichen spanischen Herrschaftsanspruch vorbringt:

1. Das Fehlen der Hesperiden in weiten Teilen der Geschichtsschreibung, etwa bei Plinius, sowie die fehlende Lokalisierung in den wichtigsten Werken der Kosmographie. Dass ein so bedeutendes Gebiet ohne schriftliche Spur geblieben wäre, ist unglaubhaft.[377]

2. Die Abwesenheit einer adäquaten nautischen Technologie für eine transatlantische Entdeckung im Jahre 1650 v. Chr. Wie die Historiker von Herodot über Thukydides bis hin zu Juan de Viterbio klar machten, führte erst Minos eine kampftaugliche Kriegsflotte zusammen. Vor dem Trojanischen Krieg war davon kaum die Rede.[378]

3. Die kurze Regierungszeit des Hesperus. Wie diverse Autoritäten belegen, hat dieser König insgesamt nur zehn Jahre lang über Spanien geherrscht und musste in dieser Zeit mehrere andere Kriege führen. Dagegen aber beweist die Erfahrung der Schwierigkeiten bei der Eroberung von Las Indias, dass es kaum möglich wäre, in so kurzer Zeit nebenher noch einen ganzen Kontinent zu unterwerfen.[379]

4. Die fehlende politische Unabhängigkeit Spaniens. Wie alle geschichtlichen Quellen beweisen, stand das Land die ganze Antike über unter Fremdherrschaft, von den Phöniziern über die Karthager bis zu den Römern. Insofern ist eine spanische Herrschaft über Las Indias in antiker Zeit von vornherein abwegig.[380]

Selbst wenn Las Casas scheinbar dazu übergeht, auf dem traditionellen Weg des Schriftbelegs die These seines Gegners auszuräumen, hat die Argumentationsführung nur noch wenig mit den Autoritätsbelegen des Kolumbus gemein. An die Stelle einer zweifelsfreien Argumentsgläubigkeit tritt bei Las Casas die Textkritik nach einem Verfahren geradezu philologischer Präzision: indem er die Texte gegeneinander in Kontrast setzt. So etwa entmythologisiert er auf der Basis der Schriftlektüre die Hesperiden-Geschichte. Nicht von einem König Hesperus, sondern gemäß der griechischen Etymologie nach ihrer geographischen Lage im Abend bzw. Westen (ἑσπέρα) hätten die Inseln ihren Namen erhalten. Der Stamm ›Hesper‹- sei bei den Geographen eine übliche Bezeichnung westlicher Gegenden, so etwa bei Ptolemaios: »*Italia Hesperia ab Hespero stella quod illius occasui subiecta sit*«[381]. Dadurch stellt Las Casas zugleich Oviedos Modell eines naturgegebenen Zusammenhangs zwischen Ding und Wort, Region und Namen des ersten postdiluvialen Herrschers in Abrede: »es ist keine Grundregel, dass alle Reiche, und ebensowenig Spanien, nach ihren Königen benannt würden« (»no es regla general que todos los reinos, ni tampoco España, se denominasen de los reyes«[382]). Den Todesstoß versetzt er schließlich durch ein Argument gegen die Person des ›illiteraten Laien‹ Oviedo: dieser könne die von ihm zitierten Werke noch nicht einmal lesen: »Oviedo führt Autoritäten und Bücher an, die er niemals sah noch verstand, so wie er auch das Lateinische weder kann noch versteht« (»Oviedo alega libros y autoridades que él nunca vió ni entendió, como él no entienda ni sepa latín«[383]).

Auf der Grundlage einer ähnlichen Mischtechnik von empirischem und Autoritätsargument verfährt Las Casas mit der Piloten-Legende. Hier fällt seine Darlegung um einiges differenzierter aus als die F. Colóns. Zunächst spricht er der Möglichkeit, ein vom Sturm abgetriebener Pilot habe Kolumbus die Existenz von Las Indias ›entdeckt‹ ([wiederum in der alten Verwendung des Wortes mit doppeltem Subjekt]»descubrió a Cristóbal Colón todo lo que les había acontecido y dióle los rumbos y caminos«[384]), nicht grundsätzlich das *veri simile* ab. Für die Wahrscheinlichkeit einer Entdeckung durch einen Sturm spricht auf der einen Seite die empirische Möglichkeit, bei einer durchschnittlich zurückgelegten Tagesdistanz von 30-65 Leugen <ca. 180-390 km>, ein zuweilen auch von Kolumbus auf seiner Fahrt erreichtes Pensum, in 10-15 Tagen eines Sturms um etwa 1000 Leugen <6000 km> abgetrieben zu werden. In dieser Weise auf das Gebiet von Las Indias zu stoßen, ohne dass die Mannschaft dabei zugrunde ginge, sei nichts Erstaunenswertes (»llegar a esta isla sin tardar mucho tiempo y sin faltarles las viandas y sin otra dificultad, <...> nadie se maraville«[385]). Zudem lasse sich auf der Basis zahlreicher Autoritäten seit Herodot nachweisen, dass bereits in der Antike durch den Sturm Entdeckungen unbekannter Länder zustande gekommen seien. Als Konzession an das empirisch Erfahrene fügt Las Casas dem geschriebenen Beleg auch noch den gesprochenen der Augenzeugen hinzu. Sowohl Indios, die eine Landung weißer Männer noch vor Kolumbus gesehen, als auch die ersten Siedler der Insel Haiti (Española), die aus dem Munde des Admirals (»de la boca del mismo Almirante«[386]) die Pilotenlegende gehört haben wollen, werden von Las Casas als Belege genannt. Insgesamt macht Las Casas sich hier also dasselbe dreiteilige Schema zu eigen, das Fernando Colón den »tre cagioni« der Entdeckung seines Vaters zugrunde legt: »natürliche Grundlagen, Autorität von Schriftstellern und Hinweise von Seefahrern« (»fondamenti naturali, auttorità di scrittori e indicii di naviganti«[387]).

Trotz aller *Wahrscheinlichkeit* spricht Las Casas dennoch der Legende vom Namenlosen Steuermann – die freilich in dieser rationalisierten Version mit Rechenbeispielen bereits ein wenig den legendären Charakter verloren hat – die *Wahrheit* (»en la verdad«[388]) ab. Ursache dafür sei der Fortschritt in der Wissensgewinnung. In der Piloten-Geschichte manifestiere sich ein inzwischen überholtes, mythisches Erklärungsmodell, »eine Volksmeinung aus vergangenen Zeiten« (»una vulgar opinión que hobo en los tiempos pasados, que tenía o sonaba ser la causa más eficaz«[389]), das die Motivation des Kolumbus für sein gefahrvolles Unternehmen zu erklären suche (»decir que la causa por la cual el dicho Almirante se movió a querer venir a descubrir estas Indias se le originó por esta vía«).[390] Inzwischen jedoch seien genügend »natürliche« und »rationale« Gründe in Erscheinung getreten (»como ha parecido«)[391]. Zur Erklärung und Deutung der Wirklichkeit nimmt Las Casas, wie schon F. Colón, das Koagieren von verschiedenen Ursachen (»tantas y tales razones«) an. Hinsichtlich der Bewertung ihrer Bedeutung setzt er jedoch vor den Wahrheitsgehalts (die »verdad«) die tatsächliche Effizienz (die »eficacia«) der Argumente. Ganz im Unterschied zu seinen beiden Zeitgenossen Oviedo und Colón lehnt Las Casas die Piloten-These also nicht aufgrund ihrer Falschheit ab. Mehr als ihre Wahrheit interessiert ihn die Wirksamkeit als Ursache der Entdeckung. Ob die Legende nun stimmt oder nicht: angesichts der bedeutsameren natürlichen Ursachen wird sie zur Erklärung der Entdeckung von Las Indias nicht mehr benötigt:

> Pero en la verdad, como tantos y tales argumentos y testimonios y razones naturales hobiese <...>, que le pudieron con eficacia mover, y much-

os menos de los dichos fuesen bastantes, bien podemos pasar por esto y creerlo o dejarlo de creer[392].

Aber in Wahrheit, da es solche und so viele Argumente und Zeugnisse und natürliche Ursachen gibt, die ihn wirksam bewegen konnten, und schon viel weniger als nur die genannten dazu ausreichten, können wir uns gut über all dies hinwegsetzten und dies glauben oder aber auch es seinlassen.

IV.6.2. Autoritäten ohne Autorität: Kolumbus und die Entdeckung wider Willen

Diesem vernunftorientierten Pragmatismus steht jedoch stets ein religiöses Gegengewicht gegenüber. Wenngleich Las Casas nach dem Gesetz von Ursache und Wirkung argumentiert, ist doch jede »causa« oder »razón«, so »natürlich« sie auch sei, Ausdruck des göttlichen Wirkens, Element eines Heilsplans, in den der Mensch keinen Einblick hat. Wichtig ist das gerade für den von Las Casas vertretenen Entdeckungsbegriff. Kolumbus hat keineswegs, wie es sein Sohn fordert, als moderner Wissenschaftler die Existenz von Las Indias deduziert und so der Menschheit enthüllen können. Im Gegenteil habe er deren Existenz noch nicht einmal geahnt. Dennoch habe Gott im Admiral durch sein Wirken eine Sicherheit hervorgerufen, ans Ziel zu gelangen, die sich nicht von der eines Wohnungsbesitzers unterscheidet, der mit seinem Schlüssel die eigene Zimmertür öffnen zu können hofft. Der Akt des Entdeckens ist aus Kolumbus' Sicht eigentlich ein Finden des eigenen Wohnungsinventars (»hallar«): »so sicher war er, das zu entdecken, was er entdeckte, und das zu finden, was er fand, wie wenn er es in seiner Kammer mit eigenem Schlüssel aufbewahrt hätte« (»tan cierto iba de descubrir lo que descubrió y hallar lo que halló, como si dentro de una cámara, con la propia llave, lo tuviera«). Allein stellt sich die Frage: Was *wollte* er selbst ursprünglich finden wenn doch nicht Las Indias? Wäre es, ein Topos von Verwechslungskomödien, etwa möglich, dass Kolumbus zwar den richtigen Schlüssel besaß, damit aber die falsche Wohnung aufschloss? Sich bei Fremden zu Hause fühlte, ohne es selbst zu merken?

Der Annahme einer solchen Konzeption muss zunächst ein grundsätzlich gewandeltes Verständnis des Verhältnisses von Welt und Text vorausgehen. Für Kolumbus selbst noch ist undenkbar, dass ein Seeweg nach Asien von ›klaren und erleuchteten‹ Autoritäten beschrieben wird und dennoch in der Wirklichkeit nicht existiert. Denn dies setzte als Notwendigkeit etwas voraus, das den Begriff der Autorität selbst ad absurdum führte: dass die Autoritäten sich irren. Dass dies hingegen sich so verhält, muss bereits sein Sohn hinsichtlich des berühmten Briefs von »Paulo Físico« (Paolo del

Pozzo Toscanelli) eingestehen, der für Kolumbus zu den ›Gründen‹ gehörte, die Reise über den Atlantik anzutreten. Denn wie Fernando Colón selbst erkennt, weist dieser Brief einen grundlegenden kosmographischen Fehler auf, einen »Irrtum anzunehmen, die ersten Länder, die sich fanden, seien Cathay und das Reich des Großen Khan« (»errore, credendo, che le prime terre, che si trouassero, douessero essere il Cataio, & l'Imperio del Gran Can«[393]) – während doch in Wirklichkeit dort Las Indias zu finden sind. Dieselbe Beobachtung zum wörtlich aus F. Colóns Biographie abgeschriebenen Toscanelli-Brief wiederholt Las Casas mit noch klareren Worten.

> Esto es lo que contenía la carta de Marco Paulo, físico, en la cual erraba algo diciendo o dando a entender en ella que la primera tierra que se había de topar había de ser la tierra del Gran Khan; lo cual creyó ser así Cristóbal Colón, y por esto pidió a los reyes que le diesen sus cartas y calor para el Gran Khan, puesto que Paulo, físico, se engañó creyendo que la primera tierra que había de hallar había de ser los reinos del Gran Khan.[394]
>
> *Dies ist es, was im Brief von Marco Paulo, dem Arzt, stand, womit dieser sich etwas irrte, denn er sagte oder gab in ihm zu verstehen, dass das erste Land, auf das man stoßen müsse, das Land des Großen Khan sei. Dass dies so sei, glaubte Christoph Kolumbus, und deshalb verlangte er vom König und der Königin, dass sie ihm Briefe und Grüße für den Großen Khan mitgeben sollten, weil eben Paulo, der Arzt, sich täuschte und glaubte, dass das erste Land, das man fände, die Reiche des Großen Khan sein müssten.*

Trotz seines Irrtums aber ist der Brief des Toscanelli bei Las Casas ausdrücklich unter dem Punkt der verbürgenden Schriften klassifiziert, den »Zeugnissen und Autoritäten von weisen antiken und modernen Männern, durch die <Christoph Kolumbus> in sehr vernünftiger Weise angeregt werden konnte« (»testimonios y autoridades de sabios antiguos y modernos varones, por los cuales pudo <Cr. Colón> muy razonablemente moverse«[395]). Damit aber setzt er als eine Art Selbstverständlichkeit voraus, dass eine geschriebene Autorität gar keine Autorität besitzen kann. Bereits im ersten Absatz seines trotz der Menge an Las-Casas-Publikationen viel zu wenig beachteten[396] Prologs zur *Historia* thematisiert Las Casas diesen Umstand ausdrücklich im Zusammenhang der griechischen Geschichtsschreiber: »Und so besitzen die griechischen Geschichtswerke wenig oder gar keine Autorität unter den ernstzunehmenden antiken Autoren« (»Y así las historias griegas por las dichas razones, tienen poco o ninguna auctoridad entre los graves auctores antiguos«[397]). Es gibt Autoritäten, welche die Wahrheit sagen (etwa die Prophezeiung Senecas), Autoritäten, die Irrtümer enthalten (so der Brief

Toscanellis) und Autoritäten, die gezielt die Unwahrheit verbreiten (besonders die *Historia* Oviedos), egal, ob es sich um »antike« oder »moderne« Schriften handelt. Alle stellen sie geschriebene Zeugnisse dar, deren Wahrheitsgehalt erst durch Überprüfung an der Wirklichkeit ermittelt werden muss. Von einem Wahrheitsgaranten wird der Text zu einem *testimonium* in einem eher juristischen Sinn: der nachweisbaren Spur, des Indizes, der schriftlich zu Papier gegebenen Stellungnahme. Kurz, zu einer schriftlichen historischen Quelle.

In eindrucksvoller Weise nachvollziehbar werden die Konsequenzen dieses veränderten Textverständnisses in Las Casas' Rezeption von Kolumbus' Bordbuch, das nur durch seine Edition, teils in Transkription in dritter Person, teils in direktem Zitat, und durch seine partielle Nacherzählung in der *Historia de las Indias* überhaupt der Nachwelt erhalten blieb. Wenn der Autor hier einen anderen Autoren zitiert, so geschieht dies nicht, um dessen Zitate als unumstößliche Belege der Wahrheit über Las Indias anzuführen, sondern um das erste Zeugnis der gottgewollten Begegnung mit der neuen Welt von Las Indias vorzulegen. In Form von Randbemerkungen in seiner Ausgabe des Bordbuches und Kommentaren im Text der *Historia* bringt Las Casas dabei immer wieder seine Distanz zum Geschriebenen zum Ausdruck, ob es sich nun um Berichtigungen oder Ergänzungen der Aussagen des Admirals handelt. Kolumbus: »er glaubte, dass sie lügen« (»creía <…> que mentían«), Kommentar Las Casas: »sie verstanden sie nicht« (»no los entendían«[398]); Kolumbus: »Betten und Beläge aus Gegenständen, die wie Baumwollnetze sind« (»camas y paramentos de cosas que son como redes de algodón«); Kommentar Las Casas: »Es handelt sich um Hängematten« (»se trata de las hamacas«[399]). Zuweilen findet sich auch offene Ablehnung des von Kolumbus Geschriebenen auf der Basis des eigenen empirischen Wissens: »Das waren keine Kariben, und solche gab es auf Hispaniola auch noch nie«; (»No eran caribes ni los hobo en la Española jamás«[400]); »es gab nie Amazonen auf dieser Insel« (»nunca hobo amazonas en esta isla«[401]), ja sogar: »dieses Kauderwelsch verstehe ich nicht« (»Esta algarabía no entiendo yo«[402]).

Ohne sich offen vom ersten Kommentator dieses Textes, Fernando Colón, distanzieren zu wollen, bringt Las Casas durch seine kritische Lektüre des Bordbuchs eine Tatsache ans Licht, die der zentralen These des Kolumbus-Sohnes in entscheidender Weise in den Rücken fällt, nämlich ebenjener »wissenschaftlichen These« einer bewussten rationalen Herleitung des neuen Kontinents durch Kolumbus. Für Las Casas beweist das Bordbuch vor allen Dingen einen wissenschaftlichen Irrtum seines Autors. Zum ersten Male äußert Las Casas die Erkenntnis, Kolumbus habe nie die Absicht gehabt, das derzeit als »Las Indias« bezeichnete Gebiet zu entdecken. Seine

Ziel sei vielmehr gewesen, den Seeweg nach Asien zu finden: »Dass er über den Weg des Westens, gegen Süden oder Mittag hin, auf das Land von Indien zu stoßen, und auf die große Insel von Cipango und die Reiche des Großen Khans, was in unserer romanischen Sprache König der Könige heißt« (»Que por la vía del Poniente, hacia el Austro o Mediodía, <...> entendía topar con tierra de la India, y con la gran isla de Cipango y los reinos de Gran Khan, que quiere decir en nuestro romance Rey de los Reyes grande«[403]). Als Grundlage diente dem Admiral der Brief Toscanellis in seinem doppelten Aspekt der »Karte«: zum einen das Finden im Text (des geschriebenen »Botenbriefs« / »carta mensajera«), zum anderen in der bildlichen Vorstellung, die durch diesen wiedergegeben wird (der gemalten »Seekarte« / »carta de marear«). In der Tat findet Kolumbus den durch den Brief von »Paulo, físico« zwar so beschriebenen Ort in der Welt wieder, zumindest im geographischen Sinne des Längen- und Breitengrades (»concordaba cuasi al justo con el sitio«). Was er indes *an* diesem Ort der Wirklichkeit findet, entspricht dem Text kaum.

> D. Cristóbal Colón, a la carta mensajera y a la figura o carta de marear pintada, que le invió el dicho Paulo, físico, dió tanto crédito, que no dudó de hallar las tierras que enviaba pintadas, por las premisas y principios tantos y tales, como arriba pareció; que él antes tenía, y según la distancia o leguas que había hasta aquí navegado, concordaba cuasi al justo con el sitio y comarca en que el Paulo, físico, había puesto y asentado la riquísima y grande isla de Cipango, en el circuito de la cual también pintó y asentó innumerables islas y después la tierra firme.[404]
> *D. Christoph Kolumbus schenkte dem Botenbrief und der Seekarte oder -figur, die ihm besagter Paulo, der Arzt, geschickt hatte, so viel Glauben, dass er nicht daran zweifelte, die Länder zu finden, die dieser ihm gemalt schickte; aufgrund derartig vieler Voraussetzungen und Grundlagen, die er, wie es oben schien, schon zuvor besaß, und entsprechend der Wegstrecke oder der Seemeilen, die er bis dahin gesegelt war, stimmte er fast genau mit dem Ort und der Gegend überein, an die Paulo, der Arzt, die überaus reiche und große Insel Cipango gelegt hatte, im Umkreis derer er auch zahllose Insel legte und malte, und danach das Festland.*

Nahezu in Antizipation der borgesianischen Witzeleien über das ›Stolpern‹ des Admirals, wenngleich ohne jegliche provokante oder humoristische Absicht, stellt Las Casas die Hypothese des westlichen Seewegs nach Indien als ›am Anfang‹ richtig (»tuvo razón, a los principios«) dar. Sabotiert wird die korrekte Annahme aber durch einen lästigen Störfaktor: für eine Reise nach Asien steht im Meer ein Erdteil im Weg. Ohne diesen Stolperstein – »wären ihm nicht auf halben Weg unsere Indias dazwischengekommen« (»si no se le hobieran atravesado en medio estas nuestras Indias«[405]) – wäre Kolumbus zweifellos ans gewünschte Ziel gelangt.

Aus dieser Deutung der Entdeckungshandlung ergibt sich aber ein schwerwiegendes Problem für die bisherige Definition der Entdeckung. Bei allen Las Casas vorausgehenden Autoren beschreibt das Entdecken ein Zu-Einander-Finden von Ding und Bild bzw. bildlicher Vorstellung: ob nun im Falle der in der Wirklichkeit wiedergefundenen *Imago Mundi* des Pierre d'Ailly oder der Skizzen Toscanellis; der laut Vespucci neu zu konzipierenden Kosmographie und der Vorstellung einer neuen Welt; der die Entdeckungsfahrt präfigurierenden »ymágines« bei Pérez de Oliva etc. Dieses richtige Zusammenkommen führt in einem zweiten Schritt die Zuordnung eines Namens mit sich (»Las Indias« oder »Mundus / Orbis Novus«). In der Version von Las Casas findet zunächst ebenso eine Zuordnung von Elementen der Dingwelt – »Länder« – und sie beschreibenden Bildern statt – der »gemalten Figur« der »Seekarte«, welcher in dem »Botenbrief« zugleich ihr geschriebenes Äquivalent aufweist. Diese gemalte oder geschriebene Wirklichkeitsrepräsentation (»carta o pintura«) tritt, ganz gemäß der dargelegten mittelalterlichen Erkenntnis- und Kunsttheorie[406], als inneres Bild in das Vorstellung (»imaginación«) des Admirals und bewegt ihn dazu, die den mentalen Bildern entsprechenden Gegenstände in der äußeren Wirklichkeit zu finden.

> Entendió eso mismo el Almirante que allí venían naos grandes del Gran Khan, y que de allí a tierra firme habría navegación de diez días, por la imaginación que tenía concebida de la carta o pintura quel florentín le invió, [para imaginar lo cual, tuvo cierto, suficientes razones].[407]
> *Genau das verstand der Admiral, dass dorthin große Schiffe des Großen Khans kamen, und dass von dort bis zum Festland eine Seefahrt von zehn Tagen liegen würde, und zwar durch die Vorstellung, die er aus der Karte oder Malerei entworfen hatte, die der Florentine ihm geschickt hatte, und um sich das vorzustellen, besaß er sichere, ausreichende Gründe.*

Teils im wörtlichen Zitat dem Kapitel XI von Fernando Colóns Biographie folgend, erzählt Las Casas die Episode der Reise des Kolumbus-Bruders Bartolomé nach England zum König Heinrich VII., von dem er Unterstützung für das Entdeckungsvorhaben erhalten möchte. Sein Vortrag erhält seine emotionale Überzeugungskraft (»aficionarle« – es zeigt sich hier die altangestammte Macht der *imagines agentes*, Gefühle zu produzieren) durch eine Verbindung von Bildern und Worten, nämlich einer Weltkarte, auf der sowohl die zu findenden Gebiete eingemalt sind als auch eine kosmographische Erläuterung des Entdeckungsvorhabens in lateinischen Versen. Diese verkünden, das Bild (»pictura«) werde lehren, die Länder kennenzulernen, die schon bei den antiken Autoritäten zu finden sind – aber noch etwas mehr:

> Y para más aficionarle a la audiencia e inteligencia dél, presentóle un mapamundi que llevaba muy bien hecho, donde iban pintadas las tierras que pensaba con su hermano descubrir, en el cual iban unos versos en latín, que él mismo, según dice, había compuesto <...>:
> Terrarum quicumque cupis atque aequoris oras
> Noscere, cuncta decens haec te pictura docebit.
> Quam probat et Strabo, Ptolomaeus, Plinius atque
> Isidorus, non una tamen sententia queis est.
> Hic etiam nuper sulcata carinis:
> Hispania zona illa prius incongnita genti
> Torrida: quae tandem nunc est notissima multis.[408]

> *Und um seine Aufmerksamkeit und Intelligenz noch mehr zu begeistern, präsentierte er ihm eine sehr gut gefertigte Weltkarte, die er dabeihatten, in die die Länder eingezeichnet waren, die er mit seinem Bruder zu entdecken dachte, auf die einige Verse auf Latein standen, die er selbst, wie er sagte, verfasst hatte:*
> *Jedwedes Land, das du ersehnst und die Ufer der Meere*
> *kennenzulernen, wird diese Karte stimmig dich lehren.*
> *Sie wird durch Strabo belegt und Plinius und Ptolemäus,*
> *Isidor auch, und ist doch mit ihnen nicht ganz einer Meinung.*
> *Hier nun auch jüngst durchfurcht durch die Kiele:*
> *Die den Menschen lang nicht bekannte spanische Zone*
> *Glühend genannt, die jetzt endlich bei vielen berühmt ist.*

Als Autor und Maler (»pro authore seu pictore«) ist auf diesem Las Casas offenbar im Original vorliegenden Text-Bild ein »Bartholomaeus Columbus de Terra rubea« angegeben. Die Zusammengehörigkeit von wirklichem Ding und gemaltem Bild stellt Kolumbus nie in Frage (»dio tanto crédito, que no dudó de hallar las tierras que enviaba pintadas«). Der entscheidende Unterschied zu den zeitgenössischen Erkenntniskonzeptionen auf dem Weg der *imaginatio* (mit Ausnahme allein von Olivas Bildern im Nebel) liegt auf der Hand: es findet hier eine Fehlerkenntnis statt. Nichts als ein Irrtum ist die Verknüpfung der inneren Bilder Asiens mit der Wirklichkeit von Las Indias auf der Basis von Toscanellis Brief und Bartolomés Weltkarte. Die Macht der *imago* und ihres bilderzeugenden Äquivalents innerhalb der menschlichen Seele, der *imaginatio,* äußert sich darin, die menschlichen Sinneseindrücke der Gegenstandswelt dergestalt zu unterwerfen, dass eine Verzerrung der *res,* eine Fehlzuordnung von *res* und *imago* stattfindet. Den Begleitern der

Kolumbus-Brüder wie Martín Alonso Pinzón ergeht es nicht anders. Durch die Macht des inneren Bildes wird Kuba zum Festland, die Neue Welt zum Ostrand Asiens. Egal was die Einwohner auch über ihr Land von sich geben, es verwandelt sich durch das Diktat der Imagination in die Erde des Großen Khan, selbst wenn das eine vom anderen »so weit entfernt ist wie der Himmel von der Erde«. Auch die den Dingen zugeordneten Worte unterliegen der Verzerrung: die Inselbewohner werden zu »indios«, der Name des Stammeshäuptling »Khami« wird zum »Gran Khan« zurechtgebogen. Durch Las Casas bekommt damit die von allen Autoren entweder stillschweigend übergangene oder auf recht bizarrem Weg erklärte Namensgebung »Las Indias« einen Sinn: den Umstand, dass Kolumbus eigentlich Indien, »la India« gesucht hat. Die Macht des Bildes unterjocht auch die Worte.

> Decía Martín Alonso, capitán de la *Pinta*, que creía que aquella Cuba debía ser ciudad y que toda aquella tierra era tierra firme; pues iba tanto al Norte y era tan grande, y que el rey de aquella tierra tenía guerra con el Gran Khan, el cual ellos llamaban Khamí <...> y es cosa maravillosa cómo lo que el hombre mucho desea y asienta una vez con firmeza en su imaginación, todo lo que oye y ve, ser en su favor a cada paso se le antoja; porque este Martín Alonso había visto la carta o pintura que había enviado al Almirante aquel Paulo, físico florentín <...> y así todo lo que por señas los indios le decían, siendo tan distante como lo es el cielo de la tierra, lo enderezaba y atribuía a lo que deseaba: que aquella tierra era, o los reinos de Gran Khan o tierras que confinaban con ellos, como lo entendía y deseaba el Almirante.[409]
> *Martín Alonso, der Kapitän der Pinta, sagte, er glaube, dass dies Cuba eine Stadt sein musste und dass dies ganze Land Festland sei; denn es gehe so weit in den Norden und sei so groß, und dass der König dieses Landes Krieg mit dem Großen Khan habe, den sie Khami nannten. Und es ist wundersam, wie doch für den Menschen, wenn er einmal etwas wünscht und fest in seiner Einbildung verankert hat, alles, was er sieht und hört, auf Schritt und Tritt zugunsten des Gewünschten spricht; denn dieser Martín Alonso hatte die Karte oder Malerei gesehen, die dem Admiral Paulo, ein florentinischer Arzt, geschickt hatte <...> und so rückte er sich alles zurecht, was die Indios ihm durch Zeichen mitteilten, selbst wenn es davon so weit entfernt war wie der Himmel von der Erde, und schrieb es dem zu, was er wünschte: dass dies Land entweder zum Reich des Großen Khan gehörte oder an dieses grenzten, so wie es der Admiral meinte und wünschte.*

Bestand bisher die Entdeckung darin, zu einem präexistierenden Vorstellungsbild den Gegenstand (Kolumbus) oder zu einem präexistierenden

Gegenstand das Bild (Vespucci) zu finden, ergibt sie sich laut Las Casas anscheinend daraus, einen Gegenstand auf der Basis eines fehlerhaften Bildes zu finden, das wiederum aus einem fehlerhaften Text hervorgeht. Nur dessen Falschheit bietet die Voraussetzung des Entdeckens der Gebiete, da sich Kolumbus ohne die Illusion eines durch das Bild seiner Vorstellung vorgegaukelten Landes von »La India« niemals auf die Reise gemacht hätte. Eine überraschende Konsequenz: das Entdecken als Akt einer Fehlerkenntnis, als Suche nach einer Halluzination, die keine Entsprechung in der Wirklichkeit findet, als Etablierung einer fehlerhaften Begrifflichkeit. Nicht zu Unrecht begegneten uns dann die ›Entdecker‹ als jene »vorgebildeten Quijote‹s›« im Sinne Jakob Wassermanns, welche gleich Juan Ponce de León oder Hernando de Soto in Florida die Quelle der ewigen Jugend suchen, wie Walter Raleigh in Kolumbien *El Dorado*, wie Francisco de Orellana die Amazonen des antiken Griechenland am bis dahin »Río Orellana« genannten Fluss, der dank der Wahnvorstellung seines Entdeckers den neuen Namen »Río de las Amazonas« erhält. Wäre das Entdecken laut Las Casas eine Verschiebung der Realitätswahrnehmung durch die *imago*?

IV.6.3. Die ›Ent-Deckung‹ der Wahrheit

Die Wende im Begriff der Entdeckung bei Las Casas ist dagegen umgekehrt an seiner Ablösung von jeglicher *imago* festzumachen. Für das Zustandekommen und die Gültigkeit einer Entdeckung ist es vollständig gleichgültig, welche Vorstellung das sie vollziehende menschliche Individuum (im Falle von Las Indias also Kolumbus) von ihr besitzt, da die Wirklichkeit des entdeckten Gegenstands von dem sie entdeckenden Menschen und damit auch seiner Imagination vollständig unabhängig ist. Kolumbus hat die Neue Welt nicht entdeckt, *weil*, sondern *obwohl* er von ihr eine falsche Vorstellung besaß. Ob diese Vorstellung richtig oder falsch ist, bleibt sekundär, doch ebenso sekundär ist im Grunde genommen auch das menschliche Wesen, das auf ihrer Basis die Entdeckung vollzieht. Denn immerhin ist eigentlicher Entdecker ja, und darin nähert sich Las Casas dem von ihm scharf kritisierten López de Gómara an, nicht der sie ausführende Mensch, sondern allein Gott. Innerhalb des souveränen Entdeckungswerks (»obra soberana«) Gottes ist der Mensch selbst nun nicht mehr als ein Werkzeug, ein Medium (»por medio dél«)[410].

> Pues como este descubrimiento fuese una de las más hazañosas obras que Dios en el mundo determinaba hacer, pues un orbe tan grande y una parte del universo, desto tan inferior, y la mayor parte, a lo que se cree, todo él, tan secreta y encubierta hasta entonces dispusiese descubrir, donde

> había de dilatar su santa Iglesia y quizá del todo allá pasarla y resplandecer tanto su santa fe, dándose a tan infinitas naciones a conocer[411].
>
> *Denn diese Entdeckung war eines der ruhmreichsten Werke, die Gott auf der Welt zu wirken beschloss, da er einen so großen Erdkreis und einen bis dahin so geheimen und verdeckten Teil des Universums entdecken ließ, an den seine heilige Kirche ausgebreitet und vielleicht gänzlich befördert werden und an dem sein Glaube so sehr glänzen und so unendlichen Nationen bekanntgegeben werden konnte.*

Gott entdeckt, der Mensch findet. Denn selbst wenn der Mensch das Entdeckte in der Schrift oder im Bild wiederzufinden sucht, geht der Enthüllungswille Gottes über jegliche vom Menschen geschaffene Autorität hinaus. All dies kulminiert in einer These, die sich sichtbar von sämtlichen vorausgehenden, aber auch (zumindest im Rahmen des 16. Jahrhunderts) nachfolgenden Entdeckungskonzeptionen absetzt: Gott habe dem Menschen Las Indias durch Christoph Kolumbus entdeckt, ohne dass Kolumbus selbst davon Kenntnis besaß.

Nur im übertragenen Sinne gilt daher der Mensch als Entdecker, weil er die Entdeckung im Auftrag Gottes durchführt. Seine Aufgabe besteht darin, durch das *descubrir* die Pforten des Verborgenen, des *encubierto* zu öffnen und die Ketten der tradierten Naturordnung zu brechen, um zur Universalität von Gottes Ruhm beizutragen,

> por decerrajar las cerraduras que el Océano, desde el diluvio hasta entonces, clavadas tenía, y por su persona descubrir otro mundo, que tan encubierto en sí el mundo escondía, y por consiguiente abrir amplísimas puertas para entrar y dilatarse la divina doctrina y Evangelio de Cristo.[412]
>
> *um die Schlösser aufzubrechen, die dem Ozean seit der Sintflut bis dahin aufgenagelt waren, und in eigener Person eine andere Welt zu entdecken, die die Welt derart verdeckt in sich verborgen trug, und somit breiteste Tore zu eröffnen, durch welche die göttliche Lehre und das Evangelium Christi eintreten und sich verbreiten konnten.*

»Wer brach die Ketten auf und wer die Pforten?« – »Chi le catene ruppe e quelle porte?«: der Entdecker gleicht hier bis in die Metaphorik dem lyrischen Ich aus Giordano Brunos gegen Ende des Jahrhunderts entstandenen Einleitungssonett von *Vom Unendlichen, dem Universum und den Welten (Dell'infinito, universo e mondi)*[413]. Doch es gibt einen gravierenden Unterschied in der Sichtweise jener beiden ungleichen Fratres des Dominikanerordens. Laut Las Casas handelt Kolumbus nicht wie das geflügelte Ich

Giordano Brunos aus der Kraft seines eigenen Ingenium heraus, sondern als Gottes ebenso williges wie unwissendes Werkzeug. Die mystische Enthüllung – *des-cubrimiento* – des Verborgenen wird ihm erst zuteil, wenn der Große Entdecker dies in seinem Heilsplan für angemessen hält.

porque se vea cuán moderno el cognoscimiento que de los secretos que en el mar Océano había tenemos, y cuántos siglos y diuturnidad de tiempos la divina Providencia tuvo por bien de los tener encubiertos. Por demás trabajan y son solícitos los hombres de querer o desear ver o descubrir cosas ocultas, o hacer otra, por chica aunque buena que sea, si la voluntad de Dios cumplida no fuere; la cual tiene sus puestos y horas puestas en todas las cosas, y ni un momento de tiempo antes ni después de lo que tiene ordenado, <...> han de sortir o haber sus efectos.[414]
denn man sieht, seit wie neuer Zeit wir das Wissen von den Geheimnissen im Ozean besitzen, und wie viele Jahrhunderte und lange Zeiten die göttliche Vorsehung es für gut hielt, sie verdeckt zu halten. Darüber hinaus arbeiten die Menschen und sind emsig beschäftigt, verborgene Dinge zu ersehen oder sehen oder entdecken zu wollen oder weitere zu schaffen, so klein wenn auch gut sie seien, wenn Gottes Willen nicht erfüllt würde; denn dieser hat seinen Sitz und seine gesetzte Stunde in allen Dingen, und nicht einen Moment vor oder nachdem er es angeordnet hat, treten sie ans Licht oder zeigen ihre Wirkung.

Die emsigen Menschen mögen in ihrer Hybris der Meinung sein, selbst eine Entdeckung zu tätigen und sitzen dennoch einem Trugbild auf – so wie Kolumbus dem der Länder des Großen Khan und des güldenen Cipango. In den Augen seiner eigenen Zeitgenossen wie der Könige von Portugal und England, die im Gegensatz zu den *Reyes Católicos* nicht in seine Expedition investieren wollen, wird der Admiral daher zum unglaubwürdigen Phantasten (»más fantástico de sus imaginaciones con su isla de Cipango, que cierto en lo que decía, dábale poco crédito«) und seine Vision zum Produkt der vernunftwidrigen *imaginatio*, des Traumbilds (»que era sueño y que no se fundaba por razón sino por imaginaciones«[415]).

Das Entdecken aber erstreckt sich auf die Dinge jenseits der menschlichen Einbildung. Gott selbst, der Entdecker, benötigt keine Imagination. Er enthüllt das wahre Sein der Dinge. Ganz im Gegensatz zur Exaltation einer neuen Kosmographie von Vespucci bis Fernando Colón ist daher auch das Enthüllen einer neuen *imago mundi* gleichgültig. Wie aus verschiedenen Passagen der *Historia* hervorgeht, ist es selbst lange nach der Weltumsegelung durch Magelhães und Elcano für Las Casas nicht ausgemacht, ob es sich bei Las Indias um ein mit dem asiatischen Kontinent zusammenhängendes Gebiet handelt oder nicht. In seiner *Apologética historia* unternimmt der Pater sogar noch einen Versuch, den man um 1530 einen Anachronismus nennen kann: »zu beweisen, dass die Westlichen Indias Teil von Ostindien sind« (»demostrar que las Indias Occidentales son parte de la India Oriental«[416]). Dass entgegen seiner sonstigen Präzision bei Las Casas eine dem kosmographischen Wissensstand der Zeit zuwiderlaufende Theorie zu Wort kommt, weist letzten Endes auf das Desinteresse hin, das Las Casas der Kosmographie als einer Wissenschaft von der *imago* entgegenbringt. Für den Chronisten hat der Begriff des »descubrimiento« eine religiöse Zielrichtung: die Eröffnung von Ländern, in die das Evangelium Jesu Christi noch nicht vorgedrungen ist. Entdecken bedeutet unabhängig vom Weltbild, die Hülle der Nacht des Unglaubens von diesen heidnischen Völkern zu entfernen, und dies ändert, trotz seines Unwissens bezüglich der Lage seines Reiseziels im Kosmos, den Stellenwert des Entdeckers Kolumbus in entscheidender Weise[417].

Wenn man mit Las Casas aber, wie O'Gorman schlüssig ausführt, nicht von einer ›Entdeckung der Indios‹, sondern eben von ›Las Indias‹ sprechen soll, also eines Gebiets der Erde, das sich nicht mehr als durch seine materielle Beschaffenheit durch seine ungläubige Bewohnerschaft auszeichnet, bewegt sich die Entdeckung letzten Endes auch von der Gegenständlichkeit des Entdeckten fort. Als entscheidende Entdeckungsleistung erscheint es nunmehr, den *Weg* (*camino, ὁδόσ*) zu einem bislang ungeorteten *Ort* (dem Land der Ungläubigen) gefunden zu haben[418] – mit anderen Worten die Methode (*μέθ-οδοσ*), die im modernen Erfindungsbegriff bis hinein in die Patentgesetzgebung gegenüber dem ›Inventat‹ als Gegenstand oder Endresultat den Vorrang besitzt[419]. Dies indes wirft die Frage nach Status und Art des Entdeckten auf – und damit mittelbar auch die Frage nach seiner Neuheit. Anstelle der Charakteristika der bisherigen Unlokalisierbarkeit (wie bei Kolumbus), der Neuheit im Sinne eines *mundus ignotus* (wie bei Vespucci) oder der vorübergehenden Vergessenheit (bei Oviedo) zeichnet sich bei Las Casas das »descubierto« durch seine bisherige Verdecktheit in der Schöpfung aus, durch die Aufhebung seines Status als »encubierto« im Sinne eines unenthüllten Mysteriums, wie die bereits zitierten Textstellen vor Augen führen. Verbunden mit einer solchen Verhülltheit ist zum Einen der Zustand der Verborgenheit, des Nicht-Zeigen-Wollens (»escondía«, »descubrir cosas ocultas«, »las cerraduras que el Océano, desde el diluvio hasta entonces, clavadas tenía«) und zum Anderen der des Geheimnisses (»tan secreta y encubierta«, »los secretos que en el mar Océano había«), das nur von Erwählten zu erwählter Stunde gelüftet werden kann. Angesichts der bereits im Kontext der Tiphys-Episode angesprochenen Verbindung dieses Zeitpunkts einer Durchbrechung der Ozean-Pforten und einer Enthüllung des »größeren Teils« (»mayor parte«) des Universums mit einer privilegierten heilsgeschichtlichen Epoche – der Endzeit – erhält das »Geheimnis« von Las Indias den Sinn eines *mysterium fidei*, das mit säkularen Kategorien nicht mehr greifbar ist.

Infolge dieser vollständigen Verschiebung des Entdeckungsbegriffs vom Gebiet der Kosmographie auf das der Theologie[420] muss bei Las Casas auch eine vollständige Umbewertung des Neuen und des Unbekannten zu heilsgeschichtlichen Kategorien stattfinden. Zwar räumt der Chronist die bedingte Neuheit eines »so neuen Dings« (»cosa tan nueva«[421]) durchaus ein, etwa eine Vor-Entdeckung durch die Phönizier und den Karthager Hanno[422], ja sogar, um nicht mit dem katholischen Anspruch einer vollendeten Verkündigung des Evangeliums »in toto orbe« in Konflikt zu geraten, eine frühere Missionierung durch den Apostel Thomas. Dennoch hat Gott dieses geheime Wissen allenfalls durch den Mund der Propheten angedeutet, um es erst in einem erwählten Heilsmoment manifest werden zu lassen. Auch aus diesem Grunde ist ein platonisches ›Anamnese-Modell‹ wie das der einstmals bekannten und dann wieder vergessenen Gebiete in den Ausführungen Oviedos aufs Schärfste abzulehnen. Fände durch die Entdeckung ein Wiederfinden aus der Kraft der *memoria* statt, so könnte es sich unmöglich um ein Geheimnis handeln, dessen Neuheit erst am Ende der Zeiten enthüllt wird. In linearer und zielgerichteter Weise, in vier klar zu trennenden Hierarchiestufen findet die von der Vorsehung geplante Entwicklung statt – und verbindet sich dadurch wiederum mit der *memoria*, obschon nicht mit der an Las Indias:

1. Im Ersten Weltalter (»primera edad del mundo«[423]) lebt der erste Mensch (»primer hombre«) in seinem Urzustand an einem einzigen Ort, dem Paradiesgarten.

2. Infolge der Sintflut verstreuen sich die Menschen in alle Teile der Welt – also auch nach Las Indias – und verlieren durch die daraus entstehende räumliche Trennung des Menschengeschlechts die Erinnerung an ihren Ursprung (»negó la memoria«).

3. Durch Fleiß und Neugier, aber auch die Bosheit des Menschen (»la humana industria, curiosidad y también la malicia«) erachtet es Gott für nötig, den Schleier des Vergessens zu lüften und dabei zugleich das Neue und Unbekannte zu enthüllen. (»fué necesario abrirse las puertas que la oscuridad del olvido y neblina de la antigüedad cerradas tenía, descubriendo lo ignoto y buscando noticia de lo que no se sabía«). Wird auf diesem Wege die ›andere Welt-Maschine‹ (»la otra máquina mundial«)[424] von Las Indias enthüllt, so um den Menschen in Richtung des Schöpfungsziels zu geleiten (»porque los hombres <…> sean dirigidos a su fin«).

4. Wenn alles Verborgene (»encubierto«) schließlich enthüllt (»descubierto«), dem Menschen seine ganze Welt mit ihren Bewohnern vors Auge

geführt worden und er mit der Fülle des Wissens erleuchtet ist, ist er an den Punkt seiner Entelechie gelangt – die »Zeit der göttlichen Barmherzigkeiten« (»llega el tiempo de las misericordias divinas«[425]).

Wie dieses linear-providentialistische Geschichtsbild zeigt, das erstmals im Rahmen der indianischen Geschichtsschreibung auch eine Art kulturelle Evolutionstheorie in sich trägt[426], ist in materieller Hinsicht die Neue Welt weder etwas Neugeschaffenes noch in menschlicher Hinsicht etwas absolut Unerkanntes und Unerforschtes, denn bereits vor Kolumbus präexistierten diese Gebiete und waren bereits von Menschen bewohnt. Die Neuheit der Entdeckung besteht in einer gottgewollten Erinnerung an das Älteste überhaupt – die erneuerte Einheit von zwei Menschengeschlechtern durch ihre gemeinsame adamitische Herkunft. Aus dieser Deutung heraus wird die Entdeckung zu einer Erlösungshandlung, welche die Sintflut und das von ihr verursachte Vergessen rückgängig macht. Las Casas gelingt der Kunstgriff, das Neue sowohl heilsgeschichtlich in seiner Präzedenzlosigkeit als auch materiell in seiner Präexistenz zu bewahren. In dieser Hinsicht gründet der lascasistische Entdeckungsbegriff auf der ältesten uns überlieferten Inventionstheorie Europas, dem εὑρίσκειν des Xenophanes: der Mensch findet nach und nach das auf, was Gott für ihn versteckt hält. So ist das Gefundene, Erfundene oder Entdeckte, für ihn neu und dennoch nicht von ihm selbst geschaffen.

IV.6.4. Die Erfindung der Lüge durch das Bild

Geknüpft an die Theologisierung des Entdeckens sind Auswirkungen auf die Rolle des Textes und im Besonderen auf die Aufgabe des Geschichtsschreibers in diesem Revelationsprozess. Entdecken in der Welt und Entdecken durch den Text verfolgen das gemeinsame Ziel, eine sie selbst transzendierende *Wahrheit* zu enthüllen – nicht nur glaubwürdig zu sein, argumentativ das *veri simile* zu erreichen, sondern das *verum* (spanisch: *verdadero*) sichtbar zu machen und auf diesem Weg die Schleier der *oblivio* zu lüften. Welche fundamentale Wichtigkeit diese Reflexion für Las Casas besitzt, ist unschwer daran abzulesen, dass er mit ihr seine *Historia* beginnt: mit einem »Geschichts-Prolog« (»Prólogo de la historia«), worin er die Aufgabe des Geschichtsschreibers analysiert und einer historischen Untersuchung und Klassifizierung unterzieht. Im Gegensatz zu den griechischen Geschichtsschreibern, der für Las Casas unseriösesten Gruppe von Historikern, deren Augenmerk vor allem auf den schönen Schein und die *verborum copia* gerichtet war (»sintiendo en sí copia de polidas y limadas palabras, dulzura y hermosura de suave decir«[427]), geht es allen ernstzunehmenden *historiadores* darum, die Dinge (»cosas«) in ihrer vollen Wahrheit (»verdad«) zu enthüllen, so etwa durch die eigene Augenzeugenschaft, im Gegensatz zu den fiktionalen Schreibern, deren Ziel in der Verhüllung der Wahrheit auf der Basis des Gesehenen besteht (»conociendo que las cosas que por sus propios ojos vieron y en que se hallaron presentes no son ansí declaradas ni sentidas como la integridad de la verdad contiene, con celo de que la verdad no parezca«[428]). Für die wahren Geschichtsschreiber, zu denen in der Antike im Gegensatz zu den Griechen vor allem die Chaldäer und Ägypter gehörten[429], sind daher »escribir« und »descubrir« synonym: im Sinne der Ausgrabung der Wahrheit aus der Verschüttung durch Unwahrheit und den »Nebel des Vergessens« wird das Aufschreiben zur dauerhafte Ent-Deckung (»viéndolos ocultados y cubiertos con niebla de olvido« / »descubiertas, dellas esperan seguirse« / »induce a querer escribirlas«.[430])

Darin ist eine Trennung und hierarchische Anordnung von Dingen und Worten zu erkennen, da diese nun keinen Selbstzweck mehr besitzen wie in den Reden der kopiösen griechischen Schönschwätzer. Ihre einzige Aufgabe ist es, die Enthüllung der Dinge zu ermöglichen und damit die Wahrheit in voller Pracht erstrahlen zu lassen. Daher ist Las Casas, wie später die abundanzfeindlichen Logiker von Port-Royal[431], ein erklärter Feind der kopiösen Rhetorik. Wie er sagt: »es gibt keine Notwendigkeit zur Überredung, denn die Knappheit der Worte, die Menschlichkeit des Stils, das Fehlen von Beredsamkeit werden dafür gute Zeugen sein« (»no hay necesidad de persuadirlo, pues la penuria de los vocablos, la humanidad del estilo, la falta de la elocuencia, serán dello buenos testigos«[432]). Im strikten Gegensatz zu beschönigenden Worten steht für Las Casas die in der gleichermaßen berühmten und als Ursprung der »Schwarzen Legende« berüchtigten *Brevísima relación de la destruición de las Indias* vorgeführte Technik, die Tatsachen in ihrer Nacktheit aufzudecken: das Leiden der Urbevölkerung unter dem Joch der Eroberer – »ganz Spanien die ungeheure und höchste Not mit wahrhaftiger Neuigkeit und Licht der Wahrheit in all deren Zuständen zu berichten, die ich viele Jahre lang in diesem Indianischen Erdkreis leiden gesehen habe« (»la grandísima y última necesidad que por muchos años a toda España, de verdadera noticia y de lumbre de verdad en todos los estados della cerca deste Indiano Orbe, padecer he visto«).[433]

Das Schauen der Gegenstände (also nicht etwa der Ideen) in ihrem wahren Sein findet bis in die Etymologie des Wortes *historia* hinein ihren Reflex in der wahrhaften Geschichtsschreibung. Auf der Basis von Isidors *Etymologien* versucht Las Casas herzuleiten, dass die ursprüngliche Wortbedeutung von *historia* die Schau der Präsenz im Gegensatz zum Hörensagen des Abwesenden bezeichne. Die Autopsie ist die Grundlage aller Historia, und damit auch aller Entdeckung von Wahrheit.[434] Angesichts dieses Zusammenhangs erklärt sich nun auch die Funktion des Wortes innerhalb des Textes: nicht als eloquenter Schmuck, sondern als Platzhalter der Dinge, die durch das Wort in den Text eindringen, die Erinnerung an die Welt und die Wahrheit festhalten. Zur Stützung dieser Thesen zitiert Las Casas dabei Ciceros *De oratore* und Diodoros[435].

Wie sich dabei deutlich zeigt, ist das Problem der Entdeckung von Wahrheit durch den Text eng an ein sprachphilosophisches Problem geknüpft: die Rettung der Einheit von Wort und Ding, die symmetrische Repräsentation des Dings durch das Wort (»verbis res gestas repraesentans«), durch die empirische Erfahrung (»rerum experientia«): Beweggründe, welche Francis Bacon einige Jahrzehnte später zum Verfassen seiner *Instauratio Magna* treiben, als das Verhältnis von *res* und *verba* sich sichtlich gestört erweist. Las Casas zufolge lässt sich die Wiedervereinigung beider Instanzen »descubriendo estas gentes« bewerkstelligen: durch die *Entdeckung* Gottes, die dieser durch die Figur des Kolumbus durchzuführen beschlossen hat. Bereits der Name dieses Gotteswerkzeuges (Kolumbus) spiegele die wiedergefundene Einheit von Worten und Dingen wieder, denn »Colombo«, wie die Familie des Admirals in ihrer italianisierten Form hieß, habe seinen ursprünglichen römischen Stammensnamen »Colón« wieder angenommen, der schon als von Cornelius Tacitus als Name des Helden überliefert ist, der den besiegten Mithridates in Ketten nach Rom brachte. Mittels der Rekonstruktion des wahren Namens aber habe der Entdecker auf Geheiß Gottes auch eine tiefergehende Wahrheit entdeckt. Dank der etymologischen Wortbedeutung von Cristóbal, »Christusträger« (»*Christum ferens*, que quiere decir traedor o llevador de Cristo«), und von Colón, »Siedler« (»poblador de nuevo«), stellt der »christustragende Besiedler des Neuen« die ursprüngliche Identität von Wort und Welt wieder her, so wie sie in der Paradiesessprache gewährleistet war, da er ja in Wahrheit das vollbrachte, was sein Vor- und Nachname besagt (»para obrar lo que su nombre y sobrenombre significaba«). Indem »Cristóbal Colón« mit seinem Namen auch den Namen des Herrn und den mit ihm verbundenen Glauben in die Neue Welt hinübergetragen habe (»estas tierras tan remotos y reinos hasta entonces tan incógnitos a nuestro Salvador Jesucristo y a su bendito nombre«), so dass die neuen Länder und ihre Bewohner und der Name Christi miteinander in eine neue und unzerstörbare Einheit gefunden haben, ist er, angesichts der dank ihm vom neuen Glauben erleuchtenden Seelen, nicht nur Besiedler der Neuen Welt, sondern auch der ›Stadt des Himmels‹ (»poblar de nuevo aquella triunfante ciudad del cielo«). Der Name Cristóbal Colón lässt sich dadurch gewissermaßen nach dem vierfachen Schriftsinn deuten und stellt zugleich die aristotelische Forderung nach der Einheit der Eigenschaften der Dinge mit ihren Namen wieder her:

Pero este ilustre hombre, dejado el apellido introducido por la costumbre, quiso llamarse Colón, restituyéndose al vocablo antiguo, no tanto acaso, según es creer, cuanto por voluntad divina, que para obrar lo que su nombre y sobrenombre significaba lo elegía. Suele la divinal Providencia ordenar que se pongan nombres y sobrenombres a personas que señala para se servir conformes a los oficios que les determina cometer, según asaz parece por muchas partes de la Sagrada Escritura; y el filósofo, en el IV de la *Metafísica*, dice que los nombres deben convenir con las propiedades y oficios de las cosas[436].

Doch dieser illustre Mann legte seinen Nachnamen ab, der sich durch den Brauch eingeführt hatte, und wollte sich Colón nennen, wodurch sich dadurch der alte Wortlaut wiederherstellte, und zwar nicht so sehr, wie man glauben muss, durch Zufall wie durch den Willen Gottes, der ihn auswählte, das zu bewirken, was sein Name und Beiname bedeuten. Es befiehlt die göttliche Vorsehung gewöhnlich, dass Namen und Beinamen an von ihr bezeichnete Personen verliehen werden, damit sie in Einklang mit den Aufgaben stehen, die auszuführen sie diesen bestimmt, wie es hinreichend in vielen Teilen der Heiligen Schrift belegt erscheint; und der Philosoph sagt im IV. Buch der Metaphysik, *dass die Namen den Eigenschaften und Aufgaben der Dinge entsprechen sollen.*

Doch diese mystische Einheit, durch den Vorgang des Entdeckens wiederhergestellt, ist bedroht durch das, was von Bacon als »commenta« und die »idola« bezeichnet werden wird: die der Wahrheit entgegenstehenden, da von den Dingen der Wirklichkeit entfernten Fiktionen, die auf der zerstörerischen Macht des Bildes beruhen. Eine sehr vergleichbare Position vertritt bereits Las Casas. Wie die Geschichte des kolumbinischen Irrtums durch das falsche Weltbild Toscanellis und dessen Suggestivkraft beweist, besitzt das Bild das Potenzial, die Wahrnehmung zu verwirren. Daher müssen die Bilder und Figuren (»imágenes y figuras«) bei der Wahrheitsfindung hinter die Geschichte (»historia«) zurücktreten, die einer essenziellen Repräsentation des Vergangenen gleichkommt, ganz im Gegensatz zur irreführend-spekulativen Ein-Bildung. *Imago* und *historia* werden zu Manifestationen der christlichen Grundopposition von Körper und Seele:

> Si las imágenes y figuras que hacen los artífices despiertan los ánimos de los hombres a hacer lo que aquéllos, cuyas son, hicieron (como dice Francisco Patricio en el libro II, tratado 10 *De regimine Principum*), mucho más los despertará la historia, que las ánimas y cuerpos y obras de los pasados representa. *Tanto enim praestat imagini historia, quanto corpori animus.*[437]

Wenn die Bilder und Figuren, die die Künstler machen, die Geister der Menschen dazu erwecken, das zu tun, was diejenigen taten, die auf ihnen zu sehen sind (wie Francesco Patrizi im Buch II, Abhandlung 10 Von der Herrschaft der Fürsten sagt), werden sie viel mehr die Geschichtsschreibung erwecken, die die Seelen und Körper und Taten der Vergangenen wiedergibt.
»Ebensosehr nämlich übertrifft die Geschichtsschreibung das Bild wie der Geist dem Körper«.

Wie hier deutlich wird, ist die imaginäre Fiktion und Fabel bei Las Casas zugleich identisch mit der Tätigkeit des Dichters. So etwa sind die ebenso verbreiteten wie falschen Anekdoten rund um Oviedos Hesperiden-These für ihn reine »Dichterfabeln« (»porque aun allende de ser todo fábulas de poetas, como está dicho, lo que destas Hespérides <...> por muchos y con mucha variedad se recita«[438]). Anders gesagt: Wie auch in den Poetiken der Zeit wird Dichtung mit Imagination in Verbindung gebracht. Allerdings bei Las Casas in einem pejorativen Sinn, da das Gebiet der Fabel (»poético y fabuloso«) der Vorspiegelung von fiktiven Bildern und damit der Unwahrheit und Unmöglichkeit dient. Davon setzt sich die *historia* ab, da sie die Wahrheit enthüllt (»histórico y verdadero«). Dichtung und Wahrheit, Fiktion und Wirklichkeit sind bei Las Casas in noch weitaus konsequenterer Weise als bei Oviedo aus ihrer ursprünglichen Verbundenheit, von dem das Text- und Autoritätsverständnis des Kolumbus noch zeugt, zur unvereinbaren Scheidung gelangt, ja, so weit voneinander entfernt wie das Lächerliche und der Ernst, die Dinge und das Nichts, »las cosas« und »la nada«,

> por manera que todo lo que dellas <las Hespérides> dicen más es poético y fabuloso que histórico y verdadero, y por consiguiente, todo es lleno de vanidad y nada, cuanto a las cosas de veras, creíble, y según dice el Papa Pío en el prólogo del libro que llamó *Del mundo universo*: *Nugas in fabulis, in historia verum quaerimus et serium*[439].
> *dergestalt, dass alles was sie über die Hesperiden sagen, eher poetisch und fabelhaft als historisch und wahrhaft ist, und somit alles voll von Eitelkeit und in nichts, was die wahrhaftigen Dinge betrifft, glaubwürdig, und wie Papst Pius im Prolog seines Buches schreibt, das er* De mundo in universo *<Von der Welt in ihrer Gesamtheit> nennt:* »Possen suchen wir in den Fabeln, in der Geschichtsschreibung aber das Wahre und Ernste«.

Der Vorgang, der Wahrheit und der Geschichte gerecht zu werden, findet mittels der symmetrischen Repräsentation der Dinge durch die Worte statt und ist, dank der dadurch erreichten Beseitigung der Nebelschleier des Vergessens und der Unwahrheit (»ocultados y cubiertos con niebla del olvido«), eng mit dem Begriff des *descubrir* verbunden (»descubiertas <...> porque se manifiesten«). Als expliziter Gegensatz zum *descubrir*, als Reich der Fabeln, Fiktionen und Unwahrheiten, also der »imágines«, die keine Entsprechung auf dem Gebiet des Wahren besitzen und, im Gegensatz zum vom Gott Entdeckten, vom Menschen selbst neu erschaffen wurden, findet sich bei Las Casas erstmals im Rahmen der indianischen Chroniken die Vokabel *inventar*. Erfinden ist das Erschaffen von Neuem – allerdings nicht auf dem Gebiet der Dinge oder des Seins – dem ὄν –, sondern auf dem der Bilder oder des Scheins – der δόξα in ihrer wörtlichen Bedeutung von ›Meinung‹ (span. ›opinión‹) oder ›Ruhm‹ (span. ›fama‹). ›Erfinder von Neuem‹ sind allen voran die griechischen Geschichtsschreiber. *»Graeci vero, lucri gratia novis semper opinionibus incumbentes«* – »die Griechen verlegen sich um des Gewinnes willen auf immer neue Meinungen« – ein lateinischer Schmähsatz, der bei Las Casas eine erweiterte Lesart erhält:

> <...> los Griegos, por la cudicia de lo que ganar o de hacienda o de fama pretendían, siempre en **inventar nuevas** opiniones entendían, etc. Por la segunda causa de contentar o adular los príncipes, también son notados haber escrito los mismos griegos, los cuales, tanto en adulación con sus **fictas y compuestas fábulas** excedieron, que causaron que los facinorosos hombres fuesen habidos y servidos por dioses de las gentes plebeyas, y aun después por los que por más sabios y prudentes se tenían.[440]
>
> <...> die Griechen verstanden es aus der Gier heraus, den von ihnen gewünschten Besitz oder Ruhm zu gewinnen, immer **neue** Meinungen **zu erfinden**, etc. Aus dem zweiten Grund heraus, den Fürsten gefällig zu sein oder zu schmeicheln, haben ebendiese Griechen ebenfalls bekanntermaßen ihre Werke geschrieben; wobei sie so sehr mit ihren **erheuchelten und erdichteten Fabeln** übertrieben, dass als Ergebnis ruchlose Menschen vom einfachen Volk für Götter gehalten und verehrt wurden, und auch noch später von denen, die sie für die weisesten und klügsten hielten.

Mehr als gegen die Griechen jedoch scheint dieser Vorwurf auf ihre modernen Nachahmer gemünzt zu sein, die Konquistadoren-Geschichtsschreiber wie Fernández de Oviedo, wie anhand der Wertung von Neuheit und Erfindung an bereits zitierter Stelle zur Hesperus-Legende deutlich wird. Ihre Vertreter verstoßen nicht nur gegen die Wahrheit, sondern auch gegen die Wahrscheinlichkeit (»ni probable, ni verisímile«), und derjenige, der sie hervorgebracht hat, also Oviedo selbst, ist ein großer Erfinder von Neuem: wobei freilich »derjenige, der diese Neuheit erfunden hat« (»el que aquesta novedad inventare«)[441], dadurch keine technischen Errungenschaften kreierte, sondern Lügen und Verleumdungen. Denn dies Erfinden von Neuem findet auf dem Gebiet der *imago* / *imaginatio* statt. Aufgrund seiner Erfindung von Unwahrheit wird Oviedo auch als »erster Imaginator« (»primero imaginador«[442]) bezichtigt – nicht etwa einer schöpferischen Gedanken, sondern von »Spitzfindigkeit« (»desta sotileza«). Voll bissiger Ironie vergleicht Las Casas die ›Erfindung‹ der Hesperus-Geschichte mit den Bildern des Traums oder den Visionen der Geisterseher, die ebenfalls von den *res* bzw. der *rerum natura* so himmelweit entfernt sind wie die Meinungen Oviedos (»cuanta cual se suele atribuir a los sueños, o los que aun no son *in rerum natura* adivinan!«[443]).

Die fehlerhafte Verbindung von Namen und Ländern ist durch das Einwirken jener Traumbilder und Visionen zu erklären, die Oviedo offenbar befallen haben, und sind in erkenntlichen Gegensatz konstruiert zu der wahren Neuverbindung, wie sie im Namen und Werk des ›christustragenden Siedlers‹ Colón sich durch Gottes Willen eingestellt hat. Bezeichnet das *descubrir* die Freilegung der Wahrheit auf dem Wege der Wort-Ding-Vereinigung, so hat die Verbiegung der menschlichen Seele durch die »pinturas« auch die Verbiegung der Wahrheit im Text des Geschichtsschreibers zur Folge. Das Neue zu erfinden (»novedad inventare« / »inventaron y osaron decir«) als Prozess der Bilderzeugung ist für Las Casas synonym dazu, das Falsche zu schreiben (»lo falso que escribe«): eine Tätigkeit, die wiederum ihren Hauptvertreter in Oviedo findet.

> Por todo lo dicho, queda bien claro y confundido el error de algunos, que **inventaron y osaron** decir que Cristóbal Colón había desmayado y arrepentídose del viaje, y que los Pinzones, hermanos, lo habían hecho ir adelante. Parece también la inconsideración de Oviedo que, en su *Historia* <...> puso esto en duda, informado de un Hernán Pérez, marinero, y otros semejantes, de quien él tomo mucho de lo falso que escribe.[444]
> *Durch all dies, was gesagt wurde, ist der Fehler recht klar und ausgeräumt, den einige begehen, die **erfinden und zu sagen wagen**, dass Christoph Kolumbus den Mut verlor und seine Reise bereute und dass es die Brüder Pinzón waren, die ihn zur Weiterfahrt trieben. Es erscheint auch als eine Unbesonnenheit Oviedos, dass er in seiner* Historia *dies in Zweifel zog, durch Information eines Seemanns namens Hernán Perez und anderer ähnlicher, von denen er viel von dem Falschen, das er schreibt, übernahm.*

Es mag ein Zufall oder eine bewusste Bosheit sein, dass jener apokryphe Seemann Hernán Pérez, der Oviedo als Basis für seine ›Erfindungen‹ dient, denselben Namen trägt wie derjenige Chronist, der als erster von der »Inuención de las Yndias« auf der Basis der »ymágines« berichtete. Außer Zweifel steht, dass die ›Erfindung‹ des Seemanns Pérez und die des Chronisten Pérez nicht mehr viel gemein haben. Seit der *Historia de la Inuención de las Yndias* zur *Historia de Indias* hat sich der Begriff der Erfindung in nur drei Jahrzehnten mit einer überraschenden Deutlichkeit gewandelt, die so weit geht, dass der Inventionsbegriff des ersten Textes das genaue Gegenteil desjenigen im zweiten darstellt. Soll Pérez de Olivas »Inuención de las Yndias« das tatsächliche Auffinden eines wirklichen Landes bezeichnen, also das, was Las Casas als »descubrimiento« bezeichnet, so evoziert dieselbe Formulierung in der von Las Casas verfochtenen Bedeutung das imaginäre Erfinden eines nicht existenten Landes. Zum ersten Male in der europäischen Tradition beginnt sich im Umfeld der *Crónicas de Indias* Kants Opposition abzuzeichnen: »Etwas *erfinden* ist ganz was anderes als etwas *entdecken*«.

Dennoch wäre eine Linie von Las Casas zu Kant trügerisch, ist kaum ein Autor unter den *Crónicas de Indias* von einem neuzeitlichen Erfinder- und Entdeckerkult so weit entfernt wie Las Casas. Wenn sich hier erstmals in reiner Form die inventive Dichotomie herausbildet, so in präzisem Gegensatz zur späteren Intention Kants: eine Erfindung ist nicht Apotheose des menschlichen Genies gegenüber der Imitation und den Gesetzen des Zufalls (»Finden«), sondern Manifestation der Sinnlosigkeit allen menschlichen Strebens gegenüber dem göttlichen Entdeckungs- und Erlösungswillen. Die Freiheit von der Autorität der schriftlichen Überlieferung ist hier durch eine radikale Unterwerfung unter den göttlichen Logos erkauft. Erfindung und Entdeckung erweisen sich im Denken von Bartolomé des las Casas als die Manifestationen eines fundamentalen Dualismus der Welt, der sich in den von Gott enthüllten Wahrheiten und den vom Teufel oder seinen menschlichen Dienern erfundenen Lügen niederschlägt. Im scharfen Gegensatz zur Lehre des etwa zeitgleich (1540) zum Entstehen der Chronik gegründeten Jesuitenordens, besonders aber zum sich im 16. Jahrhundert herausbildenden Geniegedanken, wie sich schon in den Berichten Amerigo Vespuccis manifestiert, ist bei Las Casas dem Menschen der freie Wille, das *liberum arbitrium*, bei der Wahrheitsfindung oder -entdeckung vollständig vorenthalten: er kann soviel erfinden, wie er möchte, das Entdecken der Wahrheit bleibt doch stets einem *deus vere absconditus* vorbehalten, als dessen blindes Werkzeug der Mensch agiert – eine Konzeption, die dem jansenistischen »verborgenen Gott«[445] nicht ganz unähnlich ist.

IV.6.5. Der Weg ist das Ziel: Methode und Menschenrechte

Entdeckung ist das Enthüllen einer Sache, Erfinden das Produzieren eines Bildes. Beide einander ausschließende Prozesse haben jedoch in der Struktur ihres Wirkens einen bedeutsamen Berührungspunkt: sie bezeichnen einen »Weg« (»camino«), eine Methode. Ist das Entdecken ein Finden des Weges zum wahren Ding, so ist das Erfinden ein Finden des Weges zu einer irrigen Vorstellung – oder aber das Finden der wahren Dinge auf einem irrigen Weg. Die schlimmste aller Erfindungen ist in diesem Licht das Wirken der Conquistadoren, den ungläubigen Ureinwohnern von Las Indias auf falschem Weg den wahren Glauben zu bringen – obwohl die Evangelisierung auf rechtem Weg dem dominikanischen Missionar durchaus am Herzen liegt. Zur bösen ›Erfindung‹ macht das Evangelisierungsbestreben der Eroberer erst der von ihnen gewählte »Weg«: das Bekehren der Ungläubigen zum Vorwand zu nehmen, ihr Land zu überfallen, sie zu berauben und zu ermorden, die Entdeckung auf dem Weg der »invasión« zu betreiben. Der von den sogenannten Eroberern als Vorwand erfundene, aber von Gott geächtete und per definitionem nicht als Wahrheit entdeckte Weg manifestiert sich in Krieg und Gewalt (»violencia«; »matar, robar, captiva y subiectar«). Der wahre (und damit implizit: zu ›entdeckende‹) Weg hingegen ist der des Friedens (»la paz«), zugleich das höchste göttliche Gebot, das für alle Menschen in gleicher Weise gültig ist und so jegliche Form von Differenz zwischen den Individuen aufhebt (»todos los hombres sin diferencia«).

So wie die wahre Entdeckung im Prozess der Findung von Las Indias in der Aufdeckung der Erinnerung an den gemeinsamen Ursprung des Menschengeschlechts liegt, unabhängig von Glauben und Abstammung der Menschen, unabhängig von kosmographischen Bildern, so ist die wahre Entdeckung von Las Indias die der allen Menschen gemeinsame *anima rationalis*, ob es sich nun um Griechen, Barbaren oder ihre modernen Äquivalente handelt, unabhängig von Abstammung, Rasse und Geschlecht; ist es die »Wahrheit« (»verdad«), dass die gewaltsame Invasion als üble ›Erfindung‹ abzulehnen und ebenso zu verdammen ist wie ihre Kennzeichnung mit dem euphemistischen Wort ›Eroberung‹. Dieser absolut zentrale Gedankengang des Fray de Las Casas enthält eine gerade im Spanien nach den königlich angeordneten Juden- und Maurenvertreibung der Reconquista alles andere als selbstverständliche »Grundregel« (»regla general«). Auf der Bergpredigt aufbauend (»Alles nun, was ihr wollt, daß euch die Leute tun sollen, das tut ihnen auch!«[446], wie Luther übersetzt) und auf die mittelalterliche Naturrechtslehre zurückgreifend, bildet diese einen Imperativ allen menschlichen Handelns und ist, insbesondere im Zusammenhang mit dem Problem der Invention, zugleich die erste amerikanische Proklamation der universellen Menschenrechte. Dieses fordert ein Handeln

> por la forma y ejemplo que Cristo nos dio, <…> dejándonos mandado
> por regla general, que todo aquello que querríamos que los otros hombres hiciesen con nosotros hagamos con ellos y dondequiera que entráse-

mos la primera muestra que de nosotros diésemos, por palabras y obras, fuese la paz; y que no hay distinción en esto para con indios, ni gentiles, griegos o bárbaros, pues un solo Señor es de todos, que por todos sin diferencia murió, y que vivamos de tal manera y nuestras obras sean tales para con todos, que loen y alaben al Señor que creemos y adoramos por ellas, y no demos causa de ofensión o escándalos alguno ni a judíos, ni a gentiles, ni a la Iglesia de Dios, como promulga San Pablo, y que sin hacer distinción alguna entre infieles, no por más de que no son cristianos algunos hombres, sino por ser infieles, en cualesquiera tierras suyas propias que viven y estén, creamos y tengamos por verdad que no es lícito invadir sus reinos y tierras e irlos a desasosegar y conquistar (porque use del término que muchos tiranos usan, que no es otra cosa sino ir a matar, robar, captivar y subiectar y quitar sus bienes y tierras y señoríos a quien están en sus casas quietos y no hicieron mal, ni daño, ni injuria a los de quien las reciben), no considerando que son hombres y tienen ánimas racionales y que los cielos y la tierra y todo lo que de los cielos desciende, como las influencias y lo que en la tierra y elementos hay, son beneficios comunes que Dios a todos los hombres sin diferencia concedió, y los hizo señores naturales de todo ello no más a unos que a otros, como dice por Sant Mateo: *Solem suum oriri facit super bonos et malos, et pluit super iustos et iniustos;* y que la ley divina y preceptos negativos della que prohiben hacer injuria o injusticia a los prójimos, y hurtarles cualquier cosa suya, y mucho menos tomársela por violencia, no bienes muebles, ni raíces, no sus mujeres ni sus hijos, no su libertad, no sus jumentos, ni sus gatos, ni sus perros, ni otra alhaja alguna, se entienden también y se extienden para con todos los hombres del mundo, chicos y grandes, hombres y mujeres, fieles o infieles: esto todo lo contiene la ley de Jesucristo. **Quien inventó este camino, de ganar para Cristo los infieles** y traerlos a sus cognoscimiento y encorporarlos en el aprisco de su universal Iglesia, creo y aun sé por cierto, que Cristo, antes muy claramente, y no por ambages, **lo tiene condenado por su Evangelio.**[447]

nach Form und Beispiel, das Christus uns gab, <...> der uns als Grundregel auftrug, dass alles, von dem wir wollen, dass es die anderen Leute uns tun, wir auch ihnen tun sollen und dass, wo immer wir auch eintreten, das erste Zeichen, das wir von uns geben, in Worten wie in Taten, der Frieden sei. Und darin gibt es keinen Unterschied weder für Indios, noch Heiden, Griechen oder Barbaren, denn einen einzigen Herren haben sie alle, der für alle ohne Unterschied starb, und daher sollen wir in dieser Weise leben und sollen so unsere Werke gegenüber allen sein, dass sie den Herrn loben und preisen, dem wir durch unsere Werke Glauben und Verehrung zeigen; und lasst uns niemandem Grund für Beleidigung oder Anstoß geben, weder Juden *noch Heiden noch der Kirche Gottes, wie der Heilige Paulus verkündet, und dabei keinen Unterschied machen zwischen Ungläubigen: selbst wenn einige Menschen nicht nur keine Christen, sondern auch ohne Glauben sind, in welchem Land, das ihr Eigen ist, sie auch immer leben, können wir nicht glauben und für wahr erachten, dass es uns gestattet ist, in ihre Reiche und Länder einzufallen und sie zu verängstigen und zu erobern (um einmal den Begriff zu verwenden, den viele Tyrannen gebrauchen, der doch nichts anderes besagt als: morden, rauben, fesseln und unterwerfen und Besitz und Reichtum und Güter denen wegnehmen, die ruhig in ihren Häusern leben und keinerlei Böses, Schaden oder Unrecht denen antaten, von denen sie es erfahren) und dabei nicht zu beachten, dass sie Menschen sind und vernunftbegabte Seelen haben und dass Himmel und Erde und alles, was vom Himmel herabkommt, wie der göttliche Segen und alles, was es in der Erde und den Elementen gibt, zu gemeinsamen Nutzen bestimmt sind, da Gott sie allen Menschen gab ohne Unterschied und sie zu den natürlichen Herren von alledem machte und nicht die einen mehr als die anderen, wie der Heilige Matthäus sagt:* Er lässt seine Sonne aufgehen über Gute und Schlechte und lässt regnen über Gerechte und Ungerechte; *und dass das göttliche Gesetz und seine Verbotssätze, die es untersagen, Unbill oder Unrecht seinem Nächsten anzutun und ihm irgendeines seiner Dinge zu entwenden oder erst recht mit Gewalt zu entreißen – weder bewegliche Besitztümer noch Grundbesitz, weder seine Frauen noch seine Kinder, noch seine Freiheit noch seine Esel noch seine Katzen noch seine Hunde noch sonstigen wertvollen Hausrat – sich auf alle Menschen der Welt beziehen und erstrecken, Große und Kleine, Männer und Frauen, Gläubige und Ungläubige: all dies enthält das Gesetz Jesu Christi.* **Wer diesen Weg erfand**, *die Ungläubigen für Christus zu gewinnen und sie zur Erkenntnis zu bringen und sie in das Gehege der Kirche einzuverleiben, den – das glaube ich und weiß ich auch ganz sicher –* **hat Christus ganz klar und eindeutig durch sein Evangelium verdammt.**

Gegen diesen von Gott verdammten Weg setzt Las Casas die in einer ausführlichen weiteren Schrift dargelegten *Einzige Weise, alle Völker der wahren Religion zuzuführen*[448]. Die Essenz dieses Weges hat Las Casas in einer folgenreichen Kontroverse mit Ginés de Sepúlveda in Valladolid 1550 zusammengefasst. Mit diesem Weg wendet er sich entschieden gegen die aristotelische These der *servi a natura*, die Sepúlveda die Argumente für die Verteidigung der Conquista als *bellum iustum* und den Eroberern die Legitimierung für die Versklavung der amerikanischen Bevölkerung liefert. Indem er in bislang beispielloser Weise Ehrfurcht und Respekt vor der Person des anderen in allen Dimensionen, vom Konkreten bis ins Abstrakte, vom Essenziellen bis in Banale, von der Freiheit über die Kinder bis zum Hund und zur Möbelgarnitur gegen den Herrschaftsanspruch der Conquistadoren setzt, erhält der ihn mit vielen Zeitgenossen verbindende Antiaristotelismus (der, wie Las Casas gegenüber Sepúlveda ausführt, eigentlich vielmehr die Richtigstellung eines fehlverstandenen Aristotelismus ist) eine über die philosophische Fragestellung hinausgehende Dimension, die Las Casas einen zentralen Platz in der Geschichte des politischen Denkens der Neuzeit verleiht[449]. Angesichts der Begegnung mit den Bewohnern der Neuen Welt öffnet er den Weg in ein neues Menschenbild, wie es Marcel Bataillon formulierte, der neben Edmundo O'Gorman und Lewis Hanke wohl bedeutendste Las-Casas-Forscher des vergangenen Jahrhunderts: »mit der lascasistischen Weigerung, die Evangelisierung mit strafender Gewalt zu vermischen, beginnt in den Zeiten von Las Casas und Montaigne eine neue Anthropologie ihren Weg zu suchen«[450].

Dennoch ist der Sachverhalt nicht ganz so einfach, wie die nun neugeborene Dichotomie Erfinden-Entdecken es den Anschein machen möchte. Als ›Erfinder‹ nämlich treten jene »Ausdenker von Spitzfindigkeiten« wie Fernández de Oviedo auf, die durch die Kraft ihrer Ein-Bildungen Unwahrheiten in die Welt setzen. Kehren wir jedoch zum lateinischen Ausgangspunkt dieses Kapitels zurück, der *Medea* Senecas, so sehen wir, dass Las Casas in höchst freier Übersetzung des »Tiphisque novos detegat orbes« dort einen ganz anderen »inventor« vorführt: »und der Erfinder von Neuheit wird derart neue Welten entdecken«. Tiphys, und mit ihm notwendigerweise auch der Neue Tiphys, auf den diese Prophezeiung gemünzt ist, ist ein »Neuer Erfinder von neuen und großen Dingen«, da er ein Erfinder von neuen Navigationstechniken ist (»el primero que inventó sus aparejos para navegar«) – aber auch, weil durch ihn als ersten die ›neuen Kreise‹ *entdeckt* wurden: (»para que estos orbes nuevos descubriese«)[451]. Einerseits stellt sich uns der Erfinder nun in einer Doppelnatur dar: als Erfinder von nicht existierenden, imaginierten »Spitzfindigkeiten« und von neu existierenden technischen Erfindungen, oder um noch einmal Derrida in Erinnerung zu rufen, dessen Ausführungen vor dem Hintergrund Las Casas' eine neue Bestätigung erhalten: »Man erfindet auf der einen Seite *Geschichten* (fiktive oder fabelhafte Berichte) und auf der anderen Seite *Maschinen*, technische Vorrichtungen im weitesten Sinnes des Wortes«. Darüber hinaus aber stellt sich uns Tiphys-Kolumbus, trotz der zuvor dargelegten und scheinbar so säuberlichen Trennung von Entdecker und Erfinder, als beides zugleich dar: als ›descubridor‹ von verborgenem Existierenden und ›inventor‹ von noch nicht Existierendem, das aber als Idee schon präexistierte und von Gott nun erst enthüllt wurde. Mit Las Casas, der die neuzeitliche Trennung von Erfindung und Entdeckung als erster vollzieht, tut sich bereits das gesamte zu Beginn dieser Abhandlung vorgeführte Spektrum von Konfusionen auf, das sich aus ihr ergibt und seit fünf Jahrhunderten bis in die jüngsten Diskussionen um »das, was mit Amerika passierte« in ungebrochener Weise die Begrifflichkeit der Invention in eine abgründige Widersprüchlichkeit, ja Schizophrenie treibt.

IV.7. José de Acosta: Invention als Substitution

IV.7.1. Die göttlichen Bergwerke: Amerika und die contemplatio ad amorem

Da die *Historia* von Las Casas nach seinem Tod auf sein eigenes Geheiß, durch eine rätselhafte testamentarische Verfügung, mehrere Jahrzehnte für eine Veröffentlichung gesperrt und damit bis 1875 in gedruckter Form unveröffentlicht bliebt[452], lässt sich ein direkter Einfluss dieser Reflexionen auf die zeitgenössischen Autoren schwer nachweisen. Dennoch ist die von Las Casas erstmals vorgenommene Abgrenzung der Entdeckung der Wahrheit von der Erfindung der Fiktion auch in den Zeugnissen der ihm nachfolgenden Chronisten systematisch zu verfolgen. Die Verbindung des vor ihm in den *Crónicas de Indias* als Verbalform (es finden sich vorrangig die Substantive »inventor« und »invención«) nicht auftauchenden Terminus des *inventar* mit der Instanz des Bildes ist ein grundlegendes Element des Inventionsbegriffs bei den Chronisten in der ›dritten Phase‹ der *Historiografía indiana* gegen Ende des 16. Jahrhunderts. An herausragender Stelle ist in diesem Zusammenhang der Jesuitenpater Joseph de Acosta zu nennen. Sein Hauptwerk, die *Historia natural y moral de las Indias* (1590), wird zuweilen aus europäischer Perspektive als bahnbrechende »zweite Entdeckung‹ Amerikas«[453] und Vorreiterprojekt eines auf die Philosophie späterer Jahrhunderte vorgreifenden »Prä-Empirismus«[454] bezeichnet, während aus amerikanischer Sicht die Spuren von Acostas Wirken und Denken als Chronist, Missionar und einer der »Schmiede Perús«[455] auf Geschichte und Identität seiner Hauptwirkungsstätte beträchtlich sind. Dennoch ist sein Einfluss als einer der Begründer lateinamerikanischen Denkens ohne die wegweisende Rolle von Las Casas schwerlich zu denken[456].

In besonderem Maße gilt dies für die Frage der *inventio orbis novi*, die mit Acosta in eine neue Phase tritt. In ganz ähnlicher Weise wie bei Las Casas werden die beiden Pole von Entdecken und Erfinden bei Acosta mit denen von Gott und Teufel, Gut und Böse, Wahr und Falsch überlagert.

Gerade im Lichte der kosmographischen Theorie Acostas und ihres Zusammenspiels von *experiencia, imaginación* und biblischer Offenbarung wird allerdings die Rolle, die innerhalb dieser Konzeption die Instanz des Bildes einnimmt, weitaus differenzierter und zugleich ambivalenter. Eine Entdeckung findet innerhalb eines Dreiecksverhältnisses von sinnlicher Wahrnehmung, bildlicher Vorstellung und rationaler Durchdringung statt, innerhalb dessen der Mensch und sein freier Wille im Gegensatz zur lascasistischen Lehre eine bedeutende Rolle spielen. Der Fund in den Texten der Autoritäten hat dabei, wenn es sich nicht um zentrale Offenbarungen der Heiligen Schrift handelt, seine Funktion weitgehend verloren. So etwa wurden die Quecksilberminen von Guancavilca in Perú entdeckt, von denen weder Spanier noch Indios vorher wussten und die aus diesem Grund in keinem Text zu finden sein können: nämlich indem von einem ›intelligenten Menschen‹ ein visueller Eindruck von den Dingen der Wirklichkeit (»mirándolo«) in eine Hypothese (»conjeturó«) umgewandelt wurde, die wiederum auf der Basis experimenteller Nachforschung (»experiencia y ensaye«) ihre Richtigkeit beweist. In einem Zeitraum von fast genau hundert Jahren hat sich das Entdecken von der Anwendung des Autoritätsarguments zu einer modernen wissenschaftlichen Beweismethode gewandelt.

> Vino a poder de vn hombre inteligente llamado Enrique Garces, portugues de nacion, el metal colorado que he dicho, que llauan los Indios Llimpi, con que se tiñen los rostros, y mirandolo conocio ser, el que en Castilla llaman Bermellon: y como sabia que el bermellon se saca del mismo metal que el azogue, conjeturò, que aquellas minas auian de ser de azogue, fué alla, y hizo la experiencia y ensaye y hallò ser assi. Y de esta manera <fueron> descubiertas las minas de Palcas.[457]
> *Einem intelligenten Mann namens Enrique Garcés, Portugiese von Nationalität, fiel das rote Metall in die Hände, das die Indios Llimpi nennen, mit dem sie ihre Gesichter einfärben, und als er es betrachtete, erkannte er, dass es das ist, was man in Kastilien Zinnober nennt; und da er wusste, dass Zinnober aus demselben Metall gewonnen wird wie das Quecksilber, vermutete er, dass es aus Quecksilberminen stammen musste. Er begab sich dorthin und machte Versuche und Proben und fand heraus, dass es wirklich so war. Auf diese Weise wurden die Minen von Palcas entdeckt.*

Dass Acosta zur Charakterisierung der Entdeckung mehr als das sich bislang aufdrängende Beispiel von Las Indias immer wieder das Motiv der Metallbergwerke heranzieht, ist höchst aufschlussreich. Denn hinsichtlich dessen, was man gewöhnlich die ›Entdeckung von Las Indias‹ nennt, entwickelt Acosta vor dem theologischen Problem, die Tatsache der Bewohntheit

Amerikas zu erklären, eine bahnbrechende kosmographische These – und zwar ohne in eine häretische Theorie eines autochthonen Ursprungs zu verfallen, der die monogenistische Herkunft der Menschheit von Adam und ihre gemeinsame Erlösung durch Jesus Christus in Frage stellte, wie dies zeitgleich in Europa Giordano Bruno tut, dessen Werk *Dell'infinito, universo e mondi* im selben Jahr erscheint wie Acostas *Historia*. Zwar stellt die Neue Welt einen eigenen und unabhängigen Erdteil dar, der sich nicht auf eine weitere Halbinsel der asiatischen Landmasse reduzieren lässt, dennoch muss zwischen Asien und Amerika im nördlichen Teil beider Erdmassen eine Landverbindung entweder existieren oder in der Vergangenheit einmal existiert haben. Obwohl Hypothesen einer Landbrücke bereits vor Acosta in kosmographischen Schriften und Weltkarten wie denen von Caspar Vopel (1542), Hieronymo de Girava Tarragones (1556) und Van den Putte (1570) angelegt sind[458], hatte im Spanien Karls V. und Philipp II. diese These eine vordringlich politische Bedeutung: die Herrschaftsansprüche Spaniens in Asien gegen Portugal zu behaupten[459]. Acosta aber kehrt die Marschrichtung um. Nicht Spanien überquert die Landbrücke in Richtung Asien – vielmehr konnten die asiatischen Nachkommen Adams über die Landbrücke ihre Übersiedlung in die Neue Welt unternehmen.

> de que manera pudieron yr del vn mundo al otro? Este discurso que he dicho, es para mi vna gran conjetura, para pensar que el nueuo orbe, que llamamos Indias, no està del todo diuiso y apartado del otro orbe. Y por dezir mi opinion, tengo para mi dias ha, que la vna tierra y la otra en alguna parte se juntan y continúan o a lo menos se auecinan, y allegan mucho. Hasta agora, alomenos no ay certidumbre delo contrario. Porque al Polo Artico que llaman Norte, no està descubierta y sabida toda la longitud de la tierra, y no faltan muchos, que afirman, que sobre la Florida corre la tierra larguissimamente al Septentrion, la cual dizen, que llega hasta el mar Scytico o hasta el Germanico.[460]
>
> *Auf welche Weise konnten sie von einer Welt in die andere gelangen? Dies besagte Thema führt mich zu einer großen Mutmaßung, nämlich zum Gedanken, dass der neue Erdkreis, den wir Indias nennen, vom anderen Kreis nicht ganz getrennt und geschieden ist. Und um meine Meinung zu sagen, glaube ich meinerseits schon lange, dass das eine Land und das andere sich an einem Ort treffen oder durchgängig sind oder zumindest in große Nähe und Nachbarschaft kommen. Bis jetzt zumindest gibt es keine Gewissheit über das Gegenteil; denn zum Arktis-Pol hin, den man Nordpol nennt, ist die gesamte Erdlänge noch nicht entdeckt und bekannt, und es gibt einige, die behaupten, dass sich jenseits von Florida die Erde äußerst weit in den Norden erstreckt, ja, sogar bis zum Skythischen oder Germanischen Meer reicht.*

Im Lichte der herrschenden Entdeckungs- und Kolonialideologie besitzt Acostas Erklärung ein Provokationspotenzial, das dem einer polygenistischen These in keiner Weise nachsteht und die imperialistischen Theorien Spaniens, nicht zuletzt auch aus der Sicht des übernational und gegen den spanischen Expansionismus operierenden Jesuitenordens[461], in empfindlicher Weise unterläuft. Gleich in doppelter Weise setzt Acostas kosmographische ›einfache Antwort auf den schwierigen Zweifel‹ den von den offiziellen Chronisten der Krone propagierten Entdeckungsbegriff außer Kraft. Nicht nur, dass sie sich Spaniens Herrschaftsansprüchen in Asien entgegensetzt, sie spricht auch Kolumbus bzw. den europäischen Atlantikreisenden den Status als ›Erste Entdecker‹ Amerikas ab. Nicht als die ersten Bewohner der Alten Welt haben sie die Neue bereist, sondern gewissermaßen als die letzten, indem sie den schwierigen Seeweg wählten, nachdem die Völker Amerikas, die in identischer Weise der Alten Welt entstammten, lange zuvor den einfachen Landweg eingeschlagen hatten.

Diese Erkenntnis trifft noch in einer weiteren, wenn auch weniger politischen Weise in das Herz des frühneuzeitlichen Entdeckungskults. Die Tatsache einer existierenden Landverbindung sabotiert die seit Vespucci dominierende Grundvoraussetzung zur Trennung von »discoprire« und »andare per el discoperto«: die Apotheose der Entfernung von sichtbaren Küsten. Die Entdeckung wäre im Grunde auch durch eine Reise zu Lande möglich gewesen. Durch die arktische Landverbindung verliert Amerika seine Andersheit und Neuheit. Auch die Schaffung einer neuen Vorstellungseinheit ist als Kriterium der Entdeckung hinfällig[462], denn die ersten Besiedler der Neuen Welt besitzen überhaupt keine Vorstellung von einem Übergang in einen neuen Erdteil: sie ziehen einfach gedankenlos (»sin pensar«) ihres Wegs. Anstelle eines triumphalen Aktes der Enthüllung ist diese Nicht-Entdeckung der Neuen Welt ein punktuell überhaupt nicht festlegbares, langandauerndes (»por discurso de tiempo«) und noch dazu ungewolltes »Nach und Nach« (»poco a poco«):

> Si esto es verdad, como en efecto me lo parece, facil respuesta tiene duda tan dificil, que auiamos propuesto, como passaron a las Indias los primeros pobladores de ellas, porque se ha de dezir, que passaron no tanto nauegando por mar, como caminando por tierra: Y esse camino lo hizieron muy sin pensar mudando sitios y tierras su poco a poco, y vnos poblando las ya halladas, otros buscando otras de nueuo, vinieron por discurso de tiempo a henchir las tierras de Indias de tantas naciones, y gentes, y lenguas.[463]
> *Wenn das wahr ist, wie es mir in der Tat scheint, gibt eine einfache Antwort auf diesen schwierigen Zweifel, den wir anbrachten: wie die ersten Einwoh-*

ner nach Las Indias kamen. Denn man muss dann sagen, dass sie weniger zu Schiff auf dem Meer als zu Fuß auf dem Land hinüberkamen. Und diesen Weg unternahmen sie, ohne sich viel dabei zu denken, indem sie Aufenthaltsort und Länder nach und nach verlegten; und indem die einen die bereits gefundenen besiedelten, die anderen wiederum neue suchten, füllten sie eines Tages die Länder von Las Indias mit so vielen Völkern, Menschen und Sprachen.

Für die von Acosta in seiner »nueua historia« entwickelte Methode der Imagination spricht ohne Zweifel, dass die hier erstmals formulierte »große Mutmaßung« einer Besiedelung über die (erst eineinhalb Jahrhunderte später erstmals bereiste) Beringstraße und eine dort vormals existierenden Landverbindung inzwischen vorherrschende Forschungsmeinung ist und bis auf den heutigen Tag nichts an Aktualität verloren hat[464]. Acosta stößt zudem mit der These von einer ›allmählichen‹ Entdeckung bereits eine Problematik an, die bis jetzt, etwa in der Polemik um den Quinto Centenario, von einer Lösung weit entfernt ist.

Statt auf dem Weg einer ›Entdeckung‹ der Neuen Welt, die er durchaus mittels der obligatorischen Nacherzählung der Legende vom Namenlosen Steuermann und der Prophezeiung Senecas der Erwähnung würdig hält, aber die ja angesichts der Landbrücken-Theorie die grundsätzliche Anforderung an eine Entdeckung, ein einmaliger Revelationsakt zu sein, nicht erfüllt, findet sich Acostas Konzeption der Entdeckung eher in seinen Beschreibungen der Bergwerke von Potosí, denen er lange Kapitel seines Vierten Buches widmet. Obwohl ein Bergwerk an sich keine ›entdeckbare‹ Einheit im Sinne Vespuccis ist (denn die Idee des Bergwerks ist bereits aus Europa bekannt), besitzt es ein metaphorisches Potenzial, das von Acosta in Hinsicht auf die klassischen Motive der *ars inveniendi,* deren *loci* ja in der Tat durch die Metapher der Goldminen beschrieben sind[465], und der *ars memoriae* systematisiert wird. Bergwerke sind vom Menschen geschaffene Entdeckungswerkzeuge, die den Sinn haben, die von Gott geschaffene Schatzkammer, den *thesaurus,* zu öffnen, das von Gott dort Verborgene ans Licht zu bringen, »das der Schöpfer in den Schränken und Kellern der Erde verschloss« (»que encerrò el Criador en los armarios y sótanos de la tierra«[466]). Der Vorgang der Entdeckung ist, ganz entsprechend der seit Kolumbus entwickelten Enthüllungsmystik, ein Akt der Offenbarung des von Gott Geschaffenen und Verborgenen durch den Menschen. Doch wie auch schon bei Las Casas ist der Mensch weniger Autor als Werkzeug der Entdeckung, denn diese vollzieht sich allein auf Geheiß der göttlichen Vorsehung. So etwa im Falle der berühmtesten aller Bergwerke Amerikas, den Silberminen von Potosí:

En el modo que està dicho se descubrio Potosi, ordenando la diuina prouidencia para felicidad de España, que la mayor riqueza que se sabe, que aya auido en el mundo, **estuuiese occulta, y se manifestasse**, en tiempo que el Emperador Carlos Quinto de glorioso nombre tenia el Imperio.[467]

Auf besagte Weise wurde Potosí entdeckt, denn die Göttliche Vorsehung fügte es zum Glücke Spaniens, dass der größte Reichtum, von dem man weiß und je wusste auf der Welt, verborgen lag und sich in einer Zeit offenbarte, da Kaiser Karl V. mit glorreichen Namen das Reich innehatte.

Wie seine mikrokosmische Entsprechung, das Bergwerk und seine metallenen Schätze in der Erde, ist der gesamte Kosmos als ein immenses Schatzhaus zu betrachten, dessen Kostbarkeiten der Schöpfer nach seinem Willen dem Menschen zur Strafe oder Belohnung (»para castigo, o para regalo de los hombres«[468]) zum Vorschein bringt. Das Schatzhaus, der *thesaurus sapientiae*, zentrale Metapher der mnemonischen Theorien seit der Antike[469], wird von Acosta auf den Entdeckungsbegriff übertragen – und mit ihm auch auf die Natur Amerikas, so etwa hinsichtlich der Winde, die, gemäß dem Wort des Jeremias, in den göttlichen Schatzkammern schlummern (»Qui profert ventos de thesauris suis«[470]). In diesem Sinne ist auch der philosophische Forschungsakt, die Suche nach den kausalen Zusammenhängen und die rationale Durchdringung der Natur, immer als ein das wahre Wesen Gottes enthüllender Entdeckungsvorgang zu betrachten. Gottes Entdecken der Metalle aus den Schatzkammern der Natur ist nichts als die dingliche Entsprechung der Entdeckung des Evangeliums Jesu Christi an die Ungläubigen, die aus der Dunkelheit des Unglaubens ans Licht der Verkündung gelangen:

Finalmente quien viere la ceguedad y tinieblas, en que tantos tiempos han viuido Prouincias y Reynos grandes, <...> no podrá (si tiene pecho Christiano) dexar de dar gracias al altissimo Dios, por los que ha llamado de tales tinieblas ala admirable lumbre de su Euangelio <...e> instar al padre de misericordias, que les descubra los tesoros y riquezas de IESV Christo, el qual con el Padre y con el Espiritu Santo, reyna por todos los siglos. Amen.[471]

Wer schließlich die Blindheit und Finsternis sieht, in der große Reiche und Provinzen so lange Zeit lebten, muss (so er eine christliche Brust hat) einfach dem höchsten Gott danken, dass er sie aus diesem Dunkel ins wundervolle Licht seines Evangeliums gerufen hat, und den Vater der Barmherzigkeiten bitten, dass er ihnen die Schätze und Reichtümer IESV Christi entdeckt, der mit dem Vater und dem Heiligen Geist herrscht in alle Ewigkeit. Amen.

Damit die göttliche Entdeckung von Las Indias möglich wird, ist, um das von Las Casas verwendete Beispiel vorzuführen, wiederum die ›Entdeckung‹ (bei Acosta also nicht mehr ›Erfindung‹!) der Kompassnadel durch den Menschen vonnöten, der sich dieses Werkzeugs bedient, um den Weg zu finden.

> Siendo determinacion del cielo, que se descubriessen las naciones de Indias, que tanto tiempo estuuieron encubiertas, <…> proveyosse tambien del cielo de guia segura, para los que andan este camino, y fue la guia el aguja de marear, y la virtud de la piedra imán.[472]
> *Da es fester Entschluss des Himmels war, dass die Völker von Las Indias entdeckt würden, die so lange Zeit verdeckt waren, stellte der Himmel auch einen sicheren Führer derer bereit, die diesen Weg befahren, und dieser Führer waren der Kompass und die Fähigkeit des Magnetsteins.*

Hier enthüllt sich der wahre Sinn von Acostas Konzeption der Geschichtsschreibung. Die *historia* dient dazu, auf der Basis der Empirie das Lob Gottes zu verkündigen und ist in diesem Sinne nichts als eine Philosophie und Theologie in einem anderen Gewande. Insofern durchbricht das Werk des Chronisten das traditionell dem Geschichtsschreiber zugewiesene Tätigkeitsfeld in Richtung einer neuen Wissensdisziplin, die alle bekannten Grenzen durchbricht. Grund dieses Wandels wiederum ist Neuheit der amerikanischen Natur:

> Quien holgare de entender verdaderos hechos desta naturaleza, que tan varia y abundante es, terna el gusto que da la historia, y tanto mejor historia, quanto los hechos no son por traças del hombre, sino del Criador: Quien passare adelante, y llegare a entender las causas naturales de los efectos, terna el ejercicio de buena Philosophia: Quien subiere mas en su pensamiento, y mirando al summo y primer artifice de todas esta marauillas, gozare de su saber y grandeza, diremos, que trata excelente Theología.[473]
> *Wer Freude daran hat, die wahren Tatsachen dieser Natur zu begreifen, die so vielfältig und üppig ist, wird den Genuss erreichen, den die Geschichtsschreibung gibt, und desto bessere Geschichte, je mehr die Tatsachen nicht Spuren des Menschen sind, sondern des Schöpfers. Wer weitergeht und die natürlichen Ursachen der Wirkungen begreift, erreicht die Ausübung einer guten Philosophie. Wer aber noch weiter in seinem Denken steigt und den Höchsten und Ersten Urheber all dieser Wunder betrachtet, sich seines Wissens und seiner Größe freut, der betreibt, wie wir sagen, eine hervorragende Theologie.*

Dennoch besitzt die Neuheit in der Chronik Acostas einen grundlegend anderen Status als bei deren Vorgängern, denn die Frage des Entdeckens von Neuem wird hier nicht mehr als allein heilsgeschichtliches oder kosmographisches Phänomen betrachtet. Vielmehr ist das Neue hier Resultat der Interpretation durch den es geistig durchdringenden Menschen. Ein Jahrhundert nach den Exaltationen des Neuen als Hereinbruch einer bislang nicht existierenden Einheit durch die Kraft des menschlichen Geistes, wie wir sie bei Vespucci finden, erfährt Acosta als einer der ersten Denker seiner Zeit die Inflations- und Abnutzungserscheinungen des Neuen. Unternimmt schon Fernández de Oviedo eine dezidierte Kritik an Peter Martyrs Begriffsfindung des *orbis novus,* mit der Begründung, die Neue Welt sei ebenso alt wie die Alte, so gibt der Chronist Karls V. dafür noch natürliche und theologische Gründe an: Gott hat das ganze Universum gleichzeitig geschaffen, und damit auch die Alte wie Neue Welt[474]. Bei Acosta gewinnt die Erkenntnis der ›alten Neuen Welt‹ nun eine ausschließlich hermeneutische Dimension: die neue Welt ist nicht mehr neu, weil inzwischen schon so viele über sie geschrieben haben. Neu ist vielmehr Acostas eigene Chronik, weil sie einen Weg gefunden hat, die vermeintlich Neue Welt in einer Weise zu beschreiben, die keiner seiner Vorgänger gefunden hat. Weniger als zur Konzeption einer Neuen Welt führt das Auftauchen Amerikas zu einer neuen Textgattung, einer *historia nueva,* welche die bisherigen Genera von Geschichtsschreibung, Philosophie und Naturgeschichte überschreitet.

> Assi que aunque el mundo nueuo ya no es nueuo sino viejo, segun ay mucho dicho, y escripto del, toda via me parece que en alguna manera se podra tener esta Historia por nueua, por ser juntamente historia y en parte Philosophia, y por ser no solo de las obras de naturaleza, sino también de las del libre aluedrio, que son los hechos y costumbres de hombres.[475]
> *Obwohl die Neue Welt nicht mehr neu ist sondern alt, nachdem bereits so viel über sie gesagt und geschrieben wurde, scheint es mir dennoch, dass man die vorliegende Geschichte in gewisser Weise als neu erachten kann, weil sie Geschichte und teils Philosophie in einem ist und nicht nur die Werke der Natur, sondern auch die des freien Willens behandelt, also die Werke und Sitten der Menschen.*

Die Sehnsucht nach neuen Mitteln und Wegen (»el ansia de hallar nueuos modos de acrecentarse«), die den Menschen nach den neuen Dingen streben lässt wie die Ameisen nach dem Süßen (»como las hormiguillas tras el rastro y noticia de las cosas nueuas no paran, hasta dar con lo dulce«) ist in Anbetracht dieser neuen Aufgabe des kombinierten Geschichtsschreibers und Naturforschers ein dem Menschen eingepflanzter Urinstinkt, den Gott zur Verbreitung seines Evangeliums bewusst einsetzt (»Y la alta y eterna sabiduria del Criador vsa de esta natural curiosidad de los hombres, para communicar la luz de su sancto Euangelio«[476]). Ganz entgegen etwa der sich bei Vespucci manifestierenden Souveränität des menschlichen Genies vollzieht sich aber die den Kosmos durchdringende Wissensbegierde allein zum Lob der Größe Gottes. Ein rationales Verstehen des Entdeckungsvorganges, ja selbst eine zutreffende Vorstellung von der entdeckten Sache (gemäß der O'Gormanschen Definition der Entdeckung) ist nebensächlich, da die bloße Schau des von Gott Enthüllten und die Nutzung seiner Effekte die Erkenntnis der Ursachen unnötig machen. Warum die Magnetnadel des Kompasses immer nach Norden zeigt, ist Geheimnis der Vorsehung, bleibt dem Verständnis des Menschen verborgen und ermöglicht ihm dennoch das Auffinden der Neuen Welt.

> no hemos de presumir de comprehender, lo que tan alto, y tan oculto es, como las causas y motiuos del Espiritu Sancto. Bastanos conocer sus operaciones y efectos, que en su grandeza, y pureza se nos descubren bastantemente.[477]
>
> *Wir müssen uns nicht zu verstehen anmaßen, was so hoch und verborgen ist wie die Ursachen und Beweggründe des Heiligen Geistes. Es soll uns genügen, seine Taten und Wirkungen zu kennen, die sich in ihrer Größe und Reinheit genügend entdecken.*

Das menschliche Vorstellungsbild kann der Entdeckung zwar nützen. Notwendig aber ist es nicht. Denn die Entdeckung ist der rein menschlichen Sphäre der Bilderzeugung enthoben. Wie bei Las Casas entdeckt der Mensch nicht: ihm wird von Gott entdeckt. Auch und gerade für die Entdeckung Amerikas ist diese Beobachtung stimmig. Wird, wie vor dem Hintergrund von Acostas kosmographischer These einer Besiedelung Amerikas über Asien noch zu zeigen ist, der Ruhm der europäischen Entdecker und die traditionelle Konzeption einer Entdeckung der Neuen Welt ohnehin unterlaufen, so ist selbst innerhalb des allgemein als ›Entdeckung von Las Indias‹ anerkannten Prozesses, also der Überquerung des Ozeans durch europäische Seefahrer, das menschliche Einwirken ein rein zufälliges. Anders als Las Casas aber greift Acosta wieder auf Gómaras Version zurück: die Legende vom Namenlosen Steuermann. Da ein Sturm ihn gegen seinen eigenen Willen zur Landung in der Neuen Welt führte, ist deren Entdeckung in keiner Weise als Verdienst ›jenes Seemanns‹ (»aquel marinero«) zu betrachten. Ihr wahrhafter Urheber ist die Gewalt der Winde und Gewitter (»se deue mas a la violencia de temporales su descubrimiento, que a la buena industria, de los que las descubrieron«[478]). Nachdem die Winde aber zum Inventar des göttlichen Schatzhauses gehören, weist die Entdeckung Amerikas in letzter Konsequenz auf Gott selbst zurück. Deshalb ist die Namenlosigkeit ›jenes Seemanns‹, die Anonymität der Entdeckungsfahrt von der Vorsehung beabsichtigt worden, um den Menschen die göttliche Autorschaft der Entdeckung vor Augen zu führen (»aquel marinero ‹,› cuyo nombre aún no sabemos, para que negocio tan grande no se atribuya a otro autor sino Dios«). In weitaus konsequenterer Fortentwicklung von Gómaras These der Urheberschaft Gottes kommt der Ruhm der Entdeckung nun weder Kolumbus noch dem Namenlosen Steuermann zu. Dem Menschen ist lediglich gestattet, die Natur Gottes in kontemplativer Weise zu enthüllen. Als Wirker oder *faber* fungiert Gott. Er manifestiert sich dem Menschen in Form seiner ›Fabrik‹, des Universums. Jegliche Fabrikationen von Menschenseite sind als unzulässige Grenzübertretungen zu werten (»seria a mi parecer muy justo, temer del castigo del cielo, querer enmendar las obras que el hacedor, con summo acuerdo y prouidencia, ordenò en la fabrica de este vniuerso«[479]), wie Acosta etwa im Falle eines möglichen Landdurchbruchs im Darién-Gebiet verdeutlicht – also jenes Bauvorhabens, das später den Namen Panamakanal tragen soll. Die Tätigkeit des Entdeckens durch den Menschen als Werkzeug Gottes ist daher in letzter Konsequenz Acostas Form, der vom Ordensgründer Ignatius von Loyola aufgestellten Forderung einer *contemplatio ad amorem* gerecht zu werden und den Schöpfer durch die Enthüllung der Schönheit seiner Schöpfung zu preisen[480].

›Die Entdeckung Gott, die Erfindung dem Menschen‹. So könnte Derridas Inventions-Faustregel auf Acostas umgemünzt lauten. Dem kontemplativen Entdecken des Menschen, das in Wahrheit als von Gott gefügtes Entdeckt-Werden zu verstehen ist, steht das artistische Erfinden durch den Menschen jenseits der Führung durch die göttliche Vorsehung gegenüber. Damit kehrt Acosta in letzter Konsequenz eine von ihm selbst zu Beginn der Chronik angeführte, neutestamentarische Ordnung um, etabliert vom Apostel Paulus am Beispiel der alten Bundeslade und ihrer göttlichen Ersetzung durch einen neue[481], laut derer Gott als »Autor des Neuen« (»el autor del nueuo que es Dios«) vom Menschen als »Wirker des Alten« (»obrador del viejo que fue hombre«[482]) zu differenzieren sei.

In paradigmatischer Weise treten göttliche Entdeckung und menschliche Erfindung einander wiederum im Bergwerk gegenüber, das – wenn auch noch fern von einem existenziellen Symbol wie die Bergwerke der Romantik und Frühmoderne, etwa das von Falun bei E.T.A. Hoffmann oder Hugo von Hofmannsthal – zur Schlüsselmetapher für die Oppositionen im Inneren von Acostas Inventionsbegriff wird. Das Bergwerk ist die Schnittstelle von Erfindung und Entdeckung. Als vom Menschen geschaffene Erfindung dient es zur Bergung der von Gott ihm entdeckten Schätze, die, ähnlich Bacons Bild vom göttlichen Versteckspiel, dort verborgen sind, um den Menschen zu nützen (»Siendo pues tanta la diuersidad de metales que encerrò el Criador en los armarios, y sótanos de la tierra, de todos ellos tiene vtilidad la vida humana«[483]). Die dem Menschen durch Gott entdeckten Metalle wiederum sind bestimmt, der menschlichen Erfindungskunst als Grundstoff zu dienen, so etwa für Gefäße, Werkzeuge und Instrumente (»para vasijas, y herramientas, y varios instrumentos, que inuenta el arte humana«[484]).

Vor allem aber ist das entdeckte Metall die Basis für eine Erfindung, die als das paradigmatische Produkt menschlicher *ars inveniendi* schlechthin zu gelten hat, da es in der Lage ist, sämtliche von Gott entdeckten Dinge zu substituieren, proteusartig ihre Gestalt anzunehmen. Diese »Erfindung, zu machen, dass alles Dinge ein Ding sind« (»esta inuencion de hazer que vna cosa fuesse todas las cosas«[485]) ist als universelles Transformationsmittel auch in der Lage, alles aus einem zu schaffen und wird damit zur zentralen Erfindung überhaupt – und in Anlehnung an die nikomachische Ethik[486] sogar zum Maß und Herrscher aller Dinge, was seit Protagoras ja eigentlich dem Menschen selbst vorbehalten ist:

> Pero sobre todos estos vsos que son senzillos y naturales, hallò la communicación delos hombres el vso del dinero, el qual (como dixo el Philosopho) es medida de todas las cosas, y siendo vna cosa sola en naturaleza, es todas en virtud, porque el dinero es comida, y vestido, y casa, y caualgadura y quanto los hombres ha menester. Y assi obedece todo al dinero, como dize el Sabio[487].
>
> *Aber über alle diese Gebräuche, die einfach und natürlich sind, fand die Kommunikation der Menschen den Gebrauch des Geldes, das (wie der Philosoph sagt) das Maß aller Dinge ist; und während es von der Natur her nur eine einzige Sache ist, ist es in seinem Vermögen alle zusammen, weil das Geld Essen ist, und Kleid und Haus und Ross und alles, was der Mensch benötigt. Und so gehorcht alles dem Gelde, wie der Weise sagt.*

Durch seinen von Gott geschenkten, »natürlichen Instinkt« (»natural instinto«) geleitet, erkennt der Mensch, dass »in dieser Erfindung, Geld zu sein« (»en esta inuención de ser dinero«[488]) sich Gold und Silber als die unverderblichsten unter den Metallen am besten eignen. Auf der anderen Seite aber birgt die menschliche Erfindungskraft eine große Gefahr. Dient das Metall dem natürlichen Instinkt nach dazu, die Essenz der Dinge zu substituieren, zeigen die Europäer die Tendenz, dem erfundenen Substitut des Dings, das in sich selbst keinen Nutzwert besitzt, einen höheren Wert als den von Gott entdeckten ›nützlichen‹ Dingen zuzuteilen; ganz im Gegensatz zu sämtlichen außereuropäischen »indio«-Kulturen, wo die Edelmetalle alleine der nutzlosen Schönheit, der Dekoration von Tempel, Palästen und Prunkgewändern dienen – und zwar gleichermaßen, wie Acosta unterstreicht, bei den Indern im Osten wie den Bewohnern von Las Indias im Westen (»los Indios, assi Orientales como Occidentales, donde el oro y plata fue tenida en precio y estima, y como tal vsada en los Templos y palacios, y ornato de Reyes y nobles«). Bei den Christen dagegen verwandelt sich das Metall zum europäischen Substitut der heidnischen Idole, ja, selbst zu einem Idol, das zu allem Überfluss nicht von den indianischen Götzendienern, sondern von den Europäern verehrt wird, welche doch Götzenverehrungen auszutreiben suchen: denn selbst Heiden »vergötterten Gold und Silber nicht so, obwohl sie Götzendiener waren, wie einige schlechte Christen, die wegen Gold und Silber so große Ausartungen begingen« (»ni ydolatraron tanto con el oro y plata, aunque eran ydolatras, como algunos malos Christianos, que han hecho por el oro y plata excessos tan grandes«[489]). Mit anderen Worten wird die nützliche Erfindung in dem Moment zur Gefahr, in dem die Instanz des *Idols* in sie eindringt. In diesem Moment wird das Produkt der menschlichen *ars* (»que inuenta el arte humano«) zum gefahrvollen Schadensbringer.

IV.7.2. Jesuitische Idola-Theorie: Substitution des Dings durch das Bild

Mit dem Idol ist ein für das Denken Acostas zentraler Terminus gefallen, der den roten Faden des gesamten zweiten Teils seines Werks, der *historia moral* bildet, speziell des fünften Buches, das der Religion der Indios gewidmet ist. Da der Autor seinen Idol-Begriff einer präzisen Definition unterwirft, ist es berechtigt, hier von einer jesuitischen Idola-Theorie zu sprechen, die signifikante Berührungspunkte zu der wenig später von Francis Bacon entwickelten aufweist. Beide Theorien verbindet ebenso, dass das Idol eine aus dem Bilde entsprungene Distanz ist, die das Verständnis des Menschen trübt, indem sie ein Ding vorspiegelt, das es in Wirklichkeit nicht gibt und so zu fehlerhaften Schlüssen über die Wirklichkeit führt. Während das Idol bei Bacon allerdings eine eher innerseelische, immaterielle oder oft auch metaphorische erkenntnistheoretische Instanz bildet, geht Acostas Darlegung von »ídolos« von der Urbedeutung aus: den heidnischen Götzenbildern der *Indios*. Als das zweite beide Theorien miteinander verkoppelnde Vergleichsmoment ist die enge Bindung der Idola an den Begriff der *inventio* bzw. *invención* in einem nun nicht mehr dialektisch-rhetorischen Sinne auszumachen – mit dem bedeutenden Unterschied, dass die Erfindung bei

Acosta auf der falschen Seite tätig ist, nämlich der der Idola. Oder anders gesagt: sobald die Erfindung, die eigentlich mit der Entdeckung der göttlichen Werke im Bergwerk kooperiert, in Verbindung mit der Instanz des Idols gerät, wechselt sie in den Einflussbereich des Teufels über.

Acostas Theorie des Idols ist als eine Anleitung zur Austreibung des magisch aufgeladenen Bildes, der »eitlen Gemälde« (»pinturas vanas«) zu lesen. Ausgangspunkt dieser Kritik ist das Bildverbot der monotheistischen Religionen. Aufgrund seiner Unendlichkeit ist Gott nicht nach dem Gesetz der *similitudo / semejanza* im Bilde repräsentierbar. Er ist alleine seinem Wesen nach durch das Wort benennbar. Angesichts dessen sind die indigenen Religionen der Inbegriff des Trugs. Sie versuchen die Göttlichkeit durch Bilder darzustellen, doch keine dieser Sprachen, weder die »lengua del Cuzco« noch die »lengua de Mexico«, besitzt ein eigenes Wort für Gott – »so wie auf lateinisch *Deus* und auf griechisch *Theos* und auf hebräisch *El* und auf arabisch *Alà* ihm entspricht« (»como en Latin responde *Deus*, y en Griego *Theos*, y en Hebreo *El* y en Arabigo *Alà*«) – und müssen das Wort »Dios« daher aus der spanischen Sprache entleihen. »Woran man sieht, wie kurze und dünne Kunde sie von Gott besaßen, denn selbst benennen können sie ihn nur mit unserem Wort« (»De donde se vee, quan corta y flaca noticia tenian de Dios, pues aun nombrarle no saben sino por nuestro vocablo«[490]). Und gerade die Benennbarkeit durch Worte ist entscheidend: Das Wahre (*verum / verdad*) als das dem Wesen Gottes Verbundene ist auf der Ebene des Wortes zu finden, das der Wahrheit nur Ähnliche (*simile / semejante*) und nichtsdestotrotz (oder besser: gerade deshalb) Unwahre als das Werk des Teufels dagegen auf der des Bildes. Die Ursache dafür ist unmittelbar der Geschichte von Luzifers Rebellion und Himmelsturz zu entnehmen, wie Acosta gleich zur Einleitung seines Idol-Buches, dem »Libro Quinto« festlegt. Denn der Abfall des Teufels von Gott ist, von Acosta durch das Buch Jesaja belegt, in ebenjenem teuflischen Streben nach *semejanza* begründet: dem Wunsch, Gott ähnlich zu sein und an seine Stelle zu treten. (»ES LA SOBERVIA DEL DEmonio tan grande y tan porfiada, que siempre apetece y procura ser tenido y honrado por Dios.«[491]). Der Moment des Abfalls findet statt mit den Worten: »ich werde dem Höchsten ähnlich sein« (»sere semejante al Altissimo«). Daher ist Ähnlichkeit und mit ihr Nachahmung (»imitar« oder »remedar«: »Cómo el demonio ha procurado remedar los Sacramento dela sancta Iglesia«[492]) das eigentliche Betätigungsfeld des Teufels – die Kontrafaktur, die vor den heiligen Sakramenten der Kirche, ja selbst der Kommunion nicht haltmacht. Um die göttliche Wahrheit durch ihre bloße *semejanza* zu ersetzen, erfand der Teufel den Kult der Idole, in denen er sich an Stelle Gottes verehren ließ und Gott aus der Welt vertrieb.

De aqui procede el perpetuo y extraño cuydado, que este enemigo de Dios ha siempre tenido, de hazerse adorar de los hombres, inuentando tantos generos de ydolatrias, con que tantos tiempos tuuo sujeta la mayor parte del mundo, que apenas le quedò a Dios un rincón de su pueblo Israel.[493]

Daraus entstammt die dauerhafte und eigenartige Umsicht, die dieser Feind Gottes immer darauf verwandt hat, sich von den Menschen verehren zu lassen, und dabei er erfand so viele Arten von Götzendiensten, mit denen er so lange Zeiten den größten Teil der Welt unterjocht hatte, dass für Gott gerade noch ein Winkel in seinem Volk Israel übrigblieb.

Durch die christliche Mission wurde der Bildkult aus dem ›besseren und edleren‹ Teil der Welt ausgetrieben (»la ydolatria fue extirpada de la mejor y más noble parte del mundo«). Seine letzte Bastion suchte der Teufel daher in der zwar ›unedleren‹, aber räumlich größeren »anderen Teil der Welt« (»otra parte del mundo«[494]), wo er immer neuere Idolkulte erfindet (»no cessa de inuentar modos de ydolatria, con que destruyr los hombres«[495]). Da das Idol Ursache, Anfang und Ziel allen Übels (»causa y principio y fin de todos los males«[496]) ist, muss die Missionierung diese Erfindungen unterbinden.

Zum Zwecke der Detektion von Idolen entwirft Acosta eine zweiteilige Idologie. Eine erste, primitivere Form der Götzenverehrung besteht im Natur-Idol; also darin, natürlichen Gegenständen (»cosas naturales«) Göttlichkeit zuzuschreiben, wobei Acosta eine weitere Unterteilung in allgemeine (Sonne, Mond, Feuer) und besondere (spezifische Flüsse, Bäume, Gegenstände etc.) vornimmt. Diese Form der Verehrung ist insbesondere in der peruanischen Naturreligion zu beobachten und korrespondiert mit dem dortigen Begriff des »guaca«. Die zweite ist unmittelbar mit der menschlichen Erfindung im Sinne der Fiktion verbunden (»que pertenece a inuencion, o ficcion humana«[497]). Sie ist die eigentliche, teuflische Form der »idolatría«, denn zu Erfindungen werden die Idole als vom *homo artifex* aus den pervertierten Elementen von Gottes Natur geschaffene Bilder (»figuras, y ymagines fabricadas por manos de hombres, sin haber en ellas mas de ser piedras, o palos, o metal, y la figura que el artífice quiso dalles«[498]).

Diese Erfindung als Bilderzeugung ist ebenso zweigeteilt: in diejenige, die jenseits des Bildes nicht ist und nie war (»que fuera de aquella pintura, o escultura, ni es nada ni fue nada«) und diejenige, die zwar war und noch ist, aber nicht mehr das, was der Idoldiener vorgibt (»lo que realmente fue, y es algo, pero no lo que finge el ydolatra que lo adora«), so etwa im Falle der Totenkulte. Alles in allem gibt es also vier Formen der Idola (»quatro maneras de ydolatria«[499]). Allen ist eine Eigenschaft gemeinsam: die bildliche Substitution der Ewigkeit Gottes durch verderbliche Gegenstände auf der Basis der Ähnlichkeit (»vinieron a trocar la gloria y deydad del eterno Dios, por semejanças y figuras de cosas caducas y corruptibles, como de hombres, de aues, de bestias, de serpientes«[500]). Hinter dieser Natur- und Tiergestalt steht die kosmische Vorstellung der peruanischen Religionen, jedes Element des himmlischen Universums finde sich durch ein Prinzip gegenseitiger Ähnlichkeiten im irdischen abgebildet (»de todos los animales, y aues que ay en la tierra, creyeron que vuiesse <=*hubiese*> un semejante en el cielo«), wodurch die indianischen Religionen ein amerikanisches Äquivalent der platonischen Ideenlehre darstellen (»en alguna manera parece que tirauan al dogma de las Ideas de Platon«[501]). Über den Umweg der Neuen Welt werden von Acosta also die entgegengesetzten platonischen Begriffe der ἰδέα und des εἴδωλον zu einer einzigen Bildinstanz zwangsvereinigt und mit ihnen ein neoplatonisch inspiriertes Denken der Ähnlichkeiten und Analogien attackiert, das im 16. Jahrhundert alles andere als ein allein indigen-amerikanisches Phänomen ist[502].

Letzten Endes führt die Ähnlichkeit und der mit ihr verbundene Akt des Tauschs (»trocar«) aber immer auf eine frevlerische Ur-Invention zurück: die Substitution des Lebenden durch das Tote und damit der Präsenz durch die Absenz[503]. Diese These leitet Acosta in bester sokratischer Tradition durch eine Geschichte, einen Mythos her, die er in einem ausführlichen Zitat wortwörtlich, wenngleich wohl in eigener Übersetzung, dem salomonischen Buch der Weisheit entnimmt[504]. Dort wird der Ursprungsmythos der ›Erfindung‹ (sc. des Idolkults) als Produkt der menschlichen Eitelkeit vorgestellt (»la vanidad y ociosidad de los hombres traxo al mundo esta inuención«[505]), die gegen den Willen Gottes die Illusion von Unsterblichkeit und ewigem Leben zu erringen sucht und doch nicht mehr erreicht, als das Leben zu verleugnen: »Der Beginn der Unzucht war die Verehrung der Götzen, und diese Erfindung ist die vollständige Korruption des Lebens; denn am Anfang der Welt gab es keine Idole, und auch am Ende wird es sie auf ewig nicht mehr geben« (»El principio de fornicacion fue la reputacion de los ydolos, y esta inuencion es total corrupcion de la vida; porque al principio del mundo no vuo <=*hubo*> ydolos, ni al fin los aurà para siempre jamas.«). Konkret ereignete sich die Ur-Korruption folgendermaßen: Ein Vater verliert seinen Sohn vor der Zeit. Um sich über den Schmerz zu trösten und anstelle des verstorbenen Sohn zumindest dessen Angedenken (»memoria«) noch überleben zu lassen, stellt der Vater ein »Portrait des Verstorbenen« auf (»vn retrato del difunto«[506]), dem er Opfer darzubieten verordnet. Wiederum verbindet sich hier also, außerhalb jeglicher rhetorischer Lehrwerke, die *inventio* mit der *memoria* über das Aufstellen von *imagines*.

Jede Form dieser Erfindung ist, so schließt Acosta aus der Autorität der Bibel, ursprünglich auf die Verehrung von Bildern zurückzuführen, selbst wenn es sich um die Verehrung von Naturgewalten handelt (»Digo de la ydolatria, que propriamente es adorar ydolos è ymagines, porque estotra de adorar criaturas como al sol <...> no es cierto que fuesse despues«[507]). Von Königen und Tyrannen wird dieses Verfahren von den Toten auf die Lebenden ausgedehnt, um sich in Form von Abbildern bereits zu Lebzeiten von den Untertanen anbeten zu lassen, und endet schließlich bei jeglicher Form der Repräsentation eines Abwesenden durch die Anwesenheit des Bildes.

De aquí vino que con los ausentes començo a hazer lo mismo, y a los que no podian adorar en presencia por estar lexos, trayendo los retratos de los Reyes que queian honrar, por este modo los adorauan, supliendo con su inuencion y traça la ausencia de los que querian adorar.[508]
Daher kam es, dass man mit den Abwesenden dasselbe zu machen begann, und all diejenigen, die sie nicht in ihrer Anwesenheit anbeten konnten, weil sei fern waren, beteten sie auf diese Weise an, indem sie Portraits der Könige herbeibrachten, die sie verehren wollten, und so ersetzten sie mit ihrer Erfindung und Spur die Abwesenheit derer, die sie anbeten wollten.

Die Erfindung der Idole ist die Spur (»traza«) und das Supplement (»supliendo«) des Abwesenden im Bild[509]. Dadurch wird diese Erfindung zum Gegenstand der Neugier – und zur Kunst. Denn »diese Erfindung von Götzendienst ließ die Neugier hervorragender Künstler wachsen« (»Acrecento esta inuencion de ydolatria la curiosidad de excelentes artifices«). Deren »elegante Bilder und Statuen« (»ymagenes y estatuas tan elegantes«[510]) entwickeln eine derartige Faszination, dass die Abbilder, selbst wenn der Betrachter den Abgebildeten nicht kennt, aufgrund ihrer Schönheit selbst verehrt und für Götter gehalten werden, unabhängig von der durch sie substituierten Abwesenheit. Dies aber führt dazu, dass der Betrachter von dem vergötterten Abbild auf den Abgebildeten selbst schließt und das einfache Volk ihn, soeben noch als ein bloßer Mensch verehrt, nun für Gott hält (»Y el vulgo de la gente lleuado de la apariencia y gracia de la obra, al otro que poco antes auia sido honrado como hombre, vino ya a tenerle y estimarle por su Dios«[511]). Daher ist das vom Menschen als Kunstwerk geschaffene Bild stets eine Täuschung, ein Werk des schönen Scheins.

Von einem rhetorischen und technischen ist bei Acosta die *invención* zu einem semiologischen Terminus geworden. Das Erfinden bezeichnet einen Repräsentations- und Signifikationsprozess (»mil inuenciones de disparates, que todo aquello significaua«[512]), der sich auch auf das Gebiet der Bildenden Künste verlagert hat und eine harsche Kritik der Malerei und Bildhauerei als einer Kunst der Lüge und Illusion enthält. Den argumentativen Ausgangspunkt bildet hier nicht eine platonische Kritik des Bildes als eines minderwertigen Abbildes der Ideen (denn diese Ideenlehre lehnt Acosta ja aufgrund ihrer Ähnlichkeit zu den Götzen-Religionen ebenso ab), sondern ein noch viel tiefergehender und auch die Urbilder einschließender Bildersturm. Durch das Idol wird laut Acosta, wiederum zitiert aus dem Buch der Weisheit, die ursprüngliche Hierarchie von Wort und Bild, von Schöpfer und Schöpfung, von Original und Kopie auf den Kopf gestellt. Der Götzendiener passt den Namen Gottes dem von ihm selbst geschaffenen Bild an und verehrt dadurch das von ihm selbst Geschaffene als seinen Schöpfer:

> Y este fue el engaño miserable de los hombres, que acommodandose ora a su affecto y sentimiento, ora a la lisonja de los Reyes, el nombre incommunicable de Dios, le vinieron a poner en las piedras adorandolas por dioses.[513]
>
> *Und das war die armselige Täuschung der Menschen, die ihrem Affekt und Gefühl oder auch den Schmeicheleien an die Könige den unaussprechlichen Namen Gottes anpassten, ihn in Steine setzten und diese als Götter verehrten.*

Die der Erfindung immer innewohnende Gefahr ist, dass in diesem Repräsentationsprozess aufgrund der Ähnlichkeit das Bezeichnete vom Bezeichnenden, das Original von der Reproduktion nicht mehr unterschieden werden kann. Vor allem bei den **Indios** ist diese Tendenz zu einer verkehrten Welt stets präsent – ebenso unter den Inkas, welche die nach ihrem Abbild angefertigten Statuen für ihresgleichen halten (»los Reyes Ingas de el Piru sustituyeron ciertas estatuas de piedra hechas a su semejança, que les llamauan su Guaoiquìes, o hermanos«[514]), wie in gesteigerter Form bei den Mexikanern. Diese nämlich kehren die Hierarchie von Ding, Bild und Namen vollständig auf den Kopf, indem sie einen Menschen nach dem Vorbild des Idols kleiden, ihm den Namen des Idols zuordnen und ihn schließlich dem Idol opfern, obwohl doch das Idol selbst ursprünglich nach dem Bild eines Menschen geschaffen wurde (»ponianle el nombre de el mismo ydolo, aquien auia de ser sacrificado, y vestianle, y adornauanle de el mismo ornato, que a su ydolo, y dezian, que representaua al mismo ydolo«[515]).

Wie diese Beispiele aus den indianischen Religionen beweisen, hat hier der Teufel einen erschreckenden Sieg errungen. Das Bild als die dem Menschen von ihm eingeblasene Erfindung hat sich zum Herrscher ebenso über den Namen Gottes wie über die Dinge der Wirklichkeit aufgeschwungen und die irdische wie überirdische Ordnung aus den Fugen gebracht. Da es den monotheistischen Religionen, die ihre Kenntnis von Gott durch das Wort ›Gott‹ in ihren Sprachen ausweisen können, bereits gelungen ist, eine

Hälfte der Erde aus den Händen des Bösen zu befreien, ist dies nun auch auf der anderen zu vollenden. Bis dahin gilt, dass die Alte Welt das Reich des Wortes Gottes und die Neue das des Bildes des Teufels ist.

IV.7.3. Die paradigmatische Erfindung: Substitution des Worts durch die Schrift

Dass Acostas kombinierte Erfindungs- und Idola- bzw. Bildtheorie zwar in vorderster Linie religiös motiviert und in Hinsicht auf seine missionarische Lebensaufgabe entwickelt ist, insgesamt aber um einiges weiter greift und die Ausgangsbasis einer generellen Theorie der Repräsentation und des Zeichens bildet, lässt sich an den Ausführungen zum sprachlichen und schriftlichen Zeichen zu Beginn des Sechsten Buches der *Historia natural y moral de las Indias* ablesen. Dort erscheint die Erfindung der Schrift als Korrelat auf dem Gebiet der Worte zur Erfindung des Geldes auf dem Gebiet der Dinge. In beiden Fällen kann die *invención* von ihren teuflischen Ursprüngen befreit werden, wenn sie in der Lage ist, ein ikonisches Abbilden der Gegenstandswelt zu vermeiden. Gemeinsam hat die Schrift mit den Idolen in der Tat die Substitution des Abwesenden. Denn die Stimme ist der Präsenz des Gegenstandes, die Schrift der Absenz zugeordnet (»se ordenaron, para dar a entender las cosas: las vozes a los presentes; las letras a los ausentes«[516]). Dennoch ist hier die Instanz des Bildes ausgeschaltet. Die Schrift bezeichnet unmittelbar die Worte der Sprache und diese wiederum unmittelbar die Gedanken des Menschen, ohne den Irrweg über das Bild zu nehmen.

> LAS letras se inuentaron para referir, y significar immediatamente las palabras que pronunciamos, assi como las mismas palabras y vocablos, segun el Philosopho son señales immediatamente de los conceptos y pensamientos de los hombres.[517]
> *Die Buchstaben wurden erfunden, um unmittelbar die Worte zu nennen und zu bedeuten, die wir aussprechen, so wie auch die Worte und Vokabeln selbst, gemäß dem Philosophen, unmittelbare Zeichen der Begriffe und Gedanken der Menschen sind.*

Für die Erfindung der Schrift bedeutet dies: sie ist einzig und allein auf die Worte (»palabras«) gemünzt, die sie insofern ebenso in ihrer Gesamtheit und Essenz zu repräsentieren in der Lage ist wie die Erfindung des Geldes die Dinge. Grafische Zeichen, welche die Dinge als Bild durch ein Verhältnis der Ähnlichkeit oder ohne Ähnlichkeit unmittelbar die Dinge selbst repräsentieren, gelten in dieser eingeengten Definition nicht als Schrift. Erstere, so die

Bilderschriften, sind der Malerei (»pintura«), letztere, wie etwa die astrologischen Planetenzeichen, den Ziffern oder Zeichen (»cifras« oder »figuras«) zuzuschreiben. Keine von ihnen aber repräsentiert Worte, was dadurch bewiesen ist, dass diese Zeichen in allen Sprachen identisch sind, während auch ein alphabetisierter Leser das Geschriebene nur dann verstehen kann, wenn er die zugehörigen Vokabeln kennt. Im Wettkampf um die Konservierung der Erinnerung (»memoria«) muss die Schrift im engeren Sinne mit zwei weiteren Erfindungen konkurrieren. Erneut zeigt sich hier die bereits bei den Religionen beobachtete Dichotomie Europa-Amerika. Während die Europäer, als Diener des *verbum*, sich einer Schrift im eigentlichen Sinne bedienen und Worte abbilden, halten die *Indios*, als Diener der *imago*, ihre *memoria* durch Bilder fest, oder aber durch ›Figuren‹, welche die Dinge selbst bezeichnen.

> De aquí se sacan dos cosas bien notables: la vna es, que la memoria de historias y antiguedad, puede permanecer en los hombres por vna de tres maneras; <...> El otro notable que se infiere es <...> que ninguna nacion de Indios que seha <sic> descubierto en nuestros tiempos vsa de letras ni escritura, sino delas dos maneras, que son ymagines o figuras.[518]
>
> *Daraus folgen zwei recht bemerkenswerte Dinge: zum einen, dass das Gedächtnis von Geschichte und Altertum im Menschen auf drei verschiedene Arten erhalten bleiben kann; <...> Das andere Bemerkenswerte ist <...>, dass kein Indio-Volk, das in unseren Zeiten entdeckt wurde, Buchstaben oder Schrift verwendet, sondern die beiden anderen Arten, nämlich Bilder oder Zeichen.*

Auf der niedrigsten Stufe steht diejenige Schrift, die durch die Ähnlichkeit der Malerei funktioniert. »Das Gemälde ist ein Buch für Idioten« (»la pintura es libro para los ydiotas«), stellt Acosta prägnant fest. Diffiziler ist der Sachverhalt bei der Ziffernschrift. Für dies Verfahren nämlich zitiert Acosta ein Beispiel, dessen kulturelle Leistung sich kaum auf Idiotie reduzieren lässt: die chinesische Schrift und die in ihr verfassten Bücher (»letras, y libros que vsan los Chinos«). Hierbei handelt es sich um eine höchst zweischneidige Erfindung. Da die »cifras« weder Worte (oder Wortteile) noch Bilder repräsentieren, sind sie unmittelbar mit den Dingen selbst verknüpft: »ihre Buchstaben bedeuten nicht Teile der gesprochenen Rede wie unsere, sondern sind Zeichen für Dingen, etwa der Sonne, des Feuers, des Menschen, der Meeres, und so weiter« (»sus letras no significan partes de diciones como las nuestras, sino son figuras de cosas, como de Sol, de fuego, de hombre, de mar, y assi de lo demas«[519]). Dadurch besitzen sie einen unschlagbaren Vorzug: als Ding-Schrift sind sie zugleich eine Universal-Schrift, da sie sprachunabhängig funktionieren – so wie etwa in Europa die arabischen Zahlen, die zugleich von einem Leser französischer, spanischer und anderer

Sprachen verstanden werden (»sus escrituras y chapas ygualmente se leen, y entienden en todas las lenguas, como nuestros numeros de guarismo igualmente se entienden en Frances, y Español, y en Arabigo«[520]).

Dieser Vorzug wird aber durch eine Schattenseite erkauft. In doppelter Weise versagt die chinesische Schrift vor dem Problem der Unendlichkeit. Da die Dinge fast unzählbar sind, müssen auch die Schriftzeichen fast unendlich sein (»como las cosas son en si innumerables, las letras o figuras que ysan los Chinas para denotarlas, son quasi infinitas«[521]) und sind dementsprechend schwer zu erlernen, da ein guter Leser alleine 120 000 Zeichen kennen muss. Doch selbst diese Menge ist letztlich noch immer endlich, noch immer auf das Bekannte reduziert. Daher stehen die Chinesen der Durchbrechung der ihnen bekannten Endlichkeit völlig hilflos gegenüber: dem Einbruch des Neuen und Unbekannten – sowohl auf dem Gebiet der neuen Dinge als auch dem der neuen Worte und Namen. Da das Neue sich eben durch seine Noch-nicht-Dagewesenheit auszeichnet, können die Chinesen auch kein Ziffernzeichen zur Repräsentation neuer Dinge erfunden haben: »denn es sind Dinge, die sie niemals sahen und für die sie auch keine Zeichen erfinden konnten« (»pues son cosas que nunca vieron, ni pudieron inuentar figura para ellos«[522]). Selbst die einfachsten Phrasen werden zu einem unlösbaren Problem. So etwa der Satz: »Joseph de Acosta ist aus Peru gekommen« (»Ioseph de Acosta ha venido del Piru«[523]), den der Autor selbst einigen Chinesen zu diktieren versucht hat. Da die chinesische Schrift weder auf Europa noch auf die Neue Welt gemünzt ist, müssen diese Worte durch ein kompliziertes Schachtelsystem der Ähnlichkeit (»semejanza«) wiedergegeben werden: indem man ein in China bekanntes Ding sucht, dessen chinesischer Wortklang den neuen fremden Namen ähnlich ist und daraufhin dem Neuen das zweckentfremdete Zeichen ebenjenes Dings zuordnet (»vsan deste artificio, tomando el nombre proprio, y buscan alguna cosa en su lengua, con que tenga semejança aquel nombre, y ponen la figura de aquella cosa«[524]). Doch das Ergebnis ist mühselig und unbefriedigend, da es eben nur ähnlich, aber nicht identisch ist – »und da es schwierig ist, bei so vielen Namen Ähnlichkeit zu den Dingen und zum Klang ihrer Sprache zu finden, fällt es ihnen schwer, solche Namen zu schreiben« (»y como es dificil en tantos nombres hallar semejança de cosas, y sonido de su lengua, assi les es muy trabajos escreuir los tales nombres.«[525])

Vor dem Hintergrund des Unbekannten wird sichtbar, dass jede nichtalphabetische Schrift, die auf dem Prinzip der Ähnlichkeit fußt, der Wahrheit nur ähnlich (*veri simile*) sein, nie aber das Wirkliche und Wahre (*verum*) selbst erreichen kann – nicht grundlos ist die *similitudo* das Gebiet des Teufels. Völker wie die Chinesen sind nicht in der Lage, das Fremde zu assimilieren und daher kulturell unterlegen; dasselbe gilt für die Erfinder der mexikanischen Bilder- oder der Ziffernschrift peruanischer Quipos[526]. Ganz anders dagegen ein europäisch alphabetisierter *Indio*, dem sich das gesamte Universum der unbekannten Worte mit seinem begrenzten Buchstabenvorrat erschließt.

> <...> pues el Indio, con veynte y cuatro letras que sabe escreuir y juntar, escriuira, y leera todos cuantos vocablos ay en el mundo, y el Mandarin, con sus cien mil letras estara muy dudoso para escrevir cualquier nombre proprio de Martin, o Alonso, y mucho menos podra escreuir los nombres de cosas, que no conoce, porque en resolucion el escrebir de la China es vn género de pintar, o cifrar.[527]
>
> *<...> denn der Indio wird mit den vierundzwanzig Buchstaben, die er zu schreiben und zusammenzusetzen weiß, so viele Wörter schreiben und lesen, wie es auf der Welt gibt, und das Mandarin mit seinen hunderttausend Zeichen, wird unzureichend sein, irgendeinen Eigennamen wie Martín oder Alonso zu schreiben, und erst recht wird es nicht die Namen von Dingen schreiben können, die es nicht kennt, denn letztlich ist die Schrift Chinas eine Art zu malen oder zu beziffern.*

Aus dem Phänomen des Unbekannten ergibt sich die Überlegenheit der Identität gegenüber der Ähnlichkeit, des Wortes gegenüber dem Bild. Die an das Wort gebundene europäische Erfindung der Schrift kommt der Wahrheit am nächsten, da sie, ähnlich wie das Geld auf dem Gebiet der Dinge, ein universelles Tauschmittel aller Wörter in sämtlichen Sprachen der Welt darstellt, ohne selbst in sich eine essenzielle Ähnlichkeit mit irgendeinem Wort, Ding oder Bild aufzuweisen. Was sich hier in Anbetracht der Unbeschreibbarkeit und Unschreibbarkeit des Neuen auf der Basis eines neutestamentarischen ›Logozentrismus‹ erneut herausbildet (und durchaus nicht, wie Derrida es in seiner *Grammatologie* unter sichtlicher Auslassung mittelalterlicher Texte darstellt, als eine kontinuierliche Tradition seit der Antike *fortsetzt*), ist der sich gegen die Schriftgebundenheit der autoritätsgläubigen Argumentation gerichtete Primat des gesprochenen Wortes. Indem die Schrift, in der die Welt bislang gelesen und gefunden wurde, selbst vor den banalsten Dingen wie einem unbekannten Eigennamen oder Tier scheitern muss, ist sie einer Korrespondenz mit dem Gesehenen gänzlich unfähig. Die Präsenz des Lebendigen ist aufgrund der Hereinkunft des Neuen nur im lebendigen Wort fassbar und nicht im toten Buchstaben – selbst wenn es als Gottes lebender Logos in der Schrift niedergelegt ist. »Es ist also genug zu wissen, dass wir in der Heiligen Schrift nicht dem Buchstaben folgen müssen, der tötet, sondern dem Geist, der Leben spendet, wie der Heilige Paulus sagt« (»Basta pues saber que en las diuinas escrituras, no hemos de seguir la letra que mata, sino el espiritu que da vida, como dize San Pablo«[528]). Dies führt zu einer Wendung im Verständnis des Offenbarungstextes, das, wie die jüngste Forschung unterstreicht, »selbst die kühnsten Forderungen der protestantischen Bibelexegese abdeckt.«[529]

Die von Acosta hier zitierte Referenz – der Apostel Paulus – zeigt zugleich, woher die Tradition der Opposition von toter Schrift und lebendem Wort stammt: aus der Essenz der christlichen Lehre, die sich im Streit Christi mit den Pharisäern manifestiert, ob nun der Buchstaben des Gesetzes (etwa das Sabbatgebot[530]) oder das Gebot des Heiligen Geists (die Nächstenliebe, die zur Hilfe in der Not verpflichtet) die stärkere Autorität besitzen. Somit wird die Bibelexegese vor dem Hintergrund der Entdeckung des Neuen gedeutet als die Widerlegung der ›toten‹ Autoritäten durch den ›lebenden‹ Logos, in der Seele des Menschen präsent durch das innere göttliche Licht (»lumbre interior«, wie es bei Acosta wiederholt heißt) – und damit zur Neuauflage eines der fundamentalen theologischen Streitpunkte zwischen Judentum und Christentum[531]. Acosta überträgt die Freiheit, die Jesus sich nimmt, das geschriebene jüdische Gesetz zugunsten des ungeschriebenen des Heiligen Geistes zu brechen, als Rechtfertigung seiner freien Auslegung der Schrift, die nun nicht mehr dem Buchstaben, sondern dem *Sinn* nach operiert, indem er implizit den Schluss nahelegt, dass durch diesen Sieg des Logos nun auch die Wissenschaft endgültig einen Siegeszug Jesu Christi davonträgt.

Ist das Produkt menschlicher *ars inveniendi* keine Sache, kein Bild oder Wort, sondern, wie später auch im modernen Patentrecht, in erster Linie ein Verfahren, eine Methode – in diesem Falle ein Mechanismus, Dinge und Worte zu substituieren, sei es auf materiellem, sei es auf sprachlichem oder ikonischem Gebiet –, so lässt dies auch auf einen profunden Wandel schließen, der sich im Jahrhundert seit Kolumbus ereignet hat. War das Schrift- und Dingverständnis des Admirals ein noch durch und durch essenzielles, seine Obsession des Goldes immer auch mystisch motiviert, seine Obsession der Schrift stets mit der Auffassung einer Durchdringung von Text, Welt und Wahrheit verbunden, so haben sich durch das Aufkommen einer Gesellschaft, die sich über Handel, Besitz und insofern Tauschbarkeit definiert, sowohl das Gold (in seiner Form als Geld) als auch die Schrift (und mit ihr das Wort) auf das Gebiet des Tausches, der ›Tauschmarken‹ (»tesserae«) verlagert, die in Bacons Sprachtheorie bald zur zentralen Metapher werden[532]. Mit den beiden Erfindungen des Gelds und der Schrift hat auch die Erfindung ihre Eingliederung in ein nunmehr dominierendes System der Zeichen und Repräsentationen genommen.[533] Vor allem aber hat sie sich bei Acosta in einer auch noch im folgenden Jahrhundert selten zu findenden Deutlichkeit von der Entdeckung abgesetzt.

Mit José de Acosta verliert die sich bei Las Casas herausbildende Opposition von Erfindung und Entdeckung (die schon dort angesichts ihrer Durchbrechung durch die Komplementarität von Erfinden und Entdecken im Unternehmen des Kolumbus einen inneren Widerspruch aufweist) in expliziter Weise ihre eindeutige Gleichsetzbarkeit mit der von Gut und Böse, Gott und Teufel. Von Gott gewirkt, befindet sich das Entdecken zwar stets auf der Seite des Guten. Ambivalenter verhält es sich mit der Erfindung. Als Werk des Menschen ist sie von sich aus weder gut noch böse, kann aber beide Formen annehmen: als Erfindung der Buchstabenschrift Medium des göttlichen Wortes, als Erfindung von Idolen Medium des Teufels. Entscheidend für die Spaltung im Inneren der Erfindung ist die Funktion des Bildes im inventiven Prozess. Selbst wenn Acosta in seinen religiösen Ausführungen zuweilen als fanatischer Bilderstürmer erscheinen mag, ist sein Verhältnis zur *imago* höchst komplex. Schließlich ist der Mensch, wie Acosta selbst auf Basis der Genesis anmerkt, ein Abbild Gottes (»a ymagen de Dios«[534]), ein teuflischer Alleinbesitz an der Instanz des Bildes daher ausgeschlossen. Ausschlaggebend für die Positionierung des Bildes ist vielmehr die Frage, in welchem Maße die bilderzeugende Instanz in der menschlichen Seele, die *imaginatio*, sich Gott oder dem Teufel, der Wahrheit oder dem Schein, der Wirklichkeit oder der Fiktion zuwendet. Unter einem veränderten Blickwinkel müsste daher die Frage der ›Invention‹ der Neuen Welt neu gestellt werden.

IV.8. Die andere Erfindung: Ercilla, Garcilaso, Guaman Poma

Durch Las Casas und Acosta hat sich im Rahmen der *Crónicas de Indias* eine Abgrenzung von Erfindung und Entdeckung eingestellt, die in den nachfolgenden *Crónicas* als irreversibel zu betrachten ist. Während in den Texten diverser anderer europäischer Sprachen noch bis weit ins 17. Jahrhundert hinein von einer »Erfindung der Neuen Welt« die Rede ist, sind die noch bei Hernán Pérez de Oliva als bedeutungsverwandte Komplemente verwendeten Termini *descubrimiento* und *invención* fortan geschieden. Eine ›invención del nuevo mundo‹ bezeichnet in den Chroniken der späteren Phase ein fiktives oder technisches Produktionsverfahren. Dennoch bleibt diese neue Verteilung von Erfindung und Entdeckung nicht unwidersprochen. Gerade die ersten Chronisten, die in Amerika geboren und zumindest zum Teil indigener Herkunft sind, entwerfen anders gelagerte Erfindungskonzeptionen, wenngleich sie sich gegen die immer nun dominierende inventive Dichotomie kaum durchsetzen können. Als bedeutendste Vertreter zum Zeitpunkt der Wende zum 17. Jahrhundert sind der Mestize Inca Garcilaso de la Vega und der erste in spanischer Sprache schreibende andine Chronist Guaman Poma de Ayala zu betrachten. Doch bereits zwischen der Entstehung von Las Casas' (1552) und Acostas Hauptwerk (1590) ist im ersten epischen Gedicht der Neuen Welt überhaupt, der *Araucana* von Alonso de Ercilla y Zúñiga (1569-1589) eine Kritik der zuvor skizzierten *invención* enthalten.

IV.8.1. Spanische Waffen, araukanische Spiele: Ercilla, der ›Erfinder Chiles‹

In für die Epoche überraschend deutlicher Weise entwickelt Ercilla über den Weg der Erfindung eine Kritik des spanischen Kolonialismus in Las Indias. Sein Versgedicht lehnt sich in sichtbarer Weise der italienischen Epik Ariosts und Torquato Tassos an. Dennoch wählt Ercilla nicht wie die meisten seiner Vorbilder ruhmreiche Taten aus der europäischen Geschichte (etwa das Rolandslied) als Schauplatz seiner Verse, sondern die Realität Amerikas seiner Tage. Dies verleiht ihm literarisch eine herausragende Stellung als erster Epiker Amerikas[535]. Schauplatz seines Epos ist der südlichste Teil Südamerikas, der zum Zeitpunkt der Textentstehung noch nicht vollständig von den Spaniern erobert ist: das von den Araucanern besiedelte Gebiet des heutigen Chile. Durch die eindringenden Spanier werden in diesen Gebieten zahlreiche »invenciones« vorgenommen. Dabei handelt es sich weder im ursprünglichen Sinne um Entdeckungen von Gebieten noch um fiktive Konstrukte wie Geschichten, Bilder, Legenden oder falsche Götter. Sämtliche von den Europäern unternommene Erfindungen sind Innovationen im technischen Sinn – allerdings nicht zum Nutzen des Menschen. Denn die von ihnen neu aufgebrachte »Industrie und Kunst« (»Buscaua nueuo modo, industria, y arte«) ist die des Mordens. Das Neue erscheint als die perfektionierte Fähigkeit, »den Stoß so zu versetzen mit dem Schwert / dass freien Eingang dort der Tod erfährt« (»De encaminar el golpe de la espada / Por do diesse a la muerte franca entrada[536]). Erfunden werden in der *Araucana* ausschließlich Waffen und Techniken, diese effizient einzusetzen. Verbunden ist der Begriff der Erfindung daher auch immer mit dem des Neuen: neuer Waffen, die zuvor noch nicht bekannt waren: »es klingen Waffen, klingen Munitionen / es klingt das neue Kriegsgerät der Leute« (»Suenan las armas, suenan municiones / suena el nueuo apparato de la gente«[537]).

Bedeutsam wird dies besonders im Kontext der zuvor beobachteten Unterteilung in ›nützliche‹ europäische und ›schädliche‹ indianische Erfindungen. Ercilla unterläuft dieses Schema. Den Araucanern sind in seinem Epos mörderische Erfindungen auf technisch-militärischem Gebiet unbekannt. Als »fröhliche Barbaren« (»bárbaros gozosos«) wollen sie allein Gesänge und Spiele erfinden. Der Zweck liegt nicht darin, den Feind zu töten, sondern Freude zu schaffen und die Müdigkeit zu überlisten, um länger singen und tanzen zu können.

>   Dieron buelta los Barbaros gozosos
>   Hazia donde su exercito venia,
>   Retumbando en los montes cauernosos
>   El alegre rumor y vozería;
>   Y por aquellos prados espaciosos
>   Con la victoria y gozo de aquel dia
>   Tales cantos y juegos inuentauan
>   Que el cansancio con ellos engañauan.[538]

>   *Es machten kehrt die fröhlichen Barbaren*
>   *dorthin, wo schon ihr Heer zu ihnen drang,*
>   *und voll des Halls die hohlen Berge waren*
>   *von fröhlichem Geräusch und Stimmenklang;*
>   *auf weiten Feldern zeigten sie erfahren*
>   *mit Sieg und Lust, die diesem Tag entsprang*
>   *wie Lied und Spiel sie in so großer Zahl erfanden*
>   *dass sie den Schlummer listig überwanden.*

In paralleler Weise ist damit auch der Begriff des Neuen betroffen. Die Erfindung von Spielen bringt stets neue Spiele (»siempre nuevos juegos«) hervor. Allerdings ist eine solche Erfindung niemals als technische Innovation intendiert. Ihr Ziel ist eine nutzlose Schönheit, die nur zur Verlängerung des Vergnügens dient. Vor allem aber ist sie eher eine Variation als eine Innovation: sie bringt keine neues Ding und keine neue Vorstellung hervor. Alle Erfindungen zielen auf dieselbe Art und Weise des kreisförmigen Tanzes um das Lagerfeuer ab. Auf Basis dieser zirkulär wiederholten und doch jedes Mal anderen Art von Neuheit treiben die Araucaner ihre Erfindungs-Spiel zu einer Perfektion, die selbst die klassische Antike in den Schatten stellen.

>   Por el las fiestas fueron alargadas,
>   Exercitando siempre nueuos juegos
>   De saltos, luchas, prueuas nunca vsadas,
>   Danças de noche en torno de los fuegos:
>   Hauia precios y joyas señaladas,
>   Que nunca los Troyanos, ni los Griegos,

Quando los juegos mas continuaron,
Tan ricas y estimadas las sacaron.⁵³⁹

So kams, dass länger ihre Feste gingen.
Und ihre Spiele wurden immer neuer
mit nie gekannten Proben, Weitsprung, Ringen
mit Tänzen in der Nacht rund um das Feuer.
Wertvolle Preisjuwelen ließ man bringen
wie nie in Griechenland und nie in Troja,
gingen die Spiele dort auch noch so lange,
man gleich sie fand an Reichtum und Geprange.

Erst durch das Eindringen der Europäer sind die Araucaner gezwungen, die europäische Kunst der Erfindung als technisch-militärische Industrie des Tötens zu übernehmen. Ursache ist nicht freier Wille, sondern blanker Überlebenskampf. Gemäß dem Topos ›Not macht erfinderisch‹ übernehmen die Indianer die Mordinstrumente oder stellen ihnen eigenen Erfindungen gegenüber, um nicht in kürzester Zeit von der Übermacht des Feinde vernichtet zu werden. Das Ingenium wird wirksam als ein Produkt der Kriegsnot.

Algunas destas armas han tomado
De los cristianos nueuamente agora
Que el continuo exercicio y el cuydado
Enseña y aprovecha cada hora
Y otras, segun los tiempos, inuentado
Que es la necessidad grande inuentora
Y el trabajo solicito en las cosas
Maestro de inuenciones ingeniosas.⁵⁴⁰

Manche dieser Waffen konnten sie erkunden
von Christen, die sie sahn in neuer Zeit,
– denn Vorsicht, dauerhaft mit Fleiß verbunden,
belehrt und hält viel Nutzen stets bereit –
und haben andre zeitgemäß erfunden.
Erfindungsreich ist die Notwendigkeit,
und rege Arbeit wird in allen Dingen
als Meistrin ingeniös Erfindung bringen.

Obwohl die *Araucana* als Heldenepos zur Verherrlichung der spanischen Kriegstaten in Chile konzipiert ist, an denen der Autor als Soldat selbst mitgewirkt hat, werden die Araucaner, etwa mittels des epischen Topos der

Rühmung des Feindes und seiner Tapferkeit zum Zwecke der Vergrößerung der eigenen siegreichen Taten, stellenweise zum Gegenmodell, ja gar Vorbild für die europäische Zivilisation projiziert. Im Zentrum von Ercillas Kritik steht eine europäische *ars inveniendi*, deren Protagonisten heillos überschätzt sind. Auch ohne die Erfindung neuer Tötungsmethoden stehen die Araucaner den Spaniern an Ordnung und Kampfkraft in nichts nach.

> Dejen de encarecer los escritores
> a los que el arte militar hallaron,
> ni más celebren ya a los inventores
> que el duro acero y el metal forjaron
> pues los últimos indios moradores
> del araucano Estado así alcanzaron
> el orden de la guerra y disciplina
> que podemos tomar dellos dotrina.[541]

> *Die Schriftsteller sollen ihr Lob verwehren*
> *all denen, die die Kriegskunst einst erdachten*
> *und auch all die Erfinder nicht mehr ehren*
> *die harten Stahl, Metall in Formen brachten,*
> *da auch die letzten Indios, die hier währen*
> *im Araukanerstaat es möglich machten,*
> *mit solcher Zucht und Ordnung Krieg zu führen*
> *dass wir sie uns zum Vorbild sollten küren.*

Dank dieser Bewunderung für die Menschen der Neuen Welt ist Alonso de Ercilla das gelungen, was den meisten anderen europäischen Schriftstellern seines Jahrhunderts versagt blieb: zum ersten Nationaldichter Amerikas aufzusteigen. Die *Araucana* gilt heute als das Nationalepos Chiles, und Alonso der Ercilla mit den Worten Pablo Nerudas, als »Erfinder Chiles« – vielleicht paradoxerweise gerade dank seiner Kritik der Erfindung, die zugleich eine Befreiung von den militärisch-kolonialistischen Erfindungs- und Entdeckungskonzeptionen der Europäer in Amerika darstellt. Das Erfinden besteht hierbei nicht, im Sinne etwa Enrique Dussels und seiner Kontrastierung von »invención« und »desencubrimiento« Amerikas[542], in einer bildlichen Projektion des Eigenen in das Fremde, sondern hat sich vielmehr auf das Gebiet des Wortes verlagert. Ercilla ist der »Erfinder Chiles« (»inventor de Chile«), weil er dem Land und seinen Bewohnern erstmalig einen Namen verliehen und sie aus dem Schweigen der erobernden Vernichtung gelöst hat. Dem »Entdecker und Eroberer«, als welcher der europäischer Kolonialherr auftritt, steht mit Ercilla der »Erfinder und Befreier« gegenüber.

Nuestras otras patrias americanas tuvieron descubridor y conquistador.
Nosotros tuvimos en Ercilla, además, inventor y libertador. <...> Ercilla no sólo vio las estrellas, los montes y las aguas, sino que descubrió, separó, y nombró a los hombres. Al nombrarlos les dio existencia. El silencio de las razas había terminado. La tierra adquirió la palabra de los dioses. El más humano de estos dioses se llamó Alonso de Ercilla.⁵⁴³
Unsere anderen amerikanischen Vaterländer hatten einen Entdecker und Eroberer. Wir hatten in Ercilla darüber hinaus einen Erfinder und Befreier. Ercilla sah nicht nur die Sterne, die Berge und die Gewässer, sondern entdeckte, unterschied und benannte die Menschen. Durch das Benennen verlieh er ihnen Existenz. Das Schweigen der Rassen hatte ein Ende. Die Erde erwarb das Wort der Götter. Der menschlichste dieser Götter hieß Alonso de Ercilla.

IV.8.2. Europäische Invention, indianische Imitation: Inca Garcilaso, Klassiker Amerikas

Dass die Neue Welt um die Jahrhundertwende sowohl geographisch entdeckt als auch als Vorstellungseinheit erfunden ist und sich in diesem Prozess Entdeckung und Erfindung getrennt haben, diese Dichotomie in der etablierten Form aber der Revision bedarf, ist aus einem veränderten Blickwinkel besonders den *Comentarios Reales de los Incas* des Inca Garcilaso de la Vega zu entnehmen, der in Lateinamerika als Prototyp des Mestizen, als *primer criollo*⁵⁴⁴ und *clásico de América*⁵⁴⁵ traditionell eine enorme Bedeutung bei der Definition einer amerikanischen Identität besitzt⁵⁴⁶. Als direkter Nachkomme der incaischen Königsdynastie auf mütterlicher und auf väterlicher Seite einer spanischen Adelsfamilie, der auch der Dichter Garcilaso de la Vega entstammt und deren Namen der ursprünglich unter dem Namen Gómez Suárez de Figueroa geborene, uneheliche »Inca« annimmt, verkörpert der Autor eine vielfach – auch durch ihn selbst – idealisierte, neue amerikanische ›Rasse‹. In diesem Sinne wird er zum literarischen ebenso wie – zumindest vor dem Hintergrund der zeitgenössischen Kosmographie – zum geographischen Antipoden von Miguel de Cervantes, dessen schriftstellerische Laufbahn mit der seinen durch einen weitgehenden zeitlichen Parallelismus verbunden ist: 1605 veröffentlicht Garcilaso sein erstes historiographisches Hauptwerk oder, laut einem vielzitierten Wort Menéndez Pidals, den »ersten historischen Roman« der Literaturgeschichte, *La Florida del Ynca*, im selben Jahr wie Cervantes den ersten Teil seines *Don Quixote*. Beide gelten als Prototypen der modernen Form des europäischen Romans, der amerikanischen Geschichtsschreibung und der erstmaligen Problematisierung der Instanzen von Realität und Fiktion ebenso wie der Frage nach ihrer Grenze und Gültigkeit der Trennung, wie die Forschung zuweilen unterstreicht[547]. Sein Meisterwerk *Los Comentarios reales de los Incas*[548] entsteht teils parallel zum zweiten Teil des *Quixote,* obgleich es einige Jahre vorher erscheint (1609); beide Autoren sterben am selben Tag, dem 23. April 1616[549] – demselben Datum, an dem, nach dem in England damals noch gültigen julianischen Kalender, zudem auch William Shakespeare den Tod findet.

Garcilasos Werk ist die erste umfassende Chronik eines andinen Mestizen bzw. »indio« (wie er sich selbst nennt) in spanischer Sprache[550] und zugleich ein Rückblick auf inzwischen weit über ein Jahrhundert Geschichte der sogenannten Entdeckung in Las Indias. Die Perspektive, auf die Geschichtsschreibung eines bereits ›entdeckten‹ Gebiets zurückzublicken, dessen Sprössling er selbst ist, manifestiert sich bei Garcilaso um einiges intensiver als bei all seinen Vorgängern. Die für die ersten Reisenden noch so bestimmende Methode, die Neue Welt durch das Finden im Autoritätstext zu erklären, hat für den selbsternannten »Inca« ohne Reich und Thron nur noch wenig Bedeutung. An die Stelle der Vorboten Amerikas in den Texten der Schrifttradition, an die Stelle der antiken Autoren sind als Referenz die ihm vorausgehenden *Cronistas de Indias* getreten, allen voran Acosta, Gómara[551], Ercilla und der auch für Acostas *Historia* bedeutsame Pater Blas Valera[552]. Wenn Garcilaso die Neue Welt durch Schriften zu belegen sucht, indem er in seinen eigenen Chroniktext Zitate in teils beträchtlicher Länge einfügt, so betrachtet er die von ihm zitierten Texte, mehr noch als Las Casas, der zumindest teilweise noch mit der Technik des Autoritätsarguments operiert, in erster Linie als Quellen in einem ganz modern wissenschaftlichen, ja zuweilen philologischen Sinne. Seine Zitate anderer Autoren nutzt er als Untermauerung der eigenen Thesen mittels eines Textbelegs durch die vor ihm verfasste Literatur, die er aber auch, wenn sie seinen eigenen Thesen entgegenlaufen, in ihrem Wahrheitsgehalt auf der Basis seiner eigenen Beobachtungen, Kenntnisse und Ergebnisse scharf angreift und zum Teil durch parallele Zitate gegeneinander abwägt (oder auch hinsichtlich ihrer Widersprüchlichkeit ausspielt).

Doch auch sein eigenes Verhältnis zur Neuen Welt als Gegenstand seiner Schrift hat sich gegenüber den ersten Chronisten grundlegend gewandelt. Nicht nur die Neuheit der Neuen Welt ist für ihn, der er einer ihrer alten Dynastien angehört, höchst fraglich, sondern auch die Neuheit seiner eigenen Chronik. Wirklich Neues gibt es nicht mehr, und insofern betrachtet er sich kaum als Entdecker von Noch-nie-Dagewesenem, sondern, gemäß ja schon dem Titel seiner Schrift, als einen bloßen Kommentator, der die Wissenslücke des vor ihm Geschriebenen schließen möchte: »ich will nur mit Kommentar dienen« (»solo seruiré de comento«[553]), so sein schlichtes Credo[554] in seiner »Erklärung des Autors zur Geschichte« (»Protestación del Autor sobre la historia«[555]), mit dem er als selbstbezeichneter »einfacher Indio« seinen Respekt gegenüber den Texten der Eroberer zollt[556]. Bemerkenswerteweise ist diese programmatische Erklärung, die bei anderen Autoren wie Las Casas in ganz selbstverständlicher Weise Einleitung oder Vorwort der eigenen *Historia* bildet, in den *Comentarios reales* erst im Kapitel XIX zwischengefügt, nachdem der Autor bereits Kosmographie, Beschreibung Perus, Ursprung der Welt, der ersten Incas und ihrer Herrscherstadt Cuzco abgehandelt hat – weiterer Hinweis auf die ebenso bescheidene wie radikale Absage an den (Selbst-)Kult des Neuen, den die spanischen Chronisten mit solcher Inbrunst betreiben, um als sprachliche Erstentdecker des Neuen zugleich als Erfinder einer »neuen Geschichte« zu erscheinen.

> y no escriuiré nouedades que no se ayan oydo, sino las mismas cosas que los historiadores Españoles han escrito de aquella tierra, y los reyes della, y alegaré las mismas palabras dellos donde conuiniere, paraque se vea que no finjo fictiones en fauor de mis parientes, sino que digo lo mismo que los Españoles dixeron; sólo seruiré de comento para declarar y ampliar muchas cosas, que ellos asomaron a dezir, y las dexaron imperfectas, por auerles faltado relación entera[557].
>
> *und ich werde nichts Neues schreiben, von dem man noch nichts gehört hat, sondern das gleiche, was die spanischen Geschichtsschreiber von jenem Land und seinen Königen geschrieben haben, und ich werde, wo erforderlich, ihre eigenen Worte anführen, auf daß man sehe, daß ich nicht zugunsten meiner Angehörigen etwas vortäusche <wörtl.: Fiktionen erdenke>, sondern das gleiche sage wie die Spanier; ich will lediglich mit Kommentar dienen, um vieles zu erläutern und zu erweitern, was sie gesagt und unvollständig gelassen haben, weil ihnen die vollständige Kunde fehlte*[558].

Gleichzeitig ist es allerdings Garcilasos in der Praxis immer wieder sich manifestierender Anspruch, durch seinen Kommentar richtigzustellen, was durch Fehler der spanischen Geschichtsschreiber verzerrt dargestellt wurde. Sein Text ist über eine bescheide Lückenfüllung hinaus vielmehr eine selbstbewusste Korrektur falscher Hypothesen. Insofern ließe sich sein Verfahren als ein hermeneutisches charakterisieren[559]. Wenn er zum Zwecke der Wahrheitsfindung die Texte seiner Vorgänger zitiert, so um sich durch bereits Entdecktes abzusichern, um nicht den Eindruck zu erwecken, das von ihm Geschriebene, entsprechend der gängigen Klassifizierung der Indios als Lügner, selbst komplett *erfunden* zu haben, also um nicht zum *Erfinder* im Sinne eines Erdenkers von Lügen und Fabeln zu werden. Ganz hellsichtig erkennt er, sein Bericht »hätte wie eine Erfindung von mir angemutet, wenn nicht ein Spanier davon geschrieben hätte« (»parecia inuencion mia, no auiendola escrito algun español«[560]). Insofern entwickelt Garcilaso seine so modern anmutende Methode gewissermaßen aus Rechtfertigungszwang gegenüber dem Eroberer. Die Neuheit sowohl im materiellen als auch im fiktiven Sinne hat hier vollständig ihre Magie eingebüßt – wenngleich viele von Garcilasos späteren Lesern, angefangen mit Marcelino Menéndez Pelayo[561], die *Comentarios* als ein innovatives Werk der utopisch-phantastischen Literatur in der Tradition von Campanella und Morus lesen.

Keineswegs bedeutete dies, dass es gar nichts mehr zu entdecken gäbe. Jenseits einer Reduktion auf ›Neuheit‹ wird die Wahrheit gemäß dem von Las Casas und Acosta etablierten Modell dem Menschen durch Gott entdeckt. Allerdings entsteht eine solche Entdeckung nicht als Revelation eines einzigen Augenblicks – sie wird mit der Hilfe der Texte nach und nach erschlossen, bis sie aus dem Geheimnis und der Verborgenheit in die Sichtbarkeit überführt ist, so wie dies auch mit der Neuen Welt geschehen ist. Die Entdeckung der Neuen Welt und die Erforschung der Geheimnisse der Natur sind parallele Prozesse: »Ich hoffe, dass Gott in seiner Allmächtigkeit einmal diese Geheimnisse entdecken wird (so wie er die neue Welt entdeckte)« (»Yo espero en su omnipotencia que <Dios> a su tiempo descubriera estos secretos (como descubrio el nueuo mundo)«[562]).

Diese Umdeutung der Entdeckung zu einem hermeneutischen Prozess hat bedeutende Auswirkungen auf Garcilasos Bild von der Geschichte der Entdeckung Amerikas. Als Ausgangspunkt seiner These dient Garcilaso die unvermeidliche Legende des Namenlosen Steuermanns, die er, ganz entsprechend seiner ›nur kommentierenden‹ Schreibabsicht, durch ein ausführliches Zitat der Version José de Acostas zu verteidigen sucht. Allerdings unternimmt der Inca eine ganz grundlegende Abänderung. Während Acosta die Anonymität des Piloten wahrt, um Gott als wahren Urheber der Entdeckung hervorstechen zu lassen, lüftet Garcilaso das Incognito und verleiht dem atopischen Anonymus einen Namen und einen Geburtsort: Alonso Sánchez aus Huelva. Dennoch zielt diese Präzisierung des amerikanischen Protonauten nicht darauf ab, die Entdeckungsleistung an seiner Gestalt in definierbarer Weise festzumachen. Vielmehr weist die Existenz eines Vorgängers darauf hin, dass Kolumbus sich seinen Ruhm teilen muss. Nicht als Entdeckungs*akt* an sich erweist sich der Schiffbruch des Alonso Sánchez, sondern nur als Ausgangspunkt des Entdeckungs*prozesses*, »Anfang und Ursprung der Entdeckung der Neuen Welt« (»principio y origen del descubrimiento del nueuo mundo«[563]), der durch Kolumbus und seine Nachfolger weitergeführt wird. Die Entdeckung ist ein Kollektivprodukt, das keinen alleinigen Urheber aufweisen und damit auch kein einmaliger Enthüllungsakt an einem punktuellen Zeitpunkt sein kann. An seine Stelle tritt ein langwieriges Suchen und Durchforschen. Daher kann die Entdeckungsleistung, wie sie Fernando Colón konzipiert, auch unmöglich als einmaliger Geistesblitz, als Forschungshypothese aus der kosmographischen Bildvorstellung des Kolumbus entstanden sein. Zur Etablierung seiner Hypothese bedurfte der Admiral der ihm vorausgehenden Ergebnisse des schiffbrüchigen Piloten: »Wäre es nicht durch diese Nachricht gewesen, die Alonso Sánchez aus Huelva ihm gab, hätte er nicht, nur durch seine Phantasie und Kosmographie, so rasch dieses Entdeckungsunternehmen beginnen können« (»sino fuera por esta noticia, que Alonso Sanchez de Huelua le dio, no pudiera de sola su imaginacion de cosmographia <...> salir tan presto con la empresa del descubrimiento«[564]). Auf diesem Wege wird die Figur des Kolumbus in subtiler Weise seines Nimbus beraubt – und in mittelbarer Weise auch der Kult des Neuen. Als eine Art geschickt taktierender Plagiator erscheint der Admiral nun, da er vor seiner Fahrt die Enthüllung des Neuen und Unbekannten ankündigt, obwohl dies doch bereits gar nicht mehr unbekannt ist, was er aber aus Vorsicht vertuscht: »wobei er nie gesehen oder gehörte Dinge versprach und dabei als vorsichtiger Mann das Geheimnis über sie bewahrte« (»prometiendo cosas nunca vista, ni oydas, guardando como hombre prudente el secreto dellas«[565]).

Darüber hinaus wird die Kategorie der Neuheit, des »nie Gehörten und Gesehenen«, von Garcilaso in ihrer Perspektivgebundenheit vorgeführt. ›Neu‹ ist eine Sache nie in absoluter Weise, sondern immer nur *für* einen bestimmten Personenkreis. Nicht die vermeintlich ›Neue Welt‹ ist neu, wenn man selbst ihr Bewohner ist, ›neu‹ sind dann vielmehr die Spanier und das von ihnen Mitgeführte. So nimmt für den kleinen Garcilaso, dessen Gedächtnis der erwachsene Garcilaso durch die Kindheitserinnerungen seiner *Comentarios reales* zu Papier bringt, das Finden des Neuen durch die Begegnung mit den ›ersten Stieren‹ Gestalt an: nicht etwa den ersten Exemplaren der neuerfundenen Gattung Stier, sondern den ersten, die er als kleiner Junge zu Gesicht bekommt und sich dadurch *für ihn und die seinen* als neu erweisen (»nuevo para ellos y para mí«), da es im *nuevo mundo* die Spezies Kuh nicht gab. Dementsprechend groß ist auch die Überraschung im Angesicht des Neuen, denn dieses stellt sogar die Weltwunder der Antike in den Schatten:

> Los primeros bueyes que vi arar fue en el valle del Cozco año de mil y quinientos y cicuenta, vno mas o menos, y eran de un caballero llamado Iuan Rodriguez de Villalobos natural de Cáceres: no eran mas de tres juntas: llamauan a uno de los bueyes Chaparro y a otro Naranjo y a otro Castillo: llevome a verlos vn exercito de Yndios que de todas parta yuan a lo mismo, atonitos y asombrados de vna cosa tan monstruosa, y nueua para ellos y para mi. Dezian que los españoles de haraganes por no trabajar, forçauan a aquellos grandes animales, a que hiziessen lo que ellos auian que hazer <...>, y creo que los mas solenes triumphos de la grandeza de Roma, no fueron mas mirados que los bueyes aquel dia!

> *Die ersten Ochsen sah ich im Tal von Cuzco pflügen, etwa im Jahre 1550, und sie gehörten einem Caballero namens Juan Rodríguez de Villalobos, der aus Cáceres stammte; es waren nur drei Joch; und die Ochsen hießen Chaparro, Naranjo und Castillo; sie zu sehen, schloß ich mich einem Heer von Indianern an, die von allen Seiten zu dem nämlichen Zwecke herbeiströmten und über ein so ungeheuer Ding, das für sie wie für mich etwas ganz Neues war, staunten. Sie meinten, die Spanier wären faul und zwängen daher jene großen Tiere, das zu tun, was sie eigentlich selber tun müßten. <Und ich glaube, daß die feierlichsten Triumphe der Größe Roms nicht mehr bestaunt wurden als die Ochsen an jenem Tag>*[566].

In seiner Beschreibung der Andersheit der Spanier und ihrer »großen Tiere« bietet Garcilaso in gewisser Weise die invertierte Sichtweise der ersten europäischen Reisenden, die mit den »Wundern« und fremden Kulturen ihres Reiseziels konfrontiert sind. Anders als für die europäischen Eroberer in ihrem Rausch des Unbekannten erweist sich das Phänomen des Neuen, gleich als habe er den Lichtenbergschen Aphorismus vorausgeahnt, für den kleinen Garcilaso aber als eine äußerst böse Entdeckung: denn ihr Resultat sind physische Schmerzen. Da er, um die Stiere sehen zu können, die Schule schwänzt, erhält er eine gleich doppelte Tracht Prügel. Von ihren Anfängen an ist die Erfahrung des Neuen daher mit der des Leids verbunden – und besonders intensiv deshalb auch die *Erinnerung* daran:

> Acuerdome bien de todo esto, porque la fiesta de los bueyes me costó dos dozenas de açotes, los vnos me dio mi padre, porque no fue <sic> al <sic> escuela, los otros me dio el maestro porque falte de ella.
> *Ich entsinne mich all dessen sehr wohl, weil mir das Schauspiel der Ochsen zwei Dutzend Peitschenhiebe einbrachte; das erste verabreichte mir mein Vater, weil ich nicht in die Schule gegangen war; das zweite der Lehrer, weil ich diese versäumt hatte.*[567]

In vergleichbarer Weise zu dem der Entdeckung unterminiert Inca Garcilaso den im Verlauf des vorausgehenden Jahrhunderts etablierten Erfindungsbegriff, dessen Ambivalenz von ›guter‹ und ›böser‹ Erfindung bei Acosta zum Vorschein kam. Fragwürdig aber wird die bei Acosta unmittelbar damit verknüpfte Einteilung der Erfindungen in europäische und indianische. Der Auflistung von ›erfundenen‹ indianischen Teufels-Idolen stellt der Autor eine ebenso grundlegende These entgegen: Indios erfinden nicht, sie ahmen nach. Die Erfindung neuer Dinge ist im Gegenteil ein kulturelles Phänomen, das den Europäern vorbehalten ist.

> Desta manera carecieron de otras muchas cosas necessarias para la vida humana, passauanse con lo que no podian escusar: porque fueron poco o nada inuentivos de suyo: y por el contrario son grandes imitadores de lo que veen hacer, como prueua la experiencia de lo que han aprendido de los Españoles en todos los oficios que les han visto hazer, que en algunos se auentajan.
> *Dergestalt ermangelten sie vieler anderer für das menschliche Leben notwendiger Dinge. Sie begnügten sich mit dem Unentbehrlichen, denn sie waren von sich aus wenig oder gar nicht erfinderisch, hingegen sind sie stark im Nachahmen dessen, was sie sehen, wie es die Erfahrung beweist, denn sie haben von den Spaniern alle Handwerke gelernt, die sie diese haben ausüben sehen, und in manchen übertreffen sie sie sogar.*[568]

Über die Grenzen Perús und der *Comentarios* hinaus, also etwa auch an mehreren Stellen seines früheren Werkes *La Florida del Inca*, führt Garcilaso in insistenter Weise einen von ihm immer wieder herangezogenen Beweis mangelnder Erfindertätigkeit in sämtlichen indigenen Kulturen an: die Nicht-Erfindung der Schere (»No alcançaron la inuencion de las tiseras«[569]). Für die Überlebenden von Hernando de Sotos Florida-Expedition etwa ist die Schere ein zuverlässiger Zivilisations-Indikator. Sie wird am Ende der Irrfahrt jedem Menschen gezeigt, der ihren Weg kreuzt. Als sie auf Indigene stoßen, die das Instrument kennen, und dazu sogar das zu ›tiselas‹ verballhornten spanische Wort für Schere (›tijeras‹), ist dies Beweis, aus der Wildnis endlich in bereits erobertes Gebiet vorgedrungen zu sein – nach Mexiko[570].

Zur Schere gesellen sich andere »Neuheiten« (»nouedades«) wie das Schiff und die Matratze. Die mangelnde Erfindertätigkeit entspringt dabei nicht notwendigerweise einer kulturellen Minderwertigkeit, sondern zum Teil dem eigenen Willen der Indios: »Sie kannten oder mochten keine <Erfindung von> Matratzen« (»No supieron, o no quisieron – la inuencion de los colchones«[571]). Auf den ersten Blick einsichtig ist der Unterschied dieser Erfindungen zu den von Acosta beschriebenen Idolen: es handelt sich um technische, nicht imaginäre Erfindungen. Scharfsinnig erkennt Garcilaso aber den gemeinsamen Urgrund beider Formen: die spekulative *imago* bzw. *imaginatio*. Genau diesen Bereich spricht der Autor nämlich der andinen bzw. auch den anderen indigenen Kulturen vollständig ab. Ist die europäische eine Kultur des Imaginären und Spekulativen – der »cosas especulatiuas« –, so sind die *Yndios* in ihrem gesamten Denken (und dies bedeutet bei Garcilaso immer auch: bis in ihre Sprache hinein) an die Dingwelt, die »cosas materiales« gebunden. Das schlägt sich auch in der Sprache nieder, selbst in Alltagsverben wie »lernen«, »lehren« oder »machen«:

Y assi como aquellos Yndios no tuuieron atencion a cosas especulatiuas, sino a cosas materiales, assi estos sus verbos no significan enseñar cosas espirituales, ni hazer obras grandiosas y diuinas, como hazer el mundo, &c sino que significan hazer, y enseñar artes, y oficios baxos, y mecanicos, obras que pertenescen a los hombre, y no a la diuindad.⁵⁷²
Und so wie jene Indios spekulativen Dingen keinerlei Beachtung schenkten, nur den materiellen, so bedeuten auch diese ihre Verben nicht, geistige Dinge zu lehren oder großartige und göttliche Werke zu schaffen – etwa die Welt erschaffen, etc. –, sondern sie besagen, niedrige und handwerkliche Berufe und Kunstgewerke zu schaffen oder zu lehren, Werke, die den Menschen gehören, nicht der Gottheit.

»La création à Dieu« also erneut, entsprechend Derridas Formel – nur dass ein erhabenes menschliches Gegenstück fehlt. Bis in die Religion hinein setzt sich diese Ding-Bindung fort. Ganz im Gegensatz zu den von Acosta attestierten Teufels-Erfindungen von Idolen, die imaginäre Götzen abbilden, attestiert Garcilaso dem indigenen Glauben die vollständige Abwesenheit des Erfundenen. Im Gegensatz zu imaginär-allegorischen Gottheiten, wie sie die Griechen und Römer hervorzubringen wussten, verehren die *Yndios* in erster Linie Gottheiten, die unmittelbar an die wahrnehmbare Dingwelt und die Naturerscheinungen geknüpft sind.

y porque no supieron, como los gentiles Romanos hazer dioses imaginados como la Esperança, la Victoria, la Paz y otros semejantes, porque no leuantaron los pensamientos a cosas inuisibles, adorauan lo que veyan vnos a diferencia de otros sin consideracion de las cosas que adorauan, si merescian ser adorados; ni respecto de si propios para no adorar cosas inferiores a ellos: solo atendian a diferenciarse estos de aquellos y cada vno de todos, y assi adorauan yer<b>as, plantas, flores, arboles de todas suertes, cerros altos, grandes peñas, y los resquicios dellas, cueuas hondas, guijarros, y pedrecitas – las que en los rios y arroyos hallauan de diversas colores como el jaspe.⁵⁷³
Und da sie nicht wie die heidnischen Römer ausgedachte Götter zu erschaffen wussten – wie die Spes, die Victoria oder die Pax und andere ähnliche, da sie ihre Gedanken nicht zu den unsichtbaren Dingen erhoben – verehrten sie jeweils das, was sie unterschiedlich zu den anderen Dingen sahen, ohne darauf zu achten, was sie verehrten, ob es wert war, verehrt zu werden, und auch ohne die Selbstachtung, Dinge nicht zu verehren, die unter ihnen standen: sie achteten lediglich darauf, dass diese sich von jenen unterschieden und jedes einzelne von allen. Und so verehrten sie Kräuter, Pflanzen, Blumen, Bäume aller Arten, hohe Hügel, große Felsen und ihre Spalten, tiefe Höhlen, Kiesel

und Steinchen – die sie verschiedenen Farben in den Flüssen und Bächen fanden, so wie den Jaspis.

Hinter diesem Phänomen steht vor allem auch ein religiöser Grund, nämlich der Unterschied zwischen Gottes- und Menschenwerk. Die Kreation, sei es nun die des Kosmos oder die von »neuen Dingen« und mit ihnen die Tätigkeit des Erfinders, gehört im indigenen Weltverständnis nicht zu den »Werken, die den Menschen gehören« (»obras que pertenecen a los hombres«), sind der Gottheit vorbehaltenes Gebiet. Dieses Denken hat in letzter Konsequenz den Untergang des Inkareichs zur Folge. Aus der Sicht Garcilasos ist das indianische Missverständnis der technischen Erfindungen als Beweis der Göttlichkeit ihres Erfinders die Antwort auf die bis heute in unverminderter Weise erklärungsbedürftige Frage[574], warum die Spanier ein so mächtiges Reich wie das der Inkas mit so geringer Streitmacht unterwerfen konnten. Der Irrtum, die Spanier aufgrund ihrer Erfindungen für Götter zu halten, führte die *Yndios* dazu, sich kampflos zu ergeben – und besiegelte ihr Ende. Dies war schon zu Zeiten der Inkas so. Als der große Maita Capac etwa eine Brücke aus Weidengeflecht erfand, die er über den Fluss bauen ließ, hatte das durchschlagende militärische Konsequenzen, denen Garcilaso ein eigenes Kapitel widmet: »Durch den Ruhm der Brücke unterwerfen sich viele Orte freiwillig« (»Con la fama del puente se reducen muchas naciones de su grado«).

> recibieronle por señor muy de su grado, assi por la fama del hijo del Sol, como por la marauilla de la obra nueua, que les parescia que semejantes cosas no las podían hazer sino hombres venidos del cielo.
>
> *man empfing ihn sehr freundlich, sowohl ob seines Rufes als Sohn der Sonne als auch ob des neuen Wunderwerks, denn die Indianer dünkten, derartiges könnten nur Menschen vollbringen, die vom Himmel gekommen sind.*[575]

Umso weitergehend sind die Konsequenzen bei Ankunft der erfindungsreichen Spanier:

> porque los Yndios del Peru en aquellos tiempos, y aun hasta que fueron los Españoles, fueron tan simples, que qualquiera cosa nueua que otro inuentasse, que ellos no huuiessen visto, bastaua para que se rindiessen, y reconociessen por diuinos hijos del sol a los que las hazian. Y assi ninguna cosa los admiro tanto para que tuuiesen a los Españoles por dioses y se sujetassen a ellos en la primera conquista; como verlos pelear sobre animales tan feroces, como al parecer de ellos son los cauallos, y verles tirar con arcabuzes, y matar al enemigo a dozientos y a trezientos passos.

Por estas dos cosas <...> los tuuieron por hijos del sol, y se rindieron con tan poca resistencia como hizieron.

denn zu jener Zeit und auch noch bis zur Ankunft der Spanier waren die Indianer so einfältig, daß ihnen alles Neue, das ein anderer erfunden hatte und sie noch nicht kannten, genügte, damit sie sich ergaben und als göttliche Sonnensöhne diejenigen anerkannten, die es schufen. Und daher versetzte sie nichts so in Erstaunen und bewirkte, daß sie die Spanier für Götter hielten und sich ihnen zu Beginn der Eroberung unterwarfen, wie der Umstand, daß sie diese auf Tieren kämpfen sahen, so wilden, wie Pferde nach ihrem Empfinden sind, und daß sie sie mit Arkebusen schießen und den Feind aus zweihundert und dreihundert Schritt töten sahen. Dies ihr Tun war <...> der Grund dafür, daß sie sie für Sonnensöhne hielten und, wie geschehen, so wenig Widerstand leisteten und sich ergaben.[576]

Selbst wenn die Indios in Gestalt ihrer Philosophen, der *amautas*, etwas erfinden, kann das von diesen Hervorgebrachte keinen Bestand haben. Dazu ermangeln sie der zur Konservierung der Erfindung wiederum notwendigen Erfindung: der Schrift. Ohne Tradierungsmöglichkeit muss jede Erfindung mit ihrem Erfinder sterben.

porque como no tuuieron letras, aunque entre ellos huuo hombres de buenos ingenios, que llamaron *amautas*, que philospharon cosas sutiles, como muchas que en su república platicaron, no pudiendo dexarlas escritas para que los successores las lleuaran adelante, perecieron con los mismos inuentores.
zwar gab es unter ihnen kenntnisreiche Männer, Amautas genannt, die über schwierige Dinge philosophierten, die in ihrem Staat viel erörtert wurden, da sie diese aber, weil sie keine Schrift hatten, ihren Nachfolgern nicht schriftlich hinterlassen konnten, vergingen sie mit ihren Erfindern.[577]

Die Instanz des »llevar adelante«, des »Nach-Vorne-Bringens« – mit anderen Worten: des Fortschritts – ist in solchen Ansätzen indigener Erfindung von vornherein ausgeschaltet. Der Kreation neuer Ideen haben diese nichts als die Imitation des Bestehenden entgegenzusetzen: »So daß die Indianer von Peru, da nicht sonderlich stark im Erfinden, sehr stark im Nachahmen und Erlernen dessen sind, was man sie lehrt« (»Demanera que los Yndios del Peru, ya que no fueron ingeniosos para inuentar, son muy abiles para imitar y aprender lo que les enseñan.«[578]). Dem europäischen »Erfinden« (»inventar«) steht auf indianischer Seite das »Nachmachen« (»contrahacer«) gegenüber, das rein gar nichts von den schreckenserregenden indianischen Teufels-Kontrafakturen der heiligen Sakramente aufweist, die Acosta so alarmiert beobachtet. Ihre Meisterschaft findet das Imitieren bei den Indianern in erster Linie in der Kunst. Da sie alles Irdische abbilden, vorzugsweise in Gold und Silber, ist in ihren Reichen schließlich alles doppelt vorhanden: einmal von Gott *in natura* und einmal vom Menschen als künstlerische Imitation hergestellt, wie Garcilaso auch durch die Chronik Gómaras zu belegen vermag: »Kurz und gut, es gab in ihrem Land nichts, das sie nicht aus Gold nachgebildet hätten« (»En fin no hauia cosa en su tierra que no la tuuiese de oro contrahecha«[579]). Eine Beobachtung, die er selbst nur unterstützen kann – wobei das Nachbilden offenkundig sogar zur spezifisch »indianischen« Form des Erfindens wird:

<...> inuentando cada dia nueuas grandezas. Por que todos los plateros que auia dedicados para el seruicio del Sol, no entendían en otra cosa, sino hazer, y contrahazer las cosas dichas.
<...> *ständig erfanden sie neue prunkvolle Dinge, denn sämtliche Gold- und Silberschmiede, die sich dem Sonnendienst widmeten, verstanden nichts anderes, als die genannten Gegenstände anzufertigen und nachzubilden.*[580]

Mittels dieser Ausdehnung des Themas auf die Bildhauerei und Kunst verlagert Garcilaso mittelbar die Opposition von Imitation und Invention auch auf den kunsttheoretischen Bereich des Streits zwischen Mimesis und Innovation, wie er bald in Europa eines der zentralen Themen poetologischer Debatten sein wird. Durch die Conquista entwickelt sich also eine Art *querelle des anciens et des modernes*, wobei für Garcilaso die *Yndios* gewissermaßen den Platz der »Antiken« und die Spanier die der »Modernen« einnehmen.

Nur auf einem Gebiet berühren sich *Yndios* und Europäer im »Wunder des neuen Werks« (»maravilla de la obra nueva«) scheinbar ohne gravierende Gegensätze: in der Erfindung des Wortes jenseits von Ding und spekulativer Vorstellung. Für Quechua-Vokabel ›haráuec‹ (›Dichter‹) gibt der Inca als wortgetreue spanische Entsprechung die recht ungebräuchliche Vokabel »inventador« an:

Otras muchas maneras de versos alcançaron los Incas poetas, a las quales llamaban Harauec, que en propia significacion quiere decir inuentador.
Viele andere Versformen kannten die Inka-Dichter, welch letztere haráuec hießen, was im eigentlichen Sinne Erfinder bedeutet.[581]

Fast immer, wenn in den *Comentarios reales* hinsichtlich der *Yndios* von Erfindung die Rede ist, geht es um erfundene Geschichten, Gesänge, Mythen, Fabeln – also ein Bedeutungsfeld, das dem der »ficciones« nahesteht; ein Gebiet also, das in den von Oviedo ebenso wie Gómara und Garcilaso selbst zitierten »Libros de Amadís«, den Ritterromanen, eine durch und durch europäische Entsprechung besitzt und dennoch von durchweg allen Chronisten – darunter auch Garcilaso selbst – als verwerflich und dem Gebiet der Lüge entstammend verurteilt ist. Den Erfindungen der indigenen Mythen steht in recht tragischer Weise die Worterfindertätigkeit der Spanier in der Neuen Welt gegenüber: als die von Garcilaso vehement abgelehnte »Erfindung« (»invención«) oder »Auferlegung von neu zusammengesetzten Namen« (»imposición de nombres nuevamente compuestos«). Indem die Spanier den bereits im Reich der Incas richtig benannten Dingen ihre von ihnen selbst erfundenen – und damit eben falschen – Namen oktroyieren, zerstören sie zugleich die wohletablierte Ordnung der Dinge[582].

Über den Weg der Leugnung von indigenen *invenciones* und der Umdeutung der Erfindung zum herausragenden Merkmal der europäischen Zivilisation ist Garcilaso bei der Beantwortung der Frage nach einer ›*inventio orbis novi*‹ gewissermaßen ex negativo an einem Ziel- und Höhepunkt angekommen, der die Grundlage des modernen Verständnisses von Erfindung und Entdeckung bildet, und zwar gleich in dreierlei Hinsicht.

1. Die Trennung von Entdeckung und Erfindung hat hier bereits ihren ›kantianischen‹ Endpunkt erreicht. Entgegen der bei den anderen Chronisten vorherrschenden Definition der technischen Erfindung als Findung einer präexistierenden, aber von Gott bislang nur verborgen gehaltenen oder vom Menschen noch nicht aufgefundenen Idee ist, wenngleich allein aus der von der vermeintlichen Göttlichkeit überrumpelten Perspektive der Indios, hier erstmals die Invention mit der Kreation von Neuem gleichzusetzen. Dadurch gewinnt das Neue den Status eines erst durch den Erfinder in die Welt gebrachten Gegenstandes, von dem es zuvor noch nicht einmal eine ›Idee‹ gegeben hat. Der Schöpfungsakt des Menschen ähnelt damit dem Gottes, was ja auch die Indianer in ihre Verwechslung der Spanier mit den Göttern getrieben hat. Aus einer andinen Perspektive wird damit die derridianische Faustregel »La création à Dieu, l'invention à l'homme« völlig außer Kraft gesetzt, denn schließlich ist ja gerade die Erfindung ein Attribut der Göttlichkeit und dem Menschen vorenthalten.

2. Diese europäische Fähigkeit der Kreation von Neuem hängt kausal nicht nur mit der Entdeckung der Neuen Welt zusammen, wie Las Casas anhand der Erfindung bzw. Entdeckung der Kompassnadel herleitete, sondern ist auch die Ursache der Eroberung. Im technischen wie im imaginären Sinne macht die Hervorbringung und leichte Assimilation des Neuen die Europäer den *Yndios* militärisch überlegen.[583]

3. Das Neue hat die Seiten getauscht: die für Garcilaso Neue Welt ist die Alte. Alt und Neu ist nur eine Frage des Standpunktes. Erstmals be-

schreibt der andine Autor das Hereinbrechen des Neuen und die Haltung des Menschen vor dem Unbekannten nicht mehr aus der Perspektive des europäischen Ankömmlings in der Neuen Welt. Das ›Wunder des Neuen‹ besteht in der Ankunft der Pferde und der Feuerwaffen, die von den Indigenen hier erstmals entdeckt werden. Eine, wie Lichtenberg zu formulieren wusste, recht böse Entdeckung.

Dass der Siegeszug der Erfindung des Neuen im technischen wie im sprachlichen Sinne als Preis den Untergang einer gesamten Zivilisation forderte, wirft auf die Exaltation des Neuen in der heranbrechenden Neuzeit einen Schatten, der sich in der von vielen Garcilaso-Forschern beobachteten ›tragischen Geschichtssicht‹[584] des Autors niederschlägt und den *Comentarios Reales* ihre dem imperialen Jubel seiner Zeitgenossen so entgegengesetzte, tragische Größe als Chronik einer versunkenen Welt verleiht.

IV.8.3. Der Neid der Erfinder: Guaman Poma, Vater des ›Dissidenten-Diskurses‹

Dank seines Status als adeliger Sohn eines spanischen Eroberers und ebenso dank seines Bekenntnisses zu dessen Sprache und Kultur, die ihn schließlich zur Übersiedelung nach Spanien ermunterte, wo er einen Großteil seines Lebens verbrachte und sein uns überliefertes Werk verfasste, besitzt Garcilaso de la Vega ein einzigartiges Privileg. Nachkomme der Incafamilie (also des Königshauses, auf welches, wie der Autor selbst stolz betont, die Bezeichnung ›Inca‹ beschränkt ist), erhält er einerseits die Möglichkeit, durch das Zeugnis seiner eigenen Verwandten auf die nur mündlich überlieferte Geschichte des untergegangenen Reichs zurückzublicken. Andererseits aber ist er, anders als die *amautas,* deren Werke mit ihren Erfindern starben, in der Lage, diese Erinnerung in spanischer Sprache schriftlich festzuhalten und seine Trauer über die Vernichtung des Incareichs einem spanischen Publikum zu offenbaren.

Ein fast zeitgleiches Gegenstück auf all diesen Gebieten findet Inca Garcilaso in dem anderen großen andinen Autor des beginnenden 17. Jahrhunderts, Guaman Poma de Ayala – im Gegensatz zu Garcilaso ist er aber kein Mestize und nur teilweise mit der Zivilisation der Eroberer vertraut. In einem mit allgegenwärtigen Quechua-Einflüssen durchtränkten Spanisch und einer gegen sämtliche Gesetze der kastilischen Orthographie rebellierenden Schrift vollendet dieser Autor um 1615 eine monumentale Chronik. Gerichtet ist die *Nueva corónica y buen gobierno* an den spanischen König Philipp III. mit dem Ziel, diesen über die Missstände in Las Indias aufzuklären. Kaum verwundern muss, dass das bereits für zeitgenössische Spanier schwer lesbare, über tausendseitige Werk seinen Adressaten niemals erreichte. Seinen ersten aufmerksamen Leser fand es erst fast dreihundert Jahre später in dem deutschen Wissenschaftler Richard Pietschmann, der das unveröffentlichte Manuskript 1908 in der Königlichen Bibliothek in Kopenhagen fand, wohin es auf bis heute ungeklärtem Wege gelangt war[585]. Aufgrund ihrer konsequenten Verbindung von Schrift und Bildteil wird die Chronik heute zuweilen in einer recht eigenartigen Aktualisierung als »Comicstrip ›avant la lettre‹«[586] charakterisiert. Guaman Poma interpretiert in rebellischer Weise das Werk der Spanier als nur vermeintliche Entdeckung einer vermeintlic Neuen Welt. Diese ›Sicht der Besiegten‹[587] soll den Schlusspunkt der Untersuchung des Inventionsbegriffs in den *Crónicas de Indias* bilden.

Die Opposition *invención-descubrimiento* wird von Guaman Poma zunächst in ihrer zeitgenössischen Ausprägung von den vorausgehenden Chronisten scheinbar übernommen, wobei die Erfindung, durch Guaman Pomas rebellische Ideographie zur »enbinción« verwandelt, nun die moderne Doppeltheit der Hervorbringung von technischen Errungenschaften auf der einen, Fiktionen auf der anderen Seite in sich trägt, deren Verhältnis in gewissen Maße auch denen der beiden ›Welten‹ entspricht. Geht sie von Figuren der Alten Welt aus, ist die Erfindung in der Regel eine technische Errungenschaft. So etwa beginnt Guaman Poma seine Geschichte des Ursprungs der Menschheit mit einem Erfinderkatalog. Nach der Schaffung Adam und Evas durch Gott begeht Kain seinen Brudermord an Abel. Aus dem Brudermord erwachsen zum einen die Schwarzen, deren Hautfarbe aus dem Neid Kains auf Abel erklärt wird – zugleich aber auch zum anderen das erste Geschlecht der Erfinder. Selbst grafisch nähert sich die »enbinción« dem Neid an, der »enbidia« in Guaman Pomas Schreibung. Kain tut sich nach dem Mord als der erste Erbauer einer Stadt hervor; seine Nachfahren erweisen sich als die ersten Erfinder von Instrumenten zum Ackerbau und zum Musizieren:

> Caym mató a Abel; déste salió la casta de negros por enbidia. Edeficó la primera ciudad <...> Amelh fue de linage de Cayn: Tubo tres hijos y una hija: Jael enbento las cauanas, otro hijo, Tubal, enuento el órgano y la uigüela y canto de órgano. Tabalcaym enbentó el arte de labrar el hierro, la hirja, Noema, enuento el hilar[588].
>
> *Kain schlug Abel tot; von ihm stammte des Neides wegen das Geschlecht der Neger ab. Er erbaute die erste Stadt <...> Der Vater des Lamech war aus dem Stamme Kains. Er hatte drei Söhne und eine Tochter. Jabal erfand die Hütten, sein zweiter Sohn Jubal erfand die Orgel und die Leier und sang zur Orgel. Thulbakain erfand die Kunst, Eisen zu bearbeiten, die Tochter Naem erfand das Spinnen*[589].

Im Falle der Bewohner von Las Indias ist hingegen das Erfinden mit der Machtübernahme der Incas verbunden, mit der für Guaman Poma als Bewohner der peripheren Provinzen, die gegen ihren Willen von den Incas in ihr Reich eingegliedert wurden, die Korruption der Welt ihren Ursprung nahm – und damit die Lügen und Fiktionen. Im Widerspruch zu der auch von Garcilaso[590] dargestellten Ursprungsmythologie der Incas, die ihre Herkunft als »Kinder der Sonne« (»hijos del sol«) von der Sonne herleiten, deckt Guaman Poma auf, dass Manco Cápac, der erste Inca, seinen himmlischen Ursprung nur erlogen hatte. In Wirklichkeit war er unehelicher Sohn einer großen Hure, Mama Huaco, welche die bisherige Rechtschaffenheit und Gottgefälligkeit der »yndios« verdarb und als erste den Kult der Idole erfand. Dadurch ist sie die ›erste Erfinderin‹ – im pejorativ-fiktiven, wahrheitsverzerrenden Wortsinne: als »primera enbentadora« (von ›inventar‹) ist sie auch »gran fingedora« (von ›fingir‹). Ikonografisch lässt sich das auch an der invertierten Perspektive und verzerrten Proportionen ihres Bildporträts ablesen. Einen Spiegel in der Hand, der ihr Gesicht – in für den Betrachter perspektivisch unmöglicher Weise – verdoppelt, schafft Mama Huaco, die »erste Coia«, eine trügerische Doppelung der Welt im Bild[591]. Wie in unmittelbarer Anlehnung an Acosta erscheint das Erfinden als bilderzeugender Verschwörungsakt der Großen Hure mit dem Teufel.

El dicho primer Ynga Manco Capac no tubo padre conocido; por eso le digeron hijo del sol, Yntip Churin, Quillap Uauan. Pero de uerdad fue su madre Mama Uaca. Esta dicha muger dizen que fue gran fingedora, ydúlatra hichisera, el qual hablaua con los demonios del ynfierno y hazía serimonias y hecheserías. Y ací hazía hablar piedras y peñas y palos y zerros y lagunas porque le rrespondía los demonios. Y ací esta dicha señora fue primer enbentadora la dichas uacas ydolos y hechiserías, encantamientos, y con ello les engaño a los dichos yndios.
Der besagte erste Inka Mango Capac hatte keinen bekannten Vater; deshalb sagte man von ihm, er sei Sohn der Sonne, Yntip Churin, Quillap Uauan (Kind des Mondes). Doch in Wahrheit war Mama Uaco seine Mutter. Von dieser besagten Frau erzählt man, daß sie eine große Heuchlerin, Götzendienerin und Zauberin war, die mit den Dämonen der Hölle sprach und Zeremonien und Zaubereien ausführte. Und so ließ sie Steine und Felsen und Pfähle und Berge und Seen sprechen, weil die Dämonen ihr antworteten. Und so war diese besagte Frau die erste Erfinderin der besagten Uacas, der Götzenbilder und Zaubereien und Beschwörungen, und damit täuschte sie die besagten Indios.[592]

|DIE ERSTE GESCHICHTE DER KÖNIGINNEN, DER COIA|
|MAMA VACO COIA|
|Sie herrschte in Cuzco.|

Aus: Guaman Poma de Ayala: *El primer nueva corónica y buen gobierno (1615)*.

Noch in einer weitergehenden Hinsicht ist die Erfindung der »yndios« bei Guaman Poma negativ konnotiert. Denn Manco Cápac erfand, nachdem seine Mutter die Idole erdacht hatte, den Missbrauch der Coca-Pflanze und lehrte ihren Gebrauch zusammen mit dem der von seiner Mutter erfundenen Götzenbilder. So verdarb der erste Inca die »yndios« mit einer verdoppelten Erfindung, deren beide Teile – Rausch und Bildverehrung – zusammenhängen: denn ein berauschter »yndio« ist auch stets ein potenzieller Götzendiener:

> Como el Inga enuentó y les enseño a comer coca. Juntamente le enseñó con la ydúlatra y dizen que le sustenta, no creo. Es un poco de uicio, apitito uellaco, como un español tauaquero tiene aquel bcio, bicio ypertinente, pero el yndio borracho y coquero es cierto hichicero público y pontífise del Inga
> *Wie der Inka die Coca einführte und sie <die Indios> unterrichtete, Coca zu essen. Er unterrichtete sie darin zugleich mit dem Götzendienst, und man erzählt, daß sie <die Coca> sie <die Indios> ernähre, das glaube ich nicht. Es ist ein geringes Laster, ein schändliches Gelüst, wie ein Spanier, der Tabak schnupft, hat er jenes Laster, ein ungebührliches Laster, doch der Indio, der sich betrinkt und Coca kaut, ist gewiß ein öffentlicher Zauberer und Priester des Inka.*[593]

Doch ob nun in der alten oder der neuen Welt, der alttestamentarischen Vorgeschichte oder der andinen, der technischen oder der fiktiven Erfindung; ob Resultat eines Brudermordes oder einer Verschwörung mit den Dämonen: in den meisten Fällen (mit Ausnahme vielleicht der Ackerbau- und Musikinstrumente) ist die Erfindung mit einem Makel, einem Abfall von der gottgefügten Ordnung verbunden.

Klar getrennt ist sie in jedem Falle von der Entdeckung. Allerdings findet sich ein *descubrimiento* in der *Nueva Corónica* zunächst nicht in Verbindung mit Las Indias. Als zu Beginn des Werks die Spanier erstmals auftauchen, ist dort weder von Kolumbus noch von einer Entdeckung die Rede. Es »springen« Diego de Almagro und Francisco Pizarro an Land und beginnen ihr Eroberungswerk (»En este tiempo se embarcaron los cristianos españoles y saltaron en tierra a las Yndias«[594]). Auf die Idee, in diesem Moment ›entdeckt‹ worden zu sein, kommen die überrumpelten »yndios« wohl kaum. Erst als nachgefügter Kommentar heißt es, die ›genannte Neue Welt‹ – die, wie sich zeigen wird, auch nur eine ›sogenannte‹ ist – sei auf diesem Weg entdeckt worden (»Und so wurde diese besagte Neue Welt entdeckt« / »Y ancí fu dicubierta este dicho Nuebo Mundo«).

Doch diese vermeintliche Entdeckung stellt sich ebenfalls als eine illegitime heraus. Wie der Leser nämlich mehrere hundert Seiten später erfährt, fand die erste Reise nach Las Indias nicht von Spanien aus statt, sondern von Jerusalem, durch den Apostel Bartholomäus, der zur Zeit des Inca Sinche Roca über den Seeweg nach »las Yndias« reiste, um den Bewohnern den wahren Glauben zu übermitteln, dann aber wieder in seine Heimat zurückkehrte – das entdeckte Gebiet im Gegensatz zu den Spaniern also weder unterwarf noch besiedelte. Was gemeinhin als Entdeckung Amerikas angesehen wird, ist nichts weiter als die Entdeckung des Seewegs. Und da dieser für die ›alten Menschen aus Kastilien‹ eine Neuigkeit (»nueua«) darstellte, nannten sie das gefundene Gebiet »Mundo Nuebo«.

> De Jerusalén descubrió el apóstol de Jesucristo; el señor San Bartolomé salió a esta tierra y se bolbió en tiempo que rreynaua el Ynga Cinche Roca sólo el Cuzco y parte del Collau. Y después, ciendo papa Bonefacio nono, niapolitano ponífise, y después se descubrió el camino de la mar en el año de 1493 años. <…> Y auido nueua en toda Castilla y Romo de cómo se auía hallado el Mundo Nuebo, que ací lo llamaron los hombres antigos de Castilla.
> *Von Jerusalem aus entdeckte <es> der Apostel Jesu Christi, der Herr Sankt Bartholomäus, er zog aus in dieses Land und kehrte zurück in der Zeit, da der Inka Cinche Roca allein in Cuzco und einem Teil von El Collau herrschte. Und dann, während Bonifatius der Neunte Papst war, ein Neapolitaner, Pontifex <maximus>, und dann entdeckte man den Seeweg im Jahre 1493. <…> Und die Neuigkeit verbreitete sich in ganz Kastilien und Rom, daß man die Neue Welt gefunden hätte, denn so nannten sie die alten Männer aus Kastilien*[595].

Weiter untergraben wird die traditionelle Version von der Entdeckung, indem Guaman Poma eine eigene Etymologie des Namens »Yndias« herstellt. »Yndias« stamme nicht etwa von Indien, sondern bedeute in korrekter Deutung »Land im Tage« (»tierra en el día«), da es durch seine Höhenlage der Sonne näher sei als jedes andere Gebiet der Welt.[596] Die Unsicherheit, ob es nun »Indies« oder »in dies« heißen muss, die sich schon bei der Texttradition von Vespuccis »Mundus Novus« ergibt[597], erhält hier symbolischen Wert:

> Estaua esta tierra en más algo grado, ací lo llamaron Yndias. Quiere dezir tierra en el día como pucieron el nombre tierra en el día, Yndias, no porque se llamase los naturales yndios de Yndias rrodearon yndios el cual esta tierra está más alto que todo Castilla y las demás tierras del mundo.
> *Dieses Land war am höchsten gelegen, darum nannte man es ›Yndias‹. Das heißt ›tierra en el dia‹ wie man ihm den Namen ›tierra en el dia‹*[598], *Yndias,*

gab, <war es> nicht deshalb, weil die Eingeborenen ›Yndios‹ geheißen hätten. Von ›Yndias‹ leitete man ›Yndios‹ ab. Dieses selbige Land liegt höher als ganz Kastilien und die übrigen Länder der Welt.[599]

Guaman Poma gelingt es damit, den von den Europäern oktroyierten Namen wieder in Einklang mit der entthronten Religion der Sonne und mit der Himmelsnähe des Tahuantinsuyo, des Reichs der ›vier Teile der Welt‹ zu bringen. Eine Ableitung des Gebiets vom Namen der Bewohner – »yndios«, also ›Inder‹ – hingegen sei auszuschließen: die den ersten Eroberern nachfolgenden Spanier hätten dieses etymologische Missverständnis verursacht. »Und darum nennen die Chapetones <neu eingewanderte, unerfahrene Spanier> sie ›Yndios‹, und so heißen sie bis heute, und dabei irrt man sich« (»Yací los chapetones les llama yndios y se llama hasta oy y hierran«[600]).

Guaman Pomas Vision der Entdeckung ist eine Satire voll von »bitterem Humor«[601]. Ist die spanische Entdeckungsversion diskreditiert, so bleibt auch Kolumbus von diesem Schicksal nicht verschont, dessen Name in Guaman Pomas Schreibung »Culum« nicht unbedingt die nobelsten Assoziationen hervorruft. In Wirklichkeit, so der Chronist, habe Kolumbus seine Entdeckungsfahrt gar nicht alleine geplant. Entdeckt wurden Las Indias auch gar nicht von Culum (zuweilen auch »Colum«[602] und »Golum«[603]) selbst, sondern von einem Gefährten des Culum zusammen mit Candia (eigentlich ein Begleiter Pizarros bei der Eroberung 1527). So sei die Entdeckung nicht durch einen, sondern durch zwei Männer vollzogen worden (»Wie es zwei Männer entdeckten, der Gefährte des Culum (Kolumbus) und Candia« / »De como descubrió dos hombres, el compañero de Culum y Candia«[604]). Wer nun als eigentlicher Entdecker zu betrachten ist, lässt sich deshalb gar nicht mehr ausmachen. Die Rolle von Culum selbst innerhalb der Entdeckung ist einigermaßen rätselhaft, denn derjenige, der den Ruhm davonträgt, ist Candia, nicht Culum:

> De cómo llegó este dicho Candia con la rriquiesa a España con todo lo que llevó y publicó de la tierra y rriquesas. Y dixo que la gente se bestía y calsaua de todo oro y plata y que pisaua el suelo de oro y plata y que en la cauesa y en las manos trayýa oro y plata.
> *Wie dieser besagte Candia mit dem Reichtum nach Spanien kam, mit allem, was er forttrug und was er von dem Land und den Schätzen verbreitete. Und er sagte, daß die Kleidung und Schuhe der Leute ganz aus Gold und Silber seien und daß sie auf einem mit Gold und Silber gepflasterten Boden liefen und daß sie auf dem Kopf und an den Händen Gold und Silber trügen.*[605]

Was aber wurde aus dem einen der beiden Entdecker, zu denen Kolumbus nicht gehört, aus jenem geheimnisvollen »compañero de Culum«, dem dessen Namen an keiner Stelle genannt wurde? Die Antwort ist nicht schwer zu erraten: »Der Gefährte des Culum starb und hinterließ die Papiere seinem Gefährten, dem besagten Culum.« (»El compañero de Culum se murió y dexó los papeles a su compañero, al dicho Culum«[606]). Es ist niemand anderes als der Namenlose Steuermann.

›Neu‹ ist die Neue Welt aus der Perspektive Guaman Pomas, dessen sämtliche Vorfahren aus ihr stammen, mit Sicherheit nicht. ›Neu‹ ist allerdings, in einer hier bis in den Titel reichenden Steigerung von Acostas Anspruch einer *historia nueva*[607], seine Form, sie zu beschreiben. Das eigene Werk widerspricht den ›alten Männern aus Kastilien‹ und wird so zur *Nueva Corónica*[608]. Im Rahmen seines eigenen Textes, der ja eines der ersten bedeutenden Schriftzeugnisse des Synkretismus zweier Welten darstellt, erhält dabei auch die Erfindung eine neue Rolle: allerdings nicht mehr im Sinne der fiktiven oder technischen, sondern nun einer rhetorisch-kompositorischen, nämlich der Text-Invention. Wie Inca Garcilaso schreibt der indigene Autor die »enbinción« den »grandes engeniosos« zu – nämlich den Spaniern, aus deren rhetorisch geschulter Feder fast sämtliche vorausgehenden Werke über Las Indias entstammen. Seine eigene Chronik erklärt er hingegen frei von jeder rhetorischen, stilistisch-ornamentalen »enbinción«. Dabei begibt sich die Invention zugleich vom Gebiet des Rhetorischen auf das des Bildlichen, oder, um es in Guaman Pomas eigener, unverwechselbaren Sprache und Schreibung zu benennen:

> Pasé trauajo para sacar con el deseo de presentar a vuestra Magestad este dicho libro yntitulado *Primer nueua corónica* de las Yndias del Pirú y prouechoso a los dichos fieles cristianos, escrito y debojado de mi mano y engenio para que la uariedad de ellas y de las pinturas y la enbinción y dibuxo a que vuestra Magestad es enclinado haga fázil aquel peso y molestia de una letura falta de enbición y de aquel ornamento y ystilo que en los grandes engeniosos se hallan.
>
> *Ich durchlitt Mühen, um dieses besagte Buch herauszubringen, mit dem Wunsch, es Eurer Majestät vorzulegen, und zum Titel hat es ›Erste neue Chronik des westindischen Pirú‹, und es ist nützlich für die besagten gläubigen Christen. Geschrieben und gezeichnet wurde es von meiner Hand und mit meinem Verstand, damit die Mannigfaltigkeit der Bilder, ihr Erfindungsreichtum und ihre Zeichnung, denen Eure Majestät zugetan sind, jenes Gewicht und jene Beschwernis einer Lektüre erleichtere, der es an sonstigem Erfindungsreichtum und an jenem Schmuck und geglättetem Stil fehlt, welche bei den großen <ingeniösen> Geistern zu finden sind.*[609]

Was sein Werk von allen vorausgehenden ›yndianischen‹ Geschichtswerken unterscheidet, ist also seine eigene Form des ingeniösen Invenierens (bzw. ›engeniösen Enbentierens‹), das schmucklose geschriebene Wort (»escrito«) mit dem von seiner eigenen Hand gezeichneten Bild zu verbinden: »las pinturas y la enbinción y dibuxo«. Dies Verfahren bietet für den Autor das Paradox, dass die Schrift als Begleiterscheinung der europäischen Invasion Teil der Vernichtung der andinen Kultur ist – und doch das einzige Werkzeug, diese für kommende Generationen von ›christlichen Lesern‹ – »cristiano lector« adressiert Guamán Poma seinen Leser – zu konservieren. Welche Bedeutung die Erfindung der Schrift als kulturelle Errungenschaft besitzt, lässt sich das ganze Werk des Chronisten über nachverfolgen: wer, wie die ersten Generationen der *Indios* nach der Sintflut, nicht lesen und schreiben kann, findet den Weg nicht mehr und irrt orientierungslos durch die Welt:

> De cómo no supieron leer ni escriuir, estubieron de todo herrado y ciego, perdido del camino de la gloria. Y ancí, como herrado de dezir que salieron de cueuuas y peñas, lagunas y serros y de rríos, ueniendo de nuestro padre Adán y de Eua.
> *Wie sie nicht lesen und schreiben konnten, sie waren ganz und gar verirrt und blind, vom Wege des Heils abgekommen. Und wie es daher eine Irrmeinung ist, sie wären aus Höhlen und Felsen, aus Seen und von Anhöhen und aus Flüssen gekommen, wo sie doch von unserem Vater Adam und von Eva abstammten.*[610]

Wer kein geschriebenes Wort kennt, lässt sich durch den Trug der Bilder in die Irre treiben, die bei Guaman Poma wie bei seinem Zeitgenossen Bacon den Namen ›Idole‹ (»ydolos«) tragen. Dem Schriftunkundigen ist, um zeitgenössische Metaphern heranzuziehen, nicht der rote Faden gegeben, der im Buchstaben der Bibel, »im Christentum und der Schrift Gottes« (»la cristianidad y letra de Dios«[611]) enthalten ist, um den Weg durch das Labyrinth der Welt und durch den Wald von Einzeldingen zu finden. So wird Guaman Pomas erste indigene Chronik Amerikas in europäischer Schrift zugleich zum Zeugnis einer ersten Alphabetisierungskampagne zum Zwecke der Emanzipation. »Und unbedingt sollen die Knaben und Mädchen in der ganzen Welt und noch viel mehr in diesem Königreich lesen und schreiben können. Und so werden der Götzendienst und die Zeremonie für die Dämonen sich verlieren.« (»Y cin falta sepa leer escriuir los niños niñas en todo el mundo y más en este rreyno. Y ancí se perderá la ydulatría y serimonia de los demonios.«[612])

Das Bild aber kann gereinigt werden, indem es in Korrespondenz mit der Schrift tritt. Durch ihre Verbindung mit dem geschriebenen Wort wird der »enbinción«, Domäne der Teufel, der Idolcharakter ausgetrieben. Indem Guaman Poma dabei die Schrift in das gemalte Bild selbst integriert und dadurch sein Verfahren des »Comic Strip ›avant la lettre‹« schafft, gelingt ihm eine einzigartige Verbindung von Wort, Bild und Schrift, welche die Grenzen zwischen den Instanzen zu durchbrechen in der Lage ist[613]. Nicht zu Unrecht verweist Rolena Adorno auf die privilegierte Rolle der *invención* bzw. *inventio* (»el papel privilegiado que desempeña la invención«[614]), die in Guaman Pomas Chronik aufgrund ihrer Herkunft aus der Rhetoriklehre und des daraus resultierenden Charakters eines über das *verum* hinausgehendes *veri simile*, einer ›Erfindung‹ fiktiver Ereignisse, immer in den Dienst der vom Autor verteidigten zentralen Botschaft tritt:

> Da die *inventio* nicht nur das Wahre <*verdadero*>, sondern auch das Wahrscheinliche <*verosímil*> in Betrachtung zieht, entsteht eine weitere mögliche Rechtfertigung – unter der Rubrik Rhetorik – für die fiktiven Episoden, die Guaman Poma in die Geschichte der Eroberung Perus durch die Spanier einfügt. Die Ereignisse können nicht allein so porträtiert werden, wie sie waren, sondern so, wie sie hätten sein können: »was geschehen ist oder geschehen kann«. Wie es eigentlich gewesen ist, besitzt keine Wichtigkeit. <...Guaman Poma> benutzt die Kunst der Rhetorik, um den Leser von Würde und Ruhm der andinen Zivilisation zu überzeugen.[615]

Um dies Vorhaben als Erbe einer schriftlosen Kultur zu erreichen, greift er, wie die Guaman-Poma-Forscherin Mercedes López-Baralt unter Berufung auf Frances Yates aufgezeigt hat, auf eine Erfindung zurück, die schon im vorsokratischen ΔΙΣΣΟΙ-ΛΟΓΟΙ-Fragment als die »größte und schönste« bezeichnet wird: die *ars memoriae*[616]. In der Art, wie Guaman Poma seine Hunderte von ganzseitigen Zeichnungen in seiner Chronik komponiert und disponiert, baut er ein Gedächtnis-System auf, das in gleichem Maße in die Tradition der europäischen wie der altamerikanischen Mnemotechniken tritt. Was beide verbindet, ist die Anordnung des zu memorierenden Wissens in architektonischer Form, wie aus den wenigen überlieferten Zeugnissen indigener Kulturen hervorgeht. Aufgabe des Dichters ist es, die Gemälde im ›Haus der Bilder‹ zum Singen zu bringen:

> Yo canto las pinturas del libro
> lo voy desplegando
> soy cual florido papagayo
> hago hablar los códices
> en el interior de la casa de las pinturas.[617]

Ich singe die Gemälde des Buches
falte es auseinander
ich bin wie ein blühender Papagei
lasse die Handschriften sprechen
im Inneren des Hauses der Gemälde.

Diese seine Kunst, den Text zum Bild, das Bild zum Gesang werden zu lassen, verleiht Guaman Poma im Rahmen der *Crónicas de Indias* eine so immense Größe. Sein amerikanischer Weg, Wort und Bild wieder zusammenzuführen – eine Obsession, die ihn mit seinen europäischen Zeitgenossen des frühen 17. Jahrhunderts verbindet[618] – macht ihn zugleich zu einer Gründungsfigur des »lateinamerikanischen Schreibens«[619].

IV.9. Die Spur des Namenlosen Steuermanns

Betrachtet man innerhalb der *Crónicas de Indias* den Stellenwert und die Entwicklung, welche die Begriffe von Erfindung und Entdeckung im Laufe der ersten 130 Jahre nach der Ausfahrt des Kolumbus nehmen, ergibt sich, wie im Vorausgehenden geschildert, ein recht überraschendes Resultat. Während in den meisten europäischen Sprachen der heute so polemisch diskutierte Unterschied zwischen Erfindung und Entdeckung Amerikas noch nicht gewährleistet ist, ja, die Entdeckung jenseits ihres Hausgebrauchs beim Abnehmen des Topfdeckels oder Häuten des geschlachteten Viehs meist noch gar nicht in Erscheinung getreten ist, bildet sich bei den ersten Autoren Amerikas im Angesicht des Unbekannten und der Notwendigkeit, dieses in die eigene Ordnung des Wissens einzureihen, bereits eine dezidierte Aufspaltung zwischen zwei Bedeutungsfeldern, die sich in Europa erst im 18. Jahrhundert voneinander zu entfernen beginnen. Wenn auch an keiner Stelle eine systematische Gegenüberstellung oder gar philosophisch fundierte Opposition wie bei Kant anzutreffen ist, wird, beginnend mit Kolumbus und seiner Einfügung des *detegere* in das klassische Latein in Abgrenzung zu *invenire*, in Form des *descubrir* eine Instanz herausgebildet, die sich von den bisher gültigen Inventionsmodellen sichtbar abzugrenzen beginnt. Wie die nicht nur divergierenden, sondern geradezu einander ausschließenden Definitionen des Entdeckens bei Kolumbus und Vespucci beweisen – Fund im Geschriebenen bzw. Enthüllung des noch nie Geschriebenen –, sind die neu sich konstituierenden Begriffe dabei noch fern einer festen Eingrenzung. Der Prozess der ›Erfindung‹ der Neuen Welt wird zugleich zur ›Erfindung‹

einer Dichotomie, deren ungleiche Zwillingshälften in ihrer Doppeltheit ähnliche Probleme zu generieren beginnen wie die Tatsache der plötzlichen Spaltung der Einen Welt und des Einen Menschengeschlechts in zwei ›Welten‹, deren innere Zusammengehörigkeit zu beweisen ein Problem darstellt, das an den Grundfesten der europäischen Philosophie und christlichen Theologie rüttelt.

Dennoch lässt sich von Kolumbus über Oviedo und Las Casas bis hin zu Acosta, Garcilaso und Guaman Poma eine Konstante beobachten, die an der Wurzel der Unterscheidung von *invención* und *descubrimiento* zu liegen scheint: die Rolle des Bildes, bzw. des *phantasma*, der *imago*, der inneren Vorstellung. Während *descubrir* (bzw. *decubrimiento*) sich immer notwendigerweise auf eine *res* bezieht, und zwar im Sinne eines Gegenstands der erfahrbaren äußeren Wirklichkeit, in der Regel also *Las Indias* – und das selbst dann, wenn dies, wie es Vespucci einfordert, die Notwendigkeit eines neuen Bildes im Sinne einer neuen *imago mundi* mit sich führt –, ist die *invención*, zu der erst um die Jahrhundertmitte auch die Verbalform *inventar* ›erfunden‹ wird, im eklatanten Gegensatz zu ihrer ursprünglichen Aufgabe einer Auffindung von *res*, nun eher an die Hervorbringung einer *imago*, an die Schaffung von neuen Bildern und Vorstellungen gebunden. Durch die grundsätzliche Negativierung, welche die *imago* als Domäne des Teufels besitzt – des Idols und der indianischen Götzenbilder im Gegensatz zum christlichen Gott, der sich im Wort manifestiert und von dem kein Bild gemacht werden darf –, verkörpert die Dichotomie Erfinden-Entdecken im Zeitalter der Umbrüche zugleich auch jene zwei Seiten der *curiositas*. Diese wiederum istdoppelter Ursprung sowohl des Erfindungs- als auch des Entdeckungsvorgangs: als frevlerische Hybris des Menschen, der sich durch seine eigenen ›Kreationen‹ von Gott entfernt und als tugendhaftes Streben des Gläubigen, der durch seine Ausfahrt in die Welt die Wunder der göttlichen Schöpfung zur Enthüllung – Ent-Deckung – bringen möchte.

Untrennbar ist diese Kulturgeschichte der inventiven Neugierde und ihrer Ambivalenz an eine Gestalt geknüpft, deren Auftauchen und Verschwinden in den Stürmen und Nebelbildern des Atlantiks über Wert und Bedeutung jeder *inventio* richtet: die des Namenlosen Steuermanns. Ob die Neue Welt in seinen apokryphen Autoritätstexten *findbar* ist, ob sie alleine in der Wirklichkeit *entdeckbar* und in keinem Text zu finden – und ob schließlich der Pilot selbst von bösartigen Usurpatoren *erfunden* worden ist, entscheidet über den Status der Neuen Welt und über den Besitzanspruch an ihr. Wie stark die Suggestivkraft jenes einstmals berühmtesten Unbekannten der Menschheitsgeschichte noch heute ist, lässt sich daran ablesen, dass er sich trotz einer präzisen wissenschaftlichen Durchdringung der Fahrten des Kolumbus bis auf den heutigen Tag nicht definitiv in das Reich der Fabel verweisen lässt. Während des 16. Jahrhunderts ist die Piloten-These die vorherrschende Meinung, da das einzige die Reisen des Kolumbus in wirklich kritischer Weise aufarbeitende Werk der Zeit, die *Historia de las Indias* von Las Casas, nie erschienen war. Die Legende um den Seefahrer rankt sich weiter durch die Jahrhunderte, sei es in Thesen wie der von der phönizischen Kolonisierung Amerikas, sei es in Gestalt eines geheimnisvollen »Protonauten« oder »predescubridor«, erfährt in den Jahren nach dem *Quarto Centenario* einen neuen Boom, der 1911 in Henri Vignauds Buch einen Kulminationspunkt erreicht. »Wenn es eine Überlieferung in der Geschichte gibt, die glaubwürdig ist, dann die vom Unbekannten Piloten«[620], liest man dementsprechend in den zwanziger Jahren des vergangenen Jahrhunderts in Ispizúas Geschichte der Geo- und Kosmographie.

Doch selbst noch nach der endgültigen Etablierung von Morisons These einer Entdeckung Amerikas »gänzlich durch Zufall« (»wholly by accident«[621]) durch Kolumbus erscheint die Gestalt des Namenlosen Steuermanns immer aufs neue, nun freilich innerhalb des Repertoires der Verschwörungslegenden, als eine marginalisierte Geheimwahrheit. Den gewaltigsten neueren Versuch, die Überrumpelung Europas durch die Neuheit der Neuen Welt rückblickend abzuschmettern und ein von Kolumbus selbst wohlgehütetes ›Geheimnis‹ durch Akkumulation von Indizien zu enthüllen, stellt wohl das fast tausendseitige Werk *Colón y su secreto* von Juan Manzano Manzano dar. In einer – dank ihrer Umfassendheit durchaus sehr wertvollen – Quellenaufarbeitung versucht der Autor, diverse Entdeckungs-Legenden, so die Hesperiden-These und Las Casas' Bericht von den ›bärtigen Männern‹ und den ›weißen Indianern‹[622], als Wahrheit zu etablieren und begibt sich auf die Spurensuche nach dem »protonauta«. Ziel ist es, in einem eines Las Casas' würdigen providentialistischen Gestus,

> aus neuer Perspektiven den Haken an diesem einzigartigen Unternehmen zu betrachten; einem Unternehmen, das in seiner Anfangsphase einen zufälligen und unvermuteten Protagonisten besaß (den Namenlosen Steuermann); danach wollte es die Göttliche Vorsehung in ihren undurchdringlichen Entscheidungen Christoph Kolumbus vorbehalten, der, wie immer Ihr Instrument, sich vornahm – nachdem er die Länder des Steuermanns mit den reichen Gegenden des asiatischen Ostens identifizierte – sie zu entdecken und auszubeuten, als Teil eines lukrativen »Geschäfts«, das er mit dem spanischen Königspaar teilen würde, ohne – das ist wohl klar – überhaupt auf die Vermutung zu kommen, daß sein Geschäft mit Las Indias eine ganze Neue Welt in die westliche Christenheit eingliedern würde.[623]

Wäre also Kolumbus kein ›Entdecker‹, sondern nur ein ›einfacher Forscher‹? So wird in Anknüpfung an Manzano nun selbst unter den herausragenden Figuren der europäischen *Crónicas*-Forschung wieder zuweilen gefragt.[624] Eine Frage, die auch im lateinamerikanischen Denken des 20. Jahrhunderts von großer Bedeutung ist. Immer ist dabei an die Frage nach dem Namenlosen Steuermann auch die nach Erfindung und Entdeckung geknüpft. Ein Klassiker des lateinamerikanischen Denkens ist die Neubetrachtung der Legende vom Namenlosen Steuermann in *Última Tule* von Alfonso Reyes. In klarer Erkenntnis der Bedeutung dieser Episode aus der Perspektive der Problematik des Neuen – nämlich ob Kolumbus und seine Zeitgenossen bereits eine Vorstellung des von ihm ›entdeckten‹ Gebietes besaßen – entwickelt der Mexikaner die Theorie einer »Vorahnung Amerikas« (»El Presagio de América«, so auch der Titel des wohl berühmtesten Essay dieses Buches), die aber nicht auf einer realen Reise eines ›Vor-Entdeckers‹ oder ›predescubridor‹ beruht, sondern auf der Präexistenz Amerikas als imaginäre Vorstellung am europäischen Geisteshorizont. Reyes schließt keineswegs aus, dass Kolumbus auf Reiseberichte eines Namenlosen Steuermanns zurückgreift. Allein, mehr denn bare Realität sind dieser Seefahrer und seine Berichte »Wirklichkeits-Asche, gewürzt mit ein bisschen Mythos« (»ceniza de realidad, sazonado con un poco de mito«[625]), und dasselbe gilt auch für die versprochene Erde. Das ›Geheimnis‹ des Kolumbus besteht in der Suche nach dem Land des Namenlosen Steuermanns: eines Landes, das es gar nicht gibt, einer ου-τοπία, wie Reyes in »No hay tal lugar« (»Einen solchen Ort gibt es nicht«), seinem Essay zur Utopie, deutlich macht. Kolumbus befindet sich auf der Suche nach einer Neuen Welt – die eine Wirklichkeit aber nur im Reiche der Imagination besitzt, dem Reich der märchenentsprungenen Insel Antilla, die heute dennoch den realen Namen der Karibikinseln liefert. Die Entdeckung Amerikas ist das Produkt einer Reise in eine Welt des Traums. Kurz: einer Erfindung.

> Die verstreuten Züge einer zerstörten Wahrheit wollten sich in der Seele wieder zusammensetzen. Die Erde flüsterte ihren Kreaturen die Ankündigung ihrer vollständigen Form ins Ohr, die wie in einem Traum erinnerte platonische Einheit. Und so, bevor es diese feste Realität war, die uns manchmal begeistert und manchmal verärgert, **war Amerika die Erfindung der Dichter** *<América fue la invención de los poetas>*, die Scharade der Geographen, das Geschwätz der Abenteurer, die Habgier der Unternehmen und, aufs Ganze gesehen, ein unerklärlicher Appetit und ein Drang, die Grenzen zu überschreiten. Es kommt die Stunde, da die Vorahnung *<presagio>* auf allen Stirnen zu lesen ist, in den Augen der Seefahrer leuchtet, den Humanisten den Schlaf raubt und dem Handel ein Dekorum des Wissens und eine heldenhafte Wärme verleiht[626].

Angesichts dieser Erfindung Amerikas verliert der Prozess der Entdeckung aus wissenschaftlicher Perspektive sein Recht auf Glorifizierung: denn es handelt sich um einen reinen Irrtum. Polemisch verkündet Reyes: »Wagen wir es doch zu sagen, dass die Entdeckung Amerikas das Ergebnis einiger wissenschaftlicher Irrtümer und einiger dichterischer Treffer war« (»atrevámonos a decir que el descubrimiento de América fue el resultado de algunos errores científicos y algunos aciertos poéticos«). Damit führt Reyes im Grunde nichts als die lascasistische Tradition fort, in der die Entdeckung als Produkt der Umsetzung von irrigen Autoritätstexten wie dem Toscanellis zu betrachten ist. Der tiefgreifende Unterschied freilich besteht darin, dass das von Las Casas präsupponierte Wirken der göttlichen Vorsehung jenseits des menschlichen Bewusstseins hier außer Kraft gesetzt ist. Das fiktive Imaginarium Amerikas ist bereits in der europäischen Kultur angelegt und kehrt somit den ethnozentrischen Primat Europas ins Gegenteil um: Amerika stellt sich als eigentliches und sinnstiftendes Telos des europäischen Bewusstseins dar.

Indem das konstituierende Element des »presagio«, der entscheidende Akt für die Identifizierung der Neuen Welt, von der Realität auf das Gebiet des Imaginären verschoben wird, von dem der Seefahrer auf das der Dichter – bzw. auf das der seefahrenden Dichter und dichtenden Seefahrer –, verliert der Terminus des *descubrir* nicht nur seine Berechtigung, sondern auch seine Einzigartigkeit, ja, seinen Sinn: denn er entspricht keiner Revelation einer Wahrheit. Entdecken wird zur Spekulation jenseits jeder Realität – und damit zum rein subjektiven Vorgang. Ganz in der desillusionierten Tradition des kolumbinischen Lamentos von den entdeckungsgierigen Schneidern beobachtet Reyes die Inflation und Unschärfe des Entdeckungsbegriffs, die mehrfache Entdeckung des bereits Entdeckten.

> Jeder Steuermann ist Entdecker. Für die einen bedeutet entdecken nicht mehr, als Länder zu sehen, und so ist es nicht verwunderlich, dass sie hochtrabende Titel geltend machen, die die Nachwelt dann schmälert. Für andere ist entdecken kolonisieren, oder zumindest den friedlichen Austausch von Waren betreiben, oder den Einfang von Sklaven mit bewaffneter Hand. Es ergibt sich mit relativer Häufigkeit der Fall von zwei- oder dreimal entdeckten Ländern, wie sich auch der von Gegenden ergibt, die, durch Zufall oder Schiffbruch gefunden, später nicht mehr identifiziert werden konnten.[627]

Ist die Entdeckung Amerikas das Produkt einer Erfindung, so doch nicht im Sinne der Konzeption eines Wirklichkeitsmodells wie bei O'Gorman, sondern der Konstruktion des Irrealen, der Fiktion, der poetischen Imagination. Amerika kann sich nur inkarnieren, indem das schöpferische Bild mit der pragmatischen Stofflichkeit der Dinge kollidiert. Das Wechselspiel von *res* und *imago* findet seine menschliche Entsprechung in den Figuren von Kolumbus und Martín Alonso Pinzón. Kolumbus ist auf der Suche nach der fiktiven Insel Antilla; Pinzón sucht den realen Seeweg in Marco Polos Cipango. Nur die Spannung von realen und imaginären Interessen macht die Wirklichkeitswerdung der Reise möglich.

> Kolumbus war der Admiral; Martín Alonso der Ökonom. Jener war der Chef; dieser war der Techniker. Eine derartige Dualität, in der bereits die Zwietracht schlägt, war jedoch das, was die Entdeckung möglich machte: Der Funke des Traums war auf das Pulverkorn der Wirklichkeit übergesprungen.[628]

Das einzige, was diesem heterodoxen Entdeckungsbegriff, der die Erfindung mit in sich einschließt und somit die moderne Dichotomie von Entdeckung und Erfindung unterläuft, seine Existenzberechtigung verleiht, ist das Bild jenseits der Wirklichkeit. Um dieser Einsicht Gestalt zu geben, beschreitet Reyes einen Weg, der den Text zu den schönsten und eindrucksvollsten Seiten des lateinamerikanischen Denkens überhaupt macht. Er siedelt den realen Moment der Entdeckung Amerikas in einer fiktiven Szene an; in einer kleinen Komödie (»comedieta«), einem Theaterdialog zwischen Kolumbus und Pinzón, in welchem letzterer ersteren dazu zwingt, sein illusionäres Projekt aufzugeben und den Kurs der Schiffe zu ändern. Nur die Entscheidung für die Realität macht die Entdeckung möglich – doch es handelt sich um eine Realität innerhalb eines Werks der Fiktion. Der Moment der Entdeckung Amerikas wird zum Spiegelwerk des Bildes in den Köpfen der beiden fiktiven Entdecker, die »sich gegenseitig fest in die Augen sehen, gleich als ob jeder von ihnen in den Pupillen des anderen die Länder erhaschen wollte, die er suchte. In diesem Augenblick zuckt, kurz davor zu keimen, die Neue Welt auf« (»mirándose fijamente a los ojos, como si cada uno quisiera sorprender en las pupilas del otro las tierras que buscaba. En aquel instante palpita, pronto a brotar, el Nuevo Mundo«[629]). In diesem Sinne wird die Erfindung in ihrer fiktionalen Bedeutung, wird die Imagination zur einzigen wirklichen Tradition Amerikas. Daher auch Reyes' These: »Amerika ist eine Utopie« – »América es una utopía«.[630]

Ähnlich wie Lezama Lima, bei dem der »Vater durch das Bild« (»padre por la imagen«) Hernando de Soto in den Sümpfen Floridas den Sieg über den »tellurischen Vater« (»padre telúrico«) Porcallo de Figueroa erringt, ist es auch bei Reyes das »*a priori* gesetzte Bild« (»imagen propuesta *a priori*«[631]), das die Tradition des Kontinents ausmacht: ein im Bewusstsein Europas als *imago* präexistierendes Trugbild, das bis in die Aktualität des amerikanischen Alltags nicht seinen imaginären Charakter verliert. Dem entspricht die seelenverwandte These Lezamas von der ersten *transposition d'art* der Geschichte durch Kolumbus vor den mittelalterlichen Bildteppichen. Die Entdeckung Amerikas ist weniger das Aufspüren einer Sache als der Siegeszug der »imagen«, der imaginären Weltalter (*Las eras imaginaria*), die sich der dinglichen Realität entziehen.

> Wir sehen, dass die Sicht des Entdeckers, der Chronisten und des poetischen Bildes in direktem Verhältnis zum mittelalterlichen oder Renaissance-Bild steht, bereits von den Reisen Marc Polos in fabelhafte Länder, oder die Einhorn-Geschichten, die durch Phantasie oder Delirium erschaffenen Landungen in unbekannten Ländern, deren Themen in den wunderschönen Wandteppichen der Kathedrale von Zamora auftauchen, die ohne jeden Zweifel von Kolumbus gesehen wurden und in mächtiger Weise seine Reisephantasien tränkten. Es gibt einen Drang, die die durch die Einbildung flüchtig erspähten Visionen auf die amerikanische Realität zu übertragen. Die europäische Einbildungskraft, ebenso die griechisch-römische wie die mittelalterliche, gelangt in ihrer Gesamtheit in ein neues Umfeld.[632]

Die Entstehung dieses Bildes von Amerika aus dem antiken und mittelalterlichen Imaginarium, aber auch aus dem Eindringen der materiellen Wirklichkeit Amerikas, die sich nicht mehr auf ein bekanntes Bild reduzieren lässt, ist die drängendste Aufgabe der ersten Chronisten Amerikas, die die Realität Amerikas sprachlich einzufangen suchen.

> Wunder von ferne oder traum
> Bracht ich an meines landes saum
> Und harrte bis die graue norn
> Den namen fand in ihrem born –
> Drauf konnt ichs greifen dicht und stark
> Nun blüht und glänzt es durch die mark…
> Einst langt ich an nach guter fahrt
> Mit einem kleinod reich und zart
> Sie suchte lang und gab mir kund:
> ›So schläft hier nichts auf tiefem grund‹
> Worauf es meiner hand entrann
> Und nie mein land den schatz gewann…
> So lernt ich traurig den verzicht:
> Kein ding sei wo das wort gebricht.
> **Stefan George**, *Das Wort*

V. Vom Erwerb einer unbekannten Welt

V.1. *Amère Amérique:* Die bittere Welt der Wunder

V.1.1. Wunderbare Besitztümer

Wer ein Wunder erlebt, wundert sich. So sehr dieser Satz eine Binsenweisheit ist, so verwunderlich ist er im Grunde. Denn wer ein Wunder erlebt, müsste eigentlich eher in Bewunderung verfallen. Das Wundern, welches laut Aristoteles als θαυμάζειν den Urgrund jeglicher Philosophie bildet, tut dies aber nur dem Anschein nach. Wie jedes Wörterbuch zu enthüllen hilft, trägt die Verwunderung über das Unbegreifbare immer die Sehnsucht in sich, das Wunder rational zu erklären, seine Ursachen »wissen zu wünschen«[1]. Paradoxerweise scheint das Ziel des θαυμάζειν darin zu bestehen, dem Wunder – θαῦμα – das Wunderbare zu nehmen.

Umso wundersamer mag es erscheinen, dass die Verwunderung (*maravillarse*) über die den Sinnen sich darbietenden Wunder (*maravillas*) beim ersten Kontakt der europäischen Eroberer mit dem amerikanischen Kontinent grundlegend anderer Art ist. Die Reaktion des ersten Finders Christoph Kolumbus, aber auch noch von Generationen ihm nachfolgender Conquistadoren, ist eine grenzenlose Berückung, die um so maßloser erscheinen mag, als die Reisenden in der Epoche der Zeitenwende bereits auf mehrere Jahrhunderte europäischer Begegnungen mit außereuropäischen Kulturen und Landschaften zurückblicken können, ja, auf eine entwickelte literarische Tradition der Darstellung solcher Erlebnisse: seien es nun Beschreibungen ›realer‹ Reisen wie der Marco Polos oder ›fiktiver‹ wie der John de Mandevilles. Bei aller Gewalt und Schönheit der amerikanischen Natur ist es, aus einer nüchtern-wissenschaftlichen Perspektive betrachtet, schwer festzuhalten, worin die radikale Andersheit, das ›Wunder‹ der unbekannten Landschaft Amerikas gegenüber der bekannten und bereits beschriebenen Afrikas oder Asiens eigentlich bestehen soll. Ein heutzutage unternommener Erklärungsversuch für das uns so wundersame Wunder von Las Indias besteht insofern darin, das Aufeinanderprallen zweier kultureller Systeme verantwortlich zu machen: die Inkompatibilität der inneren Welt des Schauenden mit der äußeren Welt des Geschauten, die Nostalgie nach einer verlorenen Welt, die plötzlich wieder sichtbar vor den Augen auftaucht[2].

Lesen wir heute die ersten Berichte der ersten Begegnungen Europas mit Amerika, beginnend mit den Fahrten des Kolumbus durch die Karibik, scheint in der Tat das eigentliche Wunder dieser ›anderen Welt‹ (»otro mundo«) sich weniger in dieser selbst zu finden als in dem von ihrem Finder mitgeführten Imaginarium. Die Konfrontation mit dem verbotenen Land jenseits der Säulen des Herkules ist mit all dem magischen Potenzial beladen, das ihre Durchbrechung über die Jahrtausende unmöglich, das die dahinterliegenden Gebiete zum Wohnort der Götter, des Todes oder des Teufels gemacht hatten. An die Stelle des aus dem Wundern oder Staunen seit vorsokratischer Zeit erwachsenden Strebens nach rationaler Durchdringung tritt die Gier nach dem rational Unfassbaren, nach dem alles in den Schatten stellenden Superlativ. Im Anblick der Strände, an denen sich heute Pauschaltouristen ohne sichtliche Gemütsregung tummeln, verfällt Kolumbus in seine berühmte Begeisterung über die »schönste Erde, die menschliche Augen je sahen« (»tierra más fermosa que ojos humanos vieron«[3]).

Dies Staunen (*asombro*) wird von José Lezama Lima an den Anfang der ›amerikanischen Ausdruckswelt‹ (*La expresión americana*) gesetzt. Durch das Wundern erhält sie von ihren Ursprüngen an einen auf den europäischen nicht mehr reduzierbaren Charakter. Unter dem Bann einer Landschaft, die den europäischen Naturforscher in ihrer Übermacht seiner bisherigen Referenzen und Methoden beraubt, weil er in gänzlich unaristotelischer Weise aus dem Staunen nicht mehr herauskommt, nähern sich die Texte der ›zivilisierten‹ Eroberer in erstaunlicher Weise den Dichtungen der ›primitiven‹ Eroberten an. Es ist nicht der logisch-philosophische, sondern der ›prälogische‹ (wie Lezama es nennt) »asombro de la poesía«[4], mit dem seit dem »geheimnisvollen Admiral« die Wunder in Amerika überzukochen beginnen (»Comenzaban a hervir los prodigios, desde la suerte del almirante misterioso, para nosotros los americanos«[5]) und der *expresión americana* ihre erste Ausgestaltung geben.

> Es ist sehr bezeichnend, daß sowohl diejenigen, die ohne humanistische Bildung Chroniken schrieben, ein Bernal, Díaz de Castillo, als auch die lateinkundigen, in theologischen Feinheiten beschlagenen Missionare in einer Prosa des Primitiven schreiben, die das Diktat der Landschaft aufnimmt, die Überraschung des Tiers, das, wenn es entdeckt ist, eingepfercht wird. Man bemerkt in den ersten amerikanischen Theogonien und noch in den Kriegsgesängen etwas nicht Gelöstes, ein Außersichsein angesichts der neuen Erscheinungen der Wolken. Es ist sehr merkwürdig, daß es bei den präkortesianischen Völkern die Überzeugung gibt, daß jemand kommen werde, man lebt in der Erwartung der neuen Erscheinung. Trotzdem wird bei den Chronisten das Erstaunen von derselben Natur diktiert, von einer Landschaft, die, begierig, sich auszudrücken, sich über den bestürzten Missionar stülpt.[6]

Als jene »Marvelous Possessions«, denen Stephen Greenblatt sein Buch über die Reisenden und Entdecker widmete, wollen sich die Europäer das Wunderbare aneignen – und erstreben damit innerhalb der mittelalterlichen Kulturgeschichte des Staunens ein Paradoxon. Denn wie aus den vor der Fahrt des Kolumbus verfassten Reiseberichten hervorgeht, ist es gerade das Staunen über das Wunderbare, das dessen Besitz unmöglich macht:

> Denn wie wir an *Mandevilles Reisen* beobachten konnten, schien die Erfahrung des Wunders im Mittelalter eher zu einem Gefühl der Besitzlosigkeit zu führen, zu einem Verzicht auf dogmatische Gewißheit, zu einer Selbstentfremdung im Angesicht des Anderen, zur Anerkennung der Vielfältigkeit und Undurchsichtigkeit der Welt.[7]

In diesem Sinne beginnt der vom Bann der Wunder ergriffene Eroberer, der um seine Schule gebrachte Scholast im Rausche seiner *Wunderbaren Besitztümer* fantastische Dinge zu stammeln. Seine Fieberbilder tragen den Widerschein des Wunderbaren nach Europa und bringen ihn dort zu einer Explosion in den buntesten Farben. Mit der Findung Amerikas und dem Ende des Mittelalters schwemmt zum zweiten Male ein außereuropäisches Imaginarium einen »Geschmack des *Wunderbaren*, des *Abenteuerlichen* in Unternehmung, Religion, Ehre und Liebe nach Europa, der sich unvermerkt von Süden immer weiter nach Norden pflanzte, mit der christlichen Religion, und zugleich mit dem *nordischen Riesengeschmack* mischte«[8], nachdem dies der Siegeszug der – in präziser Zeitgleichheit von Conquista und Reconquista nunmehr aus Europa vertriebenen – Araber, deren Dichtung diese Worte Herders eigentlich galten[9], nach der Niederlage Roderichs im Jahre 711 zu Beginn des Mittelalters zusammen mit der muslimischen Herrschaft auch das Wunderbare nach Europa gebracht hatten[10]. Legionen von vielgestaltigen Fabeltieren, Variationen jenes »vielformigen Tiers« (»bête multiforme«[11]), das Heredia in seiner Bernal-Díaz-Übersetzung als die Galionsfigur der Conquista auf dem Bug der Eroberer-Karavellen schildert; von Acephalen, Menschen mit Hundeköpfen und Tierschwänzen, patagonischen Riesen und Amazonen überziehen die Alte Welt als phantastische Bilder, und aus dem Gebiet des heutigen Kolumbien ruft die Legende vom Goldenen Mann, *El Dorado*, Scharen von Männern aus Fleisch und Blut in die tödliche Üppigkeit des südamerikanischen Urwalds. Unter den von Amerigo Vespucci entdeckten Gebieten befinden sich auch Inseln mit menschenfressenden Riesenschafen, von deren Existenz Thomas Morus zu berichten weiß, sowie eine mit dem Namen Utopia, die Europa das Vorbild einer idealen Gesellschaft vor Augen hält. In bester Tradition jener Johanna, der jungfräulichen und zugleich »lügenhaften und verderbenbringenden Erfinderin von Enthüllungen und Erscheinungen«, durch welche die Kategorie des Erfinders gegen Ende des Mittelalters in die europäischen Sprachen Einzug hält[12], entpuppen sich die ersten Zeugnisse aus Amerika als bloße Erfindung, oder, wie Lezama es nennt, als »rein imaginäre Beschreibung« (»descripción meramente imaginativa«[13]). Diese Erfindung markiert den Beginn der Textwerdung Amerikas: »In diesen ersten Jahren der Entdeckung verweben sich Phantasie und Wirklichkeit, die Grenzen zwischen der Fabulation und dem Unmittelbaren verwischen sich«[14].

Noch in den Texten der zweiten und dritten Generation der Erfinder Amerikas schwingt in diesem Sinne das imaginäre Fieber mit, das gemäß Garcilasos Bericht aus der *Florida del Inca* dem von den Idolen eines indigenen Totentempels an den Ufern des Mississippi in Bann geschlagenen Hernando de Soto das Leben kostet – aber zugleich, gemäß Lezama, auf

dem Weg seiner Briefe, die zu spät bei der ihren Mann daher noch lebend
wähnenden Ehefrau eintreffen, den Siegzug über den Tod im Bild erwirkt,
den Sieg des Bild-Erzeugers (»triunfo del genitor por la imagen«[15]) über den
Erd-Erzeuger (»genitor telúrico«) bzw. Untererd-Erzeuger (»genitor subterráneo«).
Um seinen monumentalen Versuch der sprachlichen Aneignung und
Durchdringung des Neuen einzuleiten, bleibt Gonzalo Fernández de Oviedo,
dem Chronisten Karls V., in seiner *Historia general y natural de las Indias*
kaum eine weitere sprachliche Ressource als die grenzenlose Bewunderung
vor der ebenso unzählbaren wie unerzählbaren Vielfalt der Dinge, welche die
Fasskraft jeglichen »menschlichen Ingeniums« durchbricht. Sein entgrenzter
Katalog des Erstaunens überschreitet jeden einfachen Unsagbarkeitstopos:

> ¿Cuál ingenio mortal sabrá comprehender tanta diversidad de lenguas,
> de hábitos, de costumbres en los hombres destas Indias? ¿Tanta variedad
> de animales, así domésticos como salvajes y fieros? ¿Tanta multitud innarrable
> de árboles, copiosos de diversos géneros de frutas, y otros estériles,
> así de aquellos que los indios cultivan, como de los que la Natura, de su
> propio oficio, produce sin ayuda de manos mortales? ¿Cuántas plantas y
> hierbas útiles y provechosas al hombre? ¿Cuántas otros innumerables que
> a él no son conocidas, y con tantas diferencias de rosas e flores e olorosa
> fragancia? ¿Tanta diversidad de aves de rapiña y de otras raleas? ¿Tantas
> montañas fértiles, e otras tan diferenciadas y bravas? Cuántas vegas y
> campiñas dispuestas para la agricultura, y con muy apropiadas riberas?
> ¿Cuántos montes más admirables y espantosos que Etna o Mogibel, y
> Vulcano, y Estrongol; y los unos y los otros debajo de vuestra monarquía?
> <…> ¡Cuántos valles, e flores, llanos y deleitosos; ¡Cuántas costas de mar
> con muy extendidas playas e de muy excelentes puertos! ¡Cuántos y cuán
> poderosos ríos navegables! ¡Cuántos y cuán grandes lagos! ¡Cuantas fuentes
> frías e calientes, muy cercanas unas de otras! ¡E cuántas de betum e
> de otras materias o licores! ¡Cuántos pescados de los que en España conoscemos,
> sin otros muchos que en ella no se saben ni los vieron! ¡Cuántos
> mineros de oro e plata e cobre! ¡Cuánta suma preciosa de marcos de
> perlas e uniones que cada día se hallan![16]

*Welch menschlicher Geist wird eine solche Verschiedenheit an Sprachen, Sitten,
Bräuchen bei den Menschen hier in Las Indias zu begreifen wissen?
Solche Vielfalt an Lebewesen, sowohl Haustieren als auch frei lebenden und
wilden? Solch unberichtbare Menge an Bäumen mit einer Fülle verschiedenster
Arten von Früchten, und an anderen unfruchtbaren, sowie solchen,
die die Indios anbauen, aber auch solchen, die die Natur aus eigenem Antrieb
hervorbringt ohne die Hilfe von sterblichen Händen? Wie viele für den
Menschen nützliche und gewinnbringende Pflanzen und Kräuter? Wie viele*

zahllose andere, die ihm nicht bekannt sind, und mit so vielen Unterschieden an Rosen und Blüten und duftendem Wohlgeruch? Solche Vielfalt an Raubvögeln und anderen Vogelarten? So viele fruchtbare Berge, und andere so unterschiedliche und schroffe? Wie viele Auen und Fluren, die zum Ackerbau bereit sind, und mit sehr geeigneten Ufern? Wie viele Berge, bewundernswerter und schrecklicher als der Ätna oder Mongibello, und Vulcano und Stromboli; und die einen wie die anderen unter Eurer monarchischen Herrschaft? <...> Wie viele Täler, und Blumen, wonnige Ebenen! Wie viele Meeresküsten mit ausgedehnten Stränden und hervorragenden Häfen! Wie viele und wie große Seen! Wie viele kalte und warme Quellen, ganz nahe beieinander! Und wie viele, aus denen Bitumen quillen und andere Stoffe und Flüssigkeiten! Wie viele Fische von denen, die wir in Spanien kennen, ganz abgesehen von denen, die man dort nicht kennt und nie sah! Wie viele Gold-, Silber- und Kupferminen! Welche wertvolle Summe von vielen Mark Muschel- und Weichtierperlen, die jeden Tag gefunden werden!

Im Angesicht der Wunder der Natur muss der machtgierige Konquistador seine Machtlosigkeit eingestehen[17]. Der Eroberer wird zum Eroberten. Will er das Wunderbare besitzen, ist er doch vom Wunderbaren besessen. Mit dem durchgehenden Epitheton »Der Behexte« – »el hechizado«[18] – taucht Hernando de Soto in Lezamas Werken auf, und mit ihm auch andere Erobererfiguren wie der vom Gedanken an die Quelle der ewigen Jugend bezauberte Juan Ponce der León. Als »hechizado de su época« (im doppelten Sinne des ›in den Bann Geschlagenen seiner Zeit‹ und des ›von seiner Zeit in den Bann Geschlagenen‹) steht der eroberte Eroberer vor einem grundlegenden Problem. Den Besitz dessen zu erwerben, von dem man selbst besessen ist, gestaltet sich als ein Ding der Unmöglichkeit. Die Wunder Amerikas – das Gold des Dorado, die Quelle der Jugend, die Sieben Städte – ziehen sich je schneller in den Urwald zurück[19], je mehr der Eroberer sich von der Obsession ihres Auffindens erobern lässt. So etwa bemerkt schon der Inca Garcilaso über die Dorado-Sucher, die Schätze, die sie für ihr Wahnbild am Wegrand liegen ließen, seien der eigentlich wertvolle Besitz gewesen[20]. Nicht das Gold hätte de Soto suchen sollen, so der Inca, sondern den guten Boden, dessen Fruchtbarkeit Generationen von Nachkommen Nahrung geboten hätte. Von den Erfindungen des Wunderbaren gerettet hätte ihn die »gute Erde«, von der in seinen *Elegías de varones ilustres*, heute Nationalepos der Kolumbianer, Juan de Castellanos singt, sie setze allem »Leid ein Ende«: »Tierra buena, tierra buena / Tierra que pone fin a nuestra pena«[21]. Die Erde – das Reich des »tellurischen Erzeugers« Porcallo de Figueroa. Dieser indes zieht sich, nachdem zu Pferde im Schlamm der schlechten Erde der Everglades-Sümpfe versunken, fluchend über die Unaussprechlichkeit der

Namen nordamerikanischer Indianer aus der Florida-Expedition zurück, da die Erde und ihre Namen für ihn untrennbar zueinander gehören (beide im Falle Floridas nämlich dem Teufel) und nicht, wie dies durch die Imaginationen Hernando de Sotos geschieht, die Instanz des Bildes zwischen sie getreten ist: »Hurri Harri, Hurri, Higa, Higa, knurr, du lahmer Esel, Hurri Harri. Zum Teufel mit einem Land, wo schon die ersten und häufigsten Namen, die ich in ihm gehört habe, so niederträchtig und gemein sind« (»Hurri Harri, Hurri, Higa, Higa, burra coja, Hurri Harri. Doy al diablo la tierra donde los primeros y más continuos nombres que en ella he oído son tan viles e infames«[22]).

V.1.2. Von der Täuschung zur Enttäuschung

Ist der Bann des Bildes durch die Übermacht der ihr Recht einfordernden Dinge einmal gebrochen, tritt an die Stelle des Zaubers die Entzauberung: *des-encanto*. Auf der Suche nach den neuen Sternen, jenen »novas estrelas«, deren literarisches Nachleben sich von Camoens bis hin zu den »étoiles nouvelles«[23] Heredias verfolgen lässt[24], stoßen die »conquérants de l'or« auf die neuen Reptilien und Insekten[25] in ihrer zum Teil fabulösen Hässlichkeit. Mit ihnen sinkt der Blick vom Himmel gewaltsam auf die Erde zurück[26]. Die Wirklichkeit ist in ihrer entzauberten Unwirtlichkeit der Dinge umso grausamer, als ihr die exaltierten Hoffnungen des Zauberbilds weichen müssen. Wenn der Bann gebrochen ist (»el hechizo ha sido roto«) – was Hernando de Soto laut Lezama erstmals erlebt, als Inca Atahuallpa, der Erzeuger der Fabulationen und Prodigien, die ihn eroberten, im Gefängnis gegen seinen Willen ermordet wird[27] –, fällt mit ihm auch der Zierat, der die in seinem Namen vollbrachten Verbrechen schmückte. Der Wunder-Wahn hinterlässt ein Schlachtfeld. In ungeschminkter Weise führt es uns Bartolomé de las Casas vor Augen, der schärfste Feind aller Bilder und Fiktionen. Gegen die unzählbaren, ungreifbaren, unendlichen Wunder und ihre fassungslosen Kataloge stellt sich die knappe, in fast ›journalistischer‹ Weise an das Faktum gebundene *Brevísima relación de la destruyción de las Indias*. An die Stelle der Exaltation des Neuen tritt der Schreck über die »verschiedenen und neuen Folter- und Mordmethoden«, mit denen die Opfer in bislang nie erlebter Grausamkeit »zerstückelt und gemartert« werden (»despedaçar, è atormentar por diuersas, y nueuas maneras de muerte, è tormentos«[28]). Den Platz der Erfindung von Wundern nimmt beim Eroberer nun die »Erfindung neuer Formen der Grausamkeit« ein. Wieder einmal ist das Ziel dieser Erfindung eine Entdeckung – und doch so weit entfernt von den idealen *nova reperta*, wie sie europäischen Zeitgenossen so hymnisch feiern: denn

Sinn der Folter-Erfindungen ist, dass die Indios »Gold entdecken und ihnen geben« (»inuentò nueuas maneras de crueldades, y de dar tormentos a los indios porque descubriessen, y les diesen oro«[29]); den Platz der vielgestaltigen Fabeltiere nun die anagrammatische ›deutsche Bestie‹ (»aquestos tiranos animales, ò Alemanes«[30]) in Gestalt der gierigen und mordenden Welser. Der berückte »Erzeuger durch das Bild« Hernando de Soto wird zum grausamsten der Kolonialverbrecher (»que más daños, y males, y destruyciones de muchas Prouincias, è Reynos, con sus compañeros a hecho«[31]). Seine gerechte Strafe, wie Las Casas prophezeit, ist nicht etwa, wie Lezama es verkündet, die Unsterblichkeit durch das Bild, sondern das nämliche Ende, das Gott auch den anderen »Eroberern« bestimmt hat (»le ha dado Dios el fin que a los otros ha dado«[32]). Und das bedeutet im Klartext: »Es ist auch dieser verfluchte Gottlose Hauptmann ohne Beicht gestorben: Unnd wir zweiffeln gar nicht dran / daß er in der Hell begraben sey« (»Y assi el mas infelice capitan murio como malauenturado sin confession, è no dudamos sino que fue sepultado en los infiernos«[33]).

In konterkarierender Imitation stellt Las Casas jedem der vermeintlichen Wunder aus Oviedos Katalog des »Unerzählbaren« (»innarrable«) ein Verbrechen und eine Grausamkeit gegenüber, die er als einziger zu zählen und erzählen bereit ist. Für den bedeutenden Las-Casas-Forscher Lewis Hanke enthält diese Passage daher auch den Hauptgrund, die Las Casas zum Verfassen seiner *Historia* bewegte[34]:

> ¡cuántos daños, cuántas calamidades, cuántas iacturas, cuántas despoblaciones de reinos, cuántos cuentos de ánima, cuanto a esta vida y a la otra hayan perecido y con cuánta injusticia en aquestas Indias; cuántos y cuán inexplicables pecados se han cometido, cuánta ceguedad y tupimiento en las conciencias y cuánto y cuán lamentable perjuicio haya resultado y cada día resulte, de todo lo que ahora he dicho, a los reinos de Castilla![35]
> *Wie viele Schäden, wie viel Unglück, wie viele Verluste, wie viele Entvölkerungen ganzer Reiche, wie viele erschütternde Berichte darüber, wie viele Menschen von diesem ins andere Leben gebracht wurden, und mit wie viel Ungerechtigkeit hier in Las Indias; wie viele und wie unerklärliche Sünden begangen wurden; wie viel Blindheit und Verstopfung des Bewusstseins und wie viel und wie bedauerliches Leid und aus alldem, was ich hier gesagt habe, den Reichen von Kastilien erwuchs und jeden Tag erwächst!*

Statt sich dem teuflischen Blendwerk des Bild-Zaubers hinzugeben und die »ovejas mansas« der indigenen Bevölkerung hinzuschlachten, bleibt dem Christen, sei er Indio oder Europäer, nur der rechte Weg, die Martyrien der Wirklichkeit als Kreuz auf sich zu nehmen, das zu tragen Gott dem Menschen auferlegt hat, um zum Heil zu gelangen. Dies führt Las Casas zu einem weiteren Anti-Wunder-Katalog, der zugleich als Tugend-Katalog fungiert:

> ¡Con cuánta dificultad las cosas buenas y de importancia y que Dios pretende hacer se consiguen! ¡Con cuántas zozobras, contradicciones, angustias, repulsas y aflicciones quiere Dios que, los que para instrumento y medio de su consecución elige, sean afligidos! ¡De cuánta gracia y ayuda de Dios requieren ser los que las han de negociar guarnecidos! ¡Cuánta perseverancia, constancia, sufrimiento, paciencia y tesón en la virtud deben tener los que se ofrecen a servir a Dios en cosas egregias y grandes, hasta que las alcancen![36]
> *Mit wie viel Schwierigkeit werden die guten und bedeutenden Dinge erreicht, die Gott zu wirken wünscht! Mit wie vielen Schiffbrüchen, Widersprüchen, Ängsten, Abweisungen und Bekümmernissen will Gott, dass die, die er zum Instrument und Mittel ihrer Erlangung erwählt, betrübt werden! Wie viel Gnade und Hilfe von Gott müssen die besitzen, die diese in ganzer Ausrüstung verhandeln müssen! Wie viel Beharrlichkeit, Beständigkeit, Geduld und Unbeugsamkeit in der Tugend müssen die haben, die sich Gott in hervorragenden und großen Dingen zum Dienst darbieten, bis sie sie erreichen!*

Gemünzt sind diese Ausrufe auf den Dulder Christoph Kolumbus, der als *Christum ferens* aufgrund seiner Mühen in Las Indias in die Nachfolge Christi tritt. In konsequentester Weise hat eine solche Umdeutung des Entdeckungs- zum Kreuzweg aber wohl Alvar Núñez Cabeza de Vaca vollzogen. Gegen die Träume einer Welt der Wunder und der goldenen Stadt Apalache aus den indigenen Mythologien setzt er das katastrophale Scheitern der von ihm begleiteten Narváez-Expedition des Jahres 1527[37]: ein zehnjähriges nacktes Irren durch die unwirtliche Natur Nordamerikas. An die Stelle von mythischen Land- und Ortsbezeichnungen wie *El Dorado* treten in Alvar Nuñez' Chronik solche wie die ›Insel des Unglücks‹ (»ysla del Malhado«). Nicht als ein illusorischer Eroberungs- sondern als ein desillusionierter Leidenszug – bis in den Titel *Schiffbrüche* (*Naufragios*[38]) hinein – präsentiert sich in seinem Text die Begegnung des Europäers mit der amerikanischen Landschaft, den Menschen, den Tieren, der Vegetation in ihren unwirtlichsten Details. Der Bericht von einem der auszog, um wunderbare Besitztümer zu erwerben und stattdessen selbst zum Besitz wird, zum langjährigen Sklaven der nordamerikanischen Indianerstämme; der als Schiffbrüchiger nichts erntet als Hunger, Leid und Erniedrigung, entwickelt sich zum Abbild des Martyriums Christi, in dem Cabeza de Vaca tröstende Identifikation findet: »Ich fand, als ich mich in diesen Mühen sah, kein anderes Mittel und keinen Trost, als an die Passion unseres Erlösers Jesu Christi zu denken, an das Blut, das er für mich vergoss« (»No tenía quando estos trabajos me via, otro remedio y consuelo sino pensar en la passion de nuestro redentor Jesu christo, en la sangre que por mi derramo«[39]).

Wie der Heiland seines Gewandes beraubt, muss er in seiner ikonisch-jesuanischen Nacktheit alle Entbehrungen auf sich nehmen, um nur hin und wieder von einem brennenden Baum oder Dornbusch gewärmt zu werden, den ihn ein alttestamentarischer Gott mitten in der amerikanischen Wildnis finden lässt (»aquella noche me perdi: y plugo a dios que halle vn árbol ardiendo y al fuego del passe aquel frio aquella noche«[40]). Da er seinen »Bericht über das, was ich in den zehn Jahren, die ich verloren und splitternackt durch viele und sehr fremde Länder wanderte, erfahren und sehen konnte« (»relacion de lo que en diez años que por muchas y muy extrañas tierras que anduue perdido y en cueros, pudiesde saber y ver«)[41], selbst verfasst, wird der vielzitierte ›Indigenist‹ Cabeza de Vaca[42] zum Evangelisten seiner selbst durch sein Buch *Naufragios*[43]. Zugleich ist dieses eine Eloge auf die *ars inveniendi*. Das »hallar« durchzieht als immer wiederkehrende Vokabel die knappe Erzählung des gestrandeten Eroberers, wenngleich in einem gänzlich des Wunders und der Neuheit entkleideten Sinne. Als Auffinden und Aufsammeln von Wrackstücken und Fragmenten vollzieht sich dieses Finden. Gefunden werden die letzten vom Schiffbruch übriggebliebenen Reste; Bruchstücke der europäischen Zivilisation, die über mehrere Dutzend Kilometer zerfetzt und verstümmelt in der amerikanischen Natur verstreut sind:

> El lunes por la mañana baxamos al puerto, y **no hallamos** los nauios; vimos las boyas dellos enel agua, a donde conoscimos ser perdidos, y anduuimos por la costa por ver si **hallariamos** alguna cosa dellos: y como ninguno **hallassemos,** metimonos por los montes, y andando por ellos vn cuarto d' legua d'agua **hallamos** la barquilla d' vn nauio puesta sobre vnos arboles: y diez leguas de alli por la costa, se **hallaron** dos personas de mi nauio, y ciertas tapas de caxas, y las personas tan desfiguradas delos golpes delas peñas que no se podian conoscer; **hallaronse** tambien vna capa y vna colcha hecha pedaços, y ninguna otra cosa parescio.[44]
>
> *Am Montagmorgen gingen wir zum Hafen hinunter und* **fanden** *die Schiffe nicht; wir sahen ihre Bojen im Wasser, an denen wir sie als verloren erkennen konnten, und gingen die Küste entlang, um zu sehen, ob wir irgend etwas von ihnen* **fänden***; und da wir nichts* **fanden***, begaben wir uns in die Wälder, und auf dem Weg durch sie, nach einer Viertel-Seeleuga,* **fanden** *wir den Mastkorb von einem von ihnen auf ein paar Bäumen, und zehn Leugen von dort an der Küste* **fanden** *sich zwei Personen aus meinem Schiff, und einige Kistendeckel, und die Menschen so verunstaltet vom Aufprall auf die Felsen,*

*dass man sie nicht erkennen konnte; es **fanden** sich auch ein Umhang und eine ganz zerrissene Decke, und nichts sonst tauchte auf.*

Nach der Vermehrung des Neuen bis ins ›Unzählbare‹ (»innumerable«) findet nun die Dezimierung bis ins nicht mehr Existente statt. »Es gab keine« oder »gab es nicht mehr« – »No hauia« oder »ya no hauia« – wird zur stereotypen Formel, die angesichts ihres ständigen Auftauchens fast wie eine Antizipation von Clovs gebetsmühlenartigem »il n'y a plus de« aus Becketts *Endspiel* erscheint⁴⁵. Die Erfindungen der europäischen Zivilisation bzw. ihre letzten Fragmente werden dank der Kunst des Findens, des »hallar«, das nur der existenziellen Not und eher einem technischen Rück- als dem Fortschritt entspringt, zu simplen Produkten eines fast urzeitlichen Überlebens entwickelt. Auch die letzten Elemente der europäischen Natur, die Pferde, werden verspeist, um jenen Gegenstand zu werken, der als erster laut Ovid das Eiserne Zeitalter einläutete: ein Schiffchen. Fern jeder Heilsvision eines ›Schwerter zu Pflugscharen‹ müssen die Waffen von den Hungernden zu Rudern, Holzhacken, Nägeln und Werkzeugen umfunktioniert werden. Die *ars inveniendi* als Ruinen-Findung, als Wrack-Ausschlachten, wird von Alvar Núñez illusionslos geschildert.

> A todos parescia imposible ‹hazer nauios›, porque nosotros no los sabiamos hazer, ni auia herramientas / ni hierro / ni fragua / ni estopa / ni pez / ni xarcias: finalmente ni cosa ninguna de tantas como son menester, ni quien supiesse nada para dar industria enello: y sobre todo no hauer que comer entretanto que se hiciessen. ‹…Q›uiso Dios que vno dela compañía vino diziendo que el haria vnos cañones de palo, y con vnos cueros de venado se harian vnos fuelles: y como estauamos entiempo que cualquiera cosa que tuuiesse alguna sobrehaz de remedio nos parescia bien, diximos que se pusiesse por obra: y acordamos de hazer d'los estribos y espuelas y ballestas, y delas otras cosas de hierro que hauia los clauos y sierras y hachas, y otras herramientas de que tanta necessidad auia para ello ‹…› y que a tercero dia se matasse vn caballo, el cual se repartiesse entre los que trabajauan enla obra de las varcas.⁴⁶
>
> *Allen erschien es unmöglich, ‹Schiffe zu bauen›, weil wir sie nicht zu bauen wussten, noch gab es Werkzeug, noch Eisen, noch Esse, noch Werg, noch Pech, noch Takelage, kurz und gut, nichts von all den vielen Dingen, die dazu nötig sind, und auch niemanden, der sie zu verarbeiten wüsste, und vor allem auch nichts zu essen, während sie gebaut würden. ‹…› Gott wollte, dass einer von den Gefährten kam und sagte, er könne Rohre aus Holzstecken bauen, und mit Hirschgeweihen einen Blasebalg, und nachdem wir in einer Zeit waren, da ein jedes Ding, das auch nur den Anschein eines Hilfsmittels besaß, uns gut*

> *dünkte, sagten wir, dass es in die Tat umgesetzt werden solle.* Wir beschlossen, aus den Bügeln und Sporen und Armbrüsten und den anderen eisernen Gegenständen, die es gab, die Nägel, Sägen und Beile und anderen Werkzeuge zu machen, die man dazu so dringend brauchte, <...> und dass am dritten Tag ein Pferd geschlachtet und unter denen verteilt werden solle, die am Bau der Boote beteiligt waren.

Nach Jahren der Irrfahrt taucht unter den Überresten europäischer Zivilisation aber plötzlich ein *Buch* auf, das einer von Cabeza de Vacas Gefährten in die entferntesten Winkel der Sümpfe, Schluchten und Urwälder getragen hat – zur bassen Verblüffung seiner akademischen Kommentatoren, die nicht begreifen, wie dies Schriftzeugnis so lange im amerikanischen Urwald bestehen konnte[47]. Geschriebener Text und Welt durchdringen sich noch einmal, wenngleich in Umkehrung der Hierarchie, die noch bei Kolumbus vorherrscht. Die Welt lässt sich nicht mehr im Text finden – der Text wird in der Welt gefunden, mitten in den Urwäldern Nordamerikas, als ein europäisches Bruch- und Fundstück unter vielen: »sein Schwert, seine Abrechnungen, sein Buch und andere Dinge, die er besaß« (»su espada, sus cuentas y libro y otras cosas que tenia«[48]).

Alles andere als naiv ist dies überraschende Auftauchen des Geschriebenen in der Wildnis eingesetzt. Der Text-Fund im Urwald (*sylva / selva*) der Einzeldinge verdeutlicht in expliziter Weise Cabeza de Vacas Vorgehensweise als Autor, der den Akt des Schreibens als Irrfahrt eines Nackten durch den Wald des Unbekannten konzipiert. Alles, was er in den Trümmern und Resten des Übriggebliebenen gefunden und mitgenommen hat, sucht der Autor in seinen Reisebericht einzubauen, den er mit sich zu tragen scheint wie die anderen spärlichen Fundstücke. Sein Buch ist eine Sammlung vom Schiffbruch geretteter Fragmente. Daher ist es auch so kurz. Mehr in ihm finden zu wollen, bedeutete gewissermaßen, wie der Autor entschuldigend in seinem Vorwort anmerkt, einem nackten Mann in die Taschen zu greifen. Denn der Text seiner Chronik ist »alles, was ein Mann, der nackt auszog, mitbringen konnte« – »este solo es el que vn hombre que salio desnudo pudo sacar consigo«[49].

V.1.3. Vom Wunder zum Text

Ob nach dem Bruch des Banns, nach dem Tod Atahuallpas, in der vermeintlich ›blühenden‹ Landschaft, die den Namen »La Florida« trägt, Alvar Núñez die Reste des Schiffbruchs der europäischen Zivilisation findet oder der »Behexte« De Soto weitere Trugbilder und imaginäre Blumen erfindet, ob nun das nackte Ding oder das geblümte Bild siegt: Beide Seiten vereint die Koinzidenz des Schiffbruchs an der materiellen Wirklichkeit[50], noch dazu an ein und demselben geographischen Ort. Doch in noch weitergehendem Sinne befinden sich alle hier angesprochenen europäischen Eindringlinge, die zugleich Eroberer und Chronisten ihrer eigenen Taten sind, in derselben Situation. Ihr militärischer Machterwerb über die neue Welt der Wunder ist immer in ganz entschiedener Weise an den Versuch gebunden, des Eroberten auch sprachlich Herr zu werden. Bevor die ›Dinge des Neuen Spaniens‹ (»cosas de Nueva España«), wie sie sich im Titel von Bernardino de Sahagúns zweisprachiger Chronik finden, als Besitz des Alten Spanien betrachtet werden können, müssen sie durch einen Namen gebannt sein, auf den sie hören; der es den Eroberern möglich macht, sie sich sprachlich zu kommunizieren, um sie beherrschen zu können. In bislang ungekannter Weise etabliert sich ein direkter Zusammenhang zwischen »Beschreiben und Beherrschen«[51].

Doch wer ein Wunder zu beschreiben sucht, dem fehlen nun sowohl die Worte als auch die Glaubwürdigkeit. Gegenüber den fabulösen Reiseberichten des Mittelalters, die von ihren Zeitgenossen hinsichtlich ihrer Wahrscheinlichkeit nur wenig angezweifelt wurden, tritt hier eine sich im Lauf des 16. Jahrhunderts verstärkende Spannung zwischen Wunder und Wirklichkeit, zwei Instanzen, die unter dem Einfluss des Erasmismus[52] in Gestalt eines weiteren Gegensatzpaars in offene Feindschaft treten: Wahrheit (*verdad*) und Fiktion (*ficción*). Die vorläufige Ungeklärtheit ihrer Grenzen führt in den *Crónicas de Indias* zu einem ständigen Oszillieren zwischen beiden Ebenen, und damit auch zu einem ständigen Nebeneinander von Illusion und Desillusion. Hinter dem Trugbild einer Welt der Wunder verbirgt sich eine Bitternis, die sich bis in die Etymologie ihres Namens hineinerstreckt. Der sprichwörtlichen Süße der heimatlichen »Doulce France« steht, wie es die französischen Zeitgenossen durch den Wortklang belegen, der herbe Geschmack einer »Amère Amérique« entgegen[53]. Nicht anders ergeht es den Italienern: das »Amerika« zwischen Wunder und Wirklichkeit« ist eine bittere Welt der Wunder, eine »Amara America meravigliosa«[54].

Das Fehlen einer klaren Grenzziehung zwischen Bitternis und Wunder, Wahn und Wirklichkeit erweist sich um so brisanter, als dies ganz offensichtlich von den Chronisten nicht beabsichtigt, ja, nicht einmal bemerkt wird. Selbst Oviedos fabulöseste Spekulationen gründen immer auf dem Anspruch, »fremd jeder Fiktion« (»ajeno a toda ficción«) zu schreiben. Trotz der intendierten Bindung an die Wahrheit der Dinge scheint das (Trug-)Bild – Lezamas *imago*, das »Bild, das teilhat an der Geschichte« (»imagen participando en la historia«[55]) – stets sein Anrecht an der Wirklichkeit einzufordern. Denn das von den Europäern mitgebrachte Imaginarium will sich nicht mit der Natur und ihren Dingen – und deshalb auch nicht mit der *natura rerum* decken. Solche Asymmetrie führt zum ständigen Nebeneinander beider Elemente in den ersten uns überlieferten Texten aus Amerika. Eben an dieser bislang unbekannten Konfrontation mit den Grenzen des Ausdrückbaren, die notwendigerweise zum Versuch andersartiger Ausdrucksformen führt, macht José Lezama Lima die Ursprünge der *expresión americana* fest, durchaus entgegen Absicht und Selbstverständnis jener Autoren. Ausgangspunkt dieses neuen ›Ausdrucks‹ – ein Terminus, der sich in seiner Unschärfe bewusst nicht auf Kategorien von Literatur, Philosophie oder Geschichtsschreibung reduzieren lässt – ist die erste Begegnung mit der Landschaft:

> el paisaje donde la naturaleza no es todavía cultura, es decir, donde hay que invencionar el paisaje con nuevos sentidos fabulosos, como ya vimos en aquellos dichosos cronistas de Indias, que no fueron pintores de dos dimensiones, pero que hicieron nacer una nueva expresión.[56]
> *Landschaft, wo die Natur noch nicht Kultur ist, das heißt, wo man die Landschaft mit neuen, fabelhaften Sinnen inventionieren muss, wie wir dies schon bei jenen glückseligen Chronisten von Las Indias sahen, die nicht zweidimensionale Maler waren, sondern einen neuen Ausdruck zur Geburt brachten.*

»Hay que invencionar« – obwohl Lezama mit diesem in seinem Werk rekurrenten[57] Neologismus, durch den das Erfinden gewissermaßen potenziert wird, gegen jegliches Wortinventar, gegen jeden *thesaurus* der Real Academia[58] verstößt, trifft er damit den Kern des Unterfangens, mit dem jene ›glückseligen Chronisten von Las Indias‹ ihrem eigenen Selbstverständnis nach tatsächlich konfrontiert sind. Die Schwierigkeit ihrer Aufgabe als ›Entdecker‹, Beherrscher und Beschreiber in einer Person besteht darin, das in der Wirklichkeit Vorgefundene (›hallar‹) oder vorgefunden Geglaubte, wenngleich von ihnen Erfundene (›inventar‹) zu einem Text werden zu lassen, in dem es für andere wiederfindbar wird. Dieser Prozess, ein Buch zu strukturieren und komponieren; diese Textwerdung des Wirklichen trägt bei den Chronisten den Namen »invención«. Protagonist in jener »Epopöe der *inventio*«[59] ist das Wunder, die *maravilla*, die den *inventor* stets das auffinden lässt, was gemäß seiner eigenen Vorstellungswelt gar nicht findbar ist und so zu einer Proliferation von Einzeldingen führt, die wiederum die Speicherkapazität eines jeden inventiven Systems sprengen. Für Gonzalo Fernández de Oviedo liegt in der Erstellung von »la invención y titulo del libro« eine der Hauptaufgaben des Geschichtsschreibers. In diesem Vorgang entsteht aus der Kraft des *ingenium* jener individuelle, eigenhändig verfasste Text oder Bild-Text wie im Falle des Bild-Chronisten Guaman Poma de Ayala[60].

Sicherlich möchte sich Oviedo mit dieser Formel nicht ›die Erfindung des Buches‹ zuschreiben und sich selbst zum Erfinder des Mediums Buch machen. Mehr noch muss das für Guaman Poma gelten, selbst Spross einer buch- und schriftlosen Kultur. Mit dieser *invención* ist ein Prozess bezeichnet, der sich nicht so sehr auf den Gegenstand des Buches selbst als auf die in ihm enthaltenen Worte bezieht: auf das ›Inventionieren‹, wie man es in Hommage an Lezama nennen könnte. Den Anfang dieses Vorgangs bildet die Technik der *inventio*, das Auffinden des Stoffes im Sinne der klassischen lateinischen Rhetoriklehre, die in Amerika ihre aufmerksamen Schüler fand, wie die große Menge lateinisch abgefasster Rhetoriklehrwerke aus einem Weltteil beweist, der angesichts dessen nicht ganz zu Unrecht den Namen Lateinamerika trägt.[61] Das Auffinden der *res* zum Zwecke der schlüssigen Darlegung bezieht sich allerdings im Kontext der *Crónicas*, entgegen Ciceros Lehre, nicht so sehr auf die glaubwürdigen Argumente wie auf die amerikanische Gegenstandswelt selbst, auf die *cosas de las Indias*. Diese wiederum sind aber nicht allein auf die materiellen ›Sachen‹ beschränkt. In seiner *Historia general de las cosas de Nueva España* geht es Bernardino de Sahagún ja in erster Linie auch um die Konservierung indigener Bräuche und ganz besonders der Sprache Nahuatl, in der die Chronik parallel zum Spanischen verfasst ist. Insofern erstrecken sich die *cosas* auf alle Gegenstände der Darstellung, in gleichem Maße, gemäß der Terminologie Joseph de Acostas, auf die »Werke der Natur« (»obras de la naturaleza«) und die »Werke des freien Willens« (»obras del libre albedrío«). Zur »Erfindung des Buches« (»invención del libro«) gehört darüber hinaus, ganz entsprechend der Ausweitung, welche das Gebiet der *inventio* spätestens seit Rudolf Agricola erfahren hat, auch die Frage der Anordnung, der *dispositio* der gefundenen Dinge. Einerseits führt die große Menge des Gefundenen, die in diesem Falle ja sämtliche ›Dinge‹ eines ganzen Kontinents einnehmen können, zur Frage der *elocutio*: zur Entscheidung, wie diese disponierten Dinge in angemessener Weise in Worte gehüllt werden sollten, wobei sich insbesondere die Entscheidung zwischen dem kopiösen und dem knappen Stil in den Vordergrund stellt und in den beiden in etwa zeitgenössischen Chronisten Oviedo und Gómara ihre zwei paradigmatischen Vertreter gefunden hat. Von ganz entscheidender Bedeutung ist andererseits das Problem der *memoria*. Erfindung und Erinnerung vertauschen den Platz. Geht es ursprünglich darum, Dinge zu finden, um sie im Gedächtnis memorierbar zu machen, so findet die Findung selbst nun auf dem Gebiet der Erinnerung, des Gedächtnisses statt. Die großen topischen Enzyklopädien des 16. Jahrhunderts, die eine Art künstlichen Gedächtnisses zu erstellen suchen, finden ihren Widerhall bei den *Cronistas de Indias*, die etwa zeitgleich versuchen, der Gesamtheit der *cosas de las Indias*, der *universitas rerum Indicarum* Form und Anordnung zu geben. Um dem in der Wirklichkeit Beobachteten eine adäquate Struktur (vielleicht eine zutreffende moderne Entsprechung der »invención del libro« bei jenen Chronisten) zu bieten, müssen alle Dinge neu ›inventioniert‹ werden. Als bei allen hier untersuchten Autoren immer wieder auftauchende Fragestellungen präsentieren sich vor allem zwei Punkte.

1. Hinsichtlich der *cosas de las Indias* in ihrem wirklich gegenständlichen Sinn, also besonders der nur in Amerika aufzufindenden Tier- und Pflanzenarten, stellt sich für alle Autoren von Kolumbus an das bereits angesprochene Problem, wie den vorgefundenen Dingen adäquate Worte zugeordnet werden können, um in allen, ob in den Indios Amerikas oder in den Spaniern am Königshof, die adäquaten Vorstellungen zu erwecken. Zum echten Problem wird dies immer dann, wenn dem Vorgefundenen keine bekannten Wörter entsprechen. Dieses Problem der Unklassifizierbarkeit befindet sich vielleicht an der Wurzel der plötzlich auftauchenden Scheidung von Bild und Ding auf der einen Seite, von Ding und Wort, Gesehenem und Gelesenem auf der anderen. Gibt es für das Ding kein Wort, muss ein solches eben erfunden werden. Dass mit der erfolgten militärischen wie sprachlichen Eroberung Amerikas dieses Phänomen noch längst nicht sein Ende gefunden hat, hat zuletzt in eindrucksvoller Weise Umberto Eco in seinem Buch *Kant e l'ornitorinco* anhand des unklassifizierbaren australischen Schnabeltiers im 18. Jahrhundert vorgeführt[62].

2. Da die Gegenstände der Neuen Welt ein bislang nicht dagewesenes Inventar an Dingen in die Ordnung des Wissens der Alten einbringen, fehlt es auch an Modellen, dieses Wissen in der Form eines Textes systematisch zu ordnen, kurz: die invenierten Dinge zu disponieren und zu diesem Zwecke einen adäquaten Sprachstil zu finden (*elocutio*), der angesichts der Fülle des Materials noch zu überschauen oder mit anderen Worten: memorierbar bleibt. Da die ersten *Crónicas de Indias* auf dem Gebiet der schriftlichen Darstellung Amerikas notwendigerweise Prototypen sind – mangels vorheriger Kenntnis schriftlicher Texte bei den indigenen Amerikanern, mangels vorheriger Kenntnis Amerikas bei den schreibenden Europäern – muss daher jeder Text und jedes Genre seine eigene Form und Struktur neu inventionieren.

V.2. Sprachmoderne:
Der Schiffbruch des tradierten Zeichenmodells

V.2.1. Der Schmerz des Kolumbus

Lange vor dem Versuch einer systematischen Ordnung des gewonnenen Wissens über den Neuen Kontinent, eines Inventars der durch die Eroberung gewonnenen und gesammelten Dinge, liegt das Hauptaugenmerk der ersten Chronisten Amerikas auf einer grundlegenden Benennung und Beschreibung der Dinge, die sie in der »new gefundenen Gegend« vorfinden. Gerade die Reisebeschreibungen der ersten Phase zeichnen sich durch die Bemühung aus, Gegenstände – Pflanzen, Tiere, Naturphänomene, Landschaften – durch Worte auszudrücken, die sich in die traditionelle Ordnung des Wissens nicht eingliedern lassen. Grundsätzlich stehen dafür zwei mögliche Bewältigungsmodelle zur Verfügung. Entweder man leugnet die Andersheit der vorgefundenen Dinge, d.h. man reduziert sie trotz ihrer äußerlich sichtbaren Abweichung vollständig auf das in Europa Bekannte, so etwa auf die Natur, die Städte und das menschliche Zusammenleben in Kastilien. Eine Variante dieses Weges findet sich darin, das Gesehene auf ein traditionelles europäisches Imaginarium zurückzuführen, das verstärkt den Bereich des Übermenschlichen einbezieht, also in Form einer Wundererzählung: ein Weg, der heute zuweilen durch die Schlagworte der ›Fiktionalisierung‹ oder ›Literarisierung‹[63] umrissen wird, die freilich voraussetzen, dass eine solch strikte Trennung zwischen Literatur und Welt, zwischen Fiktion und Wirklichkeit überhaupt gezogen ist. Die davon grundsätzlich unterschiedliche Möglichkeit der sprachlichen Assimilation des Unbekannten besteht darin, die Andersheit der *cosas* anzuerkennen und damit ein neues Modell zu entwickeln, das diese Differenz in eine europäische Sprache einzugliedern in der Lage ist, die bislang nur mit den bekannten, den eigenen Dingen der alten Welt konfrontiert ist.

Zu Beginn der Begegnung mit Amerika ist, so sollte man denken, ersteres Modell das vorherrschende. Betrachten wir etwa die ersten beiden »Cartas de Relación« des Hernán Cortés aus den Jahren 1519 und 1520, so scheint die Kritik vieler Beobachter des 20. Jahrhunderts mehr als gerechtfertigt, die in den *Crónicas de Indias* typischen Zeugnisse eines ›kolonialen Blicks‹ zu finden meinen: eine Strategie die Andersheit der kolonisierten Gebiete zu leugnen, um sie dem eigenen Herrschaftsbereich unterzuordnen. In einer bis heute frappierenden Weise gelingt es Hernán Cortés, seine knappen Berichte an Karl V. gewissermaßen zu den *Comentarii de bello mexicanico* und sich selbst zum Cäsar einer Neuen Welt zu machen, die in allen Aspekten nichts als das naturgetreue oder zumindest ähnliche (»semejable«) Abbild der Alten darstellt. Dieser Parallelismus erstreckt sich zum einen auf die komplette Fauna der *Nueva España*.

> Hay en esta tierra todo género de caza y animales y aves conformes a los de nuestra naturaleza, así como ciervos, corzos, gamos, lobos, zorros, perdices, palomas, tórtolas de dos o tres maneras, codornices, liebres, conejos; por manera que en aves y animales no hay diferencia de esta tierra a España.[64]
> *Es gibt in diesem Land jede Art von Wildbret und Tieren und Vögeln entsprechend denen unserer Natur, sowie Hirsche, Rehe, Damhirsche, Wölfe, Füchse, Perlhühner, Tauben, zwei oder drei Arten von Turteltauben, Wachteln, Hasen, Kaninchen, es gibt also an Vögeln und Tieren keinen Unterschied zwischen diesem Land und Spanien.*

Nicht anders verhält es sich mit den Pflanzen:

> Hay todas las maneras de verduras que se hallan, especialmente cebollas, puerros, ajos, mastuerzo, berros, borrajas, acederas y cardos y tagarninas. Hay frutas de muchas maneras, en que hay cerezas, y ciruelas, que son semejables a las de España.[65]
> *Es gibt jede Art von Gemüse, das man findet, besonders Zwiebeln, Lauch, Knoblauch, Garten- und Brunnenkresse, Borretsch, Sauerampfer und Disteln und Goldwurzeln. Es gibt Früchte vieler Arten, darunter Kirschen, und Pflaumen, ähnlich denen aus Spanien.*

Selbst für die Menschen und ihre Lebensform gilt dasselbe:

> Y por no ser más prolijo en la relación de las cosas de esta gran ciudad, aunque no acabarías tan aína, no quiero decir más sino que en su servicio y trato de la gente de ella hay la manera casi de vivir que en España.[66]
> *Und um in meinem Bericht über die Dinge dieser großen Stadt nicht auszuufern, obwohl man kaum ein Ende fände, möchte ich nicht mehr sagen als dass in ihrem Dienst und Umgang mit den Menschen fast die selbe Art zu leben herrscht wie in Spanien.*

Sowohl in seiner *historia natural* als auch seiner *historia moral* (wie Acosta die Bereiche der Natur und der Zivilisation später unterteilen wird) ist die Neue Welt eine perfekte Replik Spaniens, seiner Städte und Landschaften »wie die Herrschaftssitze von Venedig und Genua oder Pisa« (»como las señorías de Venecia y Génova o Pisa«[67]), »wie die besten Spaniens« (»como las mejores de España«[68]); erscheinen sie durchdrungen von den bei Cortés allgegenwärtigen »Moscheen« (»mezquitas«), die in Kirchen umzuwandeln und deren ungläubige Indio-Islamisten zu vertreiben sind. Bis in ihre Gewalt gegenüber den Andersgläubigen hinein ist die Neue Welt eine Wiederholung der Alten, die Conquista eine neue Reconquista[69]. Aufgrund dieser Ähnlichkeit ist der Name *Nueva España,* den Cortés den von ihm eroberten Gebieten zuweist, der einzig adäquate, der Herrschaftsanspruch Karls V. in jeglicher Hinsicht legitimiert.

So sehr diese Strategie der systematischen Reduzierung des Unbekannten auf das Bekannte, der Negierung der Neuheit und Andersheit in Verbindung mit einer analytischen Durchdringung der Funktionsweisen des Gegners und die Entschlüsselung seiner militärischen Zeichen und Codes[70], die, nach dem Namen eines illustren Zeitgenossen Cortés', ›machiavellistisch‹ genannt werden kann, so sehr sie Hernán Cortés im strategischen Sinne innovativ, erfolgreich, ja, zu einer der faszinierendsten Feldherrenfiguren der Geschichte werden lassen, so sehr macht die Leugnung der Differenz die Lektüre der *Cartas de Relación* für einen heutigen Leser im literarischen Sinne repetitiv und langweilig. Cortés' kaltblütige Unbeeindruckbarkeit von einer Welt der Wunder, des Neuen und Anderen, gibt ihm die Fähigkeit, in pragmatischer Brillanz mit einer Handvoll Soldaten die größte Stadt der Welt und das von ihr beherrschte Reich zu unterwerfen. Liest man Cortés' Briefberichte, gewinnt man dagegen den Eindruck, den Rechenschaftsbericht eines Buchhalters« zu studieren.

Der Kontrast zwischen der militärischen Glanzleistung und ihrem trockenen sprachlichen Nachhall in der imperialen Verwaltungsprosa der *Cartas de Relación* bilden im Rahmen der ersten Phase der Chroniken eine Ausnahme. Betrachten wir die allerersten Texte über den europäischen Kontakt mit Amerika, so etwa die Berichte Dr. Chancas, Verazzanos, Amerigo Vespuccis, vor allem aber die Bordbücher des Kolumbus, so wird im Gegenteil die wirtschaftlich unergiebige und strategisch bedeutungslose, wenn nicht gar hinderliche, Allgegenwart des Wunderbaren spürbar. Auffällig ist gerade bei Kolumbus die unaufhörliche Wiederholung des Worts »Wunder« (»maravilla«) auf seiner ersten Reise: »Es geht wie ein Wunder« (»anda a maravilla«), »es ist das größte Wunder der Welt« (»es la mayor maravilla del mundo«, 16.10.)[71], »ich sage, es ist wahr, daß die Dinge hier ein Wunder sind« (digo que es verdad que es maravilla las cosas de acá«, 24.12.)[72], heißt es von nahezu jedem Ort und Objekt, das den Weg des »geheimnisvollen Admirals« kreuzt. Wunder betören sämtliche Sinne des Admirals, den olfaktorischen nicht ausgeschlossen: »alle riechen so, daß es ein Wunder ist« (»todos güelen qu'es maravilla«, 21.10.)[73]. Entgegen dem ungerechtfertigten Vorwurf, Kolumbus leugne die Differenz Amerikas und finde kraft seiner Deformationen der Wirklichkeit im Fremden nur das Eigene wieder[74], ist das, was seine Sinne betört, ist das Erstaunen über das von ihm Wahrgenommene im Gegenteil gerade durch eine radikale Andersheit begründet, die für Kolumbus in so unvereinbarer Weise dem Bekannten – und damit für ihn dem ›Irdischen‹ – gegenübersteht, dass sie den Status des Über-Irdischen, des Wunders annimmt. Differenz und Mirakel sind untrennbar verknüpft: »so viele Arten und so unterschiedlich von den unseren, daß es ein Wunder ist« (»tantas maneras y tan diversas de las nuestras, que es maravilla«, 21.10.)[75], »Fische, so anders geformt als die unseren, daß es ein Wunder ist« (»peçes tan disformes de los nuestros, qu'es maravilla«, 16.10.)[76]. Die hier immer wieder aufs Neue beschworene Unterschiedlichkeit des Aufgefundenen verschlägt dem Admiral buchstäblich die Sprache. Das Andere ist so anders, dass es nicht mehr beschrieben werden kann. Die sprachliche Klassifizierung als »größtes Wunder der Welt« erscheint zunächst als die einzig wirksame Kategorie, die amerikanische Flora greifbar zu machen.

> Y vide muchos árboles muy diformes de los nuestros, d'ellos muchos que tenían los ramos de muchas maneras y todo en un pie, y un ramito es de una manera y otro de otra; y tan disforme, que es la mayor maravilla del mundo cuánta es la diversidad de la una manera a la otra.[77]
> *Und ich sah Bäume, die anders waren als die unseren, darunter etwa viele, wo auf ein und demselben Stamm die Äste verschiedener Bäume wuchsen, und ein Zweig ist von einer Baumart und der nächste von einer anderen; und alle sehen so verschieden aus, dass es das größte Wunder der Welt ist, wie groß der Unterschied zwischen einer Art und der anderen ist.*

Auch von dem vielbeschworenen materialistisch-präkapitalistischen Blick des Admirals, der die Wirklichkeit der Neuen Welt nur hinsichtlich ihrer wirtschaftlichen Auswertbarkeit betrachtet, ist relativ wenig zu beobachten. Zwar ist das Gold, das zu finden seine unbedingte Verpflichtung gegenüber seinen Herrschern ist, da er es ihnen versprach, um seine teure Expedition zu rechtfertigen, in seinem Diskurs ständig vorhanden – um durch seine Abwesenheit zu brillieren: »Gold fanden sie keines« (»Oro no hallaron«, 13.12.)[78], heißt es in verschiedenen Varianten immer wieder[79]. Doch das schwer zu verhehlende Eingeständnis des wirtschaftlichen Bankrotts scheint die Wunder des Neuen nicht zu schmälern. Vielmehr wird auch der wirtschaftliche Diskurs in den wunderbaren integriert, ja, ihm untergeordnet. Das Wunder siegt über die Wirtschaft. Denn ganz im Gegensatz zu den täglich erlebten Wundern sei es überhaupt kein solches, dass man so schnell kein Gold finde (»y no es maravilla en tan poco tiempo no se halle«).

Die Reaktion des Admirals auf das Wunder zeichnet sich auf der einen Seite durch eine grenzenlose Bewunderung aus, durch die systematisch vom Superlativ begleitete Lust am Sehen und der Schönheit des Gesehenen; eine Begeisterung, die das Sinnesorgan in einen ständigen Ausnahmezustand versetzt und, ganz im Gegenzug zum aristotelischen Wunder, auf jegliche Hinterfragung der Ursachen dieser Einzigartigkeit verzichtet.

»la cosa más fermosa de ver que otra que se aya visto« (17.10.); »ni me se cansar los ojos de ver tan fermosas verduras y tan diversas de las nuestras« (19.10.); »las más finas colores del mundo« (16.10); »es esta tierra la mejor e más fértil y temperada y llana que aya en el mundo« (17.10.); »nunca tan hermosa cosa vido« (28.10.); »Yo no curo así de ver tanto por menudo, porque no lo podría fazer en cincuenta años« (19.10.);»la hermosura de las tierras que vieron, que ninguna comparaçión tienen las de Castilla las mejores en hermosura y en bondad« (13.12.); »que los ojos otro tal nunca vieron« (25.11.).[80]

»das Ding, das schöner anzusehen ist als jedes andere, das man gesehen hat« (17.10.); »und meine Augen werden nicht müde, so schönes Gemüse zu sehen und so unterschiedlich von unserem« (19.10.); »die feinsten Farben der Welt« (16.10.); »diese Erde ist die beste und fruchtbarste und klimatisch gemäßigtste und ebenste und gute, die sich auf der Welt findet (17.10.); »niemals sah ich etwas so schönes« (28.10.); »und ich kümmere nicht darum, mit all das im einzelnen anzusehen, weil ich in fünfzig Jahren damit nicht fertig würde« (19.10.); »die Schönheit der Länder, die sie sahen, hat keinen Vergleich mit denen Kastiliens, die besten an Schönheit und Fruchtbarkeit (13.12.); »dass Augen noch nie so etwas sahen« (25.11.).

Bei allem Enthusiasmus sticht aber auch noch eine zweite Reaktion auf die Begegnung mit dem Unbekannten hervor: eine eigenartig ambivalente Verbindung aus Lust und Schmerz. Der Freude steht eine »pena« gegenüber, die der Schönheit des Gesehenen an Superlativen nicht nachsteht, ja, offensichtlich das symmetrische Korrelat des »schönsten Lands der Welt« zu bilden scheint: nämlich den »größten Schmerz der Welt«, »la mayor pena del mundo«. Stephen Greenblatt führt das immer wieder bemerkbare »Verlustgefühl«[81] auf eine »infantile Sehnsucht« nach dem verlorenen Paradies zurück. Doch glauben wir Kolumbus' eigenen Angaben, ergibt sich dieser Schmerz nicht daraus, das vor seine Augen tretende Paradies verloren zu haben – sondern vielmehr, es noch nie erworben zu haben: Der Schmerz liegt darin begründet, das Gesehene nicht zu kennen. Das mag zunächst etwas rätselhaft scheinen, da ja genau aus dieser Nicht-Bekanntheit der Reiz des Neuen entspringt; die Gier nach Neuem und Unbekanntem ja gerade die

Triebfeder des von Blumenberg beobachteten Prozesses der »theoretischen Neugierde« ausmacht. Für Kolumbus dagegen ist das Nicht-Kennen und Nicht-Wissen die Quelle einer tiefen Melancholie:

> »mas yo no los cognozco, de que llevo grande pena« (19.10.); »yo estoy el más penado del mundo de no los cognosçer, porque soy bien cierto que todos son cosa de valía« (21.10.); »yo no la cognozco, que llevo la mayor pena del mundo, que veo mil maneras de árboles que tienen cada uno su manera de fruta y verde agora como en España en el mes de Mayo y Junio y mil maneras de yervas, eso mesmo con flores; y de todo no se cognosció salvo este liñáloe de que oy mandé también traer a la nao mucho para levar a Vuestras Altezas« (23.10.).[82]
>
> *»doch ich kenne sie nicht, worüber ich großen Schmerz fühle« (19.10); »ich bin der schmerzenreichste Mensch der Welt, weil ich sie nicht kenne, denn ich bin recht sicher, dass es alles Dinge von Wert sind« (21.10.); »ich kenne sie nicht, und trage darüber den größten Schmerz der Welt, denn ich sehe tausend Arten von Bäumen, von denen jeder einzelne seine Art und Frucht besitzt, und selbst jetzt ein Grün wie in Spanien im Monat Mai und Juni, und tausend Arten von Kräutern, ebenso wie Blumen, und von all ihnen wusste man nicht bis auf die Aloe, von der ich heute viel an Bord bringen ließ, um sie Euren Hoheiten zu bringen (23.10.).*

Verständlicher wird diese tiefe Trauer, wenn man betrachtet, wie der Admiral sie begründet. Da er das Gesehene nicht kenne, sei er auch nicht in der Lage, es zu *schreiben*.

> »y otras mill maneras de frutas que no me es posible escrevir, y todo deve de ser cosa provechosa« (4.11.); »de las costas que vían, no bastaran mill lenguas a referillo ni su mano para lo escrevir, que le pareçía qu'estava encantado« (27.11.).[83]
>
> *»und weitere tausend Arten von Früchten, die mir zu beschreiben mir unmöglich ist, und jede muss ein Ding von Wert sein« (4.11.); »von den Dingen, die sie sahen, reichten nicht tausend Zungen, um über sie zu berichten, und auch nicht seine Hand, um es aufzuschreiben, so dass es ihm erschien, als sei er verzaubert« (27.11.).*

Der Schmerz des Kolumbus entspringt dem Bewusstsein, die Dinge der äußeren Welt nicht mehr in die Schrift transponieren zu können. Ursache für diesen Schmerz ist nicht so sehr allein die Inkongruenz der Instanzen von Welt und Schrift aus der Sicht des Lesers (das Los etwa des Ritterroman-Aficionados Quijote), sondern aus der des *Schreibers*. Nicht allein die kognitive Basis der Dinge wird dem Admiral unter den Augen weggezogen, so dass er sich lang vor Hernando de Soto als der erste »hechizado« der (in diesem Moment noch nicht einmal erfundenen) Neuen Welt, dass er sich selbst als ein vom Bann Geschlagener begreift: »es erschien ihm, er sei verzaubert« (»le parecía que estaba encantado«). Die zerbrochene Verbindung stürzt den Bordbuchschreiber Kolumbus in Aphasie: die Unfähigkeit, die Dinge unter die Gewalt der sprachlichen Begriffe zu bringen, da sie aus dem Bereich von Wunder (»maravilla«) und Zauber (»encantado«) zu entstammen scheinen und dem Admiral das Zauberwort fehlt, mit dem er sie unter seine Macht zu bringen in der Lage wäre.

Diese *pena*, der sich Kolumbus als ein vom Zauber Behexter, ausgeliefert fühlt, erwächst aus einem Verlust, der nicht nur auf das verlorene Paradies abzielt, sondern ihm den Paradiesesverlust ein zweites Mal vor Augen führt. Immerhin war es gemäß dem Schöpfungsbericht der Genesis die von Gott verliehene Position des Menschen in der Welt, war es die Macht Adams vor der Vertreibung, sich zum Herrscher der Dinge der Welt zu machen, indem er selbst – und nicht etwa Gott – ihnen ihren Namen gab. Seit biblischen Zeiten ist die Koinzidenz von »Beschreiben und Beherrschen« angelegt. Für den Eroberer Amerikas umschließt die plötzliche Unfähigkeit, den Dingen der Welt einen Namen zu geben, zugleich den Verlust der adamitischen Herrschaft des Menschen über die Dinge.

Trotz der Überfülle der sinnlich wahrnehmbaren *res*, der von ihm genannten, aber eben nicht benannten »cosas«, fehlen Kolumbus die argumentativen »Dinge, die den Fall glaubwürdig machen« (»res quae causam probabilem reddant«); damit aber auch die Worte, die, entgegen aller Präzepte der klassischen Rhetoriklehre, nicht mehr dem automatischen »die Worte werden folgen« (»verba sequuntur«) gehorchen wollen. Die Worte sind mit einem Male so hilflos, dass sie dem Admiral nicht mehr dazu dienen, auch nur ansatzweise Wahrscheinlichkeit und Glaubwürdigkeit zu erzeugen. Kein Mensch würde, so Kolumbus, ihm in Kastilien das, was er aus Las Indias zu berichten hätte, durch die Vermittlung seiner Worte glauben. Das einzige, was noch Glaubwürdigkeit hervorrufen kann, ist, wie später bei Bacon, das Betrachten der Dinge mit eigenem Auge.

> »es çierto que todo es verdad lo que yo dixe; mas no a ninguna comparaçión de allá aquí« (27.11.); »no ay persona que lo pueda dezir ni asemejar a otros de Castilla« (17.10.); »Y finalmente dize que, cuando el que lo vee le es tan grande admiraçión, cuánto más será a quien lo oyere, y nadie lo podrá creer si no lo viere« (25.11.); »que no ay persona que lo sepa dezir y nadie lo puede creer si no lo viese« (16.12.)[84]; etc. etc.

»*es ist richtig, dass alles wahr ist, was ich sagte, aber es gibt keinen Vergleich zwischen dort und hier*« *(27.11.);* »*es gibt keinen Menschen, der es sagen oder in Ähnlichkeit mit etwas aus Kastilien bringen könnte*« *(17.10.);* »*Und schließlich sagt er, wenn es bei dem, der es sieht, schon solch große Bewunderung auslöst, wie viel mehr erst dann bei dem, der es hört, und niemand wird es glauben können, wenn er es nicht gesehen hat*« *(25.11.);* »*so dass es keinen Menschen gibt, der es aussprechen könnte, und keinen, der es glauben könnte, wenn er es nicht sähe*« *(16.12.); etc. etc.*

Über die Einsicht einer kognitiven Machtlosigkeit, die sich darin äußert, die magische Gewalt über die Dinge der Welt durch die Kraft des Erkennens und Benennens verloren zu haben, besteht für Kolumbus der Schmerz auch in der kommunikativen Machtlosigkeit, die unbekannten Dinge den Dingen Kastiliens dergestalt ähnlich zu machen (»asemejar«), dass sie auch einem Kastilier, der das von Kolumbus Gesehene nicht gesehen hat, verstehbar werden – und dadurch glaubwürdig. Der Admiral stößt an ein Grundproblem, das Wilhelm von Ockham in seiner bereits angesprochenen Kritik an der thomistischen Theorie der *species sensibiles* und *species intellegibiles* formuliert hat: damit ich ein Ding erkennen kann, muss es mir bekannt sein. Die Statue des Herkules wiederzuerkennen und hinsichtlich ihrer Ähnlichkeit einschätzen zu können, setzt voraus, Herkules schon einmal gesehen zu haben.[85] Wie aber nun einem Kastilier einen Manatí oder eine Ananas beschreiben, wenn er diese mit Sicherheit *nicht* kennt, noch nicht gesehen hat, und zwar weder als Ding noch als ein dieses repräsentierendes oder zumindest ähnliches Bild? Was hülfe es, den neuen *res* einfach nur neue *verba* zu verleihen, wenn erstere dadurch einem Kastilier nicht etwa glaubwürdiger, sondern schlicht und einfach unverständlich würden, da diesem Wort, allen Sprachtheorien des 13. Jahrhunderts zum Trotze, keinerlei sensible oder intellegible *species* zugeordnet werden könnte?

In diesem Moment, da das Gesehene auf nichts mehr Bekanntes, Benennbares und bereits in den Wachstäfelchen der Seele ›Eingedrücktes‹ reduzierbar ist, gerät aber zugleich eine grundlegende Voraussetzung des bisherigen europäischen Sprachdenkens in Zweifel: nämlich dass, gemäß den Ausführungen des Aristoteles zu Beginn von *De interpretatione*, die »Erleidnisse der Seele«[86] (oder aber auch, entsprechend der antiken Kognitionslehre, die Abdrücke in der Wachstafel der Seele aus dem *Theaitetos,* die »Phantasmata, die wie das Wahrgenommene sind, nur ohne Materie« aus *De anima*) bereits als allen Menschen gemeinsame, feststehende Einheiten vor dem Akt des Sprechens existieren; dass die Kognition bereits vor der Kommunikation stattgefunden hat[87]. Erst vollzieht sich also durch den Erkenntnisprozess die Befestigung der παθήματα in der Seele, dann erst die Benennung der nun bereits existierenden *παθήματα* durch die einzelnen ›Schälle‹ der Stimme (*τὰ ἐν τῇ φωνῇ*); und schließlich kann das Gesprochene in einem zweiten Abbildungsprozess in der Schrift niedergelegt werden.

Was nun passiert mit der sprachlichen Bezeichnung, wenn es plötzlich in der Seele noch gar kein *πάθηματον* gibt, weil das, was bezeichnet werden soll, ›neu‹ ist und daher vom Sprecher noch niemals ›erlitten‹ wurde? Das ist genau der Fall des Kolumbus, wie er sich uns in dessen Bordbuch präsentiert. Der Admiral wird sich durch seine Sprachlosigkeit schmerzhaft bewusst, dass es für all die Dinge, die sich vor seinen Augen auftun, nicht nur keine passenden Worte gibt, sondern auch gar keine inneren Vorstellungen, unter die er sie zum Zwecke einer Klassifizierung unterordnen könnte. Gemäß der traditionellen Konzeption, die einen solchen Fall kaum vorsieht, müsste wohl das Unbekannte erst einmal ›erlitten‹ und sich als ›Eindruck‹ (oder Schemen, *σχῆμα, umbra rerum*) in das Wachs ›eingedrückt‹ werden[88]. Und dieser Prozess verursacht, wie die *pena* des Kolumbus es beweist, in der Tat Leiden. Seine Worte werden dadurch, wie ja die wortwörtliche Übersetzung der Passage aus *De interpretatione* lautet, ›Kennzeichen‹, oder, in einem weiteren Sinne des Wortes *σύμβολον*, ›Narben‹[89] der »Erleidnisse der Seele«. Denn auch wenn man, wie Thomas von Aquin das getan hat, die *παθήματα* als ›Eindruck‹ eines äußeren Agenten oder Dings (»ex impressione alicuius agentis et sic passiones animae habent ab ipsis rebus«[90]) von den körperlich-sinnlichen »passiones« des Menschen klar unterscheidet[91], scheint doch der ›Eindruck‹ eines Dings in ein Wachstäfelchen der Seele, das noch keinen ›Abdruck‹ des Dings trägt, mit ganz konkreten Gefühlsregungen verbunden zu sein. So zumindest legen das Heideggers »Erleidnisse« nahe, und ähnlich auch Wilhelm Schmidt-Biggemann:

> ἔστιν μὲν οὖν <sic> τὰ ἐν τῇ φωνῇ τῶν ἐν τῇ ψυχῇ παθημάτων σύμβολα.- Es liegen die Spuren seelischen Leidens im Reden <....>. Empfänglichkeit, Leiden und Lernen laufen auf dasselbe hinaus. Das Wissen ist der Schmerz des anderen Selbst[92].

Hinsichtlich der Auswirkungen des Leidens findet bei Kolumbus eine entscheidende Veränderung zu Aristoteles statt. Denn in diesem schmerzhaften Vorgang eines ›Eindrucks‹ des Unbekannten im Augenblick der Begegnung mit der amerikanischen Natur wird die von Aristoteles vorgenommene Trennung von Kognition und Kommunikation hinfällig. Wie sein Bordbuch klar zu verstehen gibt, fällt der ›kognitive‹ Schmerz des Kolumbus, das Gesehene nicht zu kennen (»no los conozco«), vollständig in eins mit dem ›kommunikativen‹ Schmerz, es nicht beschreiben (»no me es posible escribir«) und damit seinem Leser nicht mitteilen zu können. Im hier genannten Falle wird von dem ja grundsätzlich eher auf den geschriebenen Text (der Autoritäten) fixierten Kolumbus darüber hinaus der von Aristoteles eingeforderte erste Schritt, nämlich die »Erleidnisse« durch den Schall der Stimme zu ›symbolisieren‹, ganz einfach übersprungen: denn das Schreiben, nicht das Sagen bereitet ihm ja Probleme. Damit in seine Seele unter Schmerzen ein Abbild eingeprägt werden kann, welches das gesehene Unbekannte von nun an bekannt und erinnerbar macht, ist es nötig, für das unbekannte Ding zuerst einmal eine Bezeichnung zu finden, um es durch diesen ihm zugeteilten Namen wiederfindbar zu machen – der nun plötzlich das von Aristoteles schon lange überwundene, unmittelbare Verhältnis von Worten und Dingen wiederherzustellen scheint, mit dem Adam die Welt beherrscht.

In dem Augenblick, da Kolumbus dem unbekannten Gegenstand eine solche Bezeichnung zu geben in der Lage ist, hat dieser seine Unbekanntheit schon ein wenig verloren. Durch die Benennbarkeit ist er zugleich wiedererkennbar und beschreibbar, also im Text des Bordbuchs niederlegbar geworden. Sprache und Kognition finden insofern in einem gleichzeitigen Prozess statt. Dies mag die von Tzvetan Todorov so eindringlich dargelegte »rage nominatrice«[93] des Kolumbus erklären: er muss benennen, um das Benannte zu beherrschen und ebenso sprachlich wie geographisch wiederfindbar zu machen. Die unbekannten Inseln, die vom Admiral der Reihe nach die Namen der Königsfamilie erhalten (Isabel, Fernando, Juana etc.), sind damit gleichermaßen in den Sprach- und Wissensschatz, die kosmographische Welterschließung – und in das Herrschaftsgebiet ebenjener Familie integriert worden.

Eine solche Deutung der sprachlichen Kognition vor dem Hintergrund der antiken und im Mittelalter rezipierten *memoria*- und Seelenmodelle macht auch erklärlich, warum Kolumbus die Wirklichkeit Amerikas für derart inkommensurabel, eines Zauberbanns (»encanto«), ja sogar des Wunders (»maravilla«*)* mächtig erachtet. Um das zu verdeutlichen, ist es vonnöten, noch einmal kurz den augustinischen ›Palast des Gedächtnisses‹ (*praetoria memoriae*), das memorative ›Ding-Theater‹ (*theatrum rerum*) zu betreten, deren Schätze aus unendlichen Bildern (»thesauri innumberabilium imaginum«[94]) die Basis einer topisch-memorativen Ordnung des gesamten Universums bilden. Denn in diesem Palast sind ja die Bilder der Gesamtheit der Dinge in der Welt, die *universitas rerum* enthalten. Zwar ist es möglich, dass Bilder in der *memoria* nicht enthalten sind: doch handelt es sich immer um Bilder, die vormals schon einmal in der Seele zu finden waren, aber verloren gingen, indem sie durch das Vergessen verschüttet wurden und, gleich den Leichen im Hause des Skopas, nun wieder ausgegraben werden müssen. Ähnlich dem von Pater Acosta dafür so harsch kritisierten System der chinesischen Schrift[95] steht der Erinnerungspalast des Augustinus und das auf ihm aufbauende System des erinnernden Wiederfindens dem Phänomen des Neuen, des nicht bloß Vergessenen, sondern noch nie Memorierten, völlig ungewappnet gegenüber. Die Konfrontation mit Dingen, »wie sie noch nie zuvor ein Auge erblickte« (»que los ojos otro tal nunca vieron«), und von denen es so tatsächlich auch keine *species* oder *imago* gibt, ruft in schockierender Weise ins Bewusstsein, dass im Palast der Erinnerung eine Unzahl von Bildern fehlen.

Das einzige, was im Palast der Erinnerung aber in der Tat noch nicht zu orten war, ist, so Augustinus, Gott alleine: »nirgends ist da ein Ort, daß wir uns entfernen oder hinzutreten könnten, nirgends ein Ort«[96]. Vor diesem Hintergrund der zeitgenössischen Lehre »vom Ordnen der Dinge« erhalten Wunder-Begeisterung und Schmerz des Kolumbus eine tiefere Dimension. Das »nusquam locus«, welches Kolumbus beim Durchschreiten des Palasts seiner eigenen Seele allerorts aus den einfachsten Dingen der Gegenstandswelt entgegenschallt, ist, da es bislang Gott allein vorbehalten war, noch immer mit all dem Schauer des Göttlichen beladen, der sich noch über Generationen von Chronisten im Angesicht des Neuen halten wird. Das Neue ist etwas, das sich, wie der erste deutsche Vespucci-Übersetzer schreibt, »auszer der welt« auch in einem transzendenten Sinne befindet. Doch das Wunder der Neuen Welt birgt auch eine ungeheure Enttäuschung und Kränkung. Denn die Bank, das Schatzhaus der eigenen Seele, ist um ein bedeutendes Vermögen ärmer geworden. Die Zahl der *innumerabilium imaginum* der Seele bildet im Angesicht der immensen Menge an Dingen in der Welt ein recht bescheidenes Guthaben. Der Betrachter muss sich eingestehen, nur ein teilweises Abbild des Gesamtkosmos in sich zu tragen. Überwunden werden kann dieser Verlust allein durch den Neu-Erwerb der Welt auf dem Weg ihrer empirischen Durchdringung, wie Bacon sie als Basis jeder Wissenschaft fordern wird – oder durch die eigenständige Produktion von Bildern.

V.2.2. Aristoteles und das Nashorn

Dieser Vorgang der sprachlichen Aneignung der Dinge, ihrer Vorstellungs- und Wortwerdung unter Entwicklung einer ganz eigenen, weitaus präziseren Kunst der Gegenstandsbeschreibung lässt sich bei Kolumbus und seinen Nachfolgern in höchst plastischer Weise nachverfolgen. Ein Vorreiter der Untersuchungen über die Sprachwerdung der Neuen Welt im Werk der amerikanischen Chronisten ist Alexander Cioranescus kleiner Essay »La découverte de l'Amérique et l'Art de la description«[97], der trotz der Qualität nachfolgender Studien bis heute an Aktualität nichts eingebüßt hat.

Zum Zeitpunkt des Entstehens seines Essays, im Jahr 1962, also noch vor der systematischen philologischen Erforschung der *Crónicas de Indias,* wie sie in den letzten Jahrzehnten stattfand, beklagt Cioranescu, in welchem Maße der »rein literarische Aspekt der Entdeckungsreisen« von der Forschung vernachlässigt wurde, und zwar trotz des »enormen Einflusses, den dieses historische Faktum auf die Ideengeschichte im Allgemeinen haben sollte«[98]. Zum Zwecke der Darstellung bedienen sich die Autoren der ersten Begegnung mit einer Welt des Unbekannten der Imitation von klassischen Autoritätstexten. Doch wie einen Raum auf bekannte Modelle reduzieren, wenn er selbst doch völlig unbekannt ist? Aus diesem Widerspruch entsteht eine Beschreibung, die in erster Linie durch die Autopsie beglaubigt ist, das ›was ich mit eigenen Augen sah‹, mit dem etwa Bernal Díaz del Castillo die Chronik López de Gómaras zu widerlegen sucht.

> Doch die Nachahmung <*imitation*> kann nur eine recht bescheiden Rolle bei der erstmals erfolgten Beschreibung eines Objektes spielen, das man niemals zuvor kennengelernt oder dargestellt <*représenté*> hat. Der Reisende, der seine Reise in neue Länder zu erzählen beabsichtigt, hat also nicht die Möglichkeit, die Regeln der Kunst zu beachten, oder sich bereits etablierter Kanons zu bedienen, wenn er von so neuen Details spricht wie zum Beispiel vom Rauchen. In Fällen wie diesem nützt ihm das Beispiel der Rhetoren oder epischen Dichter überhaupt nichts. Die Natur seines Gegenstandes selbst verpflichtet ihn, auf seine eigenen Ressourcen zu vertrauen, und daher persönliche Vorgehensweisen zur Anwendung zu bringen[99].

Als Modell zur Verschriftlichung des gesehenen Unbekannten kommen zunächst Reisetexte des Mittelalters zu Hilfe, allen voran *Le devisement du monde* von Marco Polo; ein Buch das sich, ganz im Gegensatz zu Kolumbus' Trauer über das Versagen der Wege zur Herbeiführung von Glaubwürdigkeit, noch recht wenig um das *veri simile* seiner Berichte zu kümmern scheint (»es scheint nicht, dass die Grenze zwischen dem Glaubwürdigen und dem Unglaubwürdigen ihn je besorgt hätte«[100]). Die Tierbeschreibungen Polos geraten so zu fabulösen Mosaikkompositionen. Die Chimäre eines büffelhaarigen, elefantenfüßigen Einhorns ist nichts anderes als das Rhinozeros. In ähnlicher Weise, so Cioranescu, verfährt auch Kolumbus: er setzt die neue Welt aus den Elementen der alten zusammen – sei es, dass er neue Erscheinungen unter europäische oder arabische Begriffe subsumiert (das Kanu als »almadía«), die Dinge in Abgrenzung oder Opposition von den europäischen definiert (so das immer wiederkehrende »diferente« und »disforme«) oder durch die von Marco Polo vorgezeichneten Verfahren vorgeht. Bei Kolumbus finden sich in der Tat eine Reihe von Beschreibungen, die durch ihre mosaikartige Zusammensetzung in die Nähe des Wunders treten:

»Verbi gratia: Ein Ast hatte Blätter wie weiße Haare, und ein anderer wie ein Mastixstrauch, und so an einem einzigen Baum fünf oder sechs dieser Art.« (»Verbigracia: un ramo tenía las fojas de manera de canas, y otro de manera lantisco y así en un solo árbol de çinco o seis d'estas maneras«,16.10.)[101] In den Augen Cioranescus ist ein solches Verfahren jedoch extrem uneffizient, da es fast immer zu falschen Darstellungen führe. Die Formation eines Imaginariums der neuen Welt stellt sich in Wahrheit als Deformation dar (»la formation ou, pour mieux dire, <...> la déformation de leur vision du Nouveau Monde«[102]).

Wie der Maler Zeuxis[103] versucht der Autor hier, mit den Mitteln der Sprache eine aus sich selbst heraus nicht greifbare Bildvorstellung aus den Bruchstücken der Abbilder anderer Dinge zusammenzustückeln, um damit die Einheit des Seelen-Konzepts und das unmittelbare Zusammentreffen eines einheitlichen Begriffs mit einer einheitlichen Gesamtvorstellung zu gewährleisten. Am Ende steht vor dem Auge des Bewohners Krotons eine eklektisch-perfekte Frau, und vor dem inneren Auge der Leser Marco Polos eine »bête multiforme«, ein »vielformiges Tier« aus einem Kopf mit Horn, Elefantenfuß und Büffelhaut. Anders als bei Zeuxis aber fügt sich das Mosaikbild nicht wieder zu einer ungeteilten Idee (das Ideal der Schönheit) aus der Summe der Einzelheiten zusammen, konstituiert nicht eine neue Vorstellung ›Rhinozeros‹, sondern bleibt zugleich Elefant, Büffel und Einhorn. Daher kann sie auch keine eigene sprachliche Bezeichnung erhalten. Denn Konzepte beanspruchen ihre ungeteilte Einheit – bis ins »inventive Konzept« der Erfindungen des Patentrechts hinein. Das Ganze bleibt hier Summe der Einzelteile.

In einzigartiger Weise hat diese ›Zeuxis-Technik‹ der Chronist Karls V., Gonzalo Fernández de Oviedo, in einer seiner aufgrund ihres fabelhaften Charakters wohl berühmtesten Textpassagen vorgeführt[104]. Nachdem er die Zusammensetzung der bereits aus Europa bekannten Greifen aus zwei Tieren, dem Adler und dem Löwen, beschreibt (»la mitad del grifo para adelante es águila y la mitad para atrás es león«) – und unter Beruf auf die Autorität der Bibel die Wahrheit der Existenz solcher Tiere einfordert (»que es verdad que hay tales animales, porque en el Levítico, cap. XI, hace la Sagrada Escriptura mención deste animal grifo«)[105], berichtet er von einem wundersamen Tier, das, anders als der Greif, nicht etwa einen neuen Namen erhält, sondern der Kategorie ›Katze‹ untergeordnet wird. So einfach bleibt die Klassifizierung dennoch nicht: denn dies Tier ist zur einen Hälfte ein Äffchen-Kätzchen (»gato monillo«), zur anderen aber ein Vogel, der noch dazu erstaunliche musikalische Qualitäten an den Tag legt: »Diese Katze war zum Teil Vogel oder Federtier und sang hervorragend wie eine Nachtigall oder Heidelerche, mit vielen Nuancen in seiner Melodie und seinem Gesang« (»El cual gato en parte era pájaro o ave e cantaba, como un ruiseñor o calandria, muy excelentemente, e con muchas diferencias en su melodía e cantar«[106]). Sein Hinterteil ist das einer Katze »mit langem Schwanz« (»de las colas luengas«) und kurzem Haar, sein Vorderteil dagegen

> con los brazos e cabeza, era todo aquello cubierto de pluma de color parda, e otras mixturas de color; e la mitad deste gato para atrás, todo él, y las piernas e cola, era cubierto de pelo rasito de color bermejo[107].
> *war an den Armen und dem Kopf ganz mit graubraunen Federn bedeckt, und mit anderen Farbmischungen; und die Hinterhälfte dieser Katze, die ganze, und dazu die Beine und der Schwanz, waren bedeckt mit samtigem Haar von zinnoberroter Farbe.*

Oviedo unterstreicht den greifenähnlichen Wundercharakter dieses uneinordenbaren Tiers (»cosa que no me es menos maravillosa que los grifos«), das sich jedoch durch seine vollständige Neuigkeit von den Greifen unterscheidet (»la más nueva cosa, y nunca semejante vista hasta nuestros tiempo«); das dem unerschöpflichen Neuheitsborn von Las Indias entsprungen ist (»porque los secretos de nuestras Indias siempre ensañarán cosas nuevas«[108]). Dieses unendliche Inventar des Neuen übersteigt daher das Fassungsvermögen des Menschen und ist allein seinem Schöpfer verständlich (»Más puede Dios hacer que el entendimiento del hombre entender«). Aus diesem Grund weigert Oviedo sich auch, den Katz-Affen-Vogel als ehebrecherischen Unfall der Natur zu betrachten, zumal, wie er als Naturforscher mit schlagender Überzeugungskraft argumentiert, Geschlechtsverkehr von Katzen und Vögeln aufgrund der inkompatiblen Sexualorgane eher selten anzutreffen sei:

> Algunos quieren decir que este animal debía nascer de adulterio o ayuntamiento de alguna ave con algún gato o gata, como pudiese engendrarse estotra especie que participase de ambos géneros. E yo soy de contrario parescer; y tengo opinión (consideradas algunas cosas que se deben pensar de la desconveniencia del sexo e instrumentos generativos que hay de las aves a tales gatos), que tal animal no nasció de tal adulterio, sino que es especie sobre sí e natural, como lo son por sí los grifos; pues que el maestro de la Natura ha hecho otras mayores obras e maravillas, el cual sea loado e alabado para siempre jamás[109].
> *Manche möchten sagen, dass dies Tier durch Unzucht oder Kreuzung eines Vogels mit einem Kater oder eine Katze entstanden ist, denn so könne diese andere Spezies entstehen, die beiden Gattungen angehört. Und ich bin*

gegenteiliger Meinung und denke (wenn man all das betrachtet, was man bezüglich der Unpassendheit der Geschlechtsteils und der Gebärinstrumente denken muss, die es zwischen den Vögeln und Katzen gibt), dass solch ein Tier nicht aus Unzucht geboren wurde, sondern dass es eine natürliche Spezies an sich ist, wie es von sich aus auch die Greifen sind; denn der Meister der Natur hat noch andere große Werke und Wunder geschaffen, und er sei gelobt und gepriesen in alle Ewigkeit.

Dennoch ist diese Mosaik-Beschreibungstechnik gewissermaßen ein Auslaufmodell, und zwar schon vor Oviedo bei Kolumbus. Um, wiederum in ganz aristotelischer Manier, die lineare Zusammengehörigkeit von Wort und Vorstellung wiederherzustellen, ohne dass, wie bei Marco Polo oder hier bei Oviedo, die Welt in Fragmente zerbricht, die keine ganzheitlichen Vorstellungseinheiten – und damit wiederum, gemäß dem aristotelischen Eins-zu-Eins-Verhältnis von Wort und Vorstellung, auch keine ganzheitlichen ›Schälle‹ – aufweist, sie zu benennen, entwickelt der Admiral ein neues System. Er leiht sich nämlich angesichts der fehlenden Bilder in der Seele von den indigenen Bewohnern, welche die zu bezeichnenden Dinge ja notwendigerweise schon ›erlitten‹ haben müssen, da sie zu ihrer unmittelbaren Lebensumwelt gehören, die sprachlichen Bezeichnungen gewissermaßen einfach aus; mit dem Ziel »den amerikanischen Dingen ihren amerikanischen Namen zu belassen« (»de conserver aux choses américaines leur nom américain«[110]), so Cioranescu.

Bereits Kolumbus scheint, wie sein Eintrag vom 27. November 1492 beweist, ein erstes Gespür dafür entwickelt zu haben, dass das von ihm so ersehnte *conocer* und *entender* von der Sprache nicht trennbar ist, dass er die Eigenheiten und Vorzüge der von ihm gesehenen Dinge nur aus dem System der einheimischen Sprache heraus begreifen kann, die zu erlernen ihm daher nicht erspart bleiben wird und er auch diese Erkenntnis an die anderen Leute seines Hauses weitergeben muss (»Mas agora, plaziendo a Nuestro Señor, veré lo más que yo pudiere, y poco a poco andaré entendiendo y conoçiendo y faré enseñar esta lengua a personas de mi casa <…>. Y después se sabrán los benefiçios«[111]). Aus den bislang (bereits einer außereuropäischen Sprache entlehnten) *almadía*-Booten werden unter der Feder des Kolumbus *canoas*, aus den indigenen Häuptlingen *caciques*, aus den Hütten *bohíos*, aus den Pfefferschoten *ajíes* – Wörter, die bis heute zum festen Bestand des karibischen Spanisch gehören. Dadurch entsteht eine von der Summe der Einzelteile unabhängige Vorstellung, der wieder ein eigener Sprachschall zugewiesen werden kann. Das neugefundene Wort evoziert von nun an, in einer gewissermaßen renoviert aristotelischen Version, nach ihrer Neubenennung automatisch auch die neue innere Vorstellung. So notiert etwa Las Casas als

Randanmerkung zu einem von Kolumbus beschriebenen, essbaren und zu Leder verwertbaren Kleinstdrachen[112]: »gemeint ist wohl Leguan« (»iguana debió de ser esta«, 21.10.). Wenn dieses Verfahren, wie bei Las Casas, zum kuriosen Faktum führte, die Bewohner der Karibik als »von Indio-Farbe« (»de color indio«) zu beschreiben, also das Vergleichsobjekt aus dem amerikanischen Kontext selbst zu entleihen, weist dies für Cioranescu auf das Phänomen hin, dass eine Vorstellung (bzw. *species*) durch voriges Sehen nun bereits vorhanden sein muss, dass also, wie José de Acosta äußert, die Neue Welt inzwischen eine alte geworden ist.

Dieses Ausleihen von den amerikanischen Urbewohnern allerdings läuft schnell auf eine Enteignung hinaus, gemäß der von Birgit Scharlau analysierten Einheit von »Beschreiben« und »Beherrschen«. Am besten schlägt sie sich wohl in der berühmten Widmung Nebrijas an seine Königin nieder, der zeitgleich zum karibischen Abenteuer des Kolumbus ja gerade zu Herrschaftszwecken sein spanisch-lateinisches Wörterbuch und seine spanische Grammatik herausgibt: die Sprache sei »stets Gefährtin von Reich und Herrschaft« gewesen (»siempre la lengua fue compañera del imperio«) – beide »beginnen, wachsen und blühen« gemeinsam, doch beiden gemeinsam ist auch der »Fall«[113]. Gemäß dieser fatalistischen Logik einer Welt der Sieger und Besiegten werden die ausgeliehenen Wörter zum Mittel, dem Verleiher sein Eigentum wegzunehmen, da dies durch seine sprachlichen Leihgaben ja wiederfindbar, kommunizierbar, also auch eroberbar wird. Doch ganz entsprechend der von Lezama beschriebenen Gegen-Conquista der amerikanischen Landschaft, die entgegen dem äußeren Anschein Sprache und Vorstellungswelt des fleißigen Missionars unterwirft, ist sich der Sprach-Räuber des ununterdrückbaren Eigenlebens der von ihm gestohlenen Wörter noch nicht so recht bewusst. Denn diese beginnen plötzlich, die hinsichtlich ihrer Eigentumszugehörigkeit bereits lange geklärten Vorstellungen der Eroberer zu erobern. Cioranescu weiß an mehreren Beispielen zu illustrieren, wie sich die neuen Wörter Amerikas mit einem Male auch über die »idées reçues« der Alten Welt stülpen. Die ›Annexion‹, wie er es nennt, der neuen *verba* durch die Europäer ermöglicht diesen Wörtern die ›Annexion‹ der europäischen Dinge und Vorstellungen.

> Diese Annexion entspricht einem langen Prozess der Begriffsklärung <*décantage de notion*>, mit neuen Unterteilungen der überkommenen Ideen, mit Nuancen, deren Notwendigkeit man zum ersten Male verspürt. So kommt es, <…> dass *enagua*, »Unterrock«, ein Wort karibischen Ursprungs, anfangs auf eine amerikanische Realität angewendet und dann rasch im Alltagsspanisch populär wurde, als ein bereicherndes Synonym für *faldilla*. So wird *caribe* zu *Kannibale*, und *cacique*, Kazike, verweist

heute auf eine anderen Begriff, da es jene Provinztyrannen benennt, die das Französische, auf Basis einer anderen Entlehnung, letztlich *caïds* genannt hat.[114]

Eine Gegen-Conquista mit fatalen Folgen, die gerade in heutiger Zeit in nie gekanntem Maße spürbar sind, viel mehr als zu Zeiten des Kolumbus. Denn was ist der größte Schmerz heutiger Sprachpuristen, wenn nicht das Lamento, dass die Wörter Amerikas sich als ›Amerikanismen‹ in unsere Sprache einschleichen und dadurch unsere Seelen usurpieren, wo ja unsere Vorstellungen als Schatten der Ideen niedergelegt sind? *Brief an die Franzosen über ihre Sprache und ihre Seele – Lettre aux Français sur leur langue et leur âme*[115] heißt nicht zufälligerweise das leidvolle Manifest eines verschiedenen *Secrétaire perpétuel* der Académie française an seine Mitbürger, in dem er mal wutentbrannt, mal jammernd den Erfolg der Gegen-Conquista Amerikas über das einstmals über den Weg seiner Sprache die Welt beherrschende Frankreich eingestehen muss.

V.2.3. Saussure und die Zigarre

Seine Vollendung findet der Prozess der gegenseitigen Sprach-Annexion Europas und Amerikas aber erst in einer dritten Stufe, die nun, ohne dass es seine ›Erfinder‹ beabsichtigt hätten, das aristotelische Sprachmodell von seinem Thron stürzt: nämlich die Annäherung an das Objekt durch eine Beschreibung, die auf dem Versuch basiert, sich dem Neuen auf der Grundlage bereits bekannter Wörter anzunähern und dadurch von ihnen abzugrenzen, ihre Grenzen zu *de-finieren*; im Grunde also das Verfahren, nach dem moderne einsprachige Wörterbücher funktionieren. Ziel des deskriptiven Verfahrens, wie es sich Mitte des 16. Jahrhunderts in Amerika vor der Herausforderung des Unbekannten herausbildet[116], ist es zunächst, die Identität des unbekannten Gegenstands jenseits der Fragmentierung seiner Einzelteile wieder als ganzheitliche und eigenständige Einheit zu schildern – und damit wieder in die Nomenklatur der Sprache einzufügen.

Cioranescu nimmt fälschlicherweise an, es handele sich dabei um nichts weiter als eine Fortentwicklung des bereits von Marco Polo bekannten Vorgangs, einen Bild-Transfer vorzunehmen, der das Unbekannte aus Fragmenten des Bekannten zusammenstückelt – »eine Bildübertragung <*translation d'images*>, die das unbekannte Objekt ersetzt und es durch eine ganze Serie von bekannten Objekten definiert, von denen jedes einzelne nur in einem einzigen seiner Teile berücksichtigt wird«[117]. Gegenüber dem mittelalterlichen Evozieren der Dinge durch ihre Namen in der Dichtung, das sich daher auch nur auf die prominenten dichterischen Gegenstände erstreckt, entwickele sich auf der Basis einer neuorganisierten Synthese-Arbeit (»travail de synthèse«) eine Technik der Prosa-Beschreibung, die sich auch auf die banalen Dinge des alltäglichen Lebens bezieht (»einfache Gegenstände ihrer Stofflichkeit, ohne jede Transzendenz, die der Schriftsteller nicht zu beschönigen sucht«[118]). Ein Prozess, der von Kolumbus zu Las Casas eine beeindruckende Entwicklung erfährt, wie die Beschreibung von so alltäglichen Dingen wie der *hamaca*, der ›Hängematte‹, und des *tobaco*, der ›Zigarre‹ beweisen, um hier als Vergleichspunkte einmal diese deutschen Vokabeln zu verwenden, die, wie sich zeigen wird, als dritter Referenzpunkt im Flottieren der Vorstellungen zwischen der Spanischen und der Taíno-Sprache notwendig sein werden.

Um diejenigen Gegenstände zu beschreiben, die von der indigenen Zivilisation hervorgebracht – wir würden heute wahrscheinlich sagen: erfunden – wurden und daher in Europa nicht bekannt sind, bemüht sich Las Casas, die Dinge der Neuen Welt in Beziehung zu ihren, um einmal einen beide Seiten umschließenden Begriff zu verwenden, ›Konstituenten‹ im subjektiven wie objektiven Sinne darzustellen: also zu denjenigen Elementen, welche die indigenen Inventate als Subjekt konstituieren (ihre Bestandteile), aber auch als Objekt (ihres Erschaffers und der dazu verwendeten Werkzeuge). Beispielsweise die gewebten Gegenständen, die nicht wie Netze durch gekreuzte, sondern allein durch Längsfäden gebildet sind, so dass der Hersteller eine ganze Hand hindurchstecken kann, und die die Körpergröße eines Menschen aufweisen, so dass dieser sich in sie hineinlegen kann: die ›Hängematte‹[119] (*hamaca*); jene aus getrockneten Kräutern bestehende, in ein Deckblatt eingewickelte Gegenstand, wenn er beschreibt, wie er gedreht und geraucht wird und welche Effekte er auf den Menschen besitzt: die ›Zigarre‹ (*tobaco*). Um auch einem spanischen Leser begreifbar zu machen, was genauer mit letztem Gegenstand gemeint ist, also ein längliches Objekt, das man anzündet und das danach von alleine brennt, gibt Las Casas auch einen spanischen Äquivalenzbegriff an: *mosquete*, auf deutsch in etwa »Feuerwerkskörper«.

Hier nun ergibt sich bereits eine signifikante Nuance. Offensichtlich sollen die Vokabeln *mosquete* und *tobaco* im Spanischen und im Taíno ja jeweils einen und denselben Gegenstand der Wirklichkeit sprachlich zu greifen helfen. Insofern müssten sie, argumentierte man aristotelisch, in den Seelen eines Spaniers und eines Taíno auch dieselben ›Abbilder‹ evozieren. Wie hier jedoch die von Las Casas getroffene Gegenüberstellung beweist, können innerhalb der jeweiligen Sprachen die beiden Schallbilder nicht komplett deckungsgleich sein. Denn da in der Seele eines Spaniers, der noch nie in Amerika war, bislang gar kein Abbild des *tobaco* existiert, ist die spanische Entsprechung *mosquete* ja nur ein Ersatz, den auch andere spanische Vokabeln bieten könnten, indem sie dem amerikanischen Gegenstand einen Teil ihrer Bedeutung ausleihen – Las Casas schreibt ja auch »Feuerwerkskörper, oder wie sonst wir sie nennen sollen« (»mosquetes, o como los nombrásemos«). Das Verhältnis von *tobaco* und *mosquete* hat sich im Verhältnis zur aristotelischen Nomenklatur bereits ein wenig gewandelt. Die beiden Vokabeln können nach der Umdeutung von *mosquete* nicht mehr die identischen Entsprechungen einer und der selben innerseelischen Vorstellung sein. Denn auch wenn sich beide ›Schälle‹ (*voces*) hier zur Bezeichnung einer einzigen Vorstellung treffen, ist doch nicht jeder spanische ›Feuerwerkskörper‹ (»mosquete«) eine indianische ›Zigarre‹ (»tobaco«); und umgekehrt wird nicht jede indianische ›Zigarre‹ einen pyrotechnischen ›Feuerwerkskörper‹ bezeichnen. Auch dieses Verfahren wird vom aristotelischen Denken noch abgedeckt, denn es gibt durchaus die Möglichkeit, dass eine Vorstellung einer anderen metonymisch ihre Bezeichnung leiht, nämlich in der Figur des Tropos[120]. Doch anders als hier bei Las Casas ist das Verfahren eigentlich nicht dafür vorgesehen, dass ein Wort dauerhaft zur Bezeichnung einer ihm ursprünglich fremden Vorstellung ausgeweitet wird: denn der Tropos ist, wie auch noch heute, ja weder Teil der aristotelischen Kognitions- noch Zeichentheorie, sondern, wie man alleine an der Textstelle sieht, an der er auf sie zu sprechen kommt, der Poetik und ihrer Stilmittel.

Doch auch auf der Basis der beiden ersteren Lehren tut sich hier ein Unterschied auf, nämlich hinsichtlich des Systems der vorausgehenden Erkenntnis und der ihr nachfolgenden Nomenklatur. Der Gegenstand ist nicht ›an sich‹ erkennbar und beschreibbar. Kognitiv begriffen, de-finiert werden kann er nur, wie Las Casas das ja vorführt, indem sein Wesen und seine Funktion von den anderen Gegenständen abgegrenzt wird: Las Casas' Versuch, die Zigarre zu beschreiben, besteht nicht darin, wie bei Zeuxis-Oviedo, eine neue Bildvorstellung *zusammen*zusetzen, die dann wieder unabhängig von ihren Einzelteilen durch ein Wort ›symbolisiert‹ werden kann. Vielmehr versucht Las Casas den neuen Gegenstand durch sprachliche Abgrenzung von den anderen *auseinander*zuhalten, damit auch ein Mensch, der ihn nicht sehen kann, seine aus dem Unterschied resultierende Identität jenseits jeglicher Bildvorstellung begreifen kann. Für den abwesenden Leser in Spanien, der ja mangels des Sehens mit eigenen Augen erwiesenermaßen keine *species* oder *imago* von besagtem Gegenstand besitzen kann, da er ihn ja nie ›erlitten‹ hat, findet hier nun, in Umkehrung der aristotelischen Hierarchie, eine Kognition ohne jegliche »Erleidnisse« statt, die allein auf der Basis der Sprache operiert, damit aber durchaus in der Seele des Leser wieder eine Vorstellung zu erzeugen in der Lage ist.

Welch bedeutungsvolles Moment Las Casas' »Synthese-Arbeit« der deskriptiven Definition und indianischen Wortfügungen, wenn auch dafür später von niemandem in sichtbarer Weise rezipiert oder gar gerühmt, in die Geschichte der Sprachtheorie einfügt, scheint Cioranescu im Jahre 1962 nicht sonderlich erwähnenswert zu finden. Zum Teil mag sich das dadurch erklären, dass zu diesem Zeitpunkt in Westeuropa erst allmählich eine bereits in den 1910er Jahren entstandene Lehre Aufmerksamkeit zu erwecken beginnt: nämlich die Zeichentheorie Saussures und ihre Abkehr vom aristotelischen Prinzip der Nomenklatur. Entgegen einer Tendenz der modernen Semiotik, die Theorie Saussures als quasi *ex nihilo* entstanden zu betrachten[121], rekurriert der Vater der modernen Linguistik in ganz sichtbarer Weise auf die auch für die Chronisten des 16. Jahrhunderts[122] maßgeblichen antiken und mittelalterlichen Sprach-, Seelen- und Erkenntnismodelle des inneren Bildes in der Seele: man denke nur an sein berühmtes Diagramm mit Bäumchen-Bild in der Seele aus seinem *Cours de linguistique générale*. Doch entgegen dieser Tradition führt Saussure in seiner Lehre des *signe linguistique* sowohl die kognitiven wie auch kommunikativen Elemente in seiner Konzeption der *pensée-son* zusammen (wobei er wiederum auf die großen sprachtheoretischen Vorbilder des 18. Jahrhunderts zurückgreifen kann[123]).

So wie im Spanischen der neueingefügte, exotisch-andersartige Klang *tobaco* seinen Platz in der Sprache durch Ähnlichkeiten und Abgrenzungen von anderen Klängen erhält, wird laut Saussure der nun nicht mehr alleine durch Hinweisung auf den *conceptus* terminierte ›Schall‹ (*vox*) keineswegs nur als isolierte Einheit konstituiert, sondern als die untrennbare sprachlich-kognitive Sinneinheit *conceptus-vox* in Differenzierung von anderen Zeichen, die ebenfalls zu jener Zwillingsinstanz verschmelzen. Dabei aber verwandelt sich das nun doppelgesichtige ›Zeichen‹ zur Grundlage von Dualismen auf verschiedenen Ebenen. Zunächst entspricht der Instanz der *vox* ein innerseelisches Pendant, also ein *conceptus*. Doch da beide, nach Saussures bekannter Formel, untrennbar zusammengehören wie die beiden Seiten eines Blatt Papiers, müssen sie trotz der grundlegenden Verschiedenheit ihres Charakters eine gemeinsame Basis besitzen. Dieses verbindende Element ist das Bild, die *image*, die sowohl das Bezeichnende als auch das Bezeichnete charakterisiert. Der akustischen *imago* (»image acoustique« oder »auditive«) der Lautkette entspricht eine innerseelische »image intérieure«[124] oder auch, ganz in der aristotelischen Terminologie, ein »concept«, das aber mehr noch als in der antiken Theorie ein psychisches Abbild des Wirklichen ist, wie Saussure es an seinem berühmten Diagramm vom Laut-Bild »arbor« und dem Seh-Bild eines kleinen gezeichneten Bäumchens deutlich macht.

Diesem Dualismus steht ein zweiter gegenüber: Die Verbindung des akustischen und des visuellen Bildteils besteht nicht allein ›nach Vereinbarung‹ sondern ist gleichermaßen notwendig wie arbiträr – notwendig, da jeder Sprecher einer Sprache beim Hören des Lautbilds unwillkürlich das zugehörige Erinnerungsbild vor Augen tritt; arbiträr, da es keinerlei inhaltlich motivierte Verbindung zwischen Laut- und Seh-Bild gibt. Daraus entsteht der entscheidendste Dualismus. Zwar bildet das »concept« die innerseelische Einheit (»entité psychique«) des Bäumchen-Bilds, doch ganz im Unterschied zu den aristotelischen »Erleidnissen« ist es keine absolute und eigenständige Größe. Ihren ›Wert‹ (»valeur«) erhalten das Zeichen bzw. das Verhältnis von Laut-Bild zu Seelen-Bild nur in Abgrenzung von den anderen Zeichen[125], wobei die »valeur« immer aus zwei Konstituenten entsteht: der Ähnlichkeit und der Unähnlichkeit[126]. Dies Schema erinnert beträchtlich an das bereits von Kolumbus vorgenommene Verfahren, das von ihm Gesehene in die Kategorien des ›Ähnlichen‹ (»semejable«) und ›Unterschiedlichen‹ (»diverso« / »diferente«) im Verhältnis zu dem bereits aus Kastilien Bekannten zu ordnen.

Auf den Kontext der sprachlichen Eroberung Amerikas gemünzt, machen Saussures zeichentheoretische Ausführungen klar, dass das Verfahren der ersten Reisenden, das von ihnen Gesehene allein hinsichtlich der Ähnlichkeit bzw. Unähnlichkeit mit dem Bekannten aus Europa zu beschreiben, nicht allein der vielbeschworenen imperialistischen Strategie eines ›kolonialen Blicks‹ oder eines ›Eurozentrismus‹ entspringt, der die Welt des Anderen auf Vergleiche mit dem Eigenen reduziert, sondern vor allem auch der Notwendigkeit, den neuen Gegenständen zum Zwecke ihrer Transformation in sprachliche Einheiten eine *valeur* innerhalb des eigenen Sprachsystems zu verleihen und, da Kognition und Kommunikation sich ja überlagern, in irgendeiner Weise überhaupt erkennbar und kommensurabel zu machen, also als etwas anderes als ein sprach- und welttranszendierendes ›Wunder‹ betrachten zu können. Eben die Tatsache, dass jedes Wort (bei Saussure »mot« oder »signe« oder »image acoustique«[127] – die Terminologie ist nicht ganz einheitlich) über sein innerseelisches Bild hinaus (»idée« oder »signification« oder »image intérieure«) eine innersprachliche *valeur* besitzt, macht den aus Las Casas' Text zu entnehmenden Unterschied zwischen den Wörtern »tabaco« und »mosquete« aus, die nicht komplett deckungsgleich in beiden Sprachen sind, obwohl sie doch einen und denselben Gegenstand zu beschreiben helfen sollen, wie Saussure an einem weitaus berühmteren französisch-englischen Beispiel von »mouton« und »sheep« herleitet.[128]

Wenn Kolumbus, obwohl doch in verschiedenen Sprachen sozialisiert, im Grunde noch an die universale Deckungsgleichheit der Begriffe in allen Sprachen glaubt[129] und sich die aus heutiger Perspektive einigermaßen skurrile Frage stellt, ob die Taíno-Vokable »cacique« (23.12.) nun ›König‹ (»Rey«) oder »Gouverneur« (»Gobernador«) bedeute, gleich als seien derartige ausschließlich europäische Herrschaftstaxonomien in der Karibik von irgendeinem Wert, so nimmt bei späteren Autoren das Bewusstsein der Relativität der Worte und der Inkompatibilität in verschiedenen Sprachen derart zu, dass man dort die ersten Manifestationen eines modernen Sprachdenkens festmachen kann, entgegen dem kanonisierten europäischen Beginn der sprachlichen Moderne im 18. Jahrhundert.

Die Ursachen für diesen aus einer gravierenden Sprach*krise* erwachsenden Wechsel im Beschreibungsmuster[130] führt uns in packender Weise der Chronist Fernández de Oviedo vor. Seine *Historia* ist ein ständiges Zeugnis der Konvulsionen, die ihm das Zusammensetzen des Unbekannten aus den Elementen des Bekannten bereitet. Gerade in seinem Sprachdenken ist Oviedo eine widersprüchliche und in gewisser Weise tragikomische Figur. Seinem emphatischen Jubel über die Vielfalt und Neuheit der Neuen Welt stellt sich seine von ihm mehrfach eingestandene Unfähigkeit entgegen, die für Gott allein begreifliche Unendlichkeit der Wunder in adäquate Worte zu fassen. Erstmals erkennt Oviedo im Grunde, dass diese Unfähigkeit nicht sein eigenes Verschulden ist, sondern das der begrenzten Fähigkeiten des Menschen und seiner Sprache, die aufgrund der Beschränktheit ihrer Wörter nicht in der Lage ist, die Dinge zu bannen – und aus diesem Grund auch unfähig, der *memoria rerum* zu dienen, da der Gesamtheit der Dinge die zugehörigen Vorstellungen fehlen. Seine Verzweiflung an der Fasskraft nicht nur der Sprache, sondern auch jeglicher Form von mimetischer Repräsentation im Angesicht des Wunders des Neuen, lässt sich innerhalb seines sogenannten »Depot-Buchs« (»libro de depósitos«) aus der Beschreibung eines weiteren Federtiers, eines wahrhaft »aufsehenserregenden Extrem-Vogels« ablesen (»ave o pájaro extremado y mucho cosa de ver«[131]). Dessen Neuheit geht so weit, dass es weder möglich ist, ihm einen Namen zuzuteilen (»nombrarle«), noch ihn zu beschreiben (»describir«), und dies umschließt gleichzeitig die kognitive Unmöglichkeit des Wissens (»saber«) und Begreifens (»comprehender«) und die kommunikative, dies Wissen sprachlich weiterzugeben (»dar a entender«). Kurz: Es handelt sich um ein Tier, das eigentlich nur zum Ansehen da ist, (»mucho más para la ver«), weil durch Worte unbeschreibbar. Ähnlich wie schon bei Kolumbus den zuvor beschriebenen Schmerz löst das Sehen im Chronisten Hoffnungslosigkeit (»sin esperanza«) aus.

> Este capitán me dió un plumaje o penacho que es mucho cosa para ver e loar a Dios que le crió. Y es un pájaro o ave que él no supo, ni su compañero Islares, nombrarle; ni yo tampoco sabré describir ni dar a entender su lindeza e extremada pluma de todas las que en mi vida he visto, e las más galana e polida. En fin, es cosa mucho más para la ver que no dispuesta para comprehenderla por mi relación, porque, sin duda, me paresce que es la cosa de cuantas yo he visto, que más sin esperanza me ha dejado de saberla dar a entender con mis palabras.[132]

Dieser Kapitän gab mir ein Gefieder oder einen Federbusch, bei dem es viel zu sehen gibt und für das Gott zu loben ist, der es erschuf. Und es ist ein Vogel oder Geflügel, das weder er noch sein Gefährte Islares zu benennen wusste; noch werde ich selbst seine Schönheit und sein extremstes Federkleid von allen, die ich in meinem Leben gesehen habe, und dazu das anmutigste und glänzendste, zu beschreiben oder begreifbar zu machen wissen. Kurz und gut, es ist etwas, das man sehen muss und das nicht dazu geeignet ist, durch meinen Bericht begriffen zu werden, weil es für mich ohne Zweifel von allen Dingen, die ich je gesehen habe, dasjenige ist, das mich am meisten ohne jede Hoffnung gelassen hat, es durch meine Worte begreifbar machen zu können.

Doch diese Hoffnungslosigkeit ist nur von kurzer Dauer. Da ein Beschreiben auf der Basis der Identität, anders als bei den aus klar zuzuordnenden Elementen zusammengesetzten Zwitter-Tieren wie dem Greifen und dem »Katz-Äffchen («gato monillo«) nicht möglich ist, macht sich Oviedo nun daran, dem Vogel durch ein System der Ähnlichkeiten auf der Basis des Vergleichs näherzukommen. Körperteil für Körperteil wird das Tier hinsichtlich gemeinsamer Vergleichsmomente mit anderen Elementen der Gegenstandswelt in Relation gesetzt. Der Extrem-Vogel ist falb, weist die Größe eines Starsperlings oder einer Drossel auf (»del tamaño de un tordo, o más que un zorzal«); der Schwanz besteht aus zehn Federn und spaltet sich am Ende, bis er so schmal wird, dass er zwei Fäden gleicht (»adelgazando que parecen dos hilos«), die Federenden sind zackig wie Sägen oder Gebirgskämme (»sierras«), die Federn gleichen dem Samt (»poco más alto que un terciopelo«[133]), um nur einige Elemente einer kopiösen Beschreibung anzuführen, die den Rahmen des hier Anführbaren sprengte. Von höchster Wichtigkeit ist die von Oviedo aus diesem Technikwechsel gezogene Konklusion: seine Beschreibung ist nur eine Annäherung an ihren Gegenstand, weil eine getreue Repräsentation ausgeschlossen ist. Das Abbilden von Gottes Werken »wie sie sind« (»como ellas son«) ist durch kein menschliches Medium möglich.

En conclusión, yo confieso que no habrá pintor que lo pinte, por lo que he dicho; pero, leído esto a par del pájaro, se me figura que he dicho algo; y así lo he escripto mirándole, y dando gracias a Dios que estas aves crió <...> Ni sus obras puede pintor ni escultor ni orador expresar tan al natural, ni perfectamente dar a entender ingenio humano, como ellas son[134].
Daraus folgt: ich bekenne, dass es keinen Maler geben wird, der ihn malen kann, aus dem Grund, den ich gesagt habe; aber wenn man diese Ausführungen anstelle des Vogels liest, bilde ich mir ein, etwas gesagt zu haben; und so habe ich es geschrieben, indem ich ihn betrachtete und Gott dafür dankte,

der diese Vögel erschuf <…>. Und kein Maler, kein Bildhauer, kein Redner kann seine Werke so natürlich ausdrücken, noch das menschliche Ingenium sie so vollendet zu verstehen geben, wie sie sind.

Dennoch behauptet Oviedo von sich mit gewissem Stolz, über den Vogel zumindest »etwas gesagt zu haben« (»se me figura que he dicho algo«): indem er, entgegen der Theorie der Sprache als Abbild des inneren Bildes, der *intus imago* der mittelalterlichen Repräsentations- und Kunsttheorie[135], den Gegenstand selbst, nämlich den Vogel betrachtet (»y así lo lo he escripto mirándole«) und etwas geschaffen hat, was zwar nicht ein identisches Abbild des Vogels, aber dem Vogel ähnlich, »a par de pájaro« ist: eine *similitudo* mit dem Ding anstelle identischer Übereinstimmung mit der *imago*. Oviedos Erkenntnis ist gewissermaßen, dass seine Sprache nicht in der Lage ist, etwas ›an sich‹ zu beschreiben, sondern immer nur ›in Hinsicht auf etwas‹.

Damit jedoch ist Oviedos Sprachkrise noch längst nicht bewältigt. Zuerst bleibt das Problem des Gattungsnamens und einer zusammenhängenden, kommunizierbaren Vorstellung dieses Vogels, der auf diesem Weg zwar durch eine Fülle von Worten beschrieben und doch namenlos bleibt. Verschärft wird das Problem erst recht, wenn die Andersheit des Neuen so radikal ist, dass auch eine Beschreibung über Vergleichsobjekte nicht mehr möglich ist. Dieses Kap des europäischen ›Ausdrucks‹ wird durch eine unbeschreibbare Frucht erreicht, die im Betrachter des 16. Jahrhunderts eine ähnliche Ratlosigkeit auslöst wie das von Eco unsterblich gemachte Schnabeltier bei Kant[136] bei den Philosophen und den Naturhistorikern des 18. Jahrhunderts. Nirgends auf der Welt, so Oviedo, sei eine Frucht zu finden, die an Schönheit der in Las Indias vorgefundenen vergleichbar wäre:

> Esta es una de las más hermosas fructas que yo he visto en todo lo que del mundo he andado. A lo menos en España, ni en Francia, ni Inglaterra, Alemania, ni en Italia, ni en Secilia, ni en los otros Estados de la Cesárea Majestad, así como Borgoña, Flandes, Tirol, Artués, ni Holanda, ni Gelanda, y los demás, no hay tan linda fructa, aunque entren los milleruelos de Secilia, ni peras moscarelas, ni todas aquellas fructas excelentes que el rey Fernando, primero de tal nombre en Nápoles, acomuló en sus jardines del Parque y el Paraíso y Pujo Real, en la cual fué opinión que estaba el principado de todas las huertas de más excelentes fructas de las que cristianos poseían <…etc…> ni pienso que en el mundo la hay que se iguale.[137]
>
> *Es ist eine der schönsten Früchte, die ich in der gesamten von mir bereisten Welt je gesehen habe. Zumindest gibt es weder in Spanien noch in Frankreich noch in England, Deutschland, noch in Italien noch in Sizilien noch in den*

anderen Staaten Eurer Kaiserlichen Majestät, so wie Burgund, Flandern, Tirol, Artois noch in Holland noch in Zeeland und allen anderen so eine schöne Frucht, selbst wenn man die Milleruelos[138] *von Sizilien berücksichtigt oder die* Moscarela-*Birnen, oder all jene hervorragenden Früchte, die König Fernando, der erste dieses Namens in Neapel, in seinen Parkgärten und dem Paradies und dem Pujo Real anhäufte, in dem sich der fürstlichste aller Obst- und Gemüsegärten befunden haben soll, mit den hervorragendsten Früchten, die die Christenheit besitzt* <…etc., es folgt ein Katalog der weltlichen Herrscher und ihrer Obstgärten…>, *und ich glaube nicht, dass es auf der Welt irgendeine Frucht gibt, die ihr gleichkäme.*

Das Lob der unaussprechlichen und unvergleichlichen Frucht wird zu einem imposanten Beleg der These Cioranescus, dass durch die *Crónicas* nun die »einfachen Gegenstände« (»sujets humbles«) ins Zentrum der Aufmerksamkeit treten. Aufgrund ihrer Schönheit ist diese Frucht für Oviedo nun im Gegensatz zu den *tobacos* und *hamacas*, die sein illustrer gegenspieler Las Casas dem kastilischen Wortschatz hinzufügt, durch andere Wörter der spanischen Sprache in ihrer Identität vollständig undefinierbar. Deshalb erhält die Frucht den Titel der weltweiten »Herrschaft unter allen Früchten« (»el principado de todas las fructas«). Doch ihre Schönheit macht die Frucht auch in jeglicher Weise irrepräsentabel. Weder die Worte des angesichts des Geschmacks sprachlosen Schriftstellers (»sie zu kosten ist etwas so Appetitliches und Zartes, dass Worte fehlen« – »gustarla es una cosa tan apetitosa e suave, que faltan palabras«) noch die Feder des angesichts der visuellen Schönheit farb- und konturlosen Malers Oviedo (»mangels Farben und Zeichnung werde ich nicht hinreichend zu verstehen geben könne, was ich so gerne zu sagen wüsste« – »falta de colores y del debujo, yo no bastaré a dar a entender lo que querría saber decir«[139]) können der Frucht entsprechen: »Es können nicht die Zeichnung meiner Feder und Worte ihr zum eigenen Recht verhelfen und in so eigentlicher und ausreichender Weise das Wappen dieser Frucht wiedergeben, dass sie ausreichten, den Fall alleine darzustellen ohne Pinsel oder Zeichnung« (»No pueden la pintura de mi pluma y palabras dar tan particular razón ni tan al propio el blasón desta fructa, que satisfagan tan total y bastantemente que se pueda particularizar el caso sin el pincel o debujo«[140]). Kurz, die einzige Möglichkeit, den Gegenstand der Wirklichkeit darzustellen, scheint eine Verbindung aus Wort und Bild zu sein, die Oviedo durch einen zeichnerischen Abbildversuch zu gewährleisten sucht. Sein Text wird zur illustrierten Chronik – und zum ersten erhaltenen Gemälde einer Frucht, die wir heute *Ananas* nennen.

Aber auch dieser Versuch ist vergebens. Auch das Bild muss sich ja auf den visuell wahrnehmbaren Aspekt beschränken. Hier aber hat der Zeich-

Gonzalo Fernández de Oviedo y Valdés: Ananas.
Zeichnung und Text aus dem autographischen Manuskript der *Historia general y natural de las Indias* (1535).

ner und Schreiber es mit einer multisensuellen, eine multimediale Darstellung einfordernden Frucht zu tun, denn sie spricht gleichzeitig vier der fünf menschlichen Sinne an, die selbst durch die Verbindung von Wort und Bild nicht ausschöpfend darzustellen sind: »Schönheit des Anblicks, Zartheit des Dufts, Geschmack von hervorragendem Aroma, und auch den vierten, den Tastsinn« (»hermosura de vista, suavidad de olor, gusto de excelente sabor <...> y aun el cuarto, que es el palpar«). Plötzlich geht Oviedos Betörung und Verwirrung im Angesicht der Frucht so weit, dass er hinsichtlich des fünften Sinnes Subjekt und Objekt der Darstellung vertauscht. Der fehlende Sinn des Hörens nämlich, so Oviedo, bleibe der Frucht vorenthalten: da sie gar keine Ohren hat und nicht zuhören kann (»Den fünften Sinn, das Gehör, kann die Frucht weder vernehmen noch hören« / »El quinto sentido, que es el oír, la fructa no puede oír ni escuchar«). Ohren besitze an ihrer Stelle nur der Leser, der Oviedos Elogen der Frucht zu lauschen vermag. Auch die anderen vier Sinnesorgane gehörten nur dem Leser, nicht der Frucht selbst. Was Oviedo zu einer vollständig überraschenden Wendung führt: zu einer Reflexion über die Ordnung der Natur und die Natur der Seele. Und deren Konklusion: eine Ananas hat keine rationale Seele.

> Porque, puesto que la fruta no puede tener los otros cuatro sentidos que le quise atribuir o significar de suso, hase de entender en el ejercicio y persona del que la come, y no de la fructa (que no tiene ánima, sino la vegetativa y sensitiva, y le falta la racional, que está en el hombre con las demás)[141].
>
> *Denn da die Frucht nicht die anderen vier Sinne haben kann, die ich ihr zuschreiben wollte, oder dies hier oben zum Ausdruck bringen wollte, muss man sie sich in der Tätigkeit und Person dessen denken, der sie isst, und nicht in der Frucht (die keine Seele besitzt, nur die vegetative und sensitiven, und ihr fehlt die rationale, die sich, zusammen mit den anderen, allein im Menschen befindet).*

Durch diesen höchst paradoxen Abschluss seines erkenntnistheoretischen Lobs der Ananas führt Oviedo die von ihm selbst aufgestellte Ordnung der Sinne eigenhändig ad absurdum. Ob das Paradox nun vom Autor beabsichtigt, gar als humoristischer oder ironischer Effekt[142] gemeint ist oder nicht: es ist Ausdruck einer tiefgreifenden Verwirrung in der angestammten Taxonomie der Dinge und ihrer Bezeichnungen. Denn trotz aller Unbeschreibbarkeit gäbe es normalerweise die Möglichkeit, ›das Ding beim Namen zu nennen‹, die Frucht der Früchte mit der ihr zugehörigen Bezeichnung zu evozieren. Dies aber ist das wohl größte Problem von allen. Denn aufgrund ihrer Unvergleichbarkeit gibt es überhaupt keine Möglichkeit, sie unter eine der etablierten *species* oder Spezies zu subsumieren. Jedes europäische Wort, die Frucht zu benennen, muss ein falsches sein. So verhält es sich etwa mit dem von den Spaniern etablierten: ›Pinienzapfen‹ (»piñas«). Doch auch die von Oviedo als Vergleichsmomente angegebenen – ›Distel‹ oder ›Artischocke‹ – sind dem Versagen geweiht. Sie bezeichnen die Frucht – und ›*sind*‹ sie dennoch nicht. »Hay en esta isla Española unos cardos, que cada uno dellos lleva una piña (o mejor, diciendo, alcarchofa), puesto que, porque paresce piña, las llaman los cristianos piñas, sin lo ser.« Den Grund für dieses ›Nicht-Sein‹ erklärt Oviedo im Anschluss an die Darlegung der Unrepräsentierbarkeit: indem er von den *an*gesprochenen wenngleich un*aus*sprechlichen Eigenschaften der ›Distel-und-Pinienzapfen‹ bzw. ›Artischocken-oder-Pinienzapfen‹ (»cardos e piñas«, »piñas o alcarchofas«) nun die ›Pinienkern-Pinienzapfen‹ (»piñas de piñones«) im bisher im Spanischen gebräuchlichen Sinne zu differenzieren sucht: trotz einer gewissen Ähnlichkeit, die jedoch auch im Falle der ›Disteln‹ und ›Artischocken‹ nie bis zur Identität geht, handelt es sich um eine andere Spezies:

> <T>ornemos a esta fructa de las piñas o alcarchofas. El cual nombre de piñas le pusieron los cristianos, porque lo parescen en alguna manera, puesto que éstas son más hermosas e no tienen aquella robusticidad de las piñas de piñones de Castilla; porque aquéllas son madera, o cuasi, y estas otras se cortan con un cuchillo, como un melón, o a tajadas redondas mejor, quitándoles primero aquella cáscara, que está a manera de unas escamas relevadas que las hacen parescer piñas. Pero no se abren ni se dividen por aquellas junturas de las escamas, como las de los piñones.[143]
> *Kehren wir zurück zu jener Frucht der Pinienzapfen oder Artischocken. Diesen Namen Pinienzapfen gaben ihr die Christen, weil sie eine gewisse Ähnlichkeit besitzen, wobei diese hier schöner sind und nicht die Festigkeit der Pinienkern-Pinienzapfen aus Kastilien besitzen; denn jene sind aus Holz oder fast, und diese kann man mit einem Messer zerschneiden wie eine Melone, oder noch besser in runde Scheiben, wobei man vorher die Schale entfernt, die so aussieht wie aufgerichtete Schuppen, weshalb die Früchte Pinienzapfen ähnlich sehen. Aber man kann sie an den Verbindungen zwischen den Schuppen nicht öffnen oder zerteilen, so wie bei den Pinienkernen.*

Die auf diese Weise gezwungenermaßen assimilierte Polysemie des Wortes »piña« mag sich jedoch in eine geordnete Nomenklatur von Namen und innerer Vorstellung kaum mehr einfügen. Einem und demselben *verbum* »piña« sind ja, je nach Kontext und je nach Annäherung und Abgrenzung von anderen Bezeichnungen wie »piñón« und »alcarchofa«, zwei verschiedene *species* (im naturgeschichtlichen wie im erkenntnistheoretischen Sinne) zugeordnet, die wiederum zwei Dingen entsprechen, die darüber hinaus, dass sie sich ›irgendwie‹ (»de alguna manera«) ähnlich sind, weder botanisch noch geographisch das Geringste miteinander zu tun haben. Um klarzumachen, um welche Frucht es sich handelt, hilft angesichts dieser weitgefächerten *valeur* des Wortes »piña« nichts weiter, als Synonyme aus den indigenen Sprachen anzugeben, die ebenfalls die intendierte Frucht bezeichnen, wenngleich wiederum mit unterschiedlichen *valeurs* innerhalb der indigenen Sprachsysteme, was sich aus den vielfältigen Untergattungen dieser Frucht ergibt. Die Schwierigkeit nämlich ist, dass dem neuen spanischen Oberbegriff »piña« innerhalb derselben indigenen Sprache somit zumindest drei verschiedene Begriffe entsprechen. Das gewünschte Signifikat ergibt sich daher aus der Schnittmenge der verschiedenen *valeurs*, wie Oviedo bereits im langen Titel des »piña«-Kapitels vorführt:

> De las piñas, que llaman los cristianos, porque lo parescen; la cual fructa nombran los indios *yayama*, e a cierto género de la misma fructa llaman *boniama*, e a otra generación dicen *yayagua*, como se dirá en este capítulo, non obstante que en otras partes tiene otros nombres.[144]
>
> *Von den Pinienzapfen, wie sie die Christen nennen, weil sie so ähnlich aussehen; eine Frucht, die die Indios* Yayama *nennen, und eine bestimmte Art derselben Frucht nennen sie* Boniama, *und eine andere Gattung nennen sie* Yayagua, *wie in diesem Kapitel berichtet werden wird, obgleich sie in anderen Gegenden andere Namen besitzen.*

Weit über Kolumbus' Ahnungen hinausgehend, entwickelt sich in Amerika mit Fernández de Oviedo eine präzise Aufmerksamkeit auf die von der spanischen abweichenden Sprach- und Wahrnehmungsstruktur der indigenen Völker[145], die offensichtlich ein ganz anderes ›Bild‹ von derjenigen Frucht haben, von welcher der durch alle fünf Sinne betörte Chronist sich so wenig ein ›Bild‹ zu machen in der Lage ist, dass er sich argumentativ durch die fehlende rationale Seele des Obstes der Tatsache versichern muss, dass es auch wirklich er ist, der die Frucht anblickt und nicht die Frucht ihn. Kurz: Der Schiffbruch des aristotelischen Sprachdenkens beginnt mit der Ananas, die heute in der spanischen Sprache ganz selbstverständlich den Namen »piña« trägt.

Was mit den *Cronistas de Indias* durch die Begegnung mit den Dingen und Sprachen der Neuen Welt seinen Anfang nimmt, ist ein erster Ansatz, die damals seit fast zweitausend Jahre lang gültige Vorstellung von der Sprache als einer Nomenklatur zu überwinden; ein Wandel, dem erst viel später von den europäischen Denkern Rechnung getragen wird und der in der Regel bei John Lockes Verweis auf die Sprachen ebenjener Karibik, die Kolumbus immerhin 200 Jahre vor ihm bereiste, angesetzt wird,[146] wenngleich bereits am Ende von Conrad Gesners *Mithridates* (1555) sich seine Ausführungen »De linguis in Orbe noue«[147] <sic> Amerika »als Horizont der Öffnung Europas auf die <...> nicht nur sprachliche Alterität«[148] sichtbar wird. Doch schon vorher kommt ein großer spanischer Sprachdenker zu dieser Erkenntnis, der nämlich just in dem Moment das Licht der Welt erblickt, als Kolumbus erstmals mit der Andersheit der amerikanischen Welt und ihrer Bewohner in Berührung gerät: Juan Luis Vives (1492-1540), dem alleine schon die Unterschiede zwischen genau denjenigen Sprachen ins Auge stechen, in denen das System der universellen Nomenklatur über fast zwei Jahrtausende hin propagiert wurden. Seine Einsicht, dass jede Bezeichnung nicht »einfach« (»simpliciter«) für sich steht, sondern nur in einer jeweils eigenen »Hinsicht« (»secundum respectum«) bezogen auf das, wovon die Rede ist, bricht mit der vorherrschenden These, der »Bedeutung« eines Wortes entspreche das »Bild eines Dings« in der Seele (»rei alicuius imago«[149]). Vives' »secundum respectum« bringt aber implizit zugleich einen fundamentalen Aspekt des Umgangs mit der Andersheit zur Sprache: Respekt[150].

V.2.4. Humboldt, der Blitz und das Lama

In völlig eigenständiger Weise, da durch die Tradition des sprachlichen Aristotelismus unbeeindruckt, begegnet der andine Chronist Guaman Poma dem Phänomen der Ausweitung spanischer Vokabeln auf amerikanische *species*. Da er selbst einer ursprünglich schriftlosen Kultur entstammt und seine Chronik, anders als die nur sporadisch mit Bildelementen arbeitende von Gonzalo Fernández de Oviedo, als eine systematische Verbindung von Text und Zeichnung in einem nahezu paritätischen Verhältnis konstituiert ist, ergibt sich die Neuzuordnung von gemaltem Bild und geschriebenem Wort in einer völlig natürlichen und organischen Weise. Wenn die Incas im Monat Pacha Pucuy, dem andinen Äquivalent des März, den *uacas* ihr Vieh opfern, so werden zu letzterem Vorgang schwarze Schafböcke, »carneros negros« herangezogen. Im Monat *Uma raimi Quilla* oder Oktober helfen die zu opfernden schwarzen Schafe zudem beim Weinen zur Gütigstimmung der Götter. Wie die zugehörige Illustration jedoch zeigt, geht es keineswegs um die aus Europa bekannte Spezies des Schafs: die Bezeichnung »schwarzes Schaf« ist nämlich auf den Rumpf und den langen Hals eines Lamas geschrieben (»sacrifica con este carnero negro«[151] bzw. »Carnero negro ayuda a llorar y a pidir agua a dios con la hambre que tiene«[152], s. Abb.).

Dadurch, dass es ein andiner Autor und nicht ein spanischer Eroberer ist, der hier in offenbar ganz selbstverständlicher Weise einer amerikanischen

Spezies eine spanische Vokabel zuordnet bzw. zweckentfremdet, ereignet sich hier aber nicht eine Inbesitznahme der amerikanischen Natur durch das europäische Wort, sondern umgekehrt eine Inbesitznahme des Wortes durch die amerikanische Natur bzw. ihre Darstellung im Bild. In den Zeichnungen Guaman Pomas stülpt sich, quasi als Gegenpol des Verfahrens von Admiral Kolumbus, die bildgewordene Natur über das Wort wie über Lezamas fleißigen Missionar; das Bild des Lamas über das spanische Lautbild des Schafes – das sich in der Folge von Herders weißem, sanftem, wollichtem Verursacher der ersten menschlichen Sprachäußerung (»Ha! du bist das Blöckende«[153]) bis zu Saussures *muton / sheep* zum exemplarischen Sprachreflexions-Tier schlechthin, zum Welt-Schaf, zum »Agnus mundi«[154] aufschwingen wird. Darüber hinaus aber findet, als Gegenstück zu dem von Oviedo beschriebenen Prozess der Subsumierung zweier *species* unter ein Wort (»piña«), die Subsumierung zweier Wörter unter eine *species* statt: Ein (dem zuvor als »carnero« bezeichneten bildlich sehr ähnliches) langhalsiges Tier wird im Rahmen der »fiesta de los Ingas« nun auf dem Hals mit dem Vermerk »puca llama«[155] (s. Abb.) gekennzeichnet. Ein und dieselbe Bildfigur kann nunmehr zwei zugehörige sprachliche Bezeichnungen innerhalb einer Sprache tragen. Da Guaman Poma in seinem Idiolekt die Elemente zweier Sprachen bunt zusammenwürfelt und, mehr noch, mit der größten Selbstverständlichkeit innerhalb eines einzigen Satzes mehrfach zwischen dem Quechua und dem Spanischen hin- und herspringt, entsteht hier ein Sprach-Hybrid, der durch seine austauschbaren Mehrfachbesetzungen jede Nomenklatur unterläuft, vielmehr die Strukturen zweier Sprachsysteme überlagert.

In welchem Maße das Miteinander der spanischen und der andinen Sprachen aber auch zu schwerwiegenden Verständigungsproblemen führen kann, geht aus Beispielen wie der geo- und kartographischen Konfusion Guaman Poma de Ayalas hervor, die vor allem aber durch aus der Überlagerung zweier an die Sprache gebundenen und dabei vollständig inkompatiblen, da gänzlich unterschiedlichen Ordnungsmodellen unterworfenen Weltbildern entsteht – des kosmographischen, einer Beschreibung des physischen Raums dienenden Europas und des religiös-politischen, die Ordnung der theozentrischen Monarchie legitimierenden des Andenraums. Eine Überlagerung, die gemäß den Worten des Anthropologen Constantin von Barloewen »symbolisch für die mißglückte Form der Akkulturation«[156] steht und dazu führt, dass der andine Chronist Paraguay – heute neben Bolivien das einzige Land Amerikas, das über keine Meeresküste verfügt –, als eine Insel, ja, ›Stadt im Meer‹ definiert: »Die besagte Stadt Paraguay hat ihr eigenes Bistum, aber keinen Gerichtsbezirk. Und es ist ein Landstrich, der mitten im Meer, nach Norden zu, liegt« (»La dicha ciudad de Paraguay tiene su obispado y no tiene jurisdicción, y es tierra en medio de la mar hacia

|VMA RAIMI Quilla (Monat des größten Festes; Monat des [Aymará-]Festes des Wassers, des großen Reinigungsfestes)|
|Ein schwarzes Schaf hilft, zu weinen und Gott um Wasser zu bitten, mit dem Hunger, den es hat.| |Prozession, bei der sie Gott, den Runa Camag [Camac] (Menschenschöpfer), um Wasser bitten|

Aus: Guaman Poma de Ayala: *El primer nueva corónica y buen gobierno (1615).*

|GÖTZENBILDER UND VACAS| |DER COLLA SVIOS|
|Uillcanota |schwarzes Schaf| |in El Collao|

Aus: Guaman Poma de Ayala: *El primer nueva corónica y buen gobierno (1615).*

el norte«[157]). Zudem befindet sich diese Inselstadt in recht eigentümlicher Nachbarschaft: in einem Gebiet namens ›Ost-West-Indien‹, dessen Einheit offenbar kaum dadurch gestört wird, dass es aus unserer Sicht durch den ja doch nicht ganz zu vernachlässigenden pazifischen Ozean getrennt ist. In Guaman Pomas Land der »östlichen westlichen Indios« (»yndios orientales osedentales«) wird Paraguay dagegen von einander so unmittelbar benachbarten Provinzen wie Tucumán, Mexiko, Panama und China umgeben:

> Y ay otros pueblos de españoles que nostán poblados en todo el rreyno questá en deuajo de las manos de su Magestad y de su gobierno su bizorrey. Todo los yndios orientales, osedentales, desde el Gran Chino como México, Santo Domingo, Panamá, Payta, Paraguay, Tocumán, tocante a la casta y cimilla de yndios gobierna su Magestad y rreyna. Y ací su bizorrey gobierna, y a de gobernar y señoreal este Mundo Nuebo de las Indias.
>
> *Und es gibt andere, verödete Ortschaften der Spanier im ganzen Königreich, das unter der Herrschaft Seiner Majestät, seiner Regierung und seines Vizekönigs steht. Alle <östlichen westlichen Indios>, vom Großherrn der Chinesen an wie auch Mexiko, Santo Domingo, Panamá, Payta, Paraguay und Tocumán, <alles,> was das Geschlecht und die Nachkommenschaft der Indios betrifft, regiert und beherrscht Seine Majestät. Und darum regiert sein Vizekönig dieses Westindien <las Indias>, die Neue Welt, und er soll sie regieren und über sie als Herr gebieten.*[158]

Wie Guaman Poma zu einer solch überraschenden Geographieerkenntnis kommt, erklärt sein Herausgeber Franklin Pease: Guaman Poma sei nicht in der Lage, das spanische Wort ›Küste‹ (»costa«) zu verstehen, als dessen andines Äquivalent die spanischen Missionare die Vokabel »yunca« oder »yunga« ermittelt hatten. Pease analysiert nun, dass hierbei ein Missverständnis entsteht, das sich schwer beseitigen lässt, da die jeweiligen Vokabeln »costa« und »yunca« auf zwei unterschiedlichen Sprachstrukturen aufbauen, die ihrerseits wiederum den Reflex zweier inkompatibler Raumverständnisse bilden. Als ›yunga‹ betrachten die Bewohner des Tahuantinsuyu die heißen, in den Niederungen gelegenen Gebiete, zu denen, im Kontrast zum andinen Hochland, zwar notwendigerweise auch die Küsten gehören, aber ebenso andere Tiefländer, die nicht am Meer gelegen sind. Ein von ›yungas‹ umgebenes Land kann aus der Sicht eines Andenbewohners mit vollem Recht ein Gebiet mitten im Landesinneren darstellen, da das andine Modell der Einteilung des Raums mit dem europäischen nicht kompatibel ist. Dagegen gibt es einen der ›Küste‹ äquivalenten Begriff in den andinen Sprachen nicht, da dies eine europäische Raumvorstellung voraussetzt. »Tatsächlich ist die Küste aus europäischer Sichtweise nur *vom Meer aus* begreiflich. Die andinen Menschen wandten andere Kriterien an, um Räume zu identifizieren«[159]. Was hier differiert, ist nicht nur die abweichende Vorstellung von einem Gegenstand, sondern eine vollständig unterschiedliche Weltsicht, die für einen Andenbewohner, der die Welt in die hierarchisch-symbolisch gegliederten ›Vier Teile der Welt‹ (= *Tahuantinsuyu*) aufteilt[160], die europäische *imago mundi* – einen Weltglobus mit verschiedenen Kontinenten und sie trennenden Meeren – völlig widersinnig erscheinen lässt.

Da die Bedeutungskonstituenten der Vokabel *yunga*, oder, um in saussureschen Termini zu sprechen: ihre *valeur* so unterschiedlich zu jeglichem spanischen Äquivalent ist, lässt sich Verständigung nur durch eine genaue Differenzierung der bei der Kommunikation verwendeten *voces* erzielen. In höchst präziser Weise, ohne allerdings noch allgemeine sprachtheoretische Konsequenzen daraus zu ziehen, erkennt bereits Pedro Cieza de León, der Chronist der Conquista Perús, zu Mitte des Jahrhunderts (1553) die von Pease erläuterte, fehlende Symmetrie der spanischen und der andinen Sprache anhand der Begriffe »Inga« (Angehöriger der Herrscherfamilie des Tahuantinsuyu, also weder Bezeichnung eines Volkes in seiner Gesamtheit, wie bis heute oftmals missverständlich angenommen, noch alleine seines Königs[161]) und »Yunga« vor. Letzterer Begriff etwa lasse sich nicht auf den Sprachgebrauch reduzieren, den die Spanier durch das in die eigene Sprache als Synonym von ›Küstenbewohner‹ integrierte Fremdwort etabliert hätten. Der Sachverhalt ist komplex, da sich *yunga*, wie Cieza ausführt, als ›heißes Gebiet‹ in erster Linie von kalten Gebieten, nicht aber vom Meer abgrenzt, so dass zwar, aufgrund der klimatischen Verhältnisse Perus, alle Küstenbewohner in einer *yunga* leben, umgekehrt aber nicht alle *yungas* Küsten darstellen.

<P>orque en muchas partes desta obra he de nombrar Ingas y también Yungas satisfaré al lector en lo que quiere decir yungas, como hize en lo de atras lo de los Ingas: y así, entenderán que los pueblos y provincias del Perú están situadas de la manera que he declarado: muchas de ellas en las abras que hazen las montañas de los Andes y serranía neuada. Y a todos los moradores de los altos nombran serranos y a los que habitan en los llanos <los españoles> llaman Yungas. Y en muchos lugares de la sierra por donde van los ríos; como las sierras siendo muy altas, las llanuras estén abrigadas y templadas, tanto que en muchas partes haze calor como en los llanos; los moradores que viven en ellos, aunque estén en la sierra, se llaman Yungas. Y en todo el Perú, cuando hablan destas partes abrigadas y cálidas que están entre las sierras, luego dizen <los andinos> es Yunga. Y los moradores no tienen otro nombre, aunque lo tengan en los pueblos

y comarcas; de manera que los que biuen en las partes ya dichas, y los que moran en todos estos llanos y costa del Perú se llaman Yungas, por biuir en tierra cálida.¹⁶²

Da ich in vielen Teilen dieses Werkes von Ingas spreche und auch von Yunga, werde ich den Leser mit dem Wissen befriedigen, was Yunga bedeutet, so wie ich es zuvor mit den Ingas gemacht habe: und so werden sie verstehen, dass die Völker und Provinzen Perus so gelegen sind, wie ich es zuvor erklärt habe: viele von ihnen in den Pässen, die die Gipfel der Anden und das verschneite Gebirge bilden. Und alle Bewohner des Hochlands nennen sie Serranos <»Bergler«>, und die, die im Flachland leben, nennen sie <die Spanier> Yungas. Und an vielen Orten des Gebirges, wo die Flüsse fließen; wo die Bergkämme sehr hoch und die Ebenen daher geschützt und von gemäßigtem Klima sind, so sehr, dass es an vielen Orten heiß ist wie im Flachland; heißen die Bewohner, die dort wohnen, Yungas, obwohl sie im Gebirge sind. Und in ganz Peru, wenn von diesen geschützten und heißen Gegenden zwischen den Bergkämmen die Rede ist, sprechen sie <die andine Bevölkerung> von Yunga. Und die Bewohner haben auch keinen anderen Namen, auch wenn sie in ihren Dörfern und Provinzen einen solchen haben sollten; so dass die, die in besagten Gegenden leben, und die, die in diesen Flachländern und Küsten Perus leben, Yungas heißen, weil sie in heißem Gebiet leben.

Die sprachtheoretischen Konsequenzen aus derlei Asymmetrien und Vieldeutigkeiten zieht nach Verstreichen eines weiteren halben Jahrhunderts der Mestize Gómez Suárez de Figueroa, der seinen welten- und kulturenverbindenden familiären Ursprung als Spross der Herrscherdynastie des Tahuantinsuyu mütterlicher- und der Familie eines der größten europäischen Dichter der Renaissance väterlicherseits in seinem selbstgebildeten Kunstnamen einfordert: »Inca Garcilaso de la Vega«. In weitaus knapperen Worten als Cieza fasst Garcilaso die *yunga-* bzw. (in seiner Schreibung) *yunca*-Problematik zusammen. Für die indigenen Bewohner der Anden bezeichnen *yuncas* alle warmen Gegenden, ob an der Küste oder in den Tälern; für die Spanier hingegen bezeichnet die Vokabel ein Synonym von ›Tal‹ (»valle«) und umschließt nur die bewohnbaren Flussniederungen nahe dem Meer, da alle anderen warmen Gebiete landwirtschaftlich ohne jeden Nutzen sind:

> A toda la tierra que es costa de mar, y a cualquiera otra que sea tierra caliente llaman los Yndios Yunca, que quiere dezir tierra caliente: debajo de este nombre Yunca se contienen muchos valles, que ay por toda aquella costa. Los Españoles llaman valles a la tierra que alcançan a regar los rios, que baxan de las sierra a la mar. La cual tierra es solamente la que se habita en aquella costa; por que salido de lo que el agua riega, todo lo

demas es tierra inhabitable, porque son arenales muertos, donde no se
cria yerua, ni otra cosa alguna de prouecho.

*Alles Land, das Meeresküste ist, und jegliches andere, in dem es warm ist,
wird von den Indianern* yunca *genannt, was warmes Land bedeutet; dieser Name, Yunca, umfasst zahlreiche Täler jenes ganzen Küstenstrichs. Die
Spanier bezeichnen als* valles, *Täler, das Land, welches die vom Gebirge zum
Meer herabkommenden Flüsse bewässern. Nur dieses Land wird an jener
Küste bewohnt, denn alles Land außerhalb des von den Flüssen bewässerten
ist unbewohnbar, da tote Sandwüste, in der kein Gras oder irgendetwas anderes von Nutzen wächst.*[163]

Mit anderen Worten klafft zwischen der Vokabel »yunca« als Synonym von »valle« im Sinne der spanischen, von der zivilisatorischen Nutzbarkeit ausgehenden Bedeutung eines fruchtbaren und bewohnbaren Tals und der andinen Vokabel »yunca« im Sinne einer heißen Gegend unabhängig von ihrer fruchtbaren oder wüstenhaften Beschaffenheit ein Hiat, der auf keinerlei gemeinsame Vorstellung, keine universelle innerseelische *species* zu bringen ist. Von Sinn ist allein, die Strukturen der jeweiligen Sprachen im gegenseitigen Vergleich aufzuzeigen. Die *curiositas* des Sprechers einer Sprache für die der anderen ist, fern von einem frevelhaften Akt der Grenzüberschreitung, die Basis des gemeinsamen Verständnisses. So schiebt Garcilaso mit dem Vermerk »für die Sprach-Neugierigen« (»para los curiosos de lenguas«) immer wieder Kommentare zu im Spanischen und in der »Gemeinsprache Perús« (»lengua general del Perú«, dem Quechua) asymmetrischen Vokabeln ein, deren Kenntnis die Sprachstruktur des jeweils anderen begreifbar zu machen, Missverständnissen vorzubeugen und die vom Autor erzählte *historia* zu verstehen hilft. Auf der einen Seite etwa findet das spanische Wort für »Sohn« (»hijo«) in der »Gemeinsprache« zwei Entsprechungen. Die Bezeichnung wandelt sich, je nachdem ob der Vater oder die Mutter die Kinder anspricht (»Para los curiosos de lenguas dezimos, que la general lengua del Peru tiene dos nombres para dezir hijos. El padre dice Churi y la madre Huahua«[164]). Solch ein quantitatives Verhältnis von 1:2, also von einer spanischen zu zwei andinen Vokabeln, ist allerdings, wie der Autor den ›Sprach-Neugierigen‹ klarmacht, eher eine Ausnahme. In der Regel nämlich fallen im Gegenteil systematisch drei bis vier spanische Vokabeln und die mit ihnen verbundenen »cosas« in eine einzige der *lengua general*, die auf diesem Weg mit einem Drittel des spanischen Vokabulars auskommt – und dennoch zur Verständigung taugt.

y aunque el general lenguage del Peru, por ser tan corto de vocablos,
comprehende en junto con solo vn vocablo tres y quatro cosas diferentes,
como el nombre Illâpa, que comprende el relámpago, trueno, y rayo: y

este nombre Maqui, que es mano, comprehende la mano, y la tabla del braço, y el molledo: lo mismo es del nombre Chaqui, que pronunciando llanamente como letras Castellanas, quiere decir pie, comprehende el pie, y la pierna, y el muslo; y por el semejante otros muchos nombres que pudieramos traer a cuenta, mas no por esso adoraron idolos con nombre de trinidad, ni tuuieron tal nombre en su language.[165]

Und obwohl die allgemeine Sprache von Peru, da sie knapp an Vokabeln ist, in nur einem Wort drei oder vier Dinge zusammengefasst enthält (wie das Nomen illapa, *das den Blitz, den Donner und den Blitzeinschlag bezeichnet; und wie das Nomen* maqui, *das »Hand« bedeutete, die Hand, die Armfläche und das Fleisch umfasst; und ebenso ist es bei dem Nomen* chaqui, *das, einfach ausgesprochen wie es spanisch geschrieben wird, »Fuß« bedeutet: es umfasst den Fuß, den Unter- und Oberschenkel; und in ähnlicher Weise viele andere Nomina, die wir anführen könnten), aber deshalb allein beteten sie noch lange keine Götzen an, die die Dreifaltigkeit bezeichnen, denn diesen Begriff besaßen sie in ihrer Sprache nicht einmal.*

Von besonderem Interesse scheint für Inca Garcilaso die an verschiedenen Stellen der Chronik auftauchende Vokabel *yllapa*, deren von den Spaniern wahrgenommene spanische Trias von Blitz (»relámpago«), Einschlag (»rayo«) und Donner (»trueno«) dem Autor zufolge eine pure Fehlinterpretation bildet, da sie die fremde Sprache durch die Strukturen der eigenen Sprache zu erklären sucht. Denn besagte Dreizahl ist in der *lengua general* überhaupt nicht nachzubilden. Bei allen Vokabeln, die versuchen, die verschiedenen Bedeutungsbestandteile von *yllapa* zu isolieren, handelt es sich um ›zusammengesetzte Wörter‹ (»palabras compuestas«), oktroyiert von den Europäern, die mit der völlig abweichenden *valeur* des Quechua-Worts nicht zurechtzukommen wissen: um spanische Wortkrücken mit andinem Anstrich. Doch damit nicht genug. Als Gegenstück zu der von Oviedo vorgeführten Ausweitung der spanischen Vokabel für ›Pinienzapfen‹ (*piña*) auf den amerikanischen Gegenstand der Ananas demonstriert Garcilaso anhand von *yllapa* den umgekehrten Vorgang. Durch das Prinzip Ähnlichkeit (»semejanza«) wird die Vokabel *yllapa* zugleich auf die – hier nun den *Yndios* unbekannten – europäischen Feuerwaffen ausgeweitet, die in gleichem Maße blitzen, donnern und Einschläge produzieren.

A todos tres juntos llaman Yllapa, y por la semejança tan propria d<i>eron este nombre al arcabuz. Los demas nombres que atribuyen al trueno, y al Sol en Trinidad son nueuamente compuestos por los Españoles, y en este particular, y en otros semejantes no tuuieron cierta relacion para lo que dizen, porque no huuo tales nombres en el general language de

los Yndios del Peru, y aun en la nueua compostura (como nombres no tambien compuestos) no tienen significacion alguna de lo que quieren o querrian que significassen.
Alle drei zusammen nenne sie Illapa, und wegen der großen Ähnlichkeit haben sie diesen Namen der Arkebuse gegeben. Alle anderen Namen, die sie dem Donner und der Sonne zu einer Dreieinigkeit beilegen, sind Neubildungen der Spanier, und in diesem Punkt und in ähnlichen anderen fehlte ihnen die genaue Wissenschaft von dem, was sie behaupten, denn in der allgemeinen Sprache der Indianer Perus gab es solche Namen nicht, und auch die Neubildungen (die als Namen nicht recht gelungen sind) bedeuten beileibe nicht, was man mit ihnen bezeichnen will oder wollte.[166]

Ähnlich wie die multisensuelle Ananas Fernández de Oviedos ist *yllapa* daher auf mehrfachen Ebenen als akustisches, optisches und durch seine zerstörerische Hitze fühlbares Phänomen anzutreffen. In dieser Zusammensetzung wird *yllapa* von den *Yndios* als göttliches Phänomen verehrt, so wie Jupiters Blitz von den Römern. Dieser von Garcilasos selbst angebrachte Vergleich zwischen den beiden ›antiken‹ Völkern der alten und der neuen Welt etabliert zugleich ein später vielfach aufgegriffenes Dauerrequisit der Sprachreflexion: den Blitz, dessen Donnern (»fragor del truono«) für Vico schließlich den Ursprung der Sprache aus der Onomatopöie »Ious« erklären wird[167]. In dieser göttlichen Funktion erhält *yllapa*, so wie auch der Mond und die Sterne, einen eigenen Raum im großen Sonnentempel von Cuzco.

El o<t>ro aposento junto al de las estrellas era dedicado al relampago, trueno, y rayo: estas tres cosas nombraban y comprendian debajo de este nombre Yllapa, y con el verbo que le juntauan, le distinguian las significaciones del nombre: que dizie<n>do, viste la Yllapa, entendian por el relampago; si dezian: oyste la Yllapa entendian por el trueno: y quando dezian »la Yllapa cayó en tal parte, o hizo tal daño, entendian por el rayo. No los adoraron por dioses, mas de respetarlos por criados del Sol: lo mismo sintieron dellos, que la gentilidad antigua sintio del rayo, que lo tuuo por instrumento, y armas de su dios Iupiter.
Der andere, neben dem der Sterne gelegene Raum war dem Blitz, dem Donner und dem Blitzschlag gewidmet; diese drei Dinge vereinten und verstanden sie unter dem Namen Illapa, und durch das Verb, mit dem man ihn verband, unterschieden sie die jeweilige Bedeutung, so daß, wenn es hieß »Hast du die Illapa gehört«, der Donner, und wenn es hieß »Die Illapa hat da und da eingeschlagen oder den und den Schaden angerichtet«, der Blitzschlag gemeint war. Sie beteten sie nicht als Götter an, sondern achteten sie

als Diener der Sonne. Sie empfanden für sie das gleiche wie die Heiden des Altertums für den Blitz, den sie für Werkzeug und Waffe des Gottes Jupiter hielten.[168]

Guaman Poma wiederum gibt dem *yllapa* jenseits der sprachlichen eine theologische Dimension als zugleich Äquivalent des Blitzes und des Apostels Jakob (»sie opferten dem *yllapa,* dem Blitzschlag, den sie nun Santiago nennen« / »sacrificaban al *yllapa,* al rrayo, que agora les llaman Santiago«[169]). Den drei materiellen Elementen überlagert sich in beiden Fällen die des *waca*[170], ein Begriff, der, wie Garcilaso an anderer Stelle darlegt, den Spaniern wiederum beträchtliche Verständnisprobleme bereitet, da er weder einen Gott noch, wie von den spanischen Chronisten wie Acosta gerne übersetzt, allein ein »Idol« oder ein institutionelles Heiligtum darstellt, sondern die eines spanischen Äquivalents ermangelnde Vorstellung eines Dings, das mit der Göttlichkeit in Verbindung steht, auf das Überirdische und das Jenseits verweist, ohne selbst dadurch notwendigerweise ›heilig‹ zu sein. In seinen vielfachen Bedeutungen (»las muchas, y diuersas significaciones que tiene«[171]) erfordert dies Wort für einen Sprecher des Spanischen gar eine mehrere Seiten umfassende Definition, Annäherung und Abgrenzung von spanischen Wörtern, die eines der Paradestücke von Garcilasos Arbeit als Erforscher der *lengua general* darstellt. Als Exempla und spanische Äquivalente von *huaca* werden unter anderem angegeben: »Götze« (»ydolo«) als häufigste Verwendung, daneben als ursprüngliche Grundbedeutung auch »geheiligtes Ding« (»cosa sagrada«[172]), wobei das Wort im weiteren Sinne auch auf »jeden Tempel, groß oder klein« (»templo grande o chico«[173]) angewendet werden kann, »Gräber« (»sepulcros«), Dinge, »deren Schönheit oder Vortrefflichkeit sie über alle anderen in ihrer Art hinausheben« (»aquellas cosas, que en hermosura, o eccelencia se auentajan«), »sehr häßliche und ungestalte Dinge« (»las cosas muy feas y monstruosas«), aber man sagt *huaca* auch »zu allen Dingen, die von ihrem natürlichen Lauf abweichen« (»a todas las cosas que salen de su curso natural«), »der Mutter und den Zwillingen« (»a la madre y a los mellizos«), »den Schafen, die bei einem Mal zwiefach gebären« (»a las ouejas que paren dos de vn vientre«), zum »Ei mit zwei Dottern« (»hueuo de dos yemas«), zum »große<n> schneebedeckte<n> Gebirge« (»a la gran cordillera de la sierra neuada«), »sehr hohen Bergen« (»a los cerros muy altos«[174]), aber auch den Ruinen der alten Inkastädte[175].

Waca (bzw. *huaca* oder *uaca*) zieht also einen in keiner europäische Kategorie klassifizierbaren, unter keinen Oberbegriff subsumierbaren Katalog von Bedeutungsbestandteilen mit sich, die in den europäischen Sprachen als disparat (was etwa haben ein Grabmal und ein Ei mit zwei Dottern gemeinsam?) oder gar als Antonyme aufgefasst werden müssen (etwa im Falle von außergewöhnlich schönen und monströs hässlichen Dingen). Darüber hinaus wird *huaca* bei gutturaler Aussprache auf der letzten Silbe, die von den Spaniern nicht nachvollzogen werden kann, als Verb verwendet und bezeichnet den Vorgang des Weinens (»Esta misma diction Huaca, pronunciada la vltima silaba en lo mas interior de la garganta se haze verbo, quiere decir ›llorar‹«[176]), was erklärt, warum Guaman Pomas Lama-Schaf dem Menschen im Gebet zu den *huacas* beim Weinen helfen soll (»Carnero negro ayuda a llorar«). Diese für einen Spanier ungeordnete Vielfalt macht die Kommunikation zwischen *Yndios* und Spaniern fast unmöglich:

> Por las quales significaciones tan diferentes los Españoles no entendiendo mas de la primera y principal significacion, que quiere dezir ydolo, entienden que tenian por dioses todas aquellas cosas que llaman Huaca y que las adorauan los Incas, como lo hazian los de la primera edad.
> *Infolge dieser so vielfältigen Bedeutungen meinen die Spanier, die nur die erste und wichtigste Bedeutung, nämlich die Bedeutung Götze verstehen, daß sie all jene Dinge, die sie* huaca *nennen, für Götter hielten und daß die Inka sie verehrten, so wie es die Menschen im ersten Zeitalter taten.*[177]

In seiner Verbindung von Göttlichkeit und Irreduktibilität auf einen einzigen ›Sinn‹, im doppelten Sinne auch der von ihm erregten, optischen oder akustischen Sinneswahrnehmungen, wird das mit *yllapa* bezeichnete *huaca* durch seinen Charakter als »heiliges Ding« (»cosa sagrada«) auch eine jegliche Repräsentierbarkeit transzendierende Instanz, die weder ein inneres noch ein äußeres Bild wiedergeben kann.

Was aber ist in der christlichen Tradition aus drei Elementen zusammengesetzt, dennoch eins und nicht durch ein Bild darstellbar – wenn nicht Gott der Herr selbst? Es geht hier nicht um ein spitzfindig herbeikonstruiertes Problem, sondern um die Art und Weise, wie viele spanische Chronisten *yllapa* als andines Äquivalent oder, wie Acosta, als teuflische Kontrafaktur der Dreifaltigkeit interpretierten: »Und es ist auch richtig zu vermerken, dass der Teufel auf seine Weise in den Götzenkult die Dreifaltigkeit eingeführt hat« (»Y es cierto de notar, que en su modo el demonio aya tambien en la ydolatria introduzido trinidad«[178]). Zweck der sprachtheoretischen Darlegungen des Inca ist es, dergleichen Irrtümer und Fehlinterpretationen der spanischen Chronisten auszuräumen, und dies wiederum führt zu Garcilasos immer wieder geäußerter Zentralthese: die ihm vorausgehenden spanischen Chronisten seien überhaupt nicht in der Lage gewesen, das Incareich zu beschreiben, da ihnen als in Europa Aufgewachsenen und durch die dortige Sprache Sozialisierten das hinreichende Verständnis der andinen Traditionen abgehe. Dass er selbst dagegen legitimiert ist, Sprache und

Kultur der Incas zu beschreiben, da er sie vollständig ›internalisiert‹ hat, bekräftigt er mit einer ganz körperlichen Metapher: er habe sie, Sohn einer Inca-Prinzessin, »mit der Muttermilch eingesogen«. Auf dem Weg der Definition von *yllapa* entwickelt der Chronist sein eigenes schriftstellerisches Credo, sein »Ich schreibe«: »Yo escribo«.

> No dieron estatua ni pintura al trueno, relámpago, y rayo, por que no pudiendo retratarlos al natural (que siempre lo procurauan en toda cosa de imagines) los respetauan con el nombre Yllapa: cuya trina significacion no han alcançado hasta a hora los historiadores Españoles, que ellos huuieran hecho de el vn dios trino y vno, y dadoselo a los Yndios, asemejando su ydolatría a nuestra sancta religion: que en otras cosas de menos apariencia y color, an hecho trinidades, componiendo nueuos nombres en el lenguaje, no auiendolas ymaginado los Yndios. Yo escribo como otras vezes he dicho lo que mamé en la leche, y vi y oy a mi mayores.
>
> *Weder Statue noch Bild gaben sie Donner, Blitz und eingeschlagenem Blitz, da sie sie nicht nach der Natur abzubilden vermochten (wonach sie bei allen Bildnissen trachteten), sie achteten sie in dem Namen Illapa, dessen dreifache Bedeutung die spanischen Geschichtsschreiber bis heute nicht erkannt haben, denn sie haben aus ihnen einen dreifaltigen Gott gemacht und ihn den Indianer zugeschrieben, wodurch sie deren Götzendienst unserer heiligen Religion gleichsetzten, und auch bei anderen, weniger naheliegenden und auffälligen Dingen haben sie Dreifaltigkeiten erfunden und neue Wörter in die Sprache eingeführt, obwohl die Indianer diese Vorstellung nicht gehabt haben. Ich schreibe, wie schon an anderer Stelle gesagt, das was ich mit der Muttermilch eingesogen und von meinen älteren Angehörigen gesehen und gelehrt habe.*[179]

Absicht seiner eigenen Methode ist es, der bisherigen Beglaubigungsstrategien der europäischen Eroberer, dem Autoritätsbeleg über das »was geschrieben ist« und der Autopsie über das »was ich mit eigenen Augen sah«, und damit ihrer eklatanten Selbsttäuschung, das bloße Sehen einer Sache sei schon genug, sie zu verstehen, eine berechtigtere Wissensbasis gegenüberzustellen. Um einen Sachverhalt sprachlich darzustellen, ist es laut Garcilaso nicht genügend, ihn selbst gesehen zu haben (»lo que <…> vi«), wie dies etwa Bernal Díaz immer wieder zur Bekräftigung seiner Glaubwürdigkeit anfügt. Es ist nötig, die historischen und kulturellen Hintergründe des Gesehenen zu begreifen (»lo que <…> oy a mis mayores«), da ohne diese vor allem die Phänomene des menschlichen Lebens nicht zu verstehen sind. Insofern sind diese auch nicht in rein mechanisch reproduzierender Weise darstellbar. Denn eine Vorstellung ist, wie der Extremfall des *huaca* zeigt, keine universelle und allen Sprachen gemeinsame Konstante, sondern immer abhängig von der Funktionsweise der einzelnen Sprachen.

Mit dieser Erkenntnis steht der Autor in seiner Zeit durchaus nicht allein. Bereits Diego Durán hatte seine Chronik dergestalt auf den kulturell-historischen Hintergrund der indigenen Zivilisationen aufgebaut, um Missverständnisse zwischen *Yndios* und Europäern auszuräumen. Allerdings war die ideologische Absicht eine vollständig andere: die Früherkennung und Ausrottung von Elementen der teuflischen ›idolatrías‹ im Leben der christianisierten Indianer. Auf spanischer Seite korrespondiert Garcilasos Unternehmen eher mit dem des in Mexiko tätigen Franziskanerpaters Bernardino de Sahagún. Dem Verständnis der titelgebenden *cosas de Nueva España*, der »Dinge« im Sinn von natürlichen Gegenständen ebenso wie der menschlichen Bräuche, legte er als notwendige Voraussetzung die Kenntnis sowohl deren Geschichte und historischen Relikte (»antiguallas«) als auch deren Sprache und eigene Sprachstruktur zugrunde. Alle »Dinge« werden überhaupt nur durch die Sprache greifbar, und da die mexikanischen »Dinge« und »Altertümer« in der mexikanischen Sprache selbst zu finden, somit durch die spanische allein nicht zu fassen sind, ist Sahagúns Chronik zweisprachig auf spanisch und Nahuatl und dadurch wie ein alles erfassendes ›Netz‹ konzipiert: »ein Schleppnetz, mit dem alle Wörter dieser Sprache in ihren eigenen und metaphorischen Bedeutungen an den Tag gezogen werden, und in allen ihren Redensswendungen, und die meisten ihrer guten und schlechten Altertümer« (»una red barredera para sacar a luz todos los vocablos de esta lengua con sus propias y metafóricas significaciones, y todas sus maneras de hablar, y las más de sus antiguallas buenas y malas«)[180]. Die zu seiner Zeit programmatische Nachahmung der antiken Vorbilder wird hier von Sahagún nach Amerika transplantiert: denn bei diesen »antiguallas« geht es um die aztekischen und nicht mehr allein um die griechisch-römischen – die bei Sahagún durchaus von Wichtigkeit sind: »Dieser Gott namens *Huitzilopochtli* war ein zweiter Herkules« (»Este dios llamado *Huitzilopochtli* fue otro Hércules«[181]), lautet beispielsweise der erste Satz seiner Chronik.

Was für Garcilaso, den »Inca«, jedoch den Unterschied selbst zu solch ›indigenistischen‹ Chronisten und damit seinen selbstbewussten alleinigen Glaubwürdigkeitsanspruch begründet, ist das die gesamte Chronik über immer wieder aufs neue angeführte Motiv der Muttermilch, des »lo que mamé en la leche«. Über das rein angeeignete Wissen hinaus muss der Autor Kultur und Sprache des zu beschreibenden Gegenstands in einem ganz körperlichen Sinne verinnerlicht haben, um diese überhaupt begreifen zu können. Offensichtlich gibt es also eine Verbundenheit und gegenseitige Wechselwirkung zwischen einer Kultur und ihrer Sprache auf der einen Seite und der von ihr hervorgebrachten Denkweise auf der anderen, die nur in gänzlicher

Weise von dem zu verstehen ist, der beider Seiten von Kind an teilhaftig geworden ist und sie »mit der Muttermilch eingesogen« hat. Damit aber gibt Garcilaso der Erfahrung von Kolumbus und Oviedo im Angesicht des Unbekannten eine ganz entscheidende Wendung: es ist nicht der unbekannte neue Gegenstand, der sich im Wachstäfelchen der Seele seines (passiven) Betrachters in Form eines Abbilds der Welt eindrückt und den der Mensch mit einem Wort nun benennen muss; es ist vielmehr der Mensch selbst, der, in Abhängigkeit seiner Herkunft, diese Vorstellungen selbst bildet, so dass die Wörter *yunca* oder *costa*, *trueno* oder *yllapa* in Spanien und dem Tahuantinsuyu ganz unterschiedliche Vorstellungen konstituieren.

Garcilasos kulturübergreifende Schule der Sprach-Neugierigen wird damit, von den Sprachdenkern im Rest Europas kein bisschen beachtet, über seinen Bruch mit dem aristotelischen Modell auch zum antizipierten sprachphilosophischen Widerpart der cartesianischen Semiotik, des sprachlichen Aristotelismus gemäß der *Logique* von Port-Royal und ihrer *Grammaire générale et raisonnée*, die wenige Jahrzehnte nach den *Comentarios reales* zu den das europäische Sprachdenken bestimmenden Größen werden sollen und statt der kulturellen Differenz und Bedingtheit der Einzelsprachen nur die Gleichheit und Symmetrie betrachten – das was »allen Sprachen gemeinsam ist« (»les raisons de ce qui est commun à toutes les langues«[182]).

In diesem Sinne erkennt der Inca erstmals den in Ansätzen bei Vives schon vorhandenen[183] und für Humboldt später so zentralen Gedanken vom »Antheil der Sprache an der Bildung der Vorstellungen«[184]: wobei die verschiedenen Sprachen und der ihnen eigene »Bau«[185] aber umgekehrt aber auch Ausdruck der verschiedenen »Weltsichten«[186] sind. Wenn Garcilaso am Beispiel der *lengua general* und des Spanischen zudem das Humboldt so teure »vergleichende Sprachstudium«[187] einläutet, das den preußischen Gelehrten ja bekanntlich auch zu profunden Studien der Muttersprache Inca Garcilasos[188] und durch die Begegnung mit der *Kawisprache auf der Insel Java* zur »Verschiedenheit des menschlichen Sprachbaues und ihren Einfluß auf die geistige Entwicklung des Menschengeschlechts«[189] führen wird, so auch immer im Sinne jener neoplatonischen Philosophie, die er durch seine bedeutende Übersetzung der *Dialoghi d'amore* von Juda Abravanel (durch sein Exil in Italien besser bekannt als Leone Ebreo) ins Spanische auch in sein eigenes Denken übertragen hat[190]. Garcilasos Ausführungen für die Sprach-Neugierigen sind daher auch immer Teil der »filografía universal«[191], welche, über die von Bodin geforderte Welthandelsrepublik, die verschiedenen Teile der Welt durch die Bande der universellen Liebesbeziehungen verknüpfen soll. Sein Anspruch ist es, durch die privilegierte Position des Teilhabers beider Sprachen und Kulturen einem spanischen Publikum das zerstörte Incareich begreiflich zu machen.

Dank seiner Erkenntnis einer Wechselwirkung von Sprache und Volkscharakter unternimmt er diesen großangelegten Versuch in beträchtlichem Maße auf dem Weg der (aus philologischer Sicht für seine Zeit bahnbrechenden) Darlegung von Struktur und Funktionsweise der »lengua general del Perú«. Das erklärt auch den Sinn seiner Anmerkungen für die »curiosos de lengua«: dem Leser das Dargestellte über die Erklärung der Sprache näherzubringen, da es einer anderen, unbekannten Zivilisation angehört – ein Verfahren, das noch nach vier Jahrhunderten für einen heutigen Leser eine inzwischen vollständig der Prähistorie angehörigen Kultur mit einer einzigartigen Plastizität und Lebendigkeit zu füllen vermag. In seiner einzigartigen Verknüpfung von Kultur, Sprache und individueller Prägung im Kindesalter, über die Milch-Metapher hinaus durch die vom Autor immer wieder eingeschobenen Kindheitserinnerungen verdeutlicht, steht Garcilasos Sprachdenken in seiner Zeit recht einsam dar – wie auch die gesamte Figur dieses Wanderers zwischen den Welten.

V.3. Sprachmystik:
Auf der Suche nach der Sprache des Paradieses

V.3.1. Der Neue Adam und seine zweite Vertreibung

Auf dem Weg der Begegnung mit der durch das europäische Vokabular nicht beschreibbaren Natur und den dementsprechend in ihrer Struktur abweichenden Sprachen Amerikas findet in den *Crónicas de Indias* nach dem kosmographischen auch ein erster Bruch mit dem sprachlichen Aristotelismus des Mittelalters statt. Trotz allem darf nicht außer Acht gelassen werden, dass der hier beschriebene Prozess ein doppelgesichtiger ist. Wie nämlich ist es etwa zu interpretieren, dass Garcilaso, gegen die bereits von Aristoteles aufgestellten Erkenntnis der Arbitrarität des Verhältnisses von Schall und innerseelischer Vorstellung, oder, wie es die stoische Schule (wenn auch noch nicht im Saussureschen Sinne) ausdrückte, von σημαινόμενον und σημαίνων, von Bezeichnetem und Bezeichnenden, eine so ausgeprägte Abneigung gegen die »nombres nuevamente compuestos«, gegen die von den Spaniern neu geschaffenen Sprachbezeichnungen der Dinge Amerikas hegt und gegen sie eine die gesamte Chronik durchziehende Polemik führt, gleich als seien die traditionellen Begriffe mit den Dingen notwendig verbunden? Auf der einen Seite werden quasi ›moderne‹ Erkenntnisse gewonnen, die in den europäischen sprachtheoretischen Schriften erst weitaus später entwickelt werden; auf der anderen Seite aber gibt es an verschiedenen Stellen der *Crónicas* Hinweise auf eine Rückkehr zu einer Phase des Sprachdenkens, die schon von den griechischen Philosophenschulen durch die Etablierung des ›semiotischen Dreiecks‹ in der griechischen Philosophie längst überwunden schien: dem biblischen Sprachmodell der *Genesis*, einer unmittelbaren und bindenden Verknüpfung von Wort und Ding, so wie sie in der Sprache des Paradieses vor der babylonischen Sprachverwirrung bestanden hatte – eine Suche nach der *lingua adamica*, die viele europäische Denker des 17. Jahrhunderts bewegt[192].

Ins Auge sticht dies Phänomen in den Texten der ersten Reisenden vor und um 1500. Durch ihre Neuheit und Andersheit ziehen die »cosas de Indias« bei den europäischen Reisenden eine ungewöhnliche Aufmerksamkeit auf sich, die sich neben der hier vorgeführten Entwicklung präziser Beschreibungs- und Abgrenzungstechniken nach dem Prinzip der (Un-)Ähnlichkeit in einer Suche nach einem Verfahren der Identität manifestiert, um die neuen Dinge durch ein zugehöriges Wort eindeutig zu benennen: eben identifizieren zu können. An die Seite der so modern anmutenden Sprachreflexionen der Chronisten tritt die auf eine platonische ebenso wie biblische Tradition zurückgehende sprachmystische Sehnsucht, die Worte wieder zum essenziellen Namen der Dinge werden zu lassen. Plötzlich befindet sich der vom Anblick überwältigte Reisende in der paradiesischen Machtposition eines neuen platonischen Namensdemiurgen[193], jenseits der hermeneutischen Prozesse, jenseits der auf allen Elementen der Alten Welt lastenden zivilisatorischen Fracht von Zeichen und Klassifizierungen in einem, gemäß der beliebten Allegorie von der Erweckung Amerikas durch Vespucci, völlig ›jungfräulichen‹ Raum[194]. Wenn zu Beginn dieses Prozesses Kolumbus in seiner »rage nominatrice«[195] sich dazu aufschwingt, jedem vorgefundenen Ding und Ort einen Namen zu geben, der die *natura rerum* in sich tragen soll, ist genau diese quasi-paradiesische adamitische Erfahrung darin inbegriffen. Die Flüsse werden, ähnlich den neoplatonischen Lehren der Analogie von Himmel und Erde, nach den Planeten benannt und heißen Sonnen-Fluss (»río del Sol«, 12.11.), Mond-Fluss (»río de la Luna« 29.10.) und Mars-Fluss (»río de Mares« 29.10.); die ersten Inseln der Bahamas und der Karibik werden, in der Reihenfolge ihres Auftauchens, zunächst nach dem Heiland (»San Salvador«, 14.10.), dann nach der Muttergottes (»Santa María de Concepción«, 16.10.), der neutestamentarischen Gottesmetaphorik (»Cabo Alfa y Omega«, 5.12.) oder, wie anfangs erwähnt, nach der spanischen Königsfamilie getauft; schließlich nach ihrem eigenen Wesen und Charakter: »Schönes Kap, weil es so ist« (»Cabo Fermoso, porque así lo es«, 19.10.), »Hübsches Kap« (»Cabo Lindo«), »Kap des Berges« (»Cabo del Monte«, 4.12.)[196]. Wenn Kolumbus sich auf der Basis der Prophezeiung

Senecas selbst zum Neuen Tiphys zu stilisieren weiß, so wird er auch, gemäß dem göttlichen Namensgebungs-Auftrag aus der Genesis, in einer unbekannten Welt, die für seine Begriffe, so wie einst die Dinge des Paradieses nach der Schöpfung, noch keine Namen trägt[197], zu einem Neuen Adam.

Indes wäre es irrig, Kolumbus eine reine Selbstbezogenheit zu unterstellen, ein gänzliches Ignorieren der Tatsache, dass die Dinge jener *insulae nuper inventae* ja möglicherweise einen Namen in der Sprache derjenigen Menschen besitzen, die sie bewohnen. Denn wie zuvor gezeigt, scheinen diverse Vokabeln der Taíno-Sprache der Karibik auf Kolumbus eine große Suggestivkraft auszuüben. Statt in seinem Benennungs-Rausch als Neuer Adam allen Dingen neue Namen zu geben, übernimmt er die indigene Bezeichnung als die den Dingen natürlich entsprechende; oder setzt in eigenen Fällen sogar seiner eigenen Namensgebung die indigene als Synonym an die Seite, so etwa der »Isla Juana« den (letztendlich erfolgreicheren) Namen »Cuba«.

Einen weitaus systematischeren Versuch, auf der Basis des indigenen Wortschatzes das naturgegebene Zusammengehören von Wort und Ding aufrechtzuerhalten, ja, falls es kein natürliches Wort gibt, ein solches als Schöpfer eines neuen Sprachkosmos zu erfinden und damit die zweite allen (zumindest gelehrten) Menschen gemeinsame Sprache zu retten, unternimmt Peter Martyr. Denn er schreibt seine Chronik in einem um imposante Innovationen vermehrten Latein. Da der Humanist damit seine *Dekaden* in einer Sprache abfasst, die seit eineinhalb Jahrtausenden auf nahezu identischem Stand konserviert und gegen Sprachentwicklung weitgehend resistent ist, sind in seinem Vorhaben von vornherein Probleme angelegt. Unwillig reagieren prompt auch viele puristische Zeitgenossen auf jeden Versuch der Erweiterung des klassischen Sprachstandes. Ihnen stellt Martyr, wie es sein deutscher Übersetzer blumig ausdrückt, eine »lesbare Mischung aus goldener und silberner Latinität«[198] entgegen.

Mehr als das *romance* des Kolumbus bereitet das Lateinische durch sein System der Deklinationen aber zudem eine praktische Schwierigkeit: die Eingliederung von lexikalischen Innovationen in das lateinische Kasussystem. Zur Lösung dieser Probleme entwickelt der Chronist eine wirkungsvolle Strategie. Auf der einen Seite integriert er indigene Vokabeln ins Lateinische und dekliniert sie, wenn sie eine der lateinischen entsprechende Endung besitzen. Dadurch entstehen Deklinationen der Insel Cuba (»Cubam audeât dicere«[199]), der auf ihr wachsenden Guanábana-Frucht (»Guanábana, fructu nobis incognito«)[200] und der Yuca-Wurzel nach dem Muster *Iucca, Iuccae, Iuccae, Iuccam, Iucca*[201]. Ist die Wortendung inkompatibel, wird sie nach einem Verfahren latinisiert, das einem Asterix-Abenteuer entsprungen scheint. Der Mais wird zu »Maizius«[202] und das Maisbrot zum »panis Masiccius« (»pane Masiccio vtitur«[203]), die Häuptlinge Guarinonex und Guacanarillo zu »Guarionexius«[204] und »Guanacarillus«; Tenontichtlan zu »Tenustitana«[205], die Anhänger des Moctezuma zu »Muctezumani«[206], die Tascalteken zu »Tescaletecani« oder »Tascaltecani«[207]. Darüber hinaus erscheinen spanische Begriffe wie der »adelantado« als »adelantatus«[208], die taíno-kastilische Mischbezeichnung »bohío del gato« (»Katzen-Hütte«) als »Boium Gatti«[209], die Syphilis (in den spanischen Chroniken: *mal de bubas*) als »morbus puperum«. Unbekannte Phänomene werden sprachlich aus den bekannten deriviert. So nehmen der Menschenfresser als »homocopus« oder der Federschmuck als »plumea« Einzug ins Lateinische.

Besonders imposant sind auch die Bezeichnungen der europäischen *inventiones*, die im klassischen Latein noch nicht enthalten sind und nun zur Conquista der Neuen Welt verwendet werden. Der Musketenschütze wird zum »sclopetarius«; das Pulvergeschütz zum »pulverarium tormentum«; die Kanonen zu »tormentorum vasa«, das Munitionsgeschütz zu »machina cum munitionibus«[210]. Um die von ihm beobachtete und jedes klassische Inventar sprengende »rerum copiam«[211] zu bewältigen, erfindet Peter Martyr einfach neue Äquivalente auf der Seite der *verba*, schafft also mit dem *De orbe novo* auch ein *De duplici rerum et verborum copia* in einem ganz anderen Sinne als dem von Erasmus intendierten. Sein Werk ist Zeugnis eines kreolisierten Lateins, einer erfindungsreichen Kunstsprache. Durch seine spracherfinderische Sisyphusarbeit scheint es dem Chronisten zu gelingen, die Leistungsfähigkeit der zweiten *lingua adamica* zu retten, die das ganze Mittelalter die Kommunikation zwischen den Denkern Europas in später nie wieder erreichter Einigkeit gebündelt hatte.

Allerdings beweist das Schicksal von Peter Martyrs Werk, dass dieser Rettungsversuch ein illusorischer ist. Seine Dekaden sind in einem künstlichen Idiolekt geschrieben, der außerhalb dieses Buches kaum zur Anwendung kam, nicht einmal in den lateinischen *Crónicas de Indias* wie der Blas Valeras. Um die Funktionsfähigkeit einer Sprache zu gewährleisten, hilft die Erfindung neuer Vokabeln wenig, wenn diese außer dem Erfinder selbst niemand verwendet. Peter Martyr wird zur tragikomischen Gestalt eines Neuen Adam, der wie jener berühmte Sprachrevolutionär aus Peter Bichsels Erzählung »Ein Tisch ist ein Tisch« Benennungen vergibt, die aber nur für ihn selbst die Dinge binden und niemanden sonst interessieren. Daher sind Martyrs Sprachinnovationen ebenso ingeniös wie folgenlos. Nach ihm glaubt kaum ein Chronist mehr daran, die Neue Welt durch die Universalsprache der Alten beschreiben zu können. Und zeitgleich zum Auftauchen der Neuen Welt erleidet die Alte einen zweiten babylonischen Turmbau, einen zweiten Verlust der Sprache des Paradieses[212].

V.3.2. Die Gemüse-Conquista und die Sehnsucht nach dem wahren Namen

Dass der Verlust einer Sprache, welche die Dinge noch notwendig an die Worte kettet, in symmetrischer Weise die Alte wie die Neue Welt befällt, zeigt das Sprachdenken des Inca Garcilaso. Die Sehnsucht nach einem Wiederfinden der Essenz der Dinge im Wort ergibt sich bei ihm nicht trotz, sondern gerade aufgrund seiner Einsicht in die durch die Asymmetrie der Einzelsprachen verursachte Relativität der Bezeichnungen. Sein Schmerz entspringt aus dem genauen Gegenteil der *pena* des Kolumbus bzw. ließe sich als deren reziprokes Äquivalent, als die Kehrseite der Medaille betrachten. Während Kolumbus die von ihm benannten *Indias* als von Zeichen unbesetztes, politisch wie sprachlich herrenloses Gebiet betrachtet und sein Schmerz sich im Bewusstsein seiner messianischen Mission als *Christum ferens* und neuer Adam in einen Rausch verwandelt, gründet der Schmerz des Inca, der daher ein unheilbarer ist, im nicht umkehrbaren Lauf der Geschichte: darin, dass die Sprache seiner Vorfahren, die *lengua general del Perú*, mitsamt ihrer idiomatischen Ordnung zerstört wird, die zugleich eine quasi paradiesische Herrschaft und Ordnung der Dinge gewährleistete und nach der Vernichtung des Tahuantinsuyu durch die Interferenz mit dem Spanischen in Korruption und Auflösung gerät. Immer wieder betont Garcilaso, dass die Spanier die andine Sprache nur in korrumpierter Weise wiederzugeben in der Lage sind (»corrompen los Españoles todos los vocablos que toman del lenguage de los Indios«[213]).

Der gegenwärtigen Korruption steht die retrospektive Utopie einer Sprachkultur gegenüber, die, eben da sie auf die Schrift verzichten musste, ein unmittelbares und wohlgeordnetes Verhältnis zwischen Wort und Welt etablierte. Auf verschiedenen Ebenen manifestierte sich diese Ordnung, so z.B. bei den oralen Postboten des Inca-Reiches, den *chasquis*: »Die Worte waren wenige und diese klar und gebräuchlich, damit sie nicht verwechselt wurden, denn wenn es viele gewesen wären, hätten sie vergessen werden können« (»Las palabras eran pocas, y muy concertadas, y corrientes porque no se trocassen y, por ser muchas no se oluidassen«[214]). Das Eindringen der Conquistadores erstreckt sich auf die sprachliche ebenso wie die politische Herrschaft und zerstört das sparsame und ›konzertierte‹ Gleichgewicht von Wort und Ding – und damit für Garcilaso eine ganze Kultur, da die Verteilung der Worte ja, über eine reine Werkzeug-Funktion hinaus, auch gleichzeitig die ganze kulturelle Weltsicht einer Zivilisation widerspiegelt, die ein Gebiet in legitimer Weise bewohnt und seine Dinge in legitimer Weise besitzt.

Dem Krieg der Menschen um den Besitz der Erde stellt sich aber auch ein Krieg der Dinge um den Besitz der Worte zur Seite. Illustriert wird dies von Garcilaso durch einen Vorgang, den man als die Conquista des Gemüses und der Pflanzen bezeichnen könnte. Vor der Ankunft der Spanier nämlich gab es in Peru laut Garcilaso keine der spanischen Gemüsesorten wie Kopfsalat, Knoblauch, Zwiebeln, Kohl, Spinat, Sellerie etc. (»DELAS legumbres que en España se comen no auia ninguna en el Peru«[215]), und ebensowenig die Blumen und Kräuter wie Kamille, Klee, Minze, Rosen, Nelken etc. All diese Spezies wurden von den Spaniern durch eine Art von Transplantationsprozess erst nach Peru gebracht. Auf diese Weise übernahmen die europäischen Gemüse- und Pflanzensorten die Herrschaft über die Täler der Anden und vermehrten sich dort in solcher Ungehemmtheit, dass sie nun Schaden anrichten. Doch viel schlimmer als die ökologische Katastrophe dieser besitzergreifenden Wucher-Kräuter und -Gemüse ist eine für Garcilaso notwendig daran geknüpfte sprachliche. Die spanischen Pflanzen rauben den Andentälern ihren Namen, indem sie diese überwuchern und sie zwingen, die ihrigen anzunehmen.

> De todas estas flores, y yeruas que hemos nombrado y otras que no he podido traer a la memoria ay aora tanta abundancia que muchas de ellas son ya muy dañosas: como nabos, mostaza, yerua buena, y mançanilla, que han cundido tanto en algunos valles, que han vencido las fuerças y la diligencia humana, toda cuanta se ha hecho para arrancallas, y han preualescido de tal manera, que han borrado el nombre antiguo de los valles y forçado las que se llamen de su nombre, como el valle de la yerua buena en la costa de la mar, que solia llamarse Rucma, y otros semejantes.
> *Von all diesen genannten Blumen und Kräutern und auch anderen, die mir nicht eingefallen sind, gibt es jetzt eine solche Fülle, daß viele von ihnen schon als Unkräuter gelten, wie Rüben, Senf, Minze und Kamille, die sich in manchen Tälern so stark verbreitet haben, daß sie allen Versuchen des Menschen, sie auszurotten, widerstanden und sich in einer Weise behauptet haben, daß der alte Name der Täler verschwunden ist und man diese notgedrungen nach ihnen nennt, wie das Tal der Minze an der Küste, das einst Rucma hieß, und andere.*[216]

In einem Kosmos – im Sinne einer geordneten Welt – ist der Name der Dinge gemäß Garcilasos Sprachverständnis untrennbar und notwendig mit den Dingen verbunden. Aus der Sprache entsteht eine Ordnung der Welt. Ein Tal voller wuchernder Minzepflanzen kann unmöglich anders als »Tal der Minze« (»valle de la yerua buena«) heißen, selbst wenn sein legitimer Titel Rucma-Tal ist. Herrscht aber mit einem Male, wie der Autor es für die Gegenwart beobachtet, ein zusehends arbiträres, austauschbares Verhältnis zwischen Worten und Dingen vor, ist das ein Anzeichen dafür, dass die Welt zu einer verkehrten, zu einem Chaos geworden ist. An die Seite der kulturellen Bedingtheit der Sprache setzt sich bei Garcilaso insofern die unbedingte Motiviertheit der Bezeichnungen, diametrales Gegenteil einer Arbitrarität der Sprache, die für Garcilaso zugleich eine Arbitrarität – und damit grundlegende Sinnlosigkeit und Unordnung – der Welt implizierte.

Ausdruck einer willkürlichen Weltordnung ist in den Augen des Chronisten die Bezeichnung der eroberten Provinz selbst: Peru. Denn dieser ist auf nichts weiter als ein groteskes Missverständnis zurückzuführen. Beim ersten Eindringen in das Tahuantinsuyu hätten die Spanier einen badenden *indio* nach dem Namen des Landes gefragt. Und da keine Seite die andere verstand, gab der Befragte erst seinen eigenen Namen an – »Berú« – und den Ort, an dem er badete – »pelú«, was soviel bedeute wie ›Fluss‹. Aus der Mischung beider sei der Unsinnsname Peru entstanden, den, wie Garcilaso auf Basis der von ihm passagenweise übersetzten lateinischen Chronik Blas Valeras belegt, die Indios selbst aufgrund seiner Sinnlosigkeit und Zufälligkeit (»puesto acaso«) nicht verwenden:

> Este nombre fue nueuamente impuesto por los Españoles a aquel Imperio de los Incas nombre puesto a caso y no propio, y por tanto por los Yndios no conoscido, antes por ser barbaro tan aborrescido que ninguno de ellos lo quiere vsar; solamente lo vsan los españoles.[217]
>
> *Dieser Name wurde dem Reich der Incas neu von den Spaniern auferlegt, ein aufs Geratewohl gegebener, kein eigener Name und daher bei den Indios nicht bekannt. Zuvor, da er barbarisch ist, so verabscheut, dass niemand von ihnen ihn verwenden will: nur die Spanier verwenden ihn.*

Nicht anders verhält es sich, wie wir im selben Kapitel erfahren, mit dem scheinbar so authentischen mexikanischen Provinznamen »Yucatán«, der, gleich einer Antizipation von Johann Peter Hebels satirischem Märchen vom Kannitverstan, nichts weiter bedeutet als das ratlose ›ich kann euch nicht verstehen‹, das der befragte ›yucatekische‹ Bewohner den Conquistadores auf die Frage nach dem Namen des Landes zur Antwort gegeben habe.

> Vn poco mas adelante hallaron ciertos hombres que preguntados como se llamaua vn gran pueblo alli cerca, dixeron tecetan, tecetan, que vale por »no te entiendo«. Pensaron los Españoles que se llamaba assi, y corrompiendo el vocablo llamaron siempre Iucatan, y nunca se le caera tal nombradia.[218]
>
> *Etwas weiter vorwärts fanden sie einige Menschen, die auf die Frage, wie ein großes Dorf hier in der Nähe heiße, sagten: »tecetán, tecetán«, was soviel bedeutet wie: »ich verstehe dich nicht«. Die Spanier dachten, so heiße es, und*

nannten es, das Wort entstellend, Yucatán. Und diese Namen wird es nun nie wieder los.

Was Garcilaso damit in letzter Konsequenz vorträgt, ist eine Kolonialismuskritik auf sprachlicher Ebene. Nicht etwa, dass der Inca behaupten wollte, die *lengua general* sei dem Spanischen überlegen und verdiene deshalb mehr, die Gebiete der Anden zu bezeichnen. Doch bislang herrschten die Bewohner des Landes, das noch nicht ›Peru‹ hieß, über die Dinge mit Hilfe einer Sprache, die ebenso ihrer eigenen Kultur wie Natur angemessen war, die also die Dinge der äußeren Welt zu inneren Vorstellungen reduzierte, die dem Denken und Weltbild der Sprecher entsprach. So kam es zu einem wohlgeordneten Verhältnis von Dingen und Worten.

Indem sich nun zwei inkompatible Sprachen, die zwei verschiedenen Denkmodellen entsprechen, einander überlagern, wie dies etwa anhand der vorher angeführten Beispiele der Gleichsetzung von »costa« und »yunga«, von »ydolo« und »yllapa« vorgeführt wurde, verschieben sich auch die Wortbedeutungen und bringen damit die an die Worte gebundene *imago mundi* ebenso wie die symmetrische Ordnung von Worten und Dingen aus dem Lot. Der ›Imperialismus‹ (»con el imperio«), der darin besteht, verschiedene Völker unter die Gewalt eines Herrschers und einer Sprache zu stellen, die ja laut Nebrija immer gute »compañera del imperio«, »Gefährtin der Herrschaft« ist, und die an Bodins Verteidigung der weltweiten Handelsbeziehungen anklingende »Kommunikation verschiedener Nationen« (»comunicacion de diversas naciones«) führen insofern, wenn mit ihr Sprachpolitik betrieben wird, zu nichts als Missverständnissen und Vermehrungen der Laster.

> Deste pas<s>o y de otros muchos que apuntaremos se puede sacar lo mal que entienden los Españoles aquel lenguage, y aun los mestizos mis compatriotas se van ya tras ellos en la pronunciacion, y en el escreuir, que casi todas las dictiones que me escriuen desta mi lengua y suya, vienen españolizadas, como las escriuen y hablan los Españoles, y yo les he reñido sobre ello y no me aproueucha, por el comun vso de corromperse las lenguas con el imperio, y comunicación de diversas naciones.[219]
>
> *Auf diesem Weg – und vielen anderen, die wir zeigen werden – lässt sich entnehmen, wie schlecht die Spanier diese Sprache verstehen. Und selbst die Mestizen, meine Landsleute, tun es ihnen bereits nach in Aussprache und Schrift, so dass fast alle Redewendungen, die sie mir über diese meine und ihre Sprache schreiben, hispanisiert sind, so wie sie die Spanier schreiben und sprechen. Und ich habe sie deshalb gescholten, doch es hilft mir nichts, aufgrund der üblichen Gewohnheit, dass Sprachen durch die Herrschaft und Verbindung verschiedener Völker korrumpiert werden.*

Welch gravierende Konsequenzen dies für die Ordnung der Welt mit sich zieht, führt Garcilaso an nichts Geringerem als dem Namen Gottes aus. Für die *Yndios* in Peru in ihrer »allgemeinen Sprache« (der »lengua general«, dem Quechua) ist das Äquivalent des christlichen Gottes der Weltseelengott Pachacámac, »der mit der Welt macht, was die Seele mit dem Körper«. Da die Spanier diesen Namen nicht verstehen können, halten sie den andinen Gott für den Teufel und versuchen im Gegenzug, den Indianern fehlgebildete Vokabeln zur Verehrung des wahren Gottes zu oktroyieren.

> Este es el nombre Pachacamac, que los historiadores españoles tanto abominan, por no entender la significación del vocablo; y por otra parte tienen razon, porque el demonio hablaua en aquel riquísimo tiemplo, hacizendose Dios debaxo deste nombre, tomandolo para si. Per si a mi, que soy Yndio Christianano catolico por la infinita misericordia me preguntassen aora como se llama Dios en tu lengua? diria Pachacámac, porque en aquel general lenguaje del Perú no hay otro nombre para nombrar a Dios sino esto <…> y aunque algunos de los <nombres> nueuamente compuestos <por los Españoles> pueden pasar conforme a la significacion Española como el Pachayachacher, que quieren que diga hazedor del cielo, significando enseñandor del mundo <…> aquel general lenguaje los admite mal porque no son suyos naturales sino advenedizos.
> *Der Name Pachacámac wird von den spanischen Historikern verabscheut, weil sie die Bedeutung des Wortes nicht verstehen. Andererseits tun sie recht daran, denn der Teufel, der sich für Gott ausgab, sprach in jenem überaus prunkvollen Tempel unter diesem Namen, den er für sich gebrauchte. Wenn man mich aber, der ich durch die unendliche Barmherzigkeit ein christlich-katholischer Indianer bin, heute fragte: Wie heißt Gott in deiner Sprache?, dann würde ich antworten: Pachacámac – weil es in der allgemeinen Sprache Perus keinen anderen Namen für Gott als diesen gibt <…>. <Und obwohl einige der <von den Spaniern> neugebildeten Namen mit der spanischen Bedeutung übereinstimmen können, wie Pachayachachcher, was nach ihrem Willen ›Schöpfer des Himmels‹ heißen soll, obwohl es ›Offenbarer der Welt‹ bedeutet, <…> lässt die allgemeine Sprache sie schwer zu, weil sie in ihr nicht natürlich enthalten, sondern nachträglich hinzugekommen sind>.*[220]

Wie soll ein miss- oder künstlich vom Eroberer gebildetes Wort den wahren Gott bezeichnen? Wie die *indios* einen Gottesnamen ernst nehmen, der für sie eine komische Verzerrung darstellt? Indem die Spanier den Namen Gottes verstümmeln, sabotieren sie auch den wahren Glauben. Um das Verhältnis von Mensch und Welt und mit ihm die Ordnung der Welt wieder ins Lot zu bringen, ist es nötig, die Beziehung von Wort und Welt neu zu etablieren. Die Konsequenz ist ein Appell an die spanische Sprachpolitik: die »neue Zusammensetzung« (»nueva compostura«) und die »Auferlegung von Namen« (»imposición de nombres«) in vorsichtiger, etymologisch und sprachgeschichtlich behutsamer Weise vorzunehmen, um das gestörte Verhältnis von Mensch und Welt, von Wort und Ding nicht weiter zu verschlimmern. Und so ist der eigentliche Name Gottes – der sich so auffällig von dem sonst nur an der Gegenstandswelt orientierten andinen Denken absetzt – unbedingt zu wahren

> De toda la qual materialidad esta mui ajena la significacion del nombre Pachacámac, que, como se ha dicho, quiere dezir el que hace con el mundo universo lo que el alma con el cuerpo: que es darle ser, vida, aumento, y sustento & c. Por lo cual consta claro la impropriedad de los nombres nueuamente compuestos, para darselos a Dios (si han de hablar en la propia significacion de aquel lenguage) por baxeza de sus significaciones; pero puédese esperar, que con el vso se vayan cultiuando y recibiendose mejor; y adviertan los componedores a no trocar la significacion del nombre, o verbo en la composicion, que importa mucho, para que los Yndios los admitan bien, y no hagan burla de ellos; principalmente en la enseñança de la doctrina Christiana, para la qual se deuen componer pero con muchas atención.[221]
>
> *Von all dieser Materialität ist die Bedeutung des Namen Pachacámac weit entfernt, der, wie schon gesagt, bedeutet: »Der mit dem Universum das tut, was die Seele mit dem Körper«: nämlich ihr Dasein, Wachstum und Nahrung etc. geben. Daraus ergibt sich klar die Untauglichkeit der neu gebildeten Namen, Gott zu bezeichnen – wenn sie in der eigenen Bedeutung jener Sprache gesagt werden – aufgrund der Niedrigkeit ihrer Bedeutungen. Doch es bleibt zu hoffen, dass sie durch den Gebrauch besser kultiviert und angenommen werden. Und Wortneubilder sollen darauf bedacht sein, die Bedeutung des Substantivs oder Verbs in ihrer Wortbildung nicht zu verändern, denn das ist äußerst wichtig, damit die Indios sie auch wirklich annehmen und sich nicht über sie lustig machen, vor allem in der Verbreitung der christlichen Lehre, für die man Wörter neu bilden muss, aber mit großer Vorsicht.*

Darin liegt aber auch ein schwacher Hoffnungsschimmer in der sonst von Pessimismus und Verlustschmerz geprägten Chronik Garcilasos. Denn wenn die Sprache in allen ihren Erschütterungen »durch den Gebrauch« (»con el vso«) wieder in ein Gleichgewicht gekommen ist, besteht die Möglichkeit, Worte und Dinge wieder aneinander zu gewöhnen.

Aus der Sichtweise der modernen Sprachwissenschaft mögen angesichts der ›Fortschritte‹ Garcilaso hinsichtlich der Aufbrechung einer Vorstellung von Sprache als Nomenklatur und ihrer gleichzeitigen Kulturgebundenheit solche im Grunde sprachmystisch orientierten ›Rückschritte‹ in eine platonisierende Sprachtradition enttäuschend erscheinen. Dennoch ist diese sprachmagische Sehnsucht nach einer essenziellen Verbindung von Wort und Ding gerade bei Garcilasos Zeitgenossen überaus präsent. Das zeigt die Vielzahl der Theorien des 17. Jahrhunderts, die versuchen, das Missverhältnis von *res* und *verba*, für das von nun an offenbar ein verstärktes Krisenbewusstsein existiert, wieder in Ordnung zu rücken. Prominente Beispiele finden sich in der Sprachmystik eines Jakob Böhme, seiner Suche nach dem »verborgene<n> Geheimniß des Turms und der zertheilten Sprachen«[222], seiner wiederum bereits auf Paracelsus zurückgehende Lehre von der *signatura rerum* und einer »Natur-Sprache, wie Adam hat allen Dingen Namen gegeben, und woraus Gott zu Adam hat geredet«[223]; und in der zeitgleich entstandenen Idola-Theorie Francis Bacons: dem Wunsch nach einer Sprachreform, die das Wort durch seine Annährung an das Ding, durch das *ad res ire*, wieder zu einem *novum organum* macht.

V.4. *La invención del libro*: Ursprünge einer amerikanischen Poetik

V.4.1. Tropische Tropen: Hühnerfische, Pferdeseide und die Vermittlung der Metapher

Jenseits der beiden hier beschriebenen Strategien zum sprachlichen Erwerb der Neuen Welt, dem evozierenden Benennen und der definitorischen Annäherung über den Weg der Beschreibung, gibt es aber vom ersten Zeugnis an, dem Bordbuch des Kolumbus, noch einen dritten Weg, der von den Studien über die sprachliche Darstellung Amerikas meist entweder übersehen oder als untaugliche, verzerrend-fiktionale »inuencion« bar jeder Realität verachtet wird[224]: die Metapher, oder, wie Aristoteles es in seiner *Poetik*[225] als übergreifende Bezeichnung für alle uneigentlichen Bezeichnungen nennt: die Tropen. Zu finden ist diese Abwertung bereits in Cioranescus kleinem Essay in französischer Sprache, wenn hinsichtlich der ersten Amerika-Reisenden von der »Deformation ihrer Sicht der Neuen Welt« die Rede ist, und zieht sich in späteren Jahrhunderten fort in der Verurteilung des ›eurozentrischen Blicks‹ des Kolumbus, dessen Seele, da »zu voll von Bildern« gleich Bacons Idola, die Wirklichkeit verzerrt[226]. Diese Beobachtung bezieht sich in erster Linie auf die von Kolumbus in ganz systematischer Weise unternommene Beschreibung mittels eines Verfahrens, das Cioranescu »procédés parallélistiques« nennt.

Die durch diese parallelistischen Vorgehensweise gewonnenen Angaben sind extrem flüchtig und führen fast immer zu falschen Darstellungen. Um beispielsweise zu sagen, dass er in Las Indias vielfarbige Fische gesehen hat, schreibt Kolumbus seelenruhig, man finde dort »gewisse Fische, die wie Hähne gemacht sind«; während andere, die Kofferfische, ihm »ganz wie Schweine« erscheinen.[227]

Strikt aus der üblichen Klassifizierung der rhetorischen Stilmittel heraus handelt es sich bei dergleichen kolumbischen Wendungen wie »es gibt Fische, die wie Schweine gemacht sind« (»Ay algunos <peces> hechos como gallos«[228], 16.10.) oder »ein Fisch unter vielen anderen, der wie ein richtiges Schwein aussah« (»un peçe, entre otros muchos, que pareçía proprio puerco«[229], 16.11.) um nichts weiter als Vergleiche. Dennoch sind die Beziehungen der beiden Vergleichsgegenstände äußerst kühn, da sie aus völlig inkompatiblen Umfeldern stammen. Soll man schon, gemäß dem Sprichwort, nicht Äpfel mit Birnen zusammenzählen, wie dann erst zwei Tiere, die gemäß jeglicher (mittelalterlichen ebenso wie modernen) Ordnung ganz unterschiedlichen Gattungen und Lebensformen angehören: Land- und Wassertier, Fisch und Vogel, Fisch und Säugetier etc. Mehr als eine Relation zwischen Vergleichbarem etabliert das Verfahren eine Transposition von Disparatem, die als metaphorisch zu bezeichnen ist, im ursprünglichen Wortsinne von μεθαφορά: Übertragung. Noch bei modernen Lesern ruft die Beschreibungstechnik des Kolumbus einen Eindruck der Grenzüberschreitung, ja, Unverfrorenheit hervor, wie sich auch aus Cioranescus Bemerkung ablesen lässt, Kolumbus betreibe hier »seelenruhig« (»tranquillement«) eine gewaltsame Deformation der Wirklichkeit.

In der Tat ist das, was die Vorstellungswelt des Möglichen überschreitet, anders gesagt: das Wunder ja auch der vom Admiral beabsichtigte Effekt, wie man sieht, wenn man seine ›Hühnerfische‹ in ihrem textlichen Kontext betrachtet. Denn dort rücken diese Fische in ihrem Charakter als »maravilla« in die Nähe von Erscheinungen wie den »Menschen mit einem Auge und mit Hundeschnauze« (»hombres de un ojo y otros con hoçicos de perros«[230], 4.11.).

> Aquí son los peçes tan disformes de los nuestros que es maravilla. Ay algunos hechos como gallos, de las más finas colores del mundo, azules, amarillos, colorados y de todas colores, y otros pintados de mill maneras, y las colores son tan finas, que no ay hombre que no se maraville y no tome gran descanso en verlos;[231]

Hier sind die Fische so anders geformt als die unseren, dass es ein Wunder ist. Es gibt einige, die wie Hähne gemacht sind, in den feinsten Farben der Welt, blau, gelb, rot und in allen Farben, und andere, die in tausend Weisen bemalt sind, und die Farben sind so fein, dass es keinen Menschen gibt, der nicht in Bewunderung versetzt würde und nicht große Erquickung daran fände, sie zu betrachten.

Dabei sind die Hühner-Fische noch nicht einmal die kühnsten Beispiele der Tropen-Technik des Bordbuchs, Natur und Menschen der karibischen Tropen zu beschreiben. Bei seiner ersten Begegnung mit Taíno-Frauen am Tag nach seiner ersten Ankunft lässt der Admiral die enigmatische Bemerkung fallen, ihre Haare seien »wie Pferdeseiden« (»como sedas de cavallo«[232], 13.10.). Trotz ihres vermeintlichen Verzerrungswerks wird diese Metapher jedoch zur Konstitution einer sprachlichen Durchdringung des unbekannten Raumes unentbehrlich.

Als Beispiel dafür, wie weit dies Verfahren sich bis in Aspekte hineinerstreckt, deren kombinierte metaphorische und metonymische Basis dem Sprecher gar nicht mehr bewusst sind, mag Inca Garcilaso de la Vegas Erzählung vom Ursprung des Wortes ›Hühnchen‹ in der *lengua general* illustrieren. Für ›gallina‹ nämlich stünde in Peru die Vokabel ›gualpa‹, die ganz offensichtlich nicht einer spanischen oder sonstigen europäischen Entlehnung entspringt, was die Spanier zu dem Schluss führt, in Peru müsse es schon vor der Conquista Hühnchen gegeben haben, da ja auch ein autochthones Wort für sie existiere. Ganz im Gegenteil aber deckt Garcilaso auf, dass es sich um eine Metonymie handelt. Ursprung ist dabei nicht etwa die indigene Bezeichnung für ein ähnliches einheimisches Tier, sondern der Name des Herrschers und Usurpators des andinen Reichs – und damit eine Bezeichnung, die ebenso korrupt ist wie dieser selbst:

El nombre Gualpa que dizen que los Yndios dan a las gallinas esta corrupto en las letras, y sincopado, o cercenado en las silabas, que han de dezir Atahuallpa, y no es nombre de gallina sino del postrer Inca que hubo en el Peru, que <…> fue con los de su sangre crudelissimo sobre todas las fiera y basiliscos del mundo.

An dem Wort gualpa, *das angeblich das Wort der Indianer für Huhn ist, sind Buchstaben verdreht und Silben getilgt worden, denn richtig müßte es heißen* atahuallpa, *und das ist nicht das Wort für Huhn, sondern der Name des letzten Inka, den es in Peru gab und der <…> mit denen seines eigenen Bluts grausamer verfuhr als alle Bestien und Ungeheuer der Welt.*[233]

Was aber gibt einem blutrünstigen Usurpator die Gestalt des Hühnchens? Garcilaso erklärt den Fall folgendermaßen: als die Spanier erstmals in Perú eindrangen, brachten sie in ihrem Gefolge als Nahrung Hühner und Hennen mit, die sich unversehens in die Unheilsauguren des nahenden Endes Atahuallpas verwandelt. Und aus der Fiktion entsteht eine Tradition:

> y como oyeron cantar los gallos, dixeron los Yndios que aquellas aues para perpetua infamia del Tirano, y abominación de su nombre, lo pronunciauan en su canto, diciendo: Atahuallpa, y lo pronunciauan ellos, contra haciendo el canto del gallo. Y como los Yndos contassen a sus hijos estas fictiones <…> los Yndios muchachos de aquella edad en oyendo cantar un gallo, respondian cantando al mismo tono, y dezian: Atahuallpa. <…> Esta fue la impusición del nombre Atahuallpa, que los Yndios pusieron a los gallos y gallinas de España.
> *und als die Indianer die Hähne krähen hörten, sagten sie, jene Vögel sprächen, damit die Schmach des Tyrannen ewig und sein Name verabscheuenswürdig wäre, diesen letzteren in ihrem Krähen aus, indem sie »Atahuallpa!« riefen, und sie pflegten das Wort unter Nachahmung des Hahnenschreis auszusprechen. Und da die Indianer ihren Kindern diese Mären erzählen <…> riefen die Indianerknaben jener Zeit, wenn sie einen Hahn krähen hörten, im gleichen Tonfall: »Atahuallpa!«. <…> Solchermaßen gaben die Indianer den Hennen und Hähnen aus Spanien den Namen* atahuallpa.[234]

In einem metaphorischen Prozess habe man dann, in Anlehnung an die spanische ›Henne‹ (»gallina«) das Wort »gualpa« auch als Metapher für Feiglinge erkoren. All diese bildlichen Übertragungen sind also alles andere als unmotiviert, und sicher lässt sich spekulieren, dass Kolumbus mit seiner ›Pferdeseide‹ ausdrücken wollte, diese Haare seien schwarz und seidig, wie ein Pferdeschwanz – »Pferdeschwanzseide«, »seda de cola de caballo« (11.10.), schreibt er in der Tat an anderer Stelle. Dennoch scheint diese Form der metaphorischen Schilderung besonders bei den historischen oder literarhistorischen Lesern späterer Jahrhunderte als präzises und rationales Beschreibungsverfahren nicht akzeptiert zu werden. Dabei gesteht etwa Cioranescu Kolumbus durchaus zu, er sei ein »seltsamer Landschaftsdichter« (»un étrange poète du paysage«[235]), wobei schon die Kategorie der Seltsamkeit verwundern muss. Denn was macht, gemäß der allgemein akzeptierten Definition, den Dichter aus, wenn nicht die Fähigkeit, durch sein dichterisches Wort über den Weg der poetischen Metapher das zu beschreiben, was sich der rationalen Sprache entzieht? Und inwieweit ist es gerechtfertigt, ein Verfahren, das dem vollständigen anfänglichen Fehlen eines konzeptuellen Apparats zur Repräsentation und Identifikation des Neuen eine Technik der

Annäherung auf dem Wege der metaphorischen Ähnlichkeit gegenüberzustellen, als herrschaftsgierige Deformation zu bezeichnen, wie dies ja viele heutige Forscher[236] Kolumbus vorwerfen? Zumal, da doch das Buch des Kolumbus, wie sein Erfolg als eines der meistgelesenen Zeugnisse der Weltliteratur beweist, offenbar einen bleibenderen Eindruck sowohl dieser ersten Begegnung von Europa und Amerika als auch der dortigen Urlandschaft zu vermitteln weiß als sämtliche später geschriebenen wissenschaftlichen Werke über Fauna, Flora und Zivilisation der Karibik?

Vor allem mag man sich aber fragen, weshalb die vermeintlich treffende, von Cioranescu als korrekt proklamierte Bezeichnung »Kofferfisch« (»poisson-coffre«) weniger metaphorisch sein soll. Ist denn das so auf ein menschliches Reiseutensil reduzierte Tier nicht sogar noch mehr ›deformiert‹ als ein »Fisch wie ein Schwein«, dem als Vergleichsmoment immer noch ein anderes Lebewesen zugrunde liegt? Inwiefern besitzt also eine Wissenschaft, deren Sprache in ihren ›Fundamenten‹ (Metapher aus dem Bauwesen), ›Methoden‹ (Reisemetapher des Weges) und ›Zielen‹ (Metapher aus dem Bereich des Bogenschießens) ohne das metaphorische Element nicht auszukommen scheint, für eine derartige Ausgrenzung überhaupt eine Legitimierung[237]? Durch seine brillante Analyse des Einflusses der fiktionalen Literatur, v.a. der Ritterromane, auf den historischen Prozess der Conquista relativiert Cioranescu selbst seine in diese Richtung zielenden Ausführungen. Die Phantasie, »eine Vorstellungskraft in ununterbrochener Aktivität, genährt durch die unzählbaren Überraschungen der Entdeckungen«[238], habe gerade im Rahmen der Conquista zu einer Durchtrennung der Grenzen von Realität und Fiktion geführt und konfrontiere die heutigen Historiker mit einer notwendigen Konzession: »zuzugestehen, dass die dichterische Einbildungskraft und der zweckfreie literarische Akt Einfluss auf einen historischen Prozess nehmen können, und dass die Fiktion eine der großen Wirklichkeiten ist, die das Leben der Völker konstituieren«[239]. Was hier wie eine gewagte Neuerkenntnis, wie ein Bruch mit der bestehenden Ordnung erst neu »zugestanden« werden muss, war für Herder als »Würkung der Dichtkunst auf die Sitten der Völker« zwei Jahrhunderte zuvor offensichtlich noch ganz selbstverständlich.

Zudem aber bildet, entgegen den rückblickenden Schmähungen eines ›deformierenden‹ Kolumbus', vor dem Hintergrund des zeitgenössischen Problems, das sich aus der Untauglichkeit des aristotelischen Sprachmodells ergibt, das bereits von Kolumbus als dem amerikanischen Chronisten eingeschlagene Verfahren einen höchst tauglichen Vermittlungsversuch, das Problem des Unbekannten gemäß der von Aristoteles selbst vorgeschlagenen Lehre zu lösen: denn schließlich sieht der Philosoph, Todorov hat darauf hingewiesen, die Technik der Tropen, die Kolumbus in Koinzidenz von sprachlicher und geographischer Lehre hier in den Wendekreisgebieten zur

Anwendung bringt, ausdrücklich als Weg vor, das zu benennen, was gar keine Benennung besitzt:

> In der *Poetik* kann man lesen: ›Eine Metapher ist die Übertragung eines Wortes, das in uneigentlicher Bedeutung verwendet wird (1475b); und eine ähnliche Stelle in der *Topik* – in der allerdings der Begriff Metapher (Übertragung) nicht erscheint – lautet: ›Diejenigen, welche die Dinge mit fremden Namen bezeichnen, wie z.B. die Platane als einen Menschen, weichen von der üblichen Redeweise ab‹ (109a). Die *Rhetorik* spricht in diesem Zusammenhang vom tropischen Verfahren, ›namenlosen Dingen einen Namen zu geben‹ (1405a).[240]

Was seinen modernen Leser an dieser Technik so sehr zu stören scheint, ist, wie man bereits an der Herkunft dieser Zitate erkennen kann, gemäß der modernen Abkehr von den klassischen Präzepten der Rhetorik, vor allem die Tatsache, dass sie nicht einer ›wahren‹ Argumentation entspringt, Domäne der Apodeixis, sondern eben nur einer ›wahrscheinlichen‹, nämlich der Rhetorik und Topik, oder aber einer (gemäß Aristoteles) höheren Wahrheit, nämlich der Dichtung: nur so lässt sich Cioranescus Vorwurf deuten, Kolumbus sei ein ›seltsamer Landschaftsdichter‹. In der Tat ist Kolumbus nicht in der Lage, das Unbekannte der Neuen Welt mit einem sprachlichen ›Neuen Organon‹ im Sinne Bacons zu greifen und die Dinge (*res* im gegenständlichen Sinne) selbst in die Sprache zu übertragen. Doch die Ähnlichkeit, die ihm die Tropen oder Metaphern (das sprachliche Bild, also die *imago*) zur Verfügung stellt, liefert ihm – entgegen seiner Klage, niemand würde ihm ohne eigenes Sehen das glauben, was er schreibe – die Mittel und Argumente (*res* im ciceronianisch-rhetorischen Sinne), die Neue Welt selbst noch für einen heutigen Leser glaubwürdig zu machen. Dadurch wird die deformierend-fiktive »invención de América«, die man Kolumbus ebenso wie seinen Nachfolgern in der Aufgabe, die Neue Welt sprachlich fassbar und damit sprachlich *findbar* zu machen, so vehement vorwirft, zu einer *inventio orbis novi*, in der er diejenigen Dinge herauszufinden (*excogitare*) sucht, die den Gegenstand der Rede glaubwürdig machen. Dadurch aber begibt sich dies gesamte sprachliche Verfahren von der Wahrheit wieder auf das der Wahrscheinlichkeit und, wie im Falle der Tropen bzw. Metaphern, auf das der Dichtung.

Ganz in diesem Sinne bewertet wird die Technik der Metapher in den *Crónicas de Indias* – hier nur an Kolumbus und Garcilasos Metaphern der amerikanischen Landschaft und Bewohner und der europäischen Technik und Fauna vorgeführt – von den Schriftstellern Amerikas. In der gewaltigen sprachlichen Variation und Erneuerung des Bekannten, die sich aus den

Hühnerfischen und Pferdeseiden gegenüber den bisherigen europäischen Beschreibungstechniken ergibt, sehen Autoren späterer Jahrhunderte, wie der große Pedro Henríquez Ureña, den Ursprung einer eigenen »Literatur des hispanischen Amerika« (»literatura de la América hispana«[241]), die sich nicht mehr auf europäische Formen, aber auch nicht auf die besagte Dichotomie von Fiktions- und Sachtexten reduzieren lässt. Für Lezama wird der von Fernández de Oviedo beschriebene »cemí«, die *imago* des Teufels im karibischen Götzenkult, zum Namensgeber des Helden seiner beiden narrativen Hauptwerke *Paradiso* und *Oppiano Licario:* José Cemí; und Kolumbus durch sein Bordbuch, ohne die Einschränkung der ›Seltsamkeit‹, so zum ersten Dichter Cubas:

> Unsere Insel beginnt ihre Geschichte innerhalb der Dichtung. Das Bild, die Fabel und die Wunder errichten ihr Reich von unserer Grundlegung <*fundamentación*> und Entdeckung an. So hinterlässt Christoph Kolumbus in seinem *Bordbuch*, einem Buch, das an der Schwelle unserer Dichtung stehen muss, dass er, als er sich unseren Küste näherte, einen großen Feuerast ins Meer fallen sah. <…> Er sieht die Schlankheit der Indianerinnen, die ihm entgegenschreiten, um ihn zu grüßen, und merkt einen höchst erhellenden Ausdruck an, als er ihres Haares gewahr wird: Pferdeseide <*seda de caballo*>. Es ist nötig, den Akzent dieses Ausdrucks zu unterstreichen, Pferdeseide, womit nicht nur auf ein schönes Aussehen angespielt wird, sondern auch auf das ethisches Gewicht <*carga de eticidad*>, das dies in sich schließt, eine Art seidiger und feiner Widerstand, der die Charakteristik aller edlen Absichten des Cubaners sein musste.[242]

Die vermeintlich naturgegebene Hierarchie von Europa und Amerika, die, wie Sánchez Ferlosio es evozierte, stets einen Eroberer und einen Eroberten, einen Schinder und einen Geschundenen voraussetzt[243], wird so von Lezama bereits im ersten Moment einer Eroberung, die, wie Guaman Poma schon bemerkte, nie stattgefunden hat, in ihrem Verhältnis von Erobertem und Eroberer umgekehrt. Im selben Maße, wie die Europäer militärisch in den amerikanischen Kontinent einbrechen, dringt dieser Kontinent mit einer sanften Gewalt – ebenjenem ›feinen und seidigen Widerstand‹, von dem Lezama spricht – in das europäische Imaginarium, sein Denken, seine Sprachen, und verursacht Umwälzungen, die vielleicht über Jahrhunderte hinweg unterirdisch bleiben und sich dennoch, wie hier am Beispiel der Brüche im aristotelischen Sprachdenken vorgeführt, mit einer ebenso seidigen Unwiderstehlichkeit durchsetzen. Schon die ersten Zeugnisse der vermeintlichen Conquista verwandeln sich in Zeugnisse einer Kunst der Ge-

genconquista. In einem Zeitalter, das aus der Perspektive einer europäischen Kulturgeschichtsschreibung als »Das Barock als Kunst der Gegenreformation« identifiziert wird, gelingt schließlich dem amerikanischen Barock der erste sichtbare Sieg, die erste umgekehrte Kolonisierung. So resultiert aus Lezamas Betrachtungsweise,

> daß womöglich das europäische nur eine Spielform des amerikanischen Barocks als Kunst der Gegenkonquista ist, dieses also geradezu eine Form der Gegenkolonisierung, die eine militärische niemals hätte sein können: das Barock als die amerikanische Ausdruckswelt wäre dergestalt für Lezama Lima die Form, in der die neue Welt in die alte kam.[244]

Sind die »cosas de las Indias« und die in sie eindringenden Menschen, Erfindungen, Tiere und Pflanzen aus der alten Welt nun auf dem Wege der Wortneuschöpfungen (»nuevas imposiciones de nombres«), der Beschreibungen oder der Metaphern in den Vorrat des Beschreibbaren aufgenommen, kommensurabel und invenierbar geworden, ist der erste und wichtigste Teil der »invención del libro« bewältigt – die Stoffsammlung oder *inventio*, »prima ac maxima par<s> rhetoricae«. Bindet sich der Autor nicht, wie Kolumbus in seinem Tagebuch, an einen strikt chronologisch-linearen Ablauf der Ereignisse und versucht vielmehr, die Menge der gefundenen und benannten Dinge zu synthetisieren, entstehen die Texte nicht mehr auf der Reise in einem quasi-simultanen Vorgang von Sehen und Schreiben[245], so stellt sich dann die notwendige Frage nach einem geeigneten Ordnungsprinzip: Nach welchen Kriterien kann die Fülle des invenierten Stoffs, der *rerum copia*, disponiert werden? Hier ergeben sich angesichts des Mangels an literarischen Vorbildern auf dem Gebiet der Textwerdung eines vollständig unbekannten Gebiets, seiner Landschaften und Bewohner beträchtliche Probleme, die besonders in der ›mittleren Phase‹ der *Crónicas de Indias* einen kritischen Punkt erreichen. Denn ist der gesamte Kontinent erst einmal erkannt und erobert, sind für die Leserschaft kaum mehr einfache Reiseberichte von Interesse, die auf zum Teil reichlich ›impressionistischem‹ Wege ein erstes Bild von Landschaft und Leuten in *Las Indias* zu vermitteln in der Lage sind. Die *dispositio rerum* im Buch erhält die Aufgabe, eine neue Ordnung der Dinge, eine Enzyklopädie des Wissens der Neuen Welt anzufertigen.

Indem das Berichtete sich nicht aus einem Fund in den Texten der Autoritäten herleiten lässt, wie es damals und heute die Autoren großer Enzyklopädien in ihrer Vorgehensweise der Schreibtischtäter, als Kompilatoren von Wissen gewöhnt sind, ist das individuell erfahrene Wissen des Autors als eines Augenzeugen die Voraussetzung der Texterstellung. Da die Weitergabe von individueller Erfahrung stets die individuelle Erinnerung voraussetzt, erhält die Instanz der *memoria* eine vorrangige Bedeutung. Über die *ars inveniendi* hinaus werden die *Crónicas* zum Zeugnis einer hochentwickelten *ars memorandi*. Was aber nun, wenn die Fülle des memorierten Wissens das Disponierbare und textlich Konzipierbare übersteigt und damit auch die (Re-)Invention unmöglich macht? Dies ist die ständig angebrachte Klage Fernández de Oviedos. Doch auch der umgekehrte Fall ist angesichts der Abhängigkeit der *inventio* von der Erinnerung des Autors möglich: was, wenn der Autor an Gedächtnisverlust leidet und daher die *res* seiner Darstellung nicht aufzufinden in der Lage ist, selbst wenn er alle nötigen *verba* besäße, sie zu bezeichnen und alle dispositive Technik, sie zu ordnen? Dieser Fall ist alles andere als ein hypothetischer: es ist der des Inca Garcilaso, der alle Gegenstände seiner Darstellung zwar, wie er sagt, ›mit der Muttermilch eingesogen‹ hat, nun aber, da er ein älterer Mann ist und seit geraumer Zeit nicht mehr in Peru lebt, seine Kindheitserinnerungen, die das letzte lebende Zeugnis der Kultur konstituieren, die er zu beschreiben sucht, mehr und mehr vergisst. Sein eigenes Schreiben wird zum stetigen Kampf um seine eigene *memoria* und gegen die *oblivio*: das Vergessen (span: *olvido*), das bereits Augustinus als Gefahr für seinen Gedächtnispalast erkannte.

Diese umfassenden Fragen, die nun vorwiegend das Gebiet der Anordnung und Komposition der Worte, also den vorwiegend literarischen Aspekt der sogenannten »invención del libro« streifen; die Strategien, mit denen die invenierten Dinge zu einem zusammenhängenden Text strukturiert werden, sollen hier modellhaft an zwei bedeutenden Ursprungszeugnissen amerikanischer Literatur vorgestellt werden: Oviedos *Historia general y natural de Las Indias* als erste Encyclopaedia Americana und Garcilasos *Comentarios reales* als erste umfassende Rekonstruktion der amerikanischen Vergangenheit, als eine Art Suche nach der verlorenen Zeit auf dem Wege des Portraits einer versunkenen Zivilisation, der er selbst als einer der letzten Augenzeugen noch angehört. Beide Autoren sehen sich grundlegend unterschiedlichen Ausgangsproblemen beim Invenieren und Disponieren ihrer Dinge gegenüber. Oviedo ist mit einer ungeahnten *copia* von Dingen konfrontiert, die er gemäß den topischen Wissensspeichern seiner Zeit in seiner Chronik nicht mehr anzuordnen weiß. Wenn er, entsprechend dem Anspruch zeitgenössischer, topischer Kosmographien ein *Weltbuch: spiegel vn bildtnisz des gantzen erdtbodens*[246] von Las Indias entwerfen will, droht angesichts einer Überfülle der Bilder der Spiegel zu Bruch zu gehen. Das Gegenteil geschieht im Falle Garcilasos. Da er einer der letzten Zeugen einer untergegangenen Zivilisation ist, die er aber selbst nur als Kind in ihren letzten Ausläufern erlebte, nachdem das Reich der Incas schon erobert war, fehlen in seinem Gedächtnis die nötigen Bilder, um einen in den Text der

Chronik übertragenen Palast der gesamten Dinge der Welt widerzuspiegeln: da ihm ganz einfach die Dinge fehlen. Ein Problem, das sein Zeitgenosse Francis Bacon ja schon thematisiert hatte: Was hilft es, einen Spiegel zu polieren, wenn keine Bilder darin zu finden sind. »Frustra enim fuerit speculum expolire, si desint imagines.«[247]

V.4.2. »Unordnung ist Ordnung«: Fernández de Oviedos Poetik der Deponie

Sucht man innerhalb der *Crónicas de Indias* nach dem Buch, das am besten das im 16. Jahrhundert verbreitete Ideal der *cornucopia* verkörpert, findet man Gonzalo Fernández de Oviedos *Historia general y natural de las Indias*. Dennoch ist die Fülle des berichteten Materials, die *rerum copia*, im Falle dieses Chronisten nicht allein die Ausgestaltung eines ästhetisch-stilistischen Ideals. Vielmehr hat die Natur der Dinge selbst, die Fülle der in Las Indias angetroffenen Flora und Fauna sowie der dortigen menschlichen Sitten zu einem monumentalen Großunternehmen geführt. Innerhalb des Werkes jedoch findet sich eine Passage, genauer gesagt das 6. Buch des Ersten Teils, die als eine Art Buch im Buch konzipiert ist und, im Unterschied zu fast allen anderen Teilen des Werks, sogar einen eigenen Titel trägt: »Libro de Depósitos«. Dies Privileg wird daneben nur Oviedos rätselhaftem »Buch der Schiffbrüche« (»Libro de los Naufragios«) zuteil, dem Schlussbuch seiner Chronik[248]. Anders als das Gesamtwerk, das man angesichts seines formatsprengenden Charakters trotz des scharfen Bewusstseins, das Oviedo für das Problem der Ordnung des Wissens besitzt[249], nur schwer einem vorher konzipierten Strukturprinzip unterwerfen kann, ist dieses »Depot-Buch« unter Verweis auf die rhetorische Wissensordnung der Zeit, nach einem klaren System aufgebaut, das man hinsichtlich seiner vorsätzlichen Unordnung auch als ein Anti-System bezeichnen könnte: ein Verfahren der Invention in Zeiten der Überfülle des findbaren Stoffes. Auf diese Weise wird das kleine, ca. 80-seitige Buch im Buch zu einer Art komprimierter Essenz der gesamten *Historia general y natural*.

Erste Hinweise auf die Aufbauprinzipien, auf »título e invención del libro«, finden sich in dessen Proömion. Dort legt Oviedo ein Bekenntnis zur Arbeit nach rhetorischen Präzepten ab, denn er betrachtet die Kategorien Schriftsteller und Redner (»escriptor o orador«) als vertauschbar. Nicht allein das *verum* stehe im Zentrum der Aufmerksamkeit. Zwar sei wichtig, die Wahrheit zu berichten, wichtig sei jedoch auch, sie in gut klingender Form zu berichten:

> Poco tiene que hacer en decir la verdad el hombre libre que desea usar della; pero saberla referir como mejor parezca o suene a los que la oyen, ha de ser por gracia especial, junto con el arte o hermosa forma de narrar las cosas, en que el orador o escriptor quiere dar a entender lo que ha de rescitar o escribir, para que con más delectación sea escuchado.²⁵⁰
>
> *Um die Wahrheit zu sagen, muss der freie Mensch, der sich ihrer bedienen möchte, nicht viel tun; doch um sie so darzulegen, wie es am besten erscheint oder klingt für den, der sie hört, bedarf es einer besonderen Gnade, zusammen mit der Kunst oder schönen Form, die Dinge zu erzählen, durch die der Redner oder Schriftsteller das zu verstehen geben kann, was er vortragen oder schreiben soll, so dass es mit größtem Genuss gehört wird.*

Allerdings stellt bereits das reine Auffinden der ›Wahrheit‹ angesichts der Überfülle der aufgefundenen Dinge in Las Indias ein ernsthaftes Problem dar. Denn will man alle ›wahren‹ Dinge in ihrer geballten *copia* in einem Buch sammeln, so ergibt sich nicht nur ein Werk von ungeheuer kompendiösem Umfang. Ganz offenkundig ist Oviedo vom »Labyrinth-Schwindel-Syndrom« (»sindrome da Vertigine del Labirinto«²⁵¹) befallen, wie Eco die Berufskrankheit des Enzyklopädisten bezeichnet hat – und zwar bereits des europäischen. Umso mehr muss an ihr leiden, wer mit den zahllosen Wundern der Neuen Welt konfrontiert ist. In seiner Größe übersteigt das Labyrinth oder der Wald von Einzeldingen von Las Indias das Maß dessen, was der Autor bewältigen kann, und zwar nicht allein der Autor Oviedo, sondern selbst »tausend Ciceros«. Denn auch die Dichter und Redner der Antike, so Oviedo, wären mit demselben Problem konfrontiert gewesen, hätten sie über Las Indias schreiben müssen:

> E faltara el tiempo e la pluma e las manos e la elocuencia, no solamente a mí, mas, aquellos famosos poetas, Orpheo, Homero, Hesiodo, Píndaro, no pudieran bastar a tan encumbrada labor. Ni allende de los poetas, los más elocuentes oradores pudieran concluir una mar tan colmada de historias, aunque mill Cicerones se ocuparan en esto, a proporción de la abundantísima e cuasi infinita materia destas maravillas e riquezas que acá hay e tengo entre manos que escrebir.²⁵²
>
> *Und es werden die Zeit und die Feder und die Hände und die Beredsamkeit fehlen, und nicht nur mir, denn auch all jene berühmten Dichtern, Orpheus, Homer, Hesiod, Pindar wären mit einer solch herausragenden Arbeit überfordert. Über die Dichter hinaus könnten nicht einmal die eloquentesten Redner ein derart von Geschichten bis zum Rand gefülltes Meer erschöpfen, selbst wenn tausend Ciceros sich darum bemühten: zu gewaltig ist das Ausmaß des im Überfluss vorhandenen und nahezu unendlichen Stoffs von*

Wundern und Reichtümer, die es hier gibt und die zu schreiben ich in Händen habe.

Für diese Überforderung der Worte durch die Unzahl der Dinge sorgt vor allem die Überforderung des Gedächtnisses[253]. Denn wie Oviedo hier beschreibt, ist die Menge des Wissens durch das Auftauchen Amerikas so abundant geworden, dass sie sich in Richtung der Unendlichkeit bewegt (»cuasi infinita«). Eine infinite Zahl der Dinge aber lässt sich unmöglich in der Endlichkeit des menschlichen Gedächtnisses eingravieren. An das Unendliche erinnern kann sich im Grunde alleine Gott, dessen Gedächtnis kein Ende hat, da er selbst unendlich ist. Durch seine Konfrontation mit der Übermenge des Neuen macht Oviedo die von Blumenberg als für die Zeit symptomatisch beschriebene Erfahrung, dass das Buch der Natur das vom Menschen Schreibbare und Geschriebene übersteigt[254].

Was Oviedo hier aber en passant attestiert, ist zugleich praktisch der Einsturz des augustinischen Gedächtnispalasts, der die Bilder der gesamten Welt im Gedächtnis eines einzigen Menschen aufzunehmen in der Lage ist – und eben nicht nur in dem von über tausend Ciceros. Zum Einsturz kommt damit aber auch das im 15. Jahrhundert etablierte System der topischen Wissens-Invention, deren Enzyklopädien den Anspruch stellen, als nach dem Prinzip der *loci* organisierte Erinnerungsspeicher die Gesamtheit des Wissens, das gesamte *Naturae theatrum* invenierbar zu machen. Aus dieser Sicht ist Oviedos Enzyklopädie der ›Dinge aus Las Indias‹ eine Art Anti-Topik. Das Neue ist so neu, dass der Autor keinen Topos mehr weiß, an dem es sich orten ließe.

Als seine Aufgabe als Chronist sieht es Oviedo demnach, sich mit dem Problem der entgrenzten *memoria* auseinanderzusetzen: nämlich all diejenigen Dinge wieder zum Vorschein zu bringen, die von den Trümmern einer Erinnerung verschüttet wurden, welche die Gesamtheit der Dinge nicht zu tragen wusste; alle vom Vergessen verschütteten ›Dinge von Las Indias‹, die aus dem Erinnerungsschatz verschwunden waren (»ya estaban fuera de la memoria«[255]). Nicht unbekannt also, sondern nur vergessen – aber nicht allein vom Menschen vergessen, sondern auch von Gott selbst, dessen Gedächtnis mit der Fülle von Dingen und Menschen in Las Indias überfordert war[256] und der sie nun in dem Moment, da er sich selbst wieder an sie erinnert (»cuando se acordó dellos«), als Meister der *memoria* dem Menschen enthüllt und in dessen Erinnerung eingehen lässt[257]. Die Unendlichkeit der Schöpfung ist so gewaltig, dass selbst ihr Schöpfer zuweilen die Hälfte von ihr vergisst und sich dann wieder daran erinnern muss – und damit vor demselben Problem steht wie der Chronist, die Überfülle der *res* zu bewältigen.

Daraus nun ergibt sich die doppelte Aufgabe, die Oviedos Chronik zu erfüllen hat. Zum Einen besitzt sie den Anspruch, in künstlicher Weise die *memoria* des Autors abzubilden und alles aufzunehmen, was Gott ihm ›entdeckt‹ hat. Zum Anderen aber dient sie, wie von Teuth in der platonischen Legende der Schrifterfindung beabsichtigt, als Supplement einer *memoria*, die nur eine begrenzte Speicherkapazität besitzt, und hilft dabei, alles festzuhalten, damit es nicht an das Vergessen verloren wird. Im Grunde ist die gesamte *Historia general y natural* als eine Art Überlaufbecken oder Deponie für überschüssige Dinge und Erinnerungsbilder konzipiert. Innerhalb dieser Deponie hat der Autor sich jedoch ein kleines Depot angelegt, das »Libro de depósitos«, dessen Dinge als besonders bemerkenswerte und daher einprägsame Kleinode die Erinnerung stützen (»depósito para mi memoria«[258]) und das wie ein Bankdepot aus verschiedenen wertvollen »Einlagen« (»depósitos«) angehäuft wird. Notwendig wird die Gedächtnisstütze, da der Autor seine Deponie in ihrem Ausmaß nicht zu dezimieren vermag, denn aufgrund der Neuheit jedes auch noch so kleinen Gegenstandes von Las Indias hat es keiner von ihnen verdient, vergessen zu werden (»no es cosa para quedar en olvido«[259]). Selbst wenn die Gesamtheit der Dinge ständig die eigene Erinnerung zu übersteigen droht, besitzt die Enzyklopädie noch immer den Selbstanspruch eines immensen Lagers – eines Arsenals, Schatzhauses oder *theatrum rerum*, um in der Terminologie der mnemonischen Traktate zu bleiben –, mit dessen Hilfe ein Inventar aller neuen Dinge erstellt wird, in dem alles Neue inveniert werden kann: »Immer werdet ihr Neues in diesem Depot-Buch finden« (»siempre hallareis cosas nuevas en este libro de depósitos«[260]), schreibt Oviedo auch in dessen Proömion.

Doch es gibt einen grundlegenden Unterschied zu den topischen Enzyklopädien. Wenn die Dinge das Erinnerbare übersteigen, wird es immer schwerer, sie gemäß den *loci* der *memoria* zu konfigurieren. Und genau aus diesem Grund entstehen die Ordnungs- und Eloquenzprobleme und deshalb ist, trotz aller Imitation des Plinius, das Heranziehen von antiken Autoren so sinnlos. Für sein Depot-Buch muss Oviedo auf eine Methode zurückgreifen, die erst in jüngster Zeit entwickelt wurde: die *Sylva de varia lección* von Pedro Mexía. Was diesen ›Wald‹ – gängige Metapher der mnemonischen Speicher und Enzyklopädien der Zeit[261] – von den übrigen *sylva locorum communium* unterscheidet, ist ihr fehlender Universalitätsanspruch. In Mexías Wald ist laut Oviedo nicht die Gesamtheit der Dinge des Wissens selbst niedergelegt. Man findet dort nur noch ihre Zeichen und Abbilder, und zwar nur derjenigen Dinge, die sich aufgrund ihres ungewöhnlichen Charakters in die Seele und ihre *memoria* eingeprägt haben. All die überzähligen und nicht erinnerungswürdigen Originale (»originales«) hingegen werden zugunsten ihrer seelischen Abbilder als Abfall weggeworfen (»desechado«). Dadurch wird die Lektüre des Buches zu einem Gang durch einen ›Wald von Zeichen‹ ähnlich jenem ungleich berühmteren aus dem Sonett Baudelaires[262]: nicht die Dinge selbst, ihre Spuren (»trazas«) weisen den Weg und führen zur Zuordnung des Namens (»nombre«).

<A>sí como en él se tractan muchas e diversas cosas, e en la silva o bosques son diferenciados los árboles e plantas que producen, e los animales e aves que en ellos habitan e se crían, así le dió el nombre, conforme a la traza e materias que en su mente (del escriptor) estaban ya elegidas y notadas y bien vistas por él, para que, desechando o desviando la prolijidad de los originales (como prudente copilador), cogiendo la flor de tantas e tan suaves memorias e de tan notables leciones, viésemos en breves renglones lo que muchos e grandes volúmines contienen.[263]

So wie darin viele verschiedene Dinge abgehandelt werden, und wie im Wald oder den Forsten die Bäume und Pflanzen unterschieden werden, die diese hervorbringen, und die Tiere und Vögel, die in ihnen wohnen und heranwachsen, so auch gab er ihm <i.e. dem Buch> diesen Namen entsprechend der Spur und den Stoffen, die in seinem Geist (dem des Schriftstellers) bereits ausgewählt und vorgemerkt und von ihm für gut befunden waren, um die Überfülle an Originalen wegzuwerfen oder umzuleiten und (als behutsamer Sammler) die Blüte all dieser zahlreichen zarten Erinnerungen und bemerkenswerten Lektüren zu pflücken, so dass wir in knappen Zeilen das sehen können, was in vielen dicke Bänden steht.

Das Ordnungsverfahren des Depot-Buchs ist eine durch radikales Filtern gewonnene Erinnerungs-Anthologie (»flor de tantas y tan suaves memorias«). Alles, was durchschnittlich und gewöhnlich ist, wird aussortiert. Nur extraordinären und bizarren Elementen wird Aufenthaltsrecht gewährt. Doch Oviedos Ausschlusskriterium geht angesichts der größeren Fülle der von ihm zu bewältigenden *copia* noch weiter. In seinem *Libro de Depósitos* findet sich nur das, was absolut neu, unbekannt und dadurch in keinem Text auffindbar ist. »Diese Einlage, oder neue Lektion, ist etwas, das, wie mir scheint, zuvor weder gehört noch gesehen wurde, noch in irgendeiner Gegend je aufgeschrieben (»Este depósito, o nueva leción, me paresce que es una cosa no oída ni vista antes, ni escripta de otra provincia alguna«[264]), so lautet Oviedos Anspruch an jedes ›deponierte‹ Ding, das in seine Kleinodsammlung Einzug nehmen möchte. Diese Dinge sind »diesem Buch zugehörig« (»pertensciente a este libro«), weil der Autor sich – gewissermaßen als ihr *primus inventor* – als ihr Eigentümer fühlt wie über Einlagen in einem Wertdepot: »denn ich habe keinen Autor gefunden, der in gleicher Weise ein solches Ding aus eigenem Anblick bezeugen könnte« (»porque ningún auctor he hallado que de vista pueda testificar cosa tan al propósito«²⁶⁵).

Diese Theorie des Außergewöhnlichen und Unbekannten als Beginn einer modernen Ästhetik des Neuen zu feiern, wäre verlockend. Dennoch ist die Absicht der *sylva* hier anders gelagert. Oviedo geht es weniger um ein ästhetisches denn wissenschaftliches Prinzip, um die Frage der Wissensbewältigung und des Gedächtnisses. Das ergibt sich bereits aus dem Namen »Libro de Depósitos« und seiner Herkunft aus dem lateinischen Begriff *deponere*, der im Zentrum der rhetorischen Erinnerungslehre des *Ad Herennium* und der *Institutiones oratoriae* Quintilians steht. Durch sein Buch baut Oviedo ein mnemonisches Archiv auf, das nach der Methode der *imagines agentes* funktioniert: mit Bildern also, die aufgrund ihrer Extravaganz sich leichter der Erinnerung einprägen lassen und an den *loci* der Erinnerung *deponiert* werden, um dort vom Redner wiedergefunden zu werden²⁶⁶. Dadurch indes erhält das Buch eine Aufgabe, die weit über die Erinnerungsblütenlese Mexías hinausgeht: nämlich eine Ordnung in die Unmenge von Wissens-›Müll‹ zu bringen, in die von Mexía ›weggeworfenen‹ Originale, die bei Oviedo, der mit seiner Chronik in ihrer Gesamtheit weiterhin den enzyklopädischen Universalitätsanspruch verfolgt und nur ein einziges Buch als Anthologie der Extravaganzen integriert, den Großteil der *Historia general y natural* ausmachen. Da die verwirrende Vielfalt der zur Verfügung stehenden Dinge in ihrer Gesamtheit aufgrund ihrer großen Ähnlichkeit untereinander (»semejantes«) für ihn nicht mehr in eine Ordnung zu bringen ist, schließt er die in ihrer Extravaganz klar zu erkennenden und zu unterscheidenden (»diferentes«) *imagines agentes* in ein kleines Depot der Wunder.

> Y con esta determinación, digo que es tanta la abundancia de las materias que me ocurren a la memoria, que con mucha dificultad las puedo acabar de escribir e distinguir, e no con poco trabajo ni con pocas minutas, continuar e conformar aquellas cosas que conciernen e son en algo semejantes e más apropiadas a la historia que se sigue. Y porque tractando de algunas particulares de que hay clara distinción e son desemejantes en sí, no se compadesce a cada una dellas darle libro distinto, por su breve narración e volumen, porné, de aquestas tales, como en depósito común, en este libro VI, las que me acordare y supiere de tal calidad y diferencia; porque, cuanto más raras y peregrinas fueren, y no de compararse las unas a las otras, tanto más será cada cual dellas más digna de ser sabida y no puesta en olvido.²⁶⁷
>
> *Und mit dieser Entschiedenheit sage ich, dass die Fülle der Stoffe so groß ist, die meiner Erinnerung einfallen, dass ich sie nur mit größter Schwierigkeit bis zum Ende aufschreiben und unterscheiden und nur mit nicht wenig Ar-*

beit und Kosten weitermachen und die Dinge in Übereinstimmung bringen kann, welche die folgende Geschichte betreffen und ihr in gewisser Weise ähnlich und am angemessensten sind. Und nachdem ich einige besondere behandele, unter denen es eine klare Unterscheidung gibt und die untereinander unähnlich sind, werde ich nicht jeder von ihnen ein unterschiedliches Buch einräumen, sondern sie alle aufgrund ihres knappen Berichts und Umfangs, wie in ein Sammeldepot, in dieses Buch VI niederlegen, das mich an sie erinnern und in Kenntnis über ihre Beschaffenheit und Unterschiedlichkeit setzen soll; denn je seltsamer und fremdartiger sie sind und nicht miteinander zu vergleichen, um so würdiger ist jedes von ihnen, gekannt zu werden und nicht in Vergessenheit zu geraten.

Allerdings entsteht hier durch die Verbindung der *memoria artificialis* auf de Weg der *imagines agentes* mit der *memoria naturalis*, wie der Palast des Augustinus und die topischen Wissensspeicher sie bieten, ein weiteres Ordnungsproblem. Bislang schwimmen die aus vollständig unterschiedlichen Kontexten gerissenen Gegenstände des Depot-Buchs noch in dem Durcheinander des großen Wassereimers, der in der *Dialectique* von Oviedos Zeitgenossen Petrus Ramus als Ausgangspunkt des einer jeden disponierten Ordnung vorausgehenden Lotteriespiels fungiert[268]. Doch anders als die Einzelelemente des gesamten Wissens verbindet diese Gegenstände außer ihrer Neuheit und Unbekanntheit rein gar nichts, und insofern ist es nahezu unmöglich, ihnen einen systematischen Ort, einen *locus* oder τόπος zuzuweisen. Es ist ein ordnungsloses und, mehr noch, sich jedem Versuch der Ordnung widersetzendes Erinnerungs-Panoptikum.

Zur Lösung des Problems wagt Oviedo die Flucht nach vorne. Obwohl er sich des daraus folgenden chaotischen Effekts auf den Leser durchaus bewusst ist und diesen ausdrücklich eingesteht, beschließt er gemäß dem nicht anders als anarchisch zu nennenden Credo »Unordnung ist Ordnung«, das Depot-Buch gewissermaßen im Stadium des ramistischen Wassereimers zu belassen; sein kleines Schatzdepot und ›Archiv‹ der *memorabilia*, ungeachtet des säuberlichen Kosmos der Apotheken und Gedächtnistheater à la Bodin und Camillo, als ungeordnete Deponie zu belassen.

> Parescerle ha al letor desvariada cosa la manera apartada e tan diferente de proceder de una cosas <sic> en otras en los capítulos deste libro VI, segund sus géneros. Ved lo que se acaba de escrebir en el precedente capítulo de la extremada hermosura e plumas de aquel pájaro de la Especiería, y que he saltado a hablar agora de una cierta goma que aquí se dirá. Mas, si al letor se le acuerda de lo que dije en el proemio o introducción deste libro, parescerle ha que **el desconcierto es concierto e buena orden**,

para que ninguna cosa se olvide de aquellas que se deben escrebir; y por tanto, llamo yo a este libro el *depositario o archivo de depósitos*.[269]

Als irrwitzig muss dem Leser die entlegene und gar so andere Art und Weise erscheinen, nach der in den Kapiteln dieses Buchs VI von einem Ding zum anderen geschritten wird, entsprechend seiner jeweiligen Gattung. Seht etwa das, was gerade in dem vorausgehenden Kapitel über die extreme Schönheit und das Gefieder jenes Vogels von der Gewürzinsel geschrieben wurde, und nun bin ich dazu übergesprungen, von einer bestimmten Gummiart zu sprechen, wozu ich gleich komme. Doch wenn der Leser sich daran erinnert, was ich im Proömium oder Vorwort dieses Buches gesagt habe, muss es ihm so erscheinen, dass **die Unordnung Übereinkunft und gute Ordnung ist**, *auf dass kein Ding von all den vielen, die aufgeschrieben werden müssen, vergessen wird; und daher nenne ich dieses Buch* Verwahrungs- oder Depot-Archiv.

Dass diesem System, das jedes Prinzip zur Ordnung der Dinge unterläuft, in den zeitgenössischen Abhandlungen durchaus Rechnung getragen wird, beweist etwa Theodor Zwingers kleine Schrift »De historia«, in welcher die Leistungen Oviedos gerühmt und den herkömmlichen Ordnungsprinzipien einer Historia auch das Prinzip der Unordnung (»ordine caret«[270]) an die Seite gestellt wird, wie es sich in der »sylva variarium lectionum« manifestiert – der Bezug auf Pedro Mexías seinerzeit in ganz Europa ebenso erfolgreiches und mehrfach übersetztes[271] wie später völlig in Vergessenheit gefallenes Werk »Sylva de varia lecíon« (1540) ist unverkennbar[272].

Für Pedro Mexía freilich gilt als Auswahlkriterium der in die »neue« (»nueva«) Unordnungs-Ordnung gebrachten Dinge stets noch das Autoritätsargument, das Geschrieben-Sein in einer der zahllosen Quellen, die gelesen zu haben er angibt: »Es cierto que ninguna cosa digo ni escribo que no la haya leído en libro de grande auctoridad«. Dem Wort der Autoritäten, in diesem Falle den Evangelisten, entziehen sich allein apokryphe Legenden wie die »wundervollen Dinge, die in Himmel und Erde erscheinen, ohne dass die Evangelisten sie erzählen, als Christus geboren wurde« (»cosas maravillosas que aparecieron en el cielo y tierra, sin que las cuenten los evangelistas, cuando Cristo nasció«[273]). Doch auch diese Apokryphen sind wiederum durch andere »wahrhafte Autoren« (»verdaderos autores«) von den Kirchenvätern bis zu den mittelalterlichen Chronisten abgesichert. Mexías »Wald« von Einzeldingen ist eine wirkliche Blütenlese aus den Texten antiker wie zeitgenössischer (»en nuestros tiempos«) Autoren, doch die Mehrzahl der Themen ist aus der antiken Geschichte entnommen. Angesichts dessen erhebt er, anders als sein selbsternannter Schüler Oviedo, auch nicht den Anspruch auf vollständige Einzigartigkeit des dargestellten Gegenstandes im Sinne von etwas Unbeschriebenem und Unbeschreibbarem. Auch von einem historischen Bruch, der Hereinkunft eines neuen Zeitalters voller neuer Dinge, ist bei Mexía, unmittelbarer Zeitgenosse Oviedos und wie dieser seit 1548 mit dem Privileg des Chronisten Karl V. ausgezeichnet, wenig zu finden: in seiner Geschichte der militärischen Erfindungen und Eroberungen hat Amerika ebensowenig Platz wie in seiner Einteilung der sechs Weltalter, deren letztes mit Jesus Christus begann und bis zum Ende der Zeiten dauern wird (»la sexta edad, que ha mil quinientos y cuarenta años que dura, y durará hasta el fin del mundo«[274]). Sein Hauptaugenmerk liegt auf dem nicht unbedingt ›neuen‹ Krieg gegen die Ungläubigen – die Goten und Mohammed (»los Godos y otras naciones, y después Mahoma«), nicht aber auf Bewohnern der Neuen Welt. Denn bis zu ihnen reicht seine Erzählung nicht: »Was danach geschehen wird, weiß Gott: über das, was geschehen ist, habe ich, so scheint mir, genug gesagt« (»Lo que adelante sucederá, Dios lo sabe: de lo sucedido me ha parescido que basta lo dicho«[275]).

Was für Oviedo sichtlich zum Vorbild dient, sind vielmehr Mexías eingestreute, allgemeine oder diachronische Episoden bizarren und außergewöhnlichen Charakters: etwa die historische Darstellung der negativen Auswirkungen maßloser Trunksucht, illustriert durch einen diachronen Katalog illustrer Säufer (»historias de principales hombres que se dieron al vino«[276] – man denke an Oviedos Anti-Erfinder-Katalog[277]), oder die Schilderung eines ungewöhnlichen ›Tierchens‹, dessen tödlicher Biss nur durch Musik geheilt werden kann (»animalico cuya mordedura mata o sana con música«[278] – man denke an Oviedos Episode des wundersamen Äffchen-Kätzchens). Der einprägsame Charakter solch einzigartiger Episoden ist für Oviedos Depot-Buch, anders als Mexías *Silva*, quasi zum alleinigen Auswahlkriterium avanciert. Was dieses Verfahren des Noch-nie-Dagewesenen für Oviedo in praktischer Weise bedeutet und zu welch tatsächlich außergewöhnlichen Ergebnissen es führt, möge ein isoliertes Beispiel zeigen. Eines der *depósitos* des Buches ist die eigene Frau des Autors. Ihr werden, dem Titel des zugehörigen Kapitels entsprechend, zwei Charakteristika zugesprochen: dass sie niemals spuckte und dass sie über Nacht graue Haare bekam (»la una, que nunca escupió, e la otra que en una noche se tornó cana«)[279]. Hinter dieser doch recht eigentümlichen und auf den ersten Blick nicht unbedingt liebevollen Beschreibung seiner Gattin verbirgt sich eine zutiefst erschütternde Tragödie. Im Kapitel XLI des Depot-Buches berichtet Oviedo, seine Frau Margarita de Vergara sei ein so schönes, zartes und tugendhaftes Wesen gewesen, dass jede Form von Vulgarität ihr fremd war, und zwar bis zu dem Punkt, dass sie in ihrem ganzen Leben nie, wie jeder normale Mensch, ausspuckte. Dann aber raffte eine Fehlgeburt sie hinweg. Drei Tage dauerte ihr Todeskampf im Kindbett, und in ihrer letzten Nacht ergrauten ihr kurz vor dem Tode vor Schmerz und Schwäche die Haare, obwohl sie doch blond und erst 26 Jahre alt war. Dieses Ereignis hinterließ im Autor eine solche Trauer, dass er noch Jahrzehnte später laut eigener Angabe »nicht davon berichten kann, ohne darüber in Tränen auszubrechen und zu seufzen, so lange ich lebe« (»que ni puedo hablar en él sin lágrimas ni dejar de sospirar por ello en cuanto yo viva«[280]).

Ein wenig rätselhaft ist auf den ersten Blick, was Oviedo dazu führt, das von ihm mit bewegenden Worten geschilderte Ereignis unter einem solch skurrilen Titel in sein ›Depot‹ einer Naturgeschichte Amerikas einzufügen. Grund dafür ist nichts als die *Neuheit* des Berichteten, die es zu einer »cosa notable« macht und aus jedem textlich verbürgten Zeugnis herausbrechen lässt. Laut dem XXVIII. Kapitel des Plinius nämlich gab es in der gesamten römischen Geschichte bis auf Antonia, die Tochter des Drusus Romanus, nie eine Frau, die ihr ganzes Leben lang nicht spuckte. Und von einer Frau, deren Haare über Nacht ergrauten, ist überhaupt kein schriftliches Zeugnis bekannt. Obwohl der Tod im Kindbett alles andere als ungewöhnlich ist, erhält die verstorbene Gattin des Autors daher Aufnahme in die Deponie der Wunder.

Fernández de Oviedo ringt in seiner Arbeit um Ordnung, das im Extremfall dazu führt, mangels besserer Methoden die Unordnung zur Ordnung zu erklären. Für die Nachfolger Oviedos ist daher das Stehenbleiben beim ramistischen Wassereimer-Modell auch kaum eine zufriedenstellende Lösung. So erklärt sich, dass Ende des Jahrhunderts Chroniken wie Acostas *Historia natural y moral de las Indias* – deren beide Titelbestandteile im Gegensatz zum »natural y general« Oviedos nicht akkumulativ, sondern zwischen Natur und Mensch differenzierend operieren – nach Prinzipien strukturiert sind, die uns heute konventioneller und weitaus weniger exotisch erscheinen. Acosta argumentiert nicht mehr enzyklopädisch, sondern beschränkt sich selektiv auf das Essenzielle, denn sein Ziel ist es überhaupt nicht, die Gesamtheit der unbeschriebenen Dinge zu archivieren. Oviedos Chronik weist durch ihr Scheitern den Weg in diese neue Ordnung. Um der weitaus kopiöseren Menge des berichteten Wissens eine Struktur zu geben, hätte er ein System finden müssen, das sich erst im 18. Jahrhundert zur Bewältigung der Wissensmenge endgültig etabliert: die alphabetische Ordnung.

Das im *Libro de los depósitos* explizit noch zur Ordnung des Wissens verwendete ›Deponie-Prinzip‹ des Geschichtsschreibers Oviedo wird am Ende der *Historia* auch zum narrativen Prinzip des Literaten Oviedo: nämlich in dem anderen großen Buch der *Historia*, das einen eigenen Namen trägt: das *Libro de los naufragios*, das somit gemäß Karl Kohut für Oviedo zur »Quintessenz seiner Arbeit« wird. »Der Historiker weicht dem Schriftsteller, der das historische Material benützt, um ein literarisches Universum jenseits der realen Welt und – nach seiner Überzeugung – realer als diese zu entwerfen«[281]. Als die kondensierten wissenschaftlichen und literarischen Extrakte sind beide Bücher wiederum durch einen Gegensatz verbunden, der die gesamten Chroniken durchzieht und der auch Oviedos *Historia* zwischen dem Katalog der Wunder und *mirabilia* im »Libro de los depósitos« auf der einen; der Illusion und dem Schiffbruch im »Buch von den Mühsalen und Schiffbrüchen« (»Libro de los Infortunios y naufragios«[282]) auf der anderen oszillieren lässt[283].

V.4.3. »Dieses große Labyrinth«: Inca Garcilasos Poetik der Ruine

Stellt den Universalchronisten der Conquista, Fernández de Oviedo, der Bau seines Buches vor Schwierigkeiten, weil die Fülle der Dinge seine Erinnerung so anschwellen lässt, dass er ihrer nicht mehr Herr ist, so steht der Prähistoriker der Conquista, Inca Garcilaso de la Vega, vor dem genau umgekehrten Problem: die Erinnerung an eine Zeit heraufzubeschwören, an die es fast keine Erinnerungen mehr gibt. Als Berührungspunkt zwischen beiden ergibt sich dennoch die Konstruktion des Textes auf der Basis des individuellen Gedächtnisses. In beiden Chroniken ist das Problem der *memoria* ein Leitfaden, obgleich in völlig verschobener Funktion. Für Oviedo, dessen Verfahren durch den Leitsatz »Ich sage, was ich sah« (»Yo digo lo que vi«[284]) charakterisiert ist, besteht die Aufgabe der Chronik darin, in die Fülle des Gesehenen und Memorierten eine textliche Ordnung und Reihenfolge – die *dispositio* – zu bringen und das Disponierte auf dem Weg der *memoria* vor dem Vergessen zu retten. Bei Garcilaso, als dessen Motto das ständig wiederholte »Ich erinnere mich« (»Yo me acuerdo«) dienen könnte, wird die *memoria* oder μνήμη – das Gedächtnis, die Speicherung des Erinnerten – in ihrer Aufgabe auch sekundiert durch die Instanz der *reminiscentia* oder ἀνάμνησις – die Erinnerung, das Wieder-Gedenken an bereits dem Gedächtnis Entfallenes. Nicht nur das Konservieren der Erinnerung für die Nachwelt ist ihr Sinn, sondern überhaupt das Auffinden der Gegenstände der Darstellung – der *res* – aus dem Vergessen, in das sie bereits gefallen waren. Hierbei geht es aber nicht um das prähistorische Vergessen der Hesperiden durch die gesamte Menschheit und ihren vergesslichen Gott. Für den Autor selbst liegt die Inca-Kultur bereits im Vergessen, da er sie nur als Kind erlebt hatte, bevor sein Vater starb und er nach Spanien geschickt wurde. Die Rekonstruktion der Geschichte seines eigenen Volkes geschieht daher über die Rekonstruktion der Erinnerung an die eigene Kindheit. Dieser Wiedergewinnungsprozess auf dem Weg der *memoria* bildet das strukturierende Prinzip des Buches, seine *dispositio*.

Immer wieder schiebt der Autor Kapitel ein, die mit den Worten nach dem Muster ›da fällt mir noch ein‹ oder ›wie ich vorher zu sagen vergessen hatte‹ beginnen: »Ich hatte vergessen, von den Fischen zu berichten, die die Indios in Peru aus dem Süßwasser in den Flüsse haben« (»OLuidado se me auia hazer relacion del pescado que los Yndios del Peru tienen de agua dulce en los rios«[285]); »Wir haben das beste vergessen, das nach den Indien gekommen ist, nämlich die Spanier und die Neger« (»LO mejor de lo que ha pasado a Yndias se nosoluidaua <sic>, que son los Españoles y los negros«[286]), etc.

Wie wichtig dem Autor dieser Prozess des erinnernden Wiedergewinnens offenbar ist, sieht man an der Häufigkeit, aber im Grunde auch schon an der bloßen Existenz solcher Bemerkungen, da er ihm plötzlich wieder in den Sinn schießende Gedanken vor der endgültigen Textredaktion an ihren *locus* im Text hätte rücken können, ohne ein Wort darüber zu verlieren. Im Rahmen der *Comentarios reales* hat diese nachträgliche Neuanordnung der Gesamtheit des Erinnerten schon allein deshalb keinen Sinn, weil die »invención del libro«, gleich dem Gang des Simonides in den Ruinen der Villa des Skopas, selbst den Prozess der Wiedergewinnung, der re-*inventio* der *res* aus dem Schutt des Vergessens, den Wiederaufbau des eingestürzten Gedächtnispalastes darstellt. Bei Garcilaso ist die Metapher des Palastaufbaus über ein seelisch-erkenntnistheoretisches Modell hinaus auch ein nach und nach vom Autor enthülltes Modell für den eigenen Text. Die Rekonstruktion der Erinnerung und die Konstruktion des Textes gleichen, wie Garcilaso zu Beginn seiner Chronik ausführt, dem Aufbau eines Gebäudes, dessen ›Grundstein‹ (»primera piedra«) nicht etwa die ›mit eigenen Augen gesehene‹ Erinnerung ist wie im Falle Oviedos, sondern der Mythos. Als »Fundament« (»fundamento«) seines gesamten Text-Gebäudes setzt der Autor dabei »Fabeln« (»fabulas«), und zwar die Ursprungsmythen der Incas und ihres Reiches. Ihm, dem Abkömmling der Königsfamilie, erzählten seine eigenen Verwandten als Kind diese Fabeln als Einschlafgeschichten. In einer Zeit, in der Chroniken »frei von Fiktionen und Fabeln« (»ajenas a ficciónes y fabulas«) zu sein haben, bedarf eine solche Gründung einer Chronik auf Gutenachtmärchen aber einer eingehenden Rechtfertigung, die Garcilaso in seiner »Erklärung des Autors zur Geschichte« (»Protestación del Autor sobre la Historia«) vornimmt:

> YA que hemos puesto la primera piedra de nuestro edificio (aunque fabulosa) en el origen de los Incas Reyes del Peru, sera razon passemos adelante <...>
> *Da wir den (wenn auch märchenhaften) Grundstein unseres Gebäudes beim Ursprung der Inka, der Könige von Peru, gelegt haben, wird es berechtigt sein, <voranzuschreiten...>*[287]

y aunque algunas cosas de las dichas, y otras que se diran, parezcan fabulosas me parescio no dexar de escriuirlas, por no quitar los fundamentos sobre los que los Yndios se fundan, para las cosas mayores, y mejores que de su imperio cuentan; porque en fin de estos principios fabulosos procedieron las grandezas, que en realidad de verdad possee oy España;

<...> *wenn auch manches von dem, was gesagt wurde und noch gesagt wird, märchenhaft anmutet, dünkte es mich doch nicht richtig, es auszulassen, um den Indianern nicht das Fundament für die größten und besten Dinge zu entziehen, die sie von ihrem Reich erzählen; denn letztlich gingen aus diesen märchenhaften Anfängen die großen Werke hervor, die heute Spanien wirklich und wahrhaftig besitzt*[288].

Im Verhältnis zur Methode der verbindlich verbürgten Textautorität (dem Modell des Mittelalters) und der empirischen Beobachtung des »ich sage, was ich sah« (»yo digo lo que vi« – dem Modell der heranbrechenden Neuzeit) bringt dieser von Garcilaso eingeschlagene dritte Weg des Mythos (das Modell der ›antiken und modernen Heiden‹ Roms und Cuzcos, des ›anderen Roms‹) eine Schwierigkeit mit sich: die Uneindeutigkeit. Ursprungsmythen gibt es viele. Da Garcilaso hintereinander drei mythische »fábulas« vom Ursprung des Reichs zu berichten weiß, hat seine Inca-Chronik nicht wie üblich einen, sondern gleich drei Anfänge:

1. Die Zeugung des ersten Herrscherpaares durch »unseren Vater die Sonne« (»nuestro padre el Sol«[289]): ein Mythos, der dem Autor als Kind von seinem Onkel erzählt wird.

2. Das Erscheinen eines mächtigen Mannes in Tihuanacu im Süden von Cuzco (»que esta al medio dia del Cozco«[290]), der, nachdem er die Sintflut – in Noahs Arche oder möglicherweise auch nicht, wie Garcilaso einräumt – überlebte, die Welt in vier Teile teilte und einen davon Manco Cápac zur Herrschaft gab, dem ersten Inca; eine Version, die eher vom einfachen Volk im Süden Cuzcos erzählt wird.

3. Das Herausschlüpfen vierer Geschwister aus einem Felsen durch das sogenannte »Königsfenster« (»ventana real«) nahe Cuzco. Eines dieser Geschwister ist Manco Cápac. Diese Geschichte wird von den Bewohnern des Nordens Cuzcos erzählt.

Obwohl der Autor eingesteht, dass es sich hier mehr um Träume und Fabeln als um historische Fakten handelt (»mas parescen sueños, o fabulas mal ordenadas, que sucessos historiales«[291]), sind sie als ›Fundament‹ des Textgebäudes unabdingbar. Da die Basis des Baus durch die drei Anfänge auch drei Eingangstüren besitzt, die nicht unbedingt zum selben Ziel führen, erklärt sich auch die zunächst sichtbare Form des Gebäudes: es ist ein Labyrinth mit verschiedenen Pforten und Wegen:

> Y pues estamos a la puerta de este gran laberinto, sera bien passemos adelante a dar noticias lo que en el auia. Despues de auer dado muchas traças, y tomado muchos caminos, para entrar a dar cuenta del origen y principio de los Incas, Reyes naturales, que fueron del Peru, me parescio que la mejor traça y el camino mas facil, y llano era contar lo que en mis niñezes oy muchas vezes a mi madrey y a sus hermanos y tios, y otros sus mayores acerca deste origen y principio:
> ‹Und da wir uns nun am Tor dieses großen Labyrinths befinden, sollten wir auch eintreten, um Kunde zu geben, was sich darin befand.› Nachdem ich viele Pläne entworfen und Wege versucht habe, um Kunde von Herkunft und Beginn der Inka zu geben, die die natürlichen Könige von Peru waren, schien es mir der beste Plan und der leichteste und ebenste Weg, das wiederzugeben, was ich in meiner Kindheit so manches Mal von meiner Mutter und ihren Brüdern und Oheimen und von anderen ihrer älteren Verwandten von diesem Ursprung und Beginn gehört habe.[292]

In vielerlei Hinsicht gemahnt die von Garcilaso evozierte Labyrinthstruktur an die seiner Zeitgenossen, der topischen Geschichtsschreiber und Erbauer der ›Naturtheater‹ wie Bodin, dessen *Methodus ad facilem historiae cogtionem* ja nachweislich zu Garcilasos bevorzugten Lektüren gehörte, nämlich die Darstellung des Universums als Labyrinth, das dem Betrachter durch zahlreiche Trugwege und -zeichen in die Irre treibt[293]. Anders als die von einer Suche nach einer topischen Ordnung besessenen europäischen Autoren der Zeit versucht Inca Garcilaso allerdings gar nicht erst, dieses Labyrinth der Welt durch den Ariadnefaden seines ordnenden Intellekts im Text vollständig zu entwirren, sondern konzipiert im Gegenteil den Text selbst als ein Labyrinth voller Sackgassen und Irrwege – und damit (gemäß Umberto Ecos Terminologie) ein »manieristisches Labyrinths«, das vom ›klassischen‹, nämlich nur einen einzigen Weg aufweisenden Labyrith des Minos im Palast von Knossos grundlegend verschieden ist[294]. Diesen Bau erreicht Garcilaso, indem er in einer Art von Mischtechnik die Mythen, die mündliche Überlieferung und Dichtung zur Grundlage seiner ›wahrhaftigen‹ Untersuchung macht. Dadurch widersetzt sich die Chronik der Durchdringung durch einen einzigen durchgängigen ›Weg‹.

Zudem aber verbindet der Autor die Geschichte seines Volkes und die Konzeption seines Textes mit seiner individuellen Entwicklung. Auf der Basis seines mythischen Grundsteins und des Kindermärchen-Fundaments mit seinen drei Eingängen wird das Textlabyrinth gewissermaßen zusammen mit dem Autor erwachsen. Aufbauend auf dem Mythos bewegt sich die Geschichte zum Logos, und ihr Autor von den Kindermärchen zu empirischen und textkritischen Forschungsmethoden, wie Garcilaso es ausdrücklich in seinem programmatischen XIX. Kapitel, der »Protestación del autor sobre la Historia«, zum Ausdruck bringt. Um die Erinnerung an die Geschichte des Tahuantinsuyu wiederzuerwecken, studiert er die Bräuche, die überlebt haben, und die überlieferten schriftlichen Quellen. Angesichts dreierlei methodischer Forschungsansätze kommt es wiederum auch zu drei ›Eingängen‹, die nicht alle zum selben Ziel führen.

1. Am Anfang steht die systematische Sammlung der Erzählungen seiner eigenen Inca-Verwandten sowie anderer Indios (»la relacion de otros muchos Incas, e Yndios naturales«) durch den halbwüchsigen Garcilaso, der noch in Peru lebt:

> En este tiempo tuue noticia de todo lo que vamos escriuiendo, porque en mis niñezes me contauan sus historias, como se cuentan las fabulas a los niños. Despues en edad mas crescida me dieron larga noticia de sus leyes y gouierno; cotejando el nuevo gouierno de los Españoles con el de los Incas, diuidiendo en particular los delitos, y las penas y el rigor de ellas: *In jener Zeit wußte ich bescheid über alles, was ich hier schreibe, denn in meiner Kindheit erzählten sie mir ihre Geschichten, so wie man Kindern Märchen erzählt. Späterhin, als ich älter war, gaben sie mir ausführlich Kunde von ihren Gesetzen und ihrer Herrschaft; sie verglichen die neue Herrschaft der Spanier mit der der Inka und erörterten besonders die Vergehen und Strafen und deren Härte*[295].

Aus diesen Erzählungen entsteht ein gesammeltes Mythen- und Datenkorpus, das wiederum zu kopiös wäre, um es in seiner Gesamtheit zu übermitteln. Im Unterschied zu Oviedo beschließt Garcilaso jedoch, aus allen diesen Daten zu filtern – und so die Methode der Enzyklopädie zur durchbrechen: »En suma, digo que me dieron noticia de todo lo que tuvieron en su república. Que si entonces lo escribiera fuera más copiosa esta historia«.

2. Über das Kolportierte hinaus ist der Autor als junger Mann aber auch in der Lage, die kurz nach dem Fall des Incareichs noch intakten Traditionen mit eigenen Augen zu beobachten und in seiner Erinnerung einzuprägen:

> Yo nasci ocho años despues que los Españoles ganaron mi tierra, y como he dicho, me crie en ella hasta los veynte años: y assi vi muchas cosas de las que hazian los indios en su gentilidad, las cuales contare diziendo que las vi.

*Ich ward geboren acht Jahre, nachdem die Spanier meine Heimat erobert hatten, und wie ich gesagt habe, lebte ich dort, bis ich zwanzig Jahre alt war, und so sah ich vieles, was die Indianer in jenem ihrem Heidentum trieben, was ich berichten und wozu ich sagen werde, daß ich es gesehen habe.*²⁹⁶

3. Den dritten Forschungsansatz unternimmt Garcilaso bereits im fortgeschrittenen Alter von Spanien aus. In dem Moment, da er die *Comentarios* zu verfassen beschließt, schreibt er seinen Schulkameraden mit der Bitte, ihre Erinnerungen zu sammeln (»escreui a los condiscipulos de escuela, y gramatica, encargandoles que cada vno me ayudasse con la relacion«) bzw. in ihren »Mutterprovinzen« (»provincias de sus madres«²⁹⁷) nach Überlieferungen zu forschen²⁹⁸. Zudem kann der Autor (wenn auch aus den zuvor erläuterten Verständnisgründen unter kritischem Vorbehalt) auf mehrere Jahrzehnte der spanischen Geschichtsschreibung zurückgreifen und deren Werke zitieren, von denen die Chroniken von Cieza de León, Acosta, Blas Valera und López de Gómara die am häufigsten erwähnten sind²⁹⁹.

Für den vollständigen Wiederaufbau des Gedächtnispalastes auf der Basis des rekonstruierten individuellen, kollektiven und schriftlichen Gedächtnisses ist dieses Verfahren dennoch nicht ausreichend, denn der Bau wird von zwei ständigen Gegenkräften sabotiert: der Zeit und dem Vergessen. Den Luxus Pedro de Mexías, die ›Originale‹ der Erinnerungsbilder wegzuwerfen, kann sich Garcilaso kaum mehr erlauben: da es diese Originale – Bräuche, aber auch inzwischen eingestürzte Städte und Paläste – nach Jahrzehnten der spanischen Kolonialherrschaft einfach nicht mehr gibt, wie er immer wieder anmerkt. Er selbst ist inzwischen ein alternder Mann, der in Spanien lebt und dessen Kindheitserinnerungen mehr und mehr verblassen. Selbst die Erinnerungen an die Sprache, die er »mit der Muttermilch eingesogen« hat, werden immer lückenhafter. Unaufhörlich klagt der Autor über die Gewalt des Vergessens, das trotz aller Bemühungen nicht zu besiegen ist und eine vollständige und lückenlose Darstellung der Vergangenheit unmöglich macht, ja, das Gedächtnis zuweilen nur zur Hervorbringung trügerischer Bilder und Namen treibt. Daraus resultiert die tiefe Tragik des Bauunternehmens der *Comentarios reales*: es ist gegen den eigenen Willen Produkt einer *ars oblivionis* und dadurch von vornherein zum Scheitern verurteilt³⁰⁰. Das Schatzhaus der Erinnerung will seine Schätze nicht mehr preisgeben. Zuweilen versagt es dem Autor bereits so banale Gegenstände wie eine Gurke und gibt ›zur Entschuldigung‹ (»por disculparse«) einen Namen heraus, der ebenso einen Betrug (»engaño«) darstellen könnte. Wenn man in seinem Buch etwas invenieren kann (»hallar«), so ist es die Ignoranz.

HAY OTRA fruta muy buena que los Españoles llaman pepino, por que se le paresce algo<...>: el nombre que los Yndios les dan se me ha ido de la memoria: aunque fatigandola yo en este passo muchas veces y muchos dias, y reprehendiendola, por la mala guarda que ha hecho y hace de muchos vocablos de nuestro lenguage, me ofrecio por disculparse, este nombre Cacham por pepino: no se si me engaña, confiada de que por la distancia del lugar, y ausencia de los mios no podre aueriguar tan ayna el engano, mis parientes los Yndios y Mestizos del Cozco, y todo el Peru seran juezes desta mi inorancia, y de otra muchas que hallaran en esta mi obra, perdonenmelas pues soy suyo, y que solo por seruirles tome vn trabajo tan incomportable como esto lo es para mis pocas fuerças (sin ninguna esperanza de galardon suyo ni ajeno).

Es gibt noch eine andere sehr schöne Frucht, die die Spanier pepino, *Gurke, nennen, denn sie ähnelt dieser etwas in der Form* <...>; *der Name, den die Indianer ihr geben, ist mir aus dem Gedächtnis entschwunden, obwohl ich es viele Male und viele Tage gemartert habe und auch getadelt, weil es viele Wörter unserer Sprache schlecht bewahrt hat; als Entschuldigung hat es mir das Wort* cácham *für Gurke angeboten; ich weiß nicht, ob es mich täuscht, darauf vertrauend, daß ich ob der räumlichen Entfernung und der Abwesenheit der Meinen den Betrug nicht so leicht nachprüfen kann; meine Angehörigen, Indianer und Mestizen aus Cuzco und ganz Peru, werden Richter dieser meiner Unwissenheit und vieler anderer Fehler sein, die sie in diesem meinem Werk finden; sie mögen sie mir verzeihen, ich bin einer der Ihren, und nur um ihnen zu dienen, habe ich eine so gewaltige Arbeit übernommen, wie diese es für meine geringen Kräfte ist (bar jeder Hoffnung, daß sie oder Fremde es mir vergelten).*[301]

Wie aber, um die programmatische architektonische Metapher des Anfangs wieder aufzunehmen, hat dann ein Erinnerungsgebäude auszusehen, dessen Bauteile über die (mythischen) Fundamente hinaus zu einem großen Teil dem Vergessen anheimgefallen sind? Wenn wir die ausschlaggebenden Charakteristika sammeln, die solch ein Gebäude besitzen muss – ein Gebäude in Form eines Labyrinths mit drei Eingängen, das aufgrund der durch das Vergessen angerichteten Schäden Gedächtnis-Lücken aufweist –, so werden wir in den *Comentarios reales* recht schnell fündig. All diese Punkte nämlich entsprechen den von Garcilaso berichteten Charakteristika der großen Inca-Festung in Cuzco. So wie die Hauptstadt des Tahuantinsuyu als *imago mundi* das Universum der Dinge in seiner Gesamtheit abbildet, so ihre Trutzburg als *imago libri* das Universum der Worte: den Text der Chronik. Auf diese Weise gewinnt die Architekturmetapher aber mit einem Male eine ungeahnte Tragik: denn Garcilasos Gedächtnispalast ist eine Ruine, und all seine Bewohner sind tot.

Anhand einiger zentraler analogischer Punkte möchte ich die Metapher des Textes als Ruine plausibel machen, die durchaus Raum für eine ausführlichere Untersuchung bietet. Wie im Falle des von Garcilaso gesammelten Wissens sind von den Palästen, Tempeln und Burgen der Inca nur noch die Fundamente vorhanden. Wer als heutiger Betrachter etwas über das Vergangene wissen möchte, dem bieten sich nur noch die übriggebliebenen Fragmente und Fundamente an. Um die Gesamtausmaße und Beschaffenheit des Baus zu erahnen, ist daher, wie für den Autor Garcilaso, der die Geschichte des Incareichs zu rekonstruieren sucht, die Kraft der *imaginatio* vonnöten, die auf der Basis der Bruchstücke ein Bild des Ganzen zu vermitteln sucht. Doch dies Bild muss immer ein Trugbild bleiben. Denn es fehlen zu viele Stücke; und zudem sind allein schon die Ruinen des Palastes so »unglaublich« (»increibles«), dass die menschliche Vorstellungskraft nicht ausreicht zu erraten, wie menschliche Baumeister diese Gebäude erbaut haben konnten. Insofern führt das Imaginieren immer auch zu phantastischen Ergebnissen: ein solcher Bau sei nur durch übermenschliche Kräfte, durch Wunder (»maravillosos«) oder Zauberkraft (»encantamiento«) möglich.

> MArauillosos edificios hizieron los Incas Reyes del Peru en fortalezas, en templos, en casas reales, en jardines, en positos, y en caminos, y otras fabricas de grande excelencia, como se muestran oy por las ruynas que dellas han quedado, aunque mal se puede ver por los cimientos, lo que fue todo el edificio.
> La obra mayor, y más soberuia que mandaron a hazer, para mostrar su poder y magestad, fue la fortaleza del Cozco, cuyas grandezas son increibles a quien no las a visto, y al que las ha visto y mirado con atencion, le hazen imaginar y aun creer que son hechas por vía de encantamiento, y que las hicieron demonios y no hombres.
> *Wunderbare Gebäude errichteten die Inka, die Könige von Peru, in Gestalt von Festungen, Tempeln, Königspalästen, Gärten, Speichern, Straßen und anderen Werken von großer Vortrefflichkeit, wie es sich heute an den Ruinen zeigt, die davon übriggeblieben sind; wenn auch an Grundmauern nur schlecht zu erkennen ist, wie das ganze Gebäude ausgesehen hat.*
> *Das größte und prächtigste Werk, das sie errichten ließen, um ihre Macht und Größe zu zeigen, war die Festung von Cuzco, deren Ausmaße denjenigen unglaublich dünken, der sie nicht gesehen hat, und wer sie gesehen und aufmerksam betrachtet hat, dem vermitteln sie den Eindruck, ja den Glauben, sie seien durch Zauber entstanden und seien Teufels-, nicht Menschenwerk.*[302]

Was die Ahnung des Übermenschlichen und damit das Versagen der Imagination bedingt, sind besonders die Zyklopenmauern der Festung. So perfekt ist ihr Bau, so vollständig aufeinander abgestimmt alle ihre unbehauenen Naturbausteine, dass nicht einmal eine Messerspitze zwischen sie passt. Angesichts des Fehlens jeglicher ›ingeniöser‹ europäischer Bautechnologien (»Tampoco supieron hacer gruas ni garruchas ni otro ingenio«[303]) bleibt der zerstörte und vergessene Originalbau daher ein Mysterium.

> Pues passar adelante con la imaginacion y pensar, como pudieron ajustar tanto vnas piedras tan grandes, que apenas pueden meter la punta de vn cuchillo por ellas es nunca acabar. Muchas dellas estan tan ajustadas que apenas se aparesce la juntura<.>
> *und läßt man nun der Vorstellungskraft weiter ihren Lauf und überlegt, wie sie so große Steine so genau aneinanderfügen konnten, daß man kaum eine Messerspitze dazwischenstecken kann, dann ist des Rätselns kein Ende mehr. Viele von ihnen sind so zusammengepaßt, daß kaum die Fuge zu sehen ist.*[304]

Wie bei den drei Methoden Garcilaso zur Recherche seines Buches und bei den drei Toren (»puertas«) der mythischen Gründungslegenden herrscht auch im Bau der Festung die Dreizahl vor, ein Detail, das der Autor durch die Verankerung in den die Festung betreffenden Kapiteltiteln besonders hervorhebt. Die Festung wird umgeben von drei Mauern (»CAP. XXVIII: Tres muros de la cerca lo más admirable de la obra«[305]), und in jeder der Mauern findet sich ein Tor (»En cada cerca casi en el medio de ella hauia vna puerta«[306]), mit Namen *Tiupuncu, Acahuana puncuc* und *Huiracocha puncu*. Innerhalb des innersten Schutzwalls befindet sich die Festung mit ihren drei Türmen (»CAP. XXIX. Tres torreones: los maestros mayores, y la piedra cansada«[307]), die zugleich die drei Eingänge zu der Festung enthalten. Hier nun schließt sich der Vergleichspunkt an, der die Analogie zwischen Festung und Text völlig evident macht. Denn wie das Textgebäude sich durch seine drei Eingänge zu einem verschlungenen »großen Labyrinth« (»gran laberinto«) entwickelt, so auch der Festungsbau der Incas. Die Gänge unter den Türmen verbinden sich zu einem ebenso kunst- wie gefahrvollen unterirdischen Irrgangsystem[308], das in seiner Anlage ein Abbild des überirdischen Baus ist, in dem aber allein ein am Eingang befestigtes Fadenknäuel als Führer zur Orientierung helfen kann: zum Labyrinth einer andinen Ariadne.

> Debaxo de los Torreones auia labrado debaxo de tierra otro tanto como en cima: passauan las bovedas de vn Torreon a otro: por las quales se communicauan los Torreones también por cima. En aquellos soterraños mostraron grande artificio: estauan labrados con tantas calles y callejas, que cruzauan de vna parte a otra con bueltas y rebueltas, y tantas puertas, vna en contra de otras, y todas de vn tamaño, que a poco trecho, que entrauan en

el laberinto perdian el tino, y no acertauan a salir: y aun los muy platicos no osauan entrar sin guía: la cual auia de ser vn ouillo de hilo gruesso, que al entrar dexaban atado a la puerta, para salir guiandose por el.

Unter jedem Turm, unterirdisch, befand sich noch einmal das gleiche wie über der Erde; es erstreckte sich der Keller von einem Turm zum anderen, und durch sie standen die Türme untereinander in Verbindung so wie über der Erde. Im Bau von Kellern bewiesen sie eine große Kunstfertigkeit; diese hatten nämlich so viele Gänge und Gassen, die gewunden und geschlungen, kreuz und quer verliefen, und so viele Türen, eine immer der anderen gegenüber und alle von ein und derselben Größe, daß man bald nach dem Betreten des Labyrinthes die Richtung verlor und nicht mehr hinausfand, und selbst die Erfahrensten pflegten nicht ohne einen Anhalt hineinzugehen, als welcher ein Knäuel groben Strickes dienen mußte, den sie beim Hineingehen an der Tür befestigten, um, indem sie sich von ihm leiten ließen, wieder hinauszugelangen.[309]

Mit dem Knäuel und dem aus ihm entsponnenen roten Faden der *dispositio* gibt Garcilaso eine Anleitung, wie man sich im Text-Labyrinth zurechtfinden kann. Doch da die Festung bereits Ruine, nicht mehr bewohnt und durch die Produkte der Imagination mit der Aura des Unheimlichen und Wunderbaren belegt ist, traute sich Garcilaso, der das Gelände mit seinen Freunden als eine Art Abenteuerspielplatz nutzte, als Kind nie in die Finsternis dieses Labyrinths hinein und betrachtete es nur von außen.

Bien muchacho con otros de mi edad subi muchas vezes a la fortaleza, y con estar ya arruynado todo el edificio pulido, digo lo que estaua sobre la tierra, y aun mucho de lo que estaba debaxo, no osauamos entrar en algunos pedaços de aquellas bouedas que auian quedado, sino hasta donde alcançaua la luz del Sol, por no perdernos dentro, segun el miedo que los Yndios nos ponían.

Als Knabe bin ich mit meinen Altersgefährten viele Male zur Festung hinaufgegangen, und da das ganze stattliche Gebäude bereits eine Ruine war, ich meine das, was über der Erde lag, und selbst vieles von dem, was darunter war, wagten wir uns in manche Teile jener Keller, die stehengeblieben waren, nur so weit vor, wie das Tageslicht reichte, um uns drinnen nicht zu verlaufen, weil die Indianer uns davor Angst gemacht hatten.[310]

Wie zuvor im Falle der Labyrinthmetapher am Anfang der *Comentarios reales* aufgezeigt, verleiht erst das Erwachsenwerden und der damit verbundene Schritt vom Mythos zum Faden des Logos die Fähigkeit und den Mut, sich in das unterirdische Labyrinth der verworrenen mythischen Fundamente hineinzuwagen, um auf diesen das eigene imaginäre Textgebäude aufzubauen. »Und da wir uns nun am Tor dieses großen Labyrinths befinden, sollten wir auch eintreten, um Kunde zu geben, was sich darin befand«[311], spricht der Autor zu Beginn der Chronik ermutigend zu sich und zum Leser. Anders als für den Autor als Kind aber bedeutet für den Erwachsenen dieses Eintreten auch ein Eindringen in das Labyrinth seiner eigenen ungeordneten Erinnerungen, wird der Akt des Schreibens zu einer Suche nach der verlorenen Zeit aus Bruchstücken der *memoria* und Füllstücken der *imaginatio*.

Die Festung in Cuzco stellte den Höhe- und zugleich Schlusspunkt der Inca-Baukunst dar: »denn wenige Jahre, nachdem es fertiggestellt war, kamen die Spanier in jenes Reich und bereiteten dem Bau weiterer solcher großer Werke ein Ende« (»y assi fue el ultimo dellos, porque pocos años despues que se acabo, entraron los Españoles en aquel imperio, y atajaron otros tan grandes que se yuan haziendo«[312]). So wurde der Bau dem Verfall und dem Vergessen anheimgegeben. Trotz der Tragik, die ebenso dem Ruinen-Bauwerk wie dem Ruinen-Text innewohnt und in bemerkenswerter Weise die von Inca Garcilaso beschworene Unmöglichkeit einer Rekonstruktion des vergessenen Wissens illustriert, gibt es aber einen Aspekt, welcher der Ruinen-Metapher noch eine zweite Ebene verleiht. Im Anschluss an die Beschreibung der Ruinen führt Garcilaso aus, dass das Festungsbauwerk schon zu Zeiten der Incas niemals gänzlich fertiggestellt worden war. Zur Beendung des Baus nämlich fehlte der größte und mächtigste, der Schlussstein der gesamten Festung. Dieser aber war so groß und schwer, dass ihn der letzte und größte der Baumeister nie bis zur Baustelle transportieren konnte. Auf dem Weg zum Gebäude wurde der Stein müde und weinte Blut (»por el camino hasta llegar alli se cansó, y llorò sangre, y que no pudo llegar al edificio«[313]). Diesem auf diese Weise völlig unbearbeiteten Riesenstein (»La piedra no esta labrada, sino tosca«), der im Volk unter dem Namen »der müde Stein« (»la piedra cansada«) bekannt ist, gab der Baumeister seinen eigenen Namen, damit er als Erinnerungs-Mal das Gedächtnis des Erbauers aufbewahre (»a la cual puso el maestro mayor su nombre, porque en ella se conseruasse su memoria«).

Führen wir hinsichtlich dieses Steins die vom Inca so deutlich angelegte Gebäude-Text-Allegorie weiter fort, so entspricht das Erinnerungsmal des »müden Steins«, der als einziges Element des Baus den Namen des Baumeisters – Calla Cúnchuy – trägt, den vom Autor des Textes – Garcilaso – immer wieder hinterlassenen Erinnerungsspuren im Text, durch die er, wie im zuvor zitierten Beispiel der Gurke, seine Müdigkeit und Unfähigkeit zum Ausdruck bringt, den Text in gebührender Form fertigzustellen. Die Festung ist, wenn auch durch das Vergessen eingestürzt, von vorneherein als Ruine, als Fehlkonstruktion (»no bien encarescida y madibuxada <sic>

fortaleza«) gebaut worden. Insofern ist der Autor ein Ruinen-Baumeister, dessen Stückwerk von den nachfolgenden Beobachtern zuweilen eine verborgene architektonische Absicht zugeschrieben wird (»y aun dizen los Yndios que no estaua acabada, porque la piedra cansada la auian traydo para otra gran fabrica«[314]). Dass der »invención del libro« ein vorsätzlicher Fragmentarismus zugrunde liegt, weist einerseits auf einen grundsätzlichen Wandel des Inventionsbegriffs im anbrechenden 17. Jahrhundert hin. Die *ars inveniendi* entwickelt sich im Zeitalter des ›Barock‹ zu einer Kunst, Ruinen zu bauen; und die Ruine damit zur Metapher für den aus Fragmenten gestückten literarischen Text.

> Was die Antike hinterlassen hat, sind ihnen Stück für Stück die Elemente, aus welchen sich das Ganze neu mischt. Nein: baut. Denn die vollendete Vision von diesem Neuen war: Ruine. Der überschwänglichen <sic> Bewältigung antiker Elemente in einem Bau, der, ohne sich zum Ganzen zu vereinigen, in der Zerstörung noch antiken Harmonien überlegen wäre, gilt jene Technik, die im einzelnen ostentativ auf die Realien, Redeblumen, Regeln sich bezieht. ›Ars inveniendi‹ muß die Dichtung heißen. Die Vorstellung von dem genialen Menschen, dem Meister artis inveniendi, ist die eines Mannes gewesen, der souverän mit Mustern schalten konnte. Die ›Phantasie‹, das schöpferische Vermögen im Sinne der Neueren, war unbekannt als Maßstab einer Hierarchie der Geister.[315]

Im Falle der »piedra cansada« schiebt Garcilaso andererseits all denen, die, wie in modernen Zeiten Walter Benjamin oder vor ihm Georg Simmel[316], die Ruine zum ästhetischen Ideal erheben oder gar in den Fragmentcharakter seines Textes einen tieferen Sinn jenseits der Müdigkeit und »ignorancia« des Autors hineinzulesen suchten, durch eine weitere Episode einen Riegel vor. Da der Stein durch sein eigenes Gewicht tief in die Erde gesunken sei, meinten die *indios*, der Autor habe unter ihm seine Reichtümer versteckt. Daher begannen sie, nach dem allein in ihrem Kopf spukenden, eingebildeten Schatz (»tesoro ymaginado«) zu graben. Doch sie fanden nichts. Die einzige Wirkung, die sie damit erzielten, war, dass der Stein durch die Grabung und sein Eigengewicht noch weiter in der Erde versank – und daher seine Größe, die doch an die des Autors gemahnen sollte, verschüttet wurde (»antes que llegassen al tesoro ymaginado, se les hundio aquella gran peña, y escondiò la mayor parte de su grandor, y assi lo mas della está debaxo tierra«[317]).

V.4.4. Schifffahrt und Schiffbruch des Textes

Dass die Ruine des Palastes wie ein Labyrinth gebaut ist, erweist sich vor dem Hintergrund der Ordnung des Wissens im 16. Jahrhundert als durchaus programmatisch.[318] Neben der Burg der Incas in Cuzco und ihrem Labyrinth gibt es bei Garcilaso eine poetologische Metapher, die, ohne explizit als solche ausgegeben zu sein, von so großer Wichtigkeit zu sein scheint, dass der Autor die zugehörige Textpassage, als wohl einzige überhaupt, zweimal in nahezu gleichlautender Form in seinen beiden Hauptwerken verwendet, am Ende der *Florida del Inca* ebenso wie am Anfang der *Comentarios reales*. Wiederum geht es um eine Kindheitserinnerung des Autors; und wiederum ist ihr Gegenstand, wie bereits im Falle des Ruinen-Labyrinths der Burg, für den Autor als Kind durch die Erzählungen der *Yndios* mit einem Schauer des *huaca*, des Verbotenen und Überirdischen beladen. Im Gegensatz zu der Burgruine in ihrer majestätischen Tragik scheint es in der Doppel-Passage um einen ganz alltäglichen Akt zu gehen: das Überqueren eines Flusses in einem Schiffchen, einem Indio-Boot, gefertigt aus einem einzigen Stamm. Und doch wird diese Fahrt zur Reise in eine ›andere Welt‹ durch das Überschreiten einer magischen Verbotsgrenze, die dem kleinen Garcilaso, da er allein den Gewalten der Elemente nicht trotzen kann, von dem Steuermann ausdrücklich aufgezeigt wird, der ihn über den Fluss setzen will: man dürfe bei der Überfahrt nicht gen Himmel blicken.

> Pasando yo desta manera vn rio caudaloso, y de mucha corriente <…> por los estremos, y demasiado encarecimiento que el Yndio barquero hacia mandandome, que no alçasse la cabeça, ni abriesse los ojos, que por ser yo muchacho me ponia vnos miedos, y asombros como que se hundiria la tierra, o se caerian lo cielos, me dio desseo de mirar, por ver si veya algunas cosas de encantamiento, o del otro mundo; con esta cudicia, quando senti que iuamos en medio del rio, alce vn poco la cabeça y mire el agua arriba; y verdaderamente me parescio que cayamos del cielo abaxo, y esto fue por desuanecerseme la cabeça por la grandissima corriente del rio, y por la furia con que el barco de enea iua, cortando el agua al amor de ella. Forçome el miedo a cerrar los ojo, y a confessar que los barqueros tenian razon en mandar que no los abriessen.[319]
>
> *Als ich auf diese Weise einen wasserreichen Fluss mit starker Strömung überquerte, ergriff mich aufgrund der übertriebenen Eindringlichkeit des Indio-Steuermanns, mit der er mir befahl, nicht den Kopf zu heben und nicht die Augen zu öffnen (was mich, da ich ein kleiner Junge war, in Angst und Staunen versetzte, gleich als ob die Erde unterginge oder der Himmel herabfiele), die Lust zu sehen, ob ich nicht etwas von jenem Zauber oder der anderen*

Welt erblicken könne. Mit diesem Begehren hob ich, als ich spürte, dass wir in der Mitte des Flusses fuhren, ein wenig den Kopf und blickte auf das Wasser oben, und wirklich schien es mir, dass wir vom Himmel hinunterfielen. Und das kam davon, dass mir der Kopf dahinschwand durch die ungeheure Strömung des Flusses und durch den Grimm, mit dem das Röhrichtboot das Wasser durchschnitt und ihm ganz ausgeliefert war. Da zwang mich die Angst dazu, die Augen zu schließen und zu gestehen, dass die Bootsleute Recht hatten, wenn sie befahlen, sie nicht zu öffnen.

Auch in die Andenlandschaft bei Cuzco versetzt, kann diese Fahrt in einem zerbrechlichen Bötchen ihre Motivgeschichte nicht verleugnen. Immerhin gehört die Metapher der Dichtung als Schifffahrt, wie Ernst Robert Curtius in einer berühmten Passage von *Europäische Literatur und lateinisches Mittelalter* beobachtete[320], zu den ältesten Topoi der europäischen Überlieferung seit der Antike und ist seit Vergil und Properz in der lateinischen Tradition, in der volkssprachlichen spätestens seit Dante nachweisbar. Im sogenannten ›Zeitalter der Entdeckungen‹ erfährt der Schifffahrts-Topos einen neuen Aufschwung und eine weitere Ebene. Seit Ariosts *Orlando furioso* ist dieses Dichter-Schiffchen mit der Karavelle des Kolumbus, der poetische Akt mit der Entdeckungsfahrt ins Ungewisse zur Gewinnung von Neuland verknüpft und so zur unmittelbar mit der Neuen Welt in Verbindung stehenden poetischen Metapher geworden[321]: Eine Welt, zu deren erster autochthoner Schriftstellergeneration sich der Inca zählen kann – und eine Metapher, die sich wenig später mit dem Frontispiz von Francis Bacons *Novum Organum* schließlich auch auf den Akt des philosophischen Denkens ausweiten wird[322].

Vergleichen wir die betreffenden Textstellen genauer mit der bei Garcilasos, ist ein bedeutsamer Unterschied festzustellen. Das »Schiffchen des Ingeniums« aus dem Proömion zum *Purgatorium* hisst seine Segel ausdrücklich, um »in bessere Wasser« eines »zweiten Reiches« zu fahren – das des Fegefeuers – nachdem es ein ›grausames Meer‹ – die Hölle – hinter sich gelassen hat:

> Per correr migliori acque alza le vele
> ormai la navicella del mio ingegno,
> che lascia dietro a sè mar sì crudele;
> e canterò di quel secondo regno
> dove l'umano spirito si purga
> e di salire al ciel diventa degno.
>
> *Das Segel hißt mein Geistesschifflein jetzt*
> *zu bessrer Fahrt und läßt ein wildes Meer,*

durch das ich es gesteuert hab, zurück.
Und singen will ich von dem zweiten Reiche
wo sich die Menschen geistig reinigen
und, himmelan zu steigen, würdig werden.[323]

Nicht viel anders verhält es sich im Epos vom *Rasenden Roland,* wo das Schiff nach gefahrvoller, aber geglückter Überfahrt das erlösende Land in Sicht bekommt und den heimatlichen Hafen entdeckt[324]. Die Schifffahrt ist angesichts dessen immer eine Metapher des *geglückten* Dichtungsakts nach der Überwindung von Gefahr und Hindernis.

Or, se mi mostra la mia carta il vero
Non è lontano a discoprirsi il porto
Si che nel lito i voti scioglier spero
A chi nel mar per tanta via m'ha scorto;
Ove, o di non tornar col legno intero
O d'errar sempre, ebbi già il viso smorto.
Ma mi par di veder, ma veggo certo
Veggo la terra, el veggo il lito aperto.

Nun endlich wird der Haven sich entdecken,
Zeigt meine Charte mir die Wahrheit an
Und mein Gelübde hoff' ich zu vollstrecken
Dem, der mich führt' auf weiter Meeresbahn.
Nie heimzukehren sorgt' ich, bleich vor Schrecken,
Nie, oder nur mit halb zerbrochnem Kahn.
Jetzt glaub' ich doch zu sehn — ich seh' in Wahrheit,
Land seh' ich dort, des Ufers volle Klarheit.[325]

Etwas ganz anderes geschieht bei der Flussüberquerung des kleinen Garcilaso. Der Akt der Schifffahrt ist zu Beginn dieser Szene fern von einem glücklichen Ausgang, erhält in der Warnung der Fährleute vor dem Aufblicken Richtung Himmel vielmehr eine apokalyptische Dimension: verstößt man gegen das Verbot, droht die Erde zu versinken und der Himmel herabzustürzen (»como que se hundiria la tierra, o se caerian lo cielos«); ein Vorgang, der explizit mit Magie und Jenseits, mit dem Erblicken der »anderen Welt« in Verbindung gebracht wird (»si veya algunas cosas de encantamiento, o del otro mundo«) – und mit dem Staunen (»asombros«). Die Durchbrechung des Verbots, das Aufblicken des Autors in Richtung Himmel, hat in der Tat den von den Fährleuten angekündigten Schreckenseffekt. Das Kind Garcilaso in der Erinnerung des Erwachsenen Garcilaso hat das Gefühl,

»vom Himmel nach unten zu stürzen« (»verdaderamente me parescio que cayamos del cielo abaxo«).

Dieser Himmelssturz erhält, wiederum vor dem Hintergrund des Dante-Schiffchens und des durchquerten »grausamen Meeres« betrachtet, ein ganz eigentümliches Analogon. Denn die unmittelbar der Schiffchen-Passage vorausgehenden Verse, die letzten des *Inferno* vor Dantes Wiederaufstieg ans Tageslicht, beschreiben nichts anderes als einen Himmelssturz: »Da questa parte cadde giù dal cielo«[326]. Indes gibt es einen essenziellen Unterschied. Diese Verse beziehen sich nicht auf den Dichter, sondern den leibhaftigen Teufel. »Belzebù« wurde von Gott vom Himmel gestürzt und steckt seitdem am Mittelpunkt der Erde fest. Doch damit nicht genug. Besagte »questa parte« ist nichts anderes als die andere Hemisphäre der Erde, welche das Antipoden-Land zu Judäa bildet (»che l'altra faccia fa della Giudecca«) – ein Gebiet, das aus der Sicht von Garcilasos Zeitgenossen der Neuen Welt zugeordnet ist. Zum Zeitpunkt des Himmelssturzes Luzifers ist das Festland auf der anderen Erdseite noch gar nicht existent – es bildet sich erst durch ebendiesen, und zwar durch eine Szene, die in ihrem kosmischen Aufruhr von Erde und Meer an das Schreckensszenario gemahnen, vor dem der Steuermann den kleinen Garcilaso warnt. Aus Angst vor dem niederstürzenden Teufel flieht der einstmals offensichtlich um einiges bedeutendere Antipoden-Kontinent in ›unsere‹ (die europäische) Hemisphäre und hinterlässt an dem Ort, wo der Teufel in die Erde stürzt, nur mehr die vor Schreck zum Berg gewölbte Insel des Purgatoriums[327] – also genau den Ort, den Kolumbus für Amerika hielt. Die Gegen-Erde ist daher ein ›leerer Ort‹ (»luogo vuoto«), ein widernatürliches Land.

> Da questa parte cadde giù dal cielo
> e la terra, che pria di qua si sporse,
> per paura di lui fè del mar velo,
> e venne all'emisperio nostro; e forse
> per fuggir lui lasciò qui luogo voto
> quella ch'appar di qua, e su ricorse.

> *Auf dieser Seite kam er aus dem Himmel*
> *gestürzt. Das Festland, einst auch hier vorhanden,*
> *verhüllte sich im Meer aus Furcht vor ihm*
> *und floh zur festen Seite, und vielleicht*
> *entstand dabei auch dieser hohle Gang*
> *und was darüber aufschoß in die Höhe.*[328]

Angesichts der in den meisten Chroniken vollzogenen Gleichsetzung von indigenen Bräuchen und Teufelsverehrung erhält die Deutung der Passage durch den Italienisch-Übersetzer Garcilaso eine eigentümliche Schlüssigkeit[329]. Auf dem Weg der Fahrt mit diesen simplen, eher »hausgemachten« Booten (»barquillos más manuales«[330]), den von den europäischen Schiffen Dantes und Ariosts völlig verschiedenen amerikanischen Einbäumen – neben den Flößen die einzige Art indigener Schiffe, wie der Autor betont – entsteht hier auch ein vollständig unterschiedliches Bild der amerikanischen Dichtung als in den europäischen Versvorlagen, die sich allesamt auf Segelschiffe beziehen. Hier manifestiert sich auch das abweichende schriftstellerische Selbstverständnis des Mestizen Garcilaso, der ja ab dem ersten Kapitel der *Comentarios reales* des öfteren wiederholt, dass er aufgrund seiner abweichenden Kondition des *Yndio* (»ni las fuerças de un Yndio pueden presumir tanto«[331]) auch einer anderen Schreibweise als seine spanischen Kollegen folgen muss. So wie der kleine Junge aus den Erinnerungen Garcilasos sich aus Angst vor den Warnungen der Erwachsenen (»segun el miedo que los Yndios nos ponían«) nicht in das Labyrinth der Inca-Burg hineintraut und, um dies Wagnis zu unternehmen, selbst erst erwachsen werden muss, so läuft derselbe kleine Junge Gefahr, aufgrund der ihm vom Steuermann eingeflößten Angst (»Forçome el miedo a cerrar los ojos«) mit seinem Schiffchen zu scheitern und durch den Bann des Staunens, den ihm als Kind die andinen Mythen einflößen (»que por ser yo muchacho me ponia vnos miedos y asombros«), die Kontrolle über das Gefährt zu verlieren. Auf dem Weg der Spiegelung von Himmel und Erde, wie der Autor sie in dieser Passage vornimmt, verwandelte sich der Junge dann in eine Art nautischen Ikarus oder Phaëton, der vom Himmel stürzen muss: gleich dem gefallenen Engel und ›Lichtbringer‹ (Luzifer), der sich durch seinen Sturz zum Herrn der Finsternis wandelt[332]. Damit die Schifffahrt glücken kann, gilt es, mit dem Heranwachsen die Kunst des Steuermanns zu erlernen, der zwar seinen Mitreisenden das Aufblicken verbietet, selbst aber in der Lage ist, dem Bann der Mythen und des von ihnen hervorgebrachten »asombro« zu widerstehen und das Schifflein sicher zu geleiten: und zwar mit der Kraft seines bloßen Körpers, da ihm nichts anderes zur Verfügung steht.

> vn Yndio solo gouierna cada barco destos, ponese al cabo de la popa, y echase de pechos sobre el barco, y los braços y piernas le siruen de remos, y assi lo lleya al amor del agua. Si el rio es raudo va a salir cien passos, y dozientos mas abaxo de como entro; quando passan alguna persona la echan de pechos a la larga sobre el barco, la cabeça hazia el barquero, mandanle que se asga a los cordeles del barco, y pegue el rostro con el, y no lo leuante, ni abra los ojos a mirar cosa alguna.[333]
> *Ein Indio alleine steuert jedes dieser Boote. Er legt sich am äußersten Heck mit der Brust auf das Boot, und die Arme und Beine dienen ihm als Ruder,*

und so führt er es in die Gewalt der Fluten. Wenn der Fluss reißend ist, kommt er 100 Schritt – oder auch 200 – weiter flußabwärts wieder hinaus, als er hineingegangen ist. Wenn sie eine Person übersetzen, legen sie diese auf den Bauch längs ins Schiff hinein, mit dem Kopf zum Fährmann. Sie ordnen an, sich an den Bootstauen festzuhalten und das Gesicht fest ans Boot zu drücken und es nicht zu heben und nicht die Augen zu öffnen, um irgendetwas anzusehen.

Wie alle *Cronistas de Indias* so ganz auf sich allein und die eigenen menschlichen Kräfte gestellt – was freilich bei Vespucci, Oviedo oder Bernal Díaz noch um einiges heroisch-triumphaler klingt[334] –, wird die Fahrt in dem peruanischen Boot gefahrvoller als jede europäische Schifffahrt. Aus der archaischen Rauheit des autochton amerikanischen Vorbilds gewinnt dadurch die Dichtung aber eine urwüchsige Kraft, die selbst die des ›göttlichen Ariost‹ in den Schatten stellt. Diesen stolzen Anspruch formuliert Garcilaso hinsichtlich der Worte des Häuptlings Vitacucho in seinem anderen Hauptwerk *La Florida del Inca*:

> Vitacucho respondió extrañísimamente, con una bravosidad nunca jamás oída ni imaginada en indio que, cierto, si los fieros tan desatinados que hizo y las palabras tan soberbias que dijo se pudieran escribir como los mensajeros las refirieron, ningunas de los más bravos caballeros que el divino Ariosto y el ilustrísimo y muy enamorado conde Mateo María Boyardo, su antecesor, y otros claros poetas introducen en sus obras, igualaran con las de este indio.[335]
>
> *Vitacucho antwortete in höchst seltsamster Weise, mit einer solchen, bei einem Indio niemals gehörten oder vorgestellten Mannhaftigkeit, dass mit Sicherheit, wenn man die wilden Drohgebärden, die er machte und die stolzen Worte, die er sagte, so aufschreiben könnte, wie die Boten sie berichteten, keines aus dem Munde der mutigsten Ritter, die der göttlichste Ariost und der erlauchte und sehr verliebte Graf Matteo Maria Boiardo, sein Vorgänger, und andere berühmte Dichter in ihren Werken anführen, denen dieses Indios gleichkämen.*

Auch die poetische Schifffahrt bei Garcilaso ist ein Prozess, der das individuelle Heranwachsen vom Kind (dem kleinen Fahrgast) zum Erwachsenen (dem Steuermann) mit einem Heranwachsen des Textes vom Mythos zum Logos überlagert. An die Stelle des Staunens im Angesicht der Wunder und mythischen Verbote – des *asombro* von Klein-Garcilaso im Boot – tritt nach und nach die Meisterschaft des Steuermanns über das Schiff, die Elemente und nicht zuletzt auch die mythischen Schauer. So wie sich Garcilaso im

Labyrinth der Palastruine, in das er sich als Kind nicht hineinwagte, als Erwachsener zu orientieren weiß, indem er es auf dem Weg seines Analogon durchdringt, des Text-Labyrinths, so wird er im Akt der poetischen Schifffahrt zum Meister des indianischen Boots, das ihn als Kind noch vom Himmel stürzen ließ. Beide Prozesse zeichnen in dieser Hinsicht den Weg vom Mythos zum Logos.

Dennoch darf eine entscheidende Nuance nicht vernachlässigt werden. An keiner Stelle macht die Argumentation durch den Logos den Mythos in seiner Funktion und Bedeutung hinfällig. Auch wenn das rationale Durchdringen der Welt durch den Text für Garcilaso ein erstrebenswertes Ziel ist, bleiben die »fabulas« der Incas stets als ein Gegenmodell im Text präsent, das nicht nur ein einfaches Komplement darstellt, sondern, wie eingangs beschrieben, ja das gesamte ›Fundament‹ des Text-Gebäudes. Darum bleibt dieses Gebäude ja auch das, was für den Topiker die gesamte Welt vor ihrer Ordnung durch den Text ist: ein Labyrinth mit vielen dunkeln Irrwegen, die alle miteinander koexistieren, wenngleich sie auch nicht alle zum Ziel führen.

Was Garcilasos Schifffahrt auf dem peruanischen Fluss jedoch von denen der europäischen Überlieferung unterscheidet, ist die unmittelbare Bedrohung, die von einem welt- und textzerschmetternden Schiffbruch ausgeht, wie er im Himmelssturz des kleinen Garcilaso zur Sprache kommt. Als Bewohner eines Kontinents, der von den Spaniern nur durch höchst gefahrvolle Schifffahrten erschlossen wurde, die nicht selten, wie im Falle der eingangs zitierten *Naufragios* von Alvar Núñez Cabeza de Vaca, mit dem Schiffbruch endeten, ist diese stete Gefahr des Untergehens und einsamen Verschlagenwerdens kaum abwegig. Denn betrachtet man die Chroniken des ersten amerikanischen Jahrhunderts, ist von Kolumbus an das Motiv der Seenot und des Schiffbruchs stets präsent. Auf seiner vierten Reise selbst zum Schiffbrüchigen auf Jamaica geworden, berichtet Kolumbus von dem Sturm, der ihm seine Flotte zerstörte: »Das Unwetter war furchtbar, und in dieser Nacht versprengte es meine Schiffe; jedes trieb es voran ohne jede Hoffnung außer der auf den Tod; jedes von ihnen war sicher, dass die anderen verloren waren« (»La tormenta era terrible, y en aquella noche me desmembró los navíos; a cada uno llevó por su cabo sin esperanças salvo de muerte; cada uno d'ellos tenía por cierto que los otros eran perdidos«[336]) In all dieser Verzweiflung spricht im Schlafe eine »mitleidvolle Stimme« (»voz muy piadosa«) zu ihm und fordert ihn zur Umkehr zu Gott auf: »Für die Bande des Ozeanmeers, die mit so starken Ketten verschlossen waren, gab Er dir die Schlüssel <...> Kehre zu Ihm zurück und sieh deinen Fehler nun ein, seine Barmherzigkeit ist grenzenlos« (»De los atamientos de la mar Occéana, que estavan cerrados con cadenas tan fuertes, te dio las llaves <...> Tórnate al Él y conoçe ya tu yerro: su misericordia es infinita.«[337]). So wird der Reisebericht zugleich zur Bußefahrt und zur inständigen Bitte an die spanischen Herrscher:

> Yo estoy tan perdido como dixe <...>: aislado en esta pena, enfermo, aguardando cada día por la muerte y cercado de un cuento de salvajes y llenos de crueldad y enemigos nuestros, y tan apartado de los Sanctos Sacramentos de la Sancta Iglesia, que se olvidará d'esta ánima si se aparta acá del cuerpo. Suplico umildemente a Vuestras Altezas que, si a Dios plaçe de me sacar de aquí, que aya<n> por bien mi ida a Roma y otras romerías.[338]
>
> *Ich bin so verloren, wie ich sagte: abgeschottet in diesem Schmerz, krank, jeden Tag auf den Tod wartend und umzingelt von einer Unzahl von Wilden, die voll Grausamkeit und unsere Feinde sind, und so weit entfernt von den Sakramenten der Heiligen Kirche, die diese Seele vergessen wird, wenn sie hier ihren Körper verlässt. Ich flehe Eure Hoheiten untertänig an, dass sie, wenn es Gott gefällt, mich hier herauszuholen, meine Reise nach Rom und andere Pilgerfahrten für wohl erachten.*

Von ihrem ersten Finder an sind die Wunder der Neuen Welt mit Bitternis belastet; ist das Auslaufen an die Ufer des Unbekannten mit dem Motiv des Scheiterns verbunden, und zwar im Grunde genommen noch vor Kolumbus: bis in die legendäre Figur des Anonymen Piloten hinein, der nur durch einen Schiffbruch zur ›Entdeckung der Neuen Welt‹ gelangt und an ihren Folgen sterben muss. Spätestens seit Cabeza de Vacas *Naufragios* ist dieser Schiffbruch auch im metaphorischen Sinne lesbar und hat Konsequenzen auf die textliche Gestaltung der Chronik, die von den Autoren als *invención del libro* bezeichnet wird. Bereits durch Oviedo aber wird der Katalog der Wunder kontrastiert durch die Tatsache, dass er seine Chronik mit einem ›Buch der Unglücke und Schiffbrüche‹ enden lässt, die allesamt über die reale auch eine magische und allegorische Ebene besitzen und daher zum Inbegriff des die Realität transzendierenden Unternehmens des Autors werden – aber so auch gerade zur eklatanten Negierung von Oviedos historiographischem Selbstverständnis, das sich in seinem selbstauferlegten Amt eines ›Priesters des Wahren‹ manifestiert, der die Fiktionen auszutreiben hat, die des Teufels sind[339]. Genau dieser Akt des Heraustretens aus der Dingwelt der Erde in die Wunderwelt des offenen Meers mit seinen Sirenen und phantasmagorischen Dämonen[340] aber macht den Menschen, so gibt Oviedo selbst deutlich zu verstehen, zum Schmied seines eigenen Verderbens. Denn es sind nicht die Natur und ihre Elemente, denen die Schuld für das Scheitern der Schifffahrt zu geben ist, sondern alleine der Mensch, der in seiner Hybris aus seinem angestammten Umfeld ausbricht, um sich dieser Transgression auszuliefern – und zwar auch zum Zwecke der empirischen Erfahrung:

> Pero dejemos las velas, que no son más de culpar que la madera de los árboles en este caso, pues dellas se hacen los navíos e másteles y entenas de ellos; e dése solamente la culpa a los que podrían vivir en la tierra e se van a la mar a experimentar estos trabajos. E ya yo me vi en la mar en tal término, que pudiera con más expiriencia propria temer y entender los peligros de ella, que Plinio informado por sus libros o por marineros de su tiempo, porque de verlo a oírlo, hay mucha desproporción e diferencia.[341]
>
> *Doch lassen wir die Segel, die in diesem Fall nicht mehr zu beschuldigen sind als das Holz der Bäume, da man daraus Schiffe und Mastbäume und Spieren macht; und die Schuld daran soll man nur denen geben, die an Land leben könnten und dennoch zur See fahren und diese Mühsalen erfahren. Und ich bin selbst schon derart oft auf hoher See gewesen, dass ich aus eigener Erfahrung ihre Gefahren mehr fürchten und verstehen könnte, als Plinius, der seine Informationen aus seinen Büchern oder von den Seeleuten seiner Zeit hatte, da zwischen Sehen und Hören das Unverhältnis und der Unterschied groß sind.*

Wie eng von nun an die Vorstellungen von amerikanischem Schiffbruch und Dichtungsakt sind, mögen erneut Garcilasos *Comentarios reales* bezeugen. Aus für seine Interpreten rätselhaften Gründen stellt der Inca an den Anfang seiner Chronik, noch vor die Schilderung der Religion und der Ursprünge des Incareichs, die Geschichte eines Schiffbrüchigen: Pedro Serrano. Sein Gefährt geht nahe einer unbenannten einsamen Insel unter, die durch ihn ihren Namen erhält. Das Schiff zieht seine gesamte Besatzung mit in den Untergang – mit Ausnahme von Serrano. Der Überlebende schwimmt auf die einsame Insel, ernährt sich von Wurzeln, Kräutern und rohen Schildkröten und findet eines Tages einen Gefährten, der sein Schicksal teilt, bis er nach Jahren des Lebens in der Wildnis durch ein vorbeiziehendes Schiff gerettet wird.

Seltsam muss diese Geschichte anmuten, da sie an einer Stelle der Chronik steht, wo eigentlich, etwa bei Gómara, Kapitel wie »El descubrimiento de las Indias« oder »Quien era Christioual Colon« zu stehen pflegen. Anstelle der siegreichen Fahrten von Eroberern wie Kolumbus und Pizarro beginnt die Chronik Perús mit dem Schiffbruch eines Spaniers, der für seine Überfahrt statt Reichtum und Ruhm nur Bitternis und Erniedrigung erhält. Zum Ausgleich erhält Pedro Serrano indes einen Lohn ganz anderer Art, wenngleich dieser, ähnlich dem Anonymen Piloten, nie seinen Namen tragen soll. Mit ihm nämlich hat Garcilaso den Prototyp eines neuen Topos geschaffen, das an Popularität die klassische »navicella«-Metapher rasch überrunden soll und zu einem Motiv der Weltliteratur avanciert, das sich in Lateinamerika bis zu Gabriel García Marquez' *Relato de un náufrago* und Juan José Saers *El entenado* fortzieht[342]. Seine Ikone erhält der Topos des Schiffbruchs an der Neuen Welt, aufbauend auf den Handlungselementen ebendieser Episode von Pedro Serrano etwas mehr als hundert Jahre später (1719) in Gestalt eines britischen Seemanns, der an einer »unbewohnten Insel von Amerika, <...> nahe der Mündung des großen Orinoko-Stroms«[343] strandet: Robinson Crusoe.

> Primate mutated in many colors
> Wrought from the dark in his mother long ago
> from the dark of ancient Europa
> Euro man and Euro woman
> in the hold of a listing freighter
> with Americus in the womb
> born by the Hudson and Grant's Tomb
> to spring forth upon a new place
> a kind of Atlantis lost and found
> (athwart a passage to India)
> **Lawrence Ferlinghetti**, *Americus I*

VI. Von der Findung einer anderen Erfindung

»Que vais-je pouvoir inventer encore«[1] – »Was werde ich noch erfinden können?« Wenn Jacques Derrida 1983 in Hommage an Paul de Man seinen Vortrag »Psyché. Invention de l'autre« mit dieser ungewöhnlichen Frage beginnt, so um sie sogleich anstelle einer Antwort zu ironisieren: »Hier vielleicht ein erfindungsreicher Anfangssatz für einen Vortrag« (»Voici peut-être un *incipit* inventif pour une conférence«). Derridas Parodie des Erfindungsreichtums zielt zum einen auf die Doktrin der Originalität: auf das Dogma des Ausbrechens aus dem Topos und der Konvention, das seit der Aufklärung so sehr zur Grundanforderung an das Denken wurde, dass es selbst zum Topos und zur Konvention geworden ist, oder besser gesagt, wie Derrida im Laufe seines Vortrags darlegt, zu einer Maschine zum industriell-reproduktivem Hervorbringen von Neuem. Darin liegt das große Paradox der Erfindung: »Jede Erfindung sollte sich über das Statut hinwegsetzen, aber es gibt keine Erfindung ohne Statut« (»toute invention devrait se moquer du statut, mais il n'y a pas d'invention sans statut«)[2].

Wenn dieselbe Frage, wie im hier vorliegenden Falle, am Ende einer langen Untersuchung steht, in der ich versucht habe, die vielfach labyrinthisch verlaufende Spur der *inventio* zu verfolgen, mag diese Frage der Resignation gleichkommen, den Ausweg aus dem inventiven Irrgarten trotz allen aufgewandten Erfindungsgeistes nicht gefunden zu haben. Liest man hingegen nach mehr als zwanzig Jahren – und nachdem der Tod eine endgültige Antwort erzwungen hat – Derridas fragende Erforschung der Erfindung aufs Neue, so stellt sich die Ahnung ein, dass vielleicht die Erkenntnis selbst, überhaupt in einem Labyrinth gefangen zu sein, eine Hoffnung auf Ausweg liefern könnte. Denn diese Einsicht scheint noch den ersten Hörern dieses Vortrags zu fehlen. Derridas Frage gilt auch einem Phänomen, das er selbst durch einen ganzen Katalog von französischen Publikationen des besagten Jahres 1983 illustriert, die sich die Erfindung auf die Fahnen geschrieben haben, so etwa *Die Erfindung der Demokratie, Die Erfindung des Rassismus, Die Erfindung des Sozialen, Die geistige Erfindung* etc.: der Tatsache eines vermeintlich ›inventiven‹ Booms, im intellektuellen Diskurs ebenso wie in Werbeslogans und der politischen Rhetorik. Paradox erscheinen mag das insbesondere in einem geschichtlichen Augenblick, der sich eben gerade nicht mehr als ›inventive‹ Epoche der großen Neuschöpfungen begreift, sondern den ersten Höhepunkt einer Ära der »post«- und »counter«- Präfixe bildet, die dem Neuen und der Originalität, ja sogar der Erfindung eines eigenen Namens für sich selbst entsagt hat, der mehr besagte als die Abgrenzung vom Vorausgehenden – der Moderne, dem Strukturalismus, dem Kolonialismus. Diese von Derrida beobachtete »seltsame Rückkehr eines Drangs nach Erfindung« (»Retour étrange d'un désir d'invention«[3]) macht auch vor dem eigenen Vortragstext nicht halt, der die Invention im Titel trägt, und ebensowenig vor der Methode des Autors, die dieser selbst erfunden hat: »Die Dekonstruktion ist erfinderisch oder sie ist nicht« (»La déconstruction est inventive ou elle n'est pas«[4]).

Aus alledem schließt Derrida, dass die Erfindung nicht nur eine neue Mode (»une nouvelle mode«) und ein neues Leben (»vie«) erfahren hat, sondern auch einen neuen *modus vivendi* (»un nouveau mode de vie«)[5]. Welch bedeutenden Veränderungen diese Modi und Moden nicht erst in ihrer *Vita nova* unterworfen sind, macht er durch Verweise auf eine Reihe von Inventionskonzeptionen von Cicero bis Kant deutlich, die in der vorliegenden Untersuchung einer etwas eingehenderen Lektüre unterzogen wurden. Während Cicero beim Verfassen seiner Reden *res* er- bzw. auffand, die als rhetorische Argumente definiert waren und sich durch den Prozess der Ordnung in natürlicher Weise mit den *verba* verbanden – »*et res, et verba invenienda sunt, et collocanda*«[6] –, so habe sich die Erfindung im Laufe der Zeit in polysemischer Weise auf zwei ganz unterschiedliche Gebiete verlagert. Der fiktionalen Erfindung stehe in modernen Zeiten die technische gegenüber: »*Fabula* und *fictio* auf der einen Seite, *techne, episteme, istoria, methodos* auf der anderen.«[7] Mit anderen Worten: erfunden werden können vor allen Dingen Märchen und Maschinen.

Wenn wir heute rückblickend die Frage erneut stellen: Was alles werde ich noch erfinden können?, zeichnet sich bereits im Moment des Vortrags selbst eine Antwort ab: Amerika. Bereits in Derridas begonnenem Inventar der Invention im französischen Buchhandel des Jahres 1982/1983 ist eine Publikation mit dem Titel »L'invention de l'Amérique« enthalten. Derrida selbst jedoch lehnt die Verbindung von Amerika und Erfindung vehement ab. Amerika kann heute nicht mehr erfunden werden, wie der Autor mit Verweis auf das berühmte Kantzitat belegt – das Erfindung und Entdeckung für Jahrhunderte zu getrennten Instanzen machen soll, zumindest gemäß dem Modus der Erfindung, der derzeit in Mode ist.

> <...> man würde heute nicht mehr sagen, dass Christoph Kolumbus Amerika erfunden hat, es sei denn in dem inzwischen altertümlich gewordenen Sinne, in dem, wie bei der Auffindung des Kreuzes <l'Invention de la Croix>, die Invention sich nur darauf bezieht, eine Existenz zu entdecken <découvrir>, die bereits da war. Doch der Sprachgebrauch oder das System aus bestimmten modernen, relativ modernen, Konventionen, würde uns verbieten, von einer Erfindung zu sprechen, deren Objekt eine Existenz als solche ist. Wenn man heute von der Erfindung Amerikas oder der neuen Welt spräche, bezeichnete dies eher die Entdeckung <découverte> oder Hervorbringung <production> neuer Existenzweisen, neuer Arten, die Welt zu begreifen, zu planen oder zu bewohnen, nicht aber die Schöpfung oder Entdeckung der Existenz des Gebietes selbst, das Amerika genannt wird.[8]

Mit welch rapider Geschwindigkeit die Modi wechseln, beweist die Tatsache, dass Derrida, noch während er seinen Vortrag 1984 in Cornell und 1986 in Harvard öffentlich hält und 1987 in dem Sammelband *Psyché. Inventions de l'autre* publiziert, von einer neuen Mode überrascht wird, an der er selbst nicht teilhat. 1984 setzt die Diskussion um die ›Erfindung Amerikas‹ im Rahmen der Vorbereitungen der Fünfhundertjahrfeier ein und erreicht 1985 durch die Polemik O'Gorman vs. León-Portilla ihren ersten Höhepunkt. Über die Frage der Identität Amerikas hinaus mündet dieser inventive Disput in einer inventiven Inflation, gegen die sich der von Derrida beobachtete Titelkatalog, wie Werner Sollors nur wenige Jahre (1989) später bemerkt, als blanke Untertreibung (»if anything, an understatement«[9]) ausmacht. Denn erfunden werden inzwischen sogar Buchtitel, die es gar nicht gibt. So erscheint Stephen Greenblatts *Marvelous Possessions* in der deutschen Ausgabe mit dem Untertitel »Die Erfindung des Fremden«, um nur ein Beispiel der »Erfindungswut« der achtziger und neunziger Jahre zu nennen.

Hand in Hand geht eine Diskussion um die Definition der Begriffe von Entdeckung und Erfindung, die schließlich dazu führt, dass der Begriff der Entdeckung als geradezu anrüchig gilt. Seither werden besonders in den Vereinigten Staaten Ausgaben der *Crónicas de Indias* in Reihen mit Namen wie »Chronicles of the New World Encounter«[10] publiziert. In diesem Rahmen wird ein neuer Erfindungsbegriff geprägt[11], den seine Verfechter gerne als den ›postmodernen‹ oder auch – wenngleich ohne den Segen des Erfinders jener Abbaumaschine – als den ›dekonstruktiven‹ bezeichnen. Seine Essenz ließe sich in knappster Weise durch Gómez-Morianas Definition der »invención« benennen: als Entstehung oder gar »Geburt einer diskursiven Instanz«[12]. Diese Definition wird von ihren Hauptverfechtern wie Sollors, Gómez-Moriana, Rabasa in recht konvergierender Weise an Foucault angelehnt und, auch unter Verweis auf die meist in direktem Zitat aus Derridas Text entnommene[13] antike Tradition der rhetorischen *inventio*, mit der Aufgabe versehen, sie gegen den vermeintlich ›traditionellen‹ (eigentlich aber modernen) Inventionsbegriff abzugrenzen. Dies geschieht auf dem seit Bacon für die Struktur der modernen Erfindung charakteristischen Wege: der Neudefinition durch Bruch mit dem Traditionellen und Etablierten. In diesem Falle soll so ein ›konterkolonialer Konterdiskurs‹ (»countercolonial«[14] / »counterdiscourse«[15]) zum Zwecke der »Dekonstruktion des Eurozentrismus«[16] im Begriff der Erfindung entstehen. Aufgelöst werden soll durch ihn vor allem die Grunddichotomie der ›herkömmlichen‹ Invention, für die interessanterweise ein Mexikaner, Edmundo O'Gorman, und nicht der eigentlich verursachende Europäer, Immanuel Kant, verantwortlich gemacht wird[17]: die Opposition zwischen Erfindung und Entdeckung. Eine gewisse Ausnahme im Umfeld der ›Postmoderne‹ macht allein Enrique Dussels bereits näher vorgestelltes »Projekt der Transmoderne«, das darin besteht, die »Erfindung Amerikas« bzw. »Erfindung des Eigenen« durch die »Entdeckung des Anderen«[18] zu kontrastieren.

Unbehagen bereitet den Autoren aber der von Derrida festgelegte Dualismus von Technik und Fiktion im Inneren der Invention, da die Neudefinition der Erfindung als »Geburt einer diskursiven Instanz«, insbesondere in einer solch biologisch-prokreativen Metaphorik, schwerlich auf eines dieser beiden Gebiete festzulegen ist. Während Gómez-Moriana zu vermitteln versucht, indem er darlegt, die diskursive Invention, begriffen als Baumaterial zur gesellschaftlichen Errichtung von Wirklichkeit, setze sich zwar von den modernen Schlagwörtern der Originalität und Innovation ab[19], sei aber zudem eine ausweitende Verbindung beider von Derrida eingeforderter Seiten der Erfindung. »Was ich zu zeigen suche, ist einfach, daß die *Erfindung* des ›indio‹ durch Kolumbus gleichzeitig ›Fabel‹ (*Geschichten*) und ›Vorrichtung‹ (*neue Betriebsmöglichkeit* mit kommerziellem Charakter) ist«[20].

Dagegen betrachtet Werner Sollors die ›postmoderne‹ Invention über diesen spezifischen Aspekt der inventiven Sprachinstrumentalisierung zum Zwecke kolonialer Unterdrückung hinaus als eine Technik des »Fiktion-Machens« innerhalb jedes sprachlichen Diskurses. Durch ihre Auslagerung aus der Technik und aristotelisierenden Poetik markiert solch ein postinventiver Erfindungsbegriff einen Bruch mit den bisherigen Konzeptionen, und zwar sowohl mit den modernen als auch mit den prämodernen:

> »Erfindung« ist nicht länger der Darstellung technischer Fortschritte wie dem Telegraphen vorbehalten oder auf neo-aristotelische Diskussionen über das Verhältnis von Dichtung oder Originalität und Plagiat beschränkt. <...> Während die Renaissance-Aristoteliker »Erfindung« gebrauchten, um die Grenze zwischen Geschichte und Literatur zu klären und zu definieren und individuellen Einfallsreichtum <*ingenuity*> geltend zu machen, sprechen Postmoderne von »Erfindung«, um Textstrategien in der Konstruktion des »Individuellen« bloßzulegen und die Abhängigkeit der Historiographie von den rhetorischen Vorrichtungen <*devices*> der Literatur zu zeigen; daher schildern sie Biographie und Historiographie als Formen des »Fiktion-Machens« <*»fiction-making«*>.[21]

Dass dieser inventive Prozess, dessen Neuheitsanspruch sich nur schlecht hinter dem ihn substituierenden Präfix »Post-« versteckt, auf der einen Seite die ›traditionellen‹ und ›modernen‹ Inventionskonzeptionen hinter sich lassen soll, auf der anderen aber ausdrücklich als »fiction-making« ausgegeben wird und damit in ganz evidenter Weise unter Derridas Kategorie der »*fabula* et *fictio*«, also präzise in die dualistische Struktur des modernen Erfindungsbegriffs fällt, ist ein offenkundiger Widerspruch. Paradoxerweise scheint die Neuheit des so geschaffenen ›postmodernen‹ Erfindungsbegriffs in der Absage an die Kategorie des Neuen zu bestehen – und, mit ihr verbunden, an die Originalität als die Fähigkeit, in ursprünglicher Weise Neues hervorzubringen. Hinter der Fassade des Abgesangs an den Geniegedanken – ein Topos, der in Texten aus jener Zeit so obligatorisch erscheint wie vormals die Einforderung der Wahrheit jenseits jeder Fiktion in den *Crónicas de Indias* oder der Musenanruf am Anfang des klassischen Epos – eröffnet sich eine Struktur, die der ›modernen‹ Invention bis in das zu ihrer Beschreibung gewählte Vokabular hinein entspricht: der ›Kreation‹ im Sinne eines säkularisierten Schöpfungsakts. Geschöpft werden indes nicht mehr die physische

Welt wie in der Genesis oder die inventive Idee wie im Patentgesetz. Invention definiert sich nun als die Schöpfung von sprachlichen Gebilden, von *Diskursen*.

Als Gründungsdokument einer ›diskursiven Invention‹, die zunächst klingt wie eine Verkleidung Rudolf Agricolas im postmodernen Gewande, zitieren die Verfechter häufig das von Eric Hobsbawm und Terence Ranger herausgegebene Buch *The Invention of Tradition*. Mit »erfundenen Traditionen« werden dort neugeschaffene Regeln und Bräuche bezeichnet, die von einer Gesellschaft als überkommene rituelle Verhaltensweisen oder Symbole anerkannt werden und zu diesem Zweck mit einer fiktiven Verwurzelung in der Vergangenheit versehen werden[22]. Als Beispiel aus der britischen Geschichte zitiert Hobsbawm die vermeintlich ›traditionelle‹ königliche Weihnachtssendung, die in Wirklichkeit 1932 eingeführt und in der Folge zur Tradition ›erfunden‹ wurde. Über solch verstreute Einzelrituale hinaus weitet Hobsbawm die »erfundene Tradition« auch auf die Konstituenten aus, die eine Gesellschaft in ihrer gemeinsamen Identität definiert. Als eine der wichtigsten und geschichtlich verhältnismäßig jungen Erfindungen muss dabei die des Nationalstaats betrachtet werden, und auch ganz grundlegend »jene vergleichsweise junge historische Innovation, die ›Nation‹ und die mit ihr verbundenen Phänomene«[23]. Zu diesen Phänomenen gehören allerhand nationale Symbole wie die Fahne, die Hymne und das Staatswappen.

Die postmodernen Leser Hobsbawms greifen die daraus erfolgende Erkenntnis auf, dass eine Einheit wie die der Nation, die im Zeitalter des Nationalismus als etwas in der Geschichte, der Natur oder der Rasse Verwurzeltes und mit einem fest umrissenen, organisch entwickelnden Nationalcharakter Versehenes betrachtet wurde, in Wirklichkeit eine erfundene, d.h. ein als Tradition institutionalisierter Diskurs ist, um jegliche Form von bislang als fest oder naturgegebenen definierten Einheiten als Erfindung, vom Menschen produzierte diskursive Einheiten zu betrachten. Doch sie führen diese Erkenntnis bis zu der letzten Konsequenz, dass die gesamte Kultur, und mit ihr die ›Welt‹ (zumindest die moderne), nicht einfach *ist*, sondern vom Menschen *erfunden,* diskursiv konstruiert ist. »Die Deutung von vormals ›essenziellen‹ Kategorien (Kindheit, Generationen, romantische Liebe, geistige Gesundheit, Geschlecht, Region, Geschichte, Biographie, und so weiter) als Erfindungen hat die Anerkennung der generellen kulturellen Erbautheit <*constructedness*> der Modernen Welt zum Ergebnis«[24].

Ist die moderne Welt ›gebaut‹, bedarf sie eines Baumeisters, eines Demiurgen, der im postmodernen Kontext weder der Gott der biblischen, noch sein Gegenspieler aus der gnostischen Tradition sein kann. Ihr Erbauer ist der Mensch selbst, dank seiner Gewalt, auf dem Weg seiner Sprache Diskurse zu formieren, »seiner demiurgischen Fähigkeit, Welten zu schaffen«

(»su facultad demiúrgica de crear mundos«)[25]. Weist bereits der von Hobsbawm verwendete Begriff ›Innovation‹ darauf hin, dass es sich bei diesem Formierungsprozess um eine Produktion von Neuem handeln muss, das vorher nicht existierte, so wird die Erfindung nun zur Schöpfung von Symbolkomplexen (»process of creating such ritual and symbolic complexes«[26]). Solch eine kreationistische Konzeption, die allerdings in Termini wie der »Geburt einer diskursiven Instanz« in ihrem Sprachgebrauch zuweilen in die ›essenzialistische‹ Sichtweise zurückfällt und der patriotischen Geburt der Nation eine Geburt der Invention an die Seite stellt, ist in ihrem Aufbau und Funktionsmodus daher deckungsgleich mit anderen »technischen Vorrichtungen« oder »fabulae«. Immer handelt es sich um Industrie- und Fiktionsmaschinen, die vom Menschen zum Zwecke der Reproduktion in die Welt gesetzt wurden. Weiterhin ist ihr definierendes Merkmal die Schaffung eines neuen ›inventiven Konzepts‹ und einer ›Erfindungseinheit‹, die nun den Namen ›indio‹, ›Weiße Rasse‹, ›Nation‹, ›Demokratie‹ ›Jugend‹ oder ›Amerika‹ tragen kann. Der einzige Unterschied, der es einem Erfinder zwar gemäß dem Patentrecht ermöglicht, eine neue Tierrasse zu patentieren, die Weiße Rasse dagegen nicht, ist, dass die Kreation von Diskursen nicht auf dem Gebiet der Dinge stattfindet, sondern auf dem der Worte. Es geht in einer so gefassten Erfindung, wie schon in O'Gormans Pionierwerk von 1958 aufgezeigt, nicht um die Frage, ob die Weiße Rasse von ihrem Erfinder im Laborversuch gezüchtet, ob das »Stück kosmischer Materie« (»pedazo de materia cósmica«), das heute den Namen ›Amerika‹ trägt, vom Menschen materiell erzeugt wurde, sondern, wie José Rabasa schreibt, um eine rein semiotische *creatio ex nihilo* (»the production of America as something ›new‹ – that is, semiotically created«[27]).

Eine diskursive Erfindung ist eine technische Innovation auf dem Gebiet der Sprache; ein Transformationsprozess, der die dingliche Wirklichkeit im Inneren der Sprache metaphorisch neuerschafft, so Antei (»›invención‹, entendida esencialmente como transformación metafórica de la realidad en el interior del lenguaje«[28]). Anders als viele Autoren dieser Diskussion schließt der Kolumbianer allerdings ausdrücklich die Möglichkeit ein, dass die Wirklichkeit mit dieser diktatorischen Unterordnung unter den menschlichen Erfindungstrieb nicht einverstanden sein könnte und sich zur Wehr setzt. Aus dieser Perspektive wird die Erfindung zum Sieg der Sprache im Kampf gegen die Übermacht der Wirklichkeit (»La invención, en esta perspectiva, es el fruto de la lucha del lenguaje en contra de la realidad«[29]). In diesem prometheischen Krieg der menschgeschaffenen Worte gegen die gottgeschaffenen Dinge erhält die Erfindung den Charakter einer vom Menschen kreierten »technischen Vorrichtung« (»dispositif technique«) im Inneren der Sprache – also einer »Sprachvorrichtung« (»dispositivo lingüístico«[30]), die Produktionsmethode und -ergebnis (*ars* und *artificium*) ist, andererseits aber auch *fabulas* und Fiktionen kreiert, denen sie als »sprachliches Kunstprodukt« (»artificio lingüístico«[31]) laut Antei von vornherein angehört.

In Anknüpfung an die alte Diskussion, ob das psychische Äquivalent der Lautkette nun als eine bildliche *species* oder ein akustisches *verbum mentis* zu begreifen ist, setzen die Erfinder der diskursiven Erfindung durch deren unwiderrufliche Sprachbindung jedoch der für O'Gormans Argumentation so zentralen Instanz der bildlichen Vorstellung (*imagen*) innerhalb des Erfindungsprozesses ein radikales Ende. In einem logozentrischen Bildersturm wird das Bild im Prozess der ›diskursiven Invention‹ systematisch durch das Wort ersetzt. Das Verfahren von Rabasas *Inventing America* in Abgrenzung zu O'Gormans *Invención de América* ist die Umdeutung der *imagen* / *imago* in Richtung auf eine sprachliche Diskurseinheit und soll O'Gorman vor dem Hintergrund Foucaults einer Neulektüre unterziehen[32]. Selbst das durch alle Epochen hindurch dem Hoheitsbereich des Bildes unterstehende Gebiet der *imago mundi* wird zur Wortkreation, und damit seine gesamte Manifestation in kosmographischen Bilderzeugnissen wie Landkarten, Globen und geographische Allegorien[33]. Auch die Neuerschaffung eines alleingültigen Weltbildes im Rahmen der Erfindung Amerikas, das die Einzelweltbilder der bislang getrennten Zivilisationen ablöst, ist eine Diskursformation: »die Erfindung Amerikas wies den Weg in ein einheitliches, eindeutiges Weltbild«[34].

Von höchster Wichtigkeit ist die daraus resultierende Ausweitung der diskursiven Problematik auf die kosmographische. In Referenz auf Bacons Parallelismus der Fortschritte auf dem *globus naturalis* und dem *globus intellectualis* führt Rabasa die frühneuzeitliche Kosmographisierung des Denkens auf dem Gebiet der Sprache weiter. Die ›Erfindung Amerikas‹ im 16. und 17. Jahrhundert ist verknüpft mit der Schöpfung neuer Gedanken- und Diskurswelten und weist für Rabasa weit über Amerika hinaus – so wie lange vor ihm für Bacon, Vermeer oder die Erfinder der Linearperspektive.

> Der Terminus »Neue Welt« sollte nicht allein als jener imaginäre geographische Raum begriffen werden, der am europäischen Wunschhorizont idealer Landschaften im sechzehnten und siebzehnten Jahrhundert auftauchte <emerged>, sondern auch als die Konstituierung der modernen Weltkonzeption, die aus der Erforschung des Globus resultierte – und, im weiteren Sinn, als der metaphorische Gebrauch von »neue Welt« bei Philosophen und Malern wie Francis Bacon und Jan Vermeer, um von neuen Sicht- und Forschungsfeldern <new fields of vision and inquiry> zu sprechen. In der Tat finden wir bereits in Kolumbus' Beschreibungen von Natur einen Sinn dafür, neue Naturwelten zu eröffnen, neue

Realitätsparzellen <parcels of reality> herauszuarbeiten. Es ist kein Zufall, dass Kolumbus und Entdeckungsreisen im Allgemeinen bevorzugte Metaphern wissenschaftlicher Forschung und Innovation bei so modernen und zeitgemäßen Philosophen wie Bacon, Vico, Bentham, Engels und Althusser sind.[35]

Die Brechung des ›Widerstands der traditionellen *imago mundi*‹ (»resistencia de la *imago mundi* tradicional«[36]) durch die Erfindung der Neuen Welt zieht die Kreation eines Neuen Kosmos im Inneren der Sprache mit sich, der, anders als die ›wirkliche‹ Welt der Dinge, nun eine mögliche Welt der Sprache hervorbringt. »Die Chronisten der Eroberung Amerikas erfanden eine *mögliche Welt*«, so Antei. Da die ganze Welt eine »erbaute« und der Schöpfer ihrer »Erbautheit« (»constructedness«) der Mensch durch die Kraft seines Wortes ist, führt die diskursive Erfindung darauf hinaus, dass die ganze Welt nichts als ein Produkt der Sprache ist. Ähnlich wie die Topik im Zeitalter der dialektischen Invention, dem 15. und 16. Jahrhundert, von einer sprachlich-rhetorischen Technik zum Ordnungsprinzip aller Wissenschaftsdisziplinen ausgeweitet wird, geschieht dies im Zeitalter der diskursiven Invention nun mit der sprachtheoretischen Disziplin:

> Wenn Sprache und Rhetorik produktive Kräfte werden und ideologischen Begriffe konstituieren, die dann als die »natürlichen« Wegweiser in unserem Universum erscheinen, bedeutet dieses Ergebnis eine verstärkte Betonung auf die Linguistik in all ihren Disziplinen. Statt der althergebrachten »Fakten«-Forschung sind selbstbewußte Versuche im Aufschwung, die gesamte Welt als einen Text und alles als sein »Zeichen« zu betrachten.[37]

Ist die Welt ein »semiotisch geschaffenes« Sprachprodukt, so ist sie, besonders wenn der Apologet der »diskursiven Invention« sich auf literarische Zeugnisse stützt, letztendlich ein Text. Auf dem Wege der diskursiven Neufassung des Inventionsbegriffs gelingt eine bemerkenswerte Leistung: das Auseinanderbrechen jener von Foucault als *prose du monde* bezeichneten Einheit von Text und Welt wieder rückgängig zu machen. Kristallisiert findet sich die erneute Vereinigung von Welt- und Textfund, die Wiedereroberung des Terrains der Entdeckung durch die Erfindung in der ›Erfindung der Neuen Welt‹. Die *Inventio fortunata* Amerikas, begriffen nun als diskursive Invention einer sprachlich-linguistischen Instanz, rettet die *Lesbarkeit der Welt*. Allerdings wäre die Folgerung, dass die ›Postmoderne‹ auf dem Weg der diskursiven Invention den industriellen Verfertigungsprozess immerwährender Innovation, welcher der Erfindung im Zeitalter ihrer technischen Reproduzierbarkeit eine maschinelle Eigendynamik verliehen hat, zu unterbrechen in der Lage wäre, ein vollständiger Fehlschluss. Im Gegenteil findet durch diese allusurpierende Erfindung eine radikale Vollendung des modernen, kreationistischen Inventionsprogramms statt.

Wenn Christoph Kolumbus in der später Amerika zu nennenden Gegend des Weltglobus das in der Bibel verbürgte und von Dante via Autoritätsargument in die gegenüberliegende Hemisphäre verlegte irdische Paradies fand; wenn er die geschriebene göttliche Verheißung in der Wirklichkeit aufzufinden und die Lesbarkeit der Welt zu retten suchte, so geschah dies aus einer theozentrischen Weltsicht heraus: aus dem Versuch, die von Gott diktierte Schrift und die von Gott geschöpfte Welt, oder, wie Hans Blumenbergs Studie zeigt, die beiden göttlichen Bücher der Offenbarung und der Natur in intertextuellen Einklang zu bringen. Mit Campanellas Worten: »Gottes Bücher stimmen überein«[38]. Durch die Umdeutung der Natur zum Text, zum Gottes-Buch, lässt sich das strikt autoritätsgebundene Verständnis erweitern, das die Philosophie als bereits fertiggeschrieben erachtete, als ein Buch wie die Odyssee oder Äneis, in dem die Welt bereits enthalten ist und das der erfahrbaren Natur gar nicht erst bedurfte, da die Wahrheit sich aus dem Vergleich der Texte und nicht aus der empirischen Erfahrung ergibt (»philosophiam esse librum quendam velut Eneida et Odissea; vera tuam non in mundo aut in natura, sed in confrontatione textuum«[39]). Die unangetastete, ja durch die Konzeption der beiden göttlichen Bücher sogar noch intensivierte Gottentsprungenheit alles Geschöpften ermöglicht das Wiederaufleben der Metapher vom göttlichen Versteckspiel, das der Empirist Bacon zur Grundlage seiner Konzeption einer Erfindung wählt, die eine Findung bleibt: Gott schafft und versteckt das Geschaffene, damit der Mensch es findet. »La création à Dieu, l'invention à l'homme«, gemäß Derridas Formel.

Das präzise Gegenteil dessen spielt sich im Falle des diskursiven Inventionsbegriffs ab. Indem sich in einer zweiten fundamentalen Gebietsverlagerung die *inventio*, die in der antiken Tradition der Rhetoriken Ciceros und Quintilians ausschließlich den *res* zugeordnet war und durch die Umdeutung des Erfindungsbegriffs unter dem Einfluss der *ad-inventio* im Spätmittelalter auf das Gebiet der *imago* verlagert wurde – sei es durch menschlichen Abfall an die Einblasungen des Teufels, sei es durch die ins Positive umgedeutete, schöpferische *imaginatio* der Renaissance-Poetiken –, nun zur Technik der Produktion von Diskursen wandelt, sind nun allein die *verba* ihr ›Gegenstand‹: also ein Gebiet, das in der heidnisch-römischen Überlieferung ursprünglich der *elocutio* angehörte und in der jüdisch-christlichen Überlieferung seit dem biblischen Schöpfungsbericht von Gott der Herrschaft des Menschen unterstellt wurde, indem Adam die Macht erhält, den Dingen und Tieren der Welt selbst einen Namen zu verleihen.

Indem durch die diskursive Invention die gesamte Ordnung der Dinge nun nicht mehr als durch Gottes Schöpfungsakt vorgegebener *ordo naturalis*, sondern als vom Menschen durch die Macht seiner Sprache geschaffene Erfindung betrachtet wird, schwingt sich der Mensch innerhalb dieses Sprachuniversums, das zu beherrschen er sich sicher wähnt, zum alleinigen Erfinder der Welt auf. Da in diesem diskursentsprungenen Sprachkosmos die Gegenstandswelt – und damit der Bereich, dessen Schöpfung der Mensch bei aller Hybris sich kaum anmaßen kann – nicht mehr vorkommt; da die Macht des Wirklichen in einem Zeitalter zunehmender Virtualisierung der Erfahrungswelt vollständig den menschlichen Fiktionen und Diskursen unterworfen wird, ist eine Trennung von Kreation und Invention fortan hinfällig und kann das vom Menschen geschaffene Diskursuniversum als Textkontinuum betrachtet werden, innerhalb dessen der Mensch an die Stelle Gottes tritt. Lediglich von der gegen die Kontrolle der menschlichen Ratio rebellischen Instanz des Bildes, die sich aus ihrer ancillaren Position eines Abbilds der Dinge im Inneren der Seele stets zur Herrscherin aufzuschwingen droht; von Lezamas *imago*, dem »Bild, das teilhat an der Geschichte« (»la imagen participando en la historia«[40]) und aus diesem Grunde traditionell als Domäne dem Teufel zugeschrieben wurde, hat der Herrscher des Sprachuniversums trotz der Transformation der *imago* in einen sprachlichen Diskurs noch Widerstand zu erwarten. Wenn die *imago* aber ihr altes Usurpationspotenzial wiedergewinnt wie in Baudrillards Konzeption des *simulacrum*, so doch immer, in Parallelismus zum ›postmodernen‹ Diskurs-Kosmos, als eine mimetisch-simulative Instanz, die den Triumph der menschlichen Kreation über die göttliche feiert. Die *imago* wird zur ›Mörderin des Wirklichen‹[41] und ihres eigenen Vorbilds. Ist die Wirklichkeit erst einmal umgebracht, gehören Invention und Kreation fortan beide dem Gott-Menschen, der sogar seine *imaginationes* aus der Sprache heraus kreiert. Innerhalb dieser menschlichen Schöpfung ist auch Gott nicht mehr als ein Diskurs, eine menschliche Erfindung, wie dies Fritz Lang in Jean-Luc Godards Film *Le Mépris* zur Odyssee formuliert: »Don't forget: the Gods have not created Man, Man has created Gods«. Sie zu schaffen und sie umzubringen liegt im Ermessen des Menschen.

Doch Totgesagte leben länger. Ist Kolumbus, wenn er zum ersten Male der Welt begegnet, die er nun erfinden soll, laut Todorov von einer Namensgebungs-Raserei, einer »rage nominatrice« besessen, welche die Einheit von Welt und Text aufrechterhalten soll, so treibt diejenigen Denker, die diese nach ihrem Zerbrechen wieder zusammenzufügen suchen, eine *fureur inventrice*. Sollte eines hypothetischen Tages nach der nächsten Zeitenwende oder Conquista ein später Erbe unserer Zivilisation die Struktur unserer Sprachen und unseres Denkens in einem Buch zu bewahren versuchen, wie dies Garcilaso in seinen *Comentarios reales* mit der Zivilisation der Anden vorführte, und, in Anlehnung etwa an den Katalog der verschiedenen Bedeutungen von *huaca* vom Ruinenbauwerk bis zum Ei mit zwei Dottern, den ratlosen Siegern der Eroberung ein Inventar anfertigen, was man im ›Westen‹ alles erfinden konnte, so ließen sich allein auf Basis der letzten Seiten aufführen: a) Märchen, b) Glühbirnen, c) Lügen, d) die Wahrheit, e) die Tradition, f) Amerika, g) Rassismus, h) Musikstücke, i) die Integralrechnung, j) den Alltag, k) die Welt, l) Indianer, m) Gott, n) sich selbst, o) die Erfindung.

Der Leser der militärisch siegreichen Zivilisation dürfte diese Liste – so er sie nicht mit einem Schmunzeln als Fiktion abtut wie die bekannte chinesische Taxonomie der Tiere von Jorge Luis Borges – als Hinweis darauf nehmen, dass eine Kultur mit einer derartig psychotischen Entgrenzung des Denkens, in dem restlos alles zur Erfindung wird, sich früher oder später hätte selbst zerstören müssen – und daraus in bester Nachfolge der spanisch- und englischstämmigen Conquistadoren die Legitimation der gewaltsamen Unterwerfung dieses todgeweihten Kulturkreises ziehen. Solange dieser hypothetische Fall jedoch nicht eingetreten ist, bleibt Derridas zu Beginn seines Vortrags gestellte Frage von höchster Aktualität. Was werden wir noch erfinden können? Welche Methode oder Reproduktionsmaschine entlastet uns von der Fülle der Erfindungen? Welche technische oder fiktionale Vorrichtung, die nicht im Präfix-Furor an die Stelle eines post- und transmodernen nun einen metamodernen Inventionsbegriff setzt, der sich selbst als Neuerfindung der Erfindung begreift?

Um eine Methode zu finden, den automatisierten Lauf der Erfindung als Diskursproduktions- und -reproduktionsmaschine zu unterbrechen, mag der letzte, ›metainventive‹ Punkt des hier aufgeführten Erfindungskatalogs eine Hilfe bieten: die Erfindung der Erfindung. Denn bevor die Erfindungs-Maschine in der Lage sein konnte, stets neue Diskurse zu erfinden, musste sie selbst erst einmal erfunden werden. Wie ich im Rahmen der vorliegenden Untersuchung auf Basis der Lektüre inventionstheoretischer Texte sowohl der älteren als auch der jüngeren Vergangenheit herzuleiten suchte, ist die Konvention, dass eine Erfindung etwas Neues hervorbringt, verhältnismäßig jungen Datums und etwa, wie Benjamin in seinen Ausführungen zur *ars inveniendi* im barocken Trauerspiel herausarbeitete, im Deutschland des 17. Jahrhunderts noch nicht etabliert (»*De inventione* und der *orbis novus*«). Bis zu diesem Zeitpunkt operiert die Erfindung nach dem von Roland Barthes auf eine Formel gebrachten Prinzip: »Alles existiert bereits, man muss es nur wiederfinden«[42]. Erst durch das Eindringen des Neuen in die Erfindung geht diese zu Bruch.

Im späten 18. Jahrhundert, d.h. in jedem Falle nach der *Encyclopédie* von Diderot und D'Alembert, wo *découverte* und *invention* noch als nur in der Hierarchie ihres Werts und ihrer Wichtigkeit unterschiedene Synonyme aufgeführt sind, beginnt sich die Entdeckung unter dem Einfluss des Neuen als Enthüllung des bereits Existierenden von der Erfindung als Kreation des noch nicht Existierenden abzuspalten; ein Prozess, der sich, wie anhand der Einzelanalysen verschiedener *Crónicas de Indias* von Kolumbus bis Guaman Poma de Ayala näher dargelegt (»Von der Entdeckung der Welt des Neuen«), bereits im Laufe des 16. Jahrhunderts in Amerika durch die Begegnung mit der Andersheit des jeweils Unbekannten herausbildet – mit der amerikanischen Landschaft und Zivilisation für die Europäer; mit den europäischen Erfindungen, Tieren und weißen Menschen für die Amerikaner.

In Anknüpfung an López de Gómaras Grundthese, die Entdeckung von Las Indias sei das größte Ereignis seit Erschaffung der Welt und Geburt und Tod Jesu Christi, haben in dieser Richtung gerade um den *Quinto Centenario* 1992 herum diverse Texte den Versuch unternommen, die Erfindung der Neuen Welt zugleich zur Erfindungsurkunde des Neuen, ja der ganzen als Neu-Zeit benannten Epoche zu deuten, oder zumindest als bislang verkannten ersten und wichtigsten Schritt zur Formation der Moderne:

> Man bezeichnet meist die Reformation, die Französische Revolution und die Aufklärung als die Momente, die demjenigen Gestalt gaben, was wir die Moderne nennen. Wie der Leser aus den hier vorgestellten Arbeiten ableiten kann, fehlt dabei eines, vielleicht das wichtigste und zweifellos dasjenige, das noch heute in seinem Sinn am geheimnisvollsten bleibt: 1492.[43]

Kaum bezweifelbar bleibt in jedem Falle die Tatsache, dass sich vor dem Hintergrund der unbekannten Landmasse im Ozean zwischen Europa und Asien die Konzeption dieses Gebietes als eines ›neuen‹ durchsetzt, nämlich eines *Mundus novus* oder *orbis novus* seit Amerigo Vespucci und Peter Martyr, und dass für dieses materiell Neue, in Abgrenzung von einer nun mit der Phantasie in Verbindung gebrachten Erfindung, der Begriff des *descubrimiento* geprägt wird. Die andere Seite dieses Prozesses ist jedoch, was insbesondere Rabasa in seinem Nachwort hervorhebt[44], dass durch Chronisten wie Joseph de Acosta und seine Bemerkung, die Neue Welt sei nun so viel beschrieben worden, dass sie inzwischen als eine alte zu betrachten sei (also ein längst ›emergierter Diskurs‹, um es im der foucaultisierenden Sprache der Theoretiker einer ›Erfindung Amerikas‹ zu benennen), innerhalb der *Crónicas de Indias* die Neuheit der Neuen Welt mehrfach in Frage gestellt wird.

Zudem entwickelt Rabasa selbst, dass die »Hervorbringung von Amerika als etwas Neuem« so neu, wie er es selbst einfordert, gar nicht ist. Als Konklusion seiner Arbeit bietet er eine Erkenntnis, die der seines methodischen

Ansatzes diametral entgegengesetzt erscheint: »Diese Untersuchung hat vorgebracht, dass die Erfindung eines unbekannten Teil der Welt seine Einschreibung in eine vorher existierenden Darstellung des Globus impliziert. Nicht nur, dass das Emergieren Amerikas Auswirkungen auf das kartographische Bild der Welt besaß, es brachte auch eine Neudefinition von vorher bekannten Gegenden hervor« (»This study has argued that the invention of an unknown part of the word implied its inscription within a preexistent representation of the globe. Not only did the emergence of America affect the cartographical image of the world, but it also brought forth a redefinition of previously known regions«[45]). Mit anderen Worten verändert mit der Hereinkunft der Erfindung nicht nur der Erfinder die Welt: es verändert sich auch die Welt des Erfinders selbst, der somit selbst Objekt seiner eigenen Erfindung wird. Darüber hinaus scheint die Erfindung Amerikas über die Kreation einer neuen Diskurseinheit hinaus auf Präexistierendes (›preexistent‹) zurückzugreifen, also die Domäne der Entdeckung in Kants Definition; das bislang Unbekannte in Relation zum Bekannten zu setzen und beide Elemente durch ihre Verbindung einer veränderten Definition zu unterwerfen. Diese Entwicklung aus dem Bekannten jedoch muss als das genaue Gegenteil der Schaffung von etwas absolut Neuem betrachtet werden: als, wie Barthes es formuliert, eher ›extraktiver‹ denn ›kreativer‹ Prozess.

Die notwendige Konsequenz, die jedoch von den Verfechtern der diskursiven Erfindung nur in Ansätzen geliefert wird, so z.B. durch Rabasas Ruf nach einer historisch-semantischen Differenzierung der Begriffe von Erfindung und Entdeckung, wäre es, denjenigen Begriff oder Diskurs herauszufordern, der im Zentrum der modernen Definition sowohl von Entdeckung als auch von Erfindung steht und für die Spaltung eines jahrtausendelang einheitlichen Begriffs verantwortlich ist, nämlich den des *Neuen* selbst. Selbst wenn die Instanz der Neuen, vor allem in ihrer Funktion innerhalb des Geniegedankens und der Originalität als Kult der Hervorbringung von Noch-nie-Dagewesenem durch das ›postmoderne‹ Denken scharf angegriffen wird, beweist die hier vorgestellte Theorie der Kreation von Diskursen, dass sich das ungeliebte Neue in immer neuer Weise in den Diskurs einzuschleichen weiß; dass die Neuzeit die Geister, die sie rief, nicht mehr los wird; dass sie sich vom Gespenst des Neuen zu befreien sucht und doch immer weiter von ihm verfolgt wird. So verwandelt sich die Neuzeit in ihrer Endphase zu einer Paranoi-Zeit.

Um das Problem der Erfindung, das sich in der vorliegenden Studie auf das bedeutsame Moment der *inventio orbis novi* konzentriert, nicht durch eine die reproduktive Struktur der modernen Erfindung erneut reproduzierende Weise auf einen post-diskursiven Erfindungsbegriff hin zu entwickeln, findet sich eine höchst hilfreiche methodische Basis innerhalb des eigenen ›Paradigmas‹, auf das die Verfechter der diskursiven Invention sich berufen: die von Sollors beobachtete Ausweitung des linguistischen Strukturalismus auf die anderen Wissensdisziplinen. Zu fruchtbaren Ergebnissen für eine kritische Beleuchtung der Erfindung des Neuen gerade in seiner diskursiven Dimension führt, neben den Klassikern der strukturalistischen Märchen- (Vladimir Propp[46]) und Mythenanalyse (Claude Lévi-Strauss[47]) sowie der formalistischen Literaturtheorie von Tynianov und Jakobson aus den zwanziger Jahren[48] besonders die Studie *Die Erfindung der Welt bei den Pueblo-Indianern* des Lévi-Strauss-Schülers Lucien Sebag aus dem Jahre 1971[49], die der Diskussion um einen postmodernen Inventionsbegriff um einige Jahre vorausgeht.

In seiner strikt strukturalistisch operierenden Analyse der Mythologie der nordamerikanischen Pueblo-Indianer verwendet Sebag den Begriff »invention« in einem Sinne, der mit der ›postmodernen‹ Definition des Begriffs in gewissem Maße konvergiert. Es geht weder um die Entdeckung der Welt noch um ihre technische Hervorbringung. Im Zentrum steht vielmehr das Verfahren, auf der Basis von Mythen die Erfahrung der Wirklichkeit mit einer ganzheitlichen Erklärung des Kosmos kommensurabel zu machen. Und dieses Verfahren umschließt nichts anderes als die Hervorbringung eines Diskurses: »Der Mythos ist ein Diskurs« (»Le mythe est un discours«[50]), so Sebag. Den entscheidenden Unterschied findet seine Analyse der mythischen ›Erfindung der Welt‹ im Verhältnis zur ›postmodernen‹ allerdings darin, dass der Autor nicht den Versuch unternimmt, seine Diskurserzeugung als »Produktion von etwas Neuem« zu begreifen und damit die Fortführung der technisch-fiktionalen Kreationsmetaphysik zu implizieren. Für Sebag ist ein mythischer Diskurs eine »Übertragung gewisser historischer Ereignisse, die von der kollektiven Vorstellungskraft aufgegriffen und veranschaulicht wurden« – eine Beobachtung, die sich in höchst ähnlicher Form auch auf das Erklärungsmodell der ›Erfindung Amerikas‹ und ihrer Einordnung in das bislang vorherrschende kollektive Imaginarium anwenden lässt.

Am Ende dieses diskursiven Prozesses hat die Gemeinschaft von Menschen, die einen solchen Mythos konstituiert haben, durch die »Erfindung der Welt« durchaus nicht eine Welt *geschaffen*, weder im positiven Sinne der »mögliche Welt« Anteis oder der »Neuen Welt« Rabasas noch im pejorativen, der von Francis Bacon als Schreckgespenst der *Idola Theatri* verschmähten und aus der *inventio* ausgeschlossenen »fiktiven und Bühnen-Welten«. Vielmehr haben sie einen Weg gefunden, auf dem Wege des *Symbols* – also wiederum unter Vermittlung einer Drittinstanz, die begrifflich mit den σύμβολα der aristotelischen Sprachtheorie korrespondiert – der Wirklichkeit gegenüberzutreten, die als sprach- und symbolunabhängige Instanz damit durchaus erhalten bleibt, und ihren eigenen symbolischen Ort (*lieu / locus*) innerhalb des Weltgefüges auffindbar zu machen.

> Am Ziel dieses Weges befinden sich die Menschen im Zentrum der Welt und sind innerhalb dieses begrenzten Raumes in der Lage, die gesamte Verschiedenheit des Wirklichen zu synthetisieren. Diese Operation ist nur möglich durch die Vermittlung des Symbols, das den Wesen erlaubt, einen wohldefinierten Platz einzunehmen <...> und dabei zugleich in den Dörfern der Menschen präsent zu sein. Nur in dem Maße, in dem diese fähig sind, die Gesamtheit der Prädikate aller Wesen, die das Universum bevölkern, in ihre eigene Sprache zu übersetzen – Tätigkeiten, Rituale, Fetische etc. –, ist die menschliche Gesellschaft vollendet. Es gibt keine andere Aneignung der Welt als diejenige, die durch die Vermittlung der Zeichen führt.[51]

Einem ersten Anschein nach scheint hier präzise der Vorgang beschrieben zu sein, den die Verfechter des diskursiven Inventionsbegriffs beschreiben. Vormals als ›essenziell‹ begriffene Kategorien wie Bräuche, Riten und Fetische (ob nun religiöser oder säkularer Art) werden ›erfunden‹, als symbolischer Komplex kreiert, wobei jeder dieser Komplexe, wie Sebag selbst herausstreicht, einen Diskurs bildet. Doch obwohl diese mythischen Diskurse und Symbole in ihrer Vielfalt und teils wirren Struktur für einen ›westlichen‹ Leser als Fiktionalliteratur zum Einen, als individuelle Schöpfungen zum Anderen, kurz als ›fiktive mögliche Welten‹ erscheinen mögen, ist ihre Funktion doch in beiden Aspekten eine andere. Die *invention du monde* bringt keine autonome Welt hervor, sondern hat die Aufgabe, die Realität erklärbar zu machen. Die Entstehung eines Mythos ist eine Übertragung des Wirklichen in das Zeichen zum Zwecke der Reflexion über die menschliche Gesellschaft[52].

Vor allem aber bildet die Erfindung der Welt keine Neuschöpfungen (»production <...> as something new«) und ist daher nicht »semiotisch geschaffen«. Ähnlich wie etwa Propp die Gesamtmenge der russischen Zaubermärchen auf einige in ihrer Anzahl beschränkte und in ihrer Struktur unveränderliche Konstituenten reduziert und damit jedes Märchen zu einer Variation aus bekannten Versatzstücken, nicht aber einer individuellen Neukreation definiert, weist Sebag darauf hin, dass die Erschaffung von neuen Mythen oder, als *pars pro toto*, neuen Diskursen einer systematischen Organisation von bereits vorhandenen Elementen folgt.

> Der Mythos ist ein Diskurs. Es geht hier, in einem ersten Schritt zumindest, also darum, festzulegen, was die Spezifität dieses Diskurses ausmacht. Hier haben sich die Hypothesen von Lévi-Strauss als besonders fruchtbar erwiesen. Dem Anschein nach präsentiert sich ein Mythos als ein Bericht, in dem alles geschehen kann und in dem die Ereignisse ohne Sinn und Verstand aufeinander folgen. Aber diese anfängliche Unord-

nung verbirgt eine systematische Organisierung. Der Mythos ist keine einfache Nebeneinandersetzung von autonomen, sich selbst genügenden Elementen, die ihren Wert <*valeur*> jenseits der Begriffe behalten, und letztere besitzen eine wirkliche Existenz nur inmitten einer Gesamtheit von Beziehungen <*ensemble de rapports*>, die ihren Inhalt definieren.[53]

Alles andere als zufällig ist hier die Ähnlichkeit von Begriffen wie »valeur« und »ensemble de rapports« mit der Zeichentheorie Ferdinand de Saussures. In der Tat unternimmt Sebag, und vor ihm Lévi-Strauss, »die Transposition des linguistischen Modells auf andere Gebiete« (»la transposition du modèle linguistique à d'autres domaines«[54]), in diesem Falle die Übertragung des saussureschen »langue«-Modells auf die Konstitution von Mythen. Innerhalb der Definition der sprachlichen Einheiten in Abgrenzung von den anderen, angesichts des Geflechts von paradigmatischer und syntagmatischer Ebene ist das Zeichen an sich keine Einheit mit einer individuellen »wirklichen Existenz« (»existence véritable«), die angesichts dessen wie ein Gegenstand der Dingwelt geschaffen werden könnte, da sich seine *valeur* nur in Abhängigkeit von den anderen Zeichen ergibt. Übertragen auf das Gebiet des Mythos bzw. des Diskurses bedeutet dies die Zusammensetzung einer begrenzten Zahl von Versatzstücken, die durch die Disposition innerhalb des Mythos aus ihrer Polysemie eine definierte Funktion erhalten.

> Durch die Vielzahl trifft der Mythos eine Wahl. Aus allen möglichen Klassen, denen ein lexikalischer Begriff unterstehen kann – eine Heuschrecke ist ein Insekt, ein Tier, ein Lebewesen –, wählt er bestimmte von ihnen aus, die das wahre Signifikat <*véritable signifié*> der linguistischen Einheiten konstituieren, die im Laufe der Erzählung auftauchen.[55]

Aus strukturalistischer Sicht verfährt die ›Erfindung‹ eines Diskurses, in deutlicher Opposition zur Vorstellung einer Neuerschaffung, in ganz ähnlicher Weise, wie bereits Cicero seinen »discours« – die öffentliche Rede, die *oratio* – geplant hat: als eine ›extraktive‹ *excogitatio rerum* aus der begrenzten Zahl der *loci communes*. Erst durch ihre *dispositio* der an den Gemeinorten gefundenen *res* entsteht die individuelle Rede, also das Gefüge, das man, wenn überhaupt, als ›neu‹ bezeichnen mag. Die Vorstellung, dass die Rede in sich eine Neuschöpfung aus dem Nichts darstellt, wäre eine naive, nämlich die des ungebildeten Pöbels auf dem Forum, der von der Kunst der *inventio* und von der Technik der Verfertigung von Reden nichts weiß – eine Vorstellung, die sich, gemäß der Erkenntnis Walter Benjamins, bis ins barocke Trauerspiel hinein gehalten hat.

›Ars inveniendi‹ muß die Dichtung heißen. Die Vorstellung von dem genialen Menschen, dem Meister artis inveniendi, ist die eines Mannes gewesen, der souverän mit Mustern schalten konnte. Die ›Phantasie‹, das schöpferische Vermögen im Sinne der Neueren, war unbekannt als Maßstab einer Hierarchie der Geister.[56]

Durch die Form der psychotischen Entgrenzung, welcher der Inventionsbegriff im Laufe der Neuzeit mehr und mehr unterworfen wird eine Entgrenzung, die so weit führt, dass der Hybrid sowohl das Subjekt als auch das Objekt, die *inventio* wie die *inventa* umschließt (also z.B. sowohl Gutenbergs Akt der Hervorbringung der Druckermaschine als auch die Druckermaschine selbst), lässt sich aber ein Element der modernen Invention beobachten, das diese Bestimmung weiterhin aufrechterhält. Schon Jacques Derrida hat, in diesem Teil seines Textes von seinen ›postmodernen‹ Lesern kaum rezipiert, dargestellt, dass eine solche Maschine auch innerhalb der neuzeitlichen Erfindungsmetaphysik nach dem einmaligen Genieakt seiner Kreation auf der Basis von präzise vorgeschriebenen Mustern technisch reproduzierend als auch technisch reproduzierbar sein muss, und dieses Prozedere auf die Sprach-Maschine der ›Fabel‹ (in diesem Falle ein so betiteltes Gedicht von Ponge) und damit die sprachliche Erfindung übertragen:

> Sie liefert auch eine Maschine, eine technische Vorrichtung, die man unter gewissen Bedingungen und innerhalb gewisser Grenzen re-produzieren, wiederholen, wiederverwenden, übertragen, in eine Tradition und ein öffentliches Erbe einbinden können muss. Sie besitzt daher den Wert eines Verfahrens <*procédé*>, eines Modells oder einer Methode. <...> Auch wenn sie eine vorher existierende sprachliche Grundlage heranzieht (syntaktische Regeln und fabelhafter Sprachschatz), stellt sie eine geregelte oder regelnde Vorrichtung zur Verfügung <*dispositfif réglé ou regulateur*>, die in der Lage ist, poetische Aussagen desselben Typs hervorzubringen, eine Art von Druckmatrize.[57]

Ein derartiger Rückgriff auf strukturelle Muster und Versatzstücke im Inneren selbst der modernen Erfindung scheint dem Befund von Lucien Sebags *Invention du monde* recht zu geben. Angesichts dessen wäre eine umfassende Analyse der *Crónicas de Indias* mit den Methoden der strukturalen Anthropologie und Literaturanalyse eine große Bereicherung der Forschung auf diesem Gebiet.

Obwohl meine Studie zur *inventio orbis novi* diese Arbeit nicht leisten kann, teilt sie eine ihrer Haupterkenntnisse mit der strukturalen *invention du monde*. Entgegen der Evozierung von neu kreierten Diskursinstanzen geht es hier darum zu zeigen, wie ein unbekannter Raum mit seiner unbekannten Lage im Kosmos, seinen Landschaften, Pflanzen, Tieren, Sprachen, Menschen und Bräuchen – seiner *historia natural y moral* – aus dem Inventar der vorhandenen Elemente konzipiert wird, oder besser gesagt: werden muss. Denn in einem Moment, da die ›Erfindung des Neuen‹ noch gar nicht vollständig stattgefunden hat, können auch neue Diskurse nur in bedingtem Maße erfunden werden. Aus dieser Perspektive heraus macht sich die Vorstellung einer Erfindung von Neuem weniger als Kreation eines neuen technischen Geräts denn als die Geschichte einer Usurpation aus: die Ausdehnung der *imaginatio* oder Phantasie auf das Gebiet der *inventio*, die dergestalt die Fähigkeit der Einbildungskraft übernimmt, Bilder hervorzubringen. Dass bei all ihren divergierenden Methoden und Ergebnissen, mit welchen die *Cronistas* einer Neuen Welt, die in sie eindringt oder in die sie eindringen, dies große Unternehmen mit seinen vielen und vielfältigen Stimmen als Erfolg werten können, zeigt sich daran, wie sehr es jedem der hier vorgeführten Texte gelingt, ein erneutes Gleichgewicht zwischen Dingwelt, Vorstellung und Sprache herzustellen, das durch den Einbruch des Unbekannten aus dem Lot gebracht worden ist. Die Rolle, welche innerhalb dieses Prozesses die *inventio*, in einem umfassenden Sinne, jenseits der Aufspaltung in Entdeckung und Erfindung einnimmt, ist kaum zu überschätzen.

Um so gerechtfertigter erscheinen angesichts dessen die Rufe von Rhetorikern heutiger Tage, jene unüberwindbaren Spaltungen von Erfindung und Entdeckung, von Wort und Wissen, von Welt und Text, die nichts als Polemiken und Missverständnisse hervorgebracht haben, zugunsten einer *inventio* wieder zu überwinden, die, gleich dem Palast des heiligen Augustin, wieder auf das architektonische, auf das bauende Element der Rede gründet – ohne dabei, wie Sollors, eine generelle »Erbautheit« der Welt durch den Menschen zu attestieren. Dies mündet aber zugleich in einer Wiederbegegnung mit einer Technik, die durch den Siegeszug der modernen, der innovativen Erfindungen ihre Verbannung in den ›Gemeinplatz‹ erfuhr: die topische *ars inveniendi*.

> Die ›Erfindung‹ <›*Invention*‹> war immer ein wichtiger Teil der Rhetorik. Im 19. Jahrhunderts wurde unter dem Einfluss der Dichotomie von Sprache und Weisheit <*language and wisdom*>, die Frage aufgeworfen, ob Erfindung essenziell dasselbe ist wie Entdeckung oder etwas grundlegend anderes. Dies ist eine der Dichotomien, welche die neue architektonische Rhetorik mit der Wurzel beseitigen muss. Erfindung kann mit Entdeckung verbunden werden in einer Kunst, die eher Dinge und Künste oder Fertigkeiten erzeugt als Worte und Argumente oder Über-

zeugungen. <...> Wir brauchen eine neue Kunst von Erfindung und Entdeckung, in der Orte <*places*> als Mittel verwendet werden, durch die Funktionsweisen und Bedeutungen von Kunstwerken und natürlichen Vorkommnissen beleuchtet, Sichtweisen und Verbindungen in Existenz und Möglichkeit eröffnet werden können. Die Daten und nötigen Voraussetzungen von Existenz werden durch Aufmerksamkeit und Interesse geschaffen; und in einem Buch oder Kunstwerk gemachte Entdeckungen sollten Orte bereitstellen, durch die kreativ das erkannt, was in der existierenden Welt, die wir konstituieren, nicht erfahren werden kann. Dass die Topik als eine Kunst der Erfindung in der Rhetorik verwendet wurde, ist lange her. Antike und Renaissance-Traktate über die Erfindung können genutzt werden, um die Kunst der Erfindung im Gebrauch von Worten wiederzuentdecken, was man dazu einsetzen kann, die Erfindung in der Lektüre zu entdecken und die Kunst der Erfindung beim eigenen Bauen aus den Elementen des Diskurses und den Daten der Erfahrung zu verwenden.[58]

Dennoch ist der Fall nicht ganz so einfach. Nicht zuletzt die *Crónicas de Indias* selbst als Zeugnisse ebenjener durch den Rhetorikprofessor Richard McKeon so gepriesenen Renaissance-Invention, die im heutigen technischen Zeitalter wiederzuentdecken ist, weisen ja auf die Schwierigkeiten hin, einen Ort für etwas zu finden, das in der bisherigen Topologie des Wissens nicht ortbar ist. Die Wirklichkeit der Neuen Welt widersetzt sich dem rein ›extraktiven‹ Inventionsbegriff – schon allein dadurch, dass sie ihn zum Zerbrechen brachte. Umgekehrt ist es aber auch jene Wirklichkeit, die einen ›fiktiven‹ Inventionsbegriff beim Verständnis der ersten Texte Amerikas so widersinnig macht. Es hilft wenig, die narrativen Strategien des »fiction making« in den Schriften der Geschichtsschreiber zu betonen; diese amerikanischen Textzeugnisse von Kolumbus an als europäische Erfindungen und Deformationen, Projektionen eines europäischen Imaginariums in eine gänzlich ›andere‹ und inkongruente Wirklichkeit zu deuten, wenn diese Wirklichkeit doch, ganz im Gegensatz zur repetitiven Inventions-Maschine der fabelhaften Dichtung, wie sie Derrida formuliert, ständig gewaltsam in die Imaginarien und Texte eindringt und sich partout nicht ›erfinden‹ lassen oder, trotz aller literarischer Verfahren, auf eine Fiktion reduzieren lassen will. Das Schiff Alonso de Ercillas, das vor der Küste Chiles fast untergeht, ist zwar als Metapher, als Topos der poetischen Schiffahrt konzipiert – und gerät dennoch in einen historisch verbürgten Seesturm, in dem der Autor fast den Tod gefunden hätte. Die Pfeile, welche die Soldaten Hernando de Sotos in den Sümpfen der Everglades tödlich verwunden, werden zwar laut der Beschreibung Garcilasos von den neuen Römern Amerikas abgeschossen, sind aber dennoch keine epischen oder ikonischen Pfeile. Der Hunger, der die Gefährten Cabeza de Vacas dazu treibt, sich zum Ekel der Indianer über solch europäische Kannibalen mitten in den Wäldern Nordamerikas gegenseitig zu verspeisen, besitzt zwar innerhalb des Textes die Funktion, die Stereotype von Gut und Böse, zivilisiertem Europäer und barbarischem Indianer umzukehren, ist aber dennoch kein semiotischer Hunger. Die jungen andinen Mädchen, die von den spanischen Priestern vergewaltigt werden, erleben ihre Schändung zwar mit der Farbe des Bibeltextes (»con color de la dotrina«), und doch ist ihre Vergewaltigung keine ästhetisch-synästhetische *transposition d'art*. Die Hunderttausende hingeschlachteten Indios, von denen der Padre de las Casas so schmerzvoll berichtet, sind, obwohl er für sie die Metapher der »zahmen Schafe« (»ovejas mansas«) prägt, keine »diskursiven Instanzen«, sondern die Opfer eines der größten Genozide der Menschheitsgeschichte. Und das Ringen der Sprache mit der Wirklichkeit (»la lucha del lenguaje en contra de la realidad«) ist nur zu oft mit dem Schmerz der Aphasie erkauft.

So sehr sich die ersten Chronisten auch bemühen, das wenig später – nämlich durch seine Umdeutung zum Neuen – in die Ordnung des Wissens eingegliederte Unbekannte und Andere, das sich anfangs, anders als etwa die sich laut Garcilaso und Guaman Poma kampflos ergebenden Incas, noch vehement gegen jegliche Form der *inventio*, sei es nun die rhetorische ebenso wie die fiktionale und diskursive, auflehnt, in die Ordnung ihrer Sprache und ihres Denkens einzugliedern, so sehr müssen sie sich der Grenzen ihrer bislang verbindlichen Textautoritäten, ihrer topischen Enzyklopädien, Apotheken und Wundergärtlein, ihrer aristotelischen Nomenklaturen und ihrer realistisch-platonischen Verankerung der Worte in den Dingen bewusst werden. Kurz, die *inventio* als Ableitung der Argumente aus dem Topos und dem überlieferten Versatzstück hat für die Argumentation der *Crónicas de Indias* ihre Tauglichkeit eingebüßt.

Was werde ich noch erfinden können?

Wenn im Angesicht des Unbekannten, im Prozess der *inventio orbis novi* alle inventiven Strategien, die klassischen ebenso wie die modernen und ›postmodernen‹, zum Scheitern verurteilt sind: welche Erfindung wird es mir ermöglichen, der geballten Fremdheit der Wirklichkeit sprachlich und bildlich Herr zu werden? Betrachten wir José Lezama Limas Reflexionen im Anfangskapitel von *La expresión americana*, das dem Thema »Mythen und klassische Erschöpfung« (»mitos y cansancio clásico«) gewidmet ist, scheint sich ein Trost zu offerieren: die *in-ventio* in ihrer von der Last der gesamten rhetorisch-technisch-fiktiv-diskursiven Deutungsgeschichte befreiten Grundbedeutung des Herein-Kommens, der Hereinkunft. Denn Lezamas fleißiger Missionar, der die amerikanische Landschaft mit all seiner akademischen europäischen Bildung zu beschreiben und zu invenieren sucht, fällt zwar aus universitärer Perspektive bei seinem Ordnungs- und Beschreibungsversuch durch und verhunzt sich mit seinem empirischen und sprachlichen Abenteuer den Universitätstitel in Literaturwissenschaft (»en quien la aventura rompió el buen final del diploma de letras«[59]). Doch erfinden musste er zu diesem Zwecke nichts: er musste sich *erfinden lassen*, musste nur die Landschaft, »die, begierig sich auszudrücken, sich über den bestürzten Missionar stülpt«[60] (»un paisaje que, ansioso de su expresión se vuelca sobre el perplejo misionero«[61]), in sich kommen, *in-venieren* lassen, um, entgegen dem Urteil der Professoren und nicht zuletzt seinem eigenen Eingeständnis des Scheiterns (und vor allem ohne sich selbst dessen bewusst zu werden) den amerikanischen Ausdruck hervorzubringen, der mit Christoph Kolumbus und den von ihm beschriebenen Frauen mit Haaren wie Pferdeseide seinen Anfang nimmt. Die einzige von Lezama vorgeschlagene Therapie für diesen fahrenden Scholasten ohne den Stempel des Prüfungsbüros ist es, sich von dem mit ihm, dem Europäer, seinen Anfang nehmenden »schrecklichen Komplex des Amerikaners« zu befreien: »zu glauben, sein Ausdruck sei nicht eine erreichte Form, sondern ein Problemfall, eine Sache, die zu lösen wäre.«[62]

In vielerlei Hinsicht scheint sich mir Lezamas Therapie, die gegen die fleißige Aktivität des Erfindens die Passivität des Kommen-Lassens setzt, das sich ganz ohne Erfindungen einfindet (*in-venit*), und damit, solange nur die *res* vorhanden sind, auch den horazischen Regeln folgt – »Verbaque provisam rem non invita sequntur«[63] – der Antwort zu entsprechen, die Jacques Derrida auf seine eingangs formulierte Frage zu geben vermag. Es handelt sich nicht um eine Antwort auf der Ebene der Dinge, ebensowenig auf der Ebene der Worte. Es geht vielmehr um eines jener Bilder, die nicht aktiv erfunden werden, sondern in den Imaginierenden ohne eigenes Hinzutun kommen: als Traum. Dieser Traum von einer Erfindung übersteigt das Gebiet der »Erfindung des Selbst« (»invention du même«) als geschaffene Einheit, ohne ihr aktiv etwas gegenüberzusetzen: denn die Erfindung des Anderen schafft selbst nicht mehr, sondern lässt sich schaffen – und lässt sich vor allen Dingen nicht mehr auf das Neue reduzieren, das von Anfang an nichts ist als eine von mir selbst kreierte Neuheit (der Dinge, Vorstellungen, Worte, inventiven Konzepte oder Diskurse): »Denn der Andere ist nicht der Neue« (»Car l'autre n'est pas le nouveau«[64]). Diese Andersheit der Erfindung kommt von allein, ohne geschaffen, gesetzt oder disponiert zu werden, und vor allem ohne dass sie den Anspruch erheben würde, in Opposition zum bislang Erfundenen zu treten, um ihm einen weiteren Namen oder ein weiteres Präfix zu verleihen[65]: so wie in mythischer Zeit, zu Beginn der Ilias der personifizierte Traum zu Agamemnon ins Gemach hineinkommt, ohne disponiert oder disponierbar zu sein.

> Das ist es, was ich die Erfindung des Selbst <*l'invention du même*> nennen würde. Es ist *jede* Erfindung, oder fast. Und ich werde ihr nicht die Erfindung des anderen *entgegensetzen* (im Übrigen werde ich ihr gar nichts entgegensetzen), denn der Gegensatz <*opposition*>, ob dialektisch oder nicht, gehört immer noch dieser selben Ordnung des Selbst <*régime du même*> an. Die Erfindung des Anderen setzt sich nicht der des Selbst entgegen. Ihr Unterschied weist <*fait signe*> auf andere, unerwartet hinzugetretene <*survenue*>, auf die Erfindung, von der wir träumen; die des gänzlich anderen; auf die, die eine noch unantizipierbare Andersheit kommen lässt, und für die kein Erwartungshorizont bereit, verfügt, verfügbar <*prêt, disposé, disponible*> erscheint.[66]

Diese Erfindung, die nicht mehr darin besteht, den Anderen als Objekt zu schaffen, zu kreieren oder zu erfinden, sondern als Subjekt kommen, *hinein-kommen* zu lassen – »à laisser venir, *invenir* l'autre« –, und damit im durch die jüdische Mystik geprägten Denken die Funktion einer *inventio* als *adventus*, als Hereinkunft des Messias erfüllt, ist es zugleich, die sich einer Erfindung widersetzt, die den Anderen nur in seiner Neuheit begreift und so wiederum zu Fiktion und Kreation des Eigenen wird. Daher ist, so Derrida, diese ›unerfindliche‹ Erfindung eine »Erfindung des Unmöglichen« und zugleich die »einzig mögliche Erfindung« (»l'expérience de l'autre comme invention de l'impossible, en d'autres termes comme la seule invention possible«[67]).

Innerhalb dieser Unmöglichkeit haben die schriftlichen Zeugnisse der *inventio orbis novi* im Sinne einer Hereinkunft einer Welt, die sich nicht mehr auf das Neue reduzieren lässt, einen Weg gefunden, der sich dazu als wegbare Möglichkeit offeriert. Seinen Ausweg aus der sich selbst reproduzierenden Logik der Erfindung hat bereits das in den *Crónicas de Indias* präsentierte Denken in dem Moment erreicht, da es die Einsicht anzunehmen bereit ist, dass die Rekonstruktion des Gesehenen sich zum einen nicht mehr auf das Gelesene reduzieren lässt, darüber hinaus aber zum anderen ebensowenig auf eine bloße Komposition aus Elementen des Bekannten. Indem die Unbekanntheit der amerikanischen Landschaft in diesem Moment jeglicher Zeuxis-Technik eines Mosaiks aus Elementen des Realen zur Darstellung des Idealen widersteht; indem das amerikanische Reale in seiner Ganzheit sein Recht gegenüber den bestehenden europäischen Ideen einfordert, zerbricht das System der Reproduktion des Identischen.

Als Ausweg, der den *Cronistas de Indias* in diesem Moment offensteht, präsentiert sich das System der Ähnlichkeiten, das der Reduzierung auf die Identität mit dem Bekannten eine Absage erteilt. Wenn Kolumbus für die bunten amerikanischen Fische im Wasser keine Worte und Vorstellungen findet, auf die er sie reduzieren könnte, so bedient er sich der *similitudo*: was in der Alten Welt an Land die Hähne sind, sind in der Neuen Welt im Wasser die Fische – »peces como gallos«. Was in der Alten Welt als Seide glänzt und was als Pferdeschweif feinste Haare aufweist, ist in der Neuen die Pferdeseide des Frauenhaars. Durch die Ähnlichkeit wird das Gesetz der Identität gebrochen und macht einer Andersheit Platz, die von nun an, wenn auch nicht erfunden, so doch gefunden werden kann.

Diese Andersheit schlägt sich nieder in einer »expresión americana«, die sich trotz ihrer Herkunft aus der Geschichte der Kolonisierung Amerikas und der damit verbundenen Transplantierung von europäischen Sprachen und Diskursmodellen, trotz ihrer Ableitung aus bereits existierenden Versatzstücken, trotz ihres scheinbaren Mangels an Innovation, die den Kontinent besonders aus europäischer Perspektive zum minderwertigen[68], noch nicht in seiner Eigenständigkeit entwickelten Abklatsch des europäischen Modells zu machen scheint, als eigenständige amerikanische Ausdruckswelt im Sinne Worringers[69] zu behaupten weiß. Daher manifestiert sich in José Lezama Limas Denken die »expresión americana« in ihrer Andersheit gerade als Absage an den Anspruch der Originalität im Sinne einer Hervorbringung von absolut Neuem. »Wir verweigern die Verachtung gegenüber den Epigonen, wir gehen davon aus, daß zwei gleiche Stile unmöglich sind, daß zwei anscheinend bündige Formulierungen nicht identisch sind«[70]. Die »no identidad«, die sich in Gestalt der amerikanischen Landschaft über die europäischen Formen des Eroberers stülpt, schlägt sich nieder in Lezamas ›anderem‹, hybridisierten Erfinden, das sich vom »inventar« zum »invencionar« gewandelt hat.

Wenn Lezama fordert, dass alles »neu inventioniert« werden muss, so geht es hier also um das Gegenteil der Aussage, dass alles neu erfunden werden muss. Gegen den Anspruch der Neuzeit an das Neue als an etwas bislang noch nicht und noch nie Existierendes präsentiert sich das Neue bei Lezama als Iteration des Präexistierenden, das ›Inventionieren‹ als Synonym des Re-Konstruierens – weder des Konstruierens noch des Dekonstruierens. Dennoch lässt sich das Re-Konstruierte im Moment seines Wiederauftauchens nicht auf seine vorherige Manifestation reduzieren. Trotz seiner Neuheit im Sinne von iterativer Erneuertheit konfrontiert uns das ›Inventionierte‹ mit dem Enigma seines ›unbekannten Gesichts‹: »Alles wird rekonstruiert und neu erfunden werden müssen, und die alten Mythen, wenn sie von neuem wiedererstehen, werden uns ihre Zaubersprüche und Rätsel mit einem unbekannten Gesicht darbieten. Die Fiktion der Mythen sind neue Mythen, mit neuen Erschöpfungen und Schrecken.«[71]

Durch ihre Andersheit, die sich in ihrem »unbekannten Gesicht« manifestiert, hebeln die neuen alten Mythen das Gesetz der inventiven Reproduktion aus, durchbrechen die *memoria*, das Abbild der Erinnerung in der Seele, den reproduzierenden Spiegel der Psyche, die, wie Derrida zeigte, ebenfalls nichts anderes ist als eine Erfindung des Selbst. Das »rostro desconocido« der *expresión americana* in ihrer Rekonstruierung der alten Mythen zerbricht den Spiegel ihrer Erinnerung – und damit in einer letzten Konsequenz, die von Lezama selbst wohl so nicht vollzogen würde, auch die *imago*.

Dieses Gesicht nähert sich aus dieser Perspektive dem *visage* im Denken von Emmanuel Lévinas an, als die sichtbare Manifestation der Irreduktibilität des Anderen auf das Eigene, das meinem Blick nicht mehr als Entdeckung oder Enthüllung (»dévoilement«), sondern als *Ausdruck* (»expression«) entgegentritt:

> Die Weise des Anderen, sich darzustellen, indem er *die Idee des Anderen in mir* überschreitet, nennen wir nun Antlitz. Diese *Weise* besteht nicht darin, vor meinem Blick als Thema aufzutreten, sich als Ganzes von Qualitäten, in denen sich ein Bild gestaltet, auszubreiten. In jedem Augenblick zerstört und überflutet das Antlitz des Anderen das plastische Bild, das er mir hinterläßt, überschreitet er die Idee, die nach meinem Maß und nach dem Maß ihres ideatum ist – die adäquate Idee. Das Antlitz manifestiert sich nicht in diesen Qualitäten, sondern καθ'αὐτό. Das Antlitz *drückt sich aus*. Im Gegensatz zur zeitgenössischen Ontologie bringt das Antlitz den Gedanken einer Wahrheit, die nicht in der Entdeckung eines unpersönlichen Neutrums besteht, sondern ein *Ausdruck* ist. <...> Den Anderen ansprechen, heißt, seinen Ausdruck empfangen; in seinem Ausdruck überschreitet der Andere in jedem Augenblick die Idee, die sich ein Denken von diesem Ausdruck machen könnte. Ebendas heißt, vom Anderen über die Aufnahmefähigkeit des Ich hinaus *empfangen*; genau dies bedeutet: die Idee des Unendlichen zu haben.[72]

Es ist diese Andersheit Amerikas, die von Kolumbus (im Gegensatz etwa zu Cortés) eingestandene »diversidad«, die Unmöglichkeit der Reduzierung des »Ausdrucks« auf eine vorhandene »adäquate Idee«, die den Schmerz des Nicht-Kennens, den Schmerz über das Zerbrechen des Seelenspiegels hervorruft, der das Gesehene nicht zu reflektieren in der Lage ist. Dass Kolumbus diesem Schmerz dennoch zu widerstehen bereit ist, ja sogar den Blick von der Andersheit des Gesehenen nicht mehr abwenden kann – »que los ojos no cansan de ver« –, erklärt sich vielleicht darin, dass er in ihm die ›Idee des Unendlichen‹ (»idée de l'infini«) zu erspähen vermeint. Diese Ahnung benennt der Admiral mit dem viele Male wiederholten Zentralbegriff seines Bordbuchs, mit welchem er die Manifestation der Unendlichkeit, dieses einzig und allein Gott vorbehaltenen Attributs, in seiner irdischen Erfahrungswelt kommensurabel zu machen sucht: Wunder – »que es maravilla«.

Diesem Wunder in ganzer Bitternis müssen auch die ersten Texte aus Amerika standhalten. Dass es ihnen gelingt, der Hereinkunft des Anderen einen Weg in den Text zu bereiten; dass durch ihre selbst eingestandene sprachliche Verlorenheit die Welt des Unbekannten, wenn auch nicht mehr erfindbar, so doch – auch noch für uns heutige Leser – *findbar* wird, ist jenseits aller unzählbaren und unerzählbaren *maravillas* das wahre Wunder der *Crónicas de Indias,* welches zu betrachten das Auge nie müde wird.

Anmerkungen I

1 Cicero: *De or.*, II, 351-356.
2 Aristoteles: *De poet.*, XI, 1451b 5/6
3 ibid.
4 Cicero: *De inv.*, I, 27s.
5 op. cit., I, 51.
6 op. cit., II, 178.
7 Aristoteles: *De int.*, I, 16 a 5
8 Gedächtnis: μνήμη, memoria; Erinnerung: ἀνάμνησις, reminiscentia: in der Theorie der *memoria* sind die Instanzen getrennt. Im heutigen Sprachgebrauch wird diese Trennung nicht mehr strikt vorgenommen (und daher zuweilen auch im vorliegenden Text nicht). Als Übersetzungen von μνήμη oder memoria wird in modernen deutschen Wörterbüchern meist sowohl ›Gedächtnis‹ als auch ›Erinnerung‹ angegeben. Man tendiert ja z.B. oft dazu, von einem ›Erinnerungsbild‹ zu sprechen, obwohl allein ›Gedächtnisbild‹ zutreffend wäre. Wie entscheidend der Unterschied zwischen »Gedächtniskunst und Erinnerungskultur« jedoch gerade heute noch ist (besonders vor dem Hintergrund des Gegenteils, nämlich »Vergessen und Verdrängen«), hat insbesondere Jan Assmann unterstrichen: »Mit dieser Gedächtniskunst hat das, was wir unter dem Begriff der Erinnerungskultur zusammenfassen wollen, kaum etwas gemein. Die Gedächtniskunst ist auf den Einzelnen bezogen und gibt ihm die Technik in die Hand, sein Gedächtnis auszubilden. Es handelt sich um die Ausbildung einer Kapazität. Bei der Erinnerungskultur dagegen handelt es sich um die Einhaltung einer sozialen Verpflichtung. Sie ist auf die Gruppe bezogen. Hier geht es um die Frage: ›Was dürfen wir nicht vergessen?‹« Jan Assmann: *Das kulturelle Gedächtnis*. Schrift, Erinnerung und politische Identität in frühen Hochkulturen. München: C.H. Beck 1992. 5. Aufl. 2007, pp. 29/30 bzw. p. 34. Assmanns Ausführungen zur »Erinnerungskultur« (erstes Kapitel des Buches, pp. 29-86) liefern zudem, auch wenn dort nicht jeweils einzeln vermerkt, eine wichtige Grundlage insb. für die Untersuchungen zu Erinnerung und Gedächtnis in Kap. III.
9 Frances Yates: *The Art of Memory*. London: Routledge & Kegan Paul 1966 / Pimlico 1992. (Siehe Kap. II.2.2. dieser Untersuchung.)
10 Zum Platonismus des ciceronianischen Gedächtnisbegriffs vgl. Yates, op. cit., p. 26ss.
11 Eine anschauliche Darstellung dieses Verfahrens findet sich in: C.W. Ceram <i.e. Kurt W. Marek>: *Götter, Gräber und Gelehrte*. Roman der Archäologie. Reinbek bei Hamburg: Rowohlt 1949/1967.

12 Ernst Curtius (Hrsg.): *Beiträge zur Geschichte und Topographie Kleinasiens.* In Verbindung mit den Herrn Major Regely, Baurath Adler, Dr. Hirschfeld und Dr. Gelzer hrsg. Berlin: Königliche Akademie der Wissenschaften 1872.

13 Zitiert nach: Ceram, op. cit., p. 55. Der originale Telegrammtext an den König war in französischer Sprache abgefasst: »Avec une extrême joie j'annonce à Votre Majesté que j'ai découvert les tombeaux que la tradition ... dessignait <sic> comme les sépulcres d'Agamemnon, de Cassandra, d'Eurymédon et de leurs camarades, tous tués pendant le repas par Clytemnestre et son amant Egisthe«. Zitiert nach dem Artikel »Schliemann, Heinrich«. In: *Allgemeine Deutsche Biographie*. Herausgegeben von der Historischen Kommission bei der Bayrischen Akademie der Wissenschaften: Band 55. Leipzig: Duncker & Humblot 1910, pp. 171ss.

14 Ceram, op. cit., p. 45.

15 op. cit., p. 56.

16 Galileo Galilei: *Opere*. Ed. nazionale sotto gli auspici di Sua M. Il Re d'Italia. Tomo X. Firenze: Barbera 1900, p. 423.

17 Michel Foucault: *Les mots et les choses. Une archéologie des sciences humaines.* Paris: Editions Gallimard 1966, p. 48 resp. 54. Zitiert nach der deutschen Ausgabe *Die Ordnung der Dinge. Eine Archäologie der Humanwissenschaften.* Aus dem Französischen von Ulrich Köppen. Frankfurt am Main: Suhrkamp 1971, pp. 64s. resp. p. 71.

18 Siehe Werner Vordtriede:»»Clemens Brentanos Anteil an der Kultstätte in Ephesus«. In: *Deutsche Vierteljahrsschrift für Literaturwissenschaft und Geistesgeschichte*. 34. Jahrgang, Band XXXIV (1960), pp. 384-401.

19 Hervé Duchène: »Heinrich Schliemann, l'inventeur de Troie«. In: *Stimulus* (<Université de Bourgogne> 2001) (=http://www2.u-bourgogne.fr/STIMULUS/D001/200/200.htm)

20 Ceram, op. cit., p. 48.

21 Eintrag in das Bordbuch vom 23. Oktober 1492: »Quisiera oy partir para la isla de Cuba, que creo que deve ser Çipango, según las señas que dan esta gente de la grandeza d'ella y riqueza.« Cristóbal Colón. *Los cuatro viajes. Testamento.* Edición de Consuelo Varela. Madrid: Alianza Editorial 1986-2000. 3ra reimp. 1999, p. 76.

22 op. cit., p. 151. In der Dritten Person von Kolumbus spricht Bartolomé de las Casas, dem die Textüberlieferung des Bordbuchs zu verdanken ist.

23 Zitiert nach: Christoph Kolumbus: *Bordbuch*. Mit einem Nachwort von Frauke Geweke und zeitgenössischen Illustrationen. Frankfurt am Main: Insel Verlag 2006, p. 204. Die deutschen Passagen des Kolumbus-Bordbuchs sind der Übersetzung von Anton Zahorsky von 1941 übernommen, da sie fast allen deutschen Kolumbus-Ausgaben zugrunde liegt (darunter der zitierten). Allerdings sind offenkundige Impräzisionen, die dem hier parallel abgedruckten Originaltext widersprechen, zuweilen angeglichen. So heißt z.B. die Übersetzung von »Vuestras Altezas se rieron y dijeron que les plazía« bei Zahorsky

in ebenso umständlicher wie unrichtiger Weise: »Eure Hoheiten geruhten Eure Befriedigung darüber auszudrücken und zu sagen, daß dieser Plan Ihnen höchst willkommen und Ihnen sehr am Herzen gelegen sei«.

24 Edmundo O'Gorman: *La invención de América*. México D.F.: Fondo de Cultura económica 1958/1977. 3ra. reimp. 1993.
25 »Was die Figur des Columbus die donquichotische Prägung verleiht, ist nicht nur der zentrale Irrtum, der ihn bis zu seinem Tod aufs leidenschaftlichste die Erkenntnis abwehren hieß, daß er einen neuen Kontinent, eine neue Welt entdeckt hatte, es ist im weitesten Ausmaß Richtung und Anlage seines Geistes, alle dessen Behelfe, Berufungen, Urteile, Schutzwaffen, Verklausulierungen und Kundgebungen. Und zwar so sehr, daß ich die Empfindung nicht loszuwerden vermag, Cervantes müsse bei der Konzeption seines unsterblichen Junkers von diesem realen Vorbild beeinflußt worden sein.« Jakob Wassermann: *Der Don Quichote des Ozeans*. Ein Porträt. Berlin: S. Fischer 1929. 21.-30. Aufl. 1930; p. 61.
26 op. cit., p. 63.
27 Siehe Florian Borchmeyer: *José-Maria de Heredias Eroberung Amerikas*. Lyrik und Prosa José-Maria de Heredias im lateinamerikanischen Kontext. Magisterarbeit der Freien Universität Berlin: 2000.
28 Tzvetan Todorov: *La conquête de l'Amérique. La question de l'autre*. Paris: Ed. du Seuil 1982, p. 18: »tel un Don Quichotte en retard de plusieurs siècles sur son temps«.
29 Die in der deutschen Fassung von Ulrich Köppen vorgeschlagene Übersetzung »sie sind nicht mehr das, was sie sind« scheint ein versehensbedingter Gegensinn zu sein. Vielmehr soll die Passage noch besagen: »sie sind alleine noch das, was sie sind« – in ihrer isolierten körperlichen Existenz, also ohne Ähnlichkeit oder Beziehung zu den anderen Dingen der Welt-Prosa.
30 Foucault, op. cit., pp. 61/62. / dt. p. 80.
31 op. cit., p. 62 / dt. p. 81.
32 Gerhard Poppenberg: »Neuzeit oder Renovatio?«. In: *Germanisch-Romanische Monatsschrift*. Band 41, Heft 4 (1991), pp. 443-456; p. 443: »Foucault war eher Philosoph als Historiker und *Les mots et les choses* ist mehr eine Theorie der Neuzeit als ihre Geschichte; eine sprachphilosophisch angelegte Theorie der Neuzeit, in deren Zentrum die Problematik des Verhältnisses von Ähnlichkeit und Konventionalität des Zeichens steht«.
33 Foucault, op. cit., pp. 60/61 (dt. p. 78).
34 Wilhelm Gemoll: *Griechisch-deutsches Schul- und Handwörterbuch*. Fünfte Auflage. Durchgesehen und verbessert von Dr. Karl Vretska. München: G. Freytag Verlag 1954. Eintrag »ἀτοπία«.
35 Foucault, op. cit., p. 8 / dt. p. 19.
36 Carlos Sanz: *Actitud del hombre ante lo desconocido*. Orígenes literarios de los descubrimientos geográficos. Madrid 1947/1958.
37 Siehe dazu die Reflexionen von O'Gorman und Dussel im Kapitel II.

38 Foucault, op. cit., p. 61 / dt. p. 79.
39 Siehe Miguel León-Portilla: *Visión de los vencidos*. Relaciones indígenas de la Conquista. Introducción, selección y notas: Miguel León-Portilla. Versión de textos nahuas: Angel M. Garibay Ilustración de códices: Alberto Beltrán. México: Universidad Nacional Autónoma de México 1976.
40 Karl Ernst Georges: *Ausführliches lateinisch-deutsches Handwörterbuch*. Aus den Quellen zusammengetragen und mit besonderer Bezugnahme auf Synonymik und Antiquitäten unter Berücksichtigung der bestehenden Hilfsmittel. Unveränderter Nachdruck der 8., verbesserten und vermehrten Auflage von Heinrich Georges. Darmstadt: Wissenschaftliche Buchgesellschaft 2003, s.v. »invenire«.
41 Immanuel Kant: *Anthropologie in pragmatischer Hinsicht*. Zit. nach der Ausgabe: *Werke in zwölf Bänden*. Bd. 12: Schriften zur Anthropologie, Geschichtsphilosophie, Politik und Pädagogik 2. Herausgegeben von Wilhelm Weischedel. Frankfurt am Main: Suhrkamp 1977, pp. 395-690. p. 543.
42 Georg Christoph Lichtenberg: *Schriften und Briefe*. Herausgegeben von Wolfgang Promies. Band 2. München: Hanser 1971, p. 161. Für den Texthinweis danke ich herzlich Martin Turck.
43 Siehe etwa J. H. Elliot: *The old world and the new*. 1492-1650. Cambridge / New York / Melbourne: Cambridge University Press 1970, bes. das Kapitel »The process of assimilation«, p. 28ss. »By the middle of the sixteenth century the discrepancies between the image and the reality could no longer be systematically ignored. Too many awkward facts were beginning to obtrude. The assimilation of these facts was to take Europe a century or more. It proved to be a difficult, as well as a lengthy, process; and in many respects it was still far from completed by the middle of the seventeenth century.« p. 28. Auch Frauke Geweke: *Wie die neue Welt in die alte kam*. Stuttgart: Klett-Cotta 1986, p. 134, bestätigt: »Schon ein erster Blick auf die während der ersten Hälfte des 16. Jahrhunderts veröffentlichte Literatur macht deutlich, daß Amerika und der Amerikaner für die meisten Vertreter dieser intellektuellen Elite keine aktuellen Themen waren und die sekundäre Vermittlung amerikaspezifischer Kenntnisse und Vorstellungen nahezu ausschließlich auf die kosmographische Fachliteratur beschränkt blieb.« Am fortschrittlichsten war in diesem Zusammenhang das Denken in Italien. Siehe Rosario Romeo: *Le scoperte americane nella coscienza italiana del Cinquecento*. Milano / Napoli: Riccardo Ricciardi 1954. Das relative Desinteresse an Amerika im deutschsprachigen Raum untersucht Friedrich W. Sixel. »Die deutsche Vorstellung vom Indianer in der ersten Hälfte des 16. Jahrhunderts«. In: *Annali del Pontifico Museo Missionario Etnologico già lateranensi* 30 (1966), pp. 9-230.
44 Marcel Bataillon: *Erasmo y España*. Estudios sobre la historia espiritual del Siglo XVI. México / Buenos Aires 1950: Fondo de Cultura Económica, p. 817.
45 Alexander von Humboldt: *Kritische Untersuchungen über die Entwicklung der geographischen Kenntnisse von der neuen Welt und die Fortschritte der nautischen Ast-*

ronomie in dem 15ten und 16ten Jahrhundert. Aus dem Französischen übersetzt von Jul. Ludw. Ideler. Neue mit einem vollständigen Namen- und Sachregister vermehrte Ausgabe. Berlin: Verlag der Nicolai'schen Buchhandlung 1852, p. 8.

46 Alexander von Humboldt: *Die Entdeckung der Neuen Welt*. Mit dem geographischen und physischen Atlas der Äquinoktial-Gegenden des Neuen Kontinents Alexander von Humboldts sowie dem Unsichtbaren Atlas der von ihm untersuchten Kartenwerke. Frankfurt am Main: Suhrkamp 2009.

47 Humboldt: *Kritische Untersuchungen*, p. 30.

48 op. cit., pp. 6/7.

49 Alexander von Humboldt: *Kosmos*. Entwurf einer physischen Weltbeschreibung. Ediert und mit einem Nachwort versehen von Ottmar Ette und Oliver Lubrich. Frankfurt am Main: Eichborn Verlag 2004 (=*Die andere Bibliothek*, Hrsg. von Hans Magnus Enzensberger), p. 239.

50 A. v. Humboldt: *Kritische Untersuchungen*, p. 8.

51 Martin Heidegger: »Die Zeit des Weltbilds«. In: *Holzwege*. Frankfurt am Main: Vittorio Klostermann 1950 (4. Aufl. 1990), pp. 75-113.

52 Dem entgegen jedoch unterstreicht die Aktualität Humboldts als Vordenker der Globalisierung an der Schnittstelle zwischen Romantik und Moderne insbesondere sein Neuherausgeber und bedeutendster lebender Kenner Ottmar Ette: *Alexander von Humboldt und die Globalisierung. Das Mobile des Wissens*. Frankfurt am Main: Suhrkamp 2009.

53 »Das Wort Abendland ist seit 1529 (als Analogon zu Luthers Übersetzung von Mt. 2,1: ›ex oriente‹ mit: ›aus dem Morgenland‹) nachweisbar. Bis zum Ende des achtzehnten Jahrhunderts wurde es als geographische Vokabel und vorwiegend im Plural benutzt; von Italien und Deutschland aus gesehen, nannte man das im Westen gelegene Europa ›die Abendländer‹. Der geographische Begriff ›Abendland‹ wurde im ›romantischen Konservativismus‹ (Thomas Nipperdey) zusätzlich eine geschichtspolitische und kulturphilosophisch wichtige Chiffre; denn um 1800 entfaltete sich eine rundum positive Neubewertung des nunmehr in erklärtem Widerspruch zur Aufklärung als vorbildlich begriffenen, idealisierten ›abendländischen‹ Mittelalters. Dieses verklärende Geschichtsbild stand gegenwartskritisch zur heraufziehenden Fabriken- und Maschinenwelt«. Konrad Repgen: *Enzyklopädie der Neuzeit*. Band I. Stuttgart: Metzler 2005, s.v. »Abendland«.

54 Francisco López de Gómara: *La Historia general de las Indias, con todos los descubrimientos, y cosas notables que han acaescido enellas <sic>, dende que se ganaron hasta agora, escrita por Francisco Lopez de Gomara, clerigo*. Anvers: Porluan Bellero, ala enseña del Halcon 1554, p. A4. Das fast vollständige Fehlen von Akzenten entspricht der zeitgenössischen Orthographie.

55 Siehe Georges, loc. cit.

56 Francisco Esteve Barba: *Historiografía indiana*. Madrid 1964. 2da edición revisada y aumentada 1992.

57 Die stimmigste Einteilung dieser Art stammt von Walter Mignolo: »Cartas, crónicas y relaciones del descubrimiento y la conquista«. In: Luis Íñigo Madrigal (coord.). *Historia de la literatura hispanoamericana*. Madrid: Cátedra 1982, pp. 57-116. Zum Verhältnis *historia-crónica* siehe op. cit., pp. 75-77.

58 Siehe insbesondere der erste Teil, »Theoretische Grundlagen und gattungsgeschichtlich Zusammenhänge« in: Eva Stoll: *Konquistadoren als Historiographen*. Diskurstraditionelle und textpragmatische Aspekte in Texten von Francisco de Jerez, Diego de Trujillo, Pedro Pizarro und Alonso Borregón. (=*Script-Oralia* 21 u. Diss. Freiburg 1995). Tübingen: Gunther Narr 1997; zur Abgrenzung und Geschichte des Gattungsbegriffs »Crónica« siehe: Beatriz Gómez-Pastor: *La cuestión de la alteridad en las Crónicas de América: un estudio comparado*. Bochum: Projekt-Verlag 1999 (=Diss. Wien, 1998), pp. 19-36.

59 José Rabasa. *Inventing America. Spanish Historiography and the Formation of Eurocentrism*. Norman: University on Oklahoma Press 1993, p. 5

60 Edmundo O'Gorman: *Cuatro historiadores de Indias*. Siglo XVI. Pedro Mártir de Anglería. Gonzalo Fernández de Oviedo y Valdés. Fray Bartolomé de las Casas. Joseph de Acosta. México: Secretaría de Educación Pública: 1972, pp. 166/167.

61 José Lezama Lima: *La expresión americana*. La Habana: Letras Cubanas 1993, p. 12 / dt. Fassung: José Lezama Lima. *Die amerikanische Ausdruckswelt*. Vorw. von Carlos Fuentes, Nachbemerkung d. Übers. u. Nachw. von José Prats Sariol. A. d. Span. von Gerhard Poppenberg. Frankfurt am Main: Suhrkamp 1992, p. 23.

62 Pedro Henríquez Ureña: *Literary Currents in Hispanic America*. New York: Russel & Russel 1963, cap. 1: »The Discovery of the New World in the Imagination of Europe«, p. 4-29 und die Artikel »Influencia del descubrimiento en la literatura« und »Paisajes y retratos« in: Pedro Henríquez Ureña: *La utopía de América*. Prólogo Rafael Gutiérrez Girardot. Compilación y Cronología Ángel Rama y Rafael Gutiérrez Girardot. Caracas: Ayacucho 1978, pp. 87-95.

63 José Lezama Lima: »A partir de la poesía«. In: *La cantidad hechizada*. La Habana: UNEAC 1970, pp. 31-53; p. 35.

64 op. cit., pp. 34/35.

65 Augusto Roa Bastos: »Una utopía concreta. La unidad iberoamericana«. In: Heinz Dieterich Steffan (comp.). *Nuestra América contra el V Centenario*. Emancipación e identidad de América Latina. Bilbao: Txalaparta 1989, pp. 165-183; p. 166.

66 Alfonso Reyes: »El presagio de América«. In: *Última Tule. Tentativas y orientaciones. No hay tal lugar*. (=*Obras* IX). México: Fondo de Cultura Económica 1955, pp. 10-62.

67 Hugo von Hofmannsthal: »Der Tor und der Tod«. In: *Gesammelte Werke*. Gedichte-Dramen I. 1891-1898. Herausgegeben von Bernd Schoeller in Beratung mit Rudolf Hirsch. Frankfurt am Main: Fischer 1979, p. 298.

68 »género hermafrodita«. Mario Vargas Llosa: »El nacimiento del Perú«. In: José Miguel Oviedo (Hrsg.): *La Edad del Oro*. Barcelona 1986, pp. 11-27; p. 16.

Anmerkungen II

1 Miguel Rojas Mix: *Los cien nombres de América. Eso que descubrió Colón.* Barcelona: Editorial Lumen 1991, p. 18.
2 Gómara, op. cit., p. 7.
3 Zit. nach: Rojas Mix, op. cit p. 11. Ein Zusammenfassung der Polemik von 1892 findet sich im kurzen Kapitel »El cuarto centenario«, pp. 11/12. Zum intellektuellen und (angesichts des »peligro yanqui« kurz vor dem spanisch-amerikanischen Krieg) politischen Hintergrund der Feierlichkeiten siehe Salvador Bernabeu Albert: »El IV Centenario del descubrimiento de América en la coyuntura finisecular (1880-1893). In: *Revista de Indias,* vol. XLIV, núm. 174 (1984), pp. 345-366.
4 Fernández de Navarrete, zit nach Rojas Mix, op. cit., p. 11.
5 J.A. Calderón, zit. nach ibid.
6 Die völlig anders gelagerten Diskussionen im Rahmen der beiden Jahrhundert-Jubiläen skizziert Stella Arrieta: »El cambio del discurso sobre la conquista del IV al V Centenario«. In: Silvia Tieffemberg (Hrsg.): *Actas del Coloquio Internacional Letras Coloniales Hispanoamericanas.* Literatura y cultura en el mundo colonial hispanoamericano. Córdoba – República Argentina. 14, 15, 16 de setiembre de 1992. Buenos Aires: Asociación Amigos de la Literatura Latinoamericana 1994, pp. 34-45.
7 Siehe etwa. Iris M. Zavala: »El nominalismo imperial y sus monstruos«. In: Iris M. Zavala (Hrsg.): *Discursos sobre la ›invención‹ de América.* Amsterdam-Atlanta: Rodopi 1992, pp. 221-233; p. 221.
8 Rojas Mix, op. cit., p. 390.
9 Quelle: Walter L. Bernecker: »El aniversario del ›descubrimiento‹ de América en el conflicto de opiniones«. In: Walther L. Bernecker, José Manuel López de Abiada, Gustav Siebenmann (Hrsg.): *El peso del pasado: Percepciones de América y V Centenario.* Madrid: Editorial Verbum 1996, pp. 15-43; insb. 15-20. Zur Diskussion um den *Quinto Centenario* siehe zusammenfassend auch Martina Kaller: »Die Erfindung Amerikas. Zur Diskussion in Mexico um den Quinto Centenario 1492-1992«. In: *Frühneuzeit-Info* 2 (1991), pp. 35-40.
10 Luis Yañez: »El futuro comienza en 1992«. In: *El País,* 14/10/1988, p. 18.
11 Luis Yañez, zitiert nach: Bernecker, op. cit., p. 16.
12 Siehe Gregorio Selser: »Lo de América: ¿Descubrimiento, encuentro, invención, tropezón? ¿Querella nominalista?« In: Steffan, op. cit., pp. 185-201.

13 Zitiert nach Selser. In: Steffan, op. cit. p. 192.
14 Alexander von Humboldt: »Geschichte der physischen Weltanschauung« (*Kosmos* II, 1847) In: *Kosmos,* pp. 316/317.
15 Siehe Selser, in: Steffan, op. cit., p. 190.
16 Vgl. Enrique Dussel: *Von der Erfindung Amerikas zur Entdeckung des Anderen.* Ein Projekt der Transmoderne. Düsseldorf: Patmos Verlag 1993, pp. 72/73.
17 Roberto Fernández Retamar: »América, descubrimientos, diálogos«. In: Steffan, op. cit., pp. 89-97; p. 90.
18 Mario Benedetti: »La América por descubrir.« In: Steffan, op. cit., pp. 17-23; p. 18.
19 Inca Garcilaso de la Vega <=Gómez Suárez de Figueroa>: *Primera parte de los Comentarios Reales.* Qve tratan de los Yncas, reyes qve fveron del Perv, de sv idolatría, leyes, gouierno en paz y en guerra: de sus vidas y conquistas, y de todo lo que fue aquel Imperio y su Republica, antes que los Españoles passaran al el. Escritos por el Ynca Garcilasso de la Vega, natural del Cozco y Capitan de su Magestad. Dirigidos a la Serenissima Princesa Doña Catalina de Portugal, Duqueza de Bragança, &c. Con licencia de la Sancta Inquisicion, Ordinario, y Paco. Lisboa: Pedro Crasbeeck 1609, p. 4.
20 Siehe Kap. IV.1.
21 Vgl. dazu die Textsammlung: *Entdeckung oder Invasion?* 500 Jahre Amerika aus der Sicht der ›Entdeckten‹. *Kolumbien-Rundbrief* 16 (1989).
22 Bartolomé de las Casas: *Brevísima relación de la destruyción de las Indias*: colegida por el obispo don Fray Bartolomé de las Casas, ò Casaus, de la Orden de Sancto Domingo. <Sevilla:>, Año 1522, p. 39. – Dt. zit. nach: *Newe Welt. Wahrhafftige Anzeigung der Hispanier grewlichen / abschewlichen und unmenschlichen Tyranney / von ihnen in den Indianischen Ländern so gegen Nidergang der Sonnen gelegen / und die Newe Welt genennet wird, begangen. Erstlich Castilianisch / durch Bischoff Bartholomeum de las Casas oder Casaus, gebornen Hispaniern / Prediger Ordens / beschrieben: Und im Jahr 1552 in der Königlichen Statt Hispalis oder Sevilia in Spanien gedruckt. Hernacher in die Französische Sprach / durrch Jacoben von Wiggrode / den 17 Provincien deß Niderlands / zur Warnung und Beyspiel gebracht. Jetzt aber erst ins Hochdeutsch / durch einen Liebhaber des Vatterlands / und ebenmässiger ursachen willen / ubergesetzt.* <s.l.> Im Jahr 1599, p. 83.
23 Siehe hierzu auch: Rabasa, op. cit., pp. 164-167.
24 Las Casas: *Brevísima,* p. 17, dt. p. 32.
25 Aus der Monatszeitschrift *Pueblo Indio,* Órgano del Consejo Mundial de Pueblos Indígenas, zitiert nach: Selser, op. cit., p. 191.
26 Siehe Retamar, in: Selser, op. cit., p. 90.
27 José Manuel López de Abiada: »De voces y polifonías: escritores hispanos, percepción de América y V Centenario.« In: Bernecker / Abiada / Siebenmann, op. cit., p. 45- 141; p. 131

28 »El V Centenario. Entrevista con Fidel Castro«. In: Steffan, op. cit., pp. 211-216; 212.
29 Castro im Interview mit Florian Borchmeyer. In: »Hundertster Geburtstag von Wifredo Lam / Centenaire de Wifredo Lam«. *Arte Info* <tägl. Nachrichtensendung des Senders Arte, Strasbourg> vom 14. Dezember 2003.
30 Todorov, *Découverte,* op. cit., p. 20.
31 Zit. nach: Abiada, op. cit., p. 93.
32 Peter Bichsel: »Amerika gibt es nicht«. In: *Kindergeschichten.* Mit einem Nachwort von Otto F. Walter. Frankfurt am Main: Luchterhand 1969/1990, pp. 26-39; pp. 38/39.
33 Miguel León-Portilla: »Encuentro de dos Mundos«. *Novedades,* 11 de abril 1985; México D.F.
34 León-Portilla, zit. nach: Selser, op. cit., p. 187.
35 León-Portilla: *Encuentro.*
36 ibid.
37 ibid.
38 König Juan Carlos I gemäß *El País* vom 8. Juli 1988, p. 20: F. Jaúregi: »El rey resalta el papel de España como puente entre la Comunidad Europea y Latinoamérica«.
39 Edmundo O'Gorman: »Polémica con Miguel León Portilla: Ni descubrimiento ni encuentro.« In: *La Jornada Semanal,* Año 1, 35 (19. Mai 85), pp. 1-4; p. 2.
40 ibid.
41 op. cit., p. 3.
42 ibid.
43 ibid.
44 ibid.
45 op. cit., p. 2.
46 Edmundo O'Gorman: »Encuentro de dos mundos – una propuesta superflua«. In: *La Jornada Semanal* (7. Juli 1985).
47 Rojas Mix, op. cit., p. 391.
48 Rafael Sánchez Ferlosio: *Estas Yndias equivocadas y malditas.* Comentarios a la historia. Barcelona: Ediciones Destino 1994.
49 Samuel Eliot Morison: *Admiral of the Ocean Sea. A life of Christopher Columbus.* Boston: Little, Brown and Company 1942, p. 76. – Dt. zit. nach: Samuel Eliot Morison: *Admiral des Weltmeeres. Das Leben des Christoph Columbus.* Übersetzt von Ch. v. Cossel und Dr. Hans Koch. Bremen-Horn: Walter Dorn Verlag 1948, p. 54.
50 ibid.
51 op. cit., p. 76 / dt. pp. 54/55.
52 Henri Vignaud: *Histoire critique de la Grande Entreprise de Christophe Colomb.* Paris: H. Welter 1911.

53 O'Gorman: *Invención*, p. 45
54 op. cit., p. 36.
55 Humboldt: *Kritische Untersuchungen*, p. 6,
56 O'Gorman: *Invención*, p. 45 / 46.
57 op. cit., p. 15.
58 Siehe op. cit., p. 9 bzw. Edmundo O'Gorman: *Fundamentos de la historia de América*. Segunda Parte: »Trayectoria de América«. México: Imprenta universitaria 1942.
59 O'Gorman: *Invención*, p. 49.
60 op. cit., p. 54.
61 op. cit., p. 185, »si, en cambio, se traduce, como es también posible, por el verbo ›concebir‹, en el sentido de discurrir o comprender«.
62 Siehe O'Gorman: *Invención*, p. 41. Zur Kritik dieses »Irrtum Rankes« siehe bereits etwa Egon Fridell: *Kulturgeschichte der Neuzeit*. Die Krisis der europäischen Seele von der Schwarzen Pest bis zum Weltkrieg. Band I: Einleitung / Renaissance und Reformation. München: C. H. Beck 1927, pp. 11/12.
63 O'Gorman: *Invención*, p. 9.
64 op. cit., p. 49.
65 In besonders eindrucksvoller Weise lässt sich die symbolische Umdeutungsaufgabe, mit der die Kartographen zu kämpfen hatten, an einer deutschen Landkarte der Renaissance ablesen, die dem amerikanischen Präsidenten Bush bei seiner Nahost-Reise im Januar 2008 vom Bürgermeister von Jerusalem als Geschenk überreicht wurde: die drei Kontinente Europa-Afrika-Asien sind die drei (symmetrischen und an Größe identischen) Kronblätter einer dreiblättrigen Blume; deren Fruchtknoten die Stadt Jerusalem – während die »Newe Welt« als ein unverbundenes Stück Treibgut gleich einem Seerosenblatt am Bildrand schwimmt.
66 op. cit., p. 159.
67 op. cit., p. 158/159.
68 Unter anderem in seinem Vortrag mit Titel »Del descubrimiento al desencubrimiento (Hacia un desagravio histórico)«, publiziert zuerst in: *El Día*. El Buho. 9. Dezember 1984 – in frz. Sprache später in: *Le monde diplomatique* 4 (1985) –, und *Von der Erfindung Amerikas zur Entdeckung des Anderen. Ein Projekt der Transmoderne*. Düsseldorf: Patmos Verlag 1993.
69 Dussel: *Descubrimiento*.
70 ibid.
71 op. cit., p. 75.
72 Martin Heidegger: *Sein und Zeit*. 18. Auflage. Tübingen: Max Niemeyer Verlag 2001. pp. 217; 227; 228. Hier die entsprechenden deutschen Originalpassage zu den der von Dussel verwendeten spanischen Übersetzung.
73 Dussel: *Descubrimiento*.

74 op. cit., p. 78.
75 Dussel: *Erfindung*, pp. 40/41.
76 op. cit., p. 35.
77 op. cit., p. 34.
78 Eine sehr erhellenden Gegenüberstellung und Abgrenzung der Terminologie O'Gormans von derjenigen Heideggers (unter Berücksichtigung der heideggerianischen Begriffe von ›Bedeutsamkeit‹, ›Verstehen‹, ›Auslegung‹, und ›Entwurf‹) unternimmt Giorgio Antei in seinem Buch *La invención del reino de Chile. Gerónimo de Vivar y los primeros cronistas chilenos*. Bogotá: Instituto Caro y Cuervo 1989, pp. 22/23.
79 Siehe Heidegger: *Zeit des Weltbilds*.
80 Dussel: *Descubrimiento*.
81 op. cit.
82 Vgl. in diesem Zusammenhang auch Ignacio Ellacuría: »Quinto Centenario: ¿descubrimiento o encubrimiento?« In: *América La Patria Grande 7* (1990), pp. 9ss.
83 Dussel: *Descubrimiento*.
84 ibid.
85 Heinz Dieterich Steffan: »Introducción«, in: Steffan, op. cit., pp. 13-15; p. 13.
86 Siehe etwa Antonio Cornejo-Polar: »La ›invención‹ de las naciones hispanoamericanas. Reflexiones a partir de una relación textual entre el Inca y Palma«. In: Zavala, op. cit., pp. 139-165: »Leída hoy la tesis que O'Gorman sintetizó bajo la fórmula ›la invención de América‹ resulta de verdad, y pese al magnetismo que emana de esa frase, muy poco convincente; quizás no tanto por la función metafísica que le asigna a Europa <…> sino sobre todo porque supone que esa compleja operación se hizo íntegramente a partir de un ›vacío originario‹«, p. 139.
87 Iris M. Zavala: »De ›invenciones‹: Palabras liminares«. In: Zavala, op. cit., pp. 1-5; p. 1.
88 op. cit., p. 2.
89 Siehe Iris M. Zavala: »El nominalismo imperial y sus monstruos en el Nuevo Mundo«. In: Zavala, op. cit., pp. 221-233.
90 Roland Barthes: »L'effet de réel«. In: *Communications,* 11 Paris : Editions du Seuil 1968, pp. 84-89 sowie Rabasa, op. cit., p. 9.
91 Siehe in diesem Zusammenhang auch den Begriff der »rage nominatrice« in Bezug auf Kolumbus bei Todorov: *Découverte*, p. 34.
92 A. v. Humboldt, *Kritische Untersuchungen,* p. 8.
93 Zavala: *Nominalismo,* in: Zavala, op. cit., p. 223.
94 op. cit., p. 226.
95 op. cit., p. 223.
96 op. cit., p. 229.

97 op. cit., p. 3
98 op. cit., p. 225: »Los tropos mismos emergen como mecanismos genéticos de toda una semiosis y una ›narratología‹ o ›ficción‹ historiográfica«.
99 ibid.
100 op. cit., p. 4.
101 Siehe diesbezüglich auch der von Iris Zavala zitierte Artikel von Silvio Zavala: »Excursión por el Diccionario de la Academia de la Lengua, con motivo de V Centenario de Descubrimiento de América.« in: *NRFH* XXXV: 1 (1987), pp. 265-280.
102 I. Zavala: *De invenciones*, in: I. Zavala, p. 1.
103 Rabasa, op. cit., p. 4.
104 op. cit., pp. 7/8.
105 op. cit., p. 4.
106 Antonio Gómez-Moriana: »Como surge una instancia discursiva. Cristóbal Colón y la *invención* del ›indio‹«. In: *Filología*. Año XXVI, 1-2 (<Instituto de Filología y Literaturas hispánicas, Universidad de Buenos Aires>1993), pp. 51-75.
107 op. cit., p. 53.
108 op. cit. p. 53.
109 op. cit., p. 59/60.
110 op. cit., p. 58.
111 op. cit., p. 56 bzw. Jacinthe Martel: »De l'invention: éléments pour l'histoire lexicologique et sémantique d'un concept«. In: *Etudes françaises* 26 (1990), 3 (»L'invention«), pp. 29-49; p. 33.
112 Antei, op. cit., p. 10.
113 op. cit., p. 21.
114 Siehe dazu die oben zitierten Ausführungen Anteis zum Verhältnis O'Gorman-Heidegger. In der O'Gormanschen Verwendung sieht Antei die invención schlicht und einfach als Synonym der Heideggerschen Termini »Entwurf« oder »Auslegung«. Dadurch löste sich die gesamte Inventions-Problematik in eine rein terminologischen Fragestellung auf (»la cuestión filosófica de la invención corre el riesgo de resolverse en un asunto terminológico«, Antei, op. cit., p. 23). Um dieser Konfusion – die aber doch essenzieller Bestandteil des Problems ist – aus dem Weg zu gehen, legt Antei die *invención* per definitionem als sprachliches Phänomen fest.
115 op. cit., p. 9.
116 Siehe Kap. VI.
117 Aristoteles, *Met.*, IV, 4-8,

Anmerkungen III

1. Johann Christoph Adelung: *Grammatisch-kritisches Wörterbuch der Hochdeutschen Mundart mit beständiger Vergleichung der übrigen Mundarten, besonders aber der Oberdeutschen von Johann Christoph Adelung, Churfürstl. Sächs. Hofrathe und Ober-Bibliothekar.* Mit D. W. Soltau's Beyträgen, revidirt und berichtigt von Franz Xaver Schönberger, Doctor der freyen Künste und Philosophie, öffentl. ordentl. Professor der Beredsamkeit und Griechischen Sprache, Subdirektor der k. k. Convictes. Wien, verlegt bey B. Ph. Bauer 1811, s.v. »Entdecken«.
2. Theodor Heinsius: *Vollständiges Wörterbuch der Deutschen Sprache mit Bezeichnung der Aussprache und Betonung für die Geschäfts- und Lesewelt.* Von Dr. Theodor Heinsius, ordentlichem Professor am Berlinisch-Köllnischen Gymnasium. Wien, gedruckt und verlegt bei Christian Friedrich Schade 1828, s.v. »Erfinden«.
3. Adelung, op. cit., s.v. »Erfinden«.
4. Pierre Larousse: *Grand dictionnaire universel du XIXe siècle.* Français, historique, géographique, biographique, mythologique, bibliographique, littéraire, artistique, scientifique, etc., comprenant la langue française; la prononciation; les étymologies; la conjugaison de tous les verbes irréguliers; les règles de grammaire; les innombrables acceptions et les locutions familières et proverbiales ; l'histoire ; la géographie ; la solution des problèmes historiques ; la biographie de tous les hommes remarquables, morts ou vivants, la mythologie ; les sciences physiques, mathématiques et naturelles ; les sciences morales et politiques ; les pseudo-sciences ; **les inventions et les découvertes**; etc. etc. etc., parties neuves: les types et les personnages littéraires ; les héros d'épopées et de romans ; les caricatures politiques et sociales ; la bibliographie générale ; une anthologie des allusions françaises, étrangères, latines et mythologiques ; les beaux-arts et l'analyse de toutes les œuvres d'art. Paris: Administration du grand dictionnaire universel 1865, s.v. »Invention«. Hervorhebungen von F.B.
5. *Enciclopedia universal ilustrada europeo-americana.* Madrid: Espasa-Calpe 1968, s.v. »invención«.
6. s.o.
7. Ernst Bloch: *Das Prinzip Hoffnung.* Frankfurt am Main: Suhrkamp 1973. Zweiter Band. »Eldorado und Eden, die geographischen Utopien«, pp. 873-929; pp. 874/875.

8   Für diesen Hinweis danke ich herzlich Professor Ekkehard König.
9   Gerhard Wahrig: *Deutsches Wörterbuch*. Herausgegeben in Zusammenarbeit mit zahlreichen anderen Wissenschaftlern und anderen Fachleuten. Mit einem »Lexikon der deutschen Sprachlehre«. Gütersloh: Bertelsmann Lexikon-Verlag Reinhard Mohn 1968, s.v. »erfinden«.
10 *Brockhaus. Die Enzyklopädie* in vierundzwanzig Bänden. Zwanzigste, überarbeitete und aktualisierte Auflage. Leipzig, Mannheim: F. A. Brockhaus 1996, s.v. »Erfindung«.
11 *Meyers Enzyklopädisches Lexikon*. Mit Sonderbeiträgen von Karl Dietrich Bracher, Walter Hallstein, Wolfgang R. Langenbucher. Mannheim / Wien / Zürich: Bibliographisches Institut Lexikonverlag 1973, s.v. »Erfindung«.
12 Bloch, op. cit., p. 874.
13 Siehe hierzu auch: Ralf Nack: *Die patentierbare Erfindung unter den sich wandelnden Bedingungen von Wissenschaft und Technologie*. Köln: Heymann 2002.
14 Zitiert nach: Beltran / Chauveau / Galvez-Behar: *Des brevets et des marques. Une histoire de la propriété industrielle*. Paris: Fayard 2000, pp. 19ss.
15 op. cit., p. 19.
16 Siehe die von den wichtigsten Staaten unterzeichneten patentrechtlichen Abkommen in Marshall A. Leaffer (Hrsg.): *International Treaties on Intellectual Property*. Second Edition. Washington D.C.: The Bureau of National Affairs 1997. Für das europäische Recht: Brandi-Dohm / Gruber / Muir: *Europäisches und internationales Patentrecht*. 5., neubearbeitete Auflage. München: Beck 2000. Georg Benkard. *Europäisches Patentübereinkommen*. Bearb. von Barbara Dobrucki. München: Beck 2002 (=Beck'sche Kurz-Kommentare, Bd. 4A). Gerald Paterson: *The European patent system*: the law and practice of the European Patent Convention. 2nd ed. London: Sweet & Maxwell 2001.
17 Siehe etwa den Kommentar zu einem der jüngsten Patentrechte, der aus den 90er Jahren stammenden, neuen argentinischen »Ley de Patentes de Invención y Modelos de Utilidad«: »La *patente* recae sobre un producto o procedimiento desconocido con anterioridad. El *modelo de utilidad* protege innovaciones técnicas (conformación, dispositivo, mecanismo, estructura nueva) que afectan siempre a objetos ya conocidos (ya empleados para un uso determinado) con la condición de que les confiera una mayor eficacia o comodidad para desempeñar su fin.« Daniel. R. Zuccherino: *Patentes de invención*. Introducción al estudio de su régimen legal. Con la colaboración de Carlos O. Mitelman. Buenos Aires: Ad Hoc 1998, p. 68.
18 Siehe Beltran, op. cit., p. 45.
19 Siehe op. cit., p. 52.
20 Im neuen argentinischen Patentgesetz etwa ist ›invención‹ definiert als »jede menschliche Kreation, die Materie oder Energie zu ihrem Nutzen durch den Menschen zu transformieren erlaubt« (»toda creación humana que permita

transformar materia o energía para su aprovechamiento por el hombre«). Zit. nach Zuccherino, op. cit., p. 65.
21 *Meyers Enzyklopädisches Lexikon*, loc. cit.
22 »Le pouvoir d'inventer est un des traits qui distinguent l'homme de la bête, et c'est grâce à lui que le genre humain a pu sortir de l'état d'infériorité dans lequel il se trouvait à l'origine. C'est par des *inventions* multiples qu'il a pu augmenter ses jouissances, améliorer ses mœurs et parvenir à cet état de perfection relative qu'on appelle la civilisation«. *Larousse*, op. cit., s.v. »invention«.
23 *Meyers*, loc. cit.
24 Jacques Derrida: »Psyché. Invention de l'autre«. In: *Psyché. Inventions de l'autre*. Paris: Editions Galilée 1987, pp. 11-61 ; p. 14.
25 »Die Unterscheidung zwischen E.<rfindung> von nicht Vorhandenem und En.<tdeckung> von bereits Existierendem ist jedoch weder für die *Patentpraxis* noch für die sie begleitenden *rechtsphilosophischen* Theorien von Bedeutung. Die Patentierbarkeit einer I.<nvention> wird durch einen ganz anderen Gesichtspunkt bestimmt: durch ihre gewerbliche oder industrielle Verwertung. Patente dienen entweder der Errichtung von Fabrikationsmonopolen oder der Belohnung des ›ersten Erfinders‹ durch Lizenzgebühren und vorübergehenden Schutz seines Inventats gegen unbefugte Nachahmung.« A. Hügli: »Invention, Erfindung, Entdeckung«. In: Ritter / Gründer (Hrsg.): *Historisches Wörterbuch der Philosophie*. Unter Mitwirkung von mehr als 900 Fachgelehrten. Völlig neubearbeitete Ausgabe des ›Wörterbuch der philosophischen Begriffe‹ von Rudolf Eisler. Darmstadt: Wissenschaftliche Buchgesellschaft 1976, (=Band 4: I-K, pp. 544-574), p. 547.
26 Zit. nach Beltran, op. cit., p. 32.
27 Vgl. Walter Benjamin: »Das Kunstwerk im Zeitalter seiner technischen Reproduzierbarkeit«. Zweite Fassung. In: *Allegorien kultureller Erfahrung*. Ausgewählte Schriften 1920-1940. Leipzig: Verlag Philipp Reclam jun. 1984, pp. 407-435, insb. p. 411.
28 Zit. nach Beltran, op. cit., p. 30.
29 Zu den weltweit gültigen Modalitäten (Zeichnung, Titel, Beschreibung etc.) des Patentantrags siehe etwa das internationale »Patent Cooperation Treaty« (PCT) von Washington (1970/1979, geändert 1984), in: Leaffer, op. cit., pp. 86-105.
30 Gemäß etwa der Pariser Konvention von 1883 (geändert 1867), Artikel 4.1.iv. in: Leaffer, op. cit., p. 90.
31 ibid., Art. 5.: »The description shall disclose the invention in a manner sufficiently clear and complete for the invention to be carried out by a person skilled in the art«
32 ibid, Art. 7.
33 »The international application shall relate to one invention only or to a group of inventions so linked as to form a single general inventive concept (›requi-

rement of unity of invention‹)«. »Patent Cooperation Treaty« (PCT). Treaty Regulations. Rule 13.1. »Unity of invention«. In: op. cit., p. 149.

34 Vgl. z.B.: Thierry Calame: *Öffentliche Ordnung und gute Sitten als Schranken der Patentierbarkeit gentechnologischer Erfindungen*: eine Untersuchung des Europäischen Patentübereinkommens und des Schweizerischen Patentgesetzes unter Berücksichtigung des internationalen Rechtsumfelds. Basel: Helbing & Lichtenhahn 2001.

35 Derrida, op. cit., insb. p. 38.

36 *Shinkihatto no ofuregaki* (›Verordnung zum Verbot von Innovationen‹) Tokio: Juli 1721. Nachdruck in: *Tokkyo seido 70 nen shi* (›70 Jahre Geschichte des Patentsystems‹). Tokio 1955, p. 36. Das erste japanische Patentgesetz, *Sembai ryaku kisoku*, stammt von 1871. Zitiert nach Christopher Heath: *Commercialising University Inventions in Japan*. München: Max-Planck-Institut 2002.

37 Siehe etwa Annette Skrobanek: *Die Entwicklung vom Erfinderschein zum Patent in Russland*. (=Münsteraner Studien zur Rechtsvergleichung Bd. 95). Münster: LIT 2002.

38 Larousse, op. cit.

39 *Grosses vollstaendiges Unviersallexicon Aller Wissenschaften und Kuenste, Welche bishero durch menschlichen Verstand und Witz erfunden und verbessert worden.* Darinnen so wohl die Geographisch-Politische Beschreibung des Erd=Kreyses, nach allen Monarchien, Kayserthuemern, Koenigreichen, Fuerstenthuemern, Republicken, freyen Herrschafften, Laendern, Staedten, See-Haefen, Festungen, Schloessern, Flecken, Aemtern, Kloestern, Gebeuergen, Paessen, Waeldern, Meeren, Seen, Inseln, Fluessen, und Canaelen; Samt der natuerlichen Abhandlung von dem Reich der Natur, nach allen himmlischen, lufftigen, feurigen, waesserigen und irdischen Coerpern, und allen hierinnen befindlichen Gestirnen, Planeten, Thieren, Pflanzen, Metallen, Mineralien, Saltzen und Steinen ec. Als auch eine ausfuerliche Historisch=Genealogische Nachricht von den Durchlauchten und beruehmtesten Geschlechtern in der Welt: Den Leben und Thaten der Kayser, Koenige, Churfuersten und Fuersten, grosser Helden, Staats=Minister, Kriegs=Obersten zu Wasser und zu Lande, den vornehmsten geist= und weltlichen Ritter=Ordern ec. Ingleichen von allen Staats= Kriegs= Rechts= Polizey= und Haußhaltungs=Geschaeften des Adelichen und Buergerlichen Standes, der Kauffmanschaft, Handthierungen, Kuenste und Gewerbe, ihren Innungen, Zuenften und Gebraeuchen, Schiff=Fahrten, Jagden, Fischereyen, Berg= Wein= Acker= Bau und Viehzucht ec. Wie nicht weniger die voellige Vorstellung aller in der Kirchen=Geschichte beruehmten Alt=Vaeter, Propheten, Apostel, Paebste, Cardinaele, Bischoeffe, Praelaten und Gottes=Gelehrten, wie auch Concilien, Synoden, Orden, Wallfahrten, Verfolgungen der Kirchen, Maertyrer, Heiligen, Sectirer und Ketzer aller Zeiten und Laender, Endlich auch ein vollkommener Inbegriff der allergelehrtesten

Maenner, beruehmter Universitaeten Academien, Societaeten und der von ihnen gemachten Entdeckungen: Ferner der Mythologie, Altherthuemer, Muenz-Wissenschafft, Philosophie, Mathematic, Theologie, Jurisprudentz und Medicin, wie auch aller freyen und mechanischen Kuenste, samt der Erklaerung aller darinnen vorkommenden Kunst=Woerter u. s. f enthalten ist. Mit Hoher Potentaten allergnaedistgen Privilegiis. Halle und Leipzig: Verlegts Johann Heinrich Zedler Anno 1734.

40 op. cit., s.v. »Erfindung«.
41 Siehe Hügli, op. cit., p. 554.
42 Zedler, loc. cit.
43 ibid.
44 Siehe Artikel »Découvrir, Trouver (*Gramm., Synon.*)«. Diderot / D'Alembert: *Encyclopédie ou Dictionnaire raisonné des Sciences, des Arts et des Métiers*, par une société de gens de lettres. Paris: Briassion / David / LeBreton / Durand 1751-1765, s.v. »Découvrir«.
45 op. cit., s.v. »Invention«.
46 op. cit., »Table analytique et raisonnée des matières contenues dans les XXXIII volumes in-folio du Dictionnaire des Sciences, des Arts et des Métiers et dans son supplément«. Paris: Panckoucke, Amsterdam: Marc-Michel Rey 1780, s.v. »Découverte«.
47 op. cit., s.v. »Découvrir«.
48 op. cit., s.v. »Invention«.
49 op. cit., Table Panckoucke, s.v. »Découverte«.
50 op. cit., Table Panckoucke, s.v. »Invention (Belles lettres, Poésie)«.
51 op. cit., Table Panckoucke, s.v. »Invention (Arts & Sciences)«.
52 Der Einschub in eckigen Klammern folgt dem Text des Artikels »Invention« im »Supplément Panckoucke«, zit. nach der Ausgabe *Encylopédie de Diderot et d'Alembert*. Version 1.0.0. Édité par Redon 26750 Marsanne (CD-Rom).
53 op. cit., »Table Panckoucke«, s.v. »Invention (Belles lettres, Poésie)«.
54 ibid.
55 op. cit., »Table Panckoucke«, s.v. »Découverte, (*Philosoph.*)«.
56 Diderot / D'Alembert, op. cit., s.v. »Invention«.
57 Kant, op. cit., p. 543.
58 ibid.
59 Siehe etwa die von Larousse, op. cit., s.v. »découverte«, zitierten Beispiele, etwa Limayrac.: »Il y a une méthode infaillible pour connaître les sens d'une découverte: c'est de savoir ce qu'en pensent les ennemis naturels du progrès et de la lumière.«
60 Peter Sloterdijk: »Die Zeichen der Entdecker. Über Kartographie und imperialen Namenszauber«. In: *Sphären*. Makrosphärologie Band II. Globen. Frankfurt am Main: Suhrkamp 1999, pp. 907-932; pp. 908/909. »Die Durchfahrt

durch fremde Gewässer kann erst von dem Augenblick an als entdeckerische Leistung gelten, wenn zu einer Sichtung eine Erschließung, zu einer Beobachtung ein Protokoll, zu einer Inbesitznahme eine Kartenaufnahme hinzutritt. Denn die wirkliche Entdeckung einer unbekannten Größe – eines Kontinents, einer Insel, eines Volks, eines Gewächses, eines Tiers, einer Bucht, einer Meeresströmung – setzt voraus, daß die Mittel zur Wiederholung der Erstbegegnung zur Verfügung gestellt sind. Das Entdeckte darf also nie wieder in die Verborgenheit, die vorgängige Lethe, aus der es soeben hervorgezogen wurde, zurückfallen, wenn es zum sicheren Besitz des Herren der Kenntnis werden soll. Darum gehört zum Tatbestand Entdeckung unverzichtbar der Aufweis der Erfassungsmittel, die garantieren, daß die Decke über dem bisher Verborgenen ein für allemal abgehoben bleibe. Folgerichtig sind bei den Europäern seit der Renaissance, wenn sie von Entdeckung reden – *découverte, descumbrimiento* <sic>, *discovery* – stets sowohl die Sachen gemeint als auch die Mittel, diese bekanntzumachen und verfügbar zu halten.«

61 Französischer Name des 3. Mai im katholischen liturgischen Kalender; auf deutsch wohlgemerkt ›Kreuzauffindung‹, nicht ›Kreuzerfindung‹.
62 Derrida, op. cit., p. 41.
63 ibid.
64 Vgl. etwa: Wolfgang Pfeifer: *Etymologisches Wörterbuch des Deutschen*, erarbeitet von einem Autorenkollektiv des Zentralinstituts für Sprachwissenschaft unter der Leitung von Wolfgang Pfeifer. Berlin: Akademie-Verlag 1989, s.v. »finden«. Alfred Götze (Hrsg.): *Trübners deutsches Wörterbuch*. Im Auftrag der Arbeitsgemeinschaft für deutsche Wortforschung herausgegeben. Berlin: Walter de Gruyter & Co. 1940, s.v. »erfinden«: »Erhalten hat sich nur die Verneinung: ›das ist mir unerfindlich‹, ›ich kann es nicht ausfindig machen, feststellen«
65 Siehe Tobler / Lommatzsch: *Altfranzösisches Wörterbuch*. Adolf Toblers nachgelassene Materialien, bearbeitet und herausgegeben von Erhard Lommatzsch. Wiesbaden: Franz Steiner Verlag 1960, s.v. »invencïon« und »inventaire, inventoire«.
66 Auch im Deutschen existiert der ›Erfinder‹ erst seit dem 15. Jahrhundert. ›Erfinden‹ bzw. mhd. ›irfindnan‹ existiert in deutscher Sprache zwar vorher, besitzt aber die Bedeutung ›ausfindig machen, bemerken, erfahren‹. Seit dem 15. Jahrhundert existiert ebenfalls erst der Begriff ›ervindung‹. Siehe Pfeifer, op. cit.; Fr. L. K. Weigand. Deutsches Wörterbuch. Fünfte Auflage von Hermann Hirt. Erster Band A-K. Berlin: Walter de Gruyter & Co. 1968. (Photomechanischer Nachdruck, basierend auf der Ausgabe Gießen: Alfred Töppelmann 1909), s.v. ›Erfinden‹.
67 »Inventeur,-trice., subst. et adj. <…>. Étymol. et Hist. I. 1431, 29 mai *inventeresse* ›celle qui imagine quelque chose de mensonger‹ (*Sentence* ds ISAMBERT, *Recueil anc. lois fr.*, t. 8, p. 766: menteuse et pernicieuse **inventeresse** de révélations et apparitions [en parlant de Jeanne d'Arc].« *Trésor de la langue française*.

Dictionnaire de la langue du XIXe et du XXe siècle (1789-1960). Paris: Éditions du Centre National de la Recherche Scientifique 1983, s.v. »Inventeur« (Herv. im Text enth.).

68 »celle qui imagine quelque chose« – Siehe ibid.

69 Siehe Walther von Wartburg: *Französisches Etymologisches Wörterbuch*. Eine darstellung des galloromanischen sprachschatzes. Verfaßt mit unterstützung der Freiwilligen Akademischen Gesellschaft Basel von Walther v. Wartburg. Gedruckt mit unterstützung des Basler Arbeitsrappens und der Stiftung Pro Helvetia (Ouvrage couronné par Institut de France, Prix Volney). 4. Basel: Helbing & Lichtenhahn 1952. S.v. »inventor erfinder«.

70 *»En partic.* Personne qui imagine et donne comme réel quelque chose (de mensonger). *Un inventeur de fausses nouvelles*: ›4. Amour! dans tous les temps des hommes t'ont chanté / Inventeurs d'un mensonge‹ <...> DIERX, *Lèvres cl.*, 1867, p. 207«. *Trésor,* loc. cit.

71 ibid.

72 Wartburg, op. cit.

73 S. u. die Beobachtung Wartburgs.

74 Siehe Georges, op. cit., s.v. »fingere«. In Ciceros *De inventione* heißt es etwa: »argumentum est **ficta res**, quae tamen fieri potuit«. In der modernen italienischen Übersetzung hingegen wird diese Passage wiedergegeben mit: »La trama è la narrazione d'un **fatto inventato**, che tuttavia però potrebbe essere accaduto«. Marcus Tullius Cicero. *De inventione*. Introduzione traduzione e note a cura di Maria Greco. Università di Lecce: Mario Congedo Editore 1998., pp. 106/107.

75 Derrida, op. cit., p. 21/22.

76 Siehe etwa Larousse, op. cit., s.v. »invention«: »Jurispr. Découverte, L'INVENTION d'un trésor«.

77 Wartburg, loc. cit.

78 Siehe die »Erfindung« der geheilten Körper am Tag der »Erfindung« des Hl. Kreuzes, Tobler-Lommatzsch, op. cit., s.v. »invencïon«: »Auffindung: et a l'exaltation et invention Sainte Crois, a le fieste Sainte Margerite et a le dedicasse dou liu, on aloit a Warnave et demoroit le nuit et le jour, et l'endemain on revenoit, et li viniers et li quisinier les pourvëoient, *Gmuis*. I 133. [Et ce trouverez vous escript En la legende, qui le dit, De l'invencïon des corps sains, Qui de penssee furent sains, *Gace de la Buigne* 11137.«

79 Wartburg, op. cit., s.v. »inventio«. »Lat. *inventio* bedeutet ›auffindung; erfindung; erfindungsgabe‹. Daneben stand *adinventio*, ›erfindung im üblen sinn, ausflucht, list‹ (in christlichen texten). *inventio* wurde zuerst im sinn von *adinventio* entlehnt, was wohl auf einem versehen des übersetzers beruht. Den jahrestag der auffindung des heiligen kreuzes feierte die kirche im mittelalter unter dem namen *inventio Sanctae Crucis* <...> woraus dann die spätere verallgemeinerte bed. ›auffindung einer reliquie‹ entstand. Die verweltlichung dieser bed.

ist dem einfluss von INVENTOR 2 zu verdanken. Im 15. jh. wird *inventio* neu entlehnt in der bed. ›erfindung‹, in der es sich rasch entfaltete. In biblischen texten findet sich vom 12. bis 16. jh. auch *adinventio* entlehnt.«

80 René Girard: »Nachricht von Neuerung, die drauf und drunter geht«. Aus dem Französischen von Petra Willim. Frankfurter Allgemeine Zeitung (Nr. 266, 2004) vom 13. November 2004, p. 41. Siehe Rüdiger Bubner. »Wie alt ist das Neue?«. In: Maria Moog-Grünewald (Hrsg.): *Das Neue – Eine Denkfigur der Moderne*. Tagung der Deutschen Gesellschaft für Allgemeine und Vergleichende Literaturwissenschaft Heidelberg: Winter 2002, pp. 1-13.

81 »Bei den Provenzalen wird es verwendet für den Frühling als die Zeit der seelischen Erneuerung durch Liebe, aber auch für eine Dichtung, die aus solcher Erneuerung heraus singt. <...> Die christliche Verwendung des Wortes meint mit ›neu‹ den von der Gnade und den Sakramenten verjüngten Menschen«. Hugo Friedrich. *Epochen der italienischen Lyrik*. Frankfurt am Main: Vittorio Klostermann 1964, p. 53. Siehe auch Anna Coseriu: »Anmerkungen«. In: Dante Alighieri: *Vita Nova – Das Neue Leben*. Übersetzt und kommentiert von Anna Coseriu und Ulrike Kunkel. München: dtv 1988, pp. 144/145.

82 Die Beispiele sind nach Karl-Ernst Georges lateinisch-deutschem Wörterbuch, op. cit., s.v. »invenio« zitiert.

83 Siehe Adelung, op. cit.

84 Tobler-Lommatzsch, op. cit., s.v. »descovrir«.

85 Jacob Grimm und Wilhelm Grimm: *Deutsches Wörterbuch*. Dritter Band. Leipzig: Verlag von S. Hirzel 1862, s.v. »ENTDECKER«.

86 Adelung, op. cit., s.v. »Entdêcken«.

87 Tobler-Lommatzsch, op. cit., s.v. »descovrir«.

88 Rost: *Schäfererzählungen* (18. Jh.), nach Grimm, loc. cit.

89 Salvatore Battaglia: *Grande dizionario della lingua italiana*. Torino: Unione Tipografico-Editrice Torinese 1996, s.v. ›scoprire‹.

90 ibid.

91 siehe Tommaseo / Bellini. (Hrsg.): *Dizionario della lingua italiana*. Con oltre 100,000 giunte ai precedenti dizionarii. Raccolta da Nicolò Tommaseo, Gius. Campi, Gius. Meini, Pietro Fanfan e molti altri distinti Filologi e Scienziati. Corredato di un discorso preliminare dello stesso Nicolò Tommaseo. Volume quarto. Parte prima. Roma-Torino-Napoli: Unione Tipografico Editrice 1879, s.v. »scoprire«, Abs. 16.

92 siehe Folker E. Reichert: »Die Erfindung Amerikas durch die Kartographie«. In: *Archiv für Kulturgeschichte* 78 (1996), pp. 114-143; p. 134 passim.

93 Faksimilereproduziert in: Carlos Sanz (Hrsg.): *La carta de Colón anunciando la llegada a las Indias y a la provincia de Catayo (China) (Descubrimiento)*. Reproducción facsimilar de las diecisiete ediciones conocidas. Introducción y comentario por Carlos Sanz. Madrid 1958.

94 Die hier zitierte Fassung ist enthalten in: Cristoforo Colombo: *La lettera della scoperta*. Febbraio-Marzo 1493 nelle versioni spagnola, toscana e latina con il *Cantare* di Giulio Dati. A cura die Luciano Fomrisano. Napoli: Liguori Editore 1992, pp. 173-197.
95 op. cit., I, p. 177
96 Siehe Kap. IV.2.
97 op. cit., XXIV, XXV, p. 184.
98 op. cit., XXX, p. 185.
99 »queste co'alte, degnie, magnie e mir / che, se tu legi, tu lle troverai / in vernacula lingua e in latino / sì come narra un detto d'Augustino« op. cit., V, p. 178.
100 Der Terminus »fausse prophétie« und der Verweis auf der Metaphorisierung der Kolumbus-Fahrt als Akt der Dichtung bei Ariost geht zurück auf: Roger Baillet. »Poésie et découverte: le voyage de Colomb dans l'imaginaire ariostesque«. In: Guidi / Mustapha (Hrsg.): *Christophe Colomb et la découverte de l'Amérique*. Réalités, imaginaire et réinterprétations. Rencontre de la Société des Italianistes de L'Enseignement Supérieur & de la Société des Hispanistes Français. 3-4 et 5 avril 1992. Aix-en-Provence: Université de Provence 1994, pp. 173-177.
101 Ariost: *Orlando Furioso*, XV, 22.
102 Lodovico Ariosto's *Rasender Roland*. Übersetzt von J.D. Gries. Zweite Auflage, neue Bearbeitung. Jena: Friedrich Frommann 1827-28. Zweiter Theil., p. 113.
103 Zum Topos der poetischen Schifffahrt Siehe E.R. Curtius, op. cit., op. cit., pp. 138-141 und Kap. VI.3.4.
104 Ariost: *Or. Fur.*, XLVI, 1. – Dt. zit. nach: Gries, op. cit., Fünfter Theil, p. 274.
105 Siehe Kap. VI.4.4.
106 Siehe Kap. IV.3.1.
107 Antonio de Nebrija: *Vocabulario de Romance en Latín*. Transcripción crítica de la edición revisada por el autor (Sevilla, 1516) con una introducción de Gerald J. Macdonald. Madrid: Editorial Castalia 1970, s.v. »descubrir«, »descobrir«, »descubrimiento« (p. 72).
108 Covarrubias, zit. nach: Samuel Gili Gaya: *Tesoro Lexicográfico*. 1492-1726. Madrid: Consejo superior de investigaciones científicas. Patronato »Menéndez y Pelayo«. Instituto »Miguel de Cervantes« 1957, s.v. »Descubrir«.
109 J. Manuel: L. de la caza (1337-48). ed. Bibl. Venat., t. III, 121. Zit. nach: Martín Alonso: *Diccionario medieval español*. Desde las Glosas Emilianenses y Silenses (X) hasta el siglo XV. Salamanca: Universidad Pontificia 1986, s.v. »descubrir«. Von spanischen Gelehrten wird ›descubrir‹ daher ins Lateinische mit »regiones incognitas adire, explorare« übersetzt. Siehe Real Academia Española. *Diccionario de la lengua castellana en que se explica el verdadero sentido de*

las voces, su naturaleza y calidad, con las phrases o modos de hablar, los proverbios o refranes, y otras cosas convenientes al uso de la lencua. Dedicado al Rey Nuestro Señor Don Phelipe V. (que Dios guarde) a cuyas reales expensas se hace esta obra. Compuesto por la Real Academia Española. Con privilegio. Madrid: Imprenta de la Real Academia Española 1732, s.v. »descubrir«.

110 »Hallar lo que estaba ignorado o escondido. Se usa principalmente tratándose de las tierras o mares desconocidos«. Real Academia Española. *Diccionario de la lengua española.* Madrid: Real Academia Española 1984, s.v. »descubrir«.

111 Siehe Georges, op. cit., s.v. »detegere«.

112 Dass die Entwicklung hin zur »Entdeckung« Amerikas im deutschen Sprachraum erst weitaus später vonstatten geht als in den westeuropäischen Ländern, mag auch damit zusammenhängen, dass bis 1560 nicht mehr als 200-300 Deutsche eigenständig eine Reise in die Neue Welt unternommen haben (im Gegensatz zu ca. 60 000 Bewohnern der Iberischen Halbinsel), so dass Amerika im deutschen Sprachraum bis ins 17. Jahrhundert hinein eine rein literarische Referenz bleibt. Siehe Sixel, op. cit., pp. 42-44.

113 Sebastian Münster: *Cosmographey oder beschreibung aller laender / herrschaften / fürnemsten stetten / geschichten / gebreüche / hantierungen etc. ietz zum dritten mal trefflich sere durch Sebastianum Munsterum gemeret und gebessert / in weldtlichen und naturlichen historien <...>*. Getruckt zu Basel durch Heinrichum Petri 1550, p. Mclxxiu.

114 Götze, op. cit., s.v. »erfinden«.

115 Grimm, op. cit., »Erfinden, 1)«.

116 »οὔτε ἀπ' ἀρχῆς πάντα θεοὶ θνητοῖσ' ὑπέδειξαν, / ἀλλὰ χρόνωνι ζητοῦντες ἐφευρίσκουσιν ἄμεινον«. Fragm. 18, zitiert nach: Hermann Diels: *Die Fragmente der Vorsokratiker.* Achte Auflage herausgegeben von Walther Kranz. Berlin: Weidmannsche Verlagsbuchhandlung 1956. Bd. I, p. 133.

117 »ἵπποι μέν θ' ἵπποισι βόες δέ τε βουσὶν ὁμοιαῖς / καί <κε> θεῶν ἰδέας ἔγραφον καὶ σώματ' ἐποίουν«. Fragm.15, op. cit., p. 133.

118 »Si les cieux, dépouillés de son empreinte auguste, / Pouvaient cesser jamais de le manifester, / Si Dieu n'existait pas, il faudrait l'inventer«. Voltaire: »Epître à l'auteur de *Trois imposteurs.*« <1768>. In: *Œuvres complètes.* Ed. Louis Moland. Tome 10. Paris: Garnier 1877-1885, p. 403.

119 »πρῶτον πυκνός τις καὶ σοφὸς γνώμην ἀνήρ / θεῶν δέος θνητοῖσιν ἐξευρεῖν ὅπως / εἴη τι δεῖμα τοῖς κακοῖσι, κἂν λάθραι / πράσσωσιν ἢ λέγωσιν ἢ φρονῶσί τι.« Kritias: *Sisyphos* (Satyrspiel), Diels / Kranz, op. cit., II, p. 387.

120 Platon: *Leg.* III, 677c; siehe Hügli, op. cit. p. 572.

121 Aristoteles: *Eth. Nic.* 1098 a 24, v. Hügli, op. cit., 572,

122 Vgl. Hügli, op. cit., p. 572, unter Verweis auf P. Eichholtz. *De scriptoribus PERI HEURMATON.* Halle: Phil. Diss. 1867. M. Kremmer. *De catalogis heurematum.* Leipzig: Phil. Diss. 1890.

123 »<D>ie Idee eines unendlichen Fortschrittes in die Zukunft ist selbst für jene antiken Autoren undenkbar, die nicht nur andeutungsweise, schon wie Xenophanes, sondern ausdrücklich – wie etwa LUCRETIUS und SENECA – einen künftigen Fortschritt der Wissenschaften und Künste durch neue En.<tdeckungen> und E.<rfindungen> postulieren; denn die mythische Vorstellung des kreisförmigen Umlaufs der Welt und des ständigen Entstehens und Vergehens der menschlichen und natürlichen Ordnung gehört zu den unbezweifelten Voraussetzungen des gesamten antiken Denkens.« Hügli, op. cit., p. 572.
124 Cicero: *De inv.*, VII, 9.
125 Dt. zitiert nach: M. Tullius Cicero: *DE INVENTIONE. Über die Auffindung des Stoffes. DE OPTIMO GENERE ORATORUM. Über die beste Gattung von Rednern. Lateinisch-deutsch.* Herausgegeben und übersetzt von Theodor Nüßlein. Düsseldorf / Zürich: Artemis & Winkler 1998, p. 25.
126 Heinrich Lausberg: *Handbuch der literarischen Rhetorik.* München: Hueber Sprachen der Welt 1960, p. 146.
127 Roland Barthes: »L'ancienne rhétorique. Aide-mémoire«. In: *Recherches rhétoriques.* (=*Communications*, 16). Paris: Editions du Seuil 1994, pp. 254-337; p. 293.
128 Ernst Robert Curtius: *Europäische Literatur und lateinisches Mittelalter.* Bern: A. Francke 1948. 5. Auflage 1965. Kapitel 5 »Topik«, pp. 89-109; hier: p. 89. Siehe auch Ernst Robert Curtius: »Zur Literaturästhetik des Mittelalters«. In: *Zeitschrift für romanische Philologie* 58 (1938), pp. 129-232.
129 Aristoteles: *Topica* A 100 a 18-21.
130 Cicero: *Topica*, I 2. Dt. Fassung: Marcus Tullius Cicero: *Topik.* Übersetzt und mit einer Einleitung herausgegeben von Hans-Günter Zekl. Lateinischdeutsch. Hamburg: Felix Meiner Verlag 1983 (Originalpaginierung im dt. Text enthalten).
131 Cicero: *Topica*, II 7/8.
132 »<L>es arguments se *cachent*, ils sont *tapis* dans des régions, des profondeurs, des assises d'où il faut les appeler, les réveiller: la Topique est accoucheuse de *latent*: c'est une forme qui articule des contenus et produit ainsi des fragments de sens, des unités intelligibles« Barthes, *Anc. rhét.*, p. 308.
133 »Cum omnis ratio diligens disserendi duas habeat partis <sic?>, unam inveniendi, alterm iudicandi, utriusque princeps, ut mihi quidem videtur, Aristoteles fuit. Stoici autem in altera elaboraverunt; judicandi enim vias diligenter persecuti sunt ea scientia, quam διαλεκτικὴν appellant, inveniendi vero artem, que τοπική dicitur, que et ad usum potior erat et ordine naturae certe prior, tam relinquerunt. nos autem, quoniam in utraque summa utilitas est et utramque, si erit otium, persequi cogitamos, ab ea, que prior est, ordiemur«. Cicero, *Topica*, loc. cit.

134 Cicero: *De inv.*, LIX 178; op. cit., pp. 336 / 337.
135 Cicero: *De inv.* VII,9; dt. op. cit., pp. 24 / 25.
136 Quintilian: *Inst. orat.*, III, 5, 1
137 Ernesto Grassi: *Macht des Bildes: Ohnmacht der rationalen Sprache.* Zur Rettung des Rhetorischen. Köln: Verlag DuMont Schauberg 1970, p. 211. Vgl. hierzu das gesamte Kapitel »III Die humanistische Tradition: die Einheit von ›res‹ und ›verba‹«, pp. 194ss.
138 Quintilian: *Inst. orat.*, I, 5, 2; vgl. Horaz: *De arte poetica,* 311: »rem tibi Socraticae poterunt ostendere chartae / verbaque provisam rem non invita sequuntur«.
139 Cicero: *De or.*, III, 125.
140 Zit. nach M. Kienpointner: »Inventio«. In: Gert Ueding (Hrsg.): *Historisches Wörterbuch der Rhetorik.* Darmstadt: Wissenschaftliche Buchgesellschaft 1998. pp. 561-587; p. 567; siehe die dortigen Ausführungen.
141 »Ziel dieser topischen Argumentation ist nicht Erkenntnis, sondern Benutzung, es kommt nicht darauf an, was man vorfindet, sondern auf das, was man damit will. Deshalb sind auch nicht die Konstitutionsbegriffe von etwas gefragt, sondern immer nur benutzbare Argumente, die den praktischen Charakter des *um-zu* haben. Gerade weil die Erkenntnisse der topischen Invention als Argumente aufgefaßt werden, also zweckgerichtet sind, können die Begriffe, die die Argumente erst möglich machen, nicht in den Blick kommen: Für logisch-metaphysische Konstitutionsbegriffe sind die invenierten Inhalte blind.« Wilhelm Schmidt-Biggemann. »Über die Leistungsfähigkeit topischer Kategorien – unter ständiger Rücksichtnahme auf die Renaissance-Philosophie«. In: Heinrich F. Plett (Hrsg.): *Renaissance-Rhetorik Renaissance Rhetoric.* Berlin, New York: Walter de Gruyter 1993, pp. 179-195; p. 189.
142 op. cit., p. 190.
143 Vgl. Maria Greco, in: Cicero / Greco: *De inventione,* p. 23: »Ci troviamo in quel regno della dimostrazione secondo la probabilità o la plausibilità che, per quanto strano ci possa oggi sembrare, nella legge greco-romana godeva di maggiore credibilità della ›verità‹ ricostruita mediante i testimoni o le prove«. In diesen Kontext gehört auch der aristotelische Begriff des §nyÊmhma, siehe Barthes, *Anc. rhét.*, p. 299.
144 Aristoteles: *Top.*, A 100 a 27-b 22.
145 Schmidt-Biggemann: *Leistungsfähigkeit,* p. 194.
146 Für eine eingehende Darstellung der antiken Zeichentheorie und ihrer Terminologie siehe Giovanni Manetti: *La teoria del segno nell'antichità classica.* Milano: Bompiani 1987. Trabant (*Artikulationen,* Kapitel 8. »Ursprünge«, pp. 149-176, bes. pp. 159-162) sowie *Mithridates im Paradie*s. Kleine Geschichte des Sprachdenkens. München: C.H. Beck 2003, Kap. 1 (pp. 15-53). Zum Problem der Stellung der antiken Zeichenbegriffe (insb. des stoischen und aristotelischen

vor dem Hintergrund der spätantiken Theorien von Augustinus und Boethius) in der Geschichte der Zeichentheorie siehe Stefan Meier-Oeser: *Die Spur des Zeichens. Das Zeichen und seine Funktion in der Philosophie des Mittelalters und der Frühen Neuzeit.* Berlin, New York: De Gruyter 1997, pp. 1-42.

147 Gemäß dem *Kratylos*, siehe Manetti, op. cit., pp. 93-95.

148 Gemäß der Zeichentheorie der Stoiker; siehe Manetti, op. cit., pp. 135-160; Todorov: *Symboltheorien*, pp. 11-17; Eugenio Coseriu: *Die Geschichte der Sprachphilosophie von der Antike bis zur Gegenwart.* Autorisierte Nachschrift von Gunter Narr und Rudolf Windisch. 2., überarbeitete Auflage von Gunter Narr. Tübingen: Gunter Narr Verlag 1975. Teil I: Von der Antike bis Leibnitz, pp. 113-122.

149 Aristoteles: *De int.*, I 16 a 5

150 »Le lieu commun résume l'espoir que la parole puisse créer ou recréer une communauté par la communion des esprits«. Francis Goyet: *Le sublime du »lieu commun«. L'invention rhétorique dans l'Antiquité et à la Renaissance.* Paris: Honoré Champion 1996, p. 9.

151 Siehe Greco, op. cit., p. 25.

152 Siehe Mary Carruthers: *The book of memory. A Study of Memory in Medieval Culture.* Cambridge: Cambridge University Press 1990, pp. 62ss.

153 Die enge Verknüpfung der hier untersuchten rhetorischen Schriften mit der antiken Seelenlehre hat Frances Yates im 2. Kapitel von *The Art of Memory* untersucht, »The Art of Memory in Greece: Memory and the Soul«, op. cit., pp. 42-62, das, wie in den meisten nachfolgenden Forschungsschriften zum Thema, den Ausgangspunkt der hier vorgetragenen Betrachtungen zur *memoria* bildete.

154 *De ratione dicendi ad C. Herennium*, III, XX, 34. – Dt. zit. nach: Friedhelm L. Müller. *Kritische Gedanke zur antiken Mnemotechnik und zum Auctor ad Herennium. Mit Text und Übersetzung der antiken Zeugnisse.* Stuttgart: Franz Steiner Verlag 1996, p. 119.

155 Quintilian: *Inst. orat.*, XI, 2, 11-16.

156 op. cit., XI, 2, 20.

157 *Rhet. Her.*, III, XX, 28.

158 »quidquid autem repperit quodam modo apud memoriam deponit, quod illa quasi media quaedam manus acceptum ab inventione tradit elocutioni«. Quintilian: *Inst. or.*, XI, 2, 3.

159 *Rhet. Her.*, III, XX, 33. Zu Wort- und Bilderinnerung siehe Jean-Philippe Antoine: »Ars memoriae – Rhetorik der Figuren, Rücksicht auf Darstellbarkeit und Grenzen des Textes«. In: Haverkamp / Lachmann (Hrsg.): *Gedächtniskunst: Raum-Bild-Schrift.* Frankfurt am Main: Suhrkamp 1991, pp. 53-74; zu *Ad Herennium* v. pp. 53-65.

160 Quintilian: *Inst. orat,* XI, 2, 19.

161 *Rhet. Her.,* III, XX, 33.
162 Albertus Magnus: *De bono,* obiect. 16; siehe Carruthers, op. cit., pp. 139 / 140.
163 Siehe Yates, op. cit., vor allem die Kapitel 1 und 2, pp. 17-62.
164 Ferdinand de Saussure: *Cours de linguistique générale.* Publié par Charles Bailly et Albert Séchehaye avec la collaboration de Albert Riedlinger. Édition critique préparée par Tullio de Mauro. Postface de Louis-Jean Calvet. Paris: Édition Payot & Rivages 1967-1995, p. 98.
165 Quintilian: *Inst. or.,* XI, 2, 21.
166 *Rhet. Her.,* III, XX, 33.
167 *Inst. or,* XI, 2, 30.
168 Siehe bes. *Rhet. Her.,* II, XVI, 28: »placet enim nobis esse artificum memoriae«.
169 Felix Jacoby: *Die Fragmente der griechischen Historiker.* Band II. Berlin: Weidmann 1929, p. 1000; v. Yates, op. cit., p. 43.
170 In der Nachfolge des eingangs zitierten Buches von Frances Yates hat die Mnemotechnik ein neues Leben erfahren, so dass der von Anselm Haverkamp und Renate Lachmann oxymorotisch festgestellte Satz »Die Gedächtniskunst ist eine vergessene Kunst« (»Text als Mnemotechnik – Panorama einer Diskussion«. In: Haverkamp / Lachmann: *Gedächtniskunst,* pp. 9-23; p. 9) heute sicher nicht mehr zutrifft, was nicht zuletzt ein Verdienst der drei genannten Autoren ist. So ist die Gründungsfigur der Erinnerungskunst, Simonides, dem Vergessen wieder entstiegen (siehe ibid. eine kritischer Abriss des Forschungsstande zur Mnemotechnik sowie der Yatesschen Nachwirkungen). Zum gewissermaßen ›unterirdischen‹ Weiterleben der Mnemotechnik zum einen in »verkappten Mnemobildern in Malerei und Literatur und zum anderen als Topik in den Darstellungen neuer Welt- und Eigenerfahrung« siehe auch Renate Lachmann. »Kultursemiotischer Prospekt«. In: Haverkamp / Lachmann (Hrsg.): *Memoria – vergessen und erinnern.* München: Fink 1993, pp. XVII-XXVII; p. XXII. Der knappe »Prospekt« bietet auf wenigen Seiten einen umfassenden Überblick über die Tradition der »Merkkunst« von der antiken Rhetorik an. Die von Yates weniger beachteten Vorläufer der Renaissance-Mnemonik im Mittelalter untersucht das Buch von Mary J. Carruthers, op. cit. Einen originellen Kontrapunkt bietet Harald Weinrich, der in seinem Buch *Lethe. Kunst und Kritik des Vergessens.* (München: C.H. Beck 1997, pp. 21-26) Simonides zugleich als Gründungsfigur einer *ars oblivionalis* deutet – und damit, als gewissermaßen antizipierter Plagiator, einer von Umberto Eco erfundenen, aber von diesem selbst sogleich als Oxymoron zur Nichtexistenz verdammten Wissenschaftsdisziplin. (Umberto Eco: »An Ars Oblivionalis? Forget it!« *Publications of the Modern Language Association* 103 (1988), pp. 254-261. Zur Verbindung von *ars oblivionalis* und Wissenshäufung in den frühneuzeitlichen Enzyklopädien siehe auch Umberto Eco: *Dall'albero*

al labirinto. Studi storici sul segno e l'interpretazione. Milano: Bompiani 2007, pp. 79-82. (»La vertignie del labirinto e l'ars oblivionalis) sowie zur Verbindung von Gedächtniskunst und Semiotik op. cit., pp. 81-86 (›Mnemotecniche come semiotiche‹). Siehe auch Renate Lachmann: »Die Unlöschbarkeit der Zeichen. Das semiotische Unglück des Mnemonisten«. In: Haverkamp / Lachmann: *Gedächtniskunst*, pp. 111-143). Aleida Assmann: *Erinnerungsräume*. Formen und Wandlungen des kulturellen Gedächtnisses. München: C.H. Beck 1999, sowie Assmann / Harth (Hrsg.): *Mnemosyne*. Formen und Funktionen der kulturellen Erinnerung. Frankfurt am Main: Fischer 1991.

171 Diels / Kranz, op. cit., II, pp. 405-416; Eine eingehende Analyse dieses Fragments und seiner »beautiful new invention« vor dem Hintergrund der *memoria rerum* und *memoria verborum* leistet Yates, op. cit., pp. 43-45.
172 Diels / Kranz, op. cit., II, 416.
173 Zur »Weite und Unschärfe des *locus*-Begriffs« siehe Kienpointner, op. cit., p. 568.
174 *Rhet. Her.*, III, XXII, 37.
175 Quintilian: *Inst. or.*, XI, 2, 22.
176 Platon: *Phaedr.*, 274 e
177 op. cit., 276a. Siehe hierzu auch Manetti, op. cit., p. 82/83.
178 Platon: *Phaedr.* 277a
179 Platon: *Theaet.*, 191a-195b.
180 *Theaet.*, 191d.
181 *Theaet.*, 191d.
182 *Theaet.*, 194b.
183 *Theaet.*, 194b.
184 *Theaet.*, 193c/d.
185 *Theaet.*, 191d.
186 *Theaet.*, 194c; Homer: *Ilias*,II, 851
187 *Theaet.*, 191d. Siehe Reinhard Herzog: »Zur Genealogie der Memoria«. In: Haverkamp / Lachmann: *Memoria*, pp. 3-8.
188 Carruthers, op. cit., »Models for the Memory«, pp. 16-45; »Tabula Memoriae«, pp. 16-32-. Zu Platons Theaitetos als Ursprung der Wachstafel-Metapher siehe pp. 21ss.
189 *Rhet. Her.*, III, XVI, 30. Vergleichbares findet sich bei Cicero und Quintilian. Siehe: *Inst. orat.*, XI,2, 21: »Imagines voco quibus ea, quae ediscenda sunt notamus, ut, quo modo Cicero dicit., locis pro cera, simulacris por litteris utamur.«
190 *Rhet. Her.*, III, XVIII, 31.
191 »Nonnumquam naturalis memoria, si cui data es egregia, similis sit huic artificiosae«, *Rhet. Her.*, III, XVI, 28.
192 Cicero: *Disp. Tusc.*, I, XXVII, 65. – Dt. zit. nach: Cicero: *Gedanken über Tod und Unsterblichkeit*. Sommium Scipionis. Tusculanae disputationes I. Cato Maior. Lateinisch-deutsch. Übersetzung, Einleitung und Anmerkungen von

Klaus Reich, Hans Günter Zekl, Klaus Kringmann. Hamburg: Felix Meiner 1969, p. 81.
193 *De inv.*, II, I, 1-9.
194 Panofsky, op. cit., p. 6. Zur künstlerischen »Vision« und dem ἔνδον εἶδοσ bei Plotin s. ibid., pp. 12-16.
195 Zur zentralen Bedeutung dieser Passage aus den *Confessiones* für spätere *memoria*-Konzeptionen und zu ihrer Verbindung mit Ciceros Simonides-Legende siehe Anselm Haverkamp: »Hermeneutischer Prospekt«. In: Haverkamp / Lachmann: *Memoria*, pp. IX-XVII. Haverkamp basiert seine Ausführungen auf das berühmte Augustinus- und Simonides-Kapitel bei Yates, *The Art of memory*.
196 Zum Motiv des Gedächtnispalastes und seine antike Vorgeschichte als militärisches Prätoren-Gebäude oder -Zelt bei Vergil siehe W. Hübner: »Die *praetoria memoriae* im zehnten Buch der *Confessiones* – Vergilisches bei Augustin«. In: *Revue des Etudes Augustiniennes* 27 (1981), pp. 245-263.
197 Augustinus: *Confessiones,* X, 8, 12.
198 Carruthers, op. cit., pp. 33-45.
199 Siehe Weinrich, op. cit., pp. 37-40 zur Konzeption des Vergessens bei Augustinus.
200 Augustinus: *Confessiones,* X, 8, 12. Zur Verbindung von mystischer Erinnerung, *imago* und *memoria artificialis* in dieser Passage siehe Yates, op. cit., pp. 59-62.
201 Caruthers, op. cit., pp. 71-79, »The Architectural Mnemonic«.
202 Augustinus: *Conf.* X, 8, 13.
203 *Conf.*, X, 8, 14. – Dt. zit. nach: Aurelius Augustinus: *Bekenntnisse.* Eingeleitet und übertragen von Wilhelm Thimme. Zürich: Artemis Verlag 1950 / München: Deutscher Taschenbuch Verlag 1982. 6. Aufl. 1992, pp. 256s.
204 *Conf.*, X, 8, 15.
205 »The problem of images runs through the whole discourse. When a stone or the sun is named, the things themselves not being present to the sense, their images are present in memory. But when ›health‹, ›memory‹ and ›forgetfulness‹ are named are these present to memory as images or not?«; Yates, op. cit., p. 61.
206 *Conf.,* X, 8, 17.
207 *Luc. 15, 8.*
208 *Conf.*, X, 18, 27
209 op. cit., p. 37. Allerdings beobachtet Yates entgegen der von Augustinus intendierten Ähnlichkeit hinsichtlich der Münzen-Findung des Evangeliums und der Namens-Findung »real differences between the two processes« hinsichtlich der Zusammenfindung von Gegenstand, Namen und innerem Bild Gerald O'Daly: »Remembering and Forgetting in Augustine, *Confessiones* X.« In: Haverkamp / Lachmann: *Memoria*, p. 31-46.

210 *Conf.*, 19, 28.
211 *Conf.*, X, 17, 26.
212 *Conf.*, X, 26, 37 / dt. p. 175. Zur Frage der Lokalisierbarkeit Gottes des »everywhere and nowhere« in der Seele präsenten Gottes durch Introspektion siehe O'Daly, in: Haverkamp / Lachmann: *Memoria,* op. cit.
213 *Das neue Leben* steht durchaus geschrieben (»trovo scritte«): und zwar eben im ›Buche der Erinnerung‹, (»libro de la mia memoria« – Weiterentwicklung der Wachstäfelchen-Metapher), bevor es im Buch *La vita nova* niedergelegt ist.»In quella parte del libro de la mia memoria dinanzi a la quale poco si potrebbe leggere, si trova una rubrica la quale dice: *Incipit vita nova*. Sotto la quale rubrica io trovo scritte le parole le quali è mio intendimento d'assemplare in questo libello; e se non tutte, al meno la loro sentenzia.« Dante: *Vita nova,* I. Siehe auch Kap. III.1.3.
214 Siehe Kap. IV.3.
215 Siehe Stefan Rieger: *Speichern / Merken. Die künstliche Intelligenz des Barock.* München: Wilhelm Fink Verlag 1997, p. 163; »Was heißt virtuelle Realität? Ein Interview mit Jaron Larnier.« In: Manfred Waffender (Hrsg.): *Cyberspace. Ausflug in virtuelle Wirklichkeiten.* Reinbek bei Hamburg: Rowohlt 1991, pp. 85f.
216 Meier-Oeser, op. cit., p. 1. Zum Sprachdenken von Augustinus und Zeichenlehre siehe bes. Coseriu, op. cit., pp. 123-145; Todorov: *Symboltheorien,* pp. 26-51 sowie Manetti, op. cit., pp. 226-241.
217 Augustinus: *De trin.*, XV, 14, 24, 32.
218 op. cit., XV, 10, 19, 77.
219 Augustinus: *De dial.* V, 8,7; siehe Meier-Oeser, op. cit., pp. 11-34.
220 Siehe hierzu Meier-Oeser, op. cit., pp. 9/10. Der nicht-visuelle Charakter des *verbum mentis* scheine »zunächst etwas mit der Etymologie des Wortes ›verbum‹ zu tun zu haben (»appellata sunt…verba a verberando«), welche es per se auf das Gehör bezogen sein läßt und nicht, wie die Schrift, auf den Gesichtssinn«.
221 op. cit., p. 5.
222 op. cit., p. XVII.
223 »res praeter speciem quam ingerit sensibus, aliud aliquid ex se faciens in cognitionem venire« (Augustinus, *De doctr. chr.* II.1, 35) – laut Stefan Meier-Oesers Untersuchung zu *Spur des Zeichens* die »im Mittelalter bis ins 13. Jahrhundert als kanonisch geltende Zeichendefinition«, op. cit., pp. 20/21. Zur späteren Überschneidung von Zeichentheorie und Seelenlehre in der zuvor angesprochene *species*-Lehre von u.a. Albertus Magnus, Thomas von Aquin und Roger Bacon siehe op. cit., pp. 86-103: »Präsenz, Repräsentation und Zeichen in der scholastischen Theorie der Erkenntnis«.
224 Panofsky, op. cit. p. 22.
225 Dante: *De monarchia*, II, 2.
226 Thomas von Aquin: *Quodlibeta* IV, 1, 1 / v. Panofsky, op. cit., p. 85.

227 Augustinus: *Confessiones* X, 34; v. Panofsky, pp. 17-22.
228 Siehe Panofsky, op. cit., p. 20.
229 Siehe op. cit., p. 21.
230 Meister Eckhart: *Predigten*, Nr. 101. Zitiert nach: Panofsky, p. 22.
231 »ad nos reintraremus, in mentem scilicet nostram, in qua divina relucet imago <...> conari debemus per speculum videre«. Bonaventura, *Itinerarium mentis in Deum*, III, 1.
232 »effectus artificialis exit ab artifice, mediante similitudine existente in mente, per quam artifex *excogitat* antequam producat, et inde producit, sicuti disposuit«. Bonaventura, op. cit., XII. Siehe Grassi, op. cit., pp. 170-174.
233 »Das Äquivalent der *species intellegibilis expressa* ist aus logischer Perspektive die *intentio animae*, der *conceptus*, d.h. der geistige Begriff.« Stephan Meier-Oeser, op. cit., p. 96. Zum komplexen Verhältnis von Zeichen und *imago* bzw. *species* siehe bes. pp. 86-103; pp. 114-170. Die Abgrenzung der verschiedenen Termini des ›Bildes‹ und ihr Verhältnis zum *conceptus* sind umstritten. Bei Oresme etwa sind *species* und *similitudo* synonym (»idem est species, ydolum, ymago, vel similitudo«, v. ibid., p. 95). Für Ockham ist *conceptus* eine *similitudo*. Dies hat die neuere Forschung, etwa Claude Panaccio, zu einer Gleichsetzung von *species / imago* und *concpetus* geführt (»un concept est toujours pour Occam une sorte d'image des chose qu'il représente, une similitudo.« »Intuition, abstraction et langage mental dans la théorie occamiste de la connaissance«. In: *Revue de métaphysique et de morale 97* (1992), pp. 61-81; p. 62.) – eine Position, die jedoch von anderer Seite, etwa von Meier-Oeser (op. cit., p. 95), heftig bestritten wird. Diese Unzulässigkeit bezieht sich jedoch wiederum nur auf die Ockhamsche Schule. Bei einer Mehrzahl, »nicht nur von den älteren sondern auch von den späteren Autoren wie Walter Burleigh, Johannes Aurifaber, Gregor von Rimini, Albert von Sachsen, Marsilius von Inghen oder Pierre d'Ailly« gilt nämlich die im folgenden Zitat dargestellte Gleichsetzung von *conceptus* und *imago*.
234 Meier-Oester, op. cit., pp. 102/103.
235 *In Aristotelis libros De sensu et sensato, De memoria et remincentia commentarium*, zit. nach Yates, op. cit., p. 81, wo eine genauere Untersuch der Erinnerungskonzeption Thomas von Aquins im Rahmen von »The Art of Memory in the Middle Ages« (pp. 63-92) unternommen wird. Gleichzeitig liest Thomas, wie Eugenio Coserius aufzeigt, die παθήματα der aristotelischen Zeichentheorie aus *De interpretatione* in Analogie zu den φαντάσματα aus *De anima*, nämlich als Ein-Drücke der Dinge in die Seele. Im Gegensatz zur arbiträren Verteilung der Wörter κατὰ συνθήκην, wie Coseriu beobachtet, verhalten sie sich zu den Dingen nach einem System der Ähnlichkeit (»similitudines rerum«) und sind daher der natürliche Ausdruck der Dinge (»quia naturaliter eas designant, non ex institutione«). Siehe Coseriu, op. cit., pp. 148-152.
236 Siehe Meier-Oeser, op. cit., pp. 86-113; Anneliese Maier. »Das Problem der

›species sensibiles in medio‹ und die neuere Naturphilosophie des 14. Jahrhunderts.« In: *Ausgehendes Mittelalter.* Gesammelte Aufsätze zur Geistesgeschichte des 14. Jahrhunderts. Bd. 2. Rom: Ed. di Storia e letteratura 1967, pp. 419-451.
237 Siehe Meier-Oeser, op. cit., p. 88 bzw. Heinrich von Gent: *Quodl. IV.*
238 Zit. nach Meier-Oeser, op. cit., p. 89 (Pierre Abaelard: *Locigca ingeredientibus, Glossae ... super Peri hermeneias* 322).
239 Bedeutsam wird dies etwa in Acostas Substition des Dings durch das Bild, siehe Kap. IV.
240 »Repraesentatum oportet esse prius cognitum; aliter repraesentans numquam duceret in cognitionem repraesentati tamquam in simile. Exemplum: Statua Herculis, numquam ducti me in cognitionem Herculis, nisi prius vidissem Herculem, nec aliter possumus scire, utrum statua sit similis aut non.« Wilhelm von Ockham: *Scriptum in librum secundum sententiarum (Reportatio).* Zit. nach: Meier-Oeser, op. cit., p. 94.
241 Meier Oeser, op. cit., p. 89.
242 Siehe Meier-Oeser, pp. 95/96: »Ockhams völlige Ausschaltung der *species sensibiles* und *intellegibiles* ist allerdings überwiegend auf Ablehnung gestoßen.«
243 Gianfrancesco Pico della Mirandola: *Über die Vorstellung. De imaginatione.* Lateinisch-deutsche Ausgabe mit einer Einleitung von Charles B. Schmitt, Katharine Park, herausgegeben von Eckhard Keßler. (=*Humanistische Bibliothek*, Texte und Abhandlungen, Reihe II, Band 13. Herausgegeben von Ernesto Grassi, Eckhardt Keßler). München: Wilhelm Fink Verlag 1984, p. 52.
244 op. cit., p. 55.
245 op. cit., p. 54.
246 op. cit., p. 58.
247 op. cit., p. 56.
248 op. cit., p. 58.
249 op. cit., p. 57.
250 op. cit., p. 56.
251 op. cit., p. 64.
252 op. cit., p. 67.
253 op. cit., pp. 71/73.
254 op. cit., pp. 64/65.
255 »Pico erkennt genau den Grenzpunkt im menschlichen Geist, an dem die Trennung zwischen ›res‹ und ›verba‹ zustande kommt. Es ist die Phantasie, die jene Trennung bewirkt, wenn sie die eigenen phantastischen Bilder nicht dem Licht der noetischen Einsicht unterwirft. In diesem Falle erhalten wir rein ›phantastische‹ Bilder, die zwar immer noch die Leidenschaften beeinflussen, aber infolge ihrer Trennung von der ›Sache‹, d.h. vom geistigen Inhalt vor allem verführend wirken«. Grassi, op. cit., p. 220.

256 V. etwa Greco, op. cit., p. 49; James Jerome Murphy: *Rhetorics in the Middle Ages*. Berkeley: University of California Press 1974.

257 »Die lateinischen Poetiken des Mittelalters richten sich nach der antiken Rhetorik aus und übernehmen von ihr auch die Wertung der inventio.« Hügli, op. cit., p. 550. Siehe etwa J. Schillemeit: »Poetik«. In: Wolf-Hartmut Friedrich (Hrsg.): *Das Fischer-Lexikon. Literatur*. Bd. 2 Frankfurt am Main: Fischer 1965, p. 430.

258 Wolfgang G. Müller: »*Ars Rhetorica* und *Ars Poetica*. Zum Verhältnis von Rhetorik und Literatur in der englischen Renaissance«. In: Heinrich F. Plett (Hrsg.): *Renaissance-Rhetorik Renaissance Rhetoric*. Berlin, New York: Walter de Gruyter 1993, pp. 225-243; p. 225.

259 Julius Caeser Scaliger: *Poetices libri septem*. Faksimile-Neudruck der Ausgabe von Lyon 1561. Mit einer Einleitung von August Buck. Stuttgart-Bad Cannstadt: Frommann 1964, p. 19.

260 William Caxton: *The myrrour // & dyscryption of the Worlde* (1481), Retoryk. Cap. viii, zit. nach der bearbeiteten 3. Aufl., London 1527, fol. d.ii. (=Jörg Jochen Berns und Wolfgang Neuber: *Das enzyklopädische Gedächtnis der Frühen Neuzeit*. Enzyklopädie- und Lexikonartikel zur Mnemonik. Tübingen: Max Niemeyer Verlag 1998, pp. 19-21).

261 Pierre de Ronsard: *Œuvres complètes*. Edition établie, présentée et annotée par Jean Céard, Daniel Ménager et Michel Simonin. II. (=*Bibliothèque de la Pléiade*). Paris: Gallimard 1994, p. 1178.

262 M. Opitz: *Buch von der Deutschen Poeterey*. Zitat nach Marian Szyrocki: *Poetik des Barock*. Reinbek: Rowohlt 1968, p. 20. Siehe Hügli, op. cit., p. 550.

263 Hügli, loc. cit.

264 Zit. nach ibid.

265 Ronsard, loc. cit.

266 »Der ›Inventio‹-Begriff bewegt sich in einem wenig fest begrenzten, elastischen Spielraum zwischen der ›Inventio‹ <…> der lat. Rhetorik <…> und dem ›scharffsinnigen Einfall‹. Damit sind ohne weiteres Übergangsmöglichkeiten von Inhaltsgebung, Inhaltsgliederung (dispositio) und Formung (elocutio) gegeben, Übergänge, die vielfach fließend erscheinen«. B. Markwardt: Geschichte der deutschen Poetik 1. 2. Aufl. Berlin: De Gruyter 1958, p. 370. Zitiert nach: Hügli, op. cit., p. 549.

267 »Seit dem 16. Jahrhundert werden in ganz Europa Musikstücke im nicht-terminologischen Sinn als ›Inventionen‹ (›inventiones‹, ›inventions‹, ›invenzioni‹) bezeichnet, wenn deren Neuartigkeit oder Reichtum an musikalischen Einfällen betont werden soll.« Kienpointner, op. cit., p. 579.

268 Lorenzo Valla: *Dialectica* I.xiv; 676-77, zitiert nach: Richard Waswo: *Language and Meaning in the Renaissance*. Princeton: Princeton University Press 1987, p. 106. Eine ausführliche Darstellung des Sprachdenkens Vallas findet sich ibid., pp. 88-113.

269 Trabant: *Trad. Humb.*, p. 14. Siehe auch Trabant: *Mithridates*, p. 76.
270 Eine zusammenfassende Schilderung des lullistischen Systems siehe Ritter / Gründer, op. cit., s.v. »Ars Magna« sowie Willhelm Schmidt-Biggemann: *Topica Universalis. Eine Modellgeschichte humanistischer und barocker Wissenschaften*. Hamburg: Meiner 1983; Frances Yates: »The Art of Ramon Lull: An Approach to it through Lull's Theory of the Elements«. In: *Journal of the Warburg and Courtauld Institutes* XVII (160), pp. 1-40 sowie *The Art of Memory*, Kap. 8, »Lullism as an Art of Memory«, pp. 175-196.
271 Eine Illustrierung dieser These bietet Carruthers in ihrer »Introduction«, op. cit pp. 1-15, wo sie zeitgenössische Beschreibungen des Ingeniums von Thomas von Aqun und Albert Einstein gegeneinanderstellt.
272 Rudolf Agricola: *De inventione dialectica libri tres* (1480), II, 1. Zit. nach: *De inventione dialectica libri tres – Drei Bücher über die Inventio dialectica*. Auf der Grundlage der Edition von Alardus von Amsterdam (1539) kritisch herausgegeben, übersetzt und kommentiert von Lothar Mundt. Tübingen: Max Niemeyer Verlag 1992, p. 202.
273 Heinrich Cornelius Agrippa von Nettesheim: *De incertitudine et vanitate scientiarum declamatio invectiva, ex postrema Auctoris recognitione* (1568) =dt. *Ungewißheit und Eitelkeit aller Künste und Wissenschaften* (1713), zit. nach der Sammlung von Berns / Neuber, op. cit., pp. 31-35; p. 33.
274 Heinrich F. Plett: »Rhetorik der Renaissance – Renaissance der Rhetorik«. In: Plett, op. cit., pp. 1-20; p. 14. Zu diesem Thema s. Kees Meerhoff: *Rhétorique et poétique au XVIe siècle en France: Du Bellay, Ramus et les autres*. Leiden: Brill 1986.
275 Pierre de la Ramée. *Dialectique*. A Paris: chez André Wechel, rue S. Iean de Beauuai à l'enseigne du cheual volant 1555, p. 1.
276 Johann-Heinrich Alsted: *Encylopaedia*. Septem Thomis distincta. Herbornae Nassoviorum 1630.
277 op. cit., p. 2397.
278 Zur Stellung der *Dialectique* als »première œuvre philosophique originale publiée en langue française« im Kontext des Manifests der Pléiade siehe Michel Dassonville: »L'originalité de la dialectique de Pierre de la Ramée«. In: Pierre de la Ramée: *Dialectique (1555)*. Edition critique avec introduction, notes et commentaire de Michel Dassonville. Genève: Libraire Droz 1965, pp. 7-19; p. 11.
279 »Im Bereich von Inventio und Dispositio findet zunächst ein Verschmelzungsprozeß von Rhetorik und Dialektik statt (Rudolf Agricola), bis dann beide von der Rhetorik gelöst und der Dialektik zugewiesen werden (Petrus Ramus)«, Plett, op. cit., p. 9.
280 »Agricola preßte Logik und Rhetorik zusammen, er verband in den Dialektischen Inventionen die Rhetorik der italienischen Renaissance, die sich auf das ciceronianische Bildungsideal des Redners stützte, mit der mittelalterlichen

Logik, einer weit ausgebauten, feinnervigen Wissenschaft mit einem sehr formalisierten und differenzierten wissenschaftlichen Apparat. Eine solche Kontamination hat stets zur Folge, daß Argumentationsfelder und Begriffe ineinander geschoben werden. Argumente bekamen neue Funktionen, Begriffe neue Bedeutungen. Wenn solche Wandlungen erfolgreich waren, wirkten sie mit nachhaltiger, unterschwelliger und verändernder Dynamik. Und Agricola hatte Erfolg.« Schmidt-Biggemann: *Top. univ.*, p. 4.

281 op. cit. p. 7.
282 Agricola, op. cit., I, 2, p. 18.
283 »Expositionem voco orationem, quae solam dicentis mentem explicat, nullo, quo fides audienti fiat, adhibito«, op. cit., I, 1, p. 10.
284 »Argumentationem vero orationem, qua quis rei, de qua dicit, fidem facere conatur«, ibid.
285 ibid.
286 Schmidt-Biggemann: *Top. univ.*, pp. 7/8.
287 Lachmann: *Gedächtniskunst*, p. 119. Siehe auch Herwig Blum: *Die antike Mnemotechnik*. Hildesheim / New York: Olms 1969 (=phil. Diss. Tübingen 1964).
288 »omnis ab uno, omniusque ad unum κυκλικῶς & σφαιρικῶς deducta theoria appareat«, Alsted, op. cit., p. 2397.
289 Siehe hierzu insbesondere das Zweite Kapitel der *Topica universalis*, op. cit., pp. 67-154. Zur Geschichte der Enzyklopädien und ihren Wurzeln in Antike und Mittelalter siehe insbesondere Robert Collison: *Encyclopaedias: Their history throughout the ages*. A bibliographical guide with extensive historical notes to the general encyclopaedias issued throughout the world from 350 B.C. to the present day. New York <e.a.>: Hafner 1966. Maria Teresa Beonio-Brocchieri Fumagalli: *Le enciclopedie dell'occidente medioevale*. Torino: Loescher 1981. Paolo Cherchi: *Encyclopedism from Pliny to Borges*. Chicago: The University of Chicago Library 1990 sowie die Schriftsammlungen Roland Schaer (Hrsg.): *Tous les savoirs du monde*. Encyclopedies et bibliotheques, de Sumer au XXIe siecle. Paris: Flammarion 1996 und Peter Binkley (Hrsg.): *Pre-modern encyclopedic texts*. Proceedings of the second COMERS congress. Groningen, 1-4 July 1996. Leiden: Brill 1997.
290 »querelas omnes, quantum complecti animo, & memoria consequi possem, unum in locum colligere«, Christophorus Milaeus. *De scribenda universitatis rerum historia libri quinque*. Basilea: Ex Officina Ioannis Oporni 1551, p. 16.
291 »Vt totum hoc pulcherrimum Mundi theatrum, coelum, lumina, stellas, elementa, plantas, animantia, & nostros ipsorum animos ac corpora condidit Deus, & vult ea à nobis aspici, & impressa illis divinae bonitatis et sapientiae vestigia considerari«, op. cit., p. 458.
292 op. cit., p. 76.

293 »Ita enim Rerum, quae in hoc mundi theatro à Deo & hominibus <...> actae et gestae sunt, seriem continuam in Historia mundi conservavit: in qua, velut in tabula pictum, aut veluti in excelsa specula collocati oculis nostris subiectum cernamus, & contemplemur, quicquid in orbe terrarum, inde usque à prima creatione memorabile gestum est.«, op. cit., p. 458.
294 op. cit., p. 459.
295 »Itaque Deus ipse primam & antiquissimam Historiam per Moisen edidit <...>, ne ea, quae in mundi gesta sunt, ex hominum memoria cum tempore exolescat«, ibid.
296 Agricola, op. cit., II, 4, p. 216.
297 »Primus ordo naturalis est. Secundus arbitrarius (si ita volumus) dici potest. Tertius est, quem artificialem vocant«, op. cit. II, 8 (»De dispositione, quid sit, et quotuplex ordo rerum«), pp. 484-491, p. 488.
298 Siehe insb. Kapitel IV und V dieser Arbeit.
299 Schmidt-Biggemann: *Top. univ.*, p. 45.
300 Ramée, op. cit., p. 4.
301 op. cit., pp. 3/4.
302 op. cit., p. 63.
303 op. cit., p. 7.
304 op. cit., pp. 8/9.
305 Ramée: *Dialectique*, op. cit., p. 18.
306 »BLANQUE s.f. Espèce de jeu en forme de loterie, où ceux dont les billets ou les numéros correspondent à certains chiffres, à certaines figures, gagnent quelque lot. *Faire une blanque, Tirer une blanque. Avoir un bon billet à la blanque*«. Dictionnaire de l'Académie française. Septième Edition. Paris: Académie Française 1877.
307 Ramée, op. cit., pp. 122/123.
308 op. cit., p. 123.
309 op. cit., p. 139.
310 ibid.
311 Petrus Ramus: *Petri Rami Veormandvi Dialectica Institutiones, ad celeberrimam, & illustriẞimam Lutetiae Parisiorum Academiam.* Item Aristotelicae Animadversiones: à prima aeditione nuspiam hac methodo uisae: omnibus studiosi inprimis scitu dignissimae, ac utilissimae. Basileae: Sebastianus Henricpetrus 1575, p. 116.
312 »ars dialectica est imago naturalis dialecticae: in commentariis autem Aristotelis nihil est ad naturae monitionem propositum«, op. cit., p. 110.
313 »natura <...>voluit orationem esse speculum animi. Habet animus faciam quamdam suam in oratione velut in speculum relucentem. Mendax erit speculum nisi nativam mentis imaginem referat; & ridicula res sit mendax speculum, aut assentatrix imago«, Erasmus, *Ciceronianus* 1021 E-F-1022.

314 Über Aufbau und Funktionsweise des Theaters siehe ausführlich das sechste Kapitel (»The memory theatre of Giulio Camillo«) bei Yates: *Art of Memory*, pp. 136-162.

315 Die Übertragung der Theatermetapher auf das Feld der Wissenschaften durch Bodin beobachtet etwa die britische Bodin-Forscherin Ann Blair: *Jean Bodin and Renaissance Science.* Princeton, NJ: Princeton University Press 1997, p. 165. Zu Geschichte und Implikationen der »Theatrical Metaphors« siehe bes. das Kap. 5, pp. 153-179 und zur bedeutenden Rezeption von Bodins *Theatrum* Kap. 6, pp. 180-224.

316 »& qui tradendarum artium ordinem negligunt, aut perturbant, etiam si multa subtiliter & acute disserant: perinde tamen faciunt, vt ij qui hordeum frumentum, sinapi, millium, orizam, legumina in vnum aceruum accumulant, qua ex re & singulorum seminum, & totius acerui vsum amittunt«. Jean Bodin. *Vniversae Natvrae Theatrum, in qvo rervm omnivm effectrices causae, & fines contemplantur, & continuae series quinquei libris discutiuntur.* Francoforti: Apud heredes Andreae Wecheli 1597, pp. 1/2.

317 Zur Fortführung der Labyrinth-Metapher bei Francis Bacon siehe Kap. III.3. Zentrale Bedeutung erhält die ins Gegenteil umgekehrte Labyrinth-Metapher der Renaissance für das Textmodell des Inca Garcilaso als ein ›großes Labyrinth‹, Kap. V.4.3.

318 »Qui sine ratione temporum historias intelligere se posse putant, perinde falluntur, vt si labyrinthi errores euadere sine duce vellint. hi enim vagantur huc illuc, nec vllum erroris exitum reperire possunt <...>. ac temporum doctrina, omnium dux historiarum, velut Ariadne caece regens filo vestigia, non modo nos errare non finit, sed etiam efficit vt aberrantes historicos in rectam víam saepe deducamus.« Jean Bodin: *Methodvs Ad Facilem Historiarum cognitionem.* Accvrate Denuo recusa: Subiecto rerum Indice. Argentorati: Impensis Hæredum Lazari Zetzner 1627, p. 456 (»De temporis universi ratione«)

319 Umberto Eco: *Dall'albero al labirinto,* p. 43: »La metafora della selva è significativa. Una selva non è ordinata per chiare disgiunzioni binarie di sentieri, è piuttosto un labirinto«. Zur Konzeption des »Baums« als als einem seit der Antike den Diktionarien zugrundeliegenden Modell der Wissensordnung siehe op. cit., pp. 14-30. Zum *»Baum der Wissenschaften«* (insb. dem von Ramón Llull) in den spätmittelalterlichen Enzyklopädien, op. cit., pp. 40/41; zur Metapher des Wissens-Labyrinths 16./17. Jahrhundert und seinen diversen Modell (»klassisches« und »manieristisches Labyrinth« sowie »Netz«) das Kapitel »Labirinti«, op. cit., pp. 75-61.

320 »sindrome da Vertigine del Labirinto«, op. cit., p. 79.

321 Bodin: *Methodus,* p. 27. Zur Bodins Methode der *loci* vor dem Hintergrund der zeitgenössischen topischen Wissenschaft siehe Blair, op. cit., pp. 65-77 (»The method of commonplaces«).

322 Zur Bienenstock- und Apotheken und ihrem Spannungsverhältnis zur Theatermetapher siehe. Goyet, op. cit., pp. 244-659, (»Bodin entre ›l'apothèque‹ et le ›théâtre‹«).

323 »sequitur ordo mundi rationalis qui est ad similitudinem naturalis cuius est umbra, qui est imago diuini, cuius est vestigium«, Giordano Bruno: *De Imaginum, Sonum, & Idearum compositione: Ad omnia Inuentionum, Dispositionum, & Memoriae genera Libri Tres* Ad illvstrem et Generosiss. Ioan. Haniricvm Haincellium Elcouiae Dominum. Credite et Intelligetis. Francofurti: Apod Ioan. Vvechelum & Petrum Fischerum consortes 1591, p. 3

324 op. cit., p. 34.

325 Dennoch gibt es zahlreiche Studien besonders auch jüngeren Datums, die sich Brunos Spätschrift widmen. Yates untersucht in *The Art of Memory* (pp. 289-297) den ›memorativen‹ Aspekt und seinen ›missverstandenen Aristotelismus‹. Zu Brunos esoterischem, ›hermetischem‹ Aspekt, der unter dem Einfluss des in Frankfurt erschienen *De imaginum* in Deutschland gar zur Bruno-Sekte der »Giordanisten« geführt haben soll, siehe Francis A. Yates: *Giordano Bruno and the Hermetic Tradition*. London: Routledge and Kegan Paul 1964, pp. 312/313; 411-14 und passim; sowie Maria Pia Ellero: »Tra parole e immagine. Retorica e arte della memoria nell'*Artificum perorandi* e negli scritti magici«. In: *La mente die Giordano Bruno*. A cura die Fabrizio Meroi. Saggio introduttivo de Mechele Ciliberto. <s.l.>: Leo S. Olschki Editore 2004, pp. 243-367. Eine kritische Betrachtung des seit den 60er Jahren vieldiskutierten nolanischen ›Hermetismus‹ aus heutiger Sicht bietet Francesca dell'Omodarme: »Frances A. Yates Interprete die Giordano Bruno«, ibid, pp. 555-575.

326 Als »mysticisme encyclopédie«, klassifiziert Goyet (op. cit. pp. 637 ff.) die Obsession topischer Enzyklopädien in der Renaissance.

327 Siehe Schmidt-Biggemann: *Top. univ.*, »Natur und Utopie. Grenzen der Polyhistorie«, pp. 212-248.

328 Siehe hierzu ausführlich das Kap. V.4.2. Zitate s.d.

329 Alsted, op. cit., p. 2398.

330 »*Inventio* ist Auffinden im Feld des Wissens, im Theatrum, ist Erfahrung als Prozeß. Erfahrung eröffnet Raum, Erfahrung konstituiert den Raum dessen, was erfahren wird in seiner Räumlichkeit. Experten kennen ihre Gegenden. Das Kontinuum des Sinns wird erfahren im Prozeß der Invention. <…> Deshalb ist *inventio* nicht Erfinden von Neuem, sondern Auffinden von Vorfindlichem«. Wilhelm Schmidt-Biggemann: *Leistungsfähigkeit*, p. 188. Siehe auch Wilhelm Schmidt-Biggemann: *Sinn-Welten Welten-Sinn*. Eine philosophische Topik. Frankfurt am Main: Suhrkamp 1992, pp. 21, 59 und passim.

331 Conrad Gesner: *Biblioteca universalis, sive Catalogus omnium scriptorum locupletissimus, in tribus linguis, Latina, Graeca et Hebraica, extantium et non ex-*

tantium, veterum et recenciorum in hunc usque diem, doctorum et indoctorum, publicorum et in Bibliotecis latentium: Opus novum et non bibliotecis tantum publicis privatisve institendis necessarium, sed studiosis omnibus cuiuscunque artis aut scientie melius formandam utilissimum. Zurigium: Christophoros Froschoverus 1545.

332 Die bereits antiken Ursprünge des alphabetischen Wissensordnung untersucht Carruthers, op. cit., pp. 107ss. (»The Alphabet and Key-Word System«). Zum Auftauchen der ersten Verteidiger des alphabetisch geordneten Gesamtwissens in Deutschland sowohl auf dem Gebiet der Poetik (wie Gotthilf Treuers »Vollständig=poetisches Wörter=Buch« *Deutscher Dädalus* von 1675 und Andreas Tscherings *Unvorgreiffliches Bedenkcken über etliche mißbräuche in der deutschen Schreib- und Sprachkunst* von 1659) wie der Wissenschaften (G. Ph. Harsdörrfes und D. Schwenters *Deliciae Mathematicae et Physicae* von 1636) und der Konkurrenz zwischen topischer und alphabetischer Ordnung siehe Rieger, op. cit., pp. 73-86; pp. 127-159. Dass die arbiträre Ordnung des Alphabets bereits im 16. Jahrhunderts zur Diskussion stand, aber von den Autoren topischer Enzyklopädien wie Jean Bodin in seinem *Universae naturae theatrum* und dem Verfasser seines Index, Fougerolles, aufgrund eines »concern common to other contemporaries to preserve the natural connections of a subject rather than sacrificing them to the artificial order of words« abgelehnt wurde, untersucht Ann Blair, op cit., pp. 162/163.

333 Rieger, op. cit., p. 137.

334 Laurentius Beyerlinck: *Theatrvm vitae hvmanae, hoc est, rerum divinarum humanavmque syntagma, catholicvm, philosophicvm, historicvm, dogmaticvm, alphabetica serie, Polyantheae Vniversalis instar, in Tomos octo Digestum.* Lyon (Lugudunum): Joannis Antonii Huguetan 1628.

335 op. cit., s.p. (»Theatri Vitae Humane Proscenium«)

336 op. cit., s.p. (Frontispiz).

337 Siehe op. cit., »Index titulorum et argumentorum«.

338 Siehe Schmidt-Biggemann: *Top. univ.*, pp. 68/69.

339 Desiderius Erasmus Roterodamus: *De duplici rerum ac verborum copia commentarii duo.* Argentorati: Schuerus 1512.

340 Plett, op. cit., p. 12.

341 Siehe Grassi, op. cit., p. 213.

342 Zit. hier nach der Ausgabe Pedro Mejía: *Silva de varia lecíon.* Compuesta por el magnífico caballero Pedro Mejía. Madrid: Sociedad de Bibliófilos Españoles 1931, p. 315.

343 Ronsard, op. cit.

344 Grassi, op. cit., p. 218.

345 Siehe Schmidt-Biggemann: *Top. univ.*, »Die Einführung der ›Methode‹«, pp. 39-48)

346 Arnauld / Nicole: *L'art de penser*. La Logique de Port-Royal. Nouvelle impression en facsimilé de la première édition de 1662. Ed. Bruno Baron von Freytag Lörringhoff / Herbert Brekle. Tome I. Stuttgart-Bad Cannstatt: Friedrich Fromann Verlag 1965, p. 239. Dt. Fassung: *Die Logik oder Die Kunst des Denkens*. Aus dem Französischen übersetzt von Christos Axelos. Darmstadt: Wissenschaftliche Buchgesellschaft 1972, p. 222.

347 op. cit., pp. 244s. (dt. pp. 225s).

348 op. cit., p. 240.

349 René Descartes: »Regulae ad directionem ingenii«. In: Charles Adam & Paul Tannery (Hrsg.): *Œuvres de Descartes*. Nouvelle présentation, en co-édition avec le Centre National de la Recherche Scientifique. Vol. 10. Paris: J. Vrin 1966, pp. 349-469; pp. 439/440. Dt. Fassung: *REGELN zur Ausrichtung der Erkenntniskraft*. Übersetzt und herausgegeben von Lüder Gäbe. Hamburg: Felix Meiner Verlag 1979 (Paginierung der Ausgabe v. Adam / Tannery im dt. Text enthalten, daher keine separaten Seitenangaben).

350 op. cit., p. 405.

351 op. cit., p. 406.

352 op. cit., p. 441.

353 Meier-Oeser, op. cit., p. 353: »Dieses Modell der Vermittlung zwischen den körperlichen Erkenntnisgegenständen und dem geistigen Erkenntnisvermögen war jedoch gerade dort nicht mehr zu akzeptieren, wo sich das Problem der geistigen Erfahrung körperlicher Dinge schärfer stellte als je zuvor: im cartesischen Dualismus von *res cogitans* und *res extensa*. Denn bereits die Annahme von *species sensibiles* oder *species intentionales,* die als von der Materie gelöste, sich im diaphanen Medium ausbreitende Formen aufgefaßt wurden, war mit den Prinzipien der cartesischen Physik unvereinbar.« Siehe op. cit., pp. 354-362 (»Descartes' Occasionalismus des Zeichens«)

354 Für Ernesto Grassi, Verfechter der »Ursprünglichkeit und Macht der Metapher« (op. cit., p. 169) lässt sich die cartesische Brechung dieser Macht durch den Rationalismus »in einer einzigen These zusammenfassen: Wenn das Problem der Philosophie identisch ist mit dem des Wissens, wenn Wissen andererseits darin besteht, daß wir unsere Behauptungen auf einen ursprünglichen Grund zurückführen, so spielen für diesen rationalen Prozeß pathetische Momente und daher auch die Einflüsse der Bilder, der Phantasie, der Kunst überhaupt keine Rolle mehr, ja, sie erscheinen nur als Momente, den rationalen Prozeß zu stören.«, op. cit., p. 196.

355 Francis Bacon: <*Novum Organum*>. *Neues Organon*. Herausgegeben und mit einer Einleitung von Wolfgang Krohn. Lateinisch-Deutsch. Hamburg: Felix Meiner Verlag 1990 (2. Aufl. 1999), Teilband 1, pp. 4/5.

356 op. cit., pp. 70/71,

357 op. cit., pp. 14/15.

358 op. cit., pp. 116/117.
359 op. cit., pp. 130/131.
360 op. cit., pp. 164/165.
361 op. cit., pp. 28/29.
362 op. cit., p. 16.
363 op. cit., pp. 50/51.
364 Schmidt-Biggemann: *Leistungsfähigkeit,* p. 188.
365 Auf diese Bedeutungsspaltung bei Bacon verweist besonders Eco, *Dall'albero al labirinto,* p. 44: »In questo labirinto, che si presenta non più come ripartizione logica ma come congerie retorica di nozioni e argomenti raccolti in *loci, invenire* non significa più *trovare* qualcosa che già si conosceva, riposto nel suo luogo deputato, per usarlo a fini argomentativi, ma veramente *scoprire* qualcosa, o la relazione tra due o più cose, di cui non si sapeva ancora.
366 Bacon: *Nov. org. I,* pp. 82-85.
367 op. cit., p. 86. Zu Bacons Kritik der traditionellen *inventio* vor dem Hintergrund der Dialektiken Agricolas und Ramées siehe Lisa Jardine: *Francis Bacon. Discovery and the Art of Discourse.* Cambridge: Cambridge University Press 1974, insb. pp. 66-75, »Bacon's response to the dialectical tradition«; Stephen Gaukroger: *Francis Bacon and the Transformation of Early-Modern Philosophy.* Cambridge: Cambridge Univeristy Press 2001, pp. 37-68 (»Humanist models for *scientia*«).
368 »Nullo modo fieri potest, ut axiomata per argumentationem constituta ad inventionem novorum operum valeant; quia subtilitas naturae subtilitatem argumentandi multis partibus superat«, Bacon: *Nov. org. I,* p. 92
369 Francis Bacon: *The works of Francis Bacon Lord Chancellor of England.* A new edition: by Basil Montagu, Esq. Volume the second containing The Advancement of learning and The New Atlantis. London: William Pickering 1834, p. 176.
370 Jardine, op. cit., p. 6. »Throughout his work Bacon stresses the, to his mind basic, distinction between ›discovery‹, that is, the investigation of the unknown by way of his new logic, and ›invention‹, that is, the selection of received assumption about the natural world as premises for argument or for display.«
371 Bacon: *Adv. Learn.,* p. 183.
372 Bacon: *Nov. Org. I,* p. 176.
373 op. cit., p. 270.
374 op. cit., pp. 32/34.
375 ibid.
376 Hans Blumenberg: *Die Legitimität der Neuzeit.* Frankfurt am Main: Suhrkamp 1966. Erneuerte Ausgabe 1996, p. 452. Siehe auch Richard Nate: *Wissenschaft und Literatur im England der Frühen Neuzeit.* »I. Grundlegungen: Wissenschaft, Literatur und Rhetorik bei Francis Bacon«. München: Wilhelm Fink Verlag 2001, pp. 23-94; p. 30.

377 Bacon: *Nov. org. I*, pp. 32/33.
378 op. cit., pp. 268/269.
379 op. cit., p. 202.
380 op. cit., p. 194.
381 Siehe den Erfindungsbegriff bei Las Casas und Acosta im Kap. IV.
382 Bacon: *Nov. org. I*, pp. 30/31.
383 Siehe Julian Martin: *Francis Bacon, the State and the Reform of Natural Philosophy.* Cambridge: Cambridge University Press 1992, pp. 82-83 bez. Bacons Metapher vor dem Hintergrund der Folter in der englischen Rechtssprechung und Blair, op. cit., pp. 229/230 zu Parallelen bei Bodin.
384 Bacon: *Nov. Org. I*, p. 56.
385 op. cit., p. 70.
386 op. cit., p. 118.
387 op. cit., p. 222.
388 op. cit., p. 32.
389 op. cit., pp. 64/65,
390 op. cit., pp. 102/103.
391 Die Idola-Lehre vor dem Hintergrund der hier skizzierten Kritik der Dialektik wird charakterisiert von Jardine, pp. 76-108 (»Bacon's Theory of knowledge«). Die Bedeutung von Bacons Idola in der Geschichte des Sprachdenkens untersucht eingehend Jürgen Trabant: *Mithridates*, pp. 123-131 und passim.
392 »Credunt etiam homines rationem suam verbis imperare; sed fit etiam ut verba vim suam super intellectum retorqueant et reflectant; quod philosophiam et scientias reddidit sophisticas et inactivas«, Bacon: *Nov. org. I,* op. cit., p. 120.
393 op. cit., p. 128.
394 op. cit., pp. 104/105.
395 op. cit., p. 100.
396 »Estque intellectus humanus instar speculi inaequalis ad radios rerum, qui suam naturam naturae rerum inmiscet, eamque distorquet et inficit«, ibid.
397 Protagoras, laut Platon: *Theat.* 152.
398 Bacon: *Nov. org. I*, p. 100.
399 op. cit., pp. 64/65.
400 op. cit., p. 42.
401 Siehe hierzu Trabant: *Mithridates*, p. 125. »Die Gedanken ›kleben‹ an den Wörtern, wie Herder sagt. Wenn Bacon daher von *verba* spricht, die sich der Wahrheit widersetzten, so meint er gerade schon die *Einheit von vox und conceptus*, und nicht nur die voces allein. Daß diese enge Verbindung besteht, schafft ja gerade das Problem: Der Mensch kann sich nicht von den an den Wörtern ›klebenden‹ falschen Vorstellungen befreien.«
402 Bacon: *Nov. org. I*, p. 52.

403 Trabant: *Mithridates,* p. 127.
404 »Frustra enim fuerit speculum expolire, si desint imagines; et plane materia idonea praeparanda est intellectui, non solum praesidia fida comparanda«, op. cit., pp. 52/54.
405 Siehe III.2.5.
406 Bacon: *Nov. org. I*, p. 24.
407 op. cit., p. 26.
408 op. cit., p. 248.
409 Zur neuen Aktualität dieser adamitischen Paradiessituation in Kolumbus erster Begegnung mit der vermeintlich ›namenlosen‹ Welt Amerikas siehe Kap. V.3.
410 »nec multo melius a nonnullis antiquorum patrum religionis christianae exceptos fuisse eos, qui ex certissimis demonstrationibus (quibus nemo hodie sanus contradixerit) terram rotundam esse posuerunt, atque ex consequenti antipodas assuerunt«, Bacon: *Nov. org. I*, p. 196.
411 op. cit., pp. 180/181.
412 Bacon: *Nov. org. I*, pp. 26/27.
413 Zum Entstehen der Opposition *invenire-detegere* im Latin des 15./16. Jahrhunderts v. Kap. IV.2.
414 Bacon: *Adv. learn.,* p. 177.
415 Bacon: *Nov. org. I*, pp. 154/155.
416 Siehe Blair, op. cit., p. 228.
417 Wolfgang Krohn: »Einleitung«, in: Bacon, *Nov. org. I*, p. IX.
418 »Die entstehende Wissenschaft der Neuzeit hat ihre eigene Rhetorik. Sie bezieht sich vor allem auf zwei Aspekte: auf die Zulässigkeit der Erweiterung des gegenständlichen Horizonts und auf ihr Verhältnis zur Vergangenheit des menschlichen Wissens als einer nun weithin diskreditierten Vorgeschichte. In dieser Rhetorik spielen Metaphern wie die der Seefahrt und Entdeckung unbekannten Landes, der überschrittenen Grenzen und durchbrochenen Mauern, der mikroskopischen und der teleskopischen Optik eine bevorzugte Rolle. Sie zeigen die Problematik der Orientierung in einer Wirklichkeit an, für die standardisierte Maße, Umfangs- und Richtungsvorstellungen fast völlig gefehlt hatten«. Hans Blumenberg: *Lesbarkeit,* p. 68.
419 Für den Verweis auf die *Plus-Oultre*-Devise danke ich herzlich Herrn Prof. Poppenberg. Zur Plus-Ultra-Thematik siehe Marcel Bataillon: »Plus Oultre. La cour découvre le Nouveau Monde.« In: *Études sur Bartolomé de las Casas*. Réunies avec la collaboration de Raymond Marcus. Paris: Centre de Recherches de L'Institut d'Études Hispaniques 1965, pp. 95-114. Zur ursprünglichen, ›ungeographischen‹ Bedeutung s. insb. p. 109: »le sens de cette devise était initialement personnel, héroïque, chevaleresque, sans allusion particulière à l'aventureuse découverte, par les sujets des Rois Catholiques, de pays situés au-delà des Colonnes d'Hercule. Celles-ci étaient un symbole moral de la gran-

deur extrême dans le répertoire des humanistes du XVe et du XVIe siècle. Elles le restèrent jusqu'au XVIIe.«

420 Bacon: *Nov. org. I.*, pp. 12/13.
421 Blumenberg *Legitimität*, p. 448.
422 vgl. Schmidt-Biggemann: *Leistungsfähigkeit*, pp. 180-182.
423 Blumenberg: *Legitimität*, p. 454 verweist auf die spezifische Deutung des Kolumbus-Schiffs: »Die Fahrt über die Säulen des Herkules hat die Abenteuerlichkeit verloren und zielt nicht mehr nur in die lockende Unbestimmtheit des Weltmeers; die Gewißheit, jenseits des Meeres die *terra incognita* zu finden, rechtfertigt die Ausfahrt, ja macht das Verweilen im Binnenmeer des Bekannten sträflich.« Zur Durchbrechung des »Nec plus ultra« durch Bacons »multi pertransibunt« v. ibid., p. 396.
424 Siehe Schmidt-Biggemann: *Leistungsfähigkeit*, p. 181: »So verweist die Welt in ihren drei Ebenen auf ihren theologischen Sinn. Sinnenfällig wird das als ihre emblematische Struktur. Jedes Ding der Natur hat deshalb auch einen moralischen Sinn, jedes Ding hat auch einen geistlichen Sinn. <...> Sinnliche Natur, geistlicher Sinn und philosophische Weisheit sind verschränkt.«
425 *Daniel* 12,4.
426 »id est in providentia, ut pertransitus mundi (qui per tot longinquas navigationes impletus plane aut jam in opere esse videtur) et augmenta scientiarum in eandem aetatem incidant«, Bacon, *Nov. org. I*, pp. 206 / 208. Dieser Zusammenhang zwischen Neuer Welt und Reich Gottes, der das Zeitalter der Entdeckung zur privilegierten Epoche macht, findet sich bereits im *Libro de las profecías* des Kolumbus angelegt, siehe Kap. IV.3.2., und findet in den *Crónicas de Indias* seine wiederholte Aufnahme.
427 Bacon: *Nov. org. I*, pp. 206/207.
428 op. cit., p. 254.
429 op. cit., pp. 236/237.
430 Bacon: *Adv. learn.*, p. 176 resp. p. 183.
431 Auf die Fehldeutung von Bacons *Novum Organum* als Manifest des modernen Wissenschaftsdenkens und die Bedeutung des topischen Aspekts ins seiner *inventio*-Konzeption haben mehrere Bacon-Forscher verwiesen. Siehe Benjamin Farrington: »On misunderstanding the philosophy of Francis Bacon«. In: *Science, Medicine and History*. Essays on the evolution of scientific thought and medical practice written in honour of Charles Singer. Collected and edited by E. Ashworth Underwood. London: Oxford University Press. Vol. 1, pp. 439-450.
432 Zur Einbindung der traditionellen Teile der Rhetorik »in ein hierarchisch gegliedertes System philosophischer Disziplinen« unter Auskoppelung der *poesy* siehe Nate, op. cit., pp. 38/39 sowie pp. 64-70.
433 siehe Grassi, op. cit., pp. 174-178.
434 Bacon: *Nov. org. I*, p. 42.

435 Paracelsus (Theophrast von Hohenheim): *De signatura rerum naturalium*. Zit. nach: *Sämtliche Werke*. Hrsg. von K. Sudhoff. München <e.a.>: Oldenbourg 1923 / 28, Bd. 11, p. 393. Siehe Stefan Meier-Oeser: »Signatur, Signaturenlehre«. In: Ritter / Gründer, op. cit., Bd. 9, pp. 750-754. Luigi Massimo Bianchi: *Signatura rerum. Segni, magia e conoscenza da Paracelso a Leibniz*. Roma: Edizione del Ateneo 1987. (=*Lessico intellettuale europeo* XLIII).

436 Jakob Böhme: *De signatura rerum* (1622). =*Sämtliche Schriften*. Faksimile-Neudruck der Ausgabe von 1730. Hrsg. Will-Erich Peuckert. Stuttgart: Fromman 1960. Bd 6.

437 Jakob Böhme: *De triplici vita hominis, oder vom Dreyfachen Leben des Menschen* (1620), Cap. 6 §1.In: op. cit., 3 Bd., II. Teil, p. 109.

438 Bacon: *Nov. org. I*, pp. 64/65.

439 Edmundo O'Gorman: *Fundamentos de la Historia de América*, México: Imprenta Universitaria 1942, p. 86. (»Trayectoria de América«)

440 Siehe Beyerlinck, op. cit., s.v. »AMERICA«.

441 Alsted, op. cit., pp. 2383-2386; hier p. 2385.

442 Siehe Frank Lestringant: *L'atelier du cosmographe ou l'image du monde à la Renaissance*. Paris: Albin Michel 1991, p. 12. »La réalité étrangère qui ›obsède‹ littéralement l'Europe au temps de Soliman, ce n'est pas celle de l'Indien nu et cannibale, surgi des profondeurs de la forêt brésilienne, c'est celle, proche et lointaine en même temps, du Turc musulman«.

443 »et inventus Orbis novus, praeter magnas & multas insulas: cui à duce navigationis, Americi nomen impositum, quae eadem tribus orbis terrarum partibus quarta recenter accessit«, Milaeus, op. cit., p. 52.

444 op. cit., p. 237.

445 Theodorus Zuuingerus Medicus Basiliensis: *De historia*. Basilea: Ex Officina Ioannis Oporni 1551. (=Milaeus, op. cit., pp. 618-643); p. 619.

446 »Gonzalus Fernandus Oviedus, scriptor rerum Indicarum novi orbis, eruditus adeò, ut hunc solùm antiqueis inter historicos nostrae aetatis adnumerari censeat Cardanus de Subtilitate, libro de Metallis«, op. cit., pp. 641/642.

447 op. cit., Tafel zu p. 619.

448 Siehe hierzu ausführlich das Kap. V. dieser Untersuchung.

449 Pedro de Mexía: *Silva de varia lección*. En la qual se tratan mvchas cosas muy agradables, y curiosas. Madrid: Matheo de Espinola y Arteaga 1673. (Ersterscheinung: 1540).

450 Lezama: *Expr. am.*, p. 7 / dt. p. 17.

Anmerkungen IV

1 Siehe Rojas Mix, op. cit., pp. 390/391. Das Landnahme-Ritual des Kolumbus und die formaljuristischen Probleme bei der Annexion Amerikas vor dem Hintergrund mittelalterlicher Naturrechtslehre untersucht eindrucksvoll Stephen Greenblatt: *Wunderbare Besitztümer. Die Erfindung des Fremden: Reisende und Entdecker.* Berlin: Verlag Klaus Wagenbach 1994 (=*Marvelous Possessions*, dt.), pp. 98-111.
2 Giuseppe Mazzotta: »Columbus Wagnis <sic> und das Konzept von Entdeckung in der Renaissance«. In: Winfried Wehle. *Das Columbus-Projekt.* München: Wilhelm Fink Verlag 1995, pp. 205-222; p. 206. Siehe zu dieser mit der Herangehensweise meiner Untersuchung konvergierenden Thematik auch die Studie des Herausgebers Winfried Wehle: »Columbus' hermeneutisches Abenteuer«, op. cit., pp. 154-203 sowie Frank-Rutger Hausmanns einleitende Untersuchung. »›Immer, immer nach West, dort muß die Küste sich zeigen.‹ Toposwissen und Erfahrungswissen in den kosmographischen Vorstellungen des Christoph Columbus über die ›Neue Welt‹«, op. cit., pp. 13-41.
3 op. cit., p. 207. Siehe auch Charles Trinkaus: »Renaissance and Discovery«. In: Fredi Chiappelli (Hrsg.): *First images of America.* The Impact of the New World on the Old. Berkeley / Los Angeles / London: University of California Press 1976, pp. 3-9.
4 Siehe Georges, op. cit., s.v. »detego«.
5 Petrus Martyr de Angleria: *Opera.* Legatio Babylonica. De orbe novo decades octo. Opus epistolarum. Introduction <sic> Dr. Erich Woldan. Graz: Akademische Druck- und Verlagsanstalt 1966 (=Photmechanischer Nachdruck der Ausgabe von 1530), p. 98.
6 op. cit., p. 99. Dt. Fassung zitiert nach: Peter Martyr von Anghiera: *Acht Dekaden von der Neuen Welt.* Übersetzt, eingeführt und mit Anmerkungen versehen von Hans Klingelhöfer. Darmstadt: Wissenschaftliche Buchgesellschaft 1972, p. 196.
7 Siehe Kap. III
8 Petrus Martyr, op. cit., p. 78 / dt. p. 133.
9 op. cit., p. 83.
10 Siehe Georges, op. cit., s.v. »repertor«.
11 Petrus Martyr, op. cit., p. 93
12 op. cit., p. 86.

13 op. cit., p. 67.
14 op. cit., p. 122 / dt. p. 264.
15 op. cit., p. 121 / dt. p. 263.
16 op. cit., p. 94 / dt. p. 183.
17 Siehe bes. Fernández de Oviedo, Kap. IV.5.1.
18 Petrus Martyr op. cit., p. 94 / dt. p. 181.
19 Siehe Miguel Batllori, S. J: »The Papal Division of the World and Its Consequences«. In: Chiappelli, op. cit., pp. 211-220.
20 Zit. nach der Chronik López de Gómaras, der die Bulle im lateinischen Wortlaut abdruckt, op. cit., pp. 25-27, hier p. 26. Dt. Fassung zitiert nach: Mariano Delgado (Hrsg.): *Gott in Lateinamerika*: Texte aus fünf Jahrhunderten. Ein Lesebuch zur Geschichte. Düsseldorf: Patmos 1991, pp. 68-71.
21 loc. cit.
22 *Von der new gefundenen Region di wol ein welt genent mag werden / Durch den Christenlichen Kuenig von Portugall / wunderbarlich erfunden*. Nürnberg: Wollfgangng Hueber <ca. 1505>, letzte Seite (Druck o. Seitenangabe).
23 In der 1507 erschienenen Schrift *Speculi orbis declaratio* von Gauthier Ludd wird angegeben, bei diesem »iocundus interpres« handele es sich um den Dominikaner Giovanni del Giocondo aus Verona. Siehe Americo Vespucci / Robert Wallisch (Hrsg.): *Der* Mundus Novus *des Amerigo Vespucci*. Text, Übersetzung, Kommentar. Wien: Verlag der österreichischen Akademie der Wissenschaften 2002, p. 102. Die hier verwendeten deutschen Zitate des Mundus Novus sind dieser Übersetzung von Wallisch entnommen.
24 Vespucci / Pozzi (Hrsg.): *Il Mondo Nuovo di Amerigo Vespucci*. Scritti Vespucciani e paravespucciani. A Cura di Mario Pozzi. Piacenza: Edizioni del Orso. Seconda edizione completamente rifatta 1993. (I ed. Milano, Serra e Riva 1984), p. 132.
25 Eine bemerkenswerte Übersetzung findet sich in der Nürnberger Fassung: »wie vil grosser wunderlichen dinngen von tag zu tag finden«, op. cit. »Indies« wird dort also als Zusammenziehung der lateinischen Wörter »in dies« gelesen, eine Interpretation, die sich der des ersten autochthon andinen Chronisten Guaman Poma annähert (»tierra en el día«, s. Kap. IV.8.3.). Diese Lesart wird in der derzeit neuesten Mundus-Novus-Ausgabe von Wallisch bestätigt. Dort wird der Brieftext mit »multa miranda in dies reperiantur« angegeben und mit »wie viele Wunder nun täglich entdeckt werden« übersetzt – und die »latini omnes« mit »alle Gelehrten« (op. cit., pp. 30/31 – siehe auch den Kommentar pp. 102/103).
26 »Nam in ea innumeras gentes et populos et omnium silvestrium animalium genera que in nostris regionisbus reperiuntur, invenimus et multa alia a nobis nunquam visa«. Vespucci, zitiert nach der Textfassung von Wallisch, op. cit., pp. 14/15. In Wallischs Übersetzung: »Denn wir fanden dort unzählige

Stämme und Völker und alle Arten wilder Tiere, die auch in unseren Regionen vorkommen, aber auch viele andere, wir noch nie gesehen hatten«.

27 Vespucci / Pozzi, op. cit., p. 102. Vespucci / Wallisch, op. cit., pp. 12/13.
28 ibid.
29 Vespucci / Pozzi, op. cit., p. 106. Vespucci / Wallisch, op. cit., pp. 14/15.
30 ibid.
31 Vespucci / Pozzi, op. cit., p. 100. Vespucci / Wallisch, op. cit. pp. 18/19.
32 Martinus Ilacomilus <=Martin Waldseemüller>: *Cosmographiae introductio / Cum quibusdam geometriae ac astronomiae principiis ad eam rem necessaris. Insuper quatuor Americi Vesputcij nauigationes. Vniuersalis Cosmographiae descipitio tam in solido quam plano / eis etiam insertis quae Ptholomaeo ignota a nuperis reperta sint.* Saint-Dié 1507 (zitiert nach dem Faksimiledruck von Fr. R. v Wieser. Straßburg: Heitz & Mündel 1907), p. 30.
33 Walter von Warburg, op. cit., s.v. »inventeùr« (bereits zitiert).
34 O'Gorman: *Invención*, p. 185.
35 Alsted, op. cit., p. 2187.
36 op. cit., p. 1143.
37 Zitiert nach der Fotoreproduktion der originalen Manuskriptseite in: Christopher Columbus: *The Libro de las profecías. An en face edition. Translation and commentary by Delno C. West and August Kling.* Gainesville: University of Florida Press 1991, p. 74. Selbst in dieser »en face«-Ausgabe (op. cit., p. 224) sind einige orthographische Extravaganzen des Manuskripts korrigiert, etwa der (durch die spanische Homophonie der Buchstaben »b« und »v« begründete) Hispanismus, »nobos« statt »novos« zu schreiben. Das gilt auch für die hier hier sonst (so nicht anders vermerkt) zitierte Ausgabe des Textes: Cristóbal Colón: *Libro de las profecías.* Ed. Juan Fernández Valverde. Madrid: Alianza Editorial 1992 (=*Biblioteca de Colón* IV), p. 104.
38 Columbus / West op., cit., p. 226 (in der ed. Fernández, op. cit., p. 207).
39 Wie die Verszeilen metrisch zu trennen sind, ist bis heute strittig. So ordnen auch noch manche moderne Ausgaben (etwa die lat-dt. Ausgabe, aus der die deutschen Passagen der *Medea* hier zitiert werden), die Verse so an wie die Textfassung, die Kolumbus vorlag.
40 Fray Bartolomé de las Casas: *Historia de las Indias.* Edición de Agustín Millares Carly y estudio preliminar de Lewis Hanke. México D.F.: Fondo de Cultura Económica 1951. Seg. ed. 1965. Vol. I, p. 58.
41 Reyes, op. cit., p. 13.
42 Gabriella Moretti bemerkt in ihrer kurzen vergleichenden Studie der Textpassagen von Seneca und Kolumbus (»*Nec sit terris ultima Thule.* La profezia di Seneca sulla scoperta del Nuovo Mondo«. In: *Columbeis* I (1986), pp. 95-106, eine der wenigen Publikationen zu diesem Thema) »si apre a una ›traduzione interpretativa‹, quasi ad una accorta glossa. Il ›nuevo marinero‹ <…> è senza

dubbio, in Colombo traduttore, la profezia di se stesso«.
43 Im Text »gubernandi cauda flexibus«, was offenkundig ein Fehler ist (Plin. *nat.* 10,28 – siehe etwa die Ausgabe von R. König / G. Winkler: *Buch X*, Darmstadt: Wissenschaftliche Buchgesellschaft 1986).
44 Las Casas: *Hist. Ind.*, p. 59.
45 Siehe Kap. III.3.
46 Las Casas: *Historia*, p. 59.
47 Siehe hierzu H. M. Hines: »Introduction« (Kap. »The manuscript tradition«), in: Seneca: *Medea*. With an Introduction, Text, Translation and Commentary by H. M. Hine. Warminster: Aris & Phillips Ltd 2000, p. 43.
48 Seneca: *Med.*, 1-3. Hier zitiert nach der (die beiden Manuskripttraditionen des Textes kritisch auswertenden) Ausgabe von Hine.
49 Deutsche Fassung zit. nach: Seneca: *Sämtliche Tragödien*. Lateinisch und deutsch. Übersetzt und erläutert von Theodor Thomann. Band I. Hercules Furens. Trojanerinnen. Medea. Phaedra. Octavia. München und Zürich: Artemis Verlag 1961. Zweite, durchgesehen Auflage 1978, pp. 239-311; p. 240. Der dt. Text ist in dieser Prosaübersetzung nicht nach Verszeilen angeordnet.
50 Das von Las Casas zitierte »domitorem freti« des zweiten Verses hingegen ist als vom hier zitieren »domituram freta« abweichende Variante im Florentinischen Manuskript der *Medea* nachweisbar, besitzt hinsichtlich der hier verfolgten Fragestellung jedoch keine den Sinn des Verses verändernde Bedeutung.
51 Einen guten Überblick über die verschiedenen Überlieferungen bietet Hine in seiner Einleitung, op. cit., pp. 10-18 (»Seneca and the Myth of Medea«).
52 Seneca: *Med.*, 366 / dt. p. 265.
53 Auf den Fehler des Kolumbus angesichts der ihm zur Verfügung stehenden, korrupten Textfassung verweist Titus Heydenreich: *Tadel und Lob der Seefahrt*. Das Nachleben eines antiken Themas in den romanischen Literaturen. Heidelberg: Carl Winter 1970, pp. 144/145. Die These, dass die Selbstprojektion mit der Textänderung Tethys / Tiphys zusammenhängt, wie Moretti (op. cit., p. 103) belegt, ist daher im Falle von Kolumbus selbst angesichts des korrupten *Medea*-Exemplars der Biblioteca Colombina durchaus plausibel (siehe etwa auch Heydenreich, op. cit., p. 145). Dass aber auch Las Casas ein ebensolcher Tradierungs- oder Flüchtigkeitsfehler unterläuft, die Textänderung also bei beiden Autoren unwillentlich geschieht, ist angesichts der gezielten Textkorrekturen von Seiten Las Casas' weitaus fraglicher.
54 Seneca: *Med.*, 375-379 / dt. p. 267.
55 Auf die aktive Dimension des »Oceanus« als ›personifiziertes Meer‹ bei Seneca und die fälschliche Insertion des ›Entdeckers‹ Tiphi weist schon Moretti in ihrer Vergleichsanalyse hin: »Dove l'Etruscus parla del mare personificato che svela nuovi mondi e nuove terre«, op. cit., p. 103.
56 In der Übersetzung von H. M. Hine, op. cit., p. 69.

57   Die Kommentare finden sich sowohl in Form von Randnotizen auf der ihm vorliegenden Ailly-Ausgabe als auch in Zitaten aus der *Ymago mundi* im *Libro de las profecías*, 110-114; op. cit., pp. 51-58. Siehe Pierre d'Ailly: *Ymago mundi*. Texte latin et traduction française des quatre traités cosmographiques de d'AILLY et des notes marginales de Christophe Colomb. Etude sur les sources de l'auteur. Paris: Maisoneuve Frères 1930.

58   Moretti, op. cit.; siehe auch Rabasas Beobachtung, op cit., pp. 79/80 zu »Columbus' modification of Seneca's text. Columbus identifies himself with the pilots of the Argonauts and thus appropriates the prophecy.«

59   Seneca: *Med.*, 301-303 (dt. p. 261).

60   op. cit., 309/316.

61   op. cit., 331.

62   Ovid: *Met.*, I, 89-150. Für das Motiv der *aurea aetas* und ihrer Ende in einem »mondo completamente noto ed unito tramite delle rotte marine« führt Moretti (op. cit., p. 97) eine Reihe von weiteren Belegen an und leitet Senecas Adaption vor allem auf Horaz: *carm.*, I 3, 1-24 und Vergil: *Georg.*, I 1136 ss. zurück

63   Seneca: *Med.*, op. cit. 329/330 (dt. p. 263).

64   Dietrich Wachsmuth: *ΠΟΜΠΙΜΟΣ Ο ΔΑΙΜΩΝ*. Untersuchungen zu den antiken Sakralhandlungen bei Seereisen. Berlin: 1967 (=Diss. FU Berlin 1960), p. 226.

65   op. cit., 335-339 / dt. pp. 263/265).

66   op. cit., 368-374 / dt. pp. 265/267)

67   Siehe Homer: *Il.*, b, 825/6

68   Siehe Hine, op. cit., p. 153: »peoples were regularly identified by the local rivers from which they drank, as was natural enough in a world where rivers were more important than they are today in the west for transport, drinking waters and the other daily needs.«

69   E.R. Curtius, op. cit., pp. 104-108.

70   Siehe auch Hine, op. cit., p. 153: »That passage contains a series of *adynata*, or proverbial natural impossibilities <...> The voyage of the Argo in effect, according to the Chorus, achieved a miracle. Later on M<edea> will achieve comparable miracles, making *adynata* happen (see on 762, 889).«

71   Heydenreich, op. cit., p. 13.

72   Siehe das Kapitel »Plus ultra«, op. cit., pp. 139-172.

73   Noch Laurens Beyerlinck (op. cit., s.v. »America«) zitiert etwa gemäß Kolumbus, und zwar bis in die fehlerhafte Verstrennung hinein: »Tiphusque <sic.> nouos / detegat orbes«). Ebenso Alsted, op. cit., p. 1144, wenngleich gemäß Senecas Anpästen: »Tiphysque novis detegat orbes«.

74   A. v. Humboldt: *Kritische Untersuchungen,* pp. 151 ss.

75   Morison, op. cit., p. 79 / dt. p. 57.

76   Siehe Hine, op. cit., p. 154, unter Verweis auf E.G. Bourne: »Seneca and the

discovery of America«. *The Academy* 43 (1893), 130. Zur Rezeption des Argonautenmythos vor dem Hintergrund der Findung Amerikas siehe Antonello Gerbi: *La natura delle indie nuove. Da Cristoforo Colombo a Gonzalo Fernández de Oviedo.* Milano: Ricciardi 1975, pp. 376-379 (»Giasone e Macellano«).

77 Zur Identifikation mit der Figur des Tiphys in den französischen Kosmographiewerken des 16. Jahrhunderts, insb. des mit dem Steuermann namensverwandten André Thevet als »alter Tiphys« siehe Frank Lestringant: *Atelier*, p. 40.

78 wörtl.: »Neue Argonauten und Neue Tiphys«

79 Ludovico Ariosto: *Orlando furioso* (dt. Gries: *Rasender Roland*), XV, 21.

80 Siehe etwa die Verse von Jean-François Sarasin: »Déjà les Espagnols avaient porté la guerre / Jusqu'aux derniers climats où l'on connaît la terre / <...> méprisant la colère des ondes / Sous Vespuce et Colomb découvraient autres mondes« zit. nach Heydenreich, op. cit., p. 103. Zum Tiphys-Motiv bei Góngora siehe op. cit., pp. 124-132

81 Siehe Heydenreich, op. cit., pp. 170-172; Salverio Ricci: »Infiniti mondi e mondo nuovo. Conquista dell'America e critica della civiltà europea in Giordano Bruno«. In: *Giornale critico della filosofia italiano.* Fasc. II, Maggio / Agosto (1990), pp. 204-221; pp. 206 / 207. Siehe auch Rosario Romeo. *Le scoperte americane nella coscienza italiana del Cinquecento.* Milano / Napoli: Riccardo Ricciardi 1954.

82 Diese These vertritt etwa Fulvio Papi: *Antropologia e civiltà nel pensiero di Giordano Bruno.* Firenze: La Nuova Italia 1968, pp. 206/207.

83 Giordano Bruno: *Œuvres complètes. II. Le souper des cendres* <=*La cena de la ceneri*>. Texte établi par Giovanni Aquilecchia. Notes de Giovanni Aquilecchia. Préface de Adi Ophir. Traduction de Yves Hersant. Paris: Les Belles Letrres 1994, p. 41.

84 op. cit., p. 43.

85 op. cit., p. 45.

86 ibid.

87 Sebastian Brant: *Das Narren Schyff.* Zit n. M. Lemmer (Hrsg.): *Das Narrenschiff.* Nach der Erstausgabe (Basel 1494) mit den Zusätzen der Ausgaben von 1495 und 1499 sowie den Holzschnitten der deutschen Originalausgaben. Tübingen: Max Niemeyer Verlag 1986, p. 86.

88 Dante, *Inf.*, XXVI, 125.

89 Ricci, op. cit., pp. 218-220.

90 Siehe Miguel Ángel Granada: *Giordano Bruno y América. De la crítica de la colonización a la crítica del cristianismo.* (*Geocritica* 90). Barcelona: Facultad de Geografía e Historia 1990. Die hier zitierte Passage, auf spanisch angeführt und kommentiert: p. 13 passim.

91 Bruno: Vol. II, pp. 43/45.

92 In der dt. Übersetzung steht wörtlich: es »gebaut«. Doch der in dieser Passage noch ein weiteres Mal auftauchende Terminus *ritrovare* ist im zeitgenössischen Italienisch klar mit dem (in diesem Moment noch nicht getrennten) Vorgang des ideellen Erfinden / Entdeckens verbunden, nicht mit der materiellen Umsetzung (siehe Kapitel III.1.3).

93 Bruno, op. cit. Vol. II (=*La cena de le ceneri*), pp. 42/44; deutsch zitiert nach: Giordano Bruno: *Das Aschermittwochsmahl*. Übersetzt von Ferdinand Fellmann. Einleitung von Hans Blumenberg (=*sammlung insel* 43). Frankfurt am Main: Insel Verlag 1969, pp. 36/37.

94 Hans Blumenberg: »Das Universum eines Ketzers«. Einleitung zu: Bruno: *Aschermittwochsmahl*, pp. 9-51; hier pp. 72/73.

95 »Dieu par sa prudence admirable y a donné bon ordre: car il a tellement parti ses graces, qu'il n'y a pais au monde si planturereux, qui n'aye faute de beaucoup de choses. Ce qu Dieu semble avoir fait, pour entretenir tous les sujets de sa republique en amitié, ou pour moins empescher qu'ils ne se facent longtemps la guerre, ayans tousiour affaire les uns des autres.« Jean Bodin: *Les six livres de la République*. <s.l.>: G. Cartier 1608, p. 60 ro. Zur Konzeption einer ›Weltwirtschaft‹ (»économie-monde«) in Bodins *Methodus* vor dem Hintergrund der Integrierung Amerikas ins Weltbild siehe Lestringant: »Jean Bodin, cosmographe«. In: *Jean Bodin. Actes du colloque interdisciplinaire d'Angers (14-27 mai 1984)*. Angers: Presses de l'Université d'Angers 1985, pp. 133-145 pp. 139-142.

96 Giordano Bruno: *De l'infini, de l'univers et des mondes* <=*De l'infinito, universo e mondi; Œuvres complètes IV*>. Texte établi par Giovanni Aquilecchia. Notes de Jean Seidengart. Introduction de Miguel Angel Granada. Traduction de Jean-Pierre Cavaillé. Paris: Les Belles Lettres 1995, p. 13.

97 op. cit., p. 365

98 ibid.

99 »Quae sors? quae ratio? qui naturae ordo probavit / Antiqui inventum studii, quo thessala pinus / Externo advexit turbas, patriaeque revexit, / Dum bene dissepti turbavit foedera mundi? / Invida non unum Typhin tibi fata dedere, / Claustra etenim Oceani Ligur aut Etruscus avarus / Solvit ut Americam premeret violentus Iberus«. Giordano Bruno: *De immenso et Innumerabilibus*, VII, 16, in: *Jordani Bruni Nolani Opere Latine Conscripta*. Faksimile-Neudruck der Ausgabe von Fiorentino, Tocco und anderen. Neapel und Florenz 1879-1891. Erster Band. Zweiter Teil. <Lib. IV-VIII>, pp. 1-323, p. 277.

100 Giordano Bruno: *Œuvres complètes V / 2. Expulsion de la bête triomphante* <=*Spaccio della bestia trionfante*> (Dialogues 2-3). Texte établi par Giovanni Aquilecchia. Notes de Maria Pia Ellero. Introduction de Nuccio Ordine. Traduction de Jean Balsamo. Paris: Les belles lettres 1999, p. 483: »con l'abominevole Avarizia, con la vile e precipitosa Mercatura, col desperato Pira-

tismo, Predazione, Inganno, Usura, et altre scelerate serve <...> discuoprir altre terre et altre regioni verso l'India occidentale, dove il capo aguzzo Genovese non ha discuoperto, e non ha messo i piedi il tenace e stiptico Spagnolo; e cossí successivamente serva per l'avenire al più curioso, sollecito e diligente investigator de nuovi continenti e terre«.

101 Siehe auch Adi Ophir: »Introduction«, in: Bruno: *Cena*, p. XXXVII/XXXVIII.
102 Die Nähe zwischen Las Casas und Bruno hinsichtlich der Auswüchse der Conquista beobachtet auch Salverio Ricci: *Giordano Bruno nell'Europa del Cinquecento*. Roma: Salerno editrice 2000, pp. 244-246 und Ricci (1990), pp. 207/209 Zum Mythos des »âge d'or« und seinem Wiederaufleben im indianischen Amerika siehe Ordine, op. cit., pp. CXV-CXXXII; zum Einfluss von Peter Martyrs Passagen über das Goldene Zeitalter pp. CXXIV-V. Fulvio Papi, op. cit., pp. 341-358.
103 Michel de Montaigne: »Des cannibales«. In: *Œuvres complètes*. Textes établis par Albert Thibaudet et Maurice Rat. Introduction et notes par Maurice Rat. Paris: Gallimard 1965 (=Bibliothèque de la Pléiade), pp. 200-213; p. 204.
104 op. cit., p. 203.
105 op. cit., p. 202.
106 op. cit., p. 203.
107 Siehe O'Gorman: *La invención de América*, op. cit., p. 92.
108 Edmundo O'Gorman: *La idea del descubrimiento de América*. Historia de esa interpretación y crítica de sus fundamentos. México D.F.: UNAM, Dirección General de Publicaciones 1951.(2da ed.1976), p. 31.
109 Siehe ibid.
110 O'Gorman: *Idea del desc.*, p. 33.
111 Roberto Levillier: *America la bien llamada*. Buenos Aires: Guillermo Kraft 1948. In ähnlicher Weise zu Vespucci äußert sich in einer Studie jüngeren Datums Reinhold R. Grimm. »Das Paradies im Westen«. In: Wehle, op. cit., p. 73-113, p. 76 »Sein folgenreicher und radikaler Bruch mit der von Columbus vertretenen Interpretation des im Westen Vorgefundenen machte ihn nicht zu Unrecht zum Namenspatron des neuen Erdteils. Seine Interpretation der Entdeckung Amerikas ging konstitutiv in das Selbstverständnis der ›Neuzeit‹ ein«.
112 Colón: *Los cuatro viajes. Testamento*, op. cit., p. 57. (Eintr. vom 10. Oktober 1492, Herv. von mir)
113 Deutsch zitiert nach: Christoph Kolumbus: *Bordbuch*. Dt. von Anton Zahorsky. Mit einem Nachwort von Frauke Gewecke und zeitgenössischen Illustrationen. Frankfurt am Main: Insel 2006 <=Nachdruck der Übersetzung Zahorskys aus der Ausgabe Zürich: Rascher Verlag 1941>, p. 41. In Zahorskys Übersetzung: »bis ich mit Gottes Hilfe dahin gelangt sein werde«.
114 Colón: *Cuatro viajes*, op. cit., pp. 72/73, Eintr. vom 19. Oktober 1492.

115 Bei Zahorsky: »Auf Gegenden stoßen sollten«.
116 Kolumbus / Zahorsky: *Bordbuch*, op. cit., p. 70. Bei Zahorsky hier: »ausfindig zu machen«.
117 op. cit., p. 107. / dt. p. 130.
118 Eintrag v. 26. Dezember 1492, op. cit., p. 151 / dt. p. 203.
119 Juan Manzano Manzano: *Colón y su secreto*. El predescubrimiento. Tercera edición. Madrid: Ediciones de Cultura Hispánica 1989 (1a ed.: 1976)
120 Colón: *Cuatro viajes*, p. 222.
121 op. cit., p. 236.
122 op. cit., p. 237.
123 op. cit., pp. 238/239.
124 op. cit., p. 225.
125 op. cit., p. 241.
126 op. cit., p. 165.
127 op. cit., p. 225.
128 op. cit., p. 242.
129 op. cit., p. 265
130 Siehe hierzu O'Gorman: *Invención*, p. 179: »Es de suponerse, entonces, que en el pasaje que analizamos Colón empleó el término de ›otro mundo‹ en el mismo sentido que en la cita del *Diario*, o quizá en el sentido de que aquellas regiones, aunque no ignoradas desde antiguo, constituyen algo distinto a lo habitual, como cuando se dice, por ejemplo, de un europeo que se traslada a África que va a vivir en otro mundo«.
131 Siehe Todorov: *Conquête*, p. 27. »Colon n'a rien d'un empiriste moderne: l'argument décisif est un argument d'autorité, non d'expérience. Il sait d'avance ce qu'il va trouver; l'expérience concrète est là pour illustrer une vérité qu'on possède, non pour être interrogée«.
132 Colón: *Cuatro Viajes*, p. 279.
133 op. cit. p. 241.
134 s.d.: »Inter finem Ispaniae et principium Indie est mare parvum et navigabile in paucis diebus«.
135 Colón: *Cuatro viajes*, p. 240.
136 Humboldt: *Kosmos*, pp. 322/323.
137 R. R. Grimm, op. cit., p. 75 verweist auf dies ›wiederfindende‹ Element in Kolumbus' Entdeckungsreisen. Dieser verband »das im Westen ›Entdeckte‹ mit dem von seinen geographischen Annahmen aus Erwartbaren und versuchte eine gleichsam ›mittelalterliche Interpretation‹ des Vorgefundenen«. Wie sehr dieser Charakteristik die Kolumbus-Entdeckung sich von der modernen unterscheidet untersucht im selben Band auch Frank-Rutger Hausmann, op. cit., indem er die hier verwendeten Instanzen von Textautorität und Autopsie in Form der Kategorien von »Toposwissen« und »Erfahrungswissen« gegenüber-

stellt. Kolumbus schöpft, wie die mittelalterlichen Reisenden, rein aus einem Toposwissen, s. bes. pp. 17/18: »Ein (mittelalterlicher) Reisender kann deshalb nichts wirklich Neues entdecken, sondern er kann nur etwas wiederfinden, was bereits in der *Heiligen Schrift* und ihren Auslegungen angelegt und beschrieben worden ist. <...E>s ist für den spätmittelalterlichen Entdecker unvorstellbar, Entdeckungen zu machen, von denen die Autoritäten nichts wissen. Wenn aber einmal die Evidenz des Beobachtens und Erfahrungen gegen die Autoritäten spricht, so ist der Mensch nicht vollständig orientiert oder in einem Irrtum befangen, da die Autoritäten aufgrund ihres göttlichen Ursprungs nicht irren können. Das Vertrauen in die eigene Erfahrung, die über die Erkenntnisse der Schriften gestellt wird, ist ein ganz wesentlicher Emanzipationsprozeß, der erst durch die von Columbus eingeleitete neuzeitliche Entdeckung möglich wird. In diesem Sinne zählt Columbus noch zum Mittelalter, wenn er auch der Moderne den Weg bahnt«.

138 Colón: *Cuatro viajes*, p. 92.
139 Zur Verbindung von religiösem Mystizismus und Schriftgläubigkeit sowie zu den von Kolumbus aufgegriffenen Mythen und biblischen Prophezeiungen siehe etwa Juan Gil: *Mitos y utopías del descubrimiento*. I. Colón y su tiempo. Madrid: Alianza Editorial 1989, bes. »I. Los ensueños del primer viaje. El oriente según Colón« (pp. 21-56); »VII: La religiosidad de Cristóbal Colón« (pp. 193-223).
140 Colón: *Cuatro viajes*, pp. 221/222.
141 op. cit., p. 283.
142 Zur »interprétation des signes de la nature que pratique Colon« siehe etwa Todorov: *Conquête*, pp. 28-33; p. 29.
143 Lezama: *Cant. hech.*, p. 35: »Sorprende después un perro grande, pero sin habla, que lleva en su boca una madera, donde el Almirante jura que cree ver letras«.
144 Colón / Fernandez Valverde: *Lib. prof.*, 11, p. 13.
145 Zum Hintergrund der zitierten Quellen siehe Juan Fernández Valverde: »Introducción« in: Colón: *Lib. prof.*, pp. IX-XXI. Alfonso Lockward: *Aquellas cruces altas con el »El Libro de las Profecías de Cristóbal Colón«*. Miami, FL: Unilit 1991, pp. 7-27.
146 »Comme c'était le cas pour l'écriture de la vérité dans l'âme, chez Platon, c'est encore au Moyen Age une écriture entendue au sens métaphorique, c'est-à-dire une écriture *naturelle*, éternelle et universelle, le système de la vérité signifiée, qui est reconnue dans sa dignité. Comme dans le *Phèdre*, une certaine écriture déchue continue de lui être opposée. Il faudrait écrire une histoire de cette métaphore opposant toujours l'écriture divine ou naturelle à l'inscription humaine et laborieuse, finie et artificieuse.« Jacques Derrida: *De la grammatologie*. Paris: Les éditions de minuit 1967, p. 27. Siehe dagegen E. R. Curtius, op. cit. pp.

306-352, »Das Buch als Symbol«, von dem sich Derrida, loc. cit., ausdrücklich absetzt.
147 Siehe Erich Rothacker: *Das »Buch der Natur«*. Materialien und Grundsätzliches zur Metapherngeschichte. Bonn: Bouvier Verlag Herbert Grundmann 1979, p. 31, pp. 70/71 und passim.
148 Hans Blumenberg: *Die Lesbarkeit der Welt*. Zweite, durchgesehene Auflage. Frankfurt am Main: Suhrkamp 1983, Kapitel VI »Der illiterate Laie als Leser des Weltbuches«, pp. 58-67; p. 58: »Die Metapher vom Buch der Natur enthüllt ihren rhetorischen Gehalt erst als Paradox in der Stoßrichtung gegen die Scholastik«. Derridas eigene Belege beziehen sich bemerkenswerterweise ausschließlich auf neuzeitliche Autoren: Galilei, Descartes, Rousseau, Jaspers (siehe etwa Derrida: *Grammatologie*, pp. 27-29). Sie schließen die mittelalterliche Schulphilosophie völlig aus.
149 Zit. nach: Derrida: *Grammatologie*, p. 29.
150 Colón, *Lib. prof.*, 11, p. 14 =Las Casas: *Historia*, op. cit., Lib. I, cap. 3.
151 Colón / Fernández Valverde: *Lib. prof.*, p. 7. In seiner ebenfalls überlieferten lateinischen Fassung (Columbus / West, op. cit., p. 100) ist »el descubrimiento« wiedergegeben durch »ac inventionis«: »Incipit liber sive manipulus de auctoritatibus, dictis, ac sententiis et prophetiis cierca materiam recuperandae sancte civitatis, et montis Dei Syon, ac inventionis & conversionis insularum Indie et omnium gentium nationum. Ad Ferdinandum et Helysabeth &c., reges nostros hyspanos«.
152 Kolumbus' »Hemeneutische Abenteuer« vor dem Hintergrund des vierfachen Schriftsinns unter der dem Einfluss des Nicolaus von Lyra und des Joachim da Fiore untersucht Winfried Wehle (in: Wehle, op. cit.), pp. 177-180.
153 Colón / Fernández Valverde: *Lib. prof.*, op. cit., pp. 7/8.
154 op. cit., p. 9.
155 op. cit., 10, pp. 9/10.
156 op. cit., 10, p. 10.
157 op. cit., 11, p. 11.
158 ibid.
159 op. cit., 11, p. 15.
160 op. cit., 207/208, pp. 104/105.
161 op. cit., 80, p. 34.
162 Eine Sammlung der Textstellen, die in Zusammenhang mit Kolumbus' Paradiessuche stehen, liefert die Studie von Jean-Pierre Sánchez: »Christophe Colomb et le paradis terrestre«. In: Guidi / Mustapha, pp. 133-165.
163 Siehe R. R. Grimm, op. cit., pp. 77-82. »Das ›Neueste‹ und das ›Älteste‹: Amerika und das Paradies«.
164 Todorov: *Conquête*, pp. 35/36: »le colonisateur doit s'appeler Colon. Les mots sont, et ne sont que, l'image des choses.«

165 Colón: *Cuatro viajes*, pp. 190/191
166 Da der deutschen Version von Zahorsky hier offenkundig eine andere (in erster Person gehaltene) Textfassung zugrunde liegt, ist hier auf deutsch nicht aus dieser Ausgabe zitiert.
167 op. cit., p. 238
168 Dante: *Inf.* XXVI, 133-142.
169 Siehe Kap. V.
170 Siehe hierzu Ernst Bloch, op. cit., Bd. 2, pp. 873-928, »Eldorado und Eden, die geographischen Utopien«.
171 op. cit., p. 885.
172 op. cit., p. 887.
173 Zur Tradition dieser ›teuflischen‹ Identifizierung Amerikas, wiederum kontrastiert durch die paradiesische des Neuen Jerusalems siehe Rabasa, pp. 151-164, »Franciscan Ethnography: Utopia and the Devil's Dwelling Place«. Diese Verbindung Amerikas mit dem Teufel kann, wie Gerhard Poppenberg am Beispiel des Denkens José Lezama Limas darlegte, angesichts ihrer Kontinuität gar als Quintessenz amerikanischer Identität (»como la quintaesencia de una supuesta identidad americana«) ausgelegt werden. Gerhard Poppenberg: »*Espacio gnóstico:* El concepto del Nuevo Mundo como forma de pensamiento y forma de vivencia a partir de *La expresión americana* de José Lezama Lima. In: Ineke Phaf (Hrsg.): *Presencia criolla en el Caribe y América Latina. Creole Presence in the Caribbean and Latin America*. Frankfurt am Main: Vervuert 1996, pp. 57-79; p. 57.
174 Bloch, op. cit., p. 887.
175 op. cit., pp. 879/880.
176 op. cit., p. 877.
177 Colón: *Cuatro viajes*, p. 290.
178 Zur Funktion Vespuccis an Bord und seine Kenntnisse in einer Wissenschaft, »deren Nutzen für die Seefahrt – zumal in einer Forschungsexpedition – gerade erst entdeckt wurde«, siehe Wallisch, op. cit., p. 111.
179 Zit. s.o.
180 Das Verhältnis der Texte von Vespucci, B. Colón und P. Martyr hinsichtlich des Terminus »Neue Welt« ist allerdings komplex, da die ersten Teile von Martyrs Dekaden zwar erst nach Vespuccis *Mundus novus* gedruckt wurden (1504-1507), aber bereits 1493 aufgezeichnet wurden. Zudem waren sie »als Handschrift interessierten Kreisen bekannt, u.a den venezianischen Gesandten am spanischen Hof«. (Hans Klingelhöfer: »Einführung« in: Martyr, op. cit., pp. 5/6.)
181 Zur genaueren Entwicklung der kosmographischen Einheit einer ›Neuen Welt‹ durch das komplementäre Wirken von Kolumbus und Vespucci siehe O'Gorman: *Invención*.

182 Siehe Kap. III.1.3.
183 Dante: *Inferno*, XVII, 121-123.
184 Zu den zahlreichen Hispanismen und dem morphologisch bedeutenden Einfluss der spanischen Sprache auf das Toskanische Vespuccis siehe den Anhang (»Glossario e indice delle cose notevoli«) der hier zitierten Vespucci-Ausgabe von Pozzi, pp. 178-229. Zu Wortbildungen mit der im Italienischen unüblichen Vorsilbe »dis-« findet sich dort die Erläuterung »prefisso assai frequente, favorito dall contatto con le lingue iberiche«: <...> *discobrir* ›scoprire‹ (<...> spagn. descubrir); <...> *discoprire* ›scoprire‹ (<...> probabile iberismo).
185 Siehe Kap. III.1.4. und III.4.
186 cit. s. o.
187 Vespucci / Pozzi, op. cit., p. 71.
188 Siehe Kap. III.3.
189 op. cit., p. 68.
190 Vespucci / Pozzi, op. cit., p. 130. Vespucci / Wallisch, op. cit., pp. 28/29.
191 Vespucci / Pozzi, op. cit., p. 106. op. cit., pp. 14/15.
192 Vespucci / Pozzi, op. cit., p. 90.
193 Todorov: *Conquête*, p. 34. Zum Problem der *verba* und dem sprachlichen Erwerb von Las Indias siehe Kap. V.
194 Vespucci / Pozzi, op. cit., p. 90.
195 Vespucci / Pozzi, op. cit., p. 120. Vespucci / Wallisch, op. cit., pp. 24/25.
196 Vespucci / Pozzi, op. cit., p. 124. Vespucci / Wallisch, op. cit., pp. 26/27.
197 Vespucci / Pozzi, op. cit., pp. 62/63.
198 op. cit., p. 137.
199 op. cit., p. 137.
200 op. cit., p. 67.
201 op. cit., p. 139.
202 op. cit., p. 139.
203 op. cit., p. 61.
204 Zitiert ibid.
205 Zitiert nach Vosslers Dante-Übersetzung: Dante Alighieri: *Die göttliche Komödie*. Aus dem Italienischen mit einer Einleitung und Anmerkungen von Karl Vossler. München, Zürich: Piper 1986 / 3. Aufl 2002, pp. 193/194.
206 Siehe José-Maria de Heredias Sonet: »Les conquérants«: »Ou penchés à l'avant des blanches caravelles, / Il regardait monter en un ciel ignoré / Du fond de l'Océan des étoiles nouvelles.«. José-Maria de Heredia: *Les Trophées*. Paris: Alphonse Lemerre 1907, p. 111. Zur Geschichte dieser Motivkette siehe Pedro Henríquez Ureña: »Las ›Nuevas Estrellas‹ de Heredia«. In: *RRQ* (1918), pp. 112-114 und F. Borchmeyer: *Heredia*.
207 op. cit., pp. 85/86.
208 Vespucci / Pozzi, op. cit., p. 60.

209 Vespucci / Pozzi, op. cit., p. 108. Vespucci / Wallisch, op. cit., p. 16.
210 Siehe Wallisch, op. cit., pp. 110/111.
211 Vespucci / Pozzi, op. cit., p. 108. Vespucci / Wallisch, op. cit., pp. 16/17.
212 Pozzi, op. cit., p. 11.
213 Vespucci / Pozzi, op. cit., p. 70.
214 Zur Wahrheitskonzeption der »Entdecktheit« und »Unverborgenheit«, die Heidegger aus dem Entdeckungsbegriff ableiten wird, siehe *Sein und Zeit,* op. cit., insb. § 44, »Dasein, Erschlossenheit und Wahrheit«, pp. 212-230.
215 V. Rabasa, op. cit., pp. 30-47.
216 Vgl. etwa den Erfindungs- und Entdeckungskatalog bei Larousse, loc. cit.
217 *Weltbuch: spiegel vn bildtnisz des gantzen erdtbodens* von Sebastiano Franco Woerdensi in vier buecher, nemlich in Asiam, Aphricam, Europam, vnd Americam, gstelt vnd abteilt, Auch aller darin begriffner Laender, nation, Prouintze, vnd Jnseln, auß vilen, weitleüffigen buechern in ein handtbuch eingeleibt vnd verfaßt, vormals dergleichen in Teütsch nie außgangen. Mit einem zu end angeheckten Register alles innhaltes. Tübingen: Morhart 1534.
218 Hernán Pérez de Oliva: *Historia de la inuención de las Yndias.* Estudio, ed. y notas de José Juan Arrom. Bogotá: Instituto Caro y Cuervo, 1965, op. cit., p. 54.
219 op. cit., p. 54.
220 op. cit., p. 41.
221 op. cit., pp. 41/42.
222 José Lezama Lima: »Paralelos. La pintura y la poesía en Cuba (siglos XVII y XIX)«. In: *La cantidad hechizada,* op. cit., pp. 145-187; pp. 147/148
223 »Probanza hecha a petición del fiscal del Rey de Castilla de que el descubrimiento del Darién fue debido a varios pilotos y no a D. Cristóbal Colón. Año de 1512. Diciembre 7, Santo Domingo«; »Probanza hecha a petición del fiscal relativamente a descubrimientos hechos en el tercero y cuarto viaje de D. Cristóbal Colon. Año de 1513. Febrero 12. Sevilla.«; »Probanza hecha a petición del fiscal para acreditar lo que descubrió D. Cristóbal Colón en la Tierra Firme. Año de 1513. Noviembre 10. Santo Domingo.« »Probanza hecha a petición del Fiscal con arregla a interrogatorio de veinticuatro preguntas. Año de 1515, Agosto 11. Sevilla«. »Probanza hecha a petición del fiscal, según interrogatorio de veinticuatro preguntas. Año de 1515. Septiembre 19. Lepe.« (sowie Huevla, 25. September 1515 und Palos, 1. Oktober 1515). Real Academia de la Historia. *Colección de Documentos inéditos, relativos al descubrimiento, conquista y organización de las antiguas posesiones españolas en Ultramar.* Segunda Serie. Tomo VII. Madrid 1892 =Levillier, op. cit., pp. 279-291.
224 op. cit., p. 279.
225 V. Kap. II.2.
226 Gómara: *Historia,* op. cit., p. 18 <=17>

227 Las Casas: *Historia*, I, XIV, pp. 70-72.
228 Eine komplette Liste der Autoren, die diese Legende erwähnen, findet sich bei Vignaud, op. cit., II, pp. 212-215, ergänzt durch Morison, op. cit., I, p. 102.
229 Siehe die Kapitel »La leyenda del piloto anónimo«, O'Gorman: *Idea del desc.*, pp. 39 – 48 sowie die gesamte »Segunda parte. La etapa antigua de la historiografiía colombina«, op. cit., pp. 51-155 sowie O'Gorman: *Invención*, »Primera parte. Historia y crítica de la idea del descubrimiento de América.«, pp. 13-54.
230 Fernández de Oviedo hat die Piloten-These zwar bereits früher erwähnt – doch in erster Linie, um ihr die Glaubwürdigkeit abzusprechen (s.u.).
231 López de Gómara, op. cit., pp. 18 <=17>/18.
232 Siehe Simón Valcárcel Martínez: »Una aproximación a Francisco López de Gómara«. In: *Caravelles*. Cahiers du monde hispanique et luso-brésilien 53 (1989), pp. 7-24; p. 17: »Creemos es difícil encontrar en el panorama del Renacimiento español una personalidad humanista tan claramente consciente de la importancia histórica del descubrimiento de América«.
233 Gómara, op. cit., p. A4
234 Siehe O'Gormans Kritik des Entdeckungsbegriffs, Kap. II.
235 Gómara, op. cit., p. 18.
236 op. cit., p. 20.
237 op. cit., p. 20.
238 op. cit., p. 22.
239 O'Gorman: *Idea del desc.*, p. 63.
240 »Si a Gómara no se le presenta como necesaria la determinación quién sea el descubridor de las nuevas tierras es porque de algún modo concibe el descubrimiento independientemente de cualquier sujeto concreto dado. De aquí se sigue, entonces, que el encubrimiento de la cosa que necesariamente debe concurrir como posibilidad de todo des-encubrimiento, lo concibe también, no menos necesariamente, con igual independencia. Se tratará, pues, en definitiva, de una cosa concebida como estando de suyo encubierta, es decir, de una cosa oculta en sí«, ibid.
241 Gómara, op. cit., p. A5.
242 op. cit., p. 18.
243 ibid.
244 Charles Baudelaire: *Œuvres complètes*. Texte établi et annoté par Y.-G. le Dantec. Édition révisée, complétée et présentée par Claude Pichois. Paris: Edition Gallimard 1961, p. 127 (=*Bibliothèque de la Pléiade*).
245 Siehe Robert Earl Lewis: *The humanistic historiography of Francisco López de Gómara (1511-1559)*. Austin: University of Texas 1983.
246 Die biografischen Hintergründe von Gómaras klassischer Bildung erhellt Robert E. Lewis: »El testamento de Francisco López de Gómara y otros docu-

mentos tocantes a su vida y obra«. In: *Revista de Indias*, vol. XLIV, núm. 173 (1984), pp. 61-79; sowie ausführlich in einer der seltenen Gómara-Monographien jüngeren Datums: Nora Edith Jiménez: *Francisco López de Gómara. Escribir historias en tiempos de Carlos V.* Zamora <Michoacán, Mex.>: El Colegio de Michoacán / CONACULTA 2001, pp. 169-180 (»Las fuentes doctrinales de las historias de Gómara«). S. d. auch die wohl umfassendste Gómara-Biographie (»Primera Parte: Francisco López de Gómara: Nueva Biografía«), pp. 29-129.

247 »El criterio de autoridad que sigue Gómara oscila entre lo escrito por los autores de la Antigüedad greco-latina, y la experiencia obtenida por sus contemporáneos <...> en el descubrimiento y colonización de las Indias.« Valcárcel, op. cit., p. 14.
248 Gómara, op. cit., p. 9.
249 op. cit., p. 6.
250 op. cit., p. 10
251 ibid.
252 ibid.
253 Gómara, op. cit., p. 4.
254 Hans Blumenberg: *Legitimität*, »Der Prozeß der theoretischen Neugierde«, pp. 263-528.
255 Siehe Bloch, op. cit., pp. 874-880.
256 Gómara, op. cit., p. 1.
257 »<C>ómo tienen tanto atrevimiento y osadía de escribir tan vicioso y sin verdad, pues que sabemos que la verdad es cosa bendita y sagrada, y que todo lo que contra ello dijeren va maldito. Más bien se parece que el Gomara <sic> fue aficionado a hablar tan loablemente del valeroso Cortés, y tenemos por cierto que le untaron las manos, pues que a su hijo, el marqués que ahora es, le eligió su coronica, teniendo a nuestro rey y señor, que con derecho se le había de elegir y encomendar. Y habían de mandar borrar los señores del Real Consejo de Indias los borrones que en sus libros van escritos.« Bernal Díaz del Castillo: *Historia verdadera de la conquista de la Nueva España*. Prólogo Carlos Pereyra. 9na ed. Madrid: Espasa-Calpe, 1992, p. 66.
258 Antonio de León Pinelo: *Epítome de la Biblioteca oriental y occidental naútica y geográfica*. Madrid: Oficina de Francisco Martínez Abad 1737; vol II, col. 589.
259 Verschiedene Hypothesen werden zusammengestellt von Valcárcel, op. cit., pp. 11/12. Den wohl aktuellsten Überblick bietet N.E. Jiménez, op. cit., pp. 291-303: »La prohibición de la *Historia de Indias* y el destino de las otras historias de Gómara«.
260 Gómara, op. cit., p. A3.
261 Siehe Esteve Barba, op. cit. p. 107. Siehe auch Valcárcel, op. cit., p. 12. »La

figura de Gómara como cronista de Indias estuvo muy obscurecido durante centurias, tras su prohibición real de 1553.«

262 Joachim Küpper: »Tradierter Kosmos und Neue Welt. Die Entdeckungen und der Beginn der Geschichtlichkeit«. In: Moog-Grünewald, op. cit., pp. 185-207; p. 202. Siehe auch Joachim Küpper: »Prä-Empirismus und Fideismus im Spanien des 16. und des 17. Jahrhunderts (Acosta: Historia natural y moral de las Indias – Calderón: La vida es sueño)«. In: Barbara Mahlmann-Bauer (Hrsg.): *Scientiae et artes*. Die Vermittlung alten und neuen Wissens in Literatur, Kunst und Musik. Wiesbaden: Harrassowitz 2004, pp. 1011-1028.

263 »coloso<s> de la primitiva historiografía indiana«, Esteve Barba, op. cit., p. 68.

264 Zit. nach Esteve Barba, op. cit., p. 84. Zum Konflikt und den Differenzen zwischen Oviedo und Las Casas sowie zur Geschichte ihrer verschiedenen Einschätzungen durch die Nachwelt siehe ibid., pp. 64-102, insb. das Kapitel »Oviedo y las Casas«, pp. 83-86. Siehe auch Gerbi, op. cit., pp. 489-499. und, unterer größerer Beachtung der Gemeinsamkeiten: »Dos narradores fundacionales en el contexto de la conquista. Bartolomé de las Casas, iniciador de la narrativa de protesta; Gonzalo Fernández de Oviedo, relator de episodios y narrador de naufragios.« In: José Juan Arrom: *Imaginación del Nuevo Mundo*. Diez estudios sobre los inicios de la narrativa hispanoamericana. México D.F.: Siglo XXI 1991, pp. 47-78.

265 Zur persönlichen Feindschaft Oviedo-Las Casas v. Manuel Ballesteros: *Gonzalo Fernández de Oviedo*. Madrid: Fundación universitaria española 1981. pp. 103-112. »Frente a las casas y otros asuntos de Indias«.

266 »uomo del medio-evo« / »uomo moderno«, Gerbi, op. cit., p. 490.

267 »detractor de los indios, defensor de la conquista«, Sánchez Ferlosio, op. cit., p. 24. Siehe auch etwa Todorov: *Conquête*, op. cit., in seinem Kapitel »Egalité ou Inégalité«, pp. 152-172. Noch jüngste Studien vertreten die Position, dass das Hauptmotiv des Geschichtsschreibers in Diensten Karl V. die Leugnung und Verbrämung der spanischen Kolonialverbrechen sei, so etwa die von Alexandre Coello de la Rosa: *De la naturaleza y el Nuevo Mundo: Maravilla y exoticismo en Gonzalo Fernández de Oviedo (1478-1557)*. Madrid: Fundación Universitaria Española 2002, p. 12.

268 Siehe Mignolo, op. cit., pp. 78/79.

269 Marianne Mahn-Lot: »Christophe Colomb: Découvreur ou simple explorateur?«. In: *Les cultures ibériques en devenir*. Essais publiés en hommage à la mémoire de Marcel Bataillon (1895-1977). Paris: Fondation Singer Polignac 1979, p. 473. Siehe auch Marcel Bataillons Replik auf O'Gormans *Idea del descubrimiento* hinsichtlich der Piloten-Legende. Marcel Bataillon / Edmundo O'Gorman: *Dos concepciones de la tarea histórica* con motivo de la ideal del descubrimiento de América. México D. F.: Imprenta Universitaria 1955, pp. 33/34.

270 Gonzalo Fernández de Oviedo: *Historia general y natural de las Indias*. Edición y estudio preliminar de Juan Pérez de Tudela Bueso. 5 Vol. (In: *Biblioteca de autores españoles desde la formación del lenguaje hasta nuestros días*). Madrid: Ediciones Atlas 1959; I, 15.

271 op. cit., I, 16.

272 ibid.

273 »Cuando la Iglesia Católica se plantea el problema de las imágenes, diferencia la imagen y la verdad. La verdad es lo que se debe adorar, lo que surge de las Escrituras, o está en ellas, en tanto texto sagrado; la imagen, por su parte, solo enseña lo que se debe adorar, y resulta por lo tanto útil y aceptable, mientras no se convierta en objeto de adoración«. Miguel Alberto Guérin. »Texto, reproducción y transgresión. La relectura de las Crónicas de Indias como testimonio de la modernidad« in: Tieffemberg, op. cit., pp. 58-66; p. 58. Für Guerín besteht das ›Moderne‹ der Chroniken in ihrer Neustrukturierung der »relación entre texto e imagen«, (op. cit., p. 59), zwischen Vorstellung und sprachlichem Ausdruck.

274 In eingehender Weise studiert hat die Entwicklung der Verbindung von Bild und Teufel in der Figur des *Cemí* von heidnischen »hechuras« bei Kolumbus und Pané über das »phantasma« bei P. Martyr (siehe hier Kap. IV.1.1.) bis hin zur »imagen del diablo« bei Oviedo Serge Gruzinski in seiner Studie über den Bilderkrieg in der Conquista: *Images at war.* Mexico from Columbus to *Blade Runner* (1492-2019). Translated by Heather McLean. Durham & London: Duke University Press 1999, pp. 7-20. (=*La guerre des images de Christophe Colomb à Blade Runner (1492-2019).* Paris: Fayard 1990, engl.). Ein Weiterleben findet die Teufels-Imago des Cemí im Namen des Protagonisten der Romane José Lezama Limas, José Cemí. (Siehe auch Kap. V). Auf der Basis von Oviedos Schilderung erfährt der bereits als *zemes* bei Martyr anzutreffende *cemí* seine Tradierung als *imago* des Teufels in die Schriften der Wissenschaftler am Hofe Karls V. und Philipp II., wie etwa dessen »cosmógrafo mayor« Alonso de Santa Cruz: »la imagen y forma del diablo, que ellos *zemíes* llamaban«. Alonso de Santa Cruz: *Islario general de todas las islas del mundo.* Dirigido a su S.C.R.M. del Rey don Felipe nuestro señor, por Alonso de Santa Cruz, su cosmógrafo mayor. Text zitiert nach dem Madrider Manuskript von 15<60?>, abgedruckt in: Françoise Naudé: *Reconnaissance du Nouveau Monde et Cosmographie à la Renaissance.* Kassel: Edition Reichenberger 1992, p. 217. Zum Einfluss Martyrs und Oviedos auf die Kosmographie am Hof Karl V. siehe ibid., pp. 36-40.

275 op. cit., I, 112.

276 op. cit., I, 17. Siehe O'Gorman: *Idea del desc.*: »he aquí, por otra, parte, el inical balbuceo igenuo <sic> y condenado a breve vida, pero que, sin embargo, sirvió para forjar la imagen más persistente de Colón, el marino sabio y erudito, que poblará las letras colombianas«, p. 79.

277 Oviedo, op. cit., I, 16

278 op. cit., I, 168.
279 op. cit., I, 9.
280 op. cit., I, 19. Die sich hier abzeichnende Spaltung von Wirklichkeit und Fiktion avanciert während des 16. Jahrhunderts zu einem Topos der Geschichtsschreibung, und zwar, wie Marcel Bataillon in seinem bedeutenden Buch über den spanischen Erasmismus dargelegt hat, gerade im spanischen Raum infolge des Einflusses, den Erasmus von Rotterdam im Zeitalter Karls V. in Spanien genoss. Besonders Oviedo »fué tocado visiblemente por el erasmismo«, so Bataillon: *Erasmo y España*, II, 247/248; Zum Erasmismus Oviedos in der Neuen Welt siehe das bereits zitierte Appendix-Kapitel »Erasmo y el Nuevo Mundo« sowie die Studie »El Erasmismo y América« von Alfonos Reyes in *Última Tule*, op. cit.). Zu Oviedos Erasmismus und dem Auftauchen von Erasmus in der *Historia* siehe Gerbi, op. cit., pp. 462-464.
281 Siehe etwa Esteve Barba, op. cit., pp. 69/70 und vor allem Edmundo O'Gormans Vorwort zur *Historia* (1972), p. 51.
282 »sacerdote del vero«, Gerbi, op. cit., p. 307. Zur These der ›Wissenschaftlichkeit‹ (»scrupuloso attegiamento scientifico«. Oviedos siehe auch Silvana Serafin: *La natura del Perù nei cronisti dei secoli XVI e XVII*. Roma: Bulzoni 1988, pp. 47-50; p. 50.
283 op. cit., II, 182
284 ibid.
285 op. cit., I, 17.
286 O'Gorman: *Idea del desc.*, p. 79.
287 Oviedo, op. cit., I, 15.
288 op. cit., II, 40.
289 Siehe Kap. III.2.1.
290 Oviedo, op. cit., I, 30.
291 op. cit., I, 20.
292 op. cit., I, 67.
293 Siehe Kap. III.
294 Oviedo, op. cit., II, 177.
295 op. cit., II, 141.
296 op. cit., I, 10.
297 Siehe Kap. VI.4.2.
298 Etwa op. cit., I, 14-15. Eine Variante ist »don Cristóbal Colom, primero descubridor e inventor destas Indias, y primero almirante dellas en nuestros tiempos«, Oviedo, op. cit., I, 167.
299 op. cit., I, 39.
300 »Pues visto e muy notorio está que estas nuestras Indias en ninguna manera pueden ser parte de Europa ni de Africa <...> ni se junta con la que Asia llamaron los antiguos cosmógrafos«, op. cit., II, 86.

301 op. cit., II, 86.
302 op. cit., II, 87.
303 op. cit., I, 13.
304 Siehe hierzu op. cit., I, p. 13-20.
305 Etwa die *Vitae regularis sacri ordininis predicatorum* des Teophilius de Ferraris Cremonensis, op. cit., I., p. 17.
306 Aus der oviedokritischen Sicht von Coello, op. cit. p. 45, führt dagegen die Hesperiden-These den Begriff der Entdeckung selbst ad absurdum und degradiert die Tat des Kolumbus zu einem puren »hallazgo«; damit aber auch die Bewohner von Las Indias zu einem Volk von rechtmäßig Unterwerfbaren, die nicht einmal die Andersheit mehr auszeichnet. Somit träten sie noch unter den Status eines Volks von *servi a natura* im Sinne Sepúlvedas.
307 op. cit., I, 17.
308 op. cit., I, 19.
309 Pseudo-Arist.: *De mirabilibus ascultationibus*, 84.
310 siehe Oviedo, op. cit., I, 20.
311 Küpper: *Trad. Kosm.*, p. 198.
312 Zur Bedeutung Brunos innerhalb der Renaissance-Mnemonik siehe Yates: *The Art of Memory*, Kap 9 und 11.
313 Papi, op. cit., p. 207. Der Autor bezieht sich an dieser Stelle auf eine kuriose Synthese von Hesperiden- und Piloten-Legende, die zur Legende von der prähistorischen Besiedlung Amerikas durch europäische Schifffahrer führte.
314 Papi, op. cit., p. 209.
315 Siehe Karl Kohut: »Humanismus und Neue Welt im Werk von Gonzalo Fernández de Oviedo«. In: Wolfgang Reinhard (Hrsg.): *Humanismus und Neue Welt* =DFG, Mitteilung der Kommission für Humanismusforschung XV (1987), pp. 65-88.
316 »Book of Records«. Stephanie Merrim: »The Apprehension of the New in Nature and Culture. Fernández de Oviedo's *Sumario*.« In: René Jara / Nicholas Spadaccini (eds.). *1492-1992: Re / Discovering Colonial Writing*. Minneapolis, MN: The Prisma Institute 1989, pp. 165-224; p. 174.
317 Siehe Francisco González Castro: »La retórica de lo nuevo en el Sumario de Gonzalo Fernández de Oviedo«. In: *Revista de Estudos de Literatura*, 4 (<Belo Horizonte, 1996>), pp. 49-60.
318 Oviedo, op. cit., I, 11. Zur Umsetzung des imitativen Textaufbaus s. Kapitel V.
319 op. cit., I, 13.
320 op. cit., II, 27.
321 »Wie kann Oviedo, der sich in seinem Vorwort noch auf Plinius beruft, das Prinzip der eigenen Erfahrung und Beobachtung akzentuieren, ohne mit der Autorität eben jenes Plinius in Konflikt zu geraten? <...> Was sich hier, im Gegensatz zum mechanisch-verabsolutierenden Umgang mit antiken Texten

abzeichnet, ist ein historisch relativiertes Verhältnis zur Antike. Oviedo beruft sich auf Plinius, nicht, weil er ihn als Schablone über die neuen Gegebenheiten stülpen will, sondern weil er für ihn bei der Herausbildung seiner eigenen deskriptiven Kompetenz maßgeblich ist. Der alte Plinius gilt nurmehr für die Alte Welt; für die Neue Welt gibt es noch keinen.« Birgit Scharlau: »TIGER-SEMANTIK. Gonzalo Fernández de Oviedo und die Sprachprobleme in Las Indias«. In: *Iberoamericana*. Lateinamerika, Spanien, Portugal. 7. Jahrgang, No. 1 (1983), pp. 51-69, p. 62.

322 Oviedo, op. cit., I, 11.
323 ibid.
324 Foucault, op. cit., p. 58
325 ibid.
326 Die Verbindung zwischen Foucaults Beobachtungen zur »prose du monde« und dem auftuenden »Gegensatz von Überliefertem und Erfahrendem« in der Chronik Oviedos wird in knapper und präziser Form von Birgit Scharlau gezogen. Es sei zugleich der Konflikt »zwischen zwei epistemologischen Lagern der Renaissance. Das eine Lager repräsentiert den vorherrschenden Wissensmodus, nach dem das Gelesene und das Gesehene von gleichrangiger Erkenntnisqualität. <...>. Oviedo ist dabei, sich von diesen Imperativen zu lösen. <...> Wenn er Überliefertes mit hineinnimmt, dann nicht, um es mit dem Beobachteten untrennbar zusammenfließen zu lassen, sondern um das eine am anderen zu überprüfen. Die Prinzipien des ›lo que se escribe‹ und des ›lo que se ve‹ gehören für ihn nicht mehr zur gleichen großen Quelle, aus der er sein Wissen schöpft.« Scharlau, op. cit., pp. 58 / 59. Dem steht in gewissen Maße die Position Gerbis gegenüber, der die Einheit »visto« und »letto« bei Oviedo noch gewahrt sieht (Gerbi, op. cit., p. 373).
327 Oviedo, op. cit., I, 13.
328 »Mas ¿para qué quiero yo traer auctoridades de los antiguos en las cosas que yo he visto, ni en las que Natura enseña y se ven cada día? Preguntad a esos carreteros que tienen uso de ejercitar las carretas o carros; y decíros han cuántas veces se les encienden los cubos de las ruedas por el ludir y revolver de los ejes: que esto basta para que a do quiera se aprenda a sacar fuego de la manera que acá se hace e yo tengo aquí dicho«. Oviedo, op. cit., I, 151.
329 Blumenberg: *Lesbarkeit*, p. 58.
330 s. Kap. IV.6.
331 Zit. nach Blumenberg: *Lesbarkeit*, p. 59.
332 Oviedo, op. cit., II, 83.
333 »Die Empirie wird für ihn zur Waffe, mit der er gegen die Schreibtisch-Chronisten vorgeht« Scharlau, op. cit., p. 61.
334 Der von Oviedo hier verwendete Terminus »cátedra de la gisola« hat seinen Interpreten viel Kopfzerbrechen bereitet. Denn die Vokabel »gisola« ist in keinem

Wörterbuch der spanischen Sprache zu finden, selbst nicht in technisch-nautischen Fachdiktionarien. Die hier gewählte Übersetzung folgt einem jüngst publizierten Vorschlag der (ebenso ratlosen) Kathleen Ann Myers: *Fernandez de Oviedo's Chronicle of America*. Austin: University of Texas Press 2008, p. 144. Die Wahl des »quarterdeck« (»the place of the ship were <sic!> navigational decisions were made«) scheint die zumindest inhaltlich plausibelste Lösung.
335 Oviedo, op. cit., I, 39/40.
336 op. cit., I, 167.
337 Siehe Kap. III.
338 Oviedo, op. cit., II, 41.
339 Alle hier angebrachten Zitate op. cit., I, 6.
340 Oviedo, op. cit., V, 305-418; Karl Kohut: »Fernández de Oviedo: von Schiffbrüchigen und Dämonen«. In: Axel Schöneberger und Klaus Zimmermann. *De orbis Hispani linguis litteris historia moribus*. Festschrift für Dietrich Briesemeister zum 60. Geburtstag. Frankfurt am Main: Domus Editora Europea 1994, pp. 1237-51. Die Parallele zwischen Oviedos Depot- und Schiffbruchbuch in ihrem Charakter als »Sammelsurium heterogener Merkwürdigkeiten, <…> deren einziges verbindendes Element darin liegt, daß es sich um bemerkenswerte Dinge handelt«, sieht auch Kohut gewährleistet, op. cit., p. 1239. Zum literarischen Topos »Verwünschung der Schiffahrt« innerhalb des Motivs der Kratophanie siehe Heydenreich, op. cit., p. 111.
341 »por haber venido a esta tierra, comenzó a blasfemar e maldecir a Danao, que fué el primero que de Egipto condució naves en Grecia – porque primero navegaban las gentes con vigas o maderos atados juntamente, lo cual fué invención del rey Erithra en el mar Rojo-; y no loando a Jasón (que dicen que fué el primero que usó nave luenga), escupía contra Amocle, inventor de las galeas trirremes, vituperaba los cartagineses, inventores de las galeas *quinque-remi*, injuriaba a los fenices por haber enseñado la navegación observando el curso de las estrellas, con todos los otros que tal arte aprendieron; e sobre todos, oraba mal siglo a Colom, que el camino destas Indias enseño«, Oviedo, op. cit., I, 166.
342 op. cit., I, 217.
343 op. cit., I, 218.
344 Siehe etwa Emir Rodríguez Monegal, »Die Neue Welt. Ein Dialog zwischen Kulturen«. In: Emir Rodríguez Monegal. (Hrsg.): *Die Neue Welt*. Chroniken Lateinamerikas von Kolumbus bis zu den Unabhängigkeitskriegen. Frankfurt am Main: Suhrkamp 1982, pp. 7-66; p. 17 f.: »Oviedos Sicht war die offizielle: er schrieb, um Karl V. zu gefallen, und akzeptierte widerspruchslos die ›natürliche‹ Unterlegenheit der Indios, so wie der Humanist Juán <sic> de Sepúlveda sie definiert hatte.« Siehe auch Todorovs Angriffe auf Oviedo als »riche source de jugements xénophobes et racistes«, Todorov: *Conquête*, p. 157. Gegen eine solch einseitige Sicht wendet sich in differenzierter Weise Giuliano Soria:

Fernández de Oviedo e il problema dell'indio. La »Historia general y natural de las Indias«. Roma: Bulzoni 1989. Erwiderungen auf Todorovs Vorwürfe pp. 34 ff. Siehe auch Ballesteros, op. cit., pp. 225-233 (»Oviedo y el indio americano«).

345 Zur Diskussion der Hesperiden-These und ihrer politisch-imperialistischen Implikationen, insb. die Attraktion, die sie auf Karl V. ausübten (s. das hier verwendete Zitat), siehe Gerbi, op. cit., pp. 379-383, »Le Indie e le Esperidi«; O'Gorman: *Idea del desc.*, pp. 72-89. »La tesis imperialista. Gonzalo Fernández de Oviedo (1478-1557)«.

346 Die Zitate erfolgen nach der Text der *editio princeps* von 1571, einer Übersetzung des Originalmanuskripts ins Italienische. Fernando Colombo: *Historie Del S.D. Fernando Colombo; Nelle quali s'ha particolare, & vera relatione della vita, & de' fatti dell'Ammiraglio D. Christoforo Colombo, suo padre. E dello scoprimento, ch'egli fece nelle INDIE Occidentali, dette MONDO NOVO, hora possedute dal Serenis. Re Cattolico. Nuovamente di lingua Spagñuola tradotta nell'Italiana dal S. Alfonos Vlloa. Con privilegio.* Venezia: Franceso de'Franceschi Sanesa 1571, p. 24.

347 op. cit., p. 23.

348 op. cit., p. 1. (»Proemio dell'Autore«).

349 op. cit., pp. 14/15.

350 op. cit., pp. 19/20.

351 Siehe Taviani / Caracci: »Anche le citazioni di questo capitolo sono per lo più di seconda mano; le fonti riconoscibili sono, otre all'*Imago Mundi* e l'*Historia rerum*, G. FERNÁNDEZ DE OVIEDO, op. cit., e il *Libro de las Profecías*«, op. cit., p. 39 (Kommentar).

352 F. Colón, op. cit., p. 13.

353 Zum Einfluss Toscanellis auf Kolumbus siehe Franck La Brasca: »*Inventio fortunata*: L'influence de Paolo dal Pozzo Toscanelli et de son Millieu sur Christophe Colomb«. In: José Guidi / Monique Mustapha. *Christophe Colomb et la découverte de l'Amérique. Réalités, imaginaire et réinterpretations.* Aix: Publications de l'Université de Provence 1994, pp. 41-53.

354 F. Colón, op. cit., p. 30.

355 O'Gorman: *Idea del desc.*, »Capitulo IV. La solución científica. 1. Introducción. 2. La tesis de la finalidad descubridora: Fernando Colón«, pp. 91-127.

356 Fernando Colón, op. cit., p. 24.

357 op. cit., p. 30.

358 op. cit., p. a ij/a iij.

359 Das Verhältnis Fernando Colón-Bartolomé de las Casas untersucht in einer vergleichenden ›kritischen Untersuchung‹ der Werke Gastone Imbrighi: *Bartolomé de las Casas. Note per una storia della problematica colombina.* L'Aquila: Japadre 1972, pp. 47-143 (»La veridicità delle Historie de Don Fernando Colombo e i Rapporti con la Historia de las Indias di Bartolomeo <sic> de las Casas«).

360 Die zwischen Bewunderung und Verteufelung polarisierte Rezeption von Las Casas vom 16. bis ins 20. Jahrhundert und seine darin rekurrente Instrumentalisierung durch politische Strömungen verschiedenster Art, resümiert Lewis Hanke: *Bartolomé de las Casas.* Bookman, Scholar & Propagandist. Philadelphia: University of Pennsylvania Press 1952.

361 Lewis Hanke: *Las teorías políticas de Bartolomé de las Casas.* Buenos Aires: Facultad de Filosofía y Letras 1935, p. 7.

362 Die überwiegende Mehrzahl der Studien zu Leben und Werk von Bartolomé de las Casas in den letzten Jahrzehnten setzt ihren Schwerpunkt auf diesen meist sehr biographisch fokussierten Aspekt des ›militanten Indigenisten‹, ›Propheten der Neuen Welt‹, ›Verteidiger der Menschenrechte‹ und ›ersten Befreiungstheologen‹ und stammt interessanterweise häufiger aus Europa, insb. Frankreich, denn aus Lateinamerika, siehe etwa die Monographien von Marcel Bataillon / André Saint-Lu: *Las Casas y la defensa de los Indios.* Madrid: Sarpe 1985 (=*Las Casas et la défense des indiens,* Paris 1971, esp.); Ph.-I. André Vincent: *Bartolomé de las Casas, prophète du Nouveau Monde.* Préf. par André Saint-Lu. Paris: Tallandier 1980; Lorenzo Galmés: *Bartolomé de las Casas.* Defensor de los derechos humanos. Madrid: Biblioteca de autores cristianos 1982; Marianne Mahn-Lot: *Bartolomé de las Casas et le droit des indiens.* Paris: Payot 1982; Benno M. Biermann: *El P. Las Casas y su apostolado.* Madrid: Fundación universitaria española 1986; Marianne Mahn-Lot: *Bartolomé de las Casas.* Une théologie pour le Nouveau Monde. Paris: Desclée de Brouwer 1991 oder Aufsatzsammlungen wie die von André Saint-Lu (ed.): *Las Casas indigéniste.* Etudes sur la vie et l'œuvre du défenseur des Indiens. Paris: Editions L'Harmattan 1982. Die beiden Seite der Medaille einer ›schwarzen‹ und einer ›goldenen Legende‹ (»leyenda aúrea«) präsentierte in einer Las Casas gegenüber sehr kritischen Weise das Werk von Ramón Menéndez Pidal: *El Padre las Casas. Su doble personalidad.* Madrid: Espasa-Calpe 1963. (Siehe hierzu auch: Lewis Hanke: »Ramón Menéndez Pidal vs. Bartolomé de las Casas: observaciones preliminares«. In: *Política* 3 (‹Caracas› 1964), pp. 21-40.) Da die hier untersuchte Fragestellung die Frage von Indigenismus und Menschenrechten nur am Rande streifen kann, muss ein solch summarischer Verweis auf diesen bedeutenden Teil der lascasistischen Forschungsliteratur an dieser Stelle genügen.

363 Hanke: *Teorías políticas,* p. 8.

364 Hanke: *Bartolomé de las Casas,* p. 2: »Why have his scholarly achievements been largely ignored? Partly because during his lifetime he was known as a man of action, determined to protect the Indias of the New World from the rapacitiy and cruelty of his fellow countrymen.«

365 »hoy, que es el año de 1552«, Las Casas: *Historia,* p. 19.

366 Zur Entstehung der beiden *Historias* siehe Esteve Barba, op. cit., pp. 94-102.

367 Siehe Kap. VI.3.2.
368 Lewis Hanke: »Las Casas, historiador«. In: Las Casas: *Historia*, op. cit., I pp. IX-LXXXV; pp. LXIX; »La *Historia de Indias* está mal organizada, la narración pasa de un tema a otro sin orden ni concierto, para confusión del lector, y a las veces hace extraños rodeos o se detiene por completo para dejar paso a capítulos fuera de propósito«, op. cit., p. LXX.
369 Hanke: *Bartolomé de las Casas*, p. 26 »*Method for the Easy Understanding of History* may be described as ›a confused and often muddied stream on whose surface float strange spars of knowledge‹.«
370 »Con todo el aparato de una erudición pedantesca, unida al mayor desaliño, a la prolijidad más fastidiosa, y a un latinismo revesado, que recuerda el de los malos prosistas de siglo XV.« Marcelino Menéndez Pelayo. *Historia de los heterodoxos españoles*. Zitiert nach Álvaro Huerga. Álvaro Huerga. In: Bartolomé de las Casas: *Obras Completas,* Vol. 1: *Vida y Obras*. Madrid: Alianza Editorial 1988, p. 295. Zur Rezeption der *Historia de las Indias* siehe ibid. (»Historia y Autobiografía«, pp. 291-302).
371 Las Casas: *Historia*, p. 20.
372 op. cit., p. 73.
373 ibid.
374 op. cit., p. 89.
375 op. cit., p. 73.
376 op. cit., p. 80.
377 op. cit., p. 74.
378 op. cit., p. 76.
379 op. cit., pp. 76/77.
380 op. cit., p. 79.
381 op. cit., p. 82.
382 op. cit., p. 81.
383 op. cit., p. 84.
384 op. cit., p. 72.
385 op. cit., p. 71.
386 op. cit., p. 72.
387 bereits zitiert.
388 op. cit., p. 72.
389 op. cit., p. 70.
390 op. cit., p. 70.
391 ibid.
392 op. cit., p. 72.
393 F. Colón, op. cit., p. 19.
394 Las Casas: *Historia*, p. 65.
395 op. cit., p. 37.

396 Mignolo, op. cit., p. 76. Zur zentralen Bedeutung dieses Prologs für die Definition der amerikanischen *Historias* siehe ibid., pp. 76-78.
397 Las Casas: *Historia*, p. 4.
398 C. Colón: *Cuatro viajes*, p. 104 (FN).
399 Las Casas: *Historia*, p. 70.
400 C. Colón: *Cuatro viajes*, p. 167 (FN).
401 op. cit., p. 168 (FN).
402 op. cit., p. 84 (FN).
403 Las Casas: *Historia*, p. 149.
404 op. cit., p. 219.
405 op. cit., p. 251.
406 V. Kap. III.
407 Las Casas: *Historia.*, p. 222.
408 op. cit., p. 154.
409 op. cit., pp. 223/224.
410 Angesichts dessen charakterisiert Edmundo O'Gorman das Verfahren des Dominikaners als »Vorsehungs-These« (»tesis providencialista«) entgegen der »Wissenschafts-These« (»tesis científica«) des Fernando Colón und weist darauf hin, dass auf diesem Wege der Entdeckungsbegriff erstmals vollständig den Bereich der Kosmographie verlässt, den er, wie hier dargelegt, durch Kolumbus und Vespucci betreten hat: »Las Casas desplaza por entero la comprensión del ›descubrimiento‹ sacándola del marco histórico-geográfico en que la encerraron los otros y en que volverán a encerrarla los modernos. El, por su cuenta y a su riesgo, apoyado en su fe y en la seguridad que tiene acerca de su discernimiento de los designios de Dios, la mete dentro del marco religioso y meta-histórico de la relación que, por encima de toda contingencia, existe entre el hombre y su creador«. O'Gorman: *Idea del desc.*, p. 149.
411 Las Casas: *Historia.*, p. 160.
412 op. cit., p. 149.
413 Bruno: *Dell'Inf.*, Epigraph.
414 Las Casas: *Historia*, op. cit., p. 90.
415 op. cit., p. 150.
416 Zit. nach O'Gorman: *Idea del desc.*, p. 146. Siehe d. auch Las Casas' widersprüchliche kosmographischen Ansichten. Dass Las Casas in der Forschung wiederholt als großer kosmographischer Denker gerühmt wird, ist eine angesichts dessen durchaus diskutabel erscheinende Position. Siehe etwa Frank Lestringant: *Ecrire le monde à la Renaissance. Quinze études sur Rabelais, Postel, Bodin et la littérature géographique*. Caen: Paradigme 1993, p. 12; Lestringant: *Atel. du cosm.*, p. 60.
417 Siehe O'Gorman: *Idea del desc.*, p. 139.
418 »Colón no descubre los infieles; tampoco descubre las tierras que habitan; descubre *el camino* que conduce a los unos y a las otras, es decir *al lugar* donde los

infieles viven y esperan, sin saber, su vocación. Este concepto de ›descubrimiento del camino‹, novísimo y original, es el propio al sistema de Las Casas y el absolutamente decisivo para comprenderlo.«, O'Gorman: *Idea del desc.*, p. 150.
419 Siehe Kap III.1.
420 Siehe Lewis Hanke: »The theological significance of the discovery of America«. In: Chiappelli, op. cit., pp. 363-374 (Vol. II).
421 Las Casas: *Historia*, p. 184.
422 Siehe op. cit., p. 55; p. 145.
423 op. cit., p. 24.
424 op. cit., p. 25.
425 ibid.
426 Eine solche kulturelle Evolutionstheorie (»evolucionismo cultural«) attestieren die meisten Crónicas-Forscher erst José de Acosta und übergehen diese Passage bei Las Casas schweigend. Siehe etwa José Alcina Franch. »Introducción«. In: José de Acosta: *Historia natural y moral de las Indias*. Madrid: Historia 16 1986, pp. 7-44; pp. 26-30
427 Las Casas: *Historia*, p. 3.
428 ibid.
429 »Por la tercera y cuarta causa se movieron muchos escritores antiguos a escribir, caldeos y egipcios, a quien más crédito que a otros en las historias se les da, y después de ellos los romanos; pero los griegos en crédito son los últimos«, op. cit., p. 5.
430 op. cit., p. 3.
431 Siehe III.2.7.
432 Las Casas: *Historia.*, p. 12.
433 op. cit., p. 13.
434 op. cit., p. 6. Es sei hier zu vermerken, dass diese Etymologie Isidors von der historischen Sprachwissenschaft neueren Datums durchaus getragen wird. Der Stamm Ϝιστ- von ιστορία leitet sich von ἵστωρ, ›wissend, kundig‹, das wiederum von der Wurzel Ϝοιδ / Ϝειδ / Ϝid herstammt, dem sowohl οἶδα als auch εἶδον, ›ich sah‹ abgeleitet sind; und über das Griechische hinaus sowohl der Stamm von *videre* als auch von dt. wissen. Sehen, Wissen und Geschichte sind insofern in der Tat, wie hier von Las Casas proklamiert, an eine gemeinsame Wortgeschichte gebunden. Siehe etwa die Einträge zu ιστορία, ἵστωρ und εἴδω in: Gemoll, op. cit.,
435 Siehe op. cit., p. 8.
436 Alle Zitate Las Casas: *Historia*, p. 28. Die bis heute fortgeführte Diskussion um die Namensherkunft des von Lezama zu Recht als »almirante misterioso« Bezeichneten samt ihrer kabbalistischen, mystischen und messianischen Implikationen, die dennoch »bisher nicht definitiv Aufschluß über die Identität des Seefahrers geben können«, finden sich zusammengefasst bei Christine Bier-

bach: »Nomen est omen? Sprachliche Spurensuche um Columbus – Colom – Colón«. In: Schöneberg / Zimmermann, op. cit., pp. 577-597.

437 op. cit., p. 9.
438 op. cit., p. 89.
439 ibid.
440 op. cit., p. 4.
441 op. cit., p. 73
442 op. cit., p. 74.
443 ibid.
444 op. cit., p. 199.
445 Lucien Goldmann: *Le Dieu caché*. Étude sur la vision tragique dans les Pensées de Pascal et dans le théatre de Racine. Paris: Gallimard 1955.
446 *Mat. 7, 12*
447 Las Casas: *Historia*, pπ. 92/93.
448 Bartolomé de las Casas: *Del único modo de atraer a todos los pueblos a la verdadera religión*. Advertencia preliminar de Agustín Millares Carlo. Introd. de Lewis Hanke. México: Fondo de Cultural Económica. 1975 (2 ed.).
449 Siehe Hanke: *Teorías políticas*, pp. 42/43: »la substitución de est teoría por la doctrina de la igualdad natural y la confraternidad entre los hombres, señala el comienzo del penamiento político moderno«. Zur Grundzügen der Kontroverse siehe ibid, pp. 42-49; Todorov, *Conquête*, pp. 152-172.
450 Marcel Bataillon: »Las Casas face à la pensée d'Aristote sur l'esclavage«. In: *Platon et Aristote à la Renaissance*. Paris: Vrin 1976, pp. 403-430. Wie sich die Las Casas' Position der generellen Verdammung der gewaltsamen Evangelisierung der *Indios* von den Kolonisierungsmodellen seiner Zeit, etwa der Kasuistik eine Francisco de Victoria absetzen, untersucht Raymond Marcus: »Droit de guerre et devoir de réparation selon Bartolomé de las Casas«. In: *Les cultures ibériques en devenir*, op. cit., pp. 549-565. Eine konkrete Verbindung zwischen Las Casas und Montaigne wird hergestellt von Peter Soehlke Heer: *El nuevo mundo en la visión de Montaigne o los albores del anticolonialismo*. Caracas: Instituto de Altos Estudios de América Latina 1993, pp. 81-88.
451 Las Casas: *Historia*, p. 59.
452 Zu den Spekulationen über dies ›Geheimnis‹ siehe Hanke, in: Las Casas: *Historia*, p. XXVIII-XLVI (»¿Por qué se retrasó tanto la impresión de la *Historia de las Indias*?«); André Saint-Lu: »Fray Bartolomé de las Casas«. In: Íñigo Madrigal, op. cit., pp. 117-134; p. 120. Der zentralen These Alejandro Cioranescus (»La historia de las Indias y la prohibición de editarla«. In: Colón, humanista. – Madrid: ed. prensa española 1967, pp. 73-88), das Verbot gehe auf die Bestimmung einer gewissermaßen esoterischen Schrift nur für die Angehörigen des Dominikanerordens zurück, wird widersprochen von Huerga, op. cit., pp. 299 / 300, der als Grund Las Casas' Befürchtung angibt, der Consejo de Indias könne den Druck verbieten.

453 Michael Sievernich S. J.: »›Christianorum avaritia indorum vocatio‹. Eine theologische Sicht der ›Neuen Welt‹ im späten 16. Jahrhundert«. Karl Kohut (Hrsg.): *Der eroberte Kontinent.* Historische Realität, Rechtfertigung und literarische Darstellung der Kolonisation Amerikas. Frankfurt am Main: Vervuert 1991, pp. 103-118,

454 Siehe Joachim Küpper: »Prä-Empirismus und Fideismus im Spanien des 16. und 17. Jahrhunderts« (op. cit.).

455 Siehe Manuel Marzal Fuentes: *José de Acosta.* Lima: Editorial Brasa 1995 (=Colección Forjadores del Perú vol. 22). Marzal weist insb. auf Acostas Bedeutung für eine ›andere‹ Form der Mission hin (»El inspirador de una doctrina diferente«; op. cit., p. 77-92). Siehe hierzu auch Carlos Baciero: »La promoción y la evangelización del indio en el plan de José de Acosta«. In: *Doctrina christiana y catecismo para instrucción de los indios.* Madrid: Consejo Superior de Investigaciones Científicas 1986, pp. 117-162. Noé Zevallos. *Evangelización y teología en el Perú: luces y sombras en el siglo XVI.* Lima: Instituto Bartolomé de las Casas 1991, pp. 179-198.

456 Zur Frage nach Acostas »Lascasismus« siehe: Vidal Abril Castelló: »Cuestión incidental: ¿Fue lascasista José de Acosta?« In: *Francisco de la Cruz, Inquisición.* Actas I. Anatomía y bibosía del Dios y del derecho judeo-cristiano-musulmán de la conquista de América. CHP, vol. 29, pp. 108-110. Madrid: CSIC 1992.
– »Fray Francisco de la Cruz, el lascasismo peruano y la prevariación del Santo Oficio limeño, 1572-1578.« In: José Barrado (ed.). *Los Dominicos y el Nuevo Mundo.* Actas del II Congreso Internacional, Salamanca, 28 de marzo-1 de abril 1989. Salamanca: Ed. San Esteban 1990, pp. 157-225.

457 Joseph de Acosta: *Historia natural y moral de las Indias,* En que se tratan las cosas notables del cielo, y elementos, metales, plantas, y animales dellas: y los ritos, y ceremonias, leyes, y gobierno de los Indios. Compuesta por el Padre Ioseph de Acosta Religioso de la Compañía de Jesús. Dirigida a la Serenissima Infanta Doña Isabella Clara Eugenia de Austria. Con privilegio. Sevilla: Juan de León 1590, p. 224.

458 Siehe Helga Gemegah: *Die Theorie des spanischen Jesuiten José de Acosta (ca. 1540-1600) über den Ursprung der indianischen Völker aus Asien.* Frankfurt am Main <e.a.>: Peter Lang 1999 (=*Hispano-Americana,* Bd. 22 u. Diss. Bremen 1999).

459 op. cit., pp. 132-134.

460 Acosta, op. cit., p. 71,

461 Siehe Gemegah, op. cit., pp. 171-184. Dauril Alden: *The Making of an Enterprise.* The Society of Jesus in Portugal, its Empire, and Beyond 1540-1570. Stanford: Stanford University Press 1996, pp. 77-89. Zur Stellung Acostas im Kreuzfeuer von Kirche und Krone innerhalb des Dritten Konzils von Lima siehe Johan Leuridan Huys: *José de Acosta y el origen de la idea de misión.* Perú,

siglo XVI. Cuzco: Centro de Estudios Regionales Andinos »Bartolomé de las Casas« 1997; bes. pp. 73-80.
462 Zu dieser Verbindung siehe die Implikationen des Entdeckungsbegriffs bei Kolumbus und Vespucci im Kap. IV.
463 op. cit., p. 72.
464 Zur neueren Wertschätzung von Acostas These siehe José Alcina Franch / Acosta. Einen neueren Überblick über ethnologische, geographische, geophysische und zoologische Forschungstexte, die sich auf Acostas Landbrücken-Theorie berufen, findet sich bei Gemegah, op. cit., pp. 21-40.
465 Siehe Kap. III.2.2.
466 Acosta, op. cit., p. 196
467 op. cit., p. 209.
468 op. cit., p. 122.
469 Siehe Kap. III.2.4. bzw. Carruthers, op. cit., pp. 156-45.
470 Acosta, op. cit. p. 122.
471 op. cit., p. 393.
472 op. cit., p. 62 / 63.
473 op. cit., pp. 117/118.
474 Siehe Kap. IV.4.4.
475 Acosta, op. cit., p. 10. Im Rahmen einer heutigen Diskurstheorie weitergedacht hat die Bemerkung von der ›Alten Neuen Welt‹ José Rabasa im Epilog von *Inventing America*, op. cit., pp. 210-214, p. 210: »As Acosta points out, novelty wears out with writing and speech, but by the same token the available thesaurus may still be subjected to a new discursive configuration in a new history: Acosta's *Historia* draws a self-conscious variant interpretation, ipso facto, a New World represented.« Dadurch stellt er sie als eine Art rückwirkendes Motto über seine gesamte Konzeption der »invention of America«.
476 Acosta, op. cit., p. 153.
477 op. cit., pp. 122/123.
478 op. cit., p. 66.
479 op. cit., p. 148.
480 Zu Acostas »contemplación para alcanzar amor« v. die Acosta-Studie con Claudio M. Burgaleta: *José de Acosta (1540-1600). His life and thought.* Chicago: Loyola Press 1999, pp. 107-109 (»Finding God in All Things«): »Acostas imitates this structure of the *contemplatio ad amorem* by structuring the *Historia* as an ascent up the ladder of being in which he highlights the new marvels of God's creation in the Americas.«, p. 108.
481 *Heb.* 8.
482 Acosta, op. cit., p. 24.
483 op. cit., p. 193.
484 ibid.

485 op. cit., p. 196.
486 Aristoteles, *Eth. Nic.*, 5, 5.
487 Acosta, op. cit., pp. 195/196.
488 ibid.
489 ibid.
490 alle op. cit., p. 307.
491 op. cit., p. 303.
492 Siehe bes. op. cit. pp. 358s. und passim.
493 op. cit., p. 304.
494 ibid.
495 op. cit., p. 305.
496 ibid.
497 op. cit., p. 306.
498 op. cit., pp. 322/323.
499 alle op. cit., p. 306.
500 op. cit., p. 313.
501 beide op. cit., p. 310.
502 Siehe Foucault, op. cit., »Les quatre similitudes«, pp. 31-40.
503 Zur Entsprechung von Ding und Bild mit den Kategorien Präsenz und Absenz in der Kritik der mittlelalterlichen Species-Theorie siehe Kap. III.2.4.
504 *Sap.* 14.
505 Acosta, op. cit., p. 316.
506 alle ibid.
507 op. cit., p. 317.
508 op. cit., p. 316.
509 Beachtliche Parallelen tun sich hier zu den Lektüren Jacques Derridas hinsichtlich der Substitution von Vater und Sohn, Totem und Lebendem, Präsenz und Absenz, totem Buchstaben und lebendem Wort. Siehe insb. *De la grammatologie*. Paris: Les éditions de minuit 1967. – *La dissémination*. Paris: Editions du Seuil 1972. (Zur Vater-Sohn-Thematik v. bes. »Le père du Logos«, »L'inscription des fils«, op. cit., pp. 93-118.)
510 Acosta, op. cit., p. 316.
511 op. cit., p. 317.
512 op. cit., p. 326.
513 op. cit., p. 317.
514 op. cit., p. 328.
515 ibid.
516 op. cit., p. 401.
517 ibid.
518 op. cit., pp. 401/402.
519 alle op. cit., p. 402.

520 op. cit., p. 403.
521 ibid.
522 op. cit., p. 404.
523 ibid.
524 op. cit., p. 405.
525 ibid.
526 Siehe op. cit., pp. 407-412, »Cap. 7. Del modo de letras, y escritura que vsaron los Mexicanos« / »Cap. 8. De los memoriales y cuentas, que vsaron los Indios del Piru«.
527 op. cit., p. 406.
528 op. cit., p. 25.
529 Küpper: *Trad. Kosm.*, p. 203.
530 *Mt.* 12, 11ff.
531 Siehe Kurt Hübner: *Das Christentum im Wettstreit der Weltreligionen. Zur Frage der Toleranz.* Tübingen: Mohr Siebeck 2003, pp. 83-90 (»Das Gesetz der Juden und das Gesetz der Chisten«).
532 Siehe Kap. III.
533 »Die Gesellschaft der Kaufleute, die nach der Renaissance ihre volle Blütezeit hat und deren Zerfall im 17. Jahrhundert einsetzt, formt die Zivilisation des Mittelalters nach und nach von Grund auf um. <...> Einer Zivilisation, die auf Wesen und Sein gründet, folgt eine Zivilisation, die auf Haben und Besitz basiert. Dieser Mechanismus entsteht aus Repräsentationssystemen, deren wichtigste einerseits das Geld und andererseits das Buch sind. Wenn das Geld den Bereich des Ökonomischen hervorbringt, so erzeugt das Buch den Bereich des Fiktiven. <...> Wenn das Buch sein hauptsächliches Medium ist, so ist die Schrift seine sichtbarste Manifestation.« Jean-Marie Apostolidès: »Der Bereich des Imaginären«. In: Hans Ulrich Gumbrecht / K. Ludwig Pfeiffer (Hrsg.): *Schrift.* München: Wilhelm Fink Verlag 1993, pp. 125-136; p. 125.
534 Acosta, op. cit., p. 348
535 Pedro Piñero Ramírez: »La épica hispanoamericana colonial«, in: Íñigo Madrigal, op. cit., pp. 161-203. Zum Einfluss der italiensichen Epiker siehe ibid., pp. 165-168
536 Alonso de Ercilla: *La Araucana.* Dirigida a la Sacra Catholica Real Magestad del Rey don Philippe nuestro Señor. Salamanca: Domingo de Portonarijs 1574, p. 29 <=49>; =II, 73.
537 op. cit., I, p. 116 =IV, 84.
538 op. cit., p. 114 =IV, 78.
539 op. cit., p. 86 =III, 88.
540 op. cit., p. 8 =I, 20.
541 Hier zitiert (aufgrund Unzugänglichkeit der Erstausgabe des Zweiten Teil der Araucana) nach: Alonso de Ercilla: *La Araucana.* Edición, introducción y notas

de Marcos A. Moíngio e Isaías Lerner. Madrid: Clásicos Castalia 1979. Tomo II, p. 186 =XXV, 2.

542 Siehe Kap. II.2.

543 Pablo Neruda: »El mensajero«. In: Pablo Neruda (u.a.): *Alonso de Ercilla, inventor de Chile*. Homenaje de la Universidad Católica de Chile en el IV Centenario de »La Araucana«. Santiago de Chile: Editorial Pomaire 1971, pp. 11/12; p. 12. Siehe auch Luis Íñigo Madrigal: »Alonso de Ercilla y Zúñiga«. In: Iñigo Madrigal, op. cit., pp. 188-202; p. 189

544 Luis Alberto Sánchez: *Garcilaso Inca de la Vega. Primer criollo*. Santiago de Chile: Ediciones Ercilla 1939. Es handelt sich um die wohl erste zusammenhängende Biographie des Autors, zusammen mit: Luis E. Valcárcel: *Garcilaso Inca. Visto desde el ángulo indio*. Lima: Imprenta del Museo Nacional 1939 und Carlos Daniel Valcarcel: *Garcilazo <sic> Inca*. Lima: E. Bustamante y Ballirián 1939.

545 José Durand: *El Inca Garcilaso, clásico de América*. México D.F.: Sep Setentas 1976. Auf die Kontinuität von Garcilasos Denken in den peruanischen Widerstandsbewegungen siehe José Durand: »El influjo de Garcilaso Inca en Tupac Amaru«. In: *Realidad nacional*. Selección y notas de Julio Ortega. Lima: Retablo de papel 1974, pp. 208-215.

546 Siehe etwa bereits José de la Riva Agüero: »Elogio del Inca Garcilaso«. In: *Revista Universitaria*, 11, I (<Lima> 1916), pp. 335-412.

547 Zu den Parallelen, die beide Werke in diesen Punkten über ihr Erscheinungsdatum verbinden, siehe Hugo Rodríguez-Vecchini: »*Don Quijote* y *La Florida del Inca*«. In: *Revista Iberoamericana* 120-121 (1982), pp. 587-620: »Con Cervantes y con el Inca Garcilaso, la novela y la historia de América adquieren plena conciencia de sí mismas como nuevo discurso; es más: tienen un metadiscurso«, p. 588. Das Zitat Menéndez Pidals zur »primera novela histórica« ibid., p. 605. Siehe auch Mignolo, op. cit., pp. 89-91.

548 Als *Wahrhaftige Kommentare über das Reich der Inka*. Aus dem Spanischen von Wilhelm Plackmeyer, hrsg. von Ursula Thiemer-Sachse. Berlin: Rütten & Loening 1983 wurde dies Buch in einer (zu gesamtdeutschen Zeiten leider nie wieder aufgelegten) Ausgabe aus der DDR ins Deutsche übersetzt – ein Privileg, das sonst kaum einer der *Crónicas de Indias* zuteil wurde. Hinsichtlich des deutschen Titels dieser Ausgabe, der die zusammenhängenden Zitate auf deutsch in der Folge entnommen sind, ergibt sich die Schwierigkeit, dass Garcilaso die Incas (der den Herrscher des Reiches vorbehaltene Titel) oft auch in europäischer Analogie als als »reyes« (»Könige«) bezeichnet. Angesichts der Doppeldeutigkeit des spanischen Wortes »real« – »wahrhaftig, real«, aber auch »königlich« – ist insofern eine anderslautende Übersetzung des Titels durchaus denkbar. Ob diese Doppeldeutigkeit von Garcilaso beabsichtigt ist (denn andere »wahrhaftige« Chroniken nennen sich ja »historia verdadera«), wurde in der Forschung bislang kaum diskutiert.

549 Auf die frappierenden biographischen Parallelen zwischen Garcilaso und Cervantes verwies bereits Gastón Baquero: »El Inca Garcilaso de la Vega murió hace 350 años, el mismo día que Cervantes«. In: *La estafeta literaria*, 357 (<Madrid> 1966). Zur Datierung von Garcilasos Tod gibt es allerdings auch divergierenden Angaben.

550 Siehe Margarita Zamora: *Language, authority, and indigenous history in the Comentarios reales de los inca*. Cambridge: University Press 1988, p. 3ss.

551 Der Einfluss von Gómaras *Historia* und seine kritische Rezeption durch Garcilaso lässt sich gerade auch aus dessen eigener, bis heute in der peruanischen Nationalbibliothek bewahrter Gómara-Ausgabe entnehmen, die neben den eigenhändigen Randanmerkungen Garcilasos auch die Gonzalos Silvestres trägt, auf dessen Augenzeugenbericht die *Florida del Inca* basiert. Siehe José Luis Rivarola: »El taller del Inca Garcilaso. Sobre las anotaciones en la *Historia General de las Indias* de F. López de Gómara y su importancia en la composición de los *Comentarios Reales*«. In: *Revista de Filología española*. Tomo LXXV, Fasc. 1.º-2.º (1995), pp. 57-84.

552 Eine genaue Aufschlüsselung der Quellen der *Comentarios reales* bietet Aurelio Miró Quesada: *El Inca Garcilaso y otros estudios garcilasistas*. Madrid: Cultura Hispánica 1971, pp. 191-220, pp. 249-81; pp. 379-392.

553 Garcilaso: *Com. real.*, p. 18.

554 Siehe Enrique Pupo-Walker: *Historia, Creación y Profecía en los textos del Inca Garcilaso de la Vega*. Madrid: José Porrúa Turanzas 1982, p. 120 ff.

555 Garcilaso: *Com. real.*, pp. 17-19.

556 Aus marxistischer Perspektive wurde Garcilasos Werk daher zuweilen in den Kontext des Klassenkampfes (im 16./17. Jahrhundert!) hineingezwungen und dem Inca vorgeworfen, durch diese ›kommentierende‹ Weise den Überbau der herrschenden Klasse zu untermauern. Siehe etwa Raysa Amador: *Aproximación histórica a los Comentarios reales*. Madrid: Pliegos 1984, p. 78: »Garcilaso crea una obra donde plasma el ideal de la clase dominante <…> el cronista como intermediario parece sintetizar los deseos de la Corona y la actitud del conquistador«.

557 Garcilaso: *Com. real.*, p. 18.

558 Garcilaso de la Vega: *Wahrhaftige Kommentare*, p. 28.

559 Siehe Marta Bermúdez-Gallegos: *Poesía, sociedad y cultura: Diálogos y retratos del Perú colonial*. (=*Scripta Humanistica* 103). Potomac, MD: Scripta Humanistica 1992, pp. 32s. (»La intención hermenéutica de los *Comentarios reales* se evidencian desde las primeras páginas, las cuales invitan al lector a participar de la reinterpretación de la historia del Perú escrita por los españoles.«)

560 Garcilaso: *Com. real.*, p. 34. In der dt. Ausgabe *Wahrh. Komm.*, p. 65.

561 Marcelino Menéndez Pelayo, *Orígenes de la novela*. Vol. 1. Madrid: Bailly-Baillere 1905, p. 392. Carlos Manuel Cox: *Utopía y realidad en el Inca Garci-*

laso. Lima: Universidad Nacional Mayor de San Marcos 1965. Die fiktionalen Elemente von *Comentarios reales* unterstreicht Enrique Pupo-Walker: »Los Comentarios reales y la historicidad de lo imaginario«. In: *Revista Iberoamericana*, 104/5 (jul.-dic. 1978), pp. 385-407; und, ausgeweitet auf *La Florida del Inca*, in Pupo-Walker (1982). Eine kritische Untersuchung fiktionalisierender Deutungen vor dem Hintergrund der Renaissance-Geschichtsschreibung sowie eine synoptische Untersuchung der utopischen Elemente finden sich bei Zamora, op. cit. (»Nowhere‹ is somewhere: the *Comentarios reales* and the Utopian model«, p. 129-165).

562 Garcilaso: *Com. real.*, I, p. 2 (diese Passage ist in der dt. Ausgabe nicht enthalten). Dass »fingir« und »inuentar« auch bei Garcilaso als Synonyme zu betrachten sind, lässt sich durch die zahlreich auftauchenden Wendungen wie »inuentaron fábulas« (op. cit., p. 17) nachweisen.

563 op. cit., p. 4 (n. enth. in dt. Ausg.).

564 ibid.

565 ibid.

566 op. cit., p. 244 / dt. p. 341 (der Schlusssatz fehlt in der dt. Ausgabe).

567 ibid. / dt. pp. 341/342. Zur Verbindung der Erfahrung des Neuen und des Schmerzes auch bei Kolumbus siehe Kap. V.2.1.

568 op. cit., p. 55 / dt. p. 107.

569 op. cit., p. 88. Vgl. ebs. op. cit. p. 21, pp. 55/56.

570 Inca Garcilaso de la Vega: *La Florida del Inca. Historia del adelantado Hernando de Soto, gobernador y capitán general del Reino de la Florida, y de otros heroicos caballeros españoles e indios, escrita por el Inca Garcilaso de la Vega, capitán de su majestad, natural de la gran ciudad del Cozco, cabeza de los reinos y provincias del Perú*. Prólogo de Aurelio Miró Quesada. Ed. y notas de Emma Susana Speratti Piñero. México-Buenos Aires: Fondo de Cultura Económica 1956, p. 428.

571 Garcilaso, *Com. real.*, p. 130 / dt. p. 208 (das zentrale Wort »Erfindung« fehlt dort u. ist hier eingefügt).

572 op. cit., p. 27. Fehlt in der dt. Ausgabe.

573 op. cit., p. 9. Fehlt in der dt. Ausgabe.

574 Siehe etwa Todorovs Neuansatz auf dem Weg des Zeichenverständnisses (Todorov: *Conquête*: »Moctezuma et les signes«, pp. 69-103).

575 Garcilaso: *Com. real*, p. 63 / dt. p. 122.

576 op. cit., pp. 63/63 / dt. p. 121.

577 op. cit., p. 47 / dt. p. 85.

578 op. cit., p. 55 / dt. p. 107.

579 op. cit., p. 131. Fehlt in dt. Ausg.

580 op. cit., p. 80 / dt. p. 145.

581 op. cit., p. 53 / dt. p. 101.

582 Siehe hierzu ausführlich die Beobachtungen zur »Conquista des Gemüses« in Kap. V.3.2.
583 Siehe Todorov: *Conquête*, pp. 59-68.
584 Siehe bes. Pupo-Walker: *Historia*. Die ›tiefe Nostalgie‹ Garcilasos beschreibt aber eingehend bereits Aurelio Miró-Quesada: *El Inca Garcilaso*. Madrid: Ediciones cultúra hispánica 1948.
585 Siehe Rolena Adorno: *Crónista y Príncipe*. La obra de don Felipe Guaman Poma de Ayala. Lima: Pontífica Universiad Católica del Perú 1989, pp. 47-52.
586 Rodríguez Monegal, op. cit., p. 34.
587 So der Titel des berühmten Buchs von Nathan Wachtel: *La vision des vaincus*. Les indiens du Pérou devant la Conquête espagnole 1530-1570. Paris: Gallimard 1971, pp. 241-247 (»Pensée sauvage et acculturation«). Wachtel legt dar, in welchem Maße Garcilaso den ›Sieger‹- und Guaman Poma den ›Verlierer‹-Diskurs als Textstrategie übernommen hat. Auf die beide Autoren vereinende Hoffnung einer besseren Welt innerhalb der spanischen Kolonialherrschaft trotz aller »polifonía peligrosa« verweist Raquel Chang-Rodríguez: *El Discurso Disidente. Ensayos de Literatura Colonial Peruana*. Lima: Pontífica Universidad Católica del Perú 1991, pp. 121ss.:»ambos aceptan lo irremediable – la autoridad de la corona«, p. 124.
588 *Nueva Corónica y Buen Gobierno*. Ed. de John V. Murra, Rolena Adorno y Jorge L. Urioste. México D.F.: Siglo XXI 1980, 23 <23>. Bei Zitaten aus Guaman Pomas Text wird in der Folge die originale Paginierung des Manuskripts verwendet. Da diese zuweilen Fehler und Dubletten aufweist, folgt in spitzen Klammern eine von den ersten Herausgebern der Chronik revidierte Paginierung. In fast der gesamten Forschungsliteratur zu Guaman Poma hat sich diese Zitierweise unabhänig von der jeweiligen Edition eingebürgert, so dass sie sehr sinnvoll und unmissverständlich ist. Zitiert wird hier nach buchstäblich transkribierten Text der ersten gedruckten Druckausgabe der Chronik (wie er auch auf der Website der Königlichen Bibliothek in Kopenhagen in vollständiger Form zu finden ist), da eine neuere Edition von Franklin Pease (México D.F.: Fondo de Cultura Económica 1993) zwar für die Forschung den sicherlich besseren Kommentar mit präzisen Übersetzungen der Quechua-Passagen besitzt, jedoch den Originaltext groteskerweise der modernen Rechtschreibung angepasst hat, was die sprachlich-orthographische Rebellion des Autors gegen die Sprache des Conquistadors (wie sie von verschiedenen Forschern thematisiert wurde) nach Jahrhunderten noch einmal niederwirft.
589 Die Übersetzung ist der ersten und einzigen Ausgabe der *Nueva Corónica* ins deutscher Sprache entnommen: Felipe Guamán Poma de Ayala: *Die neue Chronik und gute Regierung (El Primer Nueva Corónica Y Buen Gobierno)*. Faksimileausgabe und Übersetzung auf CD-ROM: Herausgegeben von Ursula Thiemer-Sachse. Übersetzung von Ulrich Kunzmann, Berlin: Karsten Worm

InfoSoftWare, 2004 (=Literatur im Kontext auf CD-ROM – Vol. 21). Da diese Ausgaben ebenso die oben erläuterte, revidierte Originalpaginierung verwendet, erübrigt sich in der Folge ein eigener Verweis auf die deutsche Textstelle.
590 Siehe Kap. VI.4.3.
591 Adorno: *Cron. y princ.*, pp. 133-135, »El retrato de Mama Huaco, Coya«. Adornos Lesart des Porträts, das den Betrachter gleichzeitig inner- und außerhalb der Szene situiert, findet sich auch entwickelt in *Guama Poma. Literatura de resistencia den el Perú colonial*. México u.a.: siglo xxi editores 1991, pp. 172-174. Siehe Julio Alberto Sánchez: *La crónica de guaman Poma de Ayala y el simbolismo de la concepción espacial andina*. Kassel: Edition Reichenberger 1990, p. 42.
592 Guaman Poma, op. cit., 81 <81>.
593 op. cit., 332 <334>.
594 op. cit., 47 <47>.
595 op. cit., 368 <370>.
596 Siehe J. A. Sánchez, op. cit., p. 28.
597 V. Kap. IV.1.2.
598 Als Fußnote wird hier im Text der deutschen Ausgabe die Übersetzung »Dem Tagesanbruch nahes Land« beigefügt. Vor dem Hintergrund des Bilds von der Sonnennähe der »Yndias« erschließt sich dieser Bezug auf die Morgendämmerung allerdings nicht vollständig – am nächsten ist die Sonne den »Yndias« ja zur Mittagszeit.
599 Guaman Poma, op. cit., 368 <370>.
600 ibid.
601 »humor amargo«: Adorno: *Lit. de resist.*, p. 162; pp. 160-169, »Alegoría, sátira y sermón«.
602 Guaman Poma, op. cit., 45 <46>
603 op. cit., 373 <375>
604 op. cit., 370 <372>
605 ibid.
606 ibid. Wie die Guaman-Poma-Forschung zu ermitteln glaubt, bezieht sich der Autor hier nicht auf eine einzige, gemeinsame Entdeckungsreise von Kolumbus und Candia. Aufgrund des Zeitunterschieds (1492/1527) vermuteten viele Leser hierin »uno de los grande ›disparates‹ de Waman Puma«. Allerdings geht es bei Guaman Poma hier zum zwei unabhängige Reisen: Candia als den »compañero de Culum« zu identifizieren, wäre insofern ein Lesefehler. Die Identität des anonymen Gefährten Culums und seiner Reise verschwindet dadurch in einem Nebel des Rätsels und wird daher zuweilen mit dem Namenlosen Steuermann in Verbindung gebracht: »el ›compañero de Colum‹ sería quizás el del navegante Pedro Velasco que, según Las Casas <...> compartió su conocimiento de algunas tierras desconocidas con el Almirante, o del náufrago Alonso Sán-

chez de Huelva, mencionado por Oviedo y Garcilaso, que vino a morir en casa de Colón«. Murra / Adorno / Urioste: »Notas aclaratorias, glosario, bibliografía e índices« in: Guaman Poma, op. cit., Anm. zu 370 <372> =p. 1333.

607 »Más audaz que Acosta, quien se aventuró a llamar ›nueva‹ a su propia obra únicamente en su prólogo, Guaman Poma proclamaba la novedead de su obra en el propio título de la misma«. Adorno: *Lit. de resist.*, p. 15.
608 Siehe Adorno, *Lit. de resist.*, pp. 23-52, Kap 1: »Guaman Poma contradice las crónicas de la conquista«.
609 Guaman Poma, op. cit., 10 <10>.
610 op. cit., 60 <60>
611 op. cit., 671 <685>
612 op. cit., 672 <686>
613 Gemäß Mercedes López-Baralt: »La Crónica de India como texto cultural: articulación de los códigos icónico y linügístico en los dibujos de la ›Nueua Coronica‹ de Guaman Poma«. In: *Revista iberoamericana* 120-121 (1989), pp. 461-533. Lopez-Baralt bietet eine eingehende Untersuchung der hier nur kurz angerissenen Funktion der Schrift und der kulturellen Bedeutsamkeit für den Chronisten Guaman Poma. Zu Guaman Pomas Alphabetisierungs-›Obsession‹ siehe pp. 478-480.
614 Adorno, *Lit. de resist.*, pp. 97-99.
615 op. cit., p. 99
616 Mercedes López-Baralt: »Guaman Poma de Ayala y el Arte de la Memoria en una crónica ilustrada del Siglo XVII. In: *Cuadernos americanos. La revista del Nuevo Mundo.* Año XXXVIII, No. 3 (1979), pp. 119-151.
617 Miguel León-Portilla: *Los antiguos mexicanos a través de sus crónicas y cantares.* México: Fondo de Cultura Económica 1961, p. 64. Siehe López Baralt, op. cit., p. 122.
618 Siehe Kap. III.2. und III.3.
619 Siehe Raquel Chang-Rodriguez: »Sobre los cronistas indígenas del Perú y los comienzos de una escritura hispanoamericana«. In: *Revista iberoamericana* 120-121 (1989), pp. 533-548.
620 »Si hay una tradición en la Historia que merezca crédito, es la del Piloto Desconocido.« *Segundo de Ispizúa: Historia de la Geografía y de la Cosmografía en las Edades Antigua y Media con relación a los grandes descubrimientos marítimos realizados en los siglos XV y XVI por los españoles y portugeses.* Vol II. Madrid: <s.n.> 1922/1926, p. 328.
621 Morison, op. cit., siehe Kap. II.
622 »En este lugar de *Los Jardines* encontró don Cristóbal Colón muchos indios ›blancos‹; prueba evidente, a nuestro juicio, de que en él estuvieron algunos años antes los hombres barbados. El piloto anónimo, descubridor de esta región, debió de informar a Colón sobre las condiciones del extenso golfo de Paria.« Manzano, op. cit., p. 263.

623 op. cit., p. XXX.
624 So diskutiert etwa Mahn-Lot: *Christophe Colomb*, ausführlich die Thesen Manzanos unter dem titelgebenden Aspekt »Christophe Colomb: Découvreur ou simple explorateur?«.
625 Reyes, op. cit., p. 34.
626 op. cit., pp. 13/14.
627 op. cit., p. 16.
628 op. cit., p. 50.
629 op. cit., p. 35.
630 op. cit., p. 60.
631 op. cit., p. 58.
632 Lezama: *Cant. hech.*, pp. 216/217.

Anmerkungen V

1 »θαυμάζω 1. staunen, sich (ver)wundern, anstaunen, bewundern. <...> 2. zu wissen wünschen.«, laut Gemoll, op. cit.
2 »Il meraviglioso dunque si propone come espressione di uno scarto culturale fra valori di referenza adibiti ad instaurare la comunicazione fra l'autore e il suo pubblico, e le prerogative di un mondo difforme. E la meraviglia scaturisce dall'immissione, in un contesto abituale, di un'estraneità più o meno accentuata, che rinvia ad un altrove al cui interno essa potrebbe collocarsi armonicamente: un altrove che viene quasi sempre a identificarsi con paesi lontani, ai quali un fascino irresistibile attribuisce il valore nostalgico di un bene perduto da recuperare«. Giulia Lanciani. »Il meraviglioso come scarto tra sistemi culturali«. In: Giuseppe Bellini: *L'America*, pp. 213-218; pp. 213/214.
3 Siehe Jaim Díaz Rozzotto: »Christophe Colomb et l'émerveillement de la découverte«. In: Jacques Houriez (ed.): *Christophe Colomb et la découverte de l'Amérique, Mythe et Histoire*. Actes du colloque international organisé à l'Université de Franche-Comté les 21, 22 et 23 mai 1992. Université de Besançon / Paris: Les Belles Lettres 1994, pp. 73-102.
4 Jose Lezama Lima. *La cantidad hechizada*, p. 33. (»A partir de la poesía«)
5 op. cit., p. 35.
6 Lezama, *La expresión americana*, p. 26 / dt. p. 40.
7 Greenblatt, op. cit., pp. 116/117.
8 Johann Gottfried von Herder: »Ueber die Würkung der Dichtkunst auf die Sitten der Völker in alten und neuen Zeiten. Eine Preisschrift« (1778). Zit. nach: Johann Gottfried Herder: *Über Literatur und Gesellschaft*. Ausgewählte Schriften. Reclam: Leipzig 1988, pp. 5-63; p. 41.
9 Wie sehr für Herder aber auch das amerikanische Imaginarium von Bedeutung ist, beweist Kurt Schnelle: »Hispanoamerikanisches bei Herder«. In: Schöneberger / Zimmermann, op. cit., pp. 1281-1296.
10 Zur derzeit wiederentdeckten Bedeutung des arabischen Einflusses auf die europäische Dichtung des Mittelalters siehe etwa Katharina Mommsen: »Für Liebende ist Bagdad nicht weit«. Deutsche Dichter und die arabische Erzählkunst und Poesie«. In: Neue Zürcher Zeitung Nr. 194, 21./22. August 2004, p. 51.
11 »L'ordre des choses semblait renversé: L'antique chimère revivait. [...] A côté des Notre-Dames du Rosaire ou du Pilier, la bête multiforme s'allongeait aux

proues sculptées des caravelles et des galions, sirène, hippogriffe ou licorne blanche. Elle n'était rebelle qu'aux lâches. Le brave pouvait monter sa croupe. Elle l'emportait par-delà l'Océan, vers l'Ouest, au pays des merveilles.« *Véridique histoire de la conquête de la Nouvelle Espagne par le capitaine Bernal Díaz del Castillo, l'un des Conquérants.* Traduite de l'Espagnol avec une introduction et des notes par José-Maria de Heredia. Paris : Lemerre 1877. Zu den Doppel- und Fabelwesen bei Heredia als Erbe der *Crónicas de Indias* siehe Borchmeyer: *Heredia,* pp. 101-107.
12 Siehe Kap. III.1.3.
13 Lezama: *La Cantidad Hechizada,* op. cit., p. 215 (»Prólogo a una antología«).
14 ibid.
15 op. cit., p. 221.
16 Fernández de Oviedo I, 8. Siehe Kohut: *Humanismus,* pp. 70/71.
17 v. Ballesteros, op. cit., p. 184:»declaración de impotencia ante el mundo americano«. Siehe auch Küpper: *Trad. Kosm.,* p. 202.
18 Lezama, *Cant. hech.,* p. 26.
19 »El Dorado promis qui fuyait devant eux«, Heredia: *Les Trophées,* p. 178.
20 Ein Gedanke, den moderne Forscher aufgegriffen haben, um zu zeigen, dass Sir Walter Raleighs Gier nach der Stadt des Dorado den beträchtlichen Goldanteil des von ihm missachteten Erdbodens völlig außer Acht ließ, mit dem er zahlreiche Goldene Männer hätte gießen können. Siehe: Alexandre Cioranescu: »Préface«. In: Sir Walter Raleigh: *El Dorado.* Trad. I. Chabert. Présentation A. Cioranescu & R. Schombergh. Paris: Editions Utz UNESCO 1993, p. 5.
21 Juan de Castellanos: *Elegías de varones ilustres de Indias.* Edición Biblioteca de la Presidencia de la República, Bogotá: Editorial ABC 1955, p. 60. Canto V, Eleg. 4.
22 Garcilaso: *Florida,* pp. 71/72.
23 Heredia / Bernal Díaz, p. 111.
24 Pedro Henríquez Ureña: *Nuevas Estrellas,* pp. 112-114.
25 »Des reptiles nouveaux et d'étranges insectes«, Heredia / Bernal Díaz, p. 183.
26 Siehe Borchmeyer: *Heredia,* p. 95.
27 Die Fabulation stammt vom Inca, das ›prä-cartesische‹ Koordinatensystem des Schachbretts vom europäischen Eroberer: Lezama: *La Cantidad hechizada* (»Prólogo a una antología«), p. 219:»Entre los dos intercambian secretos, la infinitud cerrada del ajedrez es aportada por D. Hernando de Soto, la lejanía, la fabulación, el agua de la vida eterna, por el emperador de los Incas. En ausencia de Hernando de Soto es ejecutado Atahualpa, comprende aquel que el hechizo ha sido roto y que tiene que buscar los secretos y los prodigios que le fueron encomendados«.
28 Bartolomé de las Casas: *Brevísima relación,* p. 9.
29 op. cit., p. 13.

30 op. cit., p. 38.
31 op. cit., p. 39.
32 op. cit., p. 39.
33 op. cit., p. 39 / dt. p. 84.
34 Hanke in: Las Casas: *Historia*, pp. LVII-LX. (»¿Por qué escribió Las Casas historia?«)
35 Las Casas: *Historia*, pp. 12/13.
36 op. cit., p. 170.
37 Siehe V. Martín A. Favata y José B. Fernández: »Introducción«. In: *La Relación o Naufragios de Alvar Núñez Cabeza de Vaca*. Potomac, Maryland: Scripta Humanistica 1986, p. xi.
38 So der heute verbreitete Titel. Die Erstausgabe von 1555, aus der in der Folge zitiert wird, hat den Titel: *La relación y comentarios del governador Alvar nuñez cabeça de vaca de lo acaescido en las dos jornadas que hizo a las Indias*. Con priuilegio. Valladolid: Francisco Fernandez de Cordoua 1555. Sie enthält als zweiten Teil auch den bereits in Zamora 1542 publizierten Bericht Cabeza de Vacas vom Río de la Plata, der dort den Namen »Comentarios de Alvar Nuñez Cabeza de Vaca« trägt. Die hier behandelte Geschichte der gescheiterten Florida-Expedition, ist der erste Teil des Buches (Fol. i-lvi) und heißt darin »Naufragios de Alvar Nuñez Cabeza de Vaca«. Die Episode der »ysla del Malhado« findet sich auf Fol. xx / xxi, cap. XIV. Zu den Editionen siehe Favata / Fernández, op. cit., p. xix.
39 Álvar Núñez Cabeza de Vaca, op. cit., Fol. xxxiij. Zur Nähe von Cabeza de Vacas Nacktheit zur Christus-Ikonik siehe den Kommentar des Herausgebers der derzeit meistverbreiteten Ausgabe: Álvar Núñez Cabeza de Vaca: *Naufragios*. Edición de Juan Francisco Maura. Cuarta edición. Madrid: Cátedra 2000, p. 134: »Su ›desnudez‹ así mismo, será explotada de principio a fin de la narración, de ahí que nuestra concepción visual de Álvar Nuñez por los desiertos americanos sea muy próxima a la imagen tradicional de Jesucristo en la cruz.«
40 Cabeza de Vaca: *Rel. y com.*, Fol. xxx. Zum Bezug zu Gottes Erscheinung gegenüber Moses als brennender Dornbusch siehe Mauras Anmerkung in Cabeza de Vaca / Maura, p. 154.
41 Cabeza de Vaca: *Rel. y com.*, Fol. ii. Der (auch grammatikalisch widersinnigen) Variante »haber y ver« in Mauras Edition (op. cit., p. 76) liegt offenkundig Textkorruption zugrunde.
42 Zur Deutung von Alvar Nuñez als »indigenista« und gleichzeitiger »misionero seglar« siehe Roberto Ferrando: *A. Nuñez Cabeza de Vaca*. (»Protagonistas de América«), Madrid: Historia 16 1987, pp. 114-127; p. 125.
43 Zu »papel evangelizador« und »imagen apostólica« von Cabeza de Vacas Text siehe Mauras Einleitung sowie op. cit., p. 212, p. 76 und passim. Darüber hinaus ist Mauras Kommentar allerdings mit höchster Vorsicht zu genießen

ist, da er den Text nach den Maßstäben einer mechanische Reproduktion der Wirklichkeit einschätzt – und daher auch kritisiert.
44 Cabeza de Vaca: *Rel. y com.*, Fol. iv/v.
45 Samuel Beckett: »Fin de Partie / Endspiel«. In: *Dramatische Dichtungen in drei Sprachen*. Französische Originalfassungen. Deutsche Übertragung von Elmar Tophoven. Englische Übertragung von Samuel Beckett. Frankfurt am Main: Suhrkamp 1981, pp. 206-317.
46 Cabeza de Vaca: *Rel. y com.*, Fol. xiii.
47 So etwa Maura, op. cit., p. 143 »Este es uno de los pasajes más insólitos de la narración <...> Después de todas las penalidades que tuvieron que pasar, naufragios, hambre, frío etc., resulta difícil imaginarse a este cristiano con su ›libro‹«. Die Unklassifizierbarkeit der *Naufragios*, die diesem Text seine Spannung verleiht, treibt seine Interpreten bis heute in die Irre: »hasta ahora no se ha intentado resolver la aparente tensión entre lo histórico y lo literario«, vermerkt etwa Robert E. Lewis: »Los ›Naufragios‹ de Alvar Nuñez: Historia y Ficción«. In: *Revista iberoamericana* 120-121 (1989), pp. 681-694; pp. 681 / 82), der selbst den Versuch unternimmt, die Strategien Cabeza de Vacas aufzuzeigen, Wunder, Übernatürliches und Unglaubwürdiges als Realitäten in den Text einzufügen.
48 Cabeza de Vaca: *Rel. y com.*, Fol. xxvi. Ob es sich bei den »cuentas« aufgrund der Polysemie des Wortes um die Zähl-»Kugeln« seines Rosenkranzes oder tatsächlich, in einer anderen Bedeutung, um buchhalterische Unterlagen über »Konten«, Berechnungen oder Inventarlisten handelt, ist aus dem Kontext nicht endgültig zu entscheiden. Die inhaltliche Koppelung mit dem »Buch« lässt eher letzteres vermuten – was den »schriftlichen« Kontext dieser Textstelle noch weiter verstärkte.
49 op. cit., p. 76.
50 Siehe Küpper: *Tradierter Kosmos*, pp. 198s.
51 Birgit Scharlau: »Beschreiben und Beherrschen. Die Informationspolitik der spanischen Krone im 15. und 16. Jahrhundert.« In: Karl-Heinz Kohl (Hrsg.): *Mythen der Neuen Welt. Zur Entdeckungsgeschichte Lateinamerikas*. Berlin: Fröhlich und Kaufmann 1982, pp. 92-100.
52 Marcel Bataillon: *Erasmo y España*, op. cit.
53 François Rigolot: »Doulce France, amère Amérique: Montaigne et Sébastien Münster«, in : Lestringant: *La France-Amérique (XVIe-XVIIIe siècles)*. Actes du XXXVe colloque international d'études humanistes, Paris: Champion 1998, pp. 115-128.
54 Giuseppe Bellini (ed.): *L'America tra reale e meraviglioso – scopritori, cronisti, viaggiatori*. Atti del Convegno di Milano. Roma: Bulzoni Editore 1990. Giuseppe Bellini. *Amara America Meravigliosa. La Cronaca delle Indie tra storia e letteratura*. Roma: Bulzoni Editore 1995.

55   José Lezama Lima: *La expresión americana*, op. cit., p. 7 / dt. p. 17. Siehe auch Lezama: *Antología de la poesía cubana*. Tomo I. La Habana: Consejo nacional de cultura 1965, p. 25.
56   Lezama: *La cantidad hechizada*, p. 177 (»Paralelos. La pintura y la poesía en Cuba (siglos XVIII y XIX)«).
57   Siehe etwa Lezama: *Expr. am.*, p. 14: »Todo tendrá que ser reconstruido, **invencionado de nuevo**«.
58   Das *Diccionario de la lengua española* (Madrid: Real Academia española 1984) kennt neben »invenir« sowohl »invenir« als auch »invenible«, »inventación«, »inventador« und »invencionero«, aber kein »invencionar«.
59   So nennt Marco Cipolloni (»Magia, Scienza e religione del meraviglioso alle origine dell'immaginario moderno: dalle profezie messianiche e apocalittiche alle utopie della conversione e della renovatio«, in: Bellini: *L'America*, pp. 269-293; p. 275), die Conquista und ihre Wunder: »Il termine *maravilla* e i suoi derivati sono così essenziali all'epopea dell'*inventio*, alla visione dell'*inventus* ed alle emozioni dell'*inventor*, che ogni esplicitazione di questo tema viene chiosata con un nutrito apparato di casi e di *exempla*«.
60   Guaman Poma, op. cit., 10 <10>.
61   Siehe Dietrich Briesemeister: »La estela de Nebrija en el Nuevo Mundo: la gramática y retóricas latinas«. In: Kohut / Rose, op. cit., pp. 52-67. Marc Föcking: »Cicero für Indios. Die Rhetorica Christiana des Diego Valdés als Apologie der mexikanischen Indios«. In: *Neue Romania*, 14, (1993), pp. 133-149.
62   Siehe Eco: *Kant e l'ornitorinco*.
63   »Literarización / ficcionalización«: so die verbreitete Deutung der ersten Berichte, etwa bei Gerhard Wawor: »La visión del Nuevo Mundo: Cristóbal Colón, Giuliano Dati, Pedro Mártir«. In: Kohut / Rose, op. cit., pp. 297-315; p. 314.
64   Hernán Cortés: *Cartas de relación*. Nota preliminar de Manuel Alcalá. Décima octava edición. México D.F: Porrúa 1994, p. 20.
65   op. cit., p. 63.
66   op. cit., p. 66.
67   op. cit., p. 41.
68   op. cit., p. 50.
69   Entgegen dieser Leserart findet allerdings Giuseppe Bellini (*Amara America*, pp. 105-124: »Hernán Cortés e il mondo altro«) durchaus Spuren der Begegnung mit der Andersheit im Werke Cortés'.
70   Eine höchst ergiebige Analyse von Cortés' Umgang mit den Zeichen der Mexikaner unternimmt Todorov: *Conquête*, pp. 104-129.
71   C. Colón: *Cuatro viajes*, p. 68.
72   op. cit., p. 144.
73   op. cit., p. 74. Die Zitate aus dem Bordbuch sind in der Folge nur aus der deutschen Übersetzung von Zahorsky entnommen, wenn dies eigens vermerkt

ist, da diese den für die vorliegende Analyse essenziellen Wortlaut (so z.B. die Kumulation der Vokabel »maravilla«) in sehr freier oder nur sinngemäßer Weise wiedergibt (so etwa für »daß man baß erstaunt ist« für »que es maravilla« oder »was ganz eigenartig anmutet« für »la mayor maravilla del mundo«, Kolumbus / Zahorsky, op. cit., p. 63).
74 Siehe etwa Beatriz Pastor: »Silene and Writing: The History of the Conquest.«. In: Jara / Spadaccini, op. cit., pp. 121-163; pp. 124-131.
75 C. Colón: *Cuatro viajes*, p. 74.
76 op. cit., p. 68.
77 ibid.
78 op. cit., p. 124.
79 Einen einleuchtenden Zusammenhang zwischen den Kategorien Gold und Wunder sowie der durch sie verursachten Sprachlosigkeit bei Kolumbus bietet Rabasa, op. cit., p. 59: »In Columbus' writing the word *maravilla* (marvel) competes with *oro* (gold) for supremacy: Columbus' expectation of Oriental cities effervescent in splendor and wealth is met by a paradisiacal land where lushness and eccentricity enchant him beyond speech«.
80 Colón: *Cuatro viajes*, pp. 69, 72, 68, 70, 79, 72, 125, 102.
81 Greenblatt, op. cit., p. 123.
82 Colón: *Cuatro viajes*, pp. 72, 74, 76.
83 op. cit., pp. 87, 106.
84 op. cit., pp. 107,69, 103, 128.
85 Zum *species*-Problem und zum Zitat Ockhams siehe Kap. III.2.4.
86 So die Übersetzung von Martin Heidegger: *Unterwegs zur Sprache*. Pfullingen: Neske 1959. Sechste Auflage 1979, p. 244.
87 »Sprache dient der Kommunikation und ist das Ensemble von Signifikanten, sie hat mit der Kognition nichts zu tun. Kognition findet sprach-los statt«. Trabant: *Artikulationen*, p. 160.
88 »Gedächtnis ist nur der Schatten der Erfahrung. Nur die Species, die Sinnenschemata bleiben im Gedächtnis und werden – wenn die Ökonomie es ermöglicht – zu Begriffen. Gedächtnis ist so entsinnlichte Erfahrung, ihre Ver-Zeichnung: Registrierung und veränderte Abbildung.« Schmidt-Biggemann: *Sinn-Welten*, p. 20.
89 Siehe Gemoll, op. cit., Eintr. σύμβολον: »Zeichen, woran man etwas erkennt, Kennzeichen, Wahrzeichen, Merkmal (z.B. eine Narbe)«.
90 Zit. nach Coseriu, op. cit., p. 148.
91 ibid.
92 Schmidt-Biggemann: *Sinn-Welten*, p. 17.
93 Todorov: *Conquête*, p. 34
94 Siehe Kap. III.2.3. Die Augustinus-Zitate v. ibid.
95 Kap. IV.7.3.
96 Augustinus: *Conf.*, X, 26, 37 (dt. p. 175).

97 Alexandre Cioranescu: »La découverte de l'Amérique et l'art de la description«. In: *Revue des Sciences Humaines* (1962), pp. 161-168.
98 op. cit., p. 161.
99 op. cit., pp. 161 / 162
100 op. cit., p. 162.
101 Colón: *Cuatro viajes,* p. 68.
102 Cioranescu: *Découverte,* p. 164.
103 Kap. III.2.2.
104 Zu Rezeption dieser Passage in jüngerer Zeit hinsichtlich der in ihr verwendeten Beschreibungsmodelle siehe etwa Rodríguez Monegal, op. cit., pp. 17/18 und Rabasa, op. cit., pp. 149/150.
105 Oviedo, op. cit., I, 223.
106 op. cit., I, 222.
107 op. cit., I, 223.
108 op. cit., I, 224. Das Phänomen der Neuheit der von Oviedo beschriebenen Tiere vor dem Hintergrund mittelalterlicher Bestiarien untersucht anhand von Oviedos anderer großer Chronik González Castro, op. cit., pp. 55-60 (»El Sumario y los bestiarios«).
109 Oviedo, op. cit., ppI, 223/224.
110 Cioranescu: *Découverte,* p. 164. Siehe Sabine Hofmann: »Palabras ajenas en textos antiguos. La construcción del discurso indígena en los textos de Colón, Las Casas y Gómara«, In: Klaus Zimmermann / Christine Bierbach (eds.): *Lenguaje y comunicación interculturales en el mundo hispano.* Frankfurt / Berlin: Vervuert / Iberoamericana 1997, pp. 38-50.
111 Colón: *Cuatro viajes,* p. 107.
112 Das Problem der Identifizierung und Benennung der *iguana* bei den *Cronistas de Indias* beschreibt Emma Martinell Gifre: »Iguana«. In: Schöneberger / Zimmermann, op. cit., pp. 1223-36.
113 »Cuando bien comigo pienso, mui esclarecida Reina, i pongo delante los ojos el antigüedad de todas las cosas, que para nuestra recordación y memoria quedaron escriptas, una cosa hállo y: sáco por conclusión mui cierta: que siempre la lengua fue compañera del imperio; y de tal manera lo siguió, que junta mente començaron, crecieron y florecieron, y después junta fue la caida de entrambos.« Antonio de Nebrija: Gramática de la lengua castellana. Salamanca: Typ. Nebrigensis 1492, »Prólogo«.
Siehe auch Eugenio Asensio: »La lengua compañera del imperio. Historia de una idea de Nebrija en España y Portugal«. In: *Revista de Filología Española,* XLIII (1960), pp. 399-413.
114 op. cit., p. 165
115 Maurice Druon. *Lettre aux Français sur leur langue et leur âme.* Paris: Juillard 1994.

116 Zur dieses Verfahren begleitenden Entwicklung einer naturgeschichtlichen Wissenschaftsmethode siehe Ballesteros, op. cit., pp. 183-200.
117 Cioranescu: *Découverte*, p. 167.
118 ibid.
119 Siehe Guerín, op. cit., pp. 64-65 zu parallelen Techniken bei Oviedo.
120 Aristoteles: *De poet.*, 1457b
121 Eine Tendenz, angesichts derer Meier-Oeser der modernen Zeichentheorie die »Amnesie ihrer eigenen Geschichte« attestiert. Meier-Oeser, op. cit., p. XIX. Der Autor zitiert ibid. etwa E. Bussens: *La communication et l'articulation linguistique*. Brüssel: 1967, p. 12: »L'histoire de la sémiologie n'est pas longue. Avant Saussure, on trouve, surtout chez les logiciens, des rémarques <sic> générales concernant les signes ou les symboles«.
122 Das Werk Saussures, insbesondere dessen Konzeption der *valeur* (»value«) vor dem Hintergrund der Renaissance-Sprachphilosophie untersucht Waswo, op. cit., pp. 8-25.
123 Trabant: *Artikulationen*, pp. 161/162. Zur Zusammenfügung der Instanzen von *conceptus* und *vox* zum *conceptus-vox* der *pensée-son* bei Saussure siehe op. cit., p. 162.
124 Saussure, op. cit., p. 98.
125 »Puisque la langue est un système dont tous les termes sont solidaires et où la valeur de l'un ne résulte que de la présence simultanée des autres <...> comment se fait-il que la valeur, ainsi définie, se confonde avec la signification, c'est-à-dire avec la contre-partie de l'image auditive?«, op. cit., p. 159.
126 »<Les valeurs> sont toujours constituées: 1. par une chose *dissemblable* susceptible d'être *échangée* contre celle dont la valeur est à déterminer. 2. par des choses *similaires* qu'on peut *comparer* avec celle dont la valeur est en cause«, ibid.
127 op. cit., p. 98 und passim.
128 op. cit., p. 160.
129 Siehe Todorov: *Conquête*, pp. 36-38.
130 Siehe besonders Birgit Scharlau: »TIGER-SEMANTIK. Gonzalo Fernández de Oviedo und die Sprachprobleme in Las Indias«. In: *Iberoamericana. Lateinamerika, Spanien, Portugal*. 7. Jahrgang 1983, No. 1, pp. 51-69.
131 Oviedo, op. cit., I, 175.
132 ibid.
133 op. cit., I, 176.
134 ibid.
135 Kap. III.2.4.
136 Umberto Eco: *Kant e l'ornitorinco*. Milano: Bompiani 1997. Siehe hierzu auch: Jürgen Trabant (Hrsg.): *Umberto Eco, die Freie Universität und das Schnabeltier*. Ehrenpromotion von Umberto Eco. Berlin 1998.
137 Oviedo, op. cit., pI, 239/240.

138 Welche Früchte Oviedo mit »milleruelos« und »Moscarela-Birnen« bezeichnet, haben bislang weder ein einschlägiges Wörterbuch noch die Studien ermitteln können, die diese Passage zitieren. In übersetzten Zitaten werden die beiden Begriffe daher meist einfach im Original stehengelassen (siehe etwa Gerbi, op. cit., p. 251, Myers, op. cit., p. 159).
139 Oviedo, op. cit., I, 240.
140 ibid.
141 ibid.
142 Dahingehend deutet diese Passage etwa Rabasa, op. cit., p. 146. »With this slip into the absurd, Oviedo introduces an ironic dimension to his own enterprise by reminding the reader that there is nothing farther from the delights to be derived from pineapples than ›listening‹ to a written description of sensations derived from smell, taste, or sight.«
143 Oviedo, op. cit., I, 241.
144 op. cit., I, 239.
145 Seine scharfen Gegner deuteten allerdings in nahezu besessener Weise Oviedos Faszination im Angesicht des Neuen als perverse »Fetichisierung« (»fetichización de la naturaleza del Nuevo Mundo«, Coello, op. cit., pp. 87-114) und »Entmenschlichung« (»deshumanización«, p. 88) und seine Versuche der Klassifizierung und Beschreibung mit Mitteln indigener Sprachen als Enteignung und Ausbeutung der fremden Sprache (siehe etwa Coello op. cit., pp. 49-70) damit als ‚Palimpsest' kolonialer Gewalt (»acabó convirtiéndosé en una especie de palimpsesto de los primeros momentos de la violencia colonial«, p. 65), ja, als Sprach-Manipulation (»manipulación lingüística«, op. cit., p. 66). Selbst die Tatsache, dass auf diese Weise diverse indigene Begriffe in die spanische Sprache eingehen, bezeichnet Coello als reine Ironie (»irónico«, ibid.) der Geschichte.
146 Jürgen Trabant (*Trad. Humb.*, p. 25). vermerkt, »daß John Locke als einer der ersten in einem sprachtheoretischen Kontext auf die Sprachen der Neuen Welt verweist, nämlich auf ›the Caribee or Westoe tongues‹, und zwar an einer stelle, wo er die sehr unterschiedliche einzelsprachliche Prägung des Denkens verschiedener Völker diskutiert«. Siehe auch Trabant, *Artikulationen,* p. 161: »Diese Einsicht in die historische gegebene, semantische, *kognitive* Verschiedenheit der Sprachen ist sicherlich die hauptsächliche Neuerung des Sprachdenkens des 18. Jahrhunderts.«
147 Zit. nach Trabant, op. cit., p. 120.
148 ibid.
149 Zit. nach Waswo, op. cit., p. 124.
150 »Quaereat aliquis an voces in diversis linguis idem significantes, ut *homo* et *anthropos,* synonymae sint dicendae? Non videtur; nam non idem utrique genti significant, nisi forte apud quam in usum sunt receptae ambae, sicut, Zephyrus et Favonius, phlegma, et pituita, Pallas et Minerva, diximus enim significare

non simpliciter dici, sed secundum respectum«. Juan Luis Vives: *De disciplinis libri XX.* M III, 145, zit. nach Waswo, op. cit., pp. 124. 113-133.
151 Guaman Poma, op. cit., 240 <242>.
152 op. cit., 254 <256>.
153 Johann Gottfried Herder: *Abhandlung über den Ursprung der Sprache.* Herausgegeben von Wolfgang Proß. München: Hanser 1978, p. 32. Siehe Trabant: *Artikulationen,* pp. 149-156 (»Donner, Äpfel, Mädchen und Schafe«).
154 Trabant: *Trad. Humb.*, pp. 180-182 (Kap.»8.3.2. Agnus Mundi«).
155 op. cit., 318.
156 Constantin von Barloewen: *Kulturgeschichte und Modernität Lateinamerikas.* München: Matthes & Seitz 1992, p. 67. Zu den Mechanismen der »gebrochenen Akkulturation« nach der Conquista im Andenraum vor dem Hintergrund des traditionellen Natur- und Zeitverständnisses s. pp. 59-96.
157 Guaman Poma, op. cit., 1072 <1082>
158 op. cit., 996 <1004>. Die im dt. Text enthaltene Übersetzung »Bewohner des östlichen und westlichen Teils Westindiens« ist eine offenkundige Interpretation der rätselhaften Bezeichnung »yndios orientales osedentales« und wurde hier daher durch eine wörtliche Übertragung ersetzt.
159 »Prólogo«. In: Felipe Guaman Poma de Ayala: *Nueva coroníca y buen gobierno.* Edición y prólogo de Franklin Pease G.Y. Vocabulario y traducciones de Jan Szeminski. Mexico D.F. e.a.: Fondo de Cultura Económica 1993. Tomo I, p. IX-XXXVIII, p. XXXI in: Siehe die Erläuterungen ibid: »De hecho es comprensible su propia confusión; los españoles inauguraron una división del espacio en costa, sierra y selva o montaña. La costa fue llamada por los propios españoles ›los llanos‹ y, después ›yunga‹. Este último término no tiene ni tuvo dicha connotación en el runasimi. Ya Cieza de León, a finales de la década de 1540 señalaba que *yunga* no identificaba un espacio costero, sino una tierra cálida y húmeda, y hallábanse yungas tanto en la costa, como en la sierra en la selva. El esfuerzo de Cieza por precisar como se llama a los pobladores de la costa va seguido inmediatamente por la denominación que los hombres del área andina otorgan a las tierras bajas y cálidas dondequiera que se encuentren.«
160 »En los Andes previos a la invasión española, la imagen del mundo consistía en una geografía sagrada, donde los puntos de referencia eran específicamente lugares sagrados – *waq'a* – que podían ser cerros, ríos, precipicios, pero también corrales, andenes, templos (los edificios vulgarmente denominados guaca).«, Pease, op. cit., p. XXV.
161 Siehe Pedro Cieza de León: *Crónica del Perú. Primera Parte.* Ed. y estudio preliminar de Franklin Pease G.Y. Lima: Pontífica Universidad Católica del Perú. Academia Nacional de la Historia 1986, pp. 123 / 24. Siehe Pease / Guaman Poma, op. cit., pp. XXXI/XXXII.
162 Cieza, op. cit., pp. 190/191

163 Garcilaso: *Comentarios reales,* p. 71; dt. pp. 128/129.
164 op. cit., p. 89.
165 op. cit., p. 31.
166 op. cit., p. 26 / dt. p. 51.
167 Siehe Trabant: *Artikulationen,* p. 151.
168 Garcilaso: *Com. real.,* p. 77 / dt. p. 138.
169 Guaman Poma, op. cit., 265 <267>. Zu den vielgestaltigen Wandlungen Santiagos im Amerika nach der Conquista siehe Rainer Huhle: »Vom Matamoros zum Mataindios oder Vom Sohn des Donners zum Herrn der Blitze: die wundersamen Karrieren des Apostels Jakobus in Amerika«. In: Schöneberger / Zimmermann (op. cit.), pp. 1167-1221; zu Guaman Poma und der Interweiterung des *yllapa* auf europäische Feuerwaffen insb. pp. 1180-1182, »Santiago und Illapa«.
170 Siehe op. cit., pp. 1182-1185, »Illapa und der andine Begriff des Sakralen«.
171 Garcilaso: *Com. real.,* p. 29.
172 ibid.
173 op. cit., p. 30.
174 alle ibid. / dt. pp. 58/59.
175 Siehe auch den Index der Chronik von Carlos Amanibar, in: Inca Garcilaso de la Vega: *Comentarios Reales de los Incas.* Edición, prólogo, índice analítico y glosario de Carlos Aranibar. México D.F.: Fondo de Cultura Económica 1991 / 95. Darin der Definitionsversuch des Herausgebers, p. 757: »*huaca* connota la ant. noción andina de los sobrenatural: poder o fuerza virtual, difusa, que impregna el universo y se manifiesta a través de algún objeto. Suerte de *mana* que se individualiza, como en cratofanías, en personas o cosas de aspecto inusual«.
176 Garcilaso: *Com. real.,* op. cit., p. 31 / dt. p. 62.
177 op. cit., p. 30.
178 Acosta, op. cit., p. 377.
179 Garcilaso: *Com. real.,* p. 77 / dt. pp. 138/139.
180 Bernardino de Sahagún: *Historia general de las cosas de Nueva España.* Escrita por Fr. Bernardino de Sahagún, franciscano, y fundada en la documentación en lengua mexicana recogida por los mismos naturales. Ed. Ángel María Garibay K. Décima Edición. México D.F.: Porrúa 1999, p. 18.
181 op. cit., p. 31.
182 Trabant: *Trad. Humb.,* pp. 20-22, »Allgemeine Grammatik und Cartesianische Schule« (hier zit. nach p. 20).
183 Siehe Coseriu, op. cit., p. 162.: »Er <Vives> wendet sich gegen die Behauptung der ›Allgemeinheit‹ der Sprache und behauptet dagegen vielmehr die *Historizität* der Sprachen. Deshalb lehnt er auch eine *allgemeine Grammatik* ab. <…> Jede Sprache hat ihr autochthones Genie, das die Griechen ›idioma‹ nannten, und jedes Wort hat seine eigenen Bedeutungen und seine expressive Wirksamkeit«, p. 162.

184 Zitiert nach Trabant: *Trad. Humb.*, p. 76. Siehe d. Kap. »Die Bildung der Vorstellungen«, pp. 75-77.
185 Siehe op. cit., p. 57, »Linguistik des Baus« sowie Jürgen Trabant: *Apeliotes oder der Sinn der Sprache*. Wilhelm von Humboldts Sprach-Bild. München: Wilhelm Fink Verlag 1986, p. 173.
186 op. cit., p. 47; siehe bes. das Kapitel »Babel und Pfingsten«, pp. 47-49.
187 op. cit., pp. 55-59.
188 Auf die Bedeutung Wilhelm von Humboldts bei der Erforschung der indigenen Sprachstrukturen Amerikas ist die jüngere Sprachwissenschaft wieder aufmerksam geworden. Einsicht in die Vielfalt der amerikanischen Studien Humboldts bietet der Sammelband *Wilhelm von Humboldt und die amerikanischen Sprachen*. Internationales Symposion des Ibero-Amerikanischen Instituts PK. 24.-16. September 1992 in Berlin. Hrsg. von Klaus Zimmermann, Jürgen Trabant und Kurt Müller-Vollmer. Paderborn <e. a.>: Schöningh 1994. Humboldts Quechua-Studien untersucht darin Peter Masson, »Quechua: Syntax, Morphologie und Lexik bei Humboldt und Buschmann«, pp. 195-212
189 Wilhelm von Humboldt: *Über die Kawi-Sprache auf der Insel Java, nebst einer Einleitung über die Verschiedenheit des menschlichen Sprachbaues und ihren Einfluß auf die geisige Entwicklung des Menschen*. In: *Schriften zur Sprache*. Hrsg. von Michael Böhler. Stuttgart: Reclam 1973, pp. 30-207; bzw. die vollst. Originalausgabe: *Über die Kawi-Sprache auf der Insel Java*. Berlin: Gedruckt in der Druckerei der königlichen Akademie der Wissenschaften. In Commision bei F. Dümmler 1836-39 (3 Vol.).
190 Garcilaso Inca de la Vega: *Traducción de los Diálogos de Amor de León Hebreo*. Edición y prólogo de Andrés Soria Olmedo. Madrid: Fundación José Antonio de Castro 1996
191 Siehe Andrés Soria Olmedo: »Introducción«. In: Leone Ebreo / Garcilaso, op. cit., p. IX.
192 Siehe Trabant: *Trad. Humb.*, pp. 23/24 (»Lingua adamica I: Ursprache« / »Lingua adamica II: Characteristica universalis«)
193 Siehe Iris M. Zavala: »El nominalismo imperial y sus monstruos en el Nuevo Mundo«. In: Zavala, op. cit., pp. 221-233.
194 Siehe Rabasa, op. cit., »The Nakedness of Amerika«, pp. 23-48.
195 Todorov: *Conquête*, p. 34. Die hier aufgegriffene Beobachtung des adamitischen Selbstverständnisses des Kolumbus in seinem (gänzlich unkommunikativen) Benennungsrausch siehe dort.
196 Colón: *Cuatro viajes*, pp. 90/91, 80, 63, 66, 114, 72, 113.
197 Siehe Trabant: *Mithridates*, pp. 15-18 (»Benennen: Eden«).
198 Siehe dazu die Ausführungen zur »Sprachform des Werkes« aus der Feder des deutschen Peter Martyr-Übersetzers Hans Klingelhöfer in: *Peter Matyr von Anghiera. Acht Dekaden von der Neuen Welt*. Übersetzt, eingeführt und mit

Anmerkungen versehen von Hans Klingelhöfer. Darmstadt: Wissenschaftliche Buchgesellschaft 1972, pp. 19-21, p. 19.
199 Peter Martyr: *De orbe novo*, p. 64
200 op. cit., p. 73.
201 »aliud radicis genus Iuccam appellant, ex hac & panem conficiunt«, op. cit., p. 41.
202 op. cit., p. 41.
203 op. cit., p. 165.
204 op. cit., p. 64.
205 op. cit., p. 164.
206 op. cit., p. 165.
207 ibid.
208 op. cit., p. 64.
209 op. cit., p. 80.
210 Zusammengestellt von Klingelhöfer, op. cit., p. 20.
211 Peter Martyr: *De orbe novo*, p. 41.
212 Siehe Trabant: *Mithridates im Paradies*, pp. 84-121: »Paradise Lost: Welche Sprache für Europa?«
213 Garcilaso, *Com. real.*, p. 4.
214 op. cit., p. 343 / dt. p. 198.
215 op. cit., p. 253.
216 ibid. / dt. p. 358.
217 op. cit., p. 6. Nicht in dt. Ausgabe enth.
218 op. cit., pp. 5/6. (=wörtliches Zitat aus dem Kap. 52 von Gómaras *Historia general de las Indias*, op. cit., p. 61)
219 op. cit., pp. 389/390.
220 op. cit., pp. 27/28 / dt. p. 54 (letzter Satz ist in der dt. Ausg. nicht enthalten).
221 op. cit., p. 28.
222 Jakob Böhme: *Mysterium Magnum, oder Erklärung über das Erste Buch Mosis* (1623), cap. 35, § 68. =*Sämtliche Schriften*. Faksimile-Neudruck der Ausgabe von 1730. Hg. v. Will-Erich Peuckert. Stuttgart 1960. 7. Bd., XVI. Teil, p. 335 =Rothacker, op. cit., p. 69.
223 Jakob Böhme: *De triplici vita hominis, oder vom Dreyfachen Leben des Menschen* (1620), Cap. 6 §1. =*Sämtliche Schriften.*, 3. Bd., II. Teil p. 109 =Erich Rothacker, op. cit., p. 69. Siehe ibid., pp. 28 / 29.
224 Zur Verachtung der Metapher siehe Grassi: *Macht des Bildes*, und die zugehörigen Passagen in Kap. III.2.3. Die Ablehnung der Metapher, »El descrèdit de la metàfora«, ist laut neueren Studien weniger der *inventio* als einer ausufernden *elocutio* zugeschrieben: »La hipertròfia de l'*elocutio*, i encara aquesta entesa com un por ornament literari, havia menysvalorat el complex sentit primigeni d'una retorica entesa com un conjunt de tècniques de persuasió«. Vincent Salvador:

»Noves perspectives sobre la metàfora«. In: Lluis B. Meseguer (ed.): *Metàfora i creativitat*. Castelló: Universitat Jaum I 1994, pp. 25-33; pp. 26ff.
225 Aristoteles: *De poet.*, 1457b; siehe Todorov: *Symboltheorien*, p. 18.
226 »Revealing becomes hiding, representing becomes distorting, discovering becomes concealing as the Admiral, his mind too full of images for him to be able to perceive the world that surrounds him«. Pastor, op. cit., p. 126.
227 Cioranescu: *Découverte*, p. 164.
228 Colón: *Cuatro viajes*, p. 68.
229 op. cit., p. 96.
230 op. cit., p. 86.
231 op. cit., p. 68.
232 op. cit., p. 61.
233 Garcilaso: *Com. real.*, p. 248 / dt. p. 346
234 op. cit., p. 249 / dt. pp. 347/348
235 Cioranescu: *Découverte*, p. 164.
236 Siehe Kap. II.2.
237 Siehe Ernesto Grassi: *Die Macht der Phantasie*: zur Geschichte des abendländischen Denkens. Frankfurt am Main: Syndikat 1984.
238 op. cit., p. 38.
239 Alejandro Cioranescu: »La conquista de América«. In: *Estudios de literatura española y comparada*. La Laguna: Universidad de La Laguna 1954, pp. 31-46, p. 32.
240 Todorov: *Symboltheorien*, p. 18.
241 Siehe Pedro Henríquez Ureña: *Las corrientes literarias de la América hispana*. Traducción de Joaquín Díez-Canedo. México: Fondo de Cultura Económica, 1949. (=*Literary Currents in Hispanic America*, esp.).
242 Lezama: *La cantidad hechizada*, p. 215 (»Próleg a una antología«) =*Antología de la poesía cubana*, p. 7.
243 Siehe Kap. II.1. sowie III.1.3.
244 Gerhard Poppenberg: »Ausdruckswelt und Weltalter. Eine Nachbemerkung des Übersetzers«. In: José Lezama Lima: *Die amerikanische Ausdruckswelt*, pp. 153-175; pp. 158/159. Zum Verhältnis Lezamas zu Weishaupts *Der Barock als Kunst der Gegenreformation* v. op. cit., p. 175. Über besagten Weg der Neuen Welt in die Alte siehe ausführlich Gewecke: *Wie die neue Welt in die alte kam*. (op. cit.).
245 Zu diesem Sonderstatus der Reiseliteratur siehe auch Ette: *Lit. in Bew.*
246 So der Titel von Sebastian Francks berühmter Kosmographie von 1534.
247 Bacon: *Nov. org.* I, op. cit., pp. 52/54. Siehe Kap. III.3.2.
248 Siehe Kohut: »Fernández de Oviedo: von Schiffbrüchigen und Dämonen«, op. cit.
249 Mignolo, op. cit., p. 80.

250 Oviedo, op. cit., I, 141.
251 Eco: *Dall'albero al labirinto*, p. 79.
252 Oviedo, op. cit., I, 158.
253 Zum Problem von Enzyklopädie und Gedächntnis iehe bes. Eco: *Dall'albero al labirinto*, pp. 79-82: »La vertignie del labirinto e l'*ars oblivionalis*«.
254 »Die neuen Entdeckungen im Buch der Natur verlangten zuzugestehen, daß in dem einen der Bücher geschehen konnte, was für das andere ganz und gar ausgeschlossen war: das Recht der unbegrenzten Erweiterung des Textes vor den Augen des Menschen und für ihn. Dafür galt jetzt, daß *die Weisheit Gottes über alles Maß weit und anders als die enge Fassungskraft eines Menschen* sei«. Blumenberg: *Lesbarkeit*, p. 81.
255 Oviedo, op. cit., I, 30.
256 op. cit., I, 67.
257 Siehe IV.5.2.
258 op. cit., I, 181.
259 op. cit., I, 165.
260 op. cit., I, 142.
261 Siehe Kap. III.2.1., III.2.5. und passim.
262 Trotz des zeitlichen Unterschieds von mehreren Jahrhunderten nähert sich Baudelaires Tempel der Natur mit seinen Symbolen (»symboles«) möglicherweise viel mehr mit der frühneuzeitlichen Tradition der Erinnerungspaläste und Campanellas ›lebendigem Tempel‹ der Natur mit den dort niedergeschriebenen »concetti« an, als dies allgemein anerkannt ist. Siehe Campanella: *Poesie filosofiche*, nach: Rothacker, op. cit., p. 99.: »Il mondo è il libro dove il senno eterno / scrisse i propri concetti: e vivo tempio«. Baudelaire: »La nature est un temple où de vivant piliers / Laissent parfois sortir de confuses paroles ; / L'homme y passe à travers des forêts de symboles«. Charles Baudelaire: *Œuvres complètes›*, p. 11 (»IV Correspondances«).
263 Oviedo, op. cit., I, 190.
264 op. cit., I, 196.
265 op. cit., I, 185.
266 Siehe Kap. III.2.1.
267 Oviedo, op. cit., I, 141.
268 Siehe Kap. III.2.5.
269 Oviedo, op. cit., II, 177.
270 siehe hierzu Kap. III.2.5.; Beleg dort.
271 So schreibt etwa Mexías Neuherausgeber 1931: »La *Silva de varia lección*, de Pedro Mejía, es uno de los libros españoles que mayor éxito y más fama tuvieron en el siglo XVI y gran parte del XVII. Ninguno influyó tanto, por entonces, en las literaturas extranjeras. Se le tradujo, se le adicionó y se le imitó en casi todos los idiomas«. Justo García Soriano. »Introducción«. In: Mexía: *Silva* (1931), p. VII.

272 Bez. Mexías Verhältnis zu den topischen Ordnungen seiner Zeit siehe Kap. III.4.
273 Mexía: *Silva*, (1931), I, 453.
274 op. cit., I, 161
275 ibid.
276 op. cit., II, 91.
277 Siehe Kap. IV.5.4.
278 Mexía, op. cit., II, 69
279 Oviedo, op. cit., I, 197.
280 op. cit., I, 198.
281 Kohut: *Fernández de Oviedo*, p. 1236.
282 Oviedo, op. cit., V, 305 ss.
283 Siehe Gerbi: *Natura*, p. 347. Siehe dagegen Kohut: *Fernández de Oviedo*, pp. 1236-1239.
284 Oviedo, op. cit., p. 68.
285 Garcilaso: *Com. real*, p. 220, (nicht in dt. Ausgabe enth.).
286 op. cit., p. 255 / dt. p. 364.
287 op. cit., p. 18 / dt. 26 (»pasar adelante« ist dort in nicht ganz glücklicher Weise als »verweilen« übersetzt, weshalb es hier durch das wörtlichere »voranzuschreiten« ersetzt wurde).
288 ibid. / dt. p. 28.
289 op. cit., p. 14.
290 op. cit., p. 17.
291 ibid.
292 op. cit., p. 14 / dt. pp. 14/15 (der zentrale Eingangssatz zum Labyrinth fehlt in der dt. Ausgabe).
293 Siehe Kap. III.2.5 zur Labyrinthmetapher bei Bodin und III.3.3. bei Francis Bacon.
294 Eco: *Dall'Albero al labirinto*, pp. 57-61, »Labirinti«; »labirinto classico« / »labirinto manieristico o *Irrweg*«, p. 58.
295 Garcilaso: *Com. real.*, p. 18 / dt. p. 26.
296 ibid. / dt. p. 27.
297 ibid.
298 Zu den sich aus diesem Verfahren ergebenden Parallelen zwischen den Methoden Garcilasos und Herodots siehe Avalle-Arce, op. cit., p. 30.
299 Einen umfassenden Überblick über Garcilasos Quellen bietet Frances G. Crowley: *Garcilaso de la Vega, El Inca, and his Sources in Comentarios reales de los Inca*. The Hague / Paris: Mouton 1971.
300 So wie aus der Sicht Umberto Ecos: *Ars. obl.*, diese gesamte Disziplin; wenngleich die literarische Größe von Garcilasos Projekt ihre Existenz im Sinne von Harald Weinrichs *Lethe*-Konzeption zu bestätigen scheint, siehe Kap. III.2.2.

301 Garcilaso: *Com. real.*, p. 269 / dt. p. 306.
302 op. cit., p. 193 / dt. p. 257.
303 ibid.
304 ibid. / dt. p. 258.
305 op. cit., p. 194.
306 op. cit., p. 195.
307 ibid.
308 Ein solcher »Irrweg« ist laut Eco synonym zum »manieritischen Labyrinth«, bei denen einzelne Wege in der Sackgasse enden. Insofern besitzt hier der Faden (Ariadnes oder der ordnenden Vernunft) eine wirkliche Funktion – anders als im »klassischen Labyrinth« von Knossos, bei dem nur ein einziger Weg Eingang und Ausgang verbindet, so dass der Ariadnefaden letztlich nur ein scheinbares Mittel zum Herausfinden, in Wirklichkeit aber »das Labyrinth selbst« ist. Genau aufgrund seiner Einwegigkeit taugt eine solche Art von einfachem Labyrinth auch nicht als Modell einer Enzyklopädie: »quel filo d'Arianna che la leggende ci presenta come il mezzo (estraneo al labirinto) per uscire dal labirinto, mentre di fatto altro non era che il labirinto stesso. In tal senso il labirinto unicursale no rappresenta un modello di enciclopedia«, Eco: *Dall' albero*, p. 58. Anders dagegen der »Irrweg«, den Garcilaso hier als Metapher für seinen Text wählt.
309 Garcilaso: *Com. real.*, p. 195 / dt. p. 267.
310 ibid.
311 s.o.
312 ibid. / dt. p. 268.
313 op. cit., p. 196.
314 alle ibid.
315 Walter Benjamin: »Ursprung des deutschen Trauerspiels«. In: *Gesammelte Schriften*. Unter Mitwirkung von Theodor W. Adorno und Gershom Scholem herausgegeben von Rolf Tiedemann und Hermann Schweppenhäuser. Band I.1. Herausgegeben von Rolf Tiedemann und Hermann Schweppenhäuser. Frankfurt am Main: Suhrkamp 1974/1991, pp. 203-430; pp. 354/355:
316 Georg Simmel: »Die Ruine. Ein ästhetischer Versuch«. In: *Aufsätze und Abhandlungen 1901-1908*. Band II. Gesamtausgabe Band 8. Frankfurt am Main: Suhrkamp 1993, pp. 124-130.
317 Garcilaso: *Com. real.*, p. 196.
318 Siehe Couzinet, op. cit., pp. 27/28.
319 Garcilaso: *Com. real.* p. 73 / siehe *La Florida*: p. 398.
320 E.R. Curtius, op. cit., »Schiffsmetaphern«, pp. 138-141. Dank an dieser Stelle an Herrn Prof. Poppenberg für den Anstoß zu dieser Parallele Garcilaso-Curtius.
321 Siehe hierzu Roger Bailles: »Poésie et découverte: le voyage de Colomb dans l'imaginaire ariostesque«, op. cit., p. 176: »Et pour dire l'aventure poétique, il

passe par l'image du navire qui s'est élancé sur une mer sans rivage, au risque de se perdre sans retour« sowie die bereits mehrfach zitiert Untersuchung von Mazotta, op. cit., pp. 213-216, wo Ariosts poetische Irrfahrt vor dem Hintergrund des »Columbus-Projekts« ebenso wie von Petrarcas »Ästhetik des ›error‹« (op. cit., pp. 212/213) betrachtet werden.
322 Siehe Kap. III.3.3.
323 Dante: *Purg.*, 1-5 (dt. p. 193).
324 Mazzotta (op. cit., p. 215) kontrastiert die ›Entdeckung‹ des Kolumbus und ihre »Erregung also, die Dantes Odysseus oder Columbus fühlt, als ihre Matrosen aus den Wassernebeln aufsteigendes Land sichteten« mit dem ›discoprisi‹ Ariosts, das mit dem der Amerikafahrer gar nicht übereinstimmen will, ja, in dem er eine tiefe Ironie angelegt sieht: »Ironischerweise ist das Sichten der Küste für Ariost eine Entdeckung, und die Ironie besteht darin, daß er ›discoprirsi‹ (›entdecken‹) auf die sichere, bekannte Welt des Hafens anwendet.« So wird im Gegensatz etwa zu Kolumbus, das Entdecken »zu einem Akt, der den Rückzug des Verstandes von den ewigen Lockungen des Abenteuers markiert und die Suche zu einem Ende bringt.«
325 Ariost: *Or. Fur.*, (dt. Gries: *Ras. Rol.*), XLVI, 1.
326 Dante, *Inf.*, XXXIV, 121.
327 Siehe auch Hausmann, op. cit., p. 30.
328 Dante: *Inf.*, XXXIV, 121-126 (dt. pp. 190/191). Zur Identifizierung der von Luzifers Sturz gebildeteten Landmasse mit dem Purgatorium siehe Hausmann, op. cit., pp. 29-31 (p. 30: »Der Punkt, wo Satan auf die Erde traf, liegt wie gesagt, Jerusalem antipodisch gegenüber <...>, denn hier erhebt sich symmetrisch-spiegelbildlich der Läuterungsberg«.).
329 Amerika entstünde durch den Fall Luzifers – ein Umstand, der sich recht gut in die Verbindung der Neuen Welt mit dem Land des Teufels in der spanischen Renaissance- und Barocktradition einfügt, die Lezama Lima zur Quintessenz amerikanischer Identität umdeutet. Siehe Poppenberg: *Esp. gnóst.*, p. 57 und Kap. IV.2.3.
330 Garcilaso: *Com. real.*, p. 180.
331 op. cit., p. 9.
332 Auf die enge Verbindung des Falls der Engel mit der Schifffahrt nach Las Indias als dem Reich des »DEMONIO« in der Literatur des 17. Jahrhunderts verweist (am Beispiel von Lope de Vegas *El viaje del alma* und der dort beschriebenen Schifffahrt des »DEMONIO« nach Las Indias) Gerhard Poppenberg: *Psyche und Allegorie. Studien zum spanischen auto sacramental von den Anfängen bis zu Calderón.* München: Wilhelm Fink Verlag 2003, pp. 33-35: in der »allegorisch konzeptualisierten Geographie und Geschichte des damaligen Spanien« stehen Amerika und der Westen mit dem Bösen und dem Unheil in Verbindung.
333 Garcilaso: *Com. real.*, op. cit., p. 73.

334 Siehe Kap. IV.
335 Garcilaso: *Florida*, p. 94. Auch in den *Com. real.*, p. 543, zitiert der Autor den ›göttlichen Ariost‹, und zwar eigenartigerweise in Beziehung mit den Quechua-Wort *uritu*: »tomaron por refrán llamar Vritu a un parlador fastidioso, que como el diuino Ariosto dize en el canto 25, sepa poco y hable mucho«.
336 C. Colón: *Los cuatro viajes*, p. 275
337 op. cit., p. 283.
338 op. cit., pp. 291/292
339 Siehe Kap. IV.5.1. Kohut: *Fernández de Oviedo*, p. 1240, beschreibt diese »Art der Darstellung, bei der drei Bedeutungsebenen zu unterscheiden sind: die erste Ebene kann als realistisch, die zweite als magisch und die dritte als allegorisch charakterisiert werden. In ihrer Gesamtheit sind die drei Bedeutungsebenen Ausdruck der Ideologie des Autors, die in dialektischem Widerspruch zu dem Selbstverständnis des Autors als Historiker steht«. Zum Parallelismus des Schiffbruchs mit dem Kampf »zwischen dem Teufel und Gott« und der »Dämonologie Fernández de Oviedos« siehe op. cit., pp. 1242-1244.
340 Siehe etwa die Dämonen-Visionen bei Oviedo, op. cit., V, Kap. IX321 / 22 (»e vieron diablos muy fieros y espantables puesto a la proa e popa de la nao, e oyeron en el aire que decía uno de ellos: ›Tuerce la vía‹«) und die Wundererzählung des Kap. X, pp. 322-356; siehe Kohut: *Fernández de Oviedo*, pp. 1242 / 43.
341 Oviedo, op. cit., V, p. 306.
342 Zum Einfluss der Schiffbruchgeschichte in den *Crónicas* auf die lateinamerikanische Gegenwartsliteratur – »proyección del mundo colonial sobre el paradigma novelesco« – siehe María Laura de Arriba. »Historias de náufragos: una reinterpretación.« In: Tieffemberg, op. cit., pp. 21-34.
343 Daniel Defoe: *Robinson Crusoe*. In der Übersetzung von Hannelore Novak. Frankfurt am Main: Insel 1973, p. 7.

Anmerkungen VI

1. Derrida: *Psyché*, p. 11.
2. op. cit., p. 38.
3. op. cit., p. 34.
4. op. cit., p. 35.
5. op. cit., p. 34.
6. op. cit., p. 12.
7. op. cit., p. 22.
8. op. cit., p. 41.
9. Werner Sollors: »Introduction: The Invention of Ethnicity«. In: Werner Sollors (ed.): *The Invention of Ethnicity*. New York / Oxford: Oxford University Press 1989, pp. ix-xx; p. x.
10. Titel der Reihe, in der zuletzt die derzeit aktuellste Acosta-Ausgabe erschien: José de Acosta: *Natural and moral history of the Indies*. Ed. by Jane E. Mangan. With an introduction and commentary by Walter D. Mignolo. (=*Chronicles of the New Word Encounter*) Durham NC / London: Duke Univ. Press 2002.
11. Eine explizite Abgrenzung zu Derrida findet sich bei Sollors, op. cit., p. x.
12. Siehe die Titel von Gómez-Moriana: »Como surge una instancia discursiva« bzw. »L›Indien‹: Naissance et évolution d'une instance discursive«. In: Antonio Gómez-Moriana / Danièle Trottier: »*L'Indien*«, *Instance discursive*. Actes du colloque de Montréal 1991 (Collection *L'Univers du discours*). Montréal: Les Éditions Balzac 1993, pp. 11-14.
13. Siehe Gómez-Moriana: *Como surge*, »De la rica polisemia de la palabra ›invención‹ destacada por Derrida, retengo dos aceptaciones: la invención retórica (primer miembro de la trilogía clásica *inventio, dispositio, elocutio*) <…>«, p. 56.
14. Rabasa, op. cit., p. 21.
15. op. cit., p. 4.
16. »deconstruction of Eurocentrism« op. cit., p. 21.
17. op. cit., p. 4.: »My use of the concept of invention seeks to explore further these kinds of semiotic and deconstructive areas of inquiry, rather than the epistemological distinction O'Gorman establishes vis-a-vis discovery.«
18. Enrique Dussel: *Von der Erfindung Amerikas zur Entdeckung des Anderen. Ein Projekt der Transmoderne*, op. cit.
19. »La categoría de ›invención‹ ha sido ›forzada‹ hasta el punto de que, en la coyuntura actual, más que la idea de originalidad e innovación, señala la impor-

tancia del lenguaje en la construcción social de la realidad«, Gómez-Moriana: *Como surge*, p. 55.
20 op. cit. p. 57.
21 Sollors, op. cit., pp. ix/x.
22 »Invented tradition‹ is taken to mean a set of practices, normally governed by overtly or tacitly accepted rules and of a ritual or symbolic nature, which seek to inculcate certain values and norms of behavior by repetition, which automatically implies continuity with the past.« Eric Hobsbawm: »Introduction: Inventing Traditions«. In: *The invention of Tradition*. Edited by Eric Hobsbawm and Terence Ranger Cambridge: University Press 1983, pp. 1-14; p. 1.
23 op. cit., p. 7.
24 Sollors, op. cit., p. x.
25 Antei, op. cit., p. 9.
26 Hobsbawm, op. cit., p. 4.
27 op. cit., p. 6.
28 Antei, op. cit., p. 19.
29 op. cit., p. 9.
30 op. cit., p. 21.
31 op. cit., p. 9.
32 »follow up O'Gorman's suggestions with Michel Foucault's concept of discursive formation«, Rabasa, op cit., 5.
33 Siehe op. cit., pp. 180-209, »Chapter 5. Allegories of Atlas«;
34 op. cit., p. 8.
35 op. cit., p. 3.
36 Antei, op. cit., p. 10.
37 Sollors, op. cit., p. xi.
38 Blumenberg: *Lesbarkeit*, Kap. VII., pp. 68-85.
39 So laut Galileo der Vorwurf zeitgenössischen Philosophen gegen ihn und Kepler, Galileo Galilei: *Opere*. Ed. naz., X 421-423, siehe Blumenberg: *Lesbarkeit*, p. 72.
40 Lezama: *Expr. am.*, p. 7 / dt. p. 17.
41 Jean Baudrillard: *Simulacres et simulation*. Paris: Galilée 1991.
42 »Tout existe déjà, il faut seulement le retrouver: c'est une notion plus ›extractive‹ que ›creative‹«. Barthes: *Ancienne rhétorique*, p. 293.
43 Reyes Mates / Friedrich Niewöhner: *El precio de la ›invención‹ de América*. Barcelona: Anthropos / Cáceres: Institución Cultural el Brocense 1992, s. p.
44 Rabasa, op. cit., pp. 210/211.
45 op. cit., p. 213.
46 Vladimir Propp: *Morphologie des Märchens* <=Morfologija skazki, dt.>. München: Hanser 1972.

47 Claude Lévi-Strauss: »La structure de mythes«. In: *Anthropologie structurale*. Paris: Plon 1958, pp. 227-255.
48 Tzvetan Todorov (ed.): *Théorie de la littérature*. Textes de formalistes russes, présentés et traduits par Tzvetan Todorov. Préface de Roman Jakobson. Paris: Edition du Seuil 1966.
49 Lucien Sebag: *L'invention du monde chez les Indiens pueblos* Paris: François Maspero 1971.
50 op. cit., p. 455.
51 Sebag, op. cit., p. 473.
52 op. cit., p. 472.
53 op. cit., p. 455.
54 op. cit., p. 453.
55 op. cit., p. 506.
56 Siehe Kap. VI.4.3.
57 Derrida: *Psyché*, p. 32.
58 Richard McKeon: »The Uses of Rhetoric in a Technological Age«. In: *Rhetoric. Essays in Invention and Discovery*. Edited with an introduction by Mark Backman. Woodbridge, Conn.: Ox Bow Press 1987, pp. 1-24; pp. 14/15.
59 Lezama: *Expr. am.*, p. 26.
60 Lezama / Poppenberg: *Die amerikanische Ausdruckswelt*, p. 40.
61 Lezama: *Expr. am.*, p. 26.
62 Lezama / Poppenberg, op. cit., p. 30 =Lezama: *Expr. am.*, p. 18: »He aquí el germen del complejo terrible del americano: creer que su expresión no es forma alcanzada, sino problematismo, cosa a resolver.«
63 Horaz: *De arte poetica*, 311.
64 Derrida: *Psyché*, p. 61.
65 op. cit., p. 53.
66 ibid.
67 op. cit., p. 27.
68 Siehe Antonello Gerbi: *La disputa del Nuevo Mundo: Historia de una polémica 1750-1900*. México: Fondo de Cultura Económica 1982.
69 Siehe Gerhard Poppenberg / Lezama: »Ausdruckswelt und Weltalter«, op. cit., pp. 156-158.
70 Lezama: *Expr. am.*, p. 18 / dt. p. 30.
71 op. cit., p. 14 / dt p. 25.
72 Emmanuel Lévinas: *Totalité et infini*. Essai sur l'extériorité. Kluwer Academic / Martiinuns Nijhoff (s.l.) 1971, p. 43. Dt. Fassung: *Totalität und Unendlichkeit*. Versuch über Exteriorität. Übersetzt von Wolfgang Nikolaus Krewani. München / Freiburg: Verlag Karl Alber, pp. 63/64.

Editorische Notiz

Obgleich die amerikanischen Chroniken des 16. und frühen 17. Jahrhunderts im Vordergrund stehen, sind in diesem Buch Schriften aus mehreren Jahrtausenden versammelt, die sich editorisch schwer auf einen gemeinsamen Nenner bringen lassen: sowohl in der »Alten« als auch in der »Neuen Welt« entstandene Texte; sowohl auf lateinisch oder griechisch als auch in verschiedenen modernen Sprachen verfasste; sowohl auf deutsch und in anderen Sprachen publizierte als auch niemals übersetzte; sowohl vielfach kommentierte und bis heute ständig neu aufgelegte Standardwerke als auch Schriften, die zum Teil seit fast 500 Jahren nie wieder neu aufgelegt und dementsprechend selten rezipiert wurden; Werke, deren Erstausgaben oder sogar handschriftlichen Manuskripte noch immer leicht zugänglich sind, aber auch solche, deren Erstausgaben nicht mehr beschaffbar sind, und gar solche, deren Manuskripte bereits seit der Antike verloren sind.

All diese Schriften auf einer homogenen Grundlage und nach einem identischen Muster zu zitieren, ist daher schon allein praktisch unmöglich. Sie alle in ihren Originalfassungen zu belassen – was konkret auch bedeutete: zwischen sieben europäischen Sprachen sowie dem Quechua hin- und herzuspringen –, ist zudem einer flüssigen Lektüre nicht unbedingt zuträglich. Daher haben Autor und Verlag einige grundsätzliche editorische Entscheidungen treffen müssen, die textliche Originaltreue und Lesbarkeit miteinander verbinden sollen:

– Alle längeren fremdsprachlichen Zitate sind zum besseren Verständnis mit einer deutschen Übersetzung versehen. Sofern bereits eine publizierte deutsche Fassung existiert, ist aus dieser zitiert – es sei denn, die vorliegende deutsche Fassung ist auf Basis abweichender Textfassungen erstellt (wie im Fall des Bordbuchs des Kolumbus) oder enthält sinnentstellende Fehler. In diesem Fall ist in spitzen Klammern (< >) eine korrigierte Übersetzung angegeben. Wenn in den Fußnoten keine publizierte deutsche Übersetzung angegeben ist, ist die angegebene Übersetzung (ohne weiteren Vermerk) vom Autor Florian Borchmeyer erstellt worden.

– In der Originalfassung mit begleitender deutscher Übersetzung sind all die Texte zitiert, die den Gegenstand dieser Untersuchung im eigentlichen Sinne darstellen (also die *Crónicas de Indias* aus dem 16. Jahrhundert), deren eingehende sprachliche Analyse ohne den originalen Wortlaut nicht möglich ist. Darüber hinaus auch diejenigen, die sehr schwer zugänglich sind, da sie z.T. seit dem 16. Jahrhundert nicht mehr neu aufgelegt wurden (so die lateinischen Enzyklopädien der Renaissance).

Soweit es möglich ist, wird dabei aus den originalen Erstausgaben (etwa im Falle von Fernando Colombo, López de Gómara, Ercilla Acosta, Garcilaso, Cabeza de Vaca), Faksimilie-Nachdrucken (so im Falle der Chronik von Peter Martyr) bzw. Scans des Manuskripts auf CD-ROM (Guaman Poma) zitiert. Denn obgleich die Mehrzahl der betreffenden Chroniken in modernen Ausgaben erhältlich ist, respektiert nahezu keine von diesen die ursprüngliche Orthographie. Oft finden sich darin auch weitgehende, zuweilen sinnentstellende grammatikalische Angleichungen an das moderne Spanisch. Eine solche Elimination des historischen Sprachstands bedeutet nicht allein einen »Auraverlust«. Denn eine Veränderung der Orthographie bildet häufig auch einen inhaltlichen Eingriff, besonders etwa im Falle der rebellischen Ideographie des andinen Autors Guaman Poma.

Aus neueren Ausgaben wird lediglich zitiert, wenn aufgrund schwieriger Zugänglichkeit der Erstausgabe eine Konsultation der Originalfassung mit vertretbarem Aufwand nicht zu bewerkstelligen ist. Einen besonders imposanten Fall stellt in diesem Rahmen die *Historia de las Indias* von Bartolomé de las Casas dar. Aufgrund eines (hinreichend rätselhaften) Verbots von Seiten ihres eigenen Autors durfte diese Chronik zu Lebzeiten von Las Casas nicht gedruckt werden und wurde dies auch mehrere Jahrhunderte nach seinem Tod nicht, so dass es eine historische Erstausgabe überhaupt nicht gibt.

- Ausführliche Zitate aus allen übrigen fremdsprachigen Texten sind lediglich in ihrer deutschen Fassung zitiert. Allerdings finden sich bestimmte sinntragende Schlüsselwörter oder -passagen in spitzen Klammern (innerhalb von Zitaten) oder in runden Klammern (innerhalb des Fließtextes) auch in der Originalfassung angegeben. Bei der Mehrzahl dieser Texte ist bei Bedarf die Originalausgabe ohne größere Schwierigkeiten in den Bibliotheken des deutschsprachigen Raums erhältlich.

- Fußnoten: Wird in einer zusammenhängen Passage wiederholt die identische Stelle zitiert, ist zur Vermeidung unnötiger Fußnoten der Textbeleg nur einmal angegeben. Im Falle von Standardtexten aus Antike und Mittelalter, die in eine größeren Zahl an Editionen vorliegen (Aristoteles, Platon, die Kirchenväter, Dante, die Bibel), wird nicht auf die jeweils verwendete Ausgabe verwiesen, sondern die durch die Tradition etablierte Zitierweise verwendet (Buch/Gesang/Vers/Paginierung des Manuskripts u.ä.). Dadurch entsteht eine Referenz, die unabhängig von der Ausgabe nachvollzogen werden kann.

- Bibliografie: Da im Falle zahlreicher Werke die Grenze zwischen Primär- und Sekundärliteratur, zwischen Quellen- und Forschungstexten fließend ist, wird in der Bibliografie auf eine solche Unterteilung verzichtet, die ja bereits eine interpretatorische Festlegung bedeutete. Die Unterteilung der Bibliografie ist daher eine rein chronologische: in Texte, die vor, während und nach dem untersuchten Zeitraum zwischen 1492 und 1620 entstanden sind.

Literatur

Vor 1492:

<Anon.> *De ratione dicendi ad C. Herennium.* Zit nach: Marcus Tullius Cicero. *Incerti autoris de ratione dicendi ad C. Herennium libri IV.* Iterum rec. Fridericus Marx (=M. *Tulli Ciceronis scripta quae manserunt omnia*). Stuttgardiae <e.a.>: Teubner 1923. – Dt. zit. nach: Friedhelm L. Müller. *Kritische Gedanke zur antiken Mnemotechnik und zum* Auctor ad Herennium. Mit Text und Übersetzung der antiken Zeugnisse. Stuttgart: Franz Steiner Verlag 1996.

AGRICOLA, Rudolf: *De inventione dialectica libri tres – Drei Bücher über die Inventio dialectica* (1480). Auf der Grundlage der Edition von Alardus von Amsterdam (1539) kritisch herausgegeben, übersetzt und kommentiert von Lothar Mundt. Tübingen: Max Niemeyer Verlag 1992.

d'AILLY, Pierre: *Ymago mundi.* Texte latin et traduction française des quatre traités cosmographiques de d'AILLY et des notes marginales de Christophe Colomb. Etude sur les sources de l'auteur. Paris: Maisoneuve Frères 1930.

ALBERTUS Magnus. *De bono.* In: *Alberti Magni opera omnia* ad fidem codicum manuscriptorum edenda, apparatu critico notis prolegomenis indicibus instruenda curavit Institutum Alberti Magni Coloniense Ludgero Honnefelder. T. 28. Monasterii Westfalorum: Aschendorff 1951.

ALIGHIERI, Dante: *La Divina Commedia.* Testo critico della società dantesca italiana. Riveduto, col commento scartazziniano rifatto da Giuseppe Vadelli. Ventunesima edizione (completa). Milano: Ulrico Hoepli 1928 / 1989.

—: <*De monarchia*>. *Monarchia.* Con testo a fronte. Introduzione, traduzione e note di Federico Sanguineti. Milano: Garzanti 1985.

—: *Vita Nova – Das Neue Leben.* Übersetzt und kommentiert von Anna Coseriu und Ulrike Kunkel. München: dtv 1988.

AMBROSIUS Mediolanensis: *Ambrosii Mediolaensis opera.* Turnhout: Brepols 1957-2000.

ARISTOTELES: *Aristotle in Twenty-Three Volumes.* Cambridge, Massachusetts: Harvard University Press / London: William Heinemann Ltd., 1929-80.

—: *De interpretatione (On interpretation,* Vol. 1, 1962)

—: *Topica* (Vol. 2, 1966)

—: *De caelo (On the Heavens.* Vol. 6. 1960)

—: *Meteorologica* (Vol. 7, 1962)
—: *De anima* (*On the Soul*, Vol. 8, 1964).
—: *Metaphysica* (*The Metaphysics*, Vol. 17 / 18, 1980).
—: *Ethica Nicomachea* (*The Nicomachean Ethics*, Vol 19, 1968)
—: *De poetica* (ΠΕΡΙ ΠΟΙΗΤΙΚΗΣ). In: Aristoteles. *Werke*. Griechisch und deutsch und mit sacherklärenden Anmerkungen herausgegeben von Franz Susemihl. Neudruck der 2. Auflage Leipzig 1874. Aalen: Scientia Verlag 1978. Band 4.
—: *Peri hermeneias*. Übersetzt und erläutert von Hermann Weidemann. Berlin: Akademie Verlag 1994 (=*De interpretatione*, dt.).
AUGUSTINUS, Aurelius: *Confessionum libri XIII*. Edidit Martinus Skutella (1934). Stutgardiae: G. Teubner 1981. – Dt. zit. nach: Aurelius Augustinus. *Bekenntnisse*. Eingeleitet und übertragen von Wilhelm Thimme. Zürich: Artemis Verlag 1950 / München: Deutscher Taschenbuch Verlag 1982. 6. Aufl. 1992.
—: *De trinitate libri XV*. 2 T., Turnholti: Brepols 1968 (=*Corpus Christianorum; Aurelii Augustini Opera*).
AVICENNA. *Libri in re medica omnes*. Venedig: Vincenzo Valgrisio 1564.

BACON, Roger: *Opus Maius*. Ed. John Henry Bridges. Oxford: Clarendon Press 1893.
BONAVENTURA Sanctus: *Itinerarium mentis in Deum*. De reductione artium ad theologiam. Concordance. Indices. Réalisés par Jacqueline Hamesse. Louvain: CETEDOC 1975 (=*Thesaurus Bonaventurianus* 3).
BEDA Venerabilis: *De natvra rervm et temporvm ratione* Nunc recens inuenti, & in lucem editi / Ioannes Sichardus. Basileae: Excvdebat Henricvs Petrvs 1529.

CICERO, Marcus Tullius: *De inventione*. Introduzione, traduzione e note a cura di Maria Greco. Galatina / Università di Lecce: Mario Congedo Editore 1998.
—: *De oratore*. Ed. Kazimierz F. Kumaniecki Lipsiae: Teubner 1969. (=*Ciceronis scripta qvae manservnt omnia*, Fasc. 3).
—: <*Topica*> / *Topik*. Übersetzt und mit einer Einleitung herausgegeben von Hans-Günter Zekl. Lateinisch-deutsch. Hamburg: Felix Meiner Verlag 1983
—: *Tusculanae disputationes*. Recognovit M. Pohlenz. Ed. stereotypa editionis prioris (1918). M. Tvlli Lipsiae: Teubner, 1967. (=*Ciceronis scripta qvae manservnt omnia*, Fasc. 44). – Dt. zit. nach: *Gedanken über Tod und Unsterblichkeit*. Sommium Scipionis. Tusculanae disputationes I. Cato Maior. Lateinisch-deutsch. Übersetzung, Einleitung und Anmerkungen von Klaus Reich, Hans Günter Zekl, Klaus Kringmann. Hamburg: Felix Meiner 1969.
COSMAS Indicopleustes: <*Topographia christiana.*> *Topographie chrétienne*. Introduction, texte critique, illustrationi, traduction et notes par Wanda Wolska-Conus. Préface de Paul Lemerle. Paris: Edition du Cerf, 1968-73. (3 T.).

DIELS, Hermann (comp.): *Die Fragmente der Vorsokratiker.* Achte Auflage herausgegeben von Walther Kranz. Berlin: Weidmannsche Verlagsbuchhandlung 1956.

HOMER: *Ilias.* Griechisch und deutsch, mit Urtext, Anhang und Registern. Übertragen von Hans Rupé. 17. Auflage. Düsseldorf <e.a.>: Artemis & Winkler 2001.

—: *Die Odyssee.* Deutsch von Wolfgang Schadewaldt. Hamburg: Rowohlt Taschenbuch 1958.

HORATIUS Flaccus, Quintus: *De arte poetica liber / Die Dichtkunst.* Lateinisch und deutsch. Einführung, Übersetzung und Erläuterungen von Horst Rüdiger. Zürich: Artemis 1962.

ISIDORUS Hispalenis: *Isidorus Episcopi Hispalensis opera.* Turnout: Brepols 1989.

LACTANTIUS, Lucius Caelius Firmianus: *Institutiones divinae / Institutions divines.* Introduction, texte critique, traduction et notes par Pierre Monat. Paris: Edition du Cerf 1973.

OVIDIUS Naso, Publius: *<Metamorphoseon libri.> Metamorphosen.* Herausgegeben und übersetzt von Gerhard Fink. Düsseldorf: Artemis & Winkler 2004.

PLATON: *Platonis opera.* Recognovit brevique adnotatione critica instruxit Ioannes Burnet. Oxonii: e Typographeo Clarendoniano Londini et Novi Erboraci apud Gafridum Cumberlege 1900-1907 (5 Vol.). Darin:
—: *Cratylus*
—: *Phaedon*
—: *Leges*
—: *Theatetus*
—: *Phaedrus*

PTOLEMAEUS, Claudius: *Cosmographia.* Bologna: G. de Lapis 1477.

QUINTILIANUS, Marcus Fabius: *<Institutio oratoria.> Institution oratoire.* Texte établi et traduit par Jean Cousin. (7 T.). Paris: Les Belles Lettres 1975-80.

SENECA: *Medea.* With an Introduction, Text, Translation and Commentary by H.M. Hine. Warminster: Aris & Phillips Ltd 2000. – Dt. zitiert nach: Seneca: *Sämtliche Tragödien.* Lateinisch und deutsch. Übersetzt und erläutert von Theodor Thomann. Band I. Hercules Furens. Trojanerinnen. Medea. Phaedra. Octavia. München und Zürich: Artemis Verlag 1961. Zweite, durchgesehen Auflage 1978, pp. 239-311.

1492-1620:

de ACOSTA, Joseph: *Historia natural y moral de las Indias*, En que se tratan las cosas notables del cielo, y elementos, metales, plantas, y animales dellas: y los ritos, y ceremonias, leyes, y gobierno de los Indios. Compuesta por el Padre Ioseph de Acosta Religioso de la Compañía de Jesús. Dirigida a la Serenissima Infanta Doña Isabella Clara Eugenia de Austria. Con privilegio. Sevilla: Juan de León 1590.

—: *Natural and moral history of the Indies*. Ed. by Jane E. Mangan. With an introduction and commentary by Walter D. Mignolo. Durham NC / London: Duke Univ. Press 2002 (=*Chronicles of the New Word Encounter / Historia natural y moral, engl.*).

ARIOSTO, Ludovico: *Orlando Furioso*. Preceduto da alcuni pensieri di Vencenzi Gioberti e corredato di note storiche e flilolgiche. Terza Edizione. Firenze: Felice Le Monnier, 1854. – Dt. zit. nach: Lodovico Ariosto's *Rasender Roland*. Übersetzt von J.D. Gries. Zweite Auflage, neue Bearbeitung. Jena: Friedrich Frommann 1827-28.

BACON, Francis: <*Novum Organum*>. *Neues Organon*. Herausgegeben und mit einer Einleitung von Wolfgang Krohn. Lateinisch-Deutsch. Teilband 1. Hamburg: Felix Meiner Verlag 1990 (2. Aufl. 1999).

—: *The works of Francis Bacon Lord Chancellor of England*. A new edition: by Basil Montagu, Esq. Volume the second containing The Advancement of learning and The New Atlantis. London: William Pickering 1834.

BODIN, Jean: *Methodvs Ad Facilem Historiarum cognitionem*. Accvrate Denuo recusa: Subiecto rerum Indice. Argentorati: Impensis Hæredum Lazari Zetzner 1627.

—: *Les six livres de la République*. <s.l.>: G. Cartier 1608.

—: *Vniversae Natvrae Theatrum, in qvo rervm omnivm effectrices ausae, & fines contemplantur, & continuae series quinquei libris discutiuntur*. Francoforti: Apud heredes Andreae Wecheli 1597.

BÖHME, Jakob: *Sämtliche Schriften*. Faksimile-Neudruck der Ausgabe von 1730. Hrsg. Will-Erich Peuckert. Stuttgart: Fromann 1960.

—: *De signatura rerum* (1622). (6. Bd.)

—: *De triplici vita hominis, oder vom Dreyfachen Leben des Menschen* (1620). (3. Bd., II. Teil).

BRANT, Sebastian: <*Das Narren Schyff.*> *Das Narrenschiff*. Nach der Erstausgabe (Basel 1494) mit den Zusätzen der Ausgaben von 1495 und 1499 sowie den Holzschnitten der deutschen Originalausgaben. Hrsg. M. Lemmer. Tübingen: Max Niemeyer Verlag 1986.

BRUNO, Giordano: *De Imaginum, Sonorum, & Idearum compositione: Ad omnia Inuentionum, Dispositionum, & Memoriae genera Libri Tres*. Ad illvstrem et Generosiss. Ioan. Haniricvm Haincellium Elcouiae Dominum. Credite et

Intelligetis. Francofurti: Apod Ioan. Vvechelum & Petrum Fischerum consortes 1591.

—: *De Immenso et Innumerabilibus,* in: *Jordani Bruni Nolani Opere Latine Conscripta.* Faksimile-Neudruck der Ausgabe von Fiorentino, Tocco und anderen. Neapel und Florenz 1879-1891. Erster Band. Zweiter Teil. <Lib. IV-VIII>, pp. 1-323.

—: *Œuvres complètes de Giordano Bruno.* Collection dirigée par Yves Hersanc / Nuccio Ordine.

—: *II. <La cena de la ceneri.> Le souper des cendres.* Texte établi par Giovanni Aquilecchia. Notes de Giovanni Aquilecchia. Préface de Adi Ophir. Traduction de Yves Hersant. Paris: Les Belles Letrres 1994. – Dt. zit. nach: Giordano Bruno: *Das Aschermittwochsmahl.* Übersetzt von Ferdinand Fellmann. Einleitung von Hans Blumenberg. Frankfurt am Main: Insel Verlag 1969 (=*sammlung insel* 43).

—: *IV. <De l'infinito, universo e mondi.> De l'infi, de l'univers et des mondes* Texte établi par Giovanni Aquilecchia. Notes de Jean Seidengart. Introduction de Miguel Angel Granada. Traduction de Jean-Pierre Cavaillé. Paris: Les Belles Lettres 1995.

—: *V / 2. <Spaccio della bestia trionfante.> Expulsion de la bête triomphante* (Dialogues 2-3). Texte établi par Giovanni Aquilecchia. Notes de Maria Pia Ellero. Introduction de Nuccio Ordine. Traduction de Jean Balsamo. Paris: Les belles lettres 1999.

de las CASAS, Bartolomé: *Brevísima relación de la destruyción de las Indias*: colegida por el obispo don Fray Bartolomé de las Casas, ò Casaus, de la Orden de Sancto Domingo. <Sevilla:>, Año 1522. – Dt. zit. nach: *Newe Welt. Wahrhafftige Anzeigung der Hispanier grewlichen / abschewlichen und unmenschlichen Tyranneien / von ihnen in den Indianischen Ländern so gegen Nidergang der Sonnen gelegen / und die Newe Welt genennet wird, begangen. Erstlich Castilianisch / durch Bischoff Bartholomeum de las Casas oder Casaus, geborner Hispaniern / Prediger Ordens / beschrieben: Und im Jahr 1552 in der Königlichen Statt Hispalis oder Sevilia in Spanien gedruckt. Hernacher in die Französische Sprach / durrch Jacoben von Wiggrode / den 17 Provincien deß Niderlands / zur Warnung und Beyspiel gebracht. Jetzt aber erst ins Hochdeutsch / durch einen Liebhaber des Vatterlands / und ebenmässiger ursachen willen / ubergesetzt.* <s.l.>Im Jahr 1599.

—: *Historia de las Indias.* Edición de Agustín Millares Carly y estudio preliminar de Lewis Hanke. México D.F.: Fondo de Cultura Económica 1951. Seg. ed. 1965.

—: *Del único modo de atraer a todos los pueblos a la verdadera religión.* Advertencia preliminar de Agustín Millares Carlo. Introd. de Lewis Hanke. México: Fondo de Cultural Económica. 1975 (2ª ed.).

de CASTELLANOS, Juan: *Elegías de varones ilustres de Indias.* Edicion Biblioteca de la Presidencia de la República Bogotá: Editorial ABC 1955.

CAXTON, William: *The myrrour // & dyscryption of the Worlde* (1481), Retoryk. Zit. nach der bearbeiteten 3. Aufl., London 1527, fol. d.ii. (=Berns / Neuber 1998, s.d., pp. 19-21).

CIEZA DE LEÓN, Pedro: *Crónica del Perú. Primera Parte.* Ed. y estudio preliminar de Franklin Pease G.Y. Lima: Pontífica Universidad Católica del Perú- Academia Nacional de la Historia 1986.

COLOMBO, Fernando <=Fernando COLÓN>: *Historie Del S.D. Fernando Colombo; Nelle quali s'ha particolare, & vera relatione della vita, & e' de' fatti dell'Ammiraglio D. Christoforo Colombo, suo padre.* E dello scoprimento, ch'egli fece nelle INDIE Occidentali, dette MONDO NOVO, hora possedute dal Serenis. Re Cattolico. Nuovamente di lingua Spagnuola tradotta nell'Italiana dal S. Alfonos Vlloa. Con privilegio. Venezia: Franceso de'Franceschi Sanesa 157.

COLÓN, Cristóbal <=Cristoforo COLOMBO / Christoph KOLUMBUS>: *Diario de a bordo.* Edición de Luis Arranz. Madrid: *Historia 16* 1985. Deutsch zit. nach: Christoph Kolumbus. *Borbuch.* Dt von Anton Zahorsky. Mit einem Nachwort von Frauke Gewecke und zeitgenössischen Illustrationen. Frankfurt am Main: Insel 2006 <=Nachdruck der Übersetzung Zahorskys aus der Ausgabe Zürich: Rascher Verlag 1941>.

—: *Los cuatro viajes. Testamento.* Edición de Consuelo Varela. Madrid: Alianza Editorial 1986-2000. 3ra reimp. 1999.

—: *Libro de las profecías.* Ed. Juan Fernández Valverde. Madrid: Alianza Editorial 1992 (=*Biblioteca de Colón* IV).

—: *La lettera della scoperta.* Febbraio-Marzo 1493 nelle versioni spagnola, toscana e latina con il *Cantare* di Giulio Dati. A cura die Luciano Fomrisano. Napoli: Liguori Editore 1992.

DÍAZ DEL CASTILLO, Bernal: *Historia verdadera de la conquista de la Nueva España.* Prólogo Carlos Pereyra. 9na ed. Madrid: Espasa-Calpe, 1992.

ERASMUS Roterodamus, Desiderius: *De duplici rerum ac verborum copia commentarii duo.* Argentorati: Schuererus 1512.

—: *Des. Erasmi Roterod. Dialogus, Cui titulus Ciceronianus*: Sive De optimo genere dicendi: Cui honorarii arbitri adiuncti Petr. Ramus, Joach. Camerarius, Joan. Sturmius de Imitat. / Edente & notis illustrante Meliore Adamo Silesio. Cum Indice verborum & rerum: cui additus Schematismus Phrasiologiae. Neapoli: Apvd Henricvm Starckivm 1517.

de ERCILLA, Alonso: *La Araucana.* Dirigida a la Sacra Catholica Real Magestad del Rey don Philippe nuestro Señor. Salamanca: Domingo de Portonarijs 1574.

—: *La Araucana.* Edición, introducción y notas de Marcos A. Moíngio e Isaías Lerner. Madrid: Clásicos Castalia 1979.

FERNÁNDEZ DE OVIEDO, Gonzalo: *Historia general y natural de las Indias*. Edición y estudio preliminar de Juan Pérez de Tudela Bueso. 5 Vol. (In: *Biblioteca de autores españoles desde la formación del lenguaje hasta nuestros días*). Madrid: Ediciones Atlas 1959.

FRANCK, Sebastian: *WEltbuch: spiegel vn bildtnisz des gantzen erdtbodens* von Sebastiano Franco Woerdensi in vier buecher, nemlich in Asiam, Aphricam, Europam, vnd Americam, gstelt vnd abteilt, Auch aller darin begriffner Laender, nation, Prouintze, vnd Jnseln, auß vilen, weitleüffigen buechern in ein handtbuch eingeleibt vnd verfaßt, vormals dergleichen in Teütsch nie außgangen. Mit einem zu end angeheckten Register alles innhaltes. Tübingen: Morhart, 1534.

GALILEI, Galileo: *Opere*. Ed. nazionale sotto gli auspici di Sua M. Il Re d'Italia. Tomo X. Firenze: Barbera 1900.

Inca GARCILASO DE LA VEGA: <=Gómez Suárez de Figueroa>. *Primera parte de los Comentarios Reales*. Qve tratan de los Yncas, reyes qve fveron del Perv, de sv idolatría, leyes, gouierno en paz y en guerra: de sus vidas y conquistas, y de todo lo que fue aquel Imperio y su Republica, antes que los Españoles passaran al el. Escritos por el Ynca Garcilasso de la Vega, natural del Cozco y Capitan de su Magestad. Dirigidos a la Serenissima Princesa Doña Catalina de Portugal, Duqueza de Bargança, &c. Con licencia de la Sancta Inquisicion, Ordinario, y Paco. Lisboa: Pedro Crasbeeck 1609. – Dt. zit. nach: Garcilaso de la Vega. *Wahrhaftige Kommentare zum Reich der Inka*. Deutsch von Wilhelm Plackmeyer. Herausgegeben von Ursula Thiemer-Sachse. Berlin: Rütten & Loening 1983.

—: *Comentarios Reales de los Incas*. Edición, prólogo, índice analítico y glosario de Carlos Araníbar. México D.F.: Fondo de Cultura Económica 1991/1995.

—: *La Florida del Inca*. Historia del adelantado Hernando de Soto, gobernador y capitán general del Reino de la Florida, y de otros heroicos caballeros españoles e indios, escrita por el Inca Garcilaso de la Vega, capitán de su majestad, natural de la gran ciudad del Cozco, cabeza de los reinos y provincias del Perú. Prólogo de Aurelio Miró Quesada. Ed. y notas de Emma Susana Speratti Piñero. México-Buenos Aires: Fondo de Cultura Económica 1956.

—: *Traducción de los Diálogos de Amor de León Hebreo*. Edición y prólogo de Andrés Soria Olmedo. Madrid: Fundación José Antonio de Castro 1996.

GESNER, Conrad: *Biblioteca universalis, sive Catalogus omnium scriptorum locupletissimus, in tribus linguis, Latina, Graeca et Hebraica, extantium et non extantium, veterum et recentiorum in hunc usque diem, doctorum et indoctorum, publicorum et in Bibliotecis latentium: Opus novum et non bibliotecis tantum publicis privatisve institendis necessarium, sed studiosis omnibus cuiuscunque artis aut scientie melius formandam utilissimum*. Zurigium: Christophoros Froschoverus 1545.

ILACOMILUS, Martinus <=Martin Waldseemüller>: *Cosmographiae introductio / Cum quibusdam geometriae ac astronomiae principiis ad eam rem necessaris.* Insuper quatuor Americi Vesputcij nauigationes. Vniuersalis Cosmographiae descriptio tam in solido quam plano / eis etiam insertis quae Ptholomaeo ignota a nuperis reperta sint. Saint-Dié 1507 (zitiert nach dem Faksimiledruck von Fr. R. v. Wieser. Straßburg: Heitz & Mündel 1907).

LÓPEZ DE GÓMARA, Francisco: *La Historia general de las Indias, con todos los descubrimientos, y cosas notables que han acaescido enellas <sic>, dende que se ganaron hasta agora, escrita por Francisco Lopez de Gomara, clerigo.* Anvers: Porluan Bellero, ala enseña del Halcon 1554.

LÓPEZ DE VELAZCO, Juan: *Geografía y descripción universal de las Indias.* Edición de Don Marcos Jiménez de la Espada. Estudio Preliminar de Doña María del Carmen González Muñoz. Madrid: Ediciones Atlas 1971. (=*Biblioteca de Autores Españoles* 248).

MARTYR DE ANGLERIA, Petrus: *Opera.* Legatio Babylonica. De orbe novo decades octo. Opus epistolarum. Introductio Dr. Erich Woldan. Graz: Akademische Druck- und Verlagsanstalt 1966 (=Photomechanischer Nachdruck der Ausgabe von 1530). – Dt. zit. nach: Peter Martyr von Anghiera. Acht Dekaden von der Neuen Welt. Übersetzt, eingeführt und mit Anmerkungen versehen von Hans Klingelhöfer. Darmstadt: Wissenschaftliche Buchgesellschatt 1972.

MEXÍA, Pedro: *Silva de varia lección* <1580>. En la qual se trantan mvchas cosas muy agradables, y curiosas. Madrid: Matheo de Espinola y Arteaga 1673.

—: *Silva de varia leción* <1580>. Compuesta por el magnífico caballero Pedro Mejía. Madrid: Sociedad de Bibliófilos Españoles 1931.

MILAEUS, Christophorus: *De scribenda universitatis rerum historia libri quinque.* Basilea: Ex Officina Ioannis Oporni 1551.

de MONTAIGNE, Michel:»Des cannibales«. In: *Œuvres complètes.* Textes établis par Albert Thibaudet et Maurice Rat. Introduction et notes par Maurice Rat. Paris: Gallimard 1965, pp. 200-213 (=*Bibliothèque de la Pléiade*).

MÜNSTER, Sebastian: *Cosmographey oder beschreibung aller laender / herrschaften / fürnemsten stetten / geschichten / gebreüche / hantierungen etc. ietz zum drittem mal trefflich sere durch Sebastianum Munsterum gemeret und gebessert / in weldtlichen und natürlichen historien* <...>. Getruckt zu Basel durch Heinrichum Petri 1550.

de NEBRIJA, Antonio: *Gramática de la lengua castellana.* Salamanca: Typ. Nebrigensis 1492

—: *Vocabulario de Romance en Latín.* Transcripción crítica de la edicion revisada por el autor (Sevilla, 1516) con una introducción de Gerald J. Macdonald. Madrid: Editorial Castalia 1970.

von NETTESHEIM, Heinrich Cornelius Agrippa: *De incertitudine et vanitate scientiarum declamatio invectiva, ex postrema Auctoris recognitione* (1568) =dt. *Ungewißheit und Eitelkeit aller Künste und Wissenschaften* (1713). (zit. nach Berns / Neuber 1998, s.d., pp. 31-35).

NÚÑEZ CABEZA DE VACA, Álvar: *La relación y comentarios del governador Alvar nuñez cabeça de vaca de los acaescido en las dos jornadas que hizo a las Indias.* Con priuilegio. Valladolid: Francisco Fernandez de Cordoua 1555

—: *Naufragios*. Edición de Juan Francisco Maura. Cuarta edición. Madrid: Cátedra 2000.

PARACELSUS <=Philippus Theophrastus Bombastus von Hohenheim>: *De signatura rerum naturalium.* Zit. nach: *Sämtliche Werke.* Hrsg. von K. Sudhoff. München <e.a.>: Oldenbourg 1923 / 28, Bd. 11.

PICO DELLA MIRANDOLA, Gianfrancesco: *Über die Vorstellung. De imaginatione.* Lateinisch-deutsche Ausgabe mit einer Einleitung von Charles B. Schmitt, Katharine Park, herausgegeben von Eckhardt Keßler (=*Humanistische Bibliothek.* Texte und Abhandlungen. Reihe II. Band 13. Herausgegeben von Ernesto Grassi, Eckhardt Keßler). München: Wilhelm Fink Verlag 1984.

Guaman POMA DE AYALA: *Nueva Corónica y Buen Gobierno.* Ed. de John V. Murra, Rolena Adorno y Jorge L. Urioste. México D.F.: Siglo XXI 1980. – Dt. zit. nach: Die neue Chronik und gute Regierung (El Primer Nueva Corónica Y Buen Gobierno). Faksimileausgabe und Übersetzung auf CD-ROM, Herausgegeben von Ursula Thiemer-Sachse. Übersetzung von Ulrich Kunzmann, Berlin: Karsten Worm InfoSoftWare, 2004 (=Literatur im Kontext auf CD-ROM – Vol. 21).

de la RAMÉE, Pierre: *Dialectique.* A Paris: chez André Wechel, rue S. Iean de Beauuai à l'enseigne du cheual volant 1555.

—: *Petri Rami Veormandvi Dialectica Institutiones, ad celeberrimam, & illustrißimam Lutetiae Parisiorum Academiam.* Item Aristotelicae Animadversiones: à prima aeditione nuspiam hac methodo uisae: omnibus studiosi inprimis scitu dignissimae, ac utilissimae. Basileae: Sebastianus Henricpetrus 1575.

de RONSARD, Pierre: *Œuvres complètes.* Edition établie, présentée et annotée par Jean Céard, Daniel Ménager et Michel Simonin. II. Paris: Gallimard 1994 (=*Bibliothèque de la Pléiade*).

de SAHAGÚN, Bernardino: *Historia general de las cosas de Nueva España.* Escrita por Fr. Bernardino de Sahagún, franciscano, y fundada en la documentación en lengua mexicana recogida por los mismos naturales. Ed. Ángel María Garibay K. Décima Edición. México D.F.: Porrúa 1999.

de SANTA CRUZ, Alonso: *Islario general de todas las islas del mundo.* Dirigido a su S.C.R.M. del Rey don Felipe nuestro señor, por Alonso de Santa Cruz, su cosmógrafo mayor. Text zitiert nach dem Madrider Manuskript von 15<60?>, abgedruckt in: Naudé 1992 (s.d.).

SCALIGER, Julius Caeser: *Poetices libri septem.* Faksimile-Neudruck der Ausgabe von Lyon 1561. Mit einer Einleitung von August Buck. Stuttgart-Bad Cannstatt: Frommann 1964.

THEVET, André: *La cosmographie universelle d'André Thevet cosmographe du Roy. Illustree de diverses figures des choses plus remarcables veuës par l'Auteur, et incognuës de noz Anciens et Modernes.* Paris: Pierre L'Huiller / Guillaume Chaudière 1575.

VESPUCCI, Americo / Mario POZZI (ed.). *Il Mondo Nuovo di Amerigo Vespucci.* Scritti Vespucciani e paravespucciani. Vespucci / Pozzi, op. cit., p. 108. Vespucci / Wallisch Piacenza: Edizioni del Orso. Seconda edizione completamente rifatta 1993. (I ed. Milano, Serra e Riva 1984). – Dt. zit. nach Robert Wallisch: *Der Mundus Novus des Amerigo Vespucci.* Text, Übersetzung, Kommentar. Wien: Verlag der österreichischen Akademie der Wissenschaften 2002.

—: *Von der new gefundenen Region di wol ein welt genent mag werden / Durch den Christenlichen Kuenig von Portugall / wunderbarlich erfunden.* Nürnberg: Wollfganng Hueber <ca. 1505>.

ZUUINGERUS Medicus Basiliensis, Theodorus <Theodor ZWINGER>: *De historia.* Basilea: Ex Officina Ioannis Oporni 1551. (=Milaeus 1551, pp. 618-643).

Nach 1620:

<o. A.> *Allgemeine Deutsche Biographie.* Herausgegeben von der Historischen Kommission bei der Bayrischen Akademie der Wissenschaften: Band 55. Leipzig: Duncker & Humbolt 1910.

—: *Brockhaus. Die Enzyklopädie* in vierundzwanzig Bänden. Zwanzigste, überarbeitete und aktualisierte Auflage. Leipzig, Mannheim: F. A. Brockhaus 1996.

—: *Les cultures ibériques en devenir.* Essais publiés en hommage à la mémoire de Marcel Bataillon (1895-1977). Paris: Fondation Singer Polignac 1979.

—: *Dictionnaire de l'Académie française.* Septième Edition. Paris: Académie Française 1877.

—: *Enciclopedia universal ilustrada europeo-americana.* Madrid: Espasa-Calpe 1968.

—: *Entdeckung oder Invasion?* 500 Jahre Amerika aus der Sicht der »Entdeckten« =*Kolumbien-Rundbrief* 16 (1989).

—: *Meyers Enzyklopädisches Lexikon.* Mit Sonderbeiträgen von Karl Dietrich Bracher, Walter Hallstein, Wolfgang R. Langenbucher. Mannheim / Wien / Zürich: Bibliographisches Institut Lexikonverlag 1973.

—: *Trésor de la langue française*. Dictionnaire de la langue du XIXe et du XXe siècle (1789-1960). Paris: Éditions du Centre National de la Recherche Scientifique 1983.

ABRIL CASTELLÓ, Vidal: »Cuestión incidental:¿Fue lascasista José de Acosta?« In: *Francisco de la Cruz, Inquisición*. Actas I. Anatomía y bibosía del Dios y del derecho judeo-cristiano-musulmán de la conquista de América. CHP, vol. 29, pp. 108-110. Madrid: CSIC 1992.

—: »Fray Francisco de la Cruz, el lascasismo peruano y la prevariación del Santo Oficio limeño, 1572-1578«. In: José Barrado (ed.). *Los Dominicos y el Nuevo Mundo*. Actas del II Congreso Internacional, Salamanca, 28 de marzo – 1 de abril 1989. Salamanca: Ed. San Esteban 1990. p. 157-225.

ADELUNG, Johann Christoph: *Grammatisch-kritisches Wörterbuch der Hochdeutschen Mundart mit beständiger Vergleichung der übrigen Mundarten, besonders aber der Oberdeutschen von Johann Christoph Adelung, Churfürstl. Sächs. Hofrathe und Ober-Bibliothekar*. Mit D. W. Soltau's Beyträgen, revidirt und berichtigt von Franz Xaver Schönberger, Doctor der freyen Künste und Philosophie, öffentl. ordentl. Professor der Beredsamkeit und Griechischen Sprache, Subdirektor der k. k. Convictes. Wien, verlegt bey B. Ph. Bauer 1811.

ADORNO, Rolena: *Cronista y Príncipe*. La obra de don Felipe Guaman Poma de Ayala. Lima: Pontífica Universiad Católica del Perú 1989.

—: *Guaman Poma*. Literatura de restistencia en el Perú colonial. México D.F.: Siglo Veintiuno 1991 (engl. Originalausgabe: Guaman Poma: *Writings and resistance in colonial Perú*. University of Texas Press 1986).

ALCINA Franch, Jose: »Introducción«. In: José de Acosta. *Historia natural y moral de las Indias*. Madrid: Historia 16 1986, pp. 7-44.

ALDEN, Dauril: *The Making of an Enterprise*. The Society of Jesus in Portugal, its Empire, and Beyond 1540-170. Stanford: Stanford University Press 1996.

ALONSO, Martín: *Diccionario medieval español*. Desde las Glosas Emilianenses y Silenses (X) hasta el siglo XV. Salamanca: Universidad Pontificia 1986.

ALSTED, Johann-Heinrich: *Encylopaedia*. Septem Thomis distincta. Herbornae Nassoviorum 1630.

AMADOR, Raysa: *Aproximación histórica a los Comentarios reales*. Madrid: Pliegos 1984.

ANTEI, Giorgio: *La invención del reino de Chile*. Gerónimo de Vivar y los primeros cronistas chilenos. Bogotá: Instituto Caro y Cuervo 1989.

APOSTOLIDÈS, Jean-Marie: »Der Bereich des Imaginären«. In: Hans Ulrich Gumbrecht / K. Ludwig Pfeiffer (Hrsg.): *Schrift*. München: Wilhelm Fink Verlag 1993, pp. 125-136.

ARANDA, Garrido (comp.): *Pensar América*. Cosmovisión mesoamericana y andina. Córdoba: Obra social y cultural Cajasur / Ayuntamiento de Montilla 1997.

ARNAULD, Antoine / Pierre NICOLE: *L'art de penser*. La Logique de Port-Royal. Nouvelle impression en facsimilie de la première édition de 1662. Ed. Bruno Baron von Freytag Lörringhoff / Herbert Brekle. Tome I. Stuttgart-Bad Cannstatt: Friedrich Fromann Verlag 1965. – Dt. zit. nach: *Die Logik oder Die Kunst des Denkens.* Aus dem Französischen übersetzt von Christos Axelos. Darmstadt: Wissenschaftliche Buchgesellschaft 1972.

ARROM, Juan: *Imaginación del Nuevo Mundo.* Diez estudios sobre los inicios de la narrativa hispanoamericana. México D.F.: Siglo XXI 1991.

ASENSIO, Eugenio: »La lengua compañera del imperio. Historia de una idea de Nebrija en España y Portugal«. In: *Revista de Filología Española,* XLIII (1960), pp. 399-413.

ASSMANN, Aleida: *Erinnerungsräume.* Formen und Wandlungen des kulturellen Gedächtnisses. München: C.H. Beck 1999.

ASSMANN, Aleida / Dietrich Harth (Hrsg.): *Mnemosyne.* Formen und Funktionen der kulturellen Erinnerung. Frankfurt am Main: Fischer 1991.

ASSMANN, Jan: *Das kulturelle Gedächtnis.* Schrift, Erinnerung und politische Identität in frühen Hochkulturen. München: C.H. Beck 1992. 5. Aufl. 2007.

ASSMANN, Jan / Tonio HÖLSCHER: *Kultur und Gedächtnis.* Frankfurt am Main: Suhrkamp 1988.

AVALLE-ARCE, Juan Bautista: *El Inca Garcilaso en sus »Comentarios« (Antología vivida).* Madrid: Gredos 1970.

BACIERO, Carlos: »La promoción y la evangelización del indio en el plan de José de Acosta«. In: *Doctrina christiana y catecismo para instrucción de los indios.* Madrid: Consejo Superior de Investigaciones Científicas 1986, pp. 117-162.

BALLESTEROS, Manuel: *Gonzalo Fernández de Oviedo.* Madrid: Fundación universitaria española 1981.

BAQUERO, Gastón: »El Inca Garclaso de la Vega murió hace 350 años, el mismo día que Cervantes«. In: *La estafeta literaria,* 357 (<Madrid> 1966).

von BARLOEWEN, Constantin: *Anthropologie der Globalisierung.* Berlin: Matthes & Seitz 2007.

—: *Kulturgeschichte und Modernität Lateinamerikas.* München: Matthes & Seitz 1992.

BARTHES, Roland: »L'ancienne rhétorique. Aide-mémoire«. In: *Recherches rhétoriques.* Paris: Editions du Seuil 1994, pp. 254-337 (=*Communications,* 16).

—: »L'effet de réel«. In: *Communications, 11.* Paris: Editions du Seuil 1968, pp. 84-89.

BATTAGLIA, Salvatore: *Grande dizionario della lingua italiana.* Torino: Unione Tipografica-Editrice Torinese 1996.

BATAILLON, Marcel: »Las Casas face à la pensée d'Aristote sur l'esclavage«. In: *Platon et Aristote à la Renaissance.* Paris: Vrin 1976, pp. 403-430.

—: *Erasmo y España.* Estudios sobre la historia espiritual del Siglo XVI. México / Buenos Aires: Fondo de Cultura Económica 1950.

—: »Plus Oultre. La cour découvre le Nouveau Monde.« In: *Études sur Bartolomé de las Casas.* Réunies avec la collaboration de Raymond Marcus. Paris: Centre de Recherches de L'Institut d'Études Hispaniques 1965, pp. 95-114.

BATAILLON, Marcel / Edmundo O'GORMAN: *Dos concepciones de la tarea histórica con motivo de la ideal del descubrimiento de América*. México D. F.: Imprenta Universaria 1955.

BATAILLON, Marcel / André SAINT-LU: *Las Casas y la defensa de los Indios*. Madrid: Sarpe 1985 (=*Las Casas et la défense des indiens*, Paris 1971, esp.)

BAUDELAIRE, Charles: *Œuvres complètes*. Texte établi et annoté par Y.-G. le Dantec. Édition révisée, complétée et présentée par Claude Pichois. Paris: Edition Gallimard 1961 (=*Biblothèque de la Pléiade*).

BAUDRILLARD, Jean: *Simulacres et simulation*. Paris: Galilée 1991.

BECK, Hanno: »Kommentar«. In: Alexander von Humboldt. *Kosmos*. Entwurf einer physischen Weltbeschreibung. Studienausgabe. Sieben Bände. Teilband 2. Mit 8 Tafeln im Beiheft. Herausgegeben von Hanno Beck in Verbindung mit Wolf-Dieter Grün <u.a.> Darmstadt: Wissenschaftliche Buchgesellschaft 1993.

BECKETT, Samuel: »Fin de Partie / Endspiel«. In: *Dramatische Dichtungen in drei Sprachen*. Französische Originalfassungen. Deutsche Übertragung von Elmar Tophoven. Englische Übertragung von Samuel Beckett. Frankfurt am Main: Suhrkamp 1981, pp. 206-317.

BELLINI, Giuseppe (ed.): *L'America tra reale e meraviglioso – scopritori, cronisti, viaggiatori*. Atti del Convegno di Milano. Roma: Bulzoni Editore 1990.

—: *Amara America Meravigliosa*. La Cronaca delle Indie tra storia e letteratura. Roma: Bulzoni Editore 1995.

BELTRAN, Alain / Sophie CHAUVEAU / Gabriel GALVEZ-BEHAR: *Des brevets et des marques*. Une histoire de la propriété industrielle. Paris: Fayard 2000.

BEONIO-BROCCHIERI FUMAGALLI, Maria Teresa: *Le enciclopedie dell'occidente medioevale*. Torino: Loescher 1981.

BENJAMIN, Walter: »Das Kunstwerk im Zeitalter seiner technischen Reproduzierbarkeit«. Zweite Fassung. In: *Allegorien kultureller Erfahrung*. Ausgewählte Schriften 1920-1940. Leipzig: Verlag Philipp Reclam jun. 1984, pp. 407-435.

—: *Ursprung des deutschen Trauerspiels*. In: *Gesammelte Schriften*. Unter Mitwirkung von Theodor W. Adorno und Gershom Scholem herausgegeben von von Rolf Tiedemann und Hermann Schweppenhäuser. Band I.1. Hrsg. von Rolf Tiedemann und Hermann Schweppenhäuser. Frankfurt am Main: Suhrkamp 1974/1991, pp. 203-430.

BENKARD, Georg: *Europäisches Patentübereinkommen*. Bearb. von Barbara Dobrucki. München: Beck 2002 (=Beck'sche Kurz-Kommentare, Bd. 4A).

BERGGREN, J. Lennart / Alexander JONES: *Ptolemy's Geography*. An annotated translation of the theoretical chapters. Princeton / Oxford: Princeton University Press 2000.

BERMÚDEZ-GALLEGOS, Marta: *Poesía, sociedad y cultura: Diálogos y retratos del Perú colonial*. Potomac, MD: Scripta Humanistica 1992 (=*Scripta Humanistica* 103).

BERNABEU ALBERT, Salvador: »El IV Centenario del descubrimiento de América en la coyuntura finisecular (1880-1893). In: *Revista de Indias*, vol. XLIV, núm. 174 (1984), pp. 345-366.

BERNECKER, Walther L.: José Manuel López de Abiada, Gustav Siebenmann (coor.). *El peso del pasado: Percepciones de América y V Centenario.* Madrid: Editorial Verbum 1996.

BERNS, Jörg Jochen / Wolfgang NEUBER. *Das enzyklopädische Gedächtnis der Frühen Neuzeit.* Enzyklopädie- und Lexikonartikel zur Mnemonik. Tübingen: Max Niemeyer Verlag 1998.

BEYERLINCK, Laurentius: *Theatrvm vitae hvmanae, hoc est, rerum divinarum humanavmque syntagma, catholicvm, philosophicvm, historicvm, dogmaticvm, alphabetica serie, Polyantheae Vniversalis instar, in Tomos octo Digestum.* Lugudunum: Joannis Antonii Huguetan 1628.

BIANCHI, Luigi Massimo: *Signatura rerum. Segni, magia e conoscenza da Paracelso a Leibniz.* Roma: Edizione del Ateneo 1987. (*=Lessico intellettuale europeo* XLIII).

BICHSEL, Peter: *Kindergeschichten.* Mit einem Nachwort von Otto F. Walter. Frankfurt am Main: Luchterhand 1969 / 1990.

BIERMANN, Benno M.: *El P. Las Casas y su apostolado.* Madrid: Fundación universitaria española 1986.

BINKLEY, Peter (ed.): *Pre-modern encyclopedic texts.* Proceedings of the second COMERS congress. Groningen, 1-4 July 1996. Leiden: Brill 1997.

BLAIR, Ann: *Jean Bodin and Renaissance Science.* Princeton, NJ: Princeton University Press 1997.

BLOCH, Ernst: *Das Prinzip Hoffnung.* Frankfurt am Main: Suhrkamp 1973.

BLUM, Herwig: *Die antike Mnemotechnik.* Hildesheim / New York: Olms 1969 (=phil. Diss. Tübingen 1964).

BLUMENBERG, Hans: *Die Legitimität der Neuzeit.* Frankfurt am Main: Suhrkamp 1966. Erneuerte Ausgabe 1996.

—: *Die Lesbarkeit der Welt.* Zweite, durchgesehene Auflage. Frankfurt am Main: Suhrkamp 1983.

BORCHMEYER, Florian: *José-Maria de Heredias Eroberung Amerikas.* Lyrik und Prosa José-Maria de Heredias im lateinamerikanischen Kontext. Magisterarbeit der Freien Universität Berlin, 2000.

—: »Hundertster Geburtstag von Wifredo Lam / Centenaire de Wifredo Lam«. (Interview mit Fidel Castro). *Arte Info* <tägl. Nachrichtensendung des Senders Arte, Strasbourg> vom 14. Dezember 2003.

BOURNE, E.G.: »Seneca and the discovery of America«. *The Academy* 43 (1893).

BRANDI-DOHM, Matthias / Stephan GRUBER / Ian MUIR. *Europäisches und internationales Patentrecht.* 5., neubearbeitete Auflage. München: Beck 2000.

BURGALETA, Claudio M.: *José de Acosta (1540-1600). His life and thought.* Chicago: Loyola Press 1999.

CALAME, Thierry: *Öffentliche Ordnung und gute Sitten als Schranken der Patentierbarkeit gentechnologischer Erfindungen:* eine Untersuchung des Europäischen Patentübereinkommens und des Schweizerischen Patentgesetzes unter Berücksichtigung des internationalen Rechtsumfelds. Basel: Helbing & Lichtenhahn 2001.

CAÑAS QUIRÓS, Roberto: »La identidad latinoamericana en el discurso del Inca Garcilaso«. In: Olmedo España. *Cultura y contracultura en América Latina*. Heredia: Universdad Nacional de Costa Rica, pp. 153-178.

CARRUTHERS, Mary: *The book of memory*. A Study of Memory in Medieval Culture. Cambridge: Cambridge University Press 1990.

CERAM, C.W. <i.e. Kurt W. Marek>: *Götter, Gräber und Gelehrte*. Roman der Archäologie. Reinbeck bei Hamburg: Rowohlt 1949 / 1967.

CHANG-RODRÍGUEZ, Raquel: *El Discurso Disidente. Ensayos de Literatura Colonial Peruana*. Lima: Pontífica Universidad Católica del Perú 1991.

—: »Sobre los cronistas indígenas del Perú y los comienzos de una escritura hispanoamericana«. In: *Revista iberoamericana* 120-121 (1989), pp. 533-548

CHERCHI, Paolo: *Encyclopedism from Pliny to Borges*. Chicago: The University of Chicago Library 1990.

CHIAPPELLI, Fredi (ed.): *First images of America*. The Impact of the New World on the Old. Berkeley / Los Angeles / London: University of California Press 1976.

CIORANESCU, Alejandro: »La conquista de América«. In: *Estudios de literatura española y comparada*. La Laguna: Universidad de la Laguna 1954, pp. 31-46.

—: »La découverte de l'Amérique et l'art de la description«. In: *Revue des Sciences Humaines*. No. 106-108 (1962), pp. 161-168.

—: »Préface«. In: Sir Walter Raleigh. *El Dorado*. Trad. I. Chabert. Présentation A. Cioranescu & R. Schombergh. Paris: Editions Utz / UNESCO 1993.

COELLO DE LA ROSA, Alexandre: *De la naturaleza y el Nuevo Mundo: Maravilla y exoticismo en Gonzalo Fernández de Oviedo (1478-1557)*. Madrid: Fundación Universitaria Española 2002.

COLLISON, Robert: *Encyclopaedias: Their history throughout the ages*. A bibliographical guide with extensive historical notes to the general encyclopaedias issued throughout the world from 350 B.C. to the present day. New York <e.a.>: Hafner 1966.

COSERIU, Eugenio: *Die Geschichte der Sprachphilosophie von der Antike bis zur Gegenwart*. Autorisierte Nachschrift von Gunter Narr und Rudolf Windisch. 2., überarbeitete Auflage von Gunter Narr. Tübingen: Gunter Narr Verlag 1975. Teil I: Von der Antike bis Leibniz.

—: »L'arbitraire du signe«. Zur Spätgeschichte eines aristotelischen Begriffs. In: *Archiv für das Studium neuerer Sprachen und Literaturen* 204 / 119 (1967), pp. 81-112.

COUZINET, Marie-Domininique: »La *Methodus ad facilem historiarum cognitionem*: histoire cosmographique et méthode«. In: Yves Charles Zarka (ed.): *Jean Bodin, Nature, histoire, droit et politique*. Paris: PUF 1996, pp. 23-42.

COX, Manuel: *Utopía y realidad en el Inca Garcilaso*. Lima: Universidad Nacional Mayor de San Marcos 1965.

CROWLEY, Frances G.: *Garcilaso de la Vega, El Inca, and his Sources in* Comentarios reales de los Inca. The Hague / Paris: Mouton 1971.

CURTIUS, Ernst (Hrsg.): *Beiträge zur Geschichte und Topographie Kleinasiens*. In Verbindung mit den Herrn Major Regely, Baurath Adler, Dr. Hirschfeld und Dr. Gelzer hrsg. Berlin: Königliche Akademie der Wissenschaften 1872.

CURTIUS, Ernst Robert: *Europäische Literatur und lateinisches Mittelalter*. Bern: A. Francke 1948. 5. Auflage 1965.

—: »Zur Literaturästhetik des Mittelalters«. In: *Zeitschrift für romanische Philologie* 58 (1938), pp. 129-232.

DASSONVILLE, Michel: »L'originalité de la dialectique de Pierre de la Ramée«. In: Pierre de la Ramée: *Dialectique (1555)*. Edition critique avec introduction, notes et commentaire de Michel Dassonville. Genève: Libraire Droz 1965, pp. 7-19.

DEFOE, Daniel: *Robinson Crusoe*. In der Übersetzung von Hannelore Novak. Frankfurt am Main: Insel 1973.

DELGADO DÍAZ DEL OLMO, César: *El diálogo de los Mundos*. Ensayo sobre el Inca Garcilaso. Arequipa: Universidad Nacional de San Agustín 1991.

DELGADO, Mariano (Hrsg.): Gott in Lateinamerika: Texte aus fünf Jahrhunderte. Ein Lesebuch zur Geschichte. Düsseldorf: Patmos 1991.

DERRIDA, Jacques: *La dissémination*. Paris: Editions du Seuil 1972.

—: *De la grammatologie*. Paris: Les éditions de minuit 1967.

—: »Psyché. Invention de l'autre«. In: *Psyché. Inventions de l'autre*. Paris: Editions Galilée 1987.

DESCARTES, René: »Regulae ad directionem ingenii«. In: Charles Adam & Paul Tannery (ed.) *Œuvres de Descartes*. Nouvelle présentation, en co-édition avec le Centre National de la Recherche Scientifique. Vol. 10. Paris: J. Vrin 1966, pp. 349-469. – Dt. zit. nach: *REGELN zur Ausrichtung der Erkenntniskraft*. Übersetzt und herausgegeben von Lüder Gäbe. Hamburg: Felix Meiner Verlag 1979.

DIDEROT, Denis / Jean Le Rond d'ALEMBERT: *Encyclopédie ou Dictionnaire raisonné des Sciences, des Arts et des Métiers*, par une société de gens de lettres. Paris: Briassion / David / LeBreton / Durand 1751-1765.

—: *Encylopédie de Diderot et d'Alembert*. Version 1.0.0. Édité par Redon 26750 Marsanne (CD-Rom).

DÍAZ ROZZOTTO, Jaim: »Christophe Colomb et l'émerveillement de la découverte«. In: Jacques Houriez (ed.). *Christophe Colomb et la découverte de l'Amérique, Mythe et Histoire*. Actes du colloque international organisé à l'Université de Franche-Comté les 21, 22 et 23 mai 1992. Université de Besançon / Paris: Les Belles Lettres 1994 pp. 73-102.

DOMENICHINI, Daniele: *Acosta, Bacone, Vico. Esercici di lettura su dei passi »Americani« della »Scienza Nuova«*. In: *Anales de la Universidad de Cádiz*, V-VI (1988-1989), pp. 309-315.

DRUON, Maurice: *Lettre aux Français sur leur langue et leur âme*. Paris: Juillard 1994.

DUCHÈNE, Hervé: »Heinrich Schliemann, l'inventeur de Troie«. In: *Stimulus* (<Université de Bourgogne> 2001) (=http://www2.u-bourgogne.fr/STIMULUS/D001/200/200.htm)

DURAND, José: *El Inca Garcilaso, clásico de América*. México D.F.: Sep Setentas 1976.

—: »El influjo de Garcilaso Inca en Tupac Amaru«. In: *Realidad nacional*. Selección y notas de Julio Ortega. Lima: Retablo de papel 1974, pp. 208-215.

DUSSEL, Enrique: »Del descubrimiento al desencubrimiento (Hacia un desagravio histórico)«, in: *El Día*, 9. Dezember 1984.

—: *Von der Erfindung Amerikas zur Entdeckung des Anderen. Ein Projekt der Transmoderne*. Düsseldorf: Patmos Verlag 1993.

ECO, Umberto: »An Ars Oblivionalis? Forget it!«. *Publications of the Modern Language Association* 103 (1988), pp. 254-261.

—: *Dall'albero al labirinto*. Studi storici sul segno e l'interpretazione. Milano: Bompiani 2007.

—: *Kant e l'ornitorinco*. Milano: Bompiani 1997.

ELLACURÍA, Ignacio: »Quinto Centenario: ¿descubrimiento o encubrimiento?« In: *America La Patria Grande 7* (1990), pp. 9ss.

ELLERO, Maria Pia: »Tra parole e immagine. Retorica e arte della memoria nell'*Artificum perorandi* e negli scritti magici«. In: *La mente die Giordando Bruno*. A cura die Fabrizio Meroi. Saggio introduttivo de Michele Ciliberto. <s.l.>: Leo S. Olschki Editore 2004.

ELLIOT, J. H.: *The old world and the new*. 1492-1650. Cambridge / New York / Melbourne: Cambride University Press 1970.

ESTEVE BARBA, Francisco: *Historiografía indiana*. Madrid 1964. 2da edición revisada y aumentada 1992.

ETTE, Ottmar: *Literatur in Bewegung*. Raum und Dynamik grenzüberschreitenden Schreibens in Europa und Amerika. Weilerwirst: Velbrück Wissenschaft 2001.

—: *Alexander von Humboldt und die Globalisierung*. Das Mobile des Wissens. Frankfurt am Main: Suhrkamp 2009.

EUSTERSCHULTE, Anne: *Giordano Bruno zur Einführung*. Hamburg: Junius 1997.

FARRINGTON, Benjamin: »On misunderstanding the philosophy of Francis Bacon«. In: *Science, Medicine and History*. Essays on the evolution of scientific thought and medical practice written in honour of Charles Singer. Collected and edited by E. Ashworth Underwood. London: Oxford University Press. Vol. 1, pp. 439-450.

FAVATA, Martín A. / José B. FERNÁNDEZ: »Introducción«. In: *La Relación o Naufragios de Alvar Núñez Cabeza de Vaca*. Potomac, Maryland: Scripta Humanistica 1986.

FERRANDO, Roberto: *A. Nuñez Cabeza de Vaca.* (»Protagonistas de América«), Madrid: Historia 16 1987.

FÖCKING, Marc: »Cicero für Indios. Die Rhetorica Christiana des Diego Valdés als Apologie der mexikanischen Indios«. In: *Neue Romania,* 14, (1993), pp. 133-149.

FOUCAULT, Michel: *Les mots et les choses. Une archéologie des sciences humaines.* Paris: Editions Gallimard 1966. – Dt. zit. nach: *Die Ordnung der Dinge. Eine Archäologie der Humanwissenschaften.* Aus dem Französischen von Ulrich Köppen. Frankfurt am Main: Suhrkamp 1971.

FRIEDRICH, Hugo: *Epochen der italienischen Lyrik.* Frankfurt am Main: Vittorio Klostermann 1964.

FRIEDELL, Egon: *Kulturgeschichte der Neuzeit.* Die Krisis der europäischen Seele von der Schwarzen Pest bis zum Weltkrieg. Band I: Einleitung / Renaissance und Reformation. München: C. H. Beck 1927.

GALMÉS, Lorenzo: *Bartolomé de las Casas.* Defensor de los derechos humanos. Madrid: Biblioteca de autores cristianos 1982.

GARFAGNINI: Gian Carlo: *Cosmologie medievali.* Torino: Loescher 1978.

GAUKROGER, Stephen: *Francis Bacon and the Transformation of Early-Modern Philosophy.* Cambridge: Cambridge Univeristy Press 2001.

GEMEGAH, Helga: *Die Theorie des spanischen Jesuiten José de Acosta (ca. 1540-1600) über den Ursprung der indianischen Völker aus Asien.* Frankfurt am Main <e.a.>: Peter Lang 1999 (=*Hispano-Americana*, Bd. 22 u. Diss. Bremen 1999).

GEMOLL, Wilhelm: *Griechisch-deutsches Schul- und Handwörterbuch.* Fünfte Auflage. Durchgesehen und verbessert von Dr. Karl Vretska. München: G. Freytag Verlag 1954.

GEORGES, Karl Ernst: *Ausführliches lateinisch-deutsches Handwörterbuch.* Aus den Quellen zusammengetragen und mit besonderer Bezugnahme auf Synonymik und Antiquitäten unter Berücksichtigung der best. Hilfsmittel. Unveränderter Nachdruck der 8., verbesserten und vermehrten Auflage von Heinrich Georges. Darmstadt: Wissenschaftliche Buchgesellschaft 2003.

GERBI, Antonello: *La disputa del Nuevo Mundo: Historia de una polémica 1750-1900.* México: Fondo de Cultura Económica 1982.

—: *La natura delle indie nuove.* Da Cristoforo Colombo a Gonzalo Fernández de Oviedo. Milano: Ricciardi 1975.

GEWEKE, Frauke: *Wie die neue Welt in die alte kam.* Stuttgart: Klett-Cotta 1986.

GIL, Juan: *Mitos y utopías del descubrimiento.* Madrid: Alianza Editorial 1989.

GILI GAYA, Samuel: *Tesoro Lexicográfico.* 1492-1726. Madrid: Consejo superior de investigaciones científicas. Patronato »Menéndez y Pelayo«. Instituto »Miguel de Cervantes« 1957.

GIRARD, René: »Nachricht von Neuerung, die drauf und drunter geht«. Aus dem Französischen von Petra Willim. Frankfurter Allgemeine Zeitung (Nr. 266, 2004) vom 13. November 2004, p. 41.

GÖTZE, Alfred (Hrsg.): *Trübners deutsches Wörterbuch*. Im Auftrag der Arbeitsgemeinschaft für deutsche Wortforschung herausgegeben. Berlin: Walter de Gruyter & Co. 1940.

GOLDMANN, Lucien: *Le Dieu caché*. Étude sur la vision tragique dans les Pensées de Pascal et dans le théatre de Racine. Paris: Gallimard 1955.

GÓMEZ-MORIANA, Antonio: »Como surge una instancia discursiva. Cristóbal Colón y la *invención* del ›indio‹. In: *Filología*. Año XXVI, 1-2, (<Instituto de Filología y Literaturas hispánicas, Universidad de Buenos Aires>1993), pp. 51-75.

—: »L›Indien‹: Naissance et évolution d'une instance discursive«. In: Antonio Gómez-Moriana et Danièle Trottier. »*L'Indien*«, *Instance discursive*. Actes du colloque de Montréal 1991, Montréal: Les Éditions Balzac 1993, pp. 11-14 (=Collection *L'Univers du discours*).

GÓMEZ-PASTOR, Beatriz: *La cuestión de la alteridad en las Crónicas de América: un estudio comparado*. Bochum: Projekt-Verlag 1999 (zugl.: Wien, Univ. Diss., 1998).

GONZÁLEZ CASTRO, Francisco: »La retórica de lo nuevo en el Sumario de Gonzalo Fernández de Oviedo«. In: *Revista de Estudos de Literatura*, 4 (<Belo Horizonte>, 1996), pp. 49-60.

GOYET, Francis: *Le sublime du « lieu commun »*. L'invention rhétorique dans l'Antiquité et à la Renaissance. Paris: Honoré Champion 1996.

GRANADA, Miguel Ángel: *Giordano Bruno y América*. De la crítica de la colonización a la crítica del cristianismo. Barcelona: Facultad de Geografía e Historia. Cátedra de Geografía Humana 1990 (=*Geocritica* 90).

GRASSI, Ernesto: *Macht des Bildes: Ohnmacht der rationalen Sprache*. Zur Rettung des Rhetorischen. Köln: Verlag Du Mont Schauberg 1970.

—: *Die Macht der Phantasie*: zur Geschichte des abendländischen Denkens. Frankfurt am Main: Syndikat 1984.

GREENBLATT, Stephen: *Wunderbare Besitztümer*. Die Erfindung des Fremden: Reisende und Entdecker. Berlin: Wagenbach 1994.

GRIMM, Jacob und Wilhelm: *Deutsches Wörterbuch*. Dritter Band. Leipzig: Verlag von S. Hirzel 1862.

GRUZINSKI, Serge: *Images at war*. Mexico from Columbus to *Blade Runner* (1492-2019). Translated by Heather McLean. Durham & London: Duke Universtiy Press 1999, pp. 7-20. (Frz. Originalausg: *La guerre des images de Christophe Colomb à Blade Runner (1492-2019)*. Paris: Fayard 1990).

GUIDI, José / Monique MUSTAPHA (ed.). *Christophe Colomb et la découverte de l'Amérique*. Réalités, imaginaire et réinterprétations. Rencontre de la Société des Italianistes de L'Enseignement Supérieur & de la Société des Hispanistes Français. 3-4 et 5 avril 1992. Aix-en-Provence: Université de Provence 1994.

HAMEL, Jürgen: »Die Zeit des Lernens – Astronomie im Mittelalter«. In: *Nicolaus Kopernikus*. Leben, Werk und Wirkung. Mit einem Geleitwort von Owen Gingerich. Mit 95 Abbildungen. Heidelberg, Berlin, Oxford: Spektrum Akademischer Verlag 1994, pp. 69-85.

HANKE, Lewis: *Bartolomé de las Casas*. Bookman, Scholar & Propagandist. Philadelphia: University of Pennsylvania Press 1952.

—: »Ramón Menéndez Pidal vs. Bartolomé de las Casas: observaciones preliminares«. In: *Política* 3 (<Caracas> 1964), pp. 21-40.

—: »El significado teológico del descubrimiento de América« In: *Cuadernos hispanoamericanos* 298 (1958) pp. 5-17.

—: *Las teorías políticas de Bartolomé de las Casas*. Buenos Aires: Facultad de Filosofía y Letras 1935.

HAUSMANN, Frank-Rutger: »Dantes Kosmographie – Jerusalem als Nabel der Welt«. In: *Deutsches Dante Jahrbuch 63* (1988), pp. 7-46.

HAVERKAMP, Anselm / Renate LACHMANN (Hrsg.). *Gedächtniskunst: Raum-Bild-Schrift*. Frankfurt am Main: Suhrkamp 1991.

—: *Memoria – vergessen und erinnern*. München: Fink 1993.

HEATH, Christopher: *Commercialising University Inventions in Japan*. München: Max-Planck-Institut 2002.

HEIDEGGER, Martin: *Sein und Zeit*. 18. Auflage. Tübingen: Max Niemeyer Verlag 2001. (1. Aufl. 1926).

—: *Unterwegs zur Sprache*. Pfullingen: Neske 1959. Sechste Auflage 1979.

—: »Die Zeit des Weltbilds«. In: *Holzwege*. Frankfurt am Main: Vittorio Klostermann 1950. 4. Aufl. 1990, pp. 75-113.

HEINSIUS, Theodor: *Vollständiges Wörterbuch der Deutschen Sprache mit Bezeichnung der Aussprache und Betonung für die Geschäfts- und Lesewelt*. Von Dr. Theodor Heinsius, ordentlichem Professor am Berlinisch-Köllnischen Gymnasium. Wien, gedruckt und verlegt bei Christian Friedrich Schade 1828.

HENRÍQUEZ UREÑA, Pedro: *Las corrientes literarias de la América hispana*. Traducción de Joaquín Díez-Canedo. México: Fondo de Cultura Económica 1949. (=*Literary Currents in Hispanic America*, esp.).

—: *Literary Currents in Hispanic America*. New York: Russel & Russel 1963.

—: »Las ›Nuevas Estrellas‹ de Heredia«. In: *RRQ* (1918), pp. 112-114.

—: *La utopía de América*. Prólogo Rafael Gutiérrez Girardot. Compilación y Cronología Ángel Rama y Rafael Gutiérrez Girardot. Caracas: Ayacucho 1978.

HERDER, Johann Gottfried: *Abhandlung über den Ursprung der Sprache*. Herausgegeben von Wolfgang Proß. München: Hanser 1978.

—: »Ueber die Würkung der Dichtkunst auf die Sitten der Völker in alten und neuen Zeiten. Eine Preisschrift« (1778). In: *Über Literatur und Gesellschaft*. Ausgewählte Schriften. Reclam: Leipzig 1988, pp. 5-63.

HEYDENREICH, Titus: *Tadel und Lob der Seefahrt*. Das Nachleben eines antiken Themas in den romanischen Literaturen. Heidelberg: Carl Winter 1970.

HOBSBAWM, Eric: »Introduction: Inventing Traditions«. In: *The invention of Tradition*. Edited by Eric Hobsbawm and Terence Ranger Cambridge: University Press 1983.

HOFMANN, Sabine: »Palabras ajenas en textos antiguos. La construcción del discurso indígena en los textos de Colón, Las Casas y Gómara«, In: Klaus Zimmermann / Christine Bierbach (eds.). *Lenguaje y comunicación interculturales en el mundo hispano*. Frankfurt / Berlin: Vervuert / Iberoamericana 1997, pp. 38-50.

von HOFMANNSTHAL, Hugo: »Der Tor und der Tod«. In: *Gesammelte Werke*. Gedichte-Dramen I. 1891-1898. Herausgegeben von Bernd Schoeller in Beratung mit Rudolf Hirsch. Frankfurt am Main: Fischer 1979, pp. 279-298.

HÜBNER, W.: »Die *praetoria memoriae* im zehnten Buch der *Confessiones* – Vergilisches bei Augustin«. In: *Revue des Etudes Augustiniennes* 27 (1981), pp. 245-263.

HÜGLI, A.: »Invention, Erfindung, Entdeckung«. In: Ritter / Gründer 1976 (s.d.) Band 4: I-K, pp. 544-574.

HUERGA, Álvaro: In: Bartolomé de las Casas. *Obras Completas,* Vol.1: *Vida y Obras*. Madrid: Alianza Editorial 1988.

von HUMBOLDT, Alexander. *Kritische Untersuchungen über die Entwicklung der geographischen Kenntnisse von der neuen Welt und die Fortschritte der nautischen Astronomie in dem 15ten und 16ten Jahrhundert*. Aus dem Französischen übersetzt von Jul. Ludw. Ideler. Neue mit einem vollständigen Namen- und Sachregister vermehrte Ausgabe. Berlin: Verlag der Nicolai'schen Buchhandlung 1852.

—: *Die Entdeckung der Neuen Welt*. Mit dem geographischen und physischen Atlas der Äquinoktial-Gegenden des Neuen Kontinents Alexander von Humboldts sowie dem Unsichtbaren Atlas der von ihm untersuchten Kartenwerke. Nach der Übersetzung aus dem Französischen von Julius Ludwig Ideler ediert und mit einem Nachwort versehen von Ottmar Ette Frankfurt am Main: Suhrkamp 2009 (=revidierte Neuauflage der *Kritischen Untersuchungen*).

—: *Kosmos*. Entwurf einer physischen Weltbeschreibung. Ediert und mit einem Nachwort versehen von Ottmar Ette und Oliver Lubrich. Frankfurt am Main: Eichborn Verlag 2004 (=*Die andere Bibliothek*, Hrsg. von Hans Magnus Enzensberger).

von HUMBOLDT, Wilhelm: *Schriften zur Sprache*. Hrsg. von Michael Böhler. Stuttgart: Reclam 1973.

—: *Über die Kawi-Sprache auf der Insel Java*. Berlin: Gedruckt in der Druckerei der königlichen Akademie der Wissenschaften. In Commision bei F. Dümmler 1836-39 (3 Vol.).

ILGEN, Wiliam D.: »La configuración mítica de la historia en los *Comentarios reales* del Inca Garcilaso de la Vega«. In: Andrew P. Debicki / Enrique Pupo Walker (eds.). *Estudios de literatura hispanoamericana en honor a José J. Arrom.* Chapel Hill: North Carolina Studies in the Romance Languages and Literatures 1974.

IMBRIGHI, Gastone: *Bartolomé de las Casas.* Note per una storia della problematica colombina. L'Aquila: Japadre 1972.

de ISPIZÚA, Segundo: *Historia de la Geografía y de la Cosmografía en las Edades Antigua y Media con realción a los grandes descubrimientos marítimos realizados en los siglos XV y XVI por los españoles y portugeses.* Vol II. Madrid: <s.n.>1922/1926.

JACOBY, Felix: *Die Fragmente der griechischen Historiker.* Band II. Berlin: Weidmann 1929.

JAHN, Bernhard: *Raumkonzepte der Frühen Neuzeit.* Zur Konstruktion von Wirklichkeit in Pilgerberichten, Amerikareisebeschreibungen und Prosaerzählungen. Frankfurt am Main u.a.: Peter Lang 1993 (=Mikrokosmos, Bd. 34 und Diss. München).

JARDINE, Lisa: *Francis Bacon. Discovery and the Art of Discourse.* Cambridge: Cambridge University Press 1974.

JAÚREGI, F.: »El rey resalta el papel de España como puente entre la Comunidad Europea y Latinoamérica«. *El País,* 8.7.1988.

JIMÉNEZ, Nora Edith: *Francisco López de Gómara.* Escribir historias en tiempos de Carlos V. Zamora <Michoacán, Mex.>: El Colegio de Michoacán / CONACULTA 2001.

KALLER, Martina: »Die Erfindung Amerikas. Zur Diskussion in Mexico um den Quinto Centenario 1492-1992«. In: *Frühneuzeit-Info* 2 (1991), pp. 35-40.

KANT, Immanuel: *Anthropologie in pragmatischer Hinsicht.* Zit. nach der Ausgabe: *Werke in zwölf Bänden.* Bd. 12: Schriften zur Anthropologie, Geschichtsphilosophie, Politik und Pädagogik 2. Herausgegeben von Wilhelm Weischedel. Frankfurt am Main: Suhrkamp 1977, pp. 395-690.

KIENPOINTNER, M.: »Inventio«. In: Gert Ueding (Hrsg.). *Historisches Wörterbuch der Rhetorik.* Darmstadt: Wissenschaftliche Buchgesellschaft 1998, pp. 561-587.

KING, Preston: *The ideology of order.* A comparative Analysis of Jean Bodin and Thomas Hobbes. London: George Allen & Unwin 1974.

KOHUT, Karl: »Fernández de Oviedo: von Schiffbrüchigen und Dämonen«. In: Schöneberger / Zimmermann 1994 (s.d.), pp. 1237-1251.

—: »Humanismus und Neue Welt im Werk von Gonzalo Fernández de Oviedo«. In: Wolfgang Reinhard (Hrsg.). *Humanismus und Neue Welt* =DFG, Mitteilung der Kommission für Humanismusforschung XV (1987), pp. 65-88.

—: (Hrsg.) *Der eroberte Kontinent*. Historische Realität, Rechtfertigung und literarische Darstellung der Kolonisation Amerikas. Frankfurt am Main: Vervuert 1991.

KÜPPER, Joachim: »Prä-Empirismus und Fideismus im Spanien des 16. und des 17. Jahrhunderts (Acosta: Historia natural y moral de las Indias – Calderón: La vida es sueño)«. In: Barbara Mahlmann-Bauer (Hrsg.): *Scientiae et artes*. Die Vermittlung alten und neuen Wissens in Literatur, Kunst und Musik. Wiesbaden: Harrassowitz 2004, pp. 1011-1028.

—: »Tradierter Kosmos und Neue Welt. Die Entdeckungen und der Beginn der Geschichtlichkeit«. In: Moog-Grünewald (s.d.), pp. 185-207.

LAROUSSE, Pierre: *Grand dictionnaire universel du XIXe siècle*. Français, historique, géographique, biographique, mythologique, bibliographique, littéraire, artistique, scientifique, etc., comprenant la langue française; la prononciation; les étymologies; la conjugaison de tous les verbes irréguliers; les règles de grammaire; les innombrables acceptions et les locutions familières et proverbiales; l'histoire; la géographie; la solution des problèmes historiques; la biographie de tous les hommes remarquables, morts ou vivants, la mythologie; les sciences physiques, mathématiques et naturelles; les sciences morales et politiques; les pseudo-sciences; les inventions et les découvertes; etc. etc. etc., parties neuves: les types et les personnages littéraires; les héros d'épopées et de romans; les caricatures politiques et sociales; la bibliographie générale; une anthologie des allusions françaises, étrangères, latines et mythologiques; les beaux-arts et l'analyse de toutes les œuvres d'art. Par Pierre Larousse. Tome Neuvième. Paris: Administration du grand dictionnaire universel 1865.

LAUSBERG, Heinrich: *Handbuch der literarischen Rhetorik*. München: Hueber Sprachen der Welt 1960.

LAZO, Raimundo: *Historia de la literatura hispanoamericana*. El período colonial (1492-1780). Séptima edición (1ra: 1965). México D.F.: Porrúa 1999.

LEAFFER, Marshall A. (ed.): *International Treaties on Intellectual Property*. Second Edition. Washington D.C.: The Bureau of National Affairs 1997.

de LEÓN PINELO, Antonio: *Epítome de la Biblioteca oriental y occidental naútica y geográfica*. Madrid: Oficina de Francisco Martínez Abad 1737.

LEÓN-PORTILLA, Miguel: »Encuentro de dos Mundos«. In: *Novedades* (México D.F.), 11 de abril 1985.

—: *Los antiguos mexicanos a través de sus crónicas y cantares*. México: Fondo de Cultura Económica 1961.

—: *Visión de los vencidos*. Relaciones indígenas de la Conquista. Introducción, selección y notas: Miguel León-Portilla. Versión de textos nahuas: Angel M. Garibay Ilustración de códices: Alberto Beltrán. México: Univ. Nacional Autónoma de México 1976.

LESTRINGANT, Frank: *L'atelier du cosmographe ou l'image du monde à la Renaissance*. Paris: Albin Michel 1991.

—: (ed.) *La France-Amérique (XVIe-XVIIIe siècles)*. Actes du XXXVe colloque international d'études humanistes. Paris: Champion 1998.

—: »Jean Bodin, cosmographe«. In: *Jean Bodin. Actes du colloque interdisciplinaire d'Angers (14-27 mai 1984)*. Angers: Presses de l'Université d'Angers 1985, pp. 133-45.

—: *Ecrire le monde à la Renaissance*. Quinze études sur Rabelais, Postel, Bodin et la littérature géographique. Caen: Paradigme 1993.

LEURIDAN HUYS, Johan: *José de Acosta y el origen de la idea de misión. Perú, siglo XVI*. Cuzco: Centro de Estudios Regionales Andinos »Bartolomé de las Casas« 1997.

LEVILLIER, Roberto: *America la bien llamada*. Buenos Aires: Guillermo Kraft 1948.

LÉVINAS, Emmanuel: *Totalité et infini*. Essai sur l'extériorité. Kluwer Academic / Martiinuns Nijhoff <s.l.> 1971.

LÉVI-STRAUSS, Claude: »La structure des mythes«. In: *Anthropologie structurale*. Paris: Plon 1958.

LEWIS, Robert Earl: *The humanistic historiography of Francisco López de Gómara (1511-1559)*. Austin: University of Texas 1983.

—: »Los ›Naufragios‹ de Alvar Nuñez: Historia y Ficción«. In: *Revista iberoamericana* 120-121 (1989), pp. 681-694.

—: »El testamento de Francisco López de Gómara y otros documentos tocantes a su vida y obra. In: *Revista de Indias*, vol. XLIV, núm. 173 (1984), pp. 61-79.

LEZAMA LIMA, José: *La cantidad hechizada*. La Habana: UNEAC 1970.

—: *Antología de la poesía cubana*. Tomo I. La Habana: Consejo nacional de cultura 1965.

—: *Die amerikanische Ausdruckswelt*. Mit einem Vorwort von Carlos Fuentes, einer Nachbemerkung des Übersetzers und einem Nachwort von José Prats Sariol. Aus dem Spanischen von Gerhard Poppenberg. Frankfurt am Main: Suhrkamp 1992.

—: *La expresión americana*. La Habana: Letras Cubanas 1993.

—: Georg Christoph Lichtenberg. *Schriften und Briefe*. Hrsg. von Wolfgang Promies. Band 2. München: Hanser 1971.

LOCKWARD, Alfonso: *Aquellas cruces altas con el »El Libro de las Profecías de Cristóbal Colón«*. Miami, FL: Unilit 1991.

LÓPEZ-BARALT, Mercedes: »La Crónica de Indias como texto cultural: articulación de los códigos icónico y lingüístico en los dibujos de la ›Nueua Coronica‹ de Guaman Poma«. In: *Revista iberoamericana* 120-121 (1989), pp. 461-533.

—: »Guaman Poma de Ayala y el Arte de la Memoria en una crónica ilustrada del Siglo XVII. In: *Cuadernos americanos*. La revista del Nuevo Mundo. Año XXXVIII, No. 3 (1979), pp. 119-151.

MAHN-LOT, Marianne: *Bartolomé de las Casas et le droit des indiens.* Paris: Payot 1982.

—: *Bartolomé de las Casas.* Une théologie pour le Nouveau Monde. Paris: Desclée de Brouwer 1991.

—: »Christophe Colomb: Découvreur ou simple explorateur?«. In: <o.A.> *Les cultures ibériques en devenir* 1979 (s.d.)

MAIER, Anneliese: »Das Problem der ›species sensibiles in medio‹ und die neuere Naturphilosophie des 14. Jahrhunderts.« In: *Ausgehendes Mittelalter.* Gesammelte Aufsätze zur Geistesgeschichte des 14. Jahrhunderts. Bd. 2. Rom: Ed. di Storia e letteratura 1967, p. 419-451.

MANETTI, Giovanni: *La teoria del segno nell'antichità classica.* Milano: Bompiani 1987.

MANZANO MANZANO, Juan: *Colón y su secreto.* El predescubrimiento. Tercera edición. Madrid: Ediciones de Cultura Hispánica 1989 (1a ed.: 1976).

MARINELLI, Giovanni: »La geografia e i padri della chiesa«. In: *Bolletino della Società Geografica Italiana.* Anno XVI, Vol. XIX, ser. II, vol VII (Roma: Civelli 1882), pp. 472-498.

MARTEL, Jacinthe: »De l'invention: éléments pour l'histoire lexicologique et sémantique d'un concept«. In: *Etudes françaises* 26 (1990), 3 (»L'invention«), pp. 29-49.

MARTÍ, José: *Obras completas.* T. VI. La Habana: Editorial de Ciencias Sociales 1975.

MARTIN, Julian: *Francis Bacon, the State and the Reform of Natural Philosophy.* Cambridge: Cambridge University Press 1992.

MARZAL FUENTES, Manuel: *José de Acosta.* Lima: Editorial Brasa 1995 (=Colección Forjadores del Perú vol. 22).

MATES, Reyes / Friedrich NIEWÖHNER: *El precio de la ›invención‹ de América.* Barcelona: Anthropos / Cáceres: Institución Cultural el Brocense 1992.

MAZZOTTA, Giuseppe: »Columbus Wagnis <sic> und das Konzept von Entdekkung in der Renaissance«. In: Wehle 1995 (s.d.), pp. 205-222.

MCKEON, Richard: »The Uses of Rhetoric in a Technological Age«. In: *Rhetoric. Essays in Invention and Discovery.* Edited whith an introduction by Mark Backman. Woodbridge, Conn: Ox Bow Press 1987, pp. 1-24.

MEERHOFF, Kees: *Rhétorique et poétique au XVIe siècle en France: Du Bellay, Ramus et les autres.* Leiden: Brill 1986.

MEIER-OESER, Stefan: »Signatur, Signaturenlehre«. In: Ritter / Gründer <s.d.> Bd. 9, pp. 750-754.

—: *Die Spur des Zeichens.* Das Zeichen und seine Funktion in der Philosophie des Mittelalters und der Frühen Neuzeit. Berlin, New York: De Gruyter 1997.

MENÉNDEZ PELAYO, Marcelino: *Historia de la poesía hispanoamericana*, II. Santander: Aldus 1948 (=*Obras completas* XXVIII).

—: *Orígenes de la novela.* Vol. 1. Madrid: Bailly-Baillere 1905.

MENÉNDEZ PIDAL, Ramón: *El Padre las Casas. Su doble personalidad*. Madrid: Espasa-Calpe 1963.

MERRIM, Stephanie: »The Apprehension of the New in Nature and Culture. Fernández de Oviedo's Sumario.« In: René Jara / Nicholas Spadaccini (eds.). *1492-1992: Re / Discovering Colonial Writing*. Minneapolis, MN: The Prisma Institute 1989, pp. 165-224.

MIGNOLO, Walter: »Cartas, crónicas y relaciones del descubrimiento y la conquista«. In: Luis Iñigo Madrigal (coord.). *Historia de la literatura hispanoamericana*. Madrid: Cátedra 1982.

MIRÓ QUESADA, Aurelio: »Las ideas lingüísticas del Inca Garcilaso« In: *Boletín de la Academia Peruana de la Lengua*, 9 (1974), pp. 27-64.

—: *El Inca Garcialaso*. Madrid: Ediciones cultúra hispánica 1948.

—: *El Inca Garcilaso y otros estudios garcilasistas*. Madrid: Cultura Hispánica 1971.

MOOG-GRÜNEWALD, Maria (Hrsg.): *Das Neue – Eine Denkfigur der Moderne*. Tagung der Deutschen Gesellschaft für Allgemeine und Vergleichende Literaturwissenschaft Heidelberg: Winter 2002.

MORETTI, Gabriella: »*Nec sit terris ultima Thule*. La profezia di Seneca sulla scoperta del Nuovo Mondo«. In: *Columbeis* I (1986), pp. 95-106.

MORISON, Samuel Eliot: *Admiral of the Ocean Sea*. A life of Christopher Columbus. Boston: Little, Brown and Company 1942. – Dt. zit. nach: Samuel Eliot Morrison. *Admiral des Weltmeeres. Das Leben des Christoph Columbus*. Übersetzt von Ch. v. Cossel und Dr. Hans Koch. Bremen-Horn: Walter Dorn Verlag 1948.

MURPHY, James Jerome: *Rhetorics in the Middle Ages*. Berkeley: University of California Press 1974.

MYERS, Kathleen Ann: *Fernandez de Oviedo's Chronicle of America*. Austin: University of Texas Press 2008.

NACK, Ralf: *Die patentierbare Erfindung unter den sich wandelnden Bedingungen von Wissenschaft und Technologie*. Köln: Heymann 2002.

NATE, Richard: *Wissenschaft und Literatur im England der Frühen Neuzeit*. München: Wilhelm Fink Verlag 2001.

NAUDÉ, Françoise: *Reconnaissance du Nouveau Monde et Cosmographie à la Renaissance*. Kassel: Edition Reichenberger 1992.

NERUDA, Pablo: »El mensajero«. In: Pablo Neruda (u.a.): *Alonso de Ercilla, inventor de Chile*. Homenaje de la Universidad Católica de Chile en el IV Centenario de »La Araucana«. Santiago de Chile: Editorial Pomaire 1971.

O'GORMAN, Edmundo: *Cuatro historiadores de Indias*. Siglo XVI. Pedro Mártir de Anglería. Gonzalo Fernández de Oviedo y Valdés. Fray Bartolomé de las Casas. Joseph de Acosta. México: Secretaría de Educación Pública 1972.

—: »Encuentro de dos mundos – una propuesta superflua«. *La Jornada Semanal* (7. Juli 1985).

—: *Fundamentos de la historia de América*. Segunda Parte: »Trayectoria de América«. México: Imprenta universitaria 1942.

—: *La idea del descubrimiento de América*. Historia de esa interpretación y crítica de sus fundamentos. México: UNAM / Centro de estudios filosóficos 1951. 2da edición 1976.

—: *La invención de América*. México D.F.: Fondo de Cultura económica 1958 / 1977. 3ra. reimp. 1993.

—: »Polémica con Miguel León Portilla: Ni descubrimiento ni encuentro.« In: *La Jornada Semanal*, Año 1, 35 (19.5.85), pp. 1-4.

ORTÍZ TORRES, Ruben: *Historia de la Conquista de la Nueva España*. Los Angeles 2001.

PANNACIO, Claude: »Intuition, abstraction et langage mental dans la théorie occamiste de la connaisance«. In: *Revue de métaphysique et de morale* 97 (1992), pp. 61-81.

PANOFSKY, Erwin: *Idea*. Ein Beitrag zur Begriffsgeschichte der älteren Kunsttheorie. 2. verbesserte Auflage. Berlin: Verlag Bruno Hessling 1960.

PAPI, Fulvio: *Antropologia e civiltà nel pensiero di Giordano Bruno*. Firenze: La Nuova Italia 1968.

PATERSON, Gerald: *The European patent system*: the law and practice of the European Patent Convention. 2nd ed. London: Sweet & Maxwell 2001.

PAZ, Octavio: *El laberinto de la soledad. Postdata. Vuelta a El laberinto de la soledad*. México D. F.: Fondo de cultura económica 1981/1994.

PEASE, Franklin: »Prólogo«. In: Felipe Guaman Poma de Ayala. *Nueva coroníca y buen gobierno*. Edición y prólogo de Franklin Pease G.Y. Vocabulario y traducciones de Jan Szeminski. Mexico D.F. <e.a.>: Fondo de Cultura Económica 1993. Tomo I, p. IX-XXXVIII.

PÉREZ DE OLIVA. Hernán: *Historia de la inuención de las Yndias*. herausgegeben und mit Anmerkungen von José Juan Arrom. Bogotá: Instituto Caro y Cuervo 1965.

PFEIFER, Wolfgang: *Etymologisches Wörterbuch des Deutschen*, erarbeitet von einem Autorenkollektiv des Zentralinstituts für Sprachwissenschaft unter der Leitung von Wolfgang Pfeifer. Berlin: Akademie-Verlag 1989.

PLETT, Heinrich F. (Hrsg.): *Renaissance-Rhetorik Renaissance Rhetoric*. Berlin, New York: Walter de Gruyter 1993.

POPPENBERG, Gerhard: »Ausdruckswelt und Weltalter. Eine Nachbemerkung des Übersetzers«. In: José Lezama Lima. *Die amerikanische Ausdruckswelt* (s.d.), pp. 153-175.

—: »*Espacio gnóstico:* El concepto del Nuevo Mundo como forma de pensamiento y forma de vivencia a partir de *La expresión americana* de José Lezama Lima. In:

Ineke Phaf (ed.). *Presencia criolla en el Caribe y América Latina. Creole Presence in the Caribbean and Latin America*. Frankfurt am Main: Vervuert 1996, pp. 57-79.

—: »Neuzeit oder Renovatio?«. In: *Germanisch-Romanische Monatsschrift*. Band 41, Heft 4 (1991), pp. 443-456.

—: *Psyche und Allegorie*. Studien zum spanischen auto sacramental von den Anfängen bis zu Calderón. München: Wilhelm Fink Verlag 2003

del PRETE, Antonella: *Bruno, L'infini et les mondes*. Paris: Presses universitaire de France 1999.

—: »L'attiva potenza dell'effficiente« et l'univers infini. Giordano Bruno à propos de l'oisiveté de Dieu«. In: Tristan Dagron / Hélène Védrine. *Mondes, formes et sociétés selon Giordano Bruno*. Paris: Librairie Philosophique J. Vrin 2003.

PROPP, Vladimir: *Morphologie des Märchens*. München: Hanser 1972 (=Morfologija skazki, dt.).

PUPO-WALKER, Enrique: »Los *Comentarios reales* y la historicidad de lo imaginario«. In: *Revista Iberoamericana*, 104/105 (jul.-dic. 1978), pp. 385-407.

—: *Historia, Creación y Profecía en los Textos del Inca Garcilaso de la Vega*. Madrid: José Porrúa Turanzas 1982.

RABASA, José: *Inventing America. Spanish Historiography and the Formation of Eurocentrism*. Norman: University on Oklahoma Press 1993.

RANDLES, William G. L.: *De la terre plate au globe terrestre. Une mutation épistémologique rapide (1480-1520)*. Paris: Armand Colin 1980.

REAL ACADEMIA ESPAÑOLA: *Diccionario de la lengua castellana en que se explica el verdadero sentido de las voces, su naturaleza y calidad, con las phrases o modos de hablar, los proverbios o refranes, y otras cosas convenientes al uso de la lengua*. Dedicado al Rey Nuestro Señor Don Phelipe V. (que Dios guarde) a cuyas reales expensas se hace esta obra. Compuesto por la Real Academia Española. Con privilegio. Madrid: Imprenta de la Real Academia Española 1732.

—: *Diccionario de la lengua española*. Madrid: Real Academia Española 1984.

REAL ACADEMIA DE LA HISTORIA: *Colección de Documentos inéditos, relativos al descubrimiento, conquista y organización de las antiguas posesiones españolas en Ultramar*. Segunda Serie. Tomo VII. Madrid 1892.

REBOK, Sandra: »Alexander von Humboldt y el modelo de la Historia Natural y Moral«. In: *HIN. Humboldt im Netz* II, 3 (2001) (=http://www.uni-potsdam. de/u/romanistik/humboldt/hin/rebok.htm).

REICHERT, Folker E.: »Die Erfindung Amerikas durch die Kartographie«. In: *Archiv für Kulturgeschichte* 78 (1996), pp. 114-143.

REPGEN, Konrad: *Enzyklopädie der Neuzeit*. Band I. Stuttgart: Metzler 2005.

REYES, Alfonso: *Última Tule. Tentativas y orientaciones. No hay tal lugar*. México: Fondo de Cultura Económica 1955 (=*Obras* IX).

RICCI, Salverio: *Giordano Bruno nell'Europa del Cinquecento*. Roma: Salerno editrice 2000.

—: »Infiniti monndi e mondo nuovo. Conquista dell'America e critica della civiltà europea in Giordano Bruno«. In: *Giornale critico della filosofia italiano*. Fasc. II, Maggio / Agosto (1990), pp. 204-221.

RIEGER, Stefan: *Speichern / Merken*. Die künstliche Intelligenz des Barock. München: Wilhelm Fink Verlag 1997.

RITTER, Joachim / Karlfried GRÜNDER (Hrsg.): *Historisches Wörterbuch der Philosophie*. Unter Mitwirkung von mehr als 900 Fachgelehrten. Völlig neubearbeitete Ausgabe des ›Wörterbuch der philosophischen Begriffe‹ von Rudolf Eisler. Band 4: I-K. Darmstadt: Wissenschaftliche Buchgesellschaft 1976.

de la RIVA AGÜERO, José: »Elogio del Inca Garcilaso«. In: *Revista Universitaria*, 11, I (<Lima> 1916), pp. 335-412.

RIVAROLA, José Luis: »El taller del Inca Garcilaso. Sobre las anotaciones en la *Historia General de las Indias* de F. López de Gómara y su importancia en la composición de los *Comentarios Reales*.«. In: *Revista de Filología española*. Tomo LXXV, Fasc. 1.º-2.º (1995), pp. 57-84.

ROA BASTOS, Augusto: »Una utopía concreta. La unidad iberoamericana«. In: Steffan, *Nuestra América*, (s.d.)

RODRÍGUEZ MONEGAL, Emir: »Die Neue Welt. Ein Dialog zwischen Kulturen«. In: Emir Rodríguez Monegal (Hrsg.) *Die Neue Welt*. Chroniken Lateinamerikas von Kolumbus bis zu den Unabhängigkeitskriegen. Frankfurt am Main: Suhrkamp 1982, pp. 7-66.

RODRÍGUEZ-VECCHINI, Hugo: »*Don Quijote y La Florida del Inca*«. In: *Revista Iberoamericana* 120-121 (1982), pp. 587-620.

ROJAS MIX, Miguel: *Los cien nombres de América*. Eso que descubrió Colón. Barcelona: Editorial Lumen 1991.

ROTHACKER, Erwin: *Das »Buch der Natur«*. Materialien und Grundsätzliches zur Metapherngeschichte. Bonn: Bouvier Verlag Herbert Grundmann 1979.

ROMEO, Rosario: *Le scoperte americane nella coscienza italiana del Cinquecento*. Milano / Napoli: Riccardo Ricciardi 1954.

SAINT-LU, André (ed.): *Las Casas indigéniste*. Etudes sur la vie et l'œuvre du défenseur des Indiens. Paris: L'Harmattan 1982.

SALVADOR, Vincent: »Noves perspectives sobre la metàfora«. In: Lluís B. Meseguer (ed.). *Metàfora i creativitat*. Castelló: Universitat Jaum I 1994, pp. 25-33.

SÁNCHEZ, Julio Alberto: *La crónica de Guaman Poma de Ayala y el simbolismo de la concepción espacial andina*. Kassel: Edition Reichenberger 1990.

SÁNCHEZ, Luis Alberto: *Garcilaso Inca de la Vega. Primer criollo*. Santiago de Chile: Ediciones Ercilla 1939.

SÁNCHEZ FERLOSIO, Rafael: *Estas Yndias equivocadas y malditas*. Comentarios a la historia. Barcelona: Ediciones Destino 1994.

SANZ, Carlos: *Actitud del hombre ante lo desconocido*. Orígenes literarios de los descubrimientos geográficos. Madrid: Impr. Aguirre 1947 / 1958.

—: (comp.). *La carta de Colón anunciando la llegada a las Indias y a la provincia de Catayo (China) (Descubrimiento)*. Reproducción facsimilar de las diecisiete ediciones conocidas. Introducción y comentario por Carlos Sanz. Madrid 1958.

—: »La Ciencia moderna fue realmente una consecuencia normal y necesaria del descubrimiento de América«. In: *Anuario de estudios americanos* 34 (1977), pp. 295-322.

—: »Concepo histórico-geográfico de la creación: mundo, otro mundo – nuevo mundo y plus ultra«. In: *Boletín de la Academia Nacional de la Historia* T. 54 (1971), pp. 673-706.

de SAUSSURE, Ferdinand: *Cours de linguistique générale*. Publié par Charles Bailly et Albert Séchehaye avec la collaboration d'Albert Riedlinger. Édition critique préparée par Tullio de Mauro. Postface de Louis-Jean Calvet. Paris: Édition Payot & Rivages 1967-1995.

SCHARLAU, Birgit: »Beschreiben und Beherrschen. Die Informationspolitik der spanischen Krone im 15. und 16. Jahrhundert.« In: Karl-Heinz Kohl (Hrsg.). *Mythen der Neuen Welt*. Zur Entdeckungsgeschichte Lateinamerikas. Berlin: Fröhlich und Kaufmann 1982, pp. 92-100.

—: »Nuevas tendencias en los estudios de crónicas y documentos del período colonial latinoamericano«. In: *Revista de crítica literaria latinoamericana* No. 31 / 32, Año 16 (1990), pp. 365-375.

—: »TIGER-SEMANTIK. Gonzalo Fernández de Oviedo und die Sprachprobleme in Las Indias«. In: *Iberoamericana*. Lateinamerika, Spanien, Portugal. 7. Jahrgang No. 1 (1983), pp. 51-69.

SCHAER, Roland (ed.): *Tous les savoirs du monde*. Encyclopedies et bibliotheques, de Sumer au XXIe siecle. Paris: Flammarion 1996.

SCHILLEMEIT, J.: »Poetik«. In: Wolf-Hartmut Friedrich (Hrsg.). *Das Fischer-Lexikon. Literatur*. Bd. 2 Frankfurt am Main: Fischer 1965.

SCHLAYER, Clotilde: »Die Epen«. In: *Spuren Lukans in der spanischen Dichtung*. Heidelberg: Weiss'sche Universitätsbuchhandlung 1928.

SCHMIDT-BIGGEMANN, Wilhelm: »Über die Leistungsfähigkeit topischer Kategorien – unter ständiger Rücksichtnahme auf die Renaissance-Philosophie«. In: Plett <s.d.>, pp. 179-195.

—: *Sinn-Welten Welten-Sinn*. Eine philosophische Topik. Frankfurt am Main: Suhrkamp 1992.

—: *Topica Universalis*. Eine Modellgeschichte humanistischer und barocker Wissenschaften. Hamburg: Meiner 1983.

SCHÖNBERGER, Axel / Klaus ZIMMERMANN. *De orbis Hispani linguis litteris historia moribus.* Festschrift für Dietrich Briesemeister zum 60. Geburtstag. Frankfurt am Main: Domus Editora Europea 1994.

SEBAG, Lucien: *L'invention du monde chez les Indiens pueblos.* Paris: Maspéro 1971.

SERAFIN, Silvana: *La natura del Perù nei cronisti dei secoli XVI e XVII.* Roma: Bulzoni 1988.

SIMMEL, Georg: »Die Ruine. Ein ästhetischer Versuch«. In: *Aufsätze und Abhandlungen 1901-1908.* Band II. Gesamtausgabe Band 8. Frankfurt am Main: Suhrkamp 1993, pp. 124-130.

SIXEL, Friedrich W.: »Die deutsche Vorstellung vom Indianer in der ersten Hälfte des 16. Jahrhunderts«. In: *Annali del Pontifico Museo Missionario Etnologico già lateranensi* 30 (1966), pp. 9-230.

SKROBANEK, Annette: *Die Entwicklung vom Erfinderschein zum Patent in Russland.* Münster 2002 (=Münsteraner Studien zur Rechtsvergleichung Bd. 95).

SLOTERDIJK, Peter: *Sphären.* Makrosphärologie Band II. Globen. Frankfurt am Main: Suhrkamp 1999.

SOEHLKE HEER, Peter: *El nuevo mundo en la visión de Montaigne o los albores del anticolonialismo.* Caracas: Instituto de Altos Estudios de América Latina 1993.

SOLLORS, Werner (ed.): *The Invention of Ethnicitiy.* New York / Oxford: Oxford University Press 1989, pp. ix – xx.

SORIA, Giuliano: *Fernández de Oviedo e il problema dell'indio.* La »Historia general y natural de las Indias«. Roma: Bulzoni 1989.

STEFFAN, Heinz Dieterich (comp.): *Nuestra América contra el V Centenario.* Emancipación e identidad de América Latina. Bilbao: Txalaparta 1989.

STOLL, Eva: *Konquistadoren als Historiographen.* Diskurstraditionelle und textpragmatische Aspekte in Texten von Francisco de Jerez, Diego de Trujillo, Pedro Pizarro und Alonso Borregón. Tübingen: Gunther Narr 1997 (=*Script-Oralia* 21 u. Diss. Freiburg 1995).

SZYROCKI, Marian: *Poetik des Barock.* Reinbek: Rowohlt 1968.

TESAURO, Emmanuele: *Il cannochiale aristotelico.* O sia Idea dell'arguta et ingeniosa elocutione Che serue à tutta l'arte Oratoria, Lapidaria, et Simbolica, Esaminato c' Principij Del Divino Aristotele Dal Conte & Caualier Gran Croce D. Emanuele Tesauro, Patritio Torinese. Quinta Impressione. Torino: Bartolomeo Zauatta 1670.

—: *La filosofia morale.* Derivata dall'alto fonte del grande Aristotele. Stagirita del Conte Emanuele Tesauro. Torina 1670.

TIEFFEMBERG, Silvia (ed.): *Actas del Coloquio Internacional Letras Coloniales Hispanoamericanas:* »Literatura y cultura en el mundo colonial hispanoamericano.« Córdoba – República Argentina. 14, 15, 16 de setiembre de 1992. Buenos Aires: Asociación Amigos de la Literatura Latinoamericana 1994.

TOBLER, Adolf / Erhard LOMMATZSCH. *Altfranzösisches Wörterbuch.* Adolf Toblers nachgelassene Materialien, bearbeitet und herausgegeben von Erhard Lommatzsch. Wiesbaden: Franz Steiner Verlag 1960.

TODOROV, Tzvetan: *La conquête de l'Amérique.* La question de l'autre. Paris: Ed. du Seuil 1982.

—: *Symboltheorien.* Aus dem Französischen von Beat Gyger. Tübingen: Niemeyer 1995 (=*Théorie du symbole,* dt.).

—: (ed.). *Théorie de la littérature.* Textes de formalistes russes, présentés et traduits par Tzvetan Todorov. Préface de Roman Jakobson. Paris: Edition du Seuil 1966.

TOMMASEO, Nicolò / Bernardo BELLINI (comp.): *Dizionario della lingua italiana.* Con oltre 100,000 giunte ai precedenti dizionarii. Raccolta da Nicolò Tommaseo, Gius. Campi, Gius. Meini, Pietro Fanfan e molti altri distinti Filologi e Scienziati. Corredato di un di discorso preliminare dello stesso Nicolò Tommaseo. Volume quarto. Parte prima. Roma-Torino-Napoli: Unione Tipografico Editrice 1879.

TRABANT, Jürgen: *Apeliotes oder der Sinn der Sprache.* Wilhelm von Humboldts Sprach-Bild. München: Wilhelm Fink Verlag 1986.

—: *Artikulationen.* Historische Anthropologie der Sprache. Frankfurt am Main: Suhrkamp 1998.

—: *Mithridates im Paradies.* Kleine Geschichte des Sprachdenkens. München: C.H. Beck 2003.

—: *Traditionen Humboldts.* Frankfurt am Main: Suhrkamp 1990.

—: *Umberto Eco, die Freie Universität und das Schnabeltier.* Ehrenpromotion von Umberto Eco. Berlin 1998.

—: (Hrsg.) *Vico und die Zeichen* =*Vico e i segni.* Tübingen: Gunther Narr 1995.

—: *Neue Wissenschaft von alten Zeichen: Vicos Sematologie.* Frankfurt am Main: Suhrkamp 1994.

VALCÁRCEL, Luis E.: *Garcilaso Inca. Visto desde el ángulo indio.* Lima: Imprenta del Museo Nacional 1939.

VALCÁRCEL MARTÍNEZ, Simón: »Una aproximación a Francisco López de Gómara«. In: *Caravelles.* Cahiers du monde hispanique et luso-brésilien 53 (1989), pp. 7-24.

VARGAS LLOSA, Mario: »El nacimiento del Perú«. In: José Miguel Oviedo (Hrsg.) *La Edad del Oro.* Barcelona 1986, pp. 11-27.

VICO, Giambattista: »Oratio de nostri temporis studiorum ratione«. In: *Autobiografia; Della antichissima sapienza degl'italiani; ed orazioni accademiche di Giambattista Vico.* Versione italiania (col testo latino a piè di pagina) di Francesco Sav. Pomodoro. Napoli: Stamperia de' classici latini 1858.

—: *Principj d'una Scienza Nuova d'intorno alla comune natura delle nazioni.* A cura di Manuela Sanna e Fulvio Tessitore. <s.l.>: Morano Editore 1991 (=Faks.-Dr. der Ausg. v. 1730).

VIGNAUD, Henri: *Histoire critique de la Grande Entreprise de Christophe Colomb.* Paris: H. Welter: 1911.

VINCENT, Ph.-I. André: *Bartolomé de las Casas, prophète du Nouveau Monde.* Préf. par André Saint-Lu. Paris: Tallandier 1980.

VOLTAIRE: *Œuvres complètes.* Ed. Louis Moland. Paris: Garnier 1877-1885

VORDTRIEDE, Werner: »Clemens Brentanos Anteil an der Kultstätte in Ephesus«. In: *Deutsche Vierteljahrsschrift für Literaturwissenschaft und Geistesgeschichte.* 34. Jahrgang, Band XXXIV (1960), pp. 384-401.

WACHSMUTH, Dietrich: *ΠΟΜΠΙΜΟΣ Ο ΔΑΙΜΩΝ.* Untersuchungen zu den antiken Sakralhandlungen bei Seereisen. Berlin: 1967 (=Diss. FU Berlin 1960).

WACHTEL, Nathan: *La vision des vaincus.* Les indiens du Pérou devant la Conquête espagnole 1530-1570. Paris: Gallimard 1971.

WAFFENDER, Manfred (Hrsg.): *Cyberspace. Ausflug in virtuelle Wirklichkeiten.* Reinbeck bei Hamburg: Rowohlt 1991.

WAHRIG, Gerhard: *Deutsches Wörterbuch.* Herausgegeben in Zusammenarbeit mit zahlreichen anderen Wissenschaftlern und anderen Fachleuten. Mit einem »Lexikon der deutschen Sprachlehre«. Gütersloh: Bertelsmann Lexikon-Verlag Reinhard Mohn 1968.

von WARTBURG, Walther: *Französisches Etymologisches Wörterbuch.* Eine darstellung des galloromanischen sprachschatzes. Verfaßt mit unterstützung der Freiwilligen Akademischen Gesellschaft Basel von Walther v. Wartburg. Gedruckt mit unterstützung des Basler Arbeitsrappens und der Stiftung Pro Helvetia (Ouvrage couronné par l'Institut de France, Prix Volney). 4. Basel: Helbing & Lichtenhahn 1952.

WASSERMANN, Jakob: *Der Don Quichote des Ozeans.* Ein Porträt. Berlin: S. Fischer 1929. 21.-30. Aufl. 1930.

WASWO, Richard: *Language and Meaning in the Renaissance.* Princeton: Princeton Univeristy Press 1987.

WEHLE Winfried: *Das Columbus-Projekt.* München: Wilhelm Fink Verlag 1995.

WEIGAND, Fr. L. K.: Deutsches Wörterbuch. Fünfte Auflage von Hermann Hirt. Erster Band A-K. Berlin: Walter de Gruyter & Co. 1968. (Photomechanischer Nachdruck, basierend auf der Ausgabe Gießen: Alfred Töppelmann 1909).

WEINRICH, Harald: *Lethe.* Kunst und Kritik des Vergessens. München: C.H. Beck 1997.

YAÑEZ, Luis: »El futuro comienza en 1992«.In: *El País,* 14 / 10 / 1988, p. 18.

YATES, Frances: *The Art of Memory.* London: Routledge & Kegan Paul1966 / Pimlico 1992.

—: »The Art of Ramon Lull: An Approach to it through Lull's Theory of the Elements«. In: *Journal of the Warburg and Cortauld Institutes* XVII (160), pp. 1-40.

—: *Giordano Bruno and the Hermetic Tradition.* London: Routledge and Kegan Paul 1964.

ZAMORA, Margarita: *Language, authority, and indigenous history in the* Comentarios reales de los inca. Cambridge: University Press 1988.

ZAVALA, Iris M. (coord.): *Discursos sobre la ›invención‹ de América.* Amsterdam-Atlanta: Rodopi 1992.

ZAVALA, Silvio: »Excursión por el Diccionario de la Academia de la Lengua, con motivo de V Centenario de Descubrimiento de América.« in: *NRFH* XXXV: 1 (1987), pp. 265-280.

ZEDLER, Johann Heinrich: *Grosses vollstaendiges Unviersallexicon Aller Wissenschaften und Kuenste, Welche bishero durch menschlichen Verstand und Witz erfunden und verbessert worden.* Darinnen so wohl die Geographisch-Politische Beschreibung des Erd=Kreyses, nach allen Monarchien, Kayserthuemern, Koenigreichen, Fuerstenthuemern, Republicken, freyen Herrschafften, Laendern, Staedten, See-Haefen, Festungen, Schloessern, Flecken, Aemtern, Kloestern, Gebuergen, Paessen, Waeldern, Meeren, Seen, Inseln, Fluessen, und Canaelen; Samt der natuerlichen Abhandlung von dem Reich der Natur, nach allen himmlischen, lufftigen, feurigen, waesserigen und irdischen Coerpern, und allen hierinnen befindlichen Gestirnen, Planeten, Thieren, Pflanzen, Metallen, Mineralien, Saltzen und Steinen ec. Als auch eine ausfuerliche Historisch=Genealogische Nachricht von den Durchlauchten und beruehmtesten Geschlechtern in der Welt: Den Leben und Thaten der Kayser, Koenige, Churfuersten und Fuersten, grosser Helden, Staats=Minister, Kriegs=Oberstern zu Wasser und zu Lande, den vornehmsten geist= und weltlichen Ritter=Ordern ec. Ingleichen von allen Staats= Kriegs= Rechts= Polizey= und Haußhaltungs=Geschaeften des Adelichen und Buergerlichen Standes, der Kauffmanschaft, Handthierungen, Kuenste und Gewerbe, ihren Innungen, Zuenften und Gebraeuchen, Schiff=Fahrten, Jagden, Fischereyen, Berg= Wein= Acker= Bau und Viehzucht ec. Wie nicht weniger die voellige Vorstellung aller in der Kirchen=Geschichte beruehmten Alt=Vaeter, Propheten, Apostel, Paebste, Cardinaele, Bischoeffe, Praelaten und Gottes=Gelehrten, wie auch Concilien, Synoden, Orden, Wallfahrten, Verfolgungen der Kirchen, Maertyrer, Heiligen, Sectirer und Ketzer aller Zeiten und Laender, Endlich auch ein vollkommener Inbegriff der allergelehrtesten Maenner, beruehmter Universitaeten Academien, Societaeten und der von ihnen gemachten Entdeckungen: Ferner der Mythologie, Altherthuemer, Muenz-Wissenschafft, Philosophie, Mathematic, Theologie, Jurisprudentz und Medicin, wie auch aller freyen und mechanischen Kuenste, samt der Erklaerung aller darinnen vorkommenden Kunst=Woerter u. s. f enthalten ist. Mit Hoher Potentaten allergnaedigsten Privilegiis. Halle und Leipzig: Verlegts Johann Heinrich Zedler Anno 1734.

ZEVALLOS, Noé: *Evangelización y teología en el Perú: luces y sombras en el siglo XVI.* Lima: Instituto Bartolomé de las Casas 1991.

ZIMMERMANN, Klaus / Jürgen TRABANT / Kurt MÜLLER-VOLLMER (Hrsg.): *Wilhelm von Humboldt und die amerikanischen Sprachen.* Internationales Symposion des Ibero-Amerikanischen Instituts PK. 24.-16. September 1992 in Berlin. Paderborn <e. a.>: Schöningh 1994.

ZUCCHERINO, Daniel. R.: *Patentes de invención.* Introducción al estudio de su régimen legal. Con al colaboración de Carlos O. Mitelman. Buenos Aires: Ad Hoc 1998.

Reihe Wissenschaft bei Matthes & Seitz Berlin

Emmanuel Faye
Heidegger. Die Einführung des Nationalsozialismus in die Philosophie
Aus dem Französischen von Tim Trzaskalik
Mit einem Nachwort zur deutschen Ausgabe von Emmanuel Faye
560 Seiten, gebunden mit Schutzumschlag

Emmanuel Faye versucht so polemisch wie quellennah die Nähe der deutschen Philosophie der dreißiger Jahre zum Nationalsozialismus nachzuweisen. Er beeindruckt durch die Materialfülle, mit der er belegt, dass die Grundlagen von Martin Heideggers Denken in rassischem, völkischem und antisemitischem Gedankengut zu finden sind.

Bernhard Viel
Utopie der Nation
Ursprünge des Nationalismus im Roman der Gründerzeit
384 Seiten, gebunden mit Schutzumschlag

Ein Epochenbild, das den ideengeschichtlichen Wandel vom Ende der Goethezeit über Nietzsches vitalistische Tat-Philosophie bis zu prägenden Autoren der klassischen Moderne wie Ernst Jünger spiegelt und neue Perspektiven auf diesen entscheidenden Abschnitt deutscher Geschichte öffnet.

Caroline Mary
Zwillingskristall aus Diamant und Kot
Léon Bloy in Deutschland
320 Seiten, gebunden mit Schutzumschlag

»Zwillingskristall aus Diamant und Kot« nannte Ernst Jünger das unbequeme »Monstrum« Bloy. Caroline Mary führt in dessen Denken ein und zeigt den Einfluss, den Bloy auf die deutsche Literatur ausübte.

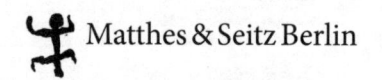

Matthes & Seitz Berlin

Reihe Wissenschaft bei Matthes & Seitz Berlin

Peter Trawny
Die Autorität des Zeugen
Ernst Jüngers politische Theologie
208 Seiten, gebunden mit Schutzumschlag

Trawnys Buch zeichnet den Aufstieg und den Absturz Jüngerscher Zeugenschaft bis in die Nachkriegszeit nach. Bisher unveröffentlichte Manuskripte und Briefe zeigen, inwiefern Jüngers spätere Versuche, sich als Unpolitischen zu inszenieren, als Vertuschung anzusehen sind.

Jürgen Ritte
Endspiele
Geschichte und Erinnerung bei
Dieter Forte, Walter Kempowski und W.G. Sebald
296 Seiten, gebunden mit Schutzumschlag

Am Beispiel von drei großen Geschichtserzählungen (Dieter Forte), Geschichtsinszenierungen (Walter Kempowski) und Geschichtsbefragungen (W.G. Sebald) geht Ritte der Frage nach, wie und ob sich heute noch die Geschichte der deutschen Katastrophe literarisch erzählen lässt, und entwickelt eine literarische Ästhetik des Erinnerns.

Thomas Wild
Nach dem Geschichtsbruch
Deutsche Schriftsteller um Hannah Arendt
288 Seiten, gebunden mit Schutzumschlag

Lange stieß Hannah Arendt als Denkerin der »Banalität des Bösen« in Deutschland auf Ablehnung. Deutsche Schriftsteller aber erkannten in ihr früh eine für sie wichtige Stimme. Ein Buch über Epochenbrüche und das Verhältnis von politischer Theorie und dichterischem Denken.

Matthes & Seitz Berlin